2026
공인노무사
민법

1차시험 | 필수과목

끝까지 책임진다! 시대에듀!
QR코드를 통해 도서 출간 이후 발견된 오류나 개정법령, 변경된 시험 정보, 최신기출문제, 도서 업데이트 자료 등이 있는지 확인해 보세요!
시대에듀 합격 스마트 앱을 통해서도 알려 드리고 있으니 구글 플레이나 앱 스토어에서 다운받아 사용하세요.
또한, 파본 도서인 경우에는 구입하신 곳에서 교환해 드립니다.

편집진행 안효상 · 이재성 · 김민지 | **표지디자인** 박종우 | **본문디자인** 표미영 · 하한우

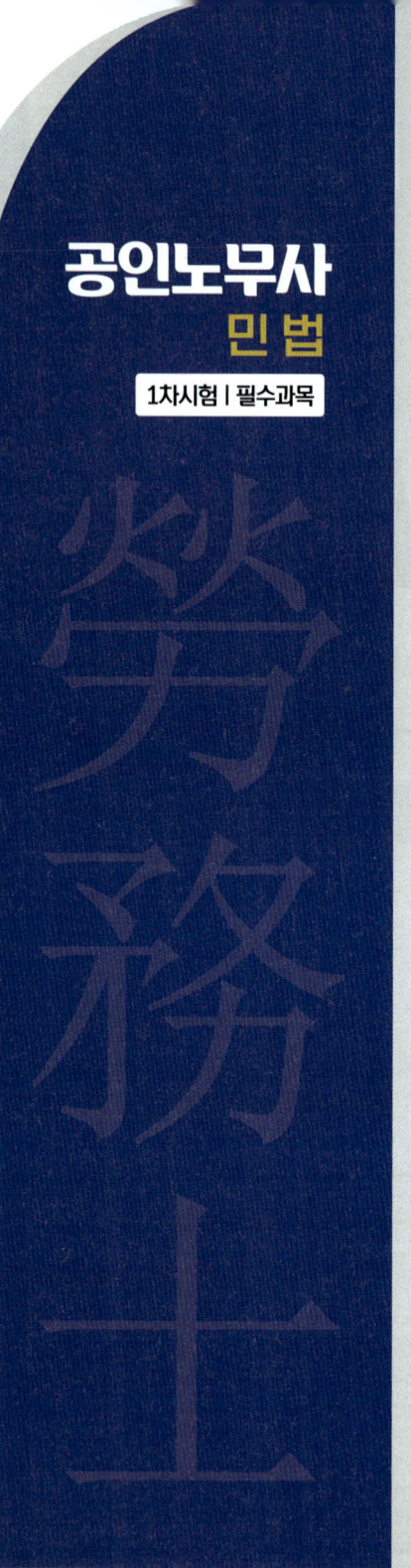

머리말

사회가 고도화됨에 따라 노사관계 및 노동이슈가 증가하고 있고, 개별적 노사관계는 물론 집단적 노사관계에 이르기까지 분쟁의 해결이라는 측면에서 공인노무사의 역할은 더욱 증대되고 있다. 이에 따라 최근 고용노동부는 공인노무사의 인력수급을 적정화하기 위하여 2018년부터 공인노무사시험 합격인원을 기존보다 50명 더 늘리기로 하였다.

공인노무사시험은 격년제로 시행되었으나, 1998년부터는 매년 1회 치러지고 있으며, 2024년부터는 1차시험이 과목당 40문항으로 문제 수가 증가되었다. 1차시험은 5지 택일형 객관식, 2차시험은 논문형 주관식으로 진행되고, 1·2차시험 합격자에 한하여 전문지식과 응용능력 등을 확인하기 위한 3차시험(면접)이 실시된다.

전 과목의 평균이 60점 이상이면 합격하는 1차시험 준비의 키워드는 '효율성'으로, 보다 어려운 2차시험 준비를 철저히 하기 위하여 단시간에 효율적으로 학습할 필요가 있는데, 본 교재는 이를 위한 기본서로서 꼭 필요한 내용만을 담은 해설을 수록하였다.

Always with you

사람의 인연은 길에서 우연하게 만나거나 함께 살아가는 것만을 의미하지는 않습니다.
책을 펴내는 출판사와 그 책을 읽는 독자의 만남도 소중한 인연입니다.
시대에듀는 항상 독자의 마음을 헤아리기 위해 노력하고 있습니다. 늘 독자와 함께하겠습니다.

「2026 시대에듀 EBS 공인노무사 1차 민 법」의 특징은 다음과 같다.

첫 번째 최신 개정법령과 최근 기출문제의 출제경향을 완벽하게 반영하였다.

두 번째 EBS 교수진의 철저한 검수를 통하여 교재상의 오류를 없애고, 최신 학계동향을 정확하게 반영하였으므로, 출제가능성이 높은 주제를 빠짐없이 학습할 수 있다.

세 번째 상세한 이론 및 해설을 수록하였고, 기출표기를 통하여 해당 조문의 중요도를 한눈에 파악할 수 있도록 하였다.

네 번째 매 Chapter와 관련된 기출문제만을 모아 구성한 실전대비문제로 문제해결능력을 습득하고, 변형 · 심화문제에 대비할 수 있다.

다섯 번째 대한민국을 대표하는 교육방송 EBS와의 강의연계를 통하여 검증된 강의를 지원받을 수 있다.

본 교재가 공인노무사시험을 준비하는 수험생 여러분에게 합격을 위한 좋은 안내서가 되기를 바라며, 여러분의 합격을 기원한다.

편저자 올림

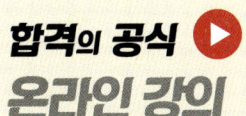
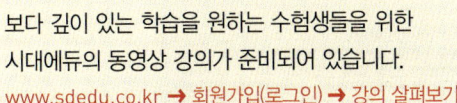

이 책의 구성과 특징

핵심이론

▶ **핵심이론**
최근 12년간의 기출문제 보기지문을 바탕으로 핵심이론을 구성하였고, 기출연도를 표시하여 반복출제된 내용을 확인할 수 있도록 하였다.

▶ **법령박스**
학습의 토대가 되는 조문을 수록하여 어떠한 조문이 중요한지, 시험에 자주 출제되는지를 파악할 수 있도록 하였다.

▶ **심화박스**
보충학습이 필요한 부분에 대해서는 판례를 수록하여 해당 이론을 보다 쉽게 이해할 수 있도록 하였다.

▶ **관련 핵심문제**
해당 이론과 관련된 핵심문제를 수록하여 학습한 내용을 확인·복습할 수 있도록 하였다.

STRUCTURES

합격의 공식 Formula of pass • 시대에듀 www.sdedu.co.kr

실전대비문제

01 기출 25   확인Check! O △ X

불공정한 법률행위에 관한 설명으로 옳지 않은 것은?(다툼이 있으면 판례에 따름)

① 무경험은 거래일반에 대한 경험부족이 아니라 어느 특정영역에서의 경험부족을 의미한다.
② 어떠한 법률행위가 불공정한 법률행위에 해당하는지는 법률행위 당시를 기준으로 판단하여야 한다.
③ 급부와 반대급부 사이의 현저한 불균형은 당사자의 주관적 가치가 아닌 거래상의 객관적 가치에 의하여 결정된다.
④ 불공정한 법률행위의 무효는 원칙적으로 추인에 의해 유효로 될 수 없다.
⑤ 매매계약이 불공정한 법률행위에 해당하여 무효인 경우, 특별한 사정이 없는 한 그 계약에 관한 부제소합의도 무효이다.

정답 및 해설

01

① (×) '무경험'이라 함은 일반적인 생활체험의 부족을 의미하는 것으로서 어느 특정영역에 있어서의 경험부족이 아니라 거래일반에 대한 경험부족을 의미한다(대판 2002.10.22. 2002다38927).
② (○) 어떠한 법률행위가 불공정한 법률행위에 해당하는지는 법률행위 시를 기준으로 판단하여야 한다. 따라서 계약 체결 당시를 기준으로 전체적인 계약 내용에 따른 권리의무관계를 종합적으로 고려한 결과 불공정한 것이 아니라면, 사후에 외부적 환경의 급격한 변화에 따라 계약당사자 일방에게 큰 손실이 발생하고 상대방에게는 그에 상응하는 큰 이익이 발생할 수

▲ **실전대비문제**
매 Chapter별로 기출문제를 수록하여 문제해결능력을 습득하고, 최근 출제경향을 파악할 수 있도록 하였다.

▲ **상세해설 및 정답**
가능한 모든 지문에 대하여 최신 개정법령과 출제포인트를 반영한 상세한 해설을 정답과 함께 수록하였다.

➕ PLUS

변제자대위의 효과, 대위자간의 관계(민법 제482조)
① 전2조의 규정에 의하여 채권자를 대위한 자는 자기의 권리에 의하여 구상할 수 있는 범위에서 채권 및 그 담보에 관한 권리를 행사할 수 있다.
② 전항의 권리행사는 다음 각 호의 규정에 의하여야 한다.
  1. 보증인은 미리 전세권이나 저당권의 등기에 그 대위를 부기하지 아니하면 전세물이나 저당물에 권리를 취득한 제3자에 대하여 채권자를 대위하지 못한다.
  2. 제3취득자는 보증인에 대하여 채권자를 대위하지 못한다.
  3. 제3취득자 중의 1인은 각 부동산의 가액에 비례하여 다른 제3취득자에 대하여 채권자를 대위한다.
  4. 자기의 재산을 타인의 채무의 담보로 제공한 자가 수인인 경우에는 전호의 규정을 준용한다.
  5. 자기의 재산을 타인의 채무의 담보로 제공한 자와 보증인 간에는 그 인원수에 비례하여 채권자를 대위한다. 그러나 자기의 재산을 타인의 채무의 담보로 제공한 자가 수인인 때에는 보증인의 부담부분을 제외하고 그 잔액에 대하여 각 재산의 가액에 비례하여 대위한다. 이 경우에 그 재산이 부동산인 때에는 제1호의 규정을 준용한다.

▲ **PLUS 심화학습**
문제와 관련된 중요조문은 바로 확인할 수 있도록 해당 문제 하단에 배치하여 학습의 효율성을 높였다.

자격시험 소개

2026 시대에듀 EBS 공인노무사 1차 민법

★ 2025년 제34회 시험공고 기준

◉ 공인노무사란?

> 노동관계법령 및 인사노무관리 분야에 대한 전문적인 지식과 경험을 제공함으로써 사업 또는 사업장의 노동관계업무의 원활한 운영을 도모하며, 노사관계를 자율적이고 합리적으로 개선시키는 전문인력을 말한다.

◉ 주요업무

❶ 공인노무사는 다음의 직무를 수행한다.
  (1) 노동관계법령에 따라 관계기관에 대하여 행하는 신고 · 신청 · 보고 · 진술 · 청구(이의신청 · 심사청구 및 심판청구를 포함한다) 및 권리구제 등의 대행 또는 대리
  (2) 노동관계법령에 따른 서류의 작성과 확인
  (3) 노동관계법령과 노무관리에 관한 상담 · 지도
  (4) 「근로기준법」을 적용받는 사업이나 사업장에 대한 노무관리진단
  (5) 「노동조합 및 노동관계조정법」에서 정한 사적(私的) 조정이나 중재
  (6) 사회보험관계법령에 따라 관계기관에 대하여 행하는 신고 · 신청 · 보고 · 진술 · 청구(이의신청 · 심사청구 및 심판청구를 포함한다) 및 권리구제 등의 대행 또는 대리

❷ "노무관리진단"이란 사업 또는 사업장의 노사당사자 한쪽 또는 양쪽의 의뢰를 받아 그 사업 또는 사업장의 인사 · 노무관리 · 노사관계 등에 관한 사항을 분석 · 진단하고, 그 결과에 대하여 합리적인 개선방안을 제시하는 일련의 행위를 말한다.

◉ 응시자격

❶ 공인노무사법 제4조 각 호의 결격사유에 해당하지 아니하는 사람

> 다음의 어느 하나에 해당하는 사람은 공인노무사가 될 수 없다.
> ① 미성년자
> ② 피성년후견인 또는 피한정후견인
> ③ 파산선고를 받은 사람으로서 복권(復權)되지 아니한 사람
> ④ 공무원으로서 징계처분에 따라 파면된 사람으로서 3년이 지나지 아니한 사람
> ⑤ 금고(禁錮) 이상의 실형을 선고받고 그 집행이 끝나거나(집행이 끝난 것으로 보는 경우를 포함한다) 집행이 면제된 날부터 3년이 지나지 아니한 사람
> ⑥ 금고 이상의 형의 집행유예를 선고받고 그 유예기간이 끝난 날부터 1년이 지나지 아니한 사람
> ⑦ 금고 이상의 형의 선고유예기간 중에 있는 사람
> ⑧ 징계에 따라 영구등록취소된 사람

❷ 2차시험은 당해 연도 1차시험 합격자 또는 전년도 1차시험 합격자
❸ 3차시험은 당해 연도 2차시험 합격자 또는 전년도 2차시험 합격자

◉ 시험일정

구 분	인터넷 원서접수	시험일자	시행지역	합격자 발표
2026년 제35회 1차	2026년 4월 중	2026년 5월 중	서울, 부산, 대구, 인천, 광주, 대전	2026년 6월 중
2026년 제35회 2차	2026년 7월 중	2026년 8월 중		2026년 11월 중
2026년 제35회 3차		2026년 11월 중	서 울	2026년 12월 중

※ 시험에 응시하려는 사람은 응시원서와 함께 영어능력검정시험 성적표를 제출하여야 한다.

● 시험시간

구 분	교 시	시험과목	문항수	시험시간	시험방법
1차시험	1	1. 노동법Ⅰ 2. 노동법Ⅱ	과목당 40문항 (총 200문항)	80분 (09:30~10:30)	객관식 (5지 택일형)
	2	3. 민 법 4. 사회보험법 5. 영어(영어능력검정시험 성적으로 대체) 6. 경제학원론·경영학개론 중 1과목		120분 (11:20~13:20)	
2차시험	1 2	1. 노동법	4문항	교시당 75분 (09:30~10:45) (11:15~12:30)	주관식 (논문형)
	3	2. 인사노무관리론	과목당 3문항	과목당 100분 (13:50~15:30) (09:30~11:10) (11:40~13:20)	
	4 5	3. 행정쟁송법 4. 경영조직론·노동경제학·민사소송법 중 1과목			
3차시험		1. 국가관·사명감 등 정신자세　2. 전문지식과 응용능력 3. 예의·품행 및 성실성　　　4. 의사발표의 정확성과 논리성	1인당 10분 내외		면 접

● 합격기준

구 분	합격자 결정
1차시험	영어과목을 제외한 나머지 과목에서 과목당 100점을 만점으로 하여 각 과목의 점수가 40점 이상이고, 전 과목 평균점수가 60점 이상인 사람
2차시험	• 과목당 만점의 40% 이상, 전 과목 총점의 60% 이상을 득점한 사람을 합격자로 결정 • 각 과목의 점수가 40% 이상이고, 전 과목 평균점수가 60% 이상을 득점한 사람의 수가 최소합격인원보다 적은 경우에는 최소합격인원의 범위에서 모든 과목의 점수가 40% 이상을 득점한 사람 중에서 전 과목 평균 점수가 높은 순서로 합격자를 결정
3차시험	• 평정요소마다 "상"(3점), "중"(2점), "하"(1점)로 구분하고, 총 12점 만점으로 채점하여 각 시험위원이 채점한 평점의 평균이 "중"(8점) 이상인 사람 • 위원의 과반수가 어느 하나의 같은 평정요소를 "하"로 평정하였을 때에는 불합격

● 영어능력검정시험

시험명	토플(TOEFL)		토익 (TOEIC)	텝스 (TEPS)	지텔프 (G-TELP)	플렉스 (FLEX)	아이엘츠 (IELTS)
	PBT	IBT					
일반응시자	530	71	700	340	65(Level 2)	625	4.5
청각장애인	352	–	350	204	43(Level 2)	375	–

자격시험 검정현황

● 공인노무사 수험인원 및 합격자현황

구 분	1차시험				2차시험				3차시험			
	대 상	응 시	합 격	합격률	대 상	응 시	합 격	합격률	대 상	응 시	합 격	합격률
제28회('19)	6,211	5,269	2,494	47.3%	3,750	3,231	303	9.4%	303	303	303	100%
제29회('20)	7,549	6,203	3,439	55.4%	4,386	3,871	343	8.9%	343	343	343	100%
제30회('21)	7,654	6,692	3,413	51.0%	5,042	4,514	322	7.1%	322	322	320	99.4%
제31회('22)	8,261	7,002	4,221	60.3%	5,745	5,128	549	10.7%	551	551	551	100%
제32회('23)	10,225	8,611	3,019	35.1%	5,327	4,724	395	8.4%	395	395	395	100%
제33회('24)	11,646	9,602	2,150	22.4%	4,052	3,682	330	8.9%	330	329	329	100%
제34회('25)	12,410	10,238	5,054	49.4%	인쇄일 현재 2025년 제34회 2차 · 3차 검정현황 미발표							

● 검정현황(그래프)

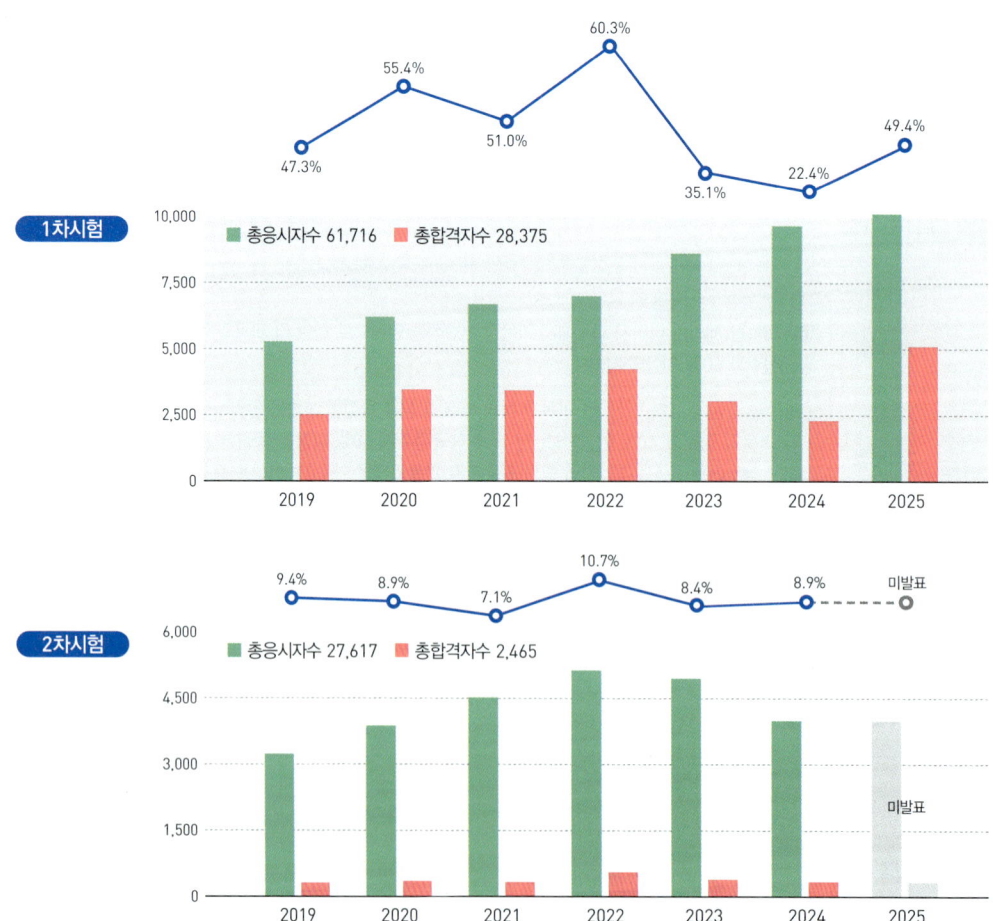

2026 시대에듀 EBS 공인노무사 1차 민법
최근 7개년 출제경향

● 노동법 Ⅰ
▶ 회별 최다 출제항목: 기타 법령(13.4문), 근로기준법 개설(3.4문), 휴게·휴일·휴가 및 여성과 연소근로자의 보호(3.0문) 순이다.

	구 분	2019	2020	2021	2022	2023	2024	2025	누계	출제비율	회별출제
Ch01	총 설	1	1	1	1	1	1	1	7	3.4%	1.0
Ch02	근로기준법 개설	2	5	3	3	4	4	3	24	11.7%	3.4
Ch03	근로관계의 성립	3	-	1	1	1	1	-	7	3.4%	1.0
Ch04	임 금	1	2	2	2	1	2	3	13	6.3%	1.9
Ch05	근로시간	1	1	1	3	1	2	3	12	5.9%	1.7
Ch06	휴게·휴일·휴가 및 여성과 연소근로자의 보호	2	3	3	2	4	3	4	21	10.2%	3.0
Ch07	취업규칙 및 기숙사	1	1	1	1	1	2	1	8	3.9%	1.1
Ch08	근로관계의 변경	-	1	-	1	-	2	-	4	2.0%	0.6
Ch09	근로관계의 종료	4	1	3	1	-	2	4	15	7.3%	2.1
Ch10	기타 법령	10	10	10	10	12	21	21	94	45.9%	13.4

● 노동법 Ⅱ
▶ 회별 최다 출제항목: 단결권(5.7문), 단체교섭권(5.3문), 단체행동권(4문) 순이다.

	구 분	2019	2020	2021	2022	2023	2024	2025	누계	출제비율	회별출제
Ch01	총 설	3	2	1	1	1	2	2	12	5.9%	1.7
Ch02	단결권	5	5	5	4	6	6	9	40	19.5%	5.7
Ch03	단체교섭권	6	4	5	6	6	5	5	37	18.0%	5.3
Ch04	단체행동권	4	4	5	4	3	4	4	28	13.7%	4.0
Ch05	노동쟁의조정제도	2	4	3	3	2	5	5	24	11.7%	3.4
Ch06	부당노동행위구제제도	1	2	2	3	1	2	2	13	6.3%	1.9
Ch07	노사협의회	1	1	1	1	2	4	5	15	7.3%	2.1
Ch08	노동위원회	1	1	1	1	2	4	4	14	6.8%	2.0
Ch09	기타 법령	2	2	2	2	2	8	4	22	10.7%	3.1

● 민법
▶ 회별 최다 출제항목: 권리의 변동(7문), 계약각론(3.7문), 채권의 효력(3.6문) 순이다.

		구 분	2019	2020	2021	2022	2023	2024	2025	누계	출제비율	회별출제
제1편 민법총칙	Ch01	민법 서론	-	-	-	-	-	-	-	-	-	-
	Ch02	권리 일반	1	-	-	1	-	-	1	3	1.5%	0.4
	Ch03	권리의 주체	2	3	2	2	2	3	3	17	8.3%	2.4
	Ch04	권리의 객체	1	1	1	1	1	1	1	7	3.4%	1.0
	Ch05	권리의 변동	7	6	7	6	7	9	7	49	23.9%	7.0
	Ch06	기 간	-	-	1	1	1	-	1	4	2.0%	0.6
	Ch07	소멸시효	1	1	1	1	1	2	2	9	4.4%	1.3
제2편 채권총론	Ch01	채권법 서론	-	-	-	-	-	-	-	-	-	-
	Ch02	채권의 목적	-	1	-	1	-	-	1	3	1.5%	0.4
	Ch03	채권의 효력	4	4	4	1	4	5	3	25	12.2%	3.6
	Ch04	다수당사자의 채권관계	-	1	1	1	1	2	1	7	3.4%	1.0
	Ch05	채권양도와 채무인수	2	1	1	-	1	2	2	9	4.4%	1.3
	Ch06	채권의 소멸	-	1	-	2	-	2	3	8	3.9%	1.1
제3편 채권각론	Ch01	계약총론	2	1	3	3	3	5	6	23	11.2%	3.3
	Ch02	계약각론	3	3	2	2	3	7	6	26	12.7%	3.7
	Ch03	법정채권관계	2	2	2	2	2	3	2	15	7.3%	2.1

최근 7개년 출제경향

2026 시대에듀 EBS 공인노무사 1차 민법

● 사회보험법
▶ 회별 최다 출제항목 : 고용보험법(7.3문), 산업재해보상보험법(7문), 징수법(5.1문) 순이다.

구분		2019	2020	2021	2022	2023	2024	2025	누계	출제비율	회별출제
Ch01	사회보장기본법	4	3	3	4	3	3	3	23	11.2%	3.3
Ch02	고용보험법	5	7	6	6	7	10	10	51	24.9%	7.3
Ch03	산업재해보상보험법	6	6	6	6	6	10	9	49	23.9%	7.0
Ch04	국민연금법	2	2	2	2	2	5	5	20	9.8%	2.9
Ch05	국민건강보험법	3	2	2	2	4	6	7	26	12.7%	3.7
Ch06	징수법	5	5	6	5	3	6	6	36	17.6%	5.1

● 경제학원론
▶ 회별 최다 출제항목 : 인플레이션과 실업(4.7문), 시장이론(3.7문), 생산요소시장과 소득분배(3.6문) 순이다.

구분		2019	2020	2021	2022	2023	2024	2025	누계	출제비율	회별출제
Ch01	수요와 공급	3	2	1	2	2	4	3	17	8.3%	2.4
Ch02	소비자이론	2	2	1	1	1	1	4	12	5.9%	1.7
Ch03	생산자이론	3	1	1	1	3	4	2	15	7.3%	2.1
Ch04	시장이론	2	3	6	2	3	6	4	26	12.7%	3.7
Ch05	생산요소시장과 소득분배	3	3	3	5	3	3	5	25	12.2%	3.6
Ch06	시장과 효율성	2	2	3	2	-	-	3	12	5.9%	1.7
Ch07	국민소득결정이론	1	3	3	3	1	3	3	17	8.3%	2.4
Ch08	거시경제의 균형	3	2	2	1	2	3	2	15	7.3%	2.1
Ch09	거시경제안정화정책	1	1	1	1	-	-	-	4	2.0%	0.6
Ch10	미시적 기초	-	2	1	1	2	1	5	12	5.9%	1.7
Ch11	인플레이션과 실업	3	3	2	5	6	7	7	33	16.1%	4.7
Ch12	경기변동과 경제성장	-	-	1	-	1	5	-	7	3.4%	1.0
Ch13	국제경제학	2	1	-	1	1	3	2	10	4.9%	1.4

● 경영학개론
▶ 회별 최다 출제항목 : 조직구조와 조직행위(5문), 마케팅(4문), 재무관리(3.9문) 순이다.

구분		2019	2020	2021	2022	2023	2024	2025	누계	출제비율	회별출제
Ch01	경영의 기초	-	1	-	-	-	-	-	1	0.5%	0.1
Ch02	경영의 역사	1	-	2	1	-	3	-	7	3.4%	1.0
Ch03	경영환경	-	-	-	-	1	1	-	2	1.0%	0.3
Ch04	기업형태 및 기업집중	1	1	1	-	1	-	2	6	2.9%	0.9
Ch05	경영목표와 의사결정	1	-	1	-	1	-	-	3	1.5%	0.4
Ch06	경영관리론	-	-	-	1	1	1	1	4	2.0%	0.6
Ch07	전략수립과 전략실행	1	2	1	2	1	1	3	11	5.4%	1.6
Ch08	조직구조와 조직행위	4	6	4	3	6	7	5	35	17.1%	5.0
Ch09	인사관리와 노사관계관리	4	1	3	3	-	5	4	20	9.8%	2.9
Ch10	생산관리	-	2	2	3	4	6	7	24	11.7%	3.4
Ch11	마케팅	4	3	3	4	3	5	6	28	13.7%	4.0
Ch12	재무관리	3	3	4	4	1	6	6	27	13.2%	3.9
Ch13	경영정보시스템	2	3	1	2	2	2	-	12	5.9%	1.7
Ch14	회계학	4	3	3	2	4	3	6	25	12.2%	3.6

제1편 민법총칙

Chapter 01 민법 서론
제1절 서 설 · 004
제2절 민법의 법원 · 005
제3절 민법의 기본원리 · 009
Chapter 01 실전대비문제 · 010

Chapter 02 권리 일반
제1절 법률관계와 권리·의무 · 012
제2절 신의성실의 원칙 · 015
Chapter 02 실전대비문제 · 024

Chapter 03 권리의 주체
제1절 서 설 · 027
제2절 자연인 · 030
제3절 법 인 · 052
Chapter 03 실전대비문제 · 082

Chapter 04 권리의 객체
제1절 서 설 · 091
제2절 물 건 · 091
제3절 동산과 부동산 · 093
제4절 주물과 종물 · 095
제5절 원물과 과실 · 097
Chapter 04 실전대비문제 · 099

Chapter 05 권리의 변동
제1절 서 설 · 104
제2절 법률행위 · 106
제3절 의사표시 · 121
제4절 법률행위의 대리 · 142
제5절 법률행위의 무효와 취소 · 167
제6절 법률행위의 부관 · 181
Chapter 05 실전대비문제 · 189

Chapter 06 기 간
제1절 기 간 · 222
Chapter 06 실전대비문제 · 225

Chapter 07 소멸시효
제1절 소멸시효 · 227
Chapter 07 실전대비문제 · 246

제2편 채권총론

Chapter 01 채권법 서론
제1절 채권법의 의의 · 256
제2절 채권의 목적(급부) · 257
제3절 채무의 내용(채무구조론) · 258
Chapter 01 실전대비문제 · 261

Chapter 02 채권의 목적
제1절 특정물채권 · 262
제2절 종류채권 · 264
제3절 금전채권 · 266
제4절 이자채권 · 269
제5절 선택채권 · 273
제6절 임의채권 · 276
Chapter 02 실전대비문제 · 278

Chapter 03 채권의 효력
제1절 서 설 · 281
제2절 채무불이행의 유형과 그 효과 · 281
제3절 채권의 대외적 효력(제3자에 의한 채권침해) · 308
제4절 책임재산의 보전 · 310
Chapter 03 실전대비문제 · 333

Chapter 04 다수당사자의 채권관계
- 제1절 서 설 · · · · · · · · · · · · · · · 347
- 제2절 분할채권관계 · · · · · · · · · · · 347
- 제3절 불가분채권관계 · · · · · · · · · 349
- 제4절 연대채무 · · · · · · · · · · · · · 351
- 제5절 보증채무 · · · · · · · · · · · · · 360
- Chapter 04 실전대비문제 · · · · · · · 374

Chapter 05 채권양도와 채무인수
- 제1절 채권의 양도 · · · · · · · · · · · 379
- 제2절 채무의 인수 · · · · · · · · · · · 387
- Chapter 05 실전대비문제 · · · · · · · 394

Chapter 06 채권의 소멸
- 제1절 서 설 · · · · · · · · · · · · · · · 400
- 제2절 변 제 · · · · · · · · · · · · · · · 400
- 제3절 대물변제 · · · · · · · · · · · · · 414
- 제4절 공 탁 · · · · · · · · · · · · · · · 417
- 제5절 상 계 · · · · · · · · · · · · · · · 421
- 제6절 기타 채권의 소멸원인 · · · · · 429
- Chapter 06 실전대비문제 · · · · · · · 431

Chapter 02 계약각론
- 제1절 증 여 · · · · · · · · · · · · · · · 494
- 제2절 매 매 · · · · · · · · · · · · · · · 498
- 제3절 교 환 · · · · · · · · · · · · · · · 517
- 제4절 소비대차 · · · · · · · · · · · · · 518
- 제5절 사용대차 · · · · · · · · · · · · · 523
- 제6절 임대차 · · · · · · · · · · · · · · 524
- 제7절 고 용 · · · · · · · · · · · · · · · 544
- 제8절 도 급 · · · · · · · · · · · · · · · 546
- 제8절의2 여행계약 · · · · · · · · · · · 554
- 제9절 현상광고 · · · · · · · · · · · · · 556
- 제10절 위 임 · · · · · · · · · · · · · · 558
- 제11절 임 치 · · · · · · · · · · · · · · 563
- 제12절 조 합 · · · · · · · · · · · · · · 568
- 제13절 종신정기금 · · · · · · · · · · · 576
- 제14절 화 해 · · · · · · · · · · · · · · 578
- Chapter 02 실전대비문제 · · · · · · · 579

Chapter 03 법정채권관계
- 제1절 사무관리 · · · · · · · · · · · · · 597
- 제2절 부당이득 · · · · · · · · · · · · · 602
- 제3절 불법행위 · · · · · · · · · · · · · 617
- Chapter 03 실전대비문제 · · · · · · · 639

제3편 채권각론

Chapter 01 계약총론
- 제1절 서 설 · · · · · · · · · · · · · · · 440
- 제2절 계약의 성립 · · · · · · · · · · · 442
- 제3절 계약의 효력 · · · · · · · · · · · 450
- 제4절 계약의 해제와 해지 · · · · · · 465
- Chapter 01 실전대비문제 · · · · · · · 481

# 공인노무사 1차

민법

이론 + 실전대비문제

CHAPTER 01   민법 서론

CHAPTER 02   권리 일반

CHAPTER 03   권리의 주체

CHAPTER 04   권리의 객체

CHAPTER 05   권리의 변동

CHAPTER 06   기 간

CHAPTER 07   소멸시효

PART 1

민법총칙

CHAPTER 01 민법 서론

제1절 서 설

I 민법의 의의

민법은 형식적으로 민법이라는 이름의 성문법전, 즉 민법전을 가리키지만, 실질적으로는 법질서 안에서의 지위에 착안하여 모든 사람들에게 일반적으로 적용되는 사법, 즉 일반사법을 말한다.

II 민법의 성질

1. 사법으로서의 민법

(1) 공법과 사법

법을 공법과 사법으로 구별하는 경우, 통설인 주체설(국가나 공공단체 상호 간 또는 이들과 사인 간의 관계는 공법관계, 사인 간의 관계는 사법관계로 보는 견해)에 의하면 민법은 사법에 속한다.

(2) 사법의 내용

사법(私法)으로서 민법의 내용에는 재산관계와 가족관계가 포함되어 있으며, 재산관계를 규율하는 법을 재산법(물권법, 채권법)이라 하고, 가족관계를 규율하는 법을 가족법(친족·상속법)이라 한다.

2. 일반사법으로서의 민법

민법은 일반법으로 사람·사항·장소 등에 특별한 제한 없이 일반적으로 적용되는 법이다. 한편 특정한 사람·사항·장소에 관하여만 적용되는 사법을 특별사법이라 한다. 일반법과 특별법을 구별하는 실익은 일반법과 특별법이 충돌되면 특별법 우선의 원칙에 따라 특별법이 먼저 적용되고, 특별법이 규율하지 않는 사항에 대하여 일반법이 적용된다는 점이다.

3. 실체법

민법은 실체법으로 직접 법률관계 자체, 즉 권리·의무에 관하여 규율하는 법이다. 이에 반하여 절차법은 권리·의무를 실현하는 절차를 정하는 법으로 민사소송법, 민사집행법, 가사소송법 등이 있다.

Ⅲ 민법의 형식

1. 형식적 의미의 민법
1958.2.22 제정·공포되어 1960.1.1 시행되고 있는 민법전을 의미한다.

2. 실질적 의미의 민법
특별사법 및 절차법을 제외한 모든 사람들에게 일반적으로 적용되는 사법, 즉 일반사법을 의미한다.

3. 형식적 의미의 민법이지만 실질적 의미의 민법은 아닌 것
민법전에 규정되어 있으나 민사에 관한 법률관계를 규율하지 않고, 그 내용이 행정벌이나 절차법에 관한 것인 경우가 있다.

(1) 행정벌
법인의 이사, 감사, 청산인에 대한 벌칙규정(민법 제97조)

(2) 절차법
강제이행에 관한 규정(민법 제389조)

제2절 민법의 법원(法源)

> **법원(민법 제1조)** 기출 14
> 민사에 관하여 '법률'에 규정이 없으면 '관습법'에 의하고 관습법이 없으면 '조리'에 의한다.

Ⅰ 의 의

1. 개 념
일반적으로 법원이란 법의 존재형식 내지 법을 인식하는 근거가 되는 자료로서의 의미를 갖는다.

2. 성문법과 불문법
성문법은 문장의 형식으로 표현되고 일정한 형식 및 절차에 따라서 제정되는 법이며, 성문법이 아닌 법을 불문법이라 한다.

3. 민법 제1조

(1) 법원의 종류 및 적용순서

민법 제1조는 민법의 법원과 그 적용순서를 정하고 있다. 즉, 법률, 관습법 및 조리를 법원으로 인정하고, 이들의 적용순서에 관하여 1차적으로 법률, 법률이 없으면 관습법, 관습법도 없으면 조리에 의하도록 정하고 있는 것이다.

(2) 민 사

'민사'란 널리 사법관계를 의미한다.

(3) 법 률

민법 제1조의 법률은 형식적 의미의 법률만을 의미하는 것이 아니라 모든 법규범, 즉 성문법을 통칭한다.

Ⅱ 성문민법

성문법에는 법률·명령·대법원규칙·조약·자치법이 있다.

1. 법 률

형식적 의미의 법률을 의미하며, 헌법이 정하는 절차에 따라 제정·공포되는 것이다(헌법 제53조 참조). 여기에는 민법전과 민법전 이외의 법률이 있다.

2. 명 령

국회가 아닌 다른 국가기관이 일정한 절차를 거쳐서 제정하는 법규로 제정권자에 따라서 대통령령·총리령·부령으로 나누어진다. 명령도 민사에 관하여 규정하고 있는 경우 민법의 법원이 된다.

3. 대법원규칙

대법원은 법률에 저촉되지 않는 범위 안에서 소송에 관한 절차, 법원의 내부규칙과 사무처리에 관한 규칙을 제정할 수 있는데(헌법 제108조), 이러한 대법원규칙이 민사에 관한 것이라면 민법의 법원이 된다.

4. 조 약

조약도 민사에 관한 것이라면 법원성이 긍정된다(헌법 제6조 제1항 참조).

5. 자치법

지방자치단체가 법률의 범위 내에서 그의 사무에 관하여 제정하는 조례나 규칙 속에 민사법규를 포함하는 경우에는 민법의 법원이 된다.

Ⅲ 불문민법

불문민법으로는 민법 제1조가 규정하고 있는 관습법과 조리가 있다. 또한 학설상으로 논의되는 판례와 헌법재판소결정에 대하여도 검토한다.

1. 관습법

(1) 관습법의 의의

관습법이란 사회의 거듭된 관행으로 생성한 사회생활규범이 사회의 법적 확신과 인식에 의하여 법적 규범으로 승인·강행되기에 이르는 것을 말하고, 관습법은 바로 법원으로서 법령과 같은 효력을 갖는 관습으로서 법령에 저촉되지 않는 한 법칙으로서의 효력이 있다(대판 1983.6.14. 80다3231). 기출 14

(2) 관습법의 성립

관행의 존재와 그 관행에 대한 일반적인 법적 확신의 취득으로 성립한다. 기출 14·15

[1] 관습법이란 사회의 거듭된 관행으로 생성한 사회생활규범이 사회의 법적 확신과 인식에 의하여 법적 규범으로 승인·강행되기에 이른 것을 말하고, 그러한 관습법은 법원(法源)으로서 법령에 저촉되지 아니하는 한 법칙으로서의 효력이 있는 것이고, 또 사회의 거듭된 관행으로 생성한 어떤 사회생활규범이 법적 규범으로 승인되기에 이르렀다고 하기 위하여는 헌법을 최상위 규범으로 하는 전체 법질서에 반하지 아니하는 것으로서 정당성과 합리성이 있다고 인정될 수 있는 것이어야 하고, 그렇지 아니한 사회생활규범은 비록 그것이 사회의 거듭된 관행으로 생성된 것이라고 할지라도 이를 법적 규범으로 삼아 관습법으로서의 효력을 인정할 수 없다.
[2] 사회의 거듭된 관행으로 생성된 사회생활규범이 관습법으로 승인되었다고 하더라도 사회 구성원들이 그러한 관행의 법적 구속력에 대하여 확신을 갖지 않게 되었다거나, 사회를 지배하는 기본적 이념이나 사회질서의 변화로 인하여 그러한 관습법을 적용하여야 할 시점에 있어서의 전체 법질서에 부합하지 않게 되었다면 그러한 관습법은 법적 규범으로서의 효력이 부정될 수밖에 없다.
[3] 종원의 자격을 성년 남자로만 제한하고 여성에게는 종원의 자격을 부여하지 않는 종래 관습에 대하여 우리 사회 구성원들이 가지고 있던 법적 확신은 상당 부분 흔들리거나 약화되어 있고, 무엇보다도 헌법을 최상위 규범으로 하는 우리의 전체 법질서는 개인의 존엄과 양성의 평등을 기초로 한 가족생활을 보장하고, 가족 내의 실질적인 권리와 의무에 있어서 남녀의 차별을 두지 아니하며, 정치·경제·사회·문화 등 모든 영역에서 여성에 대한 차별을 철폐하고 남녀평등을 실현하는 방향으로 변화되어 왔으며, 앞으로도 이러한 남녀평등의 원칙은 더욱 강화될 것인바, 종중은 공동선조의 분묘수호와 봉제사 및 종원 상호 간의 친목을 목적으로 형성되는 종족단체로서 공동선조의 사망과 동시에 그 후손에 의하여 자연발생적으로 성립하는 것임에도, 공동선조의 후손 중 성년 남자만을 종중의 구성원으로 하고 여성은 종중의 구성원이 될 수 없다는 종래의 관습은, 공동선조의 분묘수호와 봉제사 등 종중의 활동에 참여할 기회를 출생에서 비롯되는 성별만에 의하여 생래적으로 부여하거나 원천적으로 박탈하는 것으로서, 위와 같이 변화된 우리의 전체 법질서에 부합하지 아니하여 정당성과 합리성이 있다고 할 수 없으므로, 종중 구성원의 자격을 성년 남자만으로 제한하는 종래의 관습법은 이제 더 이상 법적 효력을 가질 수 없게 되었다.
[4] 종중이란 공동선조의 분묘수호와 제사 및 종원 상호 간의 친목 등을 목적으로 하여 구성되는 자연발생적인 종족집단이므로, 종중의 이러한 목적과 본질에 비추어 볼 때 공동선조와 성과 본을 같이 하는 후손은 성별의 구별 없이 성년이 되면 당연히 그 구성원이 된다고 보는 것이 조리에 합당하다(대판 2005.7.21. 2002다1178[전합]).

(3) 관습법과 사실인 관습의 차이

1) 법적 확신의 유무
사실인 관습은 사회의 관행에 의하여 발생한 사회생활규범인 점에서 관습법과 같으나 사회의 법적 확신이나 인식에 의하여 법적 규범으로서 승인된 정도에 이르지 않은 것이다(대판 1983.6.14. 80다3231). 기출 05

2) 법적 효력
① 관습법 : 관습법은 바로 법원으로서 법령과 같은 효력을 갖는 관습으로서 법령에 저촉되지 않는 한 법칙으로서의 효력이 있는 것이다(제정법에 대한 열후적·보충적 효력).
② 사실인 관습
  ㉠ 사실인 관습은 법령으로서의 효력이 없는 단순한 관행으로서 법률행위의 당사자의 의사를 보충함에 그치는 것이다.
  ㉡ 사실인 관습은 사적 자치가 인정되는 분야, 즉 그 분야의 제정법이 주로 임의규정일 경우에는 법률행위의 해석기준으로서 또는 의사를 보충하는 기능으로서 이를 재판의 자료로 할 수 있다. 기출 05
  ㉢ 그 분야의 제정법이 주로 강행규정일 경우에는 그 강행규정 자체에 결함이 있거나 강행규정 스스로가 관습에 따르도록 위임한 경우 등 이외에는 법적 효력을 부여할 수 없다.

3) 주장·입증책임
① 관습법은 당사자의 주장·입증을 기다림이 없이 법원이 직권으로 확정하여야 한다. 다만, 관습은 그 존부 자체도 명확하지 않을 뿐만 아니라 그 관습이 사회의 법적 확신이나 법적 인식에 의하여 법적 규범으로까지 승인되었는지의 여부를 가리키는 더욱 어려운 일이므로, 법원이 이를 알 수 없는 경우 결국은 당사자가 이를 주장·입증할 필요가 있다.
② 사실인 관습은 그 존재를 당사자가 주장·입증하여야 한다. 기출 15

2. 조 리

조리란 사물의 본성·자연의 이치를 말하며, 경험칙·사회통념·법의 일반원리 등으로 표현된다. 조리가 법원인지에 대해서는 학설의 대립이 있으나, 판례는 '섭외적 사건에 관하여 외국법규가 적용되는 경우, 법원에 관한 민사상 대원칙에 따라 외국법률, 외국관습법, 조리의 순으로 법원이 되는 것'이라고 판시한 적이 있다(대판 2021.7.8. 2017다218895).

3. 판 례

불문법국가인 영미법계 국가에서는 판례를 중요한 법원으로 보나, 성문법계 국가에서는 판례의 법원성에 대한 견해의 대립이 있다.

4. 헌법재판소결정

헌법재판소의 결정은 법원 기타 국가기관과 지방자치단체를 기속하므로(헌재법 제47조, 제67조, 제75조), 그 결정내용이 민사에 관한 것인 한 민법의 법원으로 된다.

제3절 민법의 기본원리

민법의 기본원리는 사유재산권 존중의 원칙(소유권 절대의 원칙), 계약 자유의 원칙(사적자치의 원칙), 과실책임의 원칙(자기책임의 원칙)을 내용으로 하는 근대민법의 기본원칙과 소유권 공공의 원칙, 계약 공정의 원칙, 무과실책임의 원칙을 내용으로 하는 근대민법의 수정 원칙(현대민법의 원리)으로 구분할 수 있다.

[양자의 비교]

근대민법의 원리	현대민법의 원리(근대민법의 수정원리)
소유권 절대의 원칙(사유재산권 존중의 원칙)	소유권 공공의 원칙
계약 자유의 원칙	계약 공정의 원칙
과실책임의 원칙	무과실책임의 원칙

핵심문제

01 관습법과 사실인 관습에 관한 설명으로 옳지 않은 것은?(다툼이 있으면 판례에 따름)  17

① 관습법은 법원(法源)으로서 법령에 저촉되지 않는 한, 법칙으로서의 효력이 있다.
② 미등기무허가건물의 매수인은 그 소유권이전등기를 경료하지 않으면 건물의 소유권을 취득할 수 없지만, 소유권에 준하는 관습상의 물권이 인정될 수는 있다.
③ 종중의 명칭사용이 그에 관한 관습에 어긋난다고 하여도, 그러한 사실만으로 그 종중의 실체를 부인할 수는 없다.
④ 사실인 관습은 사적 자치가 인정되는 분야의 제정법이 임의규정인 경우에는 법률행위의 해석기준이 되므로, 이를 재판의 자료로 할 수 있다.
⑤ 제정법규와 배치되는 사실인 관습의 효력을 인정하려면, 그러한 관습을 인정할 수 있는 당사자의 주장과 증명이 있어야 할 뿐만 아니라 그 관습이 임의규정에 관한 것인지 여부를 심리·판단해야 한다.

[해설]
① (○) 대판 1983.6.14. 80다3231
② (×) 미등기무허가건물의 양수인이라도 그 소유권이전등기를 경료하지 않는 한 그 건물의 소유권을 취득할 수 없고, 소유권에 준하는 관습상의 물권이 있다고도 할 수 없으며, 현행법상 사실상의 소유권이라고 하는 포괄적인 권리 또는 법률상의 지위를 인정하기도 어렵다 (대판 2006.10.27. 2006다49000).
③ (○) 대판 2002.6.28. 2001다5295
④ (○) 대판 1983.6.14. 80다3231
⑤ (○) 대판 1983.6.14. 80다3231

정답 ②

CHAPTER 01 민법 서론

01 기출 14 ☑ 확인Check! ○ △ ×

관습법 등에 관한 설명으로 옳지 않은 것은?(다툼이 있는 경우에는 판례에 의함)

① 관습법상 미분리 과실에 관한 공시방법이 인정된다.
② 공동선조와 성과 본을 같이 하는 후손인 여성은 성년이 되면 종중의 구성원이 된다.
③ 관습법이 법규범으로서 효력이 인정되기 위해서는 전체 법질서에 부합하여야 한다.
④ 민사에 관하여 법률에 규정이 없으면 조리에 의하고 조리가 없으면 관습법에 의한다.
⑤ 관습법은 사회의 거듭된 관행이 사회구성원의 법적 확신에 의하여 법규범으로 승인된 것이다.

정답 및 해설

01

① (○) 수목의 집단이나 미분리 과실에 대하여 관습상 인정되는 공시방법은 명인방법이다.
② (○) 종중이란 공동선조의 분묘수호와 제사 및 종원 상호 간의 친목 등을 목적으로 하여 구성되는 자연발생적인 종족집단이므로, 종중의 이러한 목적과 본질에 비추어 볼 때 공동선조와 성과 본을 같이 하는 후손은 성별의 구별 없이 성년이 되면 당연히 그 구성원이 된다고 보는 것이 조리에 합당하다(대판 2005.7.21. 2002다1178[전합]).
③ (○) 사회의 거듭된 관행으로 생성된 사회생활규범이 관습법으로 승인되었다고 하더라도 사회 구성원들이 그러한 관행의 법적 구속력에 대하여 확신을 갖지 않게 되었다거나, 사회를 지배하는 기본적 이념이나 사회질서의 변화로 인하여 그러한 관습법을 적용하여야 할 시점에 있어서의 전체 법질서에 부합하지 않게 되었다면 그러한 관습법은 법적 규범으로서의 효력이 부정될 수밖에 없다(대판 2005.7.21. 2002다1178[전합]).
④ (×) 민사에 관하여 법률에 규정이 없으면 관습법에 의하고 관습법이 없으면 조리에 의한다(민법 제1조).
⑤ (○) 대판 2005.7.21. 2002다1178[전합]

정답 ④

02 기출 15

민법의 법원(法源)에 관련한 설명으로 옳지 않은 것은?(다툼이 있는 경우에는 판례에 의함)

① 일단 성립한 관습법이라도 사회 구성원들이 그 관행의 법적 구속력에 대해 확신을 갖지 않게 되면 그 효력이 부정된다.
② 관습법이 헌법에 위반될 때에는 법원(法院)이 그 효력을 부인할 수 있다.
③ 민법 제1조(法源)에서의 '법률'은 국회가 제정한 법률만을 의미한다.
④ 사실인 관습은 그 존재를 당사자가 주장·입증하여야 한다.
⑤ 임의규정과 다른 관습이 있는 경우에 당사자의 의사가 명확하지 아니한 때에는 그 관습에 의한다.

02

① (O) 사회의 거듭된 관행으로 생성된 사회생활규범이 관습법으로 승인되었다고 하더라도 사회 구성원들이 그러한 관행의 법적 구속력에 대하여 확신을 갖지 않게 되었다거나, 사회를 지배하는 기본적 이념이나 사회질서의 변화로 인하여 그러한 관습법을 적용하여야 할 시점에 있어서의 전체 법질서에 부합하지 않게 되었다면 그러한 관습법은 법적 규범으로서의 효력이 부정될 수밖에 없다(대판 2005.7.21. 2002다1178[전합]).
② (O) 헌법 제111조 제1항 제1호 및 헌법재판소법 제41조 제1항에서 규정하는 위헌심사의 대상이 되는 법률은 국회의 의결을 거친 이른바 형식적 의미의 법률을 의미하고, 또한 민사에 관한 관습법은 법원에 의하여 발견되고 성문의 법률에 반하지 아니하는 경우에 한하여 보충적인 법원(法源)이 되는 것에 불과하여(민법 제1조) 관습법이 헌법에 위반되는 경우 법원이 그 관습법의 효력을 부인할 수 있으므로 결국 관습법은 헌법재판소의 위헌법률심판의 대상이 아니라 할 것이다(대결 2009.5.28. 2007카기134).
③ (×) 민법 제1조에서의 법률은 국회에서 제정된 고유한 의미의 법률뿐만 아니라 널리 성문법 또는 제정법 전체를 의미하는 것으로, 대통령의 긴급명령이나 위임명령도 이에 포함된다.
④ (O) 대판 2013.10.24. 2011다110685
⑤ (O) 민법 제106조

정답 ③

CHAPTER 02 권리 일반

제1절 법률관계와 권리·의무

Ⅰ 법률관계

1. 의 의
법률관계는 인(人)의 생활관계 중 법규범에 의하여 규율되는 생활관계를 말한다(통설).

2. 내 용
법률관계가 아니면 법률관계 고유의 법적효과가 발생하지 않는다. 따라서 법률관계는 구체적으로 권리와 의무로 나타난다.

Ⅱ 권리·의무 및 구별개념

1. 권 리

(1) 의 의

권리란 통설(권리법력설)에 의하면, 법익을 향유하기 위하여 법에서 허용하는 힘이라 할 수 있다.

(2) 구별개념

1) 권 능

권능은 일반적으로 권리의 내용을 이루는 개개의 법률상의 힘을 말한다(소유권의 내용인 사용·수익·처분 권능 등).

2) 권 한

타인을 위하여 일정한 행위를 하고, 그로 인한 법률효과를 타인에게 발생할 수 있게 하는 법률상의 자격이나 지위를 말한다(대리권, 대표권, 부재자재산관리인의 재산관리권 등).

3) 권 원

권원이란 일정한 법률상 또는 사실상 행위를 하는 것을 정당화 할 수 있는 법률상의 원인을 말한다(임차권은 타인의 부동산에 자기의 물건을 부속하여 그 부동산을 이용할 수 있는 법률상의 권원이 있다).

4) 반사적 이익

법률이 특정인 또는 일반인에게 어떤 행위를 명하거나 금지함으로써 다른 특정인 또는 일반인이 그 반사적 효과로서 받는 이익을 말한다.

2. 의 무

(1) 의 의
의무란 의무자의 의사와는 무관하게 법에 의하여 강요되는 법률상의 구속을 말한다.

(2) 권리와의 관계
보통 의무는 권리와 표리관계를 이루며 서로 대응하나, 언제나 권리와 의무가 상응하는 것은 아니다.

(3) 구별개념 : 간접의무(책무)
간접의무는 법이 규정한 대로 따르지 않은 경우 법이 정한 일정한 불이익을 받지만, 이행을 청구하거나 소구하는 것이 허용되지 않고, 불이행하는 경우에도 손해배상청구도 할 수 없다는 점에서 의무 또는 채무와 구별된다.

Ⅲ 사권의 분류

1. 작용(효력)에 따른 분류

지배권	• 권리의 객체를 직접 지배할 수 있는 권리 • 물권뿐만 아니라 무체재산권, 친권, 인격권 등이 이에 해당
청구권	• 특정인이 다른 특정인에 대하여 일정한 행위를 요구할 수 있는 권리로 채권이 대표적임
항변권	• 상대방의 청구권은 인정하나, 그 작용만을 저지하는 권리 • 연기적 항변권 : 상대방의 권리행사를 일시적으로 저지하는 권리로, 동시이행항변권, 보증인의 최고·검색의 항변권이 이에 해당 • 영구적 항변권 : 상대방의 권리행사를 영구적으로 저지하는 권리로, 한정상속인의 한정승인의 항변권 등이 이에 해당
형성권	• 권리자의 일방적인 의사표시에 의하여 곧바로 법률관계의 변동(발생, 변경, 소멸)이 발생하는 권리 • 형성권에는 권리에 대응하는 의무가 없음 • 형성권은 조건에 친하지 않으나, 예외적으로 정지조건부 해제는 유효(대판 1992.8.18. 92다5928) • 형성권 행사의 의사표시는 철회를 할 수 없는 것이 원칙
	권리자의 일방적 의사표시만으로 효과가 발생하는 형성권(대부분)	• 동의권(민법 제5조, 제13조), 취소권(민법 제140조 이하), 추인권(민법 제143조 이하) • 계약의 해지·해제권(민법 제543조) • 상계권(민법 제492조) • 일방예약의 완결권(민법 제564조) • 약혼해제권(민법 제805조) • 상속포기권(민법 제1041조)
	법원의 확정판결이 있어야만 법률효과가 발생하는 형성권	• 채권자취소권(민법 제406조) • 친생부인권(민법 제846조) 등
	실질이 형성권임에도 불구하고 청구권으로 불리는 것	• 공유물분할청구권(민법 제268조) • 지상물매수청구권(민법 제283조 제2항, 제643조, 제644조, 제285조 제2항) • 부속물매수청구권(민법 제316조 제2항, 제646조, 제647조) • 지료(민법 제286조)·전세금(민법 제312조의2)·차임(민법 제628조)의 증감청구권 등

2. 내용에 따른 분류

인격권	• 권리자 자신을 객체로 하는 것으로 권리자와 분리할 수 없는 권리 • 생명권, 신체권, 초상권, 자유권, 명예권 등
가족권 (신분권)	• 친족관계에서 발생하는 신분적 이익을 내용으로 하는 권리 • 친권, 징계권, 부부 간의 동거청구권, 협력부조권, 친족간 부양청구권, 상속권 등
사원권	• 단체의 구성원이 그 구성원의 지위에서 단체에 대하여 갖는 권리 • 의결권, 업무집행감독권, 이익배당청구권 등
재산권	• 금전으로 평가될 수 있는 경제적 이익을 내용으로 하는 권리 • 물권, 채권, 무체재산권, 위자료청구권 등

핵심문제

01 신의성실의 원칙에 관한 설명으로 옳지 않은 것은?(다툼이 있으면 판례에 따름) 변리 22

① 채권자가 유효하게 성립한 계약에 따른 급부의 이행을 청구하는 때에 법원이 급부의 일부를 감축하는 것은 원칙적으로 허용되지 않는다.
② 아파트 분양자는 아파트 단지 인근에 공동묘지가 조성되어 있는 사실을 분양계약자에게 고지할 신의칙상의 의무를 부담한다.
③ 경제상황의 변동으로 당사자에게 손해가 생기더라도 합리적인 사람의 입장에서 사정변경을 예견할 수 있었다면 사정변경을 이유로 계약을 해제할 수 없다.
④ 법령에 위반되어 무효임을 알면서도 법률행위를 한 자가 강행법규 위반을 이유로 그 무효를 주장하는 것은 신의칙에 반한다.
⑤ 취득시효완성 사실을 모르고 해당 토지에 관하여 어떠한 권리도 주장하지 않기로 약속한 후, 이에 반하여 취득시효주장을 하는 것은 특별한 사정이 없는 한 신의칙상 허용되지 않는다.

【해설】
① (○) 대판 2016.12.1. 2016다240543
② (○) 대판 2007.6.1. 2005다5812
③ (○) 대판 2017.6.8. 2016다249557
④ (×) 민법상 신의성실의 원칙은 법률관계의 당사자는 상대방의 이익을 배려하여 형평에 어긋나거나, 신뢰를 저버리는 내용 또는 방법으로 권리를 행사하거나 의무를 이행하여서는 아니 된다는 추상적 규범으로서, 신의성실의 원칙에 위배된다는 이유로 그 권리의 행사를 부정하기 위하여는 상대방에게 신의를 공여하였다거나, 객관적으로 보아 상대방이 신의를 가짐이 정당한 상태에 있어야 하고, 이러한 상대방의 신의에 반하여 권리를 행사하는 것이 정의관념에 비추어 용인될 수 없는 정도의 상태에 이르러야 하며, 또한 특별한 사정이 없는 한, 법령에 위반되어 무효임을 알고서도 그 법률행위를 한 자가 강행법규 위반을 이유로 무효를 주장한다 하여 신의칙 또는 금반언의 원칙에 반하거나 권리남용에 해당한다고 볼 수는 없다(대판 2001.5.15. 99다53490).
⑤ (○) 대판 1998.5.22. 96다24101

정답 ④

3. 기타의 분류

(1) 절대권(대세권)과 상대권(대인권)

1) 절대권

모든 자에게 주장할 수 있는 권리로 물권, 지적재산권, 친권, 인격권이 이에 해당한다.

2) 상대권

특정인에 대해서만 주장할 수 있는 권리로 채권이 이에 해당한다.

(2) 일신전속권과 비전속권

1) 일신전속권

이에는 ① 행사상의 일신전속권과 ② 귀속상의 일신전속권의 두 가지가 있다.

2) 비전속권

대부분의 재산권이 이에 해당하며 양도, 상속, 대위, 대리가 가능한 권리이다.

(3) 주된 권리와 종된 권리

주된 권리는 독립성을 가지는 권리를 말하고, 종된 권리는 다른 권리에 종속된 권리를 말한다.

(4) 기대권

권리가 발생하기 위한 요건 중 일부만을 갖추어 장래 남은 요건이 갖추어지면 권리를 취득할 수 있는 상태에 대하여 법이 보호해 주는 것을 말한다.

제2절 신의성실의 원칙

I 신의성실의 원칙

> **신의성실(민법 제2조)**
> ① 권리의 행사와 의무의 이행은 신의에 좇아 성실히 하여야 한다.
> ② 권리는 남용하지 못한다.

1. 의 의

신의성실의 원칙이란 법률관계의 당사자가 상대방의 이익을 배려하여 형평에 어긋나거나 신뢰를 저버리는 내용 또는 방법으로 권리를 행사하거나 의무를 이행하여서는 아니 된다는 추상적 규범을 말한다.

- 법률관계의 한쪽 당사자가 상대방에게 신의를 공여하였거나 객관적으로 보아 상대방이 신의를 가짐이 정당한 상태에 있음에도, 이러한 상대방의 신의에 반하는 주장을 하거나 권리를 행사하는 것이 정의 관념에 비추어 용인될 수 없는 정도의 상태에 이른 경우 신의성실의 원칙 위배를 이유로 그 일방의 주장을 배척하거나 권리행사를 부정할 수 있다(대판 2024.3.28. 2019다25370).

> - 당사자의 권리행사가 신의칙에 비추어 용납할 수 없는 것인 때에는 이를 부정하는 것이 예외적으로 허용될 수 있을 것이나 일단 유효하게 성립한 계약상 책임을 공평의 이념 및 신의칙과 같은 일반원칙에 의하여 제한하는 것은 자칫하면 사적자치의 원칙이나 법적 안정성에 대한 중대한 위협이 될 수 있으므로 신중을 기하여 가능한 한 예외적으로 인정하여야 한다(대판 2024.4.4, 2022다239131).

2. 연 원
로마법에 연원을 두고 주로 채권법 영역에서 발전하였다.

3. 강행규정
판례는 "신의성실의 원칙에 반하는 것 또는 권리남용은 강행규정에 위배되는 것이므로 당사자의 주장이 없더라도 법원은 직권으로 판단할 수 있다"고 판시하였다(대판 1998.8.21, 97다37821). 기출 18·22

4. 적용범위
신의성실의 원칙은 재산법뿐만 아니라 가족법, 강제집행법, 소송법, 행정법규 등 공법 영역, 노동법 등에도 포괄적으로 적용된다(통설·판례).

5. 관련 판례

> **신의성실의 원칙 위반 여부**
> 지목이 도로인 토지의 지분을 보유하고 있던 갑 교회와 을 교회가 위 도로를 통해서만 공로로 출입할 수 있는 인접건물과 그 대지의 소유자인 병 주식회사를 상대로 자신들이 위 도로의 지분을 보유한 기간 동안 병 회사가 위 도로를 통행하면서 법률상 원인 없이 사용료에 해당하는 이익을 얻고 자신들에게 그 지분에 해당하는 손해를 입게 하였다며 부당이득 반환을 구한 경우, 갑 교회와 을 교회 또는 위 도로지분의 종전 소유자가 도로지분을 취득할 당시부터 주위토지 또는 인접대지의 소유자에게 위 도로를 무상으로 통행에 제공하기로 용인하였다고 보기 어렵고, 을 교회가 위 인접대지에 건축허가를 받으면서 위 도로에 대한 도로 지정·공고로 건축법 제44조 제1항 본문의 접도의무를 충족하게 되었다는 사정이나 갑 교회와 을 교회가 위 인접건물과 대지의 종전 소유자로부터 도로의 사용료를 지급받지 않았다는 사정만으로는 위 부당이득반환청구가 신의성실의 원칙에 반한다고 볼 수 없으므로 갑 교회와 을 교회가 위 도로를 무상으로 통행에 제공하기로 용인하였다고 단정하여 위 부당이득반환청구가 신의성실의 원칙에 위배된다고 본 원심판단에는 법리오해 등의 잘못이 있다(대판 2020.10.29, 2018다228868).
>
> **신의칙상 고지의무**
> - 부동산 거래에 있어 거래 상대방이 일정한 사정에 관한 고지를 받았더라면 그 거래를 하지 않았을 것임이 경험칙상 명백한 경우에는 신의성실의 원칙상 사전에 상대방에게 그와 같은 사정을 고지할 의무가 있으며, 그와 같은 고지의무의 대상이 되는 것은 직접적인 법령의 규정뿐 아니라 널리 계약상, 관습상 또는 조리상의 일반원칙에 의하여도 인정될 수 있고, 일단 고지의무의 대상이 되는 사실이라고 판단되는 경우 이미 알고 있는 자에 대하여는 고지할 의무가 별도로 인정될 여지가 없지만, 상대방에게 스스로 확인할 의무가 인정되거나 거래관행상 상대방이 당연히 알고 있을 것으로 예상되는 예외적인 경우가 아닌 한, 실제 그 대상이 되는 사실을 알지 못하였던 상대방에 대하여는 비록 알 수 있었음에도 알지 못한 과실이 있다 하더라도 그 점을 들어 추후 책임을 일부 제한할 여지가 있음은 별론으로 하고 고지할 의무 자체를 면하게 된다고 할 수는 없다(대판 2007.6.1, 2005다5812).
> - [1] 아파트 분양자는 아파트 단지 인근에 쓰레기 매립장이 건설예정인 사실을 분양계약자에게 고지할 신의칙상 의무를 부담한다.
>   [2] 고지의무 위반은 부작위에 의한 기망행위에 해당하므로 원고들로서는 기망을 이유로 분양계약을 취소하고 분양대금의 반환을 구할 수도 있고 분양계약의 취소를 원하지 않을 경우 그로 인한 손해배상만을 청구할 수도 있다.

[3] 아파트 분양자가 아파트 단지 인근에 쓰레기 매립장이 건설예정인 사실을 분양계약자에게 고지하지 않은 경우, 그 후 부동산 경기의 상승에 따라 아파트의 시가가 상승하여 분양가격을 상회하는데도, 분양계약자의 손해액을 쓰레기 매립장 건설을 고려한 아파트의 가치 하락액 상당으로 본다(대판 2006.10.12, 2004다48515).

신의칙상 보호의무
- 병원은 병실에의 출입자를 통제·감독하든가 그것이 불가능하다면 최소한 입원환자에게 휴대품을 안전하게 보관할 수 있는 시정장치가 있는 사물함을 제공하는 등으로 입원환자의 휴대품 등의 도난을 방지함에 필요한 적절한 조치를 강구하여 줄 신의칙상의 보호의무가 있다고 할 것이다(대판 2003.4.11, 2002다63275).
- 사용자는 근로계약에 수반되는 신의칙상의 부수적 의무로서 피용자가 노무를 제공하는 과정에서 생명, 신체, 건강을 해치는 일이 없도록 인적·물적 환경을 정비하는 등 필요한 조치를 강구하여야 할 보호의무를 부담하고, 이러한 보호의무를 위반함으로써 피용자가 손해를 입은 경우 이를 배상할 책임이 있다(대판 2001.7.27, 99다56734).
- 숙박업자는 고객에게 위험이 없는 안전하고 편안한 객실 및 관련시설을 제공함으로써 고객의 안전을 배려하여야 할 보호의무를 부담하며 이러한 의무는 숙박계약의 특수성을 고려하여 신의칙상 인정되는 부수적인 의무에 해당한다(대판 1994.1.28, 93다43590).

II 사정변경의 원칙

1. 의 의

사정변경의 원칙이란 법률행위 당시의 기초가 된 객관적 사정의 현저한 변화로 최초에 약정한 내용을 당사자에게 강제하는 것이 형평에 어긋나게 되어 신의칙상 계약을 변경하거나, 해제 또는 해지할 수 있게 하도록 하는 원칙으로 신의칙의 파생원칙 중 하나이다.

2. 사정변경의 원칙의 적용요건

① 법률행위 당시의 기초가 된 객관적 사정의 현저한 변경이 있을 것, ② 사정변경에 해제권을 취득하는 당사자에게 귀책사유가 없을 것, ③ 법률행위 당시 사정변경을 예견할 수 없었을 것. 판례는 사정변경에 대한 예견가능성이 있었는지는 추상적·일반적으로 판단할 것이 아니라, 여러 사정을 종합적으로 고려하여 개별적으로 판단하여야 하고, 이때 합리적인 사람의 입장에서 볼 때 당사자들이 사정변경을 예견했다면 계약을 체결하지 않거나 다른 내용으로 체결했을 것이라고 기대되는 경우 특별한 사정이 없는 한 예견가능성이 없다고 볼 수 있다고 한다(대판 2021.6.30, 2019다276338). ④ 종전의 계약관계를 유지하는 것이 법률행위 당사자에게 심히 부당할 것 등의 요건을 요한다.

3. 관련 판례

(1) 일시적 계약

사정변경을 원인으로 하는 계약해제
이른바 '사정변경으로 인한 계약해제'는 계약성립 당시 당사자가 예견할 수 없었던 현저한 사정의 변경이 발생하였고 그러한 사정의 변경이 해제권을 취득하는 당사자에게 책임 없는 사유로 생긴 것으로서, 계약내용대로의 구속력을 인정한다면 신의칙에 현저히 반하는 결과가 생기는 경우에 계약준수 원칙의 예외로서 인정되는 것이고(대판 2012.1.27, 2010다85881), 여기서 말하는 사정이라 함은 계약의 기초가 되었던 객관적인 사정으로서, 일방당사자의 주관적 또는 개인적인 사정을 의미하는 것은 아니라 할 것이다(대판 2007.3.29, 2004다31302). 기출 22

가격등귀의 사정변경 해당 여부
매수인이 애초에 계약할 당시의 금액표시대로 잔대금을 제공한다면, 그 동안에 앙등한 매매 목적물의 가격에 비하여 그것이 현저히 균형을 잃은 이행이 되는 경우라 하더라도, 민법상 매도인으로 하여금 사정변경의 원리를 내세워서 그 매매계약을 해제할 수 있는 권리는 생기지 아니한다(대판 1963.9.12. 63다452).

(2) 계속적 계약

사정변경으로 인한 계약해지
이른바 '사정변경으로 인한 계약해지'는 계약성립 당시 당사자가 예견할 수 없었던 현저한 사정의 변경이 발생하였고 그러한 사정의 변경이 해지권을 취득하는 당사자에게 책임 없는 사유로 생긴 것으로서, 계약내용대로의 구속력을 인정한다면 신의칙에 현저히 반하는 결과가 생기는 경우에 계약준수 원칙의 예외로서 인정되는 것이고(대판 2011.6.24. 2008다44368), 여기서 말하는 사정이라 함은 계약의 기초가 되었던 객관적인 사정으로서, 일방당사자의 주관적 또는 개인적인 사정을 의미하는 것은 아니라 할 것이다(대판 2007.3.29. 2004다31302). 따라서 계약의 성립에 기초가 되지 아니한 사정이 그 후 변경되어 일방 당사자가 계약 당시 의도한 계약 목적을 달성할 수 없게 됨으로써 손해를 입게 되었다 하더라도 특별한 사정이 없는 한 그 계약 내용의 효력을 그대로 유지하는 것이 신의칙에 반한다고 볼 수 없다(대판 2013.9.26. 2013다26746[전합]).

근보증
판례는 계속적 계약 중의 하나인 근보증의 경우 사정변경을 이유로 근보증계약의 해지를 명시적으로 인정하고 있다(대판 2000.3.10. 99다61750).

차임불증액 특약이 있는 경우 차임증액청구
임대차계약에 있어서 차임불증액의 특약이 있더라도 그 약정 후 그 특약을 그대로 유지시키는 것이 신의칙에 반한다고 인정될 정도의 사정변경이 있다고 보여지는 경우에는 형평의 원칙상 임대인에게 차임증액청구를 인정하여야 한다(대판 1996.11.12. 96다34061). 기출 13·18·22

임대차계약의 해지
갑이 주택건설사업을 위한 견본주택 건설을 목적으로 임대인 을과 토지에 관하여 임대차계약을 체결하면서 임대차계약서에 특약사항으로 위 목적을 명시하였는데, 지방자치단체장으로부터 가설건축물축조신고반려통보 등을 받고 위 토지에 견본주택을 건축할 수 없게 되자, 갑이 을을 상대로 임대차계약의 해지 및 임차보증금 반환을 구한 경우, 견본주택 건축은 위 임대차계약 성립의 기초가 된 사정인데, 견본주택을 건축할 수 없어 갑이 임대차계약을 체결한 목적을 달성할 수 없게 되었고, 위 임대차계약을 그대로 유지하는 것은 갑과 을 사이에 중대한 불균형을 초래하는 경우에 해당하므로, 위 임대차계약은 갑의 해지통보로 적법하게 해지되었고, 을이 갑에게 임대차보증금을 반환할 의무가 있다(대판 2020.12.10. 2020다254846).

알선업무계약의 해지
갑 등이 해외이주 알선업체인 을 주식회사와 미국 비숙련 취업이민을 위한 알선업무계약을 체결한 후 이민허가를 받고 이에 따라 을 회사에 국외알선 수수료를 모두 지급하였는데, 주한 미국대사관이 갑 등에 대한 이민비자 인터뷰에서 추가 행정검토(Administrative Processing) 및 이민국 이송(Transfer in Progress) 결정을 하여 비자발급 절차가 진행되지 않고 중단된 경우, 위 계약은 성립의 기초가 되었던 비자발급 절차나 기간에 관한 사정이 현저히 변경되었고, 당사자가 계약의 성립 당시 이를 전혀 예견할 수 없었으며, 계약을 유지해도 체결한 목적을 달성할 수 없거나 당사자의 이해에 중대한 불균형을 초래하는 경우에 해당하므로, 갑 등은 사정변경을 이유로 위 계약을 해지할 수 있다(대판 2021.6.30. 2019다276338).

Ⅲ 권리남용금지의 원칙

1. 신의칙과의 관계

학설은 ① 권리행사가 신의칙에 반하는 경우에는 권리남용이 된다는 견해(다수설), ② 권리남용금지는 신의칙의 파생원칙이라는 견해 등이 있으나, 판례는 다수설과 같이 "권리행사가 신의성실에 반하는 경우에는 권리남용이 된다"고 설시하고 있다(대판 2007.1.25. 2005다67233).

2. 적용범위

소권, 항변권, 형성권의 행사 등도 권리남용이 될 수 있고, 소멸시효의 완성을 주장하는 것도 권리남용이 될 수 있으며, 확정판결에 기한 권리를 행사하는 것도 경우에 따라서는 권리남용이 될 수 있다.

3. 권리남용 성립요건

(1) 객관적 요건

권리남용이 성립하기 위해서는 ① 행사할 권리가 존재하여야 하며, ② 권리의 행사라고 볼 수 있는 행위가 존재하여야 하고, ③ 권리행사로 권리행사자의 이익과 그로 인하여 침해되는 상대방의 이익 사이에 현저한 불균형이 있어야 한다. 즉 그 권리행사가 사회질서에 위반된다고 볼 수 있어야 한다.

(2) 주관적 요건

판례는 권리남용이 성립하기 위해서는 통설의 태도와는 달리 그 권리행사의 목적이 오직 상대방에게 고통을 주고 손해를 입히려는 데 있을 뿐 권리를 행사하는 사람에게 아무런 이익이 없는 경우라는 주관적 요건이 필요하다고 보고 있다. 다만, 이러한 주관적 요건은 권리자의 정당한 이익을 결여한 권리행사로 보이는 객관적 사정으로 추인할 수 있다고 한다(대판 2023.3.13. 2022다293999).

> 권리행사가 권리의 남용에 해당한다고 할 수 있으려면, 주관적으로는 그 권리행사의 목적이 오직 상대방에게 고통을 주고 손해를 입히려는 데 있을 뿐 권리를 행사하는 사람에게 아무런 이익이 없는 경우이어야 하고, 객관적으로는 그 권리행사가 사회질서에 위반된다고 볼 수 있어야 하는 것이며, 이와 같은 경우에 해당하지 않는 한 비록 그 권리의 행사에 의하여 권리행사자가 얻는 이익보다 상대방이 입을 손해가 현저히 크다고 하여도 그러한 사정만으로는 이를 권리남용이라 할 수 없다고 할 것이다(대판 2002.9.4. 2002다22083).

4. 권리남용의 효과

권리자의 권리 자체가 소멸되는 것은 아니다. 단지 청구권의 행사가 권리남용으로 인정되면 법에 의한 조력을 받지 못하게 되고, 상대방에게 항변권이 생기게 되는 것이며, 형성권의 경우에는 권리자의 권리행사에 따른 법적 효과가 발생하지 않게 되는 것이다.

5. 관련 판례

(1) 채무자의 소멸시효완성 주장

채무자의 소멸시효에 기한 항변권의 행사도 우리 민법의 대원칙인 신의성실의 원칙과 권리남용금지의 원칙의 지배를 받는 것이어서, 채무자가 시효완성 전에 채권자의 권리행사나 시효중단을 불가능 또는 현저히 곤란하게 하였거나, 그러한 조치가 불필요하다고 믿게 하는 행동을 하였거나, 객관적으로 채권자가 권리를 행사할 수 없는 장애사유가 있었거나, 또는 일단 시효완성 후에 채무자가 시효를 원용하지 아니할 것 같은 태도를 보여 권리자로 하여금 그와 같이 신뢰하게 하였거나, 채권자보호의 필요성이 크고, 같은 조건의 다른 채권자가 채무의 변제를 수령하는 등의 사정이 있어 채무이행의 거절을 인정함이 현저히 부당하거나 불공평하게 되는 등의 특별한 사정이 있는 경우에는 채무자가 소멸시효의 완성을 주장하는 것이 신의성실의 원칙에 반하여 권리남용으로서 허용될 수 없다(대판 2005.5.13. 2004다71881). **기출 22**

(2) 공로부지 소유자의 토지인도청구

어떤 토지가 개설경위를 불문하고 일반 공중의 통행에 공용되는 도로, 즉 공로가 되면 그 부지의 소유권 행사는 제약을 받게 되며, 이는 소유자가 수인하여야만 하는 재산권의 사회적 제약에 해당한다. 따라서 공로부지의 소유자가 이를 점유·관리하는 지방자치단체를 상대로 공로로 제공된 도로의 철거, 점유 이전 또는 통행금지를 청구하는 것은 법질서상 원칙적으로 허용될 수 없는 '권리남용'이라고 보아야 한다(대판 2021.10.14. 2021다242154).

(3) 통행로부지 소유자의 통행금지청구

갑 등이 취득한 빌딩과 을 등이 구분소유하는 빌딩 사이에 을 등의 빌딩에 출입하는 사람과 인근 주민들이 통행로로 사용하는 부지가 있고, 그중 대부분이 갑 등의 빌딩 부지에 포함되어 있는데, 갑이 을 등을 상대로 위 통행로 중 갑 등의 소유 부분에 대한 통행금지를 구한 경우, 제반 사정에 비추어 갑 등이 을 등에 대해서만 선별적·자의적으로 통행을 금지하는 것은 소유권의 행사에 따른 실질적 이익도 없이 단지 상대방의 통행의 자유에 대한 침해라는 고통과 손해만을 가하는 것이 되어 법질서상 원칙적으로 허용될 수 없는 '권리남용'이라고 볼 여지가 크다(대판 2023.3.13. 2022다293999).

(4) 수취은행의 상계

송금의뢰인이 착오송금임을 이유로 거래은행을 통하여 혹은 수취은행에 직접 송금액의 반환을 요청하고, 수취인도 송금의뢰인의 착오송금에 의하여 수취인의 계좌에 금원이 입금된 사실을 인정하여 수취은행에 그 반환을 승낙하고 있는 경우, 수취은행이 수취인에 대한 대출채권 등을 자동채권으로 하여 수취인의 계좌에 착오로 입금된 금원 상당의 예금채권과 상계하는 것은 수취은행이 선의인 상태에서 수취인의 예금채권을 담보로 대출을 하여 그 자동채권을 취득한 것이라거나 그 예금채권이 이미 제3자에 의하여 압류되었다는 등의 특별한 사정이 없는 한, 송금의뢰인에 대한 관계에서 신의칙에 반하거나 상계에 관한 권리를 남용하는 것이다. 수취인의 계좌에 착오로 입금된 금원 상당의 예금채권이 이미 제3자에 의하여 압류되었다는 특별한 사정이 있어 수취은행이 수취인에 대한 대출채권 등을 자동채권으로 하여 수취인의 그 예금채권과 상계하는 것이 허용되더라도 이는 피압류채권액의 범위 내에서만 가능하고, 그 범위를 벗어나는 상계는 신의칙에 반하거나 권리를 남용하는 것으로서 허용되지 않는다(대판 2022.7.14. 2020다212958).

Ⅳ 모순행위금지의 원칙(금반언의 원칙)

1. 의 의
권리자의 권리행사가 그의 종전의 행동과 모순되는 경우에는 그러한 권리행사는 허용되지 않는다는 원칙을 말한다.

2. 적용 요건
① 행위자의 선행행위가 있을 것
② 상대방은 선행행위로 인하여 정당한 신뢰를 형성하였을 것, 즉 상대방의 보호가치 있는 신뢰가 있을 것
③ 행위자가 선행행위와 모순되는 후행행위를 하였을 것

3. 판 례

(1) 금반언 내지 신의칙에 반하는 사례

본인으로부터 부동산을 상속받은 무권대리인의 무권대리행위 주장
甲이 대리권 없이 乙소유의 부동산을 丙에게 매도하여 소유권이전등기를 마쳐주었다면 그 매매계약은 무효이고 이에 터잡은 이전등기 역시 무효가 되나, 甲은 乙의 무권대리인으로서 민법 제135조 제1항의 규정에 의하여 매수인 丙에게 부동산에 대한 소유권이전등기를 이행할 의무가 있으므로 그러한 지위에 있는 甲이 乙로부터 부동산을 상속받아 그 소유자가 되며 소유권이전등기이행의무를 이행하는 것이 가능하게 된 시점에서 자신이 소유자라고 하여 자신으로부터 부동산을 전전매수한 丁에게 원래 자신의 매매행위가 무권대리행위여서 무효였다는 이유로 丁 앞으로 경료된 소유권이전등기가 무효의 등기라고 주장하여 그 등기의 말소를 청구하거나 부동산의 점유로 인한 부당이득의 반환을 구하는 것은 금반언의 원칙이나 신의성실의 원칙에 반하여 허용될 수 없다(대판 1994.9.27. 94다20617). 기출 14·15·17·18

스스로 행한 강행법규 위반행위의 무효주장(허용되지 않는 예외적인 경우)
단체협약 등 노사합의의 내용이 근로기준법의 강행규정을 위반하여 무효인 경우에, 그 무효를 주장하는 것이 신의칙에 위배되는 권리의 행사라는 이유로 이를 배척한다면, 강행규정으로 정한 입법 취지를 몰각시키는 결과가 될 것이므로, 그러한 주장은 신의칙에 위배된다고 볼 수 없음이 원칙이다. 그러나 노사합의의 내용이 근로기준법의 강행규정을 위반한다고 하여 그 노사합의 무효 주장에 대하여 예외 없이 신의칙의 적용이 배제되는 것은 아니다. 위에서 본 신의칙을 적용하기 위한 일반적인 요건을 갖춤은 물론, 근로기준법의 강행규정성에도 불구하고 신의칙을 우선하여 적용하는 것을 수긍할만한 특별한 사정이 있는 예외적인 경우에 한하여, 그 노사합의의 무효를 주장하는 것은 신의칙에 위배되어 허용될 수 없다(대판 2019.4.23. 2016다37167).

(2) 금반언 내지 신의칙에 반하지 아니하는 사례

스스로 행한 강행법규 위반행위의 무효주장
강행법규에 위반하여 무효인 수익보장약정이 투자신탁회사가 먼저 고객에게 제의함으로써 체결된 것이라고 하더라도, 이러한 경우에 강행법규를 위반한 투자신탁회사 스스로가 그 약정의 무효를 주장함이 신의칙에 위배되는 권리의 행사라는 이유로 그 주장을 배척한다면, 이는 오히려 강행법규에 의하여 배제하려는 결과를 실현시키는 셈이 되어 입법취지를 완전히 몰각하게 되므로, 달리 특별한 사정이 없는 한 위와 같은 주장이 신의성실의 원칙에 반하는 것이라고 할 수 없다(대판 1999.3.23. 99다4405). 기출 13·18·22

> **상속포기 후의 상속권 주장**
> 유류분을 포함한 상속의 포기는 상속이 개시된 후 일정한 기간 내에만 가능하고, 가정법원에 신고 하는 등 일정한 절차와 방식을 따라야만 그 효력이 있으므로, 상속인이 상속개시 전인 피상속인의 생존시에 피상속인에 대하여 상속을 포기하기로 약정하였다고 하더라도, 상속개시 후에 자신의 상속권을 주장하는 것은 정당한 권리행사로서 신의칙에 반하지 않는다(대판 1998.7.24. 98다9021).
>
> **인지포기 후의 인지청구권 행사**
> 인지청구권은 포기할 수 없고, 포기하였다 하더라도 효력이 발생할 수 없고, 한편 인지청구권을 조정이나 화해로 포기하였다고 하더라도 인지청구가 금반언의 원칙에 반하거나 권리남용에 해당한다고 할 수 없다(대판 1999.10.8. 98므1698).

Ⅴ 실효의 원칙

1. 의 의

실효의 원칙이란 권리자가 실제로 권리를 행사할 수 있는 기회가 있어서 그 권리를 행사할 수 있었음에도 불구하고 상당한 기간이 경과하도록 그 권리를 행사하지 아니하여 의무자인 상대방으로서도 이제는 권리자가 권리를 행사하지 아니할 것으로 신뢰할 만한 정당한 기대를 가지게 된 경우에 새삼스럽게 권리자가 그 권리를 행사하는 것은 법질서 전체를 지배하는 신의성실의 원칙에 위배되어 허용되지 아니한다는 것을 의미한다(대판 2011.4.28. 2010다89654). 이 원칙의 근거는 신의칙상의 모순행위금지의 원칙에서 찾을 수 있어, 신의칙의 파생원칙으로 이해하는 것이 일반적이다.

2. 적용 요건

① 권리자가 실제로 권리를 행사할 수 있는 기대가능성이 있었음에도 불구하고
② 상당한 기간이 경과하도록 권리를 행사하지 않았을 것
③ 의무자인 상대방으로서도 이제는 권리자의 권리 불행사를 신뢰할 만한 정당한 기대를 가지게 되었을 것
④ 그럼에도 불구하고 권리자가 새삼스럽게 권리를 행사하는 것일 것

3. 적용범위

판례는 사법상 권리뿐만 아니라 공법상 권리, 근로관계상의 권리, 소권, 항소권 등 소송법상 권리 등에도 적용될 수 있다고 한다(대판 1996.7.30. 94다51840). **기출 12**

> 비록 친자관계의 직접 당사자인 호적상 부모가 사망한 때로부터 오랜 기간 경과한 후에 소를 제기하였다 하더라도 그것만으로 신의칙에 반하는 소송행위라고 볼 수는 없다 할 것이므로, 달리 특별한 사정이 없는 한 친생자관계부존재확인의 소가 소권의 남용이라는 명목으로 쉽게 배척되어서는 안 될 것이다(대판 2004.6.24. 2004므405).

4. 관련 판례

(1) 권리의 실효를 인정한 사례

해제권의 실효
매도인에게 해제권이 발생하였음에도 불구하고 오랫동안 행사하지 않고 있어서 매수인으로서는 더 이상 매도인이 해제권을 행사하지 않을 것이라는 신뢰를 갖게 된 경우 매도인의 해제권 행사는 신의성실의 원칙에 반하여 허용되지 아니하고, 다시 매매계약을 해제하기 위해서는 다시 이행제공을 하면서 최고를 하여야 한다(대판 1994.11.25. 94다12234).

소권의 실효
회사로부터 <u>퇴직금을 수령하고 징계면직처분에 대해 전혀 다툼이 없이 다른 생업에 종사해 오다가 징계면직일로부터 2년 10개월이 지난 때에 제기한 해고무효확인의 소는 실효의 원칙에 비추어 허용될 수 없다</u>(대판 2000.4.25. 99다34475). **기출** 12

(2) 권리의 실효를 부정한 사례

점유자에 대한 부당이득반환청구권
<u>토지소유자가 그 점유자에 대하여 장기간 적극적으로 권리를 행사하지 아니하였다는 사정만으로는 부당이득반환청구권이 이른바 실효의 원칙에 따라 소멸하였다고 볼 수 없다</u>(대판 2002.1.8. 2001다60019). **기출** 12

인지청구권
인지청구권은 본인의 일신전속적인 신분관계상의 권리로서 포기할 수도 없으며 포기하였더라도 그 효력이 발생할 수 없는 것이고, 이와 같이 <u>인지청구권의 포기가 허용되지 않는 이상 거기에 실효의 법리가 적용될 여지도 없다</u>(대판 2001.11.27. 2001므1353). **기출** 18

송전선철거청구
<u>송전선이 토지 위를 통과하고 있다는 점을 알고서 토지를 취득하였다고 하여 소유권의 행사가 제한된 상태를 용인하였다고 할 수 없으므로, 그 취득자의 송전선철거청구 등의 권리행사는 신의성실의 원칙에 반하지 않는다. 또한 종전 토지 소유자가 자신의 권리를 행사하지 않았다는 사정은 그 토지의 소유권을 적법하게 취득한 새로운 권리자에게 실효의 원칙을 적용함에 있어서 고려하여야 할 것은 아니다</u>(대판 1995.8.25. 94다27069).

CHAPTER 02 권리 일반

01 기출 25

신의성실의 원칙에 관한 설명으로 옳은 것을 모두 고른 것은?(다툼이 있으면 판례에 따름)

> ㄱ. 부작위에 의한 불법행위 성립의 전제가 되는 법적 작위의무는 신의칙상 작위의무가 기대되는 경우에도 인정될 수 있다.
> ㄴ. 사용자가 피용자의 불법행위로 인하여 사용자책임을 지는 경우, 피용자에 대하여 행사하는 구상권은 신의칙을 근거로 제한될 수 있다.
> ㄷ. 상계권의 행사가 상계제도의 목적이나 기능을 일탈하고 법적으로 보호받을 만한 가치가 없는 경우에는 신의칙에 반하여 허용되지 않고, 이 경우 일반적인 권리남용에서 요구되는 주관적 요건을 필요로 하는 것은 아니다.

① ㄱ
② ㄴ
③ ㄱ, ㄷ
④ ㄴ, ㄷ
⑤ ㄱ, ㄴ, ㄷ

정답 및 해설

01

ㄱ. (○) 부작위에 의한 불법행위가 성립하기 위해서는 작위의무가 있는 자의 부작위가 인정되어야 한다. 여기서 작위의무는 법적인 의무이어야 하는데 그 근거가 법령, 법률행위, 선행행위로 인한 경우는 물론이고 신의성실의 원칙이나 사회상규 혹은 조리상 작위의무가 기대되는 경우에도 법적인 작위의무가 인정될 수는 있다(대판 2023.11.16. 2022다265994).

ㄴ. (○) 사용자가 피용자의 업무집행으로 행해진 불법행위로 인하여 직접 손해를 입었거나 또는 사용자로서의 손해배상책임을 부담한 결과로 손해를 입게 된 경우에는 사용자는 그 사업의 성격과 규모, 사업시설의 상황, 피용자의 업무내용, 근로조건이나 근무태도, 가해행위의 상황, 가해행위의 예방이나 손실의 분산에 관한 사용자의 배려정도 등의 제반사정에 비추어 손해의 공평한 분담이라는 견지에서 신의칙상 상당하다고 인정되는 한도 내에서만 피용자에 대하여 위와 같은 손해의 배상이나 구상권을 행사할 수 있다(대판 1987.9.8. 86다카1045).

ㄷ. (○) 상계권을 행사함에 이른 구체적·개별적 사정에 비추어, 그것이 상계 제도의 목적이나 기능을 일탈하고, 법적으로 보호받을 만한 가치가 없는 경우에는, 그 상계권의 행사는 신의칙에 반하거나 상계에 관한 권리를 남용하는 것으로서 허용되지 않는다고 함이 상당하고, 상계권 행사를 제한하는 위와 같은 근거에 비추어 볼 때 일반적인 권리남용의 경우에 요구되는 주관적 요건을 필요로 하는 것은 아니다(대판 2003.4.11. 2002다59481).

정답 ⑤

02 기출 22

신의성실의 원칙에 관한 설명으로 옳지 않은 것은?(다툼이 있으면 판례에 따름)

① 신의칙은 당사자의 주장이 없더라도 법원이 직권으로 그 위반 여부를 판단할 수 있다.
② 사정변경의 원칙에 기한 계약의 해제가 인정되는 경우, 그 사정에는 계약의 기초가 된 객관적 사정만이 포함된다.
③ 임대차계약에 차임을 증액하지 않기로 하는 특약이 있더라도 그 특약을 그대로 유지시키는 것이 신의칙에 반한다고 인정될 정도의 사정변경이 있는 경우에는 임대인에게 차임증액청구가 인정될 수 있다.
④ 채무자가 소멸시효 완성을 주장하는 것은 신의칙에 반하여 권리남용으로 될 여지가 없다.
⑤ 강행규정을 위반한 자가 그 위반을 이유로 하여 법률행위 무효를 주장하는 것은 신의칙위반으로 될 수 있다.

02

① (○) 대판 2015.3.20. 2013다88829
② (○) 사정변경으로 인한 계약해제는 계약성립 당시 당사자가 예견할 수 없었던 현저한 사정의 변경이 발생하였고 그러한 사정의 변경이 해제권을 취득하는 당사자에게 책임 없는 사유로 생긴 것으로서, 계약내용대로의 구속력을 인정한다면 신의칙에 현저히 반하는 결과가 생기는 경우에 계약준수 원칙의 예외로서 인정되는 것이고, 여기서 말하는 사정이라 함은 계약의 기초가 되었던 객관적인 사정으로서, 일방당사자의 주관적 또는 개인적인 사정을 의미하는 것은 아니라 할 것이다(대판 2007.3.29. 2004다31302).
③ (○) 대판 1996.11.12. 96다34061
④ (×) 채무자의 소멸시효에 기한 항변권의 행사도 우리 민법의 대원칙인 신의성실의 원칙과 권리남용금지의 원칙의 지배를 받는 것이어서, 채무자가 시효완성 전에 채권자의 권리행사나 시효중단을 불가능 또는 현저히 곤란하게 하였거나, 그러한 조치가 불필요하다고 믿게 하는 행동을 하였거나, 객관적으로 채권자가 권리를 행사할 수 없는 장애사유가 있었거나, 또는 일단 시효완성 후에 채무자가 시효를 원용하지 아니할 것 같은 태도를 보여 권리자로 하여금 그와 같이 신뢰하게 하였거나, 채권자보호의 필요성이 크고, 같은 조건의 다른 채권자가 채무의 변제를 수령하는 등의 사정이 있어 채무이행의 거절을 인정함이 현저히 부당하거나 불공평하게 되는 등의 특별한 사정이 있는 경우에는 채무자가 소멸시효의 완성을 주장하는 것이 신의성실의 원칙에 반하여 권리남용으로서 허용될 수 없다(대판 2005.5.13. 2004다71881).
⑤ (×) 강행법규를 위반한 자가 스스로 강행법규에 위배된 약정의 무효를 주장하는 것이 신의칙에 위반되는 권리의 행사라는 이유로 그 주장을 배척한다면, 이는 오히려 강행법규에 의하여 배제하려는 결과를 실현시키는 셈이 되어 입법 취지를 완전히 몰각하게 되므로 달리 특별한 사정이 없는 한 위와 같은 주장은 신의칙에 반하는 것이라고 할 수 없다(대판 2011.3.10. 2007다17482).

정답 ④ · ⑤

03 기출 18

신의성실의 원칙에 관한 설명으로 옳은 것은?(다툼이 있으면 판례에 따름)

① 인지청구권의 포기는 허용되지 않지만, 인지청구권에는 실효의 법리가 적용될 수 있다.
② 임대차계약 당사자가 차임을 증액하지 않기로 약정한 경우, 사정변경의 원칙에 따라 차임을 증액할 수 없다.
③ 신의성실의 원칙에 반한다는 것을 당사자가 주장하지 않더라도 법원은 직권으로 판단할 수 있다.
④ 취득시효완성 후 그 사실을 모르고 권리를 주장하지 않기로 하였다가 후에 시효주장을 하는 것은 특별한 사정이 없는 한 신의칙상 허용된다.
⑤ 강행법규를 위반한 약정을 한 사람이 스스로 그 약정의 무효를 주장하는 것은 신의칙상 허용되지 않는다.

03

① (×) 인지청구권은 본인의 일신전속적인 신분관계상의 권리로서 포기할 수도 없으며 포기하였더라도 그 효력이 발생할 수 없는 것이고, 이와 같이 인지청구권의 포기가 허용되지 않는 이상 거기에 실효의 법리가 적용될 여지도 없다(대판 2001.11.27. 2001므1353).
② (×) 임대차계약에 있어서 차임불증액의 특약이 있더라도 그 약정 후 그 특약을 그대로 유지시키는 것이 신의칙에 반한다고 인정될 정도의 사정변경이 있다고 보여지는 경우에는 형평의 원칙상 임대인에게 차임증액청구를 인정하여야 한다(대판 1996.11.12. 96다34061).
③ (○) 대판 2015.3.20. 2013다88829
④ (×) 취득시효 완성 후에 그 사실을 모르고 당해 토지에 관하여 어떠한 권리도 주장하지 않기로 하였다 하더라도 이에 반하여 시효주장을 하는 것은 특별한 사정이 없는 한 신의칙상 허용되지 않는다(대판 1998.5.22. 96다24101).
⑤ (×) 강행법규에 위반한 자가 스스로 그 약정의 무효를 주장하는 것이 신의칙에 위반되는 권리의 행사라는 이유로 그 주장을 배척한다면, 이는 오히려 강행법규에 의하여 배제하려는 결과를 실현시키는 셈이 되어 입법취지를 완전히 몰각하게 되므로 달리 특별한 사정이 없는 한 위와 같은 주장은 신의칙에 반하는 것이라고 할 수 없다(대판 2009.4.9. 2008다1521).

정답 ③

CHAPTER 03 권리의 주체

제1절 서 설

Ⅰ 권리의 주체

권리의 주체는 법에 의하여 권리를 향유할 수 있는 힘을 부여받은 자를 말하며, 법적 인격 또는 법인격이라고도 한다. 민법상 권리의 주체로 자연인과 법인이 있다.

Ⅱ 민법상 능력

민법상 능력에 관한 규정은 모두 강행규정이다.

1. 권리능력

권리능력은 권리·의무의 주체가 될 수 있는 자격을 말한다. 우리 민법상 권리능력자는 '모든 살아 있는 사람'(자연인)과 '법인'으로 법정·획일화되어 있다.

2. 의사능력

(1) 의 의

의사능력이란 자신의 행위의 의미나 결과를 정상적인 인식력과 예기력을 바탕으로 합리적으로 판단할 수 있는 정신적 능력 내지는 지능을 말한다.

(2) 판단 기준

어떤 법률행위가 그 일상적인 의미만을 이해하여서는 알기 어려운 특별한 법률적인 의미나 효과가 부여되어 있는 경우 의사능력이 인정되기 위하여는 그 행위의 일상적인 의미뿐만 아니라 법률적인 의미나 효과에 대하여도 이해할 수 있을 것을 요한다고 보아야 하고, 의사능력의 유무는 구체적인 법률행위와 관련하여 개별적으로 판단되어야 할 것이다(대판 2006.9.22. 2006다29358).

(3) 의사무능력의 효과

1) 무 효

의사능력이 없으면 이에 대한 명문규정이 없더라도 무효이다. 의사무능력을 이유로 법률행위의 무효를 주장하는 측은 그에 대하여 증명책임을 부담하며(대판 2022.12.1. 2022다261237), 이 경우 무효의 주장은 의사무능력자뿐만 아니라 상대방도 할 수 있다(통설). 기출 25

2) 의사무능력자의 부당이득반환범위

> [1] 무능력자의 책임을 제한하는 민법 제141조 단서는 부당이득에 있어 수익자의 반환범위를 정한 민법 제748조의 특칙으로서 무능력자의 보호를 위해 그 선의·악의를 묻지 아니하고 반환범위를 현존 이익에 한정시키려는 데 그 취지가 있으므로, 의사능력의 흠결을 이유로 법률행위가 무효가 되는 경우에도 유추적용되어야 할 것이나, 법률상 원인 없이 타인의 재산 또는 노무로 인하여 이익을 얻고 그로 인하여 타인에게 손해를 가한 경우에 그 취득한 것이 금전상의 이득인 때에는 그 금전은 이를 취득한 자가 소비하였는가의 여부를 불문하고 현존하는 것으로 추정되므로, 위 이익이 현존하지 아니함은 이를 주장하는 자, 즉 의사무능력자 측에 입증책임이 있다. 기출 25
>
> [2] 의사무능력자가 자신이 소유하는 부동산에 근저당권을 설정해 주고 금융기관으로부터 금원을 대출받아 이를 제3자에게 대여한 사안에서, 대출로써 받은 이익이 위 제3자에 대한 대여금채권 또는 부당이득반환채권의 형태로 현존하므로, 금융기관은 대출거래약정 등의 무효에 따른 원상회복으로서 위 대출금 자체의 반환을 구할 수는 없더라도 현존 이익인 위 채권의 양도를 구할 수 있다고 본 사례(대판 2009.1.15. 2008다58367).

핵심문제

01 사용자 甲이 의사능력이 없는 상태에서 乙과 근로계약을 체결하였다. 이에 관한 설명으로 옳은 것은?(다툼이 있으면 판례에 의함) 기출 18

① 甲은 乙과의 근로계약을 취소할 수 있다.
② 甲이 의사무능력 상태에서 乙과의 근로계약을 추인하더라도 그 계약은 무효이다.
③ 甲이 의사무능력을 회복한 후에 추인하면, 다른 약정이 없더라도 그 근로계약은 소급하여 유효하다.
④ 甲과 乙의 근로계약은 추인여부와 상관없이 甲이 의사능력을 회복한 때로부터 유효하다.
⑤ 甲이 의사능력을 회복한 후에 상당한 기간 내에 취소하지 않으면 근로계약은 유효하다.

【해설】
① (×) 의사무능력자와의 법률행위는 무효이다. 무효의 법률행위는 취소의 대상이 아니다.
② (○) 의사무능력자의 법률행위는 추인할 당시에도 무효원인이 소멸하지 않는 한 그 추인을 하더라도 무효이다.
③ (×) 무효인 법률행위는 추인하여도 그 효력이 생기지 아니한다. 그러나 당사자가 그 무효임을 알고 추인한 때에는 새로운 법률행위로 본다(민법 제139조).
④·⑤ (×) 甲과 乙의 근로계약은 확정적 무효이다.

정답 ②

3. 행위능력

행위능력이란 단독으로 완전하고 유효하게 법률행위를 할 수 있는 능력을 말한다. 행위능력이 없는 자를 제한능력자라고 하며, 제한능력자는 객관적으로 법정·획일화되어 있다. 행위능력이 없으면 취소사유가 된다(민법 제5조 제2항, 제10조 제1항, 제13조 제4항). 기출 13

4. 책임능력

책임능력은 자기의 행위에 대한 책임을 변식할 수 있는 능력을 말한다. 책임능력은 의사능력과 마찬가지로 구체적·개별적으로 판단한다. 책임능력이 없으면 불법행위책임 또는 채무불이행책임이 인정되지 아니한다.

핵심문제

01 17세인 甲은 乙 소유의 자전거를 법정대리인의 동의를 얻지 않고 100만원에 구입하기로 乙과 매매계약을 체결하고, 다음 달 대금지급과 동시에 자전거를 건네받기로 하였다. 이에 관한 설명으로 옳지 않은 것은?(다툼이 있으면 판례에 따름)

변리 19

① 甲의 법정대리인은 특별한 사정이 없는 한 매매계약을 취소할 수 있다.
② 甲은 법정대리인의 동의가 없었다는 이유로 자신이 체결한 매매계약을 원칙적으로 취소할 수 없다.
③ 乙은 매매계약을 체결할 당시 甲이 17세라는 것을 알았던 경우에도 甲의 법정대리인에게 매매계약을 추인할 것인지 여부의 확답을 촉구할 수 있다.
④ 甲이 매매계약에 대하여 법정대리인의 동의서를 위조하였고, 乙이 이를 믿고 계약을 체결한 경우, 甲의 법정대리인도 매매계약을 취소할 수 없다.
⑤ 매매계약을 체결할 당시 甲이 17세라는 것을 乙이 알았던 경우, 乙은 매매계약과 관련한 자신의 의사표시를 철회할 수 없다.

[해설]
① (O) 미성년자가 법률행위를 함에 있어서는 법정대리인의 동의를 얻어야 한다. 따라서 甲의 법정대리인은 특별한 사정이 없는 한 동의를 얻지 아니한 甲의 매매계약을 취소할 수 있다(민법 제5조 제2항, 제140조).
② (X) 미성년자의 법률행위에 법정대리인의 동의를 요하도록 하는 것은 강행규정인데, 위 규정에 반하여 이루어진 신용구매계약을 미성년자 스스로 취소하는 것을 신의칙 위반을 이유로 배척한다면, 이는 오히려 위 규정에 의해 배제하려는 결과를 실현시키는 셈이 되어 미성년자제도의 입법취지를 몰각시킬 우려가 있으므로, 법정대리인의 동의 없이 신용구매계약을 체결한 미성년자가 사후에 법정대리인의 동의 없음을 사유로 들어 이를 취소하는 것이 신의칙에 위배된 것이라고 할 수 없다(대판 2007.11.16. 2005다71659). 판례의 취지를 고려할 때 원칙적으로 미성년자 甲은 법정대리인의 동의 없이 체결한 매매계약을 취소할 수 있다.
③ (O) 최고권(민법 제15조)은 악의자도 행사할 수 있다. 따라서 乙은 매매계약을 체결할 당시 甲이 17세라는 것을 알았던 경우에도 甲의 법정대리인에게 매매계약을 추인할 것인지 여부의 확답을 촉구할 수 있다.
④ (O) 미성년자가 속임수로써 법정대리인의 동의서를 위조하여 선의의 乙과 계약을 체결한 경우, 제한능력자인 미성년자 자신이나 그 법정대리인 등은 제한능력을 이유로 법률행위를 취소할 수 없다(민법 제17조 제2항).
⑤ (O) 철회권은 상대방이 계약 당시 제한능력자임을 알았을 경우에는 행사할 수 없으므로(민법 제16조 제1항), 매매계약을 체결할 당시 甲이 17세라는 것을 乙이 알았던 경우, 乙은 매매계약과 관련한 자신의 의사표시를 철회할 수 없다.

정답 ②

제2절 자연인

I 권리능력

> **권리능력의 존속기간(민법 제3조)**
> 사람은 생존하는 동안 권리와 의무의 주체가 된다.

1. 권리능력의 시기
① 권리능력은 사람이 생존하기 시작하는 때, 즉 출생과 함께 시작된다. 출생의 시기에 대해서는 통설은 태아가 모체로부터 완전히 분리된 때에 출생한 것으로 본다(전부노출설).
② 사람이 출생하면 가족관계의 등록 등에 관한 법률상의 절차에 따라 출생신고를 하여야 하는데 이 신고는 보고적 신고에 불과하다.

2. 권리능력의 종기
① 자연인에게 사망(死亡)만이 유일한 권리능력의 소멸사유이며, 인정사망이나 실종선고가 있더라도 당사자가 생존하고 있는 한 권리능력을 잃게 되지는 않는다.
② 사망의 시기에 대해서는 뇌사설이 주장되기는 하나 심장정지설이 통설이다.
③ 사망의 사실 및 시기에 대한 입증책임은 원칙적으로 그것을 전제로 한 법률효과를 주장하는 자가 진다(대판 1995.7.28. 94다42679).

II 태아의 권리능력

> **손해배상청구권에 있어서의 태아의 지위(민법 제762조)**
> 태아는 손해배상의 청구권에 관하여는 이미 출생한 것으로 본다.
>
> **포태중인 자의 인지(민법 제858조)**
> 부는 포태 중에 있는 자에 대하여도 이를 인지할 수 있다.
>
> **상속의 순위(민법 제1000조)**
> ③ 태아는 상속순위에 관하여는 이미 출생한 것으로 본다. 기출 12
>
> **유언과 태아, 상속결격자(민법 제1064조)**
> 제1000조 제3항, 제1004조의 규정은 수증자에 준용한다.

1. 태아보호를 위한 입법주의

민법의 태도에 따르면 태아는 원칙적으로 권리능력이 없지만 구체적 사례에서 개별적으로 이미 출생한 것으로 인정해주는 개별보호주의에 입각하고 있다. 기출 07·10·12

2. 태아의 권리능력

인정되는 것	부정되는 것
두 손·상·유·인 • 불법행위에 기한 손해배상청구권(민법 제762조) : 태아 자신의 손해배상청구권임을 주의 기출 09·12 • 태아자신의 위자료 청구권 인정(민법 제752조)	채무불이행에 기한 손해배상청구권
인지의 대상(민법 제858조)	태아의 인지청구권(통설)
• 상속(민법 제1000조 제3항), 대습상속(민법 제1001조), 사인증여 (민법 제562조) • 유류분(민법 제1118조) • 유증(민법 제1064조)	계약할 수 있는 능력이나 의사표시능력도 원칙적으로 부정된다. 그러나 사인증여의 경우 수증능력이 인정되는지에 대하여 견해 대립이 있으며, 판례는 '생전'증여의 수증능력을 부정한 적이 있음(대판 1982.2.9. 81다534).

3. 태아의 법적 지위[1]

구 분	정지조건설(판례)	해제조건설(다수설)
취득시기	태아는 권리능력을 갖지 못하고, 살아서 출생하면 권리능력을 가지며, 그 시기는 문제되는 시기로 소급(대판 1993.4.27. 93다4663). 기출 12	태아는 문제된 시기에 권리능력을 갖지만, 사산되면 문제된 시기로 소급하여 권리능력이 소멸
법정대리인	태아인 상태에서는 권리능력이 없으므로 법정대리인이 없음 기출 12	태아인 상태에서도 권리능력이 인정되므로 법정대리인이 있음
장 점	거래안전에 유리	태아보호에 유리
출생한 경우	학설대립에 관계없이 권리능력의 취득시기는 문제가 된 사건 발생시로 인식	
사산한 경우	학설대립에 관계없이 처음부터 권리능력을 취득하지 않는 것으로 인식	

---

[1] 태아의 법적 지위에 대한 논의는 우리 민법이 취하고 있는 개별보호주의에 따라 태아의 권리능력이 인정되는 각 경우에 '이미 출생한 것으로 본다.'는 규정을 어떻게 해석할 것인가에 대한 견해의 대립이므로, 이는 태아가 살아서 출생할 것을 전제로 하여 논의되는 것임을 유의하여야 한다.

Ⅲ 동시사망·인정사망

1. 동시사망

> **동시사망(민법 제30조)**
> 2인 이상이 동일한 위난으로 사망한 경우에는 동시에 사망한 것으로 '추정'한다. 기출 07·12

(1) 의 의

2인 이상이 동일한 위난으로 사망한 경우에는 동시에 사망한 것으로 추정한다(민법 제30조).

(2) 요 건

① 2인 이상이 동일한 위난으로 사망한 경우
② 동일하지 않은 위난으로 사망하였으나 그들의 사망시기의 선후를 확정할 수 없는 경우에도, 민법 제30조를 유추적용하여 동시사망을 추정하여야 한다는 것이 다수설이다.

(3) 효 과

① 동시사망 추정규정은 법률상 추정으로 이를 번복하기 위하여는 동일한 위난으로 사망하였다는 전제사실에 대하여 법원의 확신을 흔들리게 하는 반증을 제출하거나 각자 다른 시각에 사망하였다는 점에 대하여 법원에 확신을 줄 수 있는 본증을 제출하여야 한다(대판 1998.8.21. 98다8974).
② 동시사망 추정자 사이에는 상속이 일어나지 않는다. 다만, 그들의 직계비속이나 처가 있는 때에는 그 직계비속이나 처가 대습상속(민법 제1001조)을 한다(대판 2001.3.9. 99다13157).

2. 인정사망

인정사망은 가족관계의 등록 등에 관한 법률상 제도로, 사망의제의 효력은 없다. 즉, 동시사망과 동일하게 사망으로 추정하는 제도이다.

Ⅳ 행위능력 내지 제한능력자제도

1. 의 의

행위능력제도는 근본적으로는 거래안전을 희생시키더라도 제한능력자를 보호하고자 하는 취지의 제도이다. 민법의 개정으로 금치산, 한정치산 제도가 폐지되고 성년후견, 한정후견, 특정후견, 임의후견제도가 2013년 7월 1일부터 시행되었다. 그동안의 민법상 금치산, 한정치산제도는 재산관리에 중점을 두고 능력을 박탈 또는 제한한다는 점에서 제도를 악용하는 사례가 끊이지 않았으며, 이에 변경된 성년후견제도는 능력의 박탈 또는 제한이 아닌 능력지원과 재산관리, 신상보호에 중점을 둔 제도라는 점에 의미가 있다.

2. 미성년자

> **성년(민법 제4조)**
> 사람은 19세로 성년에 이르게 된다.
>
> **미성년자의 능력(민법 제5조)**
> ① 미성년자가 법률행위를 함에는 법정대리인의 동의를 얻어야 한다. 그러나 권리만을 얻거나 의무만을 면하는 행위는 그러하지 아니하다.
> ② 전항의 규정에 위반한 행위는 취소할 수 있다.
>
> **처분을 허락한 재산(민법 제6조)**
> 법정대리인이 범위를 정하여 처분을 허락한 재산은 미성년자가 임의로 처분할 수 있다.
>
> **동의와 허락의 취소(민법 제7조)**
> 법정대리인은 미성년자가 아직 법률행위를 하기 전에는 전2조의 동의와 허락을 취소할 수 있다.
>
> **영업의 허락(민법 제8조)**
> ① 미성년자가 법정대리인으로부터 허락을 얻은 특정한 영업에 관하여는 성년자와 동일한 행위능력이 있다.
> ② 법정대리인은 전항의 허락을 취소 또는 제한할 수 있다. 그러나 선의의 제3자에게 대항하지 못한다.

(1) 성년기

1) 의 의

민법상 19세로 성년이 되며(민법 제4조), 성년에 이르지 않은 자가 미성년자이다. 여기서 19세는 만 나이를 가리키며, 나이는 출생일을 산입하여 역(曆)에 따라 계산한다(민법 제158조, 제160조).

2) 성년의제

① 미성년자가 혼인을 한 때에는 성년자로 본다(민법 제826조의2). 이때의 혼인이 법률혼인지 사실혼인지에 대하여 견해대립이 있으나 통설은 성년시기를 획일적으로 명확하게 하여 거래안전을 보호해야 한다는 점에서 법률혼에 한정하고 있다.
② 성년의제는 민법의 영역에 한정되고 공직선거법, 근로기준법 등 공법이나 기타 사회법에서는 적용되지 않는다.

(2) 행위능력

1) 원 칙

미성년자가 법률행위를 함에는 법정대리인의 동의를 얻어야 하며(민법 제5조 제1항 본문), 법정대리인의 동의 없이 법률행위를 한 때에는 이를 취소할 수 있다(민법 제5조 제2항). **기출 17** 법정대리인의 동의에 관한 입증책임은 미성년자에게 있는 것이 아니라 동의가 있었음을 주장하는 상대방에게 있다(대판 1970.2.24. 69다1568). **기출 08** 미성년자가 법정대리인의 동의 없이 행한 법률행위인지 여부는 명의를 기준으로 형식적으로 판단할 것이 아니라 실질적으로 판단하여야 한다.

2) 예외 – 미성년자가 단독으로 할 수 있는 행위
① 권리만을 얻거나 의무만을 면하는 행위(민법 제5조 제1항 단서)
- 부담 없는 증여나 유증을 받는 경우 기출 05·14
- 채무면제계약에 있어서 채무면제의 청약에 대한 승낙, 의무만을 부담하는 계약의 해제, 이자 없는 소비대차의 해지 등 기출 14·22
- 권리만을 얻는 제3자를 위한 계약의 수익의 의사표시
- 단, 부담부 증여, 미성년자에게 경제적으로 유리한 매매계약을 체결하는 경우 기출 13·03 , 상속의 승인, 변제의 수령(통설)은 미성년자가 단독으로 할 수 없다.

② 범위를 정하여 처분을 허락한 재산의 처분행위(민법 제6조)
㉠ 처분의 허락 : 처분은 사실상의 처분(재산의 소비)을 포함하는 개념이지만 중요한 것은 법률적 처분(재산권의 양도)의 경우이다. 처분의 허락은 묵시적으로도 가능하나, 미성년자의 전 재산의 처분을 허락하는 것과 같이 제한능력자제도의 목적에 반할 정도의 포괄적인 허락은 허용되지 아니한다. 법정대리인은 특정 재산에 관한 처분을 허락하였더라도 그 재산에 관한 대리권을 상실하지 않는다.
㉡ 범위를 정한 허락 : 목적범위를 정하여 처분을 허락한 경우에도 지정목적에 상관없이 임의처분 가능하다. 즉, 여기서 허락의 대상은 사용의 목적이 아니라 재산의 범위라고 보아야 한다(통설). 기출 22
㉢ 처분행위 : 처분은 원래의 의미의 처분 및 사용·수익을 포함하며, 처분행위 자체뿐만 아니라 처분의 원인이 되는 법률행위, 나아가 처분행위로 인한 후속조치도 포함된다. 미성년자가 처분이 허락된 재산의 범위 내에서 채무를 부담하는 경우에도 민법 제6조에 따라 법정대리인의 동의가 필요 없고, 나아가 미성년자가 처분을 하여 취득한 재산을 다시 처분하는 경우에도 원칙적으로 다시 법정대리인의 허락을 받을 필요는 없다. 다만, 후속조치로 인한 대체물의 가격이 처분이 허락된 재산의 가격을 현저하게 초과하는 경우(예) 용돈으로 구입한 복권으로 거액에 당첨된 경우), 미성년자의 처분에는 별도의 허락이 필요할 것이다.

> **일정 소득이 있고 성년에 근접한 미성년자가 행한 신용구매계약의 취소 가능 여부**
> [1] 행위무능력자 제도는 사적자치의 원칙이라는 민법의 기본이념, 특히, 자기책임 원칙의 구현을 가능케 하는 도구로서 인정되는 것이고, 거래의 안전을 희생시키더라도 행위무능력자를 보호하고자 함에 근본적인 입법 취지가 있는바, 행위무능력자 제도의 이러한 성격과 입법 취지 등에 비추어 볼 때, 신용카드 가맹점이 미성년자와 신용구매계약을 체결할 당시 향후 그 미성년자가 법정대리인의 동의가 없었음을 들어 스스로 위 계약을 취소하지는 않으리라 신뢰하였다 하더라도 그 신뢰가 객관적으로 정당한 것이라고 할 수 있을지 의문일 뿐만 아니라, 그 미성년자가 가맹점의 이러한 신뢰에 반하여 취소권을 행사하는 것이 정의관념에 비추어 용인될 수 없는 정도의 상태라고 보기도 어려우며, 미성년자의 법률행위에 법정대리인의 동의를 요하도록 하는 것은 강행규정인데, 위 규정에 반하여 이루어진 신용구매계약을 미성년자 스스로 취소하는 것을 신의칙 위반을 이유로 배척한다면, 이는 오히려 위 규정에 의해 배제하려는 결과를 실현시키는 셈이 되어 미성년자 제도의 입법 취지를 몰각시킬 우려가 있으므로, 법정대리인의 동의 없이 신용구매계약을 체결한 미성년자가 사후에 법정대리인의 동의 없음을 사유로 들어 이를 취소하는 것이 신의칙에 위배된 것이라고 할 수 없다. 기출 25
> [2] 미성년자가 법률행위를 함에 있어서 요구되는 법정대리인의 동의는 언제나 명시적이어야 하는 것은 아니고 묵시적으로도 가능한 것이며, 미성년자의 행위가 위와 같이 법정대리인의 묵시적 동의가 인정되거나 처분허락이 있는 재산의 처분 등에 해당하는 경우라면, 미성년자로서는 더 이상 행위무능력을 이유로 그 법률행위를 취소할 수 없다.
> [3] 미성년자의 법률행위에 있어서 법정대리인의 묵시적 동의나 처분허락이 있다고 볼 수 있는지 여부를 판단함에 있어서는, 미성년자의 연령·지능·직업·경력, 법정대리인과의 동거 여부, 독자적인 소득의 유무와 그 금액, 경제활동의 여부, 계약의 성질·체결경위·내용, 기타 제반 사정을 종합적으로 고려하여야 할 것이고, 위와 같은 법리는 묵시적 동의 또는 처분허락을 받은 재산의 범위 내라면 특별한 사정이 없는 한 신용카드를 이용하여 재화와 용역을 신용구매한 후 사후에 결제하려는 경우와 곧바로 현금구매하는 경우를 달리 볼 필요는 없다(대판 2007.11.16. 2005다71659).

③ 허락한 영업에 관한 행위(민법 제8조)
　㉠ **영업의 허락** : 영업이란 널리 영리를 목적으로 하는 독립적·계속적인 사업을 말하며, 상업은 물론 농업이나 자유업도 포함된다. 법정대리인은 영업의 종류를 특정하여 허락하여야 하므로 모든 종류의 영업에 대한 포괄적인 허락이나 하나의 영업 종류의 일부에 대한 허락은 허용되지 아니한다. 영업의 허락은 특별한 방식을 요하지 않으나, 미성년후견인이 허락하는 경우에는 후견감독인이 있으면 그의 동의를 받아야 한다(민법 제950조 제1항 제1호).
　㉡ **성년자와 동일한 행위능력** : 허락받은 영업에 관한 행위에 대하여는 성년자와 동일한 행위능력이 인정된다(민법 제8조 제1항). 따라서 그 영업에 관하여는 법정대리인의 동의권과 대리권이 모두 소멸하고, 미성년자는 허락된 영업에 관하여는 소송능력도 갖게 된다. 기출 17·18·22·24 한편 처분을 허락한 재산의 경우(민법 제6조), 법정대리권은 소멸하지 아니하고 미성년자에게 소송능력도 인정되지 아니한다.
④ **근로계약의 체결** : 민법 제920조 단서(미성년자의 동의를 얻어야 한다)와 근로기준법 제67조 제1항(미성년자의 근로계약을 대리할 수 없다)의 충돌이 있으나, 다수설은 근로기준법에 의하여 법정대리인의 동의를 얻어 미성년자가 스스로 체결하는 방식만 가능하다는 입장이다. 기출 11 미성년자는 독자적으로 임금을 청구할 수 있다(근기법 제68조). 기출 11·13
⑤ **대리행위**(민법 제117조 참조) : 대리행위의 효과는 대리인이 아닌 본인에게 귀속하기 때문에 미성년자가 단독으로 할 수 있다. 기출 22
⑥ **유언행위** : 유언에는 민법 제5조가 적용되지 않으며(민법 제1062조), 17세 이상이면 단독으로 유언이 가능하다(민법 제1061조).
⑦ **제한능력을 이유로 하는 취소**(민법 제140조) : 미성년자도 법정대리인의 동의 없이 단독으로 취소할 수 있다. 미성년자가 단독으로 취소한 경우, 그 법정대리인은 미성년자가 행한 취소의 의사표시를 다시 취소할 수 없다. 기출 22

3) 동의와 허락의 취소 또는 제한
① 미성년자의 법정대리인은 동의나 재산처분에 대한 허락을 취소할 수 있다(민법 제7조). 여기서 취소는 철회의 성질을 갖는다. 또한 철회는 미성년자가 법률행위를 하기 전에만 허용되는데, 미성년자나 상대방에게 하여야 한다. 기출 24 미성년자에게만 철회를 한 경우에는 선의의 제3자에게 대항할 수 없다.
② 법정대리인은 그가 행한 영업의 허락을 취소 또는 제한할 수 있다(민법 제8조 제2항 본문). 여기서 취소도 철회의 의미이다. 그러나 선의의 제3자에게 대항하지 못한다(민법 제8조 제2항 단서). 기출 13 그리고 법정대리인이 후견인이라면 친권자가 행한 영업의 허락을 취소 또는 제한하기 위하여 후견감독인의 동의를 받아야 한다(민법 제945조).

(3) 법정대리인

1) 법정대리인으로 되는 자
① 1차적으로 친권자(부모)가 법정대리인이 된다(민법 제911조).
② 2차적으로 미성년자에게 부모가 없거나 부모가 친권을 행사할 수 없는 경우에는 후견인이 법정대리인으로 된다. 후견인은 지정후견인(민법 제931조), 선임후견인(민법 제932조)의 순으로 된다.

2) 법정대리인의 권한
① 동의권
- 동의권은 미성년자와 피한정후견인의 법정대리인에게만 인정되며, 피성년후견인의 성년후견인에게는 동의권이 없다.
- 동의는 미성년자의 법률행위가 있기 전에 하여야 하지만, 그 후에 하는 동의는 추인으로서 의미가 있다.
- 법정대리인은 예견할 수 있는 범위 내에서 개괄적으로 동의 또는 허락할 수 있다. 동의나 허락은 미성년자나 그 상대방 어느 쪽에 대해서도 할 수 있으며, 명시적·묵시적으로도 할 수 있다. 다만, 미성년후견인이 미성년자의 일정한 행위에 동의를 할 때에는 후견감독인이 있으면 그의 동의를 받아야 한다(민법 제950조). 기출 20

② 대리권
- 대리권은 동의 또는 처분허락을 준 행위에 대해서도 행사할 수 있지만, 영업허락의 경우에는 그렇지 않다.
- 미성년후견인이 미성년자의 일정한 행위를 대리한 때에는 후견감독인이 있으면 그의 동의를 받아야 한다(민법 제950조).
- 민법 제909조를 위반하여 친권자인 부모의 일방이 부모의 공동명의로 대리권을 행사한 경우, 다른 일방의 의사에 반하더라도 선의의 상대방에 대하여 효력이 발생하는 반면(민법 제920조의2) 자기 단독명의로 대리권을 행사한 경우에는 무권대리행위가 된다.

③ 취소권 : 법정대리인은 미성년자가 독자적으로 한 법률행위를 취소할 수 있다(민법 제140조). 친권은 부모가 공동으로 행사하여야 하지만(민법 제909조 제2항), 취소는 친권자 각자가 단독으로 할 수 있다.

3. 피성년후견인

성년후견개시의 심판(민법 제9조)
① 가정법원은 질병, 장애, 노령, 그 밖의 사유로 인한 정신적 제약으로 사무를 처리할 능력이 지속적으로 결여된 사람에 대하여 본인, 배우자, 4촌 이내의 친족, 미성년후견인, 미성년후견감독인, 한정후견인, 한정후견감독인, 특정후견인, 특정후견감독인, 검사 또는 지방자치단체의 장의 청구에 의하여 성년후견개시의 심판을 한다.
② 가정법원은 성년후견개시의 심판을 할 때 본인의 의사를 고려하여야 한다.

피성년후견인의 행위와 취소(민법 제10조)
① 피성년후견인의 법률행위는 취소할 수 있다.
② 제1항에도 불구하고 가정법원은 취소할 수 없는 피성년후견인의 법률행위의 범위를 정할 수 있다.
③ 가정법원은 본인, 배우자, 4촌 이내의 친족, 성년후견인, 성년후견감독인, 검사 또는 지방자치단체의 장의 청구에 의하여 제2항의 범위를 변경할 수 있다.
④ 제1항에도 불구하고 일용품의 구입 등 일상생활에 필요하고 그 대가가 과도하지 아니한 법률행위는 성년후견인이 취소할 수 없다.

> **성년후견종료의 심판(민법 제11조)**
> 성년후견개시의 원인이 소멸된 경우에는 가정법원은 본인, 배우자, 4촌 이내의 친족, 성년후견인, 성년후견감독인, 검사 또는 지방자치단체의 장의 청구에 의하여 성년후견종료의 심판을 한다.
>
> **심판 사이의 관계(민법 제14조의3)**
> ① 가정법원이 피한정후견인 또는 피특정후견인에 대하여 성년후견개시의 심판을 할 때에는 종전의 한정후견 또는 특정후견의 종료 심판을 한다.
> ② 가정법원이 피성년후견인 또는 피특정후견인에 대하여 한정후견개시의 심판을 할 때에는 종전의 성년후견 또는 특정후견의 종료 심판을 한다.

(1) 피성년후견인의 의의
피성년후견인이란 질병, 장애, 노령, 그 밖의 사유로 인한 정신적 제약으로 사무를 처리할 능력이 지속적으로 결여된 사람으로서 가정법원으로부터 일정한 자의 청구에 의하여 성년후견개시의 심판을 받은 자를 말한다(민법 제9조).

(2) 성년후견개시 심판의 요건

1) 실질적 요건
질병, 장애, 노령, 그 밖의 사유로 인한 정신적 제약으로 사무를 처리할 능력이 지속적으로 결여된 사람이어야 한다(민법 제9조 제1항). 기출 18 가정법원은 피성년후견인이 될 사람의 정신상태에 관하여 의사에게 감정을 시켜야 하지만, 본인의 정신상태를 판단할 만한 다른 충분한 자료가 있는 때에는 그러하지 아니하다(가사소송법 제45조의2 제1항).

2) 형식적 요건
① 본인, 배우자, 4촌 이내의 친족, 미성년후견인, 미성년후견감독인, 한정후견인, 한정후견감독인, 특정후견인, 특정후견감독인, 검사 또는 지방자치단체의 장의 청구가 있어야 한다(민법 제9조 제1항). 기출 16
② 가정법원이 직권으로 절차를 개시할 수 없다.
③ 가정법원이 심판을 할 때에는 본인의 의사를 고려하여야 한다(민법 제9조 제2항). 기출 15·16·17·18

(3) 성년후견개시 심판의 절차
① 성년후견개시 심판의 절차는 가사소송법에 의하며(가사소송법 제2조 제1항 제2호, 제44조 이하), (2)의 요건이 전부 갖추어지면 가정법원은 반드시 성년후견개시의 심판을 하여야 한다(민법 제9조 참조). 피성년후견인은 객관적으로 획일화되어 있다. 따라서 정신적 제약으로 사무처리능력이 지속적으로 결여된 사람이라도 성년후견개시의 심판을 받기 전에는 피성년후견인이 아니다(통설)(대판 1992.10.13. 92다6433).
② 가정법원의 성년후견개시 심판이 있으면 촉탁 또는 신청에 의하여 후견등기부에 그 구체적인 내용이 등기가 된다(후견등기에 관한 법률 제20조).

(4) 피성년후견인의 행위능력

1) 원 칙

피성년후견인이 단독으로 한 법률행위는 원칙적으로 취소할 수 있다(민법 제10조 제1항). 기출 15 성년후견인의 동의가 있었더라도 취소할 수 있는데, 취소권자는 피성년후견인 또는 성년후견인이다(민법 제140조).

2) 예 외

① 가정법원이 취소할 수 없는 피성년후견인의 법률행위의 범위를 정한 경우, 그 범위에서는 피성년후견인에게 예외적으로 행위능력이 인정되므로 피성년후견인의 법률행위라도 취소할 수 없다(민법 제10조 제2항). 즉, 그 범위에서는 피성년후견인도 단독으로 유효한 법률행위를 할 수 있다. 기출 17·23 가정법원은 본인, 배우자, 4촌 이내의 친족, 성년후견인, 성년후견감독인, 검사 또는 지방자치단체의 장의 청구에 의하여 취소할 수 없는 피성년후견인의 법률행위의 범위를 변경할 수 있다(민법 제10조 제3항).

② 일용품의 구입 등 일상생활에 필요하고 그 대가가 과도하지 아니한 법률행위는 성년후견인이 취소할 수 없다(민법 제10조 제4항). 기출 15

③ 타인의 대리행위는 의사능력이 갖추어진 경우에 한하여 피성년후견인이 단독으로 할 수 있다(민법 제117조). 기출 23

④ 가족법상의 행위에 관하여 성년후견인의 동의를 받아 스스로 유효한 법률행위를 할 수 있는 경우가 있으며(민법 제802조, 제808조 제2항, 제835조, 제856조, 제873조 제1항, 제902조 등), 특히 유언의 경우 17세에 달한 피성년후견인은 의사능력을 회복한 때에 한하여 의사가 심신회복의 상태를 유언서에 부기하고 서명날인하면 단독으로 할 수 있다(민법 제1063조).

(5) 법정대리인

① 피성년후견인은 성년후견인을 두어야 한다(민법 제929조). 성년후견인은 여러 명을 둘 수 있으며(민법 제930조 제2항), 법인도 성년후견인이 될 수 있다(민법 제930조 제3항). 성년후견인은 성년후견개시 심판을 할 때 가정법원이 직권으로 선임한다(민법 제936조 제1항).

② 성년후견인은 피성년후견인의 법정대리인이 된다(민법 제938조 제1항).

③ 성년후견인은 원칙적으로 동의권은 없으나(민법 제10조 제1항 참조), 대리권(민법 제949조)과 취소권(민법 제10조 제1항, 제140조)은 인정된다.

④ 가정법원은 필요하다고 인정되면 직권으로 또는 일정한 자의 청구에 의하여 성년후견감독인을 선임할 수 있다(제940조의4 제1항).

⑤ 가정법원은 성년후견감독인이 사망, 결격, 그 밖의 사유로 없게 된 경우에는 직권으로 또는 피성년후견인, 친족, 성년후견인, 검사, 지방자치단체의 장의 청구에 의하여 성년후견감독인을 선임한다(민법 제940조의4 제2항).

(6) 성년후견종료의 심판

① 성년후견개시의 원인이 소멸된 경우에는 가정법원은 본인, 배우자, 4촌 이내의 친족, 성년후견인, 성년후견감독인, 검사 또는 지방자치단체의 장의 청구에 의하여 성년후견종료의 심판을 해야 한다(민법 제11조). 이때에는 의사에 의한 정신감정을 요하지 않는다.

② 성년후견종료의 심판은 장래에 향하여 효력을 가진다. 따라서 그 심판이 있기 전에 행하여진 피성년후견인의 법률행위는 원칙적으로 취소될 수 있다.

③ 가정법원이 피성년후견인에 대하여 한정후견개시의 심판을 한 때에는 종전의 성년후견의 종료 심판을 해야 한다(민법 제14조의3 제2항). 기출 25

4. 피한정후견인

> **한정후견개시의 심판(민법 제12조)**
> ① 가정법원은 질병, 장애, 노령, 그 밖의 사유로 인한 정신적 제약으로 사무를 처리할 능력이 부족한 사람에 대하여 본인, 배우자, 4촌 이내의 친족, 미성년후견인, 미성년후견감독인, 성년후견인, 성년후견감독인, 특정후견인, 특정후견감독인, 검사 또는 지방자치단체의 장의 청구에 의하여 한정후견개시의 심판을 한다.
> ② 한정후견개시의 경우에 제9조 제2항을 준용한다.
>
> **피한정후견인의 행위와 동의(민법 제13조)**
> ① 가정법원은 피한정후견인이 한정후견인의 동의를 받아야 하는 행위의 범위를 정할 수 있다.
> ② 가정법원은 본인, 배우자, 4촌 이내의 친족, 한정후견인, 한정후견감독인, 검사 또는 지방자치단체의 장의 청구에 의하여 제1항에 따른 한정후견인의 동의를 받아야만 할 수 있는 행위의 범위를 변경할 수 있다.
> ③ 한정후견인의 동의를 필요로 하는 행위에 대하여 한정후견인이 피한정후견인의 이익이 침해될 염려가 있음에도 그 동의를 하지 아니하는 때에는 가정법원은 피한정후견인의 청구에 의하여 한정후견인의 동의를 갈음하는 허가를 할 수 있다.
> ④ 한정후견인의 동의가 필요한 법률행위를 피한정후견인이 한정후견인의 동의 없이 하였을 때에는 그 법률행위를 취소할 수 있다. 다만, 일용품의 구입 등 일상생활에 필요하고 그 대가가 과도하지 아니한 법률행위에 대하여는 그러하지 아니하다.
>
> **한정후견종료의 심판(민법 제14조)**
> 한정후견개시의 원인이 소멸된 경우에는 가정법원은 본인, 배우자, 4촌 이내의 친족, 한정후견인, 한정후견감독인, 검사 또는 지방자치단체의 장의 청구에 의하여 한정후견종료의 심판을 한다.
>
> **심판 사이의 관계(민법 제14조의3)**
> ① 가정법원이 피한정후견인 또는 피특정후견인에 대하여 성년후견개시의 심판을 할 때에는 종전의 한정후견 또는 특정후견의 종료 심판을 한다.
> ② 가정법원이 피성년후견인 또는 피특정후견인에 대하여 한정후견개시의 심판을 할 때에는 종전의 성년후견 또는 특정후견의 종료 심판을 한다.

(1) 피한정후견인의 의의
피한정후견인이란 질병, 장애, 노령 그 밖의 사유로 인한 정신적 제약으로 사무를 처리할 능력이 부족한 사람으로서 가정법원으로부터 한정후견개시 심판을 받은 자를 말한다(민법 제12조).

(2) 한정후견개시 심판의 요건

1) 실질적 요건
질병, 장애, 노령 그 밖의 사유로 인한 정신적 제약으로 사무를 처리할 능력이 부족해야 한다(민법 제12조 제1항). 성년후견개시원인인 결여보다는 정신적 제약이 경미한 상태를 말하며, 이때에도 원칙적으로 의사의 감정을 거쳐야 한다(가사소송법 제45조의2 제1항).

2) 형식적 요건
① 본인, 배우자, 4촌 이내의 친족, 미성년후견인, 미성년후견감독인, 성년후견인, 성년후견감독인, 특정후견인, 특정후견감독인, 검사 또는 지방자치단체의 장의 청구가 있어야 한다(민법 제12조 제1항 참조). 가정법원은 직권으로 절차를 개시할 수 없다.
② 가정법원은 한정후견개시의 심판을 할 때 본인의 의사를 고려하여야 한다(민법 제12조 제2항, 제9조 제2항).

기출 15 · 21 · 23

(3) 한정후견개시 심판의 절차

가정법원은 (2)의 요건이 충족되면 반드시 한정후견개시의 심판을 하여야 한다(민법 제12조 참조). 심판의 절차는 가사소송법에 의한다(가사소송법 제2조 제1항 제2호, 제44조 이하).

(4) 피한정후견인의 행위능력

1) 원 칙

① 한정후견이 개시되면 피한정후견인의 행위능력이 제한된다. 즉, 가정법원은 한정후견인의 동의를 받아야 하는 행위의 범위를 정할 수 있고(민법 제13조 제1항), **기출 15** 그 범위에 속하는 행위를 한정후견인의 동의 없이 하였을 때에는 그 법률행위를 취소할 수 있다(민법 제13조 제4항). 그리고 그 범위는 본인, 배우자, 4촌 이내의 친족, 한정후견인, 한정후견감독인, 검사 또는 지방자치단체의 장의 청구에 의하여 가정법원이 변경할 수 있다(민법 제13조 제2항).

② 한정후견인의 동의를 받아야 하는 행위에 대하여 피한정후견인의 이익을 해칠 염려가 있음에도 한정후견인이 동의를 하지 않는 때에는 가정법원은 피한정후견인의 청구에 의하여 한정후견인의 동의를 갈음하는 허가를 할 수 있다(민법 제13조 제3항).

2) 예 외

① 일용품의 구입 등 일상생활에 필요하고 그 대가가 과도하지 아니한 법률행위는 피한정후견인이 단독으로 할 수 있다(민법 제13조 제4항 단서).

② 피한정후견인의 행위능력 제한은 가족법상의 행위에 미치지 않는다. 즉, 피한정후견인은 신분행위에 관해서는 완전한 능력자로 취급된다(통설).

(5) 법정대리인

① 피한정후견인에게는 한정후견인을 두어야 한다(민법 제959조의2). 한정후견인의 수와 자격, 선임방법 등은 성년후견인의 규정을 준용한다(민법 제959조의3 제2항). 즉, 한정후견인은 여러 명 둘 수 있고(민법 제959조의3 제2항, 제930조 제2항), 법인도 한정후견인이 될 수 있으며(민법 제959조의3 제2항, 제930조 제3항), 한정후견개시의 심판을 할 때 가정법원이 직권으로 선임한다(민법 제959조의3 제1항).

② 한정후견인은 동의를 요하는 범위에서 동의권과 대리권 및 취소권을 가진다. 그런데 한정후견인에 의한 능력보충은 주로 동의권 행사에 의하여 이루어지며 그 범위는 가정법원에 유보되어 있다. 그리고 대리권 행사는 대리권을 수여하는 가정법원의 심판이 있어야 가능하다(민법 제959조의4 제1항).

(6) 한정후견종료의 심판

① 한정후견개시의 원인이 소멸한 경우에는 가정법원은 일정한 자의 청구에 의하여 한정후견종료의 심판을 해야 한다(민법 제14조).

② 한정후견종료의 심판은 장래에 향하여 효력을 가진다.

③ 가정법원이 피한정후견인에 대하여 성년후견개시의 심판을 할 때에는 종전의 한정후견의 종료 심판을 한다(민법 제14조의3 제1항). **기출 16 · 18 · 23**

(7) 관련 판례

[1] 성년후견이나 한정후견에 관한 심판 절차는 가사소송법에서 정한 가사비송사건으로서, 가정법원이 당사자의 주장에 구애받지 않고 후견적 입장에서 합목적적으로 결정할 수 있다. 이때 성년후견이든 한정후견이든 본인의 의사를 고려하여 개시 여부를 결정한다는 점은 마찬가지이다(민법 제9조 제2항, 제12조 제2항).

[2] 성년후견이나 한정후견 개시의 청구가 있는 경우 가정법원은 청구 취지와 원인, 본인의 의사, 성년후견 제도와 한정후견 제도의 목적 등을 고려하여 어느 쪽의 보호를 주는 것이 적절한지를 결정하고, 그에 따라 필요하다고 판단하는 절차를 결정해야 한다. 따라서 한정후견의 개시를 청구한 사건에서 의사의 감정 결과 등에 비추어 성년후견 개시의 요건을 충족하고 본인도 성년후견의 개시를 희망한다면 법원이 성년후견을 개시할 수 있고, 성년후견 개시를 청구하고 있더라도 필요하다면 한정후견을 개시할 수 있다고 보아야 한다(대결 2021.6.10. 2020스596).

5. 피특정후견인

> **특정후견의 심판(민법 제14조의2)**
> ① 가정법원은 질병, 장애, 노령, 그 밖의 사유로 인한 정신적 제약으로 일시적 후원 또는 특정한 사무에 관한 후원이 필요한 사람에 대하여 본인, 배우자, 4촌 이내의 친족, 미성년후견인, 미성년후견감독인, 검사 또는 지방자치단체의 장의 청구에 의하여 특정후견의 심판을 한다.
> ② 특정후견은 본인의 의사에 반하여 할 수 없다.
> ③ 특정후견의 심판을 하는 경우에는 특정후견의 기간 또는 사무의 범위를 정하여야 한다.
>
> **심판 사이의 관계(민법 제14조의3)**
> ① 가정법원이 피한정후견인 또는 피특정후견인에 대하여 성년후견개시의 심판을 할 때에는 종전의 한정후견 또는 특정후견의 종료 심판을 한다.
> ② 가정법원이 피성년후견인 또는 피특정후견인에 대하여 한정후견개시의 심판을 할 때에는 종전의 성년후견 또는 특정후견의 종료 심판을 한다.

(1) 피특정후견인의 의의

피특정후견인이란 질병, 장애, 노령 그 밖의 사유로 인한 정신적 제약으로 일시적 후원 또는 특정한 사무에 관한 후원이 필요한 사람으로서 가정법원으로부터 특정한 후견개시의 심판을 받은 자를 말한다(민법 제14조의2). **기출 16**

(2) 특정후견 심판의 요건

1) 실질적 요건

질병, 장애, 노령 그 밖의 사유로 인한 정신적 제약으로 일시적 후원 또는 특정한 사무에 관한 후원이 필요해야 한다. 성년후견이나 한정후견에서의 제약이 지속적·포괄적인 것인 반면, 여기에서의 제약은 일시적·한정적인 것이다. **기출 21**

2) 형식적 요건

① 본인, 배우자, 4촌 이내의 친족, 미성년후견인, 미성년후견감독인, 검사 또는 지방자치단체의 장의 청구가 있어야 한다(민법 제14조의2). 가정법원이 직권으로 절차를 개시할 수는 없다. **기출 16**
② 특정후견은 본인의 의사에 반하여 할 수 없다(민법 제14조의2 제2항). **기출 17·18·25**
③ 가정법원은 특정후견의 심판을 할 때 의사나 그 밖에 전문지식이 있는 사람의 의견을 들어야 한다(가사소송법 제45조의2 제2항).

(3) 특정후견 심판의 절차

가정법원은 (2)의 요건이 갖추어지면 반드시 특정후견의 심판을 하여야 한다. 심판의 절차는 가사소송법에 의한다(가사소송법 제2조 제1항 제2호, 제44조 이하).

(4) 피특정후견인의 행위능력

특정후견의 심판을 하는 경우에 가정법원은 특정후견의 기간 또는 사무의 범위를 정하여야 하는데(민법 제14조의2 제3항), 기출 16 특정후견의 심판이 있다고 하여 피특정후견인의 행위능력이 제한되지 않는다.

(5) 특정후견인 및 특정후견감독인

① 가정법원은 피특정후견인의 후원을 위하여 필요한 처분을 명할 때 피특정후견인을 후원하거나 대리하기 위한 특정후견인을 선임할 수 있다(민법 제959조의8, 제959조의9 제1항). 특정후견인의 수와 자격 등은 성년후견인의 규정을 준용한다(민법 제959조의9 제2항). 즉, 특정후견인은 여러 명을 둘 수 있고(민법 제959조의9 제2항, 제930조 제2항), 법인도 특정후견인이 될 수 있다(민법 제959조의9 제2항, 제930조 제3항).

② 가정법원은 피특정후견인의 후원을 위하여 필요하다고 인정되면 기간이나 범위를 정하여 특정후견인에게 대리권을 수여하는 심판을 할 수 있고(민법 제959조의11 제1항), 특정후견인은 그 범위에서 대리권을 가질 뿐이다.

③ 피특정후견인은 행위능력이 제한되지 않으므로 특정후견인은 동의권 및 취소권을 가지지 않는다.

④ 가정법원은 필요하다고 인정하면 직권으로 또는 일정한 자의 청구에 의하여 특정후견감독인을 선임할 수 있다(민법 제959조의10 제1항).

(6) 특정후견의 종료

① 특정후견종료의 심판이라는 제도는 없으나, 가정법원이 피특정후견인에 대하여 성년후견개시의 심판을 하거나 한정후견개시의 심판을 할 때에는 종전의 특정후견의 종료심판을 하여야 한다(민법 제14조의3 제1항, 제2항).

② 특정후견종료의 심판은 장래에 향하여 효력을 가진다.

[성년후견·한정후견·특정후견의 비교]

구 분	성년후견	한정후견	특정후견
개시사유	정신적 제약으로 사무처리능력의 지속적 결여	정신적 제약으로 사무처리능력의 부족	정신적 제약으로 일시적 후원 또는 특정사무 후원의 필요
후견개시 청구권자	본인, 배우자, 4촌 이내의 친족, 미성년후견(감독)인, 한정후견(감독)인, 특정 후견(감독)인, 임의 후견(감독)인, 검사 또는 지방자치단체의 장	본인, 배우자, 4촌 이내의 친족, 미성년후견(감독)인, 성년후견(감독)인, 특정 후견(감독)인, 임의 후견(감독)인, 검사 또는 지방자치단체의 장	본인, 배우자, 4촌 이내의 친족, 미성년후견(감독)인, 임의 후견(감독)인, 검사 또는 지방자치단체의 장
후견개시 시점	성년후견개시 심판 확정 시	한정후견개시 심판 확정 시	특정후견 심판 확정 시
공시방법	법원의 등기촉탁	법원의 등기촉탁	법원의 등기촉탁
본인의 행위능력	원칙적 행위능력상실자	원칙적 행위능력자	행위능력자
후견인의 권한	원칙적 포괄적인 대리권, 취소권	법원이 정한 범위 내에서 대리권, 동의권, 취소권	법원이 정한 범위 내에서 대리권

6. 제한능력자의 상대방보호

> **제한능력자의 상대방의 확답을 촉구할 권리(민법 제15조)**
> ① 제한능력자의 상대방은 제한능력자가 능력자가 된 후에 그에게 1개월 이상의 기간을 정하여 그 취소할 수 있는 행위를 추인할 것인지 여부의 확답을 촉구할 수 있다. 능력자로 된 사람이 그 기간 내에 확답을 발송하지 아니하면 그 행위를 추인한 것으로 본다.
> ② 제한능력자가 아직 능력자가 되지 못한 경우에는 그의 법정대리인에게 제1항의 촉구를 할 수 있고, 법정대리인이 그 정하여진 기간 내에 확답을 발송하지 아니한 경우에는 그 행위를 추인한 것으로 본다.
> ③ 특별한 절차가 필요한 행위는 그 정하여진 기간 내에 그 절차를 밟은 확답을 발송하지 아니하면 취소한 것으로 본다.
>
> **제한능력자의 상대방의 철회권과 거절권(민법 제16조)**
> ① 제한능력자가 맺은 계약은 추인이 있을 때까지 상대방이 그 의사표시를 철회할 수 있다. 다만, 상대방이 계약 당시에 제한능력자임을 알았을 경우에는 그러하지 아니하다.
> ② 제한능력자의 단독행위는 추인이 있을 때까지 상대방이 거절할 수 있다.
> ③ 제1항의 철회나 제2항의 거절의 의사표시는 제한능력자에게도 할 수 있다.
>
> **제한능력자의 속임수(민법 제17조)**
> ① 제한능력자가 속임수로써 자기를 능력자로 믿게 한 경우에는 그 행위를 취소할 수 없다.
> ② 미성년자나 피한정후견인이 속임수로써 법정대리인의 동의가 있는 것으로 믿게 한 경우에도 제1항과 같다.

(1) 상대방 보호의 필요성

제한능력자의 법률행위는 취소될 수 있는데, 취소권을 제한능력자 측만이 가지므로 제한능력자와 거래하는 상대방은 매우 불안정한 지위에 놓이게 된다. 이에 민법은 불확정상태를 해소하기 위하여 법률행위의 취소에 관한 일반적 제도로서 법정추인제도(민법 제145조)와 취소권의 단기제척기간제도(민법 제146조)를 규정하고 있다. 더 나아가 제한능력자의 상대방을 보호하기 위한 특칙으로 상대방의 최고권(민법 제15조)과 철회·거절권(민법 제16조) 및 속임수를 이유로 한 취소권의 배제(민법 제17조)를 규정하고 있다.

(2) 상대방의 최고권

1) 의 의

① 최고권이란 제한능력자 측에 대하여 취소할 수 있는 행위를 추인할 것인지 여부의 확답을 촉구하고, 이에 대한 응답이 없으면 취소 또는 추인의 효과를 발생케 하는 권리를 말한다.
② 최고의 성질은 최고의 효과가 최고권자의 의사와 관계 없이 법률규정에 의하여 결정되므로, 준법률행위의 일종인 의사의 통지이다. 또한 일방적인 행위에 의하여 취소할 수 있는 행위의 취소 또는 추인이라는 효과를 발생시키므로 형성권의 일종이라고 할 것이다(통설).

2) 최고의 요건

① 제한능력자의 상대방은 취소할 수 있는 행위를 적시하고, 1월 이상의 기간을 정하여 추인 여부의 확답을 촉구하여야 한다(민법 제15조 제1항).
② 최고의 상대방은 선의·악의를 묻지 않는다.
③ 최고의 상대방은 최고를 수령할 수 있는 능력이 있고(민법 제112조 참조), 또한 추인할 수 있는 자에 한한다(민법 제140조, 제143조). 따라서 제한능력자는 능력자로 된 후에만 최고의 상대방이 될 수 있고(민법 제15조 제1항), 아직 제한능력자인 때에는 법정대리인만이 최고의 상대방이 된다(민법 제15조 제2항).

3) 최고의 효과

① 유예기간 내에 확답을 한 경우 : 제한능력자 측이 유예기간 내에 추인 또는 취소의 확답을 한 경우 그에 따라 추인 또는 취소의 효과가 발생하는데, 이는 추인 또는 취소의 의사표시에 따른 효과이며, 최고 자체의 효과는 아니다.

② 유예기간 내에 확답을 발하지 않은 경우
- 능력자가 된 후의 본인 또는 법정대리인이 상대방의 확답촉구를 받았으나 유예기간 내에 확답을 발송하지 않으면 그 행위를 추인한 것으로 본다(민법 제15조 제1항, 제2항).
- 그러나 법정대리인이 특별한 절차를 거쳐야 하는 경우에는 유예기간 내에 확답을 발송하지 않으면 그 행위를 취소한 것으로 본다(민법 제15조 제3항). 여기서 특별한 절차가 필요한 행위라 함은 법정대리인의 후견인이 민법 제950조 제1항에 열거된 법률행위에 관하여 추인하는 경우로, 후견감독인이 있으면 그의 동의를 받아야 하는 경우를 말한다[미성년자의 경우(민법 제950조 제1항), 피한정후견인의 경우(민법 제959조의6)].

(3) 상대방의 철회권과 거절권

1) 철회권

① 의의 : 철회권은 제한능력자와 거래한 상대방이 본인의 추인이나 취소가 있을 때까지 불확정적인 법률행위를 확정적 무효로 돌리는 행위로(민법 제16조 제1항 본문), 계약에서 인정된다(기출 12·14).
② 철회권자 : 계약 당시 제한능력자임을 몰랐던 선의의 상대방에 한한다(민법 제16조 제1항). 기출 12·14·20·24
③ 철회의 상대방 : 법정대리인은 물론 제한능력자도 포함된다(민법 제16조 제3항). 기출 10
④ 철회의 효과 : 상대방이 계약을 철회하면 법률행위는 소급하여 무효가 되며, 이미 이행한 것은 부당이득으로 반환하여야 한다(민법 제741조).

핵심문제

01 제한능력자에 관한 설명으로 옳지 않은 것은? 기출 18

① 미성년자가 법정대리인으로부터 허락을 얻은 특정한 영업에 관하여는 성년자와 동일한 행위능력이 있다.
② 가정법원은 성년후견개시의 심판을 할 때 본인의 의사를 고려하여야 한다.
③ 특정후견은 본인의 의사에 반하여 할 수 없다.
④ 가정법원이 피성년후견인에 대하여 한정후견개시의 심판을 할 때에는 종전의 성년후견의 종료 심판을 한다.
⑤ 가정법원은 질병, 장애, 노령, 그 밖의 사유로 인한 정신적 제약으로 사무를 처리할 능력이 부족한 사람에 대하여 일정한 자의 청구로 성년후견개시의 심판을 한다.

[해설]
① (○) 민법 제8조 제1항
② (○) 민법 제9조 제2항
③ (○) 민법 제14조의2 제2항
④ (○) 민법 제14조
⑤ (×) 가정법원은 질병, 장애, 노령, 그 밖의 사유로 인한 정신적 제약으로 사무를 처리할 능력이 지속적으로 결여된 사람에 대하여 본인, 배우자, 4촌 이내의 친족, 미성년후견인, 미성년후견감독인, 한정후견인, 한정후견감독인, 특정후견인, 특정후견감독인, 검사 또는 지방자치단체의 장의 청구에 의하여 성년후견개시의 심판을 한다(민법 제9조 제1항). 사무를 처리할 능력이 부족한 사람의 경우에는 한정후견개시의 심판을 한다(민법 제12조 제1항).

정답 ⑤

2) 거절권
① 의의 : 거절권은 제한능력자의 행위에 대하여 그 상대방이 본인의 추인이나 취소가 있을 때까지 불확정한 법률행위를 확정적 무효로 돌리는 행위로(민법 제16조), 상대방 있는 단독행위에서 인정된다.
기출 05·09·10
② 거절권자 : 철회권과 달리 악의인 경우에도 거절권을 행사할 수 있다(통설).
③ 거절의 상대방 : 법정대리인은 물론 제한능력자에게도 거절할 수 있다(민법 제16조 제3항).
④ 거절의 효과 : 제한능력자의 상대방이 제한능력자의 단독행위를 거절하면 단독행위는 소급하여 무효가 된다.

(4) 취소권의 배제

1) 의 의

제한능력자가 속임수를 써서 법률행위를 하는 경우에 상대방은 사기에 의한 의사표시임을 이유로 그 법률행위를 취소하거나(민법 제110조) 또는 불법행위를 이유로 손해배상을 청구할 수도 있으나(민법 제750조), 법은 더 나아가 보호가치 없는 제한능력자로부터 취소권을 박탈함으로써 상대방이 당초 예기한 대로의 효과를 발생케 하여 거래의 안전과 상대방을 보호하고 있다(민법 제17조).

2) 요 건

① 제한능력자가 자기를 능력자로 믿게 하거나 법정대리인의 동의가 있는 것으로 믿게 하려고 했어야 한다(민법 제17조 제1항, 제2항). 다만, 민법 제17조 제1항은 제한능력자 모두에 적용되나, 민법 제17조 제2항은 피성년후견인에는 적용이 없다. 기출 07·09·21·24 예를 들어 피성년후견인의 경우 속임수로써 자기를 능력자라고 믿게 한 경우에는 그 행위를 취소할 수 없으나, 속임수로써 법정대리인의 동의가 있는 것으로 믿게 한 경우에는 그 행위를 취소할 수 있다.
② 제한능력자가 속임수를 썼어야 한다. 여기서 속임수란 기망수단을 의미하는 바, 그 정도에 관하여 판례는 제한능력자의 보호를 위해 적극적인 기망수단을 의미한다고 한다(대판 1971.12.14. 71다2045). 이에 반하여 다수설은 거래의 안전을 위하여 단순한 침묵 등 소극적 기망수단도 포함된다고 한다. 기출 10·12·14·20 생각건대 제한능력자를 보호하려는 민법 제17조의 입법취지를 고려할 때 판례의 태도에 따라 속임수는 적극적인 기망수단을 의미한다고 보아야 한다(협의설). 이에 의할 때 미성년자가 가족관계에 관한 증명서 또는 주민등록증을 변조하여 20세 이상이라고 말한 경우에는 적극적 기망수단에 해당한다고 할 수 있으나, 매매계약 체결시에 미성년자가 단순히 20세 이상이라고 말한 경우, 미성년자인 원고가 매매계약 당시 원고 본인이 스스로 사장이라고 말하였다거나 또는 동석한 자가 상대방인 피고에 대하여 원고를 주식회사의 사장이라고 호칭한 사실이 있었던 경우(대판 1971.12.14. 71다2045)는 그러하지 아니하다고 이해된다.
③ 제한능력자의 속임수에 의하여 상대방이 능력자라고 믿었거나 또는 법정대리인의 동의가 있다고 믿었고, 이에 의하여 상대방이 제한능력자와 법률행위를 하여야 한다. 즉, 오신과 법률행위 사이에 인과관계가 있어야 한다. 이때 오신에 대한 상대방의 과실 유무는 문제되지 않는다.
④ 제한능력자가 속임수를 썼다는 주장·입증책임은 상대방에게 있다(대판 1971.12.14. 71다2045). 기출 11

3) 효 과

제한능력자 측의 취소권이 배제된다. 이 경우 제한능력자의 행위는 확정적으로 유효하다(통설). 따라서 제한능력자의 상대방의 철회권도 배제된다(통설).

V 주소

> **주소(민법 제18조)**
> ① 생활의 근거되는 곳을 주소로 한다.
> ② 주소는 동시에 두 곳 이상 있을 수 있다.
>
> **거소(민법 제19조)**
> 주소를 알 수 없으면 거소를 주소로 본다.
>
> **거소(민법 제20조)**
> 국내에 주소 없는 자에 대하여는 국내에 있는 거소를 주소로 본다.
>
> **가주소(민법 제21조)**
> 어느 행위에 있어서 가주소를 정한 때에는 그 행위에 관하여는 이를 주소로 본다.

1. 주소의 개념
주소는 사람의 생활의 근거가 되는 곳을 말한다(민법 제18조 제1항).

2. 주소의 결정에 관한 우리나라의 입법주의

(1) 복수주의

주소의 개수에 관해서는 단일주의와 복수주의가 있다. 민법은 복수주의를 취하고 있다(민법 제18조 제2항).

(2) 실질주의

주소를 결정하는 표준에 관해서 형식주의와 실질주의가 있다. 형식주의는 형식적 표준에 의하여 주소를 획일적으로 결정하는 주의이고, 실질주의는 생활의 실질적 관계에 의하여 구체적으로 주소를 결정하는 주의이다. 민법은 실질주의를 따르고 있다(민법 제18조 제1항).

(3) 객관주의(통설)

정주(定住)의 사실만으로 주소를 결정하는 객관주의와 정주의 사실과 그 밖에 정주의 의사도 필요하다는 의사주의가 있다. 민법은 객관주의를 취하고 있다고 할 수 있다(통설).

3. 주소의 효과

① 민법상 주소는 부재와 실종의 표준이고(민법 제22조, 제27조), 변제장소를 정하는 표준이며(민법 제467조), 상속의 개시지(민법 제998조)이다.
② 기타 법률상 어음·수표행위의 장소(어음법 제2조, 수표법 제8조), 재판관할의 표준지(민소법 제2조 등) 등이 된다.

4. 거소, 현재지, 가주소

① 거소란 사람이 상당한 기간 계속하여 거주하는 장소로서, 그 장소와의 밀접성이 주소만 못한 것을 말한다.
② 주소를 알 수 없거나 국내에 주소가 없을 경우 거소를 주소로 본다(민법 제19조, 제20조).
③ 현재지는 장소적 관계가 거소보다 희박한 곳을 말한다.
④ 가주소는 당사자가 특정한 거래에 관하여 일정한 장소를 선정하여 그 거래관계에 관하여 주소로서의 법적 기능을 부여한 장소를 말한다(민법 제21조). 가주소는 생활의 실질과는 무관하며, 당사자의 의사에 의해 설정하는 것으로 제한능력자는 단독으로 가주소를 설정할 수 없다(통설).

Ⅵ 부재자의 재산관리와 실종제도

1. 서 설

① 사람이 그의 주소나 거소를 떠나서 단시일 내에 돌아올 가능성이 없는 경우에는 그의 재산을 관리하거나 또는 상속인이나 잔존배우자 등의 이익을 보호하기 위하여 적절한 조치를 취할 필요가 있다. 이에 민법은 부재자 재산관리제도와 실종선고제도를 두고 있다.
② 부재자 재산관리제도와 실종선고제도는 거래의 안전을 보호하는 것이 아닌 부재자의 재산과 이해관계인을 보호하고자 하는 것이다.

2. 부재자의 재산관리

부재자의 재산의 관리(민법 제22조)
① 종래의 주소나 거소를 떠난 자가 재산관리인을 정하지 아니한 때에는 법원은 이해관계인이나 검사의 청구에 의하여 재산관리에 관하여 필요한 처분을 명하여야 한다. 본인의 부재 중 재산관리인의 권한이 소멸한 때에도 같다.
② 본인이 그 후에 재산관리인을 정한 때에는 법원은 본인, 재산관리인, 이해관계인 또는 검사의 청구에 의하여 전항의 명령을 취소하여야 한다.

관리인의 개임(민법 제23조)
부재자가 재산관리인을 정한 경우에 부재자의 생사가 분명하지 아니한 때에는 법원은 재산관리인, 이해관계인 또는 검사의 청구에 의하여 재산관리인을 개임할 수 있다.

관리인의 직무(민법 제24조)
① 법원이 선임한 재산관리인은 관리할 재산목록을 작성하여야 한다.
② 법원은 그 선임한 재산관리인에 대하여 부재자의 재산을 보존하기 위하여 필요한 처분을 명할 수 있다.
③ 부재자의 생사가 분명하지 아니한 경우에 이해관계인이나 검사의 청구가 있는 때에는 법원은 부재자가 정한 재산관리인에게 전2항의 처분을 명할 수 있다.
④ 전3항의 경우에 그 비용은 부재자의 재산으로써 지급한다.

관리인의 권한(민법 제25조)
법원이 선임한 재산관리인이 제118조에 규정한 권한을 넘는 행위를 함에는 법원의 허가를 얻어야 한다. 부재자의 생사가 분명하지 아니한 경우에 부재자가 정한 재산관리인이 권한을 넘는 행위를 할 때에도 같다.

관리인의 담보제공, 보수(민법 제26조)
① 법원은 그 선임한 재산관리인으로 하여금 재산의 관리 및 반환에 관하여 상당한 담보를 제공하게 할 수 있다.
② 법원은 그 선임한 재산관리인에 대하여 부재자의 재산으로 상당한 보수를 지급할 수 있다.
③ 전2항의 규정은 부재자의 생사가 분명하지 아니한 경우에 부재자가 정한 재산관리인에 준용한다.

(1) **부재자의 개념**
① 부재자란 원래 종래의 주소·거소를 떠나서 용이하게 돌아올 가능성이 없어서 그의 재산이 관리되지 못하고 방치되어 있는 자를 의미한다(민법 제22조 제1항 참조). 실종선고와 달리 반드시 생사불명일 필요는 없다. 기출 07
② 법인은 성질상 부재자가 될 수 없다(대결 1965.2.9. 64스9). 기출 07

(2) **부재자 재산의 관리**
1) 부재자가 재산관리인을 둔 경우
① 원칙 : 부재자가 재산관리인을 둔 경우 그 관리인은 부재자의 임의대리인이다. 기출 12 따라서 그의 권한은 위임계약 및 민법 제118조에 의하여 정해지며, 그 관리인에게 필요한 처분권까지 주어진 경우에는 그 재산을 처분함에 있어서 법원의 허가를 받을 필요는 없다(대판 1973.7.24. 72다2136).
② 예 외
 • 부재자가 재산관리인을 두었더라도 재산관리인의 권한이 본인의 부재 중에 소멸하면 관리인을 두지 않은 경우와 같은 조치를 취한다(민법 제22조 제1항 후문).
 • 부재자가 재산관리인을 두었더라도 부재자의 생사가 분명하지 않게 되었다면 관리인을 개임할 수 있으며(민법 제23조), 관리인을 바꾸지 않고 감독만 할 수도 있다. 기출 18 이 경우 가정법원은 관리인에게 재산목록 작성·재산보존에 필요한 처분을 명할 수 있고(민법 제24조 제3항), 관리인이 권한을 넘는 행위를 할 때 허가를 주고(민법 제25조 후문), 상당한 담보를 제공하게 할 수 있으며, 부재자의 재산에서 상당한 보수를 지급할 수 있다(민법 제26조 제3항). 기출 18

2) 부재자가 재산관리인을 두지 않은 경우
① 법원의 조치 : 부재자에게 재산관리인이 없고, 법정대리인도 없는 경우에 가정법원은 (법률상) 이해관계인, 검사의 청구에 의하여 재산관리에 필요한 처분을 명해야 한다(민법 제22조 제1항 전문). 일반적으로 재산관리에 필요한 처분은 재산관리인의 선임이다.
② 선임된 재산관리인의 지위 및 권한범위
 ㉠ 지위 : 법원이 선임한 재산관리인은 법정대리인의 지위를 갖는다. 선임된 재산관리인은 언제든지 사임할 수 있고(가사소송규칙 제42조 제2항), 법원도 언제든지 개임할 수 있다(가사소송규칙 제42조 제1항). 부재자와 관리인 사이에는 위임계약이 있는 것은 아니나, 그 직무의 성질상 수임인에 관한 민법의 규정을 유추적용한다(통설). 따라서 관리인은 선량한 관리자의 주의의무를 다하여 직무를 처리하여야 한다(민법 제681조). 기출 11·12
 ㉡ 권한범위
  • 보존행위, 관리행위는 단독으로 자유롭게 할 수 있다(민법 제25조, 제118조). 기출 11·14 그러나 이를 초과하는 처분행위는 가정법원의 허가를 얻어야 한다(민법 제25조 전문). 허가 없이 한 또는 허가범위를 넘는 처분행위는 무권대리행위로서 무효이고, 법원의 처분허가를 얻은 처분행위라고 하더라도 그 처분권은 부재자를 위한 범위에 한정된다. 판례는 부재자재산관리인이 법원의 매각처분허가를 얻었다 하더라도 부재자와 아무런 관계가 없는 남의 채무의 담보만을 위하여 부재자 재산에 근저당권을 설정하는 행위는 통상의 경우 객관적으로 부재자를 위한 처분행위로서 당연하다고는 경험칙상 볼 수 없다고 한다(대결 1976.12.21. 75마551). 기출 12·14 그러나 일단 법원의 허가를 받았다면 재산관리인이 그 처분방법을 정할 수 있고, 나중에 허가가 취소되더라도 그 처분은 유효하다(대판 1960.2.4. 4291민상636). 한편 재산관리인의 처분행위에 대한 법원의 허가는 장래의 처분행위에 대해서 뿐만 아니라 과거의 처분행위에 대한 추인을 위해서도 가능하다(대판 2000.12.26. 99다19278).

- 부재자의 재산관리인은 관리할 재산의 목록작성(민법 제24조 제1항), 재산의 보전을 위하여 가정법원이 명하는 처분의 수행(민법 제24조 제2항), 재산의 관리 및 반환에 관한 상당한 담보의 제공 등의 의무를 부담한다.
- 부재자의 재산관리인은 보수청구권을 가지며(민법 제26조 제2항), 재산관리를 위해 지출한 필요비와 그 이자 및 과실 없이 입은 손해의 배상을 청구할 수 있다(민법 제24조 제4항, 제688조).

ⓒ 재산관리의 종료 : 부재자가 후에 재산관리인을 정한 때에는 법원은 부재자 본인·재산관리인·이해관계인 또는 검사의 청구에 의하여 처분에 관한 명령을 취소하여야 한다(민법 제22조 제2항). 부재자 스스로 그의 재산을 관리하게 된 때 또는 그의 사망이 분명하게 되거나 실종선고가 있는 때 또는 관리할 재산이 더 이상 남아 있지 아니한 때에는, 부재자 본인 또는 이해관계인의 청구에 의하여 그 명한 처분을 취소하여야 한다(가사소송규칙 제50조). 기출 12 그런데 재산관리인이 부재자의 사망을 확인하였더라도 법원에 의하여 재산관리인 선임결정이 취소되지 않는 한 재산관리인은 계속하여 권한을 행사할 수 있다(대판 1971.3.23. 71다189). 기출 08·12·18 법원의 허가를 받은 재산관리인의 권한초과행위가 부재자에 대한 실종기간이 만료된 후에 이루어졌더라도 선임결정이 취소되기 전이라면 유효하다(대판 1991.11.26. 91다11810). 기출 08·11·14 또한 가정법원의 처분허가 취소의 효력은 소급하지 않는다. 따라서 재산관리인이 선임결정 후 그 취소 전에 자기의 권한범위 내에서 한 행위는 그의 선·악의를 불문하고 유효하다.

핵심문제

01 부재자 재산관리인에 관한 설명으로 옳지 않은 것은?(다툼이 있으면 판례에 따름) 기출 18

① 부재자가 재산관리인을 정한 경우에 부재자의 생사가 분명하지 않은 때에는 법원은 재산관리인을 개임할 수 있다.
② 법원은 재산관리인의 과거의 처분행위를 추인하는 허가도 할 수 있다.
③ 법원이 선임한 재산관리인의 권한은 부재자가 사망하면 선임결정이 취소되지 않더라도 소멸한다.
④ 법원이 선임한 재산관리인은 관리할 재산목록을 작성하여야 한다.
⑤ 부재자의 생사가 분명하지 않은 경우, 법원은 부재자가 정한 재산관리인에게 재산의 관리 및 반환에 관하여 상당한 담보를 제공하게 할 수 있다.

【해설】
① (O) 민법 제23조
② (O) 재산관리인은 장래의 처분행위뿐만 아니라, 이미 한 처분행위를 추인하는 의미로도 할 수 있다(대판 1982.12.14. 80다1872).
③ (×) 사망한 것으로 간주된 자가 그 이전에 생사불명의 부재자로서 그 재산관리에 관하여 법원으로부터 재산관리인이 선임되어 있었다면 재산관리인은 그 부재자의 사망을 확인했다고 하더라도 선임결정이 취소되지 아니하는 한 계속하여 권한을 행사할 수 있다(대판 1991.11.26. 91다11810).
④ (O) 민법 제24조 제1항
⑤ (O) 민법 제26조 제1항

정답 ③

3. 실종선고제도

> **실종의 선고(민법 제27조)**
> ① 부재자의 생사가 5년간 분명하지 아니한 때에는 법원은 이해관계인이나 검사의 청구에 의하여 실종선고를 하여야 한다.
> ② 전지에 임한 자, 침몰한 선박 중에 있던 자, 추락한 항공기 중에 있던 자 기타 사망의 원인이 될 위난을 당한 자의 생사가 전쟁종지후 또는 선박의 침몰, 항공기의 추락 기타 위난이 종료한 후 1년간 분명하지 아니한 때에도 제1항과 같다.
>
> **실종선고의 효과(민법 제28조)**
> 실종선고를 받은 자는 전조의 기간이 만료한 때에 사망한 것으로 본다.
>
> **실종선고의 취소(민법 제29조)**
> ① 실종자의 생존한 사실 또는 전조의 규정과 상이한 때에 사망한 사실의 증명이 있으면 법원은 본인, 이해관계인 또는 검사의 청구에 의하여 실종선고를 취소하여야 한다. 그러나 실종선고후 그 취소전에 선의로 한 행위의 효력에 영향을 미치지 아니한다.
> ② 실종선고의 취소가 있을 때에 실종의 선고를 직접원인으로 하여 재산을 취득한 자가 선의인 경우에는 그 받은 이익이 현존하는 한도에서 반환할 의무가 있고 악의인 경우에는 그 받은 이익에 이자를 붙여서 반환하고 손해가 있으면 이를 배상하여야 한다.

(1) 실종선고의 의의
부재자의 생사불명상태가 일정기간 계속된 경우에, 가정법원의 선고에 의하여 부재자를 사망한 것으로 간주하고, 종래의 주소나 거소를 중심으로 한 법률관계를 확정하는 제도이다.

(2) 실종선고의 요건

1) 실질적 요건

① **생사불분명**: 생존의 증명도 사망의 증명도 할 수 없는 상태를 말한다. 호적상 이미 사망한 것으로 기재되어 있는 자에 대해서는 호적부의 추정력 때문에 실종선고를 할 수 없다(대결 1997.11.27. 97스4).

② **실종기간의 경과** 기출 14
- 보통실종(민법 제27조 제1항): 실종기간은 최후 소식시로부터 5년이다.
- 특별실종(민법 제27조 제2항): 실종기간은 1년이다. 각 기산점은 전쟁실종은 전쟁 종료시, 선박실종은 선박 침몰시, 항공기실종은 항공기 추락시, 위난실종은 위난 종료시이다.

2) 형식적 요건

① 이해관계인 또는 검사의 청구가 있어야 한다(민법 제27조). 여기서의 이해관계인은 실종선고에 대하여 신분상 또는 재산상 이해관계를 가지는 자, 즉, 법률상의 이해관계를 가지는 자를 말하며, 부재자의 배우자, 상속인, 재산관리인 등이 그 예이다. 제1순위 상속인이 있는 경우 부재자의 자매로서 제2순위 상속인, 제4순위 상속인 등에 불과한 자는 부재자에 대한 실종선고를 청구할 이해관계인이 될 수 없다. 기출 04

② 실종선고의 청구를 받은 가정법원은 가사소송규칙 제53조 이하에 따라 부재자 자신 또는 부재자의 생사를 알고 있는 자에 대하여 신고하도록 6개월 이상 공고해야 한다. 공시최고기간이 지나도록 신고가 없으면, 가정법원은 반드시 실종선고를 하여야 한다(민법 제27조 제1항).

(3) 실종선고의 효과

1) 사망의 간주
① 실종선고가 확정되면 실종선고를 받은 자는 사망한 것으로 본다(민법 제28조). 기출 07·12·14 이에 따라 상속이 발생하고, 혼인이 해소되어 실종자의 배우자는 재혼할 수 있다.
② 실종선고를 받은 자는 사망한 것으로 간주되므로, 추정되는 경우와 달리 실종자의 생존 기타 반대증거를 들어 선고의 효과를 다투지 못하며, 사망의 효과를 저지하려면 실종선고를 취소해야 한다(대판 1995.2.17. 94다52751). 따라서 실종선고가 가정법원에 의하여 취소되지 않는 한 사망의 효과는 그대로 존속한다.

2) 사망간주의 시기
① 실종선고에 의하여 사망한 것으로 간주되는 시기에 관하여 다양한 입법례가 있으나, 민법은 실종기간 만료시에 사망한 것으로 본다(민법 제28조). 기출 12·14 문제는 이 시점이 실종선고시보다 앞서기 때문에, 사망간주시기의 소급과 관련하여 선의의 제3자를 보호하기 위한 입법조치가 필요하다는 점이다.

출처 | 지원림, 「민법강의」, 弘文社, 2019

② 실종선고가 있으면 실종자는 실종기간이 만료되는 때에 사망한 것으로 간주되며, 그때까지 그는 생존하는 것으로 간주된다(대판 1977.3.22. 77다81).
③ 실종선고를 받지 않은 경우에는 학설은 생존하고 있는 것으로 추정된다는 견해가 다수설이다.

3) 사망간주의 범위
실종선고는 부재자의 종래 주소를 중심으로 실종기간 만료시의 사법상의 법률관계를 종료시키고, 그 범위에서만 사망의 효과를 발생시키는 것이고, 실종자의 권리능력을 박탈하거나, 공법상의 법률관계(선거권, 납세의무 등)에 영향을 미치지는 않는다. 기출 07

(4) 실종선고의 취소

1) 일반론
① 실종선고는 가정법원의 형식적인 취소선고가 있어야 취소된다(민법 제29조 제1항).
② 실종선고의 취소는 소급효가 있는 것이 원칙이다.

2) 실종선고 취소의 요건
① 실질적 요건 : 실종자가 생존하고 있는 사실(민법 제29조 제1항 본문), 실종기간이 만료된 때와 다른 시기에 사망한 사실(민법 제29조 제1항 본문) 또는 실종기간의 기산점 이후의 어떤 시점에 생존하고 있었던 사실이 있어야 한다.
② 형식적 요건 : 본인, 이해관계인 또는 검사의 청구가 있어야 한다(민법 제29조 제1항 본문). 실종선고와 달리 공시최고는 요건이 아니다.

3) 실종선고 취소의 효과
① 원칙 : 소급효
실종선고가 취소되면 실종선고가 소급적으로 무효로 되어, 종래의 주소나 거소를 중심으로 한 실종자의 사법적 법률관계는 선고 전의 상태로 돌아간다.
② 예외 : 소급효의 제한
• 실종선고 후 그 취소 전에 선의로 한 행위의 효력에 영향을 미치지 아니한다(민법 제29조 제1항 단서). 여기서 선의는 재산행위, 신분행위를 불문하고 양 당사자 모두 선의이어야 한다(다수설). 다만, 단독행위의 경우에는 단독행위자(상속인 등)가 선의이기만 하면 유효하다(통설). 기출 12

- 실종선고의 취소가 있을 때에 실종의 선고를 직접원인으로 하여 재산을 취득한 자가 선의인 경우에는 그 받은 이익이 현존하는 한도에서 반환할 의무가 있고, 악의인 경우에는 그 받은 이익에 이자를 붙여서 반환하고 손해가 있으면 이를 배상하여야 한다(민법 제29조 제2항). 기출 04·12·14·16
- 민법 제29조 제2항은 실종선고를 직접원인으로 하여 재산을 취득한 자에 국한하여 적용되므로 이로부터 다시 재산을 취득한 전득자는 포함되지 않는다(통설).
- 민법 제29조 제2항의 이득반환청구는 부당이득반환청구권의 성질을 갖기 때문에 실종선고 취소시로부터 10년의 시효에 걸린다. 다만, 실종선고의 취소로 인하여 상속인이 달라지는 경우에, 진정상속인이 표현상속인에게 재산회복청구를 하는 것은 상속회복청구가 되므로 상속회복청구권의 제척기간(민법 제999조)이 적용된다.

제3절 법 인

I 법인 일반

1. 법인의 의의

법인이란 자연인 이외에 법인격이 인정된 것으로, 일정한 목적을 위한 인적 결합에 법인격이 부여된 것을 사단법인, 일정한 목적에 바쳐진 재산에 법인격이 부여된 것을 재단법인이라 한다.

2. 법인제도의 존재이유

① 사단이나 재단을 그 구성원 또는 재산출연자와 별도의 법적 주체로서 활동하게 하기 위함이다(법인의 독립성).
② 사단 또는 재단의 재산과 사단의 구성원 또는 재산출연자의 고유재산을 분리하여 구별하여야 할 필요성이 있기 때문이다(유한책임).

3. 법인의 본질

(1) 서 설

법인이 그것을 구성하는 개인 또는 재산으로부터 분리되어 단체로서의 독자적인 실체를 가지는 것이냐의 문제가 법인의 본질론이다.

(2) 학 설

1) 법인의제설

권리·의무의 주체가 되는 것은 자연인인 개인뿐이며, 법이 일정한 단체에 권리주체성을 부여한 것은 자연인이 법인을 통하여 사적 자치를 더욱 효율적으로 실현할 수 있다는 정책적 이유에 기인한다.

2) 법인실재설

법인을 권리주체로서의 실질을 가지는 사회적 실체라고 보는 이론이다.

(3) 검 토

학설의 대립은 주로 법인의 불법행위능력과 관련하여 실익을 가진다. 즉, 의제설을 따르면 원칙적으로 법인의 불법행위능력이 부정되고 가해행위를 한 대표기관 개인의 책임만이 문제되나, 실재설에 의하면 법인의 불법행위능력이 인정되고 대표기관 개인의 책임이 당연히 긍정되지는 않는다. 생각건대 민법 제35조에 의하여 법인과 그 대표기관의 책임이 인정되므로, 어느 학설에 의하더라도 논의의 실익은 크지 아니하다.

Ⅱ 권리능력 없는 사단과 재단

1. 조합과 비법인사단의 구별

(1) 단체성의 강약

민법상의 조합과 법인격은 없으나 사단성이 인정되는 비법인사단을 구별함에 있어서는 일반적으로 그 단체성의 강약을 기준으로 판단하여야 하는바, 조합은 2인 이상이 상호 간에 금전 기타 재산 또는 노무를 출자하여 공동사업을 경영할 것을 약정하는 계약관계에 의하여 성립하므로 어느 정도 단체성에서 오는 제약을 받게 되는 것이지만 구성원의 개인성이 강하게 드러나는 인적 결합체인 데 비하여 비법인사단은 구성원의 개인성과는 별개로 권리·의무의 주체가 될 수 있는 독자적 존재로서의 단체적 조직을 가지는 특성이 있다 하겠는데, 어떤 단체가 고유의 목적을 가지고 사단적 성격을 가지는 규약을 만들어 이에 근거하여 의사결정기관 및 집행기관인 대표자를 두는 등의 조직을 갖추고 있고, 기관의 의결이나 업무집행방법이 다수결의 원칙에 의하여 행하여지며, 구성원의 가입, 탈퇴 등으로 인한 변경에 관계없이 단체 그 자체가 존속되고, 그 조직에 의하여 대표의 방법, 총회나 이사회 등의 운영, 자본의 구성, 재산의 관리 기타 단체로서의 주요사항이 확정되어 있는 경우에는 비법인사단으로서의 실체를 가진다고 할 것이다(대판 1999.4.23. 99다4504).

(2) 재산소유형태

① 조합의 소유형태는 조합원들의 합유이다(민법 제703조, 제704조).
② 비법인사단은 사원들의 총유이다(민법 제275조). **기출** 06·07·14 총유물의 보존행위는 특별한 사정이 없는 한 사원총회의 결의를 거쳐야 하는 것인 바, 이러한 법리는 비법인사단인 주택조합이 대표자의 이름으로 소송행위를 하는 경우에도 마찬가지이다(대판 1994.4.26. 93다51591). **기출** 14
③ 한편 법인은 법인의 단독소유이다.

(3) 채무관계

① 조합채무에 대하여는 조합재산과 조합원의 개인재산으로 무한책임을 진다.
② 비법인사단의 채무는 사원들의 준총유 형태로 귀속되며(민법 제278조), 비법인사단의 재산으로만 책임을 진다.
③ 법인의 채무에 대해서는 법인의 재산만이 책임재산이 된다.

2. 권리능력 없는 사단(비법인사단)

(1) 의의
사단의 실체를 갖추고 있으나 법인등기를 하지 아니한 단체를 말한다.

(2) 성립요건
권리능력 없는 사단은 사단의 실체를 가져야 하므로, 별도의 조직행위를 요하지는 않더라도 대표자와 총회 등 사단으로서의 조직을 갖추어야 하고, 구성원의 변경과 관계없이 존속해야 한다. 그 밖에 성문의 규약이 아니더라도 사단법인의 정관에 상응하는 것은 있어야 한다.

(3) 법률관계
① 소송법상 당사자능력(민소법 제52조)과 부동산등기법상 등기능력(부동산등기법 제26조 제1항)은 명문의 규정으로 인정된다. 기출 07·09 한편 비법인 사단이 당사자능력이 있는지 여부는 사실심의 변론 종결 시를 기준으로 판단한다(대판 2010.3.25. 2009다95387).

② 권리능력 없는 사단에 관하여 민법은 제275조에서 그 재산소유형태를 총유라고 하여 조합이 아님을 규정하고 있을 뿐이므로, 통설·판례는 권리능력 없는 사단이 사단의 실질을 가지고 있음을 이유로 법인설립등기를 전제로 하는 것을 제외하고 전부 사단법인 규정을 유추적용하고 있다. 기출 07

> **비법인사단에 유추적용을 긍정한 사례**
> - 지방 향교의 관할 구역은 독립된 비법인 사단인 지방 향교의 설립 목적과 사원 자격에 직결되어 있으므로, 비법인 사단에 유추적용되는 민법 제34조에 따라 기본적으로 지방 향교의 정관이나 규약 등에 의하여 결정되는 것으로 봄이 상당하다. 또한, 독립된 비법인 사단인 지방 향교가 관할 구역 및 구성원의 자격에 관한 성균관의 정관이나 결정을 자신의 것으로 받아들이지 아니한 이상, 비록 성균관이 실질적으로 지방 향교의 상급단체의 지위에 있다 하더라도 이해 당사자인 해당 향교의 동의 없이는 임의로 지방 향교의 관할 구역을 축소하고 그에 따라 구성원 자격을 변경할 수 있는 권한이 있다고 볼 수 없다(대판 2010.5.27. 2006다72109).
> - 주택조합과 같은 비법인사단의 대표자가 직무에 관하여 타인에게 손해를 가한 경우 그 사단은 민법 제35조 제1항의 유추적용에 의하여 그 손해를 배상할 책임이 있으며, 비법인사단의 대표자의 행위가 대표자 개인의 사리를 도모하기 위한 것이었거나 혹은 법령의 규정에 위배된 것이었다 하더라도 외관상, 객관적으로 직무에 관한 행위라고 인정할 수 있는 것이라면 민법 제35조 제1항의 직무에 관한 행위에 해당한다(대판 2003.7.25. 2002다27088). 기출 12·13·16·20·24
> - 법인 아닌 사단의 단체성으로 인하여 구성원은 사용·수익권을 가질 뿐 이를 넘어서서 사단 재산에 대한 지분권은 인정되지 아니하므로, 총유재산의 처분·관리는 물론 보존행위까지도 법인 아닌 사단의 명의로 하여야 하고, 그 절차에 관하여 사단 규약에 특별한 정함이 없으면 의사결정기구인 총회 결의를 거쳐야 한다(민법 제276조 제1항). 총회 결의는 다른 규정이 없는 이상 구성원 과반수의 출석과 출석 구성원의 결의권의 과반수로써 하지만(민법 제75조 제1항), 사단에 따라서 재산 내역이 규약에 특정되어 있거나 그렇지 않더라도 재산의 존재가 규약에 정하여진 사단의 목적수행 및 사단의 명칭·소재지와 직접 관련되어 있는 경우에는 그 재산의 처분은 규약의 변경을 수반하기 때문에 사단법인 정관변경에 관한 민법 제42조 제1항을 유추적용하여 총 구성원의 2/3 이상의 동의를 필요로 한다고 해석하여야 한다(대판 2006.4.20. 2004다37775[전합]).
> - 비법인사단에 대하여는 사단법인에 관한 민법 규정 가운데 법인격을 전제로 하는 것을 제외하고는 이를 유추적용하여야 하는데, 민법 제62조에 비추어 보면 비법인사단의 대표자는 정관 또는 총회의 결의로 금지하지 아니한 사항에 한하여 타인으로 하여금 특정한 행위를 대리하게 할 수 있을 뿐 비법인사단의 제반 업무처리를 포괄적으로 위임할 수는 없으므로 비법인사단 대표자가 행한 타인에 대한 업무의 포괄적 위임과 그에 따른 포괄적 수임인의 대행행위는 민법 제62조를 위반한 것이어서 비법인사단에 대하여 그 효력이 미치지 않는다(대판 2011.4.28. 2008다15438). 기출 24
> - 민법 제63조는 법인의 조직과 활동에 관한 것으로서 법인격을 전제로 하는 조항이 아니고, 법인 아닌 사단이나 재단의 경우에도 이사가 없거나 결원이 생길 수 있으며, 통상의 절차에 따른 새로운 이사의 선임이 극히 곤란하고 종전 이사의 긴급처리권도 인정되지 아니하는 경우에는 사단이나 재단 또는 타인에게 손해가 생길 염려가 있을 수 있어, 민법 제63조는 법인 아닌 사단이나 재단에도 유추 적용할 수 있다(대결 2009.11.19. 2008마699[전합]). 기출 24

- 총유물의 보존에 있어서는 공유물의 보존에 관한 민법 제265조의 규정이 적용될 수 없고, 특별한 사정이 없는 한 민법 제276조 제1항의 규정에 따라 사원총회의 결의를 거쳐야 하므로, 법인 아닌 사단인 교회가 그 총유재산에 대한 보존행위로서 소송을 하는 경우에도 특별한 사정이 없는 한 교인 총회의 결의를 거쳐야 한다. 이와 관련하여 "총회의 결의는 민법 또는 정관에 다른 규정이 없으면 사원 과반수의 출석과 출석사원의 의결권의 과반수로써 한다"는 민법 제75조 제1항의 규정은 법인 아닌 사단에 대하여도 유추적용될 수 있다(대판 2007.12.27, 2007다17062). 기출 24
- 비법인사단에 대하여는 사단법인에 관한 민법규정 중 법인격을 전제로 하는 것을 제외한 규정들을 유추적용하여야 할 것이므로 비법인사단인 교회의 교인이 존재하지 않게 된 경우 그 교회는 해산하여 청산절차에 들어가서 청산의 목적범위 내에서 권리·의무의 주체가 되며, 이 경우 해산 당시 그 비법인사단의 총회에서 향후 업무를 수행할 자를 선정하였다면 민법 제82조 제1항을 유추하여 그 선임된 자가 청산인으로서 청산 중의 비법인사단을 대표하여 청산업무를 수행하게 된다(대판 2003.11.14, 2001다32687). 기출 21
- 권리능력 없는 사단인 재건축주택조합과 그 대표기관과의 관계는 위임인과 수임인의 법률관계와 같은 것으로서 임기가 만료되면 일단 그 위임관계는 종료되는 것이 원칙이고, 다만 그 후임자가 선임될 때까지 대표자가 존재하지 않는다면 대표기관에 의하여 행위를 할 수밖에 없는 재건축주택조합은 당장 정상적인 활동을 중단하지 않을 수 없는 상태에 처하게 되므로, 민법 제691조의 규정을 유추하여 구 대표자로 하여금 조합의 업무를 수행케 함이 부적당하다고 인정할 만한 특별한 사정이 없고 종전의 직무를 구 대표자로 하여금 처리하게 할 필요가 있는 경우에 한하여 후임 대표자가 선임될 때까지 임기만료된 구 대표자에게 대표자의 직무를 수행할 수 있는 업무수행권이 인정된다(대판 2003.7.8, 2002다74817).

비법인사단에 유추적용을 부정한 사례
- 비법인사단의 경우에는 대표자의 대표권 제한에 관하여 등기할 방법이 없어 민법 제60조의 규정을 준용할 수 없고, 비법인사단의 대표자가 정관에서 사원총회의 결의를 거쳐야 하도록 규정한 대외적 거래행위에 관하여 이를 거치지 아니한 경우라도, 이와 같은 사원총회 결의사항은 비법인사단의 내부적 의사결정에 불과하다 할 것이므로, 그 거래 상대방이 그와 같은 대표권 제한 사실을 알았거나 알 수 있었을 경우가 아니라면 그 거래행위는 유효하다고 봄이 상당하고, 이 경우 거래의 상대방이 대표권 제한 사실을 알았거나 알 수 있었음은 이를 주장하는 비법인사단 측이 주장·입증하여야 한다(대판 2003.7.22, 2002다64780). 기출 24
- 종중원들이 종중 재산의 관리 또는 처분 등을 위하여 종중의 규약에 따른 적법한 소집권자 또는 일반 관례에 따른 종중총회의 소집권자인 종중의 연고항존자에게 필요한 종중의 임시총회 소집을 요구하였음에도 그 소집권자가 정당한 이유 없이 이에 응하지 아니하는 경우에는 차석 또는 발기인(위 총회의 소집을 요구한 발의자들)이 소집권자를 대신하여 그 총회를 소집할 수 있는 것이고, 반드시 민법 제70조를 준용하여 감사가 총회를 소집하거나 종원이 법원의 허가를 얻어 총회를 소집하여야 하는 것은 아니다(대판 2011.2.10, 2010다83199). 기출 20·21

(4) 권리능력 없는 사단 여부

① 판례는 종중, 사찰, 교회, 주택조합 또는 재건축조합, 자연부락, 동·리, 어촌계, 집합건물의 관리단, 아파트입주자대표회의 기출 11 , 채권자들로 구성된 청산위원회 등을 권리능력 없는 사단으로 인정하고 있다.

② 반면, 부도난 회사의 채권자들이 조직한 채권단, 원호대상자광주목공조합, 개인사찰, 학교, 대한불교조계종총무원 등은 권리능력 없는 사단으로 보고 있지 않다.

(5) 관련 판례

1) 사단법인 하부조직의 비법인사단성

민사소송법 제52조가 비법인사단의 당사자능력을 인정하는 이유는 법인이 아니라도 사단으로서의 실체를 갖추고 대표자 또는 관리인을 통하여 사회적 활동이나 거래를 하는 경우에는 그로 인하여 발생하는 분쟁은 그 단체가 자기 이름으로 당사자가 되어 소송을 통하여 해결하도록 하기 위한 것이므로, 여기서 말하는 사단이라 함은 일정한 목적을 위하여 조직된 다수인의 결합체로서 대외적으로 사단을 대표할 기관에 관한 정함이 있는 단체를 말하고, 사단법인의 하부조직의 하나라 하더라도 스스로 위와 같은 단체로서의 실체를 갖추고 독자적인 활동을 하고 있다면 사단법인과는 별개의 독립된 비법인사단으로 볼 수 있다(대판 2022.8.11, 2022다227688).

2) 당사자적격의 유무
① 총유재산에 관한 소송 : 민법 제276조 제1항은 "총유물의 관리 및 처분은 사원총회의 결의에 의한다", 같은 조 제2항은 "각 사원은 정관 기타의 규약에 좇아 총유물을 사용·수익할 수 있다"라고 규정하고 있을 뿐 공유나 합유의 경우처럼 보존행위는 그 구성원 각자가 할 수 있다는 민법 제265조 단서 또는 제272조 단서와 같은 규정을 두고 있지 아니한바, 이는 법인 아닌 사단의 소유형태인 총유가 공유나 합유에 비하여 단체성이 강하고 구성원 개인들의 총유재산에 대한 지분권이 인정되지 아니하는 데에서 나온 당연한 귀결이라고 할 것이므로 총유재산에 관한 소송은 법인 아닌 사단이 그 명의로 사원총회의 결의를 거쳐 하거나 또는 그 구성원 전원이 당사자가 되어 필수적 공동소송의 형태로 할 수 있을 뿐 그 사단의 구성원은 설령 그가 사단의 대표자라거나 사원총회의 결의를 거쳤다 하더라도 그 소송의 당사자가 될 수 없고, 이러한 법리는 총유재산의 보존행위로서 소를 제기하는 경우에도 마찬가지라 할 것이다(대판 2005.9.15. 2004다44971[전합]).

② 대표자지위부존재 확인소송 : 비법인사단이 당사자인 사건에서 대표자에게 적법한 대표권이 있는지는 소송요건에 관한 것으로서 직권조사사항이므로, 법원에 그 판단의 기초자료인 사실과 증거를 직권으로 탐지할 의무까지는 없으나, 이미 제출된 자료들에 의하여 그 대표권의 적법성을 의심할 만한 사정이 엿보인다면 상대방이 이를 구체적으로 지적하여 다투지 않더라도 이에 관하여 심리·조사할 의무가 있다(대판 2024.4.12. 2023다313241).

3) 총유물의 관리·처분행위 해당 여부
① 금전채무를 보증하는 행위 : 민법 제275조, 제276조 제1항에서 말하는 총유물의 관리 및 처분이라 함은 총유물 그 자체에 관한 이용·개량행위나 법률적·사실적 처분행위를 의미하는 것이므로, 비법인사단이 타인 간의 금전채무를 보증하는 행위는 총유물 그 자체의 관리·처분이 따르지 아니하는 단순한 채무부담행위에 불과하여 이를 총유물의 관리·처분행위라고 볼 수는 없다. 따라서 비법인사단인 재건축조합의 조합장이 채무보증계약을 체결하면서 조합규약에서 정한 조합 임원회의결의를 거치지 아니하였다거나 조합원총회 결의를 거치지 않았다고 하더라도 그것만으로 바로 그 보증계약이 무효라고 할 수는 없다. 다만, 이와 같은 경우에 조합 임원회의의 결의 등을 거치도록 한 조합규약은 조합장의 대표권을 제한하는 규정에 해당하는 것이므로, 거래 상대방이 그와 같은 대표권 제한 및 그 위반 사실을 알았거나 과실로 인하여 이를 알지 못한 때에는 그 거래행위가 무효로 된다고 봄이 상당하며, 이 경우 그 거래 상대방이 대표권 제한 및 그 위반 사실을 알았거나 알지 못한 데에 과실이 있다는 사정은 그 거래의 무효를 주장하는 측이 이를 주장·입증하여야 한다(대판 2007.4.19. 2004다60072[전합]).

② 소멸시효중단 사유로서의 승인 : 비법인사단이 총유물에 관한 매매계약을 체결하는 행위는 총유물 그 자체의 처분이 따르는 채무부담행위로서 총유물의 처분행위에 해당하나, 그 매매계약에 의하여 부담하고 있는 채무의 존재를 인식하고 있다는 뜻을 표시하는 데 불과한 소멸시효중단 사유로서의 승인은 총유물 그 자체의 관리·처분이 따르는 행위가 아니어서 총유물의 관리·처분행위라고 볼 수 없다(대판 2009.11.26. 2009다64383).

3. 권리능력 없는 재단(비법인재단)

(1) 의의
재단법인의 실질을 갖추어 목적재산과 조직은 존재하지만 아직 법인격을 취득하지 못한 것을 의미한다.

(2) 법률관계
① 소송상 당사자능력이 인정된다.
② 부동산에 관하여는 등기능력이 인정되는데, 이는 결국 부동산은 권리능력 없는 재단의 단독소유로 취급된다(통설·판례). 부동산 이외의 재산권에 대하여는 아무런 규정이 없어 신탁의 법리로 설명하는 견해와 기타의 재산권도 역시 권리능력 없는 재단에 속한다는 견해가 대립하고 있다.
③ 그 밖의 법률관계에 대하여는 재단법인에 관한 규정 가운데 법인격을 전제로 하는 것을 제외하고는 이를 유추적용한다(통설).

(3) 권리능력 없는 재단 여부
사찰, 장학재단(육영회), 유치원 등은 판례가 비법인재단으로 인정하였으나, 학교와 같이 시설(영조물)에 불과한 것은 비법인재단이 아니라고 보았다(대판 1977.8.23. 76다147).

Ⅲ 종중의 법률관계

1. 종중의 의의

(1) 고유한 의미의 종중

1) 종중의 개념
종중이란 공동선조의 분묘수호 및 봉제사와 후손 상호 간의 친목을 목적으로 형성되는 자연발생적인 종족단체로, 선조의 사망과 동시에 후손에 의하여 성립하는 것이며, 법적 성격은 법인격 없는 사단이다(대판 2005.7.21. 2002다1178[전합]). 기출 06

2) 종중 유사의 단체
공동선조의 후손 중 "일정한 범위"의 종족집단이 사회적 조직체로서 성립하여 고유의 재산을 소유 관리하면서 독자적인 활동을 하고 있다면 단체로서의 실체를 부인할 수 없다고 할 것이나 이는 고유 의미의 종중과는 다른 종중 유사의 단체이다(대판 1992.9.22. 92다15048). 어떠한 단체가 고유의미의 종중이 아니라 종중유사단체를 표방하면서 그 단체에 권리가 귀속되어야 한다고 주장하는 경우, 우선 권리귀속의 근거가 되는 법률행위나 사실관계 등이 발생할 당시 종중유사단체가 성립하여 존재하는 사실을 증명하여야 하고, 다음으로 당해 종중유사단체에 권리가 귀속되는 근거가 되는 법률행위 등 법률요건이 갖추어져 있다는 사실을 증명하여야 한다. 자연발생적으로 형성된 고유한 의미의 종중(이하 "고유종중")이 아니라 그 구성원 중 일부만으로 범위를 제한한 종중유사의 권리능력 없는 사단(이하 "종중유사단체")의 성립 및 소유권 귀속을 인정하려면, 고유종중이 소를 제기하는 데 필요한 여러 절차(종중원 확정, 종중총회 소집, 총회결의, 대표자 선임 등)를 우회하거나 특정 종중원을 배제하기 위한 목적에서 종중유사단체를 표방하였다고 볼 여지가 없는지 신중하게 판단하여야 한다(대판 2020.4.9. 2019다216411). 종중 유사의 단체는 사적 자치의 원칙 내지 결사의 자유에 따라 그 구성원의 자격과 가입조건을 자유롭게 정할 수 있음이 원칙이므로 회칙 등에서 공동선조의 후손 중 남성만으로 구성원을 한정하고 있는 경우, 그러한 사정만으로 회칙 등이 무효로 되지는 않는다(대판 2011.2.24. 2009다17783). 같은 의미로 특정지역 내에 거주하는 일부 종중원이나 특정 항렬의 종중원만을 그 구성원으로 하는 단체는 종중 유사의 단체에 불과하고 고유한 의미의 종중은 될 수 없다(대판 2002.5.10. 2002다4863). 고유한 의미의 종중이라면 일부 종원의 자격을 임의로 제한하였거나 확장한 종중회칙은 종중의 본질에 반하여 무효이나, 그 종중의 회칙 규정이 종중의 본질에 반한다하여 바로 고유한 의미의 종중이 아니라고 추단할 수는 없다(대판 2002.6.28. 2001다5296). 기출 06

(2) 종중의 대표자

① 종중에는 관습에 따른 종장이 있는데, 종장이라는 이유만으로 당연히 법적 대표권한이 있는 것은 아니다(대판 1999.7.27. 99다9523).
② 종중 대표자의 선임방법은 그 종중에 규약이나 관례가 있으면 그에 따라 선임하고 그것이 없다면 종장 또는 문장이 그 종원을 소집하여 출석종원의 과반수 결의로 선출하며, 평소에 종중에 종장이나 문장이 선임되어 있지 아니하고 선임에 관한 규약이나 일반 관례가 없다면 현존하는 연고항존자(나이가 가장 많고 항렬이 가장 높은 사람)가 종장이나 문장이 되어 종중총회를 소집하는 것이 일반 관습이다(대판 2009.5.28. 2009다7182).
③ 최근 판례는 갑 종중의 일부 종원들이 종중 규약 중 '종중 회장은 종손으로 한다.'는 조항은 우리 사회의 전체 법질서에 반하고 종중 및 종원의 고유한 성격이나 기본적인 권리의 본질적 내용을 훼손하여 무효라면서 위 조항에 근거하여 종중 회장으로 취임한 을을 상대로 회장 지위의 부존재확인을 구한 사안에서, 위 조항의 내용은 선량한 풍속 기타 사회질서에 반할 뿐만 아니라 종원이 가지는 고유하고 기본적인 권리의 본질적인 내용을 침해하는 것으로서 종중의 본질이나 설립 목적에 크게 위배되므로 무효라고 보아야 한다고 판시하고 있다(대판 2024.12.24. 2024다274398).

(3) 종중의 구성원

① 공동선조와 성과 본을 같이 하는 후손은 성별의 구별 없이 성년이 되면 당연히 그 구성원이 된다. 판례는 민법 제781조 제6항에 따라 자녀의 복리를 위하여 자녀의 성과 본을 변경할 필요가 있어 자녀의 성과 본이 모의 성과 본으로 변경되었을 경우 성년인 그 자녀는 모가 속한 종중의 공동선조와 성과 본을 같이 하는 후손으로서 당연히 종중의 구성원이 된다고(대판 2022.5.26. 2017다260940) 한다. 기출 06·14
② 다른 가문으로 출계한 아들(양자로 간 아들)은 그 생가의 종원 자격을 인정할 수 없다(대판 1996.8.23. 96다12566).

2. 종중총회

(1) 총회의 소집권자

① 총회의 소집권자는 '종중규약'에 정함이 있으면 그에 따르고, 정함이 없으면 '연고항존자'가 적법한 소집권자이다.
② 종중원들이 규약에 따라 적법한 소집권자 또는 그러한 자가 없어 연고항존자에게 총회의 소집을 요구하였으나 그 소집권자나 연고항존자가 정당한 이유 없이 이에 응하지 아니하는 경우에는 차석 또는 소집을 요구한 종중원들이 소집권자를 대신하여 그 총회를 소집할 수 있다(대판 2010.12.9. 2009다26596).

(2) 총회의 소집통지방법

반드시 직접 서면으로 하여야만 하는 것은 아니고 구두 또는 전화로 하여도 되고 다른 종중원이나 세대주를 통하여 하여도 무방하다(대판 2000.2.25. 99다20155).

> **종중총회 소집통지의 대상과 방법 및 일부 종중원에 대한 소집통지를 결여한 종중총회 결의의 효력(무효)**
> 종중총회는 특별한 사정이 없는 한 족보에 의하여 소집통지 대상이 되는 종중원의 범위를 확정한 후 국내에 거주하고 소재가 분명하여 통지가 가능한 모든 종중원에게 개별적으로 소집통지를 함으로써 각자가 회의와 토의 및 의결에 참가할 수 있는 기회를 주어야 하고, 일부 종중원에게 소집통지를 결여한 채 개최된 종중총회의 결의는 효력이 없으나, 그 소집통지의 방법은 반드시 직접 서면으로 하여야만 하는 것은 아니고 구두 또는 전화로 하여도 되고 다른 종중원이나 세대주를 통하여 하여도 무방하다(대판 2007.9.6. 2007다34982).
>
> **소집절차에 하자가 있는 종중총회의 결의를 사후 적법한 종중총회에서 추인한 경우, 그 결의의 효력(유효)**
> 소집절차에 하자가 있어 그 효력을 인정할 수 없는 종중총회의 결의라도 후에 적법하게 소집된 종중총회에서 이를 추인하면 처음부터 유효로 된다(대판 1996.6.14. 96다2729).
>
> **주택조합의 대표자가 조합원 총회의 결의를 거치지 아니하고 건물을 처분한 행위에 관하여 민법 제126조 표현대리에 관한 규정을 준용할 수 있는지 여부(소극)**
> 비법인사단인 피고 주택조합의 대표자가 조합총회의 결의를 거쳐야 하는 조합원 총유에 속하는 재산의 처분에 관하여는 조합원 총회의 결의를 거치지 아니하고는 이를 대리하여 결정할 권한이 없다 할 것이어서 피고 주택조합의 대표자가 행한 총유물인 이 사건 건물의 처분행위에 관하여는 민법 제126조의 표현대리에 관한 규정이 준용될 여지가 없다 할 것이다(대판 2003.7.11. 2001다73626).

(3) 총회의 결의방법

종중규약에 다른 규정이 없는 이상 종원은 서면이나 대리인으로 결의권을 행사할 수 있으므로, 일부 종원이 총회에 직접 출석하지 아니하고 다른 출석 종원에 대한 위임장 제출방식에 의하여 종중의 대표자 선임 등에 관한 결의권을 행사하는 것도 허용된다(대판 2000.2.25. 99다20155).

> **종중 토지 매각대금의 분배에 관한 종중총회의 결의가 무효인 경우, 새로운 종중총회의 결의 없이 종원이 곧바로 종중을 상대로 분배금의 지급을 구할 수 있는지 여부(소극)**
> 총유물인 종중 토지 매각대금의 분배는 정관 기타 규약에 달리 정함이 없는 한 종중총회의 결의에 의하여만 처분할 수 있고 이러한 분배결의가 없으면 종원이 종중에 대하여 직접 분배청구를 할 수 없다. 따라서 종중 토지 매각대금의 분배에 관한 종중총회의 결의가 무효인 경우, 종원은 그 결의의 무효확인 등을 소구하여 승소판결을 받은 후 새로운 종중총회에서 공정한 내용으로 다시 결의하도록 함으로써 그 권리를 구제받을 수 있을 뿐이고 새로운 종중총회의 결의도 거치지 아니한 채 종전 총회결의가 무효라는 사정만으로 곧바로 종중을 상대로 하여 스스로 공정하다고 주장하는 분배금의 지급을 구할 수는 없다(대판 2010.9.9. 2007다42310).
>
> **종중재산을 분배함에 있어 단순히 성별의 구분에 따라 그 분배 비율 등에 차이를 두는 경우 그 효력(= 무효)**
> 종중재산의 분배에 관한 종중총회의 결의 내용이 현저하게 불공정한 것인지 여부는 종중재산의 조성 경위, 종중재산의 유지·관리에 대한 기여도, 종중행사 참여도를 포함한 종중에 대한 기여도, 종중재산의 분배 경위, 전체 종원의 수와 구성, 분배 비율과 그 차등의 정도, 과거의 재산분배 선례 등 제반사정을 고려하여 판단하여야 한다. 그런데 공동선조와 성과 본을 같이 하는 후손은 남녀의 구별 없이 성년이 되면 당연히 그 구성원(종원)이 되는 것이므로, 종중재산을 분배함에 있어 단순히 남녀 성별의 구분에 따라 그 분배 비율, 방법, 내용에 차이를 두는 것은 개인의 존엄과 양성의 평등을 기초로 한 가족생활을 보장하고, 가족 내의 실질적인 권리와 의무에 있어서 남녀의 차별을 두지 아니하며, 정치·경제·사회·문화 등 모든 영역에서 여성에 대한 차별을 철폐하고 남녀평등을 실현할 것을 요구하는 우리의 전체 법질서에 부합하지 아니한 것으로 정당성과 합리성이 없어 무효라고 할 것이다(대판 2010.9.30. 2007다74775).

(4) 총회의 의결정족수

총회의 의결정족수를 정하는 기준이 되는 출석종원이라 함은 문제가 된 결의 당시 회의장에 남아 있던 종원만을 의미한다. 따라서 회의 도중 스스로 회의장에서 퇴장한 종원들은 이에 포함되지 않는다(대판 2001.7.27. 2000다56037).

3. 법률관계

(1) 종중규약의 효력

종중은 공동선조의 분묘수호와 제사 및 종원 상호 간의 친목 등을 목적으로 하여 구성되는 자연발생적인 종족집단으로 그 공동선조와 성과 본을 같이 하는 후손은 그 의사와 관계없이 성년이 되면 당연히 그 구성원이 된다. 이와 같은 종중의 성격과 법적 성질에 비추어, 종중 규약의 내용이 선량한 풍속 기타 사회질서에 반하는 경우 또는 종원이 가지는 고유하고 기본적인 권리의 본질적인 내용을 침해하는 등 종중의 본질이나 설립 목적에 크게 위배되는 경우 그 종중 규약은 무효로 보아야 한다(대판 2024.12.24. 2024다274398).

(2) 종중재산의 관리·처분

종중은 법인 아닌 사단이고 종중 소유의 재산은 종중원의 총유에 속한다(대판 2000.10.27. 2000다22881). 따라서 종중재산의 관리 및 처분에 관하여 먼저 종중규약에 정하는 바가 있으면 이에 따라야 하고, 그 점에 관한 종중규약이 없으면 종중총회의 결의에 의하여야 하므로 비록 종중대표자에 의한 종중재산의 처분이라고 하더라도 그러한 절차를 거치지 아니한 채 한 행위는 무효이다(대판 2000.10.27. 2000다22881). 판례에 따르면, 총유물의 보존에 있어서는 공유물의 보존에 관한 민법 제265조의 규정이 적용될 수 없고, 특별한 사정이 없는 한 민법 제276조 제1항의 규정에 따라 사원총회의 결의를 거쳐야 하므로, 법인 아닌 사단인 종중이 그 총유재산에 대한 보존행위로서 소송을 하는 경우에도 특별한 사정이 없는 한 종중총회의 결의를 거쳐야 한다(대판 2010.2.11. 2009다83650). **기출 21**

(3) 종중의 분열 인정 여부

고유 의미의 종중이란 공동선조의 후손 중 성년인 사람을 종원으로 하여 구성되는 자연발생적인 종족집단으로서 특별한 조직행위를 필요로 함이 없이 관습상 당연히 성립하는 것이고, 종중이 자연발생적으로 성립한 후에 정관 등 종중규약을 작성하면서 일부 종원의 자격을 임의로 제한하거나 확장하더라도 그러한 규약은 종중의 본질에 반하여 무효이고, 그로 인하여 이미 성립한 종중의 실재 자체가 부인되는 것은 아니다. 또한 종중이 종중원의 자격을 박탈하거나 종중원이 종중을 탈퇴할 수 없는 것이어서 공동선조의 후손들은 종중을 양분하는 것과 같은 종중분열을 할 수 없다(대판 2023.12.28. 2023다278829).

Ⅳ 교회의 분열과 재산귀속관계

1. **교회의 법적 성격**
   ① 교인들로 구성된 비법인사단이다.
   ② 특정 교단에 소속된 지교회도 비법인사단으로서의 실체를 갖추고 있다면, 특정 교단과는 독립된 비법인사단이다.
   ③ 따라서 비법인사단에 관한 일반적인 법률관계가 교회에도 그대로 적용된다.

2. **(비법인) 사단의 분열 여부**
   ① 우리 민법이 사단법인에 있어서 구성원들이 2개의 법인으로 나뉘어 각각 독립한 법인으로 존속하면서 종전 사단법인에게 귀속되었던 재산을 소유하는 방식의 사단법인의 분열을 인정하지 아니하므로, 비법인사단의 분열은 허용되지 않는다(교회도 동일). 기출 20
   ② 따라서 비법인사단의 구성원들이 집단적으로 탈퇴하는 경우 탈퇴한 자들은 구성원의 지위를 상실하는 반면, 잔존 구성원들로 구성된 단체는 여전히 동일성을 잃지 않고 비법인사단으로서의 실체를 유지하며 존속한다.
   ③ 집단적으로 탈퇴한 구성원들은 종전 사단의 재산에 대하여는 어떠한 권리도 가질 수 없다.

3. **교회 탈퇴시 종전 교회재산의 귀속관계(잔존 교인들의 총유)**
   의결권을 가진 교인 2/3 이상의 찬성이 없이 집단적으로 교회를 탈퇴한 경우 종전 교회재산은 잔존 교인들의 총유로 귀속된다(대판 2006.6.30. 2000다15944).

4. **지교회의 교단변경(의결권을 가진 교인 2/3 이상의 찬성)**
   ① 특정 교단에 가입한 지교회(교단과는 독립한 비법인사단)의 경우에, 소속교단을 변경하는 것은 지교회의 명칭이나 목적 등 자치규범을 변경하는 결과를 초래하므로, 소속 교단에서의 탈퇴 내지 변경은 사단법인 정관변경에 준하여 의결권을 가진 교인 2/3 이상의 찬성에 의한 결의를 필요로 하며, 소속 교단에서의 탈퇴 내지 변경이 의결권을 가진 교인의 2/3 이상의 찬성에 의하여 소속 교단에서의 탈퇴 또는 소속 교단의 변경결의가 적법·유효하게 이루어졌다는 점은 이를 주장하는 자가 입증하여야 한다(대판 2007.12.27. 2007다17062).
   ② 만약 교단 탈퇴 및 변경에 관한 결의를 하였으나 이에 찬성한 교인이 의결권을 가진 교인의 2/3에 이르지 못한다면, 종전 교회의 동일성은 여전히 종전 교단에 소속되어 있는 상태로서 유지된다(대판 2006.4.20. 2004다37775[전합]).
   ③ 반대로 교단변경 결의요건을 갖추어 소속 교단에서 탈퇴하거나 다른 교단으로 변경한 경우에는 종전 교회의 실체는 이와 같이 교단을 탈퇴한 교회로서 존속하고 종전 교회재산은 위 탈퇴한 교회 소속 교인들의 총유로 귀속된다(대판 2006.4.20. 2004다37775[전합]).

> 교회가 법인 아닌 사단으로서 존재하는 이상 그 법률관계를 둘러싼 분쟁을 소송을 통해 해결함에 있어서는 법인 아닌 사단에 관한 민법의 일반 이론에 따라 교회의 실체를 파악하고 교회의 재산 귀속에 대하여 판단하여야 한다. 한편 특정 교단에 가입한 지교회가 교단이 정한 헌법을 지교회 자신의 자치규범으로 받아들였다고 인정되는 경우에는 소속 교단의 변경은 실질적으로 지교회 자신의 규약에 해당하는 자치규범을 변경하는 결과를 초래하고, 만약 지교회 자신의 규약을 갖춘 경우에는 교단변경으로 인하여 지교회의 명칭이나 목적 등 지교회의 규약에 포함된 사항의 변경까지 수반하기 때문에, 소속 교단에서의 탈퇴 내지 소속교단의 변경은 사단법인 정관변경에 준하여 의결권을 가진 교인 2/3 이상의 찬성에 의한 결의를 필요로 하며, 다만 정수에 관하여 지교회의 규약에 다른 규정을 두고 있는 때에는 특별한 사정이 없는 한 그 규정에 의한 결의가 필요하다(민법 제42조 제1항 단서)(대판 2023.11.2. 2023다259316).

V 법인의 설립

> **법인성립의 준칙(민법 제31조)**
> 법인은 법률의 규정에 의함이 아니면 성립하지 못한다.
>
> **비영리법인의 설립과 허가(민법 제32조)**
> 학술, 종교, 자선, 기예, 사교 기타 영리아닌 사업을 목적으로 하는 사단 또는 재단은 주무관청의 허가를 얻어 이를 법인으로 할 수 있다.
>
> **법인설립의 등기(민법 제33조)**
> 법인은 그 주된 사무소의 소재지에서 설립등기를 함으로써 성립한다.

1. 비영리사단법인의 설립요건

(1) 목적의 비영리성(민법 제32조)

① 비영리성이란 사단법인의 수익이 사원들에게 분배되지 않는다는 의미이다. 다만, 목적달성을 위해 부수적인 영리행위는 그것이 비영리사단의 본질에 반하지 않는 한 문제되지 않는다.
② 비영리 사단법인만이 민법이 적용되며, 영리 사단법인에는 민사회사와 상사회사가 있는데, 이에는 상법이 적용된다(민법 제39조 참조).

(2) 설립행위

1) 서 설

사단법인을 설립하려면 2인 이상의 사람이 법인의 근본규칙을 정하여 서면에 기재하고 기명날인하여야 한다(민법 제40조). 이 서면을 정관이라 하며 이러한 정관작성행위를 사단법인의 설립행위라고 한다.

2) 법적 성질

① 사단법인 설립행위는 서면에 의해야 하는 요식행위이다.
② 사단법인 설립행위의 법적 성질에 대하여 합동행위라는 견해(다수설)와 특수한 계약이라는 견해가 대립하고 있다.
③ 다수설인 합동행위설에 의하면, 설립행위는 계약이 아니므로, 민법 제124조(자기계약, 쌍방대리금지)가 적용되지 않고, 의사표시 흠결에 관한 규정(민법 제107조 내지 제110조)도 적용되지 않는다고 한다.

3) 정 관

사단법인 정관의 법적 성질은 계약이 아니라 자치법규이다. 따라서 객관적인 기준에 따라 그 규범적인 의미 내용을 확정하는 법규해석의 방법으로 해석되어야 하는 것이지, 작성자의 주관이나 해석 당시의 사원의 다수결에 의한 방법으로 자의적으로 해석될 수는 없다 할 것이어서, 어느 시점의 사단법인의 사원들이 정관의 규범적인 의미 내용과 다른 해석을 사원총회의 결의라는 방법으로 표명하였다 하더라도 그 결의에 의한 해석은 그 사단법인의 구성원인 사원들이나 법원을 구속하는 효력이 없다(대판 2000.11.24. 99다12437). 기출 20·25

4) 정관의 기재사항(민법 제40조, 제43조)

① 필요적 기재사항 : 정관에 다음의 사항들을 반드시 기재하여야 하며, 하나라도 빠지면 그 정관은 '무효'이다.

- 재단법인과 공통인 것 : 목적, 명칭, 사무소의 소재지, 자산에 관한 규정, 이사의 임면규정
- 사단법인에만 있는 것 : 사원자격의 득실에 관한 규정, 존립시기나 해산사유를 정한 때에는 그 시기나 사유

② 임의적 기재사항 : 임의적 기재사항에는 제한이 없으며, 다만, 임의적 기재사항이라도 일단 정관에 기재되면 필요적 기재사항과 효력상 차이가 없으며, 따라서 그것을 변경할 때에는 정관변경절차에 의하여야 한다.

(3) 주무관청의 허가 기출 07

① 비영리법인의 특징으로서 주무관청의 '허가'가 필요하고, 주무관청은 사후에 허가를 취소하여 법인을 소멸시킬 수 있다(민법 제38조). 이 허가 취소는 소급효가 없다.
② 판례는 위 허가는 주무관청의 자유재량에 속하는 행위이므로 주무관청이 판단과정에 합리성이 있음을 부정할 수 없는 경우에는, 다른 특별한 사정이 없는 한 그 불허가처분에 재량권을 일탈·남용한 위법이 있다고 할 수 없어 주무관청의 불허가처분에 관하여 행정소송으로 다툴 수 없다고 한다(대판 1996.9.10. 95누18437).

(4) 설립등기

사단법인은 법인등기부에 설립등기를 함으로써 성립한다(민법 제33조). 이 등기는 권리능력을 취득하기 위한 요건, 즉 성립요건이다.

2. 비영리재단법인의 설립요건

(1) 목적의 비영리성(민법 제32조)

재단법인은 사원이 없으므로 비영리법인만 존재한다.

(2) 설립행위

재단법인의 설립자는 일정한 재산을 출연하고 정관을 작성하여 기명날인을 하여야 한다(민법 제43조).

1) 법적 성질

재단법인 설립행위는 서면에 일정한 사항을 기재하는 '요식행위'이며, 상대방 없는 단독행위이다(통설)(대판 1999.7.9. 98다9045). 한편 설립자가 수인인 경우에는 단독행위의 경합으로 본다.

2) 정관의 필요적 기재사항(민법 제43조, 제40조 참조)

3) 정관의 보충

> **재단법인의 정관의 보충(민법 제44조)**
> 재단법인의 설립자가 그 명칭, 사무소소재지 또는 이사임면의 방법을 정하지 아니하고 사망한 때에는 이해관계인 또는 검사의 청구에 의하여 법원이 이를 정한다.

① 사단법인에는 없는 제도이다.
② 이해관계인과 검사의 '청구'에 의해 '법원'이 나머지 사항을 정하여 법인을 성립시킨다.
③ 목적과 자산은 정해진 상태여야 한다.

(3) **주무관청의 허가와 설립등기**(민법 제32조, 제33조, 사단법인과 동일)

Ⅵ 재단법인의 출연재산의 귀속시기

> **증여, 유증에 관한 규정의 준용(민법 제47조)**
> ① 생전처분으로 재단법인을 설립하는 때에는 증여에 관한 규정을 준용한다.
> ② 유언으로 재단법인을 설립하는 때에는 유증에 관한 규정을 준용한다.
>
> **출연재산의 귀속시기(민법 제48조)**
> ① 생전처분으로 재단법인을 설립하는 때에는 출연재산은 법인이 성립된 때로부터 법인의 재산이 된다.
> ② 유언으로 재단법인을 설립하는 때에는 출연재산은 유언의 효력이 발생한 때로부터 법인에 귀속한 것으로 본다.

1. **서 설**

   재단법인의 출연재산의 귀속시기와 관련된 논의는 권리변동에 별도의 공시가 필요한 물권과 증권화된 채권(지시채권, 무기명채권) 등을 출연하는 경우에만 문제가 되고, 지명채권(채권자가 특정되어 있고, 성립·양도에 증권이 불필요한 채권)의 경우에는 공시가 성립요건이 아니기 때문에 견해대립 없이 민법 제48조가 적용된다. 기출 22

2. **생전처분으로 설립하는 경우**(민법 제48조 제1항)

(1) **학 설**

   1) 민법 제48조 적용긍정설(법인성립시설, 다수설)
   ① 법인의 보호를 우선시하는 입장이다.
   ② 민법 제48조는 민법 제187조의 '기타 법률의 규정'에 해당한다.
   ③ 따라서 민법 제48조가 정한 시기(법인설립등기시)에 권리귀속이 된다.

2) 민법 제48조 적용부정설(이전등기시설, 소수설)
① 거래의 안전을 우선시하는 입장이다.
② 민법 제187조의 '기타 법률의 규정'은 법률행위에 의하지 아니하고 형성적 효력을 갖는 물권변동을 규정한 법률만을 의미한다.
③ 따라서 민법 제187조가 법률행위에 의한 재단법인 설립의 경우에는 적용되지 않기 때문에, 공시가 있어야만 재단법인에게 출연재산이 귀속된다.

(2) 판례 : 소유권의 상대적 귀속

판례는 출연자와 법인의 관계에서는 민법 제187조가, 제3자에 대한 관계에서는 민법 제186조가 적용된다는 입장이다(대판 1979.12.11. 78다481[전합]).

3. 유언으로 설립하는 경우(민법 제48조 제2항)

(1) 학 설

1) 민법 제48조 적용긍정설(유언의 효력발생시설)(다수설)

법인이 설립되면 공시 없이도 '유언자의 사망시(민법 제1073조 제1항 참조)'에 소급하여 법인의 재산이 된다는 견해이다.

2) 민법 제48조 적용부정설(이전등기시설)(소수설)

법인이 설립되고 이전등기, 인도, 배서·교부 등을 마쳐야 비로소 재산권이 법인에게 귀속된다는 견해이다.

(2) 판 례

유언으로 재단법인을 설립하는 경우에도 제3자에 대한 관계에서는 출연재산이 '부동산'인 경우에는 그 법인에의 귀속은 법인의 설립 외에 등기를 필요로 한다는 입장이다(대판 1993.9.14. 93다8054).

Ⅶ 법인의 능력

> **법인의 권리능력(민법 제34조)**
> 법인은 법률의 규정에 좇아 정관으로 정한 목적의 범위 내에서 권리와 의무의 주체가 된다.

1. 서 설

(1) 의 의

법인도 권리의 주체이므로, 자연인과 동일하게 권리능력·행위능력·불법행위능력을 가진다. 다만, 법인의 능력은 의사능력 내지 판단능력을 중심으로 하여 논의되는 자연인의 경우와는 본질적으로 다르기에 ① 법인이 어느 범위에서 권리능력을 갖는지, ② 누가 어떠한 형식으로 법인의 행위를 할 수 있는지, ③ 누구의 어떤 행위에 대하여 법인 자신이 배상책임을 부담하는지 등이 문제된다.

(2) 능력에 관한 규정

법인의 능력에 관한 규정은 강행규정이다.

2. 법인의 권리능력

법률의 규정과 정관으로 정한 목적의 범위 내에서 인정된다(민법 제34조).

(1) 법률에 의한 제한
법인의 권리능력은 법률에 의하여 제한될 수 있다. 다만, 그 제한은 개별적(민법 제81조, 상법 제173조 등)이며, 법인의 권리능력을 일반적으로 제한하는 법률은 없다.

(2) 성질상 제한
법인은 자연인을 전제로 하는 권리·의무의 주체가 될 수는 없다. 즉, 생명권, 친권, 부양청구권, 상속권 등은 성질상 법인에게 인정되지 않는다. 다만, 명예권, 성명권, 유증을 받을 수 있는 지위 등은 인정된다.

기출 05

(3) 정관에 의한 제한
① 목적범위 내를 어떻게 해석할 것인지와 관련하여 목적달성에 필요한 범위 내라는 견해와 목적에 위반하지 않는 범위 내라는 견해의 대립이 있다.
② 판례는 "목적달성에 필요한 범위 내라고 판시하나, 직접적인 필요에 한정하지 않고 간접적으로 필요한 행위도 포함하고 있으며(대결 2001.9.21. 2000그9), 필요한지 여부도 객관적 성질에 따라 추상적으로 판단해야 한다(대판 1987.10.13. 86다카1522)"고 하여 그 범위를 넓히고 있다.

> **법인격부인론**
> 회사가 외형상으로는 법인의 형식을 갖추고 있으나 법인의 형태를 빌리고 있는 것에 지나지 아니하고 실질적으로는 완전히 그 법인격의 배후에 있는 타인의 개인 기업에 불과하거나 그것이 배후자에 대한 법률적용을 회피하기 위한 수단으로 함부로 이용되는 경우에는 비록 외견상으로는 회사의 행위라 할지라도 회사와 그 배후자가 별개의 인격체임을 내세워 회사에게만 그로 인한 법적효과가 귀속됨을 주장하면서 배후자의 책임을 부정하는 것은 신의성실의 원칙에 위반되는 법인격의 남용으로서 심히 정의와 형평에 반하여 허용될 수 없고, 따라서 회사는 물론 그 배후자인 타인에 대하여도 회사의 행위에 관한 책임을 물을 수 있다(대판 2010.2.25. 2008다82490).

3. 법인의 행위능력

(1) 문제점
관념상 법인이 실제로 권리를 취득하거나 의무를 부담하는 것은 일정한 자연인의 행위에 의할 수밖에 없는데, 이 경우 누구의 행위를 법인의 행위로 볼 것인가의 문제가 발생하는 바, 이것이 법인의 행위능력의 문제이다.

(2) 대표기관의 행위
법인은 대표기관을 통해 현실적인 행위를 하기에 대표기관의 행위는 법인의 행위로 간주된다. 이사(민법 제59조), 이사의 직무대행자(민법 제60조의2), 임시이사(민법 제63조), 특별대리인(민법 제64조), 청산인(민법 제82조) 등이 대표적인 대표기관에 해당한다.

(3) 행위의 범위
민법은 법인의 행위능력에 관한 규정을 따로 두고 있지 않다. 다만, 법인의 경우에는 의사능력의 불완전성을 문제 삼을 필요가 없으므로 법인은 권리능력의 범위 내에서 행위능력을 갖는다고 보아야 한다(통설).

4. 법인의 불법행위능력

> **법인의 불법행위능력(민법 제35조)**
> ① 법인은 이사 기타 대표자가 그 직무에 관하여 타인에게 가한 손해를 배상할 책임이 있다. 이사 기타 대표자는 이로 인하여 자기의 손해배상책임을 면하지 못한다.
> ② 법인의 목적범위외의 행위로 인하여 타인에게 손해를 가한 때에는 그 사항의 의결에 찬성하거나 그 의결을 집행한 사원, 이사 및 기타 대표자가 연대하여 배상하여야 한다.

(1) 의 의

법인은 이사 기타 대표자가 그 직무에 관하여 타인에게 가한 손해를 배상할 책임이 있다. 이사 기타 대표자는 이로 인하여 자기의 손해배상책임을 면하지 못한다(민법 제35조 제1항).[2] 기출 05·09·13·20

(2) 요 건

1) 대표기관의 행위일 것

① 법문상의 '이사 기타 대표자'는 '대표기관'만을 의미한다. 대표권 없는 이사는 법인의 기관이지만 대표기관은 아니기 때문에 그들의 행위로 인하여 민법 제35조상의 법인의 불법행위가 성립하지는 않는다(대판 2005.12.23. 2003다30159). 기출 09·12·13·16 이러한 대표기관에는 이사(민법 제59조), 임시이사(민법 제63조), 특별대리인(민법 제64조), 청산인(민법 제82조, 제83조), 직무대행자(민법 제52조의2, 제60조의2) 등뿐만 아니라 법인을 사실상 대표하여 법인의 사무를 집행하는 사람(대판 2011.4.28. 2008다15438)도 포함된다. 기출 22

② 감사, 지배인, 이사의 임의대리인(민법 제62조, 통설), 대표권이 없는 이사 등은 대표기관이 아니므로, 이들의 불법행위에 관해서는 법인이 사용자책임을 질 수 있을 뿐이다. 기출 05

구 분	법인의 불법행위책임(민법 제35조)	사용자책임(민법 제756조)
행위자	법인의 대표기관	대표기관이 아닌 자, 피용자
행 위	직무에 관하여 – 외형이론	사무집행에 관하여 – 외형이론
법인의 책임	법인 자체의 불법행위책임	사용자인 법인의 사용자책임
기타의 책임	법인과 대표기관은 부진정연대책임 관계	법인과 행위자는 부진정연대책임 관계
면책 규정	無 기출 12·13	有

---

2) 민법 제756조와의 관계
① 법인의 불법행위가 성립하는 경우에 법인이 사용자의 지위에서 사용자책임(민법 제756조)도 지는지, 즉 민법 제35조 제1항과 제756조가 경합하는지 문제된다. 법인의 불법행위책임이 성립하는 경우에는 사용자책임은 성립하지 않는다는 것이 통설·판례의 태도이다. 기출 12 또한 법인의 불법행위책임은 사용자책임과 달리 선임·감독에 주의의무를 다하였음을 증명하여도 면책될 수 없다. 대표기관의 대리인의 가해행위가 있는 경우, 대리인은 대표기관이 아니므로 법인에게 민법 제35조상의 불법행위책임은 성립하지 않지만, 민법 제756조의 사용자책임이 성립할 수는 있다. 기출 05

② 법인의 대표자가 직무에 관하여 불법행위를 한 경우, 사용자책임을 규정한 민법 제756조 제1항을 적용할 수 있는지 여부(소극)
민법 제35조 제1항은 "법인은 이사 기타 대표자가 그 직무에 관하여 개인에게 가한 손해를 배상할 책임이 있다"고 규정하고 있고, 민법 제756조 제1항은 "타인을 사용하여 어느 사무에 종사하게 한 자는 피용자가 그 사무집행에 관하여 제3자에게 가한 손해를 배상할 책임이 있다"고 규정하고 있다. 따라서 법인에 있어서 그 대표자가 직무에 관하여 불법행위를 한 경우에는 민법 제35조 제1항에 의하여, 법인의 피용자가 사무집행에 관하여 불법행위를 한 경우에는 민법 제756조 제1항에 의하여 각기 손해배상책임을 부담한다(대판 2009.11.26. 2009다57033).

2) 대표기관이 직무에 관하여 타인에게 손해를 주었을 것

① '직무에 관하여'의 의미(외형이론에 의하여 판단) 기출 08·11 : 직무상 행위란 직무행위와 견련관계가 있어 사회통념상 법인의 목적을 달성하기 위하여 행해진 것으로 인정되는 모든 행위를 말한다. 즉, 직무상 행위로 인정되기 위해서는 행위의 외형상 객관적·추상적으로 판단하여 그 대표기관의 직무행위라고 인정할 수 있는 행위이면 족하다(대판 2004.2.27, 2003다15280). 그러나 이때에도 상대방이 대표자의 배임행위를 알았거나 중대한 과실로 인하여 알지 못한 경우에는 제35조의 책임을 묻지 못한다(대판 2004.3.26, 2003다34045). 기출 09 이때 대표기관 개인의 내심의 의사는 문제되지 아니하고 상대방에게 과실이 있다는 점은 과실상계의 사유가 된다. 대표기관의 고의에 의한 불법행위의 경우에도 상대방에게 불법행위 내지 손해발생에 과실이 있다면 법원은 과실상계의 법리에 좇아 손해배상의 책임 및 그 금액을 정함에 있어 이를 참작하여야 한다(대판 1987.12.8, 86다카1170).

② 외형이론의 적용범위 : 판례에 의하면 외형상 법인의 직무행위라고 인정할 수 있는 것이라면 대표자 개인의 사리를 도모하기 위한 것이었거나(대표권남용), 법령의 규정에 위배된 것(강행규정 위반)이었다 하더라도 직무에 관한 행위에 해당하여 민법 제35조의 책임이 성립할 수 있다고 한다(대판 2004.2.27, 2003다15280).

기출 12·16

3) 대표기관이 일반불법행위의 요건을 갖출 것

민법 제750조의 요건(즉, 대표기관의 가해행위, 고의·과실, 책임능력, 가해행위의 위법성, 손해발생, 가해행위와 손해 간의 인과관계) 모두가 필요하다. 손해발생의 요건과 관련하여 판례는 법인의 대표기관의 직무상 불법행위로 법인에게 과다한 채무를 부담하게 함으로써 법인이 손해를 입고 결과적으로 구성원인 조합원의 경제적 이익이 침해되는 손해와 같은 간접적인 손해는 민법 제35조에서 말하는 손해의 개념에 포함되지 아니하므로 조합원은 이에 대하여 손해배상을 청구할 수 없다고 한다(대판 1999.7.27, 99다19384).

(3) 효 과

1) 법인의 불법행위가 성립하는 경우

① 법인의 불법행위가 성립하는 경우에도 대표기관은 그 자신의 손해배상책임을 면하지 못한다(민법 제35조 제1항 후문).
② 법인과 대표기관 개인의 채무는 부진정연대채무이다. 기출 12
③ 법인이 피해자에게 손해를 배상한 때에는 법인은 대표기관 개인에게 구상권을 행사할 수 있고, 그 근거는 선관주의의무의 위반이다.

> **의결에 참여한 사원등의 불법행위책임**
> 법인의 대표자가 그 직무에 관하여 타인에게 손해를 가함으로써 법인에 손해배상책임이 인정되는 경우에, 대표자의 행위가 제3자에 대한 불법행위를 구성한다면 그 대표자도 제3자에 대하여 손해배상책임을 면하지 못하며(민법 제35조 제1항), 또한 사원도 위 대표자와 공동으로 불법행위를 저질렀거나 이에 가담하였다고 볼 만한 사정이 있으면 제3자에 대하여 위 대표자와 연대하여 손해배상책임을 진다. 그러나 사원총회, 대의원 총회, 이사회의 의결은 원칙적으로 법인의 내부행위에 불과하므로 특별한 사정이 없는 한 그 사항의 의결에 찬성하였다는 이유만으로 제3자의 채권을 침해한다거나 대표자의 행위에 가공 또는 방조한 자로서 제3자에 대하여 불법행위책임을 부담한다고 할 수는 없다. 이때 의결에 참여한 사원 등이 대표자와 공동으로 불법행위를 저질렀거나 이에 가담하였다고 볼 수 있는지 여부는, 그 의결에 참여한 법인의 기관이 당해 사항에 관하여 의사결정권한이 있는지 여부 및 대표자의 집행을 견제할 위치에 있는지 여부, 그 사원이 의결과정에서 대표자의 불법적인 집행행위를 적극적으로 요구하거나 유도하였는지 여부 및 그 의결이 대표자의 업무 집행에 구체적으로 미친 영향력의 정도, 침해되는 권리의 내용, 의결 내용, 의결행위의 태양을 비롯한 위법성의 정도를 종합적으로 평가하여 법인 내부행위를 벗어나 제3자에 대한 관계에서 사회상규에 반하는 위법한 행위라고 인정될 수 있는 정도에 이르러야 한다(대판 2009.1.30, 2006다37465).

2) 법인의 불법행위가 성립하지 않는 경우

대표기관의 가해행위가 직무의 범위를 벗어나는 경우에는 법인의 불법행위가 성립하지 않는다. 이때에는 대표기관만이 민법 제750조에 의해 불법행위책임을 진다. 다만, 민법은 피해자를 보호하기 위하여 그 의결에 찬성하거나 그 의결을 집행한 사원, 이사 및 기타 대표자는 민법 제760조의 공동불법행위의 성립 여부를 묻지 않고 연대(부진정)하여 배상책임을 지도록 하고 있다. 기출 06·09

Ⅷ 법인의 기관

1. 서 설

(1) 개 념

자연인과 같이 그 자체로 활동할 수 없는 법인이 독립체로서 법인의 의사를 결정하고 외부에 대하여 행동하며 내부의 사무를 처리하기 위한 일정한 조직을 기관이라 한다.

(2) 필요기관·상설기관

① 이사는 집행기관으로서 재단·사단법인의 필요상설기관이다. 기출 18 이에 반해 이사회는 이사들의 의결기관으로 임의기관이다(단, 상법상으로는 필요기관이다).
② 감사는 민법상 필요기관도 상설기관도 아닌 임의기관이다(단, 상법상으로는 필요상설기관이다).
③ 사원총회는 의사결정기관으로서 사단법인에서만 필요기관이다(상설기관은 아님). 기출 16

핵심문제

01 법인의 불법행위책임에 관한 설명으로 옳은 것은?(다툼이 있는 경우에는 판례에 의함) 기출 13

① 비법인사단에 대해서는 법인의 불법행위책임을 규정한 민법 제35조가 유추적용되지 않는다.
② 민법 제35조 제1항에 의한 법인의 불법행위책임이 인정되는 경우, 이사 기타 대표자는 이로 인하여 자기의 손해배상책임을 면하지 못한다.
③ 법인이 대표자에 대한 선임·감독상의 주의의무를 다한 경우에는 민법 제35조에 의한 불법행위책임을 면할 수 있다.
④ 법인은 대표권 없는 이사의 불법행위에 대하여도 민법 제35조에 의한 불법행위책임을 진다.
⑤ 노동조합의 대표기관이 아닌 간부들의 주도 하에 이루어진 불법쟁의행위가 조합의 집행기관으로서의 행위라고 볼 수 있는 경우에도 노동조합은 사용자가 입은 손해에 대하여 배상책임을 지지 않는다.

【해설】
① (×) 비법인사단의 대표자가 직무에 관하여 타인에게 손해를 가한 경우 그 사단은 민법 제35조 제1항의 유추적용에 의하여 그 손해를 배상할 책임이 있고, 비법인사단의 대표자의 행위가 대표자 개인의 사리를 도모하기 위한 것이었거나 혹은 법령의 규정에 위배된 것이었다 하더라도 외관상, 객관적으로 직무에 관한 행위라고 인정할 수 있다면 민법 제35조 제1항의 직무에 관한 행위에 해당한다(대판 2008.1.18. 2005다34711).
② (○) 민법 제35조 제1항
③ (×) 법인의 불법행위책임은 법인 자신의 책임이므로, 대표자에 대한 선임·감독상의 주의의무를 다하였다고 하여 면할 수 있는 것이 아니다.
④ (×) 민법 제35조에서 말하는 '이사 기타 대표자'는 법인의 대표기관을 의미하는 것이고 대표권이 없는 이사는 법인의 기관이기는 하지만 대표기관은 아니기 때문에 그들의 행위로 인하여 법인의 불법행위가 성립하지 않는다(대판 2005.12.23. 2003다30159).
⑤ (×) 노동조합의 간부들이 불법쟁의행위를 기획, 지시, 지도하는 등으로 주도한 경우에 이와 같은 간부들의 행위는 조합의 집행기관으로서의 행위라 할 것이므로 이러한 경우 민법 제35조 제1항의 유추적용에 의하여 노동조합은 그 불법쟁의행위로 인하여 사용자가 입은 손해를 배상할 책임이 있다(대판 1994.3.25. 93다32828).

정답 ②

2. 이사

(1) 정관 기재사항 및 등기사항

이사는 정관에 임면 방법을 기재하여야 하고(민법 제40조 제5호, 제43조), 성명과 주소는 등기사항이다(민법 제49조 제2항). 따라서 이사의 성명, 주소가 변경된 경우에는 3주간 내에 변경등기를 하여야 한다(민법 제52조, 제49조 제2항 제8호). 기출 25

(2) 임면

1) 선임

이사의 선임행위는 법인과 이사 간의 위임과 유사한 계약에 해당하므로, 특별한 사정이 없는 한 위임의 법리가 적용된다.

핵심문제

01 법인의 이사에 관한 설명으로 옳은 것은?(다툼이 있으면 판례에 따름) 변리 18

① 법인의 정관에 법인대표권의 제한에 관한 규정이 있다면, 그러한 취지가 등기되어 있지 않은 경우에도 법인은 그 제한으로써 악의의 제3자에게 대항할 수 있다.
② 법인의 정관에 이사의 해임사유에 관한 규정이 있는 경우에는 이사의 중대한 의무위반이 있더라도 법인은 정관에서 정하지 아니한 사유로 이사를 해임할 수 없다.
③ 법인과 이사의 법률관계는 신뢰를 기초로 한 위임유사의 관계이고, 위임계약은 원래 해지의 자유가 인정되어 쌍방 누구나 정당한 이유 없이도 언제든지 해지할 수 있으며, 다만 불리한 시기에 부득이한 사유 없이 해지한 경우에 한하여 상대방에게 그로 인한 손해배상책임을 부담할 뿐이다.
④ 이사의 임기가 만료되었더라도 아직 임기가 만료되지 아니한 다른 이사들로 법인이 정상적인 활동을 할 수 있는 경우에는 임기만료된 이사로 하여금 이사로서 직무를 행사하게 할 필요가 없고, 법인의 정상적인 활동이 가능한지 여부는 이사의 임기만료 시뿐만 아니라 이후의 사정까지도 종합적으로 고려하여 판단하여야 한다.
⑤ 대표권 없는 이사도 법인의 기관이므로 그의 행위로 인하여 민법 제35조 소정의 법인의 불법행위가 성립할 수 있다.

[해설]
① (×) 이사의 대표권 제한에 관한 규정이 있더라도, 이를 등기하지 아니하면 선의·악의를 불문하고 제3자에게 대항하지 못한다(민법 제60조).
② (×) 법인과 이사의 법률관계는 신뢰를 기초로 한 위임유사의 관계로 볼 수 있는데, 민법 제689조 제1항에서는 위임계약은 각 당사자가 언제든지 해지할 수 있다고 규정하고 있으므로, 법인은 원칙적으로 이사의 임기만료 전에도 이사를 해임할 수 있지만, 이러한 민법의 규정은 임의규정에 불과하여 법인이 정관에 이사의 해임사유 및 절차 등을 따로 정한 경우 그 규정은 법인과 이사와의 관계를 명확히 함은 물론 이사의 신분을 보장하는 의미도 아울러 가지고 있어 이를 단순히 주의적 규정으로 볼 수는 없다. 따라서 법인의 정관에 이사의 해임사유에 관한 규정이 있는 경우 법인으로서는 이사의 중대한 의무위반 또는 정상적인 사무집행불능 등의 특별한 사정이 없는 이상, 정관에서 정하지 아니한 사유로 이사를 해임할 수 없다(대판 2013.11.28. 2011다41741). 판례의 취지를 고려할 때 이사의 중대한 의무위반 등의 특별한 사정이 있는 경우에는 정관에서 정하지 아니한 사유로써 이사를 해임할 수 있다.
③ (○) 대결 2014.1.17. 2013마1801
④ (×) 임기만료된 이사의 업무수행권은 이사에 결원이 있음으로써 법인이 정상적인 활동을 할 수 없는 사태를 방지하자는 데 취지가 있으므로, 이사 중 일부의 임기가 만료되었더라도 아직 임기가 만료되지 아니한 다른 이사로 정상적인 활동을 할 수 있는 경우에는 임기만료된 이사로 하여금 이사로서 직무를 행사하게 할 필요가 없고, 이러한 경우에는 임기만료로서 당연히 퇴임하며, 법인의 정상적인 활동이 가능한지는 이사의 임기만료 시를 기준으로 판단하여야 하지 그 이후의 사정까지 고려할 수는 없다(대결 2014.1.17. 2013마1801).
⑤ (×) 민법 제35조에서 말하는 '이사 기타 대표자'는 법인의 대표기관을 의미하는 것이고 대표권이 없는 이사는 법인의 기관이기는 하지만 대표기관은 아니기 때문에 그들의 행위로 인하여 법인의 불법행위가 성립하지 않는다(대판 2005.12.23. 2003다30159).

정답 ③

2) 해임·퇴임 등

이사의 해임 및 퇴임도 정관에 의할 것이나, 법인과 이사의 법률관계는 신뢰를 기초한 위임 유사관계로 볼 수 있으므로 정관에 다른 규정이 없거나 규정이 있더라도 불충분한 경우에는 위임의 규정을 유추적용할 수 있다.

> **민법 제691조의 유추적용에 관한 관련 판례**
> - 민법상 법인과 그 기관인 이사의 관계는 위임자와 수임자의 법률관계와 같은 것으로서 이사의 임기가 만료하면 일단 그 위임관계는 종료되는 것이 원칙이나, 그 후임 이사 선임시까지 이사가 존재하지 않는다면 기관에 의하여 행위를 할 수밖에 없는 법인으로서는 당장 정상적인 활동을 중단하지 않을 수 없는 상태에 처하게 되고, 이는 민법 제691조에 규정된 급박한 사정이 있는 때와 같이 볼 수 있으므로 임기만료되거나 사임한 이사라고 할지라도 그 임무를 수행함이 부적당하다고 인정할 만한 특별한 사정이 없는 한 그 급박한 사정을 해소하기 위하여 필요한 범위 내에서 신임 이사가 선임될 때까지 이사의 직무를 계속 수행할 수 있고, 이러한 법리는 법인 아닌 사단에서도 마찬가지이다(대판 2007.6.15. 2007다6307).
> - 임기만료된 이사의 업무수행권은 이사에 결원이 있음으로써 법인이 정상적인 활동을 할 수 없는 사태를 방지하자는 데 취지가 있으므로, 이사 중 일부의 임기가 만료되었더라도 아직 임기가 만료되지 아니한 다른 이사들로 정상적인 활동을 할 수 있는 경우에는 임기만료된 이사로 하여금 이사로서 직무를 행사하게 할 필요가 없고, 이러한 경우에는 임기만료로서 당연히 퇴임하며, 법인의 정상적인 활동이 가능한지는 이사의 임기만료 시를 기준으로 판단하여야 하지 그 이후의 사정까지 고려할 수는 없다(대결 2014.1.17. 2013마1801).
> - [1] 민법상 법인의 이사나 감사 전원 또는 그 일부의 임기가 만료되었음에도 불구하고 그 후임 이사나 감사의 선임이 없거나 또는 그 후임 이사나 감사의 선임이 있었다고 하더라도 그 선임결의가 무효이고, 임기가 만료되지 아니한 다른 이사나 감사만으로는 정상적인 법인의 활동을 할 수 없는 경우, 임기가 만료된 구 이사나 감사로 하여금 법인의 업무를 수행케 함이 부적당하다고 인정할 만한 특별한 사정이 없는 한, 구 이사나 감사는 후임 이사나 감사가 선임될 때까지 종전의 직무를 수행할 수 있다.
> [2] 후임 이사가 유효히 선임되었는데도 그 선임의 효력을 둘러싼 다툼이 있다고 하여 그 다툼이 해결되기 전까지는 후임 이사에게는 직무수행권한이 없고 임기가 만료된 구 이사만이 직무수행권한을 가진다고 할 수는 없다(대판 2006.4.27. 2005도8875).

> **해임에 관한 관련 판례**
> - 법인과 이사의 법률관계는 신뢰를 기초로 한 위임 유사의 관계이고, 위임계약은 원래 해지의 자유가 인정되어 쌍방 누구나 정당한 이유 없이도 언제든지 해지할 수 있으며, 다만 불리한 시기에 부득이한 사유 없이 해지한 경우에 한하여 상대방에게 그로 인한 손해배상책임을 질 뿐이다(대결 2014.1.17. 2013마1801).
> - 법인과 이사의 법률관계는 신뢰를 기초로 한 위임 유사의 관계로 볼 수 있는데, 민법 제689조 제1항에서는 위임계약은 각 당사자가 언제든지 해지할 수 있다고 규정하고 있으므로, 법인은 원칙적으로 이사의 임기 만료 전에도 이사를 해임할 수 있지만, 이러한 민법의 규정은 임의규정에 불과하므로 법인이 자치법규인 정관으로 이사의 해임사유 및 절차 등에 관하여 별도의 규정을 두는 것도 가능하다. 그리고 이와 같이 법인이 정관에 이사의 해임사유 및 절차 등을 따로 정한 경우 그 규정은 법인과 이사와의 관계를 명확히 함은 물론 이사의 신분을 보장하는 의미도 아울러 가지고 있어 이를 단순히 주의적 규정으로 볼 수는 없다. 따라서 법인의 정관에 이사의 해임사유에 관한 규정이 있는 경우 법인으로서는 이사의 중대한 의무위반 또는 정상적인 사무집행 불능 등의 특별한 사정이 없는 이상, 정관에서 정하지 아니한 사유로 이사를 해임할 수 없다(대판 2013.11.28. 2011다41741). 기출 24·25
> - 법인의 자치법규인 정관을 존중할 필요성은 법인이 정관에서 정하지 아니한 사유로 이사를 해임하는 경우뿐만 아니라 법인이 정관에서 정한 사유로 이사를 해임하는 경우에도 요구된다. 법인이 정관에서 이사의 해임사유와 절차를 정하였고 그 해임사유가 실제로 발생하였다면, 법인은 이를 이유로 정관에서 정한 절차에 따라 이사를 해임할 수 있다. 이때 정관에서 정한 해임사유가 발생하였다는 요건 외에 이로 인하여 법인과 이사 사이의 신뢰관계가 더 이상 유지되기 어려울 정도에 이르러야 한다는 요건이 추가로 충족되어야 법인이 비로소 이사를 해임할 수 있는 것은 아니다. 해임사유의 유형이나 내용에 따라서는 그 해임사유 자체에 이미 법인과 이사 사이의 신뢰관계 파탄이 당연히 전제되어 있거나 그 해임사유 발생 여부를 판단하는 과정에서 이를 고려하는 것이 적절한 경우도 있으나, 이 경우에도 궁극적으로는 해임사유에 관한 정관 조항 자체를 해석·적용함으로써 해임사유 발생 여부를 판단하면 충분하고, 법인과 이사 사이의 신뢰관계 파탄을 별도 요건으로 보아 그 충족 여부를 판단해야 하는 것은 아니다(대판 2024.1.4. 2023다263537).

> **사임에 관한 관련 판례**
> - 학교법인의 이사는 법인에 대한 일방적인 사임의 의사표시에 의하여 법률관계를 종료시킬 수 있고, 그 의사표시는 수령권한 있는 기관에 도달됨으로써 바로 효력을 발생하는 것이며, 그 효력발생을 위하여 이사회의 결의나 관할관청의 승인이 있어야 하는 것은 아니다(대판 2003.1.10, 2001다1171).
> - 법인의 이사를 사임하는 행위는 상대방 있는 단독행위이므로 그 의사표시가 상대방에게 도달함과 동시에 그 효력을 발생하고, 그 의사표시가 효력을 발생한 후에는 마음대로 이를 철회할 수 없음이 원칙이다. 그러나 법인이 정관에서 이사의 사임절차나 사임의 의사표시의 효력발생시기 등에 관하여 특별한 규정을 둔 경우에는 그에 따라야 하는바, 위와 같은 경우에는 이사의 사임의 의사표시가 법인의 대표자에게 도달하였다고 하더라도 그와 같은 사정만으로 곧바로 사임의 효력이 발생하는 것은 아니고 정관에서 정한 바에 따라 사임의 효력이 발생하는 것이므로, 이사가 사임의 의사표시를 하였더라도 정관에 따라 사임의 효력이 발생하기 전에는 그 사임의사를 자유롭게 철회할 수 있다(대판 2008.9.25, 2007다17109). 기출 25
> - 사임서 제시 당시 즉각적인 철회권유로 사임서 제출을 미루거나, 대표자에게 사표의 처리를 일임하거나, 사임서의 작성일자를 제출일 이후로 기재한 경우 등 사임의사가 즉각적이라고 볼 수 없는 특별한 사정이 있을 경우에는 별도의 사임서 제출이나 대표자의 수리행위 등이 있어야 사임의 효력이 발생하고, 그 이전에 사임의사를 철회할 수 있다(대판 2006.6.15, 2004다10909).

(3) 직무권한

1) 서 설

이사는 대외적으로 법인을 대표하고 대내적으로 법인의 사무를 집행할 권한을 가진다(민법 제58조 제1항). 이러한 직무를 집행할 때 이사는 선량한 관리자의 주의를 기울여야 한다(민법 제61조). 기출 08·15 이사가 그 임무를 해태한 때에는 그 이사는 법인에 대하여 연대하여 손해배상의 책임이 있다(민법 제65조).

2) 대외적 권한 : 법인의 대표

① 원칙 : 이사는 법인 사무에 관하여 각자 법인을 대표한다(민법 제59조 제1항). 즉, 각자대표가 원칙이다. 수인의 이사가 있더라도 동일하다.

② 적용법리
- 대표기관이 법인을 대표하여 어떤 행위를 하면, 그 행위는 법인의 행위로 되어 법인이 그로 인한 권리를 취득하고 의무를 부담한다. 그런데 민법 제59조 제2항은 대리에 관한 규정을 준용하므로, 대표행위를 할 때 법인을 위한 것임을 표시해야 하며(민법 제114조), 무권대리에 관한 규정도 준용된다.
- 법인이 대표기관을 통하여 법률행위를 한 때에는 대리에 관한 규정이 준용되므로 적법한 대표권을 가진 자와 맺은 법률행위의 효과는 대표자 개인이 아니라 본인인 법인에 귀속하고, 마찬가지로 그러한 법률행위상의 의무를 위반하여 발생한 채무불이행으로 인한 손해배상책임도 대표기관 개인이 아닌 법인만이 책임의 귀속주체가 되는 것이 원칙이다(대판 2019.5.30, 2017다53265). 기출 20

③ 대표권의 제한
  ㉠ 정관에 의한 제한

> **이사의 대표권에 대한 제한(민법 제41조)**
> 이사의 대표권에 대한 제한은 이를 정관에 기재하지 아니하면 그 효력이 없다. 기출 24
>
> **이사의 대표권에 대한 제한의 대항요건(민법 제60조)**
> 이사의 대표권에 대한 제한은 등기하지 아니하면 제3자에게 대항하지 못한다. 기출 25

- 정관기재는 효력요건이고, 등기는 대항요건이다.
- 제3자의 범위 : 학설로는 악의의 제3자는 공평의 원칙상 보호할 필요가 없다는 제한설과 문리해석상 선·악의를 불문하고 대항할 수 있다는 무제한설의 대립이 있다. 판례는 '대표권의 제한에 관한 규정은 이를 등기하지 않을 경우 상대방의 선·악의를 불문하고 상대방에게 대표권 제한으로 대항할 수 없다'는 입장이다(무제한설)(대판 1992.2.14. 91다24564). 기출 11·18

ⓒ 사원총회의 의결에 의한 제한(민법 제59조 제1항 단서)

> **이사의 대표권(민법 제59조)**
> ① 이사는 법인의 사무에 관하여 각자 법인을 대표한다. 그러나 정관에 규정한 취지에 위반할 수 없고 특히 사단법인은 총회의 의결에 의하여야 한다.
> ② 법인의 대표에 관하여는 대리에 관한 규정을 준용한다.

ⓒ 이익상반행위 : '이익이 상반되는 사항'이란 법인의 이익을 해할 염려가 있는 모든 재산적 거래를 말한다.

> **특별대리인의 선임(민법 제64조)**
> 법인과 이사의 이익이 상반하는 사항에 관하여는 이사는 대표권이 없다. 이 경우에는 전조의 규정에 의하여 특별대리인을 선임하여야 한다. 기출 23

3) 대내적 권한 : 법인의 직무집행

> **이사의 사무집행(민법 제58조)**
> ① 이사는 법인의 사무를 집행한다.
> ② 이사가 수인인 경우에는 정관에 다른 규정이 없으면 법인의 사무집행은 이사의 과반수로써 결정한다.

이사는 대내적으로 법인의 모든 사무를 집행한다(민법 제58조 제1항). 이사의 수가 수인인 경우, 정관에 다른 규정이 없으면 법인의 사무집행은 이사의 과반수로써 결정한다(민법 제58조 제2항). 기출 11·25

3. 이사의 임의대리인

> **이사의 대리인 선임(민법 제62조)** 기출 22·23·25
> 이사는 정관 또는 총회의 결의로 금지하지 아니한 사항에 한하여 타인으로 하여금 특정한 행위를 대리하게 할 수 있다.

① 정관이나 총회로 금지하지 않은 사항에 대해 선임이 가능하다.
② 포괄적 대리권의 부여는 허용되지 않으며, 구체적 범위를 정하여 선임이 가능하다(대판 1989.5.9. 87다카2407).
   기출 08·15
③ 임의대리인의 불법행위에 대해서는 민법 제35조 제1항의 책임이 아니라 법인의 사용자책임(민법 제756조)을 부담한다(통설).

4. 이사회

이사회란 법인의 사무집행을 결정하기 위하여 이사 전원으로 구성된 의결기관으로, 민법상 법인에서는 필요기관이 아니다. 상법상 주식회사 이사회는 상설의 필수기관이다(상법 제390조 이하).

5. 직무대행자

> **직무집행정지 등 가처분의 등기(민법 제52조의2)**
> 이사의 직무집행을 정지하거나 직무대행자를 선임하는 가처분을 하거나 그 가처분을 변경·취소하는 경우에는 주사무소와 분사무소가 있는 곳의 등기소에서 이를 등기하여야 한다.
>
> **직무대행자의 권한(민법 제60조의2)**
> ① 제52조의2의 직무대행자는 가처분명령에 다른 정함이 있는 경우 외에는 법인의 통상사무에 속하지 아니한 행위를 하지 못한다. 다만, 법원의 허가를 얻은 경우에는 그러하지 아니하다.
> ② 직무대행자가 제1항의 규정에 위반한 행위를 한 경우에도 법인은 선의의 제3자에 대하여 책임을 진다.

① 이사의 선임행위에 흠이 있음을 이유로 이해관계인의 신청에 의하여 법원이 가처분으로써 선임하는 임시적, 잠정적 기관이다(민법 제52조의2).
② 직무대행자는 가처분명령에 다른 정함이 없는 한 법인의 통상사무에 속하는 행위만을 할 수 있다. 이와 관련하여 직무대행자가 이를 위반한 경우 법인은 선의의 제3자에 대하여 책임을 진다(민법 제60조의2).

기출 08

6. 임시이사 · 특별대리인

> **임시이사의 선임(민법 제63조)**
> 이사가 없거나 결원이 있는 경우에 이로 인하여 손해가 생길 염려 있는 때에는 법원은 이해관계인이나 검사의 청구에 의하여 임시이사를 선임하여야 한다.
>
> **특별대리인의 선임(민법 제64조)**
> 법인과 이사의 이익이 상반하는 사항에 관하여는 이사는 대표권이 없다. 이 경우에는 전조의 규정에 의하여 특별대리인을 선임하여야 한다.

(1) 임시이사

이사가 없거나 결원이 있는 경우에 이로 인하여 손해가 생길 염려가 있는 때에는 법원은 이해관계인이나 검사의 청구에 의하여 임시이사를 선임하여야 한다(민법 제63조). 기출 08·15·18

(2) 특별대리인

법인과 이사의 이익이 상반하는 사항에 관하여는 이사는 대표권이 없다. 이 경우 법원은 이해관계인이나 검사의 청구에 의하여 특별대리인을 선임하여야 한다(민법 제64조). 기출 08

7. 임시총회의 소집권자

> **임시총회(민법 제70조)**
> ① 사단법인의 이사는 필요하다고 인정한 때에는 임시총회를 소집할 수 있다.
> ② 총사원의 5분의 1 이상으로부터 회의의 목적사항을 제시하여 청구한 때에는 이사는 임시총회를 소집하여야 한다. 이 정수는 정관으로 증감할 수 있다.
> ③ 전항의 청구 있는 후 2주간 내에 이사가 총회소집의 절차를 밟지 아니한 때에는 청구한 사원은 법원의 허가를 얻어 이를 소집할 수 있다.

임시총회의 소집권자는 이사(민법 제70조 제1항)・임시이사・청산인・감사(민법 제67조 제4호), 소수사원(민법 제70조 제2항)이다.

8. 감 사

① 법인은 정관 또는 총회의 결의로 감사를 둘 수 있다(민법 제66조). 기출 15・18
② 감사의 직무는 법인의 재산상황을 감사하고, 이사의 업무집행의 상황을 감사하고, 재산상황 또는 업무집행에 관하여 부정, 불비한 것이 있음을 발견한 때에는 이를 총회 또는 주무관청에 보고하고, 이러한 보고를 하기 위하여 필요 있는 때에는 총회를 소집하는 일을 하는 것이다(민법 제67조). 기출 09

9. 사원총회

> **총회의 권한(민법 제68조)**
> 사단법인의 사무는 정관으로 이사 또는 기타 임원에게 위임한 사항외에는 총회의 결의에 의하여야 한다.
>
> **통상총회(민법 제69조)**
> 사단법인의 이사는 매년 1회 이상 통상총회를 소집하여야 한다.
>
> **임시총회(민법 제70조)**
> ① 사단법인의 이사는 필요하다고 인정한 때에는 임시총회를 소집할 수 있다.
> ② 총사원의 5분의 1 이상으로부터 회의의 목적사항을 제시하여 청구한 때에는 이사는 임시총회를 소집하여야 한다. 이 정수는 정관으로 증감할 수 있다.
> ③ 전항의 청구 있는 후 2주간 내에 이사가 총회소집의 절차를 밟지 아니한 때에는 청구한 사원은 법원의 허가를 얻어 이를 소집할 수 있다.
>
> **총회의 소집(민법 제71조)**
> 총회의 소집은 1주간 전에 그 회의의 목적사항을 기재한 통지를 발하고 기타 정관에 정한 방법에 의하여야 한다.
>
> **총회의 결의사항(민법 제72조)**
> 총회는 전조의 규정에 의하여 통지한 사항에 관하여서만 결의할 수 있다. 그러나 정관에 다른 규정이 있는 때에는 그 규정에 의한다.
>
> **사원의 결의권(민법 제73조)**
> ① 각 사원의 결의권은 평등으로 한다.
> ② 사원은 서면이나 대리인으로 결의권을 행사할 수 있다.
> ③ 전2항의 규정은 정관에 다른 규정이 있는 때에는 적용하지 아니한다.

> **사원이 결의권 없는 경우(민법 제74조)**
> 사단법인과 어느 사원과의 관계사항을 의결하는 경우에는 그 사원은 결의권이 없다.
>
> **총회의 결의방법(민법 제75조)**
> ① 총회의 결의는 본법 또는 정관에 다른 규정이 없으면 사원 과반수의 출석과 출석사원의 결의권의 과반수로써 한다.
> ② 제73조 제2항의 경우에는 당해사원은 출석한 것으로 한다.
>
> **총회의 의사록(민법 제76조)**
> ① 총회의 의사에 관하여는 의사록을 작성하여야 한다.
> ② 의사록에는 의사의 경과, 요령 및 결과를 기재하고 의장 및 출석한 이사가 기명날인하여야 한다.
> ③ 이사는 의사록을 주된 사무소에 비치하여야 한다.

(1) 의 의

사원총회는 사단 내부에서의 최고의결기관으로, 정관에 의하더라도 두지 않거나 폐지할 수 없는 필요기관이다. 또한 사원 총원으로 구성되는 회의체이다. `기출 16`

(2) 사원총회의 종류 및 소집절차

1) 종 류

사원총회는 적어도 1년에 1회 이상 정관에 정한 시기에 소집되는 통상총회(민법 제69조)와 특별한 필요에 따라 임시로 소집되는 임시총회(민법 제70조)의 두 가지가 있다.

2) 소집절차

① 사원총회를 소집하기 위하여 이사나 소수사원 등 적법한 소집권자가 1주일 전에 그 회의의 목적사항을 기재한 통지를 발하고, 기타 정관에 정한 방법에 의해야 한다(민법 제71조). `기출 16`
② 1주간의 기간은 정관으로 단축할 수 없지만, 연장하는 것은 가능하다.
③ 정관에 다른 규정이 없다면 총회는 통지한 사항에 관해서만 결의할 수 있다(민법 제72조). `기출 16`
④ 소집절차가 법률이나 정관에 위반하여 하자가 있는 경우에, 사원총회의 결의는 무효이다.
⑤ 임시총회는 사단법인의 이사가 필요하다고 인정한 때, 총사원의 5분의 1 이상으로부터 회의의 목적사항을 제시하여 청구한 때 사단법인의 이사가 임시총회를 소집하여야 한다(민법 제70조). `기출 16`
⑥ 임시총회소집의 청구 있은 후 2주간 내에 이사가 총회소집의 절차를 밟지 아니한 때에는 청구한 사원은 법원의 허가를 얻어 이를 소집할 수 있다(민법 제70조 제3항).

(3) 사원총회의 권한

① 정관으로 이사나 기타 임원에게 위임한 사항을 제외한 법인사무 전부에 대한 의결권은 총회에게 있다(민법 제68조).
② 정관변경(민법 제42조)과 임의해산(민법 제77조 제2항, 제78조)은 총회의 전권사항으로서 정관에 의해서도 박탈할 수 없다. 단, 정관으로 정족수를 달리 정할 수는 있다. `기출 07`
③ 총회의 결의로 소수사원권과 사원의 의결권과 같은 사원의 고유권을 박탈할 수는 없다.

④ 민법이나 정관에 달리 정함이 없으면, 결의의 성립에 필요한 의결정족수는 사원과반수의 출석과 출석사원 결의권의 과반수이다(민법 제75조). 민법상 사단법인의 총회 결의는 소집·개최 절차가 이루어진 총회에 사원들이 참석하여 결의하는 것을 원칙적인 방법으로 한다고 보아야 한다. 총회의 소집·개최 절차를 진행하지 않은 채 목적사항을 서면통지하고 그에 대한 단순한 찬반투표만을 서면으로 받아 다수를 얻는 쪽으로 의사를 결정하는 방식으로 이루어지는 서면결의는 총회에 참석하여 목적사항을 적극적으로 토론하고 결의함으로써 사단법인 사무 운영에 자신의 의사를 반영하도록 하는 사원권의 행사를 제한할 수 있다. 따라서 민법상 사단법인에서 법률이나 정관에 정함이 없는데도 소집·개최 절차 없이 서면만으로 총회 결의를 한 경우에는 특별한 사정이 없는 한 그 결의에 중대한 하자가 있다고 보아야 한다(대판 2024.6.27. 2023다254984).

(4) 의결권
① 의결권은 출자액에 비례하는 것이 아니라 각 사원에게 평등한 것이 원칙이다(민법 제73조 제1항). 기출 16
② 다만, 의결권 평등의 원칙은 사원의 고유권을 박탈하지 않는 범위 내에서 정관으로 변경이 가능하다(민법 제73조 제3항).
③ 서면 결의, 대리인을 통한 결의도 가능하다(민법 제73조 제2항). 기출 16
④ 사단법인과 어느 사원과의 관계사항을 의결하는 경우에는 그 사원은 의결권이 없다(민법 제74조).

(5) 사원권
① 의의 : 사단법인의 사원이 사원이라는 자격 내지 지위에 기하여 사단법인에 대하여 가지는 권리·의무를 포괄하여 사원권이라 한다.
② 사원자격의 득실에 관한 규정은 정관의 필요적 기재사항이므로 사원권은 정관의 규정에 따라 취득한다(민법 제40조 제6호 참조).
③ 사단법인의 사원의 지위는 양도 또는 상속할 수 없다고 규정한 민법 제56조의 규정은 강행규정이라고 할 수 없다(대판 1992.4.14. 91다26850). 기출 09·11·18·20 이는 비법인사단에서도 동일하다(대판 1997.9.26. 95다6205).
④ 사원의 지위는 사원의 사망·탈퇴, 총회의 결의, 정관에 정하는 사유에 의하여 소멸한다.

IX 정관변경

사단법인의 정관의 변경(민법 제42조)
① 사단법인의 정관은 총사원 3분의 2 이상의 동의가 있는 때에 한하여 이를 변경할 수 있다. 그러나 정수에 관하여 정관에 다른 규정이 있는 때에는 그 규정에 의한다.
② 정관의 변경은 주무관청의 허가를 얻지 아니하면 그 효력이 없다.

재단법인의 정관변경(민법 제45조)
① 재단법인의 정관은 그 변경방법을 정관에 정한 때에 한하여 변경할 수 있다.
② 재단법인의 목적달성 또는 그 재산의 보전을 위하여 적당한 때에는 전항의 규정에 불구하고 명칭 또는 사무소의 소재지를 변경할 수 있다.
③ 제42조 제2항의 규정은 전2항의 경우에 준용한다.

> **재단법인의 목적 기타의 변경(민법 제46조)**
> 재단법인의 목적을 달성할 수 없는 때에는 설립자나 이사는 주무관청의 허가를 얻어 설립의 취지를 참작하여 그 목적 기타 정관의 규정을 변경할 수 있다.

1. **의 의**
   ① 정관의 변경이란 법인이 동일성을 유지하면서 그 조직을 변경하는 것을 말한다. 정관변경은 사단법인이든 재단법인이든 주무관청의 허가가 효력요건이다(민법 제42조 제2항).
   ② 주무관청의 정관변경허가의 법적 성질은 그 표현이 허가로 되어 있으나 법률행위의 효력을 보충하여 주는 것이지 일반적 금지를 해제하는 것은 아니므로, 인가라고 보아야 한다(대판 1996.5.16, 95누4810[전합]). 기출 07

2. **사단법인**
   ① 정관변경은 원칙적으로 허용된다.
   ② 사원총회의 전권사항이다(총사원 2/3 이상의 동의, 정관으로 정족수 변경 가능).
   ③ 주무관청의 허가가 효력요건이고(민법 제42조 제2항), 변경내용이 등기사항이면 등기가 대항요건이다(민법 제49조 제2항, 제54조 참조).
   ④ 정관에서 그 정관을 변경할 수 없다고 규정하고 있더라도 총사원의 동의가 있으면 정관을 변경할 수 있다(통설). 다만, 동일성을 해치거나 사단법인의 본질에 반하는 정관변경은 허용되지 않는다(대판 1978.9.26. 78다1435).

3. **재단법인**
   ① 원칙적으로 정관을 변경할 수 없다. 그러나 재단법인의 목적달성 또는 재산보전을 위하여 적당한 경우에 명칭이나 사무소의 소재지를 변경할 수 있고(민법 제45조 제2항), 재단법인이 목적을 달성할 수 없으면 설립자나 이사가 설립의 취지를 참작하여 목적 기타 정관의 규정을 변경할 수 있다(민법 제46조). 어느 경우에나 주무관청의 허가를 받아야 하고, 등기사항이라면 등기하여야 제3자에게 대항할 수 있다(민법 제54조). 기출 24
   ② 판례는 재단법인의 기본재산에 관한 사항은 정관의 기재사항으로서 기본재산의 변경은 정관의 변경을 초래하기 때문에 주무부장관의 허가를 받아야 하고 따라서 기존의 기본재산을 처분하는 행위는 물론 새로이 기본재산으로 편입하는 행위도 주무부장관의 허가가 있어야만 유효하다 할 것이므로 재단법인 명의로 소유권이전등기가 경료된 부동산이 재단법인의 기본재산에 편입되었다고 인정하기 위해서는 그 편입에 관한 주무부장관의 허가가 있었음이 먼저 입증되어야 한다고 판시하고 있다(대판 1982.9.28, 82다카499). 기출 24

X 법인의 소멸

1. 서 설
법인의 소멸이란 법인이 권리능력을 상실하는 것을 말하며, 법인의 소멸은 해산과 청산의 2단계를 거치게 된다.

2. 법인의 해산

(1) 개 념
해산이란 법인이 본래의 목적달성을 위한 적극적인 활동을 그치고 청산단계로 들어가는 것을 말한다.

(2) 해산사유

1) 사단법인과 재단법인에 공통된 해산사유
법인은 존립기간의 만료, 법인의 목적의 달성 또는 달성의 불능, 기타 정관에 정한 해산사유의 발생, 파산 또는 설립허가의 취소로 해산한다(민법 제77조 제1항).

2) 사단법인 특유의 해산사유
① 사단법인은 사원이 없게 되거나 총회의 결의로도 해산한다(민법 제77조 제2항).
② 사단법인은 총사원의 4분의 3 이상의 동의가 없으면 해산을 결의하지 못한다. 그러나 정관에 다른 규정이 있는 때에는 그 규정에 의한다(민법 제78조).

3. 법인의 청산

(1) 개 념
청산이란 해산한 법인의 잔존사무를 처리하고 재산을 정리하여 권리능력을 완전히 소멸시키는 절차를 말한다.

(2) 청산법인의 능력 기출 15·20·21·22
① 청산법인은 해산 전의 법인과 동일성을 가지지만, 청산의 목적범위 내에서만 권리를 가지고 의무를 부담한다(민법 제81조). 이 범위를 초과하는 행위는 무효이다(대판 1980.4.8. 79다2036). 실제 청산사무의 종결시까지 권리능력이 있다.
② '청산의 목적범위 내'란 청산목적과 직접 관련된 것에 한정할 것은 아니고, 청산의 목적달성을 위한 행위라면 이에 포함된다.

(3) 청산사무(청산인의 직무권한)

1) 해산의 등기와 신고(민법 제85조 제1항, 제86조 제1항)
2) 현존사무의 종결(민법 제87조 제1항 제1호)
3) 채권의 추심(민법 제87조 제1항 제2호)

4) 채무의 변제(민법 제87조 제1항 제2호)
① 채권신고의 최고
- 채권자들에게 일정한 기간 내에 채권을 신고할 것을 공시최고 하여야 한다(민법 제88조 제1항).
- 신고하지 않으면 청산에서 제외됨도 표시해야 한다(민법 제88조 제2항).
- 청산인이 알고 있는 채권자에게는 개별적으로 최고해야 한다(민법 제89조 제1문).

② 변 제
- 청산인은 채권신고기간 내에는 채권자에 대하여 변제하지 못한다. 그러나 법인은 그 기간 동안 채권자에 대한 지연손해배상의 의무를 면하지 못한다(민법 제90조). 기출 25
- 청산인이 알고 있는 채권자에게는 그의 신고가 없더라도 변제해야 한다(민법 제89조 제2문). 기출 25
- 기한미도래의 채권, 조건부 채권, 불확정 채권도 변제해야 한다(민법 제91조).

5) 잔여재산의 인도(민법 제87조 제1항 제3호)
① 우선 정관으로 지정한 자에게 귀속한다(민법 제80조 제1항).
② 귀속권리자 또는 지정방법을 정관이 규정하지 않은 경우에, 이사 또는 청산인은 주무관청의 허가를 얻어 법인의 목적과 유사한 목적을 위해 처분할 수 있다(민법 제80조 제2항).
③ ①과 ②의 방법에 의해서도 처분할 수 없는 잔여재산은 국고에 귀속된다(민법 제80조 제3항).

6) 관련 판례
민법상의 청산절차에 관한 규정은 모두 제3자의 이해관계에 중대한 영향을 미치는 것으로서 강행규정이므로, 해산한 법인이 잔여재산의 귀속자에 관한 정관규정에 반하여 잔여재산을 달리 처분할 경우 그 처분행위는 청산법인의 목적범위 외의 행위로서 특단의 사정이 없는 한 무효이다(대판 2000.12.8. 98두5279). 기출 25

XI 법인의 감독

1. 주무관청의 감독사항

(1) 의 의

법인설립 시 주무관청의 허가를 얻어야 하므로(민법 제32조) 법인설립 후에도 법인의 사무는 주무관청이 검사·감독한다(민법 제37조).

(2) 검사·감독의 내용
① 비영리법인의 설립허가(민법 제32조)
② 정관변경에 대한 허가(민법 제42조 제2항, 제45조 제3항, 제46조)
③ 법인의 설립허가의 취소(민법 제38조)
④ 법인의 해산신고, 청산종결신고는 주무관청에 한다(민법 제86조 제94조).

2. 법원의 감독사항

임시이사(민법 제63조), 특별대리인의 선임(민법 제64조), 해산과 청산(민법 제95조)은 법원이 검사·감독한다. 청산인의 선임(민법 제83조)·해임(민법 제84조)은 그 감독권의 일환이다. 기출 11

[사단법인과 재단법인의 비교]

구 분	사단법인	재단법인
의 의	일정목적을 위해 결합한 사람의 단체	일정한 목적을 위해 바쳐진 재산의 단체
본 질	자율적 법인(자율성)	타율적 법인(타율성)
종 류	영리법인, 비영리법인	언제나 비영리법인(사원이 없음)
설립요건	비영리성, 설립행위(정관작성), 주무관청의 허가, 설립등기	설립행위로서 재산출연이 필수적이며, 나머지는 사단법인과 동일
설립의 법적 성질	합동행위(다수설)	• 상대방 없는 단독행위 • 수인이 출연하면 상대방 없는 단독행위의 경합 (다수설)
의사결정 및 집행	최고의사결정기관은 사원총회이고, 이사가 집행함	사원총회는 재단법인에는 존재할 수 없고, 이사가 집행함
정관변경	원칙적으로 정관변경 허용 (총사원 2/3 동의 + 주무관청의 허가, 민법 제42조)	원칙적으로 정관변경 불가, 다만, 예외적으로 다음의 경우 주무관청허가를 받아서 가능(민법 제45조) • 정관에 그 변경방법을 규정한 경우 • 명칭, 사무소소재지 변경 • 목적달성 불가시 목적도 변경 가능
해산사유	[공통된 해산사유] • 존립기간의 만료 • 기타 정관으로 정한 사유 • 목적의 달성 또는 달성 불가 • 파 산 • 설립허가의 취소	
	[사단법인에 특유한 해산사유] • 사원이 없게 된 때 • 총사원 3/4 결의	특유한 해산사유가 없음

출처 | 박기현·김종원, 「핵심정리민법」, 메티스, 2014

CHAPTER 03 권리의 주체

01 기출 25 ☑확인Check! ○ △ ×

민법상 법인에 관한 설명으로 옳지 않은 것은?(다툼이 있으면 판례에 따름)

① 정관의 규범적 의미 내용과는 다른 해석이 사원총회의 결의에 의하여 표명된 경우, 그 결의에 의한 해석은 법원을 구속하지 않는다.
② 정관에 이사의 해임사유에 관한 규정이 있는 경우, 법인은 특별한 사정이 없는 한 정관에서 정하지 아니한 사유로 이사를 해임할 수 없다.
③ 청산 중인 법인의 청산인은 채권신고기간 내에 채권자에 대한 변제를 할 수 없으므로 법인은 그 기간 동안 채권자에 대한 지체책임을 면한다.
④ 채권신고기간 내에 채권신고를 하지 아니한 채권자라도 청산인이 알고 있는 채권자는 청산으로부터 제외되지 않는다.
⑤ 민법상의 청산절차에 관한 규정에 반하는 잔여재산의 처분행위는 특별한 사정이 없는 한 무효이다.

정답 및 해설

01

① (○) 사단법인의 정관은 이를 작성한 사원뿐만 아니라 그 후에 가입한 사원이나 사단법인의 기관 등도 구속하는 점에 비추어 보면 그 법적 성질은 계약이 아니라 자치법규로 보는 것이 타당하므로, 이는 어디까지나 객관적인 기준에 따라 그 규범적인 의미 내용을 확정하는 법규해석의 방법으로 해석되어야 하는 것이지, 작성자의 주관이나 해석 당시의 사원의 다수결에 의한 방법으로 자의적으로 해석될 수는 없다 할 것이어서, <u>어느 시점의 사단법인의 사원들이 정관의 규범적인 의미 내용과 다른 해석을 사원총회의 결의라는 방법으로 표명하였다 하더라도 그 결의에 의한 해석은 그 사단법인의 구성원인 사원들이나 법원을 구속하는 효력이 없다</u>(대판 2000.11.24. 99다12437).
② (○) 법인이 정관에 이사의 해임사유 및 절차 등을 따로 정한 경우 그 규정은 법인과 이사와의 관계를 명확히 함은 물론 이사의 신분을 보장하는 의미도 아울러 가지고 있어 이를 단순히 주의적 규정으로 볼 수는 없다. 따라서 <u>법인의 정관에 이사의 해임사유에 관한 규정이 있는 경우 법인으로서는 이사의 중대한 의무위반 또는 정상적인 사무집행 불능 등의 특별한 사정이 없는 이상, 정관에서 정하지 아니한 사유로 이사를 해임할 수 없다</u>(대판 2013.11.28. 2011다41741).
③ (×) 청산 중인 법인의 청산인은 채권신고기간 내에는 채권자에 대하여 변제하지 못한다. 그러나 <u>법인은 그 기간 동안 채권자에 대한 지연손해배상의 의무를 면하지 못한다</u>(민법 제90조).
④ (○) 청산인이 알고 있는 채권자는 채권신고기간 내에 채권신고를 하지 아니한 경우에도 청산으로부터 제외하지 못한다(민법 제89조 후문).
⑤ (○) 민법상의 청산절차에 관한 규정은 모두 제3자의 이해관계에 중대한 영향을 미치는 것으로서 강행규정이므로, <u>해산한 법인이 잔여재산의 귀속자에 관한 정관규정에 반하여 잔여재산을 달리 처분할 경우 그 처분행위는</u> 청산법인의 목적범위 외의 행위로서 특단의 사정이 없는 한 <u>무효이다</u>(대판 2000.12.8. 98두5279).

정답 ③

02 기출 25

민법상 의사능력 및 행위능력에 관한 설명으로 옳지 않은 것은? (다툼이 있으면 판례에 따름)

① 의사무능력을 이유로 하는 법률행위의 무효에 대한 증명책임은 무효를 주장하는 측에 있다.
② 의사무능력을 이유로 법률행위가 무효가 된 경우, 의사무능력자는 그 행위로 인하여 받은 이익이 현존하는 한도에서 상환할 책임이 있다.
③ 가정법원은 본인의 의사에 반하여 특정후견의 심판을 할 수 없다.
④ 법정대리인의 동의 없이 매매계약을 체결한 미성년자가 그 동의 없음을 이유로 위 계약을 취소하는 것은 신의칙에 위배된다.
⑤ 가정법원이 피특정후견인에 대하여 한정후견개시의 심판을 할 때에는 종전의 특정후견의 종료 심판을 한다.

02

① (○) 의사능력이란 자기 행위의 의미나 결과를 정상적인 인식력과 예기력을 바탕으로 합리적으로 판단할 수 있는 정신적 능력이나 지능을 말하고, 의사무능력을 이유로 법률행위의 무효를 주장하는 측은 그에 대하여 증명책임을 부담한다(대판 2022.12.1. 2022다261237).

② (○) 무능력자의 책임을 제한하는 민법 제141조 단서는 부당이득에 있어 수익자의 반환범위를 정한 민법 제748조의 특칙으로서 무능력자의 보호를 위해 그 선의·악의를 묻지 아니하고 반환범위를 현존 이익에 한정시키려는 데 그 취지가 있으므로, 의사능력의 흠결을 이유로 법률행위가 무효가 되는 경우에도 유추적용되어야 할 것이나, 법률상 원인 없이 타인의 재산 또는 노무로 인하여 이익을 얻고 그로 인하여 타인에게 손해를 가한 경우에 그 취득한 것이 금전상의 이득인 때에는 그 금전은 이를 취득한 자가 소비하였는가의 여부를 불문하고 현존하는 것으로 추정되므로, 위 이익이 현존하지 아니함은 이를 주장하는 자, 즉 의사무능력자 측에 입증책임이 있다(대판 2009.1.15. 2008다58367).

③ (○) 가정법원은 질병, 장애, 노령, 그 밖의 사유로 인한 정신적 제약으로 일시적 후원 또는 특정한 사무에 관한 후원이 필요한 사람에 대하여 본인 등의 청구에 의하여 특정후견의 심판을 하며, 이러한 특정후견은 본인의 의사에 반하여 할 수 없다(민법 제14조의2 제1항, 제2항 참조).

④ (×) 신용카드 가맹점이 미성년자와 신용구매계약을 체결할 당시 향후 그 미성년자가 법정대리인의 동의가 없었음을 들어 스스로 위 계약을 취소하지는 않으리라고 신뢰하였다 하더라도 그 신뢰가 객관적으로 정당한 것이라고 할 수 있을지 의문일 뿐만 아니라, 그 미성년자가 가맹점의 이러한 신뢰에 반하여 취소권을 행사하는 것이 정의관념에 비추어 용인될 수 없는 정도의 상태라고 보기도 어려우며, 미성년자의 법률행위에 법정대리인의 동의를 요하도록 하는 것은 강행규정인데, 위 규정에 반하여 이루어진 신용구매계약을 미성년자 스스로 취소하는 것을 신의칙 위반을 이유로 배척한다면, 이는 오히려 위 규정에 의해 배제하려는 결과를 실현시키는 셈이 되어 미성년자 제도의 입법 취지를 몰각시킬 우려가 있으므로, 법정대리인의 동의 없이 신용구매계약을 체결한 미성년자가 사후에 법정대리인의 동의 없음을 사유로 들어 이를 취소하는 것이 신의칙에 위배된 것이라고 할 수 없다(대판 2007.11.16. 2005다71659).

⑤ (○) 가정법원이 피성년후견인 또는 피특정후견인에 대하여 한정후견개시의 심판을 할 때에는 종전의 성년후견 또는 특정후견의 종료 심판을 한다(민법 제14조의3 제2항).

정답 ④

03 기출 25

민법상 사단법인 A를 대표할 권한이 있는 3인의 이사 甲, 乙, 丙에 관한 설명으로 옳지 않은 것은?(다툼이 있으면 판례에 따름)

① 정관에 다른 규정이 없는 경우, 甲은 특별한 사정이 없는 한 단독으로 이사회를 소집할 수 있다.
② 甲은 정관 또는 총회의 결의로 금지하지 아니한 사항에 한하여 A를 위한 특정한 행위를 제3자에게 대리하게 할 수 있다.
③ 정관에 사임의 효력발생시기에 관한 규정이 있는 경우, 乙이 사임의 의사표시를 하였더라도 정관에 따라 사임의 효력이 발생하기 전에는 철회할 수 있다.
④ 丙의 주소가 변경된 경우에는 3주간 내에 변경등기를 하여야 한다.
⑤ 정관에 甲, 乙, 丙 3인이 공동으로 대표행위를 하도록 규정되어 있는 경우, 이를 등기하지 않으면 A는 제3자에게 대항할 수 없다.

03

① (×) 이사가 수인인 경우 정관에 다른 규정이 없으면 법인의 사무집행은 이사의 과반수로써 결정하므로(민법 제58조 제2항), <u>甲은 특별한 사정이 없는 한 단독으로 이사회를 소집할 수 없다.</u>
② (○) 이사 甲은 정관 또는 총회의 결의로 금지하지 아니한 사항에 한하여 사단법인 A를 위한 특정한 행위를 제3자에게 대리하게 할 수 있다(민법 제62조 참조).
③ (○) <u>법인이 정관에서 이사의 사임절차나 사임의 의사표시의 효력발생시기 등에 관하여 특별한 규정을 둔 경우에는</u> 그에 따라야 하는바, 위와 같은 경우에는 이사의 사임의 의사표시가 법인의 대표자에게 도달하였다고 하더라도 그와 같은 사정만으로 곧바로 사임의 효력이 발생하는 것은 아니고 정관에서 정한 바에 따라 사임의 효력이 발생하는 것이므로, <u>이사가 사임의 의사표시를 하였더라도 정관에 따라 사임의 효력이 발생하기 전에는 그 사임의사를 자유롭게 철회할 수 있다</u>(대판 2008.9.25. 2007다17109).
④ (○) 이사 丙의 주소가 변경된 경우에는 3주간 내에 변경등기를 하여야 한다(민법 제52조, 제49조 제2항 제8호).
⑤ (○) 이사의 대표권에 대한 제한은 등기하지 아니하면 제3자에게 대항하지 못하므로(민법 제60조) 정관에 甲, 乙, 丙 3인이 공동으로 대표행위를 하도록 규정되어 있는 경우, 이를 등기하지 않으면 사단법인 A는 제3자에게 대항할 수 없다.

정답 ①

04 기출 24

민법상 법인의 정관에 관한 설명으로 옳지 않은 것은?(다툼이 있으면 판례에 따름)

① 이사의 대표권에 대한 제한은 이를 정관에 기재하지 아니하면 그 효력이 없다.
② 정관의 변경사항을 등기해야 하는 경우, 이를 등기하지 않으면 제3자에게 대항할 수 없다.
③ 재단법인의 재산보전을 위하여 적당한 때에는 명칭이나 사무소 소재지를 변경할 수 있다.
④ 정관의 변경을 초래하는 재단법인의 기본재산 변경은 기존의 기본재산을 처분하는 행위를 포함하지만, 새로이 기본재산으로 편입하는 행위를 포함하지 않는다.
⑤ 정관에서 대표이사의 해임사유를 정한 경우, 대표이사의 중대한 의무위반 등 특별한 사정이 없는 한 법인은 정관에서 정하지 아니한 사유로 대표이사를 해임할 수 없다.

04

① (○) 민법 제41조
② (○) 민법상 법인의 경우 설립등기 이외의 등기사항은 대항요건이므로 그 등기 후가 아니면 제3자에게 대항하지 못한다(민법 제54조 제1항). 따라서 정관의 변경사항을 등기해야 하는 경우에도 이를 등기하지 않으면 제3자에게 대항할 수 없다.
③ (○) 재단법인의 정관은 그 변경방법을 정관에 정한 때에 한하여 변경할 수 있다(민법 제45조 제1항). 다만, 재단법인의 목적달성 또는 그 재산의 보전을 위하여 적당한 때에는 명칭 또는 사무소의 소재지를 변경할 수 있다(민법 제45조 제2항). 정관의 변경은 주무관청의 허가를 얻지 아니하면 그 효력이 없다(민법 제45조 제3항, 제42조 제2항).
④ (×) 재단법인의 기본재산에 관한 사항은 정관의 기재사항으로서 기본재산의 변경은 정관의 변경을 초래하기 때문에 주무장관의 허가를 받아야 하고, 따라서 기존의 기본재산을 처분하는 행위는 물론 새로이 기본재산으로 편입하는 행위도 주무부장관의 허가가 있어야 유효하다(대판 1982.9.28. 82다카499).
⑤ (○) 법인과 이사의 법률관계는 신뢰를 기초로 하는 위임 유사의 관계이다. 민법 제689조 제1항에 따르면 위임계약은 각 당사자가 언제든지 해지할 수 있다. 그러므로 법인은 원칙적으로 이사의 임기 만료 전에도 언제든지 이사를 해임할 수 있다. 다만 이러한 민법 규정은 임의규정이므로 법인이 자치법규인 정관으로 이사의 해임사유 및 절차 등에 관하여 별도 규정을 둘 수 있다. 이러한 규정은 법인과 이사의 관계를 명확히 하는 것 외에 이사의 신분을 보장하는 의미도 아울러 가지고 있으므로 이를 단순히 주의적 규정으로 볼 수는 없다. 따라서 법인의 정관에 이사의 해임사유에 관한 규정이 있는 경우 이사의 중대한 의무위반 또는 정상적인 사무집행 불능 등의 특별한 사정이 없는 이상 법인은 정관에서 정하지 아니한 사유로 이사를 해임할 수 없다(대판 2024.1.4. 2023다263537).

정답 ④

05 기출 24

권리능력 없는 사단 A와 그 대표자 甲에 관한 설명으로 옳지 않은 것은?(다툼이 있으면 판례에 따름)

① 甲이 외형상 직무에 관한 행위로 乙에게 손해를 가한 경우, 甲의 행위가 직무행위에 포함되지 아니함을 乙이 중대한 과실로 알지 못하였더라도 A는 乙에게 손해배상책임을 진다.
② 甲의 대표권에 관하여 정관에 제한이 있는 경우, 그러한 제한을 위반한 甲의 대표행위에 대하여 상대방 乙이 대표권 제한 사실을 알았다면 甲의 대표행위는 A에게 효력이 없다.
③ 甲이 丙을 대리인으로 선임하여 A와 관련된 제반 업무처리를 포괄적으로 위임한 경우, 丙이 행한 대행행위는 A에 대하여 효력이 미치지 않는다.
④ 甲이 자격을 상실하여 법원이 임시이사 丁을 선임한 경우, 丁은 원칙적으로 정식이사와 동일한 권한을 가진다.
⑤ A의 사원총회 결의는 법률 또는 정관에 다른 규정이 없으면 사원 과반수의 출석과 출석사원 의결권의 과반수로써 한다.

05

① (×) 비법인사단[권리능력 없는 사단(註)]의 경우 대표자의 행위가 직무에 관한 행위에 해당하지 아니함을 피해자 자신이 알았거나 또는 중대한 과실로 인하여 알지 못한 경우에는 비법인사단에게 손해배상책임을 물을 수 없으므로(대판 2003.7.25. 2002다27088), 甲의 행위가 직무행위에 포함되지 아니함을 피해자 乙이 중대한 과실로 알지 못하였다면 A는 乙에게 손해배상책임을 부담하지 않는다.
② (○) 비법인사단[권리능력 없는 사단(註)]의 경우에는 대표자의 대표권 제한에 관하여 등기할 방법이 없어 민법 제60조의 규정을 준용할 수 없으므로, 그 거래상 상대방이 그와 같은 대표권제한사실을 알았거나 알 수 있었을 경우가 아니라면 그 거래행위는 유효하다고 봄이 상당할 것이나(대판 2003.7.22. 2002다64780), 정관에 의한 대표권 제한을 위반한 甲의 대표행위에 대하여 상대방 乙이 대표권 제한 사실을 알았다면 甲의 대표행위는 권리능력 없는 사단 A에게 효력이 없다.
③ (○) 권리능력 없는 사단 A의 대표자 甲이 丙을 대리인으로 선임하여 A와 관련된 제반 업무처리를 포괄적으로 위임한 경우, 丙이 행한 대행행위는 민법 제62조를 위반한 것이어서 A에 대하여 효력이 없다(대판 2011.4.28. 2008다15438 참조).
④ (○) 민법 제63조는 법인 아닌 사단이나 재단에도 유추적용할 수 있고(대결 2009.11.19. 2008마699[전합]), 민법상의 법인에 대하여 민법 제63조에 의하여 법원이 선임한 임시이사는 원칙적으로 정식이사와 동일한 권한을 가지므로(대판 2013.6.13. 2012다40332), 甲이 자격을 상실하여 법원이 임시이사 丁을 선임한 경우, 丁은 원칙적으로 정식이사와 동일한 권한을 가진다.
⑤ (○) 민법 제75조 제1항의 규정은 법인 아닌 사단[권리능력 없는 사단(註)]에 대하여도 유추적용된다(대판 2007.12.27. 2007다17062). 따라서 권리능력 없는 사단 A의 사원총회 결의는 법률 또는 정관에 다른 규정이 없으면 사원 과반수의 출석과 출석사원 의결권의 과반수로써 한다.

정답 ①

06 기출 24

제한능력자에 관한 설명으로 옳은 것은?

① 미성년자가 친권자의 동의를 얻어 법률행위를 한 후에도 친권자는 그 동의를 취소할 수 있다.
② 법정대리인이 미성년자에게 특정한 영업을 허락한 경우, 그 영업 관련 행위에 대한 법정대리인의 대리권은 소멸한다.
③ 상대방이 계약 당시에 제한능력자와 계약을 체결하였음을 알았더라도 제한능력자 측의 추인이 있을 때까지 자신의 의사표시를 철회할 수 있다.
④ 피성년후견인이 속임수로써 상대방으로 하여금 성년후견인의 동의가 있는 것으로 믿게 하여 체결한 토지매매계약은 특별한 사정이 없는 한 제한능력을 이유로 취소할 수 없다.
⑤ 법정대리인이 제한능력을 이유로 법률행위를 취소한 경우, 제한능력자의 부당이득 반환범위는 법정대리인의 선의 또는 악의에 따라 달라진다.

06

① (×) 법정대리인은 미성년자가 아직 법률행위를 하기 전에는 법률행위의 동의와 범위를 정한 재산처분의 허락을 취소할 수 있다(민법 제7조). 그러나 미성년자가 친권자(법정대리인)의 동의를 얻어 법률행위를 한 후에는 친권자(법정대리인)는 그 동의를 취소할 수 없다(민법 제7조의 반대해석).
② (○) 법정대리인이 미성년자에게 특정한 영업을 허락한 경우, 미성년자는 그 영업에 관한 행위에 대하여는 성년자와 동일한 행위능력을 갖는다(민법 제8조 제1항). 따라서 그 영업에 관하여는 법정대리인의 동의권과 대리권이 모두 소멸한다.
③ (×) 제한능력자가 맺은 계약은 추인이 있을 때까지 상대방이 그 의사표시를 철회할 수 있다. 다만, 상대방이 계약 당시에 제한능력자임을 알았을 경우에는 그 의사표시를 철회할 수 없다(민법 제16조 제1항).
④ (×) 제한능력자가 속임수로써 자기를 능력자로 믿게 한 경우에는 그 행위를 취소할 수 없다(민법 제17조 제1항). 미성년자나 피한정후견인이 속임수로써 법정대리인의 동의가 있는 것으로 믿게 한 경우에도 그 행위를 취소할 수 없다(민법 제17조 제2항). 민법 제17조 제1항은 제한능력자(미성년자, 피성년후견인, 피한정후견인) 모두에 적용되나, 민법 제17조 제2항은 '피성년후견인'에게는 적용되지 않는다. 피성년후견인은 법정대리인의 동의를 얻더라도 원칙적으로 유효한 법률행위를 할 수 없기 때문이다. 따라서 피성년후견인이 속임수로써 상대방으로 하여금 성년후견인의 동의가 있는 것으로 믿게 하여 체결한 토지매매계약은 제한능력을 이유로 취소할 수 있다.
⑤ (×) 취소된 법률행위는 처음부터 무효인 것으로 본다. 다만, 제한능력자는 그 행위로 인하여 받은 이익이 현존하는 한도에서 상환할 책임이 있으므로(민법 제141조), 제한능력자의 선의·악의를 불문하고 언제나 현존이익만 반환하면 된다. 제한능력자나 법정대리인의 선의 또는 악의에 따라 부당이득 반환 범위가 달라지지 않는다. 이 규정은 민법 제748조 제2항에 대한 특칙이다.

정답 ②

07 기출 23

제한능력자에 관한 설명으로 옳지 않은 것은?

① 피성년후견인은 의사능력이 있더라도 단독으로 유효한 대리행위를 할 수 없다.
② 가정법원은 한정후견개시의 심판을 할 때 본인의 의사를 고려하여야 한다.
③ 제한능력을 이유로 취소할 수 있는 법률행위는 제한능력자가 단독으로 취소할 수 있다.
④ 가정법원이 취소할 수 없는 피성년후견인의 법률행위의 범위를 정한 경우, 피성년후견인은 그 범위에서 단독으로 유효한 법률행위를 할 수 있다.
⑤ 가정법원이 피한정후견인에 대하여 성년후견개시의 심판을 할 때에는 종전의 한정후견의 종료 심판을 해야 한다.

07

① (×) 대리인은 행위능력자임을 요하지 아니하므로(민법 제117조), 의사능력이 있는 한 피성년후견인도 대리인이 될 수 있다. 본인이 제한능력자를 대리인으로 정한 이상 그 불이익은 스스로 부담하여야 한다는 취지에서 민법은 이와 같이 규정하고 있다. 다만, 대리에 있어서 의사표시의 요건은 대리인을 표준으로 하여 판단하여야 하므로(민법 제116조 제1항 참조), 대리행위를 하는 피성년후견인에게 의사능력은 있어야 하고, 의사능력이 없으면 대리행위는 무효가 된다.
② (○) 민법 제12조 제2항, 제9조 제2항
③ (○) 취소할 수 있는 법률행위는 제한능력자, 착오로 인하거나 사기·강박에 의하여 의사표시를 한 자, 그의 대리인 또는 승계인만이 취소할 수 있다(민법 제140조). 따라서 제한능력을 이유로 취소할 수 있는 법률행위는 법정대리인뿐만 아니라 제한능력자도 단독으로 취소할 수 있다.
④ (○) 피성년후견인의 법률행위는 원칙적으로 취소할 수 있으나(민법 제10조 제1항), 가정법원이 취소할 수 없는 피성년후견인의 법률행위의 범위를 정한 경우, 그 범위에서는 피성년후견인에게 예외적으로 행위능력이 인정되므로 피성년후견인의 법률행위라도 취소할 수 없다(민법 제10조 제2항). 즉 그 범위에서는 피성년후견인도 단독으로 유효한 법률행위를 할 수 있다.
⑤ (○) 민법 제14조의3 제1항

정답 ①

08 기출 23

민법상 사단법인 甲과 그 대표이사 乙에 관한 설명으로 옳은 것을 모두 고른 것은?(다툼이 있으면 판례에 따름)

> ㄱ. 甲과 乙의 이익이 상반하는 사항에 관하여는 乙은 대표권이 없다.
> ㄴ. 甲의 정관에 이사의 해임사유에 관한 규정이 있는 경우, 甲은 乙의 중대한 의무위반 등 특별한 사정이 없는 한 정관에서 정하지 아니한 사유로 乙을 해임할 수 없다.
> ㄷ. 乙이 丙에게 대표자로서의 모든 권한을 포괄적으로 위임하여 丙이 甲의 사무를 집행한 경우, 丙의 그 사무집행행위는 원칙적으로 甲에 대하여 효력이 있다.

① ㄱ
② ㄷ
③ ㄱ, ㄴ
④ ㄴ, ㄷ
⑤ ㄱ, ㄴ, ㄷ

08

ㄱ. (○) 법인(甲)과 이사(乙)의 이익이 상반하는 사항에 관하여는 이사(乙)는 대표권이 없다. 이 경우에는 민법 제63조의 규정에 의하여 특별대리인을 선임하여야 한다(민법 제64조).

ㄴ. (○) 법인이 정관에 이사의 해임사유 및 절차 등을 따로 정한 경우 그 규정은 법인과 이사와의 관계를 명확히 함은 물론 이사의 신분을 보장하는 의미도 아울러 가지고 있어 이를 단순히 주의적 규정으로 볼 수는 없다. 따라서 법인의 정관에 이사의 해임사유에 관한 규정이 있는 경우 법인으로서는 이사의 중대한 의무위반 또는 정상적인 사무집행 불능 등의 특별한 사정이 없는 이상, 정관에서 정하지 아니한 사유로 이사를 해임할 수 없다(대판 2013.11.28. 2011다41741).

ㄷ. (×) 이사는 정관 또는 총회의 결의로 금지하지 않은 사항에 한하여 타인으로 하여금 '특정의 행위'를 대리하게 할 수 있다(민법 제62조). 즉, 이사는 특정한 행위를 다른 이사에게 대리하게 할 수 있으나, 대표자로서의 모든 권한을 포괄적으로 위임할 수는 없다(대판 1989.5.9. 87다카2407 참조). 따라서 판례의 취지를 고려할 때 대표이사 乙이 丙에게 대표자로서의 모든 권한을 포괄적으로 위임하여 丙이 甲의 사무를 집행한 경우, 丙의 그 사무집행행위는 민법 제62조를 위반한 것이어서 원칙적으로 甲에 대하여 효력이 없다(대판 2011.4.28. 2008다15438 참조).

정답 ③

09

민법상 법인에 관한 설명으로 옳은 것은?(다툼이 있으면 판례에 따름)

① 생전처분으로 재단법인을 설립하는 자가 서면으로 재산출연의 의사표시를 하였다면 착오를 이유로 이를 취소할 수 없다.
② 생전처분으로 지명채권을 출연하여 재단법인을 설립하는 경우, 그 지명채권은 대외적으로는 양도통지나 채무자의 승낙이 행해진 때 법인의 재산이 된다.
③ 법인의 불법행위를 성립시키는 대표기관에는 법인을 실질적으로 운영하면서 그 법인을 사실상 대표하여 법인의 사무를 집행하는 사람이 포함된다.
④ 법인의 대표기관은 정관 또는 사원총회에 의해 금지되지 않는 한 타인에게 포괄적인 대리권을 수여할 수 있다.
⑤ 법인이 청산종결등기를 하였다면 실제로 청산사무가 종료되지 않았더라도 그 법인은 소멸한다.

09

① (×) 민법 제47조 제1항에 의하여 생전처분으로 재단법인을 설립하는 때에 준용되는 민법 제555조는 "증여의 의사가 서면으로 표시되지 아니한 경우에는 각 당사자는 이를 해제할 수 있다."고 함으로써 서면에 의한 증여(출연)의 해제를 제한하고 있으나, 그 해제는 민법 총칙상의 취소와는 요건과 효과가 다르므로 서면에 의한 출연이더라도 민법 총칙규정에 따라 출연자가 착오에 기한 의사표시라는 이유로 출연의 의사표시를 취소할 수 있고, 상대방 없는 단독행위인 재단법인에 대한 출연행위라고 하여 달리 볼 것은 아니다(대판 1999.7.9. 98다9045).
② (×) 생전처분으로 재단법인을 설립하는 때에는 출연재산은 법인이 성립된 때로부터 법인의 재산이 된다(민법 제48조). 양도통지나 채무자의 승낙은 대항요건에 불과하다(민법 제450조).
③ (○) 민법 제35조 제1항은 "법인은 이사 기타 대표자가 그 직무에 관하여 타인에게 가한 손해를 배상할 책임이 있다"라고 정한다. 여기서 '법인의 대표자'에는 그 명칭이나 직위 여하, 또는 대표자로 등기되었는지 여부를 불문하고 당해 법인을 실질적으로 운영하면서 법인을 사실상 대표하여 법인의 사무를 집행하는 사람을 포함한다고 해석함이 상당하다(대판 2011.4.28. 2008다15438).
④ (×) 이사는 정관 또는 총회의 결의로 금지하지 아니한 사항에 한하여 타인으로 하여금 특정한 행위를 대리하게 할 수 있다(민법 제62조).
⑤ (×) 청산종결등기가 경료된 경우에도 청산사무가 종료되었다 할 수 없는 경우에는 청산법인으로 존속하므로 권리능력이 인정된다(대판 1980.4.8. 79다2036).

정답 ③

CHAPTER 04 권리의 객체

제1절 서설

I 의의

권리의 객체는 권리의 종류에 따라 다르다. 물권의 객체는 물건, 채권의 객체는 채무자의 일정한 행위, 즉 급부이며, 형성권에서는 법률관계 자체가 객체이다.

II 민법의 규정

민법에는 권리의 객체에 관한 일반규정이 없다. 다만, 민법은 총칙편 제4장에서 물건에 관하여만 규정한다.

제2절 물건

I 물건

물건의 정의(민법 제98조)
본법에서 물건이라 함은 유체물 및 전기 기타 관리할 수 있는 자연력을 말한다.

1. 개념

물건이란 '유체물 및 전기 기타 관리할 수 있는 자연력'을 말한다(민법 제98조). 관리가능성은 배타적 지배가능성을 뜻한다.
① 권리는 물건이 아니다. 단, 물권의 객체는 될 수 있다.
② 해, 달, 공기, 전파, 바다는 물건이 아니다. 관리가능성이 부정되기 때문이다.

2. 외계의 일부일 것

① 사람의 신체나 그 일부는 물건이 아니다. 의족, 의치 등도 신체에 부착되어 있다면 신체의 일부로 보아야 한다. 다만, 신체로부터 분리되면 물건이 된다. 기출 06·15

② 사체, 유골이 물건인지에 관하여 물건성을 인정하는 견해와 부정하는 견해가 대립하지만, 물건성을 인정하는 견해도 매장, 제사, 공양의 대상으로서의 내용만 가진다고 보므로 양 학설은 실질적 차이가 없다.

③ 판례는 "사람의 유체·유골은 매장·관리·제사·공양의 대상이 될 수 있는 유체물로서, 분묘에 안치되어 있는 선조의 유체·유골은 민법 제1008조의3 소정의 제사용 재산인 분묘와 함께 그 제사주재자에게 승계되고, 피상속인 자신의 유체·유골 역시 위 제사용 재산에 준하여 그 제사주재자에게 승계된다. 피상속인이 생전행위 또는 유언으로 자신의 유체·유골을 처분하거나 매장장소를 지정한 경우에, 선량한 풍속 기타 사회질서에 반하지 않는 이상 그 의사는 존중되어야 하고 이는 제사주재자로서도 마찬가지이지만, 피상속인의 의사를 존중해야 하는 의무는 도의적인 것에 그치고, 제사주재자가 무조건 이에 구속되어야 하는 법률적 의무까지 부담한다고 볼 수는 없다"(대판 2008.11.20, 2007다27670[전합])고 한다. 기출 23

3. 독립한 물건일 것(독립성)

① 물건이 독립한 것인지 여부는 사회관념에 따라 판단된다.
② 물건의 일부 또는 물건의 집합은 원칙적으로 물권의 객체로 되지 못한다(일물일권주의). 기출 06

II 단일물, 합성물, 집합물

1. 단일물

형체상 단일한 일체를 이루고 각 구성부분이 개성을 상실한 물건을 말한다. 따라서 단일물은 하나의 물건이다.

2. 합성물

각각의 구성부분이 개성을 잃지 않고 결합하여 일체를 이루는 물건으로, 법률상 한 개의 물건으로 다루어진다. 소유자를 달리하는 수 개의 물건이 결합하여 합성물로 되면 첨부의 법리에 따라 소유권의 변동이 일어날 수 있다.

3. 집합물

다수의 물건이 결합하여 경제적으로 단일한 가치를 가지는 경우이다. 일물일권주의 원칙상 집합물 위에 하나의 물권이 성립할 수 없으나, 법률상 특별한 규정이 있다면 1개의 물건처럼 다루어진다(예 공장 및 광업재단 저당법, 입목에 관한 법률). 판례는 특정성이 있으면 집합물을 하나의 물건으로 보아 이에 대한 양도담보가 유효하다고 판시하고 있다(대판 2013.2.15, 2012다87089). 기출 22

제3절 동산과 부동산

> **부동산, 동산(민법 제99조)**
> ① 토지 및 그 정착물은 부동산이다.
> ② 부동산 이외의 물건은 동산이다.

Ⅰ 동산과 부동산

① 민법은 토지와 그 정착물을 부동산이라 하고, 그 밖의 물건을 동산이라고 한다(민법 제99조).
② 동산과 부동산의 법적 취급이 다른 이유는 양자가 가지는 재산적 가치의 차이와 공시방법이 다르기 때문이다.

Ⅱ 부동산인 토지

1. 토지의 범위
토지란 인위적으로 구획된 일정범위의 지면에 정당한 이익이 있는 범위 내에서 그 상하를 포함한다(민법 제212조 참조). 따라서 토지의 구성물은 당연히 토지의 일부분에 지나지 않는다.

2. 토지의 개수
지적법에 의한 지적공부(토지대장, 임야대장)상의 필(筆)로써 계산되며, 분할 또는 합병이 가능하다.

Ⅲ 토지의 정착물

토지의 정착물은 원칙적으로 토지에 부합하여 토지와 일체를 이루는 것으로 토지와 별개의 물건으로 인정되지 않는다. 다만, 토지의 정착물 중 일부는 토지와 독립된 부동산으로 취급되기도 한다. `기출` 13·14·15·18

1. 건 물
토지의 정착물 중 건물은 토지와는 독립된 별개의 부동산으로 취급되며, 토지에 부합하지 않는다. 건물의 개수는 토지와 달리 공부상의 등록에 의하여 결정되는 것이 아니라 사회통념 또는 거래관념에 따라 물리적 구조, 거래 또는 이용의 목적물로서 관찰한 건물의 상태 등 객관적 사정과 건축한 자 또는 소유자의 의사 등 주관적 사정을 참작하여 결정된다(대판 1997.7.8. 96다36517). `기출` 25

2. 등기된 입목
원래 수목이나 수목의 집단은 토지에 부합되어 토지의 구성부분으로 취급되나, 입목에 관한 법률에 의하여 보존등기를 하게 되면 그 수목은 토지와 독립한 부동산으로 다루어진다.

3. 명인방법을 갖춘 수목이나 그 집단 또는 미분리의 과실 기출 10·14·18·20·22

① 명인방법은 수목이나 그 집단 또는 미분리 과실의 현재 소유자가 누구라는 것을 제3자가 명백하게 인식할 수 있도록 하는 방법으로, 관습법에 의하여 인정되는 공시방법이다. 명인방법으로 공시할 수 있는 권리는 소유권(또는 소유권이전형식의 양도담보)에 한하며 미분리의 과실도 명인방법을 갖추면 독립한 물건으로 다루어진다.

② 판례에 의하면 토지 위에 식재된 입목을 그 토지와 독립하여 거래의 객체로 하기 위해서는 '입목에 관한 법률'에 따라 입목을 등기하거나 명인방법을 갖추어야 하고, 물권변동에 관한 성립요건주의를 채택하고 있는 민법에서 명인방법은 부동산의 등기 또는 동산의 인도와 같이 입목에 대하여 물권변동의 성립요건 또는 효력발생요건에 해당하여 식재된 입목에 대하여 명인방법을 실시해야 그 토지와 독립하여 소유권을 취득하므로 이는 토지와 분리하여 입목을 처분하는 경우뿐만 아니라, 입목의 소유권을 유보한 채 입목이 식재된 토지의 소유권을 이전하는 경우에도 마찬가지라고 한다(대판 2021.8.19. 2020다266375).

4. 농작물에 관한 판례 법리

농작물은 토지에 부합하지 않고 경작자에게 소유권이 있다. 이때 경작자에게 권원이 있을 필요는 없고, 명인방법을 갖출 필요도 없으나, 독립성은 있어야 하므로 성숙한 농작물이어야 한다(대판 1979.8.28. 79다784). 한편 수목에 대하여는 이 판례이론이 그대로 적용되지 아니한다. 즉, 타인의 토지상에 권원 없이 식재한 수목의 소유권은 토지소유자에게 귀속되고 권원에 의하여 식재한 경우에는 그 소유권이 식재한 자에게 있다(대판 1980.9.30. 80도1874). 기출 22

Ⅳ 동산

1. 의 의

부동산 이외의 물건은 동산이다(민법 제99조 제2항). 기출 17 따라서 관리할 수 있는 자연력도 동산이다. 선박·자동차·항공기·건설기계 등도 동산이지만, 특별법에 의하여 부동산에 준하여 취급된다. 기출 20

2. 금전의 특수성

금전 역시 동산이지만, 보통의 동산과는 다른 특수성이 인정된다. 즉, 금전채무자는 채권자에게 일정한 화폐가치를 이전할 의무를 질 뿐이어서 채무불이행에 관한 특칙이 인정되고(민법 제397조), 타인의 점유에 들어간 금전에 대해서는 물권적 청구권이 인정되지 않고 부당이득이 문제될 뿐이며, 선의취득에 관해서도 특수성이 인정된다(민법 제250조 단서).

제4절 주물과 종물

> **주물, 종물(민법 제100조)**
> ① 물건의 소유자가 그 물건의 상용에 공하기 위하여 자기소유인 다른 물건을 이에 부속하게 한 때에는 그 부속물은 종물이다.
> ② 종물은 주물의 처분에 따른다.

I 의 의

물건의 소유자가 그 물건의 일상적인 사용을 돕기 위하여 자기 소유의 다른 물건을 이에 부속하게 한 경우에, 그 물건을 주물이라 하고 주물에 부속된 다른 물건을 종물이라 한다(민법 제100조 제1항).

II 종물의 요건

1. 주물의 상용에 공할 것

주물의 상용에 공한다는 것은 사회관념상 계속해서 주물의 경제적 효용을 다하게 하는 작용을 하는 것을 말한다. 그러나 주물의 소유자나 이용자의 사용에 공여되고 있더라도 주물 그 자체의 효용과 직접 관계가 없는 물건은 종물이 아니다(대결 2000.11.2. 2000마3530). 기출 24 주물과 종물 사이에 경제적 효용에 있어서 주종의 관계가 인정되려면 '장소적으로도 밀접한 위치'에 있어야 한다(통설·판례). 기출 10·16·18

2. 독립한 물건일 것 기출 17

① 독립한 물건이면 되고 동산·부동산을 불문한다. 기출 17·24
② 건물의 정화조, 주유소 토지에 매설된 유류저장탱크 등은 부합물3)에 불과할 뿐 종물이 아니다(판례).

3. 주물과 종물이 모두 동일한 소유자의 소유에 속할 것 기출 16·20·21·22·23

① 학설은 종물이 타인의 소유라고 하더라도 그 타인의 권리를 해하지 않는 범위 내에서는 민법 제100조가 적용된다고 한다(통설).
② 반면 판례는 종물이 제3자의 소유임에도 민법 제100조 제2항에 따라 주물과 종물이 법률적 운명을 같이한 다면 제3자의 권리가 침해되므로, 주물의 소유자 아닌 사람의 소유에 속하는 물건은 종물이 될 수 없다 (대판 2008.5.8. 2007다36933)고 판시하고 있다.

---

3) 부합이란 소유자를 달리하는 수개의 물건이 결합하여 1개의 물건으로 되는 것을 말한다(민법 제256조, 제257조 참조). 부합으로 인하여 소유권의 변동이 있기 위해서는 훼손하지 아니하고는 분리할 수 없거나, 분리에 과다한 비용을 요하는 경우는 물론 분리하게 되면 경제적 가치를 심히 감소시키는 경우도 포함된다. 판례가 들고 있는 정화조나 유류저장탱크는 부동산에 부합한 물건으로 볼 수 있다.

Ⅲ 종물의 효과

① 종물은 주물의 처분에 따른다(민법 제100조 제2항). 기출 11 즉 종물은 주물과 법률적 운명을 같이 하게 된다. 민법 제358조는 주물에 저당권이 설정된 경우, 그 저당권의 효력이 저당권 설정 후의 종물에도 미친다고 규정하고 있다. 그러나 종물이 주물인 저당부동산으로부터 분리되어 반출되는 등 주물에 대한 공시가 종물에 미치지 아니하는 경우에는 저당권의 효력이 그 종물에 미치지 아니한다. 기출 18 주물이 동산인 경우에도 종물이 인도되지 아니하면 민법 제100조 제2항이 적용되지 아니한다. 여기서 주물의 처분은 법률행위에 의한 처분뿐만 아니라 주물의 권리관계가 압류와 같은 공법상의 처분 등에 의하여 변동된 경우도 포함된다(대판 2006.10.26. 2006다29020). 기출 21·25 다만, 점유 기타 사실관계에 기한 권리변동(예를 들어 주물만에 대한 시효취득)에 있어서는 민법 제100조 제2항이 적용되지 않는다는 점을 주의해야 한다.

② 민법 제100조 제2항은 임의규정이므로, 당사자는 주물을 처분할 때에 특약으로 종물을 제외할 수 있고 종물만을 별도로 처분할 수도 있다(대판 2012.1.26. 2009다76546). 기출 16·20·21·24

③ 민법 제100조 제2항의 법리는 권리 상호 간에도 유추적용할 수 있다. 기출 24 판례는 건물의 소유를 목적으로 하여 토지를 임차한 사람이 그 토지 위에 소유하는 건물에 저당권을 설정한 때에는 민법 제358조 본문에 따라서 저당권의 효력이 건물뿐만 아니라 건물의 소유를 목적으로 한 토지의 임차권에도 미친다고 보아야 할 것이므로, 건물에 대한 저당권이 실행되어 경락인이 건물의 소유권을 취득한 때에는 특별한 다른 사정이 없는 한 건물의 소유를 목적으로 한 토지의 임차권도 건물의 소유권과 함께 경락인에게 이전된다고 한다(대판 1993.4.13. 92다24950). 기출 22

Ⅳ 판례

종물 ○	종물 ×
• 농지에 부속한 양수시설	• 건물의 정화조
• 횟집점포건물에 붙여서 신축한 생선보관용 수족관 건물 기출 10	• 주유소의 유류저장탱크 기출 12
• 주유소의 주유기 기출 12	• 호텔의 객실에 설치된 전화기·텔레비전 등 기출 12
• 공장건물과 인접한 저유조	
• 백화점건물의 전화교환설비	
• 건물 외의 창고·연탄창고·공동변소	

제5절 원물과 과실

천연과실, 법정과실(민법 제101조)
① 물건의 용법에 의하여 수취하는 산출물은 천연과실이다.
② 물건의 사용대가로 받는 금전 기타의 물건은 법정과실로 한다.

과실의 취득(민법 제102조)
① 천연과실은 그 원물로부터 분리하는 때에 이를 수취할 권리자에게 속한다.
② 법정과실은 수취할 권리의 존속기간일수의 비율로 취득한다.

I 의 의

물건으로부터 생기는 경제적 수익을 과실이라 하고, 과실을 생기게 하는 물건을 원물이라고 한다. 민법은 물건의 과실만을 인정하고, 권리의 과실을 인정하지 않는다. 노동의 대가인 임금도 과실이 아니다. 기출 11

II 수취권자

1. 수취권자에 해당하는 자

과실수취권자는 원칙적으로 원물의 소유자이나 이에 한정하지 않는다. 즉, 선의의 점유자(민법 제201조 제1항), 지상권자(민법 제279조), 전세권자(민법 제303조), 목적물을 인도하지 않은 매도인(민법 제587조 제1문), 임차인(민법 제618조) 등도 수취권을 가진다.

2. 수취권자에 해당하지 않는 자

반면, 수치인(민법 제693조, 제701조), 수임인(민법 제680조, 제684조), 사무관리자(민법 제734조, 제738조), 후견인(민법 제957조) 등은 수취권자가 아니다.

III 과실의 종류

1. 천연과실

(1) 의 의

물건의 용법에 의하여 수취하는 산출물을 천연과실이라고 한다(민법 제101조 제1항). 기출 11 여기에서 '물건의 용법'은 원물의 경제적 용도에 따른다는 의미이고, 물건의 용법에 따르지 않은 산출물에 대하여도 본조가 유추적용된다(통설).

(2) 귀 속

천연과실은 원물로부터 분리되는 때의 수취권자에게 귀속된다(민법 제102조 제1항). 기출 11 이 규정은 임의규정이다. 분리는 자연적이든 인위적이든 불문한다.

2. 법정과실

(1) 의 의
물건의 사용대가로 받는 금전 기타 물건을 말한다(민법 제101조 제2항). 임료, 지료, 이자 등이 법정과실이다. 기출 11

한편 원물과 과실은 모두 물건이어야 하므로 노동의 대가·권리사용의 대가 등은 과실이 아니고 원물 사용의 대가를 받을 수 있는 권리도 과실이 아니다. 기출 21

(2) 귀 속
법정과실은 수취할 권리의 존속기간 일수의 비율로 취득한다(민법 제102조 제2항). 기출 11·15·18 이 규정 역시 임의규정이다.

(3) 관련 판례
국립공원의 입장료는 수익자부담의 원칙에 따라 국립공원의 유지·관리비용의 일부를 입장객에게 부담시키는 것에 지나지 않고, 토지의 사용대가가 아닌 점에서 민법상의 과실은 아니다(대판 2001.12.28. 2000다27749). 기출 20

Ⅳ 사용이익

① 물건을 현실적으로 사용하여 얻는 이익을 사용이익이라 한다.
② 실질이 과실과 동일하다고 보아 과실에 관한 규정이 유추적용된다.

CHAPTER 04 권리의 객체

01 기출 24 ☑확인 Check! ○ △ ×

주물과 종물에 관한 설명으로 옳은 것은?(다툼이 있으면 판례에 따름)

① 부동산은 종물이 될 수 없다.
② 종물은 주물의 구성부분이 아닌 독립한 물건이어야 한다.
③ 종물을 주물의 처분에서 제외하는 당사자의 특약은 무효이다.
④ 주물의 효용과 직접 관계가 없는 물건도 주물의 소유자나 이용자의 상용에 공여되는 물건이면 종물이 된다.
⑤ 물건과 물건 상호 간의 관계에 관한 주물과 종물의 법리는 권리와 권리 상호 간의 관계에는 유추적용될 수 없다.

정답 및 해설

01

① (×) 종물은 주물과 독립한 물건이면 되고, 동산이든 부동산이든 관계없다. 독일민법(제97조 제1항)과 스위스민법(제644조 제2항)은 종물을 동산에 한정하고 있으나, 현행 민법은 이러한 제한을 두고 있지 않으므로 부동산도 종물이 될 수 있다. 판례도 낡은 가재도구 등의 보관장소로 사용되고 있는 방과 연탄창고 및 공동변소가 본채에서 떨어져 축조되어 있기는 하나 본채의 종물이라고 판시하고 있다(대판 1991.5.14. 91다2779).

② (○) 종물은 주물과 '독립된 물건'이어야 한다. 따라서 주물의 구성부분(예 건물의 정화조)은 종물이 될 수 없다(대판 1993.12.10. 93다42399).

③ (×) 종물은 주물의 처분에 수반된다는 민법 제100조 제2항은 임의규정이므로, 당사자는 주물을 처분할 때에 특약으로 종물을 제외할 수 있고, 종물만을 별도로 처분할 수도 있다(대판 2012.1.26. 2009다76546).

④ (×) 주물의 상용에 이바지한다 함은 주물 그 자체의 경제적 효용을 다하게 하는 것을 말하는 것으로서, 주물의 소유자나 이용자의 사용에 공여되고 있더라도 주물 그 자체의 효용과 직접 관계가 없는 물건은 종물이 아니다(대결 2000.11.2. 2000마3530).

⑤ (×) 민법 제100조 제2항의 종물과 주물의 관계에 관한 법리는 물건 상호 간의 관계뿐 아니라 권리 상호 간에도 적용되고, 위 규정에서의 처분은 처분행위에 의한 권리변동뿐 아니라 주물의 권리관계가 압류와 같은 공법상의 처분 등에 의하여 생긴 경우에도 적용된다(대판 2006.10.26. 2006다29020).

정답 ②

02 기출 25

권리의 객체에 관한 설명으로 옳은 것은?(다툼이 있으면 판례에 따름)

① 건물의 개수는 공부상의 등록에 의하여 객관적으로 결정되고, 소유자의 의사 등 주관적 사정을 참작하여 결정될 수 없다.
② 피상속인이 유언으로 자신의 유체(遺體)를 처분한 경우, 제사주재자는 이에 따라야 할 법적 의무를 부담한다.
③ 주물·종물 법리는 압류와 같은 공법상 처분에는 적용되지 않는다.
④ 주물·종물 법리는 권리 상호 간에도 유추적용되므로 원본채권이 양도되면 이미 변제기에 도달한 이자채권도 원칙적으로 함께 양도된다.
⑤ 매매목적물이 인도되지 않고 매수인이 대금을 완제하지 아니한 경우, 특별한 사정이 없는 한 매도인의 이행지체가 있더라도 매매목적물로부터 생긴 과실은 매도인에게 귀속된다.

02

① (×) 건물은 일정한 면적, 공간의 이용을 위하여 지상, 지하에 건설된 구조물을 말하는 것으로서, 건물의 개수는 토지와 달리 공부상의 등록에 의하여 결정되는 것이 아니라 사회통념 또는 거래관념에 따라 물리적 구조, 거래 또는 이용의 목적물로서 관찰한 건물의 상태 등 객관적 사정과 건축한 자 또는 소유자의 의사 등 주관적 사정을 참작하여 결정되는 것이고, 그 경계 또한 사회통념상 독립한 건물로 인정되는 건물 사이의 현실의 경계에 의하여 특정되는 것이므로, 이러한 의미에서 건물의 경계는 공적으로 설정 인증된 것이 아니고 단순히 사적관계에 있어서의 소유권의 한계선에 불과함을 알 수 있고, 따라서 사적자치의 영역에 속하는 건물 소유권의 범위를 확정하기 위하여는 소유권확인소송에 의하여야 할 것이고, 공법상 경계를 확정하는 경계확정소송에 의할 수는 없다(대판 1997.7.8. 96다36517).

② (×) 피상속인이 생전행위 또는 유언으로 자신의 유체·유골을 처분하거나 매장장소를 지정한 경우에, 선량한 풍속 기타 사회질서에 반하지 않는 이상 그 의사는 존중되어야 하고 이는 제사주재자로서도 마찬가지이지만, 피상속인의 의사를 존중해야 하는 의무는 도의적인 것에 그치고, 제사주재자가 무조건 이에 구속되어야 하는 법률적 의무까지 부담한다고 볼 수는 없다(대판 2008.11.20. 2007다27670[전합]).

③ (×) 민법 제100조 제2항의 종물과 주물의 관계에 관한 법리는 물건 상호 간의 관계뿐 아니라 권리 상호 간에도 적용되고, 위 규정에서의 처분은 처분행위에 의한 권리변동뿐 아니라 주물의 권리관계가 압류와 같은 공법상의 처분 등에 의하여 생긴 경우에도 적용되어야 한다(대판 2006.10.26. 2006다29020).

④ (×) 이자채권은 원본채권에 대하여 종속성을 갖고 있으나 이미 변제기에 도달한 이자채권은 원본채권과 분리하여 양도할 수 있고 원본채권과 별도로 변제할 수 있으며 시효로 인하여 소멸되기도 하는 등 어느 정도 독립성을 갖게 되는 것이므로, 원본채권이 양도된 경우 이미 변제기에 도달한 이자채권은 원본채권의 양도당시 그 이자채권도 양도한다는 의사표시가 없는 한 당연히 양도되지는 않는다(대판 1989.3.28. 88다카12803).

⑤ (○) 민법 제587조에 의하면, 매매계약 있은 후에도 인도하지 아니한 목적물로부터 생긴 과실은 매도인에게 속하고, 매수인은 목적물의 인도를 받은 날로부터 대금의 이자를 지급하여야 한다고 규정하고 있는 바, 이는 매매당사자 사이의 형평을 꾀하기 위하여 매매목적물이 인도되지 아니하더라도 매수인이 대금을 완제한 때에는 그 시점 이후의 과실은 매수인에게 귀속되지만, 매매목적물이 인도되지 아니하고 또한 매수인이 대금을 완제하지 아니한 때에는 매도인의 이행지체가 있더라도 과실은 매도인에게 귀속되는 것이므로 매수인은 인도의무의 지체로 인한 손해배상금의 지급을 구할 수 없다(대판 2004.4.23. 2004다8210).

정답 ⑤

03 기출 23

권리의 객체에 관한 설명으로 옳은 것을 모두 고른 것은?(다툼이 있으면 판례에 따름)

> ㄱ. 주물과 종물은 원칙적으로 동일한 소유자에게 속하여야 한다.
> ㄴ. 분묘에 안치되어 있는 피상속인의 유골은 제사주재자에게 승계된다.
> ㄷ. 부동산 매수인이 매매대금을 완제한 후, 그 부동산이 인도되지 않은 상태에서 그로부터 발생한 과실은 특별한 사정이 없는 한 매도인에게 귀속된다.

① ㄱ
② ㄱ, ㄴ
③ ㄱ, ㄷ
④ ㄴ, ㄷ
⑤ ㄱ, ㄴ, ㄷ

03

ㄱ. (○) 종물은 물건의 소유자가 그 물건의 상용에 공하기 위하여 자기 소유인 다른 물건을 이에 부속하게 한 것을 말하므로(민법 제100조 제1항) 다른 사람의 소유에 속하는 물건은 종물이 될 수 없다(대판 2008.5.8. 2007다36933). 즉 주물·종물은 모두 동일한 소유자에게 속하여야 한다.

ㄴ. (○) 사람의 유체·유골은 매장·관리·제사·공양의 대상이 될 수 있는 유체물로서, 분묘에 안치되어 있는 선조의 유체·유골은 민법 제1008조의3 소정의 제사용 재산인 분묘와 함께 그 제사주재자에게 승계되고, 피상속인 자신의 유체·유골 역시 위 제사용 재산에 준하여 그 제사주재자에게 승계된다(대판 2008.11.20. 2007다27670[전합]).

ㄷ. (×) 민법 제587조에 의하면, 매매계약 있은 후에도 인도하지 아니한 목적물로부터 생긴 과실은 매도인에게 속하고, 매수인은 목적물의 인도를 받은 날로부터 대금의 이자를 지급하여야 한다고 규정하고 있는 바, 이는 매매당사자 사이의 형평을 꾀하기 위하여 매매목적물이 인도되지 아니하더라도 매수인이 대금을 완제한 때에는 그 시점 이후의 과실은 매수인에게 귀속되지만, 매매목적물이 인도되지 아니하고 또한 매수인이 대금을 완제하지 아니한 때에는 매도인의 이행지체가 있더라도 과실은 매도인에게 귀속되는 것이므로 매수인은 인도의무의 지체로 인한 손해배상금의 지급을 구할 수 없다(대판 2004.4.23. 2004다8210).

정답 ②

04 기출 22

물건에 관한 설명으로 옳지 않은 것은?(다툼이 있으면 판례에 따름)

① 특정이 가능하다면 증감·변동하는 유동집합물도 하나의 물건으로 다루어질 수 있다.
② 타인의 토지에 권원 없이 자신의 수목을 식재한 자가 이를 부단히 관리하고 있다면 그 수목은 토지에 부합하지 않는다.
③ 명인방법을 갖춘 수목은 독립하여 거래의 객체가 될 수 있다.
④ 주물·종물 관계는 특별한 사정이 없는 한 동일인 소유의 물건 사이에서 인정된다.
⑤ 주물·종물 법리는 타인 소유 토지 위에 존재하는 건물의 소유권과 그 건물의 부지에 관한 건물소유자의 토지임차권 사이에도 유추적용될 수 있다.

04

① (○) 일단의 증감 변동하는 동산을 하나의 물건으로 보아 이를 채권담보의 목적으로 삼는 이른바 유동집합물에 대한 양도담보설정계약의 경우 양도담보의 효력이 미치는 범위를 명시하여 제3자에게 불측의 손해를 입히지 않도록 하고 권리관계를 미리 명확히 하여 집행절차가 부당히 지연되지 않도록 하기 위하여 그 목적물을 특정할 필요가 있으므로, 담보목적물은 담보설정자의 다른 물건과 구별될 수 있도록 그 종류, 소재하는 장소 또는 수량의 지정 등의 방법에 의하여 외부적·객관적으로 특정되어 있어야 하고, 목적물의 특정 여부 및 목적물의 범위는 목적물의 종류, 장소, 수량 등에 관한 계약의 전체적 내용, 계약 당사자의 의사, 목적물 자체가 가지는 유기적 결합의 정도, 목적물의 성질, 담보물 관리와 이용방법 등 여러 가지 사정을 종합하여 구체적으로 판단하여야 한다(대판 2013.2.15. 2012다87089). 따라서 특정이 가능하다면 증감·변동하는 유동집합물도 하나의 물건으로 다루어질 수 있다고 보는 것이 타당하다.
② (×) 타인의 토지상에 권원 없이 식재한 수목의 소유권은 토지소유자에게 귀속되고 권원에 의하여 식재한 경우에는 그 소유권이 식재한 자에게 있다(대판 1980.9.30. 80도1874). 이러한 법리는 수목을 식재한 자가 수목을 부단히 관리하고 있더라도 마찬가지로 적용된다.
③ (○) 대결 1998.10.28. 98마1817
④ (○) 종물은 물건의 소유자가 그 물건의 상용에 공하기 위하여 자기 소유인 다른 물건을 이에 부속하게 한 것을 말하므로(민법 제100조 제1항) 주물과 다른 사람의 소유에 속하는 물건은 종물이 될 수 없다(대판 2008.5.8. 2007다36933).
⑤ (○) 건물의 소유를 목적으로 하여 토지를 임차한 사람이 그 토지 위에 소유하는 건물에 저당권을 설정한 때에는 민법 제358조 본문에 따라서 저당권의 효력이 건물뿐만 아니라 건물의 소유를 목적으로 한 토지의 임차권에도 미친다고 보아야 할 것이므로, 건물에 대한 저당권이 실행되어 경락인이 건물의 소유권을 취득한 때에는 특별한 다른 사정이 없는 한 건물의 소유를 목적으로 한 토지의 임차권도 건물의 소유권과 함께 경락인에게 이전된다(대판 1993.4.13. 92다24950).

정답 ②

05 기출 21

물건에 관한 설명으로 옳지 않은 것은?(다툼이 있으면 판례에 따름)

① 주물과 종물은 원칙적으로 동일한 소유자에게 속하여야 한다.
② 주물과 종물에 관한 민법 제100조 제2항의 법리는 압류와 같은 공법상 처분에는 적용되지 않는다.
③ 당사자는 주물을 처분할 때에 특약으로 종물을 제외하거나 종물만 별도로 처분할 수 있다.
④ 노동의 대가인 임금은 법정과실이 아니다.
⑤ 매매목적물이 인도되지 않았고 매수인도 대금을 완제하지 않은 경우, 특별한 사정이 없는 한 매도인의 이행지체가 있더라도 매매목적물로부터 발생하는 과실은 매도인에게 귀속된다.

05

① (○) 종물은 물건의 소유자가 그 물건의 상용에 공하기 위하여 자기 소유인 다른 물건을 이에 부속하게 한 것을 말하므로(민법 제100조 제1항) 주물과 다른 사람의 소유에 속하는 물건은 종물이 될 수 없다(대판 2008.5.8. 2007다36933).

② (×) 민법 제100조 제2항의 종물과 주물의 관계에 관한 법리는 물건 상호 간의 관계뿐 아니라 권리 상호 간에도 적용되고, 위 규정에서의 처분은 처분행위에 의한 권리변동뿐 아니라 주물의 권리관계가 압류와 같은 공법상의 처분 등에 의하여 생긴 경우에도 적용되어야 한다(대판 2006.10.26. 2006다29020).

③ (○) 종물은 주물의 처분에 수반된다는 민법 제100조 제2항은 임의규정이므로, 당사자는 주물을 처분할 때에 특약으로 종물을 제외할 수 있고 종물만을 별도로 처분할 수도 있다(대판 2012.1.26. 2009다76546).

④ (○) 법정과실은 물건의 사용대가로 받는 금전 기타의 물건을 말한다(민법 제101조 제2항). 즉, 임료, 지료 및 이자 등이 법정과실에 해당하는데, 원물과 과실은 모두 물건이어야 하므로, 노동의 대가인 임금은 과실이라고 할 수 없다.

⑤ (○) 매매당사자 사이의 형평을 꾀하기 위하여 매매목적물이 인도되지 아니하더라도 매수인이 대금을 완제한 때에는 그 시점 이후의 과실은 매수인에게 귀속되지만, 매매목적물이 인도되지 아니하고 또한 매수인이 대금을 완제하지 아니한 때에는 매도인의 이행지체가 있더라도 과실은 매도인에게 귀속된다(대판 2004.4.23. 2004다8210).

정답 ②

CHAPTER 05 권리의 변동

제1절 서 설

I 의 의

1. 법률요건과 법률효과

법에 의하여 규율되는 생활관계를 법률관계라고 하며, 법률관계의 변동이 일어나려면 일정한 원인이 있어야 하는데, 그 원인을 법률요건이라고 한다. 따라서 법률요건이 갖추어지면 법률관계의 변동이 일어나게 되며 이를 법률효과라고 한다.

2. 권리변동의 모습

(1) 권리의 발생

1) 원시취득(절대적 발생)

타인의 권리에 기초하지 않고 원시적으로 취득하는 것을 말한다. 예 건물신축, 선점, 습득, 발견, 시효취득, 선의취득. 원시취득 시에는 종전의 권리에 대한 제한이 소멸된다.

2) 승계취득(상대적 발생)

타인의 권리에 기초한 취득을 말한다. 따라서 무권리자로부터 승계취득은 불가능하며, 타인의 권리에 제한이나 흠이 있으면 그대로 승계한다.
① 이전적 승계 : 매매나 상속 등에 의하여 전주가 가지고 있던 권리가 그대로 승계된다.
② 설정적 승계 : 소유자로부터 지상권이나 저당권을 설정받는 경우와 같이 전주의 권리내용의 일부만을 승계한다.

(2) 권리의 변경

권리의 변경이란 권리의 동일성을 유지하면서 권리의 주체, 내용 또는 작용이 변경되는 것을 말한다.

1) 주체의 변경 : 이전적 승계

2) 내용의 변경
① 질적 변경 : 손해배상청구권으로의 전환, 물상대위, 대물변제 등
② 양적 변경 : 제한물권의 설정으로 소유권이 축소되거나 설정된 제한물권의 소멸로 인하여 소유권이 확장되는 것

3) 작용(효력)의 변경

저당권의 순위변경, 대항력 없는 부동산임차권이 대항력을 갖추는 것, 채권양도통지로 대항력 취득

(3) 권리의 소멸

1) 절대적 소멸

권리 그 자체의 종국적 소멸

2) 상대적 소멸

이전적 승계시 전주의 권리가 소멸하는 것을 말하며, 설정적 승계시에는 상대적 소멸이 없다는 점을 주의해야 한다.

Ⅱ 권리변동의 원인

1. 법률요건과 법률사실

(1) 법률요건
권리변동의 원인은 법률요건이며, 법률요건에는 의사표시를 필요불가결한 요건으로 하는 법률행위와 법률행위 이외의 그 밖의 행위로서 민법이 권리변동의 효과를 발생시키는 것으로 정한 법률의 규정이 있다.

(2) 법률사실
법률요건을 구성하는 개개의 사실을 법률사실이라 한다.

2. 법률사실의 분류

법률사실에 대한 전통적 분류는 일반화의 실익이 적기 때문에 크게 의사표시, 준법률행위, 사실행위로 구분하여 서술하기로 한다.

(1) 의사표시
의사표시라 함은 일정한 법률효과의 발생을 목적으로 하는 의사의 표시행위이며, 법률요건에서 가장 중요한 법률행위의 필수불가결한 요소가 되는 법률사실이다.

(2) 준법률행위(법률적 행위)
당사자의 의사가 아닌 법률의 규정에 의해 법적 효과가 발생하는 법률요건으로 준법률행위 중 표현행위에 대해서는 법률행위에 관한 규정을 유추적용할 수 있다는 것이 실익이다.

1) 표현행위
① 의사의 통지 : 각종의 최고 및 거절, 이행의 청구 등이 이에 해당한다.
② 관념의 통지 : 사실의 통지라고도 하며, 채권양도의 통지나 승낙(민법 제450조), 사원총회의 소집통지(민법 제71조), 시효중단사유의 채무의 승인(민법 제168조 제3호), 승낙연착의 통지(민법 제528조) 등이 이에 해당한다.
③ 감정의 표시 : 일정한 감정을 표시하는 행위이다. 수증자의 망은행위에 대한 용서(민법 제556조 제2항), 부정에 대한 용서(민법 제841조) 등이 이에 해당한다.

2) 비표현행위(사실행위)
① 순수사실행위(외부적 결과만 발생하면 족함) : 매장물발견(민법 제254조), 가공(민법 제259조), 주소의 설정(민법 제18조 제1항)
② 혼합사실행위(결과발생과 일정한 사실적 의사 필요) : 점유의 취득(민법 제192조 제1항), 무주물선점(민법 제252조 제1항), 유실물습득(민법 제253조), 사무관리(민법 제734조).

(3) 사건 : 사람의 정신작용에 기하지 않은 법률사실

① 출생과 사망, 물건의 멸실, 부합(민법 제256조, 제257조), 혼화(민법 제258조), 부당이득, 기간, 혼동
② 가공은 순수사실행위인데 반하여, 부합과 혼화는 사건이다.

제2절 법률행위

I 의 의

1. 개 념

법률행위라 함은 일정한 법률효과의 발생을 목적으로 하는 하나 또는 수 개의 의사표시를 불가결의 요소로 하는 법률요건을 말한다.

2. 성 질

(1) **법률요건**

법률행위는 법률요건이다. 법률요건 중 사적자치의 법적 실현수단이다.

(2) **의사표시와의 관계**

법률행위는 의사표시를 필수불가결의 요소로 한다. 그러나 의사표시가 곧바로 법률행위인 것은 아니다. 한편 법률행위는 언제나 의사표시만으로 구성되는 것은 아니다.

(3) **추상화 개념**

법률행위는 추상적인 개념이다. 즉, 법률행위라는 개념은 매매와 같은 행위로 구체화되어야 비로소 실재하는 법제도로서 생명력을 갖는다.

3. 법률행위의 요건

(1) **서 설**

법률행위가 완전히 그 효과를 발생하려면, 이론적으로는 먼저 법률행위로서 성립하여야 하고, 이어서 성립된 법률행위가 유효한 것이어야 한다.

(2) **성립요건(적극적 요건 : 권리를 주장하는 자가 요건의 구비를 입증해야 함)**

1) 일반성립요건

법률행위의 주체로서 당사자, 법률행위의 내용으로서 목적 및 법률행위의 불가결한 요소로서 의사표시가 있어야 한다.

2) 특별성립요건 : 개별적인 법률행위에 대하여 특별히 요구되는 성립요건
① 계약에서 청약과 승낙이 합치
② 요식행위
③ 요물계약에서의 목적물의 인도

(3) 유효요건

1) 일반효력발생요건(소극적 요건 : 권리발생을 저지하는 측에게 권리장애, 멸각사실의 존재를 입증해야 함)
   ① 당사자에게 각종의 능력이 있어야 한다. 즉, 권리능력, 의사능력 및 행위능력이 있어야 한다.
   ② 법률행위의 목적이 확정가능성, 실현가능성, 적법성, 사회적 타당성이 있을 것
   ③ 의사표시에 있어서 의사와 표시가 일치하고 하자가 없을 것

2) 특별효력발생요건 – 개별적인 법률행위에 대하여 특별히 요구되는 효력발생요건(적극적 요건 : 그 법률행위의 효력을 주장하는 자가 입증해야 함)
   ① 법정대리인의 동의(민법 제5조)
   ② 대리권의 존재(민법 제114조 이하)
   ③ 조건의 성취와 기한의 도래(민법 제147조, 제152조)
   ④ 유언자의 사망(민법 제1073조)
   ⑤ 유증을 받을 자의 생존(민법 제1089조)
   ⑥ 허가(판례 : 토지거래허가구역 내의 토지매매 시 관할관청의 허가, 재단법인의 기본재산 처분 시 주무관청의 허가)

Ⅱ 법률행위의 종류

1. 단독행위, 계약, 합동행위

법률행위의 요소인 의사표시의 수와 방향에 의한 분류이다.

(1) 단독행위

하나의 의사표시로 이루어진 법률행위이다.
① 상대방 있는 단독행위 : 동의, 취소, 상계, 채무면제, 해제, 추인 등 [기출 24]
② 상대방 없는 단독행위 : 재단법인설립행위, 유언, 소유권의 포기, [기출 17] 상속의 승인·포기
③ 한계 : 단독행위에는 상대방의 지위 불안정을 고려하여 원칙적으로 조건이나 기한을 붙이지 못한다(민법 제493조 제1항 참조).

(2) 계 약

청약과 승낙이라는 서로 대립하는 의사의 합치로 성립한다.

(3) 합동행위

두 개 이상의 서로 방향을 같이 하는 의사표시의 합치로 이루어진다.
① 사단법인 설립행위가 이에 해당한다.
② 합동행위에는 통정허위표시 규정(민법 제108조), 자기계약·쌍방대리 금지규정(민법 제124조)이 적용되지 않는다.

2. 채권행위(의무부담행위), 물권행위·준물권행위(처분행위)

① 채권행위는 이행의 문제를 남기고, 처분권이 불필요하다.
② 물권행위는 이행의 문제를 남기지 않고, 처분권이 필요하다. 물권행위는 물권의 변동을 직접 목적으로 하는 행위이고, 준물권행위는 물권 이외의 권리변동을 목적으로 하는 행위이다.
③ 채권법상의 모든 행위가 채권행위인 것은 아니다. 예 준물권행위로 채권양도, 채무면제가 있다. 기출 24

3. 출연(出捐)행위, 비출연행위

재산행위에는 자기의 재산을 감소시키고 타인의 재산을 증가시키는 출연행위와 그렇지 않은 행위로 비출연행위가 있다. 출연행위는 다시 다음과 같이 분류된다.

(1) 유상(有償)행위와 무상행위

자기의 출연에 대하여 상대방으로부터도 그에 대응하는 출연, 즉 대가를 받을 것을 목적으로 하는 행위가 유상행위이고, 그렇지 않은 것이 무상행위이다. 유상계약에 대하여 매매에 관한 규정이 준용된다(민법 제567조).

(2) 유인(有因)행위와 무인행위

출연행위는 일정한 법률상의 원인을 전제로 하여 행하여지는데, 이러한 원인이 존재하지 않으면 효력이 생기지 않는 것을 유인행위라 하고, 원인이 존재하지 않더라도 그대로 유효한 것을 무인행위라고 한다.

4. 신탁행위

현행법상 신탁행위는 민법상의 신탁행위와 신탁법에 의한 신탁행위 두 가지가 있다.

(1) 민법상 신탁행위

추심을 위한 채권양도와 같이 일정한 경제적 목적을 위하여 신탁자가 수탁자에게 일정한 권리를 이전하고, 수탁자는 그 권리를 그 목적의 범위 내에서만 행사할 의무를 부담하는 법률관계를 말한다. 수탁자는 대외적으로 진정한 권리자의 지위를 가지지만, 대내적으로는 신탁자가 진정한 권리자이다. 이 점이 신탁법상 신탁과 구별된다.

(2) 신탁법상 신탁행위

신탁설정자(위탁자)가 법률행위에 의하여 상대방(신탁인수자 또는 수탁자)에게 재산권을 이전하는 동시에 그 재산권을 일정한 목적에 따라서 자기 또는 제3자(수익자)를 위하여 관리·처분하게 하는 법률관계이고(신탁법 제2조), 이러한 신탁을 설정하는 계약 또는 유언이 신탁행위이다(신탁법 제3조).

5. 요식(要式)행위, 불요식행위

① 의사표시가 일정한 방식에 따라 행해져야 하는 법률행위를 요식행위라고 하고, 그렇지 않은 행위를 불요식행위라고 한다.
② 법률행위는 계약자유의 원칙상 원칙적으로 불요식행위이다. 그러나 당사자의 신중한 의사결정을 위해, 거래의 안전과 신속 또는 법률관계의 명확화를 위해 일정한 방식이 요구되기도 한다.

6. 생전(生前)행위, 사인(死因)행위

① 행위자의 사망으로 그 효력이 생기는 법률행위를 사인행위 또는 사후행위라고 하고, 기타의 보통의 행위를 생전행위라고 한다.
② 유언(민법 제1060조 이하), 사인증여(민법 제562조) 등의 사인행위는 원칙적으로 엄격한 방식을 요한다(민법 제1060조 참조). 기출 24

7. 주(主)된 행위와 종(從)된 행위

① 법률행위가 유효하게 성립하기 위하여 다른 법률행위의 존재를 전제로 하는 행위를 종된 행위라 하고, 그 전제가 되는 행위를 주된 행위라고 한다.
② 종된 행위는 주된 행위와 법률적 운명을 같이 하는 것이 원칙이다.

III 법률행위의 목적

1. 의 의

① 법률행위의 목적이란 법률행위를 하는 자가 그 행위에 의하여 발생시키려고 하는 법률효과를 말하며, 법률행위의 내용이라고도 한다.
② 법률행위가 유효하려면 법률행위의 목적이 확정성, 실현가능성, 적법성, 사회적 타당성이라는 요건을 갖추어야 한다(통설).

2. 목적의 확정성

① 법률행위가 유효하기 위하여는 법률행위의 목적이 확정되어 있거나 적어도 확정가능하여야 한다. 확정할 수 없으면 무효가 된다. 확정가능의 여부는 법률행위해석에 의한다.
② 법률행위의 성립 당시부터 확정성을 갖출 필요는 없고, 이행할 때까지 확정할 수 있으면 족하다.

3. 목적의 실현가능성

(1) 실현가능성의 의미

법률행위가 유효하기 위하여 목적의 실현이 가능하여야 한다. 따라서 목적이 불능인 법률행위는 효력이 없다. 여기에서 불능은 원시적 불능에 한한다.

(2) 불능의 종류

1) 불능사유의 발생시점에 따른 구별
   ① 원시적 불능
   - 법률행위의 성립 당시부터 이미 목적이 그 이행 혹은 처분을 할 수 없는 것
   - 법률행위는 당연무효가 되며, 계약체결상의 과실(민법 제535조)이 문제된다.

   ② 후발적 불능
   - 법률행위의 성립 당시에는 가능하였으나, 이행기 전에 불능으로 된 경우
   - 채무자의 고의·과실에 의한 불능의 경우 채무불이행으로 인한 손해배상(민법 제390조) 및 계약해제(민법 제546조)가 문제된다.
   - 채무자의 귀책사유 없는 이행불능의 경우 채무자의 목적물인도채무는 소멸하고 위험부담(민법 제537조)이 문제된다.

2) 불능의 범위에 따른 구별
   ① 전부불능 : 법률행위의 목적이 전부불능인 경우 원시적 불능인지 후발적 불능인지에 따라 처리된다.
   ② 일부불능
   - 법률행위의 목적이 일부가 불능인 경우 원칙적으로 전부무효가 되나, 당사자가 무효부분이 없더라도 나머지 부분의 법률행위를 하였을 것이라고 인정되면 나머지 부분을 유효로 본다(민법 제137조).
   - 쌍무계약에 있어 당사자 일방이 부담하는 채무의 일부만이 채무자의 책임 있는 사유로 이행할 수 없게 된 때에는 그 이행이 불가능한 부분을 제외한 나머지 부분만의 이행으로는 계약의 목적을 달성할 수 없다면 채무의 이행은 전부가 불능이라고 보아야 할 것이므로 채권자로서는 채무자에 대하여 계약 전부를 해제하거나 또는 채무 전부의 이행에 갈음하는 전보배상을 청구할 수 있을 뿐이지 이행이 가능한 부분만의 급부를 청구할 수는 없다(대판 1995.7.25. 95다5929).

4. 목적의 적법성

(1) 의 의

법률행위가 유효하기 위하여 그 목적이 적법해야 한다. 즉, 강행규정에 위반되는 법률행위는 무효이다. 법령 중 '선량한 풍속 기타 사회질서와 관계가 있는 규정'이 강행규정이다(민법 제105조).

(2) 적법성과 사회적 타당성의 관계

① 학설 : 둘을 별개의 요건으로 보는 구별설(통설)과 동일설(소수설)의 대립이 있다.
② 판례(구별설) : 강행규정에 위반된다고 하여 곧바로 사회질서에 반하는 행위에 해당한다고 할 수는 없다 (대판 2001.5.29. 2001다1782).

(3) 강행규정과 임의규정의 구별

① 강행규정과 임의규정 구별의 표준에 관한 일반적인 원칙은 없으며, 각 규정마다 종류·성질·입법목적 등을 고려하여 이를 개별적으로 판정하는 수밖에 없다.

② 다만, 권리능력·행위능력·법인 제도 등에 관한 규정, 거래의 안전을 위한 규정, 경제적 약자를 보호하기 위한 사회정책적 규정, 가족관계·질서에 관한 규정 등은 강행규정에 해당한다.

(4) 효력규정과 단속규정의 구별

1) 견해의 대립

① 통설·판례 : 강행규정을 효력규정과 단속규정으로 나누어 효력규정을 위반하면 무효이나, 단속규정을 위반하면 벌칙의 적용이 있을 뿐이고, 행위 그 자체의 사법상의 효력에는 영향이 없다.

② 소수설 : 임의규정, 강행규정, 단속규정으로 크게 구분하고, 단속규정에 대하여는 다시 효력규정(위반시 무효)과 단순한 단속규정(위반시 사법상 효력에는 영향 없음)으로 세분하는 견해이다.

③ 검토 : 통설·판례와 소수설의 실질적인 견해의 차이는 없어 보인다. 생각건대 어떤 강행규정이 효력규정인지 단속규정인지를 구별하는 것은 쉽지 않고, 이를 판정하는 일반적인 기준 또한 없으나, 당해 규정의 입법취지가 어떤 행위의 효력발생을 금지하는지 아니면 단순히 그러한 행위를 금지하는지에 따라 판단할 수 있을 것이다.

2) 효력규정과 단속규정의 예시

① 법률이 특히 엄격한 표준을 정하여 일정한 자격을 갖춘 자에게만 허용하는 경우에는 그 규정은 효력규정으로서 그 자격을 대여하는 계약은 무효이다. 광업권의 대차, 어업권의 임대차 등이 그러하다.

② 단속규정에 위반되는 무허가음식점 등의 영업행위, 신고 없이 숙박업을 하는 행위 등의 사법상 행위는 유효하다.

(5) 탈법행위(간접적 위반)

1) 의 의

강행규정을 직접 위반하지는 않았지만, 강행규정이 금지하고 있는 실질적 내용을 다른 수단으로 달성하려는 행위를 말한다.

2) 효 과

탈법행위도 강행규정이 금지하고 있는 결과의 발생을 목적으로 하기 때문에 무효라는 점에는 이견이 없으나 탈법행위 개념을 따로 인정할 필요가 있는지에 관하여 견해가 대립된다.

(6) 강행규정 위반의 효력

① 절대적 무효이다. 따라서 당사자가 무효임을 알고 추인하더라도 그 행위가 유효로 되지는 않는다.

② 제3자 보호규정을 강행규정에서 별도로 규정하고 있지 않는 한 강행규정에 반하여 무효인 법률행위를 기초로 하여 새롭게 이해관계를 갖게 되더라도 제3자는 선의·악의를 불문하고 보호되지 않는다(대판 1996.4.26. 94다43207). 다만, 선의취득, 취득시효 등으로 보호받을 수는 있다.

5. 목적의 사회적 타당성

> **반사회질서의 법률행위(민법 제103조)**
> 선량한 풍속 기타 사회질서에 위반한 사항을 내용으로 하는 법률행위는 무효로 한다.

(1) 서 설
강행규정을 위반하지 않더라도 법률행위의 내용이 '선량한 풍속 기타 사회질서'에 반하면 무효이다(민법 제103조). 목적의 사회적 타당성은 강행규정과 더불어 사적자치의 한계를 이루며, 양자 공히 선량한 풍속 기타 사회질서와 관련되지만, 강행규정은 개개의 특정행위의 효력을 부인하는 반면, 목적의 사회적 타당성은 일반적·포괄적인 법의 근본이념에 의한 통제라는 점에서 차이가 있다.

(2) 선량한 풍속 기타 사회질서의 의의
① 선량한 풍속이란 사회의 건전한 도덕관념이다.
② 사회질서란 사회의 평화와 질서를 유지하기 위하여 국민이 지켜야 할 국가, 사회의 공공적 질서 내지 일반적 이익이다.

(3) 사회질서 위반의 요건

1) 객관적 요건

법률행위의 내용이 선량한 풍속 기타 사회질서에 반해야 한다.

2) 주관적 인식의 요부(要否)

자신의 법률행위가 사회질서에 반함을 행위자가 인식하고 있어야 하는가에 대하여 긍정하는 견해(통설)와 부정하는 견해의 대립이 있다.

3) 사회질서 위반판단의 기준시기

학설은 법률행위시설과 효력발생시설이 대립하고 있으며, 판례는 법률행위시설을 취하고 있다.

(4) 동기의 불법 기출 10

1) 문제점

법률행위의 내용 자체는 사회질서에 반하지 않지만, 동기, 즉 의사표시를 하게 된 연유로 의사표시에 선행하는 심리과정에 반사회적 요소가 포함되어 있는 경우에, 법률행위의 효력은 어떻게 되는지 문제된다.

2) 학설 및 판례의 태도

다수설은 동기의 불법에 관하여 동기의 착오와 마찬가지로 동기가 표시되거나 상대방에게 알려진 경우에 한하여 민법 제103조가 적용된다는 입장이다. 마찬가지로 판례도 동기가 표시되거나 상대방에게 알려진 경우에 민법 제103조를 적용한다(대판 2001.2.9. 99다38613).

(5) 사회질서 위반행위의 유형

1) 사회질서 위반행위의 개념

반사회질서 행위는 법률행위의 목적인 권리의무의 내용이 선량한 풍속 기타 사회질서에 위반되는 경우, 권리의무의 내용 자체는 반사회질서적인 것이 아니라고 하여도 법률적으로 이를 강제하거나 그 법률행위에 반사회질서적인 조건 또는 금전적 대가가 결부됨으로써 반사회질서적 성격을 띠는 경우, 표시되거나 상대방에게 알려진 법률행위의 동기가 반사회질서적인 경우 등을 포괄하는 개념이다(대판 2023.2.23. 2022다287383).

2) 사회질서 위반행위에 해당하는 사례
① 정의관념에 반하는 행위
- 밀수입의 자금으로 사용하기 위한 소비대차 또는 그를 목적으로 한 출자행위
- 경매나 입찰에 있어서 부정한 약속을 하는 이른바 담합행위
- 당사자의 일방이 상대방에게 공무원의 직무에 관한 사항에 관하여 특별한 청탁을 하게 하고 그에 대한 보수로 돈을 지급할 것을 내용으로 한 약정
- 매수인이 매도인에게 이중매도할 것을 적극 권유하는 등 그의 배임행위에 적극 가담하여 이루어진 매매계약(대판 1994.3.11. 93다55289) 기출 08·10 판례는 부동산 이중매매가 반사회질서적인 것으로 평가되기 위해서는 제1매매행위에 약정 또는 법정해제사유가 없어야 하고, 제1매매행위가 계약이라면 중도금이 지급되는 등(대판 2020.5.14. 2019도16228) 계약금의 배액상환으로 제1매매계약을 해제할 수 없는 상태에 이르러야 한다고 판시하고 있다. 기출 22
- 참고인이 수사기관에 허위의 진술을 하는 대가로 일정한 급부를 받기로 한 약정 기출 14
- 보험계약자가 다수의 보험계약을 통하여 보험금을 부정 취득할 목적으로 체결한 보험계약 기출 14
- 증인은 진실을 진술할 의무가 있으므로, 증언의 대가로 급부를 제공받기로 한 약정도 무효이다. 허위진술의 대가로 급부를 받기로 하는 약정도 무효이다. 기출 17
- 형사사건의 성공보수약정은 반사회적 법률행위에 해당하나, 민사사건의 성공보수약정은 반사회적 법률행위에 해당하지 않는다. 기출 17
- 행정기관에 진정서를 제출하여 상대방을 궁지에 빠뜨린 다음 이를 취하하는 조건으로 거액의 급부를 제공받기로 약정한 경우 기출 14
- 위약벌의 약정은 채무의 이행을 확보하기 위하여 정해지는 것으로서 손해배상의 예정과는 그 내용이 다르므로 손해배상의 예정에 관한 민법 제398조 제2항을 유추적용하여 그 액을 감액할 수는 없고 다만, 그 의무의 강제에 의하여 얻어지는 채권자의 이익에 비하여 약정된 벌이 과도하게 무거울 때에는 그 일부 또는 전부가 공서양속에 반하여 무효가 된다(대판 2013.7.25. 2013다27015). 기출 14·22
- 금전 소비대차계약과 함께 이자의 약정을 하는 경우, 이율이 당시의 경제적·사회적 여건에 비추어 사회통념상 허용되는 한도를 초과하여 현저하게 고율로 정하여졌다면, 허용할 수 있는 한도를 초과하는 부분의 이자 약정은 선량한 풍속 기타 사회질서에 위반한 사항을 내용으로 하는 법률행위로서 무효이다 (대판 2023.6.15. 2022다211959).
- 법률행위의 일방 당사자로서 경제력의 차이로 인하여 우월한 지위에 있는 사업자가 지위를 이용하여 자기는 부당한 이득을 얻고 상대방에게 과도한 반대급부 내지 부당한 부담을 지우는 것으로 이를 강제하는 것이 사회적 타당성이 없다고 평가할 수 있는 경우 반사회질서 행위에 해당하여 무효가 되므로, 경제적 지위에서 우위에 있는 당사자와의 관계에서 계약상 책임의 요건과 범위 및 절차 등을 정한 경우, 상대방에게 이를 초과하는 책임을 추궁하는 것은 비록 계약상 별도의 약정에 기한 것이더라도 달리 그 합리성·필요성을 인정할 만한 사유가 존재하지 않는 한 경제적 지위의 남용에 따른 부당한 이익의 취득 및 부담의 강요로서 민법 제103조에 위반되어 무효로 볼 여지가 있다(대판 2023.2.23. 2022다287383).

② 윤리적 질서에 반하는 행위
- 일부다처제나 친자 간의 윤리에 반하는 행위
- 부부나 친자 등이 동거하지 않을 것을 제3자에게 약속하는 계약
- 자(子)가 부모를 상대로 불법행위에 의한 손해배상을 청구하는 행위
- 부첩관계인 부부생활의 종료를 해제조건으로 하는 증여계약(대판 1966.6.21. 66다530) 기출 22
- 다만, 부첩관계를 해소하면서 하는 금전지급약정은 공서양속에 반하지 않는다(대판 1980.6.24. 80다458).
  기출 08

③ 개인의 자유를 매우 심하게 제한하는 행위
- 어떠한 일이 있어도 이혼하지 아니하겠다는 각서(대판 1969.8.19. 69므18)
- 단독계약·영업의 자유나 기타의 거래활동을 극도로 제한하는 경업금지계약

④ 사행성이 현저한 행위
- 도박자금을 대여하는 행위
- 도박으로 부담한 채무의 변제로써 토지를 양도하는 계약
- 도박에 패한 빚을 토대로 하여 그 노름빚을 변제하기로 한 계약
- 보험사고를 가장하여 보험금을 부정취득할 목적으로 체결된 다수의 생명보험계약(대판 2017.4.7. 2014다 234827) 기출 22

핵심문제

01 민법 제103조의 반사회적 법률행위에 해당하여 무효인 것을 모두 고른 것은?(다툼이 있으면 판례에 따름) 기출 19

> ㄱ. 뇌물로 받은 금전을 소극적으로 은닉하기 위하여 이를 임치하는 약정
> ㄴ. 강제집행을 면할 목적으로 허위의 근저당권을 설정하는 행위
> ㄷ. 도박자금에 제공할 목적으로 금전을 대여하는 행위
> ㄹ. 해외파견 후 귀국일로부터 상당기간 동안 소속회사에서 근무하지 않으면 해외파견 소요경비를 배상한다는 사규나 약정

① ㄱ   ② ㄷ
③ ㄱ, ㄴ   ④ ㄴ, ㄷ
⑤ ㄷ, ㄹ

【해설】
ㄱ. (×) 반사회적 행위에 의하여 조성된 재산인 이른바 비자금을 소극적으로 은닉하기 위하여 임치한 것을 사회질서에 반하는 법률행위로 볼 수는 없다(대판 2001.4.10. 2000다49343).
ㄴ. (×) 강제집행을 면할 목적으로 부동산에 허위의 근저당권설정등기를 경료하는 행위는 반사회질서의 법률행위에 해당하지 않는다(대판 2004.5.28. 2003다70041).
ㄷ. (○) 도박자금을 대여하는 행위는 무효이다.
ㄹ. (×) 해외파견된 근로자가 귀국일로부터 일정기간 소속회사에 근무하여야 한다는 사규나 약정은 민법 제103조 또는 제104조에 위반된다고 할 수 없고, 일정기간 근무하지 않으면 해외 파견 소요경비를 배상한다는 사규나 약정은 근로계약기간이 아니라 경비반환채무의 면제기간을 정한 것이므로 근로기준법 제21조에 위배하는 것도 아니다(대판 1982.6.22. 82다카90).

정답 ②

3) 사회질서 위반행위에 해당하지 아니하는 사례
- 뇌물로 받은 금전을 소극적으로 은닉하기 위하여 이를 임치하는 행위
- 강제집행을 면할 목적으로 부동산에 허위의 근저당권을 설정하는 행위
- 양도소득세 회피 및 투기를 목적을 한 당사자 간의 매매계약(즉 양도소득세를 회피할 목적으로 실제로 거래한 가액보다 낮은 금액을 매매대금으로 기재한 경우는 반사회질서의 법률행위에 해당하지 아니함)
- 매매계약에서 매도인에게 부과될 공과금을 매수인이 책임진다는 취지의 특약을 한 행위
- 해외파견 후 귀국일로부터 상당기간 동안 소속회사에서 근무하지 않으면 해외파견 소요경비를 배상한다는 사규나 약정
- 민사사건에 관한 성공보수약정 행위
- 법률행위의 성립과정에 강박이라는 불법적 방법이 사용된 데에 불과한 행위 기출 24
- 전통사찰의 주지직을 거액의 금품을 대가로 양도·양수하기로 하는 약정이 있음을 알고도 이를 묵인 혹은 방조한 상태에서 한 종교법인의 주지임명행위
- 부동산을 매도인이 이미 제3자에게 매각한 사실을 매수인이 단순히 알고 있었던 상태에서 매도인의 요청으로 그 부동산을 매수하기로 한 행위 기출 24

(6) 사회질서 위반행위의 효과

1) 법률행위의 무효

사회질서에 반하는 사항을 내용으로 하는 법률행위는 무효이다(민법 제103조). 즉, 당사자가 그 법률행위에 의하여 발생시키고자 한 법률효과의 발생은 부정된다. 법률행위의 일부만이 사회질서에 반하는 경우에는 일부무효의 법리에 의하여 그 효과가 결정되어야 한다. 사회질서 위반에 따른 무효는 절대적이어서 선의의 제3자에게도 대항할 수 있다. 기출 22 판례는 부동산이중매매에서 거래 상대방이 배임행위를 유인·교사하거나 배임행위의 전 과정에 관여하는 등 배임행위에 적극 가담하는 경우에는 실행행위자와 체결한 계약이 반사회적 법률행위에 해당하여 무효로 될 수 있고, 선량한 풍속 기타 사회질서에 위반한 사항을 내용으로 하는 법률행위의 무효는 이를 주장할 이익이 있는 자는 누구든지 무효를 주장할 수 있다고 본다(대판 2016.3.24. 2015다11281). 기출 23

2) 무효에 따른 법률관계

이행 전에는 반사회적 법률행위는 무효이므로 이행할 필요가 없고, 상대방도 이행을 구할 수 없다. 이행 후에는 기이행급부는 불법원인급여로서 원칙적으로 반환을 청구할 수 없다(민법 제746조 본문). 판례는 민법 제103조와 민법 제746조는 표리를 이루어 사법상 이상을 표현한 것이므로, 불법원인급여자는 부당이득반환청구권뿐만 아니라 소유권에 기한 목적물반환청구권도 행사할 수 없다고 한다(대판 1979.11.13. 79다483[전합]).

(7) 불공정한 법률행위(폭리행위)

> **불공정한 법률행위(민법 제104조)**
> 당사자의 궁박, 경솔 또는 무경험으로 인하여 현저하게 공정을 잃은 법률행위는 무효로 한다.

1) 의 의
① 상대방의 궁박, 경솔 또는 무경험을 이용하여 자기의 급부에 비하여 현저하게 균형을 잃은 반대급부를 하게 함으로써 부당한 재산적 이익을 얻는 행위를 불공정한 법률행위 또는 폭리행위라고 한다(민법 제104조).
② 민법 제103조와 민법 제104조와의 관계에 대하여 통설·판례는 민법 제104조를 민법 제103조의 예시로 보아, 민법 제104조의 요건을 구비하지 못한 경우에도 민법 제103조에 의하여 무효가 될 수 있다고 한다.

2) 적용범위
증여와 같이 대가적 급부의 출연이 없는 무상행위에는 민법 제104조의 적용이 없다(대판 2000.2.11. 99다56833). 기출 06·11·20·23 또한 당사자의 의사에 기하지 않은 경매에 의한 재산권 이전에는 민법 제104조의 적용이 없다(대결 1980.3.21. 80마77). 기출 21 반면 채권의 포기에는 민법 제104조가 적용될 수 있고(대판 1975.5.13. 75다92), 합동행위 내지 권리능력 없는 사단의 총회결의에도 민법 제104조가 적용된다. 판례는 매매계약과 같은 쌍무계약이 급부와 반대급부와의 불균형으로 말미암아 민법 제104조에서 정하는 '불공정한 법률행위'에 해당하여 무효라고 한다면, 그 계약으로 인하여 불이익을 입는 당사자로 하여금 위와 같은 불공정성을 소송 등 사법적 구제수단을 통하여 주장하지 못하도록 하는 부제소합의 역시 다른 특별한 사정이 없는 한 무효라고 판시하고 있다(대판 2010.7.15. 2009다50308). 기출 21·25

3) 요 건
① 객관적 요건
  ㉠ 급부와 반대급부 사이의 현저한 불균형 : 객관적으로 급부와 반대급부 사이에 현저한 불균형이 존재하는 것을 의미한다. 판례는 현저한 불균형이 있다고 판시한 사례로, 정상적으로 받을 수 있는 손해배상액의 8분의 1만 받고 합의서를 작성하여 준 경우(대판 1979.4.10. 78다2457), 시가 700만원 상당의 가옥을 267만원에 매도한 경우(대판 1979.4.10. 79다275), 시가 2억 2,000만원 상당인 임야에 대하여 더 이상 권리주장을 하지 않는 대가로 7억 5,000만원을 받기로 약정한 경우(대판 1995.4.11. 94다17000) 등을 들고 있다. 현저한 불공정의 판단기준시점은 법률행위시이다(통설·판례). 기출 23·25
  ㉡ 상대방의 궁박·경솔·무경험의 이용 : 불균형은 상대방의 궁박·경솔·무경험에 기인하여야 한다. 궁박·경솔·무경험은 모두 구비되어야 하는 요건은 아니고, 그중 일부만 갖추어지면 충분하다. 기출 18·20 궁박이라 함은 급박한 곤궁을 의미하며, 경제적·정신적·심리적 원인에서 기인할 수 있다. 기출 06·11·18 판례는 당사자가 계약을 지키지 않는 경우 얻을 이익이 이로 인해 입을 불이익보다 크다고 판단하여, 그 불이익의 발생을 예측하면서도 이를 감수할 생각으로 계약에 반하는 행위를 함으로써 계약 상대방과의 관계에서 그가 주장하는 급박한 곤궁 상태에 이르렀다면, 이와 같이 그가 자초한 상태를 민법 제104조의 궁박이라고 인정하는 것은 엄격하고 신중하게 이루어져야 한다고 판시

하고 있다(대판 2024.3.12, 2023다301712).4) 무경험은 일반적인 생활체험의 부족으로서 어느 특정영역에서의 경험부족이 아니라 거래일반에 대한 경험부족을 의미한다. 기출 18·23·25 판례는 매도인의 대리인이 매매한 경우에 있어서 그 매매가 불공정한 법률행위인가를 판단함에는 매도인의 경솔, 무경험은 그 대리인을 기준으로 하여 판단하여야 하고, 궁박상태에 있었는지의 여부는 매도인 본인의 입장에서 판단되어야 하며(대판 1972.4.25, 71다2255), 기출 11·20·21 법률행위가 현저하게 공정을 잃었다고 하여 곧 그것이 궁박, 경솔 또는 무경험으로 이루어진 것이라고 추정되는 것은 아니라고 한다(대판 1977.12.13, 76다2179). 기출 18·20

> 객관적으로 급부와 반대급부 사이에 현저한 불균형이 존재하는지를 판단하려면 우선 해당 법률행위의 급부와 반대급부가 무엇인지를 확정한 뒤 그 각각의 객관적 가치를 비교·평가해야 한다. 기출 25 또한 급부와 반대급부 사이에 현저한 불균형이 있는지는 단순히 시가와의 차액 또는 시가와의 배율로 판단할 수 있는 것은 아니고, 구체적·개별적 사안에서 일반인의 사회통념에 따라 결정하여야 한다. 여기에서 급부와 반대급부는 해당 법률행위에서 정한 급부와 반대급부를 의미하므로, 궁박 때문에 법률행위를 하였다고 주장하는 당사자가 그 법률행위의 결과 제3자와의 계약관계에서 입었을 불이익을 면하게 되었더라도, 특별한 사정이 없는 한 이러한 불이익의 면제를 곧바로 해당 법률행위에서 정한 상대방의 급부로 평가해서는 안 된다. 이를 상대방의 급부로 평가한다면, 당사자가 그 불이익을 입는 것보다 해당 법률행위에서 정한 반대급부를 이행하는 것이 경제적으로 유리하다고 보아 그 법률행위를 한 대부분의 경우에 그 불이익을 포함한 급부의 객관적 가치가 반대급부의 객관적 가치를 초과하여, 그 이유만으로 당사자의 궁박 여부와 관계없이 법률행위의 불공정성이 부정되는 부당한 결과가 발생할 수 있기 때문이다. 이러한 불이익은 급부와 반대급부 사이의 객관적 가치 차이가 사회통념상 현저하게 균형을 잃은 정도에 이르렀는지, 또는 당사자가 궁박한 상태에 있었는지를 판단할 때 고려할 수 있을 뿐이다(대판 2024.3.12, 2023다301712).

② 주관적 요건 : 폭리자가 상대방에게 위와 같은 사정이 있음을 알고서 그것을 이용하려는 의사(폭리행위의 악의)가 있어야 한다(대판 2002.10.22, 2002다38927). 기출 11·17

---

4) [1] 급부와 반대급부는 해당 법률행위에서 정한 급부와 반대급부를 의미하므로, 궁박 때문에 법률행위를 하였다고 주장하는 당사자가 그 법률행위의 결과 제3자와의 계약관계에서 입었을 불이익을 면하게 되었더라도, 특별한 사정이 없는 한 이러한 불이익의 면제를 곧바로 해당 법률행위에서 정한 상대방의 급부로 평가해서는 안 된다. 이를 상대방의 급부로 평가한다면, 당사자가 그 불이익을 입는 것보다 해당 법률행위에서 정한 반대급부를 이행하는 것이 경제적으로 유리하다고 보아 그 법률행위를 한 대부분의 경우에 그 불이익을 포함한 급부의 객관적 가치가 반대급부의 객관적 가치를 초과하여, 그 이유만으로 당사자의 궁박 여부와 관계없이 법률행위의 불공정성이 부정되는 부당한 결과가 발생할 수 있기 때문이다. 이러한 불이익은 급부와 반대급부 사이의 객관적 가치 차이가 사회통념상 현저하게 균형을 잃은 정도에 이르렀는지, 또는 당사자가 궁박한 상태에 있었는지를 판단할 때 고려할 수 있을 뿐이다.
[2] 갑 소유 주택에 관하여 갑과 을이 체결한 주택임대차계약의 임대차 기간 중 갑이 위 주택 및 부지와 이에 인접한 토지들을 함께 매수하여 다세대주택을 신축하려는 병 주식회사에 위 주택 및 부지를 매도하는 매매계약을 체결하면서 '갑이 임차인들을 퇴거시켜야 하고, 잔금 지급일까지 이를 완전히 해결하지 않으면 위 매매계약의 위약금뿐만 아니라 다른 부동산 매매계약의 위약금도 모두 책임진다.'는 취지의 특약을 포함시켰는데, 을이 임대차계약을 합의해제하고 임차목적물을 인도해 달라는 갑의 요구에 응하지 않아 갑이 거액의 위약금을 지급하여야 할 위험에 처하게 되자, 쌍방이 협의를 거쳐 갑이 매매계약의 잔금을 수령하면 을에게 임차보증금과 이사비용뿐만 아니라 임차보증금의 10배에 달하는 인도 합의금을 지급하기로 한다는 내용의 합의를 하고, 정은 합의에 따른 갑의 채무를 보증한 사안에서, 위 합의에 따라 임차목적물의 인도가 이루어짐으로써 지급을 면하게 된 위약금 상당액을 을의 급부에 포함시켜 을의 급부의 객관적 가치가 갑과 정의 반대급부의 객관적 가치보다 오히려 높으므로 급부와 반대급부 사이에 현저한 불균형이 존재하지 않는다고 본 원심의 판단은 잘못이나, 갑과 정이 곤궁한 상태에 이르게 된 원인과 배경을 비롯하여 당사자의 신분 및 상호관계, 매매계약에 따른 경제적 이익, 합의의 경위 및 내용, 합의 이후의 상황, 매매계약의 해제와 같이 갑에게 존재하였던 다른 대안 등 모든 사정을 고려하면 위 합의가 갑과 정의 궁박 상태에서 체결되었다고 단정할 수 없으므로, 위 합의가 유효하다고 본 원심의 결론은 정당하다고 한 사례(대판 2024.3.12, 2023다301712)

4) 입증책임

폭리행위에 대한 주장 및 입증책임은 그 무효를 주장하는 자에게 있고, 기출 04 급부와 반대급부 사이에 현저한 불균형이 있다는 사정만으로 곧바로 당사자의 궁박, 경솔 또는 무경험에 기인하는 것으로 추정되지는 않지만, 구체적 사정에 따라 추정되기도 한다.

5) 효 과

① 요건이 구비되면 그 행위는 절대적 무효이므로 선의의 제3자에게도 대항할 수 있다. 추인에 의해서도 그 법률행위가 유효로 될 수 없다(대판 1994.6.24. 94다10900). 기출 16·20·21·23·25 다만, 무효행위 전환의 법리에 따라 법률행위의 일부가 유효할 수 있다는 것이 판례이다. 기출 23

② 불공정한 법률행위는 무효이므로 아직 급부를 이행하지 아니한 경우에는 이행할 필요가 없다. 다만, 이미 급부를 이행한 경우에는 불법원인급여로서 제746조가 적용된다. 불법의 원인이 폭리자에게 있으므로 상대방. 즉 피해자는 민법 제746조 단서에 의해 이행한 것의 반환을 청구할 수 있으나, 폭리자는 민법 제746조 본문에 의해 자기가 이행한 것의 반환을 청구할 수는 없다.

Ⅳ 법률행위의 해석

> **임의규정(민법 제105조)**
> 법률행위의 당사자가 법령 중의 선량한 풍속 기타 사회질서에 관계없는 규정과 다른 의사를 표시한 때에는 그 의사에 의한다.
>
> **사실인 관습(민법 제106조)**
> 법령 중의 선량한 풍속 기타 사회질서에 관계없는 규정과 다른 관습이 있는 경우에 당사자의 의사가 명확하지 아니한 때에는 그 관습에 의한다.

1. 의 의

(1) 개 념

법률행위의 해석이란 법률행위의 성립 여부나 유효 여부를 판단하고, 목적(내용)을 확정시키는 것을 말한다. 그런데 법률행위는 의사표시를 요소로 하기 때문에 법률행위해석은 결국 의사표시의 해석으로 귀결된다.

(2) 해석의 목표

법률행위(의사표시)의 해석의 목표는 표시행위가 가지는 당사자의 의사를 밝히는 것이다.

1) 학 설

일반적으로 해석이란 당사자의 숨은 진의 내지 내심적 효과의사를 탐구하는 것이 아니라 당사자 의사의 객관적 표현이라고 볼 수 있는 표시행위가 가지는 객관적 의미를 밝히는 것이라고 한다.

2) 판 례

'법률행위 해석은 당사자가 그 표시행위에 부여한 객관적인 의미를 명백하게 확정하는 것'이라고 판시하고 있다.

2. 해석의 방법

(1) 자연적 해석
① 자연적 해석이란 표의자의 실제 내심의 의사를 밝히는 해석방법이다.
② 주로 상대방 없는 단독행위에서 자연적 해석방법이 적용된다.
③ 오표시무해의 원칙이란 표의자의 잘못된 표시는 그 표시의 진정한 의미를 인식할 수 있거나 명백한 때에는 표의자에게 해가 되지 않는다는 것으로, 자연적 해석시 착오 문제는 발생하지 않는다.

(2) 규범적 해석
① 상대방의 입장에서 표시행위의 객관적·규범적 의미를 밝히는 해석방법이다.
② 상대방 있는 의사표시에 적용된다.
③ 착오에 의한 취소가 문제되는 것은 규범적 해석에 의할 경우에 한정된다.

> **규범적 해석 : 표시주의 관점**
> - 법률행위의 해석은 당사자가 그 표시행위에 부여한 객관적인 의미를 명백하게 확정하는 것으로서, 서면에 사용된 문구에 구애받는 것은 아니지만 어디까지나 당사자의 내심적 의사의 여하에 관계없이 그 서면의 기재 내용에 의하여 당사자가 그 표시행위에 부여한 객관적 의미를 합리적으로 해석하여야 하는 것이고, 당사자가 표시한 문언에 의하여 그 객관적인 의미가 명확하게 드러나지 않는 경우에는 그 문언의 내용과 그 법률행위가 이루어진 동기 및 경위, 당사자가 그 법률행위에 의하여 달성하려는 목적과 진정한 의사, 거래의 관행 등을 종합적으로 고려하여 사회정의와 형평의 이념에 맞도록 논리와 경험의 법칙, 그리고 사회일반의 상식과 거래의 통념에 따라 합리적으로 해석하여야 한다(대판 2000.11.10. 98다31493). 특히 당사자 일방이 주장하는 법률행위의 내용이 상대방의 권리의무관계에 중대한 영향을 초래하게 되는 경우에는 더욱 엄격하게 해석하여야 한다(대판 2024.2.15. 2019다272404).
> - 의사표시 해석에 있어서 당사자의 진정한 의사를 알 수 없다면, 의사표시의 요소가 되는 것은 표시행위로부터 추단되는 효과의사 즉 표시상의 효과의사이고 표의자가 가지고 있던 내심적 효과의사가 아니므로, 당사자의 내심의 의사보다는 외부로 표시된 행위에 의하여 추단된 의사를 가지고 해석함이 상당하다(대판 2002.6.28. 2002다23482).
> - 법원이 진정성립이 인정되는 처분문서를 해석함에 있어서는 특별한 사정이 없는 한 그 처분문서에 기재되어 있는 문언에 따라 당사자의 의사표시가 있었던 것으로 해석하여야 하는 것이나, 그 처분문서의 기재 내용과 다른 특별한 명시적, 묵시적 약정이 있는 사실이 인정될 경우에 그 기재 내용의 일부를 달리 인정하거나 작성자의 법률행위를 해석함에 있어서 경험칙과 논리법칙에 어긋나지 아니하는 범위 내에서 자유로운 심증으로 판단할 수 있다(대판 2003.4.8. 2001다38593).
> - [1] 계약의 당사자가 누구인지 확정하는 방법 : 계약의 당사자가 누구인지는 계약에 관여한 당사자의 의사해석 문제이다. 당사자들의 의사가 일치하는 경우에는 그 의사에 따라 계약의 당사자를 확정해야 한다. 그러나 당사자들의 의사가 합치되지 않는 경우에는 의사표시 상대방의 관점에서 합리적인 사람이라면 누구를 계약의 당사자로 이해하였을 것인지를 기준으로 판단해야 한다.
> [2] 부가가치세법에 따른 고유번호나 소득세법에 따른 납세번호를 부여받지 않은 비법인 단체의 대표자가 단체를 계약의 당사자로 할 의사를 밝히면서 대표자인 자신의 실명으로 예금계약 등 금융거래계약을 체결하고, 금융기관이 그 사람이 비법인 단체의 대표자인 것과 그의 실명을 확인한 경우, 금융거래계약의 당사자를 비법인 단체라고 보아야 하는지 여부(원칙적 적극) : 금융실명거래 및 비밀보장에 관한 법률과 동법 시행령의 문언 내용과 체계 등을 종합하면 부가가치세법에 따른 고유번호나 소득세법에 따른 납세번호를 부여받지 않은 비법인 단체의 경우 그 대표자가 단체를 계약의 당사자로 할 의사를 밝히면서 대표자인 자신의 실명으로 예금계약 등 금융거래계약을 체결하고, 금융기관이 그 사람이 비법인 단체의 대표자인 것과 그의 실명을 확인하였다면, 특별한 사정이 없는 한 당사자 사이에 단체를 계약의 당사자로 하는 의사가 일치되었다고 할 수 있어 금융거래계약의 당사자는 비법인 단체라고 보아야 한다(대판 2020.12.10. 2019다267204).
> - 하나의 법률관계를 둘러싸고 각기 다른 내용을 정한 여러 개의 계약서가 순차로 작성되어 있는 경우 당사자가 그러한 계약서에 따른 법률관계나 우열관계를 명확하게 정하고 있다면 그와 같은 내용대로 효력이 발생한다. 그러나 여러 개의 계약서에 따른 법률관계 등이 명확히 정해져 있지 않다면 각각의 계약서에 정해져 있는 내용 중 서로 양립할 수 없는 부분에 관해서는 원칙적으로 나중에 작성된 계약서에서 정한 대로 계약 내용이 변경되었다고 해석하는 것이 합리적이다(대판 2020.12.30. 2017다17603).

- [1] 계약당사자 사이에 어떠한 계약내용을 처분문서인 서면으로 작성한 경우에 문언의 객관적인 의미가 명확하다면 특별한 사정이 없는 한 문언대로의 의사표시의 존재와 내용을 인정하여야 하며, 문언의 객관적 의미와 달리 해석함으로써 당사자 사이의 법률관계에 중대한 영향을 초래하게 되는 경우에는 문언의 내용을 더욱 엄격하게 해석하여야 한다.
[2] 갑 주식회사가 부동산을 담보로 은행으로부터 대출을 받으면서 을이 갑 회사의 대출금 채무를 연대보증하였고, 이후 을이 병 주식회사로부터 금원을 차용하여 대출금 채무 원리금 등을 연대보증인의 지위에서 대위변제한 다음, 은행으로부터 갑 회사에 대한 근저당권부 채권을 이전받고, 근저당권 이전의 부기등기를 마친 뒤 병 회사에 구상금 채권과 위 근저당권부 채권을 양도하고, 근저당권 이전의 부기등기를 마쳤는데, 을의 대위변제 전에 갑 회사가 병 회사와 위 근저당권의 피담보채무 변제와 관련해 '변제금에 대하여 대출은행 연체금리 동일조건으로 매달 납부한다.'고 기재한 채권양수도계약서를 작성함으로써, 갑 회사가 부담하는 구상금 채무의 이율이 문제된 사안에서, 위 채권양수도계약서에 따라 갑 회사가 부담하는 구상금 채무의 이율에 관한 약정의 존재를 인정한 원심판단에 법리오해의 잘못이 있다고 한 사례(대판 2023.5.18. 2021다304533).

핵심문제

01 당사자 확정 및 법률행위의 해석에 관한 설명으로 옳은 것은?(다툼이 있으면 판례에 따름) 기출 17

① 예금명의자의 위임에 의하여 자금출연자가 대리인으로 예금계약을 체결한 경우, 예금계약의 반환청구권자는 자금출연자이다.
② 불법행위로 인한 손해배상에 관하여 가해자와 피해자 사이에 피해자가 일정한 금액을 지급받고 그 나머지의 청구를 포기하기로 약정한 때에는 모든 후발손해에 대해서도 배상청구권을 포기한 것으로 해석하여야 한다.
③ 본인이 대리인을 통하여 계약을 체결하는 것에 대하여 상대방이 그러한 사정을 알고 대리인과 계약을 체결하였는데 대리권이 존재하지 않은 경우, 계약의 당사자는 대리인과 상대방이 된다.
④ 甲이 乙의 행세를 하여 乙명의로 丙과 부동산을 매수하는 계약을 체결한 후 丙으로부터 인도받아 거주하고 있고, 丙이 甲을 매수인으로 알고 있는 경우 부동산 매매계약의 당사자는 乙과 丙이다.
⑤ 부동산 매매계약에 있어서 당사자 쌍방 모두 지번 등에 착오를 일으켜 실제로 합의하지 않은 토지(Y)를 계약서에 매매목적물로 기재한 경우, 실제로 합의된 토지(X)가 매매목적물이다.

【해설】
① (×) 본인인 예금명의자의 의사에 따라 예금명의자의 실명확인절차가 이루어지고 예금명의자를 예금주로 하여 예금계약서를 작성하였음에도 불구하고, 예금명의자가 아닌 출연자 등을 예금계약당사자라고 볼 수 있으려면, 금융기관과 출연자 등과 사이에서 실명확인 절차를 거쳐 서면으로 이루어진 예금명의자와의 예금계약을 부정하여 예금명의자의 예금반환청구권을 배제하고 출연자 등과 예금계약을 체결하여 출연자 등에게 예금반환청구권을 귀속시키겠다는 명확한 의사합치가 있는 극히 예외적인 경우로 제한되어야 한다(대판 2009.3.19. 2008다45828[전합]).
② (×) 불법행위로 인한 손해배상에 관하여 가해자와 피해자 사이에 피해자가 일정한 금액을 지급받고 그 나머지 청구를 포기하기로 합의가 이루어진 때에는 그 후 그 이상의 손해가 발생하였다 하여 다시 그 배상을 청구할 수 없는 것이지만, 그 합의가 손해의 범위를 정확히 확인하기 어려운 상황에서 이루어진 것이고, 후발손해가 합의 당시의 사정으로 보아 예상이 불가능한 것으로서, 당사자가 후발손해를 예상하였다면 사회통념상 그 합의금액으로는 화해하지 않았을 것이라고 보는 것이 상당할 만큼 그 손해가 중대한 것일 때에는 당사자의 의사가 이러한 손해에 대해서까지 그 배상청구권을 포기한 것이라고 볼 수 없으므로 다시 그 배상을 청구할 수 있다고 보아야 한다(대판 2001.9.14. 99다42797).
③ (×) 일방 당사자가 대리인을 통하여 계약을 체결하는 경우에 있어서 계약의 상대방이 대리인을 통하여 본인과 사이에 계약을 체결하려는데 의사가 일치하였다면 대리인의 대리권 존부 문제와는 무관하게 상대방과 본인이 그 계약의 당사자이다(대판 2003.12.12. 2003다44059).
④ (×) 상대방과의 사이에 계약 체결의 행위를 하는 사람이 다른 사람 행세를 하여 그 타인의 이름을 사용하여 계약서 기타 계약에 관련된 서면 등이 작성되었다고 하더라도, 행위자와 상대방이 모두 행위자 자신이 계약의 당사자라고 이해한 경우, 또는 그렇지 아니하다고 하더라도 상대방의 입장에서 합리적으로 평가할 때 행위자 자신이 계약의 당사자가 된다고 보는 경우에는, 행위자가 계약의 당사자가 되고 그 계약의 효과는 행위자에게 귀속된다(대판 2013.10.11. 2013다52622).
⑤ (○) 쌍방이 공통하는 지번의 착오로 X토지에 관하여 이를 매매의 목적물로 한다는 쌍방 당사자의 의사의 합치가 있는 이상, 위 매매계약은 X토지에 관하여 성립할 것이고, 설사 Y토지에 관하여 매수인 명의로 소유권이전등기가 경료되었더라도 이는 원인이 없이 경료된 것으로 무효라고 할 것이다(대판 1996.8.20. 96다19581·19598).

정답 ⑤

(3) 보충적 해석
① 법률행위의 내용에 흠결이 있는 경우에 이를 해석에 의하여 보충하는 해석방법이다.
② 주로 계약에서 적용된다. 법률행위의 성립 전이나 불성립시에는 보충적 해석이 문제되지 않는다.
③ 보충적 해석은 계약을 유지시키고자 하는 해석이기 때문에 착오에 의한 취소는 문제되지 않는다.

3. 해석의 표준

민법은 법률행위 해석의 기준에 관해 일반 규정을 두고 있지 않으나, 당사자가 기도한 목적, 사실인 관습, 임의법규, 신의성실의 원칙 등이 모두 해석의 기준이 될 수 있다.

제3절 의사표시

I 서 설

1. 의사표시의 의의

의사표시는 일정한 법률효과를 발생시키려는 의사를 외부로 표시하는 것으로, 법률행위의 본질적 구성부분이다.

2. 의사표시의 구성요소

(1) 구성요소
① 의사표시는 효과의사, 표시의사, 행위의사, 표시행위 등으로 분해될 수 있다.
② 다만, 이 중 '표시의사'가 의사표시의 구성요소로 필요한지 여부에 관하여 견해가 대립하고, 다수설은 이를 부정한다. '행위의사'에 대하여도 통설은 독립적인 구성요소로 보지는 않는다.

(2) 효과의사
효과의사는 어떤 구체적인 법률효과의 발생을 의도한 의사이다. 그런데 효과의사가 내심적 효과의사인가 표시상의 효과의사인가에 대하여 견해의 대립이 있으며, 다수설·판례는 법률행위의 해석과 관련하여 의사표시의 요소가 되는 것은 표시상의 효과의사라고 한다(대판 2002.6.28. 2002다23482).

(3) 표시의사

1) 의 의
표시의사란 효과의사를 외부에 표현하려는 의사이다. 포도주 경매사건이나 외환시장에서 손가락표시 등 자신의 표시행위의 법적 의미를 알지 못하고 표시행위를 한 경우를 표시의사가 없는 경우라 하는데, 이때의 법적 취급에 관하여 견해가 대립된다.

2) 표시의사 없는 경우의 법적 취급
① 표시의사는 의사표시의 구성요소가 아니라는 견해(불요설 : 통설)
거래안전을 위해 표시의사가 없더라도 의사표시는 완전히 성립한다. 단, 의사와 표시의 불일치가 있는 경우로서 착오에 의한 취소 문제로 해결해야 한다는 입장이다.
② 표시의사는 의사표시의 구성요소라는 견해(필요설 : 소수설)
이에 의하면 표시의사가 없는 경우 의사표시는 불성립한다. 따라서 원칙적으로 착오 문제는 발생하지 않는다.

(4) 행위의사
행위의사란 어떤 행위를 하겠다는 인식을 의미하는 바, 수면 중의 행위, 반사적 행위, 최면상태의 행위 등은 행위의사가 없다. 이에 대해 통설은 행위의사를 의사표시의 독립적인 구성요소로 보지 않고 표시행위의 문제로 본다.

(5) 표시행위
1) 문제점
효과의사를 외부에 표시하는 행위로 쟁점은 명시적인 표시행위가 없는 경우에도 침묵이나 거동 등 일정한 행위를 표시행위로 보아 의사표시로 인정할 수 있는가이다.
2) 묵시적 의사표시(거동, 침묵, 포함적 의사표시 등)
① 거동에 의한 의사표시는 가능
② 침묵 : 침묵이 의사표시가 되기 위해서는 당사자 사이의 약정이나 거래관행상 일정한 의사표시로 평가될 수 있는 특별한 사정과 그에 대한 인식이 필요하다.
③ 포함적 의사표시(추단적 행위에 의한 의사표시, 간접적 의사표시)
- 행위자의 실행행위에 어떤 의사표시가 포함되어 있는 경우로 이를 간접적 의사표시라고 표현하기도 한다.
- 취소할 수 있는 행위의 법정추인(민법 제145조)은 포함적 의사표시이론에 근거한다.

II 흠 있는 의사표시

1. 서 설

(1) 민법의 규정
법률행위가 유효하기 위해서는 의사표시에 흠이 없어야 하며, 만일 의사표시에 흠이 있는 경우에는 법률행위가 무효로 되거나 취소될 수 있다. 민법은 이에 대하여 '의사와 표시의 불일치(민법 제107조 내지 제109조)'와 '사기·강박에 의한 의사표시(민법 제110조)'의 둘로 나누어 규율하고 있다.

(2) 적용범위
① 원칙적으로 신분행위에는 적용이 없다.
② 공법상 행위와 소송행위에는 적용이 없다. 따라서 언제나 표시된 대로 효과가 발생한다.

2. 진의 아닌 의사표시

> **진의 아닌 의사표시(민법 제107조)**
> ① 의사표시는 표의자가 진의아님을 알고 한 것이라도 그 효력이 있다. 그러나 상대방이 표의자의 진의아님을 알았거나 이를 알 수 있었을 경우에는 무효로 한다.
> ② 전항의 의사표시의 무효는 선의의 제3자에게 대항하지 못한다.

(1) 의 의
비진의표시는 의사와 표시의 불일치를 표의자 스스로 알면서 하는 의사표시를 말한다.

(2) 요 건

1) 의사표시의 존재

진의 아닌 의사표시로 되기 위하여 우선 일정한 효과의사를 추단할 만한 행위가 있어야 한다.

2) 진의와 표시가 불일치할 것

① 진의와 표시가 일치하지 않아야 한다.
② 진의란 특정한 내용의 의사표시를 하고자 하는 표의자의 생각을 말하는 것이지 표의자가 진정으로 마음속에서 바라는 사항을 뜻하는 것은 아니라고 할 것이다(대판 1993.7.16. 92다41528). 기출 20·25
③ 표의자가 의사표시의 내용을 진정으로 마음속으로 바라지는 아니하였다고 하더라도 당시의 상황에서는 그것을 최선이라고 판단하여 그 의사표시를 하였을 경우에는 이를 내심의 효과의사가 결여된 진의 아닌 의사표시라고 할 수 없다(대판 2003.4.25. 2002다11458). 기출 07

3) 표의자가 그러한 사실을 알고 있을 것

① 상대방과 통정이 있으면 통정허위표시이다.
② 표의자가 불일치를 모르고 있는 경우에는 착오의 문제이다.

(3) 효 과

① 원칙적으로 표시된 대로 효과가 발생하여 유효하다(민법 제107조 제1항 본문).
② 예외적으로 상대방이 알았거나 알 수 있었을 경우에는 무효이다(민법 제107조 제1항 단서). 이 경우 상대방이 진의 아님을 알았다거나 또는 알 수 있었다는 것은 의사표시의 무효를 주장하는 자가 주장·증명하여야 한다(통설·판례). 기출 06·07·10
③ 단, 무효로써 선의의 제3자에게 대항할 수 없다(민법 제107조 제2항).

(4) 적용범위
  ① 계약 및 상대방 있는 단독행위 : 당연히 민법 제107조가 적용된다.
  ② 상대방 없는 단독행위 : 민법 제107조 제1항 단서의 적용 여부에 대하여 학설의 다툼이 있다.
  ③ 친족법상의 행위와 공법상의 의사표시 및 거래의 안전이 중시되는 주식인수의 청약 등에 대하여는 민법 제107조가 적용되지 않는다.

(5) 판 례
  1) 진의 아닌 의사표시에 해당하는 사례
   ① 사용자가 사직의 의사 없는 근로자로 하여금 어쩔 수 없이 사직서를 작성·제출하게 한 후 이를 수리하는 이른바 의원면직의 형식을 취하여 근로계약관계를 종료시키는 경우는 근로자의 사직서 제출이 진의 아닌 의사표시에 해당하여 무효이다(대판 2000.4.25. 99다34475). 기출 17·20
   ② 근로자가 회사의 경영방침에 따라 사직원을 제출하고 회사가 이를 받아들여 퇴직처리를 하였다가 즉시 재입사하는 형식을 취함으로써 근로자가 그 퇴직 전후에 걸쳐 실질적인 근로관계의 단절이 없이 계속 근무하였다면 그 사직원제출은 근로자가 퇴직을 할 의사 없이 퇴직의사를 표시한 것으로서 비진의의사표시에 해당하고 재입사를 전제로 사직원을 제출케 한 회사 또한 그와 같은 진의 아님을 알고 있었다고 봄이 상당하다 할 것이므로 위 사직원제출과 퇴직처리에 따른 퇴직의 효과는 생기지 아니한다(대판 1988.5.10. 87다카2578). 기출 25

  2) 진의 아닌 의사표시에 해당하지 아니하는 사례
   ① 비록 재산을 강제로 뺏긴다는 것이 표의자의 본심으로 잠재되어 있었다 하여도 표의자가 강박에 의하여서나마 증여를 하기로 하고 그에 따른 증여의 의사표시를 한 이상 증여의 내심의 효과의사가 결여된 것이라고 할 수는 없다(대판 2002.12.27. 2000다47361). 기출 20·24
   ② 근로자가 징계면직처분을 받은 후 당시 상황에서는 징계면직처분의 무효를 다투어 복직하기는 어렵다고 판단하여 퇴직금 수령 및 장래를 위하여 사직원을 제출하고 재심을 청구하여 종전의 징계면직처분이 취소되고 의원면직처리된 경우, 그 사직의 의사표시는 비진의의사표시에 해당하지 않는다(대판 2000.4.25. 99다34475). 기출 17
   ③ 공무원이 사직의 의사표시를 하여 의원면직처분을 하는 경우 그 사직의 의사표시는 그 법률관계의 특수성에 비추어 외부적·객관적으로 표시된 바를 존중하여야 할 것이므로, 비록 사직원제출자의 내심의 의사가 사직할 뜻이 아니었다고 하더라도 진의 아닌 의사표시에 관한 민법 제107조는 그 성질상 사직의 의사표시와 같은 사인의 공법행위에는 준용되지 아니하므로 그 의사가 외부에 표시된 이상 그 의사는 표시된 대로 효력을 발한다(대판 1997.12.12. 97누13962). 기출 07·17·20
   ④ 법률상 또는 사실상의 장애로 자기 명의로 대출받을 수 없는 자를 위하여 대출금채무자로서의 명의를 빌려준 자에게 그와 같은 채무부담의 의사가 없는 것이라고는 할 수 없으므로 그 의사표시를 비진의표시에 해당한다고 볼 수 없고, 설령 명의대여자의 의사표시가 비진의표시에 해당한다고 하더라도 그 의사표시의 상대방인 상호신용금고로서는 명의대여자가 전혀 채무를 부담할 의사 없이 진의에 반한 의사표시를 하였다는 것까지 알았다거나 알 수 있었다고 볼 수도 없다(대판 1996.9.10. 96다18182). 기출 20

3. 통정한 허위의 의사표시

> **통정한 허위의 의사표시(민법 제108조)**
> ① 상대방과 통정한 허위의 의사표시는 무효로 한다.
> ② 전항의 의사표시의 무효는 선의의 제3자에게 대항하지 못한다.

(1) 의 의

1) 개 념
허위표시라 함은 상대방과 통정하여 하는 자기의 진의와 다른 의사표시를 말한다. 그리고 허위표시를 요소로 하는 법률행위를 가장행위라 한다.

2) 구 별
① 은닉행위 : 증여를 하면서 증여세 면탈을 목적으로 매매를 가장하여 소유권이전등기를 하는 경우, 위 매매를 가장매매라 한다. 그리고 증여를 은닉행위라고 한다.
② 명의신탁행위 : 명의신탁에서 권리를 대외적으로 이전하려는 신탁자의 진의가 존재하므로, 명의신탁행위는 허위표시가 아니다.
③ 허수아비행위 : 계약당사자가 전면에 나서는 것을 꺼려 다른 사람을 내세워 법률행위를 하되 대내적으로 이에 따른 권리·의무를 자기에게 귀속시키는 행위를 허수아비행위라고 한다. 즉, 허수아비행위는 비진의표시나 통정허위표시가 될 수 없고, 원칙적으로 유효한 행위가 되어 허수아비에게 법적 효과가 귀속되고, 추후 배후자에게로의 권리이전의 문제가 남게 된다.

(2) 요 건

1) 의사표시의 존재
허위표시는 당연히 상대방 있는 의사표시여야 한다. 허위표시는 제3자를 속이기 위한 목적으로 행하여지는 것이 대부분이므로 증서의 작성이나 등기·등록과 같은 외형을 수반하는 경우가 많다.

2) 표시와 진의의 불일치
표시행위의 의미(표시상의 효과의사)에 대응하는 표의자의 의사(내심적 효과의사)가 존재하지 아니하여야 한다.

3) 상대방과의 통정이 있을 것
진의와 다른 표시를 하는 데 대하여 표의자가 알고 있어야 할 뿐만 아니라 상대방과 통정해야 한다. 기출 21 이 요건은 허위표시의 무효를 주장하는 자가 증명해야 한다. 판례는 의사표시의 진의와 표시가 일치하지 아니하고, 그 불일치에 관하여 상대방과 사이에 합의가 있는 경우에는, 통정허위표시가 성립한다고 판시하고 있다(대판 2018.7.24. 2018다220574). 기출 22·24 최근 판례는 임대인과 임차인이 임대차계약에 따른 임대차보증금

반환채권을 담보할 목적으로 전세권을 설정하기 위하여 전세권설정계약을 체결한 경우, 이 전세권설정계약은 임대차계약과 양립할 수 없는 범위에서 통정허위표시에 해당하여 무효라고 판시하고 있다(대판 2021.12.30. 2018다268538).5) 기출 22

(3) 효과

1) 당사자 간의 효과

허위표시 당사자 사이에서는 언제나 무효이다. 또한 누구든지 그 무효를 주장할 수 있다(대판 2003.3.28. 2002다72125). 통정허위표시로서 의사표시가 무효라고 주장하는 자는 그 무효사유에 해당하는 사실을 증명할 책임이 있다(대판 2017.8.18. 2014다87595). 기출 21

① 민법 제746조와의 관계 : 허위표시는 그 자체로는 불법이 아니므로 민법 제746조는 적용되지 않는다. 기출 20 즉, 강제집행을 면할 목적으로 부동산의 소유자 명의를 허위의 근저당권 설정등기를 경료하거나 명의신탁 하는 것이 불법원인급여에 해당한다고 볼 수는 없다(대판 2004.5.28. 2003다70041). 기출 09 · 10 · 18

② 민법 제406조와의 관계 : 허위표시로 무효인 법률행위가 채권자취소권의 대상이 될 수 있는지 여부가 문제되나 통설·판례는 이를 긍정한다. 기출 21 · 22 · 23 · 24 · 25

2) 제3자에 대한 효과

① 제3자의 의의 : 허위표시의 당사자 및 포괄승계인 이외의 자로서 허위표시에 의하여 형성된 법률관계를 토대로 실질적으로 새로운 이해관계를 갖는 자를 말한다(통설)(대판 2007.7.6. 99다51258). 기출 08

② 제3자에 해당하는 경우
- 가장매매의 매수인으로부터 그 부동산을 다시 매수한 자(대판 1996.4.26. 94다12074) 기출 12
- 가장매매에 기한 대금채권의 양수인 또는 가장소비대차에 기한 채권의 양수인(대판 2004.1.15. 2002다31537)
- 가장양수인으로부터 저당권을 취득한 자(대판 2008.3.13. 2006다29372) 기출 08 · 12
- 통정허위표시에 의하여 외형상 형성된 법률관계로 생긴 채권의 가압류권자(대판 2004.5.28. 2003다70041) 기출 17 · 21 · 22
- 파산자가 상대방과 통정한 허위의 의사표시를 통하여 가장채권을 보유하고 있다가 파산이 선고된 경우의 파산관재인(대판 2005.5.12. 2004다68366) 기출 10 · 17 · 22
- 허위의 주채무자의 기망행위에 의하여 보증계약을 체결한 후 보증채무를 이행한 보증인(대판 2000.7.6. 99다51258)

---

5) 이하에서 판결요지를 살펴본다.
임대차계약에 따른 임대차보증금반환채권을 담보할 목적으로 임대인과 임차인 사이의 합의에 따라 임차인 명의로 전세권설정등기를 마친 경우, 그 전세금의 지급은 이미 지급한 임대차보증금으로 대신한 것이고, 장차 전세권자가 목적물을 사용·수익하는 것을 완전히 배제하는 것도 아니므로, 그 전세권설정등기는 유효하다. 이때 임대인과 임차인이 그와 같은 전세권설정등기를 마치기 위하여 전세권설정계약을 체결하여도, 임대차보증금은 임대차계약이 종료된 후 임차인이 목적물을 인도할 때까지 발생하는 차임 및 기타 임차인의 채무를 담보하는 것이므로, 임대인과 임차인이 위와 같이 임대차보증금반환채권을 담보할 목적으로 전세권을 설정하기 위하여 전세권설정계약을 체결하였다면, 임대차보증금에서 연체차임 등을 공제하고 남은 돈을 전세금으로 하는 것이 임대인과 임차인의 합치된 의사라고 볼 수 있다. 그러나 그 전세권설정계약은 외관상으로는 그 내용에 차임지급 약정이 존재하지 않고 이에 따라 전세금이 연체차임으로 공제되지 않는 등 임대인과 임차인의 진의와 일치하지 않는 부분이 존재한다. 따라서 그러한 전세권설정계약은 위와 같이 임대차계약과 양립할 수 없는 범위에서 통정허위표시에 해당하여 무효라고 봄이 타당하다. 다만 그러한 전세권설정계약에 의하여 형성된 법률관계에 기초하여 새로이 법률상 이해관계를 가지게 된 제3자에 대하여는 그 제3자가 그와 같은 사정을 알고 있었던 경우에만 그 무효를 주장할 수 있다(대판 2021.12.30. 2018다268538).

③ 제3자에 해당하지 않는 경우
- 저당권의 가장포기시 기존의 후순위저당권자 기출 12
- 가장매매에 의한 손해배상청구권의 양수인(통설)
- 채권의 가장양수인으로부터 추심을 위한 채권양도를 받은 자 기출 08
- 제3자를 위한 계약의 수익자
- 채권의 가장양도인으로부터 계약상의 지위를 이전받은 자(대판 2004.1.15, 2002다31537)
- 채권의 가장양도에 있어서의 주채무자(대판 1983.1.18, 82다594) 기출 10
- 소외인 1이 부동산의 매수자금을 차용하고 담보조로 대주에게 가등기를 경료하기로 약정한 후, 채권자들의 강제집행을 우려하여 소외인 2에게 부동산을 가장양도한 경우, 소외인 2로부터 자기 앞으로 가등기를 경료받은 대주(대판 1982.5.25, 80다1403)[6]
- 허위가등기에 대한 철회 후, 임의로 본등기를 경료한 자로부터 매수한 자(대판 2020.1.30, 2019다280375)[7]

기출 24

④ 제3자의 선의 기출 08·10·17·20·21 : 제3자의 선의는 추정되므로 무효를 주장하는 자가 제3자의 악의를 입증해야 한다는 것이 통설·판례이다. 즉 판례는 가장양수인으로부터 소유권이전등기청구권 보전을 위한 가등기를 경료받은 자는 민법 제108조 제2항의 제3자에 해당하고 여기에서 제3자는 특별한 사정이 없는 한 선의로 추정되므로, 제3자가 악의라는 사실에 관한 주장·입증책임은 그 허위표시의 무효를 주장하는 자에게 있다(대판 2006.3.10, 2002다1321)고 한다. 이때 제3자는 선의이면 족하고, 무과실은 요건이 아니다(대판 2004.5.28, 2003다70041). 허위표시임을 알고 있는 악의의 제3자로부터 전득한 자가 선의인 경우에도 선의의 제3자에 해당한다(대판 2013.2.15, 2012다49292). 한편 선의의 제3자로부터 다시 매수한 자(전득자)는 악의라 할지라도 보호된다(엄폐물법칙, 통설).

---

[6] 이하에서 판결요지를 살펴본다.
통정허위표시의 무효를 대항할 수 없는 제3자란 허위표시의 당사자 및 포괄승계인 이외의 자로서 허위표시에 의하여 외형상 형성된 법률관계를 토대로 새로운 법률원인으로써 이해관계를 갖게 된 자를 말한다. 따라서, 소외인 1이 부동산의 매수자금을 피고로부터 차용하고 담보조로 가등기를 경료하기로 약정한 후 채권자들의 강제집행을 우려하여 소외인 2에게 가장양도한 후 피고 앞으로 가등기를 경료케 한 경우에 있어서, 피고는 형식상은 가장 양수인으로부터 가등기를 경료받은 것으로 되어 있으나 실질적인 새로운 법률원인에 의한 것이 아니므로 통정허위 표시에서의 제3자로 볼 수 없다(대판 1982.5.25, 80다1403).

[7] 이하에서 판결요지를 살펴본다.
[1] 상대방과 통정한 허위의 의사표시는 무효이고 누구든지 그 무효를 주장할 수 있는 것이 원칙이나, 허위표시의 당사자와 포괄승계인 이외의 자로서 허위표시에 의하여 외형상 형성된 법률관계를 토대로 실질적으로 새로운 법률상 이해관계를 맺은 선의의 제3자에 대하여는 허위표시의 당사자뿐만 아니라 그 누구도 허위표시의 무효를 대항하지 못하는 것인데, 제3자의 범위는 권리관계에 기초하여 형식적으로만 파악할 것이 아니라 허위표시행위를 기초로 하여 새로운 법률상 이해관계를 맺었는지 여부에 따라 실질적으로 파악하여야 한다.
[2] 갑이 부동산 관리를 위해 을에게 매매예약을 등기원인으로 소유권이전등기청구권 가등기를 마쳐 주었고, 그 후 을이 제기한 가등기에 기한 본등기의 이행을 구하는 소송이 공시송달로 진행된 결과 을의 승소판결이 선고되어 외형상 확정되었으나, 갑이 추완항소를 제기하여 가등기의 등기원인인 매매예약이 갑과 을의 통정한 허위의 의사표시에 의한 것으로 무효라는 이유로 제1심판결을 취소하고 을의 청구를 기각하는 판결이 선고·확정되었는데, 위 부동산에 관하여 을이 갑의 추완항소 이전에 발급받았던 송달증명원 및 확정증명원을 가지고 확정판결을 원인으로 지분소유권이전등기를 마쳤고, 을의 남편인 병이 재산분할을 원인으로 지분소유권이전등기를 마쳤으며, 그 후 정과 무가 위 부동산에 관하여 매매를 원인으로 지분소유권이전등기를 순차로 마친 경우, 무는 을 명의의 허위가등기 자체를 기초로 하여 새로운 법률상 이해관계를 맺은 제3자의 지위에 있다고 볼 수 없으므로, 무가 통정한 허위의 의사표시의 제3자에 해당한다고 본 원심판단에는 법리오해 등의 잘못이 있다(대판 2020.1.30, 2019다280375).

⑤ '대항하지 못한다'의 의미
- 선의의 제3자가 보호받는 경우 허위표시의 당사자뿐만 아니라 그 누구도 제3자에게 허위표시의 무효를 주장할 수 없다는 것이 통설·판례이다. 기출 24
- 그러나 선의의 제3자가 스스로 허위표시의 무효를 주장할 수는 있다(통설). 기출 06

(4) 적용범위
① 민법 제108조는 계약에 한하지 않고, 상대방 있는 단독행위에도 적용된다.
② 상대방 없는 행위에는 적용되지 않는다.
③ 가족법상의 법률행위에서 허위표시는 언제나 무효이다.

(5) 허위표시와 철회
① 당사자 간 합의로 허위표시의 철회는 가능하다(통설).
② 철회가 있기 전 이해관계를 맺은 선의의 제3자에 대하여 철회를 가지고 대항할 수 없고, 철회 후에 이해관계를 맺은 제3자에 대해서는 허위표시의 외형을 제거한 경우에만 철회를 가지고 제3자에게 대항할 수 있다(통설).

(6) 민법 제108조 제2항의 유추적용 여부
乙이 甲으로부터 부동산에 관한 담보권설정의 대리권만 수여받고도 그 부동산에 관하여 자기 앞으로 소유권이전등기를 하고 이어서 丙에게 그 소유권이전등기를 경료한 경우, 丙은 乙을 甲의 대리인으로 믿고서 위 등기의 원인행위를 한 것도 아니고, 甲도 乙 명의의 소유권이전등기가 경료된 데 대하여 이를 통정·용인하였거나 이를 알면서 방치하였다고 볼 수 없다면 이에 민법 제126조나 제108조 제2항을 유추할 수는 없다(대판 1991.12.27. 91다3208).

4. 착오로 인한 의사표시

> **착오로 인한 의사표시(민법 제109조)**
> ① 의사표시는 법률행위의 내용의 중요부분에 착오가 있는 때에는 취소할 수 있다. 그러나 그 착오가 표의자의 중대한 과실로 인한 때에는 취소하지 못한다.
> ② 전항의 의사표시의 취소는 선의의 제3자에게 대항하지 못한다.

(1) 서 설
의사표시는 법률행위의 내용의 중요부분에 착오가 있는 때에는 취소할 수 있다. 그러나 그 착오가 표의자의 중대한 과실로 인한 때에는 취소하지 못하며(민법 제109조 제1항), 그 의사표시의 취소는 선의의 제3자에게 대항하지 못한다(민법 제109조 제2항). 여기서 착오에 의한 의사표시란 표시에 의하여 추단되는 의사와 진의가 일치하지 않으며 그 불일치를 표의자 자신이 모르는 의사표시를 말한다. 한편 표의자가 착오를 이유로 의사표시를 취소하는 경우, 착오취소를 배제하는 사유가 없어야 하는데, 그러한 사유로는 취소권 배제의 합의, 취소권의 포기(민법 제143조, 제144조) 또는 실효, 사후의 사정변경으로 취소주장이 신의칙에 반하는 경우, 상대방의 양해, 자발적인 위험인수 등을 들 수 있다. 이에 대한 증명책임은 표의자의 상대방에게 있다.

> **법률행위 당시 의사표시자의 인식이 장래에 있을 어떤 사항에 대한 단순한 예측이나 기대에 머무르는 것이 아니라 그 예측이나 기대의 근거가 되는 현재 사정에 대한 인식을 포함하고 있고, 그 인식이 실제로 있는 사실과 일치하지 않는 경우, 이를 착오로 다툴 수 있는지 여부(적극)**
>
> 민법 제109조에 따라 의사표시에 착오가 있다고 하려면 법률행위를 할 당시에 실제로 없는 사실을 있는 사실로 잘못 깨닫거나 아니면 실제로 있는 사실을 없는 것으로 잘못 생각하듯이 의사표시자의 인식과 그러한 사실이 어긋나는 경우라야 한다. 의사표시자가 행위를 할 당시 장래에 있을 어떤 사항의 발생을 예측한 데 지나지 않는 경우는 의사표시자의 심리상태에 인식과 대조사실의 불일치가 있다고 할 수 없어 이를 착오로 다룰 수 없다. 다만 어떠한 인식이 장래에 있을 어떤 사항에 대한 단순한 예측이나 기대에 머무르는 것이 아니라 그 예측이나 기대의 근거가 되는 현재 사정에 대한 인식을 포함하고 있고 그 인식이 실제로 있는 사실과 일치하지 않는다면 이를 착오로 다룰 수 있다(대판 2024.8.1. 2024다206760).
>
> **법률행위의 중요부분에 착오가 있음을 이유로 한 의사표시의 취소가 신의성실의 원칙에 비추어 허용될 수 없다고 본 사례**
>
> 매매계약의 체결 경위 및 당시 시행되던 소득세법, 같은 법 시행령, 조세감면규제법, 주택건설촉진법 등 관계 규정에 의하면, 토지의 매수인이 개인인지 법인인지, 법인이라도 주택건설사업자인지 및 주택건설사업자라도 양도소득세 면제신청을 할 것인지 여부 등은 매도인이 부담하게 될 양도소득세액 산출에 중대한 영향을 미치게 되어 이 점에 관한 착오는 법률행위의 내용의 중요부분에 관한 것이라고 할 수 있으나, 소득세법 및 같은법 시행령의 개정으로 1989.8.1. 이후 양도한 것으로 보게 되는 거래에 대하여는 투기거래의 경우를 제외하고는 법인과의 거래에 있어서도 개인과의 거래와 마찬가지로 양도가액을 양도 당시의 기준시가에 의하도록 변경된 점에 비추어 볼 때, 매매계약의 체결에 위와 같은 착오가 있었다 하더라도 소득세법상의 양도시기가 1989.8.1. 이후로 보게 되는 관계로 매도인은 당초 예상한 바와 같이 기준시가에 의한 양도소득세액만 부담하면 족한 것으로 확정되어 위 착오로 인한 불이익이 소멸되었으므로, 그 후 이 사건 소송계속 중에 준비서면의 송달로써 한 취소의 의사표시는 신의성실의 원칙상 허용될 수 없다(대판 1995.3.24. 94다44620). 기출 24

(2) 착오의 유형

1) 표시상의 착오

표의자가 외부적으로 자기가 표시한 것으로 나타난 바를 표시하려 하지 않았던 경우에 이 유형의 착오가 존재한다. 즉, 표시행위 자체를 잘못하는 것이 표시상의 착오이다. 판례는 신원보증서류에 서명날인한다는 착각에 빠진 상태로 연대보증의 서면에 서명날인한 경우, 결국 이와 같은 행위는 강학상 기명날인의 착오(또는 서명의 착오), 즉 어떤 사람이 자신의 의사와 다른 법률효과를 발생시키는 내용의 서면에, 그것을 읽지 않거나 올바르게 이해하지 못한 채 기명날인을 하는 이른바 표시상의 착오에 해당하고 착오가 제3자의 기망행위에 의하여 일어난 것이라 하더라도 그에 관하여는 사기에 의한 의사표시에 관한 법리, 특히 상대방이 그러한 제3자의 기망행위사실을 알았거나 알 수 있었을 경우가 아닌 한 의사표시자가 취소권을 행사할 수 없다는 민법 제110조 제2항의 규정을 적용할 것이 아니라, 착오에 의한 의사표시에 관한 법리만을 적용하여 취소권 행사의 가부를 가려야 한다고 판시하고 있다(대판 2005.5.27. 2004다43824). 기출 21

2) 내용의 착오

표의자가 표시하려고 한 바를 제대로 표시하였지만 외부적으로 표시된 바를 법적으로 다른 의미 또는 범위와 결부시킨 경우에 내용의 착오가 존재한다.

3) 동기의 착오
① 의의 : 동기의 착오란 의사형성의 과정에 있어서의 착오이며, 이에는 당사자 일방의 동기의 착오가 있고, 쌍방의 동기의 착오가 있다.
② 문제점 : 민법 제109조 제1항은 '법률행위의 내용'에 착오가 있는 경우에만 착오를 이유로 의사표시를 취소할 수 있도록 규정하고 있는 바, '법률행위의 동기'에 착오가 있는 경우에도 이를 이유로 의사표시를 취소할 수 있을지 문제된다.
   ㉠ 학 설
     • 동기표시설(다수설) : 동기가 표시되고 이를 상대방이 알고 있는 경우에는 동기가 법률행위의 내용이 되어 민법 제109조를 적용할 수 있다는 견해로 표의자의 보호와 거래안전의 조화를 추구한다.
     • 동기포함설(민법 제109조 적용설) : 민법 제109조가 정한 착오의 개념에 동기의 착오도 포함되기에 표시 여하를 불문하고 민법 제109조의 요건을 갖추면 취소할 수 있다는 견해이다.
     • 민법 제109조 유추적용설 : 법률행위해석에 의해 동기가 법률행위의 내용으로 되었다고 할 수 없는 경우에는 일반 착오와 동일하게 취급할 수는 없고, 다만, 거래에 있어서 중요한 사람 또는 물건의 성질에 대한 착오 및 이에 준하는 착오는 민법 제109조를 유추적용할 수 있다는 견해이다.
   ㉡ 판례 : 동기가 표시되어 의사표시 해석상 법률행위의 내용이 된 경우이거나 표시되지는 않았더라도 동기의 착오가 상대방으로부터 유발되거나 제공된 경우, 민법 제109조를 적용할 수 있다. 다만, 이때에도 민법 제109조의 나머지 요건(중요 부분, 무중과실)을 갖추어야 취소할 수 있다는 점을 주의해야 한다. 기출 05·23
   ㉢ 검토 : 표의자의 보호와 거래안전의 조화의 필요성을 고려할 때 동기표시설이 타당하다.

핵심문제

01 甲은 강제집행을 면할 목적으로 자기 소유의 X토지에 관하여 乙과 짜고 허위의 매매계약을 체결한 후 乙명의로 소유권이전등기를 마쳐 주었다. 그 후 乙은 丙에게 금전을 차용하면서 X토지 위에 저당권을 설정하였다. 이에 관한 설명으로 옳지 않은 것은?(다툼이 있으면 판례에 따름) 기출 19

① 甲과 乙사이의 매매계약은 무효이다.
② 丙은 특별한 사정이 없는 한 선의로 추정된다.
③ 丙이 보호받기 위해서는 허위표시에 대하여 선의이면 족하고 무과실일 필요는 없다.
④ 丙이 악의인 경우, 甲은 丙의 저당권등기의 말소청구를 할 수 있다.
⑤ 丙이 선의인 경우, 甲은 乙에게 X토지의 진정명의회복을 위한 소유권이전등기를 청구할 수 없다.

【해설】
① (○) 상대방과 통정한 허위의 의사표시는 무효로 한다(민법 제108조 제1항).
② (○) 제3자는 특별한 사정이 없는 한 선의로 추정되므로, 허위표시를 한 부동산 양도인이 제3자에 대하여 소유권을 주장하려면 제3자가 악의라는 사실을 주장·입증하여야 한다(대판 2006.3.10. 2002다1321).
③ (○) 제3자는 선의이면 족하고 무과실은 요건이 아니다(대판 2006.3.10. 2002다1321).
④ (○) 악의의 丙에게 甲은 저당권등기의 말소청구를 할 수 있다(대항할 수 있다).
⑤ (×) 乙명의 등기는 무효이고 부동산의 소유권은 여전히 甲에게 있으므로 甲은 乙을 상대로 무효등기의 말소를 청구할 수도 있고, 진정명의회복을 원인으로 하는 소유권이전등기를 청구할 수도 있다. 다만, 선의 丙에게는 대항할 수 없으므로(민법 제108조 제2항), 甲은 丙의 저당권에 의하여 제한된 소유권을 취득하게 된다.

정답 ⑤

4) 그 밖의 착오

① **표시기관의 착오** : 사자 또는 기계를 통하여 의사표시를 하였는데 그 중개적 표시기관이 잘못하여 표의자의 진의와 다른 의사표시를 한 경우로, 표시상의 착오의 한 유형으로 이해할 수 있다.

② **계산의 착오** : 공사대금 등을 계산하면서 표의자가 계산 자체를 잘못하거나 계산의 기초가 된 사정에 관하여 잘못 안 경우를 말한다. 그런데 표의자가 계산의 기초를 표시하지 않고 잘못된 총액, 즉 계산결과만 표시하였다면 동기의 착오에 해당하는 반면, 당사자들이 계산결과가 아니라 시세 또는 일정한 계산방식에 합의하였다면 그릇된 계산결과는 효력을 가지지 않고 정확한 계산이 다시 행하여져야 하며, 계산결과와 계산방식이 동등한 비중으로 합의되었다면 그 다의성으로 인해 합의에는 이르지 못한 것으로 보아야 한다.

③ **법률의 착오** : 법률상태 즉 법률규정의 존부 또는 의미에 관한 착오를 말하며 의사표시의 내용을 이루는 법률효과에 관한 착오인 법률효과의 착오(내용의 착오에 해당)와 구별된다. 법률의 착오에 관하여 학설은 대부분 착오의 일반이론에 의하여 해결하여야 한다는 태도이고, 판례도 같은 취지로 보인다.

> 법률에 관한 착오(양도소득세가 부과될 것인데도 부과되지 아니하는 것으로 오인)라도 그것이 법률행위의 내용의 중요부분에 관한 것인 때에는 표의자는 그 의사표시를 취소할 수 있고, 또 매도인에 대한 양도소득세의 부과를 회피할 목적으로 매수인이 주택건설을 목적으로 하는 주식회사를 설립하여 여기에 출자하는 형식을 취하면 양도소득세가 부과되지 않을 것이라고 말하면서 그러한 형식에 의한 매매를 제의하여 매도인이 이를 믿고 매매계약을 체결한 것이라 하더라도 그것이 곧 사회질서에 반하는 것이라고 단정할 수 없으므로 이러한 경우에 역시 의사표시의 착오의 이론을 적용할 수 있다(대판 1981.11.10. 80다2475). **기출** 24·25

(3) 취소권 발생의 요건

1) 법률행위 내용의 중요부분에 착오가 있을 것(이중적 기준설)(통설)(대판 1999.4.23. 98다45546) **기출** 18

① **객관적 현저성** : 보통 일반인이 표의자의 입장에 섰더라면 그러한 의사표시를 하지 않았을 것이라고 생각될 정도로 중요한 것이어야 한다.

② **주관적 현저성** : 표의자가 이러한 착오가 없었더라면 그 의사표시를 하지 않았을 것이라고 판단될 정도로 중요한 것이어야 한다. 결국, 판례는 법률행위의 내용의 중요부분에 착오가 있는지 여부는 그 행위에 관하여 주관적·객관적 표준에 좇아 구체적 사정에 따라 가려져야 할 것이고, 추상적·일률적으로 이를 가릴 수 없다고 한다(대판 1985.4.23. 84다카890).

중요부분 착오 ○	중요부분의 착오 ×
임대차계약에서 임차인의 착오	매매에 있어서 사람의 동일성의 착오
보증인의 주채무자에 대한 착오	보증인의 주채무자의 신용상태나 변제자력에 대한 착오
매매계약에서 목적물인 점포에 대한 착오	표의자가 경제적 불이익을 입지 않은 경우
토지의 현황·경계에 대한 착오	토지의 수량 **기출** 20
설계용역계약에서 건축사 자격증 여부에 대한 착오	시가에 대한 착오 **기출** 20

2) 표의자에게 중과실이 없을 것

① 중대한 과실이란 표의자의 직업, 행위의 종류, 목적 등에 비추어 보통 베풀어야 할 주의를 현저하게 결여하는 것을 말한다(대판 2003.4.11. 2002다70884). **기출** 10

② 표의자에게 중과실이 없어야 취소할 수 있음이 원칙이나, 표의자에게 중대한 과실이 있다 하더라도 당초에 그 상대방이 악의로서 표의자의 착오를 알고 이를 이용한 경우에는 표의자는 의사표시를 취소할 수 있다(대판 1955.11.10. 4288민상321). **기출** 15·18·21

3) 입증책임
① 중요부분의 착오가 있다는 것은 착오에 의한 취소를 주장하는 표의자가 입증해야 한다. 기출 10·21
② 표의자에게 중과실이 있다는 점은 상대방이 입증하여 취소를 저지해야 한다. 기출 05·06·24

4) 착오에 대한 상대방의 예견가능성 요부
상대방의 예견가능성을 요건으로 하는 것은 명문에 반하고, 사실상 착오에 의한 취소를 봉쇄하는 결과가 되므로 이를 요건으로 하지 않는다(통설·판례).

(4) 효 과

1) 법률행위의 소급적 무효(민법 제141조 본문)
착오가 법률행위 일부에만 관계된 경우에는 그 부분만의 일부취소가 가능하며, 그 효과는 일부무효의 법리가 적용된다(통설)(대판 1998.2.10. 97다44737).

2) 제3자에 대한 효과
① 착오에 의한 의사표시의 취소는 선의의 제3자에게 대항하지 못한다.
② 제3자에는 단순히 착오로 인한 의사표시의 취소가 있기 전에 새로운 이해관계를 맺은 자뿐만 아니라 법률행위 취소 이후라도 그러한 사정을 모르는 자도 포함된다(통설).

3) 신뢰이익의 배상책임
계약체결상의 과실책임(민법 제535조)을 유추적용하여 표의자에게 경과실이 있는 경우, 신뢰이익 배상책임을 인정한다(다수설).

4) 불법행위로 인한 손해배상책임
판례는 불법행위로 인한 손해배상책임이 성립하기 위하여는 가해자의 고의 또는 과실 이외에 행위의 위법성이 요구되므로, 전문건설공제조합이 계약보증서를 발급하면서 조합원이 수급할 공사의 실제 도급금액을 확인하지 아니한 과실이 있다고 하더라도 민법 제109조에서 중과실이 없는 착오자의 착오를 이유로 한 의사표시의 취소를 허용하고 있는 이상, 전문건설공제조합이 과실로 인하여 착오에 빠져 계약보증서를 발급한 것이나 그 착오를 이유로 보증계약을 취소한 것이 위법하다고 할 수는 없다고 하여(대판 1997.8.22. 97다13023) 착오자의 손해배상책임을 부정하는 판시를 한바 있다. 기출 24

(5) 적용범위
① 신분행위에는 적용이 없다(다수설). 또한 소송행위나 공법상의 행위에도 적용되지 않는다(대판 1962.11.22. 62다655). 기출 18

> **표시기관의 착오로 인한 소 취하의 효력(유효)과 그 임의 철회 여부(소극)**
> 소의 취하는 원고가 제기한 소를 철회하여 소송계속을 소멸시키는 원고의 법원에 대한 소송행위이고 소송행위는 일반 사법상의 행위와는 달리 내심의 의사보다 그 표시를 기준으로 하여 그 효력 유무를 판정할 수밖에 없는 것인바, 원고들 소송대리인으로부터 원고 중 1인에 대한 소 취하를 지시받은 사무원은 원고들 소송대리인의 표시기관에 해당되어 그의 착오는 원고들 소송대리인의 착오로 보아야 하므로, 그 사무원의 착오로 원고들 소송대리인의 의사에 반하여 원고들 전원의 소를 취하하였다 하더라도 이를 무효라 볼 수는 없고, 적법한 소 취하의 서면이 제출된 이상 그 서면이 상대방에게 송달되기 전·후를 묻지 않고 원고는 이를 임의로 철회할 수 없다(대판 1997.6.27. 97다6124).

> **민법 제109조에 따라 법률행위의 내용의 중요 부분에 착오가 있는 경우, 소취하합의의 의사표시도 취소할 수 있는지 여부(적극) 및 '법률행위의 중요 부분의 착오'의 의미 / 착오를 이유로 의사표시를 취소하는 자가 증명하여야 할 사항**
>
> 소취하합의의 의사표시 역시 민법 제109조에 따라 법률행위의 내용의 중요 부분에 착오가 있는 때에는 취소할 수 있을 것이다. 의사표시의 동기에 착오가 있는 경우에는 당사자 사이에 그 동기를 의사표시의 내용으로 삼았을 때에 한하여 의사표시의 내용의 착오가 되어 취소할 수 있는 것이며, 법률행위의 중요 부분의 착오라 함은 표의자가 그러한 착오가 없었더라면 그 의사표시를 하지 않으리라고 생각될 정도로 중요한 것이어야 하고 보통 일반인도 표의자의 처지에 섰더라면 그러한 의사표시를 하지 않았으리라고 생각될 정도로 중요한 것이어야 한다. 이때 착오를 이유로 의사표시를 취소하는 자는 법률행위의 내용에 착오가 있었다는 사실과 함께 착오가 의사표시에 결정적인 영향을 미쳤다는 점, 즉 만일 착오가 없었더라면 의사표시를 하지 않았을 것이라는 점을 증명하여야 한다(대판 2020.10.15. 2020다227523).

② 정형적 거래행위, 단체적 거래행위에는 원칙적으로 민법 제109조가 적용되지만, 거래안전을 위하여 일정한 경우에는 제한될 수 있다. 회사성립 후에 주식을 인수한 자는 착오를 이유로 그 인수를 취소하지 못한다(상법 제320조 제1항).

③ 판례는 재단법인에 대한 출연자와 법인과의 관계에 있어서 그 출연행위에 터 잡아 법인이 성립되면 그로써 출연재산은 민법 제48조에 의하여 법인성립 시에 법인에게 귀속되어 법인의 재산이 되는 것이고, 출연재산이 부동산인 경우에 있어서도 위 양 당사자 간의 관계에 있어서는 법인의 성립 외에 등기를 필요로 하는 것은 아니라 할지라도, 재단법인의 출연자가 착오를 원인으로 취소를 한 경우에는 출연자는 재단법인의 성립 여부나 출연된 재산의 기본재산인 여부와 관계없이 그 의사표시를 취소할 수 있다고 한다(대판 1999.7.9. 98다9045). **기출** 21·22

(6) 민법 제109조와 다른 규정과의 경합 여부

1) 착오와 사기의 경합

착오와 사기가 경합할 때 표의자는 선택적으로 주장할 수 있다(통설·판례).

2) 착오와 담보책임의 경합

① 학설: 착오와 담보책임이 경합하는 경우에 양자는 경합하지 않고 매도인의 담보책임이 적용되는 한에 있어서 착오의 규정이 적용되지 않는다(법조경합설)는 견해와 양자의 경합을 인정하는 소수설이 대립한다.

② 판례: 민법 제109조 제1항에 의하면 법률행위 내용의 중요 부분에 착오가 있는 경우 착오에 중대한 과실이 없는 표의자는 법률행위를 취소할 수 있고, 민법 제580조 제1항, 제575조 제1항에 의하면 매매의 목적물에 하자가 있는 경우 하자가 있는 사실을 과실 없이 알지 못한 매수인은 매도인에 대하여 하자담보책임을 물어 계약을 해제하거나 손해배상을 청구할 수 있다. 착오로 인한 취소 제도와 매도인의 하자담보책임 제도는 취지가 서로 다르고, 요건과 효과도 구별된다. 따라서 매매계약 내용의 중요 부분에 착오가 있는 경우 매수인은 매도인의 하자담보책임이 성립하는지와 상관없이 착오를 이유로 매매계약을 취소할 수 있다(대판 2018.9.13. 2015다78703). **기출** 20·21·24·25

③ 검토: 착오로 인한 취소 제도와 매도인의 하자담보책임 제도는 취지가 서로 다르고, 요건과 효과도 구별되므로, 착오와 담보책임의 경합을 인정하는 것이 타당하다.

3) 해제와 취소의 경합

매도인이 매수인의 중도금지급채무 불이행을 이유로 매매계약을 적법하게 해제한 후라도, 매수인은 계약해제에 따라 자신이 부담하게 될 손해배상책임을 피하기 위해 착오를 이유로 위 매매계약을 취소하여 이를 무효로 돌릴 수 있다(대판 1991.8.27. 91다11308). **기출** 13·15·18·25

4) 화해계약에 있어서 착오
① 민법상 화해계약에 있어서는 당사자는 착오를 이유로 취소하지 못하고 다만, 화해 당사자의 자격 또는 화해의 목적인 분쟁 이외의 사항에 착오가 있는 때에 한하여 취소할 수 있다(민법 제733조). 기출 14·15
② 화해의 목적인 분쟁 이외의 사항이라 함은 분쟁의 대상이 아니라 분쟁의 전제 또는 기초가 된 사항으로서 쌍방 당사자가 예정한 것이어서 상호양보의 내용으로 되지 않고 다툼이 없는 사실로 양해된 사항을 말한다(대판 2007.12.27. 2007다70285).

(7) 착오에 관한 구체적 검토

1) 중요부분의 착오에 해당하는 사례

귀속해제된 토지인데도 귀속재산인 줄로 잘못 알고 국가에 증여를 한 경우 이러한 착오는 일종의 동기의 착오라 할 것이나 그 동기를 제공한 것이 관계 공무원이었고 그러한 동기의 제공이 없었더라면 위 토지를 선뜻 국가에게 증여하지는 않았을 것이라면 그 동기는 증여행위의 중요부분을 이룬다고 할 것이므로 뒤늦게 그 착오를 알아차리고 증여계약을 취소했다면 그 취소는 적법하다(대판 1978.7.11. 78다719).

2) 중요부분의 착오에 해당하지 않는 사례

① 주채무자의 차용금반환채무를 보증할 의사로 공정증서에 연대보증인으로 서명·날인하였으나 그 공정증서가 주채무자의 기존의 구상금채무 등에 관한 준소비대차계약의 공정증서이었던 경우, 위와 같은 착오는 연대보증계약의 중요 부분의 착오가 아니다(대판 2006.12.7. 2006다41457).[8] 기출 20
② 회사사고 담당직원이 회사운전수에게 잘못이 있는 것으로 착각하고 회사를 대리하여 병원경영자와 간에 환자의 입원치료비의 지급을 연대보증하기로 계약한 경우는, 의사표시의 동기에 착오가 있는 것에 불과하므로, 특히 그 동기를 계약내용으로 하는 의사를 표시하지 아니한 이상, 착오를 이유로 계약을 취소할 수 없다(대판 1979.3.27. 78다2493).

5. 사기·강박에 의한 의사표시

사기, 강박에 의한 의사표시(민법 제110조)
① 사기나 강박에 의한 의사표시는 취소할 수 있다.
② 상대방 있는 의사표시에 관하여 제3자가 사기나 강박을 행한 경우에는 상대방이 그 사실을 알았거나 알 수 있었을 경우에 한하여 그 의사표시를 취소할 수 있다.
③ 전2항의 의사표시의 취소는 선의의 제3자에게 대항하지 못한다.

---

[8] 다음의 판례와 구별하여야 한다. 판례는 신원보증서류에 서명날인한다는 착각에 빠진 상태로 연대보증의 서면에 서명날인한 경우, 결국 이와 같은 행위는 강학상 기명날인의 착오(또는 서명의 착오), 즉 어떤 사람이 자신의 의사와 다른 법률효과를 발생시키는 내용의 서면에, 그것을 읽지 않거나 올바르게 이해하지 못한 채 기명날인을 하는 이른바 표시상의 착오에 해당한다(대판 2005.5.27. 2004다43824)고 판시하고 있다.

(1) 서 설

피기망자나 피강박자의 재산을 보호하려는 것이 아니라 표의자의 의사결정의 자유를 보장하려는 것이 그 취지이다. 따라서 표의자에게 재산상 손해가 있을 것은 취소권 발생의 요건이 아니다.

(2) 사기·강박에 의한 의사표시의 요건

1) 사기에 의한 의사표시

① 의사표시의 존재
② 사기자의 고의 : 표의자를 기망하여 착오에 빠지게 하려는 고의와 착오에 기하여 의사표시를 하게 하려는 고의, 즉 2단계의 고의가 있어야 한다.
③ 기망행위가 있었을 것
- 작위에 의한 적극적 기망행위뿐만 아니라 부작위, 특히 침묵도 기망행위를 구성할 수 있다. 부작위가 기망이 되기 위해서는 신의칙 및 거래관념에 비추어 어떤 상황을 고지 내지 설명할 의무가 있음에도 불구하고 이를 알리지 않을 것을 요한다.
- 기망행위(사기행위)가 존재하여야 한다. 예를 들어, 상품의 선전, 광고에 있어 다소의 과장이나 허위가 수반되는 것은 그것이 일반 상거래의 관행과 신의칙에 비추어 시인될 수 있는 한 기망성이 결여된다고 하겠으나, 대형백화점의 이른바 변칙세일은 기망행위에 해당한다(대판 1993.8.13. 92다52665). 기출 08·16
④ 기망행위의 위법성 : 교환계약의 당사자가 자기 소유 목적물의 시가를 묵비한 것은 특별한 사정이 없는 한 위법한 기망행위가 되지 않는다(대판 2002.9.4. 2000다54406). 기출 14·16·24
⑤ 인과관계의 존재 : 기망과 착오, 착오와 의사표시 사이에 모두 인과관계가 있어야 한다.

핵심문제

01 착오에 의한 의사표시에 관한 설명으로 옳은 것은?(다툼이 있으면 판례에 따름) 기출 19

① 매도인의 담보책임이 성립하는 경우, 매수인은 매매계약 내용의 중요부분에 착오가 있더라도 이를 취소할 수 없다.
② 소송행위에도 특별한 사정이 없는 한 착오를 이유로 하는 취소가 허용된다.
③ 착오로 인하여 표의자가 경제적 불이익을 입지 않은 경우에는 법률행위 내용의 중요부분의 착오라고 볼 수 없다.
④ 표의자에게 중대한 과실이 있다는 사실은 법률행위의 효력을 부인하는 자가 증명하여야 한다.
⑤ 매도인이 매수인의 채무불이행을 이유로 매매계약을 적법하게 해제한 경우에는 매수인은 착오를 이유로 그 매매계약을 취소할 수 없다.

[해설]
① (×) 매매계약 내용의 중요부분에 착오가 있는 경우 매수인은 매도인의 하자담보책임이 성립하는지와 상관없이 착오를 이유로 그 매매계약을 취소할 수 있다(대판 2018.9.13. 2015다78703).
② (×) 소송행위에 관하여 착오에 의한 의사표시가 적용되지 않는다(대판 1964.9.15. 64다92).
③ (○) 착오가 있었다고 하여 그로 인하여 표의자가 무슨 경제적 불이익을 입은 것은 아니라는 이유로 중요부분의 착오에 해당하지 않는다고 보았다(대판 2006.12.7. 2006다41457).
④ (×) 민법 제109조 제1항 단서에서 규정하는 착오한 표의자의 중대한 과실 유무에 관한 주장과 입증책임은 착오자가 아니라 의사표시를 취소하게 하지 않으려는 상대방에게 있는 것이다(대판 2005.5.12. 2005다6228).
⑤ (×) 매도인이 매수인의 중도금지급채무 불이행을 이유로 매매계약을 적법하게 해제한 후라도, 매수인의 계약해제에 따라 자신이 부담하게 될 손해배상책임을 피하기 위해 착오를 이유로 위 매매계약을 취소하여 이를 무효로 돌릴 수 있다(대판 1991.8.27. 91다11308).

정답 ③

2) 강박에 의한 의사표시
① 의사표시의 존재 : 절대적 폭력에 의하여 행위를 한 경우에는 의사표시가 존재하지 않는다. 판례는 이러한 행위를 무효로 본다. 기출 08·24
② 강박자의 고의 : 강박자는 표의자에게 공포심을 일으키려는 고의와 그 공포심에 의하여 일정한 의사표시를 하게 하려는 고의, 즉 2단계의 고의가 있어야 한다. 기출 24
③ 강박행위
   • 강박행위란 장차 해악이 초래될 것임을 고지하여 공포심을 일으키게 하는 행위를 말한다.
   • 해악의 종류나 방법은 불문한다. 해악은 비재산적 법익에 대한 것일 수도 있다.
   • 어떤 해악의 고지가 아니라 단지 각서에 서명·날인할 것을 강력히 요구하는 행위는 강박행위가 아니다. 기출 14
④ 강박행위의 위법성 : 이 의미는 강박행위 그 자체가 위법하여야 한다는 의미가 아닌 표의자의 의사결정이 위법하게 이루어져야 한다는 것을 의미한다. 따라서 위법성이 인정되기 위해서는 수단이 위법하거나, 추구하는 목적이 위법하거나 수단과 목적을 상관적으로 고려하여 정당하지 않으면 된다(통설·판례).
⑤ 인과관계의 존재

핵심문제

01 사기나 강박에 의한 의사표시에 관한 설명으로 옳지 않은 것은?(다툼이 있으면 판례에 따름) 변리 17

① 민법상의 법률행위에 관한 규정은 특별한 사정이 없는 한 소송행위에는 적용이 없으므로, 소송행위가 강박에 의하여 이루어지더라도 이를 이유로 취소할 수는 없다.
② 매도인의 기망에 의하여 타인 소유의 물건을 매도인의 것으로 알고 매수한 자는 만일 그것이 타인의 물건인 줄 알았더라면 매수하지 아니하였을 사정이 있는 경우, 매도인의 사기를 이유로 매매계약을 취소할 수 있다.
③ 상대방의 사기에 속아 신원보증서류에 서명날인한다는 착각에 빠진 상태로 연대보증서면에 서명날인한 경우, 이러한 표시상의 착오에서는 착오 이외에 사기를 이유로도 연대보증계약을 취소할 수 있다.
④ 은행 출장소장은 은행 또는 은행과 동일시할 수 있는 자이므로, 그의 사기에 속아 은행과 대출계약을 체결한 사람은 은행이 그 사기사실을 알았거나 알 수 있었을 경우에 한하여 대출계약을 취소할 수 있는 것은 아니다.
⑤ 강박에 의한 법률행위가 동시에 불법행위를 구성하는 경우, 그 취소의 효과로 생기는 부당이득반환청구권과 불법행위로 인한 손해배상청구권은 경합하지만 중첩적으로 행사할 수는 없다.

[해설]
① (○) 대판 1997.10.10. 96다35484
② (○) 대판 1973.10.23. 73다268
③ (×) 사기에 의한 의사표시란 타인의 기망행위로 말미암아 착오에 빠지게 된 결과 어떠한 의사표시를 하게 되는 경우이므로 거기에는 의사와 표시의 불일치가 있을 수 없고, 단지 의사의 형성과정 즉 의사표시의 동기에 착오가 있는 것에 불과하며, 이 점에서 고유한 의미의 착오에 의한 의사표시와 구분되는데, 신원보증서류에 서명날인한다는 착각에 빠진 상태로 연대보증의 서면에 서명날인한 경우, 결국 위와 같은 행위는 강학상 기명날인의 착오(또는 서명의 착오), 즉 어떤 사람이 자신의 의사와 다른 법률효과를 발생시키는 내용의 서면에, 그것을 읽지 않거나 올바르게 이해하지 못한 채 기명날인을 하는 이른바 표시상의 착오에 해당하므로, 비록 위와 같은 착오가 제3자의 기망행위에 의하여 일어난 것이라 하더라도 그에 관하여는 사기에 의한 의사표시에 관한 법리, 특히 상대방이 그러한 제3자의 기망행위사실을 알았거나 알 수 있었을 경우가 아닌 한 의사표시자가 취소권을 행사할 수 없다는 민법 제110조 제2항의 규정을 적용할 것이 아니라, 착오에 의한 의사표시에 관한 법리만을 적용하여 취소권 행사의 가부를 가려야 한다(대판 2005.5.27. 2004다43824).
④ (○) 대판 1999.2.23. 98다60828
⑤ (○) 법률행위가 사기에 의한 것으로서 취소되는 경우에 그 법률행위가 동시에 불법행위를 구성하는 때에는 취소의 효과로 생기는 부당이득반환청구권과 불법행위로 인한 손해배상청구권은 경합하여 병존하는 것이므로, 채권자는 어느 것이라도 선택하여 행사할 수 있지만 중첩적으로 행사할 수는 없다(대판 1993.4.27. 92다56087). 판례의 취지를 고려할 때 강박에 의한 법률행위가 동시에 불법행위를 구성하는 경우, 부당이득반환청구권과 불법행위로 인한 손해배상청구권은 선택적으로 행사할 수는 있으나 중첩적으로 행사할 수는 없다.

정답 ③

(3) 사기·강박에 의한 의사표시의 효과

1) 상대방의 사기·강박

사기나 강박에 의한 의사표시는 취소할 수 있다(민법 제110조 제1항).

2) 제3자의 사기·강박

① 상대방 없는 의사표시 : 표의자는 언제든지 그 의사표시를 취소할 수 있다. 기출 16
② 상대방 있는 의사표시 : 상대방 있는 의사표시에 관하여 제3자가 사기나 강박을 행한 경우에는 상대방이 그 사실을 알았거나 알 수 있었을 경우에 한하여 그 의사표시를 취소할 수 있다(민법 제110조 제2항).
기출 06·09·10

3) 제3자의 사기·강박 여부가 문제되는 사례

① 실제로 기망 또는 강박행위를 한 사람이 의사표시 상대방의 의사에 좇아 계약교섭에 관여한 경우에 그는 제3자가 아니며, 그 상대방은 제3자를 통해 간섭을 한 것으로 해석한다.
② 민법 제110조 제2항에서 정한 제3자에 해당되지 아니한다고 볼 수 있는 자란 그 의사표시에 관한 상대방의 대리인 등 상대방과 동일시할 수 있는 자만을 의미하고, 단순히 상대방의 피용자이거나 상대방이 사용자책임을 져야 할 관계에 있는 피용자에 지나지 않는 자는 상대방과 동일시할 수 없어 이 규정에서 말하는 제3자에 해당한다(대판 1998.1.23. 96다41496). 기출 12·13·14·15·24
③ 대리인 등 상대방과 동일시할 수 있는 자가 사기나 강박을 행한 경우에는 민법 제110조 제1항에 의해 취소할 수 있다. 기출 23

4) 제3자에 대한 효과

① 취소를 주장하는 자와 양립되지 아니하는 법률관계를 가졌던 것이 취소 이전에 있었던가 이후에 있었던가는 가릴 필요 없이 사기에 의한 의사표시 및 그 취소사실을 몰랐던 모든 제3자에 대하여는 그 의사표시의 취소를 대항하지 못한다(대판 1975.12.23. 75다533). 기출 09·10
② 사기의 의사표시로 인한 매수인으로부터 부동산의 권리를 취득한 제3자는 특별한 사정이 없는 한 선의로 추정할 것이므로 사기로 인하여 의사표시를 한 부동산의 양도인이 제3자에 대하여 사기에 의한 의사표시의 취소를 주장하려면 제3자의 악의를 입증할 필요가 있다(대판 1970.11.24. 70다2155).

(4) 적용범위

① 가족법상의 법률행위에는 적용되지 않는다.
② 단체적 행위, 소송행위 및 공법상의 행위에는 적용되지 않는다. 따라서 소 또는 항소취하, 소송상 화해, 귀속재산불하의 취소 처분에는 적용되지 않는다.

(5) 민법 제110조와 다른 규정과의 경합 여부

① 사기와 착오의 경합 : 통설과 판례는 경합을 긍정하므로 선택적으로 취소권을 행사할 수 있다. 기출 13
② 사기와 담보책임과의 경합 : 통설과 판례는 기망에 의해 하자 있는 물건에 관한 매매가 성립한 경우 매수인은 하자담보청구권과 사기에 의한 취소권을 선택적으로 행사할 수 있다고 한다.
③ 사기와 불법행위책임과의 경합 : 사기와 강박이 불법행위의 요건을 갖춘 때에는 의사표시의 취소와 동시에 불법행위에 기한 손해배상청구권을 행사할 수 있다. 다만, 경합에 대하여 판례는 "제3자의 사기행위로 인하여 피해자가 주택건설사와 사이에 주택에 관한 분양계약을 체결하였다고 하더라도 제3자의 사기행위 자체가 불법행위를 구성하는 이상, 제3자로서는 그 불법행위로 인하여 피해자가 입은 손해를 배상할 책임을 부담하는 것이므로, 피해자가 제3자를 상대로 손해배상청구를 하기 위하여 반드시 그 분양계약을 취소할 필요는 없다"(대판 1998.3.10. 97다55829)고 판시하고 있다. 기출 13·14·16

Ⅲ 의사표시의 효력발생

의사표시의 효력발생시기(민법 제111조)
① 상대방이 있는 의사표시는 상대방에게 도달한 때에 그 효력이 생긴다.
② 의사표시자가 그 통지를 발송한 후 사망하거나 제한능력자가 되어도 의사표시의 효력에 영향을 미치지 아니한다.

제한능력자에 대한 의사표시의 효력(민법 제112조)
의사표시의 상대방이 의사표시를 받은 때에 제한능력자인 경우에는 의사표시자는 그 의사표시로써 대항할 수 없다. 다만, 그 상대방의 법정대리인이 의사표시가 도달한 사실을 안 후에는 그러하지 아니하다.

의사표시의 공시송달(민법 제113조)
표의자가 과실 없이 상대방을 알지 못하거나 상대방의 소재를 알지 못하는 경우에는 의사표시는 민사소송법 공시송달의 규정에 의하여 송달할 수 있다.

1. 서 설

① 상대방 없는 의사표시의 경우에 특정의 상대방이 없으므로 원칙적으로 표의자가 의사를 표명한 때에 그 효력이 발생한다. 다만, 유언의 경우 민법 제1065조의 방식을 준수해야 하고, 사인행위이므로 유언자의 사망시에 그 효력이 발생한다. 한편 상대방 있는 의사표시의 경우에는 표의자에 의한 표백 → 발신 → 상대방에의 도달 → 상대방의 요지 단계를 거치는데, 위 의사표시가 효력을 발생하기 위해서는 원칙적으로 수령능력 있는 상대방에게 도달하여야 한다(민법 제111조 제1항, 제112조, 도달주의). 기출 08
② 의사표시의 효력발생시기에 관한 규정은 임의규정이고, 다른 의사표시 규정과는 달리 원칙적으로 공법행위에도 적용된다.

2. 상대방 있는 의사표시의 효력발생시기

(1) 문제점

상대방 있는 의사표시의 경우에는 표의자에 의한 표백 → 발신 → 상대방에의 도달 → 상대방의 요지 단계를 거치는데, 이들 중 어느 시기에 의사표시가 효력을 발생한다고 할지 문제된다.

(2) 도달주의

1) 도달주의의 원칙
① 민법은 도달주의를 채택하여 상대방에게 도달된 때에 그 의사표시가 효력을 발생한다고 한다.
② 도달주의 원칙을 규정한 민법 제111조는 임의규정이다.

2) 도달의 의미 : 요지가능시설
① 상대방이 요지할 수 있는 상태에 이르면 도달한 것으로 본다(통설)(대판 1983.8.23. 82다카439). 기출 06
② 도달은 상대방이 의사표시의 내용을 알 수 있는 상태에 있으면 족하기 때문에 비록 상대방이 그 내용을 알지 못하였더라도 도달은 있었다고 보아야 한다. 따라서 상대방이 정당한 사유 없이 통지의 수령을 거절한 경우에도 상대방이 통지의 내용을 알 수 있는 객관적 상태에 놓여 있는 때에는 의사표시의 효력이 발생한다(대판 2008.6.12. 2008다19973).

> 채권양도의 통지와 같은 준법률행위의 도달은 의사표시와 마찬가지로 사회관념상 채무자가 통지의 내용을 알 수 있는 객관적 상태에 놓여졌을 때를 지칭하고, 그 통지를 채무자가 현실적으로 수령하였거나 그 통지의 내용을 알았을 것까지는 필요하지 않다. 채권양도의 통지서가 들어 있는 우편물을 채무자의 가정부가 수령한 직후 한집에 거주하고 있는 통지인인 채권자가 그 우편물을 바로 회수해 버렸다면 그 우편물의 내용이 무엇인지를 그 가정부가 알고 있었다는 등의 특별한 사정이 없었던 이상 그 채권양도의 통지는 사회관념상 채무자가 그 통지내용을 알 수 있는 객관적 상태에 놓여 있는 것이라고 볼 수 없으므로 그 통지는 피고에게 도달되었다고 볼 수 없을 것이다(대판 1983.8.23. 82다카439).

3) 도달의 인정 여부

① 보통우편의 방법으로 발송되었다는 사실만으로는 그 우편물이 상당기간 내에 도달하였다고 추정할 수 없고 송달의 효력을 주장하는 측에서 증거에 의하여 도달사실을 입증하여야 할 것이다(대판 2002.7.26. 2000다25002).

② 내용증명 우편물이 발송되고 반송되지 아니하면, 특단의 사정이 없는 한, 그 무렵에 송달되었다고 볼 것이다(대판 1980.1.15. 79다1498). 기출 16

핵심문제

01 의사표시의 취소에 관한 설명으로 옳은 것을 모두 고른 것은?(다툼이 있는 경우에는 판례에 의함) 기출 15

> ㄱ. 민법은 법률행위의 일부 무효에 대하여는 규정하고 있으나 일부 취소에 대하여는 규정하고 있지 않으므로, 법률행위의 일부 취소는 할 수 없다.
> ㄴ. 법정대리인의 동의 없이 신용구매계약을 체결한 미성년자가 그 후에 법정대리인의 동의 없음을 사유로 들어 이를 취소하는 것은 신의칙에 위배되지 않는다.
> ㄷ. 상대방의 대리인 등 상대방과 동일시할 수 있는 자의 강박은 제3자의 강박에 해당하지 않는다.

① ㄴ
② ㄱ, ㄴ
③ ㄱ, ㄷ
④ ㄴ, ㄷ
⑤ ㄱ, ㄴ, ㄷ

[해설]
제시된 내용 중 옳은 것은 ㄴ, ㄷ이다.
ㄱ. (×) 하나의 법률행위의 일부분에만 취소사유가 있다고 하더라도 그 법률행위가 가분적이거나 그 목적물의 일부가 특정될 수 있다면, 그 나머지 부분이라도 이를 유지하려는 당사자의 가정적 의사가 인정되는 경우 그 일부만의 취소도 가능하다고 할 것이고, 그 일부의 취소는 법률행위의 일부에 관하여 효력이 생긴다(대판 2002.9.10. 2002다21509).
ㄴ. (O) 행위무능력자(→ 제한능력자) 제도는 사적자치의 원칙이라는 민법의 기본이념, 특히, 자기책임 원칙의 구현을 가능케 하는 도구로서 인정되는 것이고, 거래의 안전을 희생시키더라도 행위무능력자(→ 제한능력자)를 보호하고자 함에 근본적인 입법 취지가 있는 바, 법정대리인의 동의 없이 신용구매계약을 체결한 미성년자가 사후에 법정대리인의 동의 없음을 사유로 들어 이를 취소하는 것이 신의칙에 위배된 것이라고 할 수 없다(대판 2007.11.16. 2005다71659). 기출 20
ㄷ. (O) 의사표시의 상대방이 아닌 자로서 기망행위를 하였으나 민법 제110조 제2항에서 정한 제3자에 해당하지 아니한다고 볼 수 있는 자란 그 의사표시에 관한 상대방의 대리인 등 상대방과 동일시할 수 있는 자만을 의미한다(대판 1998.1.23. 96다41496).

정답 ④

> **채권양도의 통지가 채무자에게 도달하였는지 여부에 대하여 민사소송법의 송달에 관한 규정을 유추적용할 수 있는지 여부(소극)**
> 민사소송법상의 송달은 당사자나 그 밖의 소송관계인에게 소송상 서류의 내용을 알 기회를 주기 위하여 법정의 방식에 좇아 행하여지는 통지행위로서, 송달장소와 송달을 받을 사람 등에 관하여 구체적으로 법이 정하는 바에 따라 행하여지지 아니하면 부적법하여 송달로서의 효력이 발생하지 아니한다. 한편 채권양도의 통지는 채무자에게 도달됨으로써 효력이 발생하는 것이고, 여기서 도달이라 함은 사회통념상 상대방이 통지의 내용을 알 수 있는 객관적 상태에 놓여졌다고 인정되는 상태를 가리킨다. 이와 같이 도달은 보다 탄력적인 개념으로서 송달장소나 수송달자 등의 면에서 위에서 본 송달에서와 같은 엄격함은 요구되지 아니하며, 이에 송달장소 등에 관한 민사소송법의 규정을 유추적용할 것이 아니다. 따라서 채권양도의 통지는 민사소송법상의 송달에 관한 규정에서 송달장소로 정하는 채무자의 주소·거소·영업소 또는 사무소 등에 해당하지 아니하는 장소에서라도 채무자가 사회통념상 그 통지의 내용을 알 수 있는 객관적 상태에 놓여졌다고 인정됨으로써 족하다(대판 2010.4.15, 2010다57).

4) 도달주의의 효과

① 도달주의를 채택한 결과 의사표시의 불착 또는 연착의 불이익을 표의자가 부담한다. 따라서 의사표시의 효력발생을 주장하는 표의자가 도달에 대한 입증책임을 진다. `기출 08`

② 의사표시가 일단 상대방에게 도달하여 그 효력을 발생하면, 더 이상 그 의사표시를 철회할 수 없다.

③ 의사표시 발신 후의 사정변경(표의자의 사망 또는 행위능력의 상실)은 의사표시에 영향을 미치지 않는다(민법 제111조 제2항). `기출 08`

(3) 예외적 발신주의

① 격지자 간의 계약에서 청약에 대한 승낙의 의사표시는 의사표시를 발송한 때에 그 효력을 발생하며, 그때 계약이 성립한다(발신주의, 민법 제531조).

② 거래의 신속을 목적으로 하는 상법에서는 발신주의를 채택한 예가 적지 않다(상법 제53조 등).

> **도달주의에 대한 예외 - 발신주의**
> - 제한능력자의 상대방의 최고에 대한 제한능력자 측의 확답(민법 제15조)
> - 무권대리인의 상대방의 최고에 대한 본인의 확답(민법 제131조)
> - 채무인수에서 채무자의 최고에 대한 채권자의 확답(민법 제455조)
> - 사원총회의 소집 통지(민법 제71조)
> - 격지자 간 계약의 성립(민법 제531조)

3. 의사표시의 효력발생과 관련된 여론

(1) 공시송달

1) 요 건

표의자가 과실 없이 의사표시의 상대방을 알지 못하거나 상대방의 소재를 알지 못하는 경우일 것

2) 절 차

법원에 신청하면 법원사무관 등이 송달할 서류를 보관하고 그 사유를 법원게시판에 게시하거나 그 밖에 대법원규칙이 정하는 방법에 따라서 하여야 한다(민소법 제195조).

3) 효 과

① 법원게시판 등에 게시한 날로부터 2주일이 경과된 때 상대방에게 의사표시가 도달한 것으로 간주한다(민소법 제196조 제1항 본문).
② 동일 당사자에 대한 그 다음의 공시송달은 실시한 다음 날부터 효력이 생긴다(민소법 제196조 제1항 단서).
③ 외국에 대한 송달은 2개월 후에 효력이 발생한다(민소법 제196조 제2항).

(2) 수령무능력자(민법 제112조)

1) 의 의

의사표시의 수령능력이란 타인의 의사표시의 내용을 이해할 수 있는 능력을 말한다. 민법은 모든 제한능력자를 의사표시의 수령무능력자로 규정하여 제한능력자를 보호하고 있다(민법 제112조).

2) 효 과

① 수령무능력자(제한능력자)에 대한 송달은 무효가 아니라 표의자가 효력을 주장할 수 없을 뿐이다. 달리 말하면 수령무능력자 측에서 의사표시의 도달 및 의사표시의 효력발생을 주장하는 것은 무방하다(민법 제112조 본문 참조). 기출 08·20
② 그러나 법정대리인이 수령무능력자에의 도달을 안 후에는 표의자가 의사표시의 도달을 주장할 수 있다(민법 제112조 단서).

3) 적용범위

상대방 없는 의사표시, 발신주의에 의한 의사표시, 공시송달에 의한 의사표시에는 적용이 없다.

핵심문제

01 의사표시의 효력발생에 관한 설명으로 옳은 것을 모두 고른 것은?(다툼이 있으면 판례에 따름) 기출 16

ㄱ. 특별한 사정이 없는 한, 아파트 경비원이 집배원으로부터 우편물을 수령한 후 이를 아파트 공동 출입구의 우편함에 넣어 두었다는 사실만으로도 수취인이 그 우편물을 수취하였다고 추단할 수 있다.
ㄴ. 의사표시가 기재된 내용증명 우편물이 발송되고 반송되지 않았다면, 특별한 사정이 없는 한, 그 무렵에 송달되었다고 볼 수 있다.
ㄷ. 채권양도의 통지와 같은 준법률행위의 도달은 의사표시와 마찬가지로 사회 관념상 채무자가 통지의 내용을 알 수 있는 객관적 상태에 놓여졌을 때를 말한다.
ㄹ. 법인의 대표이사가 사임서 제출 당시 권한 대행자에게 사표의 처리를 일임한 경우, 권한 대행자의 수리행위가 있어야 사임의 효력이 발생한다.

① ㄱ, ㄴ
② ㄴ, ㄷ
③ ㄷ, ㄹ
④ ㄱ, ㄷ, ㄹ
⑤ ㄴ, ㄷ, ㄹ

【해설】
제시된 내용 중 옳은 설명은 ㄴ, ㄷ, ㄹ이다.
ㄱ. (×) 우편물이 수취인 가구의 우편함에 투입되었다고 하더라도 분실 등을 이유로 그 우편물이 수취인의 수중에 들어가지 않을 가능성이 적지 않게 존재하는 현실에 비추어, 특별한 사정이 밝혀지지 아니하는 한 피고의 우편함에 투입하였다는 사실만으로 피고가 이를 실제로 수취하였다고 추단할 수는 없을 것이다(대판 2006.3.24. 2005다66411).

정답 ⑤

제4절 법률행위의 대리

I 서 설

1. 대리의 의의

(1) 대리의 개념

대리란 타인이 '본인의 이름으로' 법률행위를 하거나 또는 의사표시를 수령함으로써 그 법률효과가 직접 본인에게 귀속되도록 하는 제도를 말한다. 즉, 법률상의 행위자는 대리인이지만 그 대리인의 효과의사에 기하여 본인에게 직접 법률효과가 귀속하는 것이다(대리인행위설).

(2) 대리의 기능

통설은 대리의 기능으로 '사적 자치의 확장(임의대리)'과 '사적 자치의 보충(법정대리)'을 든다.

2. 대리가 인정되는 범위

(1) 법률행위

원칙적으로 대리가 허용되나, 법률행위의 성질이나 당사자 사이의 약정, 법률의 규정에 의하여 대리가 금지되기도 한다.

(2) 준법률행위

① 원칙적으로 대리가 허용되지 않지만, 의사의 통지나 관념의 통지와 같은 표현행위로서의 준법률행위에는 대리가 허용된다.
② 사실행위에는 대리가 허용되지 않는다.

(3) 불법행위

① 대리가 허용되지 않고, 그 효과는 직접 대리인에게 발생한다.
② 만일 대리인이 피용자인 경우에는 본인은 민법 제756조의 사용자책임이 문제된다.

3. 구별개념

(1) 간접대리

① 행위자가 '자기이름으로' 타인을 위하여(타인의 계산으로) 하는 법률행위로 그 효과가 행위자 자신에게 생기되 나중에 그가 취득한 권리를 내부적으로 타인에게 이전하는 관계를 말한다. 예 위탁매매업
② 법률행위의 당사자와 법률효과의 귀속자가 간접대리인이라는 점에서 대리와 구별된다.

(2) 사자(使者)

① 본인이 결정한 내심적 효과의사를 상대방에게 표시하거나 또는 전달함으로써 표시행위의 완성에 협력하는 자이다.
② 표시기관으로서의 사자와 전달기관으로서의 사자로 구분된다(통설).
③ 효과의사를 본인이 결정하면 사자, 대리하는 자가 결정하면 대리인으로 구별할 수 있다.

④ 사자에 있어서는 본인이 행위능력을 가지고 있어야 한다.
⑤ 의사표시의 착오 등에 관하여는 사자의 표시와 본인의 의사를 비교해서 결정하는 것이 타당하므로, ㉠ 사자가 선의로 본인의 의사와는 다르게 의사표시를 전달한 경우 본인이 민법 제109조의 착오를 이유로 취소할 수 있고, ㉡ 사자가 악의로 본인의 의사와는 다르게 의사표시를 전달한 경우 표현대리규정을 유추적용할 수 있다(다수설).
⑥ 대리인이 아니고 사실행위를 위한 사자라 하더라도 외견상 그에게 어떠한 권한이 있는 것의 표시 내지 행동이 있어 상대방이 그를 믿었고 또 그를 믿음에 있어 정당한 사유가 있다면 표현대리의 법리에 의하여 본인에게 책임이 있다(대판 1962.2.8. 4294민상192).

> **대리인과 사자를 구별하는 기준**
> 본인에게 효력이 발생할 의사표시의 내용을 스스로 결정하여 상대방과의 관계에서 자신의 이름으로 법률행위를 하는 대리인과 달리 '사자'는 본인이 완성해 둔 의사표시의 단순한 전달자에 불과하지만, 대리인도 본인의 지시에 따라 행위를 하여야 하는 이상(민법 제116조 제2항), 법률행위의 체결 및 성립 여부에 관한 최종적인 결정권한이 본인에게 유보되어 있다는 사정이 대리와 사자를 구별하는 결정적 기준이나 징표가 될 수는 없다. 그 구별은 의사표시 해석과 관련된 문제로서, 상대방의 합리적 시각, 즉 본인을 대신하여 행위하는 자가 상대방과의 외부적 관계에서 어떠한 모습으로 보이는지 여부를 중심으로 살펴보아야 하고, 이러한 사정과 더불어 행위자가 지칭한 자격·지위·역할에 관한 표시 내용, 행위자의 구체적 역할, 행위자에게 일정한 범위의 권한이나 재량이 부여되었는지 여부, 행위자가 그 역할을 수행함에 필요한 전문적인 지식이나 자격의 필요 여부, 행위자에게 지급할 보수나 비용의 규모 등을 종합적으로 고려하여 합리적으로 판단하여야 한다(대판 2024.1.4. 2023다225580).

(3) 대 표

대표기관은 법인의 기관으로서 그의 행위가 법인의 행위로 평가되고, 따라서 대표는 본래의 대리처럼 법률행위에 국한되는 것이 아니라 사실행위나 불법행위에서도 문제된다.

4. 대리의 종류

(1) 임의대리와 법정대리

① 임의대리는 본인의 의사에 의하여 대리권이 주어진 경우이나, 법정대리는 본인의 의사와는 무관하게 대리권이 주어지는 경우를 총칭한다(즉, 법률의 규정에 따라 대리인으로 되는 경우뿐만 아니라 법원의 선임에 의한 경우도 법정대리인이다).
② 임의대리와 법정대리를 구별하는 실익은 대리인의 복임권(민법 제120조, 제122조)과 대리권의 소멸(민법 제128조) 등에서 나타난다.

(2) 능동대리와 수동대리

1) 의 의

능동대리는 본인을 위하여 제3자에게 의사표시를 하는 대리이고(민법 제114조 제1항), 수동대리는 본인을 위하여 제3자의 의사표시를 수령하는 대리이다(민법 제114조 제2항). 판례는 능동대리권이 있으면 수동대리권도 당연히 갖는다고 한다(대판 1994.2.8. 93다39379).

2) 양자의 차이점
① 현명주의의 요건 : 수동대리에는 민법 제115조가 적용되지 않는다.
② 공동대리의 적용 여부 : 수동대리의 경우에는 각자 수령이 가능하다(통설).

(3) 유권대리와 무권대리
정당한 대리권을 가진 경우를 유권대리라 하고, 그렇지 못한 경우를 무권대리라고 한다.

 핵심문제

01 대리에 관한 설명으로 옳은 것을 모두 고른 것은?(다툼이 있으면 판례에 따름) 기출 17

> ㄱ. 어떤 사람이 대리인의 외양을 가지고 행위하는 것을 본인이 알면서도 이의를 하지 아니하고 방임하는 경우, 본인의 대리권 수여가 추단될 수 있다.
> ㄴ. 계약이 적법한 대리인에 의하여 체결되었는데 상대방이 채무불이행을 이유로 계약을 해제한 경우, 대리인이 수령한 계약상 급부를 본인이 현실적으로 인도받지 못하였다면 본인에게는 원상회복의무가 없다.
> ㄷ. 대리권이 없는 자가 재단법인의 설립행위를 대리한 경우 본인이 추인을 하여도 언제나 무효이며 무권대리인도 이행책임을 지지 않는다.
> ㄹ. 대리인이 계약 체결에 관한 권한을 수여받았다면, 그 계약의 해제권 및 상대방의 의사를 수령할 권한은 특별한 사정이 없는 한 대리인에게 부여된다.

① ㄱ, ㄴ ② ㄱ, ㄷ
③ ㄱ, ㄹ ④ ㄴ, ㄷ
⑤ ㄷ, ㄹ

【해설】
제시된 내용 중 대리에 관한 설명으로 옳은 것은 ㄱ, ㄷ이다.
ㄱ. (○) 대판 2016.5.26. 2016다203315
ㄴ. (×) 계약상 채무의 불이행을 이유로 계약이 상대방 당사자에 의하여 유효하게 해제되었다면, 해제로 인한 원상회복의무는 대리인이 아니라 계약의 당사자인 본인이 부담한다. 이는 본인이 대리인으로부터 그 수령한 급부를 현실적으로 인도받지 못하였다거나 해제의 원인이 된 계약상 채무의 불이행에 관하여 대리인에게 책임 있는 사유가 있다고 하여도 다른 특별한 사정이 없는 한 마찬가지라고 할 것이다(대판 2011.8.18. 2011다30871). 기출 23
ㄷ. (○) 상대방 없는 단독행위(유언, 재단법인 설립행위, 권리의 포기 등)는 언제나 무효이다. 본인의 추인이 있더라도 무효이다. 따라서 무권대리인도 계약상의 이행책임을 지지는 않는다.
ㄹ. (×) 매수명의자를 대리하여 매매계약을 체결하였다 하여 곧바로 대리인이 매수인을 대리하여 매매계약의 해제 등 일체의 처분권과 상대방의 의사를 수령할 권한까지 가지고 있다고 볼 수는 없다(대판 1997.3.25. 96다51271).

정답 ②

5. 명의모용과 당사자의 확정

(1) 문제점

계약은 원칙적으로 계약을 체결한 당사자 간에 성립한다. 따라서 타인의 명의를 사용하여 법률행위를 한 경우, 누가 계약의 당사자가 되는지 문제되며, 이는 계약에 관여한 당사자의 의사해석의 문제에 해당한다(대판 2010.5.13. 2009다92487).

(2) 판례의 태도

1) 당사자 확정 방법에 대한 일반론

> **행위자가 타인의 이름으로 계약을 체결한 경우, 계약당사자의 확정 방법**
> 계약을 체결하는 행위자가 타인의 이름으로 법률행위를 한 경우에 행위자 또는 명의인 가운데 누구를 계약의 당사자로 볼 것인가에 관하여는, 우선 행위자와 상대방의 의사가 일치한 경우에는 그 일치한 의사대로 행위자 또는 명의인을 계약의 당사자로 확정해야 하고, 행위자와 상대방의 의사가 일치하지 않는 경우에는 그 계약의 성질·내용·목적·체결 경위 등 그 계약 체결 전후의 구체적인 제반 사정을 토대로 상대방이 합리적인 사람이라면 행위자와 명의자 중 누구를 계약 당사자로 이해할 것인가에 의하여 당사자를 결정하여야 한다(대판 2011.2.10. 2010다83199).

2) 명의자가 당사자로 확정되는 경우

① **명의가 중요한 거래행위** : 보험계약과 같이 신용이나 자격 등으로 인하여 명의가 중요한 거래행위의 경우에는 규범적 해석에 따라 명의자가 당사자로 확정된다. 따라서 행위자와 계약 당사자가 분리되므로 대리의 법리가 적용된다.

② **대리행위의 효력**

　㉠ **명의사용에 동의를 얻은 경우** : 행위자가 명의자로부터 명의사용에 대한 동의를 얻었다면 특별한 사정이 없는 한 유권대리행위가 된다.

　㉡ **명의를 무단으로 도용한 경우** : 행위자가 명의자로부터 동의 없이 명의를 무단으로 사용한 경우에는 무권대리행위에 해당하여 무효이다(민법 제130조 및 제135조 참고). 이때 상대방의 보호와 관련하여 표현대리가 성립하는지 또는 유추적용될 수 있는지 문제된다. 판례는 행위자가 본인 명의를 모용하여 직접 법률행위를 한 경우에는 특별한 사정이 없는 한 민법 제126조 소정의 표현대리는 성립될 수 없지만(대판 2002.6.28. 2001다49814), ㉮ 행위자에게 본인을 대리할 수 있는 기본대리권이 인정되고, ㉯ 행위자가 그 기본대리권을 넘는 행위를 하였으며, ㉰ 상대방에게 행위자가 명의자라고 믿을 만할 정당한 이유가 인정된다면 표현대리의 법리가 유추적용되어 본인에게 효력이 미친다고 한다(대판 1993.2.23. 92다52436).

> **기본대리권이 인정된 사례**
> 본인으로부터 아파트에 관한 임대 등 일체의 관리권한을 위임받아 본인으로 가장하여 아파트를 임대한 바 있는 대리인이 다시 자신을 본인으로 가장하여 임차인에게 아파트를 매도하는 법률행위를 한 경우에는 권한을 넘은 표현대리의 법리를 유추적용하여 본인에 대하여 그 행위의 효력이 미친다고 볼 수 있다(대판 1993.2.23. 92다52436).
>
> **기본대리권이 부정된 사례**
> 처가 제3자를 남편으로 가장시켜 관련 서류를 위조하여 남편 소유의 부동산을 담보로 금원을 대출받은 경우, 남편에 대한 민법 제126조 소정의 표현대리책임은 부정된다(대판 2002.6.28. 2001다49814). 즉 기본대리권의 존재를 부정한 판시를 한바 있다.

3) 행위자가 당사자로 확정되는 경우

임대차계약과 같이 행위자의 개성이 중요한 거래행위의 경우에는 규범적 해석에 따라 행위자가 당사자로 확정된다. 이때에는 행위자와 계약 당사자가 일치하므로 대리의 법리가 적용되지 않고 무권리자 처분행위가 문제된다.

> **대리구조가 부정되어 민법 제126조 표현대리의 성립이 부정된 사안**
> 판례는 종중으로부터 임야의 매각과 관련한 권한을 부여받은 甲이 임야의 일부를 실질적으로 자기가 매수하여 그 처분권한이 있다고 하면서 乙로부터 금원을 차용하고 그 담보를 위하여 위 임야에 대하여 양도담보계약을 체결한 경우, 이는 종중을 위한 대리행위가 아니어서 그 효력이 종중에게 미치지 아니하고, 민법 제126조의 표현대리의 법리가 적용될 수도 없다고 하였다(대판 2001.1.19. 99다67598).

6. 대리의 3면관계

대리의 법률관계는 ① 본인과 대리인 사이의 대리권, ② 대리인과 상대방 사이의 대리행위, ③ 본인과 상대방 사이의 대리의 효과의 세 가지 측면에서 고찰되어야 한다.

II 대리권(본인과 대리인 사이의 관계)

1. 대리권의 의의

대리권은 타인이 본인의 이름으로 의사표시를 하거나 제3자의 의사표시를 수령함으로써 직접 본인에게 그 법률효과를 귀속시킬 수 있는 법률상의 지위 또는 자격을 말한다. 대리권의 법적 성질에 관하여 자격설이 통설이며, 이에 의하면 대리권은 권리가 아니라 일종의 권한이다.

2. 대리권의 발생원인

(1) 법정대리권의 발생원인

1) 법률의 규정에 의한 법정대리인

자(子)에 대한 친권자의 대리권(민법 제911조, 제920조), 부부의 일상가사대리권(민법 제827조) 등이 있다.

2) 지정권자의 지정에 의한 법정대리인

지정후견인(민법 제931조), 지정유언집행자(민법 제1093조, 제1094조) 등이 있다.

3) 법원의 선임에 의한 법정대리인

부재자재산관리인(민법 제22조), 선임후견인(민법 제936조), 상속재산관리인(민법 제1023조 등), 유언집행자(민법 제1096조) 등이 있다.

(2) 임의대리권의 발생원인 : 수권행위(授權行爲)

1) 수권행위의 의의

수권행위는 본인이 대리인에게 대리권을 수여하는 행위를 말한다.

2) 수권행위의 법적 성질

상대방 있는 단독행위이므로 수권행위 상대방의 동의, 승낙의 의사표시가 필요하지 않다(통설).

3) 수권행위의 방식

수권행위는 불요식행위이다. 따라서 반드시 서면으로 할 필요는 없으며, 구두로도 할 수 있다(통설). 또 명시적인 의사표시 외에 묵시적 의사표시로도 할 수 있다(대판 2016.5.26. 2016다203315).

4) 수권행위의 하자

① 대리행위의 하자 유무는 대리인을 기준으로 하여 결정되지만, 단독행위로서 수권행위의 하자는 본인을 기준으로 민법 제107조 이하에 따라 규율된다. 따라서 대리인은 제한능력자라도 무방하지만(민법 제117조), 수권행위에서 본인은 행위능력자여야 한다.

② 대리행위 자체에는 하자가 없더라도 수권행위가 무효·취소되면 대리행위는 당연히 소급하여 무권대리로 되는가에 대하여 견해가 대립하고 있으나 이미 행해진 대리행위에는 영향이 없다는 것이 통설이다.

③ 원인이 되는 내부적 법률관계가 종료하기 전에 본인은 언제든지 수권행위를 철회할 수 있으며, 이때 임의대리권은 소멸한다.

(3) 관련 판례

인감도장 및 인감증명서는 대리권을 인정할 수 있는 하나의 자료에 지나지 아니하고 이에 의하여 당연히 피고에게 원고를 대리하여 양도담보부 금전소비대차계약을 체결하거나 위 계약에 대한 공정증서 작성을 촉탁할 대리권이 인정되는 것은 아니며, 대리권이 있다는 점에 대한 입증책임은 그 효과를 주장하는 피고에게 있다(대판 2008.9.25. 2008다42195). 기출 20

3. 대리권의 범위와 그 제한

(1) 대리권의 범위

1) 법정대리권의 범위

법정대리권의 범위는 그 발생근거인 법률의 규정에 의하여 정해진다. 따라서 법률의 규정에 의하지 않는 한 법정대리권의 범위를 당사자의 의사에 따라 임의적으로 확장 또는 제한하는 것은 허용되지 않는다.

2) 임의대리권의 범위

> **대리권의 범위(민법 제118조)**
> 권한을 정하지 아니한 대리인은 다음 각 호의 행위만을 할 수 있다.
> 1. 보존행위
> 2. 대리의 목적인 물건이나 권리의 성질을 변하지 아니하는 범위에서 그 이용 또는 개량하는 행위

① 원칙 : 임의대리권은 수권행위에 의하여 주어지므로 그 구체적 범위는 수권행위의 해석에 의하여 결정된다.

> **대리권 범위 내의 행위로 인정된 사례들**
> • 부동산의 소유자로부터 매매계약을 체결할 대리권을 수여받은 대리인은 특별한 사정이 없는 한 그 매매계약에서 약정한 바에 따라 중도금이나 잔금을 수령할 권한도 있다(대판 1994.2.8. 93다39379).
> • 매매계약의 체결과 이행에 관하여 포괄적으로 대리권을 수여받은 대리인은 특별한 다른 사정이 없는 한 상대방에 대하여 약정된 매매대금지급기일을 연기하여 줄 권한도 가진다고 보아야 할 것이다(대판 1992.4.14. 91다43107).

- 대주로부터 소비대차계약을 체결할 대리권을 수여받은 대리인은 특별한 사정이 없는 한 그 소비대차계약에서 정한 바에 따라 차주로부터 변제를 수령할 권한도 있다고 봄이 상당하다(대판 1997.7.8. 97다12273).
- 소송상 화해나 청구의 포기에 관한 특별수권이 되어 있다면, 특별한 사정이 없는 한 그러한 소송행위에 대한 수권만이 아니라 그러한 소송행위의 전제가 되는 당해 소송물인 권리의 처분이나 포기에 대한 권한도 수여되어 있다고 봄이 상당하다(대결 2000.1.31. 99마6205).

대리권 범위 밖의 행위로 인정된 사례들
- 일반적으로 법률행위에 의하여 수여된 대리권은 원인된 법률관계의 종료에 의하여 소멸하는 것이므로 특별한 다른 사정이 없는 한, 본인을 대리하여 금전소비대차 내지 그를 위한 담보권설정계약을 체결할 권한을 수여받은 대리인에게 본래의 계약관계를 해제할 대리권까지 있다고 볼 수 없다(대판 1993.1.15. 92다39365).
- 계약을 대리하여 체결하였던 대리인이 체결된 계약의 해제 등 일체의 처분권과 상대방의 의사를 수령할 권한까지 가지고 있다고 볼 수는 없다(대판 2008.6.12. 2008다11276). 기출 22·23·24
- 특별한 다른 사정이 없는 한 부동산을 매수할 권한을 수여받은 대리인에게 그 부동산을 처분할 대리권도 있다고 볼 수 없다(대판 1991.2.12. 90다7364). 기출 25
- 대여금의 영수권한만을 위임받은 대리인이 그 대여금 채무의 일부를 면제하기 위하여는 본인의 특별수권이 필요하다(대판 1981.6.23. 80다3221). 기출 20
- 예금계약의 체결을 위임받은 자가 가지는 대리권에 당연히 그 예금을 담보로 하여 대출을 받거나 이를 처분할 수 있는 대리권이 포함되어 있는 것은 아니다(대판 1995.8.22. 94다59042). 기출 15
- 신탁된 아파트의 분양을 수탁자로부터 위임받은 신탁자가 대물변제를 위하여 분양계약을 체결한 경우, 대리권의 범위 내의 행위는 아니지만 권한을 넘은 표현대리의 성립을 인정하였다(대판 2002.3.15. 2000다52141).

② 보충규정으로서 민법 제118조 : 대리권이 존재하는 것은 분명하지만 그 범위가 불명한 경우를 위하여 민법은 보충규정을 두고 있다(민법 제118조).
- 보존행위 : 재산의 현상을 유지하기 위한 행위를 말하며, 대리인은 아무런 제한 없이 보존행위를 할 수 있다. 기출 15 가옥의 수선·소멸시효의 중단·미등기 부동산의 등기뿐만 아니라 기한이 도래한 채무의 변제나 부패하기 쉬운 물건의 처분 등이 이에 해당한다. 기출 21
- 이용·개량행위 : 이용행위란 재산의 수익을 꾀하는 행위를 말하고, 개량행위는 사용가치 또는 교환가치를 증가시키는 행위를 말한다. 민법은 대리의 목적인 물건이나 권리의 성질이 변하지 않는 범위에서만 이용·개량행위를 허용한다. 기출 14

(2) 대리권의 제한
1) 자기계약 및 쌍방대리의 금지(민법 제124조)

> **자기계약, 쌍방대리(민법 제124조)**
> 대리인은 본인의 허락이 없으면 본인을 위하여 자기와 법률행위를 하거나 동일한 법률행위에 관하여 당사자쌍방을 대리하지 못한다. 그러나 채무의 이행은 할 수 있다. 기출 14·15

① 개념 및 근거
- 대리인이 본인을 대리하면서 다른 한편으로 자기 자신이 상대방으로서 계약을 체결하는 것을 자기계약이라 하며, 동일인이 하나의 법률행위에 관하여 당사자 쌍방의 대리인이 되어 대리행위를 하는 것을 쌍방대리라고 한다.
- 자기계약과 쌍방대리는 원칙적으로 금지된다. 그 취지는 본인과 대리인 사이의 이해충돌 또는 본인 간의 이해충돌을 막기 위함이다.

② **금지의 예외** : 본인의 허락이 있는 경우(민법 제124조 본문)나, 채무의 이행(민법 제124조 단서)의 경우에는 자기계약 또는 쌍방대리가 허용된다. 단, 채무의 이행일지라도 새로운 이해관계를 수반하는 채무의 이행, 즉 대물변제나 경개계약 체결 등은 본인의 허락이 없는 한 허용되지 아니한다. 기출 21 판례는 사채알선업자가 대주(貸主)와 차주(借主) 쌍방을 대리하여 소비대차계약과 담보권설정계약을 체결한 경우, 대주로부터 소비대차계약을 체결할 대리권을 수여받은 대리인[사채알선업자(註)]은 특별한 사정이 없는 한 그 소비대차계약에서 정한 바에 따라 차주로부터 변제를 수령할 권한도 있다고 봄이 상당하므로 차주가 그 사채알선업자에게 하는 변제는 유효하다고 한다(대판 1997.7.8. 97다12273). 기출 21

③ **위반의 효과** : 자기계약 또는 쌍방대리는 예외에 해당하지 않는 한 무권대리로 된다. 즉, 본인에 대하여 무효이지만, 본인의 추인에 의하여 유효로 될 수 있다. 기출 15

④ **적용범위**
- 원칙 : 민법 제124조는 임의대리권과 법정대리권 모두에 적용된다(통설).
- 민법 제124조에 대한 특칙 : 친권자에 대한 재산을 자(子)에게 증여하면서 친권자가 수증자로서의 자의 지위를 대리하는 것은 자기계약이기는 하지만 이해상반행위는 아니기 때문에 유효하다(대판 1981.10.13. 81다649). 기출 18

핵심문제

01 乙은 甲의 대리인으로서 甲을 위하여 丙과 계약을 체결하였다. 이에 관한 설명으로 옳지 않은 것은?(다툼이 있으면 판례에 따름) 변리 19

① 乙이 임의대리인이라면 乙은 행위능력자임을 요하지 않는다.
② 乙의 대리행위가 무권대리라는 이유로 甲이 무효를 주장하는 경우, 乙의 대리행위가 권한을 넘은 표현대리행위라는 주장 및 증명책임은 丙에게 있다.
③ 매매계약의 체결에 관한 권한을 수여받은 乙이 甲을 대리하여 매매계약을 체결한 경우, 乙은 특별한 사정이 없는 한 甲을 대리하여 매매계약의 해제 등 일체의 처분권을 행사할 수 있다.
④ 甲으로부터 아파트에 관한 일체의 관리권한을 위임받아 甲으로 가장하여 아파트를 丙에게 임대한 乙이 다시 甲으로 가장하여 임차인 丙에게 아파트를 매도하였다면, 권한을 넘은 표현대리의 법리를 유추적용할 수 있다.
⑤ 대리권수여행위는 묵시적인 의사표시로도 할 수 있으므로, 乙이 甲의 대리인의 외양을 가지고 행위하는 것을 甲이 알면서도 이의를 하지 않고 방임하는 등 사실상의 용태에 의하여 대리권의 수여가 추단되는 경우도 있다.

【해설】
① (O) 乙이 임의대리인이라면 乙은 행위능력자임을 요하지 않는다(민법 제117조).
② (O) 대판 1968.6.18. 68다694
③ (×) 乙이 甲으로부터 매매계약 체결에 관한 대리권을 수여받았다고 하여 대리하여 체결한 매매계약의 해제하는 등의 일체의 처분권을 행사할 수 있는 것은 아니다(대판 2008.6.12. 2008다11276 참조).
④ (O) 민법 제126조의 표현대리는 대리인이 본인을 위한다는 의사를 명시 혹은 묵시적으로 표시하거나 대리의사를 가지고 권한 외의 행위를 하는 경우에 성립하고, 사술을 써서 위와 같은 대리행위의 표시를 하지 아니하고 단지 본인의 성명을 모용하여 자기가 마치 본인인 것처럼 기망하여 본인 명의로 직접 법률행위를 한 경우에는 특별한 사정이 없는 한 위 법조 소정의 표현대리는 성립할 수 없음은 소론 주장과 같으나, 이 사건에서와 같이 본인으로부터 아파트에 관한 임대 등 일체의 관리권한을 위임받아 자신을 본인으로 가장하여 아파트를 임대한 바 있는 대리인이 다시 자신을 본인으로 가장하여 임차인에게 아파트를 매도하는 법률행위를 한 경우에는 권한을 넘은 표현대리의 법리를 유추적용하여 본인에 대하여 그 행위의 효력이 미친다고 볼 수 있는 것이다(대판 1993.2.23. 92다52436). 판례의 취지를 고려할 때 무권대리인 乙이 단지 甲의 성명을 모용하여 자기가 마치 甲인 것처럼 기망하여 甲명의로 임차인 丙에게 아파트를 매도한 것이 아니라, 甲으로부터 아파트에 관한 일체의 관리권한을 위임받아 甲으로 가장하여 아파트를 丙에게 임대한 후 다시 임차인 丙에게 아파트를 매도하였다면, 권한을 넘은 표현대리의 법리를 유추적용할 수 있다.
⑤ (O) 대판 2016.5.26. 2016다203315

정답 ③

2) 공동대리
① 의의 및 취지 기출 15·21·22
- 대리인이 수인인 경우에 원칙적으로 대리인 각자가 본인을 대리한다. 즉, 각자대리가 원칙이다(민법 제119조 본문). 그러나 법률 또는 수권행위에서 수인의 대리인이 공동으로만 대리할 수 있는 것으로 되어 있다면 공동으로 대리해야 한다.
- 공동대리를 정한 취지는 대리인들로 하여금 상호견제 하에 의사결정을 신중하게 하여 본인을 보호하고자 함에 있다.
② 위반의 효과
- 공동대리의 제한을 위반한 대리행위는 무권대리가 된다. 다만, 본인의 추인이 있으면 유효하다.
- 친권의 행사에서 부모의 일방이 공동명의로 자를 대리한 경우, 다른 일방의 의사에 반하더라도 상대방이 악의가 아니라면 그 대리행위는 유효하다(민법 제920조의2). 기출 14
③ 적용범위 : 공동대리의 제한이 있다 하더라도 수동대리는 단독으로 가능하다.

4. 대리권의 남용

(1) 의 의
① 대리권의 남용이란 대리인이 대리권의 범위 내에서 대리행위를 하였으나, 본인의 이익이 아닌 자기 또는 제3자의 이익을 꾀하기 위하여 대리행위를 하는 경우를 말한다.
② 판례는 대표권 남용 사안에서의 주류는 비진의표시설의 입장에서 판시하고 있지만, 권리남용설의 입장을 보인 것도 있으며, 대리권 남용 사안에서는 비진의표시설만을 따르고 있다.

(2) 적용범위
대리권의 남용이 주로 임의대리에서 논의가 되지만 그에 한정할 것은 아니다. 즉, 법정대리에도 대리권남용의 법리가 적용되어야 한다. 판례도 법정대리권의 남용을 인정한다(대판 1997.1.24. 96다43298). 한편 표현대리가 성립하는 경우에도 대리권남용이 인정될 수 있다는 것이 판례이다(대판 1987.7.7. 86다카1004). 기출 24

5. 대리권의 소멸

대리권의 소멸사유(민법 제127조)
대리권은 다음 각 호의 어느 하나에 해당하는 사유가 있으면 소멸된다. 두 본·사/대·사·성·파
1. 본인의 사망
2. 대리인의 사망, 성년후견의 개시 또는 파산

임의대리의 종료(민법 제128조)
법률행위에 의하여 수여된 대리권은 전조의 경우 외에 그 원인된 법률관계의 종료에 의하여 소멸한다. 법률관계의 종료 전에 본인이 수권행위를 철회한 경우에도 같다.

법정대리와 임의대리의 공통된 소멸사유	임의대리인의 특유한 소멸사유
• 본인 - 사망 • 대리인 - 사망, 성년후견의 개시, 파산 기출 15·22	• 원인된 법률관계의 종료 기출 24 • 법률관계의 종료 전에 수권행위의 철회

III 대리행위(대리인과 상대방 사이의 관계)

1. 현명주의

> **대리행위의 효력(민법 제114조)**
> ① 대리인이 그 권한 내에서 본인을 위한 것임을 표시한 의사표시는 직접 본인에게 대하여 효력이 생긴다. 기출 22
> ② 전항의 규정은 대리인에게 대한 제3자의 의사표시에 준용한다.

(1) 현명의 의의

통설은 대리인의 대리적 효과의사(대리의사)를 외부에 표시하는 의사표시라고 한다. 대리인은 대리행위의 법률효과를 본인에게 생기게 하려면 본인을 위한 것임을 표시하여야 한다(민법 제114조 제1항). 기출 18 수동대리에서는 상대방 쪽에서 본인에 대한 의사표시임을 표시하여야 한다(민법 제114조 제2항).

(2) 현명의 방식

1) 원칙('甲 대리인 乙'로 표시)

'甲 대리인 乙'로 표시하는 것이 일반적이지만 반드시 그러한 형식을 갖추어야 하는 것이 아니며 당해 법률행위의 경위와 제반사정에 비추어 본인, 대리인, 대리관계를 알 수 있도록 하면 충분하다. 현명은 불요식행위이므로 방식에 제한이 없어 반드시 위임장을 제시할 필요도 없고 구두에 의해서도 가능하며, 대리의사가 명시적으로 표시될 것을 요하지 아니하므로 묵시적으로도 가능하다. 기출 16 판례는 일방 당사자가 대리인을 통하여 계약을 체결하는 경우에 있어서 계약의 상대방이 대리인을 통하여 본인과 사이에 계약을 체결하려는 데 의사가 일치하였다면 대리인의 대리권 존부 문제와는 무관하게 상대방과 본인이 그 계약의 당사자라고 한다(대판 2022.12.16, 2022다245129). 현명 시 본인을 특정할 필요도 없고, 본인의 이름을 명시할 필요도 없다. 즉, 타인을 위한 것이라는 것만 표시하면 족하다(통설·판례). 기출 09·14·16

2) 본인의 표시

① 대리인임을 밝혔으나, 본인의 성명은 유보한 경우('대리인 乙'로 표시) : 예를 들어 매매위임장을 제시하고 매매계약을 체결하면서 매매계약서에 대리인의 이름만을 기재하더라도 그것은 소유자를 대리하여 매매계약을 체결한 것으로 보아야 한다(대판 1982.5.25, 81다1349).

② 서명대리에 의한 경우('甲'으로 표시) : 판례는 반드시 대리인임을 표시하여 대리행위를 하여야 하는 것은 아니고 본인명의로도 할 수 있다고 하고 있다(대판 1963.5.9, 63다67). 즉 갑이 부동산을 농업협동조합중앙회에 담보로 제공함에 있어 동업자인 을에게 그에 관한 대리권을 주었다면 을이 동 중앙회와의 사이에 그 부동산에 관하여 근저당권설정계약을 체결함에 있어 그 피담보채무를 동업관계의 채무로 특정하지 아니하고 또 대리관계를 표시함이 없이 마치 자신이 갑 본인인 양 행세하였다 하더라도 위 근저당권설정계약은 대리인인 위 을이 그의 권한범위 안에서 한 것인 이상 그 효력은 본인인 갑에게 미친다고 한다(대판 1987.6.23, 86다카1411). 기출 20

(3) 현명하지 않은 대리행위

> **본인을 위한 것임을 표시하지 아니한 행위(민법 제115조)**
> 대리인이 본인을 위한 것임을 표시하지 아니한 때에는 그 의사표시는 자기를 위한 것으로 본다. 그러나 상대방이 대리인으로서 한 것임을 알았거나 알 수 있었을 때에는 전조 제1항의 규정을 준용한다. 기출 09·14

① 원칙 : 대리인이 본인을 위한 것임을 표시하지 아니한 때에는 그 의사표시는 자기를 위한 것으로 본다(민법 제115조 본문). 따라서 대리인이 법률행위의 당사자가 되며, 그로 인한 효과도 대리인에게 직접 발생하므로, 대리인은 자신을 위하여 행위 할 의사가 없었다는 이유로 그 계약을 착오에 근거하여 취소할 수 없다.
② 예외 : 상대방이 대리인으로서 한 것임을 알았거나 알 수 있었을 때에는 대리행위의 효과가 직접 본인에게 발생한다(민법 제115조 단서).
③ 입증책임 : 상대방이 현명하지 아니한 대리인에 대하여 이행청구를 하는 경우, 대리인과 법률행위를 한 사실을 주장·증명하면 되고, 민법 제115조 단서에 해당한다는 점은 대리인이 증명책임을 부담한다.

> [1] 민법 제450조에 의한 채권양도통지는 양도인이 직접하지 아니하고 사자를 통하여 하거나 대리인으로 하여금 하게 하여도 무방하고, 채권의 양수인도 양도인으로부터 채권양도통지 권한을 위임받아 대리인으로서 그 통지를 할 수 있다.
> [2] 채권양도통지 권한을 위임받은 양수인이 양도인을 대리하여 채권양도통지를 함에 있어서는 민법 제114조 제1항의 규정에 따라 양도인 본인과 대리인을 표시하여야 하는 것이므로, 양수인이 서면으로 채권양도통지를 함에 있어 대리관계의 현명을 하지 아니한 채 양수인 명의로 된 채권양도통지서를 채무자에게 발송하여 도달되었다 하더라도 이는 효력이 없다고 할 것이다.
> [3] 대리에 있어 본인을 위한 것임을 표시하는 이른바 현명은 반드시 명시적으로만 할 필요는 없고 묵시적으로도 할 수 있는 것이고, 채권양도통지를 함에 있어 현명을 하지 아니한 경우라도 채권양도통지를 둘러싼 여러 사정에 비추어 양수인이 대리인으로서 통지한 것임을 상대방이 알았거나 알 수 있었을 때에는 민법 제115조 단서의 규정에 의하여 유효하다(대판 2004.2.13. 2003다43490).

(4) 현명주의의 예외

수동대리의 경우에는 대리인이 현명하여 수령하는 것은 불필요하므로 민법 제115조는 적용되지 아니한다. 상거래에 있어서는 당사자의 개성이 중요하지 아니하기 때문에 상행위의 대리에 관하여는 현명이 요구되지 아니한다(상법 제48조). 당사자의 개성이 중시되지 아니하는 민법상의 법률행위(예를 들어 매매계약과 동시에 재산권의 이전이 이루어지는 현실매매)에서도 상법 제48조를 유추적용하여 현명주의의 예외를 인정할 것이다.

2. 대리행위의 하자

(1) 원칙 : 대리인 표준
① 의사표시의 효력이 의사의 흠결, 사기, 강박 또는 어느 사정을 알았거나 과실로 알지 못한 것으로 인하여 영향을 받을 경우에 그 사실의 유무는 대리인을 표준하여 결정한다(민법 제116조 제1항). 기출 15・16・18・25
② 그러나 그 대리행위의 하자에서 생기는 효과(취소권, 무효의 주장 등)는 본인에게 귀속됨을 주의해야 한다.
③ 본인에게 착오, 사기, 강박 등의 사유가 있더라도 대리인에게 그러한 사유가 없다면 본인은 이를 주장하여 취소권을 행사할 수 없다.

(2) 예 외
① 제3자가 대리행위의 상대방에게 사기・강박을 행한 경우에 대리인뿐만 아니라 본인이 제3자의 사기・강박을 알았거나 알 수 있었더라도 상대방이 그 의사표시를 취소할 수 있다.
② 본인이 대리행위의 상대방에게 사기・강박을 행한 경우에, 신의칙상 본인의 사기・강박은 대리인의 그것으로 평가되어, 대리인이 그 사실을 알았거나 알 수 있었는지 여부와 관계없이 상대방은 민법 제110조 제1항에 의하여 의사표시를 최소할 수 있다.
③ 대리인이 본인의 지시에 좇아 법률행위를 한 경우에는 본인은 자신에게 악의・과실이 있는 경우 대리인이 선의・무과실이라고 하여도 이를 주장하지 못한다(민법 제116조 제2항). 기출 22

3. 대리인의 능력

> **대리인의 행위능력(민법 제117조)**
> 대리인은 행위능력자임을 요하지 아니한다.

(1) 민법 제117조
① 대리인은 행위능력자임을 요하지 않는다(민법 제117조). 기출 25 다만, 대리행위 당시 대리인이 적어도 의사능력은 가지고 있어야 한다. 기출 14
② 본인에게는 행위능력도 의사능력도 불필요하다. 단, 권리능력은 있어야 한다.

(2) 제한능력자인 대리인과 본인의 관계
민법 제117조는 대리인이 제한능력자라는 점을 들어 본인이 그의 대리행위를 취소하지 못한다는 의미를 가질 뿐이며, 제한능력자인 대리인과 본인 사이의 내부적 관계에는 영향을 미치지 않는다. 즉, 대리인은 본인과의 내부적 법률관계를 발생시키는 행위를 제한행위능력을 이유로 취소할 수 있다.

Ⅳ 대리의 효과(본인과 상대방 사이의 관계)

① 대리인이 한 대리행위의 효과는 모두 직접 본인에게 귀속된다. 이 점에서 대리는 간접대리와 구별된다. 대리행위에 의하여 대리인과 본인이 의도한 효과뿐만 아니라 손해배상청구권이나 취소권 등도 본인에게 귀속된다. 반면 대리인은 대리행위에 따른 권리를 취득하지도 의무를 부담하지도 아니한다. 판례도 같은 취지에서 계약이 적법한 대리인에 의하여 체결된 경우에 대리인은 다른 특별한 사정이 없는 한 본인을 위하여 계약상 급부를 변제로서 수령할 권한도 가지며 대리인이 그 권한에 기하여 계약상 급부를 수령한 경우에, 그 법률효과는 계약 자체에서와 마찬가지로 직접 본인에게 귀속되고 대리인에게 돌아가지 아니하므로 계약상 채무의 불이행을 이유로 계약이 상대방 당사자에 의하여 유효하게 해제되었다면, 해제로 인한 원상회복의무는 대리인이 아니라 계약의 당사자인 본인이 부담한다고 하면서, 이는 본인이 대리인으로부터 그 수령한 급부를 현실적으로 인도받지 못하였다거나 해제의 원인이 된 계약상 채무의 불이행에 관하여 대리인에게 책임 있는 사유가 있다고 하여도 다른 특별한 사정이 없는 한 마찬가지라고 할 것이라고 판시하고 있다(대판 2011.8.18. 2011다30871). 기출 23·25

② 대리인이 한 불법행위는 법률행위의 대리가 아니므로 본인에게 그 효과가 귀속되지는 않고, 다만, 본인과 대리인이 사용자·피용자의 관계에 있는 경우에 본인이 민법 제756조의 사용자책임을 질 수는 있다.

Ⅴ 복대리(複代理)

임의대리인의 복임권(민법 제120조)
대리권이 법률행위에 의하여 부여된 경우에는 대리인은 본인의 승낙이 있거나 부득이한 사유 있는 때가 아니면 복대리인을 선임하지 못한다. 기출 23

임의대리인의 복대리인선임의 책임(민법 제121조)
① 전조의 규정에 의하여 대리인이 복대리인을 선임한 때에는 본인에게 대하여 그 선임감독에 관한 책임이 있다.
② 대리인이 본인의 지명에 의하여 복대리인을 선임한 경우에는 그 부적임 또는 불성실함을 알고 본인에게 대한 통지나 그 해임을 태만한 때가 아니면 책임이 없다.

법정대리인의 복임권과 그 책임(민법 제122조)
법정대리인은 그 책임으로 복대리인을 선임할 수 있다. 그러나 부득이한 사유로 인한 때에는 전조 제1항에 정한 책임만이 있다.

복대리인의 권한(민법 제123조)
① 복대리인은 그 권한 내에서 본인을 대리한다. 기출 25
② 복대리인은 본인이나 제3자에 대하여 대리인과 동일한 권리의무가 있다. 기출 22

1. 의 의

(1) 복대리인의 개념

복대리인은 대리인이 대리인 자신의 이름으로 선임한 본인의 대리인이다. 기출 06·15

(2) 복대리인의 법적 성질

① 복대리인은 본인의 대리인이고 대리인의 대리인은 아니다.
② 복대리인을 선임한 후에도 대리인의 대리권은 소멸하지 않고 복대리인의 대리권과 병존한다. 따라서 복임행위는 대리권의 병존적 부여행위라고 할 것이다.

2. 대리인의 복임권과 책임

(1) 임의대리인의 복임권과 책임

대리권이 법률행위에 의하여 부여된 경우에는 대리인은 본인의 승낙이 있거나 부득이한 사유 있는 때가 아니면 복대리인을 선임하지 못한다. 기출 23 복대리인의 선임이 가능한 경우에는 선임·감독상의 과실에 대해서만 책임을 지고(민법 제121조 제1항), 기출 05·15·20 대리인이 본인의 지명에 의하여 복대리인을 선임한 경우에는 복대리인의 부적임 또는 불성실함을 알고 본인에게 대한 통지나 그 해임을 태만한 때가 아니면 책임이 없다.

[1] 대리의 목적인 법률행위의 성질상 대리인 자신에 의한 처리가 필요하지 아니한 경우에는 본인이 복대리 금지의 의사를 명시하지 아니하는 한 복대리인의 선임에 관하여 묵시적인 승낙이 있는 것으로 보는 것이 타당하다.
[2] 오피스텔의 분양업무는 그 성질상 분양을 위임받은 대리인이 광고를 내거나 그 직원 또는 주변의 부동산중개인을 동원하여 분양사실을 널리 알리고, 분양사무실을 찾아온 사람들에게 오피스텔의 분양가격, 교통 등 입지조건, 오피스텔의 용도, 관리방법 등 분양에 필요한 제반 사항을 설명하고 청약을 유인함으로써 분양계약을 성사시키는 것으로서 대리인의 능력에 따라 본인의 분양사업의 성공 여부가 결정되는 것이므로, 사무처리의 주체가 별로 중요하지 아니한 경우에 해당한다고 보기 어렵다고 한 사례(대판 1996.1.26. 94다30690). 기출 24

(2) 법정대리인의 복임권과 책임

언제나 복임권이 있다. 기출 07·09 법정대리인은 언제든지 복임권을 가지는 대신에 한편으로는 선임·감독상의 과실유무에 관계없이 모든 책임을 부담한다(민법 제122조 본문). 그러나 부득이하게 선임한 경우 선임·감독상의 과실에 대해서만 책임을 진다(민법 제122조 단서).

3. 복대리인의 지위

(1) 대리인에 대한 관계

① 복대리인은 대리인이 자기의 권한 내에서 선임한 것이므로 대리인의 감독에 복종하며, 그 권한도 대리권의 범위 내에 한한다.
② 복대리권은 대리권을 초과할 수 없으며, 대리권이 소멸하면 복대리권도 소멸한다.
③ 복대리인의 선임으로 대리인의 대리권은 소멸하지 않으며, 대리인과 복대리인은 모두 본인을 대리한다.
기출 16

(2) 상대방에 대한 관계

① 복대리인은 본인의 대리인이므로(민법 제123조 제1항), 상대방에 대하여는 대리인과 동일한 권리·의무가 있다 (민법 제123조 제2항). 기출 09·18

② 복대리인은 복대리행위를 함에 있어서 본인을 위한다는 표시를 하여야 하며(민법 제114조 제1항), 표현대리규정도 복대리행위에 적용될 수 있다.

(3) 본인에 대한 관계

민법 제123조 제2항에 의하여 본인과 대리인 사이의 내부적 법률관계가 본인과 복대리인 간의 내부적 법률관계로 의제된다(통설).

(4) 복대리인의 복임권

선임 대리인과 동일한 조건으로 복임권을 인정할 수 있다(통설). 기출 07

4. 복대리권의 소멸 기출 06·07·16

(1) 대리권 일반의 소멸원인

① 본인의 사망 또는 복대리인의 사망, 성년후견의 개시 또는 파산(민법 제127조), ② 대리인과 복대리인 사이의 내부적 법률관계의 종료(민법 제128조 전단) 및 ③ 대리인의 수권행위의 철회(민법 제128조 후단)에 의해 복대리권은 소멸한다.

(2) 대리인의 대리권 소멸

Ⅵ 무권대리

1. 서 설

대리권 없이 행하여진 대리행위를 무권대리라 한다. 무권대리는 대리인에게 대리권이 있는 것으로 믿을 만한 외관이 있고, 그 외관 형성에 대하여 본인에게도 책임을 물을 만한 사정이 있는 표현대리와, 이러한 사정이 없는 경우인 협의의 무권대리로 나누어진다. 여기서의 양자를 통틀어 광의의 무권대리라고 한다.

2. 표현대리

(1) 표현대리의 의의

1) 표현대리의 개념

표현대리란 대리인에게 대리권이 없음에도 불구하고 마치 그것이 있는 것과 같은 외관이 존재하고, 그러한 외관의 형성에 관여하든가 외관을 방치하는 등 본인이 책임져야 할 사정이 있는 경우에, 그 무권대리행위에 대하여 본인에게 책임을 지우는 제도이다.

2) 표현대리의 유형

민법은 대리권 수여표시에 의한 표현대리(민법 제125조)와 권한을 넘은 표현대리(민법 제126조), 대리권 소멸 후의 표현대리(민법 제129조)를 규정하고 있다.

3) 표현대리의 본질 및 무권대리와의 관계

① **문제점** : 표현대리가 유권대리의 일종인지 무권대리의 일종인지 문제되는데 양자를 구별하는 실익은 표현대리가 성립할 경우에도 민법 제130조 이하의 무권대리 규정이 적용될 수 있을지, 특히 무권대리인의 상대방에 대한 책임규정(민법 제135조)의 적용 여부이다.

② **학설** : 표현대리를 유권대리의 아종으로 보는 견해도 있으나 다수설은 표현대리는 광의의 무권대리에 속하는 것으로서 민법 제130조 이하가 적용되는 것이 원칙이나 민법 제135조는 적용되지 않는다는 점이 무권대리와 차이가 있다는 견해이다.

③ **판례** : 유권대리에 있어서는 본인이 대리인에게 수여한 대리권의 효력에 의하여 법률효과가 발생하는 반면, 표현대리에 있어서는 대리권이 없음에도 불구하고 법률이 특히 거래상대방 보호와 거래안전유지를 위하여 본래 무효인 무권대리행위의 효과를 본인에게 미치게 한 것으로, 양자의 구성요건 해당사실, 즉 주요사실은 다르다고 볼 수밖에 없으니, 유권대리에 관한 주장 속에 무권대리에 속하는 표현대리의 주장이 포함되어 있다고 볼 수 없다(대판 1983.12.13. 83다카1489[전합]). **기출** 16

④ **검토** : 거래상대방 보호와 거래안전 유지를 위하여 표현대리를 인정한 취지를 고려할 때 표현대리는 광의의 무권대리에 포함된다고 보아야 하나, 표현대리의 성립으로 상대방의 보호는 충분하므로, 민법 제135조를 적용하여 무권대리인의 책임을 추궁하는 것은 부정하는 것이 타당하다고 판단된다.

4) 표현대리의 일반적 성립요건과 일반적 효과

① **일반적 성립요건** : 강행법규에 위반하는 행위에는 표현대리의 법리가 적용될 여지가 없으며(대판 1996.8.23. 94다38199), 이는 반사회질서의 법률행위의 경우에도 마찬가지이다. **기출** 22 상대방이 표현대리를 주장함에는 무권대리인과 표현대리에 해당하는 무권대리 행위를 특정하여 주장하여야 할 것이므로, 상대방의 표현대리의 항변은 특정된 무권대리인의 행위에만 미치고 그 밖의 무권대리인이나 무권대리 행위에는 미치지 아니한다(대판 1984.7.24. 83다카1819). **기출** 25 표현대리는 상대방이 주장하는 경우에 비로소 문제되는 것이라는 것을 유의하여야 한다. 따라서 본인이 표현대리를 주장하는 것은 불가능하지만 추인에 의하여 동일한 효과를 얻을 수는 있다.

② **일반적 효과** : 표현대리가 성립하는 경우 본인과 상대방 사이에 처음부터 대리권이 있는 경우와 같은 효과가 발생한다. 과실상계의 법리가 적용되는지 다투어지고 있으나 판례는 표현대리가 성립하여 본인이 이행책임을 부담하는 경우에 상대방에게 과실이 있더라도 과실상계의 법리를 적용할 수 없다고 한다(대판 1996.7.12. 95다49554). **기출** 23·25 표현대리가 성립함에 따라 본인에게 손해가 발생하였다면 본인은 내부적 법률관계에 기한 의무위반 또는 불법행위를 이유로 무권대리인에게 손해배상을 청구할 수 있다. 한편 표현대리에 민법 제135조가 적용되지 아니함은 이미 살펴본 바와 같다.

5) 복대리에서의 표현대리

복대리인의 대리행위에 대하여도 원칙적으로 표현대리의 규정이 적용된다. 즉, 복대리인의 대리권도 기본대리권에 해당하므로 복대리인이 복대리권의 범위를 넘어서 대리행위를 한 경우에 민법 제126조의 표현대리가 성립하고(대판 1998.3.27. 97다48982), 대리인이 대리권 소멸 후 복대리인을 선임하여 복대리인으로 하여금 상대방과의 사이에 대리행위를 하도록 한 경우에도 상대방이 대리권 소멸사실을 알지 못하여 복대리인에게 적법한 대리권이 있는 것으로 믿었고 그와 같이 믿는 데 과실이 없다면 민법 제129조에 의한 표현대리가 성립할 수 있다(대판 1998.5.29. 97다55317). **기출** 22

(2) 대리권 수여표시에 의한 표현대리(민법 제125조)

> **대리권수여의 표시에 의한 표현대리(민법 제125조)**
> 제3자에 대하여 타인에게 대리권을 수여함을 표시한 자는 그 대리권의 범위 내에서 행한 그 타인과 그 제3자 간의 법률행위에 대하여 책임이 있다. 그러나 제3자가 대리권 없음을 알았거나 알 수 있었을 때에는 그러하지 아니하다.

1) 의 의
본인이 실제로는 타인에게 대리권을 수여하지 않았음에도 불구하고 수여하였다고 표시함으로써 대리권 수여의 외관이 존재하는 경우에 관한 규정이다.

2) 요 건
① 대리권수여의 표시
- 수권표시의 법적 성질 : 통설은 수권행위가 있었다는 뜻의 관념의 통지로 본다.
- 수권표시의 방법 : 제한이 없다. 따라서 서면으로 하든 구술로 하든, 특정인에 대한 것이든, 불특정인에 대한 것이든 불문한다. 또한 본인이 직접하지 않고 대리인이 될 자를 통해서 하더라도 무방하다.

기출 16

> - 민법 제125조가 규정하는 대리권 수여의 표시에 의한 표현대리는 본인과 대리행위를 한 자 사이의 기본적인 법률관계의 성질이나 그 효력의 유무와는 관계없이 어떤 자가 본인을 대리하여 제3자와 법률행위를 함에 있어 본인이 그 자에게 대리권을 수여하였다는 표시를 제3자에게 한 경우에 성립한다(대판 2007.8.23. 2007다23425).
> - 대리권을 수여하는 수권행위는 불요식의 행위로서 명시적인 의사표시에 의함이 없이 묵시적인 의사표시에 의하여 할 수도 있으며, 어떤 사람이 대리인의 외양을 가지고 행위하는 것을 본인이 알면서도 이의를 하지 아니하고 방임하는 등 사실상의 용태에 의하여 대리권의 수여가 추단되는 경우도 있다(대판 2016.5.26. 2016다203315).
> - 본인에 의한 대리권 수여의 표시는 반드시 대리권 또는 대리인이라는 말을 사용하여야 하는 것이 아니라 사회통념상 대리권을 추단할 수 있는 직함이나 명칭 등의 사용을 승낙 또는 묵인한 경우에도 대리권 수여의 표시가 있은 것으로 볼 수 있다(대판 1998.6.12. 97다53762). 기출 24

- 수권표시의 철회 : 철회는 표현대리인이 대리행위를 하기 전에 행해져야 한다. 철회가 효력을 발생하려면 상대방에게 철회된 사실을 알려야 한다. 이때 철회는 표시와 동일한 방법이나 이에 준하는 방법으로 상대방에게 알려야 한다.

② 표시된 대리권의 범위 내의 행위일 것 : 만일 수권표시의 객관적인 범위를 넘는 행위가 있는 경우에 그 초과부분에 대해서는 민법 제126조가 적용될 여지가 있다.

③ 대리행위의 상대방 : 대리권수여의 표시를 받은 상대방에 한정한다.

④ 상대방의 선의·무과실 기출 17 : 상대방의 과실 유무는 무권대리행위 당시의 제반사정을 객관적으로 판단하여 결정해야 한다(대판 1974.7.9. 73다1804). 민법 제125조의 책임을 면하려는 본인이 상대방의 악의 또는 과실에 대한 입증책임을 진다.

3) 적용범위

① 민법 제125조는 임의대리에만 적용되고 법정대리에는 적용되지 않는다(통설·판례).
② 복대리에 관해서도 민법 제125조는 적용된다(판례).
③ 소송행위에는 민법상의 표현대리규정이 적용 또는 유추적용될 수 없다(대판 1983.2.8. 81다카621). 공법상 행위도 마찬가지이다.
④ 대리행위가 강행규정에 위반하는 경우에는 표현대리의 법리가 적용되지 않는다. 기출 18

4) 효 과

① 표현대리는 상대방이 이를 주장하는 경우에 비로소 문제되는 것이고, 상대방이 주장하지 않는 한 본인 측에서 표현대리를 주장할 수는 없다.
② 상대방의 철회와 본인의 추인 중 먼저 행해진 것에 따라서 표현대리의 효과가 확정된다.
③ 상대방에 대한 무권대리인의 책임규정(민법 제135조)은 적용되지 않는다.
④ 표현대리가 성립하는 경우에 그 본인은 표현대리행위에 의하여 전적인 책임을 져야 하고, 상대방에게 과실이 있다고 하더라도 과실상계의 법리를 유추적용하여 본인의 책임을 경감할 수 없다(대판 1996.7.12. 95다49554). 기출 06·17

(3) 권한을 넘은 표현대리(민법 제126조)

> **권한을 넘은 표현대리(민법 제126조)**
> 대리인이 그 권한외의 법률행위를 한 경우에 제3자가 그 권한이 있다고 믿을 만한 정당한 이유가 있는 때에는 본인은 그 행위에 대하여 책임이 있다.

1) 의 의

대리인이 그 권한 외의 법률행위를 한 경우에 제3자가 그 권한이 있다고 믿을만한 정당한 이유가 있는 때에는 본인은 그 행위에 대하여 책임이 있다.

2) 요 건

① 대리인에게 기본대리권이 존재할 것
  - 기본대리권에 법정대리권도 포함되며, 대리행위와 동종·유사한 것일 필요가 없고 전혀 별개의 행위에 대한 기본대리권도 가능하다. 따라서 기본대리권이 등기신청행위라 할지라도 표현대리인이 그 권한을 유월하여 대물변제라는 사법행위를 한 경우에는 표현대리의 법리가 적용된다(대판 1978.3.28. 78다282). 기출 25
  - 기본대리권은 현재의 대리권을 말하고, 과거에 가졌던 대리권을 넘는 경우에는 민법 제126조가 적용되지 않고 민법 제129조가 적용될 수 있다. 기출 24
② 권한을 넘은 표현대리행위가 존재할 것
  - 표현대리인과 상대방 사이에 대리행위가 없는 때에는 민법 제126조가 적용되지 않는다.
  - 민법 제126조의 표현대리는 문제된 법률행위와 수여 받은 대리권 사이에 아무런 관계가 없는 경우에도 적용된다.

- 기본대리권이 공법상의 권리이고 표현대리행위가 사법상의 행위일지라도 민법 제126조의 표현대리는 적용된다.
- 민법 제126조의 상대방은 민법 제125조 및 민법 제129조의 경우와 같이 표현대리행위의 직접 상대방만을 말한다. 기출 23
- 사술을 써서 위와 같은 대리행위의 표시를 하지 아니하고 단지 본인의 성명을 모용하여 자기가 마치 본인인 것처럼 기망하여 본인 명의로 직접 법률행위를 한 경우에는, 본인을 모용한 사람에게 본인을 대리할 기본대리권이 있었고, 상대방으로서는 위 모용자가 본인 자신으로서 본인의 권한을 행사하는 것으로 믿은 데 정당한 사유가 있었던 사정이 있는 경우에 한하여 민법 제126조의 표현대리 법리가 유추적용된다(대판 2025.6.5. 2023다232526). 기출 16

③ 정당한 이유의 존재
- 정당한 이유란 대리행위에 대한 대리권이 존재하리라고 상대방이 믿은 데 과실이 없음을 말한다. 즉, 선의이며 과실이 없는 것을 의미한다.
- 정당한 이유의 존부는 대리인의 대리행위가 행하여질 때에 존재하는 제반사정을 객관적으로 관찰하여 판단하여야 한다(대판 2008.2.1. 2006다33418).

핵심문제

01 표현대리에 관한 설명으로 옳지 않은 것은?(다툼이 있으면 판례에 따름) 기출 17

① 권한을 넘은 표현대리에 해당하는지 여부를 판단할 경우, 정당한 이유가 존재하는지 여부는 대리행위 당시를 기준으로 판단한다.
② 표현대리가 성립했다면 상대방에게 과실이 있다고 하더라도 과실상계의 법리를 유추적용할 수 없다.
③ 대리권 수여의 표시에 의한 표현대리에 해당하여 본인에게 대리의 효과가 귀속하기 위해서는 상대방은 선의·무과실이어야 한다.
④ 대리인이 대리권 소멸 후 선임한 복대리인과 상대방 사이의 법률행위에는 대리권 소멸 후 표현대리가 성립할 수 없다.
⑤ 교회의 정관 기타 규약에 교회재산에 관한 교회대표자의 권한규정이 없음에도 불구하고, 교회의 대표자가 교인총회의 결의를 거치지 아니하고 교회재산을 처분한 경우 권한을 넘은 표현대리에 관한 규정을 준용할 수 없다.

【해설】
① (O) 정당한 이유가 존재하는지의 판정시기는 대리행위 당시이고 그 후의 사정이 고려되어서는 안 된다(대판 1997.6.27. 97다3828).
② (O) 표현대리가 성립하는 경우에 그 본인은 표현대리행위에 의하여 전적인 책임을 져야 하고, 상대방에게 과실이 있다고 하더라도 과실상계의 법리를 유추적용하여 본인의 책임을 경감할 수 없다(대판 1996.7.12. 95다49554).
③ (O) 제3자에 대하여 타인에게 대리권을 수여함을 표시한 자는 그 대리권의 범위 내에서 행한 그 타인과 그 제3자 간의 법률행위에 대하여 책임이 있다. 그러나 제3자가 대리권 없음을 알았거나 알 수 있었을 때에는 그러하지 아니하다(민법 제125조). 따라서 상대방은 선의·무과실이어야 한다.
④ (×) 대리인이 대리권 소멸 후 직접 상대방과 사이에 대리행위를 하는 경우는 물론 대리인이 대리권 소멸 후 복대리인을 선임하여 복대리인으로 하여금 상대방과 사이에 대리행위를 하도록 한 경우에도, 상대방이 대리권소멸사실을 알지 못하여 복대리인에게 적법한 대리권이 있는 것으로 믿었고 그와 같이 믿은 데 과실이 없다면 민법 제129조에 의한 표현대리가 성립할 수 있다(대판 1998.5.29. 97다55317).
⑤ (O) 비법인사단인 교회의 대표자는 총유물인 교회재산의 처분에 관하여 교인총회의 결의를 거치지 아니하고는 이를 대표하여 행할 권한이 없다. 그리고 교회의 대표자가 권한 없이 행한 교회재산의 처분행위에 대하여는 민법 제126조의 표현대리에 관한 규정이 준용되지 않는다(대판 2009.2.12. 2006다23312).

정답 ④

- 정당한 이유의 판정시기는 대리행위 당시이고 그 후의 사정이 고려되어서는 안 된다(대판 1997.6.27. 97다3828). 기출 10·17
- 정당한 이유의 입증책임에 대하여 다수설은 본인이 상대방의 악의·과실을 주장·입증해야 한다고 하는 반면, 판례는 유효를 주장하는 자에게 있다고 한다.

3) 적용범위
① 민법 제126조의 표현대리의 경우 임의대리와 법정대리에 모두 적용된다(통설).
② 민법 제125조와 민법 제129조가 적용됨으로써 상대방에 대한 관계에 있어서는 법률상 대리권의 수여가 있었던 것으로 다루어지기 때문에 그러한 범위를 넘은 경우에도 민법 제126조가 적용되어 민법 제125조와 민법 제129조의 표현대리권이 민법 제126조의 기본대리권에 해당한다(통설).
③ 복임권이 없는 대리인에 의하여 선임된 복대리인의 행위에도 민법 제126조가 적용된다(대판 1998.3.27. 97다48982). 기출 09·10
④ 부부 상호 간의 법정대리권인 일상가사대리권에 대해서도 민법 제126조의 적용이 있다(통설). 기출 10
⑤ 문제가 된 부부의 행위가 일상가사에 속하지 않더라도 일상가사대리권을 기본대리권으로 하여 문제의 행위에 특별수권이 주어졌다고 믿을 만한 정당한 이유가 있는 경우에 민법 제126조의 표현대리를 인정할 수 있다(판례).
⑥ 비법인사단인 교회의 대표자는 총유물인 교회 재산의 처분에 관하여 교인총회의 결의를 거치지 아니하고는 이를 대표하여 행할 권한이 없다. 따라서 교회의 대표자가 권한 없이 행한 교회 재산의 처분행위에 대하여는 민법 제126조의 표현대리에 관한 규정이 준용되지 아니한다(대판 2009.2.12. 2006다23312).

기출 14·17·20

4) 효 과
민법 제126조의 요건이 충족되면 상대방은 표현대리인이 한 법률행위의 효력을 본인에게 주장할 수 있다.

(4) 대리권 소멸 후의 표현대리(민법 제129조)

> **대리권 소멸 후의 표현대리(민법 제129조)**
> 대리권의 소멸은 선의의 제3자에게 대항하지 못한다. 그러나 제3자가 과실로 인하여 그 사실을 알지 못한 때에는 그러하지 아니하다.

1) 의 의
① 민법 제129조는 대리권이 소멸하여 대리권이 없게 된 자가 대리행위를 한 경우에 선의·무과실로 그와 거래한 상대방을 보호하기 위하여 그 상대방과의 관계에서 마치 대리권이 있는 경우와 마찬가지로 효과를 인정한다.
② 민법 제129조는 그 효과로 '제3자에 대항하지 못한다'라고 규정하고 있는 바, 그 표현이 민법 제125조나 민법 제126조의 '책임이 있다'와 다르나 그 의미는 같다.

2) 요 건
① 대리인이 이전에는 대리권을 가지고 있었으나 대리행위를 할 때에는 대리권이 소멸하고 있어야 한다.
② 제3자는 선의·무과실이어야 한다.
③ 대리권이 이전에 존재하였던 것과 상대방의 신뢰 사이에 인과관계가 있어야 한다.

④ 대리인이 권한 내의 행위를 하여야 한다.
⑤ 처음부터 전혀 대리권이 없는 경우에는 민법 제129조가 적용될 수 없다.
⑥ 수권행위가 철회 또는 취소된 경우와 내부적 법률관계가 소멸한 경우에도 대리권은 소멸하므로 민법 제129조의 표현대리가 적용될 수 있다.
⑦ 상대방은 대리행위의 직접 상대방만을 말하며 상대방과 거래한 제3자는 포함되지 않는다.
⑧ 제3자의 악의·과실에 대한 입증책임은 본인에게 있다(통설).

3) 적용범위
① 민법 제129조의 표현대리는 임의대리와 법정대리 모두에 적용된다(통설·판례). 기출 16
② 민법 제129조는 복대리인의 무권대리행위에 대해서도 적용된다. 기출 16·17 즉 판례는 대리인이 대리권 소멸 후 직접 상대방과 사이에 대리행위를 하는 경우는 물론 대리인이 대리권 소멸 후 복대리인을 선임하여 복대리인으로 하여금 상대방과 사이에 대리행위를 하도록 한 경우에도, 상대방이 대리권 소멸 사실을 알지 못하여 복대리인에게 적법한 대리권이 있는 것으로 믿었고 그와 같이 믿은 데 과실이 없다면 민법 제129조에 의한 표현대리가 성립할 수 있다고 한다(대판 1998.5.29. 97다55317). 기출 23·24

3. 협의의 무권대리(無權代理)

(1) 서 설

대리인이 대리권 없이 대리행위를 한 경우 중 표현대리가 성립하는 경우를 제외한 것이 협의의 무권대리이다. 민법은 협의의 무권대리로 계약의 무권대리(민법 제130조 내지 제135조)와 단독행위의 무권대리(민법 제136조)를 규정하고 있다.

(2) 계약의 무권대리

> **무권대리(민법 제130조)**
> 대리권 없는 자가 타인의 대리인으로 한 계약은 본인이 이를 추인하지 아니하면 본인에 대하여 효력이 없다.
>
> **상대방의 최고권(민법 제131조)**
> 대리권 없는 자가 타인의 대리인으로 계약을 한 경우에 상대방은 상당한 기간을 정하여 본인에게 그 추인 여부의 확답을 최고할 수 있다. 본인이 그 기간 내에 확답을 발하지 아니한 때에는 추인을 거절한 것으로 본다. 기출 13·17
>
> **추인, 거절의 상대방(민법 제132조)**
> 추인 또는 거절의 의사표시는 상대방에 대하여 하지 아니하면 그 상대방에 대항하지 못한다. 그러나 상대방이 그 사실을 안 때에는 그러하지 아니하다.
>
> **추인의 효력(민법 제133조)**
> 추인은 다른 의사표시가 없는 때에는 계약 시에 소급하여 그 효력이 생긴다. 그러나 제3자의 권리를 해하지 못한다.
> 기출 13·15·18
>
> **상대방의 철회권(민법 제134조)**
> 대리권 없는 자가 한 계약은 본인의 추인이 있을 때까지 상대방은 본인이나 그 대리인에 대하여 이를 철회할 수 있다. 그러나 계약 당시에 상대방이 대리권 없음을 안 때에는 그러하지 아니하다.

1) 본인과 상대방 사이의 관계
① 본인의 권리 : 추인권 및 추인거절권
- 추인권의 성질 : 무권대리인의 법률행위에 대한 본인의 추인은 상대방이나 무권대리인의 동의나 승낙을 요하지 않는 상대방 있는 단독행위이다.
- 추인의 당사자 : 추인권자는 본인이지만, 상속인 등 본인의 포괄승계인도 추인할 수 있고, 그 밖에 법정대리인이나 본인으로부터 특별수권을 부여 받은 임의대리인도 추인할 수 있다. 반면 추인의 상대방과 관련하여 판례는 "무권대리인, 무권대리인의 직접 상대방 및 그 무권대리행위로 인한 권리 또는 법률관계의 승계인에 대하여도 할 수 있다"(대판 1981.4.14. 80다2314)는 입장이다. 기출 18·21 다만, 추인을 무권대리인에게 하는 경우 상대방이 추인이 있음을 알지 못한 때에는 상대방에 대하여 추인의 효과를 주장하지 못한다(민법 제132조). 따라서 상대방은 그때까지 자신의 의사표시를 철회할 수 있다. 기출 05·08·18
- 추인의 방법 : 무권대리행위의 추인에 특별한 방식이 요구되는 것이 아니므로 명시적인 방법만 아니라 묵시적인 방법으로도 할 수 있고, 구술로 하든 서면으로 하든 모두 가능하며, 재판 외에서뿐만 아니라 재판상에서도 할 수 있다(대판 1974.2.26. 73다934). 기출 08·13·14·17·18
- 일부추인의 가부 : 추인은 원칙적으로 무권대리행위 전부에 대하여 해야 한다(대판 2008.8.21. 2007다79480). 따라서 무권대리행위의 일부에 대한 추인은 허용되지 않지만 상대방의 동의가 있으면 가능하다(대판 1982.1.26. 81다카549). 기출 08·18·21·22
- 추인의 효과와 소급효(민법 제133조) 기출 13·15·18·21

> [1] 법률행위에 따라 권리가 이전되려면 권리자 또는 처분권한이 있는 자의 처분행위가 있어야 한다. 무권리자가 타인의 권리를 처분한 경우에는 특별한 사정이 없는 한 권리가 이전되지 않는다. 그러나 이러한 경우에 권리자가 무권리자의 처분을 추인하는 것도 자신의 법률관계를 스스로의 의사에 따라 형성할 수 있다는 사적 자치의 원칙에 따라 허용된다. 이러한 추인은 무권리자의 처분이 있음을 알고 해야 하고, 명시적으로 또는 묵시적으로 할 수 있으며, 그 의사표시는 무권리자나 그 상대방 어느 쪽에 해도 무방하다.
> [2] 권리자가 무권리자의 처분을 추인하면 무권대리에 대해 본인이 추인을 한 경우와 당사자들 사이의 이익상황이 유사하므로, 무권대리의 추인에 관한 민법 제130조, 제133조 등을 무권리자의 추인에 유추 적용할 수 있다. 따라서 무권리자의 처분이 계약으로 이루어진 경우에 권리자가 이를 추인하면 원칙적으로 계약의 효과가 계약을 체결했을 때에 소급하여 권리자에게 귀속된다고 보아야 한다(대판 2017.6.8. 2017다3499).

- 추인거절권 : 본인이 추인을 하지 않고 내버려 둘 수도 있으나, 적극적으로 추인의 의사가 없음을 표시하여 무권대리행위의 유동적 무효 상태를 확정적 무효 상태로 만들 수 있는데 이를 본인의 추인거절권이라 한다.
- 추인거절권의 상대방과 그 방법 : 추인의 경우와 동일하다(민법 제133조). 기출 13
- 추인거절의 효과 : 추인거절이 있으면 이제는 본인도 추인할 수 없고, 상대방도 최고권, 철회권을 행사할 수 없다.

② 무권대리인과 상속
- 무권대리인이 본인을 상속한 경우 : 학설은 비당연유효설 내지 양지위병존설과 당연유효설(다수설)의 대립이 있다. 판례는 당연유효로 보지는 않지만 "무권대리로서 무효임을 주장하는 것은 금반언의 원칙이나 신의칙에 반한다"(대판 1994.9.27. 94다20617)고 한다. 기출 22
- 본인이 무권대리인을 상속한 경우 : 당연유효설이 있으나 다수설은 양지위병존설의 입장에서 본인의 자격에서 추인을 거절할 수 있고 이는 신의칙에 반하지 않는다고 한다. 추인을 거절하면 무권대리인의 지위에서 이행 또는 손해배상책임을 부담하게 된다. 판례의 입장도 동일한 것으로 보인다(대판 1994.8.26. 93다20191).

③ 상대방의 권리
- 상대방의 최고권(민법 제131조) : 상대방의 선의·악의를 불문하고 본인에게만 행사할 수 있다. 기출 17·21
- 상대방의 철회권(민법 제134조) : 상대방이 선의인 경우, 본인 또는 무권대리인 모두에게 철회권을 행사할 수 있다. 기출 13·15

2) 대리인과 상대방 사이의 관계 – 무권대리인의 상대방에 대한 책임

> **상대방에 대한 무권대리인의 책임(민법 제135조)**
> ① 다른 자의 대리인으로서 계약을 맺은 자가 그 대리권을 증명하지 못하고 또 본인의 추인을 받지 못한 경우에는 그는 상대방의 선택에 따라 계약을 이행할 책임 또는 손해를 배상할 책임이 있다. 기출 17
> ② 대리인으로서 계약을 맺은 자에게 대리권이 없다는 사실을 상대방이 알았거나 알 수 있었을 때 또는 대리인으로서 계약을 맺은 사람이 제한능력자일 때에는 제1항을 적용하지 아니한다. 기출 22

핵심문제

01 무권대리행위의 추인에 관한 설명으로 옳지 않은 것은?(다툼이 있으면 판례에 따름) 기출 18
① 추인은 제3자의 권리를 해하지 않는 한, 다른 의사표시가 없으면 계약 시에 소급하여 그 효력이 생긴다.
② 무권대리행위의 일부에 대한 추인은 상대방의 동의를 얻지 못하는 한 무효이다.
③ 추인은 무권대리행위로 인한 권리 또는 법률관계의 승계인에게도 할 수 있다.
④ 본인이 무권대리인에게 추인한 경우, 상대방은 추인이 있었음을 주장할 수 있다.
⑤ 무권대리행위가 범죄가 되는 경우에 본인이 그 사실을 알고도 장기간 형사고소를 하지 않은 것만으로 묵시적 추인이 된다.

[해설]
① (○) 민법 제133조
② (○) 무권대리행위의 일부에 대한 추인은 허용되지 않지만, 상대방의 동의가 있으면 가능하다(대판 1982.1.26. 81다카549).
③ (○) 추인의 상대방과 관련하여 판례는 무권대리인, 무권대리인의 직접 상대방 및 그 무권대리행위로 인한 권리 또는 법률관계의 승계인에 대하여도 할 수 있다(대판 1981.4.14. 80다2314)는 입장이다.
④ (○) 본인이 추인을 무권대리인에게 하는 경우 상대방이 추인이 있음을 알지 못한 때에는 상대방에 대하여 추인의 효과를 주장하지 못할 뿐(민법 제132조), 상대방이 추인이 있었음을 주장할 수는 있다.
⑤ (×) 무권대리행위에 대한 추인은 무권대리행위로 인한 효과를 자기에게 귀속시키려는 의사표시이니만큼 무권대리행위에 대한 추인이 있었다고 하려면 그러한 의사가 표시되었다고 볼 만한 사유가 있어야 하고, 무권대리행위가 범죄가 되는 경우에 대하여 그 사실을 알고도 장기간 형사고소를 하지 아니하였다 하더라도 그 사실만으로 묵시적인 추인이 있었다고 할 수는 없다(대판 1998.2.10. 97다31113).

정답 ⑤

① 의의 및 책임의 법적 성질
  ㉠ 무권대리가 되면 본인은 원칙적으로 책임을 지지 않는다.
  ㉡ 무권대리인의 상대방에 대한 책임은 무과실책임이며(대판 2014.2.27, 2013다213038), 법정책임이다(통설).

  기출 23·24

> 다른 자의 대리인으로서 계약을 맺은 자가 대리권을 증명하지 못하고 또 본인의 추인을 받지 못하였는데, 상대방이 계약의 이행을 선택한 경우, 무권대리인이 이행할 책임의 범위 / 무권대리인이 계약에서 정한 채무를 이행하지 않은 경우, 상대방에게 채무불이행에 따른 손해를 배상할 책임을 지는지 여부(적극) 및 이때 채무불이행에 대비하여 손해배상액의 예정에 관한 조항을 둔 경우, 무권대리인은 조항에서 정한 바에 따라 산정한 손해액을 지급하여야 하는지 여부(원칙적 적극) / 이 경우에도 손해배상액의 예정에 관한 민법 제398조가 적용되는지 여부(적극)
>
> 다른 자의 대리인으로서 계약을 맺은 자가 그 대리권을 증명하지 못하고 또 본인의 추인을 받지 못한 경우에는 그는 상대방의 선택에 따라 계약을 이행할 책임 또는 손해를 배상할 책임이 있다(민법 제135조 제1항). 이때 상대방이 계약의 이행을 선택한 경우 무권대리인은 계약이 본인에게 효력이 발생하였더라면 본인이 상대방에게 부담하였을 것과 같은 내용의 채무를 이행할 책임이 있다. 무권대리인은 마치 자신이 계약의 당사자가 된 것처럼 계약에서 정한 채무를 이행할 책임을 지는 것이다. 무권대리인이 계약에서 정한 채무를 이행하지 않으면 상대방에게 채무불이행에 따른 손해를 배상할 책임을 진다. 위 계약에서 채무불이행에 대비하여 손해배상액의 예정에 관한 조항을 둔 때에는 특별한 사정이 없는 한 무권대리인은 조항에서 정한 바에 따라 산정한 손해액을 지급하여야 한다. 이 경우에도 손해배상액의 예정에 관한 민법 제398조가 적용됨은 물론이다(대판 2018.6.28, 2018다210775).

② 책임의 요건
  ㉠ 무권대리인이 대리권을 증명하지 못하고, 본인의 추인을 받지 못할 것
  ㉡ 상대방이 선의·무과실일 것(민법 제135조 제2항) : 상대방의 선의·무과실의 판단은 대리행위 당시를 기준으로 하며, 무권대리인이 상대방이 대리권 없음을 알았거나 알 수 있었다는 사실을 주장·입증해야 한다(통설).

> 무권대리인의 상대방이 대리권이 없음을 알았다는 사실 또는 알 수 있었는데도 알지 못하였다는 사실에 관한 주장·증명책임의 소재(= 무권대리인)
>
> 민법 제135조 제2항은 '대리인으로서 계약을 맺은 자에게 대리권이 없다는 사실을 상대방이 알았거나 알 수 있었을 때에는 제1항을 적용하지 아니한다.'고 정하고 있다. 이는 무권대리인의 무과실책임에 관한 원칙 규정인 제1항에 대한 예외 규정이므로 상대방이 대리권이 없음을 알았다는 사실 또는 알 수 있었는데도 알지 못하였다는 사실에 관한 주장·증명책임은 무권대리인에게 있다(대판 2018.6.28, 2018다210775).

  ㉢ 무권대리인이 제한능력자가 아닐 것(민법 제135조 제2항)
  ㉣ 상대방이 철회권을 행사한 경우에는 민법 제135조의 책임을 추궁할 수 없다.
③ 책임의 내용 : 상대방의 선택에 따라 계약의 이행 또는 손해배상책임을 진다. 기출 05·08·17

> 타인의 대리인으로 계약을 한 자가 그 대리권을 증명하지 못하고 또 본인의 추인을 얻지 못한 때에는 상대방의 선택에 좇아 계약의 이행 또는 손해배상의 책임이 있는 것인바 이 상대방이 가지는 계약이행 또는 손해배상청구권의 소멸시효는 그 선택권을 행사할 수 있는 때로부터 진행한다 할 것이고 또 선택권을 행사할 수 있는 때라고 함은 대리권의 증명 또는 본인의 추인을 얻지 못한 때라고 할 것이다(대판 1965.8.24, 64다1156).

3) 본인과 무권대리인 사이의 관계
① 본인이 추인한 경우 : 본인이 추인하면 사무관리(민법 제734조)가 성립한다.
② 본인이 추인하지 않은 경우 : 본인과 대리인 사이에는 아무런 효과도 발생하지 않는다. 다만, 부당이득(민법 제741조), 불법행위(민법 제750조)가 문제될 수 있고, 본인이 대리인에게 내부적 법률관계에 의하여 채무불이행책임(민법 제390조)을 추궁할 수도 있다.

(3) 단독행위의 무권대리 [기출] 17

> **단독행위와 무권대리(민법 제136조)**
> 단독행위에는 그 행위 당시에 상대방이 대리인이라 칭하는 자의 대리권 없는 행위에 동의하거나 그 대리권을 다투지 아니한 때에 한하여 전6조의 규정을 준용한다. 대리권 없는 자에 대하여 그 동의를 얻어 단독행위를 한 때에도 같다.

핵심문제

01 甲의 무권대리인 乙이 丙에게 甲 소유의 부동산을 매도하여 소유권이전등기를 경료해 주었고, 그 후 丙은 이 부동산을 丁에게 매도하고 소유권이전등기를 경료해 주었다. 이에 관한 설명으로 옳지 않은 것은?(다툼이 있으면 판례에 따름)
[변리] 20

① 丙은 甲에게 상당한 기간을 정하여 추인 여부의 확답을 최고할 수 있고, 그 기간 내에 甲이 확답을 발하지 않으면 추인을 거절한 것으로 본다.
② 丙이 계약 당시 乙에게 대리권이 없음을 안 경우, 丙은 乙에게 한 매수의 의사표시를 철회할 수 없다.
③ 甲이 丁에게 추인의 의사를 표시하더라도 무권대리행위에 대한 추인의 효과가 발생하지 않는다.
④ 甲이 乙에게 추인의 의사를 표시한 경우, 추인사실을 알게 된 丙은 乙에게 한 매수의 의사표시를 철회할 수 없다.
⑤ 甲의 추인을 얻지 못한 경우, 丙이 무권대리에 관하여 선의이더라도 과실이 있으면 乙은 계약을 이행할 책임을 부담하지 않는다.

[해설]
① (○) 丙은 甲에게 상당한 기간을 정하여 추인 여부의 확답을 최고할 수 있고, 그 기간 내에 甲이 확답을 발하지 않으면 추인을 거절한 것으로 본다(민법 제131조 참고).
② (○) 철회권은 무권대리인과 계약한 선의의 상대방에게만 인정되는 권리이므로(민법 제134조), 丙이 계약 당시 乙에게 대리권이 없음을 안 경우, 丙은 乙에게 한 매수의 의사표시를 철회할 수 없다.
③ (×) 무권대리행위의 추인에 특별한 방식이 요구되는 것이 아니므로 명시적인 방법만 아니라 묵시적인 방법으로도 할 수 있고, 그 추인은 무권대리인, 무권대리행위의 직접의 상대방 및 그 무권대리행위로 인한 권리 또는 법률관계의 승계인에 대하여도 할 수 있다(대판 1981.4.14. 80다2314). 甲 소유 부동산을 매수한 丁에게 추인을 한 경우에도 무권대리행위에 대한 추인의 효과가 발생한다.
④ (○) 추인 또는 거절의 의사표시는 상대방에 대하여 하지 아니하면 그 상대방에 대항하지 못한다. 그러나 상대방이 그 사실을 안 때에는 그러하지 아니하다(민법 제132조). 본인 甲이 무권대리인 乙에게 추인의 의사를 표시한 경우, 추인 사실을 알게 된 丙은 乙에게 한 매수의 의사표시를 철회할 수 없다.
⑤ (○) 무권대리인의 상대방에 대한 책임은 상대방의 선의·무과실을 전제로 한다(민법 제135조 제2항). 이는 무권대리인의 무과실책임에 관한 원칙규정인 제1항에 대한 예외규정이므로 상대방이 대리권이 없음을 알았다는 사실 또는 알 수 있었는데도 알지 못하였다는 사실에 관한 주장·증명책임은 무권대리인에게 있다(대판 2018.6.28. 2018다210775). 乙의 무권대리행위에 대하여 甲의 추인을 얻지 못한 경우, 丙이 무권대리인 乙에게 책임을 묻기 위해서는 무권대리에 관하여 선의·무과실이어야 하나 丙이 선의이더라도 과실이 있으면 乙은 계약을 이행할 책임을 부담하지 않는다.

[정답] ③

1) 상대방 없는 단독행위
① 유언, 재단법인의 설립행위, 권리의 포기 등의 상대방 없는 단독행위는 능동대리 및 수동대리를 묻지 않고 언제나 무효이다.
② 본인의 추인이 있더라도 무효이다.

2) 상대방 있는 단독행위
① 단독행위에는 그 행위 당시에 상대방이 대리인이라 칭하는 자의 대리권 없는 행위에 동의하거나 그 대리권을 다투지 아니한 때에 한하여 무권대리에 관한 규정을 준용한다. 대리권 없는 자에 대하여 그 동의를 얻어 단독행위를 한 때에도 같다(민법 제136조).
② 상대방 있는 단독행위도 원칙적으로 무효이다.
③ 민법 제136조 전단의 능동대리의 경우 대리권을 다투지 아니한 때란 이의를 제출하지 아니한 것을 말하고, 무권대리인에게 대리권이 없다는 데에 대한 선의·악의 내지 과실·무과실은 문제되지 않는다.
④ 민법 제136조 후단의 수동대리의 경우에는 무권대리인의 동의를 얻어 단독행위를 한 경우에만 계약과 동일한 효과가 발생한다.

제5절 법률행위의 무효와 취소

I 무효와 취소의 의의

1. 개념
처음부터 당연히 법률행위의 효력이 발생하지 아니하는 경우를 무효라 하고, 취소권자의 취소라는 행위가 있어야 비로소 소급적으로 무효가 되는 경우를 취소라고 한다.

2. 무효와 취소의 구별

구분	무효	취소
효력	처음부터 당연히 효력이 없음	원칙적으로 유효한 법률행위이나 취소를 통해 소급적 무효가 됨
주장권자	누구든지 무효 주장 가능 기출 08·12	취소권자만 주장 가능(민법 제140조)
상대방	누구에게나 무효 주장 가능	법률행위 상대방에게만 주장 가능
기간	한번 무효는 계속 무효	취소는 단기제척기간 존재(민법 제146조)
추인	무효행위의 추인제도가 있음. 다만, 추인하여도 원칙적으로 그 효력이 발생하지 않음. 다만, 무효임을 알고 추인한 경우 새로운 법률행위로 될 수 있음(민법 제139조)	취소할 수 있는 법률행위를 추인하면 유효한 법률행위로 확정
법정추인	없음	있음(민법 제145조)

3. 무효와 취소의 이중효

어느 법률행위가 무효사유와 취소사유를 모두 포함하고 있는 경우 예를 들어, 매도인이 매수인의 중도금지급 채무불이행을 이유로 매매계약을 해제한 후에도, 매수인은 계약해제에 따른 불이익을 면하기 위해 착오를 이유로 매매계약전체를 취소하여 이를 무효로 돌릴 수 있다. 이를 무효와 취소의 이중효라고 한다.

출처 | 지원림, 홍문사, 민법강의 제16판, P.347 [2~363]

Ⅱ 법률행위의 무효

1. 의 의

법률행위가 성립요건을 갖추지 못할 때 법률행위의 부존재라고 하고, 성립요건은 갖추었으나 효력요건을 갖추지 못한 경우를 법률행위의 무효라고 한다.

2. 무효의 종류

(1) **절대적 무효·상대적 무효** 기출 15
① 절대적 무효는 누구에 대해서도 무효를 주장할 수 있는 경우이다. 대표적인 경우가 민법 제103조, 민법 제104조 위반, 강행규정 위반 등의 경우이다.
② 상대적 무효는 당사자 사이에서는 무효이지만 선의의 제3자에게 대항하지 못하는 경우이다. 대표적으로 비진의표시가 무효로 되는 경우(민법 제107조 제1항), 통정허위표시(민법 제108조 제2항) 등의 경우이다.

(2) **당연무효·재판상 무효**
무효는 원칙적으로 법률상 당연무효이다. 이와 달리 법률관계의 획일적 확정을 위하여 소(訴)에 의해서만 이를 주장할 수 있는 경우가 재판상 무효이다.

3. 무효의 일반적 효과

① 법률행위가 무효이면 법률효과는 발생하지 않으므로, 무효인 법률행위에 따른 법률효과를 침해하는 것처럼 보이는 위법행위나 채무불이행이 있더라도 법률효과 침해에 따른 손해배상을 청구할 수 없다(대판 2003.3.28. 2002다72125). 기출 16
② 무효인 법률행위에 기한 이행이 있기 전이라면 더 이상 이행할 필요가 없지만, 이미 급부가 이행되었다면 그 급부는 원칙적으로 부당이득에 관한 규정(민법 제741조 이하)에 의하여 반환되어야 한다.

4. 일부무효

> **법률행위의 일부무효(민법 제137조)**
> 법률행위의 일부분이 무효인 때에는 그 전부를 무효로 한다. 그러나 그 무효부분이 없더라도 법률행위를 하였을 것이라고 인정될 때에는 나머지 부분은 무효가 되지 아니한다. 기출 20·23

(1) 의 의

① 전부 무효가 원칙이나 예외적으로 무효부분을 제외한 나머지 부분은 유효가 될 수 있다.

기출 12·16·17·21

② 일부무효에 관한 민법 제137조는 임의규정이다. 따라서 일부무효에 관하여 효력규정에 위반되지 않는 당사자의 명시적 또는 묵시적 약정이 있으면 그에 의하고, 제137조는 적용되지 않는다(대판 2010.3.25. 2009다41465).

(2) 요 건

1) 법률행위의 일체성과 분할가능성이 있을 것(객관적 요건)
① 일체성 : 당사자가 법률행위의 여러 부분을 하나의 전체로서 의욕한 경우 일체성이 인정된다.
② 분할가능성 : 단, 그 여러 부분이 각각 분할가능성이 인정되어야 일부무효의 법리가 적용된다.

2) 무효부분이 없더라도 법률행위를 하였을 것이라고 인정될 것(주관적 요건)
무효부분이 없더라도 나머지 부분만으로도 법률행위를 하였을 것이라는 가정적 의사가 필요하다(대판 2023.2.2. 2019다232277). 판단시점은 법률행위 당시를 기준으로 한다.

3) 입증책임
잔부(殘部)의 유효를 주장하는 자가 위 요건의 존재를 입증해야 한다.

(3) 효 과

원칙적으로 전부 무효이나, 위 요건을 갖춘 경우 그 일부만을 유효로 볼 수 있다. 유효가 되는 시점은 법률행위 당시로 소급한다.

(4) 적용범위

① 법률행위의 일부무효 법리는 여러 개의 계약이 체결된 경우에 그 계약 전부가 경제적, 사실적으로 일체로서 행하여져서 하나의 계약인 것과 같은 관계에 있는 경우에도 적용된다(대판 2024.4.4. 2023다298670).
② 민법 제137조는 임의규정이므로 당사자의 의사에 의해 배제할 수 있다. 또한 법률에 일부무효에 관한 효력에 관하여 특별한 규정이 있는 경우에도 적용되지 않는다.

5. 유동적 무효

(1) 의의

유동적 무효란 법률행위가 무효이기는 하지만 추인 등에 의하여 행위 시에 소급하여 유효로 될 수 있는 경우를 말한다. 이는 취소할 수 있는 법률행위인 유동적 유효와 다르다.

(2) 토지거래 허가제도

1) 적용범위

토지거래 허가제도는 대가를 받고 소유권 또는 지상권을 이전 또는 설정하는 경우, 즉 유상계약에만 한정되어 적용되는 것이다(대판 2009.5.14. 2009도926).

2) 토지거래허가를 받지 않은 계약의 효력

① 전매차익을 얻을 목적으로 전전매매한 경우(확정적 무효) : 토지거래허가구역 내의 토지를 소유권이전등기를 경료할 의사 없이 중간생략등기의 합의 아래 전매차익을 얻을 목적으로 전전매매한 경우, 그 각각의 매매계약은 모두 확정적으로 무효로서 유효화될 여지가 없다(대판 1996.6.28. 96다3982).

② 허가를 배제하거나 잠탈하는 내용으로 매매계약이 체결된 경우(확정적 무효) : 구 국토의 계획 및 이용에 관한 법률상 토지거래계약 허가구역 내의 토지에 관하여 허가를 배제하거나 잠탈하는 내용으로 매매계약이 체결된 경우에는 그 계약은 체결된 때부터 확정적으로 무효이다. 다만 그 후 해당 토지가 토지거래계약 허가구역의 지정에서 해제되고, 매매계약 당사자들이 기존 매매계약이 무효임을 알면서 이를 추인하였다면 민법 제139조 단서에 따라 무효였던 기존 매매계약은 추인한 때로부터 새로운 법률행위로서 유효하게 된다고 보아야 한다(대판 2024.10.31. 2024다255328).

③ 허가받을 것을 전제로 거래계약을 체결한 경우(유동적 무효) : 판례는 허가를 받기 전의 거래계약이 처음부터 허가를 배제하거나 잠탈하는 내용의 계약일 경우에는 확정적으로 무효로서 유효화될 여지가 없으나 이와 달리 허가받을 것을 전제로 한 거래계약(허가를 배제하거나 잠탈하는 내용의 계약이 아닌 계약은 여기에 해당하는 것으로 본다)일 경우에는 허가를 받을 때까지는 법률상 미완성의 법률행위로서 소유권 등 권리의 이전 또는 설정에 관한 거래의 효력이 전혀 발생하지 않음은 위의 확정적 무효의 경우와 다를 바 없지만, 일단 허가를 받으면 그 계약은 소급하여 유효한 계약이 되고 이와 달리 불허가가 된 때에는 무효로 확정되므로 허가를 받기까지는 유동적 무효의 상태에 있다고 보는 것이 타당하므로 허가받을 것을 전제로 한 거래계약은 허가받기 전의 상태에서는 거래계약의 채권적 효력도 전혀 발생하지 않으므로 권리의 이전 또는 설정에 관한 어떠한 내용의 이행청구도 할 수 없으나 일단 허가를 받으면 그 계약은 소급해서 유효화되므로 허가 후에 새로이 거래계약을 체결할 필요는 없다고 한다(대판 1991.12.24. 90다12243[전합]).

3) 유동적 무효인 채권계약에 관한 법률관계

① 이행청구권의 인정 여부(소극) : 허가를 받을 것을 전제로 한 거래계약은 허가받기 전의 상태에서는 거래계약의 채권적 효력도 전혀 발생하지 않으므로 권리의 이전 또는 설정에 관한 어떠한 내용의 이행청구도 할 수 없고, 그러한 거래계약의 당사자로서는 허가받기 전의 상태에서 상대방의 거래계약상 채무불이행을 이유로 거래계약을 해제하거나 그로 인한 손해배상을 청구할 수 없다(대판 1997.7.25. 97다4357). 기출 05·24

② 해약금에 의한 해제 가능 여부(적극) : 특별한 사정이 없는 한 구 국토이용관리법상의 토지거래허가를 받지 않아 유동적 무효 상태인 매매계약에 있어서도 당사자 사이의 매매계약은 매도인이 계약금의 배액을 상환하고 계약을 해제함으로써 적법하게 해제된다(대판 1997.6.27. 97다9369). 기출 24

> **토지거래허가구역 내 토지에 관하여 매매계약을 체결하고 계약금만 주고받은 상태에서 토지거래허가를 받은 경우, 매도인이 민법 제565조의 규정에 의하여 그 계약을 해제할 수 있는지 여부(적극)**
>
> 국토의 계획 및 이용에 관한 법률에 정한 토지거래계약에 관한 허가구역으로 지정된 구역 안에 위치한 토지에 관하여 매매계약이 체결된 경우 당사자는 그 매매계약이 효력이 있는 것으로 완성될 수 있도록 서로 협력할 의무가 있지만, 이러한 의무는 그 매매계약의 효력으로서 발생하는 매도인의 재산권이전의무나 매수인의 대금지급의무와는 달리 신의칙상의 의무에 해당하는 것이어서 당사자 쌍방이 위 협력의무에 기초해 토지거래허가신청을 하고 이에 따라 관할관청으로부터 그 허가를 받았다 하더라도, 아직 그 단계에서는 당사자 쌍방 모두 매매계약의 효력으로서 발생하는 의무를 이행하였거나 이행에 착수하였다고 할 수 없을 뿐만 아니라, 그 단계에서 매매계약에 대한 이행의 착수가 있다고 보아 민법 제565조의 규정에 의한 해제권 행사를 부정하게 되면 당사자 쌍방 모두에게 해제권의 행사 기한을 부당하게 단축시키는 결과를 가져올 수도 있다. 그러므로 국토의 계획 및 이용에 관한 법률에 정한 토지거래계약에 관한 허가구역으로 지정된 구역 안의 토지에 관하여 매매계약이 체결된 후 계약금만 수수한 상태에서 당사자가 토지거래허가신청을 하고 이에 따라 관할관청으로부터 그 허가를 받았다 하더라도, 그러한 사정만으로는 아직 이행의 착수가 있다고 볼 수 없어 매도인으로서는 민법 제565조에 의하여 계약금의 배액을 상환하여 매매계약을 해제할 수 있다(대판 2009.4.23. 2008다62427).

③ **계약의 무효·취소 주장 가부(적극)** : 구 국토이용관리법상 규제구역 내에 속하는 토지거래에 관하여 관할 도지사로부터 거래허가를 받지 아니한 거래계약은 처음부터 위 허가를 배제하거나 잠탈하는 내용의 계약이 아닌 한 허가를 받기까지는 유동적 무효의 상태에 있고 거래 당사자는 거래허가를 받기 위하여 서로 협력할 의무가 있으나, 그 토지거래가 계약 당사자의 표시와 불일치한 의사(비진의표시, 허위표시 또는 착오) 또는 사기, 강박과 같은 하자 있는 의사에 의하여 이루어진 경우에는, 이들 사유에 의하여 그 거래의 무효 또는 취소를 주장할 수 있는 당사자는 그러한 거래허가를 신청하기 전 단계에서 이러한 사유를 주장하여 거래허가신청 협력에 대한 거절의사를 일방적으로 명백히 함으로써 그 계약을 확정적으로 무효화시키고 자신의 거래허가절차에 협력할 의무를 면할 수 있다(대판 1997.11.14. 97다36118).

핵심문제

01 부동산 거래신고 등에 관한 법률에 따른 토지거래허가구역 내에 존재하는 토지에 대하여 매도인 甲과 매수인 乙사이에 허가를 전제로 하여 매매계약이 체결되었으며 계약 당시 乙은 甲에게 계약금을 지급하였다. 이에 관한 설명으로 옳은 것은?(다툼이 있으면 판례에 따름) 변리 24

① 乙은 甲을 상대로 허가가 나오는 것을 조건으로 하여 잔금과 상환으로 이전등기를 해 달라고 청구할 수 있다.
② 허가가 나오기 전이라도 甲은 乙이 잔금기일에 잔금을 지급하지 않았다는 것을 이유로 위 계약을 해제할 수 있다.
③ 위 계약이 확정적으로 무효가 된 경우, 그에 관해 귀책사유가 있는 당사자도 계약의 무효를 주장할 수 있다.
④ 거래허가를 신청하기 전에는 乙의 기망행위로 위 계약을 체결하였더라도 甲은 그 계약을 취소할 수 없다.
⑤ 만일 계약 당시 합의에 따라 계약금을 乙이 丙에게 지급하였는데 그 후 위 계약이 확정적으로 무효가 된 경우, 특별한 사정이 없는 한 乙은 丙을 상대로 지급한 계약금 상당액의 반환을 청구할 수 있다.

[해설]
① (×) 토지거래허가를 받기 전이라면 아무런 효력을 인정할 수 없으므로 乙은 甲을 상대로 허가가 나오는 것을 조건으로 하여 잔금과 상환으로 이전등기를 해 달라고 청구할 수 없다고 판단된다(대판 1991.12.24. 90다12243[전합] 참조).
② (×) 관할관청으로부터 토지거래허가를 받기 전이라면 甲은 乙이 잔금기일에 잔금을 지급하지 않았다는 것을 이유로 위 계약을 해제할 수 없다(대판 2010.5.13. 2009다92685 참조).
③ (○) 대판 1997.7.25. 97다4357
④ (×) 乙과의 토지매매계약이 乙의 기망행위로 체결되어 취소사유가 있는 경우, 甲은 토지거래허가를 신청하기 전 단계에서 그 계약을 취소함으로 확정적으로 무효로 할 수 있다(대판 1996.11.8. 96다35309 참조).
⑤ (×) 판례의 취지를 고려할 때 제3자를 위한 계약에서 정한 바에 따라 계약금을 丙에게 지급하였으나 매매계약이 확정적으로 무효가 된 경우, 계약관계의 청산은 요약자인 甲과 낙약자인 乙 사이에 이루어져야 하므로 특별한 사정이 없는 한 乙은 丙에게 계약금 상당액의 부당이득반환을 청구할 수 없다고 판단된다(대판 2010.8.19. 2010다31860 참조).

정답 ③

④ 계약금·중도금에 대한 부당이득반환청구권의 인정 여부(원칙적 소극) : 구 국토이용관리법상 토지거래허가를 받지 않아 거래계약이 유동적 무효의 상태에 있는 경우, 유동적 무효 상태의 계약은 관할 관청의 불허가처분이 있을 때뿐만 아니라 당사자 쌍방이 허가신청협력의무의 이행거절 의사를 명백히 표시한 경우에는 확정적으로 무효가 된다고 할 것이고, 이 경우 비로소 부당이득반환청구를 구할 수 있다(대판 1993.7.27. 91다33766). 또한 거래계약이 확정적으로 무효가 된 경우에는 거래계약이 확정적으로 무효로 됨에 있어서 귀책사유가 있는 자라고 하더라도 그 계약의 무효를 주장할 수 있다(대판 1997.7.25. 97다4357).

기출 12·24·25

⑤ 계약의 해제 가부(소극) : 구 국토이용관리법(현행 부동산 거래신고 등에 관한 법률)상 규제구역 내의 토지에 대하여 매매계약을 체결한 경우에 있어 관할 관청으로부터 토지거래허가를 받기까지는 매매계약이 그 계약내용대로의 효력이 있을 수 없는 것이어서 매수인으로서도 그 계약내용에 따른 대금지급의무가 있다고 할 수 없으며, 설사 계약상 매수인의 대금지급의무가 매도인의 소유권이전등기의무에 선행하여 이행하기로 약정되어 있었다고 하더라도, 매수인에게 그 대금지급의무가 없음은 마찬가지여서 매도인으로서는 그 대금지급이 없었음을 이유로 계약을 해제할 수 없다(대판 1991.12.24. 90다12243[전합]). 기출 23

4) 협력의무에 관한 법률관계

① 협력의무의 인정 여부(적극) : 구 국토이용관리법상의 규제구역 내의 토지에 관하여 관할관청의 허가 없이 체결된 매매계약이라 하더라도 거래당사자 사이에는 계약이 효력이 있는 것으로 완성될 수 있도록 서로 협력할 의무가 있어 매매계약의 쌍방 당사자는 공동으로 관할관청의 허가를 신청할 의무가 있고, 이러한 의무에 위배하여 허가신청절차에 협력하지 않는 당사자에 대하여 상대방은 협력의무의 이행을 구할 수 있는 것이므로, 허가를 받을 것을 전제로 하여 체결된 매매계약의 매수인은 비록 그 매매계약이 허가를 받을 때까지는 법률상 미완성의 법률행위로서 소유권의 이전에 관한 계약의 효력이 전혀 발생하지 아니한다고 할지라도 위와 같은 토지거래허가신청절차청구권을 피보전권리로 하여 매매목적물의 처분을 금하는 가처분을 구할 수 있다(대판 1988.12.22. 98다44376). 기출 13·16·23

> **국토의 계획 및 이용에 관한 법률상의 토지거래허가구역에 있는 토지의 매수인이 토지거래허가 신청절차의 협력의무 이행청구권을 보전하기 위하여 매도인의 권리를 대위하여 행사할 수 있는지 여부(적극)**
> 국토의 계획 및 이용에 관한 법률상의 허가구역에 있는 토지의 거래계약이 토지거래허가를 전제로 체결된 경우에는 유동적 무효의 상태에 있고 거래계약의 채권적 효력도 전혀 발생하지 않으므로 권리의 이전 또는 설정에 관한 어떠한 내용의 이행청구도 할 수 없지만, 계약을 체결한 당사자 사이에서는 계약이 효력 있는 것으로 완성될 수 있도록 서로 협력할 의무가 있으므로, 계약의 쌍방 당사자는 공동으로 관할 관청의 허가를 신청할 의무가 있다. 그 결과 경우에 따라서는 매수인이 토지거래허가 신청절차의 협력의무 이행청구권을 보전하기 위하여 매도인의 권리를 대위하여 행사하는 것도 허용된다고 할 수 있지만, 보전의 필요성이 인정되어야 한다(대판 2013.5.23. 2010다50014).

② 협력의무와 대금지급의무의 동시이행관계 여부(소극) : 구 국토이용관리법상의 토지거래규제구역 내의 토지에 관하여 관할 관청의 토지거래허가 없이 매매계약이 체결됨에 따라 그 매수인이 그 계약을 효력이 있는 것으로 완성시키기 위하여 매도인에 대하여 그 매매계약에 관한 토지거래허가 신청절차에 협력할 의무의 이행을 청구하는 경우, 매도인의 토지거래계약허가 신청절차에 협력할 의무와 토지거래허가를 받으면 매매계약 내용에 따라 매수인이 이행하여야 할 매매대금 지급의무나 이에 부수하여 매수인이 부담하기로 특약한 양도소득세 상당 금원의 지급의무 사이에는 상호 이행상의 견련성이 있다고 할 수 없으므로, 매도인으로서는 그러한 의무이행의 제공이 있을 때까지 그 협력의무의 이행을 거절할 수 있는 것은 아니다(대판 1996.10.25. 96다23825).

③ 협력의무불이행에 기한 손해배상청구권 인정 여부(적극) : 유동적 무효 상태에 있는 매매계약에 대하여 허가를 받을 수 있도록 허가신청을 하여야 할 협력의무를 이행하지 아니하고 매수인이 그 매매계약을 일방적으로 철회함으로써 매도인이 손해를 입은 경우에 매수인은 이 협력의무 불이행과 인과관계가 있는 손해는 이를 배상하여야 할 의무가 있다(대판 1995.4.28. 93다26397). 나아가 당사자 사이에서 일방이 토지거래 허가를 받기 위한 협력 자체를 이행하지 아니하거나 허가신청에 이르기 전에 매매계약을 철회하는 경우 상대방에게 일정한 손해액을 배상하기로 하는 약정을 유효하게 할 수 있다(대판 1996.3.8. 95다18673).

기출 05 · 23

④ 협력의무불이행에 기한 계약해제 여부(소극) : 유동적 무효의 상태에 있는 거래계약의 당사자는 상대방이 그 거래계약의 효력이 완성되도록 협력할 의무를 이행하지 아니하였음을 들어 일방적으로 유동적 무효의 상태에 있는 거래계약 자체를 해제할 수 없다(대판 1999.6.17. 98다40459[전합]).

5) 유동적 무효가 확정적 유효로 되는 경우
① 허가를 받은 경우(대판 1992.7.28. 91다33612)
② 허가구역 지정이 해제되거나 허가구역 지정기간이 만료되었음에도 재지정을 하지 않은 경우(대판 2010.3.25. 2009다41465) 기출 24

6. 무효행위의 전환

> **무효행위의 전환(민법 제138조)**
> 무효인 법률행위가 다른 법률행위의 요건을 구비하고 당사자가 그 무효를 알았더라면 다른 법률행위를 하는 것을 의욕하였으리라고 인정될 때에는 다른 법률행위로서 효력을 가진다.

(1) 의 의
① 무효행위의 전환이란 원래 법률행위가 무효이지만 이러한 법률행위가 동시에 다른 법률행위로서의 요건을 갖추고 있는 경우에, 당사자가 무효임을 알았다면 그 다른 법률행위를 하였을 것이라고 인정되는 경우 다른 법률행위로서의 효력을 인정하는 것을 말한다. 기출 15
② 무효행위의 전환을 질적 일부무효라고 한다.
③ 현실적 의사가 아니라 가상적 의사를 기초로 한다는 점에서 추인과 다르다.

(2) 요 건
① 일단 무효인 법률행위가 존재하여야 한다.
② 다른 법률행위로서의 요건을 갖추어야 한다.
③ 가상적 의사가 인정되어야 한다. 가상적 의사의 판단시점은 전환시점이 아니라 법률행위 당시를 기준으로 한다.

(3) 효 과
① 무효행위의 전환요건을 갖추면 다른 법률행위로서의 효력이 인정된다. 기출 16
② 원래의 법률행위 시점부터 효력이 발생한다.

(4) 적용범위
① 단독행위의 전환에 대해 학설의 대립이 있으나 민법은 비밀증서 유언의 요건 흠결시 자필증서 유언의 요건을 갖추면 자필증서 유언으로의 전환을 인정하고 있다(민법 제1071조).
② 신분행위의 전환에 관하여 판례는 혼인 외의 출생자를 혼인 중의 출생자로 신고한 경우에 그 신고는 친생자출생신고로는 무효이지만 인지신고로서의 효력을 인정한다(대판 1971.11.15. 71다1983). 또한 타인의 자를 자기의 자로서 출생신고한 경우에 그 신고는 출생신고로는 무효이지만 입양신고로서는 유효하다고 판시하고 있다(대판 1977.7.27. 77다492[전합]).
③ 판례는 매매계약이 약정된 매매대금의 과다로 말미암아 민법 제104조에서 정하는 '불공정한 법률행위'에 해당하여 무효인 경우에도 무효행위의 전환에 관한 민법 제138조가 적용될 수 있으므로 당사자 쌍방이 위와 같은 무효를 알았더라면 대금을 다른 액으로 정하여 매매계약에 합의하였을 것이라고 예외적으로 인정되는 경우에는, 그 대금액을 내용으로 하는 매매계약이 유효하게 성립한다고 한다(대판 2010.7.15. 2009다50308). 기출 21·25

7. 무효행위의 추인

> **무효행위의 추인(민법 제139조)**
> 무효인 법률행위는 추인하여도 그 효력이 생기지 아니한다. 그러나 당사자가 그 무효임을 알고 추인한 때에는 새로운 법률행위로 본다. 기출 12·13

(1) 의 의
① 민법은 원칙적으로 추인을 금지하되(민법 제139조 본문), 예외적으로 당사자가 그 무효임을 알고 추인한 때에는 새로운 법률행위를 한 것으로 간주하고 있다(민법 제139조 단서).
② 민법상 법률행위의 추인에는 소급효가 없다.

(2) 요 건
무효임을 알고서 추인해야 하는데, 추인의 의사표시는 묵시적으로 할 수 있다. 무효행위의 추인은 무효사유가 종료한 후에 해야 하고(대판 1997.12.12. 95다38240), 새로운 법률행위의 요건을 구비해야 한다. 무효행위의 추인이 있었다는 사실은 새로운 법률행위의 성립을 주장하는 자가 증명하여야 한다. 기출 12·13·16·21·22

(3) 효 과
① 무효인 법률행위에 대한 추인은 소급효가 없는 것이 원칙이다(민법 제139조 본문). 기출 20 그러나 당사자 간의 합의로 소급하여 유효로 할 수 있다(통설·판례).
② 판례는 무효인 신분행위의 추인에는 민법 제139조의 적용을 부정하면서 소급효를 인정하고 있다(대판 1965.12.28. 65므61).

(4) 한 계 기출 06·11·12·17·22
강행규정·민법 제103조·민법 제104조 위반으로 무효인 경우에는 추인이 있더라도 무효이다.

(5) 관련 쟁점 – 무권리자의 처분행위
무권리자의 처분행위로서 무효인 처분행위도 권리자가 제3자의 이익을 해하지 않는 한 소급적으로 추인하여 유효로 할 수 있다.

III 법률행위의 취소

> **법률행위의 취소권자(민법 제140조)**
> 취소할 수 있는 법률행위는 제한능력자, 착오로 인하거나 사기·강박에 의하여 의사표시를 한 자, 그의 대리인 또는 승계인만이 취소할 수 있다. 기출 13·16
>
> **취소의 효과(민법 제141조)**
> 취소된 법률행위는 처음부터 무효인 것으로 본다. 다만, 제한능력자는 그 행위로 인하여 받은 이익이 현존하는 한도에서 상환(償還)할 책임이 있다.

1. 의 의

(1) 개 념
법률행위의 취소란 일단 유효하게 성립한 법률행위의 효력을 제한능력 또는 의사표시의 결함을 이유로 취소권자의 의사표시에 의하여 행위시에 소급하여 무효로 하는 것을 말한다.

(2) 적용범위
법률행위의 취소에 관한 민법 제140조 이하는 제한능력 또는 의사표시의 결함을 이유로 하는 취소에 한하여 적용된다.

(3) 구별개념

1) 철 회
법률행위의 효력 발생 전에 그 발생을 저지하는 행위이다.

2) 해 제
해제의 효과에 관한 직접효과설에 의하면, 일단 유효하게 성립한 계약의 효력을 약정해제권이나 법정해제권에 기하여 소급적으로 소멸하게 하는 행위이다.

2. 취소의 당사자

(1) 취소권자

1) 제한능력자, 착오·사기·강박에 의한 의사표시자
취소할 수 있는 법률행위는 제한능력자, 착오로 인하거나 사기·강박에 의하여 의사표시를 한 자, 그의 대리인 또는 승계인만이 취소할 수 있다(민법 제140조). 따라서 제한능력을 이유로 취소하는 경우에는 법정대리인뿐만 아니라 제한능력자도 단독으로 취소할 수 있다. 기출 17·23

2) 대리인
취소도 법률행위이므로 대리인도 할 수 있다. 따라서 임의대리인(본인으로부터 별도의 수권이 필요)과 법정대리인(고유의 취소권이 인정) 모두 취소권이 인정된다.

3) 승계인
특정승계인, 포괄승계인 모두 취소권을 행사할 수 있으나, 특정승계인에 대해서는 취소권만의 승계는 인정되지 않는다. 기출 05·13·16·25

4) 보증인
보증인은 주채무자의 취소권이나 해제권을 직접 행사할 수는 없고, 주채무자에게 이러한 권리가 있을 때에는 이행을 거절할 수 있을 뿐이다(민법 제435조 참조). 단, 주채무자에게 상계권이 있을 때에는 보증인이 그 상계권을 직접 행사할 수 있다(민법 제434조).

(2) 취소의 상대방

> **취소의 상대방(민법 제142조)**
> 취소할 수 있는 법률행위의 상대방이 확정한 경우에는 그 취소는 그 상대방에 대한 의사표시로 하여야 한다. 기출 23

① 취소할 수 있는 법률행위의 상대방이 있으면 그 취소는 그 상대방에 대한 의사표시로 해야 한다(민법 제142조).
② 상대방 없는 단독행위에서는 상대방이 확정되어 있지 않기 때문에 취소를 특정인에게 행할 필요가 없고, 취소의 의사를 적당한 방법으로 외부에 알리기만 하면 된다(다수설).
③ 취소할 수 있는 행위의 상대방이 그 행위로 취득한 권리를 양도한 경우에 그 취소의 상대방은 양수인이 아니라 원래의 상대방이다.

3. 취소의 방법

(1) 취소의 의사표시 기출 21
취소권은 형성권이므로, 취소권자는 그의 일방적 의사표시에 의하여 취소권을 행사할 수 있다. 취소의 의사표시는 특별한 방식을 요하지 않는다. 따라서 반드시 재판상 행사하여야 할 필요는 없다. 취소의 의사가 상대방에 의하여 인식될 수 있다면 어떠한 방법에 의하더라도 무방하다.

(2) 취소의 대상
제한능력을 이유로 하는 취소의 대상은 법률행위 자체이다.

(3) 일부취소

① 하나의 법률행위 중 일부에만 취소사유가 있는 경우에 그 일부만을 취소할 수 있을지 문제되는데 통설과 판례는 일부무효의 법리에 준하여 일부취소를 인정한다.
② 즉, 일부무효와 마찬가지로 법률행위의 일부를 취소하기 위해서는 ㉠ 일체로서 법률행위가 ㉡ 가분적이고, ㉢ 그 법률행위의 일부에 취소사유가 존재해야 한다. 그 밖에 ㉣ 나머지 부분을 유지하려는 당사자의 가정적 의사가 있어야 한다. 기출 15·17
③ 일부취소가 있으면 그 부분만이 소급적으로 무효가 되나, 당사자의 가정적 의사에 따라 법률행위 전부가 무효가 될 수 있다.

4. 취소의 효과

(1) 원칙 : 소급적 무효

① 취소가 있으면 그 법률행위는 처음부터 무효인 것으로 본다(민법 제141조 본문). 기출 05·08 다만, 취소한 후라도 무효행위의 추인 요건에 따라 다시 추인할 수 있다(대판 1997.12.12. 95다38240). 기출 21
② 취소되면 법률행위가 소급하여 무효로 되기에 그 법률행위에 기하여 급부가 이미 행하여졌다면 부당이득 반환의 법리(민법 제741조)에 의하여 그 급부가 반환되어야 한다. 기출 05 반면 아직 급부가 이행되지 않은 경우에는 급부는 후속문제를 남기지 않고 소멸한다.

(2) 제한능력자의 반환범위에 관한 특칙 기출 17·20·22·23·24

① 제한능력자는 선의·악의를 불문하고 언제나 현존이익만 반환하면 된다(민법 제141조 단서). 이 규정은 민법 제748조 제2항에 대한 특칙이다.

> 미성년자가 신용카드발행인과 사이에 신용카드 이용계약을 체결하여 신용카드거래를 하다가 신용카드 이용계약을 취소하는 경우 미성년자는 그 행위로 인하여 받은 이익이 현존하는 한도에서 상환할 책임이 있는바, 신용카드 이용계약이 취소됨에도 불구하고 신용카드회원과 해당 가맹점 사이에 체결된 개별적인 매매계약은 특별한 사정이 없는 한 신용카드 이용계약취소와 무관하게 유효하게 존속한다 할 것이고, 신용카드발행인이 가맹점들에 대하여 그 신용카드사용대금을 지급한 것은 신용카드 이용계약과는 별개로 신용카드발행인과 가맹점 사이에 체결된 가맹점 계약에 따른 것으로서 유효하므로, 신용카드발행인의 가맹점에 대한 신용카드이용대금의 지급으로써 신용카드회원은 자신의 가맹점에 대한 매매대금 지급채무를 법률상 원인 없이 면제받는 이익을 얻었으며, 이러한 이익은 금전상의 이득으로서 특별한 사정이 없는 한 현존하는 것으로 추정된다(대판 2005.4.15. 2003다60297).

② 현존이익이란 취소되는 행위에 의하여 사실상 얻은 이익이 그대로 있거나 또는 그것이 변형되어 잔존하는 것을 말한다.
③ 이익이 현존하는지 여부 및 현존이익의 범위는 취소한 시점을 기준으로 판단한다.
④ 이익의 현존에 대한 입증책임의 소재에 관하여, 다수설과 판례는 공평을 근거로 이익이 현존하는 것으로 추정되며 따라서 제한능력자가 현존이익이 없음을 입증해야 한다고 한다(대판 2009.1.15. 2008다58367).

(3) 소급효의 예외

근로계약, 조합계약과 같은 계속적인 계약관계는 소급효가 부인된다(통설).

> 근로계약은 근로자가 사용자에게 근로를 제공하고 사용자는 이에 대하여 임금을 지급하는 것을 목적으로 체결된 계약으로서 (근로기준법 제2조 제1항 제4호) 기본적으로 그 법적 성질이 사법상 계약이므로 계약 체결에 관한 당사자들의 의사표시에 무효 또는 취소의 사유가 있으면 상대방은 이를 이유로 근로계약의 무효 또는 취소를 주장하여 그에 따른 법률효과의 발생을 부정하거나 소멸시킬 수 있다. 다만 그와 같이 근로계약의 무효 또는 취소를 주장할 수 있다 하더라도 근로계약에 따라 그동안 행하여진 근로자의 노무 제공의 효과를 소급하여 부정하는 것은 타당하지 않으므로 이미 제공된 근로자의 노무를 기초로 형성된 취소 이전의 법률관계까지 효력을 잃는다고 보아서는 아니 되고, 취소의 의사표시 이후 장래에 관하여만 근로계약의 효력이 소멸된다고 보아야 한다(대판 2017.12.22. 2013다25194). 기출 24

5. 취소할 수 있는 법률행위의 추인

> **추인의 방법, 효과(민법 제143조)**
> ① 취소할 수 있는 법률행위는 제140조에 규정한 자가 추인할 수 있고 추인 후에는 취소하지 못한다.
> ② 전조의 규정은 전항의 경우에 준용한다.
>
> **추인의 요건(민법 제144조)**
> ① 추인은 취소의 원인이 소멸된 후에 하여야만 효력이 있다.
> ② 제1항은 법정대리인 또는 후견인이 추인하는 경우에는 적용하지 아니한다.

(1) 의 의

취소할 수 있는 법률행위의 추인이란 취소할 수 있는 법률행위를 취소하지 않겠다는 취소권자의 의사표시로, 취소권의 포기이다.

(2) 추인의 요건

① 추인은 취소권의 포기이므로, 취소할 수 있는 행위임을 알고 추인해야 한다(대판 1997.5.30. 97다2986). 법정추인과의 차이점이다.
② 추인은 추인권자(즉, 취소권자)가 취소의 원인이 종료한 후에 하여야 하고(대판 1997.5.30. 97다2986), 그렇지 않다면 그 효력이 없다(민법 제144조 제1항). 따라서 제한능력자는 능력자가 된 후, 착오·사기·강박에 의한 표의자는 그 상태를 벗어난 후가 아니면 추인할 수 없다. 다만, 법정대리인은 이러한 제한 없이 추인할 수 있다(민법 제144조 제2항). 한편 제한능력자라도 피성년후견인이 아닌 자는 법정대리인의 동의를 얻어 유효하게 추인할 수 있다. 기출 08·11·13·14·22
③ 법률행위의 상대방에게 추인의 의사표시를 해야 한다(민법 제143조 제2항).
④ 취소권을 행사하여 소급하여 무효가 된 후의 추인은 무효행위의 추인에 해당한다(대판 1997.12.12. 95다38240).
기출 23

(3) 효 과

추인이 있으면 취소할 수 있는 행위를 더 이상 취소할 수 없고, 그 행위는 확정적으로 유효로 된다. 기출 20

6. 법정추인 기출 10·11·21·22

> **법정추인(민법 제145조)**
> 취소할 수 있는 법률행위에 관하여 전조의 규정에 의하여 추인할 수 있는 후에 다음 각 호의 사유가 있으면 추인한 것으로 본다. 그러나 이의를 보류한 때에는 그러하지 아니하다. 🔑 전·이·경·담·양·강
> 1. 전부나 일부의 이행
> 2. 이행의 청구
> 3. 경 개 기출 25
> 4. 담보의 제공
> 5. 취소할 수 있는 행위로 취득한 권리의 전부나 일부의 양도
> 6. 강제집행

(1) 의 의
① 민법은 추인할 수 있는 후에 일정한 사유가 있으면 당연히 추인한 것으로 간주하는 법정추인을 규정하고 있다(민법 제145조).
② 취소할 수 있는 법률행위에만 적용된다.
③ 취소원인이 소멸된 후에만 법정추인이 가능하다.
④ 행위자가 취소할 수 있는 법률행위인지를 알고 있을 필요가 없다(통설·판례).

(2) 법정추인의 사유

1) **전부 또는 일부의 이행**
취소권자가 상대방에게 이행한 경우는 물론이고 상대방의 이행을 수령한 경우를 포함한다.

2) **이행의 청구**
취소권자가 청구하는 경우에 한한다.

3) **경 개**
취소권자가 채권자인지 아니면 채무자인지 묻지 않는다.

4) **담보의 제공**
취소권자가 채무자로서 담보를 제공하거나 채권자로서 그러한 담보의 제공을 받는 경우이다.

5) **취소할 수 있는 행위로 취득한 권리의 전부나 일부의 양도**
취소권자가 양도하는 경우에 한한다. 반면 취소함으로써 발생하게 될 장래의 채권의 양도는 제외된다.

6) **강제집행(압류)**
집행을 하는 경우뿐만 아니라 집행을 받는 경우에도 소송상 이의를 제기할 수 있었음에도 불구하고 이를 하지 않는 경우에는 이에 포함된다.

(3) 효 과
위 요건이 갖추어지면 추인이 있었던 것으로 의제된다.

7. 단기제척기간

> **취소권의 소멸(민법 제146조)**
> 취소권은 추인할 수 있는 날로부터 3년 내에 법률행위를 한 날로부터 10년 내에 행사하여야 한다. 기출 20

(1) 법적 성질 기출 05·06·08·11·25

민법 제146조가 규정하는 기간은 법률관계를 조속히 확정하여 상대방을 보호하기 위한 제도로 그 기간의 성질은 제척기간이다(통설)(대판 1996.9.20. 96다25371). 재판 외에서 행사되더라도 무방하다.

(2) 취소권의 단기소멸의 요건

1) 추인할 수 있는 때로부터 3년 기출 11·24
  ① 취소할 수 있는 때로부터가 아니다.
  ② 추인할 수 있는 날이란 취소의 원인이 종료되어 취소권 행사에 관한 장애가 없어져서 취소권자가 취소의 대상인 법률행위를 추인할 수 있고 취소할 수도 있는 상태가 된 때를 가리킨다(대판 1998.11.27. 98다7421).

2) 법률행위를 한 날로부터 10년

3) 양 기간의 관계 기출 09
  ① 둘 중 먼저 도달한 것이 있으면 그때 완전히 소멸한다.
  ② 법정대리인과 행위능력자 중 누구에 대해서라도 먼저 기간이 도과하면 취소권은 모두 소멸한다.

🔍 핵심문제

01 법률행위의 취소에 관한 설명으로 옳지 않은 것은?(다툼이 있으면 판례에 따름) 변리 21

① 제한능력자의 법률행위에 대한 법정대리인의 추인은 취소의 원인이 소멸된 후에 하여야 그 효력이 있다.
② 취소할 수 있는 법률행위로 취득한 권리를 취소권자의 상대방이 제3자에게 양도한 경우, 법정추인이 되지 않는다.
③ 법률행위의 취소를 전제로 한 소송상의 이행청구나 이를 전제로 한 이행거절에는 취소의 의사표시가 포함되어 있다고 볼 수 있다.
④ 취소할 수 있는 법률행위는 취소권자가 추인할 수 있는 후에 이의를 보류하지 않고 이행청구를 하면 추인한 것으로 본다.
⑤ 취소권자가 취소할 수 있는 법률행위를 적법하게 추인한 경우, 그 법률행위를 다시 취소할 수 없다.

【해설】
① (×) 추인은 취소의 원인이 소멸된 후에 하여야만 효력이 있으나, 법정대리인의 경우에는 취소의 원인이 소멸되었는지 여부에 상관없이 추인할 수 있다(민법 제144조 참고).
② (○) 민법 제145조 제5호의 '취소할 수 있는 행위로 취득한 권리의 전부나 일부의 양도'는 취소권자가 양도한 경우에 한하여 법정추인사유에 해당한다. 따라서 취소할 수 있는 법률행위로 취득한 권리를 취소권자의 상대방이 제3자에게 양도한 경우, 법정추인이 되지 않는다. 참고로 민법 제145조 제2호의 '이행의 청구'도 취소권자가 채무이행을 청구한 것에 한하여 법정추인사유에 해당한다.
③ (○) 대판 1993.9.14. 93다13162
④ (○) 취소할 수 있는 법률행위는 취소권자가 추인할 수 있는 후에 이의를 보류하지 않고 이행청구를 하면 추인한 것으로 본다(민법 제145조 제2호).
⑤ (○) 취소권자가 취소할 수 있는 법률행위를 적법하게 추인한 경우 그 법률행위는 확정적으로 유효가 되므로 더 이상 취소할 수 없게 된다.

정답 ①

(3) 취소에 의해 발생한 청구권의 존속기간
① 통설은 취소권과 마찬가지로 단기제척기간에 걸린다고 한다.
② 판례는 전혀 별개의 문제이므로 취소권은 단기제척기간 내에 행사해야 하지만, 그 효과로서 생긴 부당이득반환청구권은 취소권을 행사한 때로부터 소멸시효가 별도로 진행한다고 한다(대판 1991.2.22. 90다13420).

제6절 법률행위의 부관

I 서 설

법률행위가 성립하면 곧바로 그 효력이 발생함이 원칙이다. 그러나 법률행위의 효력의 발생 또는 소멸을 제한하기 위하여 법률행위에 부가되는 약관을 법률행위의 부관이라고 한다. 민법상으로는 조건・기한・부담의 세 가지가 있다. 이 중 조건과 기한은 총칙에 일반규정을 두고, 부담부 증여(민법 제561조)와 부담부 유증(민법 제1088조)에 관한 특별규정을 둔다.

II 조 건

1. 조건의 의의

① 조건은 법률행위 효력의 발생 또는 소멸을 장래 불확실한 사실의 발생 여부에 따라 좌우되게 하는 법률행위의 부관이고, 법률행위에서 효과의사와 일체적인 내용을 이루는 의사표시 그 자체이다. 조건을 붙이고자 하는 의사는 법률행위의 내용으로 외부에 표시되어야 하고, 조건을 붙이고자 하는 의사가 있는지는 의사표시에 관한 법리에 따라 판단하여야 한다. 조건을 붙이고자 하는 의사의 표시는 그 방법에 관하여 일정한 방식이 요구되지 않으므로 묵시적 의사표시나 묵시적 약정으로도 할 수 있다(대판 2018.6.28. 2016다221368). 기출 23・24

② 조건이 되는 사실은 발생할 것인지 여부가 객관적으로 불확실한 장래의 사실이어야 한다. 장래 반드시 실현되는 사실은 기한이지 조건으로 되지 못한다(대판 2018.6.28. 2018다201702). 기출 25

③ 조건은 당사자가 임의로 부가한 것이어야 한다. 따라서 법정조건은 조건이 아니다. 기출 15

> **당사자가 표시한 문언에 의하여 객관적인 의미가 명확하게 드러나지 않는 경우, 법률행위의 해석 방법 / 조건을 붙이고자 하는 의사는 외부에 표시되어야 하는지 여부(적극) 및 이를 인정하기 위한 요건**
>
> 법률행위의 해석에 있어 당사자가 표시한 문언에 의하여 객관적인 의미가 명확하게 드러나지 않는 경우에는 문언의 형식과 내용, 법률행위가 이루어진 동기 및 경위, 당사자가 법률행위에 의하여 달성하려는 목적과 진정한 의사, 거래의 관행 등을 종합적으로 고려하여 사회정의와 형평의 이념에 맞도록 논리와 경험의 법칙, 그리고 사회일반의 상식과 거래의 통념에 따라 합리적으로 해석하여야 한다. 한편 조건은 법률행위 효력의 발생 또는 소멸을 장래 불확실한 사실의 발생 여부에 따라 좌우되게 하는 법률행위의 부관이고, 법률행위에서 효과의사와 일체적인 내용을 이루는 의사표시 그 자체이다. 조건을 붙이고자 하는 의사는 법률행위의 내용으로 외부에 표시되어야 하고, 조건을 붙이고자 하는 의사가 있는지는 의사표시에 관한 법리에 따라 판단하여야 한다. 조건을 붙이고자 하는 의사가 외부에 표시되었다고 인정하려면, 법률행위가 이루어진 동기와 경위, 법률행위에 의하여 달성하려는 목적, 거래의 관행 등을 종합적으로 고려하여 법률행위 효력의 발생 또는 소멸을 장래의 불확실한 사실의 발생 여부에 따라 좌우되게 하려는 의사가 인정되어야 한다(대판 2020.7.9. 2020다202821).

> **법률행위의 부관으로서 조건의 의미와 성립 요건 및 조건을 붙이고자 하는 의사가 있으나 외부에 표시되지 않은 경우, 법률행위의 부관으로서 조건이 되는지 여부(소극)**
> 조건은 법률행위의 효력의 발생 또는 소멸을 장래의 불확실한 사실의 성부에 의존하게 하는 법률행위의 부관으로서 해당 법률행위를 구성하는 의사표시의 일체적인 내용을 이루는 것이므로, 의사표시의 일반원칙에 따라 조건을 붙이고자 하는 의사 즉 조건의사와 그 표시가 필요하며, <u>조건의사가 있더라도 그것이 외부에 표시되지 않으면 법률행위의 동기에 불과할 뿐이고 그것만으로는 법률행위의 부관으로서의 조건이 되지는 아니한다</u>(대판 2015.10.29. 2015다219504). 기출 25

2. 조건의 종류

(1) 정지조건과 해제조건

1) 정지조건

<u>법률행위의 효력을 그 성취에 의해 발생하게 하는 조건이다</u>(민법 제147조 제1항). 기출 14 정지조건부 법률행위에 해당한다는 존재 사실은 그 법률행위로 인한 법률효과의 발생을 저지하는 사유로서, 법률효과의 발생을 다투는 자가 입증해야 하나, 정지조건의 성취는 법률행위의 효력을 주장하는 자가 입증해야 한다.

기출 16 · 17 · 18 · 21

2) 해제조건

<u>법률행위의 효력을 그 성취에 의해 소멸하게 하는 조건이다</u>(민법 제147조 제2항). 기출 14 · 18 · 22

(2) 수의조건과 비수의조건

1) 수의조건

조건의 성부가 당사자의 일방적 의사에 의존하는 조건으로, 이에는 다시 ㉠ <u>법률행위의 효력이 전적으로 당사자의 일방적 의사에만 의존하는 순수수의조건과</u> ㉡ <u>당사자 일방의 의사와 함께 일정한 다른 사실상태에 의존하는 단순수의조건이 있다</u>. 이 중 순수수의조건은 당사자에게 법률행위의 효력을 발생시킬 의사가 없다고 보아야 하므로 언제나 무효라고 할 것이지만, 단순수의조건은 유효한 조건이다.

2) 비수의조건

조건의 성부가 당사자의 일방적 의사에만 의존하지 않는 조건을 말한다. 이에는 ㉠ <u>조건의 성부가 당사자의 일방적 의사와는 관계없이 결정되는 우성조건과</u> ㉡ <u>조건의 성부가 당사자의 일방적 의사와 제3자의 의사에 의하여 결정되는 혼성조건이 있다</u>.

(3) 가장조건

형식적으로 조건이지만 실질적으로는 조건으로서의 효력이 인정되지 못하는 것을 총칭하여 가장조건이라고 한다.

> **불법조건, 가성조건(민법 제151조)**
> ① 조건이 선량한 풍속 기타 사회질서에 위반한 것인 때에는 그 법률행위는 무효로 한다.
> ② 조건이 법률행위의 당시 이미 성취한 것인 경우에는 그 조건이 정지조건이면 조건 없는 법률행위로 하고 해제조건이면 그 법률행위는 무효로 한다.
> ③ 조건이 법률행위의 당시에 이미 성취할 수 없는 것인 경우에는 그 조건이 해제조건이면 조건 없는 법률행위로 하고 정지조건이면 그 법률행위는 무효로 한다.

1) 법정조건

법률행위의 효력이 발생하기 위하여 법률이 명문으로 요구하는 요건이 법정조건이다. 조건은 법률행위의 내용으로서 당사자들의 의사로 정하여야 하기에 법정조건은 조건이 아니다. 기출 15

2) 불법조건

① 선량한 풍속 기타 사회질서에 위반한 조건이 불법조건이다. 불법조건이 붙은 경우에 그 조건만이 무효인 것이 아니라 그 법률행위 전부가 무효로 된다(민법 제151조 제1항). 기출 15·16·20·21·23

② 매매계약에서 매도인에게 부과될 공과금을 매수인이 책임진다는 취지의 특약을 하였다 하더라도 이는 공과금이 부과되는 경우 그 부담을 누가 할 것인가에 관한 약정으로서 그 자체가 불법조건이라고 할 수 없고 이것만 가지고 사회질서에 반한다고 단정하기도 어렵다(대판 1993.5.25. 93다296). 기출 20

3) 기성조건

조건인 사실이 법률행위 성립 당시 이미 발생한 경우가 기성조건이다. 기성조건이 정지조건이면 조건 없는 법률행위가 되고, 해제조건이면 그 법률행위가 무효이다(민법 제151조 제2항). 기출 17·11·21·22·23

4) 불능조건

조건이 법률행위 성립 당시 이미 성취할 수 없는 것으로 객관적으로 확정된 경우가 불능조건이다. 불능조건이 해제조건이면 조건 없는 법률행위가 되고, 정지조건이라면 그 법률행위는 무효이다(민법 제151조 제3항).

기출 05·09·13·14·16

(4) 관련 판례

동산의 매매계약을 체결하면서, 매도인이 대금을 모두 지급받기 전에 목적물을 매수인에게 인도하지만 대금이 모두 지급될 때까지는 목적물의 소유권은 매도인에게 유보되며 대금이 모두 지급된 때에 그 소유권이 매수인에게 이전된다는 내용의 이른바 소유권유보의 특약을 한 경우, 목적물의 소유권을 이전한다는 당사자 사이의 물권적 합의는 매매계약을 체결하고 목적물을 인도한 때 이미 성립하지만 대금이 모두 지급되는 것을 정지조건으로 한다(대판 1999.9.7. 99다30534). 기출 20

3. 조건에 친하지 않은 법률행위

(1) 의 의

법률행위에 조건이 붙여지면 그 효력의 발생이나 존속이 불확실하게 되는데 그러한 불확실성을 감내할 수 없는 법률행위를 조건에 친하지 않은 법률행위라고 한다. 그럼에도 불구하고 조건에 친하지 않은 법률행위에 조건을 붙이면, 그 법률행위는 전체가 무효로 된다(대판 2005.11.8. 2005마541).

(2) 단독행위

① 원칙적으로 조건을 붙일 수 없다. 기출 12
② 단, 상대방의 동의가 있는 경우 또는 상대방에게 이익만을 주거나 상대방에게 불이익으로 되지 않은 경우에는 조건을 붙일 수 있다.

(3) 신분행위 기출 20

① 원칙적으로 조건을 붙일 수 없다.
② 단, 유언에는 조건을 붙일 수 있다(민법 제1073조 제2항). 또한 혼인과 달리 약혼에는 조건을 붙일 수 있다(통설).

(4) 어음 · 수표행위

① 원칙적으로 조건을 붙일 수 없고, 조건을 붙이면 그 행위 전부가 무효가 된다. 단, 어음·수표의 배서에 붙인 조건은 그 조건만 무효가 된다. 따라서 그 배서는 조건 없는 배서가 된다. 또한 어음보증에는 조건을 붙일 수 있다(대판 1986.9.9. 84다카2310).

② 조건과는 친하지 않지만, 기한과는 친하다.

(5) 물권행위

물권행위에 조건을 붙일 수 있는지 다툼이 있으나 다수설은 긍정하며, 판례는 소유권유보부매매(동산할부매매)에서 대금완납을 정지조건으로 하여 소유권이 이전된다는 '정지조건부 소유권이전의 합의'를 인정하고 있다.

4. 조건의 성취와 불성취

> **조건성취의 효과(민법 제147조)**
> ① 정지조건 있는 법률행위는 조건이 성취한 때로부터 그 효력이 생긴다.
> ② 해제조건 있는 법률행위는 조건이 성취한 때로부터 그 효력을 잃는다.
> ③ 당사자가 조건성취의 효력을 그 성취전에 소급하게 할 의사를 표시한 때에는 그 의사에 의한다.

(1) 의 의

조건인 장래의 불확실한 사실이 일어나는 것을 조건의 성취라 하고, 그 반대의 경우를 불성취라고 한다.

(2) 조건의 성취 또는 불성취의 주장

1) 조건성취의 주장

① 조건의 성취로 인하여 불이익을 받을 당사자가 신의성실에 반하여 조건의 성취를 방해한 경우에, 상대방은 그 조건이 성취된 것으로 주장할 수 있다(민법 제150조 제1항). 기출 23 일방 당사자의 신의성실에 반하는 방해행위 등이 있었다는 사정만으로 곧바로 민법 제150조 제1항에 의해 그 상대방이 발생할 것으로 희망했던 결과까지 의제된다고 볼 수는 없으므로, 여기서 말하는 '조건의 성취를 방해한 때'란 사회통념상 일방 당사자의 방해행위가 없었더라면 조건이 성취되었을 것으로 볼 수 있음에도 방해행위로 인하여 조건이 성취되지 못한 정도에 이르러야 하고, 방해행위가 없었더라도 조건의 성취가능성이 현저히 낮은 경우까지 포함되는 것은 아니다(대판 2022.12.29. 2022다266645).

② 여기서의 당사자는 조건의 성취로 인하여 직접 불이익을 받는 자에 한한다.

③ 방해행위는 고의에 기한 경우뿐만 아니라 과실에 의한 경우를 포함하며, 작위에 한하지 않고 부작위라도 무방하다(대판 1990.11.13. 88다카29290).

④ 상대방의 주장에 의하여 조건성취로 의제되는 시점은 신의칙에 반하는 방해행위가 없었다면 조건이 성취되었으리라고 추정되는 시점이다(대판 1998.12.12. 98다42356). 기출 11

2) 조건불성취의 주장

조건의 성취로 인하여 이익을 받을 당사자가 신의성실에 반하여 조건을 성취시킨 경우에 상대방은 그 조건이 성취되지 않은 것으로 주장할 수 있다(민법 제150조 제2항). 기출 09

(3) 조건의 성취 또는 불성취의 효과
① 조건성취의 효과는 원칙적으로 소급하지 않는다. 즉, 정지조건부 법률행위는 그 조건이 성취된 때부터 그 효력이 생기고(민법 제147조 제1항) 기출 14 , 해제조건부 법률행위는 그 조건이 성취된 때부터 그 효력을 잃는다(민법 제147조 제2항). 기출 14 다만, 당사자가 조건성취의 효력을 그 성취전에 소급하게 할 의사를 표시한 경우에는 그 의사에 의한다(민법 제147조 제3항). 기출 17・18・20・21
② 조건성취사실에 대한 입증책임은 조건의 성취로 인하여 법률행위의 효력이 확정되었음을 주장하는 자가 부담한다(대판 1984.9.25. 84다카967).

5. 조건부 법률행위의 일반적 효력

> **조건부권리의 침해금지(민법 제148조)**
> 조건 있는 법률행위의 당사자는 조건의 성부가 미정한 동안에 조건의 성취로 인하여 생길 상대방의 이익을 해하지 못한다.
>
> **조건부권리의 처분 등(민법 제149조)**
> 조건의 성취가 미정한 권리의무는 일반규정에 의하여 처분, 상속, 보존 또는 담보로 할 수 있다.
>
> **조건성취, 불성취에 대한 반신의행위(민법 제150조)**
> ① 조건의 성취로 인하여 불이익을 받을 당사자가 신의성실에 반하여 조건의 성취를 방해한 때에는 상대방은 그 조건이 성취한 것으로 주장할 수 있다.
> ② 조건의 성취로 인하여 이익을 받을 당사자가 신의성실에 반하여 조건을 성취시킨 때에는 상대방은 그 조건이 성취하지 아니한 것으로 주장할 수 있다.

(1) 의 의
① 조건성취에 의하여 이익을 받을 당사자는 조건성취 여부가 미정인 상태에서도 일종의 기대권을 가진다.
② 조건부 법률행위에서 조건의 내용 자체가 불법적인 것이서 무효인 경우 또는 조건을 붙이는 것이 허용되지 않는 법률행위에 조건을 붙이는 경우에, 그 조건만을 분리하여 무효로 할 수 없고, 그 법률행위 전부가 무효로 된다.

(2) 조건부 권리의 보호
① 조건부 법률행위의 당사자는 조건의 성부가 미정인 동안 조건의 성취로 인하여 생길 상대방의 이익을 해치지 못한다(민법 제148조).
② 조건부 권리에 대한 침해가 민법 제150조 위반에 해당하는 경우에, 당사자는 선택적으로 조건성취의 주장 또는 손해배상의 청구를 할 수 있다.

(3) 조건부 권리의 처분 등
조건부 권리도 조건의 성취가 미정인 동안에도 일반규정에 의하여 처분・상속・보존・담보로 할 수 있다(민법 제149조). 기출 09・17・18・21・23

Ⅲ 기 한

1. 기한의 의의

기한이란 법률행위의 효력의 발생이나 소멸을 장래 발생할 것이 확실한 사실에 의존케 하는 법률행위의 부관을 말한다. 기한은 법률행위의 내용으로 당사자가 임의로 정한 것이므로, 법정기한은 기한이 아니다.

2. 기한의 종류

(1) 시기와 종기

시기란 법률행위 효력의 발생에 관한 기한을 말하고, 종기란 효력의 소멸이 걸려 있는 기한이다.

(2) 확정기한과 불확정기한

① 기한의 내용인 사실이 발생하는 시기가 확정되어 있는 것이 확정기한이고, 그렇지 않은 것이 불확정기한이다.

② 어떤 부관이 불확정기한인지 조건인지 구별하기 어려운 경우 법률행위의 해석에 의해 판단한다. 부관에 표시된 사실이 발생하지 않으면 채무를 이행하지 않아도 된다고 보는 것이 합리적인 경우에는 조건으로 보아야 한다. 그러나 부관에 표시된 사실이 발생한 때에는 물론이고 반대로 발생하지 않는 것이 확정된 때에도 채무를 이행하여야 한다고 보는 것이 합리적인 경우에는 표시된 사실의 발생 여부가 확정되는 것을 불확정기한으로 정한 것으로 보아야 한다(대판 2018.6.28. 2018다201702).

3. 기한에 친하지 않은 법률행위

① 혼인 등 신분행위에는 시기를 붙일 수 없다.
② 소급효가 있는 법률행위에는 시기를 붙일 수 없다. 예 취소, 추인, 상계
③ 그러나 어음·수표행위에는 시기를 붙일 수 있다.

4. 기한부 법률행위의 효력

> **기한도래의 효과(민법 제152조)**
> ① 시기 있는 법률행위는 기한이 도래한 때로부터 그 효력이 생긴다.
> ② 종기 있는 법률행위는 기한이 도래한 때로부터 그 효력을 잃는다.
>
> **기한부권리와 준용규정(민법 제154조)**
> 제148조와 제149조의 규정은 기한 있는 법률행위에 준용한다.

(1) 기한도래의 효과

① 시기부 법률행위는 기한이 도래한 때부터 그 효력이 생긴다(민법 제152조 제1항). 반면 종기부 법률행위는 기한이 도래한 때부터 그 효력을 잃는다(민법 제152조 제2항).
② 기한에는 소급효가 없으며, 당사자의 특약에 의해서도 소급효를 인정할 수 없다. 기출 16

(2) 기한부 권리

조건부 권리에 관한 규정(민법 제148조, 제149조)은 기한부 권리에도 준용된다(민법 제154조).

5. 기한의 이익

> **기한의 이익과 그 포기(민법 제153조)**
> ① 기한은 채무자의 이익을 위한 것으로 추정한다. 기출 25
> ② 기한의 이익은 이를 포기할 수 있다. 그러나 상대방의 이익을 해지하 못한다.

(1) 의 의
기한의 이익이란 기한이 존재하는 것, 즉 기한이 도래하지 않음으로써 당사자가 받는 이익을 말한다.

(2) 기한의 이익의 추정
① 기한의 이익을 누가 가지는지는 우선 법률행위의 성질에 따라 정해진다.
② 당사자의 특약이나 법률행위의 성질에 비추어 보아도 어느 당사자를 위한 것인지 불분명하다면 채무자를 위한 것으로 추정한다(민법 제153조 제1항). 기출 08·10·17·22

(3) 기한의 이익의 포기
① 기한의 이익은 포기할 수 있다. 다만, 상대방의 이익을 해치지 못한다(민법 제152조 제2항). 기출 17 기한의 이익과 그 포기에 관한 민법 제153조 제2항은 임의규정으로서 당사자는 그와 다른 약정을 할 수 있다(대판 2023.4.13. 2021다305338).
② 기한의 이익이 상대방을 위하여 존재하는 경우 상대방의 손해를 배상하고 포기할 수 있다. 기출 17
③ 기한의 이익을 가지는 무이자 소비대차의 차주나 무상임치인은 손해배상 없이 언제든지 기한의 이익을 포기할 수 있다.
④ 포기는 상대방 있는 단독행위로, 상대방에 대한 일방적 의사표시로 행하여진다.
⑤ 기한의 이익의 포기는 소급효가 없고, 장래를 향해서만 효과가 있다.

(4) 기한의 이익의 상실

> **기한의 이익의 상실(민법 제388조)**
> 채무자는 다음 각 호의 경우에는 기한의 이익을 주장하지 못한다.
> 1. 채무자가 담보를 손상, 감소 또는 멸실하게 한 때
> 2. 채무자가 담보제공의 의무를 이행하지 아니한 때 기출 22

1) 의 의
당사자의 합의에 의한 기한이익 상실의 특약 외에 법은 일정한 경우에 채무자는 기한의 이익을 주장하지 못한다고 한다(민법 제388조).

2) 기한이익의 상실 특약
① 정지조건부 기한이익 상실 특약 : 그 내용에 의하여 일정한 사유가 발생하면 채권자의 청구 등을 요함이 없이 당연히 기한의 이익이 상실되어 채무의 이행기가 도래하는 약정이다. 기출 10·11
② 형성권적 기한이익 상실 특약 : 일정한 사유가 발생한 후 채권자의 통지나 청구 등 채권자의 의사표시를 기다려 비로소 채무의 이행기가 도래하는 약정이다.

> 기한이익 상실의 특약이 위 양자 중 어느 것에 해당하느냐는 당사자의 의사해석의 문제이지만 일반적으로 기한이익 상실의 특약이 채권자를 위하여 둔 것인 점에 비추어 명백히 정지조건부 기한이익 상실의 특약이라고 볼 만한 특별한 사정이 없는 이상 형성권적 기한이익 상실의 특약으로 추정하는 것이 타당하다(대판 2002.9.4. 2002다28340). 기출 10·15·22·24

3) 기한의 도래

민법상 기한의 이익의 상실사유가 발생한 경우 즉시 기한의 도래가 의제된 것이 아니라 채권자가 기한의 이익의 상실을 주장하여 즉시 변제를 청구할 수도 있고, 변제기를 기다려 청구할 수도 있다.

핵심문제

01 법률행위의 부관에 관한 설명으로 옳지 않은 것은?(다툼이 있는 경우에는 판례에 의함) 변리 14

① 조건의 성취로 불이익을 받을 자가 신의성실에 반하여 조건의 성취를 방해한 경우에는 고의에 의한 방해만이 아니라 과실에 의한 경우도 여기에 포함된다.
② 신의성실에 반하여 조건성취를 방해한 경우 조건성취로 의제되는 시기는 그러한 행위가 없었더라면 조건이 성취되었으리라고 추산되는 시점이다.
③ 계약당사자가 정지조건부 기한이익 상실의 특약을 한 경우에는, 그 특약에 정한 기한이익의 상실사유가 발생하면 즉시 이행기가 도래한다.
④ 해제조건부 증여로 인한 부동산소유권이전등기를 마친 경우, 등기된 조건이 성취되기 전에 수증자가 한 처분행위는 조건성취의 효과를 제한하는 한도 내에서 무효이다.
⑤ 조건을 붙이는 것이 허용되지 않는 법률행위에 조건을 붙인 때에는 조건만을 분리하여 무효로 할 수도 있고 그 법률행위 전부를 무효로 할 수도 있다.

[해설]
① (○) 대판 1998.12.22. 98다42356
② (○) 대판 1998.12.22. 98다42356
③ (○) 계약당사자 사이에 일정한 사유가 발생하면 채무자는 기한의 이익을 잃고 채권자의 별도의 의사표시가 없더라도 바로 이행기가 도래한 것과 같은 효과를 발생케 하는 이른바 정지조건부 기한이익 상실의 특약을 한 경우에는 그 특약에 정한 기한이익의 상실사유가 발생함과 동시에 기한의 이익을 상실케 하는 채권자의 의사표시가 없더라도 이행기 도래의 효과가 발생하고, 채무자는 특별한 사정이 없는 한 그때부터 이행지체의 상태에 놓이게 된다(대판 1989.9.29. 88다카14663).
④ (○) 해제조건부 증여로 인한 부동산소유권이전등기를 마쳤다 하더라도 그 해제조건이 성취되면 그 소유권은 증여자에게 복귀한다고 할 것이고, 이 경우 당사자 간에 별단의 의사표시가 없는 한 그 조건성취의 효과는 소급하지 아니하나, 조건성취 전에 수증자가 한 처분행위는 조건성취의 효과를 제한하는 한도 내에서는 무효라고 할 것이고, 다만 그 조건이 등기되어 있지 않는 한 그 처분행위로 인하여 권리를 취득한 제3자에게 위 무효를 대항할 수 없다(대판 1992.5.22. 92다5584).
⑤ (×) 조건을 붙일 수 없는 법률행위에 조건을 붙인 경우에는, 일부무효의 법리에 따라 그 법률행위 전체가 무효가 된다.

정답 ⑤

CHAPTER 05 권리의 변동

01 기출 25 ☑ 확인Check! ○ △ ×

불공정한 법률행위에 관한 설명으로 옳지 않은 것은?(다툼이 있으면 판례에 따름)

① 무경험은 거래일반에 대한 경험부족이 아니라 어느 특정영역에서의 경험부족을 의미한다.
② 어떠한 법률행위가 불공정한 법률행위에 해당하는지는 법률행위 당시를 기준으로 판단하여야 한다.
③ 급부와 반대급부 사이의 현저한 불균형은 당사자의 주관적 가치가 아닌 거래상의 객관적 가치에 의하여 결정된다.
④ 불공정한 법률행위의 무효는 원칙적으로 추인에 의해 유효로 될 수 없다.
⑤ 매매계약이 불공정한 법률행위에 해당하여 무효인 경우, 특별한 사정이 없는 한 그 계약에 관한 부제소합의도 무효이다.

정답 및 해설

01

① (×) '무경험'이라 함은 일반적인 생활체험의 부족을 의미하는 것으로서 어느 특정영역에 있어서의 경험부족이 아니라 거래일반에 대한 경험부족을 의미한다(대판 2002.10.22. 2002다38927).
② (○) 어떠한 법률행위가 불공정한 법률행위에 해당하는지는 법률행위 시를 기준으로 판단하여야 한다. 따라서 계약 체결 당시를 기준으로 전체적인 계약 내용에 따른 권리의무관계를 종합적으로 고려한 결과 불공정한 것이 아니라면, 사후에 외부적 환경의 급격한 변화에 따라 계약당사자 일방에게 큰 손실이 발생하고 상대방에게는 그에 상응하는 큰 이익이 발생할 수 있는 구조라고 하여 그 계약이 당연히 불공정한 계약에 해당한다고 말할 수 없다(대판 2013.9.26. 2011다53683[전합]).
③ (○) 급부와 반대급부 사이의 '현저한 불균형'은 단순히 시가와의 차액 또는 시가와의 배율로 판단할 수 있는 것은 아니고 구체적·개별적 사안에 있어서 일반인의 사회통념에 따라 결정하여야 한다. 그 판단에 있어서는 피해당사자의 궁박·경솔·무경험의 정도가 아울러 고려되어야 하고, 당사자의 주관적 가치가 아닌 거래상의 객관적 가치에 의하여야 한다(대판 2010.7.15. 2009다50308).
④ (○) 불공정한 법률행위로서 무효인 경우에는 추인에 의하여 무효인 법률행위가 유효로 될 수 없다(대판 1999.6.24. 94다10900).
⑤ (○) 매매계약과 같은 쌍무계약이 급부와 반대급부와의 불균형으로 말미암아 민법 제104조에서 정하는 '불공정한 법률행위'에 해당하여 무효라고 한다면, 그 계약으로 인하여 불이익을 입는 당사자로 하여금 위와 같은 불공정성을 소송 등 사법적 구제수단을 통하여 주장하지 못하도록 하는 부제소합의 역시 다른 특별한 사정이 없는 한 무효이다(대판 2010.7.15. 2009다50308).

정답 ①

02 기출 25

의사표시에 관한 설명으로 옳은 것을 모두 고른 것은?(다툼이 있으면 판례에 따름)

> ㄱ. 비진의표시에서 진의란 특정한 내용의 의사표시를 하고자 하는 표의자의 생각을 말하는 것이지 진정으로 마음속에서 바라는 사항을 뜻하는 것은 아니다.
> ㄴ. 채권자취소권의 대상이 된 채무자의 법률행위라도 통정허위표시의 요건을 갖춘 경우에는 무효이다.
> ㄷ. 근로자가 회사의 경영방침에 따라 사직원을 제출하고 즉시 재입사하는 형식으로 퇴직 전후의 실질적인 근로관계의 단절 없이 계속 근무한 경우, 그 사직원 제출은 비진의표시에 해당한다.

① ㄱ
② ㄴ
③ ㄱ, ㄷ
④ ㄴ, ㄷ
⑤ ㄱ, ㄴ, ㄷ

02

ㄱ. (○) 비진의 의사표시에 있어서의 진의란 특정한 내용의 의사표시를 하고자 하는 표의자의 생각을 말하는 것이지 표의자가 진정으로 마음속에서 바라는 사항을 뜻하는 것은 아니므로, 표의자가 의사표시의 내용을 진정으로 마음속에서 바라지는 아니하였다고 하더라도 당시의 상황에서는 그것을 최선이라고 판단하여 그 의사표시를 하였을 경우에는 이를 내심의 효과의사가 결여된 비진의 의사표시라고 할 수 없다(대판 1996.12.20. 95누16059).

ㄴ. (○) 채무자의 법률행위가 통정허위표시인 경우에도 채권자취소권의 대상이 되고, 한편 채권자취소권의 대상으로 된 채무자의 법률행위라도 통정허위표시의 요건을 갖춘 경우에는 무효라고 할 것이다(대판 1998.2.27. 97다50985).

ㄷ. (○) 근로자가 회사의 경영방침에 따라 사직원을 제출하고 회사가 이를 받아들여 퇴직처리를 하였다가 즉시 재입사하는 형식을 취함으로써 근로자가 그 퇴직 전후에 걸쳐 실질적인 근로관계의 단절이 없이 계속 근무하였다면 그 사직원제출은 근로자가 퇴직을 할 의사 없이 퇴직의사를 표시한 것으로서 비진의의 사표시에 해당하고 재입사를 전제로 사직원을 제출케 한 회사 또한 그와 같은 진의 아님을 알고 있었다고 봄이 상당하다 할 것이므로 위 사직원제출과 퇴직처리에 따른 퇴직의 효과는 생기지 아니한다(대판 1988.5.10. 87다카2578).

정답 ⑤

03 기출 25

착오로 인한 의사표시에 관한 설명으로 옳은 것은?(표의자에게 중대한 과실이 없고, 다툼이 있으면 판례에 따름)

① 화해당사자의 자격에 관한 착오로 화해계약을 체결한 자는 착오를 이유로 그 계약을 취소하지 못한다.
② 매도인이 매수인의 채무불이행을 이유로 매매계약을 적법하게 해제한 후에는 매수인은 매매계약내용의 중요 부분에 착오가 있더라도 착오를 이유로 그 계약을 취소할 수 없다.
③ 매수인은 매매계약 내용의 중요 부분에 착오가 있더라도 매도인의 하자담보책임이 성립하는 경우에는 착오를 이유로 그 계약을 취소할 수 없다.
④ 대리인에 의한 의사표시의 경우, 착오의 유무는 대리인을 표준으로 결정한다.
⑤ 법률에 관한 착오가 법률행위 내용의 중요부분에 관한 것이더라도 표의자는 착오를 이유로 법률행위를 취소할 수 없다.

03

① (×) 화해계약은 착오를 이유로 하여 취소하지 못한다. 그러나 화해당사자의 자격 또는 화해의 목적인 분쟁 이외의 사항에 착오가 있는 때에는 그러하지 아니하다(민법 제733조). '화해의 목적인 분쟁 이외의 사항'이라 함은 분쟁의 대상이 아니라 분쟁의 전제 또는 기초가 된 사항으로서, 쌍방 당사자가 예정한 것이어서 상호 양보의 내용으로 되지 않고 다툼이 없는 사실로 양해된 사항을 말한다(대판 1997.4.11. 95다48414).

② (×) 매도인이 매수인의 중도금 지급채무 불이행을 이유로 매매계약을 적법하게 해제한 후라도 매수인으로서는 상대방이 한 계약해제의 효과로서 발생하는 손해배상책임을 지거나 매매계약에 따른 계약금의 반환을 받을 수 없는 불이익을 면하기 위하여 착오를 이유로 한 취소권을 행사하여 매매계약 전체를 무효로 돌리게 할 수 있다(대판 1996.12.6. 95다24982).

③ (×) 민법 제109조 제1항에 의하면 법률행위 내용의 중요 부분에 착오가 있는 경우 착오에 중대한 과실이 없는 표의자는 법률행위를 취소할 수 있고, 민법 제580조 제1항, 제575조 제1항에 의하면 매매의 목적물에 하자가 있는 경우 하자가 있는 사실을 과실 없이 알지 못한 매수인은 매도인에 대하여 하자담보책임을 물어 계약을 해제하거나 손해배상을 청구할 수 있다. 착오로 인한 취소 제도와 매도인의 하자담보책임 제도는 취지가 서로 다르고, 요건과 효과도 구별된다. 따라서 매매계약 내용의 중요 부분에 착오가 있는 경우 매수인은 매도인의 하자담보책임이 성립하는지와 상관없이 착오를 이유로 매매계약을 취소할 수 있다(대판 2018.9.13. 2015다78703).

④ (○) 의사표시의 효력이 의사의 흠결, 사기, 강박 또는 어느 사정을 알았거나 과실로 알지 못한 것으로 인하여 영향을 받을 경우에 그 사실의 유무는 대리인을 표준하여 결정하므로(민법 제116조 제1항), 대리인에 의한 의사표시의 경우, 착오의 유무는 대리인을 표준으로 결정한다.

⑤ (×) 법률에 관한 착오(양도소득세가 부과될 것인데도 부과되지 아니하는 것으로 오인)라도 그것이 법률행위의 내용의 중요부분에 관한 것인 때에는 표의자는 그 의사표시를 취소할 수 있고, 또 매도인에 대한 양도소득세의 부과를 회피할 목적으로 매수인이 주택건설을 목적으로 하는 주식회사를 설립하여 여기에 출자하는 형식을 취하면 양도소득세가 부과되지 않을 것이라고 말하면서 그러한 형식에 의한 매매를 제의하여 매도인이 이를 믿고 매매계약을 체결한 것이라 하더라도 그것이 곧 사회질서에 반하는 것이라고 단정할 수 없으므로 이러한 경우에 역시 의사표시의 착오의 이론을 적용할 수 있다(대판 1981.11.10. 80다2475).

정답 ④

04 기출 25

민법상 대리에 관한 설명으로 옳지 않은 것은?(다툼이 있으면 판례에 따름)

① 본인을 대리하여 부동산을 매수할 권한을 수여받은 대리인은 특별한 사정이 없으면 그 부동산을 처분할 대리권을 가진다.
② 임의대리인은 행위능력자임을 요하지 아니한다.
③ 대리인이 체결한 계약이 적법하게 해제되면 그로 인한 원상회복의무는 본인이 부담한다.
④ 대리행위가 상대방의 강박으로 취소되는 경우, 특별한 사정이 없으면 그 취소권은 본인에게 귀속한다.
⑤ 복대리인은 그 권한 내에서 본인을 대리한다.

04

① (×) 법률행위에 의하여 수여된 대리권은 그 원인된 법률관계의 종료에 의하여 소멸하는 것이므로 특별한 다른 사정이 없는 한 부동산을 매수할 권한을 수여받은 대리인에게 그 부동산을 처분할 대리권도 있다고 볼 수 없다(대판 1991.2.12. 90다7364).
② (O) 대리인은 행위능력자임을 요하지 아니한다(민법 제117조). 다만, 민법 제117조가 법정대리에도 적용되는지에 대해 견해의 대립이 있으나, 본인의 의사에 기한 임의대리와 본인의 의사와 무관하게 대리권이 발생하는 법정대리는 그 이익상황이 전혀 다르므로 민법 제117조를 법정대리에 적용하는 것은 타당하지 않다.
③ (O) 계약이 적법한 대리인에 의하여 체결된 경우에 대리인은 다른 특별한 사정이 없는 한 본인을 위하여 계약상 급부를 변제로서 수령할 권한도 가진다. 그리고 대리인이 그 권한에 기하여 계약상 급부를 수령한 경우에, 그 법률효과는 계약 자체에서와 마찬가지로 직접 본인에게 귀속되고 대리인에게 돌아가지 아니한다. 따라서 계약상 채무의 불이행을 이유로 계약이 상대방 당사자에 의하여 유효하게 해제되었다면, 해제로 인한 원상회복의무는 대리인이 아니라 계약의 당사자인 본인이 부담한다(대판 2011.8.18. 2011다30871).
④ (O) 대리행위가 상대방의 강박으로 취소되는 경우, 그 하자 유무는 대리인을 기준으로 판단하고, 취소권은 본인에게 귀속한다.
⑤ (O) 민법 제123조 제1항

정답 ①

05 기출 25

표현대리에 관한 설명으로 옳은 것을 모두 고른 것은?(다툼이 있으면 판례에 따름)

> ㄱ. 표현대리행위가 성립하는 경우에는 상대방에게 과실이 있다고 하더라도 과실상계의 법리를 유추적용하여 본인의 책임을 경감할 수 없다.
> ㄴ. 당사자가 표현대리를 주장하는 경우, 무권대리인과 표현대리에 해당하는 무권대리행위를 특정하여야 한다.
> ㄷ. 권한을 넘은 표현대리에서 기본대리권의 내용과 표현대리행위는 동종의 것일 필요는 없다.

① ㄱ
② ㄱ, ㄴ
③ ㄱ, ㄷ
④ ㄴ, ㄷ
⑤ ㄱ, ㄴ, ㄷ

05

ㄱ. (○) 표현대리행위가 성립하는 경우에 그 본인은 표현대리행위에 의하여 전적인 책임을 져야 하고, 상대방에게 과실이 있다고 하더라도 과실상계의 법리를 유추적용하여 본인의 책임을 경감할 수 없다(대판 1996.7.12. 95다49554).

ㄴ. (○) 표현대리 제도는 대리권이 있는 것 같은 외관이 생긴데 대해 본인이 민법 제125조, 제126조 및 제129조 소정의 원인을 주고 있는 경우에 그러한 외관을 신뢰한 선의·무과실의 제3자를 보호하기 위하여 그 무권대리 행위에 대하여 본인이 책임을 지게 하려는 것이고 이와 같은 문제는 무권대리인과 본인과의 관계, 무권대리인의 행위 당시의 여러가지 사정 등에 따라 결정되어야 할 것이므로 당사자가 표현대리를 주장함에는 무권대리인과 표현대리에 해당하는 무권대리 행위를 특정하여 주장하여야 한다 할 것이고 따라서 당사자의 표현대리의 항변은 특정된 무권대리인의 행위에만 미치고 그 밖의 무권대리인이나 무권대리 행위에는 미치지 아니한다(대판 1984.7.24. 83다카1819).

ㄷ. (○) 권한을 넘은 표현대리에서 기본대리권의 내용과 표현대리행위는 동종의 것일 필요는 없다. 따라서 기본대리권이 등기신청행위라 할지라도 표현대리인이 그 권한을 유월하여 대물변제라는 사법행위를 한 경우에는 표현대리의 법리가 적용된다(대판 1978.3.28. 78다282).

정답 ⑤

06 기출 25

무효와 취소에 관한 설명으로 옳지 않은 것은?(다툼이 있으면 판례에 따름)

① 경개는 법정추인사유이다.
② 불공정한 법률행위에는 무효행위 전환에 관한 민법 제138조가 적용될 수 있다.
③ 취소권의 행사기간은 소멸시효기간이다.
④ 토지거래허가구역 내에 있는 토지에 관한 매매계약이 확정적 무효인 경우, 그 무효에 귀책사유가 있는 자도 계약의 무효를 주장할 수 있다.
⑤ 포괄승계인은 피승계인의 법률행위의 취소권을 행사할 수 있다.

06

① (○) 경개는 법정추인사유의 하나로 인정된다(민법 제145조 제3호).
② (○) 매매계약이 약정된 매매대금의 과다로 말미암아 민법 제104조에서 정하는 '불공정한 법률행위'에 해당하여 무효인 경우에도 무효행위의 전환에 관한 민법 제138조가 적용될 수 있다(대판 2010.7.15. 2009다50308).
③ (×) 민법 제146조가 규정하는 기간은 소멸시효기간이 아니라 제척기간이고, 재판 외에서 행사하더라도 무방하다(대판 1996.7.20. 96다25371).
④ (○) 구 국토이용관리법상 토지거래허가를 받지 않아 거래계약이 유동적 무효의 상태에 있는 경우, 유동적 무효상태의 계약은 관할 관청의 불허가처분이 있을 때뿐만 아니라 당사자 쌍방이 허가신청협력의무의 이행거절의사를 명백히 표시한 경우에는 허가 전 거래계약관계, 즉 계약의 유동적 무효 상태가 더 이상 지속된다고 볼 수 없으므로, 계약관계는 확정적으로 무효가 된다고 할 것이고, 그와 같은 법리는 거래계약상 일방의 채무가 이행불능임이 명백하고 나아가 상대방이 거래계약의 존속을 더 이상 바라지 않고 있는 경우에도 마찬가지라고 보아야 하며, 거래계약이 확정적으로 무효가 된 경우에는 거래계약이 확정적으로 무효로 됨에 있어서 귀책사유가 있는 자라고 하더라도 그 계약의 무효를 주장할 수 있다(대판 1997.7.25. 97다4357).
⑤ (○) 민법 제140조의 취소권자로서 승계인은 일반적으로 포괄승계인지 특정승계인지 불문하나, 취소권만의 승계는 허용되지 아니한다. 포괄승계인은 피승계인의 법률행위의 취소권을 행사할 수 있다.

정답 ③

07 기출 25

조건과 기한에 관한 설명으로 옳지 않은 것은?(다툼이 있으면 판례에 따름)

① 장래 반드시 실현되는 사실은 실현 시기가 확정되지 않더라도 조건이 될 수 없다.
② 채무자가 자기 소유의 물적 담보를 고의로 감소하게 하여 남은 담보가 채무를 담보할 수 없게 된 경우, 그 채무자는 기한의 이익을 주장하지 못한다.
③ 현상광고에서 정한 행위의 완료에는 기한을 붙일 수 없다.
④ 기한은 원칙적으로 채무자의 이익을 위한 것으로 추정한다.
⑤ 조건을 붙이고자 하는 의사가 있더라도 외부에 표시되지 않으면 이는 법률행위의 동기에 불과하다.

07

① (O) 조건은 법률행위 효력의 발생 또는 소멸을 장래의 불확실한 사실의 성부에 의존하게 하는 법률행위의 부관이다. 반면 장래의 사실이더라도 그것이 장래 반드시 실현되는 사실이면 실현되는 시기가 비록 확정되지 않더라도 이는 기한으로 보아야 한다(대판 2018.6.28. 2018다201702).
② (O) 민법 제388조 제1호
③ (×) 민법 제675조에 정하는 현상광고라 함은, 광고자가 어느 행위를 한 자에게 일정한 보수를 지급할 의사를 표시하고 이에 응한 자가 그 광고에 정한 행위를 완료함으로써 그 효력이 생기는 것으로서, 그 광고에 정한 행위의 완료에 조건이나 기한을 붙일 수 있다(대판 2000.8.22. 2000다3675).
④ (O) 민법 제153조 제1항
⑤ (O) 조건은 법률행위의 효력의 발생 또는 소멸을 장래의 불확실한 사실의 성부에 의존하게 하는 법률행위의 부관으로서 해당 법률행위를 구성하는 의사표시의 일체적인 내용을 이루는 것이므로, 의사표시의 일반원칙에 따라 조건을 붙이고자 하는 의사 즉 조건의사와 그 표시가 필요하며, 조건의사가 있더라도 그것이 외부에 표시되지 않으면 법률행위의 동기에 불과할 뿐이고 그것만으로는 법률행위의 부관으로서의 조건이 되지는 아니한다(대판 2015.10.29. 2015다219504).

정답 ③

08 기출 24

민법상 조건과 기한에 관한 설명으로 옳은 것은?(다툼이 있으면 판례에 따름)

① 대여금채무의 이행지체에 따른 확정된 지연손해금채무는 그 이행청구를 받은 때부터 지체책임이 발생한다.
② 지명채권의 양도에 대한 채무자의 승낙은 채권양도 사실을 승인하는 의사를 표명하는 행위로 조건을 붙여서 할 수 없다.
③ 부당이득반환채권과 같이 이행기의 정함이 없는 채권이 자동채권으로 상계될 때 상계적상에서 의미하는 변제기는 상계의 의사표시를 한 시점에 도래한다.
④ 조건을 붙이고자 하는 의사는 법률행위의 내용으로 외부에 표시되어야 하므로 묵시적 의사표시나 묵시적 약정으로 할 수 없다.
⑤ 당사자가 금전소비대차계약에 붙인 기한이익 상실특약은 특별한 사정이 없는 한 정지조건부 기한이익 상실특약으로 추정한다.

08

① (○) 금전채무의 지연손해금채무는 금전채무의 이행지체로 인한 손해배상채무로서 이행기의 정함이 없는 채무에 해당하므로, 채무자는 확정된 지연손해금채무에 대하여 채권자로부터 이행청구를 받은 때부터 지체책임을 부담하게 된다(대판 2021.5.7. 2018다259213).
② (×) 지명채권 양도의 대항요건인 채무자의 승낙은 채권양도 사실을 채무자가 승인하는 의사를 표명하는 채무자의 행위라고 할 수 있는데, 채무자는 채권양도를 승낙하면서 조건을 붙여서 할 수 있다(대판 2011.6.30. 2011다8614).
③ (×) 이행기의 정함이 없는 채권의 경우 그 성립과 동시에 이행기에 놓이게 되고, 부당이득반환채권은 이행기의 정함이 없는 채권으로서 채권의 성립과 동시에 언제든지 이행을 청구할 수 있으므로, 그 채권의 성립일에 상계적상에서 의미하는 이행기[변제기(註)]가 도래한 것으로 볼 수 있다(대판 2022.3.17. 2021다287515).
④ (×) 조건을 붙이고자 하는 의사는 법률행위의 내용으로 외부에 표시되어야 하고, 조건을 붙이고자 하는 의사가 있는지는 의사표시에 관한 법리에 따라 판단하여야 한다. 조건을 붙이고자 하는 의사의 표시는 그 방법에 관하여 일정한 방식이 요구되지 않으므로 묵시적 의사표시나 묵시적 약정으로도 할 수 있다(대판 2018.6.28. 2016다221368).
⑤ (×) 일반적으로 기한이익 상실의 특약이 채권자를 위하여 둔 것인 점에 비추어 명백히 정지조건부 기한이익 상실의 특약이라고 볼 만한 특별한 사정이 없는 이상, '형성권적 기한이익 상실의 특약'으로 추정하는 것이 타당하다(대판 2010.8.26. 2008다42416).

정답 ①

09 기출 24

착오로 인한 의사표시에 관한 설명으로 옳은 것은?(다툼이 있으면 판례에 따름)

① 착오로 인한 불이익이 법령의 개정 등 사정의 변경으로 소멸하였다면 그 착오를 이유로 한 취소권의 행사는 신의칙에 의해 제한될 수 있다.
② 과실로 착오에 빠져 의사표시를 한 후 착오를 이유로 이를 취소한 자는 상대방에게 신뢰이익을 배상하여야 한다.
③ 착오를 이유로 의사표시를 취소하려는 자는 자신의 착오가 중과실로 인한 것이 아님을 증명하여야 한다.
④ 법률에 관해 경과실로 착오를 한 경우, 표의자는 그것이 법률행위의 중요부분에 관한 것이더라도 그 착오를 이유로 취소할 수 없다.
⑤ 전문가의 진품감정서를 믿고 이를 첨부하여 서화 매매계약을 체결한 후에 그 서화가 위작임이 밝혀진 경우, 매수인은 하자담보책임을 묻는 외에 착오를 이유로 하여 매매계약을 취소할 수 없다.

09

① (○) 소득세법 및 같은 법 시행령의 개정으로 1989.8.1. 이후 양도한 것으로 보게 되는 거래에 대하여는 투기거래의 경우를 제외하고는 법인과의 거래에 있어서도 개인과의 거래와 마찬가지로 양도가액을 양도 당시의 기준시가에 의하도록 변경된 점에 비추어 볼 때, 매매계약의 체결에 매도인이 부담하게 될 양도소득세액 산출에 대한 착오가 있었다 하더라도 소득세법상의 양도시기가 1989.8.1. 이후로 보게 되는 관계로 매도인은 당초 예상한 바와 같이 기준시가에 의한 양도소득세액만 부담하면 족한 것으로 확정되어 위 착오로 인한 불이익이 소멸되었으므로, 그 후 이 사건 소송계속 중에 준비서면의 송달로써 한 취소의 의사표시는 신의성실의 원칙상 허용될 수 없다(대판 1995.3.24. 94다44620).
② (×) 불법행위로 인한 손해배상책임이 성립하기 위하여는 가해자의 고의 또는 과실 이외에 행위의 위법성이 요구되므로, 전문건설공제조합이 계약보증서를 발급하면서 조합원이 수급할 공사의 실제 도급액을 확인하지 아니한 과실이 있다고 하더라도 민법 제109조에서 중과실이 없는 착오자의 착오를 이유로 한 의사표시의 취소를 허용하고 있는 이상, 전문건설공제조합이 과실로 인하여 착오에 빠져 계약보증서를 발급한 것이나 그 착오를 이유로 보증계약을 취소한 것이 위법하다고 할 수는 없다(대판 1997.8.22. 97다13023). 이러한 판례의 취지를 고려할 때, 과실로 착오에 빠져 의사표시를 한 후 착오를 이유로 이를 취소한 자가 상대방에게 신뢰이익을 배상하여야 하는 것은 아니다.
③ (×) 민법 제109조 제1항 단서에서 규정하는 착오한 표의자의 중대한 과실 유무에 관한 주장과 입증책임(증명책임)은 착오자가 아니라 의사표시를 취소하게 하지 않으려는 표의자의 상대방에게 있는 것이다(대판 2005.5.12. 2005다6228).
④ (×) 법률에 관한 착오(양도소득세가 부과될 것인데도 부과되지 아니하는 것으로 오인)라도 그것이 법률행위의 내용의 중요부분에 관한 것인 때에는 표의자는 그 의사표시를 취소할 수 있다(대판 1981.11.10. 80다2475).
⑤ (×) 착오로 인한 취소 제도와 매도인의 하자담보책임 제도는 취지가 서로 다르고, 요건과 효과도 구별되므로, 매매계약 내용의 중요 부분에 착오가 있는 경우 매수인은 매도인의 하자담보책임이 성립하는지와 상관없이 착오를 이유로 매매계약을 취소할 수 있다(대판 2018.9.13. 2015다78703). 전문가의 진품감정서를 믿고 이를 첨부하여 서화 매매계약을 체결한 후에 그 서화가 위작임이 밝혀진 경우, 매수인은 하자담보책임을 묻는 외에 착오를 이유로 하여 매매계약을 취소할 수 있다.

정답 ①

10 기출 24

통정허위표시에 관한 설명으로 옳지 않은 것은?(다툼이 있으면 판례에 따름)

① 표의자가 진의 아닌 표시를 하는 것에 관하여 상대방과 사이에 합의가 있어야 한다.
② 통정허위표시로 행해진 부동산 매매계약이 사해행위로 인정되는 경우, 채권자취소권의 대상이 될 수 있다.
③ 민법 제108조 제2항의 선의의 제3자에 대해서는 그 누구도 통정허위표시의 무효로써 대항할 수 없다.
④ 악의의 제3자로부터 전득한 선의의 제3자는 민법 제108조 제2항의 선의의 제3자에 포함되지 않는다.
⑤ 甲과 乙 사이에 행해진 X토지에 관한 가장매매예약이 철회되었으나 아직 가등기가 남아 있음을 기화로 乙이 허위의 서류로써 이에 기한 본등기를 한 후 X를 선의의 丙에게 매도하고 이전등기를 해주었다면 丙은 X의 소유권을 취득하지 못한다.

10

① (○) 통정허위표시가 성립하기 위하여는 의사표시의 진의와 표시가 일치하지 아니하고, 그 불일치에 관하여 상대방과 사이에 합의가 있어야 한다(대판 1998.9.4. 98다17909).
② (○) 채무자의 법률행위가 통정허위표시인 경우에도 채권자취소권의 대상으로 된다고 할 것이고, 한편 채권자취소권의 대상으로 된 채무자의 법률행위라도 통정허위표시의 요건을 갖춘 경우에는 무효라고 할 것이다(대판 1998.2.27. 97다50985).
③ (○) 상대방과 통정한 허위의 의사표시는 무효이고 누구든지 그 무효를 주장할 수 있는 것이 원칙이나, 허위표시의 당사자와 포괄승계인 이외의 자로서 허위표시에 의하여 외형상 형성된 법률관계를 토대로 실질적으로 새로운 법률상 이해관계를 맺은 선의의 제3자에 대하여는 허위표시의 당사자뿐만 아니라 그 누구도 허위표시의 무효를 대항하지 못하는 것이다(대판 2000.7.6. 99다51258).
④ (×) 통정허위표시임을 알고 있는 악의의 제3자로부터 전득한 자가 선의라면 그는 민법 제108조 제2항의 선의의 제3자에 해당한다(대판 2013.2.15. 2012다49292 참조).
⑤ (○) 甲과 乙 사이의 통정한 허위의 의사표시[매매예약(註)]에 기하여 허위 가등기가 설정된 후 그 원인이 된 통정허위표시가 철회되었으나 그 외관인 허위 가등기가 제거되지 않고 잔존하는 동안에 가등기명의인인 乙이 임의로 소유권이전의 본등기를 마친 다음, 다시 위 본등기를 토대로 丙에게 소유권이전등기가 마쳐진 경우, 甲과 乙이 통정한 허위의 의사표시에 기하여 마친 가등기와 丙 명의의 소유권이전등기 사이에는 乙이 일방적으로 마친 원인무효의 본등기가 중간에 개재되어 있으므로, 이를 기초로 마쳐진 丙 명의의 소유권이전등기는 乙 명의의 가등기와는 서로 단절된 것으로 평가되고, 가등기의 설정행위와 본등기의 설정행위는 엄연히 구분되는 것으로서 丙에게 신뢰의 대상이 될 수 있는 '외관'은 乙 명의의 가등기가 아니라 단지 乙 명의의 본등기일 뿐이라는 점에서 丙은 민법 제108조 제2항의 제3자에 해당하지 아니하므로(대판 2020.1.30. 2019다280375), 丙이 선의라 하더라도 X토지의 소유권을 취득하지 못한다.

정답 ④

11 기출 24 ☑확인Check! ○ △ ✕

사기·강박에 의한 의사표시에 관한 설명으로 옳지 않은 것은? (다툼이 있으면 판례에 따름)

① 항거할 수 없는 절대적 폭력에 의해 의사결정을 스스로 할 수 있는 여지를 완전히 박탈당한 상태에서 행해진 의사표시는 무효이다.
② 사기로 인한 의사표시의 취소는 기망행위의 위법성을 요건으로 한다.
③ 강박으로 인한 의사표시의 취소는 강박의 고의를 요건으로 한다.
④ 계약당사자 일방의 대리인이 계약을 하면서 상대방을 기망한 경우, 본인이 그 사실을 몰랐거나 알 수 없었다면 계약의 상대방은 그 기망을 이유로 의사표시를 취소할 수 없다.
⑤ 근로자가 허위의 이력서를 제출하여 근로계약이 체결되어 실제로 노무제공이 행해졌다면 사용자가 후에 사기를 이유로 하여 근로계약을 취소하더라도 그 취소에는 소급효가 인정되지 않는다.

11

① (○) 어떤 자가 항거할 수 없는 물리적인 힘(예: 절대적 폭력)에 의하여 의사결정의 자유를 완전히 빼앗긴 상태에서 행해진 의사표시는 무효이다. 판례도 강박에 의한 법률행위가 하자 있는 의사표시로서 취소되는 것에 그치지 아니하고 더 나아가 무효로 되기 위하여는 강박의 정도가 극심하여 의사표시자의 의사결정의 자유가 완전히 박탈되는 정도에 이른 것임을 요한다(대판 1996.10.11. 95다1460).

② (○) 민법 제110조 제1항에 따라 사기에 의한 의사표시로 취소를 하려면, ㉠ 표의자의 의사표시의 존재, ㉡ 사기자의 사기의 고의(표의자를 기망하여 착오에 빠지게 하려는 고의와 그 착오에 기하여 표의자로 하여금 구체적인 의사표시를 하게 하려는 2단계의 고의), ㉢ 사기자의 기망행위가 인정되어야 하며, ㉣ 사기자의 기망행위는 위법하여야 한다. 그리고 ㉤ 기망행위와 표의자의 의사표시 사이에 인과관계가 인정되어야 한다.

③ (○) 민법 제110조 제1항의 강박에 의한 의사표시의 취소는 강박자의 강박의 고의(故意)를 요건으로 한다. 사기에 의한 의사표시의 취소와 마찬가지로 강박자에게 2단계의 고의(故意), 즉 강박행위에 의하여 표의자를 공포심에 사로잡히게 하려는 고의와 표의자로 하여금 의사표시를 하게 하려는 고의가 필요하다(대판 1992.12.24. 92다25120 참조).

④ (✕) 상대방의 대리인 등 상대방과 동일시할 수 있는 자의 사기나 강박은 제3자의 사기·강박에 해당하지 아니한다(대판 1999.2.23. 98다60828). 따라서 계약당사자 일방의 대리인이 계약을 하면서 상대방을 기망한 경우, 본인이 그 사실을 몰랐거나 알 수 없었더라도 계약의 상대방은 민법 제110조 제1항에 따라 그 기망을 이유로 의사표시를 취소할 수 있다.

⑤ (○) 판례는 지문과 유사한 사례에서 甲 회사가 운영하는 백화점 매장에서 乙이 판매 매니저로 근무하는 내용의 근로계약을 체결하였으나, 甲 회사가 위 근로계약은 乙이 이력서를 허위 기재함으로써 甲 회사를 기망하여 체결된 것이라는 이유로 이를 취소한다는 의사표시를 한 경우, 甲 회사의 취소의 의사표시로써 적법하게 취소되었고, 다만 취소의 소급효가 제한되어 위 근로계약은 취소의 의사표시 이후의 장래에 관하여만 효력이 소멸할 뿐 이전의 법률관계는 여전히 유효하다고 한다(대판 2017.12.22. 2013다25194).

정답 ④

12 기출 24

무권대리 및 표현대리에 관한 설명으로 옳은 것은?(다툼이 있으면 판례에 따름)

① 표현대리가 성립하는 경우에는 대리권 남용이 문제될 여지가 없다.
② 민법 제135조의 상대방에 대한 무권대리인의 책임은 무과실책임이다.
③ 사회통념상 대리권을 추단할 수 있는 직함의 사용을 묵인한 것만으로는 민법 제125조에서 말하는 대리권수여의 표시가 인정될 수 없다.
④ 소멸한 대리권의 범위를 벗어나서 대리행위가 행해진 경우에는 민법 제126조의 권한을 넘은 표현대리가 성립할 수 없다.
⑤ 대리인이 대리권 소멸 후 복대리인을 선임한 경우, 그 복대리인의 대리행위에 대해서는 표현대리가 성립할 여지가 없다.

12

① (×) 대리권 남용은 표현대리가 성립한 경우에도 똑같이 문제된다. 따라서 표현대리가 성립한 경우에도 그 대리인의 진의가 본인의 이익이나 의사에 반하여 자기 또는 제3자의 이익을 위한 배임적인 것임을 그 상대방이 알았거나 알 수 있었을 경우에는 <u>민법 제107조 제1항 단서의 유추해석상 그 대리행위는 무효이다</u>(대판 1987.7.7. 86다카1004).
② (○) 민법 제135조 제1항은 "타인의 대리인으로 계약을 한 자가 그 대리권을 증명하지 못하고 또 본인의 추인을 얻지 못한 때에는 상대방의 선택에 좇아 계약의 이행 또는 손해배상의 책임이 있다."고 규정하고 있다. <u>위 규정에 따른 무권대리인의 상대방에 대한 책임은 무과실책임으로서 대리권의 흠결에 관하여 대리인에게 과실 등의 귀책사유가 있어야만 인정되는 것이 아니고, 무권대리행위가 제3자의 기망이나 문서위조 등 위법행위로 야기되었다고 하더라도 책임은 부정되지 아니한다</u>(대판 2014.2.27. 2013다213038).
③ (×) 민법 제125조가 규정하는 대리권 수여의 표시에 의한 표현대리는 본인과 대리행위를 한 자 사이의 기본적인 법률관계의 성질이나 그 효력의 유무와는 직접적인 관계가 없이 어떤 자가 본인을 대리하여 제3자와 법률행위를 함에 있어 본인이 그 자에게 대리권을 수여하였다는 표시를 제3자에게 한 경우에는 성립될 수가 있고, 또 본인에 의한 대리권 수여의 표시는 반드시 대리권 또는 대리인이라는 말을 사용하여야 하는 것이 아니라 <u>사회통념상 대리권을 추단할 수 있는 직함이나 명칭 등의 사용을 승낙 또는 묵인한 경우에도 대리권 수여의 표시가 있는 것으로 볼 수 있다</u>(대판 1998.6.12. 97다53762).
④ (×) 과거에 가졌던 대리권이 소멸되어 민법 제129조에 의하여 표현대리로 인정되는 경우에 그 표현대리의 권한을 넘는 대리행위가 있을 때에는 <u>민법 제126조에 의한 표현대리가 성립할 수 있다</u>(대판 2008.1.31. 2007다74713).
⑤ (×) 대리인이 대리권 소멸 후 직접 상대방과 사이에 대리행위를 하는 경우는 물론 <u>대리인이 대리권 소멸 후 복대리인을 선임하여 복대리인으로 하여금 상대방과 사이에 대리행위를 하도록 한 경우에도, 상대방이 대리권 소멸사실을 알지 못하여 복대리인에게 적법한 대리권이 있는 것으로 믿었고 그와 같이 믿은 데 과실이 없다면 민법 제129조에 의한 표현대리가 성립할 수 있다</u>(대판 1998.5.29. 97다55317).

정답 ②

13 기출 24

법률행위에 관한 설명으로 옳지 않은 것은?(다툼이 있으면 판례에 따름)

① 보증계약은 요식행위이다.
② 증여계약은 낙성계약이다.
③ 채무면제는 처분행위이다.
④ 유언은 생전행위이다.
⑤ 상계는 상대방 있는 단독행위이다.

13

① (○) 요식행위(要式行爲)는 일정한 방식에 따라 해야만 효력이 인정되는 법률행위이고, 불요식행위(不要式行爲)는 방식에 구속되지 않고 자유롭게 할 수 있는 법률행위이다. 보증계약은 보증의사가 보증인의 기명날인 또는 서명이 있는 서면으로 표시되어야 효력이 발생한다. 다만, 보증의 의사가 전자적 형태로 표시된 경우에는 효력이 없다(민법 제428조의2 제1항). 따라서 보증계약은 요식계약이다.
② (○) 증여계약은 편무·무상·낙성·불요식계약이다(민법 제554조 참조). 증여계약은 목적물의 인도 기타 출연행위가 없더라도 당사자의 합의만으로 성립하는 낙성계약이다. 그리고 증여자만이 채무를 부담하는 편무계약이며, 대가(반대급부) 없이 재산을 출연하는 대표적인 무상계약이다. 또한 증여계약은 방식에 구속되지 않고 자유롭게 할 수 있는 불요식계약이다. 다만, 증여의사가 서면으로 표시되지 않는 경우에는 증여를 해제할 수 있을 뿐이다(민법 제555조).
③ (○) 채무면제는 채권을 소멸시키는 행위로서 준물권행위이고, 따라서 처분행위이다. 채무면제는 처분행위이므로 채권의 처분권한을 가지고 있는 자만이 할 수 있다.
④ (×) 법률행위는 그 효력이 행위자의 생전에 발생하는지 아니면 사망 후에 발생하는지에 따라 생전행위(生前行爲)와 사인행위(死因行爲)로 구분된다. 보통의 법률행위는 생전행위이나, 유언(민법 제1060조 이하), 사인증여(민법 제562조)는 사인행위(死因行爲)이다.
⑤ (○) 단독행위는 하나의 의사표시에 의하여 성립하는 법률행위이다. 상대방이 있느냐에 따라 '상대방 있는 단독행위'와 '상대방 없는 단독행위'로 구분된다. 동의, 채무면제, 추인, 취소, 상계, 해제, 해지는 '상대방 있는 단독행위'이다. 반면, 유언, 재단법인 설립행위, 상속의 포기는 '상대방 없는 단독행위'이다.

정답 ④

14 기출 24

임의대리인의 권한에 관한 설명으로 옳지 않은 것을 모두 고른 것은?(다툼이 있으면 판례에 따름)

> ㄱ. 부동산 매도의 대리권을 수여받은 자는 그 부동산의 매도 후 해당 매매계약을 합의해제할 권한이 있다.
> ㄴ. 자동차 매도의 대리권을 수여받은 자가 본인의 허락 없이 본인의 자동차를 스스로 시가보다 저렴하게 매수하는 계약을 체결한 경우, 그 매매계약은 유동적 무효이다.
> ㄷ. 통상의 오피스텔 분양에 관해 대리권을 수여받은 자는 본인의 명시적 승낙이 없더라도 부득이한 사유없이 복대리인을 선임할 수 있다.
> ㄹ. 원인된 계약관계가 종료되더라도 수권행위가 철회되지 않았다면 대리권은 소멸하지 않는다.

① ㄱ, ㄴ
② ㄴ, ㄷ
③ ㄷ, ㄹ
④ ㄱ, ㄴ, ㄹ
⑤ ㄱ, ㄷ, ㄹ

15 기출 24

X토지 소유자인 甲이 사망하고, 그 자녀인 乙과 丙이 이를 공동으로 상속하였다. 그런데 丙은 乙의 예전 범죄사실을 사법당국에 알리겠다고 乙을 강박하여 X에 관한 乙의 상속지분을 丙에게 증여한다는 계약을 乙과 체결하였다. 그 직후 변호사와 상담을 통해 불안에서 벗어난 乙은 한 달 뒤 그간의 사정을 전해들은 丁에게 X에 관한 자신의 상속지분을 매도하고 지분이전등기를 마쳐준 후 5년이 지났다. 이에 관한 설명으로 옳은 것은?(다툼이 있으면 판례에 따름)

① 乙과 丙의 증여계약은 공서양속에 반하는 것으로 무효이다.
② 乙의 丙에 대한 증여의 의사표시는 비진의표시로서 무효이다.
③ 乙과 丁의 매매계약은 공서양속에 반하는 것으로 무효이다.
④ 乙은 강박을 이유로 하여 丙과의 증여계약을 취소할 수 있다.
⑤ 乙이 丙에게 증여계약의 이행을 하지 않는다면 채무불이행의 책임을 져야 한다.

15

① (×) 단지 법률행위의 성립과정에 강박이라는 불법적 방법이 사용된 데에 불과한 때에는 강박에 의한 의사표시의 하자나 의사의 흠결을 이유로 효력을 논의할 수는 있을지언정 반사회질서의 법률행위로서 무효라고 할 수는 없다(대판 2002.12.27. 2000다47361).

② (×) 비진의 의사표시에 있어서의 진의란 특정한 내용의 의사표시를 하고자 하는 표의자의 생각을 말하는 것이지 표의자가 진정으로 마음속에서 바라는 사항을 뜻하는 것은 아니라고 할 것이므로, 비록 재산을 강제로 뺏긴다는 것이 표의자의 본심으로 잠재되어 있었다 하여도 표의자가 강박에 의하여서나마 증여를 하기로 하고 그에 따른 증여의 의사표시를 한 이상 증여의 내심의 효과의사가 결여된 것이라고 할 수는 없다(대판 1993.7.16. 92다41528).

③ (×) 부동산의 이중매매가 반사회적 법률행위로서 무효가 되기 위하여는 매도인의 배임행위와 매수인이 매도인의 배임행위에 적극 가담한 행위로 이루어진 매매로서, 그 적극 가담하는 행위는 매수인이 다른 사람에게 매매목적물이 매도된 것을 안다는 것만으로는 부족하고, 적어도 그 매도사실을 알고도 매도를 요청하여 매매계약에 이르는 정도가 되어야 한다(대판 1994.3.11. 93다55289).

④ (×) 취소권은 추인할 수 있는 날로부터 3년 내에 법률행위를 한 날로부터 10년 내에 행사하여야 한다(민법 제146조). 이때 '추인할 수 있는 날'이란 취소의 원인이 종료되어 취소권 행사에 관한 장애가 없어져서 취소권자가 취소의 대상인 법률행위를 추인할 수도 있고 취소할 수도 있는 상태가 된 때를 말한다(대판 1998.11.27. 98다7421). 사례의 경우 적어도 변호사와 상담을 통해 불안에서 벗어난 乙이 한 달 뒤 그간의 사정을 전해들은 丁에게 X에 관한 자신의 상속지분을 매도하고 지분이전등기를 마쳐준 시점에는 취소의 원인이 종료되어 증여계약을 추인할 수도 있고 취소할 수도 있는 상태가 되었다고 볼 수 있다. 따라서 그 날부터 5년이 지난 이상 乙의 취소권은 3년의 단기 제척기간이 도과하여 소멸하였으므로 乙은 강박을 이유로 하여 丙과의 증여계약을 취소할 수 없다.

⑤ (○) 乙은 강박을 이유로 丙과의 증여계약을 취소할 수 있었으나(민법 제110조 제1항), 3년의 단기 제척기간이 도과하여 취소권이 소멸한 이상 취소권을 행사할 수 없고(민법 제146조), 증여계약이 유효한 이상 乙이 丙에게 증여계약의 이행을 하지 않는다면 乙은 丙에게 채무불이행의 책임을 져야 한다(민법 제390조, 제544조).

정답 ⑤

16 기출 24

甲은 토지거래허가구역에 있는 자신 소유의 X토지에 관하여 허가를 받을 것을 전제로 乙과 매매계약을 체결한 후 계약금을 수령하였으나 아직 토지거래허가는 받지 않았다. 이에 관한 설명으로 옳지 않은 것을 모두 고른 것은?(다툼이 있으면 판례에 따름)

> ㄱ. 甲은 乙에게 계약금의 배액을 상환하면서 매매계약을 해제할 수 있다.
> ㄴ. 甲이 허가신청절차에 협력하지 않는 경우, 乙은 甲의 채무불이행을 이유로 하여 매매계약을 해제할 수 있다.
> ㄷ. 乙은 부당이득반환청구권을 행사하여 甲에게 계약금의 반환을 청구할 수 있다.
> ㄹ. 매매계약 후 X에 대한 토지거래허가구역 지정이 해제되었다면 더 이상 토지거래허가를 받을 필요 없이 매매계약은 확정적으로 유효로 된다.

① ㄱ, ㄴ
② ㄴ, ㄷ
③ ㄷ, ㄹ
④ ㄱ, ㄴ, ㄷ
⑤ ㄱ, ㄷ

16

ㄱ. (○) 특별한 사정이 없는 한 구 국토이용관리법상의 토지거래허가를 받지 않아 유동적 무효 상태인 매매계약에 있어서도 당사자 사이의 매매계약은 매도인이 계약금의 배액을 상환하고 계약을 해제함으로써 적법하게 해제된다(대판 1997.6.27. 97다9369). 사례의 경우 매도인 甲이 계약금만 수령하고 당사자 일방이 이행에 착수하기 전이므로, 매도인 甲은 매수인 乙에게 계약금의 배액을 상환하면서 매매계약을 해제할 수 있다(민법 제565조 제1항 참조).

ㄴ. (×) 유동적 무효의 상태에 있는 거래계약의 당사자는 상대방이 그 거래계약의 효력이 완성되도록 협력할 의무를 이행하지 아니하였음을 들어 일방적으로 유동적 무효의 상태에 있는 거래계약 자체를 해제할 수 없으므로(대판 1999.6.17. 98다40459[전합]), 매도인 甲이 허가신청절차에 협력하지 않더라도 매수인 乙은 甲의 채무불이행을 이유로 하여 매매계약 자체를 해제할 수는 없다.

ㄷ. (×) 구 국토이용관리법상의 토지거래허가를 배제하거나 잠탈하는 내용이 아닌 유동적 무효 상태의 매매계약을 체결하고 그에 기하여 임의로 지급한 계약금 등은 그 계약이 유동적 무효 상태로 있는 한 그를 부당이득으로서 반환을 구할 수 없고 유동적 무효 상태가 확정적으로 무효가 되었을 때 비로소 부당이득으로 그 반환을 구할 수 있다(대판 1997.11.11. 97다36965). 사례에서 X토지에 대한 매매계약이 유동적 무효 상태에 있는 한, 乙은 부당이득반환청구권을 행사하여 甲에게 계약금의 반환을 청구할 수 없다.

ㄹ. (○) 토지거래허가구역 지정기간 중에 허가구역 안의 토지에 대하여 토지거래허가를 받지 아니하고 토지거래계약을 체결한 후 허가구역 지정이 해제되거나 허가구역 지정기간이 만료되었음에도 재지정을 하지 아니한 때에는 그 토지거래계약이 허가구역 지정이 해제되기 전에 확정적으로 무효로 된 경우를 제외하고는, 더 이상 관할 행정청으로부터 토지거래허가를 받을 필요가 없이 확정적으로 유효로 되었다고 볼 것이다(대판 2010.3.25. 2009다41465). 매매계약 후 X에 대한 토지거래허가구역 지정이 해제되었다면, 더 이상 토지거래허가를 받을 필요 없이 매매계약은 확정적으로 유효로 된다.

정답 ②

17 기출 23

불공정한 법률행위에 관한 설명으로 옳은 것을 모두 고른 것은? (다툼이 있으면 판례에 따름)

> ㄱ. 급부 상호 간에 현저한 불균형이 있는지의 여부는 법률행위 시를 기준으로 판단한다.
> ㄴ. 무경험은 거래 일반에 관한 경험부족을 말하는 것이 아니라 특정영역에 있어서의 경험부족을 의미한다.
> ㄷ. 불공정한 법률행위로서 무효인 법률행위는 원칙적으로 법정추인에 의하여 유효로 될 수 없다.
> ㄹ. 대가관계 없는 일방적 급부행위에 대해서는 불공정한 법률행위에 관한 민법 제104조가 적용되지 않는다.

① ㄱ
② ㄴ, ㄷ
③ ㄴ, ㄹ
④ ㄱ, ㄷ, ㄹ
⑤ ㄱ, ㄴ, ㄷ, ㄹ

17

ㄱ. (○) 급부 상호 간에 현저한 불균형이 있는지의 여부는 법률행위 시를 기준으로 판단한다는 것이 통설과 판례(대판 2013.9.26. 2011다53683[전합])의 태도이다.

ㄴ. (×) 민법 제104조에 규정된 불공정한 법률행위는 객관적으로 급부와 반대급부 사이에 현저한 불균형이 존재하고, 주관적으로 그와 같이 균형을 잃은 거래가 피해 당사자의 궁박, 경솔 또는 무경험을 이용하여 이루어진 경우에 성립하는 것으로서, 약자적 지위에 있는 자의 궁박, 경솔 또는 무경험을 이용한 폭리행위를 규제하려는 데에 그 목적이 있고, 불공정한 법률행위가 성립하기 위한 요건인 궁박, 경솔, 무경험은 모두 구비되어야 하는 요건이 아니라 그중 일부만 갖추어져도 충분한데, 여기에서 '궁박'이라 함은 '급박한 곤궁'을 의미하는 것으로서 경제적 원인에 기인할 수도 있고 정신적 또는 심리적 원인에 기인할 수도 있으며, '무경험'이라 함은 일반적인 생활체험의 부족을 의미하는 것으로서 어느 특정영역에 있어서의 경험부족이 아니라 거래일반에 대한 경험부족을 뜻한다(대판 2002.10.22. 2002다38927).

ㄷ. (○) 불공정한 법률행위로서 무효인 경우에는 추인에 의하여 무효인 법률행위가 유효로 될 수 없다(대판 1994.6.24. 94다10900).

ㄹ. (○) 민법 제104조가 규정하는 현저히 공정을 잃은 법률행위라 함은 자기의 급부에 비하여 현저하게 균형을 잃은 반대급부를 하게 하여 부당한 재산적 이익을 얻는 행위를 의미하는 것이므로, 증여계약과 같이 아무런 대가관계 없이 당사자 일방이 상대방에게 일방적인 급부를 하는 법률행위는 그 공정성 여부를 논의할 수 있는 성질의 법률행위가 아니다(대판 2000.2.11. 99다56833). 따라서 대가관계 없는 일방적 급부행위에 대해서는 불공정한 법률행위에 관한 민법 제104조가 적용되지 않는다.

정답 ④

18 기출 23

의사표시에 관한 설명으로 옳지 않은 것은?(다툼이 있으면 판례에 따름)

① 매매계약이 착오로 취소된 경우 특별한 사정이 없는 한 당사자 쌍방의 원상회복의무는 동시이행관계에 있다.
② 동기의 착오가 상대방의 부정한 방법에 의하여 유발된 경우, 동기가 표시되지 않았더라도 표의자는 착오를 이유로 의사표시를 취소할 수 있다.
③ 통정허위표시로 무효인 법률행위도 채권자취소권의 대상이 될 수 있다.
④ 사기에 의해 화해계약이 체결된 경우 표의자는 화해의 목적인 분쟁에 관한 사항에 착오가 있더라도 사기를 이유로 화해계약을 취소할 수 있다.
⑤ 경과실에 의한 착오를 이유로 의사표시를 취소한 자는 상대방이 그 의사표시의 유효를 믿었음으로 인하여 발생한 손해에 대하여 불법행위책임을 진다.

18

① (○) 대판 2001.7.10. 2001다3764
② (○) 동기의 착오가 법률행위의 내용의 중요부분의 착오에 해당함을 이유로 표의자가 법률행위를 취소하려면 그 동기를 당해 의사표시의 내용으로 삼을 것을 상대방에게 표시하고 의사표시의 해석상 법률행위의 내용으로 되어 있다고 인정되면 충분하고 당사자들 사이에 별도로 그 동기를 의사표시의 내용으로 삼기로 하는 합의까지 이루어질 필요는 없지만, 그 법률행위의 내용의 착오는 보통 일반인이 표의자의 입장에 섰더라면 그와 같은 의사표시를 하지 아니하였으리라고 여겨질 정도로 그 착오가 중요한 부분에 관한 것이어야 한다(대판 2000.5.12. 2000다12259). 다만, 판례는 이에 대한 예외를 인정하여 동기의 착오가 상대방의 부정한 방법에 의하여 유발된 경우, 동기가 표시되지 않았더라도 표의자는 착오를 이유로 의사표시를 취소할 수 있다고 본다(대판 1997.8.26. 97다6063 등).
③ (○) 채무자의 법률행위가 통정허위표시인 경우에도 채권자취소권의 대상으로 된다고 할 것이고, 한편 채권자취소권의 대상으로 된 채무자의 법률행위라도 통정허위표시의 요건을 갖춘 경우에는 무효라고 할 것이다(대판 1998.2.27. 97다50985).
④ (○) 민법 제733조의 규정에 의하면, 화해계약은 화해당사자의 자격 또는 화해의 목적인 분쟁 이외의 사항에 착오가 있는 경우를 제외하고는 착오를 이유로 취소하지 못하지만, 화해계약이 사기로 인하여 이루어진 경우에는 화해의 목적인 분쟁에 관한 사항에 착오가 있는 때에도 민법 제110조에 따라 이를 취소할 수 있다(대판 2008.9.11. 2008다15278).
⑤ (×) 불법행위로 인한 손해배상책임이 성립하기 위하여는 가해자의 고의 또는 과실 이외에 행위의 위법성이 요구되므로, 전문건설공제조합이 계약보증서를 발급하면서 조합원이 수급할 공사의 실제 도급금액을 확인하지 아니한 과실이 있다고 하더라도 민법 제109조에서 중과실이 없는 착오자의 착오를 이유로 한 의사표시의 취소를 허용하고 있는 이상, 전문건설공제조합이 과실로 인하여 착오에 빠져 계약보증서를 발급한 것이나 그 착오를 이유로 보증계약을 취소한 것이 위법하다고 할 수는 없다(대판 1997.8.22. 97다13023). 판례는 착오를 이유로 보증계약을 취소한 것이 불법행위를 구성하지는 않는다는 것이므로 이러한 판례의 취지를 고려할 때 경과실에 의한 착오를 이유로 의사표시를 취소한 자는 상대방에게 불법행위책임을 부담하지 아니한다.

정답 ⑤

19 기출 23

甲은 자신 소유의 X토지에 대한 매매계약 체결의 대리권을 乙에게 수여하였고, 그에 따라 乙은 丙과 위 X토지에 대한 매매계약을 체결하였다. 이에 관한 설명으로 옳은 것은?(다툼이 있으면 판례에 따름)

① 乙은 원칙적으로 매매계약을 해제할 수 있는 권한을 가진다.
② 乙이 매매계약에 따라 丙으로부터 중도금을 수령하였으나 이를 甲에게 현실로 인도하지 않았더라도 특별한 사정이 없는 한 丙은 중도금 지급채무를 면한다.
③ 乙은 甲의 승낙이 있는 경우에만 복대리인을 선임할 수 있다.
④ 乙의 사기로 매매계약이 체결된 경우, 丙은 甲이 乙의 사기를 알았거나 알 수 있었을 경우에 한하여 사기를 이유로 그 계약을 취소할 수 있다.
⑤ 丙이 甲의 채무불이행을 이유로 계약을 해제한 경우, 그 채무불이행에 乙의 책임사유가 있다면 해제로 인한 원상회복의무는 乙이 부담한다.

19

① (×) 甲의 X토지에 대한 매매계약 체결의 대리권을 수여받은 乙은 특별한 사정이 없는 한 그 매매계약에서 약정한 바에 따라 중도금이나 잔금을 수령할 권한이 있다고 할 것(대판 2015.9.10. 2010두1385)이나, 丙과 X토지에 대한 매매계약을 체결한 후 해당 매매계약을 해제할 권한도 있다고 볼 수는 없다.

② (○) 대리인이 그 권한에 기하여 계약상 급부를 수령한 경우에, 그 법률효과는 계약 자체에서와 마찬가지로 직접 본인에게 귀속되고 대리인에게 돌아가지 아니한다. 이는 본인이 대리인으로부터 그 수령한 급부를 현실적으로 인도받지 못하였다 하여도 다른 특별한 사정이 없는 한 마찬가지라고 할 것이다(대판 2011.8.18. 2011다30871). 따라서 乙이 매매계약에 따라 丙으로부터 중도금을 수령하였으나 이를 甲에게 현실로 인도하지 않았더라도 특별한 사정이 없는 한 丙은 중도금 지급채무를 면한다.

③ (×) 대리권이 법률행위에 의하여 부여된 경우에는 대리인은 본인의 승낙이 있거나 부득이한 사유 있는 때가 아니면 복대리인을 선임하지 못한다(민법 제120조). 따라서 乙은 甲의 승낙이 있는 경우 외에도 부득이한 사유가 있는 경우에는 복대리인을 선임할 수 있다.

④ (×) 상대방 있는 의사표시에 관하여 제3자가 사기나 강박을 행한 경우에는 상대방이 그 사실을 알았거나 알 수 있었을 경우에 한하여 그 의사표시를 취소할 수 있다(민법 제110조 제2항). 그러나 의사표시에 관한 상대방의 대리인 등 상대방과 동일시할 수 있는 자는 민법 제110조 제2항의 제3자에 해당하지 않는다(대판 1998.1.23. 96다41496). 乙의 사기로 매매계약이 체결된 경우, 乙은 甲의 대리인으로서 甲과 동일시할 수 있는 자에 해당하므로 민법 제110조 제2항의 제3자에 해당하지 않는다. 따라서 甲이 乙의 사기를 알았거나 알 수 있었을 경우에 해당하지 않더라도(=甲이 乙의 사기를 몰랐고 모른데 과실이 없더라도) 丙은 민법 제110조 제1항에 따라 사기를 이유로 그 계약을 취소할 수 있다.

⑤ (×) 계약상 채무의 불이행을 이유로 계약이 상대방 당사자에 의하여 유효하게 해제되었다면, 해제로 인한 원상회복의무는 대리인이 아니라 계약의 당사자인 본인이 부담한다. 이는 본인이 대리인으로부터 그 수령한 급부를 현실적으로 인도받지 못하였다거나 해제의 원인이 된 계약상 채무의 불이행에 관하여 대리인에게 책임 있는 사유가 있다고 하여도 다른 특별한 사정이 없는 한 마찬가지라고 할 것이다(대판 2011.8.18. 2011다30871). 따라서 丙이 甲의 채무불이행을 이유로 계약을 해제한 경우, 그 채무불이행에 乙의 책임있는 사유가 있다고 하더라도 해제로 인한 원상회복의무는 甲이 부담한다.

정답 ②

20 기출 23

민법상 무권대리와 표현대리에 관한 설명으로 옳은 것은?(다툼이 있으면 판례에 따름)

① 표현대리행위가 성립하는 경우에 상대방에게 과실이 있다면 과실상계의 법리가 유추적용되어 본인의 책임이 경감될 수 있다.
② 권한을 넘은 표현대리에 관한 제126조의 제3자는 당해 표현대리행위의 직접 상대방만을 의미한다.
③ 무권대리행위의 상대방이 제134조의 철회권을 유효하게 행사한 후에도 본인은 무권대리행위를 추인할 수 있다.
④ 계약체결 당시 대리인의 무권대리 사실을 알고 있었던 상대방은 최고권을 행사할 수 없다.
⑤ 대리인이 대리권 소멸 후 선임한 복대리인과 상대방 사이의 법률행위에는 대리권소멸 후의 표현대리가 성립할 수 없다.

20

① (×) 표현대리행위가 성립하는 경우에 본인은 표현대리행위에 기하여 전적인 책임을 져야 하는 것이고 상대방에게 과실이 있다고 하더라도 과실상계의 법리를 유추적용하여 본인의 책임을 감경할 수 없는 것이다(대판 1994.12.22. 94다24985).
② (○) 대판 2002.12.10. 2001다58443
③ (×) 민법 제134조에서 정한 상대방의 철회권은, 무권대리행위가 본인의 추인에 따라 효력이 좌우되어 상대방이 불안정한 지위에 놓이게 됨을 고려하여 대리권이 없었음을 알지 못한 상대방을 보호하기 위하여 상대방에게 부여된 권리로서, 상대방이 유효한 철회를 하면 무권대리행위는 확정적으로 무효가 되어 그 후에는 본인이 무권대리행위를 추인할 수 없다(대판 2017.6.29. 2017다213838).
④ (×) 무권대리 상대방의 철회권이 선의의 상대방에게만 인정되는 것(민법 제134조 단서)과 달리, 무권대리 상대방의 최고권은 악의의 상대방에게도 인정된다(민법 제131조).
⑤ (×) 대리인이 대리권 소멸 후 직접 상대방과 사이에 대리행위를 하는 경우는 물론 대리인이 대리권 소멸 후 복대리인을 선임하여 복대리인으로 하여금 상대방과 사이에 대리행위를 하도록 한 경우에도, 상대방이 대리권 소멸 사실을 알지 못하여 복대리인에게 적법한 대리권이 있는 것으로 믿었고 그와 같이 믿은 데 과실이 없다면 민법 제129조에 의한 표현대리가 성립할 수 있다(대판 1998.5.29. 97다55317).

정답 ②

21 기출 23

민법상 법률행위의 무효 또는 취소에 관한 설명으로 옳은 것은? (다툼이 있으면 판례에 따름)

① 불공정한 법률행위에는 무효행위 전환에 관한 제138조가 적용될 수 없다.
② 선량한 풍속 기타 사회질서에 위반한 사항을 내용으로 하는 법률행위의 무효는 이를 주장할 이익이 있는 자라면 누구든지 무효를 주장할 수 있다.
③ 취소할 수 있는 법률행위를 취소한 후 그 취소 원인이 소멸하였다면, 취소할 수 있는 법률행위의 추인에 의하여 그 법률행위를 다시 확정적으로 유효하게 할 수 있다.
④ 법률행위의 일부분이 무효인 경우 원칙적으로 그 일부분만 무효이다.
⑤ 甲이 乙의 기망행위로 자신의 X토지를 丙에게 매도한 경우, 甲은 매매계약의 취소를 乙에 대한 의사표시로 하여야 한다.

21

① (×) 매매계약이 약정된 매매대금의 과다로 말미암아 민법 제104조에서 정하는 '불공정한 법률행위'에 해당하여 무효인 경우에도 무효행위의 전환에 관한 민법 제138조가 적용될 수 있다. 따라서 당사자 쌍방이 위와 같은 무효를 알았더라면 대금을 다른 액으로 정하여 매매계약에 합의하였을 것이라고 예외적으로 인정되는 경우에는, 그 대금액을 내용으로 하는 매매계약이 유효하게 성립한다. 이때 당사자의 의사는 매매계약이 무효임을 계약 당시에 알았다면 의욕하였을 가정적(假定的) 효과의사로서, 당사자 본인이 계약 체결시와 같은 구체적 사정 아래 있다고 상정하는 경우에 거래관행을 고려하여 신의성실의 원칙에 비추어 결단하였을 바를 의미한다(대판 2010.7.15, 2009다50308).

② (○) 거래 상대방이 배임행위를 유인·교사하거나 배임행위의 전 과정에 관여하는 등 배임행위에 적극 가담하는 경우에는 실행행위자와 체결한 계약이 반사회적 법률행위에 해당하여 무효로 될 수 있고, 선량한 풍속 기타 사회질서에 위반한 사항을 내용으로 하는 법률행위의 무효는 이를 주장할 이익이 있는 자는 누구든지 무효를 주장할 수 있다(대판 2016.3.24, 2015다11281).

③ (×) 취소한 법률행위는 처음부터 무효인 것으로 간주되므로 취소할 수 있는 법률행위가 일단 취소된 이상 그 후에는 취소할 수 있는 법률행위의 추인에 의하여 이미 취소되어 무효인 것으로 간주된 당초의 의사표시를 다시 확정적으로 유효하게 할 수는 없고, 다만 무효인 법률행위의 추인의 요건과 효력으로서 추인할 수는 있으나, 무효행위의 추인은 그 무효 원인이 소멸한 후에 하여야 그 효력이 있다(대판 1997.12.12, 95다38240).

④ (×) 법률행위의 일부분이 무효인 때에는 그 전부를 무효로 한다. 그러나 그 무효부분이 없더라도 법률행위를 하였을 것이라고 인정될 때에는 나머지 부분은 무효가 되지 아니한다(민법 제137조).

⑤ (×) 취소할 수 있는 법률행위의 상대방이 확정한 경우에는 그 취소는 그 상대방에 대한 의사표시로 하여야 한다(민법 제142조). 甲이 乙의 기망행위로 자신의 X토지를 丙에게 매도한 경우라도 매매계약의 상대방은 乙이 아니라 丙이므로, 甲은 매매계약의 취소를 丙에 대한 의사표시로 하여야 한다.

정답 ②

22 기출 23

甲은 부동산 거래신고 등에 관한 법률상 토지거래허가 구역에 있는 자신 소유의 X토지를 乙에게 매도하는 매매계약을 체결하였다. 아직 토지거래허가(이하 '허가')를 받지 않아 유동적 무효 상태에 있는 법률관계에 관한 설명으로 옳지 않은 것은?(다툼이 있으면 판례에 따름)

① 甲은 허가 전에 乙의 대금지급의무의 불이행을 이유로 매매계약을 해제할 수 없다.
② 甲의 허가신청절차 협력의무와 乙의 대금지급의무는 동시이행관계에 있다.
③ 甲과 乙이 허가신청절차 협력의무 위반에 따른 손해배상액을 예정하는 약정은 유효하다.
④ 甲이 허가신청절차에 협력할 의무를 위반한 경우, 乙은 협력의무 위반을 이유로 매매계약을 해제할 수 없다.
⑤ 甲이 허가신청절차에 협력하지 않는 경우, 乙은 협력의무의 이행을 소구할 수 있다.

22

① (○) 국토이용관리법(현행 부동산 거래신고 등에 관한 법률)상 규제구역 내의 토지에 대하여 매매계약을 체결한 경우에 있어 관할 관청으로부터 토지거래허가를 받기까지는 매매계약이 그 계약내용대로의 효력이 있을 수 없는 것이어서 매수인으로서도 그 계약내용에 따른 대금지급의무가 있다고 할 수 없으며, 설사 계약상 매수인의 대금지급의무가 매도인의 소유권이전등기의무에 선행하여 이행하기로 약정되어 있었다고 하더라도, 매수인에게 그 대금지급의무가 없음은 마찬가지여서 매도인으로서는 그 대금지급이 없었음을 이유로 계약을 해제할 수 없다(대판 1991.12.24. 90다12243[전합]).
② (×) 매도인의 토지거래허가 신청절차 협력의무와 매수인의 매매대금 또는 약정에 따른 양도소득세 상당의 금원 지급의무가 동시이행의 관계에 있는 것은 아니다(대판 1996.10.25. 96다23825).
③ (○) 국토이용관리법상 토지거래허가를 받지 않아 유동적 무효의 상태에 있는 계약을 체결한 당사자는 쌍방이 그 계약이 효력이 있는 것으로 완성될 수 있도록 서로 협력할 의무가 있으므로, 이러한 매매계약을 체결할 당시 당사자 사이에 그 일방이 토지거래허가를 받기 위한 협력 자체를 이행하지 아니하거나 허가신청에 이르기 전에 매매계약을 철회하는 경우 상대방에게 일정한 손해액을 배상하기로 하는 약정을 유효하게 할 수 있다(대판 1998.3.27. 97다36996).
④ (○) 유동적 무효의 상태에 있는 거래계약의 당사자는 상대방이 그 거래계약의 효력이 완성되도록 협력할 의무를 이행하지 아니하였음을 들어 일방적으로 유동적 무효의 상태에 있는 거래계약 자체를 해제할 수 없다(대판 1999.6.17. 98다40459[전합]).
⑤ (○) 국토이용관리법(현행 부동산 거래신고 등에 관한 법률)상 규제지역 내의 토지에 대하여 거래계약이 체결된 경우에 계약을 체결한 당사자 사이에 있어서는 그 계약이 효력 있는 것으로 완성될 수 있도록 서로 협력할 의무가 있음이 당연하므로, 계약의 쌍방 당사자는 공동으로 관할 관청의 허가를 신청할 의무가 있고, 이러한 의무에 위배하여 허가신청절차에 협력하지 않는 당사자에 대하여 상대방은 협력의무의 이행을 소송으로써 구할 이익이 있다(대판 1991.12.24. 90다12243[전합]).

정답 ②

23 기출 23

민법상 조건에 관한 설명으로 옳지 않은 것은?(다툼이 있으면 판례에 따름)

① 조건을 붙이고자 하는 의사는 법률행위의 내용으로 외부에 표시되어야 하므로 그 의사표시는 묵시적 방법으로는 할 수 없다.
② 조건이 법률행위의 당시 이미 성취한 것인 경우에는 그 조건이 정지조건이면 조건 없는 법률행위이다.
③ 조건의 성취로 인하여 불이익을 받을 당사자가 과실로 신의성실에 반하여 조건의 성취를 방해한 때에는 상대방은 그 조건이 성취한 것으로 주장할 수 있다.
④ 조건의 성취가 미정한 권리의무는 일반규정에 의하여 담보로 할 수 있다.
⑤ 선량한 풍속에 반하는 불법조건이 붙은 법률행위는 무효이다.

23

① (×) 조건은 법률행위 효력의 발생 또는 소멸을 장래 불확실한 사실의 발생 여부에 따라 좌우되게 하는 법률행위의 부관이고, 법률행위에서 효과의사와 일체적인 내용을 이루는 의사표시 그 자체이다. 조건을 붙이고자 하는 의사는 법률행위의 내용으로 외부에 표시되어야 하고, 조건을 붙이고자 하는 의사가 있는지는 의사표시에 관한 법리에 따라 판단하여야 한다. 조건을 붙이고자 하는 의사의 표시는 그 방법에 관하여 일정한 방식이 요구되지 않으므로 묵시적 의사표시나 묵시적 약정으로도 할 수 있다(대판 2018.6.28. 2016다221368).
② (O) 조건이 법률행위의 당시 이미 성취한 것인 경우에는 그 조건이 정지조건이면 조건없는 법률행위로 하고 해제조건이면 그 법률행위는 무효로 한다(민법 제151조 제2항).
③ (O) 조건의 성취로 인하여 불이익을 받을 당사자가 신의성실에 반하여 조건의 성취를 방해한 때에는 상대방은 그 조건이 성취한 것으로 주장할 수 있다(민법 제150조 제1항).
④ (O) 조건의 성취가 미정한 권리의무는 일반규정에 의하여 처분, 상속, 보존 또는 담보로 할 수 있다(민법 제149조).
⑤ (O) 조건이 선량한 풍속 기타 사회질서에 위반한 것[불법조건(註)]인 때에는 그 법률행위는 무효로 한다(민법 제151조 제1항). 즉, 불법조건만 무효인 것이 아니라 법률행위 전부가 무효가 된다.

정답 ①

24 기출 22

대리에 관한 설명으로 옳지 않은 것은?

① 대리인이 그 권한 내에서 본인을 위한 것임을 표시한 의사표시는 직접 본인에게 효력이 생긴다.
② 복대리인은 본인에 대하여 대리인과 동일한 권리의무가 있다.
③ 대리인이 수인(數人)인 때에는 법률 또는 수권행위에서 다른 정함이 없으면 공동으로 본인을 대리한다.
④ 임의대리권은 대리인의 성년후견의 개시로 소멸된다.
⑤ 특정한 법률행위를 위임한 경우에 대리인이 본인의 지시에 좇아 그 행위를 한 때에는 본인은 자기가 안 사정에 관하여 대리인의 부지(不知)를 주장하지 못한다.

24

① (O) 민법 제114조 제1항
② (O) 민법 제123조 제2항
③ (×) 대리인이 수인인 때에는 각자가 본인을 대리한다. 그러나 법률 또는 수권행위에 다른 정한 바가 있는 때에는 그러하지 아니하다(민법 제119조).
④ (O) 민법 제127조 제2호
⑤ (O) 민법 제116조 제2항

정답 ③

25 기출 22

반사회질서의 법률행위에 관한 설명으로 옳지 않은 것은?(다툼이 있으면 판례에 따름)

① 과도한 위약벌 약정은 법원의 직권감액이 가능하므로 선량한 풍속 기타 사회질서에 반할 여지가 없다.
② 부동산 매매계약에서 계약금을 수수한 후 당사자가 매매계약의 이행에 착수하기 전에 제3자가 매도인을 적극 유인하여 해당 부동산을 매수하였다면 매도인과 제3자 사이의 그 매매계약은 반사회질서의 법률행위가 아니다.
③ 보험사고를 가장하여 보험금을 부정취득할 목적으로 체결된 다수의 생명보험계약은 그 목적에 대한 보험자의 인식 여부를 불문하고 무효이다.
④ 부첩(夫妾)관계의 종료를 해제조건으로 하는 증여계약은 반사회질서의 법률행위로서 무효이다.
⑤ 선량한 풍속 기타 사회질서에 반하는 법률행위의 무효는 그 법률행위를 기초로 하여 새로운 이해관계를 맺은 선의의 제3자에 대해서도 주장할 수 있다.

25

① (×) 위약벌의 약정은 채무의 이행을 확보하기 위하여 정해지는 것으로서 손해배상의 예정과는 그 내용이 다르므로 손해배상의 예정에 관한 민법 제398조 제2항을 유추적용하여 그 액을 감액할 수는 없고, 다만 그 의무의 강제에 의하여 얻어지는 채권자의 이익에 비하여 약정된 벌이 과도하게 무거울 때에는 그 일부 또는 전부가 공서양속에 반하여 무효로 된다(대판 2013.7.25. 2013다27015).
② (○) 부동산 이중매매가 반사회질서적인 것으로 평가되기 위해서는 제1매매행위에 약정 또는 법정해제사유가 없어야 하고, 제1매매행위가 계약이라면 중도금이 지급되는 등(대판 2020.5.14. 2019도16228) 계약금의 배액상환으로 제1매매계약을 해제할 수 없는 상태에 이르러야 한다. 따라서 당사자가 제1매매계약의 이행에 착수하기 전에 제3자가 매도인을 적극 유인하여 해당 부동산을 매수하였다면 매도인과 제3자 사이의 그 매매계약은 반사회질서의 법률행위라고 할 수 없다.
③ (○) 대판 2017.4.7. 2014다234827
④ (○) 부첩관계인 부부생활의 종료를 해제조건으로 하는 증여계약은 그 조건만이 무효인 것이 아니라 증여계약 자체가 무효이다(대판 1966.6.21. 66다530).
⑤ (○) 반사회질서의 법률행위의 무효는 절대적 무효이므로 선의의 제3자에게도 대항할 수 있다.

정답 ①

26 기출 22

통정허위표시에 관한 설명으로 옳은 것은?(다툼이 있으면 판례에 따름)

① 통정허위표시에 의하여 생긴 채권을 가압류한 경우, 가압류권자는 선의이더라도 통정허위표시와 관련하여 보호받는 제3자에 해당하지 않는다.
② 통정허위표시인 법률행위는 무효이므로 채권자취소권의 대상인 사해행위로 될 수 없다.
③ 표의자의 진의와 표시가 불일치함을 상대방이 명확하게 인식하였다면 그 불일치에 대하여 양자 간에 합의가 없더라도 통정허위표시가 성립한다.
④ 파산관재인이 통정허위표시와 관련하여 보호받는 제3자로 등장하는 경우, 모든 파산채권자가 선의인 경우에 한하여 그의 선의가 인정된다.
⑤ 임대차보증금반환채권을 담보하기 위하여 임대인과 임차인 사이에 임차인을 전세권자로 하는 전세권설정계약이 체결된 경우, 그 계약이 전세권자의 사용·수익을 배제하는 것이 아니라 하더라도 임대차계약과 양립할 수 없는 범위에서는 통정허위표시로 무효이다.

26

① (×) 통정한 허위표시에 의하여 외형상 형성된 법률관계로 생긴 채권을 가압류한 경우, 그 가압류권자는 허위표시에 기초하여 새로운 법률상 이해관계를 가지게 되므로 민법 제108조 제2항의 제3자에 해당한다고 봄이 상당하고, 또한 민법 제108조 제2항의 제3자는 선의이면 족하고 무과실은 요건이 아니다(대판 2004.5.28. 2003다70041).

② (×) 상대방과 통정한 허위의 의사표시는 무효로 되나(민법 제108조 제1항), 채무자의 법률행위가 통정허위표시인 경우에도 채권자취소권의 대상이 된다(대판 1998.2.27. 97다50985).

③ (×) 의사표시의 진의와 표시가 일치하지 아니하고, 그 불일치에 관하여 상대방과 사이에 합의가 있는 경우에는, 통정허위표시가 성립한다. 여러 당사자 사이에서 여러 개의 계약이 체결된 경우에, 그 계약 전부가 하나의 계약인 것과 같은 불가분의 관계에 있는 것인지의 여부는, 계약체결의 경위와 목적 및 당사자의 의사 등을 종합적으로 고려하여 판단하여야 한다(대판 2018.7.24. 2018다220574).

④ (×) 파산관재인은 그 허위표시에 따라 외형상 형성된 법률관계를 토대로 실질적으로 새로운 법률상 이해관계를 가지게 된 민법 제108조 제2항의 제3자에 해당하고, 그 선의·악의도 파산관재인 개인의 선의·악의를 기준으로 할 수는 없고, 총파산채권자를 기준으로 하여 파산채권자 모두가 악의로 되지 않는 한 파산관재인은 선의의 제3자라고 할 수밖에 없다(대판 2013.4.26. 2013다1952).

⑤ (○) 임대차계약에 따른 임대차보증금반환채권을 담보할 목적으로 임대인과 임차인 사이의 합의에 따라 임차인 명의로 전세권설정등기를 마친 경우, 그 전세금의 지급은 이미 지급한 임대차보증금으로 대신한 것이고, 장차 전세권자가 목적물을 사용·수익하는 것을 완전히 배제하는 것도 아니므로, 그 전세권설정등기는 유효하다. 이때 임대인과 임차인이 그와 같은 전세권설정등기를 마치기 위하여 전세권설정계약을 체결한 경우, 그 전세권설정계약은 외관상으로는 그 내용에 차임지급 약정이 존재하지 않고 이에 따라 전세금이 연체차임으로 공제되지 않는 등 임대인과 임차인의 진의와 일치하지 않는 부분이 존재한다. 따라서 그러한 전세권설정계약은 위와 같이 임대차계약과 양립할 수 없는 범위에서 통정허위표시에 해당하여 무효라고 봄이 타당하다. 다만 그러한 전세권설정계약에 의하여 형성된 법률관계에 기초하여 새로이 법률상 이해관계를 가지게 된 제3자에 대하여는 그 제3자가 그와 같은 사정을 알고 있었던 경우에만 그 무효를 주장할 수 있다(대판 2021.12.30. 2018다268538).

정답 ⑤

27 기출 22

대리에 관한 설명으로 옳지 않은 것은?(다툼이 있으면 판례에 따름)

① 대리행위가 강행법규에 위반하여 무효인 경우에도 표현대리가 성립할 수 있다.
② 복임권이 없는 임의대리인이 선임한 복대리인의 행위에도 표현대리가 성립할 수 있다.
③ 하나의 무권대리행위 일부에 대한 본인의 추인은 상대방의 동의가 없으면 무효이다.
④ 무권대리인이 본인을 단독상속한 경우, 특별한 사정이 없는 한 자신이 행한 무권대리행위의 무효를 주장하는 것은 허용되지 않는다.
⑤ 제한능력자가 법정대리인의 동의 없이 계약을 무권대리한 경우, 그 제한능력자는 무권대리인으로서 계약을 이행할 책임을 부담하지 않는다.

27

① (×) 증권회사 또는 그 임·직원의 부당권유행위를 금지하는 구 증권거래법 제52조 제1호는 공정한 증권거래질서의 확보를 위하여 제정된 강행법규로서 이에 위배되는 주식거래에 관한 투자수익보장약정은 무효이고, 투자수익보장이 강행법규에 위반되어 무효인 이상 증권회사의 지점장에게 그와 같은 약정을 체결할 권한이 수여되었는지 여부에 불구하고 그 약정은 여전히 무효이므로 표현대리의 법리가 준용될 여지가 없다(대판 1996.8.23. 94다38199).

② (○) 대리인이 사자 내지 임의로 선임한 복대리인을 통하여 권한 외의 법률행위를 한 경우, 상대방이 그 행위자를 대리권을 가진 대리인으로 믿었고 또한 그렇게 믿는 데에 정당한 이유가 있는 때에는, 복대리인 선임권이 없는 대리인에 의하여 선임된 복대리인의 권한도 기본대리권이 될 수 있을 뿐만 아니라, 그 행위자가 사자라고 하더라도 대리행위의 주체가 되는 대리인이 별도로 있고 그들에게 본인으로부터 기본대리권이 수여된 이상, 민법 제126조를 적용함에 있어서 기본대리권의 흠결 문제는 생기지 않는다(대판 1998.3.27. 97다48982).

③ (○) 무권대리행위의 추인은 무권대리인에 의하여 행하여진 불확정한 행위에 관하여 그 행위의 효과를 자기에게 직접 발생케 하는 것을 목적으로 하는 의사표시이며, 무권대리인 또는 상대방의 동의나 승낙을 요하지 않는 단독행위로서 추인은 의사표시의 전부에 대하여 행하여져야 하고, 그 일부에 대하여 추인을 하거나 그 내용을 변경하여 추인을 하였을 경우에는 상대방의 동의를 얻지 못하는 한 무효이다(대판 1982.1.26. 81다카549).

④ (○) 무권대리인 甲이 乙로부터 부동산을 상속받아 그 소유자가 되어 소유권이전등기이행의무를 이행하는 것이 가능하게 된 시점에서 자신이 소유자라고 하여 자신으로부터 부동산을 전전매수한 丁에게 원래 자신의 매매행위가 무권대리행위여서 무효였다는 이유로 丁 앞으로 경료된 소유권이전등기가 무효의 등기라고 주장하여 그 등기의 말소를 청구하거나 부동산의 점유로 인한 부당이득금의 반환을 구하는 것은 금반언의 원칙이나 신의성실의 원칙에 반하여 허용될 수 없다(대판 1994.9.27. 94다20617).

⑤ (○) 대리인으로 계약을 맺은 사람이 제한능력자일 때에는 무권대리인으로서 계약을 이행할 책임이 없다(민법 제135조 제2항).

정답 ①

28 기출 22

법률행위의 무효와 취소에 관한 설명으로 옳은 것은?(다툼이 있으면 판례에 따름)

① 반사회질서의 법률행위는 당사자가 그 무효를 알고 추인하면 원칙적으로 유효가 된다.
② 담보의 제공은 법정추인사유에 해당하지 않는다.
③ 무효행위의 추인은 무효원인이 소멸하기 전에도 할 수 있다.
④ 피성년후견인은 법정대리인의 동의가 있으면 취소할 수 있는 법률행위를 추인할 수 있다.
⑤ 제한능력을 이유로 법률행위가 취소된 경우, 제한능력자는 현존이익의 한도에서 상환할 책임이 있다.

28

① (×) 반사회질서의 법률행위는 절대적 무효이며 당사자가 무효임을 알고 추인하더라도 그 행위가 유효로 되지는 않는다.
② (×) 담보의 제공은 법정추인 사유에 해당한다(민법 제145조 제4호).
③ (×) 무효행위의 추인은 법률행위가 무효임을 알고 추인해야 하고 <u>무효사유가 소멸한 후에 하여야 그 효력이 있다</u>(대판 1997.12.12. 95다38240).
④ (×) 피성년후견인이 성년후견이 종료되어 자기가 행한 법률행위를 추인하거나 법정대리인이 추인하는 경우 외에는 <u>취소의 원인이 소멸되지 아니하는 한</u>, 피성년후견인은 법정대리인의 동의를 얻어 취소할 수 있는 법률행위를 추인할 수 없다.
⑤ (○) 취소된 법률행위는 처음부터 무효인 것으로 본다. 다만, 제한능력자는 그 행위로 인하여 <u>받은 이익이 현존하는 한도</u>에서 상환(償還)할 책임이 있다(민법 제141조).

정답 ⑤

29 기출 22

조건과 기한에 관한 설명으로 옳은 것은?(다툼이 있으면 판례에 따름)

① 기한의 이익을 가지고 있는 채무자가 그가 부담하는 담보제공의무를 이행하지 아니하더라도 그 기한의 이익은 상실되지 않는다.
② 해제조건 있는 법률행위는 조건이 성취한 때로부터 그 효력이 생긴다.
③ 기성조건이 정지조건이면 그 법률행위는 무효로 한다.
④ 기한이익 상실특약은 특별한 사정이 없는 한 정지조건부 기한이익 상실특약으로 본다.
⑤ 기한은 원칙적으로 채무자의 이익을 위한 것으로 추정한다.

29

① (×) 채무자가 담보제공의 의무를 이행하지 아니한 때에는 <u>기한의 이익을 주장하지 못한다</u>(민법 제388조 제2호).
② (×) 해제조건 있는 법률행위는 조건이 성취한 때로부터 <u>그 효력을 잃는다</u>(민법 제147조 제2항).
③ (×) 조건이 법률행위의 당시 이미 성취한 것인 경우에는 <u>그 조건이 정지조건이면 조건없는 법률행위로 하고 해제조건이면 그 법률행위는 무효로 한다</u>(민법 제151조 제2항).
④ (×) 기한이익 상실의 특약은 그 내용에 의하여 일정한 사유가 발생하면 채권자의 청구 등을 요함이 없이 당연히 기한의 이익이 상실되어 이행기가 도래하는 것으로 하는 <u>정지조건부 기한이익 상실의 특약</u>과 일정한 사유가 발생한 후 채권자의 통지나 청구 등 채권자의 의사행위를 기다려 비로소 이행기가 도래하는 것으로 하는 <u>형성권적 기한이익 상실의 특약</u>의 두 가지로 대별할 수 있고, 기한이익 상실의 특약이 위의 양자 중 어느 것에 해당하느냐는 당사자의 의사해석의 문제이지만 일반적으로 기한이익 상실의 특약이 채권자를 위하여 둔 것인 점에 비추어 명백히 정지조건부 기한이익 상실의 특약이라고 볼 만한 <u>특별한 사정이 없는 이상 형성권적 기한이익 상실의 특약으로 추정하는 것이 타당하다</u>(대판 2010.8.26. 2008다42416).
⑤ (○) 민법 제153조 제1항

정답 ⑤

30 기출 21

착오로 인한 의사표시에 관한 설명으로 옳은 것은?(다툼이 있으면 판례에 따름)

① 상대방이 표의자의 착오를 알고 이를 이용한 경우, 표의자에게 중과실이 있으면 그 의사표시를 취소할 수 없다.
② 착오의 존재와 그 착오가 법률행위의 중요부분에 관한 것이라는 점은 표의자의 상대방이 증명하여야 한다.
③ 신원보증서류에 서명날인한다는 착각에 빠진 상태로 연대보증서면에 서명날인한 것은 동기의 착오이다.
④ 재단법인 설립을 위한 출연행위는 상대방 없는 단독행위이므로 착오를 이유로 취소할 수 없다.
⑤ 표시상 착오가 제3자의 기망행위에 의하여 일어난 경우, 표의자는 제3자의 기망행위를 상대방이 알았는지 여부를 불문하고 착오를 이유로 의사표시를 취소할 수 있다.

30

① (×) 민법 제109조 제1항 단서는 의사표시의 착오가 표의자의 중대한 과실로 인한 때에는 그 의사표시를 취소하지 못한다고 규정하고 있는데, 위 단서규정은 표의자의 상대방의 이익을 보호하기 위한 것이므로, 상대방이 표의자의 착오를 알고 이를 이용한 경우에는 착오가 표의자의 중대한 과실로 인한 것이라고 하더라도 표의자는 의사표시를 취소할 수 있다(대판 2014.11.27. 2013다49794).

② (×) 착오를 이유로 의사표시를 취소하는 자는 법률행위의 내용에 착오가 있었다는 사실과 함께 그 착오가 의사표시에 결정적인 영향을 미쳤다는 점, 즉 만약 그 착오가 없었더라면 의사표시를 하지 않았을 것이라는 점을 증명하여야 한다(대판 2015.4.23. 2013다9383).

③ (×) 신원보증서류에 서명날인한다는 착각에 빠진 상태로 연대보증의 서면에 서명날인한 경우, 결국 이와 같은 행위는 강학상 기명날인의 착오(또는 서명의 착오), 즉 어떤 사람이 자신의 의사와 다른 법률효과를 발생시키는 내용의 서면에, 그것을 읽지 않거나 올바르게 이해하지 못한 채 기명날인을 하는 이른바 표시상의 착오에 해당한다(대판 2005.5.27. 2004다43824).

④ (×) 재단법인에 대한 출연자와 법인과의 관계에 있어서 그 출연행위에 터 잡아 법인이 성립되면 그로써 출연재산은 민법 제48조에 의하여 법인성립 시에 법인에게 귀속되어 법인의 재산이 되는 것이고, 출연재산이 부동산인 경우에 있어서도 위 양 당사자 간의 관계에 있어서는 법인의 성립 외에 등기를 필요로 하는 것은 아니라 할지라도, 재단법인의 출연자가 착오를 원인으로 취소를 한 경우에는 출연자는 재단법인의 성립 여부나 출연된 재산의 기본재산인 여부와 관계없이 그 의사표시를 취소할 수 있다(대판 1999.7.9. 98다9045).

⑤ (○) 착오가 제3자의 기망행위에 의하여 일어난 것이라 하더라도 그에 관하여는 사기에 의한 의사표시에 관한 법리, 특히 상대방이 그러한 제3자의 기망행위 사실을 알았거나 알 수 있었을 경우가 아닌 한 의사표시자가 취소권을 행사할 수 없다는 민법 제110조 제2항의 규정을 적용할 것이 아니라, 착오에 의한 의사표시에 관한 법리만을 적용하여 취소권 행사의 가부를 가려야 한다(대판 2005.5.27. 2004다43824).

정답 ⑤

31 기출 21

불공정한 법률행위에 관한 설명으로 옳지 않은 것은?(다툼이 있으면 판례에 따름)

① 법률행위가 대리인에 의해서 행해진 경우, 궁박상태는 본인을 기준으로 판단하여야 한다.
② 불공정한 법률행위의 무효는 선의의 제3자에게 대항할 수 없다.
③ 불공정한 법률행위의 무효는 원칙적으로 추인에 의해 유효로 될 수 없다.
④ 경매절차에서 매각대금이 시가보다 현저히 저렴하더라도 불공정한 법률행위를 이유로 무효를 주장할 수 없다.
⑤ 매매계약이 불공정한 법률행위에 해당하여 무효인 경우, 특별한 사정이 없는 한 그 계약에 관한 부제소합의도 무효가 된다.

31

① (○) 대리인에 의하여 법률행위가 이루어진 경우 그 법률행위가 민법 제104조의 불공정한 법률행위에 해당하는지 여부를 판단함에 있어서 경솔과 무경험은 대리인을 기준으로 하여 판단하고, 궁박은 본인의 입장에서 판단하여야 한다(대판 2002.10.22. 2002다38927).
② (×) 불공정한 법률행위의 무효는 절대적 무효로서 선의의 제3자에게도 대항할 수 있다.
③ (○) 대판 1994.6.24. 94다10900
④ (○) 적법한 절차에 의하여 이루어진 경매에 있어서 경락가격이 경매부동산의 시가에 비하여 저렴하다는 사유는 경락허가결정에 대한 적법한 불복이유가 되지 못하는 것이고 경매에 있어서는 불공정한 법률행위 또는 채무자에게 불리한 약정에 관한 것으로서 효력이 없다는 민법 제104조, 제608조는 적용될 여지가 없다(대결 1980.3.21. 80마77).
⑤ (○) 매매계약과 같은 쌍무계약이 급부와 반대급부와의 불균형으로 말미암아 민법 제104조에서 정하는 '불공정한 법률행위'에 해당하여 무효라고 한다면, 그 계약으로 인하여 불이익을 입는 당사자로 하여금 위와 같은 불공정성을 소송 등 사법적 구제수단을 통하여 주장하지 못하도록 하는 부제소합의 역시 다른 특별한 사정이 없는 한 무효이다(대판 2017.5.30. 2017다201422).

정답 ②

32 기출 21

통정허위표시에 관한 설명으로 옳지 않은 것은?(다툼이 있으면 판례에 따름)

① 통정허위표시가 성립하기 위해서는 표의자의 진의와 표시의 불일치에 관하여 상대방과의 사이에 합의가 있어야 한다.
② 통정허위표시로 무효인 법률행위는 채권자취소권의 대상이 될 수 있다.
③ 통정허위표시로서 의사표시가 무효라고 주장하는 자는 그 무효사유에 해당하는 사실을 증명할 책임이 있다.
④ 가장근저당권설정계약이 유효하다고 믿고 그 피담보채권을 가압류한 자는 통정허위표시의 무효로 대항할 수 없는 제3자에 해당하지 않는다.
⑤ 가장양수인으로부터 소유권이전등기청구권 보전을 위한 가등기를 경료받은 자는 특별한 사정이 없는 한 선의로 추정된다.

32

① (○) 대판 2015.2.12. 2014다41223
② (○) 상대방과 통정한 허위의 의사표시는 무효로 되고(민법 제108조 제1항), 채무자의 법률행위가 통정허위표시인 경우에도 채권자취소권의 대상이 된다(대판 1998.2.27. 97다50985).
③ (○) 대판 2017.8.18. 2014다87595
④ (×) 통정한 허위표시에 의하여 외형상 형성된 법률관계로 생긴 채권을 가압류한 경우, 그 가압류권자는 허위표시에 기초하여 새로운 법률상 이해관계를 가지게 되므로 민법 제108조 제2항의 제3자에 해당한다고 봄이 상당하고, 또한 민법 제108조 제2항의 제3자는 선의이면 족하고 무과실은 요건이 아니다(대판 2004.5.28. 2003다70041).
⑤ (○) 가장양수인으로부터 소유권이전등기청구권 보전을 위한 가등기를 경료받은 자는 민법 제108조 제2항의 제3자에 해당하고(대판 1970.9.29. 70다466), 여기에서 제3자는 특별한 사정이 없는 한 선의로 추정할 것이므로, 제3자가 악의라는 사실에 관한 주장·입증책임은 그 허위표시의 무효를 주장하는 자에게 있다(대판 2006.3.10. 2002다1321).

정답 ④

33 기출 21

계약의 무권대리에 관한 설명으로 옳은 것은?(다툼이 있으면 판례에 따름)

① 무권대리행위의 목적이 가분적인 경우, 본인은 상대방의 동의 없이 그 일부에 대하여 추인할 수 있다.
② 계약체결 당시 상대방이 대리인의 대리권 없음을 알았다는 사실에 관한 주장·증명책임은 무권대리인에게 있다.
③ 상대방이 무권대리로 인하여 취득한 권리를 양도한 경우, 본인은 그 양수인에게 추인할 수 없다.
④ 무권대리의 추인은 다른 의사표시가 없는 한 추인한 때로부터 그 효력이 생긴다.
⑤ 계약체결 당시 대리인의 무권대리사실을 알 수 있었던 상대방은 최고권을 행사할 수 없다.

33

① (×) 무권대리행위의 추인은 무권대리인에 의하여 행하여진 불확정한 행위에 관하여 그 행위의 효과를 자기에게 직접 발생케 하는 것을 목적으로 하는 의사표시이며, 무권대리인 또는 상대방의 동의나 승낙을 요하지 않는 단독행위로서 추인은 의사표시의 전부에 대하여 행하여져야 하고, 그 일부에 대하여 추인을 하거나 그 내용을 변경하여 추인을 하였을 경우에는 상대방의 동의를 얻지 못하는 한 무효이다(대판 1982.1.26. 81다카549).
② (○) 민법 제135조 제2항은, 무권대리인의 무과실책임에 관한 원칙규정인 제1항에 대한 예외규정이므로 상대방이 대리권이 없음을 알았다는 사실 또는 알 수 있었는데도 알지 못하였다는 사실에 관한 주장·증명책임은 무권대리인에게 있다(대판 2018.6.28. 2018다210775).
③ (×) 무권대리행위의 추인에 특별한 방식이 요구되는 것이 아니므로 명시적인 방법만 아니라 묵시적인 방법으로도 할 수 있고, 그 추인은 무권대리인, 무권대리행위의 직접의 상대방 및 그 무권대리행위로 인한 권리 또는 법률관계의 승계인에 대하여도 할 수 있다(대판 1981.4.14. 80다2314).
④ (×) 무권대리의 추인은 다른 의사표시가 없는 때에는 계약 시에 소급하여 그 효력이 생긴다. 그러나 제3자의 권리를 해하지 못한다(민법 제133조).
⑤ (×) 대리권 없는 자가 타인의 대리인으로 계약을 한 경우에 상대방은 상당한 기간을 정하여 본인에게 그 추인 여부의 확답을 최고할 수 있다. 본인이 그 기간 내에 확답을 발하지 아니한 때에는 추인을 거절한 것으로 본다(민법 제131조). 이때 상대방의 선·악의에 관계없이 최고권이 인정되나, 추인능력이 있는 본인에게 최고하여야 한다.

정답 ②

34 기출 21

법률행위의 조건에 관한 설명으로 옳은 것은?(다툼이 있으면 판례에 따름)

① 법률행위에 조건이 붙어 있는지 여부는 사실인정의 문제로서 그 조건의 존재를 주장하는 자가 이를 증명하여야 한다.
② 조건의 성취가 미정한 권리의무는 일반규정에 의하여 담보로 할 수 없다.
③ 조건이 선량한 풍속 기타 사회질서에 위반한 경우, 그 조건만 무효로 될 뿐 그 법률행위는 조건 없는 법률행위로 유효하다.
④ 법률행위 당시 조건이 이미 성취된 경우, 그 조건이 정지조건이면 그 법률행위는 무효이다.
⑤ 당사자가 조건성취의 효력을 그 성취 전으로 소급하게 할 의사를 표시한 경우, 그 소급의 의사표시는 효력이 없다.

34

① (○) 대판 2011.8.25. 2008다47367
② (×) 조건의 성취가 미정한 권리의무는 일반규정에 의하여 처분, 상속, 보존 또는 담보로 할 수 있다(민법 제149조).
③ (×) 조건이 선량한 풍속 기타 사회질서에 위반한 것인 때에는 그 법률행위는 무효로 한다(민법 제151조 제1항).
④ (×) 조건이 법률행위의 당시 이미 성취한 것인 경우에는 그 조건이 정지조건이면 조건 없는 법률행위로 하고 해제조건이면 그 법률행위는 무효로 한다(민법 제151조 제2항).
⑤ (×) 당사자가 조건성취의 효력을 그 성취 전에 소급하게 할 의사를 표시한 때에는 그 의사에 의한다(민법 제147조 제3항).

정답 ①

35

민법상 대리에 관한 설명으로 옳지 않은 것은?(다툼이 있으면 판례에 따름)

① 매매계약 체결의 대리권을 수여받은 대리인은 특별한 사정이 없는 한 중도금을 수령할 권한이 있다.
② 권한의 정함이 없는 대리인은 기한이 도래한 채무를 변제할 수 있다.
③ 대리인이 수인인 경우 대리인은 특별한 사정이 없는 한 각자가 본인을 대리한다.
④ 대리인의 쌍방대리는 금지되나 채무의 이행은 가능하므로, 쌍방의 허락이 없더라도 경개계약을 체결할 수 있다.
⑤ 사채알선업자가 대주와 차주 쌍방을 대리하여 소비대차계약을 유효하게 체결한 경우, 사채알선업자는 특별한 사정이 없는 한 차주가 한 변제를 수령할 권한이 있다.

35

① (O) 부동산의 소유자로부터 매매계약을 체결할 대리권을 수여받은 대리인은 특별한 사정이 없는 한 그 매매계약에서 약정한 바에 따라 중도금이나 잔금을 수령할 권한도 있다고 보아야 한다(대판 2015.9.10. 2010다1385).
② (O) 권한을 정하지 아니한 대리인은 보존행위와 대리의 목적인 물건이나 권리의 성질을 변하지 아니하는 범위에서 그 이용 또는 개량하는 행위만을 할 수 있다(민법 제118조). 따라서 권한의 정함이 없는 대리인은 보존행위로서 기한이 도래한 채무를 변제할 수 있다.
③ (O) 대리인이 수인인 때에는 각자가 본인을 대리한다. 그러나 법률 또는 수권행위에 다른 정한 바가 있는 때에는 그러하지 아니하다(민법 제119조).
④ (×) 대리인은 본인의 허락이 없으면 본인을 위하여 자기와 법률행위를 하거나 동일한 법률행위에 관하여 당사자 쌍방을 대리하지 못한다. 그러나 채무의 이행은 할 수 있다(민법 제124조). 단, 채무의 이행일지라도 새로운 이해관계를 수반하는 채무의 이행, 즉 대물변제나 경개계약 체결 등은 본인의 허락이 없는 한 허용되지 아니한다.
⑤ (O) 사채알선업자가 대주(貸主)와 차주(借主) 쌍방을 대리하여 소비대차계약과 담보권설정계약을 체결한 경우, 대주로부터 소비대차계약을 체결할 대리권을 수여받은 대리인[사채알선업자(註)]은 특별한 사정이 없는 한 그 소비대차계약에서 정한 바에 따라 차주로부터 변제를 수령할 권한도 있다고 봄이 상당하므로 차주가 그 사채알선업자에게 하는 변제는 유효하다(대판 1997.7.8. 97다12273).

정답 ④

36

무효행위에 관한 설명으로 옳지 않은 것은?(다툼이 있으면 판례에 따름)

① 취소할 수 있는 법률행위가 취소된 후에는 무효행위의 추인요건을 갖추더라도 다시 추인될 수 없다.
② 무효행위의 추인은 묵시적으로 이루어질 수 있다.
③ 무효행위의 추인이 있었다는 사실은 새로운 법률행위의 성립을 주장하는 자가 증명하여야 한다.
④ 법률행위의 일부분이 무효인 때에는 특별한 사정이 없는 한 그 전부를 무효로 한다.
⑤ 불공정한 법률행위에는 무효행위의 전환에 관한 민법 제138조가 적용될 수 있다.

36

① (×) 취소한 법률행위는 처음부터 무효인 것으로 간주되므로 취소할 수 있는 법률행위가 일단 취소된 이상 그 후에는 취소할 수 있는 법률행위의 추인에 의하여 이미 취소되어 무효인 것으로 간주된 당초의 의사표시를 다시 확정적으로 유효하게 할 수는 없고, 다만 무효인 법률행위의 추인의 요건과 효력으로서 추인할 수는 있으나, 무효행위의 추인은 그 무효원인이 소멸한 후에 하여야 그 효력이 있다(대판 1997.12.12. 95다38240). 따라서 취소할 수 있는 법률행위가 취소되어 무효가 된 후에는, 무효행위의 추인요건을 갖추어 다시 추인할 수 있다 할 것이다.
② (○) 무권대표행위를 포함하여 무효행위의 추인은 무권대표행위 등이 있음을 알고 그 행위의 효과를 자기에게 귀속시키도록 하는 단독행위로서 그 의사표시의 방법에 관하여 일정한 방식이 요구되는 것이 아니므로 명시적이든 묵시적이든 묻지 않고, 본인이 그 행위로 처하게 된 법적 지위를 충분히 이해하고 진의에 기하여 그 행위의 효과가 자기에게 귀속된다는 것을 승인한 것으로 볼 만한 사정이 있다면 인정할 수 있다(대판 2021.4.8. 2020다284496).
③ (○) 무효인 법률행위는 추인하여도 그 효력이 생기지 아니하나, 당사자가 그 무효임을 알고 추인한 때에는 새로운 법률행위로 보게 되므로(민법 제139조), 무효행위의 추인이 있었다는 사실은 새로운 법률행위의 성립을 주장하는 자가 증명하여야 한다.
④ (○) 법률행위의 일부분이 무효인 때에는 그 전부를 무효로 한다. 그러나 그 무효부분이 없더라도 법률행위를 하였을 것이라고 인정될 때에는 나머지 부분은 무효가 되지 아니한다(민법 제137조).
⑤ (○) 매매계약이 약정된 매매대금의 과다로 말미암아 민법 제104조에서 정하는 '불공정한 법률행위'에 해당하여 무효인 경우에도 무효행위의 전환에 관한 민법 제138조가 적용될 수 있다. 따라서 당사자 쌍방이 위와 같은 무효를 알았더라면 대금을 다른 액으로 정하여 매매계약에 합의하였을 것이라고 예외적으로 인정되는 경우에는, 그 대금액을 내용으로 하는 매매계약이 유효하게 성립한다(대판 2010.7.15. 2009다50308).

정답 ①

37 기출 17

비진의 의사표시에 관한 설명으로 옳지 않은 것은?(다툼이 있으면 판례에 따름)

① 근로자가 회사의 경영방침에 따라 사직원을 제출하고 퇴사 후 즉시 재입사하여 근로자가 그 퇴직 전후에 걸쳐 실질적인 근로관계의 단절이 없이 계속 근무하였다면 그 사직원 제출은 비진의 의사표시에 해당한다.
② 근로자가 희망퇴직의 권고를 받고 제반 사항 등을 종합적으로 고려하여 심사숙고한 결과 사직서를 제출한 경우라면 그 사직서 제출은 비진의 의사표시에 해당한다.
③ 근로자들이 사용자의 지시에 따라 사직의 의사 없이 사직서를 제출하였고 사용자가 선별적으로 수리하여 의원면직 처리하였다면 그 사직서의 제출은 비진의 의사표시에 해당한다.
④ 학교법인이 그 학교의 교직원의 명의로 금융기관으로부터 금전을 차용한 경우, 명의대여자의 의사표시는 비진의 의사표시가 아니므로 주채무자로서 책임이 있다.
⑤ 장관의 지시에 따라 공무원이 일괄사표를 제출하여 일부 공무원에 대해 의원면직 처분이 이루어진 경우 그 사직원 제출행위는 비진의 의사표시로 당연 무효가 된다고 볼 수 없다.

37

① (○) 대판 2005.4.29. 2004두14090
② (×) 근로자들은 당시 희망퇴직의 권고를 선뜻 받아들일 수는 없었다고 할지라도 그 당시의 경제상황, 회사(피고)의 구조조정계획, 회사가 제시하는 희망퇴직의 조건, 정리해고를 시행할 경우 정리기준에 따라 정리해고 대상자에 포함될 가능성, 퇴직할 경우와 계속 근무할 경우의 이해득실 등 제반 사항을 종합적으로 고려하여 심사숙고한 결과 사직서를 제출하였다고 봄이 상당하고, 따라서, 근로자들과 회사 사이의 근로계약은 근로자들이 회사에 대하여 사직서를 제출하고 회사가 이를 수리하여 근로자들을 면직함으로써 합의해지에 의하여 종료되었다고 할 것이다(대판 2003.4.11. 2002다60528). 이러한 판례의 취지를 고려하면, 지문의 사정에 의한 근로자의 사직원 제출은 비진의 의사표시에 해당하지 아니한다.
③ (○) 근로자들이 의원면직의 형식을 빌렸을 뿐 실제로는 사용자의 지시에 따라 진의 아닌 사직의 의사표시를 하였고 사용자가 이러한 사정을 알면서 위 사직의 의사표시를 수리하였다면 위 사직의 의사표시는 민법 제107조에 해당하여 무효라 할 것이고 사용자가 사직의 의사 없는 근로자로 하여금 어쩔 수 없이 사직서를 작성 제출케 하여 그중 일부만을 선별수리하여 이들을 의원면직처리한 것은 정당한 이유나 정당한 절차를 거치지 아니한 해고조치로서 근로기준법 제27조 등의 강행법규에 위배되어 당연무효이다(대판 1992.5.26. 92다3670).
④ (○) 대판 1980.7.8. 80다639
⑤ (○) 공무원이 사직의 의사표시를 하여 의원면직처분을 하는 경우 그 사직의 의사표시는 그 법률관계의 특수성에 비추어 외부적·객관적으로 표시된 바를 존중하여야 할 것이므로, 비록 사직원제출자의 내심의 의사가 사직할 뜻이 아니었다고 하더라도 진의 아닌 의사표시에 관한 민법 제107조는 그 성질상 사직의 의사표시와 같은 사인의 공법행위에는 준용되지 아니하므로 그 의사가 외부에 표시된 이상 그 의사는 표시된 대로 효력을 발한다(대판 1997.12.12. 97누13962).

정답 ②

CHAPTER 06 기간

제1절 기간

본장의 적용범위(민법 제155조)
기간의 계산은 법령, 재판상의 처분 또는 법률행위에 다른 정한 바가 없으면 본장의 규정에 의한다.

기간의 기산점(민법 제156조)
기간을 시, 분, 초로 정한 때에는 즉시로부터 기산한다.

기간의 기산점(민법 제157조)
기간을 일, 주, 월 또는 연으로 정한 때에는 기간의 초일은 산입하지 아니한다. 그러나 그 기간이 오전 영시로부터 시작하는 때에는 그러하지 아니하다.

나이의 계산과 표시(민법 제158조)
나이는 출생일을 산입하여 만(滿) 나이로 계산하고, 연수(年數)로 표시한다. 다만, 1세에 이르지 아니한 경우에는 월수(月數)로 표시할 수 있다. 기출 25

기간의 만료점(민법 제159조)
기간을 일, 주, 월 또는 연으로 정한 때에는 기간말일의 종료로 기간이 만료한다.

역에 의한 계산(민법 제160조)
① 기간을 주, 월 또는 연으로 정한 때에는 역에 의하여 계산한다.
② 주, 월 또는 연의 처음으로부터 기간을 기산하지 아니하는 때에는 최후의 주, 월 또는 연에서 그 기산일에 해당한 날의 전일로 기간이 만료한다.
③ 월 또는 연으로 정한 경우에 최종의 월에 해당일이 없는 때에는 그 월의 말일로 기간이 만료한다.

공휴일 등과 기간의 만료점(민법 제161조)
기간의 말일이 토요일 또는 공휴일에 해당한 때에는 기간은 그 익일로 만료한다.

I 기간의 의의

1. 개념
기간이란 어느 시점부터 어느 시점까지의 계속된 시간을 말한다. 법률사실로서 기간은 사건에 속한다. 따라서 기한(부관)과는 전혀 다르다.

2. 적용범위
기간계산에 관한 민법규정은 보충적인 것이다. 즉, 법령이나 재판상의 처분 또는 법률행위에 달리 정한 바가 있으면 그에 의한다(민법 제155조). 그런데 민법의 기간에 관한 규정은 사법관계뿐만 아니라 공법관계에도 적용된다. 기출 08

II 기간의 계산방법

민법은 시·분·초와 같은 단기간의 경우 자연적 계산방법을, 일·주·월·연과 같은 장기간의 경우에는 역법적 계산방법을 활용한다.

1. 기간을 시·분·초로 정한 경우
즉시로 기산하고, 시, 분, 초 단위로 산정하여(민법 제156조), 기간의 만료는 그 정하여진 시, 분, 초가 종료한 때이다. 기출 22·23

2. 기간을 일·주·월·년으로 정한 경우

(1) 기산점
① 초일 불산입의 원칙 : 기간을 일, 주, 월 또는 연으로 정한 때에는 기간의 초일은 산입하지 않는다(민법 제157조 본문). 그러나 민법 제155조에 의하여 법령이나 법률행위 등에 의하여 이 원칙과 달리 정하는 것도 가능하다(대판 2007.8.23. 2006다62942). 기출 23
② 예외적으로 초일을 산입하는 경우 : ㉠ 나이의 계산(민법 제158조) 기출 10·16·22·23, ㉡ 오전 0시로부터 기산하는 경우(민법 제157조 단서)

(2) 만료점
① 기간 말일의 종료로 기간이 만료된다(민법 제159조). 기출 23
② 기간을 주·월·년으로 정한 경우에는 이를 일로 환산하지 않고 역(歷)에 의하여 계산한다(민법 제160조 제1항). 기출 22·25
③ 주·월·년의 처음부터 기산하지 않을 경우에, 최후의 주·월·년에서 그 기산일에 해당하는 날의 전일로 기간이 만료된다(민법 제160조 제2항). 기출 22
④ 월 또는 년으로 정하였는데 최종의 월에 해당일이 없으면, 그 월의 말일로 기간이 만료된다(민법 제160조 제3항). 기출 06
⑤ 기간의 말일이 토요일 또는 공휴일에 해당하는 경우에 그 다음 날로 만료하지만(민법 제161조), 기간의 초일이 토요일 또는 공휴일인 경우에는 그 적용이 없으며 초일 불산입의 원칙에 따른다. 기출 08·21·22·23·25

3. 기간의 역산 [기출] 08

민법상의 기간의 계산방법은 기간을 소급하여 계산할 때에도 유추적용된다(통설). 예를 들어 사단법인의 사원총회를 1주일 전에 통지한다고 할 때에(민법 제71조), 총회일이 10월 19일이라고 한다면 늦어도 10월 11일 24시까지는 사원총회의 소집통지를 발송하여야 한다. [기출] 23·25

4. 관련 판례

정년이 60세라 함은 60세가 만료되는 날이 아니라, 만 60세에 도달하는 날을 의미한다(대판 1973.6.12, 71다2669 참조). [기출] 25

핵심문제

01 1997년 6월 3일(화) 오후 2시에 태어난 사람이 성년이 되는 시기는? [기출] 16

① 2016년 6월 3일(금) 0시
② 2016년 6월 4일(토) 0시
③ 2017년 6월 3일(토) 0시
④ 2017년 6월 4일(일) 0시
⑤ 2017년 6월 6일(화) 0시

[해설]
연령의 기산점(제158조) 규정은 초일불산입(제157조)의 예외 규정으로, 출생일을 산입하여야 한다. 따라서 1997년 6월 3일(화) 오후 2시의 기산일은 6월 3일이 되며, 만19세로 성년이 되므로(제4조), 1997년 6월 3일 + 19년 = 2016년 6월 3일부로 성년이 된다. 즉, 2016년 6월 3일 0시 또는 2016년 6월 2일 24시가 정답이다.

정답 ①

02 갑은 을로부터 2009년 2월 13일 14시에 카메라를 구입하면서 매매대금은 4개월 내에 지급하길 하였다. 갑은 언제까지 그 대금을 완제해야 하는가?(2009년 6월 13일은 토요일임) [기출] 09

① 2009년 6월 12일 24시(자정)
② 2009년 6월 13일 14시(오후2시)
③ 2009년 6월 13일 24시(자정)
④ 2009년 6월 14일 24시(자정)
⑤ 2009년 6월 15일 24시(자정)

[해설]
2009년 2월 13일부터 4개월의 기산점은 2009년 2월 14일이다(초일불산입의 원칙). 기간의 만료점은 6월 13일 24시인데, 이날은 토요일이므로 기간은 월요일은 6월 15일 24시에 만료한다.

정답 ⑤

03 2021년 5월 8일(토)에 계약기간을 '앞으로 3개월'로 정한 경우, 기산점과 만료점을 바르게 나열한 것은?(단, 기간의 계산방법에 관하여 달리 정함은 없고, 8월 6일은 금요일임) [기출] 21

① 5월 8일, 8월 7일
② 5월 8일, 8월 9일
③ 5월 9일, 8월 8일
④ 5월 9일, 8월 9일
⑤ 5월 10일, 8월 9일

[해설]
기간을 일·주·월 또는 연으로 정한 때에는 기간의 초일은 산입하지 아니하므로(민법 제157조 본문), 기산점은 5월 9일(일) 오전 0시이고, 기간의 말일이 토요일 또는 공휴일에 해당한 때에는 기간은 그 익일로 만료하므로(민법 제161조), 만료점은 8월 9일(월) 오후 24시이다.

정답 ④

CHAPTER 06 기 간

01 기출 25 ☑ 확인Check! ○ △ ✕

민법상 기간에 관한 설명으로 옳지 않은 것은?(다툼이 있으면 판례에 따름)

① 나이가 1세에 이르지 아니한 경우에는 월수(月數)로 표시할 수 있다.
② 기간을 주(週)로 정한 때에는 역(曆)에 의하여 계산한다.
③ 기간의 말일이 토요일 또는 공휴일에 해당한 때에는 기간은 그 익일로 만료한다.
④ 정년이 60세라 함은 60세에 도달하는 날이 아니라 60세가 만료되는 날을 말한다.
⑤ 사원총회의 선거일이 2025.6.2.인 경우에 '선거일 전 3년간'은 2022.6.2. 00:00부터 2025.6.1. 24:00 사이를 말한다.

정답 및 해설

01

① (○) 민법 제158조 단서
② (○) 기간을 주, 월 또는 연으로 정한 때에는 역에 의하여 계산한다(민법 제160조 제1항).
③ (○) 민법 제161조
④ (✕) 정년이 60세라 함은 60세가 만료되는 날이 아니라, 만 60세에 도달하는 날을 말한다(대판 1973.6.12. 71다2669 참조).
⑤ (○) 민법이 규정하고 있는 기간의 계산방법은 일정한 기산일로부터 과거에 소급하여 역산되는 기간에도 유추적용 되며, 이 경우 초일은 산입하지 않는다(대판 1989.4.11. 87다카2901 참조). 따라서 사원총회의 선거일이 2025.6.2.인 경우 '선거일 전 3년간'의 기산일은 2025.6.1. 24:00이고 만료일은 2022.6.2. 00:00이다. 이에 따라 '선거일 전 3년간'은 2022.6.2. 00:00부터 2025.6.1. 24:00 사이를 말한다.

정답 ④

02 기출 23

민법상 기간에 관한 설명으로 옳지 않은 것은?(다툼이 있으면 판례에 따름)

① 기간의 기산점에 관한 제157조의 초일 불산입의 원칙은 당사자의 합의로 달리 정할 수 있다.
② 정관상 사원총회의 소집통지를 1주간 전에 발송하여야 하는 사단법인의 사원총회일이 2023년 6월 2일(금) 10시인 경우, 총회소집통지는 늦어도 2023년 5월 25일 중에는 발송하여야 한다.
③ 2023년 5월 27일(토) 13시부터 9시간의 만료점은 2023년 5월 27일 22시이다.
④ 2023년 5월 21일(일) 14시부터 7일간의 만료점은 2023년 5월 28일 24시이다.
⑤ 2017년 1월 13일(금) 17시에 출생한 사람은 2036년 1월 12일 24시에 성년자가 된다.

02

① (○) 민법 제157조는 "기간을 일, 주, 월 또는 년으로 정한 때에는 기간의 초일은 산입하지 아니한다"고 규정하여 초일 불산입을 원칙으로 정하고 있으나, 민법 제155조에 의하면 법령이나 법률행위 등에 의하여 위 원칙과 달리 정하는 것도 가능하다(대판 2007.8.23. 2006다62942).
② (○) 사단법인의 사원총회일이 2023년 6월 2일(금) 10시인 경우, 6월 1일(목)이 기산점이 되어(초일 불산입의 원칙, 민법 제157조 본문) 그날부터 역으로 7일을 계산한 날의 말일인 5월 26일(금)의 0시에 만료하기 때문에(민법 제159조), 총회소집통지는 늦어도 2023년 5월 25일(목) 중에는 발송하여야 한다.
③ (○) 기간을 시, 분, 초로 정한 때에는 즉시로부터 기산한다(민법 제156조).
④ (×) 2023년 5월 22일(월)이 기산점이 되고(민법 제157조 본문), 7일의 기간이 만료되는 날은 2023년 5월 28일 24시이다(민법 제159조). 그러나 2023년 5월 28일은 공휴일(일요일)에 해당하므로 그 익일(다음 날)인 2023년 5월 29일 24시로 기간이 만료한다.
⑤ (○) 2017년 1월 13일(금) 17시에 출생한 사람은 1월 13일(금)을 산입(출생일을 산입)하여(민법 제158조) 19년이 되는 2036년 1월 12일 24시(또는 1월 13일 0시)에 성년자가 된다(민법 제159조).

정답 ④

03 기출 22

민법상 기간에 관한 설명으로 옳지 않은 것은?

① 나이는 출생일을 산입하여 만(滿) 나이로 계산하고, 연수로 표시한다.
② 월의 처음으로부터 기간을 기산하지 아니하는 때에는 최후의 월에서 그 기산일에 해당한 날의 익일로 기간이 만료한다.
③ 기간의 말일이 공휴일에 해당한 때에는 기간은 그 익일로 만료한다.
④ 기간을 분으로 정한 때에는 즉시로부터 기산한다.
⑤ 기간을 월로 정한 때에는 역(曆)에 의하여 계산한다.

03

① (○) 민법 제158조
② (×) 주, 월 또는 연의 처음으로부터 기간을 기산하지 아니하는 때에는 최후의 주, 월 또는 연에서 그 기산일에 해당한 날의 전일로 기간이 만료한다(민법 제160조 제2항).
③ (○) 기간의 말일이 토요일 또는 공휴일에 해당한 때에는 기간은 그 익일로 만료한다(민법 제161조).
④ (○) 기간을 시, 분, 초로 정한 때에는 즉시로부터 기산한다(민법 제156조).
⑤ (○) 기간을 주, 월 또는 연으로 정한 때에는 역에 의하여 계산한다(민법 제160조 제1항).

정답 ②

CHAPTER 07 소멸시효

제1절 소멸시효

I 서 설

1. 시효의 의의

(1) 시효의 개념

시효란 일정한 사실상태가 일정기간 계속된 경우에, 진정한 권리관계와 일치하는지 여부를 불문하고 그 사실상태를 존중하여 일정한 법률효과를 발생시키는 제도이다.

(2) 시효의 법적 성질

① 시효는 일정한 법률효과를 발생시키는 법률요건이다.
② 시효는 재산권에 관한 것이며, 가족관계에는 적용이 없다.
③ 법질서 안정을 위한 공익적 제도이기에 개인의 의사로 배척할 수 없다.

2. 시효제도의 존재이유(통설·판례)

① 법적 안정성의 확보, ② 증명곤란의 구제, ③ 권리행사의 태만에 대한 제재를 시효제도의 존재이유로 든다.

3. 구별제도 : 제척기간

(1) 의 의

1) 개 념

제척기간이란 법률에서 획일적으로 정한 일정한 권리의 행사기간을 말한다. 그 기간 내에 권리를 행사하지 않으면 그 권리는 당연히 소멸한다. 제척기간은 권리자로 하여금 당해 권리를 신속하게 행사하도록 함으로써 법률관계를 조속하게 확정시키려는데 그 취지가 있다.

2) 법적 성질

판례는 제척기간을 재판상으로만 권리를 행사해야 되는 제소기간(출소기간)으로 보는 기간과 권리의 행사기간 내에 재판상뿐만 아니라 재판 외에서 권리를 행사하면 되는 기간으로 나누어 판시하고 있다. 형성권에 관하여는 민법 제406조 채권자취소권의 제척기간은 제소기간이고, 취소권, 매매예약완결권과 같은 형성권의 제척기간은 재판 외 행사기간이며, 청구권에 관하여는 민법 제204조 점유보호청구권, 민법 제999조 상속회복청구권의 행사기간은 제소기간이고 민법 제582조 하자담보책임에 따른 권리의 행사기간9)은 재판 외 행사기간으로 판시하고 있다.

(2) 소멸시효와의 구별

1) 구별기준

일반적으로 법문에 '소멸시효가 완성한다.' 또는 '시효로 인하여 소멸한다.'라는 규정이 있으면 소멸시효로 보고, '행사(제기)하여야 한다.'라고 규정되어 있으면 제척기간으로 볼 수 있다.

구 분	소멸시효	제척기간
권리	청구권	형성권
성질	권리불행사로 권리소멸	권리관계의 조속한 확정
효력발생 시점 기출 09·11	소급효	장래효
중단·정지 기출 09·11·15	인정 ○	인정 ×
포기 기출 09	인정 ○	인정 ×
기간의 단축·경감 기출 09·11·15·17	인정 ○	인정 ×
배제, 연장, 가중	인정 ×	인정 ×
기산점	권리를 행사할 수 있는 때	권리가 발생한 때
입증책임 기출 09·11	당사자의 주장	법원의 직권조사

2) 문제되는 경우

① 상속의 승인·포기의 취소권과 유증의 승인·포기의 취소권의 행사기간에 관하여 학설은 제척기간으로 본다.

② 유류분반환청구권의 행사기간에 관하여 학설은 제척기간으로 보나, 판례는 소멸시효기간으로 본다(대판 1993.4.13. 92다3595).

③ 불법행위에 기한 손해배상청구권(민법 제766조)과 관련하여 민법 제766조 제1항의 3년의 기간은 소멸시효기간이라고 보는 데 이견이 없다. 민법 제766조 제2항의 10년의 기간에 대해 통설은 제척기간이라고 보나, 판례는 소멸시효기간이라고 한다.

(3) 형성권의 행사기간

형성권의 행사기간은 원칙적으로 제척기간이다. 판례는 제척기간 내에 형성권이 행사되면 그로 발생하는 채권은 형성권 행사시부터 그 채권의 소멸시효가 진행한다고 판시하고 있다(대판 1991.2.22. 90다13420). 당사자 사이에 형성권의 행사기간을 약정한 때에는 그 기간 내에, 그러한 약정이 없는 때에는 10년 내에 이를 행사하여야 하며, 제척기간 진행의 기산점은 형성권 행사시기에 대한 약정의 유무에 관계없이 권리가 발생한 때로부터 진행한다고 한다(대판 1995.11.10. 94다22682). 한편 제척기간이 도과하였는지 여부는 당사자의 주장에 관계없이 법원이 당연히 조사하여 고려하여야 할 사항이다(대판 1996.9.20. 96다25371). 기출 24·25

---

9) 이와 관련하여 판례는 채권양도의 통지는 양도인이 채권이 양도되었다는 사실을 채무자에게 알리는 것에 그치는 행위이므로, 그것만으로 제척기간 준수에 필요한 권리의 재판 외 행사에 해당한다고 할 수 없다고 한다(대판 2012.3.22. 2010다28840 [전합]).

Ⅱ 소멸시효의 요건

1. 서 설
시효로 인하여 권리가 소멸하려면 ① 권리가 소멸시효의 목적이 될 수 있어야 하고(대상적격), ② 권리자가 권리를 행사할 수 있음에도 불구하고 행사하지 않아야 하며(시효의 기산점), ③ 권리 불행사의 상태가 일정기간 계속되어야 한다(시효기간)는 요건이 갖추어져야 한다.

2. 소멸시효의 대상적격

(1) 소멸시효에 걸리는 권리
채권뿐만 아니라 소유권을 제외한 그 밖의 재산권도 소멸시효의 대상이다(민법 제162조).
① 채권은 10년간 행사하지 아니하면 소멸시효가 완성한다(민법 제162조 제1항). 기출 15
② 판결에 의하여 확정된 채권은 단기의 소멸시효에 해당한 것이라도 그 소멸시효는 10년으로 한다(민법 제165조 제1항). 기출 12
③ 파산절차에 의하여 확정된 채권 및 재판상의 화해, 조정, 기타 판결과 동일한 효력이 있는 것에 의하여 확정된 채권도 단기의 소멸시효에 해당한 것이라도 그 소멸시효는 10년으로 한다(민법 제165조 제2항).
④ 판결확정 당시에 변제기가 도래하지 아니한 채권에 적용하지 아니한다(민법 제165조 제3항).

(2) 소멸시효에 걸리지 않는 권리

1) 비재산권
인격권 등의 비재산권은 소멸시효에 걸리지 않는다.

2) 형성권
형성권에 존속기간이 정해져 있는 경우, 원칙적으로 제척기간으로 보아야 한다.

3) 소유권
소멸시효에 걸리지 않는다. 합의해제에 따른 매도인의 원상회복청구권은 소유권에 기한 물권적 청구권으로서 소멸시효의 대상이 되지 않는다. 기출 18

4) 법률행위로 인한 등기청구권
부동산에 관하여 인도, 등기 등의 어느 한쪽만에 대하여서라도 권리를 행사하는 자는 전체적으로 보아 그 부동산에 관하여 권리 위에 잠자는 자라고 할 수 없다 할 것이므로, 매수인이 목적부동산을 인도받아 계속 점유하는 경우에는 그 소유권이전등기청구권의 소멸시효가 진행하지 않는다(대판 1999.3.18. 98다32175[전합]).
기출 20

5) 소멸시효에 걸리지 않는 재산권
① 점유권과 유치권은 점유가 존재하는 한 소멸시효가 문제되지 않는다.
② 상린권과 공유물분할청구권과 같이 소유권에 수반하는 권리는 소유권과 독립하여 소멸시효에 걸리지 않는다. 기출 07·21
③ 피담보채권이 존속하는 한 담보물권만이 소멸시효에 걸리지는 않는다(담보물권의 부종성).
④ 항변권이 소멸시효에 걸리는지 논의가 있으나 적어도 동시이행의 항변권 또는 보증인이 최고·검색의 항변권은 소멸시효에 걸리지 않는다고 보아야 한다.

3. 소멸시효의 기산점 : 권리의 불행사

> **소멸시효의 기산점(민법 제166조)**
> ① 소멸시효는 권리를 행사할 수 있는 때로부터 진행한다.
> ② 부작위를 목적으로 하는 채권의 소멸시효는 위반행위를 한 때로부터 진행한다.
> [민법 제166조 제1항 중 '진실·화해를 위한 과거사정리 기본법' 제2조 제1항 제3호, 제4호에 규정된 사건에 적용되는 부분은 헌법에 위반된다(헌재 2018.8.30. 2014헌바148, 단순위헌).]

(1) 의 의

소멸시효의 기산점은 권리를 행사할 수 있는 때로부터 진행한다(민법 제166조 제1항). 그런데 법률상 장애사유가 있으면 시효는 진행하지 않는다.

법률상 장애	• 정지조건이 아직 성취되지 않은 경우이거나 이행기가 아직 도래하지 않은 경우 • 건물에 관한 소유권이전등기청구권에 있어서 그 목적물인 건물이 완공되지 않은 경우
사실상 장애	권리자의 개인적인 사정, 법률지식의 부족, 권리의 존재에 대한 부지, 채무자의 부재 등

> **대법원이 채권자의 권리행사가 가능하다는 법률적 판단을 내린 경우, 그 시점 이후에는 장애사유가 해소되었다고 볼 수 있는지 여부(원칙적 적극)**
> [1] 채무자의 소멸시효를 이유로 한 항변권의 행사도 민법의 대원칙인 신의성실의 원칙과 권리남용금지의 원칙의 지배를 받는 것이어서 객관적으로 채권자가 권리를 행사할 수 없는 장애사유가 있었다면 채무자가 소멸시효 완성을 주장하는 것은 신의성실의 원칙에 반하는 권리남용으로서 허용될 수 없다.
> [2] 채권자에게 권리의 행사를 기대할 수 없는 객관적인 사실상의 장애사유가 있었던 경우에도 대법원이 이에 관하여 채권자의 권리행사가 가능하다는 법률적 판단을 내렸다면 특별한 사정이 없는 한 그 시점 이후에는 그러한 장애사유가 해소되었다고 볼 수 있다(대판 2023.12.21. 2018다303653).
>
> **소멸시효가 진행하지 않는 '권리를 행사할 수 없는' 경우의 의미**
> 소멸시효는 객관적으로 권리가 발생하여 그 권리를 행사할 수 있는 때로부터 진행하고 그 권리를 행사할 수 없는 동안만은 진행하지 않는바, '권리를 행사할 수 없는' 경우라 함은 그 권리행사에 법률상의 장애사유, 예컨대 기간의 미도래나 조건불성취 등이 있는 경우를 말하는 것이고, 사실상 권리의 존재나 권리행사 가능성을 알지 못하였고 알지 못함에 과실이 없다고 하여도 이러한 사유는 법률상 장애사유에 해당하지 않는다(대판 2006.4.27. 2006다1381). **기출 25**

(2) 변론주의의 적용대상

① 소멸시효의 기산점은 변론주의의 적용대상이다. **기출 07·18·20** 따라서 본래의 소멸시효 기산일과 당사자가 주장하는 기산일이 서로 다른 경우에는 변론주의의 원칙상 법원은 당사자가 주장하는 기산일을 기준으로 소멸시효를 계산하여야 하는데, 이는 당사자가 본래의 기산일보다 뒤의 날짜를 기산일로 하여 주장하는 경우는 물론이고 특별한 사정이 없는 한 그 반대의 경우에 있어서도 마찬가지이다(대판 1995.8.25. 94다35886). 반면 소멸시효기간은 변론주의의 적용대상이 되지 아니하므로 법원이 직권으로 판단할 수 있다(대판 2008.3.27. 2006다70929). **기출 23**

② 시효의 기산점에 대한 입증책임은 시효이익을 주장하는 자가 진다(대판 1995.6.30. 94다13435).

(3) 각종 권리의 소멸시효의 기산점

권 리	소멸시효의 기산점
확정기한부 채무	기한이 도래한 때부터
불확정기한부 채무	기한이 객관적으로 도래한 때부터 기출 16
기한의 정함이 없는 채무	• 채권이 성립한 때부터 • 부당이득반환청구권 – 채권성립 시부터[[예] 매매대금을 지급한 때부터(대판 2024.6.27. 2023다302920)] • 의사의 치료채권 – 각 진료가 종료될 때부터
동시이행의 항변권이 붙은 권리	이행기가 도래한 때 기출 16·21
정지조건부 권리	조건이 성취된 때 기출 21
기한이익상실특약이 있는 경우	• 정지조건부 기한이익 상실의 특약 – 사유발생 시(정지조건이 성취된 때) • 형성권적 기한이익 상실의 특약 – 본래의 변제기
부작위채권	위반행위가 있은 때 기출 16·17·24
선택채권	선택권 행사 가능 시 기출 18
채무불이행에 기한 손해배상청구권	채무불이행이 발생한 때 : 소유권이전등기말소등기의무의 이행불능으로 인한 전보배상청구권의 소멸시효는 말소등기의무가 이행불능상태에 돌아간 때로부터 진행(대판 2005.9.15. 2005다29474). 기출 16·21·24
대상청구권	원칙 : 이행불능 시
불법행위에 기한 손해배상청구권	• 손해 및 가해자를 안 때(민법 제766조 제1항) • 불법행위가 있은 때(민법 제766조 제2항)
계속적 물품공급계약에서 발생한 외상대금채권	각 외상대금채권이 발생한 때로부터 개별적으로 진행 기출 20
소송위임계약에 의한 성공보수청구권	해당 심급의 판결을 송달받은 때이나, 지급시기에 관한 특약이 있는 경우에는 특약에 따라 보수채권을 행사할 수 있는 때(대판 2023.2.2. 2022다276307).

(4) 관련 판례

1) 보증금반환채권에 대한 소멸시효의 진행 여부

[1] 임대차가 종료함에 따라 발생한 임차인의 목적물반환의무와 임대인의 보증금반환의무는 동시이행관계에 있다. 임차인이 임대차 종료 후 동시이행항변권을 근거로 임차목적물을 계속 점유하는 것은 임대인에 대한 보증금반환채권에 기초한 권능을 행사한 것으로서 보증금을 반환받으려는 계속적인 권리행사의 모습이 분명하게 표시되었다고 볼 수 있다. 따라서 임대차 종료 후 임차인이 보증금을 반환받기 위해 목적물을 점유하는 경우 보증금반환채권에 대한 권리를 행사하는 것으로 보아야 하고, 임차인이 임대인에 대하여 직접적인 이행청구를 하지 않았다고 해서 권리의 불행사라는 상태가 계속되고 있다고 볼 수 없다.

[2] 소멸시효 제도의 존재 이유와 취지, 임대차기간이 끝난 후 보증금반환채권에 관계되는 당사자 사이의 이익형량, 주택임대차보호법 제4조 제2항의 입법 취지 등을 종합하면, 주택임대차보호법에 따른 임대차에서 그 기간이 끝난 후 임차인이 보증금을 반환받기 위해 목적물을 점유하고 있는 경우 보증금반환채권에 대한 소멸시효는 진행하지 않는다고 보아야 한다(대판 2020.7.9. 2016다244224·244231).

2) 임치물 반환청구권의 소멸시효의 기산점

임치계약 해지에 따른 임치물 반환청구는 임치계약 성립 시부터 당연히 예정된 것이고, 임치계약에서 임치인은 언제든지 계약을 해지하고 임치물의 반환을 구할 수 있는 것이므로, 특별한 사정이 없는 한 임치물 반환청구권의 소멸시효는 임치계약이 성립하여 임치물이 수치인에게 인도된 때부터 진행하는 것이지, 임치인이 임치계약을 해지한 때부터 진행한다고 볼 수 없다(대판 2022.8.19. 2020다220140).

3) 인수채무불이행으로 인한 손해배상청구권의 소멸시효의 기산점

갑 소유의 부동산에 채무자 갑, 근저당권자 을 축산업협동조합으로 하는 근저당권설정등기가 마쳐진 상태에서, 병이 정에게 위 부동산을 매도하는 내용의 매매계약을 체결하면서 위 근저당권이 담보하는 대출금채무를 정이 승계하는 대신 중도금의 전부나 일부로 대체하기로 하였고, 그 후 병이 갑과 체결한 약정에 따라 위 부동산에 관하여 자기 앞으로 소유권이전등기를 한 다음 정 앞으로 매매계약에 따른 소유권이전등기를 하였는데, 정이 대출금채무에 대한 인수의무를 이행하지 않아 갑이 대출금 이자 등을 지급하는 손해를 입게 되자, 갑이 정을 상대로 병을 대위하여 채권자대위에 따른 손해배상청구를 하여 병의 손해배상채권의 소멸시효 기산점이 문제된 사안에서, 정이 중도금 지급기일에 인수의무를 이행하지 않았다는 사정만으로 곧바로 병에게 손해가 현실적으로 발생하였다고 볼 수는 없고, 갑이 이자 등을 지급한 때 병에 대하여 채무불이행에 따른 손해배상청구권을 갖게 되며, 그때 병에게 정의 이행인수계약 불이행에 따른 손해가 현실적으로 발생하였다고 볼 수 있다(대판 2021.11.25. 2020다294516).

4. 소멸시효기간

(1) 일반채권

> **채권, 재산권의 소멸시효(민법 제162조)**
> ① 채권은 10년간 행사하지 아니하면 소멸시효가 완성한다.
> ② 채권 및 소유권 이외의 재산권은 20년간 행사하지 아니하면 소멸시효가 완성한다.
>
> **상사시효(상법 제64조)**
> 상행위로 인한 채권은 본법에 다른 규정이 없는 때에는 5년간 행사하지 아니하면 소멸시효가 완성한다. 그러나 다른 법령에 이보다 단기의 시효의 규정이 있는 때에는 그 규정에 의한다.

민법상 채권은 10년이 원칙이고(민법 제162조 제1항), 상행위로 인한 상사채권은 5년이 원칙이다(상법 제64조). 판례는 사용자가 근로계약에 수반되는 신의칙상의 부수적 의무인 보호의무를 위반하여 근로자에게 손해를 입힘으로써 발생한 근로자의 손해배상청구와 관련된 법률관계는 근로자의 생명, 신체, 건강 침해 등으로 인한 손해의 전보에 관한 것으로서 그 성질상 정형적이고 신속하게 해결할 필요가 있다고 보기 어려우므로, 근로계약상 보호의무 위반에 따른 근로자의 손해배상청구권은 특별한 사정이 없는 한 10년의 민사 소멸시효기간이 적용된다고 봄이 타당하다고 한다(대판 2021.8.19. 2018다270876). **기출 25**

(2) 단기시효

1) 3년의 시효

> **제3년의 단기소멸시효(민법 제163조)**
> 다음 각 호의 채권은 3년간 행사하지 아니하면 소멸시효가 완성한다. 두 이·의·도·변·변·생·수
> 1. 이자, 부양료, 급료, 사용료 기타 1년 이내의 기간으로 정한 금전 또는 물건의 지급을 목적으로 한 채권
> 2. 의사, 조산사, 간호사 및 약사의 치료, 근로 및 조제에 관한 채권
> 3. 도급받은 자, 기사 기타 공사의 설계 또는 감독에 종사하는 자의 공사에 관한 채권 기출 24
> 4. 변호사, 변리사, 공증인, 공인회계사 및 법무사에 대한 직무상 보관한 서류의 반환을 청구하는 채권
> 5. 변호사, 변리사, 공증인, 공인회계사 및 법무사의 직무에 관한 채권
> 6. 생산자 및 상인이 판매한 생산물 및 상품의 대가
> 7. 수공업자 및 제조자의 업무에 관한 채권

① 제1호
- '1년 이내의 기간으로 정한 채권'이란 1년 이내의 정기로 지급되는 채권을 의미하는 것이지, 변제기가 1년 이내인 채권을 말하는 것이 아니다. 기출 23
- 이자란 약정이자를 의미하는 것이지 지연이자는 아니다. 기출 17
- 사용료는 부동산의 사용료를 의미하고, 동산의 사용료는 1년의 소멸시효기간이 적용된다.

② 제2호 : 무자격자의 치료행위라도 그 사법상 효력이 부인되는 것은 아니며 소멸시효규정도 그대로 적용된다.

③ 제3호
- 도급받은 공사의 공사대금채권뿐만 아니라 그 공사에 부수되는 채권도 포함한다(대판 2013.2.28, 2011다79838). 따라서 수급인의 도급인에 대한 저당권설정청구권은 3년의 소멸시효기간이 적용된다(대판 2016.10.27, 2014다211978). 기출 20
- 소멸시효의 기산점은 일을 완성한 때라 할 것이다.

④ 제6호 : 3년의 단기소멸시효가 적용되는 '상인이 판매한 상품의 대가'란 상품의 매매로 인한 대금 그 자체의 채권만을 말하는 것으로서, 상품의 공급 자체와 등가성이 있는 청구권에 한한다(대판 1996.1.23, 95다39854).

2) 1년의 시효

> **1년의 단기소멸시효(민법 제164조)**
> 다음 각 호의 채권은 1년간 행사하지 아니하면 소멸시효가 완성한다. 두 여·의·노·학
> 1. 여관, 음식점, 대석, 오락장의 숙박료, 음식료, 대석료, 입장료, 소비물의 대가 및 체당금의 채권
> 2. 의복, 침구, 장구 기타 동산의 사용료의 채권
> 3. 노역인, 연예인의 임금 및 그에 공급한 물건의 대금채권
> 4. 학생 및 수업자의 교육, 의식 및 유숙에 관한 교주, 숙주, 교사의 채권

(3) 판결에 의해 확정된 채권은 10년

> **판결 등에 의하여 확정된 채권의 소멸시효(민법 제165조)**
> ① 판결에 의하여 확정된 채권은 단기의 소멸시효에 해당한 것이라도 그 소멸시효는 10년으로 한다.
> ② 파산절차에 의하여 확정된 채권 및 재판상의 화해, 조정 기타 판결과 동일한 효력이 있는 것에 의하여 확정된 채권도 전항과 같다.
> ③ 전2항의 규정은 판결확정 당시에 변제기가 도래하지 아니한 채권에 적용하지 아니한다.

1) 취 지

확정판결에 의하여 권리관계가 확정된 후에도 다시 단기소멸시효에 걸린다면 권리의 보존을 위하여 여러 차례 중단절차를 거쳐야 하는 불편을 고려한 규정이다.

2) 내 용

① 기판력 있는 확정판결만을 의미한다. 인낙조서가 그 예이다. 기출 12
② 시효연장의 효과는 상대적이어서 판결 등의 당사자에게만 연장된다.
  ㉠ 채권자와 주채무자 사이의 확정판결에 의하여 주채무가 확정되어 그 소멸시효기간이 10년으로 연장되었다 할지라도, 위 확정판결 등은 채권자와 연대보증인 사이에는 아무런 영향을 미치지 않고 채권자의 연대보증인의 연대보증채권의 소멸시효기간은 여전히 종전의 소멸시효기간에 따른다(대판 2006.8.24. 2004다26287·26294). 기출 25
  ㉡ 단, 민법 규정에 의하여 시효중단의 효력은 당연히 보증인에게도 미친다(민법 제440조).

3) 관련 판례

민사소송법 제474조, 민법 제165조 제2항에 의하면, 지급명령에서 확정된 채권은 단기의 소멸시효[3년의 소멸시효(註)]에 해당하는 것이라도 그 소멸시효기간이 10년으로 연장된다(대판 2009.9.24. 2009다39530).

기출 22

(4) 기타 재산권의 소멸시효기간

채권과 소유권 이외의 재산권의 소멸시효기간은 20년이다(민법 제162조 제2항).

Ⅲ 시효의 장애 : 소멸시효의 중단과 정지

1. 서 설

소멸시효의 진행을 방해하는 사태를 시효의 장애라고 하는데, 이에는 중단과 정지가 있다.

2. 소멸시효의 중단

> **소멸시효의 중단사유(민법 제168조)**
> 소멸시효는 다음 각 호의 사유로 인하여 중단된다.
>   1. 청 구
>   2. 압류 또는 가압류, 가처분
>   3. 승 인

(1) 의 의
    ① 소멸시효가 진행하는 도중에 권리의 불행사라는 소멸시효의 기초가 되는 사실을 깨뜨리는 사정이 발생한 경우, 이미 진행한 시효기간의 효력을 상실케 하는 제도이다(대판 1979.7.10. 79다569).
    ② 시효가 중단된 때에는 중간까지에 경과한 시효기간은 이를 산입하지 아니하고 중단사유가 종료한 때로부터 새로이 진행한다(민법 제178조 제1항).
    ③ 시효중단사유는 변론주의의 대상이어서 당사자의 주장이 없으면 법원이 이에 관하여 판단할 필요가 없다. 그에 대한 입증책임은 시효완성을 다투는 당사자가 진다(대판 2003.6.13. 2003다17927). 기출 20

(2) 소멸시효의 중단사유

    1) 청구(민법 제168조 제1호)
    시효의 대상인 권리를 재판상 내지 재판 외로 행사하는 것을 말한다. 민법은 청구의 유형으로 재판상 청구(민법 제170조), 파산절차 참가(민법 제171조), 지급명령(지급명령을 신청한 때에 소멸시효의 중단)(민법 제172조, 대판 2025.5.15. 2024다317783), 화해를 위한 소환 내지 임의출석(민법 제173조), 최고(민법 제174조)를 규정하고 있다. 기출 14

    ① 재판상 청구(민법 제170조)

    재판상의 청구와 시효중단(민법 제170조)
    ① 재판상의 청구는 소송의 각하, 기각 또는 취하의 경우에는 시효중단의 효력이 없다.
    ② 전항의 경우에 6월 내에 재판상의 청구, 파산절차참가, 압류 또는 가압류, 가처분을 한 때에는 시효는 최초의 재판상 청구로 인하여 중단된 것으로 본다.

의 의	자기의 권리를 재판상 주장하는 것을 말하며, 보통 소를 제기하는 것을 의미		
요 건	민사소송 ○ (각종의 모든 소 ○, 재심 ○)	형사소송 × 기출 25 (단, 배상명령신청 ○)	행정소송 × 기출 08·13 (단, 과세처분의 취소 또는 무효확인의 소 ○)
효 과	• 소멸시효의 중단 시점 : 소를 제기한 날(제소), 응소한 때(응소) • 재판상 청구는 소송의 각하, 기각 또는 취하의 경우에는 시효중단의 효력이 없음 기출 06·09 • 피고로서 응소하여 적극적으로 권리를 주장하고 그것이 받아들여진 경우에는, 시효중단의 효력이 있음 기출 09 • 피고가 응소하여 권리를 주장하였으나 그 소가 각하되거나 취하되는 경우에는, 6월 이내에 재판상의 청구 등 다른 시효중단조치를 취한 때에는 응소 시에 시효중단의 효력이 있음 기출 18		

• 시효중단 사유로서 재판상의 청구에는 소멸시효 대상인 권리 자체의 이행청구나 확인청구를 하는 경우만이 아니라, 그 권리가 발생한 기본적 법률관계를 기초로 하여 재판의 형식으로 주장하는 경우 또는 그 권리를 기초로 하거나 그것을 포함하여 형성된 후속 법률관계에 관한 청구를 하는 경우에도 그로써 권리 실행의 의사를 표명한 것으로 볼 수 있을 때에는 이에 포함된다(대결 2023.11.9. 2023마6582).
• [1] 채무자의 제3채무자에 대한 금전채권에 대하여 압류 및 추심명령이 있더라도, 이는 추심채권자에게 피압류채권을 추심할 권능만을 부여하는 것이고, 이로 인하여 채무자가 제3채무자에게 가지는 채권이 추심채권자에게 이전되거나 귀속되는 것은 아니다. 따라서 채무자가 제3채무자를 상대로 금전채권의 이행을 구하는 소를 제기한 후 채권자가 위 금전채권에 대하여 압류 및 추심명령을 받아 제3채무자를 상대로 추심의 소를 제기한 경우, 채무자가 권리주체의 지위에서 한 시효중단의 효력은 집행법원의 수권에 따라 피압류채권에 대한 추심권능을 부여받아 일종의 추심기관으로서 그 채권을 추심하는 추심채권자에게도 미친다.

[2] 재판상의 청구는 소송의 각하, 기각 또는 취하의 경우에는 시효중단의 효력이 없지만, 그 경우 6개월 내에 재판상의 청구, 파산절차참가, 압류 또는 가압류, 가처분을 한 때에는 시효는 최초의 재판상 청구로 인하여 중단된 것으로 본다(민법 제170조). 그러므로 채무자가 제3채무자를 상대로 제기한 금전채권의 이행소송이 압류 및 추심명령으로 인한 당사자적격의 상실로 각하되더라도, 위 이행소송의 계속 중에 피압류채권에 대하여 채무자에 갈음하여 당사자적격을 취득한 추심채권자가 위 각하판결이 확정된 날로부터 6개월 내에 제3채무자를 상대로 추심의 소를 제기하였다면, 채무자가 제기한 재판상 청구로 인하여 발생한 시효중단의 효력은 추심채권자의 추심소송에서도 그대로 유지된다고 보는 것이 타당하다(대판 2019.7.25. 2019다212945).

- 채권양도는 구 채권자인 양도인과 신 채권자인 양수인 사이에 채권을 그 동일성을 유지하면서 전자로부터 후자에게로 이전시킬 것을 목적으로 하는 계약을 말한다 할 것이고, 채권양도에 의하여 채권은 그 동일성을 잃지 않고 양도인으로부터 양수인에게 이전되며, 이러한 법리는 채권양도의 대항요건을 갖추지 못하였다고 하더라도 마찬가지인 점, 민법 제149조의 "조건의 성취가 미정한 권리의무는 일반규정에 의하여 처분, 상속, 보존 또는 담보로 할 수 있다."는 규정은 대항요건을 갖추지 못하여 채무자에게 대항하지 못한다고 하더라도 채권양도에 의하여 채권을 이전받은 양수인의 경우에도 그대로 준용될 수 있는 점, 채무자를 상대로 재판상의 청구를 한 채권의 양수인을 '권리 위에 잠자는 자'라고 할 수 없는 점 등에 비추어 보면, 비록 대항요건을 갖추지 못하여 채무자에게 대항하지 못한다고 하더라도 채권의 양수인이 채무자를 상대로 재판상의 청구를 하였다면 이는 소멸시효 중단사유인 재판상의 청구에 해당한다고 보아야 한다(대판 2005.11.10. 2005다41818). 기출 22·25

- 채권양도 후 대항요건이 구비되기 전의 양도인은 채무자에 대한 관계에서는 여전히 채권자의 지위에 있으므로 채무자를 상대로 시효중단의 효력이 있는 재판상의 청구를 할 수 있고, 이 경우 양도인이 제기한 소송 중에 채무자가 채권양도의 효력을 인정하는 등의 사정으로 인하여 양도인의 청구가 기각됨으로써 민법 제170조 제1항에 의하여 시효중단의 효과가 소멸된다고 하더라도, 양도인의 청구가 당초부터 무권리자에 의한 청구로 되는 것은 아니므로, 양수인이 그로부터 6월 내에 채무자를 상대로 재판상의 청구 등을 하였다면, 민법 제169조 및 제170조 제2항에 의하여 양도인의 최초의 재판상 청구로 인하여 시효가 중단된다(대판 2009.2.12. 2008두20109).

- 민법 제170조의 해석에 의하면, 재판상의 청구는 그 소송이 각하, 기각 또는 취하된 경우에는 그로부터 6월 내에 다시 재판상의 청구 등을 하지 않는 한 시효중단의 효력이 없고, 다만 최고의 효력이 있게 된다. 기출 24 그런데 이와 같이 채권자가 소 제기를 통하여 채무자에게 권리를 행사한다는 의사를 표시한 경우 그 소송이 계속되는 동안에는 최고에 의하여 권리를 행사하고 있는 상태가 지속되고 있다고 보아야 하고, 최고에 의한 권리행사가 지속되고 있는 해당 소송 기간 중에 채권자가 민법 제174조에 규정된 재판상 청구, 압류 또는 가압류, 가처분 등의 조치를 취한 이상, 그 시효중단의 효력은 당초의 소 제기시부터 계속 유지되고 있다고 할 것이다(대판 2022.4.28. 2020다251403).

- 채권자가 전소로 이행청구를 하여 승소 확정판결을 받은 후 그 채권의 시효중단을 위한 후소를 제기하는 경우, 후소의 형태로서 항상 전소와 동일한 이행청구만이 시효중단사유인 '재판상의 청구'에 해당한다고 볼 수는 없다. 따라서 시효중단을 위한 후소로서 이행소송 외에 전소 판결로 확정된 채권의 시효를 중단시키기 위한 조치, 즉 '재판상의 청구'가 있다는 점에 대하여만 확인을 구하는 형태의 '새로운 방식의 확인소송'이 허용되고, 채권자는 두 가지 형태의 소송 중 자신의 상황과 필요에 보다 적합한 것을 선택하여 제기할 수 있다고 보아야 한다(대판 2018.10.18. 2015다232316[전합]). 기출 25

② **최고**(민법 제174조)

최고와 시효중단(민법 제174조)
최고는 6월 내에 재판상의 청구, 파산절차참가, 화해를 위한 소환, 임의출석, 압류 또는 가압류, 가처분을 하지 아니하면 시효중단의 효력이 없다. 기출 13

㉠ 의의 : 최고란 채권자가 채무자에 대하여 재판 외에서 채무이행을 청구하는 것으로, 그 법적 성질은 채권자의 의사통지이다.

㉡ 방식 : 소멸시효 중단사유의 하나로서 민법 제174조가 규정하고 있는 최고는 채무자에 대하여 채무이행을 구한다는 채권자의 의사통지(준법률행위)로서, 이에는 특별한 형식이 요구되지 아니할 뿐 아니라 행위 당시 당사자가 시효중단의 효과를 발생시킨다는 점을 알거나 의욕하지 않았다 하더라도 이로써

권리 행사의 주장을 하는 취지임이 명백하다면 최고에 해당하는 것으로 보아야 할 것이므로, 채권자가 확정판결에 기한 채권의 실현을 위하여 채무자의 제3채무자에 대한 채권에 관하여 압류 및 추심명령을 받아 그 결정이 제3채무자에게 송달이 되었다면 거기에 소멸시효 중단사유인 최고로서의 효력을 인정하여야 한다(대판 2003.5.13. 2003다16238).

ⓒ 효 과
㉮ 임시적인 시효중단의 효과가 발생하는데, 최고는 상대방에게 도달한 때에 그 효과가 발생한다.
㉯ 확정적인 중단을 위해 6개월 이내에 별도의 조치가 필요하다.
ⓐ 문제점 : 민법 제174조에 의하면 최고는 6월 내에 재판상 청구, 파산절차참가, 화해를 위한 소환, 임의출석, 압류 또는 가압류, 가처분을 하지 아니하면 시효중단의 효력이 없다. 여기서 문제는 6개월의 기산점이 어느 시점인지이다.
ⓑ 판례의 태도
- 원칙 : 6개월의 기산점은 원칙적으로 최고가 상대방에게 도달한 때부터 기산된다. 따라서 민법 제174조가 시효중단 사유로 규정하고 있는 최고를 여러 번 거듭하다가 재판상 청구 등을 한 경우에 시효중단의 효력은 항상 최초의 최고 시에 발생하는 것이 아니라 재판상 청구 등을 한 시점을 기준으로 하여 이로부터 소급하여 6월 이내에 한 최고 시에 발생한다(대판 2019.3.14. 2018두56435). 기출 22
- 예외(채무자가 청구권의 존부에 대하여 조사하기 위하여 유예를 구한 경우) : 채무이행을 최고받은 채무자가 그 이행의무의 존부 등에 대하여 조사를 해 볼 필요가 있다는 이유로 채권자에 대하여 그 이행의 유예를 구한 경우에는 채권자가 그 회답을 받을 때까지는 최고의 효력이 계속된다고 보아야 하고 따라서 같은 조 소정의 6월의 기간은 채권자가 채무자로부터 회답을 받은 때로부터 기산되는 것이라고 해석하여야 한다(대판 1995.5.12. 94다24336).

2) 압류·가압류·가처분(민법 제168조 제2호)

의 의	압류 또는 가압류·가처분은 반드시 재판상의 청구를 전제로 하지 않을 뿐만 아니라 판결이 있더라도 재판확정 후에는 다시 시효가 진행하므로, 민법은 압류 등을 별도로 시효중단사유로 규정하고 있음
요 건	• 당연무효의 압류 등에는 시효중단효가 인정되지 않음 기출 10·14 • 채권자가 채무자의 제3채무자에 대한 채권을 압류 또는 가압류한 경우에, 채무자에 대한 채권자의 채권에 관하여 시효중단의 효력이 생김. 또한 채권자가 확정판결에 기한 채권의 실현을 위하여 채무자의 제3채무자에 대한 채권에 관하여 압류 및 추심명령을 받아 그 결정이 제3채무자에게 송달이 되었다면 거기에 소멸시효 중단사유인 최고로서의 효력을 인정해야 함(대판 2003.5.13. 2003다16238) • 판례는 배당요구를 압류에 준하는 것으로 이해(대판 2002.2.26. 2000다25484)
효 력	• 가압류의 집행보전의 효력이 존속하는 동안은 시효중단의 효력이 계속됨 기출 09·10 • 압류 등이 권리자의 청구에 의하여 또는 법률의 규정에 따르지 않음으로 인하여 취소되면 시효중단의 효력이 없음 그러나 압류절차를 개시한 이상 집행불능에 그치더라도 시효중단의 효력은 발생(대판 2011.5.13. 2011다10044) • 압류 등은 시효의 이익을 받는 자에 대하여 하지 않은 경우에, 이를 그에게 통지한 후가 아니면 시효중단의 효력이 없음(민법 제176조) • 압류 등에 의하여 시효중단이 발생하는 시점은 다수설 및 판례에 의하면 소 제기에 준하여 집행행위가 있으면 신청 시에 소급하여 중단의 효력이 발생

- [1] 민법 제168조에서 가압류를 시효중단사유로 정하고 있는 것은 가압류에 의하여 채권자가 권리를 행사하였다고 할 수 있기 때문인데 가압류에 의한 집행보전의 효력이 존속하는 동안은 가압류채권자에 의한 권리행사가 계속되고 있다고 보아야 할 것이므로 가압류에 의한 시효중단의 효력은 가압류의 집행보전의 효력이 존속하는 동안은 계속된다.
  [2] 민법 제168조에서 가압류와 재판상의 청구를 별도의 시효중단사유로 규정하고 있는데 비추어 보면, 가압류의 피보전채권에 관하여 본안의 승소판결이 확정되었다고 하더라도 가압류에 의한 시효중단의 효력이 이에 흡수되어 소멸된다고 할 수 없다(대판 2000.4.25. 2000다11102). 기출 25

- [1] 시효가 중단된 때에는 중단까지에 경과한 시효기간은 이를 산입하지 아니하고 중단사유가 종료한 때로부터 새로이 진행하는데(국세기본법 제28조 제2항, 민법 제178조 제1항), 소멸시효의 중단사유 중 '압류'에 의한 시효중단의 효력은 압류가 해제되거나 집행절차가 종료될 때 중단사유가 종료한 것으로 볼 수 있다.
  [2] 보험계약자의 보험금 채권에 대한 압류가 행하여지더라도 채무자나 제3채무자는 기본적 계약관계인 보험계약 자체를 해지할 수 있고, 보험계약이 해지되면 계약에 의하여 발생한 보험금 채권은 소멸하게 되므로 이를 대상으로 한 압류명령은 실효된다.
  [3] 체납처분에 의한 채권압류로 인하여 채권자의 채무자에 대한 채권의 시효가 중단된 경우에 압류에 의한 체납처분 절차가 채권추심 등으로 종료된 때뿐만 아니라, 피압류채권이 기본계약관계의 해지·실효 또는 소멸시효 완성 등으로 인하여 소멸함으로써 압류의 대상이 존재하지 않게 되어 압류 자체가 실효된 경우에도 체납처분 절차는 더 이상 진행될 수 없으므로 시효중단사유가 종료한 것으로 보아야 하고, 그때부터 시효가 새로이 진행한다(대판 2017.4.28. 2016다239840).

핵심문제

01 소멸시효 중단사유에 관한 설명으로 옳지 않은 것은?(다툼이 있으면 판례에 따름) 변리 24

① 채권자가 채무자에게 등기우편으로 이행청구를 한 경우, 법에서 정한 후속수단을 취하지 않으면 그 이행청구만으로는 시효가 중단되지 않는다.
② 채권자가 채무자를 상대로 제기한 소송에서, 피고인 채무자에게 소송서류가 송달된 적이 없는 상태에서 판결이 선고되더라도 시효중단의 효력은 있다.
③ 채무자가 채권자를 상대로 채무부존재확인소송을 제기하여 채권자가 이를 적극적으로 다툰 경우, 그 소가 법원에 접수된 때부터 시효중단의 효력이 인정된다.
④ 채권양수인이 채무자를 상대로 소를 제기하였다가 채무자에 대한 양도통지가 없었다는 이유로 청구가 기각되어 확정된 후, 양도통지를 하고 그 확정된 때로부터 6개월 내에 다시 소를 제기한 경우, 시효중단의 효력은 전소(前訴)제기 시로 소급하여 발생한다.
⑤ 채권자가 연대채무자의 1인에 대하여 가압류를 한 경우, 다른 연대채무자의 채무에 대해서는 시효가 중단되지 않는다.

【해설】
① (○) 채권자가 채무자에게 등기우편으로 이행청구를 한 경우, 이는 채무자에게 채무의 이행을 청구하는 의사의 통지인 최고에 해당한다. 최고는 6월 내에 재판상의 청구, 파산절차참가, 화해를 위한 소환, 임의출석, 압류 또는 가압류, 가처분을 하지 아니하면 시효중단의 효력이 없다(민법 제174조).
② (○) 대판 2017.4.7. 2016다35451
③ (×) 민법 제168조 제1호, 제170조 제1항에서 시효중단사유의 하나로 규정하고 있는 재판상의 청구란, 통상적으로는 권리자가 원고로서 시효를 주장하는 자를 피고로 하여 소송물인 권리를 소의 형식으로 주장하는 경우를 가리키나, 이와 반대로 시효를 주장하는 자가 원고가 되어 소를 제기한 데 대하여 피고로서 응소하여 소송에서 적극적으로 권리를 주장하고 그것이 받아들여진 경우도 이에 포함되고, 응소행위로 인한 시효중단의 효력은 피고가 현실적으로 권리를 행사하여 응소한 때에 발생하지만, 권리자인 피고가 응소하여 권리를 주장하였으나 소가 각하되거나 취하되는 등의 사유로 본안에서 권리주장에 관한 판단 없이 소송이 종료된 경우에는 민법 제170조 제2항을 유추적용하여 그때부터 6월 이내에 재판상의 청구 등 다른 시효중단조치를 취한 경우에 한하여 응소 시에 소급하여 시효중단의 효력이 있다고 보아야 한다(대판 2012.1.12. 2011다78606). 판례의 취지를 고려할 때 채무자(원고)의 채무부존재확인소송이 법원에 제기된 때가 아니라, 채권자(피고)가 응소한 때에 시효중단의 효력이 발생한다.
④ (○) 대판 2009.2.12. 2008두20109
⑤ (○) 대판 2001.8.21. 2001다22840 참조

정답 ③

- 채권자가 채무자의 제3채무자에 대한 채권을 압류할 당시 그 피압류채권이 부존재하는 경우에도 집행채권에 대한 권리행사로 볼 수 있으므로 특별한 사정이 없는 한 압류집행으로써 그 집행채권의 소멸시효는 중단된다. 다만 압류명령 정본이 제3채무자에게 송달될 당시 피압류채권 발생의 기초가 되는 법률관계가 없어 피압류채권이 존재하지 않는 경우에는 압류의 효력이 없으므로, 특별한 사정이 없는 한 압류명령의 송달로써 개시된 집행절차는 곧바로 종료되고, 이로써 시효중단사유도 종료되어 집행채권의 소멸시효는 그때부터 새로이 진행한다고 보아야 한다. 이는 가까운 장래에 피압류채권이 발생할 것이 상당한 정도로 기대된다고 보기 어려워 장래의 채권에 대한 압류가 효력이 없는 경우에도 마찬가지이다(대판 2025.5.15. 2024다310980).

3) 승인(민법 제168조 제3호)

법적 성질	승인은 준법률행위 중 관념의 통지로서 의사표시 규정이 유추적용됨. 따라서 승인하는 자는 행위능력·의사능력이 필요	
당사자	채무자 : 시효중단의 효력 있는 승인에는 상대방의 권리에 관한 처분의 능력이나 권한 있음을 요하지 아니함(민법 제177조) 기출 10·18·21·23·25	
권리인식	소멸시효 진행 이전 승인	소멸시효 진행 이후 승인
	소멸시효 중단 ×	소멸시효 중단
방법	특별한 방식을 요하지 않음(서면·구두, 명시·묵시, 재판상·재판 외 모두 가능)	
효과	소멸시효 중단시점 : 승인이 상대방에게 도달한 때(채무승인이 있었다는 사실에 대한 입증책임은 채권자에게 있음) 기출 09	

- 동일한 채권자와 채무자 사이에 다수의 채권이 존재하는 경우 채무자가 변제를 충당하여야 할 채무를 지정하지 않고 모든 채무를 변제하기에 부족한 금액을 변제한 때에는 특별한 사정이 없는 한 그 변제는 모든 채무에 대한 승인으로서 소멸시효를 중단하는 효력을 가진다. 채무자는 자신이 계약당사자로 있는 다수의 계약에 기초를 둔 채무들이 존재한다는 사실을 인식하고 있는 것이 통상적이므로, 변제 시에 충당할 채무를 지정하지 않고 변제를 하였으면 특별한 사정이 없는 한 다수의 채무 전부에 대하여 그 존재를 알고 있다는 것을 표시했다고 볼 수 있기 때문이다(대판 2021.9.30. 2021다239745). 기출 22
- 소멸시효 중단사유인 채무의 승인은 시효이익을 받을 당사자나 대리인만 할 수 있으므로 이행인수인이 채권자에 대하여 채무자의 채무를 승인하더라도 다른 특별한 사정이 없는 한 시효중단 사유가 되는 채무승인의 효력은 발생하지 않는다(대판 2016.10.27. 2015다239744). 기출 25

(3) 시효중단의 효력

> **중단후에 시효진행(민법 제178조)**
> ① 시효가 중단된 때에는 중단까지에 경과한 시효기간은 이를 산입하지 아니하고 중단사유가 종료한 때로부터 새로이 진행한다.
> ② 재판상의 청구로 인하여 중단한 시효는 전항의 규정에 의하여 재판이 확정된 때로부터 새로이 진행한다. 기출 24

1) 기본적 효력

시효가 중단되면 그때까지 경과한 시효기간은 그 효력을 잃고(민법 제178조 제1항 전단), 중단사유가 없어지면 시효가 새로 진행한다(민법 제178조 제1항 후단).

2) 시효중단의 효력이 미치는 인적 범위

① 원칙 : 시효의 중단은 원칙적으로 당사자 및 그 승계인 사이에서만 그 효력이 있다. 기출 10
- 당사자는 시효중단행위에 관여한 당사자를 의미하고, 시효의 대상인 권리관계의 당사자를 말하는 것은 아니다.
- 승계인이란 시효중단에 관여한 당사자로부터 중단의 효과를 받는 권리를 승계한 자를 말하며, 특정승계이건 포괄승계이건 불문한다. 그리고 승계는 중단사유가 발생한 후에 이루어져야 하고, 중단사유 발생 전의 승계인은 포함되지 않는다.

② 예외 : 다음의 경우에는 시효중단의 효력이 미치는 인적범위가 확대된다.
- 주채무자에 대한 시효의 중단은 보증인에 대하여 그 효력이 있다. 기출 08·09 반면, 보증채무에 대한 시효가 중단되더라도 주채무에 대한 소멸시효가 중단되지는 않는다.
- 압류, 가압류, 가처분의 시효이익을 받은 자에 대하여 하지 않았더라도, 이를 시효이익을 받은 자에게 통지하면 그때부터 시효가 중단된다.
- 연대채무자에 대한 이행청구는 다른 연대채무자에게도 효력이 있다. 반면 부진정연대채무자의 경우에는 그렇지 않다.

3) 시효중단의 효력이 미치는 물적 범위

① 일부청구 : 원칙적으로 한 개의 채권 중 일부에 관하여만 판결을 구한다는 취지를 명백히 한 경우 그 소제기에 의한 소멸시효의 중단의 효력은 그 일부에만 발생하고 나머지 부분에는 발생하지 아니한다.

② 가분채권의 일부분을 피보전채권으로 한 가압류 : 채권자가 가분채권의 일부분을 피보전권리인 청구채권으로 주장하여 채무자 소유의 재산에 대하여 가압류를 한 경우에는 그 청구채권 부분에만 시효중단의 효력이 있고, 가압류로 보전되는 청구채권에 포함되지 아니한 나머지 채권에 대하여는 시효중단의 효력이 발생할 수 없다. 가압류 청구금액으로 채권의 원금만이 기재되어 있다면 가압류채권자가 가압류채무자에 대하여 원본채권 외에 그에 부대하는 이자 또는 지연손해금 채권을 가지고 있다고 하더라도 청구금액에 포함되지 않은 부대채권에 대하여는 시효중단의 효력이 발생할 수 없다(대판 2024.10.25, 2024다233212).

③ 일부변제 : 시효완성 전에 채무의 일부를 변제한 경우에는, 그 수액에 관하여 다툼이 없는 한 채무승인으로서의 효력이 있어 시효중단의 효과가 발생한다(대판 1996.1.23, 95다39854).

④ 어음채권과 원인채권 : 원인채권의 지급을 확보하기 위하여 어음이 수수된 당사자 사이에서 채권자가 어음채권을 청구채권으로 하여 채무자의 재산을 압류함으로써 그 권리를 행사한 경우에는 그 원인채권의 소멸시효를 중단시키는 효력이 있다. 그러나 이미 어음채권의 소멸시효가 완성된 후에는 그 채권이 소멸되고 시효중단을 인정할 여지가 없으므로, 시효로 소멸된 어음채권을 청구채권으로 하여 채무자의 재산을 압류한다 하더라도 이를 어음채권 내지는 원인채권을 실현하기 위한 적법한 권리행사로 볼 수 없어, 그 압류에 의하여 그 원인채권의 소멸시효가 중단된다고 볼 수 없다(대판 2010.5.13, 2010다6345).

⑤ 복수의 채권 : 채권자가 동일한 목적을 달성하기 위하여 복수의 채권을 갖고 있는 경우, 채권자로서는 그 선택에 따라 권리를 행사할 수 있되, 그중 어느 하나의 청구를 한 것만으로는 다른 채권 그 자체를 행사한 것으로 볼 수는 없으므로, 특별한 사정이 없는 한 그 다른 채권에 대한 소멸시효 중단의 효력은 없다(대판 2011.2.10, 2010다81285). 기출 22

4) 시효중단의 효력이 미치는 시적 범위(민법 제178조)

① **재판상 청구 등** : 재판상의 청구로 인한 시효의 중단은 재판이 확정된 때로부터 새로이 진행한다(민법 제178조 제2항).

② **압류·가압류·가처분** : 압류·가압류·가처분은 절차의 종료로 인하여 그 효력이 상실된 때로부터 새롭게 시효가 진행된다.

③ **승인** : 원고(반소피고)의 승인에 대하여 피고가 채무의 변제를 유예해 주었다고 인정되는 경우, 만약 그 유예기간을 정하지 않았다면 변제유예의 의사를 표시한 때부터, 그리고 유예기간을 정하였다면 그 유예기간이 도래한 때부터 다시 소멸시효가 진행된다(대판 2006.9.22. 2006다22852).

(4) 관련 판례

1) 청구금액을 확장할 뜻을 표시한 경우

[1] 하나의 채권 중 일부에 관하여만 판결을 구한다는 취지를 명백히 하여 소송을 제기한 경우에는 소제기에 의한 소멸시효 중단의 효력이 그 일부에 관하여만 발생하고, 나머지 부분에는 발생하지 아니하나, 소장에서 청구의 대상으로 삼은 채권 중 일부만을 청구하면서 소송의 진행경과에 따라 장차 청구금액을 확장할 뜻을 표시하고 당해 소송이 종료될 때까지 실제로 청구금액을 확장한 경우에는 소제기 당시부터 채권 전부에 관하여 판결을 구한 것으로 해석되므로, 이러한 경우에는 소제기 당시부터 채권 전부에 관하여 재판상 청구로 인한 시효중단의 효력이 발생한다.

[2] 소장에서 청구의 대상으로 삼은 채권 중 일부만을 청구하면서 소송의 진행경과에 따라 장차 청구금액을 확장할 뜻을 표시하였으나 당해 소송이 종료될 때까지 실제로 청구금액을 확장하지 않은 경우에는 소송의 경과에 비추어 볼 때 채권 전부에 관하여 판결을 구한 것으로 볼 수 없으므로, 나머지 부분에 대하여는 재판상 청구로 인한 시효중단의 효력이 발생하지 아니한다. 그러나 이와 같은 경우에도 소를 제기하면서 장차 청구금액을 확장할 뜻을 표시한 채권자로서는 장래에 나머지 부분을 청구할 의사를 가지고 있는 것이 일반적이라고 할 것이므로, 다른 특별한 사정이 없는 한 당해 소송이 계속 중인 동안에는 나머지 부분에 대하여 권리를 행사하겠다는 의사가 표명되어 최고에 의해 권리를 행사하고 있는 상태가 지속되고 있는 것으로 보아야 하고, 채권자는 당해 소송이 종료된 때부터 6월 내에 민법 제174조에서 정한 조치를 취함으로써 나머지 부분에 대한 소멸시효를 중단시킬 수 있다(대판 2020.2.6. 2019다223723).

2) 채권의 특정 부분을 명시적으로 제외한 경우

하나의 채권 중 일부에 관하여만 판결을 구한다는 취지를 명백히 하여 소송을 제기한 경우에는 소 제기에 의한 소멸시효중단의 효력이 그 일부에 관하여만 발생하고, 나머지 부분에는 발생하지 않는다. 다만 소장에서 청구의 대상으로 삼은 채권 중 일부만을 청구하면서 소송의 진행경과에 따라 장차 청구금액을 확장할 뜻을 표시하고 해당 소송이 종료될 때까지 실제로 청구금액을 확장한 경우에는 소 제기 당시부터 채권 전부에 관하여 재판상 청구로 인한 시효중단의 효력이 발생하나, 소장에서 청구의 대상으로 삼은 채권 중 일부만을 청구하면서 소송의 진행경과에 따라 장차 청구금액을 확장할 뜻을 표시하였더라도 그 후 채권의 특정 부분을 청구범위에서 명시적으로 제외하였다면, 그 부분에 대하여는 애초부터 소의 제기가 없었던 것과 마찬가지이므로 재판상 청구로 인한 시효중단의 효력이 발생하지 않는다(대판 2021.6.10. 2018다44114).

3) 임차권등기에 대한 압류 등에 준하는 효력 인정 여부

주택임대차보호법 제3조의3에서 정한 임차권등기명령에 따른 임차권등기는 특정 목적물에 대한 구체적 집행행위나 보전처분의 실행을 내용으로 하는 압류 또는 가압류, 가처분과 달리 어디까지나 주택임차인이 주택임대차보호법에 따른 대항력이나 우선변제권을 취득하거나 이미 취득한 대항력이나 우선변제권을 유지하도록 해 주는 담보적 기능을 주목적으로 한다. 비록 주택임대차보호법이 임차권등기명령의 신청에 대한 재판절차와 임차권등기명령의 집행 등에 관하여 민사집행법상 가압류에 관한 절차규정을 일부 준용하고 있지만, 이는 일방 당사자의 신청에 따라 법원이 심리·결정한 다음 등기를 촉탁하는 일련의 절차가 서로 비슷한 데서 비롯된 것일 뿐 이를 이유로 임차권등기명령에 따른 임차권등기가 본래의 담보적 기능을 넘어서 채무자의 일반재산에 대한 강제집행을 보전하기 위한 처분의 성질을 가진다고 볼 수는 없다. 그렇다면 임차권등기명령에 따른 임차권등기에는 민법 제168조 제2호에서 정하는 소멸시효 중단사유인 압류 또는 가압류, 가처분에 준하는 효력이 있다고 볼 수 없다(대판 2019.5.16. 2017다226629).

3. 소멸시효의 정지

> **제한능력자의 시효정지(민법 제179조)**
> 소멸시효의 기간만료 전 6개월 내에 제한능력자에게 법정대리인이 없는 경우에는 그가 능력자가 되거나 법정대리인이 취임한 때부터 6개월 내에는 시효가 완성되지 아니한다.
>
> **재산관리자에 대한 제한능력자의 권리, 부부 사이의 권리와 시효정지(민법 제180조)**
> ① 재산을 관리하는 아버지, 어머니 또는 후견인에 대한 제한능력자의 권리는 그가 능력자가 되거나 후임 법정대리인이 취임한 때부터 6개월 내에는 소멸시효가 완성되지 아니한다.
> ② 부부 중 한쪽이 다른 쪽에 대하여 가지는 권리는 혼인관계가 종료된 때부터 6개월 내에는 소멸시효가 완성되지 아니한다.
>
> **상속재산에 관한 권리와 시효정지(민법 제181조)**
> 상속재산에 속한 권리나 상속재산에 대한 권리는 상속인의 확정, 관리인의 선임 또는 파산선고가 있는 때로부터 6월 내에는 소멸시효가 완성하지 아니한다.
>
> **천재 기타 사변과 시효정지(민법 제182조)**
> 천재 기타 사변으로 인하여 소멸시효를 중단할 수 없을 때에는 그 사유가 종료한 때로부터 1월 내에는 시효가 완성하지 아니한다.

(1) 의 의

시효기간이 거의 완성할 무렵에 권리자가 중단행위를 하는 것이 불가능 또는 대단히 곤란한 사정이 있는 경우에 그 시효기간의 진행을 일시적으로 멈추게 하고 그러한 사정이 없어졌을 때 다시 나머지 기간을 진행시키는 것을 말한다.

(2) 정지사유

1) 제한능력자를 위한 정지

① 소멸시효의 기간만료 전 6개월 내에 제한능력자에게 법정대리인이 없는 경우에는 그가 능력자가 되거나 법정대리인이 취임한 때부터 6개월 내에는 시효가 완성되지 아니한다(민법 제179조). 기출 18
② 재산을 관리하는 아버지, 어머니, 또는 후견인에 대한 제한능력자의 권리는 그가 능력자가 되거나 후임 법정대리인이 취임한 때부터 6개월 이내에는 소멸시효가 완성되지 아니한다(민법 제180조 제1항).

2) 혼인관계의 종료에 의한 정지

부부의 한쪽이 다른 쪽에 대하여 가지는 권리는 혼인관계가 종료된 때부터 6개월 내에는 소멸시효가 완성되지 아니한다(민법 제180조 제2항).

3) 상속재산에 관한 정지

상속재산에 속한 권리나 상속재산에 대한 권리는 상속인의 확정, 관리인의 선임 또는 파산선고가 있는 때로부터 6월 내에는 소멸시효가 완성하지 아니한다(민법 제181조).

4) 천재 기타 사변에 의한 정지

천재 기타 사변으로 인하여 소멸시효를 중단할 수 없을 때에는 그 사유가 종료한 때로부터 1월 내에는 시효가 완성하지 아니한다(민법 제182조). 기출 21

Ⅳ 소멸시효의 효과

1. 소멸시효 완성의 효과

(1) 견해의 대립

1) 학 설

구 분	절대적 소멸설	상대적 소멸설
시효완성의 효과 (권리소멸 여부)	시효완성으로 권리는 당연히 소멸	시효완성으로 권리는 소멸하지 않고 원용권이 발생
재판상 시효완성사실을 주장해야 하는지 여부 기출 18	민사소송법상 변론주의 원칙상 원용하지 않으면 직권 고려 불가	권리가 소멸하지 않으므로 원용하지 않으면 직권 고려 불가
소멸시효이익의 포기에 대한 이론구성	시효이익을 받지 않겠다는 의사표시로 이해	원용권을 포기하는 의사표시로 이해

2) 판 례

판례는 소멸시효에서 그 시효기간이 만료되면 소멸시효 중단 등 특별한 사정이 없는 한 권리는 당연히 소멸하는 것이지만 그 시효의 이익을 받는 자가 소송에서 소멸시효의 주장을 하지 아니하면 그 의사에 반하여 재판할 수 없다고 하면서, 소멸시효 완성으로 소유권이전등기청구권이 소멸한 상태에서 소유권이전등기가 이루어졌고 그 시효의 이익을 받는 자가 소송에서 이러한 소멸시효의 주장까지 하였다면, 그 소유권이전등기는 원인무효의 등기에 해당하므로 말소되어야 한다고 하여 절대적 소멸설을 취하고 있다(대판 2024.10.31. 2024다232523).

3) 검 토

절대적 소멸설과 상대적 소멸설은 학설 대립의 실질적 차이를 가져오지 아니하나 소멸시효제도는 직접적으로는 시효의 이익을 받을 자를 보호하기 위한 제도임을 고려할 때 상대적 소멸설이 타당하다고 판단된다.

(2) 시효원용권자

1) 소멸시효완성을 원용할 수 있는 자

① 소멸시효를 원용할 수 있는 사람은 권리의 소멸에 의하여 직접 이익을 받는 사람에 한정되는바, 채권담보의 목적으로 매매예약의 형식을 빌어 소유권이전청구권 보전을 위한 가등기가 경료된 부동산을 양수하여 소유권이전등기를 마친 제3자는 당해 가등기담보권의 피담보채권의 소멸에 의하여 직접 이익을 받는 자이므로, 그 가등기담보권에 의하여 담보된 채권의 채무자가 아니더라도 그 피담보채권에 관한 소멸시효를 원용할 수 있고, 이와 같은 직접수익자의 소멸시효 원용권은 채무자의 소멸시효 원용권에 기초한 것이 아닌 독자적인 것으로서 채무자를 대위하여서만 시효이익을 원용할 수 있는 것은 아니다(대판 1995.7.11. 95다12446).

② 채무자, 가등기담보가 설정된 부동산의 제3취득자(대판 1995.7.11. 95다12446)뿐만 아니라 매매예약에 기한 가등기가 경료된 부동산의 제3취득자(대판 1991.3.12. 90다카27570), 유치권이 성립된 부동산의 매수인(대판 2009.9.24. 2009다39530), 물상보증인(대판 2004.1.16. 2003다30890), 사해행위의 수익자(대판 2007.11.29. 2007다54849) 등도 소멸시효의 완성을 원용할 수 있는 자에 해당한다. 기출 23·24

2) 소멸시효완성을 원용할 수 없는 자

채무자에 대한 일반채권자(대판 1997.12.26. 97다22676), 후순위담보권자(대판 2021.2.5. 2016다232597), 채권자대위소송의 제3채무자(대판 1998.12.8. 97다31472) 등은 소멸시효의 완성을 원용할 수 있는 자에 해당하지 아니한다.

(3) 시효의 남용

소멸시효 제도는 법률관계 주장에 일정한 시간적 한계를 설정함으로써 그에 관한 당사자 사이의 다툼을 종식시키려는 것으로서, 누구에게나 무차별적·객관적으로 적용되는 시간의 경과가 1차적인 의미를 가지는 것으로 설계되었음을 고려하면, 법적 안정성 요구는 더욱 선명하게 제기된다. 따라서 소멸시효 완성 주장이 신의성실 원칙에 반하여 허용되지 아니한다고 평가하는 것은 신중을 기할 필요가 있다(대판 2025.5.29. 2024다294705). 이러한 취지에서 판례는 채무자의 소멸시효에 기한 항변권의 행사도 우리 민법의 대원칙인 신의성실의 원칙과 권리남용금지의 원칙의 지배를 받는 것이어서, 채무자가 시효완성 전에 채권자의 권리행사나 시효중단을 불가능 또는 현저히 곤란하게 하였거나, 그러한 조치가 불필요하다고 믿게 하는 행동을 하였거나, 객관적으로 채권자가 권리를 행사할 수 없는 장애사유가 있었거나, 또는 일단 시효완성 후에 채무자가 시효를 원용하지 아니할 것 같은 태도를 보여 권리자로 하여금 그와 같이 신뢰하게 하였거나, 채권자보호의 필요성이 크고, 같은 조건의 다른 채권자가 채무의 변제를 수령하는 등의 사정이 있어 채무이행의 거절을 인정함이 현저히 부당하거나 불공평하게 되는 등의 특별한 사정이 있는 경우에는 채무자가 소멸시효의 완성을 주장하는 것이 신의성실의 원칙에 반하여 권리남용으로서 허용될 수 없다고 한다(대판 2002.10.25. 2002다32332).[10]

2. 소멸시효의 소급효

> **소멸시효의 소급효(민법 제167조)**
> 소멸시효는 그 기산일에 소급하여 효력이 생긴다. 기출 15·17·21

---

10) 근로자가 추가 퇴직금 청구권을 행사하는 것이 객관적으로 불가능한 사실상의 장애사유가 있었다고 보아 사용자의 소멸시효 항변이 신의칙에 반하여 허용될 수 없다고 한 사례

[1] 이행불능 또는 이행지체를 이유로 한 법정해제권은 채무자의 채무불이행에 대한 구제수단으로 인정되는 권리이다. 따라서 채무자가 이행해야 할 본래 채무가 이행불능이라는 이유로 계약을 해제하려면 그 이행불능의 대상이 되는 채무자의 본래 채무가 유효하게 존속하고 있어야 한다.

[2] 민법 제167조는 "소멸시효는 그 기산일에 소급하여 효력이 생긴다."라고 정한다. 본래 채권이 시효로 인하여 소멸하였다면 그 채권은 그 기산일에 소급하여 더는 존재하지 않는 것이 되어 채권자는 그 권리의 이행을 구할 수 없는 것이고, 이와 같이 본래 채권이 유효하게 존속하지 않는 이상 본래 채무의 불이행을 이유로 계약을 해제할 수 없다고 보아야 한다. 결국 채무불이행에 따른 해제의 의사표시 당시에 이미 채무불이행의 대상이 되는 본래 채권이 시효가 완성되어 소멸하였다면, 채무자가 소멸시효의 완성을 주장하는 것이 신의성실의 원칙에 반하여 허용될 수 없다는 등의 특별한 사정이 없는 한, 채권자는 채무불이행 시점이 본래 채권의 시효 완성 전인지 후인지를 불문하고 그 채무불이행을 이유로 한 해제권 및 이에 기한 원상회복청구권을 행사할 수 없다(대판 2022.9.29. 2019다204593).

3. 소멸시효이익의 포기

시효의 이익의 포기 기타(민법 제184조)
① 소멸시효의 이익은 미리 포기하지 못한다.
② 소멸시효는 법률행위에 의하여 이를 배제, 연장 또는 가중할 수 없으나 이를 단축 또는 경감할 수 있다. 기출 15·17·25

(1) 포기의 요건

규 정	소멸시효의 이익은 미리 포기하지 못함(민법 제184조 제1항) 기출 06·11
의사표시	• 시효완성의 이익포기는 의사표시로 상대방에게 도달한 때 효력 발생 • 시효완성의 이익포기의 의사표시를 할 수 있는 자는 시효완성의 이익을 받을 당사자 또는 대리인에 한정

(2) 포기의 효과

시효진행	소멸시효이익의 포기를 하면 그때부터 새로이 소멸시효가 진행 기출 17
판 례	• 주채무가 시효로 소멸한 때에는 보증인도 그 시효소멸을 원용할 수 있음 기출 06·08·17·23 • 주채무자가 시효이익을 포기한 경우 보증인에게는 포기의 효과가 미치지 않음 기출 06·11·18 • 시효완성 후 소멸시효 중단사유에 해당하는 채무승인 행위(일부 변제)가 있었더라도 곧바로 소멸시효 이익의 포기라는 의사표시가 있었다고 단정할 수 없음(대판 2025.7.24. 2023다240299[전합])

4. 종속된 권리에 대한 효력

종속된 권리에 대한 소멸시효의 효력(민법 제183조)
주된 권리의 소멸시효가 완성한 때에는 종속된 권리에 그 효력이 미친다.

CHAPTER 07 소멸시효

01 기출 24

제척기간과 소멸시효에 관한 설명으로 옳지 않은 것은?(다툼이 있으면 판례에 따름)

① 제척기간이 완성된 채권이 그 완성 전에 상계할 수 있었던 것이면 채권자는 이를 자동채권으로 하여 상대방의 채권과 상계할 수 있다.
② 제척기간이 도과하였는지 여부는 법원이 직권으로 조사하여 고려할 수 없고, 당사자의 주장에 따라야 한다.
③ 보증채무의 부종성을 부정하여야 할 특별한 사정이 있는 경우, 보증인은 주채무의 시효소멸을 이유로 보증채무의 시효소멸을 주장할 수 없다.
④ 부작위를 목적으로 하는 채권의 소멸시효는 위반행위를 한 때로부터 진행한다.
⑤ 도급받은 자의 공사에 관한 채권은 3년간 행사하지 아니하면 소멸시효가 완성한다.

정답 및 해설

01

① (O) 매도인이나 수급인의 담보책임을 기초로 한 손해배상채권의 제척기간이 지난 경우에도 제척기간이 지나기 전 상대방의 채권과 상계할 수 있었던 경우에는 매수인이나 도급인은 민법 제495조를 유추적용해서 위 손해배상채권을 자동채권으로 해서 상대방의 채권과 상계할 수 있다고 봄이 타당하다(대판 2019.3.14. 2018다255648).
② (×) 매매예약완결권의 제척기간이 도과하였는지 여부는 소위 직권조사 사항으로서 이에 대한 당사자의 주장이 없더라도 법원이 당연히 직권으로 조사하여 재판에 고려하여야 하므로, 상고법원은 매매예약완결권이 제척기간 도과로 인하여 소멸되었다는 주장이 적법한 상고이유서 제출기간 경과 후에 주장되었다 할지라도 이를 판단하여야 한다(대판 2000.10.13. 99다18725).
③ (O) 보증채무에 대한 소멸시효가 중단되는 등의 사유로 완성되지 아니하였다고 하더라도 주채무에 대한 소멸시효가 완성된 경우에는 시효완성의 사실로 주채무가 소멸되므로 보증채무의 부종성에 따라 보증채무 역시 당연히 소멸되는 것이 원칙이다. 다만 보증채무의 부종성을 부정하여야 할 특별한 사정이 있는 경우에는 예외적으로 보증인은 주채무의 시효소멸을 이유로 보증채무의 소멸을 주장할 수 없으나, 특별한 사정을 인정하여 보증채무의 본질적인 속성에 해당하는 부종성을 부정하려면 보증인이 주채무의 시효소멸에도 불구하고 보증채무를 이행하겠다는 의사를 표시하거나 채권자와 그러한 내용의 약정을 하였어야 하고, 단지 보증인이 주채무의 시효소멸에 원인을 제공하였다는 것만으로는 보증채무의 부종성을 부정할 수 없다(대판 2018.5.15. 2016다211620).
④ (O) 민법 제166조 제2항
⑤ (O) 민법 제163조 제3호

정답 ②

02 기출 25

소멸시효와 제척기간에 관한 설명으로 옳은 것은?(다툼이 있으면 판례에 따름)

① 시효의 기산점과 관련하여 사실상 권리의 존재를 알지 못하였다는 것은 법률상 장애 사유에 해당한다.
② 근로계약상 보호의무 위반에 따른 근로자의 손해배상청구권에는 특별한 사정이 없는 한 10년의 민사시효기간이 적용된다.
③ 소멸시효는 법률행위에 의하여 배제할 수 있다.
④ 부동산의 매수인이 그 부동산을 인도받아 계속 점유하는 경우에도 그 소유권이전등기청구권의 소멸시효는 진행한다.
⑤ 법원은 제척기간의 경과 여부를 직권으로 조사할 수 없다.

02

① (×) 소멸시효는 객관적으로 권리가 발생하여 그 권리를 행사할 수 있는 때로부터 진행하고 그 권리를 행사할 수 없는 동안만은 진행하지 않는바, '권리를 행사할 수 없는'경우라 함은 그 권리행사에 법률상의 장애사유, 예컨대 기간의 미도래나 조건불성취 등이 있는 경우를 말하는 것이고, 사실상 권리의 존재나 권리행사 가능성을 알지 못하였고 알지 못함에 과실이 없다고 하여도 이러한 사유는 법률상 장애사유에 해당하지 않는다(대판 2006.4.27. 2006다1381).

② (○) 상법 제64조에서 5년의 상사시효를 정하는 것은 대량, 정형, 신속이라는 상거래 관계 특성상 법률관계를 신속하게 해결할 필요성이 있기 때문이다. 사용자가 상인으로서 영업을 위하여 근로자와 체결하는 근로계약이 보조적 상행위에 해당하더라도 사용자가 근로계약에 수반되는 신의칙상의 부수적 의무인 보호의무를 위반하여 근로자에게 손해를 입힘으로써 발생한 근로자의 손해배상청구와 관련된 법률관계는 근로자의 생명, 신체, 건강 침해 등으로 인한 손해의 전보에 관한 것으로서 그 성질상 정형적이고 신속하게 해결할 필요가 있다고 보기 어렵다. 따라서 근로계약상 보호의무 위반에 따른 근로자의 손해배상청구권은 특별한 사정이 없는 한 10년의 민사 소멸시효기간이 적용된다고 봄이 타당하다(대판 2021.8.19. 2018다270876).

③ (×) 소멸시효는 법률행위에 의하여 이를 배제, 연장 또는 가중할 수 없으나, 이를 단축 또는 경감할 수 있다(민법 제184조 제2항).

④ (×) 시효제도는 일정 기간 계속된 사회질서를 유지하고 시간의 경과로 인하여 곤란해지는 증거보전으로부터 구제를 꾀하며 자기 권리를 행사하지 않고 소위 권리 위에 잠자는 자는 법적 보호에서 제외하기 위하여 규정된 제도라고 할 것인바, 부동산에 관하여 인도, 등기 등의 어느 한 쪽에 대하여서라도 권리를 행사하는 자는 전체적으로 보아 그 부동산에 관하여 권리 위에 잠자는 자라고 할 수 없다 할 것이므로, 매수인이 목적 부동산을 인도받아 계속 점유하는 경우에는 그 소유권이전등기청구권의 소멸시효가 진행하지 않는다(대판 2010.1.28. 2009다73011).

⑤ (×) 매매예약완결권의 제척기간이 도과하였는지 여부는 소위 직권조사 사항으로서 이에 대한 당사자의 주장이 없더라도 법원이 당연히 직권으로 조사하여 재판에 고려하여야 하므로, 상고법원은 매매예약완결권이 제척기간 도과로 인하여 소멸되었다는 주장이 적법한 상고이유서 제출기간 경과 후에 주장되었다 할지라도 이를 판단하여야 한다(대판 2000.10.13. 99다18725).

정답 ②

03 기출 25

소멸시효의 중단과 정지에 관한 설명으로 옳은 것은?(다툼이 있으면 판례에 따름)

① 형사소송에서 피해자가 신청하는 배상명령은 시효중단사유가 아니다.
② 채권자가 전소(前訴)로 이행청구를 하여 승소 확정판결을 받은 경우, 시효중단을 위해 후소(後訴)로서 재판상의 청구가 있다는 점에 대하여만 확인을 구하는 소는 허용되지 아니한다.
③ 시효중단의 효력 있는 승인에는 상대방의 권리에 관한 처분의 능력을 요한다.
④ 이행인수인이 채권자에 대하여 채무자의 채무를 승인하면 특별한 사정이 없으면 그 승인은 시효중단효력이 없다.
⑤ 유체동산에 대한 가압류결정을 집행한 경우, 가압류에 의한 시효중단의 효력은 본압류가 되면 소멸한다.

03

① (×) 형사소송은 피고인에 대한 국가형벌권의 행사를 그 목적으로 하는 것이므로, 피해자가 형사소송에서 소송촉진 등에 관한 특례법에서 정한 배상명령을 신청한 경우를 제외하고는 단지 피해자가 가해자를 상대로 고소하거나 그 고소에 기하여 형사재판이 개시되어도 이를 가지고 소멸시효의 중단사유인 재판상의 청구로 볼 수는 없다(대판 1999.3.12. 98다18124). 이러한 판례의 취지를 고려할 때 형사소송에서 피해자가 신청하는 배상명령은 소멸시효중단 사유로 보아야 한다.

② (×) 채권자가 전소로 이행청구를 하여 승소 확정판결을 받은 후 그 채권의 시효중단을 위한 후소를 제기하는 경우, 후소의 형태로서 항상 전소와 동일한 이행청구만이 시효중단사유인 '재판상의 청구'에 해당한다고 볼 수는 없다. 따라서 시효중단을 위한 후소로서 이행소송 외에 전소 판결로 확정된 채권의 시효를 중단시키기 위한 조치, 즉 '재판상의 청구'가 있다는 점에 대하여만 확인을 구하는 형태의 '새로운 방식의 확인소송'이 허용되고, 채권자는 두 가지 형태의 소송 중 자신의 상황과 필요에 보다 적합한 것을 선택하여 제기할 수 있다고 보아야 한다(대판 2018.10.18. 2015다232316[전합]).

③ (×) 시효중단의 효력 있는 승인에는 상대방의 권리에 관한 처분의 능력이나 권한 있음을 요하지 아니한다(민법 제177조).

④ (○) 소멸시효 중단사유인 채무의 승인은 시효이익을 받을 당사자나 대리인만 할 수 있으므로 이행인수인이 채권자에 대하여 채무자의 채무를 승인하더라도 다른 특별한 사정이 없는 한 시효중단 사유가 되는 채무승인의 효력은 발생하지 않는다(대판 2016.10.27. 2015다239744).

⑤ (×) 민법 제168조에서 가압류를 시효중단사유로 정하고 있는 것은 가압류에 의하여 채권자가 권리를 행사하였다고 할 수 있기 때문인데 가압류에 의한 집행보전의 효력이 존속하는 동안은 가압류채권자에 의한 권리행사가 계속되고 있다고 보아야 할 것이므로 가압류에 의한 시효중단의 효력은 가압류 집행보전의 효력이 존속하는 동안은 계속된다. 따라서 유체동산에 대한 가압류결정을 집행한 경우 가압류에 의한 시효중단 효력은 가압류집행보전의 효력이 존속하는 동안 계속된다(대판 2011.5.13. 2011다10044). 민법 제168조에서 가압류와 재판상의 청구를 별도의 시효중단사유로 규정하고 있는데 비추어 보면, 가압류의 피보전채권에 관하여 본안의 승소판결이 확정되었다고 하더라도 가압류에 의한 시효중단의 효력이 이에 흡수되어 소멸된다고 할 수 없다(대판 2000.4.25. 2000다11102). 이러한 판례의 취지를 고려할 때 본안의 승소판결 등 집행권원을 얻어 유체동산에 대한 가압류결정이 본압류로 전이되었다고 하더라도, 가압류에 의한 시효중단의 효력은 계속된다고 이해된다.

정답 ④

04 기출 24

甲은 乙에 대하여 2023.10.17.을 변제기로 하는 대여금채권을 갖고 있다. 이에 관한 설명으로 옳은 것을 모두 고른 것은?(다툼이 있으면 판례에 따름)

> ㄱ. 甲이 乙을 상대로 2023.12.20. 대여금의 지급을 구하는 소를 제기하였으나 그 소가 취하된 경우, 甲의 재판상 청구는 재판 외의 최고의 효력을 갖는다.
> ㄴ. 甲이 乙에 대한 대여금채권을 丙에게 양도한 경우, 채권양도의 대항요건을 갖추지 못한 상태에서 2023.12.20. 丙이 乙을 상대로 양수금의 지급을 구하는 소를 제기하였다면 양수금채권의 소멸시효가 중단되지 않는다.
> ㄷ. 甲이 乙을 상대로 2023.12.20. 대여금의 지급을 구하는 소를 제기하여 2024.4.20. 판결이 확정된 경우, 甲의 乙에 대한 대여금채권의 소멸시효는 2023.10.17.부터 다시 진행한다.

① ㄱ
② ㄴ
③ ㄱ, ㄷ
④ ㄴ, ㄷ
⑤ ㄱ, ㄴ, ㄷ

04

ㄱ. (○) 민법 제170조의 해석상, 재판상의 청구는 그 소송이 취하된 경우에는 그로부터 6월 내에 다시 재판상의 청구를 하지 않는 한 시효중단의 효력이 없고 다만 재판 외의 최고의 효력만 있다(대판 1987.12.22. 87다카2337). 따라서 甲이 乙을 상대로 2023.12.20. 대여금의 지급을 구하는 소를 제기하였으나 그 소가 취하된 경우, 甲의 재판상 청구는 재판 외의 최고의 효력을 갖는다.

ㄴ. (×) 채권양도에 의하여 채권은 그 동일성을 잃지 않고 양도인으로부터 양수인에게 이전되며, 이러한 법리는 채권양도의 대항요건을 갖추지 못하였다고 하더라도 마찬가지인 점, 민법 제149조의 "조건의 성취가 미정한 권리의무는 일반규정에 의하여 처분, 상속, 보존 또는 담보로 할 수 있다."는 규정은 대항요건을 갖추지 못하여 채무자에게 대항하지 못한다고 하더라도 채권양도에 의하여 채권을 이전받은 양수인의 경우에도 그대로 준용될 수 있는 점, 채무자를 상대로 재판상의 청구를 한 채권의 양수인을 '권리 위에 잠자는 자'라고 할 수 없는 점 등에 비추어 보면, 비록 대항요건을 갖추지 못하여 채무자에게 대항하지 못한다고 하더라도 채권의 양수인이 채무자를 상대로 재판상의 청구를 하였다면 이는 소멸시효 중단사유인 재판상의 청구에 해당한다고 보아야 한다(대판 2005.11.10. 2005다41818). 따라서 채권양도의 대항요건을 갖추지 못한 상태에서 2023.12.20. 丙이 乙을 상대로 양수금의 지급을 구하는 소를 제기하였더라도 양수금채권의 소멸시효는 중단된다.

ㄷ. (×) 재판상의 청구로 인한 시효의 중단은 재판이 확정된 때로부터 새로이 진행한다(민법 제178조 제2항). 따라서 甲이 乙을 상대로 2023.12.20. 대여금의 지급을 구하는 소를 제기하여 2024.4.20. 판결이 확정된 경우, 甲의 乙에 대한 대여금채권의 소멸시효는 판결이 확정된 때의 다음 날인 2024.4.21.부터 다시 진행한다.

정답 ①

05 기출 23

소멸시효에 관한 설명으로 옳지 않은 것은?(다툼이 있으면 판례에 따름)

① 주채무자가 소멸시효 이익을 포기하더라도 보증인에게는 그 효력이 미치지 않는다.
② 시효중단의 효력 있는 승인에는 상대방의 권리에 관한 처분의 능력이나 권한 있음을 요하지 않는다.
③ 당사자가 주장하는 소멸시효 기산일이 본래의 기산일과 다른 경우, 특별한 사정이 없는 한 당사자가 주장하는 기산일을 기준으로 소멸시효를 계산하여야 한다.
④ 어떤 권리의 소멸시효 기간이 얼마나 되는지는 법원이 직권으로 판단할 수 있다.
⑤ 민법 제163조 제1호의 '1년 이내의 기간으로 정한 금전 또는 물건의 지급을 목적으로 한 채권'이란 변제기가 1년 이내의 채권을 말한다.

05

① (○) 주채무가 시효로 소멸한 때에는 보증인도 그 시효소멸을 원용할 수 있으며, 주채무자가 시효의 이익을 포기하더라도 보증인에게는 그 효력이 없다(대판 1991.1.29. 89다카1114).
② (○) 민법 제177조
③ (○) 소멸시효의 기산일은 채무의 소멸이라고 하는 법률효과 발생의 요건에 해당하는 소멸시효 기간 계산의 시발점으로서 소멸시효 항변의 법률요건을 구성하는 구체적인 사실에 해당하므로 이는 변론주의의 적용 대상이고, 따라서 본래의 소멸시효 기산일과 당사자가 주장하는 기산일이 서로 다른 경우에는 변론주의의 원칙상 법원은 당사자가 주장하는 기산일을 기준으로 소멸시효를 계산하여야 하는데, 이는 당사자가 본래의 기산일보다 뒤의 날짜를 기산일로 하여 주장하는 경우는 물론이고 특별한 사정이 없는 한 그 반대의 경우에 있어서도 마찬가지이다(대판 1995.8.25. 94다35886).
④ (○) 어떤 권리의 소멸시효기간이 얼마나 되는지에 관한 주장은 단순한 법률상의 주장에 불과하므로 변론주의의 적용대상이 되지 않고 법원이 직권으로 판단할 수 있다(대판 2008.3.27. 2006다70929).
⑤ (×) 민법 제163조 제1호 소정의 "1년 이내의 기간으로 정한 금전 또는 물건의 지급을 목적으로 하는 채권"이란 1년 이내의 정기에 지급되는 채권을 의미하는 것이지, 변제기가 1년 이내의 채권을 말하는 것이 아니므로, 이자채권이라고 하더라도 1년 이내의 정기에 지급하기로 한 것이 아닌 이상 위 규정 소정의 3년의 단기소멸시효에 걸리는 것이 아니다(대판 1996.9.20. 96다25302).

정답 ⑤

06 기출 22

소멸시효의 중단에 관한 설명으로 옳지 않은 것은?(다툼이 있으면 판례에 따름)

① 3년의 소멸시효기간이 적용되는 채권이 지급명령에서 확정된 경우, 그 시효기간은 10년으로 한다.
② 채권자가 동일한 목적을 달성하기 위하여 복수의 채권을 가지고 있는 경우, 특별한 사정이 없으면 그중 하나의 채권을 행사한 것만으로는 다른 채권에 대한 시효중단의 효력은 없다.
③ 대항요건을 갖추지 못한 채권양도의 양수인이 채무자를 상대로 재판상 청구를 하여도 시효중단사유인 재판상 청구에 해당하지 아니한다.
④ 채권자가 최고를 여러 번 거듭하다가 재판상 청구를 한 경우, 시효중단의 효력은 재판상 청구를 한 시점을 기준으로 하여 이로부터 소급하여 6월 이내에 한 최고시에 발생한다.
⑤ 동일한 당사자 사이에 계속적 거래관계로 인한 수개의 금전채무가 있고, 채무자가 그 채무 전액을 변제하기에는 부족한 금액으로 채무의 일부를 변제하는 경우에 그 수개의 채무전부에 관하여 시효중단의 효력이 발생하는 것이 원칙이다.

06

① (○) 민사소송법 제474조, 민법 제165조 제2항에 의하면, 지급명령에서 확정된 채권은 단기의 소멸시효[3년의 소멸시효(註)]에 해당하는 것이라도 그 소멸시효기간이 10년으로 연장된다(대판 2009.9.24. 2009다39530).

② (○) 채권자가 동일한 목적을 달성하기 위하여 복수의 채권을 갖고 있는 경우, 채권자로서는 그 선택에 따라 권리를 행사할 수 있되, 그중 어느 하나의 청구를 한 것만으로는 다른 채권 그 자체를 행사한 것으로 볼 수는 없으므로, 특별한 사정이 없는 한 다른 채권에 대한 소멸시효 중단의 효력은 없다(대판 2020.3.26. 2018다221867).

③ (×) 채권양도는 구 채권자인 양도인과 신 채권자인 양수인 사이에 채권을 그 동일성을 유지하면서 전자로부터 후자에게로 이전시킬 것을 목적으로 하는 계약을 말한다 할 것이고, 채권양도에 의하여 채권은 그 동일성을 잃지 않고 양도인으로부터 양수인에게 이전되며, 이러한 법리는 채권양도의 대항요건을 갖추지 못하였다고 하더라도 마찬가지인 점 등에 비추어 보면, 비록 대항요건을 갖추지 못하여 채무자에게 대항하지 못한다고 하더라도 채권의 양수인이 채무자를 상대로 재판상의 청구를 하였다면 이는 소멸시효 중단사유인 재판상의 청구에 해당한다고 보아야 한다(대판 2005.11.10. 2005다41818).

④ (○) 최고를 여러 번 거듭하다가 재판상 청구 등을 한 경우에 있어서의 시효중단의 효력은 항상 최초의 최고시에 발생하는 것이 아니라 재판상 청구 등을 한 시점을 기준으로 하여 이로부터 소급하여 6월 이내에 한 최고시에 발생한다(대판 1987.12.22. 87다카2337).

⑤ (○) 동일 당사자 간의 계속적인 금전거래로 인하여 수개의 금전채무가 있는 경우에 채무의 일부 변제는 채무의 일부로서 변제한 이상 그 채무전부에 관하여 시효중단의 효력을 발생하는 것으로 보아야 하고 동일 당사자 간에 계속적인 거래관계로 인하여 수개의 금전채무가 있는 경우에 채무자가 전 채무액을 변제하기에 부족한 금액을 채무의 일부로 변제한 때에는 특별한 사정이 없는 한 기존의 수개의 채무전부에 대하여 승인을 하고 변제한 것으로 보는 것이 상당하다(대판 1980.5.13. 78다1790).

정답 ③

07 기출 21

소멸시효에 관한 설명으로 옳지 않은 것은?(다툼이 있으면 판례에 따름)

① 공유관계가 존속하는 한 공유물분할청구권은 소멸시효에 걸리지 않는다.
② 소멸시효는 그 기산일에 소급하여 효력이 생긴다.
③ 정지조건부 채권의 소멸시효는 조건성취 시부터 진행된다.
④ 시효중단의 효력 있는 승인에는 상대방의 권리에 관한 처분의 능력이나 권한 있음을 요하지 아니한다.
⑤ 천재지변으로 인하여 소멸시효를 중단할 수 없을 경우, 그 사유가 종료한 때로부터 6월 내에는 시효가 완성되지 아니한다.

07

① (○) 공유물분할청구권은 공유관계에서 수반되는 형성권이므로 공유관계가 존속하는 한 그 분할청구권만이 독립하여 시효소멸될 수 없다(대판 1981.3.24. 80다1888).
② (○) 민법 제167조
③ (○) 소멸시효는 권리를 행사할 수 있는 때로부터 진행하고, 여기서 권리를 행사할 수 있는 때라 함은 권리행사에 법률상의 장애가 없는 때를 말하므로, 정지조건부 권리에 있어서 조건미성취의 동안은 권리를 행사할 수 없어 소멸시효가 진행되지 아니한다(대판 2009.12.24. 2007다64556).
④ (○) 민법 제177조
⑤ (×) 천재 기타 사변으로 인하여 소멸시효를 중단할 수 없을 때에는 그 사유가 종료한 때로부터 1월 내에는 시효가 완성하지 아니한다(민법 제182조).

정답 ⑤

MEMO

CHAPTER 01 채권법 서론

CHAPTER 02 채권의 목적

CHAPTER 03 채권의 효력

CHAPTER 04 다수당사자의 채권관계

CHAPTER 05 채권양도와 채무인수

CHAPTER 06 채권의 소멸

PART 2

채권총론

CHAPTER 01 채권법 서론

제1절 채권법의 의의

I 채권법의 개념

채권법은 형식적으로 민법의 제3편을 지칭하지만, 실질적으로는 채권관계를 규율하는 사법의 일부를 말한다.

1. 채권관계 규율

채권관계란 채권자가 채무자에 대하여 일정한 행위, 즉 급부를 청구할 수 있는 권리를 가지는 법률관계를 말한다. 채권관계로부터 채권이 나오고, 채무가 이에 대응된다.

2. 사법의 일부

사법은 대등한 권리주체들 사이의 법률관계, 즉 평등관계를 규율한다.

II 채권법의 특질

1. 임의규정성 : 계약자유의 원칙

(1) 원 칙
① 채권은 물권과 달리 배타성이 없기 때문에 사적자치가 허용되는 범위가 물권에 비하여 상대적으로 넓으며, 따라서 원칙적으로 당사자의 의사가 1차적인 분쟁해결의 기준이 된다.
② 채권법규는 당사자의 의사가 불명확하거나 결여된 경우 합리적인 거래의 기준을 제시하고 당사자의 의사를 보충하는 기능을 하는 임의규정적 성격이 강하다.

(2) 임의규정성의 제한
사회적 형평이나 거래의 안전, 약자 보호를 위해 강행규정도 등장하고 있다.

2. 국제성·보편성·통일성

일반적으로 물권법이나 가족법이 각국의 관습이나 전통의 영향을 강하게 받음에 비하여, 채권법은 세계적으로 보편화·통일화하는 경향을 보인다.

3. 신의칙의 지배

채권관계는 채권자와 채무자 사이의 특별한 신뢰관계를 전제로 하여 성립되므로, 다른 영역에 비하여 신의성실의 원칙이 더 지배한다.

4. 강한 로마법적 요소

물권법이 게르만적 요소와 로마법적 요소가 혼재되어 있는 반면, 채권법은 로마법적 요소가 매우 강하다.

제2절 채권의 목적(급부)

> **채권의 목적(민법 제373조)**
> 금전으로 가액을 산정할 수 없는 것이라도 채권의 목적으로 할 수 있다. 기출 22

I 급부

채권의 목적인 급부란 원칙적으로 채권자가 채무자에게 요구할 수 있는 일정한 행위를 말한다. 채권의 내용이라고도 하며, 채권의 목적물과는 구별된다.

II 급부의 종류

1. 작위급부와 부작위급부

급부의 내용이 적극적 행위, 즉 작위인 경우를 작위급부라 하고, 소극적 행위, 즉 부작위인 경우를 부작위급부라고 한다.

2. 주는 급부와 하는 급부

작위급부는 다시 주는 급부와 하는 급부로 나뉘며, 주는 급부는 물건의 인도(또는 권리의 이전)를 목적으로 하며, 하는 급부는 노무의 제공 또는 일의 완성을 목적으로 한다.

3. 특정물급부와 불특정물급부

주는 급부는 다시 특정물급부와 불특정물급부로 나누어진다.

4. 가분급부와 불가분급부

급부가 가분인지 여부는 급부의 객관적 성질에 의하지만, 당사자의 의사에 의하여 가분을 불가분으로 할 수도 있다.

5. 일회적 급부·계속적 급부·회귀적 급부

급부를 실현하는 모습에 의한 구별로 채무의 이행이 1회의 행위에 의하여 끝나는 경우가 일회적 급부이고, 채무의 이행이 일정기간 계속되어야 하는 경우를 계속적 급부라 하며, 일정기간 동안 정기적으로 제공되어야 하는 급부를 회귀적 급부라고 하는데, 이는 계속적 급부의 특수한 예로 이해하는 것이 일반적이다.

Ⅲ 결과채무와 수단채무

결과채무란 일정한 결과발생을 목적으로 하는 채무를 말하며, 수단채무란 어떤 결과발생을 위하여 최선의 노력을 할 것을 내용으로 하는 채무를 말한다.

제3절 채무의 내용(채무구조론)

Ⅰ 채무의 의의

채무란 채권에 상응하여 채권자에게 일정한 행위를 부담하는 의무이다. 이에는 급부의무와 종된 급부의무, 부수적 주의의무, 보호의무가 있다.

Ⅱ 주된 급부의무와 종된 급부의무

1. 주된 급부의무

① 계약의 유형을 규정하는 채무자의 중심적 급부의무로 매매에 있어서 재산권이전의무나 대금지급의무 등이 이에 해당한다.
② 주된 급부의무 위반시 일반 채무불이행의 효과(손해배상, 계약해제권 등)가 전부 인정된다.

2. 종된 급부의무

① 주된 급부의무에 종속적인 급부의무로, 복잡한 기계의 매매에 있어서 설명서나 보증서의 인도의무 등이 이에 해당한다.
② 종된 급부의무 위반시 손해배상청구권은 인정되나, 계약해제권은 인정되지 않는다.

Ⅲ 부수적 주의의무

1. 의 의
급부의무의 내용을 제대로 실현하기 위해 급부에 대한 주의나 배려를 베풀어야 할 의무를 말한다. 대표적으로 약을 팔면서 부작용 등을 설명해 주어야 할 의무 등이 이에 해당한다.

2. 법적 근거
신의칙이 법적 근거이고, 주로 계속적 채권관계나 인적 신뢰가 중요시되는 채무에서 문제된다.

3. 의무위반시 효과
부수적 주의의무 위반시 원칙적으로 불완전이행책임이 문제된다.
① 손해배상청구권은 인정되나, 계약해제권은 그 불이행으로 인하여 계약의 목적을 달성할 수 없는 경우 또는 특별한 약정이 있는 경우에 한정하여 인정된다.
② 부수적 주의의무의 위반이 항상 불완전이행을 야기하는 것은 아니다. 경우에 따라서는 이행불능이나 이행지체가 성립할 수도 있다.

Ⅳ 보호의무

1. 의 의
보호의무란 계약교섭과정이나 계약이행단계에서 급부의무와는 무관한 채권자의 생명, 신체, 재산 등의 다른 법익을 침해하지 아니할 의무를 말하며, 이를 채무의 내용으로 인정할 경우 채무자는 채무불이행책임을 부담하게 된다.

2. 법적 지위
보호의무의 민법상 지위에 관하여 논란이 많은데, 핵심은 계약상의 의무로서 보호의무를 인정할 것인가 하는 점이다. 다수설은 보호의무를 계약상의 부수적 주의의무의 한 유형으로 파악한다.

3. 보호의무의 근거
계약상 보호의무의 근거는 신의성실의 원칙에서 찾을 수 있다(민법 제2조 제1항). 또한 보호의무는 채무자뿐만 아니라 채권자도 부담하며, 그 범위는 채권관계의 종류에 따라 달라진다.

4. 판례의 태도
판례는 숙박업자, 기획여행계약에서 여행업자, 고용계약이나 노무도급계약상의 사용자 등의 보호의무를 인정한다. 판례가 계약상의 의무로서 보호의무를 인정하는지 여부는 명확하지 않다. 숙박업자나 여행업자 또는 근로자 파견관계에서 사용사업주의 보호의무처럼 그 위반이 채무불이행책임을 성립시킨다는 것도 보이나 일반적으로 보호의무위반으로 인하여 불법행위가 성립한다는 태도인 것으로 판단된다.

> **안전배려의무 또는 보호의무를 인정한 관련 판례**
> - [1] 사용자는 근로계약에 수반되는 신의칙상의 부수적 의무로서 피용자가 노무를 제공하는 과정에서 생명, 신체, 건강을 해치는 일이 없도록 인적·물적 환경을 정비하는 등 필요한 조치를 강구하여야 할 보호의무를 부담하고, 이러한 보호의무를 위반함으로써 피용자가 손해를 입은 경우 이를 배상할 책임이 있다.
> [2] 보호의무위반을 이유로 사용자에게 손해배상책임을 인정하기 위하여는 특별한 사정이 없는 한 그 사고가 피용자의 업무와 관련성을 가지고 있을 뿐 아니라 또한 그 사고가 통상 발생할 수 있다고 하는 것이 예측되거나 예측할 수 있는 경우라야 할 것이고, 그 예측가능성은 사고가 발생한 때와 장소, 가해자의 분별능력, 가해자의 성행, 가해자와 피해자의 관계 기타 여러 사정을 고려하여 판단하여야 한다(대판 2001.7.27. 99다56734).
> - 근로자파견관계에서 사용사업주와 파견근로자 사이에는 특별한 사정이 없는 한 파견근로와 관련하여 사용사업주가 파견근로자에 대한 보호의무 또는 안전배려의무를 부담한다는 점에 관한 묵시적인 의사의 합치가 있다고 할 것이고, 따라서 사용사업주의 보호의무 또는 안전배려의무 위반으로 손해를 입은 파견근로자는 사용사업주와 직접 고용 또는 근로계약을 체결하지 아니한 경우에도 위와 같은 묵시적 약정에 근거하여 사용사업주에 대하여 보호의무 또는 안전배려의무 위반을 원인으로 하는 손해배상을 청구할 수 있다. 그리고 이러한 약정상 의무 위반에 따른 채무불이행책임을 원인으로 하는 손해배상청구권에 대하여는 불법행위책임에 관한 민법 제766조 제1항의 소멸시효 규정이 적용될 수는 없다(대판 2013.11.28. 2011다60247).

5. 보호의무 위반의 효과

① 계약상의 의무로서 보호의무를 위반하여 상대방에게 손해를 발생시켰다면, 이는 불완전이행 또는 적극적 채권침해가 되어 손해배상책임이 문제된다.

② 원칙적으로 계약해제권이 발생하지 않는다. 다만, 계속적 채권관계에서 보호의무 위반으로 당사자들 사이의 신뢰관계의 기초가 파괴되었다면 예외적으로 계약해제권이 인정될 수 있다.

CHAPTER 01 채권법 서론

01
채권의 목적에 관한 설명으로 옳지 않은 것은?(다툼이 있으면 판례에 따름)

① 금전으로 가액을 산정할 수 없는 것이라도 채권의 목적으로 할 수 있다.
② 급부가 가분인지 여부는 급부의 객관적 성질에 의하므로, 당사자 의사에 의하여 가분을 불가분으로 할 수는 없다.
③ 채무의 이행이 일정기간 계속되어야 하는 경우를 계속적 급부라 하며, 일정기간 동안 정기적으로 제공되어야 하는 급부를 회귀적 급부라고 하는데, 이는 계속적 급부의 특수한 예이다.
④ 결과채무란 일정한 결과발생을 목적으로 하는 채무를 말하며, 수단채무란 어떤 결과발생을 위하여 최선의 노력을 할 것을 내용으로 하는 채무를 말한다.
⑤ 주는 급부는 특정물급부와 불특정물급부로 나누어진다.

02
채무의 내용에 대한 설명으로 옳지 않은 것은?(다툼이 있으면 판례에 따름)

① 급부의무뿐만 아니라 신의칙에 기하여 부수적 주의의무나 보호의무 등도 채무의 내용으로 인정된다.
② 종된 급부의무 위반시 손해배상청구권은 인정되나, 계약해제권은 인정되지 않는다.
③ 부수적 주의의무 위반시 원칙적으로 불완전이행책임이 문제된다.
④ 판례는 숙박업자, 기획여행계약에서 여행업자, 고용계약이나 노무도급계약상의 사용자 등의 보호의무를 인정한다.
⑤ 보호의무 위반의 효과로써 계약해제권이 원칙적으로 인정된다.

정답 및 해설

01
① (○) 민법 제373조
② (×) 급부가 가분인지 여부는 급부의 객관적 성질에 의하지만, 당사자의 의사에 기하여 가분을 불가분으로 할 수도 있다.
③ (○) 계속적 급부나 계속적 급부의 특수한 예로 인정되는 회귀적 급부에서는 신의칙의 강한 지배를 받으며 법률관계의 종료시에 소급효가 인정되지 아니하는 특징이 있다.
④ (○) 결과채무에는 대표적으로 매도인의 재산권이전의무가 있으며 수단채무로는 의사의 진료의무가 있다.
⑤ (○) 급부목적물이 특정되어 있는가에 따른 구별이다.

정답 ②

02
① (○) 신의칙에 기하여 인정되는 부수적 주의의무나 보호의무 등도 채무의 내용에 포함된다는 것이 학설의 일반적인 태도이다.
② (○) 종된 급부의무를 위반한 경우에는 급부의무의 이행을 청구할 수 있으며 채무불이행으로 인한 손해배상을 청구할 수도 있으나 계약해제권은 원칙적으로 인정되지 아니한다.
③ (○) 부수적 주의의무 위반의 경우 원칙적으로 불완전이행으로 인한 손해배상만을 청구할 수 있을 뿐이고 채무의 이행청구나 계약해제권은 인정되지 아니한다.
④ (○) 판례는 숙박업자(대판 1997.10.10. 96다47302), 기획여행계약에서 여행업자(대판 1998.11.24. 98다25061), 고용계약이나 노무도급계약상의 사용자(대판 1999.2.23. 97다12082) 등에게 보호의무를 인정한다.
⑤ (×) 보호의무 위반의 효과로써 계약해제권은 원칙적으로 발생하지 않는다. 다만 계속적 채권관계에서 보호의무 위반으로 당사자들 사이의 신뢰관계의 기초가 파괴되었다면 예외적으로 계약해제권이 인정될 수 있다.

정답 ⑤

CHAPTER 02 채권의 목적

제1절 특정물채권

특정물인도채무자의 선관의무(민법 제374조)
특정물의 인도가 채권의 목적인 때에는 채무자는 그 물건을 인도하기까지 선량한 관리자의 주의로 보존하여야 한다. 기출 22·25

이행지체 중의 손해배상(민법 제392조)
채무자는 자기에게 과실이 없는 경우에도 그 이행지체 중에 생긴 손해를 배상하여야 한다. 그러나 채무자가 이행기에 이행하여도 손해를 면할 수 없는 경우에는 그러하지 아니하다.

채권자지체와 채무자의 책임(민법 제401조)
채권자지체 중에는 채무자는 고의 또는 중대한 과실이 없으면 불이행으로 인한 모든 책임이 없다.

특정물의 현상인도(민법 제462조)
특정물의 인도가 채권의 목적인 때에는 채무자는 이행기의 현상대로 그 물건을 인도하여야 한다.

I 특정물채권의 의의 및 판단기준

1. 의 의
특정물채권이란 소유권의 이전 여부와는 관계없이 특정물의 인도를 목적으로 하는 채권이다(민법 제374조). 특정물채권은 채권이 성립할 당시부터 목적물이 특정되어 있어야만 하는 것은 아니며, 채권이 성립할 당시에는 특정되어 있지 않더라도 후에 특정되면 그때부터는 특정물채권이 된다.

2. 판단기준
특정물인지 종류물인지 여부를 판단하는 1차적인 기준은 '당사자들의 주관적인 의사'이다. 따라서 특정물인지 종류물인지는 1차적으로 법률행위의 해석으로 귀결되나, 당사자의 의사가 불명확한 경우에는 부대체물은 특정물, 대체물은 종류물로 본다. 반면 대체물인지 부대체물인지 여부는 물건의 성질이라는 객관적 기준에 의하여 구별된다.

Ⅱ 목적물보존의무 : 선관주의의무(민법 제374조)

1. 선관주의

(1) 의 의

선량한 관리자의 주의란 거래상 일반적으로 평균인에게 요구되는 정도의 주의를 말한다. 민법상 선관주의의무가 원칙적인 모습이며, 이러한 주의의무 위반을 추상적 경과실이라 한다.

(2) 발생시기 및 존속기간

① 발생시기 : 특정물인도채무의 성립시부터 선관주의의무가 발생한다. 기출 10
② 존속기간 : 특정물의 인도 시까지 선관주의의무를 부담하며 여기서 인도시란 현실적인 인도 시를 의미한다.

2. 위반의 효과

채무자가 선관주의의무를 위반하여 목적물이 멸실 또는 훼손된 경우에 채무자는 다른 물건으로 급부할 의무는 없으나 채무불이행책임을 진다(민법 제390조). 선관주의의무를 다하였는지에 대한 입증책임은 채무자가 부담한다.

Ⅲ 목적물의 현상인도의무(민법 제462조)

1. 현상인도의무

특정물인도채무의 경우 이행기의 현상대로 그 물건을 인도하여야 한다(민법 제462조). 기출 06 · 10

2. 인도장소(민법 제467조 제1항)

① 지참채무의 원칙의 특칙으로서 채권성립 당시 목적물이 있던 장소가 변제의 장소가 된다. 기출 03 · 10
② 매매목적물의 인도와 동시에 대금지급을 하는 때에는 목적물의 인도장소가 대금지급장소라는 점을 유의해야 한다(민법 제586조).

3. 과실의 귀속

(1) 원 칙

이행기 이전의 과실은 채무자에게, 이행기 이후의 과실은 채권자에게 귀속된다(다수설).

(2) 예 외

매수인이 아직 대금을 지급하지 않은 경우에는 이행기 이후라도 인도 전 과실은 매도인에게 속한다(민법 제587조).

Ⅳ 목적물이 채무자의 귀책사유에 의하지 않고 멸실·훼손된 경우

1. 내 용
① 멸실된 경우 채무자는 목적물인도의무를 면한다.
② 훼손된 경우에는 훼손된 상태대로의 물건을 인도하면 된다.
③ 채무자가 목적물인도채무를 면하므로 채권자는 채무자에 대한 목적물인도채권을 상실한다.

2. 선관의무
채무자가 선관주의의무를 다한 때에는 채무불이행책임도 지지 않는다. 기출 10

제2절 종류채권

> **종류채권(민법 제375조)**
> ① 채권의 목적을 종류로만 지정한 경우에 법률행위의 성질이나 당사자의 의사에 의하여 품질을 정할 수 없는 때에는 채무자는 중등품질의 물건으로 이행하여야 한다.
> ② 전항의 경우에 채무자가 이행에 필요한 행위를 완료하거나 채권자의 동의를 얻어 이행할 물건을 지정한 때에는 그때로부터 그 물건을 채권의 목적물로 한다. 기출 22

Ⅰ 의 의

1. 개 념
종류채권이란 급부하여야 할 물건이 종류와 수량으로 정해져 있는 채권을 말한다.

2. 제한종류채권
급부가 종류와 수량으로 정해져 있으나 일정한 제한된 범위에서만 특정할 수 있는 채권이다. 판례는 특정창고에 소재한 백미 일부를 목적으로 한 매매계약을 제한종류채권의 발생원인으로 본 경우가 있다(대판 1956.3.31. 4288민상232).

Ⅱ 종류채권에서 목적물의 품질

1. 품질을 정할 수 없는 경우
채무자는 법률행위의 성질이나 당사자의 의사에 의하여 품질을 정할 수 없는 경우에 중등품질의 물건을 급부하면 된다(민법 제375조 제1항). 기출 10

2. 채무자가 상등품질의 물건을 급부한 경우
채무자가 상등품질의 물건을 급부한 경우, 통설은 채권자가 특히 중등품질의 물건을 급부받아야 할 특수한 사정이 있는 경우가 아니라면, 채무불이행으로 되지는 않는다고 한다.

Ⅲ 종류채권의 특정

1. 의 의
종류물 중에서 인도할 물건이 구체적으로 결정되는 것을 종류채권의 특정이라고 한다. 기출 05

2. 특정의 방법

(1) **채무자가 이행에 필요한 행위를 완료한 때**

  1) 지참채무
  ① 지참채무는 민법상 채무이행의 원칙으로 채무자가 목적물을 채권자의 수소에 가지고 가서 이행하여야 하는 채무를 말한다. 기출 05
  ② 이행준비를 다해서 채권자의 현주소에서 현실제공을 하면 특정이 된다. 다만, 지참채무라고 하더라도 채권자가 미리 변제받기를 거절한 경우에는 인도할 목적물을 분리·지정하고 구두의 제공(변제준비의 완료를 통지하고 그 수령을 최고)을 하면 된다. 기출 05

  2) 추심채무
  채권자가 채무자의 주소에 와서 목적물을 추심하여 이행받는 채무를 말한다. 채무자가 인도할 목적물을 분리·지정하고 구두제공을 하면 특정된다. 기출 05

  3) 송부채무
  ① 송부채무란 채무자가 채권자에게 물건을 송부해야 하는 채무를 말한다. 급부장소는 채무자의 주소이고, 급부결과발생지는 통상 채권자의 주소이지만 합의된 제3지(第三地)일 수도 있다.
  ② 송부채무에서 채무자가 채권자에게 물건을 발송함으로써 발송된 물건으로 특정이 이루어진다.

(2) **채무자가 채권자의 동의를 얻어 이행할 물건을 지정한 때**
  ① 채무자가 채권자로부터 지정권을 부여받아 인도할 물건을 지정한 때에 특정이 이루어진다. 이러한 경우에도 채무자는 종류물의 품질에 관한 제한을 준수해야 한다.
  ② 판례는 지정권 불행사에 따른 지정권 이전에 대하여 선택채권에 관한 규정의 유추적용을 긍정하나, 다수설은 부정한다.

> 제한종류채권에 있어 급부목적물의 특정은, 원칙적으로 종류채권의 급부목적물의 특정에 관하여 민법 제375조 제2항이 적용되므로, 채무자가 이행에 필요한 행위를 완료하거나 채권자의 동의를 얻어 이행할 물건을 지정한 때에는 그 물건이 채권의 목적물이 되는 것이나, 당사자 사이에 지정권의 부여 및 지정의 방법에 관한 합의가 없고, 채무자가 이행에 필요한 행위를 하지 아니하거나 지정권자로 된 채무자가 이행할 물건을 지정하지 아니하는 경우에는 선택채권의 선택권 이전에 관한 민법 제381조를 준용하여 채권의 기한이 도래한 후 채권자가 상당한 기간을 정하여 지정권이 있는 채무자에게 그 지정을 최고하여도 채무자가 이행할 물건을 지정하지 아니하면 지정권이 채권자에게 이전한다(대판 2003.3.28. 2000다24856).

  ③ 당사자 사이의 특약으로 제3자에게 지정권을 줄 수 있다. 기출 05

IV 종류채권의 특정의 효과

1. 특정물채권으로의 전환
특정 후 채무자는 특정된 물건에 대한 선관주의의무만을 부담하지만(민법 제374조), 특정된 물건의 수령을 채권자가 지체하는 경우에 채권자지체가 성립하여 채무자의 보관상의 주의의무가 경감될 수 있다(민법 제401조).

2. 급부위험의 이전
특정에 의하여 급부위험이 채무자로부터 채권자에게로 이전된다. 즉, 특정 전에는 채무자에게 조달의무가 있었으나 특정 후에는 조달의무를 면하고 급부위험이 채권자에게 이전된다.

3. 급부변경권
당사자 의사에 기한 특정물채권에서와 달리 종류채권에서는 특정의 구속을 엄격하게 새길 것은 아니고, 채권자의 이익을 해치지 않는 한 채무자의 급부변경권을 인정할 필요가 있다.

제3절 금전채권

> **금전채권(민법 제376조)**
> 채권의 목적이 어느 종류의 통화로 지급할 것인 경우에 그 통화가 변제기에 강제통용력을 잃은 때에는 채무자는 다른 통화로 변제하여야 한다.

I 금전채권의 의의

1. 개 념
금전채권이란 금전의 지급(인도)을 목적으로 하는 채권이며, 대부분의 경우에 금전채권은 금액채권이다.

2. 발생원인
금전채권은 법률행위 또는 법률의 규정에 의하여 발생한다.

3. 금전채권의 특수성
금전채권은 보통의 종류채권에서와 같은 특정의 문제도 없으며, 따라서 급부위험의 이전이라는 문제도 발생할 수 없고, 이행불능의 문제도 발생하지 않는다.

Ⅱ 금전채권의 종류

1. 금액채권
일정액의 금전의 지급(인도)을 목적으로 하는 금전채권을 금액채권이라고 한다.

2. 상대적 금종채권
당사자 간의 특약으로 특정한 종류의 통화로써 지급하기로 약정한 금전채권이 금종채권이다. 이 경우 그 특정 통화가 변제기에 강제통용력을 상실한 경우 통용력 있는 다른 화폐로 지급 가능하다(민법 제376조).

3. 특정금전채권과 절대적 금종채권

(1) 특정금전채권
진열용 또는 소장용 등 특정의 화폐의 인도를 목적으로 하는 채권을 특정금전채권이라고 하는데, 이는 순수한 금액채권이 아닌, 특정물채권에 해당한다.

(2) 절대적 금종채권
절대적으로 일정한 종류의 금전을 급부하는 것이 목적인 경우, 이는 금액채권이 아닌 종류채권의 일종이다.

4. 외화채권

> **외화채권(민법 제377조)**
> ① 채권의 목적이 다른 나라 통화로 지급할 것인 경우에는 채무자는 자기가 선택한 그 나라의 각 종류의 통화로 변제할 수 있다.
> ② 채권의 목적이 어느 종류의 다른 나라 통화로 지급할 것인 경우에 그 통화가 변제기에 강제통용력을 잃은 때에는 그 나라의 다른 통화로 변제하여야 한다.
>
> **동전(민법 제378조)**
> 채권액이 다른 나라 통화로 지정된 때에는 채무자는 지급할 때에 있어서의 이행지의 환금시가에 의하여 우리나라 통화로 변제할 수 있다.

(1) 의 의
외국의 통화로 지급하기로 한 금전채권을 말한다.

(2) 종 류
① 외화 금액채권 : 채무자는 자신의 선택에 따라 그 나라의 각종 통화로 지급할 수 있다(민법 제377조 제1항).

② 외화 금종채권 : 그 나라의 특정의 통화로 지급할 약정이 있으면 그것으로 지급하고, 그 통화가 강제통용력을 상실했다면 그 나라의 다른 통화로 지급하여야 한다(민법 제377조 제2항).

(3) 채무자의 대용권(민법 제378조)

① 외화채권의 경우 외화 금액채권이든, 외화 금종채권이든 채무자는 지급할 때의 있어서의 이행지의 환금시가로 환산하여 우리나라 통화로 변제할 수 있다(대판 1991.3.12. 90다2147[전합]). 기출 20·25
② 지급할 때의 의미란 현실이행시설의 입장에서 채무자가 현실로 이행할 때, 소로써 청구하는 경우에는 사실심변론 종결 당시의 외국환시세를 우리나라 통화로 환산하는 기준시로 삼아야 한다(다수설·판례).
③ 채권자에게도 이러한 대용급부청구권이 있다고 보는 것이 통설·판례이다.

Ⅲ 금전채권의 특수성

> **금전채무이행에 대한 특칙(민법 제397조)**
> ① 금전채무불이행의 손해배상액은 법정이율에 의한다. 그러나 법령의 제한에 위반하지 아니한 약정이율이 있으면 그 이율에 의한다.
> ② 전항의 손해배상에 관하여는 채권자는 손해의 증명을 요하지 아니하고 채무자는 과실 없음을 항변하지 못한다.

1. 금전채권의 성격

① 종류채권에 관한 민법 제375조는 금전채권에 적용되지 않는다.
② 채무자는 지급무능력을 이유로 자신의 급부의무로부터 해방될 수 없다.

2. 금전채무 불이행에 대한 특칙

(1) 요건에 관한 특칙

① 금전채무불이행시 채권자는 손해의 증명을 요하지 아니하고, 채무자는 과실 없음을 항변하지 못한다(민법 제397조 제2항). 기출 15·25 다만, 채권자가 채무의 불이행을 원인으로 손해배상을 구할 때에 지연이자 상당의 손해가 발생하였다는 취지의 주장은 하여야 한다(대판 2000.2.11. 99다49644). 기출 15·17
② 채무자는 자신의 귀책사유에 기한 것이 아닌 채무불이행에 대하여 책임을 지지 않지만(민법 제390조 단서), 금전채무의 채무자는 채무불이행이 자신에게 책임 없는 사유로 인한 것임을 증명하더라도 책임을 면할 수 없다.

(2) 효과에 관한 특칙

① 금전채무불이행의 경우에 손해배상액은 법정이율에 따라 산정되고(민법 제397조 제1항 본문), 채권자에게 실제로 발생한 손해가 법정이율에 의하여 산정된 액보다 많거나 적더라도 채무자는 법정이율에 따라 산정된 금액을 손해배상액으로 지급해야 한다. 그러나 법정이율과 다른 이자율의 약정이 있는 경우에 손해배상액은 그에 의하여 산정된다(민법 제397조 제1항 단서).
② 계약 해제 시 반환할 금전에 가산할 이자에 관하여 당사자 사이에 약정이 있는 경우에는 특별한 사정이 없는 한 이행지체로 인한 지연손해금도 그 약정이율에 의하기로 하였다고 보는 것이 당사자의 의사에 부합한다(대판 2013.4.26. 2011다50509). 기출 20

③ 당사자 간에 실제로 발생한 손해액을 배상한다는 특약이 있는 경우, 법률에 특별한 규정이 있는 경우, 손해배상액의 예정이 있는 경우 또는 불이행 후 손해배상액에 대한 합의가 있는 경우에는 그에 의한다.
④ 확정된 지연배상금채무는 이행기의 정함이 없는 채무이므로 채무자는 채권자로부터 이행청구를 받은 때로부터 지체책임을 부담한다(판례). 기출 15·20
⑤ 금전채무의 이행지체로 인하여 발생하는 지연손해금은 그 성질이 손해배상금이지 이자가 아니며, 민법 제163조 제1호가 규정한 '1년 이내의 기간으로 정한 채권'도 아니므로 3년간의 단기소멸시효의 대상이 되지 아니한다(대판 1998.11.10, 98다42141). 기출 17·20·24

제4절 이자채권

I 이자의 의의

1. 개 념
이자란 금전 기타 대체물의 사용대가로 그 원본액과 사용기간에 따라 일정기간마다 일정한 비율에 따라 지급되는 금전 기타 대체물을 말한다.

2. 원본과 이자의 관계
원본과 이자는 금전에 한하지 않는다. 또한 원본과 이자는 동종일 필요가 없다.

3. 발생원인
이자채권은 법률의 규정 또는 당사자 간의 약정에 의하여 발생한다.

II 이자채권

1. 의 의
이자채권은 이자의 지급을 목적으로 하는 채권을 말한다. 여기에는 변제기에 도달하지 않은 기본적인 이자채권과 변제기에 도달하여 구체화된 이자채권인 지분적 이자채권이 있다.

2. 기본적인 이자채권의 특징
① **부종성** : 원본채권에 대한 종속성이 강하여 운명을 같이 한다.
② **수반성** : 원본채권의 처분시 특별한 의사표시가 없는 한 기본적 이자채권도 함께 수반하여 이전한다.
③ **독립성** : 기본적 이자채권도 원본채권과 분리하여 장래의 채권으로서 양도가 가능하다.

3. 지분적 이자채권의 특징(독립성)

① 원본채권과 분리하여 지분적 이자채권만의 양도가 가능하며, 원본채권을 양도할 때 이미 발생한 지분적 이자채권까지도 양도한다는 의사표시가 없는 한 당연히 수반하여 양도되지는 않는다(통설)(대판 1989.3.28. 88다카12803). 기출 15·25

② 지분적 이자채권은 원본채권과 별도로 소멸시효에 걸린다. 단, 원본채권이 먼저 시효소멸하면 지분적 이자채권은 당연히 소멸한다.

③ 지분적 이자채권만 별도로 변제 가능하며, 원본채권만이 변제 등으로 소멸하더라도 지분적 이자채권은 소멸하지 않는다. 단, 원본채권의 발생원인이 무효·취소가 되어 원본채권이 부존재하게 되면 이자채권도 발생하지 않는다.

핵심문제

01 채권의 목적에 관한 설명으로 옳지 않은 것은?(다툼이 있으면 판례에 따름) 변리 23

① 특정물채권의 채무자는 이행기에 이행하여도 손해를 면할 수 없는 경우가 아닌 한, 이행지체 중에 과실 없이 목적물이 멸실되더라도 배상책임을 부담한다.
② 원본채권이 시효로 소멸한 경우 그로부터 발생한 지분적 이자채권도 함께 소멸한다.
③ 금전채무불이행에 따른 통상 손해배상의 경우 채권자는 자신의 손해를 증명할 필요가 없다.
④ 채무자가 금전채무를 이행하지 않아 발생한 확정된 지연손해금에 대하여 채권자가 이행청구를 하는 경우 그 지연손해금에 대하여 다시 지연손해금의 지급을 구할 수는 없다.
⑤ 무권대리에서 상대방이 그의 선택에 따라 행사할 수 있는 계약의 이행 또는 손해배상청구권은 선택권을 행사할 수 있는 때부터 소멸시효가 진행한다.

【해설】
① (○) 채무자는 자기에게 과실이 없는 경우에도 그 이행지체 중에 생긴 손해를 배상하여야 한다. 그러나 채무자가 이행기에 이행하여도 손해를 면할 수 없는 경우에는 그러하지 아니하다(민법 제392조).
② (○) 원본채권의 소멸시효가 지분권 이자채권(변제기가 도달한 이자채권)의 소멸시효에 앞서 완성된 경우, 비록 지분적 이자채권 자체의 소멸시효는 완성되지 않았더라도 민법 제167조(소멸시효는 그 기산일에 소급하여 효력이 생긴다.), 제183조(주된 권리의 소멸시효가 완성한 때에는 종속된 권리에 그 효력이 미친다.)에 의하여 지분적 이자채권도 소멸한다고 보아야 한다.
③ (○) 금전채무불이행에 따른 손해배상에 관하여는 채권자는 손해의 증명을 요하지 아니하고, 채무자는 과실없음을 항변하지 못한다(민법 제397조 제2항).
④ (×) 금전채무의 지연손해금채무는 금전채무의 이행지체로 인한 손해배상채무로서 이행기의 정함이 없는 채무에 해당하므로, 채무자는 확정된 지연손해금채무에 대하여 채권자로부터 이행청구를 받은 때부터 지체책임을 부담하게 된다. 한편 원금채권과 금전채무불이행의 경우에 발생하는 지연손해금채권은 별개의 소송물이다. 따라서 판결이 확정된 채권자가 시효중단을 위한 신소를 제기하면서 확정판결에 따른 원금과 함께 원금에 대한 확정 지연손해금 및 이에 대한 지연손해금을 청구하는 경우, 확정 지연손해금에 대한 지연손해금채권은 채권자가 신소로써 확정 지연손해금을 청구함에 따라 비로소 발생하는 채권으로서 전소의 소송물인 원금채권이나 확정 지연손해금채권과는 별개의 소송물이므로, 채무자는 확정 지연손해금에 대하여도 이행청구를 받은 다음 날부터 지연손해금을 별도로 지급하여야 하되 그 이율은 신소에 적용되는 법률이 정한 이율을 적용하여야 한다(대판 2022.4.14. 2020다268760).
⑤ (○) 대판 1965.8.24. 64다1156

정답 ④

Ⅲ 이율

> **법정이율(민법 제379조)**
> 이자 있는 채권의 이율은 다른 법률의 규정이나 당사자의 약정이 없으면 연 5분으로 한다.

1. 의의
이율은 원본액에 대한 비율을 말하는데, 이자는 이율에 의하여 산정된다.

2. 법정이율과 약정이율
① 법정이율은 법률이 정한 이율로 민사에 있어서는 연 5푼(민법 제379조), 상사에 있어서는 연 6푼이다(상법 제54조). 기출 17
② 약정이율은 당사자에 의하여 정하여진 이율로 사적자치의 원칙상 자유롭게 정할 수 있다. 다만, 이자제한법 등 특별법의 제한이 있다.

3. 복리
이자의 이자, 즉 변제기에 도달한 이자를 원본에 산입하여 그 합계액을 원금으로 하여 이에 또 붙여진 이자를 복리라고 한다. 민법은 복리를 금지 또는 제한하지 않으므로, 법률이나 선량한 풍속 기타 사회질서에 반하지 않는 한 복리의 약정을 할 수 있다.

Ⅳ 이자의 제한

1. 서설
종래 당사자 간의 약정이자를 규제하는 이자제한법이 있었으나, 1997년 외환위기시에 IMF의 권고에 의하여 종전의 이자제한법이 1998년 폐지되었다. 이후에는 당사자 간의 약정이율이 과도한 경우 민법 제103조, 제104조에 의해서만 규율할 수밖에 없었다. 그러한 과정에서 대법원이 이자약정이 과도한 사안에서 전합판결로 '사회통념상 허용되는 한도를 초과하는 이율의 이자를 약정하여 지급한 경우에는 차주는 그 이자의 반환을 청구할 있다'고 판시하자, 국회는 고리대금업자들의 폭리행위를 원칙적으로 막고자 과거의 이자제한법과 거의 동일한 내용의 새로운 이자제한법을 제정하였다.

2. 이자제한법의 적용범위
① 이자제한법은 금전대차에 관한 계약상의 최고이자율을 제한한다(이자제한법 제2조 제1항). 즉, 금전소비대차에 있어서의 약정이자에 적용된다(대판 1980.6.10. 80다669).
  ㉠ 금전 이외의 소비물을 목적으로 하는 소비대차에는 동법이 적용되지 않지만, 민법 제104조의 폭리행위로서 무효로 될 수 있다.
  ㉡ 매매대금과 같이 대차관계에 기하지 않은 금전채권에도 동법이 적용되지 않는다.
  ㉢ 이자제한법의 최고이자율 제한에 관한 규정은 금전대차에 관한 계약상의 이자에 관하여 적용될 뿐, 계약을 위반한 사람을 제재하고 계약의 이행을 간접적으로 강제하기 위하여 정한 위약벌의 경우에는 적용될 수 없다(대판 2017.11.29. 2016다259769).

② 이자제한법 시행 전에 성립한 대차관계의 약정이자율에 관해서도 동법 시행일 이후부터는 동법에 따른다(이자제한법 법률 제8322호 부칙 제2항).
③ 이자제한법은 다른 법률에 의하여 인가·허가·등록을 마친 금융업 및 대부업과 대부업법상 불법사금융업자에 대하여는 적용하지 아니한다(이자제한법 제7조).

3. 제한이율

(1) 최고이자율
이자제한법은 약정이율의 최고한도를 제한하는 방식을 취한다. 즉, 최고이자율은 연 25%를 넘지 않는 범위 안에서 대통령령으로 정하는데(이자제한법 제2조 제1항), 이에 의하면 금전대차에 관한 계약상의 최고이자율은 연 20%이다(이자제한법 제2조 제1항의 최고이자율에 관한 규정).

(2) 간주이자
① 금전대차에 관하여 채권자가 받는 원본 외의 금전은 그 명칭 여하를 불문하고 모두 이자로 본다(이자제한법 제4조 제1항).
② 채무자가 금전대차와 관련하여 금전지급의무를 부담하기로 약정하는 경우 의무 발생의 원인 및 근거법령, 의무의 내용, 거래상 일반원칙 등에 비추어 그 의무가 원래 채권자가 부담하여야 할 성질인 때에는 이를 이자로 본다(이자제한법 제4조 제2항).

4. 제한위반의 효과

(1) 제한이율 초과부분은 무효
① 금전소비대차의 약정이자로 최고이자율을 초과하는 부분은 무효이다(이자제한법 제2조 제3항).
② 준소비대차계약을 하거나 경개계약을 하더라도 초과부분에 관해서는 효력이 없다(대판 1998.10.13. 98다17046).
③ 최고이자율을 초과하는 이자채권을 자동채권으로 하여 상계의 의사표시를 하더라도 그 효력이 발생하지 않는다(대판 1963.11.21. 63다429).

(2) 임의로 지급한 제한초과이자의 반환청구
채무자가 최고이자율을 초과하는 이자를 임의로 지급한 경우에는 초과지급된 이자 상당금액은 '원본에 충당되고', '원본이 소멸한 때에는 그 반환을 청구'할 수 있다(이자제한법 제2조 제4항).

제5절 선택채권

선택채권(민법 제380조)
채권의 목적이 수개의 행위 중에서 선택에 좇아 확정될 경우에 다른 법률의 규정이나 당사자의 약정이 없으면 선택권은 채무자에게 있다. 기출 10

당사자의 선택권의 행사(민법 제382조)
① 채권자나 채무자가 선택하는 경우에는 그 선택은 상대방에 대한 의사표시로 한다.
② 전항의 의사표시는 상대방의 동의가 없으면 철회하지 못한다.

제3자의 선택권의 행사(민법 제383조)
① 제3자가 선택하는 경우에는 그 선택은 채무자 및 채권자에 대한 의사표시로 한다.
② 전항의 의사표시는 채권자 및 채무자의 동의가 없으면 철회하지 못한다.

불능으로 인한 선택채권의 특정(민법 제385조)
① 채권의 목적으로 선택할 수개의 행위 중에 처음부터 불능한 것이나 또는 후에 이행불능하게 된 것이 있으면 채권의 목적은 잔존한 것에 존재한다.
② 선택권 없는 당사자의 과실로 인하여 이행불능이 된 때에는 전항의 규정을 적용하지 아니한다.

선택의 소급효(민법 제386조)
선택의 효력은 그 채권이 발생한 때에 소급한다. 그러나 제3자의 권리를 해하지 못한다.

I 의의

1. 개념
여러 개의 상이(相異)한 급부들 중 어느 하나를 목적으로 하는 채권이 선택채권이다.

2. 선택채권의 발생원인
선택채권은 당사자의 법률행위 또는 법률의 규정에 의하여 발생한다.

3. 종류채권과의 비교

구 분		종류채권	선택채권
공통점		채권의 내용이 아직 확정되어 있지 않음	
차이점	급부 확정	특정으로 급부가 확정	선택권자의 선택권 행사로 급부가 확정
	특정물채권화 여부	종류채권이 특정되면 특정물채권	선택채권은 선택으로 당연히 특정물채권이 되는 것이 아님(일반채권화)
	잔존급부의 특정	-	급부의 원시적 일부불능으로 잔존급부에 특정이 가능(민법 제385조 제1항)
	특정의 소급효 유무	종류채권 특정의 효과는 소급하지 않음	선택의 효과는 소급하나(민법 제386조), 급부불능에 의한 특정은 불소급

Ⅱ 선택채권의 특정

1. 특정의 개념

선택채권이 이행되기 위해서는 수 개의 급부가 하나의 급부로 특정되어 단순채권으로 변경되어야 한다. 선택채권의 특정에는 선택권자의 선택에 의한 특정과 급부불능에 의한 특정이 있다.

2. 선택에 의한 특정

(1) 법적 성질

선택권은 일방적 의사표시로써 행사되며, 형성권이다.

(2) 선택권자

법률의 규정이나 당사자의 약정에 의해 정해지며, 정함이 없는 경우에는 채무자에게 선택권이 있다(민법 제380조). 기출 25

(3) 당사자의 선택권 행사

① 상대방 있는 단독행위로 상대방에 대한 의사표시로 한다. 기출 09 따라서 선택의 의사표시는 상대방에게 도달한 때 효력이 발생하며, 도달하여 효력이 발생한 후에는 선택의 의사표시는 원칙적으로 철회할 수 없다. 기출 06
② 단독행위이므로 원칙적으로 조건이나 기한을 붙이지 못한다.

(4) 제3자의 선택권 행사

① 채권자 및 채무자 모두에게 행사되어야 한다(민법 제383조 제1항). 기출 06·09
② 선택의 의사표시는 채무자 및 채권자의 동의가 없으면 철회할 수 없다(민법 제383조 제2항).

3. 급부불능으로 인한 특정

(1) 원시적 불능의 경우

여러 급부들 중에 처음부터 불능한 것이 있는 경우, 즉 원시적으로 불능인 급부가 있는 경우에, 잔존하는 급부에 채권이 존재한다(민법 제385조 제1항). 기출 09·25

(2) 후발적 불능의 경우

① 선택권자의 귀책 또는 불가항력 : 잔존급부가 채권의 목적이 된다(민법 제385조 제1항).
② 선택권 없는 자의 귀책 : 선택채권의 존속에 영향이 없다. 즉, 선택권자는 불능으로 된 급부를 선택할 수 있고, 이때 선택한 급부 자체의 이행이 불가능하므로 제1차적 급부의무는 소멸하고 그 대신 전보배상이 문제될 뿐이다. 기출 06·10

Ⅲ 선택권의 이전

선택권의 이전(민법 제381조)
① 선택권행사의 기간이 있는 경우에 선택권자가 그 기간 내에 선택권을 행사하지 아니하는 때에는 상대방은 상당한 기간을 정하여 그 선택을 최고할 수 있고 선택권자가 그 기간 내에 선택하지 아니하면 선택권은 상대방에게 있다. 기출 09
② 선택권행사의 기간이 없는 경우에 채권의 기한이 도래한 후 상대방이 상당한 기간을 정하여 그 선택을 최고하여도 선택권자가 그 기간 내에 선택하지 아니할 때에도 전항과 같다.

제3자의 선택권의 이전(민법 제384조)
① 선택할 제3자가 선택할 수 없는 경우에는 선택권은 채무자에게 있다. 기출 06 · 09
② 제3자가 선택하지 아니하는 경우에는 채권자나 채무자는 상당한 기간을 정하여 그 선택을 최고할 수 있고 제3자가 그 기간 내에 선택하지 아니하면 선택권은 채무자에게 있다.

1. 당사자 일방이 선택권자인 경우(민법 제381조)
① 선택기간이 정해진 경우 : 최고가 필요하고, 기간 내에 선택이 없으면 선택권은 상대방에게 이전한다.
② 선택기간이 정해지지 않은 경우 : 채권의 기한이 도래한 후 상당한 기간을 정하여 최고가 필요하고, 선택권자의 선택이 그 기간 내에 없으면 선택권은 상대방에게 이전한다.

2. 제3자가 선택권자인 경우(민법 제384조)
① 제3자가 선택할 수 없는 경우 : 선택권은 채무자에게 있다.
② 선택이 가능함에도 선택하지 않고 있는 경우 : 채권자나 채무자의 상당한 기간을 정한 최고가 필요하고, 그 기간 내에 선택이 없으면 선택권은 채무자에게 이전한다.

Ⅳ 선택권 행사의 효과

1. 단순 · 일반채권화
선택된 급부의 내용에 따라 특정물채권, 종류물채권, 금전채권 등으로 된다.

2. 선택의 소급효
① 채권발생 당시로 소급된다(민법 제386조 본문). 기출 09 · 22 단, 선택의 소급효로서 제3자의 이익을 해치지 못한다(동조 단서).
② 급부불능에 의한 특정시에는 소급효가 없다.

제6절 임의채권

I 의 의

1. 개념
임의채권이란 채권의 목적은 하나의 급부로 특정되어 있으나 채권자 또는 채무자가 다른 급부를 가지고, 본래의 급부에 갈음할 수 있는 권리(대용권·보충권)를 보유하고 있는 채권을 말한다.

2. 성립
법률행위에 의한 성립과 법률의 규정에 의한 성립을 들 수 있다.

II 선택채권과의 구별

구 분	선택채권	임의채권
개념상 차이	각각의 급부는 특정되기 전에는 동등한 지위	급부는 하나로 특정되어 있으며, 대용급부는 보충적 지위에 있을 뿐 대용권 행사 전에는 아무런 의미가 없음
대용권·선택권의 행사방법	의사표시만으로 충분	대용권을 채무자가 가질 때에는 대용의 의사표시 이외에 대용급부의 현실적인 이행이 있어야 함
급부의 감축	급부의 감축문제가 발생하지 않음	대용 전 본래의 급부가 감축되면 대용급부도 감축
급부의 멸실	하나의 급부가 불능이 되면 다른 잔존급부로 특정	대용 전 본래의 급부가 소멸하면 대용급부도 소멸

III 대용권 행사의 방법

1. 대용권자
대용권자는 당사자의 의사표시나 법률의 규정에 의하여 정하여지나, 당사자의 의사가 불명확한 경우에는 '채무자'가 대용권자이고, 채권자는 대용급부청구권이 없다고 봄이 통설이나, 판례는 외화채권의 경우에는 예외를 인정한다.

2. 대용권 행사

(1) **채무자의 대용권 행사**

대용의 의사표시 외에 '현실적인 대용급부의 이행'이 있어야 급부가 대용급부로 전환이 된다.

(2) **채권자의 대용권 행사**

대용급부를 청구하는 의사표시만으로 급부가 대용급부로 전환되어 확정된다.

Ⅳ 대용권 행사의 효과

1. 대용 전(본래의 급부만이 급부대상)
① 본래의 급부가 멸실로 소멸되면 대용급부를 이행할 의무도 없다.
② 대용급부가 멸실로 소멸되더라도 본래의 급부는 아무런 영향 없이 존속한다.

2. 대용 후(대용급부가 급부로 확정)
① 본래의 급부가 멸실로 소멸되더라도 대용급부는 존속한다.
② 대용급부가 멸실로 소멸되더라도 본래의 급부를 이행할 의무는 없다.

CHAPTER 02 채권의 목적

01 기출 25 ☑확인Check! ○ △ ✕

채권의 목적에 관한 설명으로 옳지 않은 것은?(다툼이 있으면 판례에 따름)

① 특정물채권에서 채무자는 원칙적으로 그 물건을 인도하기까지 선량한 관리자의 주의로 보존하여야 한다.
② 금전채무의 이행지체로 인한 손해배상에서 채권자는 손해를 증명할 필요가 없다.
③ 외화채권에서 채무자는 우리나라 통화로 변제할 수 있고 그 환산시기는 현실 지급시가 아니라 이행기이다.
④ 선택채권에서 다른 정함이 없으면 그 선택권은 채무자에게 있다.
⑤ 선택채권의 목적으로 선택할 수개의 행위 중에 처음부터 불능한 것이 있으면 채권의 목적은 잔존한 것에 존재한다.

정답 및 해설

01

① (○) 특정물의 인도가 채권의 목적인 때에는 채무자는 그 물건을 인도하기까지 선량한 관리자 주의로 보존하여야 한다(민법 제374조).
② (○) 금전채무의 이행지체로 인한 손해배상에 관하여 채권자는 손해의 증명을 요하지 아니하고 채무자는 과실 없음을 항변하지 못한다(민법 제397조 제2항).
③ (✕) 채권액이 외국통화로 지정된 금전채권인 외화채권을 채무자가 우리나라 통화로 변제할 경우, 민법 제378조가 그 환산시기에 관하여 외화채권에 관한 민법 제376조, 제377조 제2항의 '변제기'라는 표현과는 다르게 '지급할 때'라고 규정한 취지에 비추어 볼 때, 그 환산시기는 이행기가 아니라 현실로 이행하는 때, 즉 현실이행 시의 외국환 시세에 의하여 환산한 우리나라 통화로 변제하여야 한다고 풀이함이 타당하다. 따라서 채권자가 위와 같은 외화채권을 대용급부의 권리를 행사하여 우리나라 통화로 환산하여 청구하는 경우에도, 법원은 원고가 청구취지로 구하는 금액 범위 내에서는, 채무자가 현실로 이행할 때에 가장 가까운 사실심 변론종결 당시를 우리나라 통화로 환산하는 기준시로 삼아 그 당시의 외국환 시세를 기초로 채권액을 다시 환산한 금액에 대하여 이행을 명하여야 한다(대판 2012.10.25. 2009다77754).
④ (○) 채권의 목적이 수개의 행위 중에서 선택에 좇아 확정될 경우에 다른 법률의 규정이나 당사자의 약정이 없으면 선택권은 채무자에게 있다(민법 제380조).
⑤ (○) 채권의 목적으로 선택할 수개의 행위 중에 처음부터 불능한 것이나 또는 후에 이행불능하게 된 것이 있으면 채권의 목적은 잔존한 것에 존재한다(민법 제385조 제1항).

정답 ③

02 기출 20

금전채권에 관한 설명으로 옳지 않은 것은?(다툼이 있으면 판례에 따름)

① 우리나라 통화를 외화채권에 변제충당할 때 특별한 사정이 없는 한 채무이행기의 외국환시세에 의해 환산한다.
② 금전채무의 이행지체로 발생하는 지연손해금의 성질은 손해배상금이지 이자가 아니다.
③ 금전채무의 이행지체로 인한 지연손해금채무는 이행기의 정함이 없는 채무에 해당한다.
④ 금전채무의 약정이율은 있었지만 이행지체로 인해 발생한 지연손해금에 관한 약정이 없는 경우, 특별한 사정이 없는 한 지연손해금은 그 약정이율에 의해 산정한다.
⑤ 금전채무에 관하여 이행지체에 대비한 지연손해금 비율을 따로 약정한 경우, 이는 일종의 손해배상액의 예정이다.

02

① (×) 채권액이 외국통화로 지정된 금전채권인 외화채권을 채무자가 우리나라 통화로 변제함에 있어서는 민법 제378조가 그 환산시기에 관하여 외화채권에 관한 같은 법 제376조, 제377조 제2항의 "변제기"라는 표현과는 다르게 "지급할 때"라고 규정한 취지에서 새겨 볼 때 그 환산시기는 이행기가 아니라 현실로 이행하는 때, 즉 현실 이행 시의 외국환시세에 의하여 환산한 우리나라 통화로 변제하여야 한다고 풀이함이 상당하다(대판 1991.3.12. 90다2147[전합]).
② (○) 금전채무의 이행지체로 인하여 발생하는 지연손해금은 그 성질이 손해배상금이지 이자가 아니며, 민법 제163조 제1호가 규정한 '1년 이내의 기간으로 정한 채권'도 아니므로 3년간의 단기소멸시효의 대상이 되지 아니한다(대판 1998.11.10. 98다42141).
③ (○) 금전채무의 지연손해금채무는 금전채무의 이행지체로 인한 손해배상채무로서 이행기의 정함이 없는 채무에 해당하므로, 채무자는 확정된 지연손해금채무에 대하여 채권자로부터 이행청구를 받은 때로부터 지체책임을 부담하게 된다(대판 2010.12.9. 2009다59237).
④ (○) 계약 해제 시 반환할 금전에 가산할 이자에 관하여 당사자 사이에 약정이 있는 경우에는 특별한 사정이 없는 한 이행지체로 인한 지연손해금도 그 약정이율에 의하기로 하였다고 보는 것이 당사자의 의사에 부합한다(대판 2013.4.26. 2011다50509).
⑤ (○) 금전채무에 관하여 이행지체에 대비한 지연손해금 비율을 따로 약정한 경우에 이는 일종의 손해배상액의 예정으로서 민법 제398조 제2항에 의한 감액의 대상이 된다(대판 2017.5.30. 2016다275402).

정답 ①

03 기출 22

민법상 채권의 목적에 관한 설명으로 옳지 않은 것은?(다툼이 있으면 판례에 따름)

① 선택채권의 경우, 특별한 사정이 없는 한 선택의 효력은 소급하지 않는다.
② 금전으로 가액을 산정할 수 없는 것이라도 채권의 목적으로 할 수 있다.
③ 종류채권의 경우, 목적물이 특정된 때부터 그 특정된 물건이 채권의 목적물이 된다.
④ 특정물매매계약의 매도인은 특별한 사정이 없는 한 그 목적물을 인도할 때까지 선량한 관리자의 주의로 그 물건을 보존하여야 한다.
⑤ 금전채무에 관하여 이행지체에 대비한 지연손해금 비율을 따로 약정한 경우, 그 약정은 일종의 손해배상액의 예정이다.

03

① (×) 선택의 효력은 그 채권이 발생한 때에 소급한다. 그러나 제3자의 권리를 해하지 못한다(민법 제386조).
② (○) 민법 제373조
③ (○) 종류채권의 목적물은 채무자가 이행에 필요한 행위를 완료하거나 채권자의 동의를 얻어 이행할 물건을 지정한 때 특정되므로 그때로부터 그 물건을 채권의 목적물로 한다(민법 제375조 제2항).
④ (○) 민법 제374조
⑤ (○) 민법 제398조 제2항은 손해배상의 예정액이 부당히 과다한 경우에는 법원이 이를 적당히 감액할 수 있다고 규정하고 있고, 금전채무의 불이행에 관하여 적용을 배제하지 않고 있다. 또한 이자제한법 제6조는 법원은 당사자가 금전을 목적으로 한 채무의 불이행에 관하여 예정한 배상액을 부당하다고 인정한 때에는 상당한 액까지 이를 감액할 수 있다고 규정하고 있다. 따라서 금전채무에 관하여 이행지체에 대비한 지연손해금 비율을 따로 약정한 경우에 이는 손해배상액의 예정으로서 감액의 대상이 된다(대판 2017.7.11. 2016다52265).

정답 ①

04 기출 17

금전채무에 관한 설명으로 옳은 것은?(다툼이 있으면 판례에 따름)

① 채권의 목적이 다른 나라 통화로 지급할 것인 경우, 채무자는 그 국가의 강제통용력 있는 각종 통화로 변제할 수 있다.
② 민사채권과 상사채권의 법정이율은 모두 연 5분이다.
③ 금전채무불이행책임의 경우, 그 손해에 대한 채권자의 증명이 필요하다.
④ 금전채무의 이행지체로 인하여 발생하는 지연손해금은 3년간의 단기소멸시효의 대상이다.
⑤ 금전채권의 경우, 특정물채권이 될 여지가 없다.

04

① (○) 민법 제377조 제1항
② (×) 이자 있는 채권의 이율은 다른 법률의 규정이나 당사자의 약정이 없으면 연 5분으로 한다(민법 제379조). 상행위로 인한 채무의 법정이율은 연 6분으로 한다(상법 제54조).
③ (×) 금전채무불이행의 손해배상에 관하여는 채권자는 손해의 증명을 요하지 아니하고 채무자는 과실 없음을 항변하지 못한다(민법 제397조 제2항).
④ (×) 금전채무의 이행지체로 인하여 발생하는 지연손해금은 그 성질이 손해배상금이지 이자가 아니며, 민법 제163조 제1호가 규정한 '1년 이내의 기간으로 정한 채권'도 아니므로 3년간의 단기소멸시효의 대상이 되지 아니한다고 할 것이다(대판 2010.9.9. 2010다24435). 즉, 지연배상금의 소멸시효기간(10년)은 원본 채권의 그것과 동일하다.
⑤ (×) 진열용 또는 소장용 등 특정의 화폐의 인도를 목적으로 하는 채권을 특정금전채권이라고 하는데, 이 경우에는 특정물채권이 될 수 있다.

정답 ①

CHAPTER 03 채권의 효력

제1절 서 설

민법전 제3편 제1장 제2절에서는 '채권의 효력'이라는 제목 아래 ① 채무불이행과 손해배상·강제이행의 방법(민법 제387조 내지 제399조) ② 채권자지체(민법 제400조 내지 제403조) ③ 채무자의 책임재산 보전(민법 제404조 내지 제407조)을 규정하고 있다.

제2절 채무불이행의 유형과 그 효과

I 채무불이행의 일반적 요건

> **채무불이행과 손해배상(민법 제390조)**
> 채무자가 채무의 내용에 좇은 이행을 하지 아니한 때에는 채권자는 손해배상을 청구할 수 있다. 그러나 채무자의 고의나 과실 없이 이행할 수 없게 된 때에는 그러하지 아니하다.

1. 채무불이행의 의의

채무불이행이란 채무자에게 책임 있는 사유로 채무의 내용에 좇은 이행이 이루어지지 않고 있는 상태를 말한다. 이러한 채무불이행의 유형에 대하여 다수설은 이행지체, 이행불능, 불완전이행(또는 적극적 채권침해)의 셋으로 한정한다.

2. 채무불이행의 요건

(1) 객관적 요건

1) 이행지체
이행이 가능함에도 불구하고 이행기에 이행하지 않고 있는 경우일 것

2) 이행불능
이행기에 이행이 불가능할 것. 단, 후발적 불능일 것

3) 불완전이행
채무의 이행은 있었으나 그 이행이 채무의 내용에 좇은 이행이 아닌 경우일 것

(2) 주관적 요건

1) 채무자의 귀책사유

채무불이행에 대하여 채무자의 고의·과실이 있어야 한다. 이때의 과실은 추상적 경과실을 의미하며, 예외적인 경우에만 구체적 과실에 의한 책임을 진다.

> **채무자가 채무 발생원인 내지 존재에 관한 잘못된 법률적인 판단을 통하여 자신의 채무가 없다고 믿고 채무 이행을 거부한 채 소송을 통하여 다툰 경우, 채무불이행에 관하여 채무자에게 고의나 과실이 있는지 여부(원칙적 적극)**
>
> 채무불이행으로 인한 손해배상청구에 있어서 확정된 채무의 내용에 좇은 이행을 하지 아니하였다면 그 자체가 바로 위법한 것으로 평가되는 것이고, 다만 채무불이행에 채무자의 고의나 과실이 없는 때에는 채무자는 손해배상책임을 부담하지 않는다(민법 제390조 참조). 한편 채무자가 자신에게 채무가 없다고 믿었고 그렇게 믿은 데 정당한 사유가 있는 경우에는 채무불이행에 고의나 과실이 없는 때에 해당한다고 할 수 있다. 그러나 채무자가 채무의 발생원인 내지 존재에 관한 법률적인 판단을 통하여 자신의 채무가 없다고 믿고 채무의 이행을 거부한 채 소송을 통하여 이를 다투었다고 하더라도, 채무자의 그러한 법률적 판단이 잘못된 것이라면 특별한 사정이 없는 한 채무불이행에 관하여 채무자에게 고의나 과실이 없다고는 할 수 없다(대판 2013.12.26. 2011다85352).
>
> **계약당사자 일방이 자신의 계약상 채무 이행에 장애가 될 수 있는 사유를 계약 체결 당시 알았거나 예견할 수 있었음에도 이를 상대방에게 고지하지 않은 경우, 채무불이행에 대하여 귀책사유가 인정되는지 여부(원칙적 적극)**
>
> 계약당사자 일방이 자신이 부담하는 계약상 채무를 이행하는 데 장애가 될 수 있는 사유를 계약을 체결할 당시에 알았거나 예견할 수 있었음에도 이를 상대방에게 고지하지 아니한 경우에는, 비록 그 사유로 말미암아 후에 채무불이행이 되는 것 자체에 대하여는 그에게 어떠한 잘못이 없다고 하더라도, 상대방이 그 장애사유를 인식하고 이에 관한 위험을 인수하여 계약을 체결하였다거나 채무불이행이 상대방의 책임 있는 사유로 인한 것으로 평가되어야 하는 등의 특별한 사정이 없는 한, 그 채무가 불이행된 것에 대하여 귀책사유가 없다고 할 수 없다. 그것이 계약의 원만한 실현과 관련하여 각각의 당사자가 부담하여야 할 위험을 적절하게 분배한다는 계약법의 기본적 요구에 부합한다(대판 2011.8.25. 2011다43778).

2) 이행보조자의 고의·과실

> **이행보조자의 고의, 과실(민법 제391조)**
> 채무자의 법정대리인이 채무자를 위하여 이행하거나 채무자가 타인을 사용하여 이행하는 경우에는 법정대리인 또는 피용자의 고의나 과실은 채무자의 고의나 과실로 본다. 기출 13

① 의의 : 민법 제391조의 이행보조자로서 피용자라 함은 채무자의 의사 관여 아래 그 채무의 이행행위에 속하는 활동을 하는 사람을 의미하므로, 채무자의 채권자에 대한 채무 이행행위에 속한다고 볼 수 없는 활동을 하는 사람을 민법 제391조의 이행보조자에 해당한다고 볼 수는 없다(대판 2013.8.23. 2011다2142).

② 요 건
  ㉠ 채무자의 의사관여 아래 있었을 것 : 반드시 채무자의 지시 또는 감독을 받는 관계에 있어야 하는 것은 아니므로 채무자에 대하여 종속적인가 또는 독립적인 지위에 있는가는 문제되지 않는다(대판 2008.2.15. 2005다69458). 기출 21
  ㉡ 채무의 이행행위에 속하는 활동을 하였을 것 : 이행보조자의 행위가 채무자에 의하여 그에게 맡겨진 이행업무와 객관적, 외형적으로 관련을 가지는 경우에는 채무자는 그 행위에 대하여 책임을 져야 하고, 채무의 이행에 관련된 행위이면 가사 이행보조자의 행위가 채권자에 대한 불법행위가 된다고 하더라도 채무자가 면책될 수는 없다(대판 2008.2.15. 2005다69458).

③ 효 과
  ㉠ 채무자의 법적 책임
    ㉮ 채무불이행책임 : 채무자와 채권자 간에는 계약관계가 존재하고, 이행보조자의 고의나 과실은 채무자의 고의나 과실로 보므로(민법 제391조), 채권자는 채무자에게 계약상 채무불이행책임을 물을 수 있고, 채무자는 자신 및 이행보조자 모두에게 고의·과실이 없는 경우에 한하여 채무불이행책임을 면할 수 있다(민법 제390조).

> 임대인이 임차인과의 임대차계약상의 약정에 따라 제3자에게 도급을 주어 임대차목적물에 시설물을 설치하던 중 원인불명의 화재가 발생하였는데, 제반 사정에 비추어 그 설치공사를 맡은 수급인이 임대차목적물의 전력용량을 초과한 전기용접기를 연결하여 계속 사용함으로써 과부하로 인한 전선의 발열로 인하여 화재가 발생한 것으로 추정함이 타당하여 공사수급인에게 화재발생에 대한 과실이 인정되는 경우, 공사수급인은 임대차계약에 따른 임대인의 이행보조자라 할 것이어서 임대인은 민법 제391조에 따라 위 화재발생에 귀책사유가 있으므로 임차인에 대한 채무불이행상의 손해배상책임이 있다(대판 1999.4.13. 98다51077·51084).

    ㉯ 불법행위책임 : 이행보조자와 채무자 간에 지휘·감독관계가 인정되고, 기타 민법 제756조 요건을 모두 구비한 경우, 채무자는 민법 제756조의 사용자책임을 부담할 수 있다.
  ㉡ 이행보조자의 법적 책임
    ㉮ 채무불이행책임 : 이행보조자와 채권자 간에는 계약관계가 존재하지 않으므로, 채권자는 이행보조자에게 계약상 채무불이행책임을 물을 수 없다(민법 제390조).
    ㉯ 불법행위책임 : 채권자는 민법 제750조 요건을 모두 구비한 경우에 한하여 이행보조자에게 불법행위책임을 추궁할 수 있다.
  ㉢ 기 타
    ㉮ 채무자의 채무불이행책임과 이행보조자의 불법행위책임은 부진정연대채무의 관계에 있다(대판 1994.11.11. 94다22446).
    ㉯ 채권자에게 배상을 한 채무자는 이행보조자에게 구상권을 행사할 수 있다. 또한 채무자는 이행보조자에 관한 선임·감독상의 주의의무를 다하였음에 근거하여 면책을 받지 못한다. 이 점이 민법 제756조 사용자책임과 비교된다.
④ 복이행보조자 : 이행보조자가 채무의 이행을 위하여 제3자를 복이행보조자로서 사용하는 경우에도 채무자가 이를 승낙하였거나 적어도 묵시적으로 동의한 경우에는 채무자는 복이행보조자의 고의·과실에 관하여 민법 제391조에 의하여 책임을 부담한다(대판 2011.5.26. 2011다1330). 기출 21

3. 위법성

채무불이행의 위법성이 채무불이행의 요건인지에 대해서 견해대립이 있다. 다수설은 고의·과실은 채무자 개인에 대한 주관적 판단인데 대하여 위법성은 행위 자체에 대한 객관적 판단이어서 고의·과실과는 별개의 요건으로 보아야 한다고 한다.

4. 채무자의 책임능력

채무자에게 채무불이행에 대한 귀책사유가 있다고 하려면 채무자가 책임능력을 갖출 것이 요구된다.

5. 손해배상청구권의 특유요건

원칙적으로 현실적인 손해가 발생해야 하고, 채무불이행과 손해 사이에 인과관계가 있어야 한다.

> 채무불이행으로 인한 손해배상청구권의 성립 시기(= 현실적으로 손해가 발생한 때) 및 이때 현실적으로 손해가 발생하였는지 판단하는 방법 / 부동산 매도인이 매매목적물인 부동산에 근저당권을 설정한 사실만으로 매수인에게 피담보채무액 상당의 손해가 발생하였다고 볼 수 있는지 여부(소극) 및 위 손해가 현실적으로 발생하였다고 볼 수 있는 경우 / 채무불이행으로 인한 손해배상청구에서 손해발생 사실에 대한 증명책임의 소재(= 채권자)
>
> 채무불이행으로 인한 손해배상청구권은 현실적으로 손해가 발생한 때에 성립하는 것이고, 이때 현실적으로 손해가 발생하였는지 여부는 사회통념에 비추어 객관적이고 합리적으로 판단하여야 한다. 한편, 부동산 매도인이 매매목적물인 부동산에 관하여 근저당권을 설정하였다고 하더라도, 매도인으로서는 근저당권을 소멸시킨 다음 매수인에게 부동산 소유권을 이전할 수 있고, 경우에 따라서는 매수인이 계약 해제나 이행불능 등으로 인하여 위 부동산의 소유권을 취득하지 못할 수도 있다. 따라서 위와 같은 근저당권 설정 사실만으로 곧바로 매수인에게 그 피담보채무액 상당의 손해가 발생한다고 볼 수는 없고, 거기에서 더 나아가 사회통념상 매수인이 매수한 부동산에 관한 소유권 또는 소유권이전등기청구권의 보전 등을 위하여 근저당권의 피담보채무를 변제하지 않을 수 없게 되었다는 등의 사정이 있어야 위와 같은 손해가 현실적으로 발생하였다고 볼 수 있다. 그리고 채무불이행으로 인한 손해배상청구에서 손해발생 사실은 채권자가 이를 증명하여야 한다(대판 2017.6.19. 2017다215070).

6. 입증책임

(1) **채권자의 입증책임**

채무가 존재한다는 사실과 채무불이행의 객관적 요건에 대해서는 채권자에게 입증책임이 있다.

(2) **채무자의 입증책임**

주관적 요건에 대해서는 채무자에게 입증책임이 있다.

7. 면책특약의 효력

(1) **과실면책특약**

과실면책특약은 유효하다. 다만, 중과실 면책특약에 관해서는 유효설과 무효설의 대립이 있다. 단, 사업자, 이행보조자 또는 피용자의 고의 또는 중대한 과실로 인한 법률상의 책임을 배제하는 약관조항은 약관규제법 제7조 제1호에 의해 무효이다(대판 2002.4.12. 98다57099).

(2) **고의면책특약**

① 채무자의 고의면책특약은 사회질서에 반하기 때문에 무효이다.
② 이행보조자의 고의면책특약에 대해서는 유효설과 무효설의 대립이 있으나 약관규제법 제7조 제1호에 비추어 무효라고 보는 것이 타당해 보인다.

출처 | 박기현·김종원, 「핵심정리 민법」, 메티스, 2014, p.976~979

Ⅱ 이행지체

이행기와 이행지체(민법 제387조)
① 채무이행의 확정한 기한이 있는 경우에는 채무자는 기한이 도래한 때로부터 지체책임이 있다. 채무이행의 불확정한 기한이 있는 경우에는 채무자는 기한이 도래함을 안 때로부터 지체책임이 있다.
② 채무이행의 기한이 없는 경우에는 채무자는 이행청구를 받은 때로부터 지체책임이 있다.

1. 이행지체의 의의
채무가 이행기에 있고 또한 이행이 가능함에도 불구하고 채무자의 귀책사유로 인하여 채무가 이행되지 않는 것을 말한다.

2. 이행지체의 요건
(1) 채무가 이행기에 있을 것

1) 확정기한이 있는 채무
① 기한의 도래·도과에 의하여 이행지체가 된다(민법 제387조 제1항 전문). 채무자는 변제기 당일까지 변제하면 되므로, 기한이 도래한 때란 기한이 도래한 다음 날을 의미한다(대판 1988.11.8. 88다3253).
② 채권자의 최고가 필요 없는 것이 원칙이다.
③ 지시채권, 무기명채권, 추심채무 기타 이행에 관하여 먼저 채권자가 협력을 하여야 할 채무의 경우 채권자가 먼저 협력 내지 그 제공을 하여 이행의 최고를 하지 않으면 지체가 되지 않는다. 기출 17·18 예를 들어 은행의 양도성예금증서(CD)는 일반적으로 무기명 할인식으로 발행되는 무기명채권의 일종으로, 양도성예금증서에 변제기한이 있는 경우, 그 기한이 도래한 후에 소지인이 증서를 제시하여 이행을 청구한 때로부터 은행은 지체책임이 있다(민법 제524조, 제517조). 기출 25
④ 쌍방의 채무가 동시이행관계에 있는 경우

> 쌍무계약에서 쌍방의 채무가 동시이행관계에 있는 경우 일방의 채무의 이행기가 도래하더라도 상대방 채무의 이행제공이 있을 때까지는 그 채무를 이행하지 않아도 이행지체의 책임을 지지 않는 것이며, 이와 같은 효과는 이행지체의 책임이 없다고 주장하는 자가 반드시 동시이행의 항변권을 행사하여야만 발생하는 것은 아니므로, 동시이행관계에 있는 쌍무계약상 자기채무의 이행을 제공하는 경우 그 채무를 이행함에 있어 상대방의 행위를 필요로 할 때에는 언제든지 현실로 이행을 할 수 있는 준비를 완료하고 그 뜻을 상대방에게 통지하여 그 수령을 최고하여야만 상대방으로 하여금 이행지체에 빠지게 할 수 있는 것이다(대판 2001.7.10. 2001다3764).

2) 불확정기한이 있는 채무
① 채무자가 기한의 도래를 안 때로부터 지체책임이 있다(민법 제387조 제1항 후문). 여기서 "안 때"란 안 날의 다음 날을 의미한다. 기출 13·18·20·25
② 채무자가 기한의 도래를 알지 못하더라도 채권자가 기한도래 후에 최고를 한 경우에는 최고 시부터 지체책임이 있다(다수설). 기출 18

③ 당사자가 불확정한 사실이 발생한 때를 이행기한으로 정한 경우에는 그 사실이 발생한 때는 물론 그 사실의 발생이 불가능하게 된 때에도 이행기한은 도래한 것으로 보아야 한다(대판 2002.3.29, 2001다41766). 기출 17·23

④ 판례는 이 사건 중도금 지급기일을 "1층 골조공사 완료시"로 정한 것은 중도금 지급의무의 이행기를 장래 도래할 시기가 확정되지 아니한 때, 즉 불확정기한으로 이행기를 정한 경우에 해당한다고 할 것이므로, 중도금 지급의무의 이행지체의 책임을 지우기 위해서는 1층 골조공사가 완료된 것만으로는 부족하고 채무자인 원고가 그 완료 사실을 알아야 한다고 한다(대판 2005.10.7, 2005다38546). 기출 24

3) 기한이 없는 채무

① 원칙 : 기한의 정함이 없는 채무는 그 이행의 청구를 받은 다음 날로부터 이행지체의 책임을 진다(민법 제387조 제2항, 대판 1988.11.8, 88다3253). 기출 18

> - 금전채무의 지연손해금채무는 금전채무의 이행지체로 인한 손해배상채무로서 이행기의 정함이 없는 채무에 해당하므로, 채무자는 확정된 지연손해금채무에 대하여 채권자로부터 이행청구를 받은 때로부터 지체책임을 부담하게 된다(대판 2004.7.9, 2004다11582). 기출 24·25
> - 타인의 토지를 점유함으로 인한 부당이득반환채무는 이행의 기한이 없는 채무로서 이행청구를 받은 때로부터 지체책임이 있다(대판 2008.2.1, 2007다8914). 기출 12·20·23
> - 집합건물법 제9조에 의하여 준용되는 민법 제667조가 정하는 수급인의 하자보수에 갈음하는 손해배상채무는 이행의 기한이 없는 채무로서 이행청구를 받은 때부터 지체책임이 있다(대판 2009.5.28, 2009다9539).
> - 유류분반환청구권의 행사로 인하여 생기는 원물반환의무 또는 가액반환의무는 이행기한의 정함이 없는 채무이므로, 반환의무자는 그 의무에 대한 이행청구를 받은 때에 비로소 지체책임을 진다(대판 2013.3.14, 2010다42624·42631).
> - 추심명령은 압류채권자에게 채무자의 제3채무자에 대한 채권을 추심할 권능을 수여함에 그치고, 제3채무자로 하여금 압류채권자에게 압류된 채권액 상당을 지급할 것을 명하거나 그 지급 기한을 정하는 것이 아니므로, 제3채무자가 압류채권자에게 압류된 채권액 상당에 관하여 지체책임을 지는 것은 집행법원으로부터 추심명령을 송달받은 때부터가 아니라 추심명령이 발령된 후 압류채권자로부터 추심금 청구를 받은 다음 날부터라고 하여야 한다(대판 2012.10.25, 2010다47117).
> - 민법 제576조에서 정하는 매도인의 담보책임에 기한 손해배상채무는 이행의 기한이 없는 채무로서 이행청구를 받은 때부터 지체책임이 있다(대판 2015.4.23, 2013다92873). 기출 24

② 예 외

㉠ 소비대차로 인한 반환채무의 대주는 상당한 기간을 정하여 최고하여야 하므로(민법 제603조 제2항), 만약 이를 정하지 않고 최고하면 최고 후 상당한 기간이 경과한 후에야 지체가 생긴다. 기출 25

㉡ 불법행위로 인한 손해배상채무는 최고하지 않아도 불법행위 시부터 지체책임이 있다(통설·판례). 기출 15·18·20 이는 불법행위 시에 손해배상액을 확정할 수 없는 경우에도 마찬가지이다(대판 2018.7.20, 2015다207044). 기출 25

㉢ 이행기의 정함이 없는 채권의 양수인이 채무자를 상대로 이행청구소송을 제기하고 소송 계속 중 채무자에 대한 채권양도통지가 이루어진 경우, 채무자가 이행지체책임을 지는 시기

> 지명채권이 양도된 경우 채무자에 대한 대항요건이 갖추어질 때까지 채권양수인은 채무자에게 대항할 수 없으므로, 이행기의 정함이 없는 채권을 양수한 채권양수인이 채무자를 상대로 그 이행을 구하는 소를 제기하고 소송 계속 중 채무자에 대한 채권양도통지가 이루어진 경우에는 특별한 사정이 없는 한 채무자는 채권양도통지가 도달된 다음 날부터 이행지체의 책임을 진다(대판 2014.4.10, 2012다29557). 기출 24

4) 기한의 이익의 상실

> **기한의 이익의 상실(민법 제388조)**
> 채무자는 다음 각 호의 경우에는 기한의 이익을 주장하지 못한다.
>   1. 채무자가 담보를 손상, 감소 또는 멸실하게 한 때 [기출] 25
>   2. 채무자가 담보제공의 의무를 이행하지 아니한 때 [기출] 22

① 채무자는 담보를 손상, 감소 또는 멸실하게 한 때나 담보제공의 의무를 이행하지 아니한 경우에는 기한의 이익을 주장하지 못한다(민법 제388조).
② 채무자가 기한이익을 상실하면 채권자는 즉시이행을 청구할 수도 있고 본래의 이행기에 청구할 수도 있다.
③ 채무자가 기한이익을 상실하였다 하여 당연히 변제기가 도래하는 것은 아니고 채권자의 청구가 있는 때부터 지체의 책임을 진다.

(2) 이행이 가능할 것
① 이행이 가능함에도 이행기를 도과한 경우가 아니면 이행지체가 되지 않는다.
② 이행기에 이행이 불가능한 경우에는 이행불능의 문제가 된다.

(3) 이행지체가 채무자에게 책임이 있는 사유(귀책사유)에 기인할 것
① 채무자의 귀책사유란 채무자의 고의, 과실 및 신의칙상 이와 동일시되는 사유이다.
② 채무자의 법정대리인이 채무자를 위하여 이행하거나 채무자가 타인을 사용하여 이행하는 경우에는 법정대리인 또는 피용자의 고의나 과실은 채무자의 고의나 과실로 본다(민법 제391조).

(4) 이행하지 않는 것이 위법일 것
동시이행의 항변권(민법 제536조)이나 유치권(민법 제320조)과 같은 이행의 지연을 정당하게 하는 사유가 있는 때에는 이행지체의 책임을 지지 않는다. [기출] 18 · 23

(5) 책임능력
채무자에게 고의·과실이 있다고 하기 위해서는 책임능력이 있어야 한다.

(6) 입증책임
채무자는 귀책사유 없음을 입증하지 못하면 채무불이행책임을 진다.

3. 이행지체의 효과

> **채무불이행과 손해배상(민법 제390조)**
> 채무자가 채무의 내용에 좇은 이행을 하지 아니한 때에는 채권자는 손해배상을 청구할 수 있다. 그러나 채무자의 고의나 과실 없이 이행할 수 없게 된 때에는 그러하지 아니하다.

(1) 이행의 강제
   ① 이행지체의 경우에 이행은 원칙적으로 가능하므로, 채권자는 채무자에 대하여 본래의 채무의 이행을 청구할 수 있다.
   ② 청구가 있음에도 불구하고 채무자가 이행하지 않는 때에는, 채권자는 그 강제이행을 법원에 소구하여 채권의 만족을 꾀할 수 있다.
   ③ 담보가 설정되어 있는 경우에는 담보를 실행할 수 있고, 위약금의 특약이 있으면 그 효력이 발생한다.

(2) 지연배상청구
   ① 채권자는 지체로 말미암아 생긴 손해의 배상, 즉 지연배상을 청구할 수 있다.
   ② 채권의 내용은 본래의 급부에 지연배상을 더한 것으로 확대된다.

(3) 전보배상청구

> **이행지체와 전보배상(민법 제395조)**
> 채무자가 채무의 이행을 지체한 경우에 채권자가 상당한 기간을 정하여 이행을 최고하여도 그 기간 내에 이행하지 아니하거나 지체후의 이행이 채권자에게 이익이 없는 때에는 채권자는 수령을 거절하고 이행에 갈음한 손해배상을 청구할 수 있다.

> 민법 제395조에 따르면, 채무자가 채무의 이행을 지체한 경우에 채권자가 상당한 기간을 정하여 이행을 최고하여도 그 기간 내에 이행하지 않은 경우 채권자는 이행에 갈음한 손해배상청구를 할 수 있다. 이는 대체물 인도의무를 이행하지 않는 경우에도 마찬가지이다. 그러나 수익자가 사해행위취소 소송의 확정판결에 따른 원상회복으로 대체물 인도의무를 이행하지 않았다는 이유만으로 취소채권자가 수익자를 상대로 민법 제395조에 따라 이행지체로 인한 전보배상을 구할 수는 없다. 다만 수익자의 대체물 인도의무에 대한 강제집행이 불가능하거나 현저히 곤란하다고 평가할 수 있는 경우에는 전보배상을 구할 수 있다(대판 2024.2.15. 2019다238640).

(4) 책임가중

> **이행지체 중의 손해배상(민법 제392조)**
> 채무자는 자기에게 과실이 없는 경우에도 그 이행지체 중에 생긴 손해를 배상하여야 한다. 그러나 채무자가 이행기에 이행하여도 손해를 면할 수 없는 경우에는 그러하지 아니하다. 기출 14

(5) 계약해제

> **이행지체와 해제(민법 제544조)**
> 당사자 일방이 그 채무를 이행하지 아니하는 때에는 상대방은 상당한 기간을 정하여 그 이행을 최고하고 그 기간 내에 이행하지 아니한 때에는 계약을 해제할 수 있다. 그러나 채무자가 미리 이행하지 아니할 의사를 표시한 경우에는 최고를 요하지 아니한다.

> **정기행위와 해제(민법 제545조)**
> 계약의 성질 또는 당사자의 의사표시에 의하여 일정한 시일 또는 일정한 기간 내에 이행하지 아니하면 계약의 목적을 달성할 수 없을 경우에 당사자 일방이 그 시기에 이행하지 아니한 때에는 상대방은 전조의 최고를 하지 아니하고 계약을 해제할 수 있다.

① 계약에서 생긴 채무의 이행지체가 있는 경우, 채권자는 일정한 요건에 따라 그 계약을 해제할 수 있다.
② 당사자 일방이 그 채무를 이행하지 아니하는 때에는 상대방은 상당한 기간을 정하여 그 이행을 최고하고 그 기간 내에 이행하지 아니한 때에는 계약을 해제할 수 있다.
③ 채무자가 미리 이행하지 아니할 의사를 표시한 경우 최고를 요하지 아니한다(민법 제544조).
④ 계약의 성질 또는 당사자의 의사표시에 의하여 일정한 시일 또는 일정한 기간 내에 이행하지 아니하면 계약의 목적을 달성할 수 없을 경우에 당사자 일방이 그 시기에 이행하지 아니한 때에는 상대방은 최고를 하지 아니하고 계약을 해제할 수 있다(민법 제545조).

4. 이행지체의 종료

이행지체의 종료사유로 채권의 소멸, 변제의 제공, 채권자의 지체면제, 지체 후의 불능 등이 있다.

Ⅲ 이행불능

1. 이행불능의 의의

채권이 성립한 후에 채무자에게 책임 있는 사유로 인하여 이행할 수 없게 된 것을 이행불능이라 하며, 불능한 급부를 목적으로 해서는 채권이 존속할 수 없으므로, 이행불능은 채권에 대한 침해가 된다.

2. 이행불능의 요건

(1) 채권성립 후에 이행할 수 없게 될 것

① 후발적 불능일 것
② 이행의 가능 여부는 사회생활상의 경험칙 내지 거래상의 통념에 의해 판단한다. 기출 14

> **불능 여부에 대한 관련 판례**
> - 소유권이전등기의무자가 그 부동산에 제3자 명의로 가등기를 마쳐 주었다 하여도 가등기는 본등기의 순위보전의 효력을 가지는 것에 불과하고, 또한 그 소유권이전등기의무자의 처분권한이 상실되는 것도 아니므로 그 가등기만으로는 소유권이전등기의무가 이행불능이 된다고 할 수 없다(대판 1993.9.14. 93다12268).
> - 매매의 목적이 된 부동산에 관하여 제3자의 처분금지가처분의 등기가 기입되었다 할지라도, 이는 단지 그에 저촉되는 범위 내에서 가처분채권자에게 대항할 수 없는 효과가 있다는 것일 뿐 그것에 의하여 곧바로 부동산 위에 어떤 지배관계가 생겨서 채무자가 그 부동산을 임의로 타에 처분하는 행위 자체를 금지하는 것은 아니라 하겠으므로, 그 가처분등기로 인하여 바로 계약이 이행불능으로 되는 것은 아니고, 제3자 앞으로 소유권이전등기가 경료되는 등 사회거래의 통념에 비추어 계약의 이행이 극히 곤란한 사정이 발생하는 때에 비로소 이행불능으로 된다(대판 2002.12.27. 2000다47361).
> - 매매목적물에 대한 가압류집행이 되었다는 사실만으로 매도인의 계약위반을 이유로 매매계약을 해제할 수 없는 사정이어서 매도인이 착각하여 계약금의 배액을 위약금으로 지급하였다 하더라도 위약금 지급과 가압류집행 사이에 상당인과관계가 없다(대판 1992.12.22. 92다28518). 즉 매매목적물에 대한 가압류집행 사실만으로는 이행불능에 해당하지 않는다.
> - 부동산소유권이전등기 의무자가 그 부동산에 관하여 제3자 앞으로 비록 채무담보를 위하여 소유권이전등기를 경료하였다고 할지라도 그 의무자가 채무를 변제할 자력이 없는 경우에는 특단의 사정이 없는 한 그 소유권이전등기의무는 이행불능이 된다(대판 1991.7.26. 91다8104).
> - 매매목적물에 관하여 이중으로 제3자와 매매계약을 체결하였다는 사실만 가지고는 매매계약이 법률상 이행불능이라고 할 수 없고, 채무의 이행이 불능이라는 것은 단순히 절대적, 물리적으로 불능인 경우가 아니라 사회생활에 있어서의 경험법칙 또는 거래상의 관념에 비추어 볼 때 채권자가 채무자의 이행의 실현을 기대할 수 없는 경우를 말한다(대판 1996.7.26. 96다14616).

- 매수인에게 부동산의 소유권이전등기를 해줄 의무를 지는 매도인이 그 부동산에 관하여 다른 사람에게 이전등기를 마쳐 준 때에는 매도인이 그 부동산의 소유권에 관한 등기를 회복하여 매수인에게 이전등기해 줄 수 있는 특별한 사정이 없어야 비로소 매수인에 대한 소유권이전등기의무가 이행불능의 상태에 이르렀다고 할 수 있다(대판 2010.4.29. 2009다99129).
- 부동산 매매계약에서 계약금만 지급된 단계에서는 어느 당사자나 계약금을 포기하거나 그 배액을 상환함으로써 자유롭게 계약의 구속력에서 벗어날 수 있다. 그러나 중도금이 지급되는 등 계약이 본격적으로 이행되는 단계에 이른 때에는 계약이 취소되거나 해제되지 않는 한 매도인은 매수인에게 부동산의 소유권을 이전해 줄 의무에서 벗어날 수 없다(대판 2018.5.17. 2017도4027[전합]). 따라서 매도인 甲이 제1매수인 乙의 잔금미지급을 이유로 계약을 적법하게 해제할 수 있었으나 해제하지 않은 상태에서 甲이 제2매수인 丙에게 X토지를 매도하고 소유권이전등기를 마쳐준 경우라면, 특별한 사정이 없는 한 甲은 乙에게 이행불능에 따른 책임을 부담한다.
- 부동산소유권이전등기 의무자가 그 목적물을 제3자에게 양도하고 아직 그 소유권이전등기를 경유하지 아니한 경우에는 특단의 사유가 없는 한 위 소유권이전등기의무는 이행불능의 상태에 있다고 볼 수 없음은 물론 위 소유권이전등기의무를 상속한 위 제3자가 그 명의로 소유권이전등기를 경료하였다고 할지라도 상속한 소유권이전등기의무가 이행불능이 되었다고는 볼 수 없다(대판 1984.4.10. 83다카1222).
- 매매목적물에 관하여 매도인의 다른 채권자가 강제경매를 신청하여 그 절차가 진행중에 있다는 사유만으로는 아직 매도인이 그 목적물의 소유권을 취득할 수 없는 때에 해당한다고 할 수 없으므로 매수인은 이를 이유로 계약을 해제하거나 위약금의 청구를 할 수 없다(대판 1987.9.8. 87다카655).
- [1] 소유자가 자신의 소유권에 기하여 실체관계에 부합하지 아니하는 등기의 명의인을 상대로 그 등기말소나 진정명의회복 등을 청구하는 경우에, 그 권리는 물권적 청구권으로서의 방해배제청구권(민법 제214조)의 성질을 가진다. 그러므로 소유자가 그 후에 소유권을 상실함으로써 이제 등기말소 등을 청구할 수 없게 되었다면, 이를 위와 같은 청구권의 실현이 객관적으로 불능이 되었다고 파악하여 등기말소 등 의무자에 대하여 그 권리의 이행불능을 이유로 민법 제390조상의 손해배상청구권을 가진다고 말할 수 없다.
  [2] 국가 명의로 소유권보존등기가 경료된 토지의 일부 지분에 관하여 甲 등 명의의 소유권이전등기가 경료되었는데, 乙이 등기말소를 구하는 소를 제기하여 국가는 乙에게 원인무효인 등기의 말소등기절차를 이행할 의무가 있고 甲 등 명의의 소유권이전등기는 등기부취득시효 완성을 이유로 유효하다는 취지의 판결이 확정되자, 乙이 국가를 상대로 손해배상을 구한 경우, 甲 등의 등기부취득시효 완성으로 토지에 관한 소유권을 상실한 乙이 불법행위를 이유로 소유권 상실로 인한 손해배상을 청구할 수 있음은 별론으로 하고, 애초 국가의 등기말소의무 이행불능으로 인한 채무불이행책임을 논할 여지는 없다(대판 2012.5.17. 2010다28604[전합]).

③ 금전채무에는 이행불능은 없으며 언제나 이행지체가 된다.
④ 이행지체 후에 불능으로 된 경우도 이행불능으로 본다.

(2) 불능이 채무자에게 책임 있는 사유에 기인할 것

채무자가 이행기에 이행하여도 역시 채권자가 손해를 면할 수 없었을 것을 입증할 수 없는 한, 과실이 없는 경우에도 그 지체 중에 생긴 손해를 배상하여야 한다(민법 제392조).

> 甲이 토지를 乙에게 증여하기로 하는 계약을 체결하고, 또 丙에게도 노무제공에 대한 보수조로 양도하기로 하는 계약을 체결하는 등의 이중양도 약정을 하였다가 위 乙에게 소유권이전등기가 됨으로써 丙에게는 그 소유권 이전등기를 하여줄 수 없게 된 것이라면 甲으로서는 丙에게 위 약정의 이행불능으로 인한 손해를 배상할 의무가 있다 할 것이고, 이 경우, 丙이 토지를 양도받기로 하는 약정을 할 때 甲의 위 乙에 대한 증여사실을 알고 있었는지의 여부는 甲의 이행불능으로 인한 손해배상 의무와는 아무런 관련이 없다(대판 1984.11.27. 84다카1542·1543).

(3) 불능이 위법할 것

이행불능에 위법성조각사유가 없어야 한다.

3. 이행불능의 효과

(1) 손해배상청구

① 채권자는 본래급부 청구권에 갈음하여 전보배상을 청구할 수 있다(민법 제390조). 이것은 채무의 내용이 변경된 것에 불과하여 채무의 동일성은 그대로 유지된다. 따라서 본래의 급부청구권을 위한 담보는 여전히 손해배상청구권을 위하여 존속하며, 전보배상청구권과 반대급부청구권의 동시이행관계도 여전히 유지된다.

② 판례는 매매계약의 이행불능으로 인한 전보배상책임의 범위는 이행불능 당시의 매매목적물의 시가에 의하여야 하고, 그와 같은 시가 상당액이 곧 통상의 손해라 할 것이고, 그 후 시가의 등귀는 채무자가 알거나 알 수 있었을 경우에 한하여 이를 특별사정으로 인한 손해로 보아 그 배상을 청구할 수 있는 것이므로 이행불능 당시의 시가가 계약 당시의 그것보다 현저하게 앙등되었다 할지라도 그 가격을 이른바 특별사정으로 인한 손해라고 볼 수 없다고 한다(대판 1993.5.27. 92다20163). 기출 13·21·22 또한 이행불능으로 인한 전보배상청구권의 소멸시효는 이행불능이 되었을 때부터 진행된다고 판시하고 있다(대판 2005.9.15. 2005다29474).

(2) 계약해제

채권자는 '최고 없이' 계약을 해제할 수 있다(민법 제546조). 이때 해제와 전보배상을 함께 청구할 수 있다.
기출 14

> 매도인의 매매계약상의 소유권이전등기의무가 이행불능이 되어 이를 이유로 매매계약을 해제함에 있어서는 상대방의 잔대금지급의무가 매도인의 소유권이전등기의무와 동시이행관계에 있다고 하더라도 그 이행의 제공을 필요로 하는 것이 아니다(대판 2003.1.24. 2000다22850).

(3) 대상청구

1) 의 의

대상청구권이란 급부의 후발적 불능으로 인해, 채무자가 이행의 목적물에 갈음하는 이익을 취득하는 경우에 채권자가 채무자에 대하여 그 이익의 상환을 청구하는 권리를 말한다.

2) 인정 여부

통설·판례는 명문의 규정은 없지만, 이행불능의 효과로서 공평의 원칙상 당연히 인정된다는 태도를 취하고 있다.

> 우리 민법에는 이행불능의 효과로서 채권자의 전보배상청구권과 계약해제권 외에 별도로 대상청구권을 규정하고 있지 않으나 해석상 대상청구권을 부정할 이유가 없다(대판 1992.5.12. 92다4581).

3) 요 건

① 채권자가 물건 내지 권리의 급부를 목적으로 하는 채권을 취득하였을 것
② 급부가 후발적으로 불능이 되었을 것 : 급부가 원시적으로 불능인 경우 대상청구권이 문제될 여지가 없으며, 후발적 불능에 대한 채무자의 귀책사유도 문제가 되지 않는다. 기출 14·21
③ 채무자가 이행불능이 된 사정으로 인하여 취득한 이익이 있을 것

④ 채권자는 자신의 채무자에 대한 반대급부 이행이 가능할 것 : 쌍무계약 당사자 쌍방의 급부가 모두 이행불능이 된 경우에는 당사자 일방이 상대방에 대하여 대상청구권을 행사할 수 없다(대판 1996.6.25. 95다6601).

> 쌍무계약의 당사자 일방이 상대방의 급부가 이행불능이 된 사정의 결과로 상대방이 취득한 대상에 대하여 급부청구권을 행사할 수 있다고 하더라도, 그 당사자 일방이 대상청구권을 행사하려면 상대방에 대하여 반대급부를 이행할 의무가 있는바, 이 경우 당사자 일방의 반대급부도 그 전부가 이행불능이 되거나 그 일부가 이행불능이 되고 나머지 잔부의 이행만으로는 상대방의 계약목적을 달성할 수 없는 등 상대방에게 아무런 이익이 되지 않는다고 인정되는 때에는, 상대방이 당사자 일방의 대상청구를 거부하는 것이 신의칙에 반한다고 볼 만한 특별한 사정이 없는 한, 당사자 일방은 상대방에 대하여 대상청구권을 행사할 수 없다(대판 1996.6.25. 95다6601).

4) 효 과

① 채권적 청구권

㉠ 소유권이전등기의무의 목적 부동산이 수용되어 그 소유권이전등기의무가 이행불능이 된 경우, 등기청구권자는 등기의무자에게 대상청구권의 행사로써 등기의무자가 지급받은 수용보상금의 반환을 구하거나 또는 등기의무자가 취득한 수용보상금청구권의 양도를 구할 수 있을 뿐 그 수용보상금청구권 자체가 등기청구권자에게 귀속되는 것은 아니다(대판 1996.10.29. 95다56910).

㉡ 취득시효가 완성된 토지가 수용됨으로써 취득시효 완성을 원인으로 하는 소유권이전등기 의무가 이행불능이 된 경우에는 그 소유권이전등기 청구권자가 대상청구권의 행사로서 그 토지의 소유자가 토지의 대가로서 지급받은 수용보상금의 반환을 청구할 수 있다고 하더라도, 시효취득자가 직접 토지의 소유자를 상대로 공탁된 토지수용보상금의 수령권자가 자신이라는 확인을 구할 수는 없다(대판 1995.7.28. 95다2074).

② 대상청구의 범위 : 대상청구권의 행사 범위와 관련하여 이행불능으로 인한 손해를 그 한도로 하는지 여부와 관련하여 무제한설과 제한설의 견해 대립이 있다. 판례 또한 다음과 같은 판시를 한 적이 있으나, 어떤 태도인지는 명확하지 않다.

> - 채무자가 목적물 소유자로서 수령하게 되는 보상금에 대하여 채권자인 경락인이 대상청구권을 가진다고 보는 이상, 특별한 사정이 없는 한 채권자는 그 목적물에 대하여 지급되는 보상금 전부에 대하여 대상청구권을 행사할 수 있는 것이고, 소유권이전등기의무의 이행불능 당시 채권자가 그 목적물의 소유권을 취득하기 위하여 지출한 매수대금 상당액 등의 한도 내로 그 범위가 제한된다고 할 수 없다(대판 2008.6.12. 2005두5956).
> - 매매의 목적물이 화재로 소실됨으로써 매도인이 지급받게 되는 화재보험금, 화재공제금에 대하여 매수인의 대상청구권이 인정되는 이상, 매수인은 특별한 사정이 없는 한 목적물에 대하여 지급되는 화재보험금, 화재공제금 전부에 대하여 대상청구권을 행사할 수 있고, 인도의무의 이행불능 당시 매수인이 지급하였거나 지급하기로 약정한 매매대금 상당액의 한도 내로 범위가 제한된다고 할 수 없다(대판 2016.10.27. 2013다7769).

③ 소멸시효의 기산점 : 대상청구권은 특별한 사정이 없는 한 원칙적으로 이행불능이 된 때부터 10년의 소멸시효가 진행한다. 다만, 법규정의 미비 등으로 인하여 손실보상청구권 자체를 행사조차 할 수 없었던 경우에는 관계법령이 시행되어 손실보상청구권을 행사할 수 있었을 때부터 대상청구권의 소멸시효가 진행한다.

> 대상청구권은 특별한 사정이 없는 한 매매 목적물의 수용 또는 국유화로 인하여 매도인의 소유권이전등기의무가 이행불능 되었을 때 매수인이 그 권리를 행사할 수 있다고 보아야 할 것이고 따라서 그때부터 소멸시효가 진행하는 것이 원칙이라 할 것이나, 국유화가 된 사유의 특수성과 법규의 미비 등으로 그 보상금의 지급을 구할 수 있는 방법이나 절차가 없다가 상당한 기간이 지난 뒤에야 보상금청구의 방법과 절차가 마련된 경우라면, 대상청구권자로서는 그 보상금청구의 방법이 마련되기 전에는 대상청구권을 행사하는 것이 불가능하였던 것이고, 따라서 이러한 경우에는 보상금을 청구할 수 있는 방법이 마련된 시점부터 대상청구권에 대한 소멸시효가 진행하는 것으로 봄이 상당하다(대판 2002.2.8. 99다23901).

(4) 청구권 경합

채무불이행에 기한 손해배상청구권과 불법행위에 기한 손해배상청구권이 경합하는 경우, 채무자는 어느 한 쪽만을 주장할 수도 있고, 선택적으로 주장할 수도 있다(통설·판례).

Ⅳ 불완전이행

1. 불완전이행의 의의

채무자가 채무의 이행으로 일정한 급부를 하였으나, 급부의 목적에 하자가 있거나 또는 채무불이행과 관련된 주의의무를 위반함으로써 채권자에게 손해를 끼친 경우이다.

① 불완전이행의 실질적 근거는 채권관계의 구성요소인 급부의무, 부수적 주의의무, 보호의무의 위반에서 찾는다.
② 채무자의 고의·과실을 요건으로 하지 않고 부가적 손해가 배상범위에 포함되지 않는 하자담보책임과는 구별된다.

> **불완전이행과 하자담보책임**
> - 학설: 하자담보책임의 본질을 법정책임이라고 보는 다수설에 의하면 양자는 별개의 책임체계로서 특정물매매이든 불특정물매매이든 경합의 문제는 발생하지 않고 하자담보책임의 문제만 있을 뿐이라고 한다. 다만, 확대손해가 발생한 경우에는 불완전이행의 문제가 발생한다.
> - 판례: 하자담보책임의 본질에 대한 계약책임설의 입장에서 타인의 물건의 매매로 인한 담보책임의 경우에는 양자의 경합을 인정하고 있다.

③ 이행불능 또는 이행지체 등의 소극적 사유에 의한 침해가 아닌, 이행이라는 적극적 행위에 의하여 침해가 발생한다.

2. 불완전이행의 성립요건

① 이행행위가 있어야 한다.
② 이행이 불완전하여야 한다.
③ 채무자의 귀책사유가 있어야 한다.
④ 완전하지 못한 이행이 위법하여야 한다.
⑤ 하자 있는 이행에 의해 채권자에게 손해가 발생하여야 한다.

3. 불완전이행의 효과

(1) 완전이행이 가능한 경우
① 채권자의 완전이행청구권, 추완청구권, 손해배상청구권이 있다.
② 이런 청구권들은 시효기간이 아니라 신의칙상 상당한 기간의 경과로 소멸한다(다수설).

(2) 완전이행이 불가능한 경우
이행방법이 불완전하여 채권자에게 적극적 손해를 가한 동시에 급부의 목적물이 멸실된 경우, 완전이행 그 자체가 불가능하지는 않더라도 새로운 이행이 채권자에게 아무런 이익을 주지 아니하는 경우 등에는 이행불능이 되며, 적극적 채권침해에 의한 손해배상 혹은 이행불능에 의한 전보배상을 청구할 수 있다.

(3) 계약해제
① 완전이행이 가능한 경우 상당한 기간을 정하여 최고해도 채무자가 이행치 않은 때에는 채권자는 계약을 해제할 수 있다.
② 완전이행이 불가능한 때에는 바로 계약을 해제할 수 있다.

4. 입증책임
① 채무의 이행이 있었다는 사실의 입증책임은 채무자에게 있다.
② 이행이 불완전하거나 불능이었다는 사실의 입증책임은 채권자에게 있다.
③ 채무자에게 고의·과실이 없었다는 사실은 채무자가 입증하여야 한다.

V 이행거절

1. 의 의
이행거절이란 채무자가 채무의 이행이 가능함에도 채권자에 대하여 채무를 이행할 의사가 없음을 명백하고 종국적으로 표시하여 객관적으로 보아 채권자로 하여금 채무자의 임의 이행을 더 이상 기대할 수 없게 하는 상태를 말한다.

2. 요 건
이행거절의 요건으로는 ① 채무의 이행이 가능할 것, ② 채무자가 진지하고 종국적으로 채무를 이행하지 아니할 의사표시를 하였을 것, ③ 객관적으로 보아 채무자의 임의 이행을 더 이상 기대할 수 없을 것, ④ 채무자의 이행거절이 위법할 것을 필요로 한다.

> 채무자가 채무를 이행하지 아니할 의사를 명백히 표시한 경우에 채권자는 신의성실의 원칙상 이행기 전이라도 이행의 최고 없이 채무자의 이행거절을 이유로 계약을 해제하거나 채무자를 상대로 손해배상을 청구할 수 있고, 채무자가 채무를 이행하지 아니할 의사를 명백히 표시하였는지 여부는 채무 이행에 관한 당사자의 행동과 계약 전후의 구체적인 사정 등을 종합적으로 살펴서 판단하여야 할 것이다(대판 2023.9.27. 2023다240817).

3. 효 과

① **강제이행청구권** : 이행이 가능하므로 강제이행을 청구할 수 있다. 이 점이 이행불능과 다르다.
② **손해배상청구권** : 채무자가 채무를 이행하지 아니할 의사를 명백히 표시한 경우에는 이행의 최고나 자기 채무의 이행제공 없이 채무자의 이행거절을 이유로 계약을 해제하거나 채무자를 상대로 손해배상을 청구할 수 있지만, 이러한 이행거절이라는 채무불이행이 인정되기 위해서는 채무를 이행하지 아니할 채무자의 명백한 의사표시가 위법한 것으로 평가되어야 한다(대판 2003.2.26, 2000다40995; 대판 2015.2.12, 2014다227225).
③ **계약해제권** : 쌍무계약에 있어서 계약당사자의 일방은 상대방이 채무를 이행하지 아니할 의사를 명백히 표시한 경우에는 최고나 자기 채무의 이행제공 없이 그 계약을 적법하게 해제할 수 있다.

4. 이행거절의 종료

이행거절의 의사표시가 적법하게 철회된 경우에는 상대방으로서는 자기 채무의 이행을 제공하고 상당한 기간을 정하여 이행을 최고한 후가 아니면 채무불이행을 이유로 계약을 해제할 수 없다(대판 2003.2.26, 2000다40995).

Ⅵ 채무불이행의 효과

1. 강제이행

> **강제이행(민법 제389조)**
> ① 채무자가 임의로 채무를 이행하지 아니한 때에는 채권자는 그 강제이행을 법원에 청구할 수 있다. 그러나 채무의 성질이 강제이행을 하지 못할 것인 때에는 그러하지 아니하다.
> ② 전항의 채무가 법률행위를 목적으로 한 때에는 채무자의 의사표시에 갈음할 재판을 청구할 수 있고 채무자의 일신에 전속하지 아니한 작위를 목적으로 한 때에는 채무자의 비용으로 제3자에게 이를 하게 할 것을 법원에 청구할 수 있다.
> ③ 그 채무가 부작위를 목적으로 한 경우에 채무자가 이에 위반한 때에는 채무자의 비용으로써 그 위반한 것을 제각하고 장래에 대한 적당한 처분을 법원에 청구할 수 있다.
> ④ 전3항의 규정은 손해배상의 청구에 영향을 미치지 아니한다.

(1) 의 의

국가가 사인의 급부청구권을 실현시키기 위하여 법원에 의하여 채무자의 의사에 관계없이 국가의 강제력을 동원하여 급부의 내용을 실현하는 것이다. 강제이행의 방법에는 직접강제, 대체집행, 간접강제 등이 있다.

(2) 강제이행의 순서

강제이행의 순서는 직접강제, 대체집행, 간접강제의 순으로 한다.

(3) 강제이행의 방법

1) **직접강제**(민법 제389조 제1항, 민집법 제257조 이하)
① 채권의 내용을 집행기관의 집행행위만에 의하여 직접 실현시키는 것이다.
② 인도채무의 집행방법으로 허용된다.
③ 직접강제가 허용되는 채무에 관하여는 대체집행이나 간접강제가 허용되지 않는다.

2) **대체집행**(민법 제389조 제2항, 제3항, 민집법 제260조)
① 채권자나 제3자로 하여금 대신 급부의 내용을 실현하게 하고 그의 비용을 금전으로 채무자에게 추심할 수 있도록 하는 강제이행방법이다.
② 주는 채무 이외에 하는 채무 중 대체적 작위채무의 불이행의 경우에 인정된다. 기출 21
③ 대체집행이 허용되는 경우에 간접강제는 허용되지 않는다.
3) **간접강제**(민집법 제261조 제1항)
① 의의 : 채무자에게 불이익(일정금액지급, 벌금, 구금)을 예고하거나 부과하여 심리적 압박을 가함으로써 채무자 자신이 채무를 이행하도록 하는 방법으로, 부대체적 작위채무에 인정된다.
② 간접강제가 허용되지 않는 경우 : 채무자의 자유의사에 반하여 강제한다면 채무의 내용에 좇은 급부가 되지 못하는 채무(예술가의 작품 제작), 채무자의 의사에 반하여 그 이행을 강제하는 것이 채무자의 인격 존중에 반하는 채무(고용계약의 노무 제공), 채무자의 일신전속적 채무 등은 간접강제가 허용되지 않고, 다만 손해배상을 허용한다.

(4) **부작위채무의 강제이행**

위반행위로 인하여 발생, 존속하는 물적 결과에 대하여 채무자는 제거의무를 지는데 그 제거의무의 집행은 대체집행의 방법에 의한다.
① 의무위반은 있었으나 아무런 물적 결과가 남아 있지 않은 경우에는 대체집행을 할 수 없으며 손해배상청구만이 가능하다.
② 의무위반이 반복되는 경우 법원은 장래에 대한 적당한 처분을 명한다.

(5) **강제이행과 손해배상의 청구**

강제이행의 청구는 손해배상의 청구에 영향을 미치지 아니한다(민법 제389조 제4항). 기출 13 · 21

2. 손해배상

(1) **의 의**

불법한 원인으로 발생한 손해를 피해자 이외의 자가 전보하는 것이다. 이에는 원상회복주의와 금전배상주의가 있는데, 민법은 금전배상주의 원칙에 따른다(민법 제394조).

(2) **손해배상의 근거와 방법**

> **채무불이행과 손해배상**(민법 제390조)
> 채무자가 채무의 내용에 좇은 이행을 하지 아니한 때에는 채권자는 손해배상을 청구할 수 있다. 그러나 채무자의 고의나 과실 없이 이행할 수 없게 된 때에는 그러하지 아니하다.
>
> **손해배상의 방법**(민법 제394조)
> 다른 의사표시가 없으면 손해는 금전으로 배상한다.
>
> **명예훼손의 경우의 특칙**(민법 제764조)
> 타인의 명예를 훼손한 자에 대하여는 법원은 피해자의 청구에 의하여 손해배상에 갈음하거나 손해배상과 함께 명예회복에 적당한 처분을 명할 수 있다.
> [89헌마160 1991.4.1. 민법 제764조(1958.2.22. 법률 제471호)의 "명예회복에 적당한 처분"에 사죄광고를 포함시키는 것은 헌법에 위반됨]

(3) 손해배상의 범위

> **손해배상의 범위(민법 제393조)**
> ① 채무불이행으로 인한 손해배상은 통상의 손해를 그 한도로 한다.
> ② 특별한 사정으로 인한 손해는 채무자가 그 사정을 알았거나 알 수 있었을 때에 한하여 배상의 책임이 있다.

1) 손해배상의 범위에 관한 학설
채무불이행 당시 보통인이 알 수 있었던 사정과 채무자가 특별히 알고 있는 사정을 함께 고려하여 그 사정으로 인한 손해를 손해배상의 범위로 결정한다(다수설, 절충적 상당인과관계설).

2) 통상손해
채무자의 예견유무를 불문하고 특별한 사정이 없는 한 그 종류의 채무불이행이 있으면 사회일반관념에 따라 통상 발생하는 것으로 생각되는 범위의 손해를 말한다. 판례는 분양받은 아파트에 관하여 소유권이전등기절차의 이행이 장기간 지연되었다면 수분양자에게는 재산권을 완전히 행사하지 못하는 손해가 발생하였다고 볼 수 있어 주위 부동산들의 거래상황 등에 비추어 볼 때 등기절차가 이행되지 않아 수분양자 등이 활용기회의 상실 등의 손해를 입었을 개연성이 인정된다면, 등기절차 지연으로 인한 통상손해가 발생하였다고 할 것이고, 이 손해가 특별한 사정으로 인한 손해라고 하더라도 예견가능성이 있다고 보아야 하며 이러한 법리는 분양된 아파트에 관하여 전유부분에 대한 소유권이전등기절차만을 이행하고 그에 관한 대지권이전등기의 이행을 장기간 지연한 경우에도 마찬가지로 적용될 수 있다고 한다(대판 2021.5.27. 2017다230963).

3) 특별손해
당사자 사이의 개별적・구체적 사정에 의한 손해로서 채무자가 특별한 사정을 알았거나 알 수 있어야 한다. 그러나 특별한 사정에 의해 발생한 손해의 액수까지 알았거나 알 수 있어야 하는 것은 아니다. 손해의 범위는 특별한 사정으로부터 통상 생기는 손해이다.

4) 재산권침해에 의한 특별손해가 인정되는 경우
① 특별사정으로 인한 손해배상에 있어서 채무자가 그 사정을 알았거나 알 수 있었는지의 여부를 가리는 시기는 계약체결 당시가 아니라 채무의 이행기까지를 기준으로 판단하여야 한다(대판 1985.9.10. 84다카1532). **기출 24**

② 일반적으로 타인의 불법행위에 의하여 재산권이 침해된 경우에는 그 재산적 손해의 배상에 의하여 정신적 고통도 회복된다고 보아야 할 것이므로, 재산적 손해의 배상에 의하여 회복할 수 없는 정신적 손해가 발생하였다면 이는 특별한 사정으로 인한 손해로서 가해자가 그러한 사정을 알았거나 알 수 있었을 경우에 한하여 그 손해에 대한 위자료를 인정할 수 있다(대판 1988.3.22. 87다카1096). **기출 13**

③ 매도인이 매수인으로부터 매매대금을 약정된 기일에 지급받지 못한 결과 제3자로부터 부동산을 매수하고 그 잔대금을 지급하지 못하여 그 계약금을 몰수당함으로써 손해를 입었다고 하더라도 이는 특별한 사정으로 인한 손해이므로 매수인이 이를 알았거나 알 수 있었던 경우에만 그 손해를 배상할 책임이 있다(대판 1991.10.11. 91다25369).

④ 매매대상 토지의 개별공시지가가 급등하여 매도인의 양도소득세 부담이 늘었다고 하더라도 그 손해는 사회일반의 관념상 매매계약에서의 잔금지급의 이행지체의 경우 통상 발생하는 것으로 생각되는 범위의 통상손해라고 할 수는 없고, 이는 특별한 사정에 의하여 발생한 손해에 해당한다(대판 2006.4.13. 2005다75897).

(4) 손해배상액의 산정기준

1) 배상액 산정
① 재산적 손해의 배상은 통상가격을 표준으로 하고, 특별한 가격은 채무자가 특별사정을 알았거나 알 수 있었을 때 배상의 책임을 진다.
② 위자료액은[11] 배상권리자가 정당하다고 생각되는 액을 청구하게 하고, 법원이 재량에 의하여 판단한다.

2) 배상액 산정의 시기
① 이행불능된 데 대한 전보배상을 명함에 있어 이행불능사유 발생 당시의 시가를 감정하여 그 가액 상당의 배상을 명한 것은 정당하다(대판 1990.12.7. 90다5672).
② 판례는 이행지체로 인한 전보배상에 대하여는 책임원인발생시설을 취한 경우도 있고, 사실심변론종결시설을 취한 경우도 있다.
③ 이행지체에 의한 전보배상에 있어서의 손해액 산정은 본래의 의무이행을 최고한 후 상당한 기간이 경과한 당시의 시가를 표준으로 하고, 이행불능으로 인한 전보배상액은 이행불능 당시의 시가 상당액을 표준으로 할 것인바, 채무자의 이행거절로 인한 채무불이행에서의 손해액 산정은, 채무자가 이행거절의 의사를 명백히 표시하여 최고 없이 계약의 해제나 손해배상을 청구할 수 있는 경우에는 이행거절 당시의 급부목적물의 시가를 표준으로 해야 한다(대판 2007.9.20. 2005다63337).

3) 배상액 산정의 장소
당사자의 특약 또는 특별한 규정이 없는 경우 채무 이행지의 가격을 표준으로 한다.

4) 관련 판례

일반육체노동을 하는 사람 또는 육체노동을 주로 생계활동으로 하는 사람의 가동연한을 경험칙상 만 65세까지로 보아야 하는지 여부(원칙적 적극)
대법원은 1989.12.26. 선고한 88다카16867 전원합의체 판결(이하 '종전 전원합의체 판결'이라 한다)에서 일반 육체노동을 하는 사람 또는 육체노동을 주로 생계활동으로 하는 사람(이하 '육체노동'이라 한다)의 가동연한을 경험칙상 만 55세라고 본 기존 견해를 폐기하였다. 그 후부터 현재에 이르기까지 육체노동의 가동연한을 경험칙상 만 60세로 보아야 한다는 견해를 유지하여 왔다. 그런데 우리나라의 사회적·경제적 구조와 생활여건이 급속하게 향상·발전하고 법제도가 정비·개선됨에 따라 종전 전원합의체 판결 당시 위 경험칙의 기초가 되었던 제반 사정들이 현저히 변하였기 때문에 위와 같은 견해는 더 이상 유지하기 어렵게 되었다. 이제는 특별한 사정이 없는 한 만 60세를 넘어 만 65세까지도 가동할 수 있다고 보는 것이 경험칙에 합당하다(대판 2019.2.21. 2018다248909[전합]).

도시 일용근로자의 월 가동일수
[1] 근로조건이 산업환경에 따라 해마다 변동하는 도시 일용근로자의 일실수입을 그 1일 노임에 관한 통계사실에 기초하여 평가하는 경우에는, 그 가동일수에 관하여도 법원에 현저한 사실을 포함한 각종 통계자료 등에 나타난 월평균 근로일수와 직종별 근로조건 등 여러 사정들을 감안하고 그 밖의 적절한 자료들을 보태어 합리적인 사실인정을 하여야 한다.

---

11) 숙박업자가 숙박계약상의 고객보호의무을 다하지 못하여 투숙객이 사망한 경우, 숙박계약의 당사자가 아닌 그 투숙객의 근친자가 그 사고로 인하여 정신적 고통을 받았다 하더라도 숙박업자의 그 망인에 대한 숙박계약상의 채무불이행을 이유로 위자료를 청구할 수는 없다(대판 2000.11.24. 2000다38718). 따라서 이와 같은 경우, 채권자의 직계존속은 민법 제752조를 유추적용하여 채무불이행을 이유로 한 위자료를 청구할 수 없다. 기출 21

[2] 대법원은, ① 근로기준법의 개정으로 인한 근로시간의 지속적인 감소, 연간 공휴일의 증가 등 사회적·경제적 구조의 지속적 변화, ② 근로자의 삶의 질 향상과 일과 삶의 균형이 강조되는 등 과거와 달라진 근로여건과 생활여건, ③ 고용형태별 근로실태 조사의 최근 10년간 월 평균 근로일수 등에 의하면 과거 대법원이 도시 일용근로자의 월 가동일수를 22일 정도로 보는 근거가 되었던 각종 통계자료 등의 내용은 그대로 적용하기 어렵고, 위와 같은 여러 사정을 고려하면 이 사건 사고 당시 이 사건 사고 당시 도시 일용근로자의 월 가동일수를 20일을 초과하여 인정하기는 어렵다고 보아, 이와 달리 도시 일용근로자의 월 가동일수가 22일임을 전제로 판단한 원심을 파기·환송한 사례(대판 2024.4.25. 2020다271650).

(5) 손해배상의 범위에 관한 특수문제

1) 과실상계

> **과실상계(민법 제396조)**
> 채무불이행에 관하여 채권자에게 과실이 있는 때에는 법원은 손해배상의 책임 및 그 금액을 정함에 이를 참작하여야 한다.

① 의의 : 채무불이행이나 불법행위에 기한 손해배상책임의 범위를 정함에 있어 채권자의 과실이 손해의 발생 및 확대에 기여한 경우 법원은 이를 참작하여야 하는데, 이를 과실상계라고 한다.

② 요 건
  ㉠ 손해배상청구권이 발생하였을 것
    - 채무 내용에 따른 본래의 급부의 이행을 구하는 경우에는 과실상계가 인정되지 않는다.
    - 표현대리가 성립하는 경우, 상대방에게 과실이 있더라도 과실상계의 법리를 유추적용하여 본인의 책임을 경감할 수 없다(대판 1994.12.22. 94다24985).
  ㉡ 채권자의 과실이 있을 것 : 판례는 손해배상책임의 요건으로서의 과실은 의무위반이라는 강력한 과실임에 반하여, 과실상계에서의 과실은 가해자의 과실과 달리 사회통념이나 신의성실의 원칙에 따라 공동생활에 있어 요구되는 약한 의미의 부주의라고 설시하고 있다(대판 2000.8.22. 2000다29028). 기출 20

> 과실에 의한 불법행위자인 중개보조원이 고의에 의한 불법행위자와 공동불법행위책임을 부담하는 경우, 중개보조원의 손해배상액을 정할 때 피해자의 과실을 참작하여 과실상계를 할 수 있는지 여부(적극) 및 중개보조원을 고용한 개업공인중개사의 손해배상금액을 정할 때 불법행위에 관여하지는 않았다는 등의 개별적인 사정까지 고려하여 중개보조원보다 가볍게 책임을 제한할 수 있는지 여부(적극)
> 피해자의 부주의를 이용하여 고의로 불법행위를 저지른 사람이 바로 피해자의 부주의를 이유로 자신의 책임을 줄여 달라고 주장하는 것은 허용될 수 없다. 그러나 이는 그러한 사유가 있는 자에게 과실상계의 주장을 허용하는 것이 신의칙에 반하기 때문이므로, 불법행위자 중의 일부에게 그러한 사유가 있다고 하여 그러한 사유가 없는 다른 불법행위자까지도 과실상계의 주장을 할 수 없다고 해석할 것은 아니다. 또한 중개보조원이 업무상 행위로 거래당사자인 피해자에게 고의로 불법행위를 저지른 경우라고 하더라도, 중개보조원을 고용하였을 뿐 이러한 불법행위에 가담하지 않은 개업공인중개사에게 책임을 묻고 있는 피해자에게 과실이 있다면, 법원은 과실상계의 법리에 따라 손해배상의 책임과 그 금액을 정하는 데 이를 참작하여야 한다. 따라서 <u>과실에 의한 불법행위자인 중개보조원이 고의에 의한 불법행위자와 공동불법행위책임을 부담하는 경우 중개보조원의 손해배상액을 정할 때에는 피해자의 과실을 참작하여 과실상계를 할 수 있고, 중개보조원을 고용한 개업공인중개사의 손해배상금액을 정할 때에는 개업공인중개사가 중개보조원의 사용자일 뿐 불법행위에 관여하지는 않았다는 등의 개별적인 사정까지 고려하여 중개보조원보다 가볍게 책임을 제한할 수도 있다</u>(대판 2018.2.13. 2015다242429).

  ㉢ 책임능력의 요부(要否) : 채권자에게 책임능력이 필요한지 여부에 대해 견해대립이 있으나, 통설과 판례는 책임능력은 불필요하고, 다만 사리변식능력만 있으면 족하다는 태도이다.

③ 효 과
　㉠ 과실상계 사유에 관한 사실인정이나 그 비율을 정하는 것은 그것이 형평의 원칙에 비추어 현저히 불합리하다고 인정되지 않는 한 사실심의 전권에 속하는 사항이다(대판 2012.1.12. 2010다79947).
　㉡ 채권자에게 과실이 인정되면 법원은 손해배상의 책임 및 그 금액을 정함에 있어서 이를 참작하여야 하며, 배상의무자가 피해자의 과실에 관하여 주장하지 않는 경우에도 소송자료에 의하여 과실이 인정되는 경우에는 이를 법원이 직권으로 심리·판단하여야 한다(대판 2008.2.28. 2005다60369). 기출 20
　㉢ 일부청구에서의 과실상계의 방법 : 일부청구 시 과실상계의 방법으로 안분설, 내측설, 외측설 등이 주장되고 있으나, 판례(대판 2008.12.24. 2008다51649)는 외측설을 따르고 있다.

> 일개의 손해배상청구권 중 일부가 소송상 청구되어 있는 경우에 과실상계를 함에 있어서는 손해의 전액에서 과실비율에 의한 감액을 하고 그 잔액이 청구액을 초과하지 않을 경우에는 그 잔액을 인용할 것이고 잔액이 청구액을 초과할 경우에는 청구의 전액을 인용하는 것으로 해석하여야 할 것이며, 이와 같이 풀이하는 것이 일부청구를 하는 당사자의 통상적 의사라고 할 것이고, 이러한 방식에 따라 원고의 청구를 인용한다고 하여도 처분권주의에 위배되는 것이라고 할 수는 없다(대판 2008.12.24. 2008다51649).

④ 적용범위
　㉠ 과실책임주의를 기초로 하는 손해배상책임에 적용됨이 원칙이다. 따라서 피해자의 부주의를 이용하여 고의로 불법행위를 저지른 자가 피해자의 바로 그 부주의를 이유로 자신의 책임을 감하여 달라고 주장하는 것은 허용될 수 없다(대판 2010.7.8. 2010다21276).
　㉡ 무과실책임(매도인의 하자담보책임)의 경우 직접적용은 부정하나 참작은 가능하다. 기출 20
　㉢ 법률행위 본래의 책임을 묻는 경우에는 과실상계가 적용되지 않는다.
　㉣ 손해배상의 예정에는 적용이 없다는 것이 판례의 태도이다.

핵심문제

01 과실상계에 관한 설명으로 옳은 것은?(다툼이 있으면 판례에 따름) 기출 19
① 과실상계의 비율에 대한 당사자의 주장은 법원을 구속한다.
② 배상의무자가 피해자의 과실에 관하여 주장하지 않는 경우, 법원이 이를 직권으로 심리·판단할 수 없다.
③ 한 개의 손해배상청구권 중 일부가 소송상 청구된 경우, 법원은 과실상계를 함에 있어서 손해의 전액에서 과실비율에 의한 감액을 하고 그 잔액이 청구액을 초과하지 않을 경우에는 그 잔액을 인용해야 한다.
④ 채무내용에 따른 본래의 급부의 이행을 구하는 경우에도 과실상계는 적용된다.
⑤ 채무불이행에 관하여 채권자의 과실이 있고 채권자가 그로 인하여 이익을 받은 경우, 손해배상액을 산정함에 있어서 손익상계를 한 다음 과실상계를 해야 한다.

[해설]
① (×) 과실상계에는 변론주의가 적용되지 아니하므로 채권자의 과실 유무, 비율 등은 당사자의 주장과 달리 법원이 직권으로 조사·결정할 사항이라 할 것이다.
② (×) 손해배상청구소송에서 피해자에게 과실이 인정되면 법원은 손해배상의 책임 및 그 금액을 정함에 있어서 이를 참작하여야 하며, 배상의무자가 피해자의 과실에 관하여 주장하지 않는 경우에도 소송자료에 의하여 과실이 인정되는 경우에는 이를 법원이 직권으로 심리·판단하여야 한다(대판 2005.10.7. 2005다32197).
③ (○) 대판 2008.12.24. 2008다51649
④ (×) 채무내용에 따른 본래의 급부의 이행을 구하는 때에는 적용되지 않는다(대판 1996.5.10. 96다8468).
⑤ (×) 과실상계를 먼저 한 후에 손익상계를 하여야 한다(대판 1990.5.8. 89다카29129).

정답 ③

⑤ 피해자 측 과실
　㉠ **채무불이행으로 인한 손해배상의 경우** : 통설은 채권자의 수령보조자의 과실을 채권자의 과실과 동일시하여 과실상계를 한다.
　㉡ **불법행위로 인한 손해배상의 경우** : 학설의 대립이 있으나, 판례는 과실상계에서 피해자의 과실에는 피해자 본인의 과실뿐 아니라 피해자와 동일시할 수 있는 피해자 측의 과실도 포함되어야 한다고 한다(대판 1997.11.14. 97다35344).

2) 손익상계

채무불이행이라는 동일한 원인에 의하여 채권자가 손해와 함께 이익을 얻은 경우에 그 이익을 공제하여 배상액을 산정하는 것을 말한다.

① 민법에는 규정이 없으나 공평의 원칙상 인정되는 제도임을 유의하여야 한다.
② 공제되는 이익의 범위는 채무불이행과 상당인과관계가 있는 이익이므로 채무불이행 이외의 원인을 통해 채권자가 이익을 얻은 경우에는 그 이익은 공제대상이 되지 않는다.
　• 부의금은 공제의 대상이 아니다(통설).
　• 피해자의 사망 시 피해자의 생활비는 손익상계로 공제된다(대판 1969.7.22. 69다504). 다만, 부양가족의 생활비는 공제되지 않는다.
③ 과실상계 후 손익상계를 한다(대판 2010.2.25. 2009다87621). 기출 15

3) 손해배상자의 대위

> **손해배상자의 대위(민법 제399조)**
> 채권자가 그 채권의 목적인 물건 또는 권리의 가액 전부를 손해배상으로 받은 때에는 채무자는 그 물건 또는 권리에 관하여 당연히 채권자를 대위한다.

(6) 손해배상액의 예정

> **배상액의 예정(민법 제398조)**
> ① 당사자는 채무불이행에 관한 손해배상액을 예정할 수 있다.
> ② 손해배상의 예정액이 부당히 과다한 경우에는 법원은 적당히 감액할 수 있다.
> ③ 손해배상액의 예정은 이행의 청구나 계약의 해제에 영향을 미치지 아니한다.
> ④ 위약금의 약정은 손해배상액의 예정으로 추정한다.
> ⑤ 당사자가 금전이 아닌 것으로써 손해의 배상에 충당할 것을 예정한 경우에도 전4항의 규정을 준용한다.

1) 의 의

계약과 동시에 계약 위반으로 인한 손해를 미리 산정하여 계약 위반 시에 채권자가 별도의 손해 발생 및 손해액의 증명 없이 예정배상액을 청구하기로 하는 당사자 간의 합의를 말한다. 최근 판례에 의하면 매수인이 대금을 약정기일까지 납부하지 아니할 경우 그 체납액에 대하여 연체료를 가산하여 지급하기로 하는 연체료 약정은 이행지체에 대한 손해배상의 예정으로서 지체책임이 발생할 때 비로소 그 지급의무가 발생한다고 한다(대판 2025.6.26. 2025다209893).

① 당사자는 채무불이행에 관한 손해배상액을 예정할 수 있다(민법 제398조 제1항).
② 채무불이행을 정지조건으로 하는 계약이며, 기본채권에 종된 계약이다.
③ 채무불이행 시에만 적용되고 불법행위 시에는 손해배상예정을 할 수 없다. 기출 14 · 17 · 18

2) 요 건
① 채무불이행의 전제가 되는 채권관계가 있어야 한다.
② 기본채권관계의 채권자와 채무자 간 손해 발생과 손해액에 대한 약정이 체결되어야 한다.
③ 손해배상액의 예정방법에 대해 특별한 제한이 없으므로, 배상액예정은 일정액의 금전으로 하는 것이 보통이나 금전 이외의 것으로도 배상액을 예정할 수 있다(민법 제398조 제5항).

3) 효 과
① 예정배상액의 청구
- 채무불이행으로 인한 손해배상액의 예정이 있는 경우에는, 채권자는 채무불이행 사실만 증명하면 손해의 발생 및 그 액을 증명하지 아니하고 예정배상액을 청구할 수 있다. 기출 14·18·24·25
- 실제의 손해액이 예정된 배상액보다 많거나 적다는 것을 입증하더라도, 예정된 배상액만을 청구할 수 있을 뿐이다.
- 당사자 사이의 채무불이행에 관하여 손해배상액을 예정한 경우에 채권자는 통상의 손해뿐만 아니라 특별한 사정으로 인한 손해에 관하여도 예정된 배상액만을 청구할 수 있고 특약이 없는 한 예정액을 초과한 배상액을 청구할 수는 없다(대판 1988.9.27. 86다카2375). 기출 17·18·21·24·25
- 채무불이행으로 인한 손해배상액이 예정되어 있는 경우에는 채권자는 채무불이행 사실만 증명하면 손해의 발생 및 그 액을 증명하지 아니하고, 예정배상액을 청구할 수 있고, 채무자는 채권자와 채무불이행에 있어 채무자의 귀책사유를 묻지 아니한다는 약정을 하지 아니한 이상 자신의 귀책사유가 없음을 주장·입증함으로써 예정배상액의 지급책임을 면할 수 있다(대판 2010.2.25. 2009다83797). 기출 14·21

② 예정배상액의 감액
- 손해배상의 예정액이 부당히 과다한 경우에는 법원은 적당히 감액할 수 있다(민법 제398조 제2항). 기출 14·18
- 예정배상액이 과소한 경우에 대해서는 아무런 규정을 두고 있지 않은데, 다수설은 법원에 의한 직권 증액을 부정한다.
- 손해배상의 예정액이 부당하게 과다한지 및 그에 대한 적당한 감액의 범위를 판단하는 데 있어서는, 법원이 구체적으로 그 판단을 하는 때 즉, 사실심의 변론종결 당시를 기준으로 하여 그 사이에 발생한 위와 같은 모든 사정을 종합적으로 고려하여야 한다. 이때 감액사유에 대한 사실인정이나 그 비율을 정하는 것은 형평의 원칙에 비추어 현저히 불합리하다고 인정되지 않는 한 사실심의 전권에 속하는 사항이다(대판 2017.5.30. 2016다275402). 기출 21·25
- 금전채무에 관하여 이행지체에 대비한 지연손해금 비율을 따로 약정한 경우에 이는 일종의 손해배상액의 예정으로서 민법 제398조에 의한 감액의 대상이 된다(대판 2000.7.28. 99다38637). 기출 17·20
- "손해배상의 예정"이라 함은 문언상 배상비율 자체를 말하는 것이 아니라 그 비율에 따라 계산한 예정배상액의 총액을 의미한다고 해석하여야 한다(대판 2000.7.28. 99다38637).
- 민법 제398조 제2항은 손해배상의 예정액이 부당히 과다한 경우에는 법원이 이를 적당히 감액할 수 있다고 규정하고 있고, 금전채무의 불이행에 관하여 적용을 배제하지 않고 있다. 또한 이자제한법 제6조는 법원은 당사자가 금전을 목적으로 한 채무의 불이행에 관하여 예정한 배상액을 부당하다고 인정한 때에는 상당한 액까지 이를 감액할 수 있다고 규정하고 있다. 따라서 금전채무에 관하여 이행지체에 대비한 지연손해금 비율을 따로 약정한 경우에 이는 손해배상액의 예정으로서 감액의 대상이 된다(대판 2017.7.11. 2016다52265). 기출 21·22

③ 과실상계와 손익상계의 적용
- 손해배상액이 예정된 경우에도 채무불이행에 대한 채권자의 과실이 있을 때에는 손해배상의 책임 및 금액의 산정에 있어서 이를 참작해야 한다(통설).
- 손해배상액의 예정에 있어서도 손익상계는 부정되지 않는다.
- 당사자 사이의 계약에서 채무자의 채무불이행으로 인한 손해배상액이 예정되어 있는 경우, 채무불이행으로 인한 손해의 발생 및 확대에 채권자에게도 과실이 있더라도 민법 제398조 제2항에 따라 채권자의 과실을 비롯하여 채무자가 계약을 위반한 경위 등 제반 사정을 참작하여 손해배상예정액을 감액할 수는 있을지언정 채권자의 과실을 들어 과실상계를 할 수는 없다(대판 2016.6.10. 2014다200763). 기출 18·21

④ 배상액의 예정과 이행청구·계약해제 : 손해배상액의 예정은 이행의 청구나 계약의 해제에 영향을 미치지 않는다(민법 제398조 제3항).

핵심문제

01 甲은 자기 소유의 토지에 대해 乙과 매매계약을 체결하면서 이행지체로 인한 손해배상액을 예정하였다. 乙의 이행지체를 이유로 甲이 손해배상을 청구하는 경우에 관한 설명으로 옳지 않은 것은?(다툼이 있으면 판례에 따름) 기출 19

① 甲은 손해액에 대한 증명을 하지 않더라도 乙의 이행지체가 있었던 사실을 증명하면 예정배상액을 청구할 수 있다.
② 甲에게 손해가 발생하였더라도 특별한 사정이 없는 한 乙은 자신에게 귀책사유가 없음을 증명함으로써 예정배상액의 지급책임을 면할 수 있다.
③ 乙은 甲에게 손해가 발생하지 않았다는 사실을 증명하더라도 예정배상액의 지급책임을 면할 수 없다.
④ 甲은 乙의 이행지체로 인하여 입은 실제 손해액이 예정배상액보다 크다는 사실을 증명하더라도 다른 특약이 없는 한 그 초과부분을 따로 청구할 수 없다.
⑤ 乙의 이행지체로 인하여 특별손해가 발생한 경우, 다른 특약이 없는 한 甲은 乙에게 특별손해에 대한 손해배상을 별도로 청구할 수 있다.

[해설]
① (○) 채무불이행으로 인한 손해배상액의 예정이 있는 경우에는 채권자는 채무불이행사실만 증명하면 손해의 발생 및 그 액을 증명하지 아니하고 예정배상액을 청구할 수 있다(대판 2000.12.8. 2000다50350).
② (○) 채무자는 채권자와 채무불이행에 있어 채무자의 귀책사유를 묻지 아니한다는 약정을 하지 않는 이상 자신의 귀책사유가 없음을 주장·입증함으로써 예정배상액의 지급책임을 면할 수 있다(대판 2007.12.27. 2006다9408).
③ (○) 채무자가 실제로 손해 발생이 없다거나 손해액이 예정액보다 적다는 것을 입증하더라도 채무자는 그 예정액의 지급을 면하거나 감액을 청구하지 못한다(대판 2008.11.13. 2008다46906).
④ (○) 매매당사자가 계약금으로 수수한 금액에 관하여 매수인이 위약하면 이를 무효로 하고 매도인이 위약하면 그 배액을 상환하기로 하는 뜻의 약정을 한 경우에 있어서 그 위약금의 약정은 민법 제398조 제4항이 정한 손해배상의 예정으로 추정되는 것이고, 이와 같은 약정이 있는 경우에는 채무자에게 채무불이행이 있으면 채권자는 실제손해액을 증명할 필요없이 그 예정액을 청구할 수 있는 반면에 실제손해액이 예정액을 초과하더라도 그 초과액을 청구할 수 없다(대판 1988.5.10. 87다카3101). 따라서 甲이 실제손해액이 예정배상액보다 크다는 사실을 증명하더라도 다른 특약이 없는 한 그 초과 부분을 따로 청구할 수 없다.
⑤ (×) 특약이 없는 한 예정배상액에는 통상손해와 특별손해가 모두 포함된 것으로 본다. 따라서 특별손해에 대해 별도로 청구할 수 없다(대판 1988.9.27. 86다카2375).

정답 ⑤

4) 관련 문제

① 위약금
- 위약금이란 채무불이행의 경우에 채무자가 채권자에게 지급할 것을 약속한 금액으로서 손해배상액의 예정 또는 위약벌로서의 성격을 갖는다.
- 위약금의 약정이 있는 경우에는 채무자에게 채무불이행이 있으면 채권자는 실제손해액을 증명할 필요 없이 그 예정액을 청구할 수 있는 반면에 실제손해액이 예정액을 초과하더라도 그 초과액을 청구할 수 없다(대결 1990.2.13. 89다카26250).
- 도급계약에서 계약이행보증금과 지체상금의 약정이 있는 경우, 특별한 사정이 없는 한 계약이행보증금은 위약벌 또는 제재금의 성질을 가지고, 지체상금은 손해배상의 예정으로 봄이 상당하다는 판례(대판 1996.4.26. 95다11436)와 도급계약서 및 그 계약내용에 편입된 약관에 수급인의 귀책사유로 인하여 계약이 해제된 경우에는 계약보증금이 도급인에게 귀속한다는 조항이 있는 경우, 도급계약서에 계약보증금 외에 지체상금도 규정되어 있다는 점만을 이유로 하여 계약보증금을 위약벌이라고 보기는 어렵다는 판례(대판 2005.11.10. 2004다40597)가 있으나, 지체상금은 이행지체를 전제로 하는 것이고 채무불이행은 이행지체에 한정되는 것은 아니라는 점에서 계약이행보증금을 위약벌이라고 볼 수는 없다고 판단된다.
- 지체상금을 계약 총액에서 지체상금률을 곱하여 산출하기로 정한 경우, 민법 제398조 제2항에 의하면, 손해배상액의 예정액이 부당히 과다한 경우에는 법원은 적당히 감액할 수 있다고 규정되어 있고 여기의 손해배상의 예정액이란 문언상 그 예정한 손해배상액의 총액을 의미한다고 해석되므로, 손해배상의 예정에 해당하는 지체상금의 과다 여부는 지체상금 총액을 기준으로 하여 판단하여야 한다(대판 2002.12.24. 2000다54536). 기출 25
- 위약금은 그 약정목적에 따라 위약벌과 손해배상액의 예정으로 분류되는데 당사자 사이의 특별한 약정이 없는 한 손해배상액의 예정으로 추정된다(민법 제398조 제4항). 따라서 위약벌임을 주장하는 자에게 위약벌로서의 약정이었다는 사실에 대한 입증책임이 있다(대판 2001.9.28. 2001다14689).
- 위약벌의 경우에는 별도의 채무불이행으로 인한 손해배상청구가 가능하다. 기출 14
- 위약벌의 약정은 채무의 이행을 확보하기 위하여 정해지는 것으로서 손해배상의 예정과는 그 내용이 다르므로 손해배상의 예정에 관한 민법 제398조 제2항을 유추적용하여 그 액을 감액할 수는 없고 다만, 그 의무의 강제에 의하여 얻어지는 채권자의 이익에 비하여 약정된 벌이 과도하게 무거울 때에는 그 일부 또는 전부가 공서양속에 반하여 무효가 된다(대판 2013.7.25. 2013다27015). 기출 14·22·25 최근 전합판결도 같은 취지에서 위약벌 약정이 손해배상액의 예정과 일부 유사한 점이 있다고 하여 위약벌에 민법 제398조 제2항을 유추적용하지 않으면 과다한 위약벌에 대한 현실적인 법적 분쟁을 해결할 수 없다거나 사회적 정의관념에 현저히 반하게 되는 결과가 초래된다고 볼 수 없어, 유추적용이 정당하다고 평가하기 어렵다고 본다(대판 2022.7.21. 2018다248855·248862[전합]).

② 계약금
- 계약금이란 계약을 체결할 때에 그 계약에 부수하여 당사자의 일방이 상대방에게 교부하는 금전 기타 유가물을 말한다.
- 계약금이 수수된 경우 이는 특별한 사정이 없는 한 해약금으로 추정될 뿐 그것을 위약금으로 하여 손해배상의 예정을 한 것으로 볼 수는 없다.
- 다만, 계약금을 수수하면서 '일방이 위약하면 계약금을 포기하거나 배액을 상환하기로 하는 별도의 약정'이 있다면 이는 손해배상액의 예정으로서의 성질을 갖는다(대판 1989.12.12. 89다카10811).

5) 관련 판례
① **위약금의 감액 가부** : [1] 위약금약정이 손해배상액의 예정과 위약벌의 성격을 함께 가지는 경우 특별한 사정이 없는 한 법원은 당사자의 주장이 없더라도 직권으로 민법 제398조 제2항에 따라 위약금 전체 금액을 기준으로 감액할 수 있다. 이때 그 금액이 부당하게 과다한지는 채권자와 채무자의 각 지위, 계약의 목적과 내용, 위약금약정을 한 동기와 경위, 계약위반과정, 채무액에 대한 위약금의 비율, 예상손해액의 크기, 의무의 강제를 통해 얻는 채권자의 이익, 그 당시의 거래관행 등 모든 사정을 참작하여 일반 사회관념에 비추어 위약금의 지급이 채무자에게 부당한 압박을 가하여 공정성을 잃는 결과를 초래한다고 볼 수 있는지를 고려해서 판단해야 한다.

[2] 갑 주식회사의 하도급업자로서 미지급공사대금채권에 기해 갑 회사의 채권을 가압류한 을 주식회사가 갑 회사를 상대로 제기한 본안소송 계속 중 제3채무자의 공탁으로 개시된 배당절차에서 자신 앞으로 배당금이 공탁되자, 신속하게 집행권원을 얻어 이를 수령하기 위하여 갑 회사와 '위 공사대금을 일부 감액하여 정산합의금으로 하고, 갑 회사는 공사대금채권에 대한 을 회사의 가압류를 본압류로 이전하는 것에 이의하지 않고 을 회사는 위 공사대금소송이 확정되어 배당금을 회수하는 즉시 갑 회사에 그 일부를 지급한다'는 내용의 정산합의를 하면서, 특약사항으로 갑 회사나 을 회사가 자신의 책임 있는 사유로 의무를 이행하지 않을 경우 갑 회사는 을 회사에 정산합의금의 배액을 배상하고 을 회사는 갑 회사로부터 지급받을 채권 전액을 포기하기로 약정한 경우, 위 특약은 위약금약정에 해당하는데, 이는 손해배상액 예정과 위약벌의 성격을 함께 가지는 것이므로, 을 회사가 위약 시 공사대금채권 전액을 포기하기로 정한 것은 부당하게 과다하다고 볼 여지가 있다(대판 2020.11.12. 2017다275270).

② **손해배상액의 예정의 실효 여부** : 계약당사자가 채무불이행으로 인한 전보배상에 관하여 손해배상액을 예정한 경우에 채권자가 채무불이행을 이유로 계약을 해제하거나 해지하더라도 원칙적으로 손해배상액의 예정은 실효되지 않고, 전보배상에 관하여 특별한 사정이 없는 한 손해배상액의 예정에 따라 배상액을 정해야 한다. 다만 위와 같은 손해배상액의 예정이 계약의 유지를 전제로 정해진 약정이라는 등의 사정이 있는 경우에 채무불이행을 이유로 계약을 해제하거나 해지하면 손해배상액의 예정도 실효될 수 있다. 이때 손해배상액의 예정이 실효된다고 볼 특별한 사정이 있는지는 약정 내용, 약정이 이루어지게 된 동기와 경위, 당사자가 이로써 달성하려는 목적, 거래의 관행 등을 종합적으로 고려하여 당사자의 의사를 합리적으로 해석하여 판단해야 한다(대판 2022.4.14. 2019다292736·292743).

VII 채권자지체

채권자지체(민법 제400조)
채권자가 이행을 받을 수 없거나 받지 아니한 때에는 이행의 제공 있는 때로부터 지체책임이 있다.

채권자지체와 채무자의 책임(민법 제401조)
채권자지체 중에는 채무자는 고의 또는 중대한 과실이 없으면 불이행으로 인한 모든 책임이 없다.

동전(민법 제402조)
채권자지체 중에는 이자 있는 채권이라도 채무자는 이자를 지급할 의무가 없다.

> **채권자지체와 채권자의 책임(민법 제403조)**
> 채권자지체로 인하여 그 목적물의 보관 또는 변제의 비용이 증가된 때에는 그 증가액은 채권자의 부담으로 한다.
>
> **채권자귀책사유로 인한 이행불능(민법 제538조)**
> ① 쌍무계약의 당사자 일방의 채무가 채권자의 책임 있는 사유로 이행할 수 없게 된 때에는 채무자는 상대방의 이행을 청구할 수 있다. 채권자의 수령지체 중에 당사자쌍방의 책임 없는 사유로 이행할 수 없게 된 때에도 같다.
> ② 전항의 경우에 채무자는 자기의 채무를 면함으로써 이익을 얻은 때에는 이를 채권자에게 상환하여야 한다.

1. 의 의

채무의 이행에 있어서 채권자의 수령 기타의 협력을 필요로 하는 경우, 채무자가 채무의 내용에 좇은 이행의 제공을 하였음에도 불구하고 채권자가 이행을 받을 수 없거나 받지 아니한 때에는 이행의 제공이 있는 때로부터 지체책임이 있다(민법 제400조).

2. 채권자지체의 법적 성질

(1) 학 설

1) 채무불이행책임설(다수설)

채권자의 수령의무를 인정하며, 수령하지 않음에 대한 채권자의 귀책사유가 필요하다. 따라서 민법 제401조 내지 민법 제403조 이외에 손해배상청구권과 계약해제권도 인정된다.

2) 법정책임설

채권자의 수령의무는 인정되지 않으며, 따라서 채권자의 귀책사유는 요건이 아니다. 또한 민법 제401조 내지 민법 제403조 이외에 손해배상청구권과 계약해제권은 인정될 수 없다.

3) 절충설

원칙적으로 채권자의 일반적 수령의무는 인정할 수 없으나, 매매, 도급, 임치와 같은 계약유형에 있어서는 신의칙상 채권자의 수취의무를 인정할 수 있다. 따라서 이러한 계약유형에 있어서는 채권자에게 귀책사유가 있다면 손해배상청구권과 계약해제권도 인정할 수 있다.

3. 채권자지체의 요건

(1) 채무의 내용에 좇은 이행의 제공이 있을 것

채무의 내용에 좇지 않은 제공의 불수령은 채권자지체가 되지 않는다.

(2) 채권자가 채무자의 이행의 제공을 받을 수 없거나 받지 않을 것

수령거절·수령불능의 이유는 묻지 않는다. 이행불능과 수령불능과의 구별은 이행의 장애가 채권자·채무자의 어느 쪽의 영향범위 내지 사업범위에서 발생 또는 결과를 일으켰느냐를 기준으로 하여, 그것이 채권자 측에 있으면 수령불능이 되며 채무자 측에 있으면 이행불능이 된다(영역설, 통설).

(3) 채권자의 귀책사유에 기인할 것

1) 법정책임설
채권자의 고의·과실 및 기타의 귀책사유는 요건이 되지 않는다.

2) 채무불이행책임설
채권자지체는 과실책임주의의 원칙이 지배하므로 당연히 귀책사유가 필요하게 된다.

(4) 채권자의 수령불능 또는 수령거절이 위법일 것
채무자의 이행의 제공이 채무의 내용에 적합한 것이 아닐 때에는 채권자가 수령을 거절하는 것은 법률상 당연한 일이며 위법성이 없다.

4. 채권자지체의 효과

(1) 손해배상청구권
채무불이행책임설은 채권자지체로 생긴 손해배상의 청구를 인정하나, 법정책임설은 손해배상청구권을 인정하지 않는다.

(2) 계약해제권
채무불이행책임설에 의하면 채무자가 수령이 가능한 경우에는 상당한 기간을 정하여 수령을 최고한 다음에, 또 정기행위의 경우와 수령이 불가능한 경우에는 최고 없이 곧 계약을 해제할 수 있으나, 법정책임설은 계약해제권을 인정하지 않는다. 판례는 채권자지체가 성립하는 경우 그 효과로서 원칙적으로 채권자에게 민법 규정에 따른 일정한 책임이 인정되는 것 외에, 채무자가 채권자에 대하여 일반적인 채무불이행책임과 마찬가지로 손해배상이나 계약 해제를 주장할 수는 없으나, 채권자에게 계약상 의무로서 수령의무나 협력의무가 인정되는 경우, 그 수령의무나 협력의무가 이행되지 않으면 계약 목적을 달성할 수 없거나 채무자에게 계약의 유지를 더 이상 기대할 수 없다고 볼 수 있는 때에는 채무자는 수령의무나 협력의무 위반을 이유로 계약을 해제할 수 있다고 한다(대판 2021.10.28. 2019다293036).

(3) 주의의무의 경감
채무자는 채권자지체 중에는 주의의무가 경감되며, 고의 또는 중대한 과실에 대해서만 책임을 진다(민법 제401조).

(4) 이자의 정지
채무자는 채권자지체 중에는 이자 있는 채권이라도 이자를 지급할 의무가 없다(민법 제402조).

(5) 채권자의 책임의 가중
채권자지체로 인하여 그 목적물의 보관 또는 변제의 비용이 증가된 때에는 그 증가액은 채권자의 부담으로 한다(민법 제403조).

(6) 쌍무계약에 있어서의 대가위험이전
① 채권자의 수령지체 중에 당사자 쌍방의 책임 없는 사유, 즉 불가항력으로 인하여 이행불능으로 된 때에는 그 위험은 채권자가 부담한다.
② 채무자는 상대방의 이행을 청구할 수 있다(민법 제538조 제1항 본문).

5. 입증책임

채권자지체의 성립에 관해서는 이를 주장하는 채무자가 입증하여야 한다.
① 채무자는 채권자의 협력이 필요하다는 사실과 이행의 제공 및 채권자의 지체사실에 대한 입증책임을 부담한다.
② 채권자는 채무의 불수령에 대한 자신의 귀책사유가 없음을 입증하여야 한다.

제3절 채권의 대외적 효력(제3자에 의한 채권침해)

I 서 설

제3자에 의한 채권침해란 채권자의 채권 실현이 계약당사자가 아닌 제3자에 의해 불가능해지거나 방해받는 것을 말한다. 제3자가 채권을 침해한 경우 그 효과로서 문제되는 것은 채권자가 제3자에게 불법행위에 기한 손해배상을 청구할 수 있는지 여부와 채권자가 제3자에게 방해배제를 청구할 수 있는지 여부이다. 통설은 이러한 문제를 채권의 대외적 효력의 문제로 파악한다.

II 제3자의 채권침해에 의한 불법행위의 성부

1. 불법행위의 성부에 대한 이론구성

(1) 권리불가침성설

채권도 물권과 마찬가지로 법적으로 보호되는 권리로 대세적 불가침성을 가지고 있다는 이유로 채권의 상대성을 부인하고, 제3자가 채권을 침해한 경우에 불법행위의 성립을 인정한다.

(2) 위법성설(통설·판례)

채권의 상대성을 전제로 채권은 채무자 이외의 제3자에 의해서는 침해될 수 없는 것이 원칙이나, 채권의 성질상 그 침해가 가능한 경우 위법성이 인정되는 한도에서 불법행위가 성립할 수 있다는 견해이다. 판례는 일반적으로 채권에 대해서는 배타적 효력이 부인되고 채권자 상호 간 및 채권자와 제3자 사이에 자유경쟁이 허용되므로 제3자에 의하여 채권이 침해되었다는 사실만으로 바로 불법행위가 성립하지는 않으나 거래에서 자유경쟁 원칙은 법질서가 허용하는 범위에서 공정하고 건전한 경쟁을 전제로 하므로, 제3자가 채권자를 해친다는 사정을 알면서도 법규를 위반하거나 선량한 풍속 그 밖의 사회질서를 위반하는 등 위법한 행위를 하여 채권의 실현을 방해하는 등으로 채권자의 이익을 침해하였다면 불법행위가 성립한다고 판시하고 있다

(대판 2021.6.30. 2016다10827).

2. 불법행위를 성립시킬 수 있는 채권침해의 유형

채권의 귀속을 침해하는 경우, 급부를 침해하는 경우, 제3자가 채무자의 일반재산을 감소시키는 경우 등으로 구분할 수 있다.

3. 불법행위의 성립요건

(1) 문제점

해당 요건을 모두 갖추어야 하는데, 특히 채권의 상대성에 비추어 고의·과실과 위법성의 판단이 문제된다.

(2) 고의·과실

제3자의 채권침해가 불법행위가 되기 위해서는 가해자인 제3자의 고의 또는 과실이 있어야 한다. 그런데 채권은 공시가 되지 아니하기 때문에 제3자가 채권의 존재를 인식한다는 것은 매우 어렵다. 따라서 일반적으로는 제3자에게 고의가 있는 경우에 불법행위가 성립한다고 할 것이다.

(3) 위법성

채권침해의 위법성은 침해되는 채권 내용, 침해행위의 양태, 침해자의 고의나 해의 등 주관적 사정 등을 참작하여 구체적·개별적으로 판단하되, 거래자유 보장의 필요성, 경제·사회정책적 요인을 포함한 공공의 이익, 당사자 사이의 이익 균형 등을 종합적으로 고려하여야 한다(대판 2021.6.30. 2016다10827).

4. 효 과

불법행위의 요건을 갖추면 손해배상의 청구가 가능하다.

Ⅲ 제3자의 채권침해에 대한 방해배제청구권

1. 문제점

제3자가 채권자의 채권행사를 방해하는 경우에 채권자는 채권에 기하여 방해한 제3자에 대하여 방해배제를 청구할 수 있는지 문제된다.

2. 인정 여부

(1) 학 설

1) 통설(위법성설)

채권은 상대권이라는 전제 아래 채권의 일반적 효력으로서 방해제거청구권을 인정할 수 없으나, 입법정책상 이를 인정할 수 있다는 견해이다.

2) 소수설

채권은 절대권이라는 전제 아래 제3자도 채권을 침해할 수 있고 따라서 채권의 일반적 효력으로서 방해배제청구권이 인정된다는 견해(일반적 인정설)와 방해배제청구권을 일반적으로는 인정할 수 없고, 채권침해가 위법성을 띠고 있고 방해자에게 고의·과실이 있는 경우에 예외적으로 인정된다는 견해(예외적 인정설)가 있다.

(2) 판 례

등기된 임차권에는 용익권적 권능 외에 임차보증금반환채권에 대한 담보권적 권능이 있고, 임대차 기간이 종료되면 용익권적 권능은 임차권등기의 말소등기 없이도 곧바로 소멸하나 담보권적 권능은 곧바로 소멸하지 않는다고 할 것이어서, 임차권등기가 원인 없이 말소된 때에는 그 방해를 배제하기 위한 청구를 할 수 있다(대판 2002.2.26. 99다67079).

(3) 인정 시 방해배제청구권의 내용

① 방해제거·방해예방청구권의 인정에는 다툼이 없다.
② 반환청구권에 관해서는 이를 부정하는 견해(통설)와 채권은 상대권이므로 채권자가 제3자에 대하여 그 물건을 자기에게 반환할 것을 청구하지는 못하나, 물권자인 채무자에게 반환할 것을 청구할 수는 있다는 견해가 대립한다.

출처 | 박기현·김종원, 「핵심정리 민법」, 메티스, 2014, p.1056~1061

제4절 책임재산의 보전

I 서 설

민법은 일정한 경우에 채권자가 채무자의 책임재산에 대하여 간섭하는 것을 인정함으로써, 채권의 실질적 가치를 보전하는 것을 허용한다. 이를 위하여 두 개의 제도가 인정되는데, 하나는 채권자가 채무자에 갈음하여 채무자의 재산권을 행사함으로써 채무자의 책임재산을 보전하고 충실히 하는 것이고(채권자대위권), 다른 하나는 채무자가 행한 법률행위를 채권자가 취소하고 그 법률행위로 인하여 발생한 책임재산의 감소로부터 원상을 회복하는 것이다(채권자취소권).

II 채권자대위권

1. 의 의

채무자가 그 재산권을 행사하지 않는 경우에 채권자가 자기의 채권을 보전하기 위하여 채무자에 갈음하여 그 권리를 행사함으로써 채무자의 책임재산의 유지·충실을 꾀하는 제도로, 간접소권·대위소권이라고도 한다.

2. 법적 성질

실체법상의 권리이다. 또한 채권자가 채무자의 재산을 대신 관리해주는 법정재산관리권이다(통설). 기출 16

3. 채권자대위권의 행사요건

> **채권자대위권(민법 제404조)**
> ① 채권자는 자기의 채권을 보전하기 위하여 채무자의 권리를 행사할 수 있다. 그러나 일신에 전속한 권리는 그러하지 아니하다.
> ② 채권자는 그 채권의 기한이 도래하기 전에는 법원의 허가 없이 전항의 권리를 행사하지 못한다. 그러나 보전행위는 그러하지 아니하다.

채권자가 채권자대위권을 행사하기 위해서는 ① 피보전채권의 존재, ② 채권보전의 필요성, ③ 채무자의 권리의 불행사, ④ 피대위권리(채권)의 존재 등의 요건을 구비하여야 한다. 채권자대위소송의 법적 성질을 법정소송담당[12])으로 이해할 때 ①, ②, ③ 등의 요건이 흠결된 경우, 수소법원은 당사자적격의 흠결로 채권자대위소송을 부적법 각하하여야 하나, ④의 요건이 흠결된 경우에는 청구기각하여야 한다. 채권자대위권의 행사 요건 중 ①, ②, ③은 법원이 당사자의 주장을 기다리지 아니하고 직권으로 심리·조사해야 할 직권조사 사항에 해당한다. `기출 22`

(1) 채권자가 자기의 채권을 보전할 필요가 있을 것

1) 피보전채권의 존재

① 피보전채권의 범위와 내용

㉠ 피보전채권의 의미(널리 청구권을 의미한다)(대판 2003.4.11. 2003다1250)
- 토지거래규제구역 내의 토지에 대해 관할관청의 허가 없이 체결된 매매계약이라 하더라도, 매수인은 매도인에 대해 토지거래허가신청절차의 협력의무의 이행청구권을 가지므로, 이를 보전하기 위해 매도인의 제3자에 대한 권리를 대위행사할 수 있다(대판 1994.12.27. 94다4806). `기출 15·17`
- 물권적 청구권을 피보전채권으로 하는 채권자대위권의 행사도 인정된다(대판 2007.5.10. 2006다82700).

`기출 22`

㉡ 구체적 권리일 것

> **채무자가 파산절차에서 면책결정을 받은 경우, 파산채권을 피보전채권으로 하여 채권자대위권을 행사하는 것이 허용되는지 여부(원칙적 소극)**
> 채권자대위권은 채권자가 자기의 채권을 보전하기 위하여 채무자의 권리를 행사할 수 있는 권리로서 채무자에 대하여 채권을 행사할 수 있음이 전제되어야 할 것인바, 채무자 회생 및 파산에 관한 법률 제566조 본문은 "면책을 받은 채무자는 파산절차에 의한 배당을 제외하고는 파산채권자에 대한 채무의 전부에 관하여 그 책임이 면제된다."라고 규정하고 있고, 다만 그 단서에서 들고 있는 일정한 채무의 경우에만 책임이 면제되지 아니한다는 예외규정을 두고 있으므로, 채무자가 파산절차에서 면책결정을 받은 때에는 파산채권을 피보전채권으로 하여 채권자대위권을 행사하는 것은 그 채권이 위 법률 제566조 단서의 예외사유에 해당하지 않는 한 허용되지 않는다(대판 2022.9.7. 2022다230165).

---

[12]) 채권자대위소송은 민법이 채권자에게 소송수행권을 부여한 결과 채권자를 대위해 채무자의 제3채무자에 대한 권리를 행사하는 것이라는 견해이다(통설, 판례).

② 소송상 취급
  ㉠ 피보전채권의 존재 여부는 소송요건으로서 법원의 직권조사사항이다(대판 2009.4.23. 2009다3234).
  ㉡ 피보전채권이 부존재하는 경우, 당사자적격이 부정되므로 대위소송은 부적법 각하되어야 한다(대판 1988.6.14. 87다카2753).

> - 채권자대위권을 행사함에 있어 채권자가 채무자를 상대로 그 보전되는 청구권에 기한 이행청구의 소를 제기하여 승소판결을 선고받고 그 판결이 확정되면 제3채무자는 그 청구권의 존재를 다툴 수 없다(대판 2007.5.10. 2006다82700).
> - [1] 채권자대위권을 행사하는 경우, 채권자가 채무자를 상대로 보전되는 청구권에 기한 이행청구의 소를 제기하여 승소판결을 선고받고 판결이 확정되었다면, 특별한 사정이 없는 한 그 청구권의 발생원인이 되는 사실관계가 제3채무자에 대한 관계에서도 증명되었다고 볼 수 있다. 그러나 그 청구권의 취득이, 채권자로 하여금 채무자를 대신하여 소송행위를 하게 하는 것을 주목적으로 이루어진 경우와 같이, 강행법규에 위반되어 무효라고 볼 수 있는 경우 등에는 위 확정판결에도 불구하고 채권자대위소송의 제3채무자에 대한 관계에서는 피보전권리가 존재하지 아니한다고 보아야 한다. 이는 위 확정판결 또는 그와 같은 효력이 있는 재판상 화해조서 등이 재심이나 준재심으로 취소되지 아니하여 채권자와 채무자 사이에서는 그 판결이나 화해가 무효라는 주장을 할 수 없는 경우라 하더라도 마찬가지이다.
> [2] 구 국토의 계획 및 이용에 관한 법률에서 정한 토지거래계약 허가구역 내 토지에 관하여 허가를 배제하거나 잠탈하는 내용으로 매매계약이 체결된 경우에는, 강행법규인 구 국토계획법 제118조 제6항에 따라 계약은 체결된 때부터 확정적으로 무효이다. 계약체결 후 허가구역 지정이 해제되거나 허가구역 지정기간 만료 이후 재지정을 하지 아니한 경우라 하더라도 이미 확정적으로 무효로 된 계약이 유효로 되는 것이 아니다(대판 2019.1.31. 2017다228618).
> - 채권자대위소송에서 대위에 의하여 보전될 채권자의 채무자에 대한 권리가 인정되지 아니할 경우에는 채권자가 스스로 원고가 되어 채무자의 제3채무자에 대한 권리를 행사할 당사자적격이 없게 되므로 그 대위소송은 부적법하여 각하할 것인바, 피대위자인 채무자가 실존인물이 아니거나 사망한 사람인 경우 역시 피보전채권인 채권자의 채무자에 대한 권리를 인정할 수 없는 경우에 해당하므로 그러한 채권자대위소송은 당사자적격이 없어 부적법하다(대판 2021.7.21. 2020다300893).

  ㉢ 피보전채권의 소멸시효가 완성된 경우에도 제3채무자는 원칙적으로 이를 채권자에게 원용할 수 없다(대판 2004.2.12. 2001다10151).

2) 채권보전의 필요성
① 원 칙
  ㉠ 채권자대위권은 채권자가 자기의 채권을 보전할 필요가 있어야 행사할 수 있다. 채권의 종류는 묻지 않으며, 청구권을 포함한다. 또한, 채무자의 제3채무자에 대한 권리보다 먼저 성립되어 있을 필요도 없고, 발생원인을 불문하며(대판 2003.4.11. 2003다1250), 채무자에 대한 채권이 제3채무자에게까지 대항할 수 있는 것임을 요하는 것도 아니다. 기출 12·16
  ㉡ 금전채권이나 손해배상채권으로 귀착되는 채권인 경우에 보전필요성이란 원칙적으로 채무자가 무자력이어서 그 일반재산의 감소를 방지할 필요가 있는 경우를 말한다.
  ㉢ 채무자가 무자력인지 여부를 인정하는 시기는 사실심의 변론종결 당시를 표준으로 한다.
  ㉣ 채무자의 무자력에 관하여는 채권자가 주장·입증하여야 한다.

- 채권자가 채무자를 대위함에 있어 대위에 의하여 보전될 채권자의 채무자에 대한 권리가 금전채권인 경우에는 그 보전의 필요성 즉, 채무자가 무자력인 때에만 채권자가 채무자를 대위하여 채무자의 제3채무자에 대한 권리를 행사할 수 있는바, 채권자대위의 요건으로서의 무자력이란 채무자의 변제자력이 없음을 뜻하고 특히 임의 변제를 기대할 수 없는 경우에는 강제집행을 통한 변제가 고려되어야 하므로, 소극재산이든 적극재산이든 위와 같은 목적에 부합할 수 있는 재산인지 여부가 변제자력 유무 판단의 중요한 고려요소가 되어야 한다. 따라서 채무자의 적극재산인 부동산에 이미 제3자 명의로 소유권이전청구권보전의 가등기가 마쳐져 있는 경우에는 강제집행을 통한 변제가 사실상 불가능하므로, 그 가등기가 가등기담보 등에 관한 법률에 정한 담보가등기로서 강제집행을 통한 매각이 가능하다는 등의 특별한 사정이 없는 한, 위 부동산은 실질적으로 재산적 가치가 없어 적극재산을 산정할 때 제외하여야 한다(대판 2009.2.26. 2008다76556).
- 권리의 행사 여부는 그 권리자가 자유로운 의사에 따라 결정하는 것이 원칙이다. 채무자가 스스로 권리를 행사하지 않는데도 채권자가 채무자를 대위하여 채무자의 권리를 행사할 수 있으려면 그러한 채무자의 권리를 행사함으로써 채권자의 권리를 보전해야 할 필요성이 있어야 한다. 여기에서 보전의 필요성은 채권자가 보전하려는 권리의 내용, 채권자가 보전하려는 권리가 금전채권인 경우 채무자의 자력 유무, 채권자가 보전하려는 권리와 대위하여 행사하려는 권리의 관련성 등을 종합적으로 고려하여 채권자가 채무자의 권리를 대위하여 행사하지 않으면 자기 채권의 완전한 만족을 얻을 수 없게 될 위험이 있어 채무자의 권리를 대위하여 행사하는 것이 자기 채권의 현실적 이행을 유효·적절하게 확보하기 위하여 필요한지 여부를 기준으로 판단하여야 하고, 채권자대위권의 행사가 채무자의 자유로운 재산관리행위에 대한 부당한 간섭이 되는 등 특별한 사정이 있는 경우에는 보전의 필요성을 인정할 수 없다(대판 2020.5.21. 2018다879 [전합]).

② **예외**: 특정채권의 보전을 위하는 경우에는 채무자의 무자력과 관계없이 채권자대위권이 허용된다(대판 1992.10.27. 91다483). 특히 판례는 임대차보증금반환채권의 양수인이 임대인의 임차인에 대한 임차가옥명도청구권을 대위행사하는 경우(대판 1989.4.25. 88다카4253), 수임인이 민법 제688조 제2항 전단 소정의 대변제청구권을 보전하기 위하여 채무자인 위임인의 채권을 대위행사하는 경우(대판 2002.1.25. 2001다52506) 등에는 채무자인 임대인이나 위임인의 무자력을 요건으로 하지 아니한다. 한편, 피보전채권과 피대위권리 간에 상호 밀접관련성은 인정되어야 한다. 따라서 채권자대위권의 행사가 채무자의 자유로운 재산관리행위에 대한 부당한 간섭이 된다는 등의 특별한 사정이 있는 경우에는 보전의 필요성을 인정할 수 없다(대판 2013.5.23. 2010다50014). 기출 17·24

> 금전채권자가 자신의 채권을 보전하기 위하여 채무자가 보유한 부동산에 관한 공유물분할청구권을 대위행사할 수 있는지 여부(원칙적 소극) 및 위 채무자의 공유지분이 다른 공유자들의 공유지분과 함께 근저당권을 공동으로 담보하고 있고, 근저당권의 피담보채권이 채무자의 공유지분 가치를 초과하여 채무자의 공유지분만을 경매하면 남을 가망이 없어 민사집행법 제102조에 따라 경매절차가 취소될 수밖에 없는 반면, 공유물분할의 방법으로 공유부동산 전부를 경매하면 민법 제368조 제1항에 따라 각 공유지분의 경매대가에 비례해서 공동근저당권의 피담보채권을 분담하게 되어 채무자의 공유지분 경매대가에서 근저당권의 피담보채권 분담액을 변제하고 남을 가망이 있는 경우에도 마찬가지인지 여부(적극)
> 채권자가 자신의 금전채권을 보전하기 위하여 채무자를 대위하여 부동산에 관한 공유물분할청구권을 행사하는 것은, 책임재산의 보전과 직접적인 관련이 없어 채권의 현실적 이행을 유효·적절하게 확보하기 위하여 필요하다고 보기 어렵고 채무자의 자유로운 재산관리행위에 대한 부당한 간섭이 되므로 보전의 필요성을 인정할 수 없다. 또한 특정 분할 방법을 전제하고 있지 않은 공유물분할청구권의 성격 등에 비추어 볼 때 그 대위행사를 허용하면 여러 법적 문제들이 발생한다. 따라서 극히 예외적인 경우가 아니라면 금전채권자는 부동산에 관한 공유물분할청구권을 대위행사할 수 없다고 보아야 한다. 이는 채무자의 공유지분이 다른 공유자들의 공유지분과 함께 근저당권을 공동으로 담보하고 있고, 근저당권의 피담보채권이 채무자의 공유지분 가치를 초과하여 채무자의 공유지분만을 경매하면 남을 가망이 없어 민사집행법 제102조에 따라 경매절차가 취소될 수밖에 없는 반면, 공유물분할의 방법으로 공유부동산 전부를 경매하면 민법 제368조 제1항에 따라 각 공유지분의 경매대가에 비례해서 공동근저당권의 피담보채권을 분담하게 되어 채무자의 공유지분 경매대가에서 근저당권의 피담보채권 분담액을 변제하고 남을 가망이 있는 경우에도 마찬가지이다(대판 2020.5.21. 2018다879[전합]).

> 피보험자가 임의 비급여 진료행위에 따라 요양기관에 진료비를 지급한 다음 실손의료보험계약상의 보험자에게 청구하여 진료비와 관련한 보험금을 지급받았는데, 진료행위가 위법한 임의 비급여 진료행위로서 무효인 동시에 실손의료보험계약상 보험금 지급사유에 해당하지 아니하여 보험자가 피보험자에 대하여 보험금 상당의 부당이득반환채권을 갖게 된 경우, 채권자인 보험자가 위 부당이득반환채권을 보전하기 위하여 채무자인 피보험자를 대위하여 제3채무자인 요양기관을 상대로 진료비 상당의 부당이득반환채권을 행사하는 형태의 채권자대위소송에서 채무자의 자력 유무에 관계없이 보전의 필요성이 인정되는지 여부(소극)
> 피보험자가 임의 비급여 진료행위에 따라 요양기관에 진료비를 지급한 다음 실손의료보험계약상의 보험자에게 청구하여 진료비와 관련한 보험금을 지급받았는데, 진료행위가 위법한 임의 비급여 진료행위로서 무효인 동시에 보험자와 피보험자가 체결한 실손의료보험계약상 진료행위가 보험금 지급사유에 해당하지 아니하여 보험자가 피보험자에 대하여 보험금 상당의 부당이득반환채권을 갖게 된 경우, 채권자인 보험자가 금전채권인 부당이득반환채권을 보전하기 위하여 채무자인 피보험자를 대위하여 제3채무자인 요양기관을 상대로 진료비 상당의 부당이득반환채권을 행사하는 형태의 채권자대위소송에서 채무자가 자력이 있는 때에는 보전의 필요성이 인정된다고 볼 수 없다. 구체적인 이유는 다음과 같다.
> ① 채무자인 피보험자가 자력이 있는 경우라면, 특별한 사정이 없는 한 채권자인 보험자가 채무자의 요양기관에 대한 부당이득반환채권을 대위하여 행사하지 않으면 자신의 채무자에 대한 부당이득반환채권의 완전한 만족을 얻을 수 없게 될 위험이 있다고 할 수 없다. 나아가 피보전채권인 보험자의 피보험자에 대한 부당이득반환채권과 대위채권인 피보험자의 요양기관에 대한 부당이득반환채권 사이에는 피보전채권의 실현 또는 만족을 위하여 대위권리의 행사가 긴밀하게 필요하다는 등의 밀접한 관련성을 인정할 수도 없다. 만약 채무자인 피보험자의 자력이 있는데도 보전의 필요성을 인정한다면, 이는 채권자인 보험자에게 사실상의 담보를 취득하게 하는 특권을 부여하고, 법적 근거 없이 직접청구권을 인정하는 위험을 야기하며, 다른 채권자보다 우선하여 보험자의 채권만족이 실현되어 채권자평등주의에 기반한 민사집행법 체계와 조화를 이루지 못할 우려가 있다.
> ② 보험자가 요양기관의 위법한 임의 비급여 진료행위가 무효라는 이유로 자력이 있는 피보험자의 요양기관에 대한 권리를 대위하여 행사하는 것은 피보험자의 자유로운 재산관리행위에 대한 부당한 간섭이 될 수 있다(대판 2022.8.25. 2019다229202 [전합]).

3) 채권이 변제기에 있을 것

대위권을 행사하려는 대위채권자의 채권의 이행기가 아직 도래하기 전에는 대위권의 행사가 허용되지 않는 것이 원칙이다. 단, 법원의 허가를 얻어서 하는 재판상의 대위와 보존행위의 대위는 이행기 전이라도 할 수 있다(민법 제404조 제2항).

(2) 채무자가 스스로 그 권리를 행사하지 않을 것

① 채권자대위권은 채무자가 그 권리를 행사하지 아니하는 경우에 한하여 자기 채권의 보전을 위하여 행사할 수 있다(대판 1969.2.25. 68다2352). 채무자 스스로 권리를 행사하고 있음에도 불구하고 채권자대위를 허용한다면 채무자에 대한 부당한 간섭이 된다(대판 1979.3.27. 78다2342). 기출 12

> 채권자대위권은 채무자가 스스로 제3채무자에 대한 권리를 행사하지 아니하는 경우에 한하여 채권자가 자기의 채권을 보전하기 위하여 행사할 수 있는 것이어서, 채권자가 대위권을 행사할 당시에 이미 채무자가 그 권리를 재판상 행사하였을 때에는 채권자는 채무자를 대위하여 채무자의 권리를 행사할 수 없다. 그런데 비법인사단이 사원총회의 결의 없이 제기한 소는 소제기에 관한 특별수권을 결하여 부적법하고, 그 경우 소제기에 관한 비법인사단의 의사결정이 있었다고 할 수 없다. 따라서 비법인사단인 채무자 명의로 제3채무자를 상대로 한 소가 제기되었으나 사원총회의 결의 없이 총유재산에 관한 소가 제기되었다는 이유로 각하판결을 받고 그 판결이 확정된 경우에는 채무자가 스스로 제3채무자에 대한 권리를 행사한 것으로 볼 수 없다(대판 2018.10.25. 2018다210539).

② 따라서 채무자가 권리를 행사하는 이상, 부적당한 방법으로 권리를 행사해도 채권자대위는 허용되지 않는다.
③ 마찬가지로 채권자가 대위권을 행사할 당시 이미 채무자가 그 권리를 재판상 행사하였을 때에는 설사 패소의 확정판결을 받았더라도 채권자는 채무자를 대위하여 채무자의 권리를 행사할 당사자적격이 없다 (대판 1993.3.26. 92다32876). 기출 23
④ 채무자가 대위권 행사에 반대하더라도 채권자는 대위권을 행사할 수 있다(대판 1963.11.21. 63다634).

(3) 채권자대위권의 객체(피대위권리)

1) 대위권의 객체가 될 수 있는 권리

① 청구권·형성권을 불문한다.

> 채권자는 자기의 채권을 보전하기 위하여, 일신에 전속한 권리가 아닌 한 채무자의 권리를 행사할 수 있다(민법 제404조 제1항). 공유물분할청구권은 공유관계에서 수반되는 형성권으로서 공유자의 일반재산을 구성하는 재산권의 일종이다. 공유물분할청구권의 행사가 오로지 공유자의 자유로운 의사에 맡겨져 있어 공유자 본인만 행사할 수 있는 권리라고 볼 수는 없다. 따라서 공유물분할청구권도 채권자대위권의 목적이 될 수 있다(대판 2020.5.21. 2018다879[전합]).

② 채권자대위권·채권자취소권 기출 15·17·22·24
③ 소유권이전등기의 말소등기청구권 기출 20
④ 채무자의 권리는 사권뿐만 아니라 공권이라도 무방하다.
⑤ 등기신청권에 관해서는 명문의 규정이 있다(부동산등기법 제28조).
⑥ 소송법상의 권리도 직접 실체법상의 권리를 주장하는 형식인 한 대위권의 객체가 될 수 있다.
⑦ 조합탈퇴권 기출 22
⑧ 임차권보전을 위한 임차인의 임대인의 제3자에 대한 임차목적물 인도청구권의 대위행사(대판 1964.12.29. 64다804) 기출 24

2) 대위권의 객체가 될 수 없는 권리

① 채무자의 일신전속권(민법 제404조 제1항 단서)

> **계약의 청약이나 승낙이 채권자대위권의 목적이 될 수 있는지 여부(원칙적 소극) 및 이는 특정채권의 보전이나 실현을 위하여 채권자대위권을 행사하고자 하는 경우에도 마찬가지인지 여부(적극)**
> 계약의 청약이나 승낙과 같이 비록 행사상의 일신전속권은 아니지만 이를 행사하면 그로써 새로운 권리의무관계가 발생하는 등으로 권리자 본인이 그로 인한 법률관계 형성의 결정 권한을 가지도록 할 필요가 있는 경우에는, 채무자에게 이미 그 권리행사의 확정적 의사가 있다고 인정되는 등 특별한 사정이 없는 한, 그 권리는 채권자대위권의 목적이 될 수 없다고 봄이 상당하다. 그리고 이는 일반채권자의 책임재산의 보전을 위한 경우뿐만 아니라 특정채권의 보전이나 실현을 위하여 채권자대위권을 행사하고자 하는 경우에 있어서도 마찬가지라고 할 것이다(대판 2012.3.29. 2011다100527).

② 압류금지채권
③ 이혼으로 인한 재산분할청구권

> **이혼으로 인한 재산분할청구권이 채권자대위권의 목적이 될 수 있는지 여부(소극) 및 파산재단에 속하는지 여부(소극)**
> 이혼으로 인한 재산분할청구권은 이혼을 한 당사자의 일방이 다른 일방에 대하여 재산분할을 청구할 수 있는 권리로서 청구인의 재산에 영향을 미치지만, 순전한 재산법적 행위와 같이 볼 수는 없다. 오히려 이혼을 한 경우 당사자는 배우자, 자녀 등과의 관계 등을 종합적으로 고려하여 재산분할청구권 행사 여부를 결정하게 되고, 법원은 청산적 요소뿐만 아니라 이혼 후의 부양적 요소, 정신적 손해(위자료)를 배상하기 위한 급부로서의 성질 등도 고려하여 재산을 분할하게 된다. 또한 재산분할청구권은 협의 또는 심판에 의하여 구체적 내용이 형성되기까지는 그 범위 및 내용이 불명확·불확정하기 때문에 구체적으로 권리가 발생하였다고 할 수 없어 채무자의 책임재산에 해당한다고 보기 어렵고, 채권자의 입장에서는 채무자의 재산분할청구권 불행사가 그의 기대를 저버리는 측면이 있다고 하더라도 채무자의 재산을 현재의 상태보다 악화시키지 아니한다. 이러한 사정을 종합하면, 이혼으로 인한 재산분할청구권은 그 행사 여부가 청구인의 인격적 이익을 위하여 그의 자유로운 의사결정에 전적으로 맡겨진 권리로서 행사상의 일신전속성을 가지므로, 채권자대위권의 목적이 될 수 없고 파산재단에도 속하지 않는다고 보아야 한다(대결 2022.7.28. 2022스613). 기출 13

④ 채무자와 제3자와의 사이에 소송이 계속한 후에 그 소송을 수행하기 위한 소송법상의 개개의 행위인 공격·방어 방법의 제출, 상소나 재심의 소의 제기, 집행방법에 관한 이의 등은 채권자가 대위하지 못한다.

4. 채권자대위권의 행사방법

(1) 행사의 방법

① 채권자는 자기의 이름으로 채무자의 권리를 행사하는 것이며, 채무자의 대리인으로서 행사하는 것이 아니다.
② 대위권을 행사함에 있어서 법원의 허가를 얻거나 재판상 행사하여야 할 필요는 없으나, 다만, 채권자의 채권이 이행기에 있지 않은 때에는 재판상의 대위를 하여야 한다.
③ 채권자가 수령한 경우 채무자에게 인도하여야 하지만, 그것이 채권자의 채무자에 대한 채권과 동종의 것이고 또 상계적상에 있는 것인 때에는 상계를 함으로써 사실상 우선변제를 받을 수 있다. 기출 18·23
④ 채권자대위권은 제3채무자에 대해 채무자에게 일정한 급부행위를 하라고 청구하는 것이 원칙이다. 다만, 금전 기타 물건의 급부를 목적으로 하는 채권과 같이 변제의 수령을 요하는 경우에는, 채무자가 수령하지 않는다면 대위권행사의 목적을 달성할 수 없으므로, 채권자는 제3채무자에 대해 채무자에게 인도할 것을 청구할 수 있음은 물론이고 직접 자기에게 인도할 것을 청구할 수도 있다(대판 1962.1.11. 4294민상195).
기출 13·17·18

> 채권자대위권은 채권자의 고유권리이기는 하지만 채무자가 제3채무자에 대하여 가지고 있는 권리를 대위행사하는 것이므로, 채권자가 대위권을 행사한 경우에 제3채무자에 대하여 채무자에게 일정한 급부행위를 하라고 청구하는 것이 원칙이다. 다만 금전의 지급이나 물건의 인도 등과 같이 급부의 수령이 필요한 경우나 말소등기절차의 이행을 구하는 경우 등에는 채권자에게도 급부의 수령권한이 있을 뿐만 아니라, 채권자에게 행한 급부행위의 효과가 채무자에게 귀속되므로 예외적으로 채권자가 제3채무자에 대하여 직접 자신에게 급부행위를 하도록 청구할 수 있는 것이다. 그러나 채무자가 제3채무자에게 채권의 양도를 구할 수 있는 권리를 가지고 있고, 채권자가 채무자의 위 권리를 대위행사하는 경우에는 채권자의 직접 청구를 인정할 예외적인 사유가 없으므로, 원칙으로 돌아가 채권자는 제3채무자에 대하여 채무자에게 채권양도절차를 이행하도록 청구하여야 하고, 직접 자신에게 채권양도절차를 이행하도록 청구할 수 없다. 제3채무자에 대하여 채무자에게 채권을 양도하는 절차를 이행하도록 하면 그 채권이 바로 채무자에게 귀속하게 되어 별도로 급부의 수령이 필요하지 않을 뿐만 아니라, 만약 제3채무자가 직접 채권자에게 채권을 양도하는 절차를 이행하도록 하면 그 채권은 채권자에게 이전된다고 볼 수밖에 없어 대위행사의 효과가 채무자가 아닌 채권자에게 귀속하게 되기 때문이다(대판 2024.3.12. 2023다301682).

(2) 대위권행사의 통지

> **채권자대위권행사의 통지(민법 제405조)**
> ① 채권자가 전조 제1항의 규정에 의하여 보전행위 이외의 권리를 행사한 때에는 채무자에게 통지하여야 한다.
> ② 채무자가 전항의 통지를 받은 후에는 그 권리를 처분하여도 이로써 채권자에게 대항하지 못한다.

① 채권자대위권의 행사에 채무자의 동의는 필요 없지만, 그 행사 후에는 그 사실을 채무자에게 통지하여야 한다. 채권자가 보존행위 이외의 권리를 대위행사하는 경우에는 채무자에게 이를 통지하여야 한다.
<small>기출 18 · 23</small>

② 통지를 받은 후에는 채무자가 그 권리를 처분하여도 이로써 채권자에게 대항하지 못한다.

> - 채무자가 그러한 채권자대위권 행사 사실을 알게 된 후에 그 매매계약을 합의해제함으로써 채권자대위권의 객체인 부동산 소유권이전등기청구권을 소멸시켰다 하더라도 이로써 채권자에게 대항할 수 없고, 그 결과 제3채무자 또한 그 계약해제로써 채권자에게 대항할 수 없다(대판 2007.6.28. 2006다85921).
> - 채무자의 변제수령은 처분행위라 할 수 없고 같은 이치에서 채무자가 그 명의로 소유권이전등기를 경료하는 것 역시 처분행위라고 할 수 없으므로 소유권이전등기청구권의 대위행사 후에도 채무자는 그 명의로 소유권이전등기를 경료하는 데 아무런 지장이 없다(대판 1991.4.12. 90다9407).
> - 채무자가 채권자대위권행사의 통지를 받은 후에 채무를 불이행함으로써 통지 전에 체결된 약정에 따라 매매계약이 자동적으로 해제되거나, 채권자대위권행사의 통지를 받은 후에 채무자의 채무불이행을 이유로 제3채무자가 매매계약을 해제한 경우 제3채무자는 계약해제로써 대위권을 행사하는 채권자에게 대항할 수 있다. 다만 형식적으로는 채무자의 채무불이행을 이유로 한 계약해제인 것처럼 보이지만 실질적으로는 채무자와 제3채무자 사이의 합의에 따라 계약을 해제한 것으로 볼 수 있거나, 채무자와 제3채무자가 단지 대위채권자에게 대항할 수 있도록 채무자의 채무불이행을 이유로 하는 계약해제인 것처럼 외관을 갖춘 것이라는 등의 특별한 사정이 있는 경우에는 채무자가 피대위채권을 처분한 것으로 보아 제3채무자는 계약해제로써 대위권을 행사하는 채권자에게 대항할 수 없다(대판 2012.5.17. 2011다87235[전합]).

③ 채무자가 자신의 채권이 채권자에 의해 대위행사 되고 있는 사실을 안 때에는 채권자가 통지를 한 것과 같은 효과가 발생한다.

(3) 제3채무자의 지위

채권자대위권은 채무자의 제3채무자에 대한 권리를 행사하는 것이므로, 제3채무자는 채무자에 대하여 가지는 모든 항변사유로써 채권자에게 대항할 수 있다(대판 2023.4.13. 2022다244836). <small>기출 18</small>

5. 채권자대위권의 행사효과

(1) 채무자 처분권의 제한

① 채권자가 대위권의 행사에 착수하여 이를 채무자에게 통지하면, 채무자는 그 후 이를 방해하는 처분행위를 하여도 이로써 채권자에게 대항하지 못한다(민법 제405조 제2항). <small>기출 12</small>
② 채무자는 채권자대위권 행사의 통지를 받은 후에도, 자신의 채무자로부터 변제를 수령할 수 있다. 채무자의 처분행위가 금지될 뿐 관리·보존행위까지 금지되는 것은 아니다. <small>기출 13</small>

(2) 효과의 귀속
① 행사의 효과는 직접 채무자에 귀속한다.
② 제3채무자가 대위채권자에게 인도한 때에도 채무자의 채권은 소멸하며, 인도된 재산은 총채권자를 위한 공동담보가 된다.

> 채권자가 자기의 금전채권을 보전하기 위하여 채무자의 금전채권을 대위행사하는 경우, 제3채무자로 하여금 직접 대위채권자 자신에게 이행하도록 청구할 수 있는지 여부(적극) 및 채권자대위소송에서 제3채무자로 하여금 직접 대위채권자에게 금전의 지급을 명하는 판결이 확정된 경우, 피대위채권이 변제 등으로 소멸하기 전에 채무자의 다른 채권자가 이를 압류·가압류할 수 있는지 여부(적극)
> 채권자가 자기의 금전채권을 보전하기 위하여 채무자의 금전채권을 대위행사하는 경우 제3채무자로 하여금 채무자에게 지급의무를 이행하도록 청구할 수도 있지만, 직접 대위채권자 자신에게 이행하도록 청구할 수도 있다. 그런데 채권자대위소송에서 제3채무자로 하여금 직접 대위채권자에게 금전의 지급을 명하는 판결이 확정되더라도, 대위의 목적인 권리, 즉 채무자의 제3채무자에 대한 피대위채권이 판결의 집행채권으로서 존재하고 대위채권자는 채무자를 대위하여 피대위채권에 대한 변제를 수령하게 될 뿐 자신의 채권에 대한 변제로서 수령하게 되는 것이 아니므로, 피대위채권이 변제 등으로 소멸하기 전이라면 채무자의 다른 채권자는 이를 압류·가압류할 수 있다(대판 2016.8.29. 2015다236547).

(3) 시효의 중단
채권자대위권은 채권자가 채무자의 권리를 행사하는 것이므로, 채무자의 제3채무자에 대한 권리에 관해 시효중단의 효과가 발생한다. 기출 12·13·16·18·23

핵심문제

01 채권자대위권에 관한 설명으로 옳은 것은?(다툼이 있으면 판례에 따름) 기출 17

① 채권자대위권 행사는 채무자의 무자력을 요하므로, 소유권이전등기청구권은 피보전채권이 될 수 없다.
② 토지거래규제구역 내의 토지 매매의 경우, 매수인이 매도인에 대하여 가지는 토지거래허가신청 절차 협력의무의 이행청구권도 채권자대위권 행사의 대상이 될 수 있다.
③ 채무자의 채권자대위권은 대위할 수 있지만, 채무자의 채권자취소권은 대위할 수 없다.
④ 조합원의 조합탈퇴권은 일신전속적 권리이므로 채권자대위권의 대상이 되지 못한다.
⑤ 피보전채권이 금전채권인 경우, 대위채권자는 채무자의 금전채권을 자신에게 직접 이행하도록 청구할 수 없다.

[해설]
① (×) 채권자는 자기의 채무자에 대한 부동산의 소유권이전등기청구권 등 특정채권을 보전하기 위하여 채무자가 방치하고 있는 그 부동산에 관한 특정권리를 대위하여 행사할 수 있고 그 경우에는 채무자의 무자력을 요건으로 하지 아니하는 것이다(대판 1992.10.27. 91다483).
② (○) 대판 1996.10.25. 96다23825
③ (×) 채무자가 제3채무자에 대해 채권자대위권·채권자취소권을 가지는 경우, 이들 권리도 채무자의 책임재산의 보전과 관련이 있는 이상, 그 채무자의 채권자도 채권자대위권(대판 1968.1.23. 67다2440)·채권자취소권(대판 2001.12.27. 2000다73049)을 대위행사할 수 있다.
④ (×) 조합원이 조합을 탈퇴할 권리는 그 성질상 조합계약의 해지권으로서 그의 일반재산을 구성하는 재산권의 일종이라 할 것이고 채권자대위가 허용되지 않는 일신전속적 권리라고는 할 수 없다(대결 2007.11.30. 2005마1130).
⑤ (×) 채권자가 자기의 금전채권을 보전하기 위하여 채무자의 금전채권을 대위행사하는 경우 제3채무자로 하여금 채무자에게 지급의무를 이행하도록 청구할 수도 있지만, 직접 대위채권자 자신에게 이행하도록 청구할 수도 있다(대판 2016.8.29. 2015다236547).

정답 ②

(4) 판결의 효과

판결의 기판력이 소송참가도 하지 않고, 소송고지도 받지 않은 채무자에게도 미치는가에 대하여 학설과 판례는 다음과 같다.

① 학설 : 채무자가 알았든 몰랐든 기판력이 채무자에게 미친다(다수설).
② 판례 : 채권자가 채권자대위권을 행사하는 방법으로 제3채무자를 상대로 소송을 제기하고 판결을 받은 경우에는 어떠한 사유로 인하였든 적어도 채무자가 채권자대위권에 의한 소송이 제기된 사실을 알았을 경우에는 그 판결의 효력은 채무자에게 미친다(대판 1975.5.13. 74다1664[전합]). 나아가 대위소송확정판결 이후 동일한 대위소송을 제기한 채무자의 다른 채권자에게도 기판력이 미친다(대판 1994.8.12. 93다52808).

(5) 비용상환청구권

① 채권자가 대위하기 위하여 비용을 지출한 때에는 그 비용의 상환을 청구할 수 있다. 기출 13
② 채권자가 목적물의 대위수령과 목적물 보관에 비용을 지출한 때에는 채권자는 목적물상에 유치권을 취득한다.

Ⅲ 채권자취소권

1. 의 의

채권자취소권이란 채무자가 채권자를 해함을 알면서 법률행위에 의하여 자기의 책임재산을 감소시킨 경우, 채권자가 그 법률행위의 효력을 취소하고 책임재산을 회복시키려는 권리를 말한다.

2. 법적 성질

(1) 상대적 무효설(통설)(대판 1991.8.13. 91다13717)

1) 법적 성질

사해행위의 취소와 일탈된 재산의 반환을 목적으로 하는 권리이다.

2) 소송의 형태

취소소송(형성소송)과 반환소송(이행소송)을 병합하는 것이 원칙이나 취소소송만을 먼저 제기하고 나중에 이행소송을 제기할 수도 있다.

3) 소송의 상대방

취소소송의 피고는 수익자 또는 전득자이며 채무자는 피고적격을 갖지 아니한다(판례).

4) 효 과

① 일탈된 목적물은 채무자에게 반환된다. 다만, 취소된 사해행위는 소송당사자인 수익자 또는 전득자와 채권자 사이에만 무효가 되고, 채무자와 수익자 또는 전득자 사이의 법률관계는 그대로 유효하다.
② 취소권을 행사한 채권자에게 우선변제권이 있는 것은 아니다.
③ 강제집행을 통하여 권리를 상실한 수익자나 전득자는 채무자에게 상환을 받을 수 있다.

(2) 책임설

1) 법적 성질

일탈된 재산의 회복이 목적이 아니라, 일탈재산의 책임법상의 지위회복을 목적으로 하는 권리이다. 즉, 수익자나 전득자는 물상보증인과 유사한 지위가 된다.

2) 소송의 형태

책임의 소로서 형성의 소이다.

3) 소송의 상대방

채무자는 피고적격이 없고, 수익자 또는 전득자만이 피고가 된다는 점에서 통설과 동일하다.

4) 효 과

① 일탈된 재산이 채무자에게 반환되지 않고, 여전히 수익자나 전득자에게 소유권이 있는 상태에서 채무자의 책임재산으로서의 지위만을 부여받는다.
② 총채권자의 공동담보가 될 뿐 채무자에게 반환이 되는 것은 아니기 때문에 상계적상에 있더라도 상계로써 우선변제를 받을 수 없다.

3. 채권자취소권의 행사요건

> **채권자취소권(민법 제406조)**
> ① 채무자가 채권자를 해함을 알고 재산권을 목적으로 한 법률행위를 한 때에는 채권자는 그 취소 및 원상회복을 법원에 청구할 수 있다. 그러나 그 행위로 인하여 이익을 받은 자나 전득한 자가 그 행위 또는 전득 당시에 채권자를 해함을 알지 못한 경우에는 그러하지 아니하다.
> ② 전항의 소는 채권자가 취소원인을 안 날로부터 1년, 법률행위 있은 날로부터 5년 내에 제기하여야 한다.
>
> **채권자취소의 효력(민법 제407조)**
> 전조의 규정에 의한 취소와 원상회복은 모든 채권자의 이익을 위하여 그 효력이 있다.

(1) 피보전채권이 존재할 것

1) 피보전채권의 적격이 문제되는 경우

① 특정채권 : 특정채권 그 자체의 보전을 위해 채권자취소권을 행사할 수는 없다(특정물에 대한 소유권이전등기청구권). 기출 13·17·23

> 채권자취소권을 특정물에 대한 소유권이전등기청구권을 보전하기 위하여 행사하는 것은 허용되지 않으므로, 부동산의 제1양수인은 자신의 소유권이전등기청구권 보전을 위하여 양도인과 제3자 사이에서 이루어진 이중양도행위에 대하여 채권자취소권을 행사할 수 없다(대판 1999.4.27. 98다56690). 민법 제406조 소정의 채권자취소권은 채무자의 행위로 인하여 그의 일반재산이 감소되어 총 채권자들의 채권의 공동담보에 부족이 생겨 채권자를 해함을 요건으로 하여 인정되는 권리인 것이므로, 이 사건에 있어서와 같이 취득시효의 대상인 부동산의 소유자가 취득시효 완성 후 이를 처분하여 채권자의 시효취득을 원인으로 한 소유권이전등기청구권이 침해되었음을 이유로 하는 경우에는, 채권자취소권을 인정할 수 없는 것이고, 원심이 원고의 매수행위가 통정하여서 한 허위의 의사표시라고 인정하지 아니한 조처가 위법하다고 할 수 없다(대판 1992.11.24. 92다33855).

② 담보가 설정된 피보전채권
　㉠ 피보전채권에 인적 담보가 있는 경우에도 채권자취소권을 행사할 수 있다.
　㉡ 질권・저당권 등 물적 담보를 수반하는 채권에 대해서는 담보목적물의 가격이 채권액에 부족한 한도에서 채권자의 취소권을 인정하여야 한다. 따라서 채무 전액에 대하여 채권자에게 우선변제권이 확보되어 있다면 채무자가 비록 유일한 재산을 처분하는 법률행위를 하더라도 채권자에 대하여 사해행위가 성립하지 않는다(대판 2014.9.4. 2013다60661).

> - 주채무자 또는 제3자 소유의 부동산에 대하여 채권자 앞으로 근저당권이 설정되어 있고, 그 부동산의 가액 및 채권최고액이 당해 채무액을 초과하여 채무 전액에 대하여 채권자에게 우선변제권이 확보되어 있다면, 연대보증인이 비록 유일한 재산을 처분하는 법률행위를 하더라도 채권자에 대하여 사해행위가 성립되지 않는다고 보아야 한다(대판 2000.12.8. 2000다21017).
> - 채무자가 다른 재산을 처분하는 법률행위를 하더라도, 채무자 소유의 부동산에 채권자 앞으로 근저당권이 설정되어 있고 그 부동산의 가액 및 채권최고액이 당해 채권액을 초과하여 채권자에게 채권 전액에 대한 우선변제권이 확보되어 있다면, 그와 같은 재산처분행위는 채권자를 해하지 아니하므로 채권자에 대하여 사해행위가 성립하지 않는다. 이러한 경우 주채무의 보증인이 있더라도 채무자가 보증인에 대하여 부담하는 사전구상채무를 별도로 소극재산으로 평가할 수는 없고, 보증인이 변제로 채권자를 대위할 경우 자기의 권리에 의하여 구상할 수 있는 범위에서 채권 및 그 담보에 관한 권리를 행사할 수 있으므로, 사전구상권을 피보전권리로 주장하는 보증인에 대하여도 사해행위가 성립하지 않는다(대판 2009.6.23. 2009다549).

2) 피보전채권의 성립시기
① 원칙 : 사해행위 이전에 발생하였을 것을 요한다. 채권자의 채권이 사해행위 이전에 성립한 이상, 사해행위 이후에 양도되었다 하더라도 양수인은 채권자취소권을 행사할 수 있다.

> - 피보전채권이 사해행위 이전에 성립되어 있는 이상 액수나 범위가 구체적으로 확정되지 않은 경우라고 하더라도 채권자취소권의 피보전채권이 된다(대판 2018.6.28. 2016다1045).
> - 채권자의 채권이 사해행위 이전에 성립되어 있는 이상 그 채권이 양도된 경우에도 그 양수인이 채권자취소권을 행사할 수 있고, 이 경우 채권양도의 대항요건을 사해행위 이후에 갖추었더라도 채권양수인이 채권자취소권을 행사하는 데 아무런 장애사유가 될 수 없다(대판 2006.6.29. 2004다5822). **기출** 25

② 예외 : 단, 사해행위 당시 이미 채권 성립의 기초가 되는 법률관계가 성립되어 있고, 가까운 장래에 그 법률관계에 기하여 채권이 발생하리라는 점에 대한 고도의 개연성이 있으며, 실제로 가까운 장래에 그 개연성이 현실화되어 채권이 발생한 경우에는 그 채권도 채권자취소권의 피보전채권이 될 수 있다(대판 2012.2.23. 2011다76426).

3) 피보전채권의 이행기
피보전채권의 이행기 도래는 채권자취소권의 요건이 아니다. 따라서 조건부・기한부 채권자도 채권자취소권을 행사할 수 있다.

> **정지조건부채권을 피보전채권으로 하여 채권자취소권을 행사할 수 있는지 여부(원칙적 적극)**
> 채권자취소권 행사는 채무 이행을 구하는 것이 아니라 총채권자를 위하여 이행기에 채무 이행을 위태롭게 하는 채무자의 자력 감소를 방지하는 데 목적이 있는 점과 민법이 제148조, 제149조에서 조건부권리의 보호에 관한 규정을 두고 있는 점을 종합해 볼 때, 취소채권자의 채권이 정지조건부채권이라 하더라도 장래에 정지조건이 성취되기 어려울 것으로 보이는 등 특별한 사정이 없는 한, 이를 피보전채권으로 하여 채권자취소권을 행사할 수 있다(대판 2011.12.8. 2011다55542). **기출** 24・25

(2) 사해행위가 있을 것

1) 사해행위의 개념

사해행위란 채무자의 무자력 상태를 초래하는 재산상의 법률행위를 의미한다.

2) 무자력상태

무자력이란 채무자의 변제자력이 없음을 뜻하는 것으로, 무자력인지 여부의 판단은 사해행위 당시를 기준으로 한다. 다만, 무자력상태는 사실심 변론종결 시까지 유지되어야 한다. 한편 처분행위 당시에 무자력상태의 채무자가 사실심 변론종결 당시 자력을 회복하였다는 점에 대한 입증책임은 채권자취소소송의 상대방에게 있다.

- [1] 채무자의 재산처분행위가 사해행위가 되기 위해서는 그 행위로 말미암아 채무자의 총재산의 감소가 초래되어 채권의 공동담보에 부족이 생기게 되어야 하는 것, 즉 채무자의 소극재산이 적극재산보다 많아져야 하는 것인바, 채무자가 재산처분행위를 할 당시 적극재산을 산정함에 있어서는 다른 특별한 사정이 없는 한 실질적으로 재산적 가치가 없어 채권의 공동담보로서의 역할을 할 수 없는 재산은 이를 제외하여야 하고, 재산이 채권인 경우에는 그것이 용이하게 변제를 받을 수 있는 확실성이 있는 것인지 여부를 합리적으로 판정하여 그것이 긍정되는 경우에 한하여 적극재산에 포함시켜야 한다. 나아가, 채무자의 재산처분행위가 사해행위에 해당함을 주장하면서 그 취소를 구하는 채권자는 채무자의 재산처분행위로 인하여 무자력 또는 채무초과상태가 초래되었다는 사실에 관한 주장·증명책임을 부담하므로, 어떠한 채권의 존부 및 범위에 관한 증명이 있는 경우에는, 그 채권이 용이하게 변제를 받을 수 있는 확실성이 없는 등 실질적으로 재산적 가치가 없어 채권의 공동담보로서의 역할을 할 수 없는 재산에 해당한다는 점에 대한 주장·증명책임 역시 취소채권자가 부담한다. [2] 채무자가 여러 채권자 중 일부에게만 채무의 이행과 관련하여 그 채무 본래 목적이 아닌 다른 채권 기타 적극재산을 양도함으로써 채무초과상태를 유발 또는 심화시킨 경우, 채무자의 총재산에는 변동이 없지만 일반채권자를 위한 공동담보가 되는 책임재산을 감소시키는 결과가 초래되므로, 그와 같은 적극재산의 양도 행위는 채무자가 특정 채권자에게 채무 본지에 따른 변제를 하는 경우와 달리 원칙적으로 다른 채권자들에 대한 관계에서는 사해행위가 될 수 있고, 예외적으로 사해성의 일반적인 판단 기준에 비추어 그 행위가 궁극적으로 일반채권자를 해하는 행위로 볼 수 없는 경우에는 사해행위의 성립이 부정될 수 있다. 이때 채무자가 일반채권자 일부에 대한 특정 채무의 이행과 관련하여 그보다 적은 가액의 다른 채권 기타 적극재산을 양도함에 따라 채무초과상태가 유발되었는지 여부를 판단하기 위한 채무자의 책임재산을 산정함에 있어 양도된 재산을 적극재산에서 제외하였다면, 특별한 사정이 없는 한 위 특정 채무 중 양도된 재산과 같은 금액에 해당하는 부분도 소극재산에서 제외하여야 할 것이다(대판 2023.10.18, 2023다237804).
- 사해행위를 이유로 채권자취소권을 행사하는 경우 행위를 하지 않았다면 있었을 책임재산을 회복하도록 하여야 하고, 그보다 더 많은 책임재산을 회복하는 결과를 초래하는 것은 허용되지 않는다. 따라서 일반채권자들의 공동담보에 제공되지 않은 책임재산은 취소의 범위에서 제외되어야 한다. 공유물인 주택에 주택임대차보호법에 따라 임차보증금을 우선적으로 변제받을 권리를 가진 임차인이 있고 그 주택의 공유자들이 불가분채무인 임차보증금 반환의무를 부담하는 경우, 공유자 중 1인인 채무자가 처분한 지분 중에서 일반채권자들의 공동담보에 제공되는 책임재산은 우선변제권이 있는 임차보증금 반환채권 전액을 공제한 나머지 부분이다. 이러한 법리는 전세목적물의 소유권 중 일부 지분이 이전되어 전세목적물의 공유자들이 불가분채무인 전세금 반환의무를 부담하게 된 이후 그 공유자 중 1인이 자신의 지분을 처분함으로써 사해행위가 문제 되는 경우에도 마찬가지로 적용된다(대판 2025.4.15, 2024다312566).

3) 채무자의 법률행위는 재산권을 목적으로 할 것
① 혼인, 입양, 이혼, 상속포기 등의 신분행위는 사해행위가 될 수 없다. 기출 21 다만, 이혼시 재산분할과 상속재산분할협의는 사해행위가 될 수 있다.
② 채무자의 법률행위로 계약뿐만 아니라 단독행위도 사해행위가 되면 취소할 수 있다. 또한 준법률행위도 포함시키는 것이 일반적이다. 따라서 채무자가 소멸시효 완성 후에 한 소멸시효이익의 포기행위도 채권자취소권의 대상인 사해행위가 될 수 있다(대결 2013.5.31. 2012마712). 기출 25
③ 채무자의 법률행위가 통정허위표시인 경우에도 사해행위취소의 요건을 갖추었다면 채권자취소권의 대상이 된다(대판 1975.2.25. 74다2114).
④ 상속재산의 분할협의 : 상속재산의 분할협의는 그 성질상 재산권을 목적으로 하는 법률행위이므로, 사해행위취소권 행사의 대상이 될 수 있다.

4) 구체적 검토
① 변제와 대물변제
  ㉠ 변제와 대물변제는 원칙적으로 사해행위가 되지 않는다(통설).
  ㉡ 채무자의 재산이 채무의 전부를 변제하기에 부족한 경우에 채무자가 그의 유일한 재산을 어느 특정 채권자에게 대물변제로 제공하는 행위는 다른 특별한 사정이 없는 한 다른 채권자들에 대한 관계에서 사해행위가 된다(대판 2008.2.14. 2006다33357).
② 물적 담보의 제공
  ㉠ 다수설 : 채무자가 일부의 채권자를 위하여 부동산 기타의 재산을 저당권 기타의 물적 담보를 위한 담보물로 제공하는 행위는 변제와 구별할 이유가 없다는 점에서 사해행위성을 부정한다.
  ㉡ 주요 판례

- 채무초과의 상태에 있는 채무자가 적극재산을 채권자 중 일부에게 담보로 양도하는 행위는 원칙적으로 다른 채권자들에 대한 관계에서 사해행위가 될 수 있다(대판 2011.3.10. 2010다52416).
- 채무자 소유 부동산에 담보권이 설정되어 있으면 그 피담보채권액을 공제한 나머지 부분만이 일반 채권자들의 공동담보로 제공되는 책임재산이 되므로 피담보채권액이 부동산의 가액을 초과하고 있는 때에는 그와 같은 부동산의 양도나 그에 대한 새로운 담보권의 설정은 사해행위에 해당한다고 할 수 없다(대판 2007.7.26. 2007다23081).
- 비록 당해 부동산의 환가대금으로부터는 가압류채권자가 위와 같이 근저당권을 설정받은 근저당권자와 평등하게 배당을 받을 수 있다고 하더라도, 일반적으로 그 배당으로부터 가압류채권의 충분한 만족을 얻는다는 보장이 없고 가압류채권자는 여전히 다른 책임재산을 공취할 권리를 가지는 이상, 원래 위 가압류채권을 포함한 일반채권들의 만족을 담보하는 책임재산 전체를 놓고 보면 위와 같은 물상보증으로 책임재산이 부족하게 되거나 그 상태가 악화되는 경우에는 역시 가압류채권자도 자기 채권의 충분한 만족을 얻지 못하게 되는 불이익을 받는다. 그러므로 위와 같은 가압류채권자라고 하여도 채무자의 물상보증으로 인한 근저당권 설정행위에 대하여 채권자취소권을 행사할 수 있다(대판 2010.1.28. 2009다90047).
- 반면에 채무자가 자금을 융통하여 사업을 계속 추진하는 것이 채무변제력을 갖게 되는 최선의 방법이라고 생각하고 물품을 공급받기 위하여 채무초과상태에 있으면서도 부득이 채무자 소유의 부동산을 특정 채권자에게 담보로 제공하고 그로부터 물품을 공급 받았다면 특별한 사정이 없는 한 채무자의 담보권설정행위는 사해행위에 해당하지 않는다(대판 2012.2.23. 2011다88832).

③ 인적 담보의 제공 : 채무자가 연대채무나 보증채무를 부담하는 것은 소극재산을 증가시키므로 사해행위가 된다.
④ 부동산, 기타 중요한 재산의 매각
  ㉠ 재산을 무상 또는 부당한 염가로 매각하는 행위는 사해행위가 된다.
  ㉡ 부동산 기타 재산을 상당한 대가를 받고 매각하는 것도 사해행위가 되는가에 대하여 다수설은 거래의 안전을 이유로 사해행위를 부정하나, 판례는 사해행위를 긍정한다.
  ㉢ 채무자가 자기의 유일한 재산인 부동산을 매각하여 소비하기 쉬운 금전으로 바꾸는 행위로 그 매각이 일부 채권자에 대한 정당한 변제에 충당하기 위하여 상당한 매각으로 이루어졌다던가 하는 특별한 사정이 없는 한 항상 채권자에 대하여 사해행위가 된다(대판 1966.10.4. 66다1535).
  ㉣ 채무자가 자기의 유일한 재산인 부동산을 매각하여 소비하기 쉬운 금전으로 바꾸는 경우, 그 매각 목적이 채무를 변제하기 위한 것이고, 그 대금이 부당한 염가가 아니며, 실제 이를 채권자에 대한 변제에 사용한 때에는, 채무자가 일부 채권자와 통모하여 다른 채권자를 해칠 의사를 가지고 변제를 하는 등의 특별한 사정이 없는 한, 사해행위에 해당한다고 볼 수 없다(대판 2024.12.12. 2024다275773).
⑤ 건축 중인 건물 외에 별다른 재산이 없는 채무자가 수익자에게 책임재산인 위 건물을 양도하기 위해 수익자 앞으로 건축주명의를 변경해주기로 약정하였다면 위 양도 약정이 포함되어 있다고 볼 수 있는 건축주명의변경 약정은 채무자의 재산감소 효과를 가져오는 행위로서 다른 일반채권자의 이익을 해하는 사해행위가 될 수 있다(대판 2017.4.27. 2016다279206).
⑥ 민법 제666조에 의한 도급인의 저당권의 설정 : 신축건물의 도급인이 민법 제666조가 정한 수급인의 저당권설정청구권의 행사에 따라 공사대금채무의 담보로 그 건물에 저당권을 설정하는 행위는 특별한 사정이 없는 한 사해행위에 해당하지 아니한다(대판 2018.11.29. 2015다19827). 기출 21
⑦ 채무자와 물상보증인의 공유인 부동산에 관하여 저당권이 설정된 후 채무자가 자신의 지분을 양도한 경우

> **채무자와 물상보증인의 공유인 부동산에 관하여 저당권이 설정된 후 채무자가 자신의 지분을 양도한 경우, 그 양도가 사해행위에 해당하는지를 판단할 때 채무자 소유의 지분이 부담하는 피담보채권액**
> 사해행위취소의 소에서 채무자가 수익자에게 양도한 목적물에 저당권이 설정되어 있는 경우라면 그 목적물 중에서 일반채권자들의 공동담보에 제공되는 책임재산은 피담보채권액을 공제한 나머지 부분만이라고 할 것이고 그 피담보채권액이 목적물의 가액을 초과할 때는 당해 목적물의 양도는 사해행위에 해당한다고 할 수 없다. 그런데 수 개의 부동산에 공동저당권이 설정되어 있는 경우 책임재산을 산정함에 있어 각 부동산이 부담하는 피담보채권액은 특별한 사정이 없는 한 민법 제368조의 규정 취지에 비추어 공동저당권의 목적으로 된 각 부동산의 가액에 비례하여 공동저당권의 피담보채권액을 안분한 금액이라고 보아야 한다. 그러나 그 수 개의 부동산 중 일부는 채무자의 소유이고 다른 일부는 물상보증인의 소유인 경우에는, 물상보증인이 민법 제481조, 제482조의 규정에 따른 변제자대위에 의하여 채무자 소유의 부동산에 대하여 저당권을 행사할 수 있는 지위에 있는 점 등을 고려할 때, 그 물상보증인이 채무자에 대하여 구상권을 행사할 수 없는 특별한 사정이 없는 한 채무자 소유의 부동산에 관한 피담보채권액은 공동저당권의 피담보채권액 전액으로 봄이 상당하다. 이러한 법리는 하나의 공유부동산 중 일부 지분이 채무자의 소유이고, 다른 일부 지분이 물상보증인의 소유인 경우에도 마찬가지로 적용된다(대판 2013.7.18. 2012다5643[전합]).

(3) 사해의사가 있었을 것

1) 채무자의 악의
① 채무자가 사해행위를 할 당시에 그 행위에 의하여 채권자를 해하는 것을 알고 있어야 한다(민법 제406조 제1항 본문). 기출 14 이때 과실의 유무는 문제되지 않는다(대판 2007.11.29. 2007다52430).
② 사해의사는 소극적인 인식으로 족하다. 특정의 채권자를 해하게 된다는 것을 인식할 필요는 없으며, 공동담보에 부족이 생긴다는 것에 관하여 인식하면 족하다. 기출 20
③ 사해의사는 사해행위 당시에 존재하여야 한다. 그 당시 과실로 인하여 인식하지 못한 경우에도 채권자취소권은 성립하지 않고, 사해행위가 있은 후에 인식하더라도 역시 취소하지 못한다.
④ 채무자의 사해의사는 사해행위의 성립요건이 되는 점에서 사해행위임을 주장하는 채권자가 이를 입증하여야 하고(대판 2024.12.12. 2024다275773), 사해의사를 입증하면 수익자의 악의는 추정된다. 기출 21·23

2) 수익자·전득자의 악의
① 사해행위로 인하여 이익을 받은 자(수익자)나 전득한 자가 그 행위 또는 전득 당시에 채권자를 해함을 알고 있어야 한다(민법 제406조 제1항 단서).
② 수익자나 전득자 모두에게 사해의사가 있어야 하는 것은 아니고, 그중의 어느 1인에게 있으면 충분하다.
③ 전득자의 악의를 판단함에 있어서는 단지 전득자가 전득행위 당시 채무자와 수익자 사이의 법률행위의 사해성을 인식하였는지 여부만이 문제가 될 뿐이지, 수익자와 전득자 사이의 전득행위가 다시 채권자를 해하는 행위로서 사해행위의 요건을 갖추어야 하는 것은 아니다(대판 2006.7.4. 2004다61280).
④ 사해행위취소소송에 있어서 수익자 또는 전득자가 악의라는 점에 대하여는 그 수익자 또는 전득자 자신에게 선의임을 입증할 책임이 있다(대판 2015.6.11. 2014다237192). 기출 23 수익자는 선의로 족하며 선의에 과실이 있는지 여부는 묻지 않는다(대판 2023.9.21. 2023다234553).

4. 채권자취소권의 행사

(1) 행사의 당사자
① 취소권의 주체는 사해행위로 인하여 완제를 받을 수 없게 되는 채권자이다.
② 상대방은 이득반환청구의 상대방인 수익자 또는 전득자이다. 기출 13·20·23
③ 채무자를 상대로 채권자취소의 소송을 제기할 수는 없다(대판 1991.8.13. 91다13717).

(2) 행사의 방법
① 채권자취소권은 채권자가 자기의 이름으로, 반드시 재판상 소송의 형태로 행사하여야 한다. 기출 17·23 따라서 사해행위취소를 소구하지 않고 소송상의 공격·방어방법으로는 행사할 수 없다(대판 1993.1.26. 92다11008).
② 소의 성질은 형성의 소와 이행의 소를 합한 것이라고 한다.
③ 원상회복의 방법으로 원물반환을 하여야 하나, 거래관념상 원물반환이 불가능하거나 현저히 곤란한 경우에는 사해행위의 목적물의 가액을 상환하여야 한다.
④ 사해행위의 취소에 따른 원상회복은 원칙적으로 그 목적물 자체의 반환에 의하여야 하고, 사해행위의 목적물이 금전 또는 동산이고 그 현물반환이 가능한 경우에는 취소채권자는 직접 자기에게 그 목적물의 인도를 청구할 수 있다(대판 1999.8.24. 99다23468; 대판 2003.11.28. 2003다50061). 사해행위 취소로 인한 원상회복으로서 가액배상을 명하는 경우에는, 취소채권자는 직접 자기에게 가액배상금을 지급할 것을 청구할 수 있다(대판 2008.11.13. 2006다1442). 기출 20

(3) 행사의 범위

① **원칙** : 보전되어야 할 채권액의 범위는 원칙적으로 취소채권자의 채권액을 표준으로 하여야 한다(통설·판례). 따라서 다른 채권자가 있더라도 자신의 채권액을 넘어서 취소하지 못한다(대판 2002.10.25. 2000다64441). 또한 채권자의 채권액에는 사해행위 이후 사실심 변론종결 시까지 발생한 이자나 지연손해금도 포함된다(대판 2003.7.11. 2003다19572).

② **예외** : 목적물이 불가분인 경우와 같이 특별한 사정이 있는 경우에는 취소채권자의 가액을 초과하더라도 전부를 취소할 수 있다. 다만, 사해행위취소로 인한 원상회복으로서 가액배상을 명하는 경우에는 취소채권자는 직접 자기에게 가액배상금을 지급할 것을 청구할 수 있고, 위 지급받은 가액배상금을 분배하는 방법이나 절차 등에 관한 아무런 규정이 없는 현행법 아래에서 다른 채권자들이 위 가액배상금에 대하여 배당요구를 할 수도 없으므로, 결국 채권자는 자신의 채권액을 초과하여 가액배상을 구할 수는 없다(대판 2008.11.13. 2006다1442).

5. 채권자취소권 행사의 효과

> **채권자취소의 효력(민법 제407조)**
> 전조의 규정에 의한 취소와 원상회복은 모든 채권자의 이익을 위하여 그 효력이 있다.

① 상대적 무효설에 의할 때 채권자와 수익자 혹은 전득자 사이에서만 무효의 효력이 있다. 따라서 채권자가 전득자를 상대로 하여 사해행위의 취소와 함께 책임재산의 회복을 구하는 소를 제기한 경우에 그 취소의 효과는 채권자와 전득자 사이의 상대적인 관계에서만 생기는 것이고 채무자 또는 채무자와 수익자 사이의 법률관계에는 미치지 않는 것이므로, 이 경우 취소의 대상이 되는 사해행위는 채무자와 수익자 사이에서 행하여진 법률행위에 국한되고, 수익자와 전득자 사이의 법률행위는 취소의 대상이 되지 않는다(대판 2004.8.30. 2004다21923). **기출 25**

> [1] 무자력상태의 채무자가 소송절차를 통해 수익자에게 자신의 책임재산을 이전하기로 하여, 수익자가 제기한 소송에서 자백하는 등의 방법으로 패소판결 또는 그와 같은 취지의 화해권고결정 등을 받아 확정시키고, 이에 따라 수익자 앞으로 책임재산에 대한 소유권이전등기 등이 마쳐졌다면, 이러한 일련의 행위의 실질적인 원인이 되는 채무자와 수익자 사이의 이전합의는 다른 일반채권자의 이익을 해하는 사해행위가 될 수 있다.
> [2] 채권자가 사해행위의 취소와 함께 수익자 또는 전득자로부터 책임재산의 회복을 명하는 사해행위취소의 판결을 받은 경우 수익자 또는 전득자가 채권자에 대하여 사해행위의 취소로 인한 원상회복 의무를 부담하게 될 뿐, 채권자와 채무자 사이에서 취소로 인한 법률관계가 형성되는 것은 아니다. 따라서 위와 같이 채무자와 수익자 사이의 소송절차에서 확정판결 등을 통해 마쳐진 소유권이전등기가 사해행위취소로 인한 원상회복으로써 말소된다고 하더라도, 그것이 확정판결 등의 효력에 반하거나 모순되는 것이라고는 할 수 없다(대판 2017.4.7. 2016다204783).

② 취소권행사의 효과는 총채권자의 이익을 위하여 생긴다(민법 제407조). 따라서 취소채권자에게 회복된 재산에 대한 우선권이 인정되는 것은 아니다(대판 2005.8.25. 2005다14595).

③ 민법 제407조의 채권자라 함은 사해행위 당시 채무자에 대하여 채권을 갖고 있던 자 및 채권자취소권의 피보전채권으로서의 적격을 갖는 장래의 채권을 갖는 자에 한정되고, 사해행위 후의 채권자는 포함되지 않는다(대판 2009.6.23. 2009다18502). 기출 25

④ 사해행위인 채권양도행위가 취소된 경우

> 채무자의 수익자에 대한 채권양도가 사해행위로 취소되는 경우, 수익자가 제3채무자에게서 아직 채권을 추심하지 아니한 때에는, 채권자는 사해행위취소에 따른 원상회복으로서 수익자가 제3채무자에게 채권양도가 취소되었다는 취지의 통지를 하도록 청구할 수 있다. 그런데 사해행위의 취소는 채권자와 수익자의 관계에서 상대적으로 채무자와 수익자 사이의 법률행위를 무효로 하는 데에 그치고, 채무자와 수익자 사이의 법률관계에는 영향을 미치지 아니한다. 따라서 채무자의 수익자에 대한 채권양도가 사해행위로 취소되고, 그에 따른 원상회복으로서 제3채무자에게 채권양도가 취소되었다는 취지의 통지가 이루어지더라도, 채권자와 수익자의 관계에서 채권이 채무자의 책임재산으로 취급될 뿐, 채무자가 직접 채권을 취득하여 권리자로 되는 것은 아니므로, 채권자는 채무자를 대위하여 제3채무자에게 채권에 관한 지급을 청구할 수 없다(대판 2015.11.17. 2012다2743). 기출 24

⑤ 취소에 의하여 채무자 명의로 회복된 부동산을 채무자가 제3자에게 다시 처분한 경우

> **제3자 명의의 이전등기의 효력**
> 채무자가 사해행위 취소로 등기명의를 회복한 부동산을 제3자에게 처분하더라도 이는 무권리자의 처분에 불과하여 효력이 없으므로, 채무자로부터 제3자에게 마쳐진 소유권이전등기나 이에 기초하여 순차로 마쳐진 소유권이전등기 등은 모두 원인무효의 등기로서 말소되어야 한다(대판 2017.3.9. 2015다217980).
>
> **제3자 명의의 이전등기에 대하여 말소를 청구할 수 있는 자의 범위**
> 취소채권자나 민법 제407조에 따라 사해행위 취소와 원상회복의 효력을 받는 채권자는 채무자의 책임재산으로 취급되는 부동산에 대한 강제집행을 위하여 원인무효 등기의 명의인을 상대로 등기의 말소를 청구할 수 있다(대판 2017.3.9. 2015다217980).

⑥ 취소소송의 당사자가 아닌 다른 채권자가 판결에 기하여 채무자를 대위하여 마친 말소등기의 유효성

> 사해행위 취소의 효력은 채무자와 수익자의 법률관계에 영향을 미치지 아니하고, 사해행위 취소로 인한 원상회복 판결의 효력도 소송의 당사자인 채권자와 수익자 또는 전득자에게만 미칠 뿐 채무자나 다른 채권자에게 미치지 아니하므로, 어느 채권자가 수익자를 상대로 사해행위 취소 및 원상회복으로 소유권이전등기의 말소를 명하는 판결을 받았으나 말소등기를 마치지 아니한 상태라면 소송의 당사자가 아닌 다른 채권자는 위 판결에 기하여 채무자를 대위하여 말소등기를 신청할 수 없다. 그럼에도 불구하고 다른 채권자의 등기신청으로 말소등기가 마쳐졌다면 등기에는 절차상의 흠이 존재한다. 그러나 채권자가 사해행위 취소의 소를 제기하여 승소한 경우 취소의 효력은 민법 제407조에 따라 모든 채권자의 이익을 위하여 미치므로 수익자는 채무자의 다른 채권자에 대하여도 사해행위의 취소로 인한 소유권이전등기의 말소등기의무를 부담하는 점, 등기절차상의 흠을 이유로 말소된 소유권이전등기가 회복되더라도 다른 채권자가 사해행위취소판결에 따라 사해행위가 취소되었다는 사정을 들어 수익자를 상대로 다시 소유권이전등기의 말소를 청구하면 수익자는 말소등기를 해 줄 수밖에 없어서 결국 말소된 소유권이전등기가 회복되기 전의 상태로 돌아가는데 이와 같은 불필요한 절차를 거치게 할 필요가 없는 점 등에 비추어 보면, 사해행위 취소 및 원상회복으로 소유권이전등기의 말소를 명한 판결의 소송당사자가 아닌 다른 채권자가 위 판결에 기하여 채무자를 대위하여 마친 말소등기는 등기절차상의 흠에도 불구하고 실체관계에 부합하는 등기로서 유효하다(대판 2015.11.17. 2013다84995).

6. 원상회복의 방법

(1) 원칙적 원물반환

① 가등기가 사해행위인 경우 : 소유권이전등기청구권보전을 위한 가등기가 사해행위로서 이루어진 경우 그 매매예약을 취소하고 원상회복으로서 가등기를 말소하면 족한 것이고, 가등기 후에 저당권이 말소되었다거나 그 피담보채무가 일부 변제된 점 또는 그 가등기가 사실상 담보가등기라는 점 등은 그와 같은 원상회복의 방법에 아무런 영향을 주지 않는다(대판 2003.7.11. 2003다19435).

② 근저당권설정등기가 사해행위인 경우 : 사해행위로 경료된 근저당권설정등기가 사해행위취소소송의 변론종결 시까지 존속하고 있는 경우 그 원상회복은 근저당권설정등기를 말소하는 방법에 의하여야 하고, 사해행위 이전에 설정된 별개의 근저당권이 사해행위 후에 말소되었다는 사정은 원상회복의 방법에 아무런 영향을 주지 아니한다(대판 2007.10.11. 2007다45364).

③ 사해행위 취소소송에 있어서 취소 목적 부동산의 등기 명의를 수익자로부터 채무자 앞으로 복귀시키고자 하는 경우, 수익자를 상대로 채무자 앞으로 직접 소유권이전등기절차의 이행을 청구할 수 있는지 여부(적극) : 자기 앞으로 소유권을 표상하는 등기가 되어 있었거나 법률에 의하여 소유권을 취득한 자가 진정한 등기명의를 회복하기 위한 방법으로는 그 등기의 말소를 구하는 외에 현재의 등기명의인을 상대로 직접 소유권이전등기절차의 이행을 구하는 것도 허용되어야 하는바, 이러한 법리는 사해행위 취소소송에 있어서 취소 목적 부동산의 등기명의를 수익자로부터 채무자 앞으로 복귀시키고자 하는 경우에도 그대로 적용될 수 있다. 따라서 채권자는 사해행위의 취소로 인한 원상회복 방법으로 수익자 명의의 등기의 말소를 구하는 대신 수익자를 상대로 채무자 앞으로 직접 소유권이전등기절차를 이행할 것을 구할 수도 있다(대판 2000.2.25. 99다53704).

④ 예금주 명의신탁계약이 사해행위에 해당하여 취소될 경우, 원상회복은 명의인에 대하여 금융기관에 대한 예금채권을 출연자에게 양도하고 금융기관에 대하여 양도통지를 할 것을 명하는 방법으로 이루어져야 하는지 여부(원칙적 적극) : 명의수탁자는 명의신탁자와의 관계에서 상대방과의 계약으로 취득한 권리를 명의신탁자에게 이전하여 줄 의무를 지고, 출연자와 예금주 명의인 사이에 예금주 명의신탁계약이 체결된 경우 명의인은 출연자의 요구가 있을 때에는 금융기관에 대한 예금반환채권을 출연자에게 양도할 의무가 있으므로, 예금주 명의신탁계약이 사해행위에 해당하여 취소될 경우 취소에 따른 원상회복은 명의인이 예금계좌에서 예금을 인출하여 사용하였거나 예금계좌를 해지하였다는 등의 특별한 사정이 없는 한 명의인에 대하여 금융기관에 대한 예금채권을 출연자에게 양도하고 아울러 금융기관에 대하여 양도통지를 할 것을 명하는 방법으로 이루어져야 한다(대판 2015.7.23. 2014다212438).

⑤ 사해행위의 취소에 따른 원상회복은 원칙적으로 그 목적물 자체의 반환에 의하여야 하는바, 이때 사해행위의 목적물이 동산이고 그 현물반환이 가능한 경우에는 취소채권자는 직접 자기에게 그 목적물의 인도를 청구할 수 있다(대판 1999.8.24. 99다23468). 기출 24

(2) 예외적 가액배상

① **요건** : 원물반환이 불가능하거나 현저히 곤란한 경우에 한하여 성립하고, 그 외에 불가능하게 된 데에 상대방인 수익자 등의 고의나 과실을 요하는 것은 아니다(대판 1998.5.15. 97다58316).

② **가액반환의 범위 및 산정기준** : 가액반환의 범위는 원칙적으로 사해행위의 범위와 피보전권리액 중 적은 금액으로 결정된다. 사해행위의 취소에 따른 원상회복은 원칙적으로 그 목적물 자체의 반환에 의하여야 할 것이나, 그것이 불가능하거나 현저히 곤란한 경우에는 예외적으로 가액배상에 의하여야 하고, 가액배상액을 산정함에 있어 그 가액은 수익자가 전득자로부터 실제로 수수한 대가와 상관없이 사실심 변론종결 시를 기준으로 객관적으로 평가하여야 한다(대판 2010.4.29. 2009다104564).

③ **직접 청구** : 사해행위 취소로 인한 원상회복으로서 가액배상을 명하는 경우에는, 취소채권자는 직접 자기에게 가액배상금을 지급할 것을 청구할 수 있다(대판 2008.11.13. 2006다1442). 기출 20

> **근저당권이 설정되어 있는 부동산에 관하여 사해행위가 이루어진 후 근저당권이 말소되어 사해행위를 취소하고 가액배상을 명하는 경우, 가액산정의 기준 시기(= 사실심 변론종결 시) 및 이 경우 근저당권이 말소된 후 부동산을 취득한 전득자에 대하여 가액배상을 명할 수 있는 한도**
> 근저당권이 설정되어 있는 부동산에 관하여 사해행위가 이루어진 후 근저당권이 말소되어 그 부동산의 가액에서 근저당권 피담보채무액을 공제한 나머지 금액의 한도에서 사해행위를 취소하고 가액의 배상을 명하는 경우 그 가액의 산정은 사실심 변론종결 시를 기준으로 하여야 하고, 이 경우 사해행위가 있은 후 그 부동산에 관한 권리를 취득한 전득자에 대하여는 사실심 변론종결 시의 부동산 가액에서 말소된 근저당권 피담보채무액을 공제한 금액과 사실심 변론종결 시를 기준으로 한 취소채권자의 채권액 중 적은 금액의 한도 내에서 그가 취득한 이익에 대해서만 가액배상을 명할 수 있다(대판 2019.4.11. 2018다203715).

④ **채권자가 채권자취소권을 행사하면서 원상회복만을 구하는 경우에도 가액배상을 명할 수 있는지 여부(적극)** : 사해행위를 전부 취소하고 원상회복을 구하는 채권자의 주장 속에는 사해행위를 일부 취소하고 가액의 배상을 구하는 취지도 포함되어 있으므로, 채권자가 원상회복만을 구하는 경우에도 법원은 가액의 배상을 명할 수 있다(대판 2001.9.4. 2000다66416).

⑤ **사해행위취소에 따른 원상회복으로 가액배상을 명할 수 있는 경우** : 어느 부동산에 관한 법률행위가 사해행위에 해당하는 경우에는 원칙적으로 그 사해행위를 취소하고 소유권이전등기의 말소 등 부동산 자체의 회복을 명하여야 할 것이나, 사해행위를 취소하여 그 부동산 자체의 회복을 명하게 되면 당초 일반 채권자들의 공동담보로 되어 있지 아니하던 부분까지 회복을 명하는 것이 되어 공평에 반하는 결과가 되는 경우에는 그 부동산의 가액에서 공동담보로 되어 있지 아니하던 부분의 가액을 공제한 잔액의 한도에서 사해행위를 취소하고 그 한도에서 가액의 배상을 명함이 상당하다(대판 2010.7.22. 2009다60466).

㉠ **저당권이 설정되어 있는 부동산이 사해행위 이후에 그 저당권 등이 말소된 경우 – 가액배상(부동산가액 – 피담보채무)** : 어느 부동산의 매매계약이 사해행위에 해당하는 경우에는 원칙적으로 그 매매계약을 취소하고 그 소유권이전등기의 말소 등 부동산 자체의 회복을 명하여야 하지만, 그 사해행위가 저당권이 설정되어 있는 부동산에 관하여 당해 저당권자 이외의 자와의 사이에 이루어지고 그 후 변제 등에 의하여 저당권설정등기가 말소된 때에는, 매매계약 전부를 취소하여 그 부동산 자체의 회복을 명하는 것은 당초 담보로 되어 있지 아니하던 부분까지 회복시키는 것이 되어 공평에 반하는 결과가 되므로, 그 부동산의 가액에서 저당권의 피담보채권액을 공제한 잔액의 한도에서 그 매매계약의 일부 취소와 그 가액의 배상을 구할 수 있을 뿐 부동산 자체의 회복을 구할 수는 없다(대판 1996.10.29. 96다23207).

ⓛ 수개의 저당권이 설정되어 있는 부동산에 관하여 사해행위가 이루어진 후 일부 저당권설정등기가 말소된 경우 : 사해행위의 목적인 부동산에 수 개의 저당권이 설정되어 있다가 사해행위 후 그중 일부의 저당권만이 말소된 경우에도 사해행위의 취소에 따른 원상회복은 가액배상의 방법에 의할 수밖에 없을 것이고, 그 경우 배상하여야 할 가액은 사해행위 취소시인 사실심 변론종결 시를 기준으로 하여 그 부동산의 가액에서 말소된 저당권의 피담보채권액과 말소되지 아니한 저당권의 피담보채권액을 모두 공제하여 산정하여야 한다(대판 1998.2.13. 97다6711).

ⓒ 근저당권설정계약을 사해행위로 취소하는 경우 경매절차가 진행되어 타인이 소유권을 취득하고 근저당권설정등기가 말소되었다면 원물반환이 불가능하므로 가액배상의 방법으로 원상회복을 명한다. 이때 이미 배당이 종료되어 수익자가 배당금을 수령한 경우에는 수익자로 하여금 배당금을 반환하도록 명하고, 배당표가 확정되었으나 채권자의 배당금지급금지가처분으로 인하여 수익자가 배당금을 현실적으로 지급받지 못한 경우에는 배당금지급채권의 양도와 그 채권양도의 통지를 명한다. 만약 채권자가 배당기일에 출석하여 수익자의 배당 부분에 대하여 이의를 하였다면 그 채권자는 사해행위취소의 소를 제기함과 아울러 원상회복의 방법으로 배당이의의 소를 제기할 수 있다(대판 2018.4.10. 2016다272311).

ⓔ [1] 저당권이 설정된 부동산이 사해행위로 증여되었다가 그 저당권의 실행 등으로 말미암아 수증자인 수익자에게 돌아갈 배당금청구권이 있음에도 배당금지급금지가처분 등으로 인하여 현실적으로 지급되지 못한 경우, 채권자취소권의 행사에 따른 원상회복의 방법은 수익자가 취득한 배당금청구권을 채무자에게 반환하는 방법으로 이루어져야 하고, 이는 배당금채권의 양도와 그 채권양도의 통지를 배당금채권의 채무자에게 할 것을 명하는 형태가 된다.
[2] 저당권이 설정된 부동산에 관하여 사해행위가 이루어진 경우 부동산의 가액에서 그 저당권의 피담보채권액을 공제한 잔액의 범위 내에서만 사해행위가 성립하므로, 사실심 변론종결 시 기준의 부동산 가액에서 저당권의 피담보채권액을 공제한 잔액의 한도에서 사해행위를 취소하고 가액의 배상을 구할 수 있다. 따라서 사해행위 이후 그 부동산에 관하여 제3자가 저당권을 취득한 경우에는, 그 피담보채권액은 사해행위 당시 일반 채권자들의 공동담보였던 부분에 속하므로 채무자의 부동산에 관하여 증여 등 사해행위로 수익자에게 그 소유권이 이전된 후 경매의 실행으로 배당절차가 진행된 경우에도 마찬가지로, 가액배상 등 원상회복의 범위에서 공제하여 산정할 것은 아니고, 수익자의 채권자가 채무자의 일반채권자에 해당하는 지위를 겸하고 있다고 하여 달리 볼 것도 아니다(대판 2023.6.29. 2022다244928).

ⓜ 어느 부동산에 관한 법률행위가 사해행위에 해당하는 경우에는 원칙적으로 그 사해행위를 취소하고 소유권이전등기의 말소 등 부동산 자체의 회복을 명하여야 하는 것이나, 다만 원물반환이 불가능하거나 현저히 곤란한 경우에는 원상회복의무의 이행으로서 사해행위 목적물의 가액 상당의 배상을 명하여야 하는 것이고, 이러한 가액배상에 있어서는 일반 채권자들의 공동담보로 되어 있어 사해행위가 성립하는 범위 내의 가액의 배상을 명하여야 하는 것이므로, 사해행위 후 그 목적물에 관하여 선의의 제3자가 저당권을 취득하였음을 이유로 가액배상을 명하는 경우에는 사해행위 당시 일반 채권자들의 공동담보로 되어 있었던 부동산 가액 전부의 배상을 명하여야 할 것이고, 그 가액에서 제3자가 취득한 저당권의 피담보채권액을 공제할 것은 아니고, 증여의 형식으로 이루어진 사해행위를 취소하고 원물반환에 갈음하여 그 목적물 가액의 배상을 명함에 있어서는 수익자에게 부과된 증여세액과 취득세액을 공제하여 가액배상액을 산정할 것도 아니다(대판 2003.12.12. 2003다40286). **기출 24**

⑥ 사해행위취소의 소에서 수익자가 원상회복으로서 가액배상을 하는 경우

> [1] 사해행위취소의 소에서 수익자가 원상회복으로서 채권자취소권을 행사하는 채권자에게 가액배상을 할 경우, 수익자 자신이 사해행위취소소송의 채무자에 대한 채권자라는 이유로 채무자에 대하여 가지는 자기의 채권과 상계하거나 채무자에게 가액배상금 명목의 돈을 지급하였다는 점을 들어 채권자취소권을 행사하는 채권자에 대해 이를 가액배상에서 공제할 것을 주장할 수 없다. 그러나 수익자가 채권자취소권을 행사하는 채권자에 대해 가지는 별개의 다른 채권을 집행하기 위하여 그에 대한 집행권원을 가지고 채권자의 수익자에 대한 가액배상채권을 압류하고 전부명령을 받는 것은 허용된다. 이는 수익자의 채무자에 대한 채권을 기초로 한 상계나 임의적인 공제와는 내용과 성질이 다르다. 또한 채권자가 채무자의 제3채무자에 대한 채권을 압류하는 경우 제3채무자가 채권자 자신인 경우에도 이를 압류하는 것이 금지되지 않으므로 단지 채권자와 제3채무자가 같다고 하여 채권압류 및 전부명령이 위법하다고 볼 수 없다.
> [2] 상계가 금지되는 채권이라고 하더라도 압류금지채권에 해당하지 않는 한 강제집행에 의한 전부명령의 대상이 될 수 있다(대결 2017.8.21. 2017마499).

7. 채권자취소권의 제소기간

> **채권자취소권(민법 제406조)**
> ② 전항의 소는 채권자가 취소원인을 안 날로부터 1년, 법률행위 있은 날로부터 5년 내에 제기하여야 한다.

(1) 제척기간
① 사해행위의 취소 및 원상회복의 소는 채권자가 취소원인을 안 날로부터 1년, 법률행위 있은 날로부터 5년 내에 제기하여야 한다(민법 제406조 제2항). 존속기간의 성질은 제척기간이다(통설·판례).
② 채권자가 민법 제406조 제1항에 따라 사해행위의 취소와 원상회복을 청구하는 경우 사해행위의 취소만을 먼저 청구한 다음 원상회복을 나중에 청구할 수 있다. 채권자가 민법 제406조 제1항에 따라 사해행위의 취소와 원상회복을 청구하는 경우 사해행위 취소 청구가 민법 제406조 제2항에 정하여진 기간 안에 제기되었다면 원상회복의 청구는 그 기간이 지난 뒤에도 할 수 있다(대판 2001.9.4. 2001다14108).

(2) 기산점
① 취소원인을 안 날로부터 1년 : 취소원인을 안 날이란 채권자가 채권자취소권의 요건을 안 날, 즉 채무자가 채권자를 해함을 알면서 사해행위를 하였다는 사실을 알게 된 날을 의미한다. 이때 채권자가 취소원인을 알았다고 하기 위해서는 단순히 채무자가 재산의 처분행위를 하였다는 사실을 아는 것만으로는 부족하며, 구체적인 사해행위의 존재를 알고 나아가 채무자에게 사해의 의사가 있었다는 사실까지 알 것을 요한다. 사해행위의 객관적 사실을 알았다고 하여 취소원인을 알았다고 추정할 수는 없고, 그 제척기간의 도과에 관한 증명책임은 사해행위취소소송의 상대방에게 있다(대판 2023.4.13. 2021다309231).
② 법률행위가 있은 날로부터 5년 : 법률행위가 있은 날이란 법률행위가 실제로 이루어진 날을 의미한다.

(3) 판단기준의 주체
채권자가 채무자의 채권자취소권을 대위행사하는 경우, 제소기간은 대위의 목적되는 권리의 채권자인 채무자를 기준으로 그 준수 여부를 가려야 한다(대판 2001.12.27. 2000다73049).

핵심문제

01 乙이 유일하게 소유하고 있는 X토지를 丙에게 매도한 후 소유권이전등기를 마쳐 주었고, 甲은 乙에 대한 대여금채권을 보전하기 위하여 丙을 상대로 채권자취소소송을 제기하여 승소하였다. 이에 관한 설명으로 옳은 것을 모두 고른 것은?(다툼이 있으면 판례에 따름) 변리 19

> ㄱ. 채권자취소소송의 확정판결에 따라 丙 명의의 소유권이전등기가 말소되면 乙은 소유권이전등기명의의 회복으로 X토지의 소유권을 취득한다.
> ㄴ. 甲의 대여금채권이 乙과 丙 사이의 매매계약 전에 성립되었다면 그 액수나 범위가 구체적으로 확정되지 않아도 피보전채권이 된다.
> ㄷ. 甲이 사해행위의 취소만을 먼저 구한 다음 원상회복을 나중에 청구하는 경우, 사해행위취소청구가 채권자취소권의 행사기간 내에 제기되었다면 원상회복청구는 그 기간이 지난 뒤에도 할 수 있다.
> ㄹ. 채권자취소소송의 확정판결에 따라 丙 명의의 소유권이전등기가 말소된 후, 乙이 회복된 소유권이전등기명의를 기화로 丁에게 X토지를 매도하고 소유권이전등기를 마쳐 준 경우, 사해행위 취소와 원상회복의 효력을 받는 乙의 다른 일반채권자 戊는 丁을 상대로 소유권이전등기 말소를 청구할 수 없다.

① ㄱ, ㄷ
② ㄴ, ㄷ
③ ㄷ, ㄹ
④ ㄱ, ㄴ, ㄹ
⑤ ㄴ, ㄷ, ㄹ

【해설】
ㄱ. (×), ㄹ (×) [1] 사해행위의 취소는 채권자와 수익자의 관계에서 상대적으로 채무자와 수익자 사이의 법률행위를 무효로 하는 데에 그치고 채무자와 수익자 사이의 법률관계에는 영향을 미치지 아니하므로, 채무자와 수익자 사이의 부동산매매계약이 사해행위로 취소되고 그에 따른 원상회복으로 수익자 명의의 소유권이전등기가 말소되어 채무자의 등기명의가 회복되더라도, 그 부동산은 취소채권자나 민법 제407조에 따라 사해행위 취소와 원상회복의 효력을 받는 채권자와 수익자 사이에서 채무자의 책임재산으로 취급될 뿐, 채무자가 직접 부동산을 취득하여 권리자가 되는 것은 아니다.
[2] 채무자가 사해행위 취소로 등기명의를 회복한 부동산을 제3자에게 처분하더라도 이는 무권리자의 처분에 불과하여 효력이 없으므로, 채무자로부터 제3자에게 마쳐진 소유권이전등기나 이에 기초하여 순차로 마쳐진 소유권이전등기 등은 모두 원인무효의 등기로서 말소되어야 한다. 이 경우 취소채권자나 민법 제407조에 따라 사해행위 취소와 원상회복의 효력을 받는 채권자는 채무자의 책임재산으로 취급되는 부동산에 대한 강제집행을 위하여 원인무효등기의 명의인을 상대로 등기의 말소를 청구할 수 있다(대판 2017.3.9. 2015다217980). 이와 같은 판례의 취지를 고려할 때, 채권자취소소송의 확정판결에 따라 丙 명의의 소유권이전등기가 말소되어 乙의 등기명의가 회복되더라도 乙이 부동산의 소유권을 취득하는 것으로 볼 수 없다. 乙이 회복된 소유권이전등기명의를 기화로 丁에게 X토지를 매도하고 소유권이전등기를 마쳐 준 경우, 이는 무권리자의 처분에 불과하여 효력이 없으므로, 사해행위 취소와 원상회복의 효력을 받는 乙의 다른 일반채권자 戊는 丁을 상대로 소유권이전등기 말소를 청구할 수 있다.
ㄴ. (○) 채권자취소권 행사는 채무이행을 구하는 것이 아니라 총채권자를 위하여 채무자의 자력감소를 방지하고, 일탈된 채무자의 책임재산을 회수하여 채권의 실효성을 확보하는 데 목적이 있으므로, 피보전채권이 사해행위 이전에 성립되어 있는 이상 액수나 범위가 구체적으로 확정되지 않은 경우라고 하더라도 채권자취소권의 피보전채권이 된다(대판 2018.6.28. 2016다1045). 甲의 대여금채권이 사해행위인 乙과 丙 사이의 매매계약 전에 성립된 이상 그 액수나 범위가 구체적으로 확정되지 않아도 피보전채권이 된다.
ㄷ. (○) 甲이 민법 제406조 제1항에 따라 사해행위의 취소와 원상회복을 청구하는 경우 사해행위취소청구가 민법 제406조 제2항에 정하여진 기간 안에 제기되었다면 원상회복의 청구는 그 기간이 지난 뒤에도 할 수 있다(대판 2001.9.4. 2001다14108).

정답 ②

CHAPTER 03 채권의 효력

01 기출 25

이행지체에 관한 설명으로 옳은 것은?(다툼이 있으면 판례에 따름)

① 금전채무의 이행지체로 인해 확정된 지연손해금채무의 경우, 채무자는 채권자로부터 이행청구를 받은 때부터 지체책임을 진다.
② 반환시기의 약정이 없는 소비대차의 경우, 대주가 반환을 최고한 때부터 이행지체가 된다.
③ 은행의 양도성예금증서에 변제기한이 있는 경우, 은행은 그 기한이 도래한 때부터 지체책임을 진다.
④ 채무이행의 불확정한 기한이 있는 경우, 채무자는 그 기한이 객관적으로 도래한 때부터 지체책임을 진다.
⑤ 불법행위로 인한 손해배상책임은 인정되지만 그 배상액이 확정되지 않은 경우, 채무자는 지체책임을 면한다.

정답 및 해설

01

① (○) 금전채무의 지연손해금채무는 금전채무의 이행지체로 인한 손해배상채무로서 이행기의 정함이 없는 채무에 해당하므로, 채무자는 확정된 지연손해금채무에 대하여 <u>채권자로부터 이행청구를 받은 때부터 지체책임</u>을 부담하게 된다(대판 2010.12.9. 2009다59237).
② (×) 반환시기의 약정이 없는 소비대차의 경우 대주는 상당한 기간을 정하여 반환을 최고하여야 하므로(민법 제603조 제2항 본문), 차주의 이행지체 책임은 상당한 기간이 경과한 때로부터 발생한다.
③ (×) 은행의 양도성예금증서(CD)는 일반적으로 무기명 할인식으로 발행되는 무기명채권의 일종으로, 무기명채권이란 증서면에 권리자의 이름이 표시되어 있지 아니하고 증서의 소지인에게 변제하여야 하는 증권적 채권을 말한다. 은행의 양도성예금증서에 변제기한이 있는 경우, <u>그 기한이 도래한 후에 소지인이 증서를 제시하여 이행을 청구한 때로부터 은행은 지체책임이 있다</u>(민법 제524조, 제517조).
④ (×) 채무이행의 불확정한 기한이 있는 경우에는 채무자는 기한이 도래함을 안 때로부터 지체책임이 있다(민법 제387조 제1항 후문). 한편 불확정기한부 채권의 소멸시효는 그 기한이 객관적으로 도래한 때부터 진행한다.
⑤ (×) <u>청구금액이 확정되지 아니하였다는 이유만으로 채무자가 지체책임을 면할 수는 없다</u>. 청구권은 이미 발생하였고 가액이 아직 확정되지 아니한 것일 뿐이므로, 지연손해금 발생의 전제가 되는 원본 채권이 부존재한다고 말할 수는 없기 때문이다. 불법행위로 인한 손해배상채무의 경우 불법행위가 발생한 시점에는 손해배상액을 확정할 수 없는 경우가 대부분이지만, 그 발생시점부터 지체책임이 성립하는 점에 비추어도 그러하다(대판 2018.7.20. 2015다207044).

정답 ①

02 기출 25

민법상 손해배상액의 예정에 관한 설명으로 옳지 않은 것은?(다툼이 있으면 판례에 따름)

① 채권자는 특약이 없는 한 손해배상예정액을 초과한 배상액을 청구할 수는 없다.
② 손해배상예정액의 감액비율을 정하는 것은 원칙적으로 사실심의 전권에 속한다.
③ 채권자가 예정된 손해배상액을 청구하기 위하여 손해의 발생 및 그 액을 증명할 필요는 없으나 적어도 채무불이행 사실은 증명하여야 한다.
④ 위약벌 약정액이 부당히 과다한 경우, 손해배상액의 예정에 관한 민법 제398조 제2항을 유추적용하여 그 액을 감액할 수 있다.
⑤ 지체상금을 계약 총액에 지체상금률을 곱하여 산출하기로 정한 경우, 손해배상의 예정에 해당하는 지체상금의 과다 여부는 지체상금 총액을 기준으로 판단하여야 한다.

02

① (○) 당사자 사이의 채무불이행에 관하여 손해배상액을 예정한 경우에 채권자는 통상의 손해뿐만 아니라 특별한 사정으로 인한 손해에 관하여도 예정된 배상액만을 청구할 수 있고, 특약이 없는 한 예정액을 초과한 배상액을 청구할 수는 없다(대판 1988.9.27. 86다카2375).
② (○) 손해배상의 예정액이 부당하게 과다한지 및 그에 대한 적당한 감액의 범위를 판단하는 데 있어서는, 법원이 구체적으로 그 판단을 하는 때 즉, 사실심의 변론종결 당시를 기준으로 하여 그 사이에 발생한 위와 같은 모든 사정을 종합적으로 고려하여야 한다. 이 때 감액사유에 대한 사실인정이나 그 비율을 정하는 것은 형평의 원칙에 비추어 현저히 불합리하다고 인정되지 않는 한 사실심의 전권에 속하는 사항이다(대판 2017.5.30. 2016다275402).
③ (○) 채무불이행으로 인한 손해배상액이 예정되어 있는 경우에는 채권자는 채무불이행 사실만 증명하면 손해의 발생 및 그 액을 증명하지 아니하고 예정배상액을 청구할 수 있고, 채무자는 채권자와 채무불이행에 있어 채무자의 귀책사유를 묻지 아니한다는 약정을 하지 아니한 이상 자신의 귀책사유가 없음을 주장·입증함으로써 예정배상액의 지급책임을 면할 수 있다(대판 2007.12.27. 2006다9408).
④ (×) 위약벌의 약정은 채무의 이행을 확보하기 위하여 정하는 것으로서 손해배상액의 예정과 그 내용이 다르므로 손해배상액의 예정에 관한 민법 제398조 제2항을 유추적용하여 그 액을 감액할 수 없다. 위와 같은 현재의 판례는 타당하고 그 법리에 따라 거래계의 현실이 정착되었다고 할 수 있으므로 그대로 유지되어야 한다(대판 2022.7.21. 2018다248855·248862[전합]).
⑤ (○) 지체상금을 계약 총액에서 지체상금률을 곱하여 산출하기로 정한 경우, 민법 제398조 제2항에 의하면, 손해배상액의 예정액이 부당히 과다한 경우에는 법원은 적당히 감액할 수 있다고 규정되어 있고 여기의 손해배상의 예정액이란 문언상 그 예정한 손해배상액의 총액을 의미한다고 해석되므로, 손해배상의 예정에 해당하는 지체상금의 과다 여부는 지체상금 총액을 기준으로 하여 판단하여야 한다(대판 2002.12.24. 2000다54536).

정답 ④

03 기출 25

채권자취소권에 관한 설명으로 옳은 것은?(다툼이 있으면 판례에 따름)

① 정지조건부 채권은 특별한 사정이 없는 한 채권자취소권의 피보전채권이 될 수 없다.
② 사해행위 이전에 성립된 채권을 양수하였으나, 그 대항요건을 사해행위 이후에 갖춘 양수인은 그 채권을 피보전채권으로 하는 채권자취소권을 행사할 수 있다.
③ 채무자가 소멸시효 완성 후에 한 소멸시효이익의 포기행위는 채권자취소권의 대상인 사해행위가 될 수 없다.
④ 채권자가 전득자를 상대로 사해행위취소의 소를 제기한 경우, 그 취소의 대상은 수익자와 전득자 사이의 법률행위이다.
⑤ 사해행위 이후에 성립한 채권의 채권자는 사해행위취소와 원상회복의 효력을 받는 채권자에 포함된다.

03

① (×) 채권자취소권 행사는 채무 이행을 구하는 것이 아니라 총채권자를 위하여 이행기에 채무 이행을 위태롭게 하는 채무자의 자력 감소를 방지하는 데 목적이 있는 점과 민법 제148조, 제149조에서 조건부권리의 보호에 관한 규정을 두고 있는 점을 종합해 볼 때, 취소채권자의 채권이 정지조건부채권이라 하더라도 장래에 정지조건이 성취되기 어려울 것으로 보이는 등 특별한 사정이 없는 한, 이를 피보전채권으로 하여 채권자취소권을 행사할 수 있다(대판 2011.12.8. 2011다55542).
② (○) 채권자의 채권이 사해행위 이전에 성립되어 있는 이상 그 채권이 양도된 경우에도 그 양수인이 채권자취소권을 행사할 수 있고, 이 경우 채권양도의 대항요건을 사해행위 이후에 갖추었더라도 채권양수인이 채권자취소권을 행사하는 데 아무런 장애사유가 될 수 없다(대판 2006.6.29. 2004다5822).
③ (×) 채무자가 소멸시효 완성 후에 한 소멸시효이익의 포기행위는 소멸하였던 채무가 소멸하지 않았던 것으로 되어 결과적으로 채무자가 부담하지 않아도 되는 채무를 새롭게 부담하게 되는 것이므로 채권자취소권의 대상인 사해행위가 될 수 있다(대결 2013.5.31. 2012마712).
④ (×) 채권자가 전득자를 상대로 하여 사해행위의 취소와 함께 책임재산의 회복을 구하는 사해행위취소의 소를 제기한 경우에 그 취소의 효과는 채권자와 전득자 사이의 상대적인 관계에서만 생기는 것이고 채무자 또는 채무자와 수익자 사이의 법률관계에는 미치지 않는 것이므로, 이 경우 취소의 대상이 되는 사해행위는 채무자와 수익자 사이에서 행하여진 법률행위에 국한되고, 수익자와 전득자 사이의 법률행위는 취소의 대상이 되지 않는다(대판 2004.8.30. 2004다21923).
⑤ (×) 채권자취소권은 채무자가 채권자를 해함을 알면서 자기의 일반재산을 감소시키는 행위를 한 경우에 그 행위를 취소하여 채무자의 재산을 원상회복시킴으로써 모든 채권자를 위하여 채무자의 책임재산을 보전하는 권리이나, 사해행위 이후에 채권을 취득한 채권자는 채권의 취득 당시에 사해행위취소에 의하여 회복되는 재산을 채권자의 공동담보로 파악하지 아니한 자로서 민법 제407조에 정한 사해행위취소와 원상회복의 효력을 받는 채권자에 포함되지 아니한다(대판 2009.6.23. 2009다18502).

정답 ②

04 기출 24

손해배상에 관한 설명으로 옳은 것은?(다툼이 있으면 판례에 따름)

① 채무불이행으로 인한 손해배상액이 예정되어 있는 경우, 채권자는 채무불이행 사실 및 손해의 발생사실을 모두 증명하여야 예정배상액을 청구할 수 있다.
② 특별한 사정으로 인한 손해배상에서 채무자가 그 사정을 알았거나 알 수 있었는지의 여부는 계약체결 당시를 기준으로 판단한다.
③ 부동산소유권이전채무가 이행불능이 되어 채권자가 채무자에게 갖게 되는 손해배상채권의 소멸시효는 계약체결시부터 진행된다.
④ 채무불이행으로 인한 손해배상액을 예정한 경우에는 특별한 사정이 없는 한 통상손해는 물론 특별손해까지도 예정액에 포함된다.
⑤ 불법행위로 영업용 건물이 일부 멸실된 경우, 그에 따른 휴업손해는 특별손해에 해당한다.

04

① (×) 채무불이행으로 인한 손해배상액이 예정되어 있는 경우에는 채권자는 채무불이행 사실만 증명하면 손해의 발생 및 그 액을 증명하지 아니하고 예정배상액을 청구할 수 있고, 채무자는 채권자와 채무불이행에 있어 채무자의 귀책사유를 묻지 아니한다는 약정을 하지 아니하는 이상 자신의 귀책사유가 없음을 주장·입증함으로써 예정배상액의 지급책임을 면할 수 있다(대판 2007.12.27. 2006다9408).
② (×) 민법 제393조 제2항 소정의 특별사정으로 인한 손해배상에 있어서 채무자가 그 사정을 알았거나 알 수 있었는지의 여부를 가리는 시기는 계약체결당시가 아니라 채무의 이행기까지를 기준으로 판단하여야 한다(대판 1985.9.10. 84다카1532).
③ (×) 매매로 인한 부동산소유권이전채무가 이행불능됨으로써 매수인이 매도인에 대하여 갖게 되는 손해배상채권은 그 부동산소유권의 이전채무가 이행불능된 때에 발생하는 것이고 그 계약체결일에 생기는 것은 아니므로 위 손해배상채권의 소멸시효는 계약체결일 아닌 소유권이전채무가 이행불능된 때부터 진행한다(대판 1990.11.9. 90다카22513).
④ (○) 계약 당시 손해배상액을 예정한 경우에는 다른 특약이 없는 한 채무불이행으로 인하여 입은 통상손해는 물론 특별손해까지도 예정액에 포함되고 채권자의 손해가 예정액을 초과한다 하더라도 초과부분을 따로 청구할 수 없다(대판 1993.4.23. 92다41719).
⑤ (×) 불법행위로 영업용 물건이 멸실된 경우, 이를 대체할 다른 물건을 마련하기 위하여 필요한 합리적인 기간 동안 그 물건을 이용하여 영업을 계속하였더라면 얻을 수 있었던 이익, 즉 휴업손해는 그에 대한 증명이 가능한 한 통상의 손해로서 그 교환가치와는 별도로 배상하여야 하고, 이는 영업용 물건이 일부 손괴된 경우, 수리를 위하여 필요한 합리적인 기간 동안의 휴업손해와 마찬가지라고 보아야 할 것이다(대판 2004.3.18. 2001다82507[전합]).

정답 ④

05 기출 24

이행지체에 관한 설명으로 옳지 않은 것은?(다툼이 있으면 판례에 따름)

① 이행지체를 이유로 채권자에게 전보배상청구가 인정되는 경우, 그 손해액은 원칙적으로 최고할 당시의 시가를 기준으로 산정하여야 한다.
② 중도금지급기일을 '2층 골조공사 완료시'로 한 경우, 그 공사가 완료되었더라도 채무자가 그 완료사실을 알지 못하였다면 특별한 사정이 없는 한 지체책임을 지지 않는다.
③ 금전채무의 이행지체로 인하여 발생하는 지연이자의 성질은 손해배상금이다.
④ 저당권이 설정된 부동산 매도인의 담보책임에 기한 손해배상채무는 이행청구를 받은 때부터 지체책임이 있다.
⑤ 이행기의 정함이 없는 채권을 양수한 채권양수인이 채무자를 상대로 그 이행을 구하는 소를 제기하고 소송 계속 중 채무자에 대한 채권양도통지가 이루어진 경우, 특별한 사정이 없는 한 채무자는 채권양도통지가 도달된 다음 날부터 지체책임을 진다.

05

① (×) 이행지체에 의한 전보배상에 있어서의 손해액 산정은 본래의 의무이행을 최고한 후 상당한 기간이 경과한 당시의 시가를 표준으로 하고, 이행불능으로 인한 전보배상액은 이행불능 당시의 시가 상당액을 표준으로 할 것인바, 채무자의 이행거절로 인한 채무불이행에서의 손해액 산정은, 채무자가 이행거절의 의사를 명백히 표시하여 최고 없이 계약의 해제나 손해배상을 청구할 수 있는 경우에는 이행거절 당시의 급부목적물의 시가를 표준으로 해야 한다(대판 2007.9.20. 2005다63337).
② (○) 채무이행시기가 확정기한으로 되어 있는 경우에는 기한이 도래한 때로부터 지체책임이 있으나, 불확정기한으로 되어 있는 경우에는 채무자가 기한이 도래함을 안 때로부터 지체책임이 발생한다고 할 것인바, 이 사건 중도금 지급기일을 '2층 골조공사 완료시'로 정한 것은 중도금 지급의무의 이행기를 장래 도래할 시기가 확정되지 아니한 때, 즉 불확정기한으로 이행기를 정한 경우에 해당한다고 할 것이므로, 중도금 지급의무의 이행지체의 책임을 지우기 위해서는 2층 골조공사가 완료된 것만으로는 부족하고 채무자인 원고가 그 완료 사실을 알아야 한다고 할 것이다(대판 2005.10.7. 2005다38546 참조).
③ (○) 금전채무의 이행지체로 인하여 발생하는 지연손해금은 그 성질이 손해배상금이지 이자가 아니며, 민법 제163조 제1호의 1년 이내의 기간으로 정한 채권도 아니므로 3년간의 단기소멸시효의 대상이 되지 아니한다(대판 1995.10.13. 94다57800).
④ (○) 매매의 목적이 된 부동산에 설정된 저당권의 행사로 인하여 매수인이 그 소유권을 취득할 수 없거나 취득한 소유권을 잃은 때에는 매수인은 계약을 해제할 수 있다. 이 경우에 매수인이 손해를 받은 때에는 그 배상을 청구할 수 있다(민법 제576조 제1항, 제3항). 민법 제576조에서 정하는 매도인의 담보책임에 기한 손해배상채무는 이행의 기한이 없는 채무로서 이행청구를 받은 때부터 지체책임이 있다(대판 2015.4.23. 2013다92873).
⑤ (○) 채무에 이행기의 정함이 없는 경우에는 채무자가 이행의 청구를 받은 다음 날부터 이행지체의 책임을 지는 것이나, 한편 지명채권이 양도된 경우 채무자에 대한 대항요건이 갖추어질 때까지 채권양수인은 채무자에게 대항할 수 없으므로, 이행기의 정함이 없는 채권을 양수한 채권양수인이 채무자를 상대로 그 이행을 구하는 소를 제기하고 소송 계속 중 채무자에 대한 채권양도통지가 이루어진 경우에는 특별한 사정이 없는 한 채무자는 채권양도통지가 도달된 다음 날부터 이행지체의 책임을 진다(대판 2014.4.10. 2012다29557).

정답 ①

06 기출 24

채권자대위권에 관한 설명으로 옳은 것을 모두 고른 것은?(다툼이 있으면 판례에 따름)

> ㄱ. 피보전채권이 특정채권인 경우에 채무자의 무자력은 그 요건이 아니다.
> ㄴ. 임차인은 특별한 사정이 없는 한 임차권 보전을 위하여 제3자에 대한 임대인의 임차목적물인도청구권을 대위행사 할 수 있다.
> ㄷ. 채권자대위권도 채권자대위권의 피대위권리가 될 수 있다.

① ㄱ
② ㄷ
③ ㄱ, ㄴ
④ ㄴ, ㄷ
⑤ ㄱ, ㄴ, ㄷ

06

ㄱ. (○) 채권자는 자기의 채무자에 대한 부동산의 소유권이전등기청구권 등 특정채권을 보전하기 위하여 채무자가 방치하고 있는 그 부동산에 관한 특정권리를 대위하여 행사할 수 있고 그 경우에는 채무자의 무자력을 요건으로 하지 아니하는 것이다(대판 1992.10.27. 91다483).

ㄴ. (○) 임대인 乙이 그 소유 토지를 피고 丙에게 임대하였다가 이를 해지한 뒤 다시 위 토지를 원고 甲에게 임대한 경우에 그 뒤 임대인 乙이 위 토지를 다른 사람 丁에게 매도하고 소유권이전등기를 완료함으로써 소유권을 상실하였다 하더라도 임대인 乙로서는 임차인인 원고 甲에게 임대물을 인도하여 그 사용수익에 필요한 상태를 제공·유지하여야 할 의무가 있고 또 임대인 乙은 피고 丙과의 임대차계약을 해지함으로써 피고 丙에게 임대물의 인도를 청구할 권리가 있다 할 것이므로 임대인 乙이 丁에게 매도함으로써 소유권은 상실하였다 해도 위와 같은 권리의무는 있다 할 것인즉 임차인인 원고 甲은 임대인 乙의 피고 丙에 대한 위와 같은 임대물의 인도를 청구할 권리를 대위하여 행사할 수 있다(대판 1964.12.29. 64다804).

ㄷ. (○) 채권자대위권도 채권자대위권의 피대위권리가 될 수 있다(대판 1992.7.14. 92다527; 대판 1968.1.23. 67다2440 참조).

정답 ⑤

07 기출 24

甲은 乙에 대하여 1억원의 물품대금채권을 가지고 있고, 乙은 丙에 대한 1억원의 대여금채권을 채무초과상태에서 丁에게 양도한 후 이를 丙에게 통지하였다. 甲은 丁을 피고로 하여 채권자취소소송을 제기하였다. 이에 관한 설명으로 옳은 것을 모두 고른 것은?(다툼이 있으면 판례에 따름)

> ㄱ. 甲의 乙에 대한 물품대금채권이 시효로 소멸한 경우, 丁은 이를 甲에게 원용할 수 있다.
> ㄴ. 乙의 丁에 대한 채권양도행위가 사해행위로 취소되는 경우, 丁이 丙에게 양수금채권을 추심하지 않았다면 甲은 원상회복으로서 丁이 丙에게 채권양도가 취소되었다는 취지의 통지를 하도록 청구할 수 있다.
> ㄷ. 乙의 丁에 대한 채권양도행위가 사해행위로 취소되어 원상회복이 이루어진 경우, 甲은 乙을 대위하여 丙에게 대여금채권의 지급을 청구할 수 있다.

① ㄱ
② ㄷ
③ ㄱ, ㄴ
④ ㄴ, ㄷ
⑤ ㄱ, ㄴ, ㄷ

07

ㄱ. (○) 소멸시효를 원용할 수 있는 사람은 권리의 소멸에 의하여 직접 이익을 받는 자에 한정되는바, 사해행위취소소송의 상대방이 된 사해행위의 수익자는, 사해행위가 취소되면 사해행위에 의하여 얻은 이익을 상실하고 사해행위취소권을 행사하는 채권자의 채권이 소멸하면 그와 같은 이익의 상실을 면하는 지위에 있으므로, 그 채권의 소멸에 의하여 직접 이익을 받는 자에 해당하는 것으로 보아야 한다(대판 2007.11.29. 2007다54849). 따라서 사해행위 취소권을 행사하는 채권자 甲의 채무자 乙에 대한 물품대금채권(피보전채권)이 시효로 소멸한 경우, 수익자 丁은 이를 채권자 甲에게 원용할 수 있다.

ㄴ. (○) 채무자(乙)의 수익자(丁)에 대한 채권양도가 사해행위로 취소되는 경우, 수익자(丁)가 제3채무자(丙)에게서 아직 채권을 추심하지 아니한 때에는, 채권자(甲)는 사해행위취소에 따른 원상회복으로서 수익자(丁)가 제3채무자(丙)에게 채권양도가 취소되었다는 취지의 통지를 하도록 청구할 수 있다(대판 2015.11.17. 2012다2743).

ㄷ. (×) 사해행위의 취소는 채권자와 수익자의 관계에서 상대적으로 채무자와 수익자 사이의 법률행위를 무효로 하는 데에 그치고, 채무자와 수익자 사이의 법률관계에는 영향을 미치지 아니한다. 따라서 채무자(乙)의 수익자(丁)에 대한 채권양도가 사해행위로 취소되고, 그에 따른 원상회복으로서 제3채무자(丙)에게 채권양도가 취소되었다는 취지의 통지가 이루어지더라도, 채권자(甲)와 수익자(丁)의 관계에서 채권이 채무자(乙)의 책임재산으로 취급될 뿐, 채무자(乙)가 직접 채권을 취득하여 권리자로 되는 것은 아니므로, 채권자(甲)는 채무자(乙)를 대위하여 제3채무자(丙)에게 채권에 관한 지급을 청구할 수 없다(대판 2015.11.17. 2012다2743).

정답 ③

08 기출 24

사해행위취소의 소에 관한 설명으로 옳지 않은 것을 모두 고른 것은?(다툼이 있으면 판례에 따름)

> ㄱ. 취소채권자의 채권이 정지조건부 채권인 경우에는 특별한 사정이 없는 한 이를 피보전채권으로 하여 채권자취소권을 행사할 수 없다.
> ㄴ. 사해행위 후 그 목적물에 관하여 선의의 제3자가 저당권을 취득하였음을 이유로 가액배상을 명하는 경우, 그 목적물의 가액에서 제3자가 취득한 저당권의 피담보채권액을 공제하여야 한다.
> ㄷ. 사해행위의 목적물이 동산이고 그 원상회복으로 현물반환이 가능하더라도 취소채권자는 직접 자기에게 그 목적물의 인도를 청구할 수 없다.

① ㄱ
② ㄷ
③ ㄱ, ㄴ
④ ㄴ, ㄷ
⑤ ㄱ, ㄴ, ㄷ

08

ㄱ. (×) 채권자취소권 행사는 채무 이행을 구하는 것이 아니라 총채권자를 위하여 이행기에 채무 이행을 위태롭게 하는 채무자의 자력 감소를 방지하는 데 목적이 있는 점과 민법이 제148조, 제149조에서 조건부권리의 보호에 관한 규정을 두고 있는 점을 종합해 볼 때, 취소채권자의 채권이 정지조건부채권이라 하더라도 장래에 정지조건이 성취되기 어려울 것으로 보이는 등 특별한 사정이 없는 한, 이를 피보전채권으로 하여 채권자취소권을 행사할 수 있다(대판 2011.12.8. 2011다55542).

ㄴ. (×) 사해행위 후 그 목적물에 관하여 선의의 제3자가 저당권을 취득하였음을 이유로 가액배상을 명하는 경우에는 사해행위 당시 일반 채권자들의 공동담보로 되어 있었던 부동산 가액 전부의 배상을 명하여야 할 것이고, 그 가액에서 제3자가 취득한 저당권의 피담보채권액을 공제할 것은 아니고, 증여의 형식으로 이루어진 사해행위를 취소하고 원물반환에 갈음하여 그 목적물 가액의 배상을 명함에 있어서는 수익자에게 부과된 증여세액과 취득세액을 공제하여 가액배상액을 산정할 것도 아니다(대판 2003.12.12. 2003다40286).

ㄷ. (×) 민법 제406조에 의한 사해행위의 취소에 따른 원상회복은 원칙적으로 그 목적물 자체의 반환에 의하여야 하는바, 이때 사해행위의 목적물이 동산이고 그 현물반환이 가능한 경우에는 취소채권자는 직접 자기에게 그 목적물의 인도를 청구할 수 있다(대판 1999.8.24. 99다23468).

정답 ⑤

09 기출 23

'민법 제390조의 채무불이행책임과 제750조의 불법행위책임'(이하 '양 책임')에 관한 비교 설명으로 옳지 않은 것은?

① 양 책임이 성립하기 위해서는 채무자 또는 가해자에게 귀책사유가 있어야 한다는 점에서 공통된다.
② 양 책임이 성립하는 경우, 채권자나 피해자에게 과실이 있다면 과실상계가 적용된다는 점에서 공통된다.
③ 양 책임이 성립하는 경우, 채권자나 피해자가 행사하는 손해배상채권의 소멸시효는 3년이 적용된다는 점에서 공통된다.
④ 양 책임이 성립하는 경우, 손해배상은 통상의 손해를 그 한도로 한다는 점에서 공통된다.
⑤ 양 책임이 성립하는 경우, 채무자나 가해자가 발생한 손해 전부를 배상한 때에는 손해배상자의 대위가 인정된다는 점에서 공통된다.

09

① (○) 민법 제390조는 "채무자가 채무의 내용에 좇은 이행을 하지 아니한 때에는 채권자는 손해배상을 청구할 수 있다. 그러나 채무자의 고의나 과실 없이 이행할 수 없게 된 때에는 그러하지 아니하다."고 하여, 채무불이행책임의 성립에 채무자의 귀책사유(고의 또는 과실)를 요구한다. 민법 제750조 또한 "고의 또는 과실로 인한 위법행위로 타인에게 손해를 가한 자는 그 손해를 배상할 책임이 있다."고 하여, 불법행위책임의 성립에 가해자의 귀책사유(고의 또는 과실)를 요구한다.
② (○) 채무불이행책임에서 규정된 과실상계 규정(민법 제396조)은 불법행위책임에서도 준용(민법 제763조)된다.
③ (×) 민법 제390조의 채무불이행으로 인한 손해배상청구권의 소멸시효는 원칙적으로 채무불이행 시부터 10년이다(민법 제162조 제1항, 대판 1995.6.30. 94다54269). 반면 불법행위로 인한 손해배상의 청구권의 소멸시효는 피해자나 그 법정대리인이 그 손해 및 가해자를 안 날로부터 3년, 불법행위를 한 날로부터 10년이다(민법 제766조 제1항, 제2항).
④ (○) 채무불이행책임에서 규정된 손해배상의 범위에 대한 규정(민법 제393조)은 불법행위책임에서도 준용(민법 제763조)되므로 양 책임이 성립하는 경우, 손해배상은 통상의 손해를 그 한도로 하게 된다.
⑤ (○) 채무불이행책임에서 규정된 손해배상자의 대위에 대한 규정(민법 제399조)은 불법행위책임에서도 준용(민법 제763조)된다.

정답 ③

10 기출 23

乙의 채권자 甲이 乙의 丙에 대한 금전채권에 대하여 채권자대위권을 행사하는 경우에 관한 설명으로 옳은 것은?(다툼이 있으면 판례에 따름)

① 甲은 乙의 동의를 받지 않는 한 채권자대위권을 행사할 수 없다.
② 甲의 乙에 대한 채권이 금전채권인 경우, 甲은 丙에게 직접 자기에게 이행하도록 청구하여 상계적상에 있는 자신의 채권과 상계할 수 없다.
③ 甲이 丙을 상대로 채권자대위권을 행사한 경우, 甲의 채권자대위소송의 제기로 인한 소멸시효 중단의 효력은 乙의 丙에 대한 채권에 생긴다.
④ 甲이 丙을 상대로 채권자대위권을 행사하고 그 사실을 乙에게 통지한 이후 乙이 丙에 대한 채권을 포기한 경우, 丙은 乙의 채권포기 사실을 들어 甲에게 대항할 수 있다.
⑤ 乙이 丙을 상대로 금전채무 이행청구의 소를 제기하여 패소판결이 확정된 경우, 甲은 乙에 대한 금전채권을 보전하기 위해 丙을 상대로 채권자대위권을 행사할 수 있다.

10

① (×) 채권자(甲)가 채권자대위권 행사에 채무자(乙)의 동의를 받아야 하는 것은 아니며, 채무자가 채권자대위권의 행사를 반대하는 경우에도 가능하다(대판 1963.11.21. 63다634).

② (×) 채권자가 자기의 금전채권을 보전하기 위하여 채무자의 금전채권을 대위행사하는 경우 제3채무자로 하여금 채무자에게 지급의무를 이행하도록 청구할 수도 있지만, 직접 대위채권자 자신에게 이행하도록 청구할 수도 있다(대판 2016.8.29. 2015다236547). 이때 채권자(甲)의 채무자(乙)에 대한 채권과 채무자(乙)의 채권자(甲)에 대한 채권이 상계적상에 있다면 상계의 의사표시에 의하여 '사실상'의 우선변제를 받을 수 있다.

③ (○) 채권자대위권 행사의 효과는 채무자에게 귀속되는 것이므로 채권자대위소송의 제기로 인한 소멸시효 중단의 효과 역시 채무자에게 생긴다(대판 2011.10.13. 2010다80930). 따라서 甲이 丙을 상대로 채권자대위권을 행사한 경우, 甲의 채권자대위소송의 제기로 인한 소멸시효 중단의 효력은 乙의 丙에 대한 채권에 생긴다.

④ (×) 채권자가 채무자를 대위하여 채무자의 제3채무자에 대한 권리를 행사하고 채무자에게 통지를 하거나 채무자가 채권자의 대위권 행사사실을 안 후에는 채무자는 그 권리에 대한 처분권을 상실하여 그 권리의 양도나 포기 등 처분행위를 할 수 없고 채무자의 처분행위에 기하여 취득한 권리로서는 채권자에게 대항할 수 없다(대판 1991.4.12. 90다9407). 따라서 甲이 丙을 상대로 채권자대위권을 행사하고 그 사실을 乙에게 통지한 이후 乙이 丙에 대한 채권을 포기한 경우, 丙은 乙의 채권포기 사실을 들어 甲에게 대항할 수 없다.

⑤ (×) 채권자대위권은 채무자가 제3채무자에 대한 권리를 행사하지 아니하는 경우에 한하여 채권자가 자기의 채권을 보전하기 위하여 행사할 수 있는 것이기 때문에 채권자가 대위권을 행사할 당시 이미 채무자가 그 권리를 재판상 행사하였을 때에는 설사 패소의 확정판결을 받았더라도 채권자는 채무자를 대위하여 채무자의 권리를 행사할 당사자적격이 없다(대판 1993.3.26. 92다32876). 따라서 乙이 丙을 상대로 금전채무 이행청구의 소를 제기하여 패소판결이 확정된 경우, 甲은 乙에 대한 금전채권을 보전하기 위해 丙을 상대로 채권자대위권을 행사할 수 없다.

정답 ③

11 기출 23

乙의 채권자 甲은 乙이 채무초과상태에서 자신의 유일한 재산인 X부동산을 丙에게 매도하고 소유권이전등기를 해 준 사실을 알고 채권자취소권을 행사하려고 한다. 이에 관한 설명으로 옳은 것은?(다툼이 있으면 판례에 따름)

① 甲이 채권자취소권을 행사하기 위해서는 재판외 또는 재판상 이를 행사하여야 한다.
② 甲이 채권자취소권을 행사하기 위해서는 乙 및 丙의 사해의사 및 사해행위에 대한 악의를 증명하여야 한다.
③ 甲의 乙에 대한 채권이 X부동산에 대한 소유권이전등기청구권인 경우, 甲은 이를 피보전채권으로 하여 채권자취소권을 행사할 수 없다.
④ 甲이 채권자취소권을 재판상 행사하는 경우, 사해행위를 직접 행한 乙을 피고로 하여 그 권리를 행사하여야 한다.
⑤ 甲의 乙에 대한 채권이 시효로 소멸한 경우, 丙은 이를 들어 채권자취소권을 행사하는 甲에게 대항할 수 없다.

11

① (×) 채권자는 사해행위의 취소 및 원상회복을 "법원에 청구"할 수 있다(민법 제406조 제1항 본문). 따라서 채권자는 채권자취소권을 재판상으로만 행사할 수 있다(대판 1998.3.13. 95다48599 참조). 반면, 채권자대위권은 재판상 또는 재판 외에서 행사할 수 있다.

② (×) 사해행위취소소송에 있어서 채무자(乙)가 악의라는 점에 대하여는 그 취소를 주장하는 채권자(甲)에게 입증책임이 있으나 수익자(丙) 또는 전득자가 악의라는 점에 관하여는 입증책임이 채권자에게 있는 것이 아니고 수익자(丙) 또는 전득자 자신에게 선의라는 사실을 입증할 책임이 있다(대판 1997.5.23. 95다51908).

③ (○) 채권자취소권을 특정물에 대한 소유권이전등기청구권을 보전하기 위하여 행사하는 것은 허용되지 않으므로, 부동산의 제1양수인은 자신의 소유권이전등기청구권 보전을 위하여 양도인과 제3자 사이에서 이루어진 이중양도행위에 대하여 채권자취소권을 행사할 수 없다(대판 1999.4.27. 98다56690).

④ (×) 채권자가 채권자취소권을 행사하려면 사해행위로 인하여 이익을 받은 자나 전득한 자를 상대로 그 법률행위의 취소를 청구하는 소송을 제기하여야 되는 것으로서 채무자를 상대로 그 소송을 제기할 수는 없다(대판 2004.8.30. 2004다21923). 따라서 甲이 채권자취소권을 재판상 행사하는 경우, 수익자인 丙을 피고로 하여 그 권리를 행사하여야 한다.

⑤ (×) 소멸시효를 원용할 수 있는 사람은 권리의 소멸에 의하여 직접 이익을 받는 자에 한정되는바, 사해행위취소소송의 상대방이 된 사해행위의 수익자는, 사해행위가 취소되면 사해행위에 의하여 얻은 이익을 상실하고 사해행위취소권을 행사하는 채권자의 채권이 소멸하면 그와 같은 이익의 상실을 면하는 지위에 있으므로, 그 채권의 소멸에 의하여 직접 이익을 받는 자에 해당하는 것으로 보아야 한다(대판 2007.11.29. 2007다54849). 따라서 甲의 乙에 대한 채권이 시효로 소멸한 경우, 丙은 소멸시효를 원용하여 채권자취소권을 행사하는 甲에게 대항할 수 있다.

정답 ③

12 기출 23

민법상 채무의 종류에 따른 이행지체책임의 발생시기가 잘못 연결된 것을 모두 고른 것은?(당사자 사이에 다른 약정은 없으며, 다툼이 있으면 판례에 따름)

> ㄱ. 부당이득반환채무 - 수익자가 이행청구를 받은 때
> ㄴ. 불확정기한부 채무 - 채무자가 기한의 도래를 안 때
> ㄷ. 동시이행의 관계에 있는 쌍방의 채무 - 쌍방의 이행제공 없이 쌍방 채무의 이행기가 도래한 때

① ㄱ
② ㄴ
③ ㄷ
④ ㄱ, ㄴ
⑤ ㄴ, ㄷ

12

ㄱ. (○) 채무이행의 기한이 없는 경우에는 채무자는 이행청구를 받은 때로부터 지체책임이 있다(민법 제387조 제2항). 부당이득반환의무는 이행기한의 정함이 없는 채무이므로 그 채무자[수익자(註)]는 이행청구를 받은 때에 비로소 지체책임을 진다(대판 2010.1.28. 2009다24187).

ㄴ. (○) 채무이행의 확정한 기한이 있는 경우에는 채무자는 기한이 도래한 때로부터 지체책임이 있고, 채무이행의 불확정한 기한이 있는 경우에는 채무자는 기한이 도래함을 안 때로부터 지체책임이 있다(민법 제387조 제1항).

ㄷ. (×) 쌍무계약에서 쌍방의 채무가 동시이행관계에 있는 경우 일방의 채무의 이행기가 도래하더라도 상대방 채무의 이행제공이 있을 때까지는 그 채무를 이행하지 않아도 이행지체의 책임을 지지 않는 것이며, 이와 같은 효과는 이행지체의 책임이 없다고 주장하는 자가 반드시 동시이행의 항변권을 행사하여야만 발생하는 것은 아니므로, 동시이행관계에 있는 쌍무계약상 자기채무의 이행을 제공하는 경우 그 채무를 이행함에 있어 상대방의 행위를 필요로 할 때에는 언제든지 현실로 이행을 할 수 있는 준비를 완료하고 그 뜻을 상대방에게 통지하여 그 수령을 최고하여야만 상대방으로 하여금 이행지체에 빠지게 할 수 있는 것이다(대판 2001.7.10. 2001다3764).

정답 ③

13 기출 22

채권자대위권에 관한 설명으로 옳지 않은 것은?(다툼이 있으면 판례에 따름)

① 물권적 청구권도 채권자대위권의 피보전권리가 될 수 있다.
② 피보전채권의 이행기가 도래하기 전이라도 채권자는 법원의 허가를 얻어 채무자의 제3자에 대한 채권자취소권을 대위행사할 수 있다.
③ 민법상 조합원의 조합탈퇴권은 특별한 사정이 없는 한 채권자대위권의 목적이 될 수 없다.
④ 행사상 일신전속권은 채권자대위권의 목적이 되지 못한다.
⑤ 채권자대위소송에서 피보전채권의 존재 여부는 법원의 직권조사사항이다.

13

① (○) 피보전채권이 특정채권이라 하여 반드시 순차매도 또는 임대차에 있어 소유권이전등기청구권이나 인도청구권 등의 보전을 위한 경우에만 한하여 채권자대위권이 인정되는 것은 아니며, 물권적 청구권에 대하여도 채권자대위권에 관한 민법 제404조의 규정과 위와 같은 법리가 적용될 수 있다(대판 2007.5.10. 2006다82700).
② (○) 채권자는 피보전채권의 이행기가 도래하기 전이라도 법원의 허가를 얻어 채권자대위권의 대상이 되는 채무자의 제3자에 대한 채권자취소권(대판 2001.12.27. 2000다73049)을 대위행사할 수 있다.
③ (×) 조합원이 조합을 탈퇴할 권리는 그 성질상 조합계약의 해지권으로서 그의 일반재산을 구성하는 재산권의 일종이라 할 것이고 채권자대위가 허용되지 않는 일신전속적 권리라고는 할 수 없다(대결 2007.11.30. 2005마1130).
④ (○) 친족 간의 부양청구권, 위자료청구권 등과 같은 행사상 일신전속권은 그 행사에 의하여 채무자의 재산이 유지되고 채권보전에 기여하더라도 대위의 목적이 되지 못한다(민법 제404조 제1항 단서).
⑤ (○) 대판 2012.3.29. 2011다106136

정답 ③

14 기출 21

채권자취소권에 관한 설명으로 옳은 것을 모두 고른 것은?(다툼이 있으면 판례에 따름)

> ㄱ. 채권자 취소의 소는 취소원인을 안 날로부터 3년, 법률행위가 있은 날로부터 10년 내에 제기하여야 한다.
> ㄴ. 채권자가 채무자의 사해의사를 증명하면 수익자의 악의는 추정된다.
> ㄷ. 채무초과상태에 있는 채무자의 상속포기는 채권자취소권의 대상이 되지 못한다.
> ㄹ. 사행행위 이전에 성립된 채권을 양수하였으나, 그 대항요건을 사해행위 이후에 갖춘 양수인은 이를 피보전채권으로 하는 채권자취소권을 행사할 수 없다.
> ㅁ. 건물신축의 도급인이 민법 제666조에 따른 수급인의 저당권설정청구권 행사에 의해 그 건물에 저당권을 설정하는 행위는 특별한 사정이 없는 한 사해행위에 해당하지 않는다.

① ㄱ, ㄴ, ㅁ
② ㄱ, ㄷ, ㄹ
③ ㄱ, ㄹ, ㅁ
④ ㄴ, ㄷ, ㄹ
⑤ ㄴ, ㄷ, ㅁ

14

ㄱ. (×) 채권자 취소의 소는 채권자가 취소원인을 안 날로부터 1년, 법률행위 있은 날로부터 5년 내에 제기하여야 한다(민법 제406조 제2항).

ㄴ. (○) 채무자의 제3자에 대한 재산양도행위가 채권자취소권의 대상이 되는 사해행위에 해당하는 경우 수익자의 악의는 추정되는 것이므로 수익자가 그 법률행위 당시 선의이었다는 입증을 다하지 못하는 한 채권자는 그 양도행위를 취소하고 원상회복을 청구할 수 있다(대판 1988.4.25. 87다카1380). 따라서 채권자가 채무자의 재산권을 목적으로 하는 법률행위의 사해의사를 입증하면, 수익자의 악의는 추정된다.

ㄷ. (○) 상속의 포기는 민법 제406조 제1항에서 정하는 "재산권에 관한 법률행위"에 해당하지 아니하여 사해행위 취소의 대상이 되지 못한다(대판 2011.6.9. 2011다29307).

ㄹ. (×) 채권자의 채권이 사해행위 이전에 성립되어 있는 이상 그 채권이 양도된 경우에도 그 양수인이 채권자취소권을 행사할 수 있고, 이 경우 채권양도의 대항요건을 사해행위 이후에 갖추었더라도 채권양수인이 채권자취소권을 행사하는 데 아무런 장애사유가 될 수 없다(대판 2006.6.29. 2004다5822).

ㅁ. (○) 신축건물의 도급인이 민법 제666조가 정한 수급인의 저당권설정청구권의 행사에 따라 공사대금채무의 담보로 그 건물에 저당권을 설정하는 행위는 특별한 사정이 없는 한 사해행위에 해당하지 아니한다(대판 2018.11.29. 2015다19827).

정답 ⑤

15 기출 20

채무자의 이행지체책임 발생시기로 옳은 것을 모두 고른 것은? (다툼이 있으면 판례에 따름)

> ㄱ. 불확정기한부채무의 경우, 채무자가 기한이 도래함을 안 때
> ㄴ. 부당이득반환채무의 경우, 수익자가 이행청구를 받은 때
> ㄷ. 불법행위로 인한 손해배상채무의 경우, 가해자가 피해자로부터 이행청구를 받은 때

① ㄱ
② ㄱ, ㄴ
③ ㄱ, ㄷ
④ ㄴ, ㄷ
⑤ ㄱ, ㄴ, ㄷ

15

ㄱ. (○) 채무이행의 불확정한 기한이 있는 경우에는 채무자는 기한이 도래함을 안 때로부터 지체책임이 있다(민법 제387조 제1항 후문).

ㄴ. (○) 타인의 토지를 점유함으로 인한 부당이득반환채무는 이행의 기한이 없는 채무로서 이행청구를 받은 때로부터 지체책임이 있다(대판 2008.2.1. 2007다8914).

ㄷ. (×) 불법행위로 인한 손해배상채무에 대하여는 원칙적으로 별도의 이행최고가 없더라도 공평의 관념에 비추어 불법행위로 그 채무가 성립함과 동시에 지연손해금이 발생한다(대판 2016.9.28. 2014다221517).

정답 ②

CHAPTER 04 다수당사자의 채권관계

제1절 서설

1. 의의
다수당사자의 채권관계란 하나의 동일한 내용의 급부에 관하여 채권자 또는 채무자가 복수인 경우를 말한다.

2. 종류
민법은 다수당사자의 채권관계로 분할채권관계(민법 제408조), 불가분채권관계(민법 제409조 이하), 연대채무(민법 제413조 이하) 및 보증채무(민법 제428조 이하)의 네 종류를 규정하고 있으며, 해석상 부진정연대채무가 인정되고 있다.

제2절 분할채권관계

> **분할채권관계(민법 제408조)**
> 채권자나 채무자가 수인인 경우에 특별한 의사표시가 없으면 각 채권자 또는 각 채무자는 균등한 비율로 권리가 있고 의무를 부담한다.

I 의의
하나의 가분적 급부에 대하여 채권자나 채무자가 다수 존재하는 경우에, 각 채권자가 급부의 일부에 대해서만 권리를 가지거나 또는 각 채무자가 급부의 일부만을 부담하는 채권관계를 분할채권·채무관계라고 한다. 민법상 다수당사자의 채권·채무관계의 원칙적인 모습이다.

II 성립
① 하나의 가분급부가 존재할 경우
② 가분적 급부임에도 불구하고 학설의 경향은 채권의 효력강화를 위해 특별한 사정이 있다면 불가분채무나 연대채무로 수정해석을 한다.

Ⅲ 효력

1. 대외적 효력
① 특별한 사정이 없는 한 균등비율로 부담한다(민법 제408조).
② 분할채권자는 자신의 채권비율만 청구할 수 있고, 분할채무자는 자신의 채무비율만 변제하면 된다.

2. 1인에게 생긴 사유의 효력
분할채권관계에서 각 채권자의 채권과 각 채무자의 채무는 독립된 것이기 때문에, 1인의 채권자 또는 채무자에게 생긴 사유는 다른 채권자 또는 채무자에게 영향을 미치지 않는다(예외 : 해제·해지의 불가분성에 관한 민법 제547조).

3. 구상관계

(1) 원칙
구상권의 문제가 발생하지 않는다.

(2) 예외
다만, 자신의 채무부담비율 이상을 변제한 채무자는 부당이득 또는 사무관리를 근거로 구상권을 행사할 수 있다.

핵심문제

01 불가분 약정 등 특별한 사정이 없는 한, 불가분채권인 것은?(다툼이 있으면 판례에 따름) 기출 16

① A의 소유 건물을 B와 C가 공동으로 매수하는 경우, B와 C의 건물인도청구권
② A의 소유 건물을 B와 C가 공동으로 매수하는 경우, A의 매매대금청구권
③ A와 B가 공유하는 건물을 C에게 매도하는 경우, A와 B의 매매대금청구권
④ A와 B가 공유하는 건물을 C에게 매도하는 경우, C의 건물인도청구권
⑤ A와 B가 공유하는 토지를 C가 불법으로 점유한 경우, A와 B의 C에 대한 부당이득반환청구권

【해설】
① (O) 급부가 성질상 불가분인 경우뿐만 아니라, 성질상 가분이지만 당사자의 의사표시에 의하여 불가분인 경우에도 불가분채권관계가 성립한다. 따라서 B와 C의 건물인도청구권은 급부의 성질상 불가분채권이고, A의 건물인도채무는 불가분채무에 해당한다.
② (×) 하나의 가분급부에 대하여 채무자가 수인이라면 원칙적으로 분할채권관계가 성립한다. 따라서 특별한 의사표시가 없는 한 A의 매매대금청구권은 분할채권이고, B와 C의 매매대금지급채무는 분할채무에 해당한다.
③ (×) A와 B의 매매대금청구권은 특별한 의사표시가 없는 한 분할채권에 해당한다.
④ (×) C의 건물인도청구권은 공유자인 A와 B에게 각 공유지분별로 행사할 수 있으므로, 특별한 의사표시가 없는 한 분할채권에 해당한다.
⑤ (×) A와 B의 C에 대한 부당이득반환청구권 역시 특별한 의사표시가 없는 한 분할채권에 해당한다. 다만, 판례는 여러 사람이 공동으로 법률상 원인 없이 타인의 재산을 사용한 경우의 부당이득반환채무를 불가분채무(대판 2001.12.11. 2000다13948)로 이해하고 있음을 유의하여야 한다.

정답 ①

제3절 불가분채권관계

> **불가분채권(민법 제409조)**
> 채권의 목적이 그 성질 또는 당사자의 의사표시에 의하여 불가분인 경우에 채권자가 수인인 때에는 각 채권자는 모든 채권자를 위하여 이행을 청구할 수 있고 채무자는 모든 채권자를 위하여 각 채권자에게 이행할 수 있다.
>
> **1인의 채권자에 생긴 사항의 효력(민법 제410조)**
> ① 전조의 규정에 의하여 모든 채권자에게 효력이 있는 사항을 제외하고는 불가분채권자중 1인의 행위나 1인에 관한 사항은 다른 채권자에게 효력이 없다.
> ② 불가분채권자 중의 1인과 채무자 간에 경개나 면제 있는 경우에 채무전부의 이행을 받은 다른 채권자는 그 1인이 권리를 잃지 아니하였으면 그에게 분급할 이익을 채무자에게 상환하여야 한다.
>
> **불가분채무와 준용규정(민법 제411조)**
> 수인이 불가분채무를 부담한 경우에는 제413조 내지 제415조, 제422조, 제424조 내지 제427조 및 전조의 규정을 준용한다.
>
> **가분채권, 가분채무에의 변경(민법 제412조)**
> 불가분채권이나 불가분채무가 가분채권 또는 가분채무로 변경된 때에는 각 채권자는 자기부분만의 이행을 청구할 권리가 있고 각 채무자는 자기부담부분만을 이행할 의무가 있다.

Ⅰ 의 의

하나의 불가분급부를 목적으로 하는 다수당사자의 채권관계를 불가분채권관계라고 한다. 불가분채권관계는 다시 불가분채권과 불가분채무가 있다.

Ⅱ 성 립

불가분채권관계는 급부가 성질상 불가분인 경우, 의사표시에 의해 불가분채권·채무관계로 정한 경우에도 성립한다.

Ⅲ 불가분채권의 효력

1. 대외적 효력

각 채권자는 단독으로 채권 전부의 이행을 청구할 수 있으며, 채무자는 모든 채권자를 위하여 1인의 채권자에게 전부 이행할 수 있다(민법 제409조). 기출 16

> 수인의 채권자에게 금전채권이 불가분적으로 귀속되는 경우에, 불가분채권자들 중 1인을 집행채무자로 한 압류 및 전부명령이 이루어지면 그 불가분채권자의 채권은 전부채권자에게 이전되지만, 그 압류 및 전부명령은 집행채무자가 아닌 다른 불가분채권자에게 효력이 없으므로, 다른 불가분채권자의 채권의 귀속에 변경이 생기는 것은 아니다. 따라서 다른 불가분채권자는 모든 채권자를 위하여 채무자에게 불가분채권 전부의 이행을 청구할 수 있고, 채무자는 모든 채권자를 위하여 다른 불가분채권자에게 전부를 이행할 수 있다. 이러한 법리는 불가분채권의 목적이 금전채권인 경우 그 일부에 대하여만 압류 및 전부명령이 이루어진 경우에도 마찬가지이다(대판 2023.3.30. 2021다264253).

2. 1인의 채권자에게 생긴 사유의 효력

(1) 절대효

이행청구, 이행청구로 인한 시효중단과 이행지체, 변제, 변제의 제공, 공탁, 수령지체

(2) 상대효

상계, 대물변제, 경개, 면제, 혼동, 시효완성의 효과

3. 대내적 효력

채권자 상호 간의 내부관계에 관한 명문규정이 없지만, 특별한 의사표시가 없는 한 전부 이행을 받은 채권자는 다른 채권자들에게 균등한 비율로 그 이익을 분급하여야 한다.

Ⅳ 불가분채무의 효력

1. 대외적 효력

채권자는 1인의 채무자에게 전부의 이행을 청구할 수도 있고, 채무자 전원에게 동시 또는 순차로 이행을 청구할 수도 있다(민법 제411조, 제414조).

2. 1인의 채무자에게 생긴 사유의 효력 기출 13

(1) 절대효

변제, 변제제공, 공탁, 수령지체, 대물변제, 상계

(2) 상대효

경개, 면제, 시효완성의 효과

(3) 이행청구

견해의 대립이 있으나 다수설은 상대효 사유로 본다.

3. 대내적 효력

불가분채무자 상호 간의 관계에 대하여 연대채무에 관한 규정이 준용된다.

Ⅴ 불가분채권관계의 분할채권관계로의 전환

불가분급부가 가분급부로 되면 불가분채권관계가 분할채권관계로 전환된다(민법 제412조).

Ⅵ 관련 판례 – 불가분채무인지 여부가 문제되는 사례

- 수인이 타인의 토지를 무단으로 점유한 경우의 부당이득반환채무는 특별한 사정이 없는 한 불가분적 이득의 반환으로 불가분채무이다(대판 2001.12.11. 2000다13948). 기출 20
- 건물의 공유자가 임대인의 지위에서 보증금을 수령한 경우 그 반환의무는 성질상 불가분채무이다(대판 1998.12.8. 98다43137). 참고로 공동차주(민법 제616조, 제654조)의 차임지급의무는 연대채무이다.
- 공동상속인들의 건물철거의무는 성질상 불가분채무이고, 각자 그 지분의 한도 내에서 건물 전체에 대한 철거의무를 지는 것이다 (대판 1980.6.24. 80다756).
- 건물의 공유자가 공동으로 건물을 임대하고 임차보증금을 수령한 경우 특별한 사정이 없는 한 그 임대는 각자 공유지분을 임대한 것이 아니라 임대목적물을 다수 당사자로서 공동으로 임대한 것이고 그 임차보증금 반환채무는 성질상 불가분채무에 해당한다. 임대인 지위를 공동으로 승계한 공동임대인들의 임차보증금 반환채무 역시 성질상 불가분채무이고, 이는 임대목적물의 소유권 중 일부 지분을 이전받은 새로운 공유자가 임대인 지위를 승계하여 기존 임대인과 함께 임차보증금 반환의무를 부담하게 되는 경우에도 마찬가지이다(대판 2025.4.15. 2024다312566).

제4절 연대채무

연대채무의 내용(민법 제413조)
수인의 채무자가 채무전부를 각자 이행할 의무가 있고 채무자 1인의 이행으로 다른 채무자도 그 의무를 면하게 되는 때에는 그 채무는 연대채무로 한다.

채무자에 생긴 무효, 취소(민법 제415조)
어느 연대채무자에 대한 법률행위의 무효나 취소의 원인은 다른 연대채무자의 채무에 영향을 미치지 아니한다.

Ⅰ 의 의

연대채무란 수인의 채무자가 각자 채무 전부를 이행할 의무를 부담하되, 채무자 1인의 이행으로 다른 채무자도 그 의무를 면하게 되는 다수당사자의 채권관계를 말한다(민법 제413조).

Ⅱ 성 립

1. 법률행위에 의한 성립

① 계약이나 단독행위(유언)에 의해 성립한다.
② 연대약정은 명시적·묵시적으로도 인정될 수 있다.

2. 법률의 규정에 의한 성립

(1) **공동차주(임차인, 사용차주)의 연대책임**(민법 제616조, 제654조) `기출 21`
   순수한 연대채무 규정이다.
(2) **법인의 사원, 이사, 기타 대표자의 연대책임**(민법 제35조 제2항)
   법문은 '연대하여'라고 규정되어 있으나 통설은 부진정연대책임으로 해석한다.
(3) **부부의 일상가사 연대책임**(민법 제832조)
(4) **상행위로 인한 채무**
   연대채무이다(상법 제47조 제1항).

Ⅲ 효력

1. 대외적 효력 : 채권자와 채무자 사이의 관계

> **각 연대채무자에 대한 이행청구(민법 제414조)**
> 채권자는 어느 연대채무자에 대하여 또는 동시나 순차로 모든 연대채무자에 대하여 채무의 전부나 일부의 이행을 청구할 수 있다.

(1) 청구방법

채권자는 어느 한 연대채무자에 대하여 또는 동시나 순차로 모든 연대채무자에 대하여 채무의 전부 또는 일부의 이행을 청구할 수 있다(민법 제414조).

(2) 연대채무자 1인의 파산시

파산선고 당시 가진 채권의 전액을 가지고 파산재단에 참가할 수 있다. 그 후 어느 파산재단으로부터 일부배당을 받았거나 임의변제를 받았더라도 배당참가액을 감액할 필요가 없다.

2. 연대채무자 1인에 대하여 생긴 사유의 효력

> **이행청구의 절대적 효력(민법 제416조)**
> 어느 연대채무자에 대한 이행청구는 다른 연대채무자에게도 효력이 있다. `기출 22·24`
>
> **경개의 절대적 효력(민법 제417조)**
> 어느 연대채무자와 채권자 간에 채무의 경개가 있는 때에는 채권은 모든 연대채무자의 이익을 위하여 소멸한다. `기출 25`
>
> **상계의 절대적 효력(민법 제418조)**
> ① 어느 연대채무자가 채권자에 대하여 채권이 있는 경우에 그 채무자가 상계한 때에는 채권은 모든 연대채무자의 이익을 위하여 소멸한다. `기출 23`
> ② 상계할 채권이 있는 연대채무자가 상계하지 아니한 때에는 그 채무자의 부담부분에 한하여 다른 연대채무자가 상계할 수 있다. `기출 22·23·24`

> **면제의 절대적 효력(민법 제419조)**
> 어느 연대채무자에 대한 채무면제는 그 채무자의 부담부분에 한하여 다른 연대채무자의 이익을 위하여 효력이 있다.
> 기출 22·24
>
> **혼동의 절대적 효력(민법 제420조)**
> 어느 연대채무자와 채권자 간에 혼동이 있는 때에는 그 채무자의 부담부분에 한하여 다른 연대채무자도 의무를 면한다.
> 기출 24
>
> **소멸시효의 절대적 효력(민법 제421조)**
> 어느 연대채무자에 대하여 소멸시효가 완성한 때에는 그 부담부분에 한하여 다른 연대채무자도 의무를 면한다. 기출 22
>
> **채권자지체의 절대적 효력(민법 제422조)**
> 어느 연대채무자에 대한 채권자의 지체는 다른 연대채무자에게도 효력이 있다.
>
> **효력의 상대성의 원칙(민법 제423조)**
> 전7조의 사항 외에는 어느 연대채무자에 관한 사항은 다른 연대채무자에게 효력이 없다.

(1) **민법의 태도**

현행 민법은 급부의 실현을 가져오는 것 이외의 사항에 대해서도 당사자 간의 사후 법률관계를 간편하게 처리하기 위하여 절대효 사유를 넓히고 있다.

(2) **절대효 사유**

1) 일체형 절대효 사유

① 변제, 대물변제, 공탁 : 명문의 규정은 없지만 채권의 종국적 만족을 주는 사유라는 점에서 당연히 절대적 효력이 인정된다.

② 일부변제 : 여러 명의 연대채무자 또는 연대보증인에 대하여 따로따로 소송이 제기되는 등으로 그 판결에 의하여 확정된 채무원본이나 지연손해금의 금액과 이율 등이 서로 달라지게 되어 원금이나 지연손해금에 채무자들이 공동으로 부담하는 부분과 공동으로 부담하지 않는 부분이 생긴 경우에 어느 채무자가 채무 일부를 변제한 때에는 그 변제자가 부담하는 채무 중 공동으로 부담하지 않는 부분의 채무 변제에 우선 충당되고 그 다음 공동 부담 부분의 채무 변제에 충당된다. 그리고 채권의 목적을 달성시키는 변제와 같은 사유는 연대채무자 또는 연대보증채무자 전원에 대하여 절대적 효력을 가지므로 어느 채무자의 변제 등으로 다른 채무자와 공동으로 부담하는 부분의 채무가 소멸되면 그 채무소멸의 효과는 다른 채무자 전원에 대하여 미친다(대판 2013.3.14, 2012다85281).

③ 이행의 청구(민법 제416조) : 어느 연대채무자에 대한 이행청구는 다른 연대채무자에게도 효력이 있으므로, 이행청구를 기초로 한 이행지체(민법 제387조 제2항) 및 시효중단(민법 제168조 제1호)도 절대적 효력이 있다. 판례는 채권자가 연대채무자 1인의 소유 부동산에 대하여 경매신청을 한 경우, 이는 최고로서의 효력을 가지고 있고, 연대채무자에 대한 이행청구는 다른 연대채무자에게도 효력이 있으므로, 채권자가 6월 내에 다른 연대채무자를 상대로 재판상 청구를 하였다면 그 다른 연대채무자에 대한 채권의 소멸시효가 중단되지만,

이로 인하여 중단된 시효는 위 경매절차가 종료된 때가 아니라 재판이 확정된 때로부터 새로 진행된다고 하고 있으나(대판 2001.8.21. 2001다22840), 민법 제416조는 어느 연대채무자에 대한 이행청구는 다른 연대채무자에게도 효력이 있다고 규정하고 있을 뿐이고 채무승인은 이행청구에는 해당하지 않기 때문에, 어느 연대채무자가 채무를 승인함으로써 그에 대한 시효가 중단되었더라도 그로 인하여 다른 연대채무자에게도 시효중단의 효력이 발생하는 것은 아니라고 판시하고 있다(대판 2018.10.25. 2018다234177).

④ **경개**(민법 제417조) : 어느 연대채무자와 채권자 사이에 경개가 이루어지면 다른 연대채무자의 채무도 소멸한다.

⑤ **상계**(민법 제418조 제1항) : 어느 연대채무자가 채권자에 대하여 채권이 있는 경우에, 그 채무자가 상계한 경우에는 채권은 모든 연대채무자의 이익을 위하여 소멸한다.

⑥ **채권자지체**(민법 제422조) : 어느 연대채무자에 대한 채권자의 지체는 다른 연대채무자에게도 효력이 있다.

2) 부담부분형 절대효 사유

① **상계**(민법 제418조 제2항) : 반대채권을 가진 채무자가 상계를 하지 아니하는 경우에는 다른 연대채무자가 그의 부담부분 한도에서 상계할 수 있다.

② **면제**(민법 제419조)

　㉠ **연대채무의 면제** : 어느 연대채무자에 대한 채무면제는 그 채무자의 부담부분에 한하여 다른 연대채무자의 이익을 위하여 효력이 있다. 민법 제419조의 규정은 임의규정이라고 할 것이므로 채권자가 의사표시 등으로 이 규정의 적용을 배제하여 어느 한 연대채무자에 대하여서만 채무면제를 할 수 있다(대판 1992.9.25. 91다37553).

　㉡ **연대채무의 일부면제** : 연대채무자 중 1인에 대한 채무의 일부 면제에 상대적 효력만 있다고 볼 특별한 사정이 없는 한 일부 면제의 경우에도 면제된 부담부분에 한하여 면제의 절대적 효력이 인정된다고 보아야 한다. 구체적으로 연대채무자 중 1인이 채무 일부를 면제받는 경우에 그 연대채무자가 지급해야 할 잔존 채무액이 부담부분을 초과하는 경우에는 그 연대채무자의 부담부분이 감소한 것은 아니므로 다른 연대채무자의 채무에도 영향을 주지 않아 다른 연대채무자는 채무 전액을 부담하여야 한다. 반대로 일부 면제에 의한 피면제자의 잔존 채무액이 부담부분보다 적은 경우에는 차액(부담부분 - 잔존 채무액)만큼 피면제자의 부담부분이 감소하였으므로, 차액의 범위에서 면제의 절대적 효력이 발생하여 다른 연대채무자의 채무도 차액만큼 감소한다(대판 2019.8.14. 2019다216435). 기출 21·25

　㉢ **연대의 면제** : '연대의 면제'란 채권자가 어느 연대채무자에게 다른 연대채무자와 연대하여 채무를 이행할 의무를 면제해 주는 것으로서, 연대의 면제를 받은 채무자는 그의 부담부분에 대하여 분할채무를 부담하고, 면제를 받지 아니한 다른 연대채무자는 여전히 채무 전액에 대하여 연대채무를 부담하게 된다.

③ **혼동**(민법 제420조) : 어느 연대채무자와 채권자 간에 혼동이 있는 경우에는 그 채무자의 부담부분에 한하여 다른 연대채무자도 의무를 면한다.

④ **소멸시효의 완성**(민법 제421조) : 어느 연대채무자에 대하여 소멸시효가 완성한 경우에는 그 부담부분에 한하여 다른 연대채무자도 의무를 면한다.

(3) 상대효 사유
① 이행청구(절대적 효력) 이외의 시효중단(압류·가압류·가처분·승인) 사유 [기출 22]
② 이행청구에 의한 이행지체(절대적 효력) 이외의 연대채무자의 채무불이행책임
③ 채권양도에서의 대항요건
④ 확정판결의 기판력
⑤ 어느 연대채무자에 대한 법률행위의 무효나 취소의 원인

3. 대내적 효력 : 연대채무자 상호 간의 구상관계

(1) 부담부분

> **부담부분의 균등(민법 제424조)**
> 연대채무자의 부담부분은 균등한 것으로 추정한다.

특약이나 특별한 사정이 없는 한 연대채무자의 부담부분은 균등한 것으로 추정한다(민법 제424조).

(2) 구 상

1) 개 념
어느 연대채무자가 변제 기타 출재로 연대채무자 모두의 면책, 즉 공동면책을 가져온 경우에, 그는 다른 연대채무자들에 대하여 그들의 부담부분에 따라 구상권을 행사할 수 있다.

2) 구상의 요건

> **출재채무자의 구상권(민법 제425조)**
> ① 어느 연대채무자가 변제 기타 자기의 출재로 공동면책이 된 때에는 다른 연대채무자의 부담부분에 대하여 구상권을 행사할 수 있다.
> ② 전항의 구상권은 면책된 날 이후의 법정이자 및 피할 수 없는 비용 기타 손해배상을 포함한다.

① 공동면책과 자기의 출재가 있을 것
② 공동면책이 있기만 하면 되고 그 범위가 출재를 한 연대채무자의 부담부분 이상일 필요가 없다. 다만, 공동보증인의 타 공동보증인에 대한 구상권(민법 제448조), 공동불법행위자들 사이의 구상권에 있어서는 자기의 부담부분 이상의 면책이 있어야 한다(통설·판례).

> 민법은 연대보증인 중의 한 사람이 공동면책을 이유로 다른 연대보증인에게 구상권을 행사하려면 '자기의 부담부분을 넘은' 변제를 하였을 것을 그 요건으로 규정하였으나(제448조 제2항), 연대채무자 중의 한 사람이 공동면책을 이유로 다른 연대채무자에게 구상권을 행사하는 데 있어서는 그러한 제한 없이 '부담부분'에 대하여 구상권을 행사할 수 있는 것으로 규정하고 있다(제425조 제1항). 따라서 연대채무자 사이의 구상권행사에 있어서 '부담부분'이란 연대채무자가 그 내부관계에서 출재를 분담하기로 한 비율을 말한다고 봄이 타당하다. 그 결과 변제 기타 자기의 출재로 일부 공동면책되게 한 연대채무자는 역시 변제 기타 자기의 출재로 일부 공동면책되게 한 다른 연대채무자를 상대로 하여서도 자신의 공동면책액 중 다른 연대채무자의 분담비율에 해당하는 금액이 다른 연대채무자의 공동면책액 중 자신의 분담비율에 해당하는 금액을 초과한다면 그 범위에서 여전히 구상권을 행사할 수 있다(대판 2013.11.14. 2013다46023).

③ 구상의 범위는 출재액과 공동면책액 중 작은 쪽이다. 즉, 출재액이 소멸한 채권액보다 크더라도 면책액을 넘어 구상할 수 없다. 반면 출재액이 공동면책액보다 작으면 출재액의 한도에서 구상권을 행사할 수 있다.

3) 구상의 통지

> **구상요건으로서의 통지(민법 제426조)**
> ① 어느 연대채무자가 다른 연대채무자에게 통지하지 아니하고 변제 기타 자기의 출재로 공동면책이 된 경우에 다른 연대채무자가 채권자에게 대항할 수 있는 사유가 있었을 때에는 그 부담부분에 한하여 이 사유로 면책행위를 한 연대채무자에게 대항할 수 있고 그 대항사유가 상계인 때에는 상계로 소멸할 채권은 그 연대채무자에게 이전된다.
> ② 어느 연대채무자가 변제 기타 자기의 출재로 공동면책되었음을 다른 연대채무자에게 통지하지 아니한 경우에 다른 연대채무자가 선의로 채권자에게 변제 기타 유상의 면책행위를 한 때에는 그 연대채무자는 자기의 면책행위의 유효를 주장할 수 있다.

① 어느 연대채무자가 변제 등 공동면책을 발생시키는 행위를 하는 경우에, 사전 및 사후에 그 사실을 다른 연대채무자에게 통지해야 한다(민법 제426조). 공동면책을 발생시키는 행위를 한 연대채무자가 사전 또는 사후의 통지를 하지 않은 경우에, 그의 내부관계에 기한 구상권이 제한된다.
② 사전의 통지를 게을리한 경우에 채권자에게 대항할 수 있는 사유를 가지는 다른 연대채무자는 그의 부담부분에 한하여 그 사유로 사전의 통지를 하지 않은 채 면책행위를 한 연대채무자에게 대항할 수 있고, 그 대항사유가 상계라면 상계로 소멸할 채권이 면책행위를 한 연대채무자에게 이전된다(민법 제426조 제1항).
③ 사후의 통지를 게을리한 경우에 선의로 변제 기타 유상의 면책행위를 한 다른 연대채무자는 제1의 면책행위자에 대하여 자기의 면책행위의 유효를 주장할 수 있다(민법 제426조 제2항).
④ 제1변제자가 사후통지 해태 중 제2변제자가 사전통지를 해태하고 변제한 경우에는 일반원칙에 따라 제1변제만이 유효하고, 제1변제자만이 구상권을 행사할 수 있다(통설·판례).

핵심문제

01 乙, 丙, 丁은 연대하여 甲에 대하여 6,000만원의 채무를 부담하고 있다. 다음 설명 중 옳은 것을 모두 고른 것은?(단, 乙, 丙, 丁의 부담부분은 균등함) [기출] 15

> ㄱ. 乙이 甲에 대한 3,000만원의 반대채권으로 상계를 한 때에는 乙, 丙과 丁은 3,000만원에 대하여 연대채무를 부담한다.
> ㄴ. 甲이 丙에 대하여 채무 전부를 면제한 때에는 乙과 丁의 채무도 전부 소멸한다.
> ㄷ. 乙 한사람에 대하여 소멸시효가 완성한 때에는 丙과 丁은 4,000만원에 대하여 연대채무를 부담한다.
> ㄹ. 乙, 丙, 丁의 채무가 기한이 없는 연대채무인 경우, 甲이 乙에게 이행청구를 하였다면 丙과 丁의 채무는 이행기가 도래한다.

① ㄱ, ㄷ
② ㄷ, ㄹ
③ ㄱ, ㄴ, ㄹ
④ ㄱ, ㄷ, ㄹ
⑤ ㄱ, ㄴ, ㄷ, ㄹ

[해설]
제시된 내용 중 옳은 것은 ㄱ, ㄷ, ㄹ이다.
ㄴ. (×) 甲이 丙에 대하여 채무 전부를 면제한 때에는 丙은 연대채무관계에서 완전히 탈락하고 다른 연대채무자 乙과 丁은 丙의 부담부분인 2,000만원에 한하여 채무를 면하게 되어 결국 乙과 丁이 4,000만원에 대하여 연대채무를 부담하게 된다(민법 제419조).

정답 ④

4) 상환무자력자가 있는 경우의 구상권자의 보호

> **상환무자력자의 부담부분(민법 제427조)**
> ① 연대채무자 중에 상환할 자력이 없는 자가 있는 때에는 그 채무자의 부담부분은 구상권자 및 다른 자력이 있는 채무자가 그 부담부분에 비례하여 분담한다. 그러나 구상권자에게 과실이 있는 때에는 다른 연대채무자에 대하여 분담을 청구하지 못한다.
> ② 전항의 경우에 상환할 자력이 없는 채무자의 부담부분을 분담할 다른 채무자가 채권자로부터 연대의 면제를 받은 때에는 그 채무자의 분담할 부분은 채권자의 부담으로 한다.

① 민법 제427조 제1항의 내용 : 연대채무자 중 상환할 자력이 없는 자가 있는 경우, 그 채무자의 부담부분은 구상권자 및 다른 자력이 있는 채무자가 자신들의 부담비율에 따라 비례하여 분담한다(본문). 단, 지체 없이 구상하지 않았기 때문에 다른 연대채무자가 무자력이 된 경우와 같이 구상권자의 과실이 있는 때에는 분담을 청구할 수 없다(단서).
② 연대의 면제 : 연대채무자 중 1인이 연대의 면제를 받으면 그는 연대채무관계에서 이탈하여 자기의 부담부분에 대하여만 채무를 부담하게 되고 구상에서의 무자력위험은 채권자가 부담하게 된다(민법 제427조 제2항). 물론 다른 연대채무자는 채무 전액을 부담한다. 한편 연대채무의 면제는 면제받은 채무자의 부담부분의 범위에서 다른 연대채무자도 채무를 면하게 된다는 것을 유의하여야 한다. 기출 21

Ⅳ 부진정연대채무

1. 의 의

① 부진정연대채무란 하나의 동일한 급부에 대하여 수인의 채무자가 각기 독립하여 그 전부를 급부해야 하는 의무를 부담하는 채무를 말한다.
② 부진정연대채무관계는 서로 별개의 원인으로 발생한 독립된 채무라 하더라도 가능하고, 양 채무의 발생원인, 채무의 액수 등이 반드시 서로 동일할 필요는 없다(대판 2009.3.26, 2006다47677).
③ 부진정연대채무는 주관적 공동관계가 없다는 점에서 연대채무와 다르다.

2. 발생원인

(1) 계약책임과 불법행위책임

> 채무자가 부담하는 채무불이행으로 인한 손해배상채무와 제3자가 부담하는 불법행위로 인한 손해배상채무의 원인이 동일한 사실관계에 기한 경우에는 하나의 동일한 급부에 관하여 수인의 채무자가 각자 독립해서 그 전부를 급부하여야 할 의무를 부담하는 경우로서 부진정연대채무관계에 있다(대판 2006.9.8, 2004다55230).

(2) 공동불법행위책임

공동불법행위책임의 성질에 대해서 연대채무설, 부진정연대채무설, 절충설 등의 대립이 있으나, 판례는 부진정연대채무로 보고 있다(대판 1999.2.26, 98다52469).

- 공동불법행위자는 채권자에 대한 관계에서는 연대책임(부진정연대채무)을 지되, 공동불법행위자들 내부관계에서는 일정한 부담 부분이 있고, 이 부담 부분은 공동불법행위자의 과실의 정도에 따라 정하여지는 것으로서 공동불법행위자 중 1인이 자기의 부담 부분 이상을 변제하여 공동의 면책을 얻게 하였을 때에는 다른 공동불법행위자에게 그 부담 부분의 비율에 따라 구상권을 행사할 수 있다(대판 1999.2.26, 98다52469).
- 금융기관이 회사 임직원의 대규모 분식회계로 인하여 회사의 재무구조를 잘못 파악하고 회사에 대출을 해 준 경우, 회사의 금융기관에 대한 대출금채무와 회사 임직원의 분식회계 행위로 인한 금융기관에 대한 손해배상채무는 서로 동일한 경제적 목적을 가진 채무로서 서로 중첩되는 부분에 관하여는 일방의 채무가 변제 등으로 소멸하면 타방의 채무도 소멸하는 이른바 부진정연대의 관계에 있다(대판 2008.1.18, 2005다65579).

3. 효력

(1) 대외적 효력

부진정연대채무도 각자 채무전부를 부담하므로, 채권자는 채무자의 1인 또는 전원에 대하여 동시 또는 순차로 전부나 일부의 이행을 청구할 수 있다.

(2) 부진정연대채무자 1인에 관하여 생긴 사유의 효력

① 절대효 : 변제, 대물변제, 공탁, 상계 등 목적도달 사유는 절대효이다(통설·판례). 상계계약도 절대효이다(대판 2010.9.16, 2008다97218[전합]). 기출 13·24

- 부진정연대채무자 중 1인이 자신의 채권자에 대한 반대채권으로 상계를 한 경우에도 채권은 변제, 대물변제, 또는 공탁이 행하여진 경우와 동일하게 현실적으로 만족을 얻어 그 목적을 달성하는 것이므로, 그 상계로 인한 채무소멸의 효력은 소멸한 채무 전액에 관하여 다른 부진정연대채무자에 대하여도 미친다고 보아야 한다. 이는 부진정연대채무자 중 1인이 채권자와 상계계약을 체결한 경우에도 마찬가지이다. 나아가 이러한 법리는 채권자가 상계 내지 상계계약이 이루어질 당시 다른 부진정연대채무자의 존재를 알았는지 여부에 의하여 좌우되지 아니한다(대판 2010.9.16, 2008다97218[전합]).
- 그러나 부진정연대채무에 있어서 부진정연대채무자 1인이 한 상계가 다른 부진정연대채무자에 대한 관계에 있어서도 공동면책의 효력 내지 절대적 효력이 있는 것인지는 별론으로 하더라도, 부진정연대채무자 사이에는 고유의 의미에 있어서의 부담부분이 존재하지 아니하므로 위와 같은 고유의 의미의 부담부분의 존재를 전제로 하는 민법 제418조 제2항은 부진정연대채무에는 적용되지 아니하는 것으로 봄이 상당하고, 따라서 부진정연대채무에 있어서는 한 부진정연대채무자가 채권자에 대하여 상계할 채권을 가지고 있음에도 상계를 하지 않고 있다 하더라도 다른 부진정연대채무자가 그 채권을 가지고 상계를 할 수는 없다(대판 1994.5.27, 93다21521).

② 상대효 : 이외의 사유는 모두 상대효이다.

- 부진정연대채무에서는 채무자 1인에 대한 이행청구 또는 채무자 1인이 행한 채무의 승인 등 소멸시효의 중단사유나 시효이익의 포기가 다른 채무자에게 효력을 미치지 아니한다(대판 2011.4.14, 2010다91886).
- 부진정연대채무에 있어 피해자가 채무자 중의 1인에 대하여 손해배상에 관한 권리를 포기하거나 채무를 면제하는 의사표시를 하였다 하더라도 다른 채무자에 대하여 그 효력이 미친다고 볼 수는 없다(대판 2006.1.27, 2005다19378).
- 연대채무에 있어서 소멸시효의 절대적 효력에 관한 민법 제421조의 규정은 공동불법행위자 상호 간의 부진정연대채무에 대하여는 그 적용이 없다(대판 1997.12.23, 97다42830).

(3) 대내적 효력

1) 원 칙

부진정연대채무자 사이에는 주관적 공동관계가 없으므로, 원칙적으로 부담부분이 없다. 따라서 구상관계가 당연히 발생하는 것은 아니다.

2) 예 외

① 판례는 공동불법행위와 관련하여 불법행위자 상호 간에 특별한 사정이 없는 한 공평의 이념상 과실정도에 비례하는 부담부분이 있고, 그에 따라 구상권이 발생한다는 태도를 취하고 있다(대판 2006.1.27. 2005다19378).

> - [1] 공동불법행위자는 채권자에 대한 관계에서는 연대책임(부진정연대채무)을 지되, 공동불법행위자들 내부관계에서는 일정한 부담 부분이 있고, 이 부담 부분은 공동불법행위자의 과실의 정도에 따라 정하여지는 것으로서 공동불법행위자 중 1인이 자기의 부담 부분 이상을 변제하여 공동의 면책을 얻게 하였을 때에는 다른 공동불법행위자에게 그 부담 부분의 비율에 따라 구상권을 행사할 수 있다.
> - [2] 공동불법행위자 중 1인이 다른 공동불법행위자에 대하여 구상권을 행사하기 위하여는 자기의 부담 부분 이상을 변제하여 공동의 면책을 얻었음을 주장·입증하여야 하며, 위와 같은 법리는 피해자의 다른 공동불법행위자에 대한 손해배상청구권이 시효소멸한 후에 구상권을 행사하는 경우라고 하여 달리 볼 것이 아니다.
> - [3] 피해자가 부진정연대채무자 중 1인에 대하여 손해배상에 관한 권리를 포기하거나 채무를 면제하는 의사표시를 하였다 하더라도 다른 채무자에 대하여 그 효력이 미친다고 볼 수는 없다.
> - [4] 공동불법행위자 간 구상권의 발생 시점은 구상권자가 현실로 피해자에게 손해배상금을 지급한 때이다(대판 1997.12.12. 96다50896).
> - 금액이 다른 채무가 서로 부진정연대 관계에 있을 때 다액채무자가 일부 변제를 하는 경우, 변제로 먼저 소멸하는 부분(= 다액채무자가 단독으로 채무를 부담하는 부분) : 금액이 다른 채무가 서로 부진정연대관계에 있을 때 다액채무자가 일부 변제를 하는 경우 변제로 인하여 먼저 소멸하는 부분은 당사자의 의사와 채무 전액의 지급을 확실히 확보하려는 부진정연대채무 제도의 취지에 비추어 볼 때 다액채무자가 단독으로 채무를 부담하는 부분으로 보아야 한다. 이러한 법리는 사용자의 손해배상액이 피해자의 과실을 참작하여 과실상계를 한 결과 타인에게 직접 손해를 가한 피용자 자신의 손해배상액과 달라졌는데 다액채무자인 피용자가 손해배상액의 일부를 변제한 경우에 적용되고, 공동불법행위자들의 피해자에 대한 과실비율이 달라 손해배상액이 달라졌는데 다액채무자인 공동불법행위자가 손해배상액의 일부를 변제한 경우에도 적용된다. 또한 중개보조원을 고용한 개업공인중개사의 공인중개사법 제30조 제1항에 따른 손해배상액이 과실상계를 한 결과 거래당사자에게 직접 손해를 가한 중개보조원 자신의 손해배상액과 달라졌는데 다액채무자인 중개보조원이 손해배상액의 일부를 변제한 경우에도 마찬가지이다(대판 2018.3.22. 2012다74236[전합]). 기출 20·21

② 판례는 연대채무에 관한 민법 제425조 제2항의 유추적용을 인정하여 면책된 날 이후의 법정이자 및 피할 수 없는 비용 기타 손해배상도 구상할 수 있다고 한다(대판 1997.4.8. 96다54232).

③ 민법 제426조 유추적용 여부(소극) : 부진정 연대채무에 해당하는 공동불법행위로 인한 손해배상채무에 있어서도 채무자 상호 간에 구상요건으로서의 통지에 관한 민법 위 규정을 유추 적용할 수는 없다(대판 1998.6.26. 98다5777).

제5절 보증채무

I 서설

1. 의의

> **보증채무의 내용(민법 제428조)**
> ① 보증인은 주채무자가 이행하지 아니하는 채무를 이행할 의무가 있다.
> ② 보증은 장래의 채무에 대하여도 할 수 있다.

보증채무란 채권자와 보증인 사이에 체결된 보증계약에 의하여 성립하는 채무로서 주채무자가 그 채무를 이행하지 않는 경우에 보증인이 이를 보충적으로 이행하여야 할 채무를 말한다.

2. 법적 성질

(1) 독립성

보증채무는 채권자와 보증인 사이의 독자적인 계약에 의하여 성립하며, 주채무와는 별개의 독립한 채무이다. 즉, 보증계약이 존재한다는 점에서 채무가 없는 책임이 아니다. 따라서 보증채무에 대하여만 위약금을 약정하거나 손해배상액을 예정할 수 있다(민법 제429조 제2항). 기출 21

> 보증채무는 주채무와는 별개의 채무이기 때문에 보증채무 자체의 이행지체로 인한 지연손해금은 보증한도액과는 별도로 부담하고 이 경우 보증채무의 연체이율에 관하여 특별한 약정이 없는 경우라면 그 거래행위의 성질에 따라 상법 또는 민법에서 정한 법정이율에 따라야 하며, 주채무에 관하여 약정된 연체이율이 당연히 여기에 적용되는 것은 아니지만, 특별한 약정이 있다면 이에 따라야 한다(대판 2000.4.11. 99다12123).

(2) 내용의 동일성

보증채무의 내용은 주채무의 내용과 동일하여야 한다. 따라서 원칙적으로 주채무는 대체적 급부이어야 한다.

(3) 부종성

1) 성립상의 부종성

주채무가 무효 또는 취소로 인하여 성립하지 않은 경우에는 보증채무에 그러한 사유가 없더라도 성립하지 않는다.

2) 존속상의 부종성

주채무가 소멸한 때에는 그 원인 여하를 불문하고 보증채무도 소멸한다.

3) 이전상의 부종성(수반성)

① 채권양도
- 주채무자에 대한 채권이 양도된 경우에 보증인에 대한 채권도 당연히 양도되고, 대항요건은 주채무자에 대해서만 갖추면 되고, 보증인에게는 대항요건을 갖출 필요가 없다. 기출 20·24·25
- 주채권과 보증인에 대한 채권의 귀속주체를 달리하는 것은, 주채무자의 항변권으로 채권자에게 대항할 수 있는 보증인의 권리가 침해되는 등 보증채무의 부종성에 반하고, 주채권을 가지지 않는 자에게 보증채권만을 인정할 실익도 없기 때문에 주채권과 분리하여 보증채권만을 양도하기로 하는 약정은 그 효력이 없다(대판 2002.9.10, 2002다21509). 기출 20

② 채무인수 : 주채무가 인수된 경우에, 보증인의 동의가 없는 한 인수인의 주채무를 보증할 수 없고, 원칙적으로는 보증채무는 소멸된다(민법 제459조).

4) 내용에 관한 부종성

> **목적, 형태상의 부종성(민법 제430조)**
> 보증인의 부담이 주채무의 목적이나 형태보다 중한 때에는 주채무의 한도로 감축한다.

> **주채무가 외화채무인 경우, 채권자와 보증인 사이에 미리 약정한 환율로 환산한 원화로 보증채무를 이행하기로 약정하는 것이 허용되는지 여부(적극)**
> 보증채무는 채권자와 보증인 간의 보증계약에 의하여 성립하고, 주채무와는 별개 독립의 채무이지만 주채무와 동일한 내용의 급부를 목적으로 함이 원칙이라고 할 것이나 채권자와 보증인은 보증채무의 내용, 이행의 시기, 방법 등에 관하여 특약을 할 수 있고, 그 특약에 따른 보증인의 부담이 주채무의 목적이나 형태보다 중하지 않는 한 그러한 특약이 무효라고 할 수도 없으므로(민법 제430조 참조), 주채무가 외화채무인 경우에도 채권자와 보증인 사이에 미리 약정한 환율로 환산한 원화로 보증채무를 이행하기로 약정하는 것도 허용된다(대판 2002.8.27, 2000다9734).

(4) 보충성

1) 의미

주채무의 이행기가 도래하였으나 주채무자가 이를 이행하지 않으면, 채권자는 보증인에 대하여 보증채무의 이행을 청구할 수 있다(민법 제428조 제1항). 그런데 보증채무는 원칙적으로 주된 채무가 이행되지 않는 경우에 그 보충으로 이행되어야 할 채무의 성격, 즉 보충성을 가진다.

2) 최고·검색의 항변권

> **보증인의 최고, 검색의 항변(민법 제437조)**
> 채권자가 보증인에게 채무의 이행을 청구한 때에는 보증인은 주채무자의 변제자력이 있는 사실 및 그 집행이 용이할 것을 증명하여 먼저 주채무자에게 청구할 것과 그 재산에 대하여 집행할 것을 항변할 수 있다. 그러나 보증인이 주채무자와 연대하여 채무를 부담한 때에는 그러하지 아니하다.

> **최고, 검색의 해태의 효과(민법 제438조)**
> 전조의 규정에 의한 보증인의 항변에 불구하고 채권자의 해태로 인하여 채무자로부터 전부나 일부의 변제를 받지 못한 경우에는 채권자가 해태하지 아니하였으면 변제받을 한도에서 보증인은 그 의무를 면한다.

① 채권자로부터 청구를 받은 경우에, 보증인은 주채무자에게 변제자력이 있다는 사실과 그 집행이 용이하다는 사실을 증명하고 먼저 주채무자에게 이행을 청구하라고 항변할 수 있다.
② 보증인의 최고·검색의 항변에도 불구하고 채권자가 최고나 검색을 게을리하여 주채무자로부터 전부나 일부의 변제를 받지 못한 경우에, 보증인은 채권자가 해태하지 않았으면 변제받았을 한도에서 그 의무를 면한다(민법 제438조).

3) 보충성의 배제

연대보증은 보충성이 없지만 보증으로서의 성질을 갖는다.

Ⅱ 성립

1. 보증계약에 의한 성립

보증채무는 채권자와 보증인 사이에 체결되는 무상·편무·요식계약으로서의 보증계약에 의해 성립된다.
기출 24 주채무자는 보증계약의 당사자가 아니다. 종래 보증계약은 양자 간의 합의만으로 성립하는 낙성계약이었으나 2015년 민법 제428조의2의 신설로 서면주의를 채택함에 따라 요식계약으로 변경되었다.

2. 보증계약의 요건

(1) 주채무에 관한 요건 : 부종성 관련

1) 주채무가 존재할 것

① 보증채무는 주채무의 이행을 담보로 하는 채무이기 때문에 성질상 주채무가 존재하여야 한다.
② 장래의 채무·정지조건부 채무 등과 같이 현재는 존재하지 않으나 장래 발생될 채무에 대해서도 보증할 수 있다(민법 제428조 제2항). 그리고 여기의 장래의 채무에는 장래의 특정채무뿐만 아니라 장래의 불특정채무도 포함된다. 장래의 불특정채무에 대한 보증을 근보증이라고 한다.

> **주채무 발생의 원인이 되는 기본계약이 보증계약보다 먼저 체결되어야 하는지 여부(소극) 및 장래의 채무에 대하여 보증계약을 체결할 수 있는지 여부(한정 적극)**
> 주채무 발생의 원인이 되는 기본계약이 반드시 보증계약보다 먼저 체결되어야만 하는 것은 아니고, 보증계약 체결 당시 보증의 대상이 될 주채무의 발생원인과 그 내용이 어느 정도 확정되어 있다면 장래의 채무에 대해서도 유효하게 보증계약을 체결할 수 있다 할 것이다(대판 2006.6.27, 2005다50041).

③ 근보증에 대하여는 민법상 명문의 규정없이 종래 판례에 의해 인정되어 왔으나 2015년 민법개정으로 근보증에 관한 규정(민법 제428조의3)이 신설되어 포괄근보증을 허용한바 보증하는 채무의 최고액을 서면으로 특정해야 하며, 최고액을 서면으로 특정하지 않은 보증계약은 효력이 없다고 규정하고 있다.
④ 취소의 원인 있는 채무를 보증한 경우 : 보증채무는 주채무가 취소되면 부종성으로 인하여 보증채무도 무효로 되는데, "취소의 원인 있는 채무를 보증한 자가 보증계약당시에 그 원인 있음을 안 경우에 주채무의 불이행 또는 취소가 있는 때에는 주채무와 동일한 목적의 독립채무를 부담한 것으로 본다"는 민법 제436조는 2015년 민법 개정으로 삭제되었다.

2) 주채무의 급부는 대체적일 것
① 보증채무는 주채무와 내용상 동일할 것을 요하므로 보증채무가 성립하기 위해서는 원칙적으로 주채무가 대체적 급부를 내용으로 하여야 한다.
② 부대체적 급부를 내용으로 하는 채무에 대한 보증에 있어서는 그 채무자 불이행에 의하여 손해배상채무로 변하는 것을 정지조건으로 하여 조건부 보증채무가 성립할 수 있다.

(2) 보증인에 관한 요건

> **보증인의 조건(민법 제431조)**
> ① 채무자가 보증인을 세울 의무가 있는 경우에는 그 보증인은 행위능력 및 변제자력이 있는 자로 하여야 한다.
> ② 보증인이 변제자력이 없게 된 때에는 채권자는 보증인의 변경을 청구할 수 있다.
> ③ 채권자가 보증인을 지명한 경우에는 전2항의 규정을 적용하지 아니한다.
>
> **타담보의 제공(민법 제432조)**
> 채무자는 다른 상당한 담보를 제공함으로써 보증인을 세울 의무를 면할 수 있다.

① 보증인의 자격에 관하여 일반적인 제한은 없으나, 행위능력이 있어야 한다.
② 보증인을 세울 의무가 있는 경우에는 보증인은 행위능력 및 변제자력을 갖추고 있어야 한다(민법 제431조 제1항).
③ 변제자력을 상실하게 된 때 채권자는 보증인의 변경을 청구할 수 있다(민법 제431조 제2항).
④ 채권자가 보증인을 지명할 경우에는 보증인이 변제자력이 없다고 하여 그 변경을 청구할 수 없다(민법 제431조 제3항).
⑤ 채무자는 다른 상당한 담보를 제공하여 보증인을 세울 의무를 면할 수 있다(민법 제432조).

3. 방 식

① 보증은 그 의사가 보증인의 기명날인 또는 서명이 있는 서면으로 표시되어야 효력이 발생한다. 다만, 보증의 의사가 전자적 형태로 표시된 경우에는 효력이 없다(민법 제428조의2 제1항). **기출 17** 보증인의 서명은 원칙적으로 보증인이 직접 자신의 이름을 쓰는 것을 의미하므로 타인이 보증인의 이름을 대신 쓰는 것은 이에 해당하지 않지만, 보증인의 기명날인은 타인이 이를 대행하는 방법으로 하여도 무방하다(대판 2019.3.14. 2018다282473). **기출 25**
② 보증채무를 보증인에게 불리하게 변경하는 경우에도 위 ①과 같다(민법 제428조의2 제2항).
③ 보증인이 보증채무를 이행한 경우에는 그 한도에서 위 ①과 ②에 따른 방식의 하자를 이유로 보증의 무효를 주장할 수 없다(민법 제428조의2 제3항).

Ⅲ 효력

1. 보증채무의 내용

(1) 보증채무의 급부내용

① 원칙적으로 보증채무의 목적인 급부는 주채무와 동일한 것이어야 한다(민법 제428조).
② 특정물채무에 대한 보증은 우선 그 채무가 장래의 채무불이행으로 인해 손해배상채무로 변경된 경우에 그 채무를 조건부로 보증한다.

(2) 보증채무의 범위

> **보증채무의 범위(민법 제429조)**
> ① 보증채무는 주채무의 이자, 위약금, 손해배상 기타 주채무에 종속한 채무를 포함한다.
> ② 보증인은 그 보증채무에 관한 위약금 기타 손해배상액을 예정할 수 있다.

① 보증채무의 내용은 보증계약에 의하여 결정된다.
② 채권자와 보증인 사이에 특별한 의사표시가 없는 한 보증채무는 주채무의 이자, 위약금, 손해배상, 기타 주채무에 종속한 채무를 포함한다(민법 제429조 제1항).
③ 보증인은 계약해제에 의한 원상회복의무(민법 제548조)와 손해배상의무(민법 제551조)에 대해서도 보증채무를 부담한다.

- [1] 보증한도액을 정한 근보증에 있어 보증채무는 특별한 사정이 없는 한 보증한도 범위 안에서 확정된 주채무 및 그 이자, 위약금, 손해배상 기타 주채무에 종속한 채무를 모두 포함한다.
  [2] 보증채무는 주채무와는 별개의 채무이기 때문에 보증채무 자체의 이행지체로 인한 지연손해금은 보증한도액과는 별도로 부담하고 이 경우 보증채무의 연체이율에 관하여 특별한 약정이 없는 경우라면 그 거래행위의 성질에 따라 상법 또는 민법에서 정한 법정이율에 따라야 하며, 주채무에 관하여 약정된 연체이율이 당연히 여기에 적용되는 것은 아니지만, 특별한 약정이 있다면 이에 따라야 한다(대판 2000.4.11. 99다12123). **기출 25**
- 어느 한 사람이 같은 채권의 담보를 위하여 연대보증계약과 물상보증계약을 체결한 경우 부종성을 인정할 특별한 사정이 없는 한 위 두 계약은 별개의 계약이므로 보증책임의 범위가 담보부동산의 가액범위 내로 제한된다고 할 수 없다(대판 1990.1.25. 88다카26406).
- 채무가 특정된 확정채무에 대하여 보증한 보증인으로서는 자신의 동의 없이 피보증채무의 이행기를 연장해 주었는지에 상관없이 보증채무를 부담하는 것이 원칙이다. 그렇지만 당사자 사이에 보증인의 동의를 얻어 피보증채무의 이행기가 연장된 경우에 한하여 피보증채무를 계속하여 보증하겠다는 취지의 특별한 약정이 있다면 약정에 따라야 한다. 이 경우에 보증채무를 존속시키기 위하여 필요한 이행기 연장에 대한 보증인의 동의는 이행기가 연장된 주채무에 대하여 보증채무를 변제하겠다는 의사를 의미하며, 위와 같은 의사가 담겨 있는 이상 동의는 이행기가 연장되기 전뿐 아니라 이행기가 연장된 후에도 가능하고, 묵시적 의사표시의 방법으로도 할 수 있다고 보아야 한다(대판 2012.8.30. 2009다90924).
- 물품제조공급계약에 있어서 공급인을 위한 보증인은 특단의 사정이 없는한 그 공급인이 채무불이행으로 그 상대방에게 부담할 채무에 관하여 책임을 진다는 취지로 볼 것이므로 공급인의 채무불이행을 이유로 계약이 해제된 경우 공급인이 이미 수령한 대금을 상대방에게 반환하여야 하는 등 원상회복의무에 관하여도 보증인이 책임이 있다(대판 1967.9.16. 67다1482).
- 보증채무자가 주채무를 소멸시키는 행위는 주채무의 존재를 전제로 하므로, 보증인의 출연행위 당시에는 주채무가 유효하게 존속하고 있었다 하더라도 그 후 주계약이 해제되어 소급적으로 소멸하는 경우에는 보증인은 변제를 수령한 채권자를 상대로 이미 이행한 급부를 부당이득으로 반환청구할 수 있다(대판 2004.12.24. 2004다20265).

(3) 보증채무에 대한 위약금 등

보증채무의 이행을 확보하기 위해 보증인과 채권자 사이에서 보증채무에 관한 위약금 기타 손해배상액을 예정할 수 있다(민법 제429조 제2항).

2. 보증채무의 대외적 효력

(1) 채권자의 보증인에 대한 권리
주채무의 이행기가 도래하였으나 주채무자가 이를 이행하지 않는 경우에 채권자는 보증인에 대하여 보증채무의 이행을 청구할 수 있다(민법 제428조 제1항).

(2) 보증인의 권리

1) 부종성에 기한 권리

> **보증인과 주채무자항변권(민법 제433조)**
> ① 보증인은 주채무자의 항변으로 채권자에게 대항할 수 있다.
> ② 주채무자의 항변포기는 보증인에게 효력이 없다.

① 보증인은 주채무자가 채권자에 대하여 가지는 항변권을 행사할 수 있으며 주채무자가 항변권을 포기하더라도 보증인에게 아무런 효력이 없다(민법 제433조). 기출 17·20
② 보증인의 권리에는 주채무의 부존재 및 소멸의 항변권, 주채무자의 취소권·해제권·해지권, 주채무자의 상계권(민법 제434조) 등이 있다. 기출 14
③ 주채무자의 취소권·해제권·해지권을 보증인이 직접 행사할 수 있는 것이 아니고 채권자의 이행청구에 대해서 거절할 수 있는 것이다(민법 제435조).

> **보증인과 주채무자의 취소권 등(민법 제435조)**
> 주채무자가 채권자에 대하여 취소권 또는 해제권이나 해지권이 있는 동안은 보증인은 채권자에 대하여 채무의 이행을 거절할 수 있다.

2) 보충성에 기한 권리
① 채권자가 주채무자에게 이행을 청구하지 않고 곧바로 보증인에게 채무의 이행을 청구한 때에 보증인은 주채무자에게 변제능력이 있다는 사실과 그 집행이 용이하다는 사실을 증명하여 먼저 주채무자에게 청구할 것과 주채무자의 재산에 대하여 집행할 것을 항변할 수 있다(민법 제437조 본문).
② 보증인이 주채무자와 연대하여 채무를 부담한 때(민법 제437조 단서), 주채무자가 파산선고를 받은 때, 주채무자가 행방불명인 때, 보증인이 항변권을 포기한 때에는 최고·검색의 항변권을 행사할 수 없다.
③ 이러한 보증인의 항변에 불구하고 채권자의 해태로 인하여 채무자로부터 전부나 일부의 변제를 받지 못한 경우에는 채권자가 해태하지 아니하였으면 변제받았을 한도에서 보증인은 그 의무를 면한다(민법 제438조).

3. 주채무자 또는 보증인에 관하여 생긴 사유의 효력

(1) 원 칙
① 주채무자에게 발생한 사유는 절대적 효력을 갖는다.
② 보증인에게 생긴 사유는 채권을 만족시키는 사유 이외에는 상대적 효력을 갖는다.

(2) 주채무자에게 생긴 사유

① 주채무의 소멸 : 보증채무도 소멸한다.
② 주채무에 관한 채권양도와 채무인수

> **채무인수와 보증, 담보의 소멸(민법 제459조)**
> 전채무자의 채무에 대한 보증이나 제3자가 제공한 담보는 채무인수로 인하여 소멸한다. 그러나 보증인이나 제3자가 채무인수에 동의한 경우에는 그러하지 아니하다.

③ 주채무에 관한 시효중단(민법 제440조)

> **시효중단의 보증인에 대한 효력(민법 제440조)**
> 주채무자에 대한 시효의 중단은 보증인에 대하여 그 효력이 있다.

- 민법 제169조는 '시효의 중단은 당사자 및 그 승계인 간에만 효력이 있다.'고 규정하고 있고, 한편 민법 제440조는 '주채무자에 대한 시효의 중단은 보증인에 대하여 그 효력이 있다.'라고 규정하고 있는바, 민법 제440조는 민법 제169조의 예외규정으로서 이는 채권자 보호 내지 채권담보의 확보를 위하여 주채무자에 대한 시효중단의 사유가 발생하였을 때는 그 보증인에 대한 별도의 중단조치가 이루어지지 아니하여도 동시에 시효중단의 효력이 생기도록 한 것이고, 그 시효중단사유가 압류, 가압류 및 가처분이라고 하더라도 이를 보증인에게 통지하여야 비로소 시효중단의 효력이 발생하는 것은 아니다(대판 2005.10.27. 2005다35554).
- 민법 제165조가 판결에 의하여 확정된 채권, 판결과 동일한 효력이 있는 것에 의하여 확정된 채권은 단기의 소멸시효에 해당한 것이라도 그 소멸시효는 10년으로 한다고 규정하는 것은 당해 판결 등의 당사자 사이에 한하여 발생하는 효력에 관한 것이고 채권자와 주채무자 사이의 판결 등에 의해 채권이 확정되어 그 소멸시효가 10년으로 되었다 할지라도 위 당사자 이외의 채권자와 연대보증인 사이에 있어서는 위 확정판결 등은 그 시효기간에 대하여는 아무런 영향도 없고 채권자의 연대보증인의 연대보증채권의 소멸시효기간은 여전히 종전의 소멸시효기간에 따른다(대판 1986.11.25. 86다카1569).

(3) 보증인에게 생긴 사유

① 시효의 중단은 시효중단행위에 관여한 당사자 및 그 승계인 사이에 효력이 있는 것이므로 채권자는 경매개시결정에 따른 압류의 사실을 통지하지 아니하더라도 연대보증인 겸 물상보증인에 대하여 시효의 중단을 주장할 수 있으나, 연대보증인 겸 물상보증인은 보증채무의 부종성에 따라 주채무가 시효로 소멸되었음을 주장할 수는 있는 것으로서, 주채무자에 대한 시효중단의 사유가 없는 이상 연대보증인 겸 물상보증인에 대한 시효중단의 사유가 있다 하여 주채무까지 시효중단되었다고 할 수는 없다(대판 1994.1.11. 93다21477).
  기출 14・17

② 보증채무에 대한 소멸시효가 중단되는 등의 사유로 소멸시효가 완성되지 아니하였다고 하더라도 주채무에 대한 소멸시효가 완성된 경우에는 시효완성의 사실로 주채무가 소멸되므로 보증채무의 부종성에 따라 보증채무 역시 당연히 소멸되는 것이 원칙이다. 다만 보증채무의 부종성을 부정하여야 할 특별한 사정이 있는 경우에는 예외적으로 보증인은 주채무의 시효소멸을 이유로 보증채무의 소멸을 주장할 수 없으나, 특별한 사정을 인정하여 보증채무의 본질적인 속성에 해당하는 부종성을 부정하려면 보증인이 주채무의 시효소멸에도 불구하고 보증채무를 이행하겠다는 의사를 표시하거나 채권자와 그러한 내용의 약정을 하였어야 하고, 단지 보증인이 주채무의 시효소멸에 원인을 제공하였다는 것만으로는 보증채무의 부종성을 부정할 수 없다(대판 2018.5.15. 2016다211620). **기출** 24

4. 보증채무의 대내적 효력

(1) 수탁보증인의 구상권

1) 구상권의 발생요건

> **수탁보증인의 구상권(민법 제441조)**
> ① 주채무자의 부탁으로 보증인이 된 자가 과실 없이 변제 기타의 출재로 주채무를 소멸하게 한 때에는 주채무자에 대하여 구상권이 있다.
> ② 제425조 제2항의 규정은 전항의 경우에 준용한다.

① 주채무자의 부탁에 의하여 보증인이 된 자가 과실 없이 변제, 대물변제, 경개 등의 출재를 통하여 주채무를 소멸시켰을 경우에는 주채무자에 대하여 구상권을 갖는다(민법 제441조 제1항).
② 구상권은 면책된 날 이후의 법정이자 및 피할 수 없는 비용 기타 손해배상을 포함한다(민법 제425조 제2항).

2) 사전구상권

> **수탁보증인의 사전구상권(민법 제442조)**
> ① 주채무자의 부탁으로 보증인이 된 자는 다음 각 호의 경우에 주채무자에 대하여 미리 구상권을 행사할 수 있다. 기출 14
>   1. 보증인이 과실 없이 채권자에게 변제할 재판을 받은 때
>   2. 주채무자가 파산선고를 받은 경우에 채권자가 파산재단에 가입하지 아니한 때
>   3. 채무의 이행기가 확정되지 아니하고 그 최장기도 확정할 수 없는 경우에 보증계약후 5년을 경과한 때
>   4. 채무의 이행기가 도래한 때
> ② 전항 제4호의 경우에는 보증계약후에 채권자가 주채무자에게 허여한 기한으로 보증인에게 대항하지 못한다.
>
> **주채무자의 면책청구(민법 제443조)**
> 전조의 규정에 의하여 주채무자가 보증인에게 배상하는 경우에 주채무자는 자기를 면책하게 하거나 자기에게 담보를 제공할 것을 보증인에게 청구할 수 있고 또는 배상할 금액을 공탁하거나 담보를 제공하거나 보증인을 면책하게 함으로써 그 배상의무를 면할 수 있다.

- 수탁보증인은 특별한 사정이 없는 한 그 주채무의 변제기 연장이 언제 이루어졌던지 간에 본래의 변제기가 도래한 후에는 민법 제442조 제1항 제4호에 의하여 주채무자에 대하여 사전구상권을 행사할 수 있고, 이 경우에는 민법 제442조 제2항에 따라 보증계약 후에 채권자가 주채무자에게 허여(許與)한 기한으로 보증인에게 대항하지 못할 뿐만 아니라, 수탁보증인이 본래의 변제기가 도래한 후 과실 없이 변제 기타의 출재로 주채무를 소멸하게 한 후 이를 주채무자에게 통지하였다면, 민법 제445조 제1항에 의하여 주채무자는 위 통지를 받은 후 채권자와 사이에 이루어진 변제기 연장에 관한 합의로서 사후구상권을 행사하는 수탁보증인에게 대항할 수는 없다(대판 2007.4.26. 2006다22715).
- 수탁보증인이 민법 제442조에 의하여 주채무자에 대하여 미리 구상권을 행사하는 경우에 사전구상으로서 청구할 수 있는 범위는 주채무인 원금과 사전구상에 응할 때까지 이미 발생한 이자와 기한 후의 지연손해금, 피할 수 없는 비용 기타의 손해액이 포함될 뿐이고, 주채무인 원금에 대한 완제일까지의 지연손해금은 사전구상권의 범위에 포함될 수 없으며, 또한 사전구상권은 장래의 변제를 위하여 자금의 제공을 청구하는 것이므로 수탁보증인이 아직 지출하지 아니한 금원에 대하여 지연손해금을 청구할 수도 없다(대판 2004.7.9. 2003다46758).
- 주채무자는 수탁보증인이 주채무자에게 사전구상의무 이행을 구하면 수탁보증인에게 담보의 제공을 구할 수 있고, 그러한 담보제공이 있을 때까지 사전구상의무 이행을 거절할 수 있으므로 수탁보증인이 주채무자의 담보제공청구에 응하여 구상금액에 상당한 담보를 특정하여 제공할 의사를 표시한다면 법원은 주채무자가 수탁보증인으로부터 그 특정한 담보를 제공받음과 동시에 사전구상의무를 이행하여야 한다고 판결하여야 하지만, 수탁보증인이 주채무자의 담보제공청구를 거절하거나 구상금액에 상당한 담보를 제공하려는 의사를 표시하지 않는다면 법원은 수탁보증인의 사전구상금 청구를 기각하는 판결을 하여야 한다(대판 2023.2.2. 2020다283578).

3) 수탁보증인의 사전구상권과 사후구상권의 병존

> 수탁보증인의 사전구상권과 사후구상권은 종국적 목적과 사회적 효용을 같이 하는 공통성을 가지고 있으나, 사후구상권은 보증인이 채무자에 갈음하여 변제 등 자신의 출연으로 채무를 소멸시켰다고 하는 사실에 의하여 발생하는 것이고, 이에 대하여 사전구상권은 그 외의 민법 제442조 제1항 소정의 사유나 약정으로 정한 일정한 사실에 의하여 발생하는 등 발생원인을 달리하고 법적 성질도 달리하는 별개의 독립된 권리이므로, 사후구상권이 발생한 이후에도 사전구상권은 소멸하지 아니하고 병존하며, 다만 목적달성으로 일방이 소멸하면 타방도 소멸하는 관계에 있을 뿐이다(대판 2019.2.14. 2017다274703).

4) 구상권의 제한

> **구상요건으로서의 통지(민법 제445조)**
> ① 보증인이 주채무자에게 통지하지 아니하고 변제 기타 자기의 출재로 주채무를 소멸하게 한 경우에 주채무자가 채권자에게 대항할 수 있는 사유가 있었을 때에는 이 사유로 보증인에게 대항할 수 있고 그 대항사유가 상계인 때에는 상계로 소멸할 채권은 보증인에게 이전된다.
> ② 보증인이 변제 기타 자기의 출재로 면책되었음을 주채무자에게 통지하지 아니한 경우에 주채무자가 선의로 채권자에게 변제 기타 유상의 면책행위를 한 때에는 주채무자는 자기의 면책행위의 유효를 주장할 수 있다.
>
> **주채무자의 보증인에 대한 면책통지의무(민법 제446조)**
> 주채무자가 자기의 행위로 면책하였음을 그 부탁으로 보증인이 된 자에게 통지하지 아니한 경우에 보증인이 선의로 채권자에게 변제 기타 유상의 면책행위를 한 때에는 보증인은 자기의 면책행위의 유효를 주장할 수 있다.

> 민법 제446조의 규정은 같은 법 제445조 제1항의 규정을 전제로 하는 것이어서 같은 법 제445조 제1항의 사전통지를 하지 아니한 수탁보증인까지 보호하는 취지의 규정은 아니므로, 수탁보증에 있어서 주채무자가 면책행위를 하고도 그 사실을 보증인에게 통지하지 아니하고 있던 중에 보증인도 사전통지를 하지 아니한 채 이중의 면책행위를 할 경우에는 보증인은 주채무자에 대하여 민법 제446조에 의하여 자기의 면책행위의 유효를 주장할 수 없다고 봄이 상당하고 따라서 이 경우에는 이중변제의 기본원칙으로 돌아가 먼저 이루어진 주채무자의 면책행위가 유효하고 나중에 이루어진 보증인의 면책행위는 무효로 보아야 하므로 보증인은 민법 제446조에 기하여 주채무자에게 구상권을 행사할 수 없다(대판 1997.10.10. 95다46265).

(2) 부탁 없는 보증인의 구상권

> **부탁 없는 보증인의 구상권(민법 제444조)**
> ① 주채무자의 부탁 없이 보증인이 된 자가 변제 기타 자기의 출재로 주채무를 소멸하게 한 때에는 주채무자는 그 당시에 이익을 받은 한도에서 배상하여야 한다.
> ② 주채무자의 의사에 반하여 보증인이 된 자가 변제 기타 자기의 출재로 주채무를 소멸하게 한 때에는 주채무자는 현존이익의 한도에서 배상하여야 한다.
> ③ 전항의 경우에 주채무자가 구상한 날 이전에 상계원인이 있음을 주장한 때에는 그 상계로 소멸할 채권은 보증인에게 이전된다.

① 주채무자의 부탁 없이 보증인이 된 자가 변제 기타 자기의 출재로 주채무를 소멸하게 한 때에는 주채무자는 그 당시에 이익을 받은 한도에서 배상하여야 한다(민법 제444조 제1항). 기출 14
② 주채무자의 의사에 반하여 보증인이 된 자가 변제 기타 자기의 출재로 주채무를 소멸하게 한 때에는 주채무자는 현존 이익의 한도에서 배상하여야 한다(민법 제444조 제2항). 기출 17・25
③ 부탁 없는 보증인은 사전구상권이 없다.

(3) 구상권자의 법정대위권

① 보증인은 변제할 정당한 이익이 있는 자이므로 변제에 의해 당연히 채권자의 채권 및 담보에 관한 권리를 대위한다.

② 변제할 정당한 이익이 있는 자가 채무자를 위하여 채권의 일부를 대위변제할 경우 대위자는 그 변제한 가액에 비례하여 채권자와 함께 그 권리를 행사하고, 변제한 가액의 범위 내에서 종래 채권자가 가지고 있던 채권 및 담보에 관한 권리를 취득하는 것이되, 이 경우에도 채권자는 일부 대위변제자에 대하여 우선변제권을 가지는 것이라 하겠으나, 보증인이 변제 기타의 출재로 주채무를 소멸하게 하는 등의 사유로 주채무자에 대하여 가지게 되는 구상권은 변제자가 갖는 고유의 권리로서 대위의 객체가 된 권리와는 별개라 할 것이어서 당사자 사이에 다른 약정이 있다는 등의 특정한 사정이 없는 한 일부대위에 관한 위와 같은 법리가 보증인이 행사하는 구상권의 경우에 당연히 그대로 적용되는 것은 아니다(대판 1995.3.3. 94다33514).

핵심문제

01 乙은 丙으로부터 부동산을 매수하면서 甲에게 자신의 대금지급채무의 보증을 부탁하였고, 이에 따라 甲은 丙과 보증계약을 체결하였다. 이에 관한 설명으로 옳은 것은?(다툼이 있으면 판례에 따름) 변리 18

① 丙이 보증계약 후 乙의 변제기를 연장해 준 경우, 특별한 사정이 없는 한 甲은 주채무의, 보증계약 당시의 이행기가 되더라도 乙에게 미리 구상권을 행사할 수 없다.
② 甲이 丙에게 변제한 이후 乙과 丙의 계약이 해제되어 소급적으로 소멸한 경우, 甲은 丙을 상대로 이미 이행한 급부를 부당이득으로 반환청구할 수 없다.
③ 乙이 채무를 변제하고도 그 사실을 甲에게 통지하지 않고 있던 중에 甲이 이러한 사실을 모르고 乙에 대한 사전통지 없이 채무를 변제한 경우, 甲은 乙에 대하여 자기의 변제가 유효함을 주장할 수 없다.
④ 丙이 乙에 대한 대금채권을 실행하기 위해 乙의 재산을 압류하더라도 甲의 보증채무의 소멸시효는 중단되지 않는다.
⑤ 甲이 변제로 乙의 채무를 소멸시킨 경우, 甲은 乙이 그 당시에 이익을 받은 한도에서 구상할 수 있다.

【해설】
① (×) 丙이 보증계약 후 乙의 변제기를 연장해 준 경우, 주채무자 乙은 사전구상권을 행사하는 보증인 甲에게 연장된 변제기로 대항할 수 없으므로 특별한 사정이 없는 한 甲은 연장되기 전의 주채무의 변제기가 도래하였다면 乙에게 미리 구상권을 행사할 수 있다(대판 2007.4.26. 2006다22715).
② (×) 甲이 丙에게 변제한 이후 乙과 丙의 계약이 해제되어 소급적으로 소멸하였다면 丙이 급부를 수령한 것은 법률상 원인이 없는 것이 되어, 甲은 丙을 상대로 이미 이행한 급부를 부당이득으로 반환청구할 수 있다(대판 2004.12.24. 2004다20265).
③ (○) 乙이 채무를 변제하고도 그 사실을 甲에게 통지하지 않고 있던 중에 甲이 이러한 사실을 모르고 乙에 대한 사전통지 없이 채무를 변제하였다면 이 경우에는 이중변제의 기본원칙으로 돌아가 먼저 이루어진 乙의 면책행위가 유효하다고 보아 甲은 乙에 대하여 자기의 변제가 유효함을 주장할 수 없다고 하는 것이 타당하다(대판 1997.10.10. 95다46265).
④ (×) 주채무자에 대한 시효의 중단은 보증인에 대하여 그 효력이 있다(민법 제440조). 따라서 채권자 丙이 주채무자 乙의 재산을 압류하면, 주채무의 시효뿐만 아니라 보증채무의 시효 또한 중단된다.
⑤ (×) 甲이 변제로 乙의 채무를 소멸시킨 경우, 甲은 변제 기타 자기의 출재로 면책된 날 이후의 법정이자 및 피할 수 없는 비용 기타 손해배상을 포함하여 구상할 수 있다(민법 제441조 제2항, 제425조 제2항).

정답 ③

(4) 수인의 주채무자 중 1인만을 위해 보증인이 된 경우의 구상관계

① 주채무가 분할채무인 경우 : 보증인이 채무자 전원이 부담하는 채무액 전부를 변제한 경우 보증한 주채무자 이외의 자의 부담에 관하여는 제3자의 변제에 해당하여, 사무관리에 의한 비용의 상환청구 또는 부당이득반환을 청구할 수 있다.

② 주채무가 불가분채무·연대채무인 경우

> **연대, 불가분채무의 보증인의 구상권(민법 제447조)**
> 어느 연대채무자나 어느 불가분채무자를 위하여 보증인이 된 자는 다른 연대채무자나 다른 불가분채무자에 대하여 그 부담부분에 한하여 구상권이 있다.

> 어느 공동불법행위자를 위하여 보증인이 된 사람이 피보증인을 위하여 손해배상채무를 변제한 경우, 그 보증인은 피보증인이 아닌 다른 공동불법행위자에 대하여 그 부담 부분에 한하여 구상권을 행사할 수 있고, 이러한 법리는 어느 공동불법행위자를 위하여 그가 위 손해배상채무를 변제한 보증인에 대하여 부담하는 구상채무를 보증한 구상보증인이 피보증인을 위하여 그 구상채무를 변제한 경우에도 마찬가지여서 그 구상보증인은 피보증인이 아닌 다른 공동불법행위자에 대하여 그 부담 부분에 한하여 구상권을 행사할 수 있다(대판 2008.7.24. 2007다37530).

Ⅳ 연대보증

1. 의 의

연대보증이란 보증인이 채권자에 대하여 주채무자와 연대하여 채무를 부담하는 형태의 보증채무를 말한다.

2. 특 성

연대보증이 일반의 보증과 다른 점은 ① 보충성이 없다. 따라서 연대보증인에게 최고·검색의 항변권이 인정되지 않는다. ② 분별의 이익이 없다는 점이다.

3. 연대보증에서의 구상

① 연대채무자가 수인이 있는 경우에 이들 모두를 위한 연대보증인은 보증채무의 이행으로 한 출연액 전부에 대하여 어느 연대채무자에게나 구상권을 가지는 것이므로, 이와 반대로 연대채무자들 중 어느 1인이 자신의 내부부담부분을 넘어 채무를 변제함으로써 채권자의 그 다른 연대채무자에 대한 원채권을 행사하는 경우에도 그 자신의 연대보증인도 겸한 다른 연대채무자의 연대보증인에 대하여는 대위할 수 없다(대판 1992.5.12. 91다3062). 기출 24

② [1] 수인의 보증인이 있는 경우에는 그 사이에 분별의 이익이 있는 것이 원칙이지만, 그 수인이 연대보증인일 때에는 각자가 별개의 법률행위로 보증인이 되었고 또한 보증인 상호 간에 연대의 특약(보증연대)이 없었더라도 채권자에 대하여는 분별의 이익을 갖지 못하고 각자의 채무의 전액을 변제하여야 하나, 연대보증인들 상호 간의 내부관계에서는 주채무에 대하여 출재를 분담하는 일정한 금액을 의미하는 부담부분이 있고, 그 부담부분의 비율, 즉 분담비율에 관하여는 그들 사이에 특약이 있으면 당연히 그에 따르되

그 특약이 없는 한 각자 평등한 비율로 부담을 지게 된다. 그러므로 연대보증인 가운데 한 사람이 자기의 부담부분을 초과하여 변제하였을 때에는 다른 연대보증인에 대하여 구상을 할 수 있는데, 다만 다른 연대보증인 가운데 이미 자기의 부담부분을 변제한 사람에 대하여는 구상을 할 수 없으므로 그를 제외하고 아직 자기의 부담부분을 변제하지 아니한 사람에 대하여만 구상권을 행사하여야 한다.

[2] 연대보증인 가운데 한 사람이 자기의 부담부분을 초과하여 변제하여 다른 연대보증인에 대하여 구상을 하는 경우의 부담부분은 수인의 연대보증이 성립할 당시 주채무액에 분담비율을 적용하여 산출된 금액으로 일단 정하여지지만, 그 후 주채무자의 변제 등으로 주채무가 소멸하면 부종성에 따라 각 연대보증인의 부담부분이 그 소멸액만큼 분담비율에 따라 감소하고 또한 연대보증인의 변제가 있으면 당해 연대보증인의 부담부분이 그 변제액만큼 감소하게 된다. 그러므로 자기의 부담부분을 초과한 변제를 함으로써 그 초과 변제액에 대하여 다른 연대보증인을 상대로 구상권을 행사할 수 있는 연대보증인인지 여부는 당해 변제시를 기준으로 판단하되, 구체적으로는 우선 그때까지 발생·증가하였던 주채무의 총액에 분담비율을 적용하여 당해 연대보증인의 부담부분 총액을 산출하고 그전에 앞서 본 바와 같은 사유 등으로 감소한 그의 부담부분이 있다면 이를 위 부담부분 총액에서 공제하는 방법으로 당해 연대보증인의 부담부분을 확정한 다음 당해 변제액이 위 확정된 부담부분을 초과하는지 여부에 따라 판단하여야 한다. 한편, 이미 자기의 부담부분을 변제함으로써 위와 같은 구상권 행사의 대상에서 제외되는 다른 연대보증인인지 여부도 원칙적으로 구상의 기초가 되는 변제 당시에 위와 같은 방법에 의하여 확정되는 그 연대보증인의 부담부분을 기준으로 판단하여야 한다(대판 2024.10.25. 2024다232066).

V 보증연대

수인의 보증인이 연대하여 채무를 부담함으로써 주채무의 이행을 담보하는 다수당사자의 채무이다. 보증연대는 부종성과 보충성을 갖는다는 점에서 보증채무와 같은 성질을 갖지만 분별의 이익이 없다는 점에서 공동보증과 구별된다.

VI 공동보증

1. 의 의
① 동일한 주채무에 대하여 수인이 보증채무를 부담하는 보증의 모든 형태
② 연대보증에 있어서는 보충성과 분별의 이익이 없으나 부종성이 있으며 보증연대에 있어서는 부종성과 보충성이 있으나 분별의 이익이 없다는 점에서 부종성, 보충성, 분별의 이익을 갖는 공동보증과 구별된다.

2. 공동보증인 사이의 분별의 이익
① 분별의 이익이란 공동보증인이 주채무를 균등한 비율로 분할한 부분에 관해서만 보증채무를 부담하는 것을 말한다.
② 주채무가 불가분인 경우 보증연대, 연대보증의 경우에는 분별의 이익이 인정되지 않는다.
③ 어느 연대채무자나 어느 불가분채무자를 위하여 보증인이 된 자는 다른 연대채무자나 다른 불가분채무자에 대하여 그 부담부분에 한하여 구상권이 있다(민법 제447조).

④ 연대채무자 甲, 乙의 채권자에 대한 채무를 담보할 목적으로 자기 소유의 부동산에 관하여 근저당권을 설정하였다가 그 실행으로 인하여 위 부동산의 소유권을 상실하게 된 물상보증인은 채무자들에 대한 구상권이 있다.
⑤ 연대채무자 甲의 부탁 없이 물상보증인이 되었다면 甲은 그 당시에 이익을 받은 한도 내에서 물상보증인에게 이를 구상하여 줄 의무가 있다.
⑥ 제447조는 어느 연대채무자나 어느 불가분채무자를 위하여 보증인이 된 자의 다른 연대채무자나 다른 불가분채무자에 대한 구상권에 관한 규정에 불과하므로 연대채무자 모두를 위하여 물상보증인이 된 자가 그 연대채무자의 1인에 대하여 구상권을 행사하는 경우에는 적용될 여지가 없다(대판 1990.11.13. 90다카26065).

3. 공동보증인 간의 구상관계

> **공동보증인 간의 구상권(민법 제448조)**
> ① 수인의 보증인이 있는 경우에 어느 보증인이 자기의 부담부분을 넘은 변제를 한 때에는 제444조의 규정을 준용한다.
> ② 주채무가 불가분이거나 각 보증인이 상호연대로 또는 주채무자와 연대로 채무를 부담한 경우에 어느 보증인이 자기의 부담부분을 넘은 변제를 한 때에는 제425조 내지 제427조의 규정을 준용한다.

① 공동보증인이 분별의 이익을 가지는 경우에 자기의 분담액을 넘어 변제하였다면 채무자의 부탁을 받지 않은 보증인의 지위와 유사하므로 다른 공동보증인에 대하여 일종의 사무관리가 되어 민법 제444조가 준용된다(민법 제448조 제1항).
② 공동보증인이 분별의 이익을 가지지 않는 경우(주채무가 불가분이거나 각 보증인이 상호연대로 또는 주채무자와 연대로 채무를 부담한 경우)에 자기의 부담부분을 넘는 변제를 한 때에는 연대채무자의 구상권에 관한 규정을 준용해야 할 것이다(민법 제448조 제2항).

Ⅶ 계속적 보증(근보증)

계속적 계약관계로부터 발생되는 불특정채무에 대하여 행하여지는 보증을 말한다.
① 보증은 불확정한 다수의 채무에 대해서도 할 수 있다. 이 경우 보증하는 채무의 최고액을 서면으로 특정하여야 한다(민법 제428조의3 제1항). **기출 20** 채무의 최고액을 서면으로 특정하지 아니한 보증계약은 효력이 없다(민법 제428조의3 제2항).
② 보증책임의 한도액이나 보증기간에 관하여 아무런 정함이 없는 경우에는 보증인은 원칙적으로 변제기에 있는 주채무 전액에 관하여 보증책임을 부담한다(대판 1988.11.8. 88다3253).[13]

---

13) 종래 보증책임의 한도액이나 보증기간에 관하여 정함이 없는 근보증의 경우 보증인은 원칙적으로 주채무 전액에 관하여 보증책임을 부담한다는 것이 판례(대판 1988.11.8. 88다3253 등)의 일반적인 태도이나, 2015.2.3. 신설된 민법 제428조의3은 채무의 최고액을 서면으로 특정하지 아니한 근보증계약은 효력이 없다고 규정하고 있다. 최근 판례(대판 2019.3.14. 2018다282473)도 민법 제428조의3은 불확정한 다수의 채무에 대하여 보증하는 경우 보증인이 부담하여야 할 보증채무의 액수가 당초 보증인이 예상하였거나 예상할 수 있었던 것보다 지나치게 확대될 우려가 있으므로, 보증인이 보증을 함에 있어 자신이 지게 되는 법적 부담의 한도액을 미리 명확하게 알 수 있도록 함으로써 보증인을 보호하려는 데에 입법 취지가 있음을 볼 때, 채무의 최고액이 서면으로 특정되어 보증계약이 유효하다고 하기 위해서는, 보증인의 보증의사가 표시된 서면에 보증채무의 최고액이 명시적으로 기재되어 있어야 하고, 보증채무의 최고액이 명시적으로 기재되어 있지 않더라도 서면 자체로 보아 보증채무의 최고액이 얼마인지를 객관적으로 알 수 있는 등 보증채무의 최고액이 명시적으로 기재되어 있는 경우와 동일시할 수 있을 정도의 구체적인 기재가 필요하다고 봄이 타당하다고 판시하고 있다.

③ 계속적 보증계약 당시 주채무의 액수를 보증인이 예상하였거나 예상할 수 있었을 경우에는 그 예상 범위로 보증책임을 제한할 수 있다 할 것이나, 그 예상 범위를 상회하는 주채무 과다 발생의 원인이 채권자가 주채무자의 자산 상태가 현저히 악화된 사실을 잘 알면서도(중대한 과실로 알지 못한 경우도 같다) 이를 알지 못하는 보증인에게 아무런 통보나 의사 타진도 없이 고의로 거래 규모를 확대함에 연유하는 등 신의칙에 반하는 사정이 있는 경우에 한하여 보증인의 책임을 합리적인 범위 내로 제한할 수 있다(대판 1995.12.22. 94다42129).

④ 계속적인 보증에 있어서는 보증계약 후 당초 예기하지 못한 사정변경이 생겨 보증인에게 계속하여 보증책임을 지우는 것이 당사자의 의사해석 내지 신의칙에 비추어 상당하지 못하다고 인정되는 경우에는, 상대방인 채권자에게 신의칙상 묵과할 수 없는 손해를 입게 하는 등의 특별한 사정이 없는 한 보증인의 일방적인 보증계약해지의 의사표시에 의하여 보증계약을 해지할 수 있다(대판 1996.12.10. 96다27858).

⑤ 회사의 이사로 재직하면서 보증 당시 이미 그 채무가 특정되어 있는 확정채무에 대하여는 보증을 한 후 이사직을 사임하였다 하더라도 사정변경을 이유로 그 책임이 제한되는 것은 아니다(대판 1997.2.14. 95다31645).

기출 25

⑥ 계속적 보증계약에서 보증한도액의 정함이 있는 경우, 그 한도액을 주채무의 원본 총액만을 기준으로 할 것인지 그 한도액에 이자, 지연손해금 등의 부수채무까지도 포함될 것으로 할 것인지는 먼저 계약당사자의 의사에 따라야 하나, 특약이 없는 한도액 내에는 이자 등 부수채무도 포함되는 것으로 해석하여야 한다(대판 1995.6.30. 94다40444).

⑦ 보증채무는 주채무와는 별개의 채무이기 때문에 보증채무 자체의 이행지체로 인한 지연손해금은 근보증의 한도액과는 별도로 부담한다(대판 1995.6.30. 94다40444).

⑧ 물상보증과 연대보증의 피담보채무의 중첩성이 인정될 경우, 특히 근저당권이 담보하는 피담보채무와 연대보증계약상의 주채무가 동일한 것으로 보아야 할 경우에 달리 특별한 사정이 없는 한 근저당권의 소멸과 동시에 연대보증계약도 해지되어 장래에 향하여 그 효력을 상실한다(대판 1997.11.14. 97다34808).

⑨ 연대보증인은 해지 이전에 발생한 보증채무에 대하여는 연대보증계약을 해지하였다고 하더라도 면제 등의 특별한 사정이 없는 한 그 책임을 면할 수는 없다(대판 1997.11.14. 97다34808).

⑩ 계속적 채권관계에서 발생하는 주계약상의 불확정 채무에 대하여 보증한 경우 그 보증채무는 통상적으로 주계약상의 채무가 확정된 때에 이와 함께 확정된다. 그러나 채권자와 주채무자 사이에서 주계약상의 거래기간이 연장되었으나 보증인과 사이에서 보증기간이 연장되지 아니하는 등의 사정으로 보증계약 관계가 먼저 종료된 때에는 그 종료로 보증채무가 확정되므로, 보증인은 그 당시의 주계약상의 채무에 대하여 보증책임을 지고, 그 후의 채무에 대하여는 보증책임을 지지 아니한다(대판 2021.1.28. 2019다207141).

CHAPTER 04 다수당사자의 채권관계

01 기출 25

甲, 乙, 丙이 丁에 대하여 부담부분이 균등한 9억원의 연대채무를 부담하는 경우에 관한 설명으로 옳은 것을 모두 고른 것은?(원본만을 고려하며, 다툼이 있으면 판례에 따름)

> ㄱ. 甲이 9억원의 지급에 갈음하여 丁에게 자신의 X토지의 소유권이전을 내용으로 하는 경개계약을 체결하면, 乙과 丙의 연대채무는 모두 소멸한다.
> ㄴ. 丁이 甲에 대하여 4억원의 채무를 면제하면, 乙과 丙은 5억원에 관하여 연대채무를 부담한다.
> ㄷ. 丁이 甲에 대하여 8억원의 채무를 면제하면, 乙과 丙은 7억원에 관하여 연대채무를 부담한다.

① ㄱ
② ㄴ
③ ㄱ, ㄷ
④ ㄴ, ㄷ
⑤ ㄱ, ㄴ, ㄷ

정답 및 해설

01

ㄱ. (○) 경개는 일체형 절대효가 인정되므로(민법 제417조 참조), 연대채무자 甲이 채권자 丁에게 9억원의 연대채무액의 지급에 갈음하여 자신의 X토지의 소유권이전을 내용으로 하는 경개계약을 체결하면, 乙과 丙의 연대채무는 모두 소멸하게 된다.

ㄴ. (×), ㄷ. (○) 연대채무자 중 1인에 대한 채무의 일부 면제에 상대적 효력만 있다고 볼 특별한 사정이 없는 한 일부 면제의 경우에도 면제된 부담부분에 한하여 면제의 절대적 효력이 인정된다고 보아야 한다. 구체적으로 연대채무자 중 1인이 채무 일부를 면제받는 경우에 그 연대채무자가 지급해야 할 잔존 채무액이 부담부분을 초과하는 경우에는 그 연대채무자의 부담부분이 감소한 것은 아니므로 다른 연대채무자의 채무에도 영향을 주지 않아 다른 연대채무자는 채무 전액을 부담하여야 한다. 반대로 일부 면제에 의한 피면제자의 잔존 채무액이 부담부분보다 적은 경우에는 차액(부담부분 – 잔존 채무액)만큼 피면제자의 부담부분이 감소하였으므로, 차액의 범위에서 면제의 절대적 효력이 발생하여 다른 연대채무자의 채무도 차액만큼 감소한다(대판 2019.8.14. 2019다216435). 따라서 채권자 丁이 연대채무자 甲에 대하여 4억원의 채무를 면제하면, 이는 연대채무자 甲이 지급해야 할 잔존 채무액(5억원)이 부담부분(3억원)을 초과하는 경우로, 그 연대채무자의 부담부분이 감소한 것은 아니므로 다른 연대채무자의 채무에도 영향을 주지 않아 다른 연대채무자 乙과 丙은 채무 전액(9억원)을 부담해야 한다.ㄴ 반대로 채권자 丁이 연대채무자 甲에 대하여 8억원의 채무를 면제하면, 이는 일부 면제에 의한 피면제자 甲의 잔존 채무액(1억원)이 부담부분(3억원)보다 적은 경우로, 차액(부담부분 – 잔존 채무액 : 2억원)만큼 피면제자의 부담부분이 감소하였으므로 차액의 범위(2억원)에서 면제의 절대적 효력이 발생하여 다른 연대채무자 乙과 丙의 채무도 차액만큼 감소한 7억원에 관하여 연대채무를 부담한다.ㄷ

정답 ③

02 기출 25

민법상 보증채무에 관한 설명으로 옳은 것은?(다툼이 있으면 판례에 따름)

① 회사의 이사가 채무액과 변제기가 특정된 회사 채무의 보증인이 된 경우, 그 이사는 이사직 사임이라는 사정변경을 이유로 보증계약을 해지할 수 없다.
② 보증채무의 소멸시효기간은 특별한 약정이 없는 한 주채무의 소멸시효기간에 따른다.
③ 주채무자의 의사에 반하여 보증인이 된 자가 변제로 주채무를 소멸하게 한 때에는 주채무자는 그 당시에 이익을 받은 한도에서 배상하여야 한다.
④ 보증의 효력발생요건인 보증인의 기명날인은 타인이 이를 대행하는 방법으로 할 수 없다.
⑤ 보증채무의 연체이율은 주채무의 약정연체이율을 따르는 것이 원칙이다.

02

① (○) 회사의 이사가 채무액과 변제기가 특정되어 있는 회사 채무에 대하여 보증계약을 체결한 경우에는 계속적 보증이나 포괄근보증의 경우와는 달리 이사직 사임이라는 사정변경을 이유로 보증인인 이사가 일방적으로 보증계약을 해지할 수 없다(대판 2006.7.4. 2004다30675).
② (×) 보증채무는 주채무와는 별개의 독립한 채무이므로 보증채무와 주채무의 소멸시효기간은 채무의 성질에 따라 각각 별개로 정해진다. 그리고 주채무자에 대한 확정판결에 의하여 민법 제163조 각 호의 단기소멸시효에 해당하는 주채무의 소멸시효기간이 10년으로 연장된 상태에서 주채무를 보증한 경우, 특별한 사정이 없는 한 보증채무에 대하여는 민법 제163조 각 호의 단기소멸시효가 적용될 여지가 없고, 성질에 따라 보증인에 대한 채권이 민사채권인 경우에는 10년, 상사채권인 경우에는 5년의 소멸시효기간이 적용된다(대판 2014.6.12. 2011다76105).
③ (×) 주채무자의 의사에 반하여 보증인이 된 자가 변제 기타 자기의 출재로 주채무를 소멸하게 한 때에는 주채무자는 현존이익의 한도에서 배상하여야 한다(민법 제444조 제2항).
④ (×) 민법 제428조의2 제1항 전문은 "보증은 그 의사가 보증인의 기명날인 또는 서명이 있는 서면으로 표시되어야 효력이 발생한다."라고 규정하고 있는데, '보증인의 서명'은 원칙적으로 보증인이 직접 자신의 이름을 쓰는 것을 의미하므로 타인이 보증인의 이름을 대신 쓰는 것은 이에 해당하지 않지만, '보증인의 기명날인'은 타인이 이를 대행하는 방법으로 하여도 무방하다(대판 2019.3.14. 2018다282473).
⑤ (×) 보증한도액을 정한 근보증에 있어 보증채무는 특별한 사정이 없는 한 보증한도 범위 안에서 확정된 주채무 및 그 이자, 위약금, 손해배상 기타 주채무에 종속한 채무를 모두 포함하는 것이고, 한편 보증채무는 주채무와는 별개의 채무이기 때문에 보증채무 자체의 이행지체로 인한 지연손해금은 보증한도액과는 별도로 부담하고 이 경우 보증채무의 연체이율에 관하여 특별한 약정이 없는 경우라면 그 거래행위의 성질에 따라 상법 또는 민법에서 정한 법정이율에 따라야 하며, 주채무에 관하여 약정된 연체이율이 당연히 여기에 적용되는 것은 아니지만, 특별한 약정이 있다면 이에 따라야 할 것이다(대판 2005.6.23. 2005다18955).

정답 ①

03 기출 24

甲에 대하여 乙 및 丙은 1억 8,000만원의 연대채무를 부담하고 있으며, 乙과 丙의 부담부분은 각각 1/3과 2/3이다. 이에 관한 설명으로 옳은 것은?(원본만을 고려하며, 다툼이 있으면 판례에 따름)

① 乙이 甲으로부터 위 1억 8,000만원의 채권을 양수받은 경우, 丙의 채무는 전부 소멸한다.
② 乙이 甲에 대하여 9,000만원의 반대채권이 있으나 乙이 상계를 하지 않은 경우, 丙은 그 반대채권 전부를 자동채권으로 하여 甲의 채권과 상계할 수 있다.
③ 甲이 乙에게 이행을 청구한 경우, 丙의 채무에 대해서는 시효중단의 효력이 없다.
④ 甲이 乙에게 채무를 면제해 준 경우, 丙도 1억 2,000만원의 채무를 면한다.
⑤ 丁이 乙 및 丙의 부탁을 받아 그 채무를 연대보증한 후에 甲에게 위 1억 8,000만원을 변제하였다면, 丁은 乙에게 1억 8,000만원 전액을 구상할 수 있다.

03

① (✕) 어느 연대채무자와 채권자 간에 혼동이 있는 때에는 그 채무자의 부담부분에 한하여 다른 연대채무자도 의무를 면하므로(민법 제420조), 乙의 甲에 대한 연대채무 1억 8,000만원이 전부 혼동으로 인하여 소멸하더라도, 다른 연대채무자 丙의 채무는 乙의 부담부분인 6,000만원(= 1억 8,000만원 × 1/3)에 한하여 소멸한다. 결과적으로 丙은 단독으로 乙에게 1억 2,000만원의 채무를 부담하게 된다.
② (✕) 연대채무자 乙이 채권자 甲에 대하여 9,000만원의 반대채권이 있으나 乙이 상계를 하지 않은 경우, 다른 연대채무자 丙은 乙의 부담부분인 6,000만원(= 1억 8,000만원 × 1/3)에 한하여 甲에 대한 반대채권을 자동채권으로 하여 甲의 채권과 상계할 수 있다(민법 제418조 제2항 참조).
③ (✕) 연대채무의 경우에는 이행청구를 원인으로 한 소멸시효의 중단(민법 제168조 제1호)에도 절대적 효력이 인정된다(통설). 따라서 甲이 乙에게 이행을 청구한 경우, 丙의 채무에 대해서도 시효중단의 효력이 있다.
④ (✕) 甲이 연대채무자 중 1인에 해당하는 乙에게 채무 전부를 면제해 준 경우, 다른 연대채무자 丙은 乙의 부담부분인 6,000만원(= 1억 8,000만원 × 1/3)에 한하여 채무를 면한다(민법 제419조 참조). 결과적으로 丙은 단독으로 甲에게 1억 2,000만원의 채무를 부담하게 된다.
⑤ (○) 연대채무자가 수인이 있는 경우에 이들 모두를 위한 연대보증인은 보증채무의 이행으로 한 출연액 전부에 대하여 어느 연대채무자에게나 구상권을 가지는 것이다(대판 1992.5.12. 91다3062). 丁이 乙 및 丙의 부탁을 받아 그 채무를 연대보증한 후에 甲에게 위 1억 8,000만원을 변제하였다면, 丁은 乙에게 1억 8,000만원 전액을 구상할 수 있다.

정답 ⑤

04 기출 23

甲, 乙, 丙이 丁에 대하여 9백만원의 연대채무를 부담하고 있고, 각자의 부담부분은 균등하다. 甲이 丁에 대하여 6백만원의 상계적상에 있는 반대채권을 가지고 있는 경우에 관한 설명으로 옳은 것은?(당사자 사이에 다른 약정은 없으며, 다툼이 있으면 판례에 따름)

① 甲이 6백만원에 대해 丁의 채무와 상계한 경우, 남은 3백만원에 대해 乙과 丙이 丁에게 각각 1백 5십만원의 분할채무를 부담한다.
② 甲이 6백만원에 대해 丁의 채무와 상계한 경우, 甲, 乙, 丙은 丁에게 3백만원의 연대채무를 부담한다.
③ 甲이 상계권을 행사하지 않은 경우, 乙과 丙은 甲의 상계권을 행사할 수 없고, 甲, 乙, 丙은 丁에게 3백만원의 연대채무를 부담한다.
④ 甲이 상계권을 행사하지 않은 경우, 乙은 丁을 상대로 甲의 6백만원에 대해 상계할 수 있고, 乙과 丙이 丁에게 각각 1백 5십만원의 분할채무를 부담한다.
⑤ 甲이 상계권을 행사하지 않은 경우, 丙은 丁을 상대로 甲의 6백만원에 대해 상계할 수 있고, 乙과 丙이 丁에게 3백만원의 연대채무를 부담한다.

04

① (×) 어느 연대채무자가 채권자에 대하여 채권이 있는 경우에 그 채무자가 상계한 때에는 채권은 모든 연대채무자의 이익을 위하여 소멸한다(민법 제418조 제1항). 따라서 甲이 6백만원에 대해 丁의 채무와 상계한 경우, 6백만원의 채무는 공동면책되고, 甲, 乙, 丙은 丁에게 남은 3백만원에 대한 연대채무를 부담한다.
② (○) 甲이 6백만원에 대해 丁의 채무와 상계한 경우, 6백만원의 채무가 공동면책되고(민법 제418조 제1항), 甲, 乙, 丙은 丁에게 남은 3백만원에 대한 연대채무를 부담한다.
③ (×) 상계할 채권이 있는 연대채무자가 상계하지 아니한 때에는 그 채무자의 부담부분에 한하여 다른 연대채무자가 상계할 수 있다(민법 제418조 제2항). 따라서 甲이 상계권을 행사하지 않은 경우, 乙과 丙은 甲의 부담부분(3백만원)에 한하여 상계권을 행사할 수 있고, 상계권 행사 후 甲, 乙, 丙은 丁에게 6백만원에 대한 연대채무를 부담한다.
④ (×) 상계할 채권이 있는 연대채무자가 상계하지 아니한 때에는 그 채무자의 부담부분에 한하여 다른 연대채무자가 상계할 수 있다(민법 제418조 제2항). 따라서 甲이 상계권을 행사하지 않은 경우, 乙은 丁을 상대로 甲의 부담부분(3백만원)에 한하여 상계권을 행사할 수 있고, 상계권 행사 후 甲, 乙, 丙은 丁에게 6백만원에 대한 연대채무를 부담한다.
⑤ (×) 甲이 상계권을 행사하지 않은 경우, 丙은 丁을 상대로 甲의 부담부분(3백만원)에 한하여 상계권을 행사할 수 있고(민법 제418조 제2항), 상계권 행사 후 甲, 乙, 丙은 丁에게 6백만원에 대한 연대채무를 부담한다.

정답 ②

05 기출 22

甲과 乙은 A에 대하여 2억원의 연대채무를 부담하고 있으며, 甲과 乙사이의 부담부분은 균등하다. 이에 관한 설명으로 옳은 것은?(다툼이 있으면 판례에 따름)

① 甲의 A에 대한 위 채무가 시효완성으로 소멸한 경우, 乙도 A에 대하여 위 채무 전부를 이행할 의무를 면한다.
② 甲이 A에게 2억원의 상계할 채권을 가지고 있음에도 상계를 하지 않는 경우, 乙은 甲이 A에게 가지는 2억원의 채권으로 위 채무 전부를 상계할 수 있다.
③ A가 甲에 대하여 채무의 이행을 청구하여 시효가 중단된 경우, 乙에게도 시효중단의 효력이 있다.
④ A의 신청에 의한 경매개시결정에 따라 甲소유의 부동산이 압류되어 시효가 중단된 경우, 乙에게도 시효중단의 효력이 있다.
⑤ A가 甲에 대하여 위 채무를 전부 면제해 준 경우, 乙도 A에 대하여 위 채무 전부를 이행할 의무를 면한다.

05

① (×) 연대채무자 甲에 대하여 소멸시효가 완성한 때에는 그 부담부분인 1억원에 한하여 다른 연대채무자 乙도 의무를 면하게 된다(민법 제421조). 따라서 乙은 A에게 자기의 부담부분인 1억원에 대하여 연대채무를 부담한다.
② (×) 상계할 채권이 있는 연대채무자 甲이 상계하지 아니한 때에는 다른 연대채무자 乙은 甲의 부담부분인 1억원에 한하여 상계할 수 있다(민법 제418조 제2항).
③ (○) 채권자 A가 연대채무자 甲에 대하여 채무의 이행을 청구하여 시효가 중단된 경우, 다른 연대채무자 乙에게도 시효중단의 효력이 있다(민법 제416조, 제168조 제1호).
④ (×) 연대채무자와 채권자 사이에 절대적 효력이 있는 사유 외에는 상대적 효력이 인정되는 데 그치므로(민법 제423조), 채권자 A의 이행청구 외의 압류로 인한 소멸시효 중단의 효력은 다른 연대채무자인 乙에게 미치지 아니한다.
⑤ (×) 어느 연대채무자에 대한 채무면제는 그 채무자의 부담부분에 한하여 다른 연대채무자의 이익을 위하여 효력이 있으므로(민법 제419조), 채권자 A가 연대채무자 甲에 대하여 채무를 전부 면제해 준 경우, 甲은 연대채무를 면하게 되고 다른 연대채무자 乙은 A에 대하여 자기의 부담부분인 1억원에 한하여 연대채무를 이행할 의무가 있다.

정답 ③

CHAPTER 05 채권양도와 채무인수

제1절 채권의 양도

I 서 설

1. 채권양도의 의의
채권양도란 채권을 그 동일성을 유지하면서 이전하는 양도인과 양수인 사이의 계약이다.

2. 채권양도의 법적 성질

(1) 처분행위
채권양도는 처분행위로서 준물권행위이다.

(2) 불요식성
지명채권양도는 낙성·불요식 계약이다. 통지·승낙은 대항요건일 뿐이다.

(3) 독자성과 무인성

1) 독자성 여부
채권양도가 그 원인행위와는 독립하여 따로 체결되는지의 여부가 채권양도의 독자성의 문제이다. 지명채권양도는 원칙적으로 독자성을 부정하나, 증권적 채권의 경우에는 독자성을 긍정한다(통설).

2) 무인성 여부
원인행위가 무효·취소·해제되면 채권양도행위가 효력을 상실하는지 여부가 무인성의 문제이다. 지명채권양도는 유인성이 인정되나, 증권적 채권의 양도는 무인성이 인정된다(통설). 한편 채무자 또는 제3자가 채권을 담보하기 위하여 자기의 제3채무자에 대한 채권을 채권자에게 양도하는 경우에 판례는 채권양도가 다른 채무의 담보조로 이루어졌으며 또한 그 채무가 변제되었다고 하더라도, 이는 채권 양도인과 양수인 간의 문제일 뿐이고, 양도채권의 채무자는 채권 양도·양수인 간의 채무 소멸 여하에 관계없이 양도된 채무를 양수인에게 변제하여야 하는 것이므로, 설령 그 피담보채무가 변제로 소멸되었다고 하더라도 양도채권의 채무자로서는 이를 이유로 채권양수인의 양수금 청구를 거절할 수 없다고 한다(대판 1999.11.26. 99다23093).

기출 24

(4) 동일성의 유지

Ⅱ 지명채권의 양도

1. 의 의

(1) 지명채권의 개념

지명채권이란 채권자가 특정되어 있고, 그 채권의 성립, 양도를 위해서 증서의 작성·교부를 필요로 하지 않는 채권이다.

(2) 지명채권의 양도성

1) 원칙 [기출] 20·21

지명채권의 양도는 원칙적으로 인정된다. 또한 장래의 채권도 그 권리의 특정이 가능하고 가까운 장래에 발생할 것임이 상당 정도 기대되는 경우에는 채권양도의 대상이 될 수 있다(대판 1996.7.30, 95다7932). 판례는 채권양도에 의하여 채권은 그 동일성을 잃지 않고 양도인으로부터 양수인에게 이전된다 할 것이며, 가압류된 채권도 이를 양도하는 데 아무런 제한이 없다 할 것이나, 다만 가압류된 채권을 양수받은 양수인은 그러한 가압류에 의하여 권리가 제한된 상태의 채권을 양수받는다고 보아야 할 것이고, 이는 채권을 양도받았으나 확정일자 있는 양도통지나 승낙에 의한 대항요건을 갖추지 아니하는 사이에 양도된 채권이 가압류된 경우에도 동일하다고 한다(대판 2002.4.26, 2001다59033).

2) 예 외

단, 다음의 세 경우에는 예외적으로 양도성이 인정되지 않는다.

① 채권의 성질이 양도를 허용하지 않는 경우(민법 제449조 제1항 단서)

> 부동산의 매매로 인한 소유권이전등기청구권은 물권의 이전을 목적으로 하는 매매의 효과로서 매도인이 부담하는 재산권이전의무의 한 내용을 이루는 것이고, 매도인이 물권행위의 성립요건을 갖추도록 의무를 부담하는 경우에 발생하는 채권적 청구권으로 그 이행과정에 신뢰관계가 따르므로, 소유권이전등기청구권을 매수인으로부터 양도받은 양수인은 매도인이 그 양도에 대하여 동의하지 않고 있다면 매도인에 대하여 채권양도를 원인으로 하여 소유권이전등기절차의 이행을 청구할 수 없고, 따라서 매매로 인한 소유권이전등기청구권은 특별한 사정이 없는 이상 그 권리의 성질상 양도가 제한되고 그 양도에 채무자의 승낙이나 동의를 요한다고 할 것이므로 통상의 채권양도와 달리 양도인의 채무자에 대한 통지만으로는 채무자에 대한 대항력이 생기지 않으며 반드시 채무자의 동의나 승낙을 받아야 대항력이 생긴다(대판 2005.3.10, 2004다67653). [기출] 21

② 당사자가 양도금지특약을 한 경우(민법 제449조 제2항 본문)

　㉠ 양도금지특약을 위반하여 이루어진 채권양도는 원칙적으로 효력이 없다(대판 2019.12.19, 2016다24284[전합]).

> **양도금지특약을 위반한 채권양도의 효력(원칙적 무효) 및 채권양수인의 악의 또는 중과실에 대한 주장·증명책임의 소재(= 양도금지특약으로 양수인에게 대항하려는 자)**
> 채권은 양도할 수 있다. 그러나 채권의 성질이 양도를 허용하지 아니하는 때에는 그러하지 아니하다(민법 제449조 제1항). 그리고 채권은 당사자가 반대의 의사를 표시한 경우에는 양도하지 못한다. 그러나 그 의사표시로써 선의의 제3자에게 대항하지 못한다(민법 제449조 제2항). 이처럼 당사자가 양도를 반대하는 의사를 표시(이하 '양도금지특약')한 경우 채권은 양도성을 상실한다. 양도금지특약을 위반하여 채권을 제3자에게 양도한 경우에 채권양수인이 양도금지특약이 있음을 알았거나 중대한 과실로 알지 못하였다면 채권 이전의 효과가 생기지 아니한다. 반대로 양수인이 중대한 과실 없이 양도금지특약의 존재를 알지 못하였다면 채권양도는 유효하게 되어 채무자는 양수인에게 양도금지특약을 가지고 채무이행을 거절할 수 없다. 채권양수인의 악의 내지 중과실은 양도금지특약으로 양수인에게 대항하려는 자가 주장·증명하여야 한다(대판 2019.12.19, 2016다24284[전합]).

> **양도금지특약이 있는 채권을 전부받은 자로부터 다시 그 채권을 양수한 자가 양도금지특약에 대하여 악의인 경우, 채무자는 위 특약을 근거로 채권양도의 무효를 주장할 수 있는지 여부(소극)**
> 당사자 사이에 양도금지의 특약이 있는 채권이더라도 전부명령에 의하여 전부되는 데에는 지장이 없고, 양도금지의 특약이 있는 사실에 관하여 집행채권자가 선의인가 악의인가는 전부명령의 효력에 영향을 미치지 못하는 것인바, 이와 같이 양도금지특약부 채권에 대한 전부명령이 유효한 이상, 그 전부채권자로부터 다시 그 채권을 양수한 자가 그 특약의 존재를 알았거나 중대한 과실로 알지 못하였다고 하더라도 채무자는 위 특약을 근거로 삼아 채권양도의 무효를 주장할 수 없다(대판 2003.12.11. 2001다3771). 기출 24·25

> **임대차계약의 당사자들이 '임차인은 임대인의 동의 없이는 임차권을 양도 또는 담보제공하지 못한다'고 약정한 경우, 그 약정의 취지를 임대보증금반환채권의 양도를 금지하는 것으로 볼 수 있는지 여부(소극)**
> 임대차계약의 당사자 사이에 '임차인은 임대인의 동의 없이는 임차권을 양도 또는 담보제공 하지 못한다.'는 약정을 하였다면, 그 약정의 취지는 임차권의 양도를 금지한 것으로 볼 것이지 임대차계약에 기한 임대보증금반환채권의 양도를 금지하는 것으로 볼 수는 없다(대판 2013.2.28. 2012다104366). 기출 25

  ⓒ 당사자의 의사표시에 의한 양도금지특약은 선의의 제3자에 대해 대항할 수 없다. 기출 12
  ⓒ 중대한 과실은 악의와 같이 취급되어야 하므로, 양도금지특약의 존재를 알지 못하고 채권을 양수한 경우에 있어서 그 알지 못함에 중대한 과실이 있는 때에는 악의의 양수인과 같이 양도에 의한 채권을 취득할 수 없다(대판 1996.6.28. 96다18281). 기출 24 다만, 양도금지의 특약이 있는 경우에도 채무자의 사후승낙(승인)이 있는 경우에는 그 채권양도는 유효하다(대판 1989.7.11. 88다카20866). 또한 사후승낙의 효력은 다른 약정이 없는 한 채권양도시에 소급하는 것이 아니라 승낙시부터 효과가 발생한다(대판 2002.4.7. 99다52817).
  ⓔ 양도금지의 특약이 붙은 채권이 양도된 경우에 양수인의 악의 또는 중과실에 관한 입증책임은 채무자가 부담한다(대판 2000.12.22. 2000다55904).

③ **법률이 양도를 금지하는 경우**
  ㉠ 부양청구권(민법 제979조), 개별법상 각종 연금청구권, 재해보상청구권(근기법 제86조) 등은 법률에 의하여 양도성이 제한되는 경우이다.
  ㉡ 판례는 근로자의 임금채권은 그 양도를 금지하는 법률의 규정이 없으므로 이를 양도할 수 있으나, 근로자가 그 임금채권을 양도한 경우라 할지라도 그 임금의 지급에 관하여는 임금직접지급의 원칙이 적용되어 사용자는 직접 근로자에게 임금을 지급하지 아니하면 안 되는 것이고 그 결과 비록 양수인이라고 할지라도 스스로 사용자에 대하여 임금의 지급을 청구할 수는 없다고 한다(대판 1988.12.13. 87다카2803[전합]).

> **주택건설촉진법에 의하여 일정기간 동안 임차권의 양도가 금지된 아파트에 대한 임차권양도계약의 사법상 효력(= 유효) / 이 경우 임차보증금반환채권의 양도도 금지되는지 여부 및 임차보증금반환채권을 양도한 경우 양도인이 부담하는 의무의 내용**
> 주택건설촉진법에 의하여 아파트 분양 후 일정기간 동안 임차권의 양도가 금지되어 있다 하더라도 이는 매수인이 분양자에게 양도사실로 대항할 수 없다는 것이지 당사자 사이의 사법상의 임차권의 양도계약의 효력까지 무효로 한다는 것은 아니다. 임차권의 양도가 금지된다 하더라도 임차보증금반환채권의 양도마저 금지되는 것은 아니므로 양도인은 양수인에 대하여 그 채권의 양도에 관하여 임대인에게 통지를 하거나 그에 대한 승낙을 받아 주어야 할 의무를 부담한다(대판 1993.6.25. 93다13131).

2. 채권양도의 대항요건

> **지명채권양도의 대항요건(민법 제450조)**
> ① 지명채권의 양도는 양도인이 채무자에게 통지하거나 채무자가 승낙하지 아니하면 채무자 기타 제3자에게 대항하지 못한다.
> ② 전항의 통지나 승낙은 확정일자 있는 증서에 의하지 아니하면 채무자 이외의 제3자에게 대항하지 못한다.

(1) 대항요건의 필요성

지명채권의 양도는 양도인이 채무자에게 통지하거나 채무자가 승낙하지 아니하면 채무자 기타 제3자에게 대항하지 못한다(민법 제450조 제1항). 채권양도는 양도인과 양수인 사이의 계약에 의하여 성립하는데, 권리를 공시할 방법이 없는 지명채권의 성질로 인해 양도계약에 관여하지 않는 채무자나 제3자가 채권양도의 사실 및 이전의 시기를 알지 못함에 따라 예기하지 못한 손해를 입을 염려가 있으므로 이들을 보호하려는 취지에서 규정한 것으로 이해할 수 있다. 여기서 채무자에게 대항한다는 것은 양수인이 채무자에 대하여 자신이 채권자임을 주장하기 위한 요건이라는 뜻으로, 이중변제의 위험으로부터 보호하기 위한 요건이고, 양수인이 채무자를 상대로 소를 제기하기 위해서는 대항요건을 구비하였음을 주장·증명하여야 한다. 채무자 외의 제3자에게 대항한다는 것은 동일한 채권을 이중으로 양수하거나 압류한 자 사이에 우열을 결정하는 표준이 된다는 의미이다. 이와 관련하여 판례는 채권양도 후 대항요건이 구비되기 전의 채권양도인은 채무자에 대한 관계에서는 여전히 채권자의 지위에 있으므로 채무자의 제3채무자에 대한 채권에 대하여 채권가압류 등의 보전조치를 할 수 있고, 이 경우 채권가압류에 기하여 채권양도인이 배당절차에서 배당을 받았다면 그 배당은 유효하다고(대판 2019.5.16. 2016다8589) 한다. 기출 25

(2) 채무자에 대한 대항요건

1) 채무자에 대한 통지(민법 제450조 제1항)

① 통지란 채권양도가 있었다는 사실을 알리는 행위로서 그 법적 성질은 관념의 통지이다.
② 통지권자는 양도인이며, 양수인에 의한 통지는 대항력이 발생하지 않는다.
③ 지명채권의 양도통지를 한 후 그 양도계약이 해제된 경우에, 양도인이 그 해제를 이유로 다시 원래의 채무자에 대하여 양도채권으로 대항하려면 양수인이 채무자에게 위와 같은 해제사실을 통지하여야 한다(대판 1993.8.27. 93다17379).
④ 양도인이 채무자에게 채권양도를 통지한 때에는 아직 양도하지 아니하였거나 그 양도가 무효인 경우에도 선의인 채무자는 양수인에게 대항할 수 있는 사유로 양도인에게 대항할 수 있다(민법 제452조 제1항). 기출 20
⑤ 채권양도의 통지는 양수인의 동의가 없으면 철회하지 못한다(민법 제452조 제2항).
⑥ 채권양도의 통지는 양도인이 직접 하지 아니하고 사자를 통하여 하거나 나아가서 대리인으로 하여금 하게 하여도 무방하고, 그와 같은 경우에 양수인이 양도인의 사자 또는 대리인으로서 채권양도통지를 하였다 하여 민법 제450조의 규정에 어긋난다고 할 수 없다(대판 1997.6.27. 95다40977·40984). 기출 12·16
⑦ 채권양도가 있기 전에 미리 하는 사전통지는 채무자로 하여금 양도의 시기를 확정할 수 없는 불안한 상태에 있게 하는 결과가 되어 원칙적으로 허용될 수 없다(대판 2000.4.11. 2000다2627).
⑧ 채권을 양수하기는 하였으나 아직 양도인에 의한 통지 또는 채무자의 승낙이라는 대항요건을 갖추지 못하였다면 채권양수인은 현재는 채무자와 사이에 아무런 법률관계가 없어 채무자에 대하여 아무런 권리 주장을 할 수 없기 때문에 채무자에 대하여 채권양도인으로부터 양도통지를 받은 다음 채무를 이행하라는 청구는 장래이행의 소로서의 요건을 갖추지 못하여 부적법하다(대판 1992.8.18. 90다9452).

2) 채무자의 승낙
① 승낙은 관념의 통지이다.
② 승낙권자는 채무자이고, 상대방은 양도인 또는 양수인이다. 기출 18·20
③ 지명채권의 양도를 승낙함에 있어서는 이의를 보류하고 할 수 있음은 물론이고 양도금지의 특약이 있는 채권양도를 승낙함에 있어 조건을 붙여서 할 수도 있으며 승낙의 성격이 관념의 통지라고 하여 조건을 붙일 수 없는 것은 아니다(대판 1989.7.11. 88다카20866). 기출 12·17·18·20·24
④ 채권양수인으로서는 양도인이 채무자에게 채권양도통지를 하거나 채무자가 이를 승낙하여야 채무자에게 채권양수를 주장(대항)할 수 있는 것이며, 그 입증은 양수인이 사실심에서 하여야 할 책임이 있다(대판 1990.11.27. 90다카27662).
⑤ 승낙 당시 이미 상계를 할 수 있는 원인이 있었던 경우에는 아직 상계적상에 있지 아니하였다 하더라도 그 후에 상계적상이 생기면 채무자는 양수인에 대하여 상계로 대항할 수 있다(대판 1999.8.20. 99다18039).
⑥ 민법 제451조 제1항의 "양도인에게 대항할 수 있는 사유"란 채권의 성립, 존속, 행사를 저지·배척하는 사유를 가리킬 뿐이고, 채권의 귀속(채권이 이미 타인에게 양도되었다는 사실)은 이에 포함되지 아니한다(대판 1994.4.29. 93다35551). 따라서 채권양도에 대하여 채무자가 이의를 보류하지 아니하고 승낙을 하였더라도 채무자는 채권이 이미 타인에게 양도되었다는 사실로써 양수인에게 대항할 수 있다. 기출 24
⑦ 채무자는 채권양도를 승낙한 후에 취득한 양도인에 대한 채권으로써 양수인에 대하여 상계로써 대항하지 못한다(대판 1984.9.11. 83다카2288). 기출 22

(3) **채무자 이외의 제3자에 대한 대항요건**
① 지명채권의 통지나 승낙은 확정일자 있는 증서에 의하지 아니하면 채무자 이외의 제3자에게 대항하지 못한다(민법 제450조 제2항).
② 확정일자란 당사자가 후에 변경하지 못하는 것으로 공정증서, 공무소에서 기입한 일자 등이다.
③ 제3자란 그 채권에 대해서 법률상의 이익을 가지고 있는 자 또는 그 채권에 대해 양수인의 지위와 양립할 수 없는 법률상의 지위를 취득한 자를 의미한다.
④ 채권의 이중양수인, 채권질권자, 채권을 압류한 양도인의 채권자 및 그 채권의 양도인이 파산한 경우의 파산채권자 등은 제3자에 해당된다.
⑤ 확정판결은 확정일자 있는 증서에 해당한다(대판 1999.3.26. 97다30622).
⑥ 채권자가 채권양도통지서에 공증인가 합동법률사무소의 확정일자인증을 받아 그 자리에서 채무자에게 교부하였다면 하나의 행위로서 확정일자인증과 채권양도통지가 이루어진 것으로 보아 확정일자 있는 증서에 의한 채권양도의 통지가 있었다고 해석함이 타당하다(대판 1986.12.9. 86다카858).
⑦ 지명채권양도에 있어서 확정일자 있는 증서에 의한 통지나 승낙은 제3자에 대한 대항요건에 불과하고 채권양도의 유효요건은 아니며, 당해 채권을 양수한 양수인에게까지 필요한 것은 아니다(대판 1983.2.22. 81다134).
⑧ 선순위의 근저당권부 채권을 양수한 채권자보다 후순위의 근저당권자는 채권양도의 대항요건을 갖추지 아니한 경우 대항할 수 없는 제3자에 포함되지 않는다(대판 2005.6.23. 2004다29279).

⑨ [1] 채권양도에 따른 채권의 귀속주체 변경의 효과가 발생하는 시점(= 채권양도에 따른 처분행위 시) 및 지명채권 양수인이 '양도되는 채권의 채무자'인 경우, 채권양도에 따른 처분행위 시 채권이 혼동에 의하여 소멸하는지 여부(적극) : 채권양도는 양도인과 양수인 사이에 채권을 동일성을 유지하면서 전자로부터 후자에게로 이전시킬 것을 목적으로 하는 계약을 말한다. 채권양도에 의하여 채권은 동일성을 잃지 않고 양도인으로부터 양수인에게 이전되는데, 이는 채권양도의 대항요건을 갖추지 못하였다고 하더라도 마찬가지이다. 이와 같은 채권의 귀속주체 변경의 효과는 원칙적으로 채권양도에 따른 처분행위 시 발생하는 바, 지명채권 양수인이 '양도되는 채권의 채무자'인 경우에는 채권양도에 따른 처분행위 시 채권과 채무가 동일한 주체에 귀속한 때에 해당하므로 민법 제507조 본문에 따라 채권이 혼동에 의하여 소멸한다.

[2] 지명채권 양수인이 '양도되는 채권의 채무자'여서 양도된 채권이 혼동에 의하여 소멸한 후 채권에 관한 압류 또는 가압류결정이 제3채무자에게 송달된 경우, 채권압류 또는 가압류결정의 효력(무효) 및 이때 압류 또는 가압류채권자가 민법 제450조 제2항에서 정한 제3자에 해당하는지 여부(소극) : 민법 제450조 제2항에서 정한 지명채권양도의 제3자에 대한 대항요건은 양도된 채권이 존속하는 동안에 그 채권에 관하여 양수인의 지위와 양립할 수 없는 법률상의 지위를 취득한 제3자가 있는 경우에 적용된다. 따라서 지명채권 양수인이 '양도되는 채권의 채무자'여서 양도된 채권이 민법 제507조 본문에 따라 혼동에 의하여 소멸한 경우에는 후에 채권에 관한 압류 또는 가압류결정이 제3채무자에게 송달되더라도 채권압류 또는 가압류결정은 존재하지 아니하는 채권에 대한 것으로서 무효이고, 압류 또는 가압류채권자는 민법 제450조 제2항에서 정한 제3자에 해당하지 아니한다(대판 2022.1.13. 2019다272855).

⑩ [1] 채무자가 압류 또는 가압류의 대상인 채권을 양도하고 확정일자 있는 통지 등에 의한 채권양도의 대항요건을 갖추었다면, 그 후 채무자의 다른 채권자가 그 양도된 채권에 대하여 압류 또는 가압류를 하더라도 그 압류 또는 압류 당시에 피압류채권은 이미 존재하지 않는 것과 같아 압류 또는 가압류로서의 효력이 없고, 그에 기한 추심명령 또한 무효이므로, 그 다른 채권자는 압류 등에 따른 집행절차에 참여할 수 없다. 또한 압류된 금전채권에 대한 전부명령이 절차상 적법하게 발부되어 확정되었다고 하더라도 전부명령이 제3채무자에게 송달될 때에 피압류채권이 존재하지 않으면 전부명령도 무효이므로, 피압류채권이 전부채권자에게 이전되거나 집행채권이 변제되어 소멸하는 효과는 발생할 수 없다.

[2] 채권압류명령 등 당시 피압류채권이 이미 제3자에 대한 대항요건을 갖추어 양도되어 그 명령이 효력이 없는 것이 되었다면, 그 후의 사해행위취소소송에서 위 채권양도계약이 취소되어 채권이 원채권자에게 복귀하였다고 하더라도 이미 무효로 된 채권압류명령 등이 다시 유효로 되는 것은 아니다(대판 2022.12.1. 2022다247521).

3. 채권양도의 유형과 대항관계 기출 12·16

> **승낙, 통지의 효과(민법 제451조)**
> ① 채무자가 이의를 보류하지 아니하고 전조의 승낙을 한 때에는 양도인에게 대항할 수 있는 사유로써 양수인에게 대항하지 못한다. 그러나 채무자가 채무를 소멸하게 하기 위하여 양도인에게 급여한 것이 있으면 이를 회수할 수 있고 양도인에 대하여 부담한 채무가 있으면 그 성립되지 아니함을 주장할 수 있다.
> ② 양도인이 양도통지만을 한 때에는 채무자는 그 통지를 받은 때까지 양도인에 대하여 생긴 사유로써 양수인에게 대항할 수 있다.

(1) 채권양도만이 있는 경우
① 채무자에 대한 통지나 채무자의 승낙을 갖추지 않는 한 채무자에게 대항할 수 없다.
② 이중양도의 경우에는 양수인 상호 간에도 대항할 수 없다.

(2) 채권양도와 함께 채무자에 대한 통지만이 행해진 경우
① 1인의 양수인에게만 양도한 경우에, 통지나 승낙의 요건을 갖추는 한 채무자에 대하여 양도사실을 주장할 수 있다.
② 이중양도를 하였으나 1인의 양수인에 관해서만 통지를 한 경우에도 그 양수인은 채무자에게 대항할 수 있다.
③ 이중양도를 행하고 각 양도에 대해 모두 통지를 행한 경우에는 각 양수인은 상호 간에 대항할 수 없는 결과 채무자에 대해서도 대항할 수 없다. 다만, 채무자는 임의로 1인의 양수인에게 유효한 변제를 할 수 있다.

(3) 채권양도와 확정일자 있는 증서에 의해 통지가 행해진 경우
① 먼저 이중양도가 행해지고 1인에 대해서는 확정일자부 증서에 의한 통지를, 그리고 다른 1인에 대해서는 단순한 통지만을 행한 경우에는 확정일자부 증서에 의해 통지된 양수인만이 진정한 권리자가 된다.
② 이중양도가 행해지고 각 양도에 대해 모두 확정일자 있는 증서에 의한 통지가 행해진 경우 다수설에 따르면 각 채권양도 사이의 우열의 기준을 획일적으로 처리하기 위하여 확정일자 있는 증서에 의한 통지 가운데 확정일자가 우선하는 통지에 대해 우선적 효력을 부여하고 있다.

핵심문제

01 지명채권의 양도에 관한 설명으로 옳은 것은?(다툼이 있으면 판례에 따름) 기출 18
① 채권양도의 대항요건인 채무자의 승낙에는 조건을 붙일 수 있다.
② 채권양도행위가 사해행위에 해당하지 않는 경우에도 양도통지가 별도로 채권자취소권 행사의 대상이 된다.
③ 근로자가 그 임금채권을 양도한 경우, 양수인은 사용자에 대하여 임금의 지급을 청구할 수 있다.
④ 채무자는 채권양도를 승낙한 후에도 양도인에 대한 채권을 새로 취득한 경우에 이를 가지고 양수인에 대하여 상계할 수 있다.
⑤ 채권양도에 대한 채무자의 승낙은 양도인에게 하여야 하며, 양수인에게 한 경우에는 효력이 없다.

【해설】
① (O) 지명채권의 양도의 대항요건인 채무자의 승낙은 채권양도의 사실을 채무자가 승인하는 의사를 표명하는 채무자의 행위라고 할 수 있는데, 채무자는 채권양도를 승낙하면서 조건을 붙여서 할 수 있다(대판 2014.11.13. 2012다52526).
② (X) 채권양도의 경우 권리이전의 효과는 원칙적으로 당사자 사이의 양도계약 체결과 동시에 발생하며 채무자에 대한 통지 등은 채무자를 보호하기 위한 대항요건일 뿐이므로, 채권양도행위가 사해행위에 해당하지 않는 경우에 양도통지가 따로 채권자취소권 행사의 대상이 될 수는 없다(대판 2012.8.30. 2011다32785).
③ (X) 근로자가 그 임금채권을 양도한 경우라 할지라도 그 임금의 지급에 관하여는 근로기준법 제36조 제1항에 정한 임금 직접지급의 원칙이 적용되어 사용자는 직접 근로자에게 임금을 지급하지 아니하면 안 되고, 그 결과 비록 적법 유효한 양수인이라도 스스로 사용자에 대하여 임금의 지급을 청구할 수 없다(대판 1996.3.22. 95다2630).
④ (X) 채무자는 채권양도를 승낙한 후에 취득한 양도인에 대한 채권으로써 양수인에 대하여 상계로써 대항하지 못한다(대판 1984.9.11. 83다카2288).
⑤ (X) 민법 제450조 소정의 채무자의 승낙은 채권양도의 사실을 채무자가 승인하는 뜻으로서 동조가 규정하는 채권양도의 대항요건을 구비하기 위하여서는 채무자가 양도의 사실을 양도인 또는 양수인에 대하여 승인함을 요한다(대판 1986.2.25. 85다카1529).

정답 ①

> 채권이 이중으로 양도된 경우의 양수인 상호 간의 우열은 통지 또는 승낙에 붙여진 확정일자의 선후에 의하여 결정할 것이 아니라, 채권양도에 대한 채무자의 인식, 즉 확정일자 있는 양도통지가 채무자에게 도달한 일시 또는 확정일자 있는 승낙의 일시의 선후에 의하여 결정하여야 할 것이다(대판 1994.4.26. 93다24223[전합]). 기출 16·20

③ 채권양도 통지와 채권가압류결정 정본이 같은 날 도달되었는데 그 선후관계에 대하여 달리 입증이 없으면 동시에 도달된 것으로 추정한다(대판 1994.4.26. 93다24223[전합]).

> [1] 채권이 이중으로 양도된 경우의 양수인 상호 간의 우열은 통지 또는 승낙에 붙여진 확정일자의 선후에 의하여 결정할 것이 아니라, 채권양도에 대한 채무자의 인식, 즉 확정일자 있는 양도통지가 채무자에게 도달한 일시 또는 확정일자 있는 승낙의 일시의 선후에 의하여 결정하여야 할 것이고, 이러한 법리는 채권양수인과 동일 채권에 대하여 가압류명령을 집행한 자 사이의 우열을 결정하는 경우에 있어서도 마찬가지이므로, 확정일자 있는 채권양도 통지와 가압류결정 정본의 제3채무자(채권양도의 경우는 채무자)에 대한 도달의 선후에 의하여 그 우열을 결정하여야 한다.
> [2] 채권양도 통지, 가압류 또는 압류명령 등이 제3채무자에 동시에 송달되어 그들 상호 간에 우열이 없는 경우에도 그 채권양수인, 가압류 또는 압류채권자는 모두 제3채무자에 대하여 완전한 대항력을 갖추었다고 할 것이므로, 그 전액에 대하여 채권양수금, 압류전부금 또는 추심금의 이행청구를 하고 적법하게 이를 변제받을 수 있고, 제3채무자로서는 이들 중 누구에게라도 그 채무 전액을 변제하면 다른 채권자에 대한 관계에서도 유효하게 면책되는 것이며, 만약 양수채권액과 가압류 또는 압류된 채권액의 합계액이 제3채무자에 대한 채권액을 초과할 때에는 그들 상호 간에는 법률상의 지위가 대등하므로 공평의 원칙상 각 채권액에 안분하여 이를 내부적으로 다시 정산할 의무가 있다.
> [3] 채권양도의 통지와 가압류 또는 압류명령이 제3채무자에게 동시에 송달되었다고 인정되어 채무자가 채권양수인 및 추심명령이나 전부명령을 얻은 가압류 또는 압류채권자 중 한 사람이 제기한 급부소송에서 전액 패소한 이후에도 다른 채권자가 그 송달의 선후에 관하여 다시 문제를 제기하는 경우 기판력의 이론상 제3채무자는 이중지급의 위험이 있을 수 있으므로, 동시에 송달된 경우에도 제3채무자는 송달의 선후가 불명한 경우에 준하여 채권자를 알 수 없다는 이유로 변제공탁을 함으로써 법률관계의 불안으로부터 벗어날 수 있다.
> [4] 채권양도 통지와 채권가압류결정 정본이 같은 날 도달되었는데 그 선후관계에 대하여 달리 입증이 없으면 동시에 도달된 것으로 추정한다(대판 1994.4.26. 93다24223[전합]).

III 증권적 채권의 양도

1. 지시채권의 양도

① 지시채권은 그 증서에 배서하여 양수인에게 교부하는 방식으로 양도할 수 있다(민법 제508조). 기출 17
② 증서의 배서·교부는 대항요건이 아니라 성립요건이다.
③ 지시채권은 그 채무자에 대하여도 배서하여 양도할 수 있다(민법 제509조 제1항).
④ 배서로 지시채권을 양수한 채무자는 다시 배서하여 이를 양도할 수 있다(민법 제509조 제2항).

2. 무기명채권의 양도

무기명채권은 지시채권과 달리 특정 채권자가 증서면에 기재·표시되어 있지 않다는 점에서 배서를 요하지 않고 양수인에게 그 증서를 교부함으로써 양도의 효력이 생긴다(민법 제523조).

3. 지명소지인출급채권의 양도

지명소지인출급채권은 무기명채권과 동일한 효력을 가지고 있으므로(민법 제525조), <u>증서의 교부만으로도 양도의 효력이 생긴다.</u>

4. 면책증서

면책증서란 채무자가 증서의 소지인에게 변제를 하면 소지인이 정당한 권리자가 아닌 경우에도, 채무자에게 악의 또는 중대한 과실이 없는 한 면책의 효력을 갖는 증서를 말한다. <u>채권을 화체하고 있는 증서는 아니므로 면책증서를 가지고 권리를 양도할 수는 없다.</u>

제2절 채무의 인수

I 면책적 채무인수

채권자와의 계약에 의한 채무인수(민법 제453조)
① 제3자는 채권자와의 계약으로 채무를 인수하여 채무자의 채무를 면하게 할 수 있다. 그러나 채무의 성질이 인수를 허용하지 아니하는 때에는 그러하지 아니하다.
② 이해관계 없는 제3자는 채무자의 의사에 반하여 채무를 인수하지 못한다. [기출 25]

채무자와의 계약에 의한 채무인수(민법 제454조)
① 제3자가 채무자와의 계약으로 채무를 인수한 경우에는 채권자의 승낙에 의하여 그 효력이 생긴다. [기출 22]
② 채권자의 승낙 또는 거절의 상대방은 채무자나 제3자이다.

승낙 여부의 최고(민법 제455조)
① 전조의 경우에 제3자나 채무자는 상당한 기간을 정하여 승낙 여부의 확답을 채권자에게 최고할 수 있다.
② 채권자가 그 기간 내에 확답을 발송하지 아니한 때에는 거절한 것으로 본다.

채무인수의 철회, 변경(민법 제456조)
제3자와 채무자 간의 계약에 의한 채무인수는 채권자의 승낙이 있을 때까지 당사자는 이를 철회하거나 변경할 수 있다.

채무인수의 소급효(민법 제457조)
채권자의 채무인수에 대한 승낙은 다른 의사표시가 없으면 채무를 인수한 때에 소급하여 그 효력이 생긴다. 그러나 제3자의 권리를 침해하지 못한다.

전채무자의 항변사유(민법 제458조)
인수인은 전채무자의 항변할 수 있는 사유로 채권자에게 대항할 수 있다.

채무인수와 보증, 담보의 소멸(민법 제459조)
전채무자의 채무에 대한 보증이나 제3자가 제공한 담보는 채무인수로 인하여 소멸한다. 그러나 보증인이나 제3자가 채무인수에 동의한 경우에는 그러하지 아니하다.

1. 서 설

(1) 의 의
채무인수란 채무의 동일성을 유지하면서 채무를 인수인에게 이전시키는 계약이다. 채무의 동일성이 변경되지 않는다는 점에서 채무자변경에 의한 경개와는 다르다.

(2) 채무인수의 법적 성질
① 채무인수의 종류에 따라 다르다.
  ㉠ 채권자·채무자·인수인의 3면계약에 의한 경우와 채권자와 인수인이 당사자인 경우는, 준물권행위(채권자의 처분행위) + 채권행위(인수인의 의무부담행위)가 합체되어 이루어진 것으로 본다.
  ㉡ 채무자와 인수인이 당사자인 경우는, 일단은 채권행위로서의 성질을 갖다가 채권자의 승낙이 있으면 비로소 준물권행위로 된다.
② 채무인수는 낙성·불요식 계약이다.

2. 채무인수의 요건

(1) 채무에 관한 요건

1) 채무의 존재
조건부·기한부 채무도 이미 성립한 채무로서 인수의 대상이 된다. 또 장래의 채무도 인수할 수 있다(단 특정이 가능하여야 한다).

2) 이전가능성
① 채무인수가 되려면 채무는 이전할 수 있는 것이어야 한다.
② 단, 성질상 제한(민법 제455조 제1항 단서)과 당사자의 의사표시에 의하여 이전이 제한될 수 있다(통설).

(2) 인수계약의 당사자

1) 채권자·인수인·채무자 사이의 계약
명문의 규정은 없지만, 계약자유의 원칙상 당연히 유효하다.

2) 채권자와 인수인 사이의 계약
① 이해관계 없는 제3자는 채무자의 의사에 반하여 인수인이 되지 못한다(민법 제453조 제2항). 단, 병존적 채무인수는 사실상 인적담보의 기능을 가지는 점에서 보증채무의 경우(민법 제444조 제2항)에 준하여 채무자의 의사에 반해서도 가능하다(대판 1988.5.24. 87다카3104). 기출 21
② 이해관계 없는 제3자가 채무자의 의사에 반하여 채무를 인수했다는 것에 대한 입증책임은 판례에 의하면 이를 주장하는 자가 부담한다.

3) 채무자와 인수인 사이의 계약
① 채무자와 인수인 사이의 계약으로 채무인수를 할 수 있으나, 이때에는 채권자의 승낙이 있어야 그 효력이 발생한다(민법 제454조 제1항). 기출 24·25
② 채권자의 승낙은 사전에도 가능하며(통설), 그 상대방은 채무자 또는 인수인에게 가능하다(민법 제454조 제2항). 기출 25
③ 채무인수에 대한 채권자의 승낙은 다른 의사표시가 없으면 채무를 인수한 때에 소급하여 그 효력이 생긴다. 그러나 제3자의 권리를 해하지 못한다(민법 제457조). 기출 13

④ 채무자나 인수인은 상당한 기간을 정하여 승낙 여부의 확답을 최고할 수 있다. 채권자가 그 기간 내에 확답을 발송하지 아니한 때에는 승낙을 거절한 것으로 본다(민법 제455조 제2항).
⑤ 채권자의 승낙에 의하여 채무인수의 효력이 생기는 경우, 채권자가 승낙을 거절하면 그 이후에는 채권자가 다시 승낙하여도 채무인수로서의 효력이 생기지 않는다(대판 1998.11.24. 98다33765). 기출 25
⑥ 채무자나 인수인은 채권자의 승낙이 있을 때까지는 채무인수계약을 철회하거나 변경할 수 있다(민법 제456조).

3. 채무인수의 효과

(1) 채무의 이전

① 채무인수가 효력이 발생함과 동시에 채무는 동일성을 유지하면서 채무자로부터 인수인에게 이전한다. 이로써 전(前) 채무자는 채무를 면하고 인수인이 채무를 부담한다.
② 채무가 동일성을 유지하면서 이전된다는 점에서 그 채무에 종된 권리도 그대로 이전된다.

> • [1] 인수채무가 원래 5년의 상사시효의 적용을 받던 채무라면 그 후 면책적 채무인수에 따라 그 채무자의 지위가 인수인으로 교체되었다고 하더라도 그 소멸시효의 기간은 여전히 5년의 상사시효의 적용을 받는다 할 것이고, 이는 채무인수행위가 상행위나 보조적 상행위에 해당하지 아니한다고 하여 달리 볼 것이 아니다.
> [2] 면책적 채무인수가 있은 경우, 인수채무의 소멸시효기간은 채무인수와 동시에 이루어진 소멸시효중단사유, 즉 채무승인에 따라 채무인수일로부터 새로이 진행된다(대판 1999.7.9. 99다12376). 기출 25
> • 면책적 채무인수라 함은 채무의 동일성을 유지하면서 이를 종래의 채무자로부터 제3자인 인수인에게 이전하는 것을 목적으로 하는 계약을 말하는바, 채무인수로 인하여 인수인은 종래의 채무자와 지위를 교체하여 새로이 당사자로서 채무관계에 들어서서 종래의 채무자와 동일한 채무를 부담하고 동시에 종래의 채무자는 채무관계에서 탈퇴하여 면책되는 것일 뿐 종래의 채무가 소멸하는 것이 아니므로, 채무인수로 종래의 채무가 소멸하였으니 저당권의 부종성으로 인하여 당연히 소멸한 채무를 담보하는 저당권도 소멸한다는 법리는 성립하지 않는다(대판 1996.10.11. 96다27476).

(2) 항변권의 이전

① 인수인은 전 채무자가 채권자에 대해 가지고 있던 항변사유로 채권자에게 대항할 수 있다(민법 제458조). 기출 22 단, 인수된 채무의 발생원인이 되는 계약의 취소권·해제권은 계약당사자만이 가지는 권리이므로, 단순히 채무의 특정승계인에 지나지 않는 인수인은 이러한 권리를 주장할 수 없다. 기출 14 또 인수인은 전 채무자가 가지고 있던 반대채권으로 상계하지도 못한다.
② 인수인이 전 채무자에 대하여 가지는 항변사유로 채권자에게 대항할 수는 없다(대판 1966.11.29. 66다1861).

(3) 보증·담보의 존속 여부

1) 제3자가 제공한 담보
① 제3자가 제공한 담보(물상보증)나 보증채무는 이들의 승낙이 없는 한 이전하지 않고 소멸한다(민법 제459조). 기출 22
② 물상보증인이 피담보채무를 인수한 때에는 그 동의를 한 것으로 해석된다.

2) 채무자가 제공한 담보
① 채무인수가 채권자와 인수인 사이의 계약으로 이루어질 때에는 채무자의 승낙이 없는 한 소멸한다(통설).
② 채무자와 인수인 또는 3면계약에 의해 이루어진 때에는 채무자인 담보제공자가 채무인수에 동의한 것으로 보아 민법 제459조를 유추적용하여 존속하는 것으로 본다(통설).

3) 법정담보
채무인수에 영향을 받지 않고 그대로 존속한다(통설).

Ⅱ 병존적 채무인수

1. 의 의
① 병존적 채무인수란 기존 채무자의 채무도 존속시키면서 인수인이 동일한 채무를 부담하는 채무인수를 말한다.
② 병존적 채무인수란 인적 담보의 기능을 하는데, 기존 채무자의 채무를 면하게 하는 것은 아니므로 처분행위가 아니다.
③ 면책적인지 병존적인지 의사가 불분명하면 채권자에게 유리한 병존적 인수로 해석한다(대판 2012.1.12. 2011다76099). 기출 13·21·22·24
④ 부동산을 매매하면서 매도인과 매수인 사이에 중도금 및 잔금은 매도인의 채권자에게 직접 지급하기로 약정한 경우, 그 약정은 매도인의 채권자로 하여금 매수인에 대하여 그 중도금 및 잔금에 대한 직접청구권을 행사할 권리를 취득케 하는 제3자를 위한 계약에 해당하고 동시에 매수인이 매도인의 그 제3자에 대한 채무를 인수하는 병존적 채무인수에도 해당한다(대판 1997.10.24. 97다28698). 기출 17

2. 요 건
① 계약의 당사자는 채권자·채무자·인수인, 채권자·인수인, 채무자·인수인 모두 가능하다.
② 채권자와 인수인 사이의 계약으로 이루어질 경우 이는 담보적 기능을 갖기 때문에 채무자의 의사에 반해서도 제3자의 병존적 채무인수가 가능하다. 기출 14·22·24
③ 채무자와 인수인 사이의 병존적 채무인수계약은 일종의 제3자를 위한 계약으로서 민법 제539조 제2항 소정의 채권자의 수익의 의사표시가 필요하다. 기출 13

> **채무자와 인수인의 합의에 의한 중첩적 채무인수에서 채권자의 '수익의 의사표시'가 계약의 성립요건이나 효력발생요건인지 여부(소극)**
> 채무자와 인수인의 합의에 의한 중첩적 채무인수는 일종의 제3자를 위한 계약이라고 할 것이므로, 채권자는 인수인에 대하여 채무이행을 청구하거나 기타 채권자로서의 권리를 행사하는 방법으로 수익의 의사표시를 함으로써 인수인에 대하여 직접 청구할 권리를 갖게 된다. 이러한 점에서 채무자에 대한 채권을 상실시키는 효과가 있는 면책적 채무인수의 경우 채권자의 승낙을 계약의 효력발생요건으로 보아야 하는 것과는 달리, 채무자와 인수인의 합의에 의한 중첩적 채무인수의 경우 채권자의 수익의 의사표시는 그 계약의 성립요건이나 효력발생요건이 아니라 채권자가 인수인에 대하여 채권을 취득하기 위한 요건이다(대판 2019.9.13. 2011다56033).

3. 효 과
① 두 채무 가운데 어느 하나가 변제되면 두 채무는 전부 소멸한다. 물론 채무인수인이 변제하게 되면 원래의 채무자에게 구상권을 행사할 수 있다. 이 경우 인수인은 채권자의 권리를 법정대위한다.
② 종전의 채무와 인수된 채무가 채권자에 대하여 어떠한 관계에 있는지 문제되는데 학설은 보증채무관계설, 연대채무관계설, 부진정연대채무관계설 등이 주장되고 있다. 최근 판례는 채무자와 인수인 사이에 주관적 공동관계가 있으면 연대채무관계, 주관적 공동관계가 없으면 부진정연대관계라고 하여 연대채무관계설을 취하고 있다(대판 2014.8.26. 2013다49404). 기출 24

III 이행인수

이행인수는 인수인이 채무자에 대해 채무자의 채무를 이행할 것을 약정하는 채무자·인수인 사이의 계약을 말한다. 기출 14

① 인수인은 채무자와 사이에 채권자에게 채무를 이행할 의무를 부담하는데 그치고 직접 채권자에 대하여 채무를 부담하는 것이 아니므로 채권자는 직접 인수인에 대하여 채무를 이행할 것을 청구할 수 없다(대판 2010.9.30. 2009다65942). 기출 13

② 부동산의 매수인이 매매목적물에 관한 근저당권이나 가등기 등의 피담보채무를 인수하는 한편 그 채무액을 매매대금에서 공제하기로 약정한 경우 다른 특별한 약정이 없는 이상 이는 매도인을 면책시키는 채무인수가 아니라 이행인수로 보아야 한다(대판 1994.6.14. 92다23377).

물상보증인이 담보부동산을 제3취득자에게 매도하여 제3취득자가 근저당권의 피담보채무를 인수한 경우, 담보권 실행으로 인한 구상권의 귀속 주체(= 물상보증인)
물상보증인이 담보부동산을 제3취득자에게 매도하고 제3취득자가 담보부동산에 설정된 근저당권의 피담보채무의 이행을 인수한 경우, 그 이행인수는 매매당사자 사이의 내부적 계약에 불과하여 이로써 물상보증인의 책임이 소멸하지 않는 것이고, 따라서 담보부동산에 대한 담보권이 실행된 경우에도 제3취득자가 아닌 원래의 물상보증인이 채무자에 대한 구상권을 취득한다(대판 1997.5.30. 97다1556).

부동산 매수인이 매매목적물에 관한 임대차보증금 반환채무 등을 인수하면서 채무액을 매매대금에서 공제하기로 약정한 경우, 채무인수의 법적 성질
부동산의 매수인이 매매목적물에 관한 임대차보증금 반환채무 등을 인수하는 한편 그 채무액을 매매대금에서 공제하기로 약정한 경우, 그 인수는 특별한 사정이 없는 이상 매도인을 면책시키는 면책적 채무인수가 아니라 이행인수로 보아야 하고, 면책적 채무인수로 보기 위해서는 이에 대한 채권자 즉 임차인의 승낙이 있어야 한다(대판 2015.5.29. 2012다84370). 이때 임차인의 승낙은 반드시 명시적 의사표시로 하여야 하는 것은 아니고 묵시적 의사표시로도 가능하다. 그러나 임차인이 채무자인 임대인을 면책시키는 것은 그의 채권을 처분하는 행위이므로, 임대보증금 반환채권의 회수 가능성 등이 의문시되는 상황이라면 임차인의 어떠한 행위를 임대차보증금 반환채무의 면책적 인수에 대한 묵시적 승낙의 의사표시에 해당한다고 쉽게 단정하여서는 아니 된다(대판 2024.6.13. 2024다215542).

부동산 매수인이 매매목적물에 관한 근저당권의 피담보채무를 인수하고 그 채무액을 매매대금에서 공제하기로 약정한 경우, 이를 이행인수로 보아야 하는지 여부(원칙적 적극) 및 이행인수계약의 불이행으로 인한 손해배상의 범위
부동산의 매수인이 매매목적물에 관한 근저당권의 피담보채무를 인수하고 그 채무액을 매매대금에서 공제하기로 약정한 경우, 특별한 사정이 없는 한 매도인을 면책시키는 채무인수가 아니라 이행인수로 보아야 한다. 이행인수계약의 불이행으로 인한 손해배상의 범위는 원칙적으로 채무자가 채무의 내용에 따른 이행을 하지 않음으로써 생긴 통상의 손해를 한도로 한다. 매수인이 인수하기로 한 근저당권의 피담보채무를 변제하지 않아 원리금이 늘어났다면 그 원리금이 매수인의 이행인수계약 불이행으로 인한 통상의 손해액이 된다(대판 2021.11.25. 2020다294516).

담보책임
매매의 목적이 된 부동산에 설정된 저당권의 행사로 인하여 매수인이 취득한 소유권을 잃은 때에는 매수인은 민법 제576조 제1항의 규정에 의하여 매매계약을 해제할 수 있지만, 매수인이 매매목적물에 관한 근저당권의 피담보채무를 인수하는 것으로 매매대금의 지급에 갈음하기로 약정한 경우에는 특별한 사정이 없는 한, 매수인으로서는 매도인에 대하여 민법 제576조 제1항의 담보책임을 면제하여 주었거나 이를 포기한 것으로 봄이 상당하므로, 매수인이 매매목적물에 관한 근저당권의 피담보채무 중 일부만을 인수한 경우 매도인으로서는 자신이 부담하는 피담보채무를 모두 이행한 이상 매수인이 인수한 부분을 이행하지 않음으로써 근저당권이 실행되어 매수인이 취득한 소유권을 잃게 되더라도 민법 제576조 소정의 담보책임을 부담하게 되는 것은 아니다(대판 2002.9.4. 2002다11151).

> **이행불능책임**
> 부동산 매수인이 매매목적물에 설정된 근저당권의 피담보채무에 관하여 그 이행을 인수한 경우, 채권자에 대한 관계에서는 매도인이 여전히 채무를 부담한다고 하더라도, 매도인과 매수인 사이에서는 매수인에게 위 피담보채무를 변제할 책임이 있으므로, 매수인이 그 변제를 게을리하여 근저당권이 실행됨으로써 매도인이 매매목적물에 관한 소유권을 상실하였다면, 특별한 사정이 없는 한, 이는 매수인에게 책임 있는 사유로 인하여 소유권이전등기의무가 이행불능으로 된 경우에 해당하고, 거기에 매도인의 과실이 있다고 할 수는 없다(대판 2008.8.21. 2007다8464).

Ⅳ 계약인수

① 계약인수는 민법상 명문의 규정이 없다고 하더라도 그 같은 계약이 인정되어야 할 것임은 계약자유, 사법자치의 원칙에 비추어 당연한 귀결이다(대판 1996.9.24. 96다25548).

② 계약당사자로서의 지위 승계를 목적으로 하는 계약인수는 계약당사자 및 인수인의 3면 합의에 의하여 계약당사자 중 일방이 당사자로서의 지위를 포괄적으로 제3자에게 이전하여 계약관계에서 탈퇴하고 제3자가 그 지위를 승계하는 것을 목적으로 하는 계약으로서 3면 계약으로 이루어지는 것이 보통이나 관계 당사자 중 2인이 합의하고 나머지 당사자가 이를 동의 내지 승낙하는 방법으로도 가능하고, 나머지 당사자의 동의 내지 승낙이 반드시 명시적 의사표시에 의하여야 하는 것은 아니며 묵시적 의사표시에 의하여서도 가능하다(대판 2023.3.30. 2022다296165).

③ 계약으로부터 발생된 채권·채무는 인수인에게 이전되며, 그 계약의 내용에 따라 장래 발생하게 될 채권·채무도 양수인을 주체로 하여 발생한다. 이 경우 그 계약관계로부터 생기는 취소권, 해제권 등의 권리·의무도 포괄적으로 이전된다.

④ 계약인수가 적법하게 이루어지면 양도인은 계약관계에서 탈퇴하게 되고 계약인수 후에는 특별한 사정이 없는 한 잔류당사자와 양도인 사이에는 계약관계가 존재하지 않게 되며 그에 따른 채권채무관계도 소멸한다(대판 1987.9.8. 85다카733).

핵심문제

01 지명채권의 양도에 관한 설명으로 옳은 것은?(다툼이 있으면 판례에 따름) 기출 16
① 지명채권의 양도는 채권자의 통지 또는 채무자의 승낙에 의하여 효력이 발생한다.
② 양도인이 양도통지만을 한 때에는 채무자는 그 통지를 받은 때까지 양도인에 대하여 생긴 사유로써 양수인에게 대항할 수 있다.
③ 양도금지의 특약이 있는 채권은 압류가 금지된다.
④ 채권이 이중으로 양도된 경우, 양수인 상호 간의 우열은 양도 통지 증서의 확정일자 선후로 결정한다.
⑤ 채권양도의 통지는 관념의 통지로서, 양도인이 직접 하여야 하며 대리가 허용되지 않는다.

【해설】
① (×) 지명채권의 양도는 양도인이 채무자에게 통지하거나 채무자가 승낙하지 아니하면 채무자 기타 제3자에게 대항하지 못한다(민법 제450조). 이는 효력발생요건이 아닌 대항요건이다.
② (○) 민법 제451조 제2항
③ (×) 당사자 사이에 양도금지의 특약이 있는 채권이라도 압류 및 전부명령에 따라 이전될 수 있고, 양도금지의 특약이 있는 사실에 관하여 압류채권자가 선의인가 악의인가는 전부명령의 효력에 영향이 없다(대판 2002.8.27. 2001다71699).
④ (×) 채권이 이중으로 양도된 경우 양수인 상호 간의 우열은 확정일자 있는 양도통지가 채무자에게 도달한 일시 또는 확정일자 있는 승낙의 일시의 선후에 의하여 결정하여야 한다(대판 2013.6.28. 2011다83110).
⑤ (×) 채권양도의 통지는 관념의 통지이고, 법률행위의 대리에 관한 규정은 관념의 통지에도 유추적용된다고 할 것이어서 채권양도의 통지도 양도인이 직접 하지 아니하고 사자를 통하여 하거나 나아가서 대리인으로 하여금 하게 하여도 무방하다고 할 것이다(대판 1994.12.27. 94다19242).

정답 ②

02 채무인수 등에 관한 설명으로 옳지 않은 것은?(다툼이 있는 경우에는 판례에 의함) 기출 14
① 병존적 채무인수는 채무자의 의사에 반해서도 할 수 있다.
② 채무인수가 있으면 계약관계로부터 생기는 취소권·해제권은 인수인에게 이전된다.
③ 채무자가 채권자에 대하여 부담하는 채무를 인수인이 이행하기로 하는 채무자와 인수인 사이의 계약은 이행인수이다.
④ 전(前) 채무자의 채무에 대한 보증이나 제3자가 제공한 담보는 원칙적으로 면책적 채무인수로 인하여 소멸한다.
⑤ 부동산의 매수인이 매매목적물에 관한 근저당권의 피담보채무를 인수하면서 그 채무액을 매매대금에서 공제하기로 약정한 경우, 특별한 사정이 없는 한 이행인수이다.

【해설】
① (○) 병존적 채무인수는 채권자와 채무인수인과의 합의가 있는 이상 채무자의 의사에 반하여서도 이루어질 수 있다(대판 1988.11.22. 87다카1836).
② (×) 인수인은 전채무자의 항변할 수 있는 사유로 채권자에게 대항할 수 있다(민법 제458조). 그러나 인수된 채무의 발생원인이 되는 계약의 취소권, 해제권과 같이 계약 당사자만이 갖는 권리는 인수인이 행사할 수 없다.
③ (○) 이행인수는 인수인이 채무자에 대하여 그 채무를 이행할 것을 약정하는 채무자와 인수인사이의 계약을 말하며 당사자는 채무자와 인수인이다.
④ (○) 전채무자의 채무에 대한 보증이나 제3자가 제공한 담보는 채무인수로 인하여 소멸한다. 그러나 보증인이나 제3자가 채무인수에 동의한 경우에는 그러하지 아니하다(민법 제459조).
⑤ (○) 부동산의 매수인이 매매목적물에 관한 근저당권의 피담보채무를 인수하는 한편, 그 채무액을 매매대금에서 공제하기로 약정한 경우, 다른 특별한 약정이 없는 이상 이는 매도인을 면책시키는 채무인수가 아니라 이행인수로 보아야 하고, 매수인이 위 채무를 현실적으로 변제할 의무를 부담한다고 해석할 수 없으며, 특별한 사정이 없는 한 매수인은 매매대금에서 그 채무액을 공제한 나머지를 지급함으로써 잔금지급의무를 다하였다고 할 것이다(대판 2004.7.9. 2004다13083).

정답 ②

CHAPTER 05 채권양도와 채무인수

01 기출 25

면책적 채무인수에 관한 설명으로 옳지 않은 것은?(다툼이 있으면 판례에 따름)

① 채무자와 인수인의 계약에 의한 채무인수의 경우, 채권자의 승낙의 상대방은 채무자나 인수인이다.
② 채무자와 인수인의 계약에 의한 채무인수의 경우, 채권자의 승낙은 계약의 효력발생요건이 아니라 채권자가 인수인에 대하여 채권을 취득하기 위한 요건이다.
③ 인수채무의 소멸시효기간은 채무인수와 동시에 이루어진 채무승인에 따라 채무인수일로부터 새로이 진행된다.
④ 채무자와 인수인의 계약에 의한 채무인수의 경우, 채권자가 승낙을 거절하면 그 이후에는 채권자가 다시 승낙하여도 채무인수의 효력이 생기지 않는다.
⑤ 채권자와 인수인의 계약에 의한 채무인수의 경우, 금전채무의 보증인은 채무자의 의사에 반하여 채무를 인수할 수 있다.

정답 및 해설

01

① (○) 채무자와 인수인의 계약에 의한 채무인수의 경우, 채권자의 승낙에 의하여 그 효력이 생기며(민법 제454조 제1항), 채권자의 승낙의 상대방은 채무자나 인수인이다(민법 제454조 제2항).
② (×) 채무자에 대한 채권을 상실시키는 효과가 있는 면책적 채무인수의 경우 채권자의 승낙을 계약의 효력발생요건으로 보아야 하는 것과는 달리, 채무자와 인수인의 합의에 의한 중첩적 채무인수의 경우 채권자의 수익의 의사표시는 그 계약의 성립요건이나 효력발생요건이 아니라 채권자가 인수인에 대하여 채권을 취득하기 위한 요건이다(대판 2013.9.13. 2011다56033).
③ (○) 면책적 채무인수가 있은 경우, 인수채무의 소멸시효기간은 채무인수와 동시에 이루어진 소멸시효 중단사유, 즉 채무승인에 따라 채무인수일로부터 새로이 진행된다(대판 1999.7.9. 99다12376).
④ (○) 채권자의 승낙에 의하여 면책적 채무인수의 효력이 생기는 경우, 채권자가 승낙을 거절하면 그 이후에는 채권자가 다시 승낙하여도 채무인수로서의 효력이 생기지 않는다(대판 1998.11.24. 98다33765).
⑤ (○) 채권자와 인수인의 계약에 의한 면책적 채무인수의 경우, 금전채무의 보증인은 이해관계 있는 자로서 채무자의 의사에 반하여 채무를 인수할 수 있다(민법 제453조 제2항).

정답 ②

02 기출 25

지명채권양도에 관한 설명으로 옳은 것은?(다툼이 있으면 판례에 따름)

① 보증채권을 주채권과 함께 양도하는 경우, 대항요건은 양 채권 모두에 관하여 구비하여야 한다.
② 대항요건을 갖추지 못한 채권양도인은 채무자의 제3채무자에 대한 채권에 관하여 가압류를 할 수 없다.
③ 대항요건을 갖추지 못한 채권양수인이 채무자를 상대로 재판상 청구를 한 경우, 이는 소멸시효의 중단사유이다.
④ 임대차계약상 임차권양도금지 특약이 있는 경우, 특별한 사정이 없는 한 임대보증금 반환채권의 양도도 금지하는 것으로 보아야 한다.
⑤ 양도금지특약부 채권을 전부받은 자로부터 다시 그 채권을 양수한 자가 특약에 대하여 악의인 경우, 채무자는 특약을 근거로 채권양도의 무효를 주장할 수 있다.

02

① (×) 보증채무는 주채무에 대한 부종성 또는 수반성이 있어서 주채무자에 대한 채권이 이전되면 당사자 사이에 별도의 특약이 없는 한 보증인에 대한 채권도 함께 이전하고, 이 경우 채권양도의 대항요건은 주채권의 이전에 관하여 구비하면 족하고, 별도로 보증채권에 관하여 대항요건을 갖출 필요는 없다(대판 2002.9.10. 2002다21509).

② (×) 채권양도 후 대항요건이 구비되기 전의 채권양도인은 채무자에 대한 관계에서는 여전히 채권자의 지위에 있으므로 채무자의 제3채무자에 대한 채권에 대하여 채권가압류 등의 보전조치를 할 수 있고, 이 경우 채권가압류에 기하여 채권양도인이 배당절차에서 배당을 받았다면 그 배당은 유효하다고 봄이 상당하다(대판 2019.5.16. 2016다8589).

③ (○) 대항요건을 갖추지 못하여 채무자에게 대항하지 못한다고 하더라도 채권의 양수인이 채무자를 상대로 재판상의 청구를 하였다면 이는 소멸시효 중단사유인 재판상의 청구에 해당한다고 보아야 한다(대판 2005.11.10. 2005다41818).

④ (×) 임차인과 임대인간의 약정에 의하여 임차권의 양도가 금지되어 있다 하더라도 그러한 사정만으로 임대차계약에 따른 임차보증금반환채권의 양도까지 금지되는 것은 아니므로, 임차인 겸 양도인이 양수인에게 임차목적물에 대한 임차권뿐만 아니라 임차보증금반환채권을 양도하고 임대인에게 임차보증금반환채권이 양도되었다는 통지를 한 이상 그 후 임대차계약이 종료되는 경우 양수인은 임차권양도에 동의하였는지의 여부에 상관없이 임대인에 대하여 임차보증금의 반환을 구할 수 있다(대판 2001.6.12. 2001다2624).

⑤ (×) 당사자 사이에 양도금지의 특약이 있는 채권이더라도 전부명령에 의하여 전부되는 데에는 지장이 없고, 양도금지의 특약이 있는 사실에 관하여 집행채권자가 선의인가 악의인가는 전부명령의 효력에 영향을 미치지 못하는 것인바, 이와 같이 양도금지특약부 채권에 대한 전부명령이 유효한 이상, 그 전부채권자로부터 다시 그 채권을 양수한 자가 그 특약의 존재를 알았거나 중대한 과실로 알지 못하였다고 하더라도 채무자는 위 특약을 근거로 삼아 채권양도의 무효를 주장할 수 없다(대판 2003.12.11. 2001다3771).

정답 ③

03 기출 24

지명채권양도에 관한 설명으로 옳지 않은 것은?(다툼이 있으면 판례에 따름)

① 채권양도에 대하여 채무자가 이의를 보류하지 않은 승낙을 하였더라도 채무자는 채권이 이미 타인에게 양도되었다는 사실로써 양수인에게 대항할 수 있다.
② 채권양도에 있어서 주채무자에 대하여 대항요건을 갖추었다면 보증인에 대하여도 그 효력이 미친다.
③ 채권양도가 다른 채무의 담보조로 이루어진 후 그 피담보채무가 변제로 소멸된 경우, 양도채권의 채무자는 이를 이유로 채권양수인의 양수금 지급청구를 거절할 수 있다.
④ 채권양도금지특약의 존재를 경과실로 알지 못하고 그 채권을 양수한 자는 악의의 양수인으로 취급되지 않는다.
⑤ 당사자 사이에 양도금지의 특약이 있는 채권이라도 압류 및 전부명령에 의하여 이전될 수 있다.

03

① (○) 민법 제451조 제1항의 "양도인에게 대항할 수 있는 사유"란 채권의 성립, 존속, 행사를 저지·배척하는 사유를 가리킬 뿐이고, 채권의 귀속(채권이 이미 타인에게 양도되었다는 사실)은 이에 포함되지 아니한다(대판 1994.4.29. 93다35551). 채권양도에 대하여 채무자가 이의를 보류하지 않은 승낙을 하였더라도 채무자는 채권이 이미 타인에게 양도되었다는 사실로써 양수인에게 대항할 수 있다.
② (○) 채권양도에 있어서 주채무자에 대하여 그 대항요건을 갖추었으면 보증인에 대하여도 그 효력이 미친다(대판 1976.4.13. 75다1100).
③ (×) 채권양도가 다른 채무의 담보조로 이루어졌으며 또한 그 채무가 변제되었다고 하더라도, 이는 채권 양도인과 양수인 간의 문제일 뿐이고, 양도채권의 채무자는 채권 양도·양수인 간의 채무 소멸 여하에 관계없이 양도된 채무를 양수인에게 변제하여야 하는 것이므로, 설령 그 피담보채무가 변제로 소멸되었다고 하더라도 양도채권의 채무자로서는 이를 이유로 채권양수인의 양수금 청구를 거절할 수 없다(대판 1999.11.26. 99다23093).
④ (○) 채권양도금지특약의 존재를 '중과실'로 알지 못하고 채권을 양수한 자와 달리, 채권양도금지특약의 존재를 '경과실'로 알지 못하고 그 채권을 양수한 자는 '악의'의 양수인으로 취급되지 않는다(대판 2010.5.13. 2010다8310 참조).
⑤ (○) 당사자 사이에 양도금지의 특약이 있는 채권이라도 압류 및 전부명령에 의하여 이전할 수 있고, 양도금지의 특약이 있는 사실에 관하여 압류채권자가 선의인가 악의인가는 전부명령의 효력에 영향을 미치지 못한다(대판 1976.10.29. 76다1623).

정답 ③

04 기출 24

채권자 甲, 채무자 乙, 인수인 丙으로 하는 채무인수 등의 법률관계에 관한 설명으로 옳은 것은?(다툼이 있으면 판례에 따름)

① 乙과 丙 사이의 합의에 의한 면책적 채무인수가 성립하는 경우, 甲이 乙 또는 丙을 상대로 승낙을 하지 않더라도 그 채무인수의 효력은 발생한다.
② 乙과 丙 사이의 합의에 의한 이행인수가 성립한 경우, 丙이 그에 따라 자신의 출연으로 乙의 채무를 변제하였다면 특별한 사정이 없는 한 甲의 채권을 법정대위할 수 있다.
③ 乙의 의사에 반하여 이루어진 甲과 丙 사이의 합의에 의한 중첩적 채무인수는 무효이다.
④ 乙과 丙 사이의 합의에 의한 채무인수가 면책적 인수인지, 중첩적 인수인지 분명하지 않은 때에는 이를 면책적 채무인수로 본다.
⑤ 乙의 부탁을 받은 丙이 甲과 합의하여 중첩적 채무인수 계약을 체결한 경우, 乙과 丙은 부진정연대채무관계에 있다.

04

① (×) 제3자가 채무자와의 계약으로 채무를 인수한 경우에는 채권자의 승낙에 의하여 그 효력이 생긴다. 채권자의 승낙 또는 거절의 상대방은 채무자나 제3자이다(민법 제454조). 따라서 채무자 乙과 제3자(인수인) 丙 사이의 합의에 의한 면책적 채무인수가 성립하는 경우, 채권자 甲이 채무자 乙 또는 제3자(인수인) 丙을 상대로 승낙을 해야 그 채무인수의 효력이 발생한다.
② (○) 민법 제481조에 의하여 법정대위를 할 수 있는 '변제할 정당한 이익이 있는 자'라고 함은 변제함으로써 당연히 대위의 보호를 받아야 할 법률상의 이익을 가지는 자를 의미한다. 그런데 이행인수인이 채무자와의 이행인수 약정에 따라 채권자에게 채무를 이행하기로 약정하였음에도 불구하고 이를 이행하지 아니하는 경우에는 채무자에 대하여 채무불이행의 책임을 지게 되어 특별한 법적 불이익을 입게 될 지위에 있다고 할 것이므로, 이행인수인은 그 변제를 할 정당한 이익이 있다고 할 것이다(대결 2012.7.16. 2009마461). 채무자 乙과 인수인 丙 사이의 합의에 의한 이행인수가 성립한 경우, 이행인수인 丙이 그에 따라 자신의 출연으로 乙의 채무를 변제하였다면 특별한 사정이 없는 한 채권자 甲의 채권을 법정대위할 수 있다.
③ (×) 중첩적 채무인수는 채권자와 채무인수인과의 합의가 있는 이상 채무자의 의사에 반하여서도 이루어질 수 있다(대판 1988.11.22. 87다카1836). 따라서 채무자 乙의 의사에 반하여 이루어진 채권자 甲과 인수인 丙 사이의 합의에 의한 중첩적 채무인수는 유효하다.
④ (×) 채무인수가 면책적인가 중첩적인가 하는 것은 채무인수계약에 나타난 당사자 의사의 해석에 관한 문제이고, 채무인수에 있어서 면책적 인수인지, 중첩적 인수인지가 분명하지 아니한 때에는 이를 중첩적으로 인수한 것으로 볼 것이다(대판 2002.9.24. 2002다36228).
⑤ (×) 중첩적 채무인수에서 인수인이 채무자의 부탁 없이 채권자와의 계약으로 채무를 인수하는 것은 매우 드문 일이므로 채무자와 인수인은 원칙적으로 주관적 공동관계가 있는 연대채무관계에 있고, 인수인이 채무자의 부탁을 받지 아니하여 주관적 공동관계가 없는 경우에는 부진정연대관계에 있는 것으로 보아야 한다(대판 2014.8.20. 2012다97420). 채무자 乙의 부탁을 받은 인수인 丙이 채권자 甲과 합의하여 중첩적 채무인수계약을 체결한 경우, 채무자 乙과 인수인 丙은 주관적 공동관계가 있는 연대채무관계에 있다.

정답 ②

05 기출 22

채무인수에 관한 설명으로 옳지 않은 것은?(다툼이 있으면 판례에 따름)

① 중첩적 채무인수는 채권자와 인수인 사이의 합의가 있으면 채무자의 의사에 반하여서도 이루어질 수 있다.
② 채무자와 인수인의 계약에 의한 면책적 채무인수는 채권자의 승낙이 없더라도 면책적 채무인수의 효력이 있다.
③ 채무인수가 면책적인지 중첩적인지 불분명한 경우에는 중첩적 채무인수로 본다.
④ 면책적 채무인수인은 전(前)채무자의 항변할 수 있는 사유로 채권자에게 대항할 수 있다.
⑤ 전(前)채무자의 채무에 대한 보증은 보증인의 동의가 없는 한 면책적 채무인수로 인하여 소멸한다.

05

① (O) 중첩적 채무인수는 채권자와 채무인수인과의 합의가 있는 이상 채무자의 의사에 반하여서도 이루어질 수 있다(대판 1988.11.22. 87다카1836).
② (×) 제3자가 채무자와의 계약으로 채무를 인수한 경우에는 채권자의 승낙에 의하여 그 효력이 생긴다(민법 제454조 제1항). 따라서 채권자의 승낙이 없다면 면책적 채무인수의 효력은 발생하지 아니한다.
③ (O) 채무인수가 면책적인가 중첩적인가 하는 것은 채무인수계약에 나타난 당사자 의사의 해석에 관한 문제로서, 면책적 인수인지 중첩적 인수인지가 분명하지 아니한 때에는 이를 중첩적으로 인수한 것으로 볼 것이다(대판 2013.9.13. 2011다56033).
④ (O) 민법 제458조
⑤ (O) 전채무자의 채무에 대한 보증이나 제3자가 제공한 담보는 채무인수로 인하여 소멸한다. 그러나 보증인이나 제3자가 채무인수에 동의한 경우에는 그러하지 아니하다(민법 제459조).

정답 ②

06 기출 19

채무인수에 관한 설명으로 옳은 것은?(다툼이 있으면 판례에 따름)

① 채권자와 인수인의 계약에 의한 중첩적 채무인수는 채무자의 의사에 반하여 할 수 없다.
② 채무자와 인수인의 계약에 의한 면책적 채무인수는 채권자의 승낙이 없더라도 유효하다.
③ 면책적 채무인수로 인하여 종래의 채무가 소멸하는 것은 아니므로 특별한 사정이 없는 한 종래의 채무를 담보하는 저당권도 당연히 소멸하지는 않는다.
④ 채무인수가 면책적 인수인지, 중첩적 인수인지 분명하지 않은 때에는 이를 면책적 채무인수로 본다.
⑤ 부동산 매수인이 매매목적물에 설정된 저당권의 피담보채무를 인수하는 한편 그 채무액을 매매대금에서 공제하기로 약정한 경우, 특별한 사정이 없는 한 이는 매도인을 면책시키는 채무인수로 본다.

06

① (×) 중첩적 채무인수는 채권자와 채무인수인과의 합의가 있는 이상 채무자의 의사에 반하여서도 이루어질 수 있다(대판 1988.11.22. 87다카1836).
② (×) 제3자가 채무자와의 계약으로 채무를 인수한 경우에는 채권자의 승낙에 의하여 그 효력이 생긴다(민법 제454조 제1항).
③ (O) 대판 1996.10.11. 96다27476
④ (×) 채무인수가 면책적인가 중첩적인가 하는 것은 채무인수계약에 나타난 당사자의사의 해석에 관한 문제로서, 면책적 인수인지 중첩적 인수인지가 분명하지 아니한 때에는 이를 중첩적으로 인수한 것으로 볼 것이다(대판 2013.9.13. 2011다56033).
⑤ (×) 부동산의 매수인이 매매목적물에 관한 채무를 인수하는 한편 그 채무액을 매매대금에서 공제하기로 약정한 경우, 그 인수는 특별한 사정이 없는 한 매도인을 면책시키는 채무인수가 아니라 이행인수로 보아야 한다(대판 2007.9.21. 2006다69479).

정답 ③

07 기출 21

채권양도와 채무인수에 관한 설명으로 옳지 않은 것은?(다툼이 있으면 판례에 따름)

① 매매로 인한 소유권이전등기청구권의 양도는 채무자의 동의나 승낙을 받아야 대항력이 생긴다.
② 중첩적 채무인수는 채권자와 채무인수인 사이에 합의가 있더라도 채무자의 의사에 반해서는 이루어질 수 없다.
③ 당사자 간 지명채권 양도의 효과는 특별한 사정이 없는 한 통지 또는 승낙과 관계없이 양도계약과 동시에 발생한다.
④ 가압류된 채권도 특별한 사정이 없는 한 양도하는 데 제한이 없다.
⑤ 채무의 인수가 면책적인지 중첩적인지 불분명한 경우에는 중첩적 채무인수로 본다.

07

① (○) 매매로 인한 소유권이전등기청구권의 양도는 특별한 사정이 없는 이상 양도가 제한되고 양도에 채무자의 승낙이나 동의를 요한다고 할 것이므로 통상의 채권양도와 달리 양도인의 채무자에 대한 통지만으로는 채무자에 대한 대항력이 생기지 않으며 반드시 채무자의 동의나 승낙을 받아야 대항력이 생긴다(대판 2018.7.12. 2015다36167).
② (×) 중첩적 채무인수는 채권자와 채무인수인과의 합의가 있는 이상 채무자의 의사에 반하여서도 이루어질 수 있다(대판 1988.11.22. 87다카1836).
③ (○) 당사자 간 지명채권 양도의 효과는 양도인과 양수인 사이에 채권을 양도인으로부터 양수인에게 이전하기로 하는 내용의 양도계약을 체결함으로써 발생한다. 민법 제450조가 정하는 채무자의 승낙이나 채무자에게의 통지는 대항요건에 불과하다.
④ (○) 채권양도에 의하여 채권은 그 동일성을 잃지 않고 양도인으로부터 양수인에게 이전된다 할 것이며, 가압류된 채권도 이를 양도하는 데 아무런 제한이 없다 할 것이나, 다만 가압류된 채권을 양수받은 양수인은 그러한 가압류에 의하여 권리가 제한된 상태의 채권을 양수받는다고 보아야 할 것이고, 이는 채권을 양도받았으나 확정일자 있는 양도통지나 승낙에 의한 대항요건을 갖추지 아니하는 사이에 양도된 채권이 가압류된 경우에도 동일하다(대판 2002.4.26. 2001다59033).
⑤ (○) 채무인수가 면책적인가 중첩적인가 하는 것은 채무인수계약에 나타난 당사자 의사의 해석에 관한 문제로서, 면책적 인수인지 중첩적 인수인지가 분명하지 아니한 때에는 이를 중첩적으로 인수한 것으로 볼 것이다(대판 2013.9.13. 2011다56033).

정답 ②

CHAPTER 06 채권의 소멸

제1절 서설

```
         ┌─ 법률행위 ──────┬─ 채권자의 단독행위 – 면제
         │                 ├─ 채무자의 단독행위 – 상계
         │                 └─ 계약 – 대물변제, 공탁, 경개, 면책적 채무인수
         ├─ 준법률행위 – 변제
         └─ 사건 – 혼동, 채무자의 귀책사유 없는 급부불능
```

제2절 변제

I. 변제의 의의

1. 개념

변제란 채무자 또는 제3자의 급부행위에 의하여 채권이 만족을 얻어 채권의 소멸이라는 법률효과를 발생시키는 법률요건이다.

2. 변제의 법적 성질

① 변제는 법률행위가 아니라 준법률행위이다(통설). 따라서 변제의사나 행위능력을 필요로 하지 않는다.
② 단, 변제와 변제행위는 구별되어야 한다.

Ⅱ 변제자와 변제수령자

1. 변제자

(1) 채무자

채무자는 변제를 하여야 할 자로서 스스로 변제를 할 수도 있고 이행보조자를 시켜 변제할 수도 있으며, 급부가 법률행위인 때에는 대리인을 시켜 변제할 수도 있다. 변제에 관한 증명책임은 채무자에게 있다. 채무자는 채권자에게 급부한 점 및 그 급부가 특정 채무의 변제로서 이루어졌다는 점을 증명해야 한다. 채무자가 객관적으로 특정 채무의 내용에 적합한 급부를 하였다면 특별한 사정이 없는 한 급부가 그 채무의 변제로서 이루어졌다는 점이 인정된다(대판 2024.10.8. 2024다258921).

(2) 제3자의 변제

> **제3자의 변제(민법 제469조)**
> ① 채무의 변제는 제3자도 할 수 있다. 그러나 채무의 성질 또는 당사자의 의사표시로 제3자의 변제를 허용하지 아니하는 때에는 그러하지 아니하다.
> ② 이해관계 없는 제3자는 채무자의 의사에 반하여 변제하지 못한다.

1) 의 의

제3자의 변제란 채무자의 이름으로 변제하는 것이 아니라 자신의 이름으로 타인의 채무를 변제하려는 의사를 가지고 변제하는 것을 말한다.

2) 제3자의 변제의 요건
① 타인 채무의 변제라는 지정행위가 있을 것
② 제3자가 채권자에 대하여 자기의 채무변제를 지정하는 경우에는 본조가 적용되지 않는다.

3) 제3자의 변제의 제한
① 채무의 성질상 제3자의 변제가 허용되지 않는 경우
② 이해관계 없는 제3자의 변제로서 채무자의 의사에 반하는 경우: 물상보증인이나 담보부동산의 제3취득자 등과 같이 법률상의 이해관계를 가지는 제3자는 채무자의 의사에 반하여서도 변제할 수 있으나, 이해관계가 없는 제3자는 채무자의 의사에 반하여 변제할 수 없다(민법 제469조 제2항).
③ 당사자의 의사표시로 제3자의 변제를 금지한 경우(민법 제469조 제1항 단서)

(3) 제3자의 변제의 효과

① 제3자의 변제가 유효하면 채권이 소멸된다.
② 채무자에 대한 구상권을 갖는다. 제3자가 채무자에 대해 구상권을 가지는 경우 이러한 구상권의 확보를 위해 변제자대위가 가능하다.
③ 제3자의 변제제공을 채권자가 정당한 이유 없이 거절하면 수령지체에 빠진다.
④ 변제자는 채권자에 대하여 영수증의 교부를 청구하는 권리(민법 제474조)와 채권증서의 반환을 청구하는 권리(민법 제475조 전단)를 가진다.
⑤ 다수설에 의하면 영수증의 교부와 변제는 동시이행의 관계에 있다고 해석되지만, 채권증서의 반환과 변제는 동시이행의 관계가 없다고 한다. **기출** 12·15

2. 변제수령자

(1) 원 칙
채권자에게 변제수령권이 있는 것이 원칙이다.

(2) 채권자에게 변제수령권한이 없는 경우
압류당한 채권자, 파산한 채권자, 입질시킨 채권자는 수령할 권한이 없다.

(3) 채권의 준점유자에 대한 변제

> **채권의 준점유자에 대한 변제(민법 제470조)**
> 채권의 준점유자에 대한 변제는 변제자가 선의이며 과실 없는 때에 한하여 효력이 있다.

1) 의 의
채권의 준점유자란 채권을 사실상 행사하는 자로 사실상 행사의 의미는 진정한 채권자가 아니면서 채권자로서의 외형을 갖춘 것을 말한다(대판 2004.4.23, 2004다5389). 기출 15

2) 요 건
① 채권의 준점유자일 것

> **판례가 채권의 준점유자로 인정한 사례**
> - 채권의 표현상속인
> - 예금증서와 인장의 소지인
> - 가압류된 채권이 지급된 경우
> - 채권양도가 무효인 경우 사실상의 양수인 또는 무효인 전부명령을 받은 자
> - 채권자의 대리인이라고 칭한 자

② 변제자의 선의·무과실
- 채권의 준점유자에게 변제수령의 권한이 있다고 믿었으며 또 그와 같이 믿는 데 과실이 없는 때에만 유효한 것으로 된다(민법 제470조). 기출 12·15
- 통설은 선의 및 무과실의 주장·입증책임은 변제의 유효를 주장하는 자가 부담한다고 한다. 기출 20

③ 채권자의 귀책사유가 필요한지 여부 : 통설은 채권의 준점유자가 외형을 갖추는 것에 대한 채권자의 귀책사유는 불필요하다고 한다.

3) 효 과
채권의 준점유자에 대한 변제가 유효하면 채권은 확정적으로 소멸하고 채무자는 채무를 면한다. 따라서 채권자는 채무자에 대해 이행을 청구할 수 없다. 또한 채무자는 준점유자에 부당이득의 반환을 청구할 수 없으며, 진정한 채권자만이 준점유자에게 부당이득반환을 청구할 수 있다.

(4) 영수증소지자에 대한 변제

> **영수증소지자에 대한 변제(민법 제471조)**
> 영수증을 소지한 자에 대한 변제는 그 소지자가 변제를 받을 권한이 없는 경우에도 효력이 있다. 그러나 변제자가 그 권한 없음을 알았거나 알 수 있었을 경우에는 그러하지 아니하다.

1) 의 의
영수증이란 변제의 수령을 증명하는 서면을 말하는데, 영수증소지자가 무권한자인 경우에도 변제자가 선의·무과실로 변제한 경우라면 변제자를 보호할 필요가 있다.

2) 요 건
① 영수증은 진정하게 작성된 것이어야 한다.
② 변제자는 선의·무과실이어야 한다. 변제자에게 악의나 과실이 있다는 점은 변제의 효력을 부정하는 채권자가 증명해야 한다.

3) 효 과
유효한 변제가 되어 채무는 소멸한다.

(5) 증권적 채권의 소지인에 대한 변제

증권적 채권(지시채권, 무기명채권, 지명소지인출급채권 등)의 소지인에 대한 변제는 그가 진정한 권리자가 아니더라도 변제자가 악의이거나 중과실이 없는 한 유효하다. 증권적 채권의 유통성 확보를 위한 것이다.

(6) 권한 없는 자에 대한 변제의 특칙

> **권한 없는 자에 대한 변제(민법 제472조)**
> 전2조의 경우외에 변제받을 권한 없는 자에 대한 변제는 채권자가 이익을 받은 한도에서 효력이 있다. 기출 25

1) 원 칙
권한 없는 자에 대한 변제는 원칙적으로 민법 제470조나 민법 제471조에 의해 보호되는 경우가 아닌 한 변제로서의 효력이 없다.

2) 예 외
① 단, 무효인 변제에 의하여 채권자가 사실상 이익을 받은 경우에는 그 한도에서 변제가 유효하다.

> 민법 제472조는 불필요한 연쇄적 부당이득반환의 법률관계가 형성되는 것을 피하기 위하여 변제받을 권한 없는 자에 대한 변제의 경우에도 채권자가 이익을 받은 한도에서 효력이 있다고 규정하고 있는데, 여기에서 말하는 '채권자가 이익을 받은' 경우에는 변제의 수령자가 진정한 채권자에게 채무자의 변제로 받은 급부를 전달한 경우는 물론이고, 그렇지 않더라도 무권한자의 변제수령을 채권자가 사후에 추인한 때와 같이 무권한자의 변제수령을 채권자의 이익으로 돌릴 만한 실질적 관련성이 인정되는 경우도 포함된다. 이 경우 추인은 명시적 뿐만 아니라 묵시적인 방법으로도 가능하며 그 의사표시는 무권대리인이나 그 상대방 어느 쪽에 하여도 무방하고, 이와 같이 무권한자의 변제수령을 채권자가 추인한 경우에 채권자는 무권한자에게 부당이득으로서 그 변제받은 것의 반환을 청구할 수 있다(대판 2023.12.14. 2023다272234).

② 변제자의 선의·악의는 불문한다.

Ⅲ 변제의 제공

1. 변제제공의 의의
변제의 제공이란 채권자의 수령, 협력을 요하는 채무에 있어서 채무자가 그 급부실현에 필요한 준비를 다하고 채권자에게 협력을 구하는 것을 말한다.

2. 변제제공의 방법

> **변제제공의 방법(민법 제460조)**
> 변제는 채무내용에 좇은 현실제공으로 이를 하여야 한다. 그러나 채권자가 미리 변제받기를 거절하거나 채무의 이행에 채권자의 행위를 요하는 경우에는 변제준비의 완료를 통지하고 그 수령을 최고하면 된다.

(1) 원칙 : 현실의 제공
현실의 제공은 채권자의 현주소지나 이행지에서 채권자가 수령할 수 있는 상태에 두는 것을 말한다.

(2) 예외 : 구두의 제공
구두의 제공이란 채권자의 협력이 있으면 급부를 할 수 있도록 준비한 것을 채권자에게 통지하여 그 수령, 기타의 협력을 최고하는 것을 말한다.

(3) 구두의 제공조차 필요하지 않은 경우
① 채권자가 수령거절의 의사를 명백히 한 경우
② 분할적·회귀적 급부에 있어서 그 급부의 1회분을 제공했음에도 불구하고 채권자가 수령을 거절한 경우

3. 변제제공의 효과

> **변제제공의 효과(민법 제461조)**
> 변제의 제공은 그때로부터 채무불이행의 책임을 면하게 한다.

채무자는 변제의 제공이 있는 때로부터 채무불이행으로 인하여 생기는 손해배상, 지연이자, 위약금 등 모든 책임을 면한다(민법 제461조).
① 채무불이행책임을 면할 뿐 채권이 소멸하는 것은 아니다.
② 담보권을 실행 당하지 않는다.
③ 약정이자는 그 발생이 정지된다.
④ 쌍무계약에서는 상대방은 동시이행의 항변권을 상실한다. 그러나 판례는 동시이행항변권을 상실시키려면 일회적 제공으로는 안되고 변제의 제공이 계속되어야 한다고 한다.

Ⅳ 변제의 장소와 시기

1. 변제의 장소

> **변제의 장소(민법 제467조)**
> ① 채무의 성질 또는 당사자의 의사표시로 변제장소를 정하지 아니한 때에는 특정물의 인도는 채권성립 당시에 그 물건이 있던 장소에서 하여야 한다.
> ② 전항의 경우에 특정물인도 이외의 채무변제는 채권자의 현주소에서 하여야 한다. 그러나 영업에 관한 채무의 변제는 채권자의 현영업소에서 하여야 한다.
>
> **대금지급장소(민법 제586조)**
> 매매의 목적물의 인도와 동시에 대금을 지급할 경우에는 그 인도장소에서 이를 지급하여야 한다.
>
> **임치물의 반환장소(민법 제700조)**
> 임치물은 그 보관한 장소에서 반환하여야 한다. 그러나 수치인이 정당한 사유로 인하여 그 물건을 전치한 때에는 현존하는 장소에서 반환할 수 있다.

2. 변제의 시기

> **변제기전의 변제(민법 제468조)**
> 당사자의 특별한 의사표시가 없으면 변제기전이라도 채무자는 변제할 수 있다. 그러나 상대방의 손해는 배상하여야 한다.
>
> **기한전의 변제(민법 제743조)**
> 변제기에 있지 아니한 채무를 변제한 때에는 그 반환을 청구하지 못한다. 그러나 채무자가 착오로 인하여 변제한 때에는 채권자는 이로 인하여 얻은 이익을 반환하여야 한다.

Ⅴ 변제의 목적물

> **특정물의 현상인도(민법 제462조)**
> 특정물의 인도가 채권의 목적인 때에는 채무자는 이행기의 현상대로 그 물건을 인도하여야 한다.
>
> **변제로서의 타인의 물건의 인도(민법 제463조)**
> 채무의 변제로 타인의 물건을 인도한 채무자는 다시 유효한 변제를 하지 아니하면 그 물건의 반환을 청구하지 못한다.
>
> **양도능력 없는 소유자의 물건인도(민법 제464조)**
> 양도할 능력 없는 소유자가 채무의 변제로 물건을 인도한 경우에는 그 변제가 취소된 때에도 다시 유효한 변제를 하지 아니하면 그 물건의 반환을 청구하지 못한다.
>
> **채권자의 선의소비, 양도와 구상권(민법 제465조)**
> ① 전2조의 경우에 채권자가 변제로 받은 물건을 선의로 소비하거나 타인에게 양도한 때에는 그 변제는 효력이 있다.
> ② 전항의 경우에 채권자가 제3자로부터 배상의 청구를 받은 때에는 채무자에 대하여 구상권을 행사할 수 있다.

Ⅵ 변제의 비용과 변제의 증거

1. 변제의 비용

> **변제비용의 부담(민법 제473조)**
> 변제비용은 다른 의사표시가 없으면 채무자의 부담으로 한다. 그러나 채권자의 주소이전 기타의 행위로 인하여 변제비용이 증가된 때에는 그 증가액은 채권자의 부담으로 한다.
>
> **매매계약의 비용의 부담(민법 제566조)**
> 매매계약에 관한 비용은 당사자 쌍방이 균분하여 부담한다.

2. 변제의 증거

> **영수증청구권(민법 제474조)**
> 변제자는 변제를 받는 자에게 영수증을 청구할 수 있다.
>
> **채권증서반환청구권(민법 제475조)**
> 채권증서가 있는 경우에 변제자가 채무전부를 변제한 때에는 채권증서의 반환을 청구할 수 있다. 채권이 변제 이외의 사유로 전부 소멸한 때에도 같다.

(1) 영수증청구권
　① 변제와 영수증의 교부는 동시이행관계에 있다(통설)(대판 2005.8.19, 2003다22042).
　② 일부변제나 대물변제도 변제의 효과가 발생하므로 영수증을 청구할 수 있다.
(2) 채권증서반환청구권
　① 채권증서의 반환비용은 채권자가 부담한다.
　② 변제와 채권증서의 반환은 동시이행관계가 아니다(통설)(대판 2005.8.19, 2003다22042).
　③ 일부변제자는 채권증서의 반환을 청구할 수 없고, 일부변제 사실의 기재만을 청구할 수 있다.

Ⅶ 변제의 충당

> **지정변제충당(민법 제476조)**
> ① 채무자가 동일한 채권자에 대하여 같은 종류를 목적으로 한 수개의 채무를 부담한 경우에 변제의 제공이 그 채무전부를 소멸하게 하지 못하는 때에는 변제자는 그 당시 어느 채무를 지정하여 그 변제에 충당할 수 있다.
> ② 변제자가 전항의 지정을 하지 아니할 때에는 변제받는 자는 그 당시 어느 채무를 지정하여 변제에 충당할 수 있다. 그러나 변제자가 그 충당에 대하여 즉시 이의를 한 때에는 그러하지 아니하다.
> ③ 전2항의 변제충당은 상대방에 대한 의사표시로써 한다.

법정변제충당(민법 제477조)
당사자가 변제에 충당할 채무를 지정하지 아니한 때에는 다음 각 호의 규정에 의한다. 기출 12·22
1. 채무중에 이행기가 도래한 것과 도래하지 아니한 것이 있으면 이행기가 도래한 채무의 변제에 충당한다.
2. 채무전부의 이행기가 도래하였거나 도래하지 아니한 때에는 채무자에게 변제이익이 많은 채무의 변제에 충당한다.
3. 채무자에게 변제이익이 같으면 이행기가 먼저 도래한 채무나 먼저 도래할 채무의 변제에 충당한다.
4. 전2호의 사항이 같은 때에는 그 채무액에 비례하여 각 채무의 변제에 충당한다.

부족변제의 충당(민법 제478조)
1개의 채무에 수개의 급여를 요할 경우에 변제자가 그 채무전부를 소멸하게 하지 못한 급여를 한 때에는 전2조의 규정을 준용한다.

비용, 이자, 원본에 대한 변제충당의 순서(민법 제479조)
① 채무자가 1개 또는 수개의 채무의 비용 및 이자를 지급할 경우에 변제자가 그 전부를 소멸하게 하지 못한 급여를 한 때에는 비용, 이자, 원본의 순서로 변제에 충당하여야 한다.
② 전항의 경우에 제477조의 규정을 준용한다.

1. 의 의

변제의 충당이란 채무자가 같은 채권자에 대하여 수 개의 동종의 채무를 부담하고 있는 경우 또는 한 개의 채무의 변제로서 수 개의 급부를 하여야 할 경우에, 변제자가 제공한 급부가 그 채무의 전부를 소멸시킬 수 없는 때에는 어느 채무 또는 급부의 변제에 충당할 것인가를 결정하는 것을 말한다.

① 채권자에게 여러 채무를 부담하는 채무자의 급부가 동시에 여러 채무의 내용에 적합하나 그 채무 전부를 소멸시키기에 부족한 경우에는 변제충당이 문제된다. 채무자가 그중 특정 채무의 변제로서 급부하였다고 주장함에 대하여, 채권자가 이를 수령한 사실을 인정하면서도 다른 채무의 변제에 충당하였다고 주장하는 경우에는 채권자는 그 다른 채권이 존재한다는 사실과 그 다른 채권에 변제충당하기로 하는 합의나 지정 또는 그 채권이 법정충당의 우선순위에 있었다는 사실을 주장·증명하여야 한다(대판 2024.10.8. 2024다258921).

② 변제충당에 관한 규정은 임의규정이므로 변제자와 변제받는 자 사이에 민법 제476조 내지 제479조의 규정과 다른 약정이 있다면 그 약정에 따라 변제충당의 효력이 발생하며(대결 2010.3.10. 2009마1942), 다른 약정이 없는 경우에는 지정충당에 의하여 정하여지고, 지정이 없을 때에는 법률의 규정에 의하여 충당이 이루어진다. 기출 15

2. 변제충당의 순서

① 합의충당이 최우선이다.
② 비용·이자·원본의 순서는 지정충당으로 변경할 수 없고, 합의로만 변경할 수 있다. 따라서 채무자가 1개 또는 수개 채무의 비용 및 이자를 전부 소멸케 하지 못하는 급여를 한 경우의 변제충당에 관하여는 민법 제479조에 그 충당순서가 법정되어 있고 지정변제충당에 관한 민법 제476조는 준용되지 아니하므로, 당사자 사이에 특별한 합의가 없는 한 비용, 이자, 원본의 순서로 변제에 충당되며, 채무자는 물론 채권자라고 할지라도 위 법정순서와 다르게 일방적으로 충당의 순서를 지정할 수는 없다(대판 2006.10.12. 2004재다818). 기출 20·25

3. 합의충당(계약에 의한 충당)

4. 지정행위에 의한 충당(민법 제476조)

(1) 변제자에 의한 충당

1차 충당지정권자는 변제자이다. 따라서 변제자의 지정으로 충당할 수 있고, 수령자는 이의를 제기할 수 없다.

(2) 변제수령자에 의한 충당

2차 충당지정권자는 변제수령자이다. 따라서 변제자는 변제수령자의 지정충당에 대하여 즉시 이의를 제기할 수 있고, 이의를 제기하면 변제수령자의 지정충당은 그 효력이 없어지면서 법정충당에 의한다(통설).

(3) 지정충당에 대한 제한(민법 제479조)

5. 법정충당(민법 제477조)

(1) 의 의

변제자에 의한 지정도 변제수령자에 의한 지정도 없는 경우 또는 변제수령자가 지정하였으나 변제자가 즉시 이의를 제기한 경우에 그리고 비용, 이자 및 원본 사이에서는 법정충당에 따라 충당된다.

(2) 충당의 순서

① 이행기 도래의 여부 : 채무 중에 이행기가 도래한 것과 도래하지 아니한 것이 있으면 이행기가 도래한 채무의 변제에 충당한다(제1호).
② 변제이익의 다과 : 채무 전부의 이행기가 도래하였거나 도래하지 아니한 때에는 채무자에게 변제이익이 많은 채무의 변제에 충당한다(제2호).
③ 이행기의 선후 : 채무자에게 변제이익이 같으면 이행기가 먼저 도래한 채무나 먼저 도래할 채무의 변제에 충당한다(제3호).
④ 비례충당 : 전2호의 사항이 같은 때에는 그 채무액에 비례하여 각 채무의 변제에 충당한다(제4호).

(3) 관련 판례

주채무자의 경우 보증인이 있는 채무와 보증인이 없는 채무 간에 변제이익에 차이가 있는지 여부(소극)
변제자가 주채무자인 경우, 보증인이 있는 채무와 보증인이 없는 채무 사이에는 변제이익의 점에서 차이가 없다고 보아야 하므로, 보증기간 중의 채무와 보증기간 종료 후의 채무 사이에서도 변제이익의 점에서 차이가 없다. 따라서 주채무자가 변제한 금원은 이행기가 먼저 도래한 채무부터 법이 정하는 바에 따라 변제충당을 하여야 한다(대판 2021.1.28. 2019다207141).

기출 12·22·24

채무자의 변제에 따른 법정변제충당에서 물상보증인이 제공한 물적 담보가 있는 채무와 그러한 담보가 없는 채무 사이에 변제이익의 차이가 있는지 여부(소극)
변제자가 주채무자인 경우에 보증인이 있는 채무와 보증인이 없는 채무 사이에 있어서 전자가 후자에 비하여 변제이익이 더 많다고 볼 근거는 전혀 없는 것이고 양자는 변제의 이익의 점에 있어 차이가 없다고 봄이 상당하다고 할 것이며 이와 같이 변제의 이익이 같을 경우에는 변제금은 이행기가 먼저 도래한 채무나 먼저 도래할 채무의 변제에 충당하여야 한다(대판 1985.3.12. 84다카2093).

VIII 변제자대위

1. 의의
변제로서 당연히 소멸되어야 할 채권자의 채권을 소멸시키지 않고 구상권자의 구상권의 확보를 위해 구상권자에게 이전할 수 있도록 하는 규정이 변제자대위 제도이다.

2. 법적 성질
변제에 의한 대위의 경우 채권자의 권리가 변제자에게 이전된다(법률상 권리이전설, 통설·판례).

3. 변제자대위의 요건

(1) 대위의 요건
① 변제 기타 원인으로 채권의 만족을 주었을 것 : 변제, 대물변제, 공탁, 상계 등 자기의 출재로 채권자에게 만족을 주었어야 하며(민법 제486조), 채권 일부의 만족을 준 때에도 변제자대위가 인정된다.
② 변제자가 채무자에 대하여 구상권을 가질 것 : 변제자대위 제도의 목적이 구상권을 확보하기 위함이므로, 구상권이 없다면 대위가 인정되지 않는다(대판 1994.12.9. 94다38106).
③ 변제할 정당한 이익이 있을 것(민법 제481조) : 민법 제469조 제2항은 이해관계 없는 제3자는 채무자의 의사에 반하여 변제하지 못한다고 규정하고, 민법 제481조는 변제할 정당한 이익이 있는 자는 변제로 당연히 채권자를 대위한다고 규정하고 있는바, 위 조항에서 말하는 '이해관계' 내지 '변제할 정당한 이익'이 있는 자는 변제를 하지 않으면 채권자로부터 집행을 받게 되거나 또는 채무자에 대한 자기의 권리를 잃게 되는 지위에 있기 때문에 변제함으로써 당연히 대위의 보호를 받아야 할 법률상 이익을 가지는 자를 말하고, 단지 사실상의 이해관계를 가진 자는 제외된다(대결 2009.5.28. 2008마109).
④ 변제와 동시에 채권자의 승낙이 있을 것(민법 제480조 제1항)

(2) 구체적 검토

1) 법정대위의 경우

> **변제자의 법정대위(민법 제481조)**
> 변제할 정당한 이익이 있는 자는 변제로 당연히 채권자를 대위한다.

① 변제할 정당한 이익을 갖는 자 : 변제할 정당한 이익이 있는 자란 구체적으로 불가분채무자, 연대채무자, 보증인, 물상보증인 등을 말한다.

> **민법 제481조에 의하여 법정대위를 할 수 있는 '변제할 정당한 이익이 있는 자'의 의미 및 이행인수인이 '변제할 정당한 이익이 있는 자'에 해당하는지 여부(적극)**
> 민법 제481조에 의하여 법정대위를 할 수 있는 '변제할 정당한 이익이 있는 자'라고 함은 변제함으로써 당연히 대위의 보호를 받아야 할 법률상의 이익을 가지는 자를 의미한다. 그런데 이행인수인이 채무자와의 이행인수약정에 따라 채권자에게 채무를 이행하기로 약정하였음에도 불구하고 이를 이행하지 아니하는 경우에는 채무자에 대하여 채무불이행의 책임을 지게 되어 특별한 법적 불이익을 입게 될 지위에 있다고 할 것이므로, 이행인수인은 그 변제를 할 정당한 이익이 있다고 할 것이다(대결 2012.7.16. 2009마461).

② 법정대위의 효과 : 채권양도의 합의나 대항요건을 갖추지 않더라도 법률상 당연히 채권자의 채권이 변제자에게 이전되고 담보권 등도 당연히 이전된다(통설).

2) 임의대위의 경우

> **변제자의 임의대위(민법 제480조)**
> ① 채무자를 위하여 변제한 자는 변제와 동시에 채권자의 승낙을 얻어 채권자를 대위할 수 있다.
> ② 전항의 경우에 제450조 내지 제452조의 규정을 준용한다.

① 성립요건
  ㉠ 변제할 정당한 이익을 가지지 않는 자라 하더라도 채무자를 위해 변제한 자는 변제와 동시에 채권자의 승낙을 얻어 채권자를 대위할 수 있다(민법 제480조 제1항).
  ㉡ 채권자의 승낙은 반드시 명시적일 필요가 없다.
② 효과 : 변제만으로 채권자의 채권이 당연히 이전하지는 않고, 채권자의 승낙이 필요할 뿐만 아니라 채무자 기타 제3자에게 대항하기 위해서는 채권양도의 대항요건을 갖추어야 한다(민법 제480조 제2항).

4. 변제자대위의 효과

> **변제자대위의 효과, 대위자 간의 관계(민법 제482조)**
> ① 전2조의 규정에 의하여 채권자를 대위한 자는 자기의 권리에 의하여 구상할 수 있는 범위에서 채권 및 그 담보에 관한 권리를 행사할 수 있다.
> ② 전항의 권리행사는 다음 각 호의 규정에 의하여야 한다. **기출** 12
>   1. 보증인은 미리 전세권이나 저당권의 등기에 그 대위를 부기하지 아니하면 전세물이나 저당물에 권리를 취득한 제3자에 대하여 채권자를 대위하지 못한다.
>   2. 제3취득자는 보증인에 대하여 채권자를 대위하지 못한다.
>   3. 제3취득자 중의 1인은 각 부동산의 가액에 비례하여 다른 제3취득자에 대하여 채권자를 대위한다.
>   4. 자기의 재산을 타인의 채무의 담보로 제공한 자가 수인인 경우에는 전호의 규정을 준용한다.
>   5. 자기의 재산을 타인의 채무의 담보로 제공한 자와 보증인간에는 그 인원수에 비례하여 채권자를 대위한다. 그러나 자기의 재산을 타인의 채무의 담보로 제공한 자가 수인인 때에는 보증인의 부담부분을 제외하고 그 잔액에 대하여 각 재산의 가액에 비례하여 대위한다. 이 경우에 그 재산이 부동산인 때에는 제1호의 규정을 준용한다.
>
> **일부의 대위(민법 제483조)**
> ① 채권의 일부에 대하여 대위변제가 있는 때에는 대위자는 그 변제한 가액에 비례하여 채권자와 함께 그 권리를 행사한다.
> ② 전항의 경우에 채무불이행을 원인으로 하는 계약의 해지 또는 해제는 채권자만이 할 수 있고 채권자는 대위자에게 그 변제한 가액과 이자를 상환하여야 한다.

(1) 대위자와 채무자 사이의 효과
  ① 채무자를 위하여 채무를 변제함으로써 채무자에 대하여 구상권을 취득하는 경우, 그 구상권의 범위 내에서 종래 채권자가 가지고 있던 채권과 그 담보에 관한 권리는 동일성을 유지한 채 법률상 당연히 변제자에게 이전한다(민법 제482조 제1항). 이때 대위할 범위에 관하여 종래 채권자가 배당요구 없이도 당연히 배당받을 수 있었던 경우에는 대위변제자는 따로 배당요구를 하지 않아도 배당을 받을 수 있다(대판 2021.2.5. 2016다232597).
  ② 변제자대위는 채무를 변제함으로써 채무자에 대하여 갖게 된 구상권의 효력을 확보하기 위한 제도이므로 대위에 의한 원채권과 담보권의 행사 범위는 구상권의 범위로 한정된다. 따라서 변제자는 구상권확보와 무관한 계약해제권이나 취소권은 행사할 수 없고, 변제자대위권은 구상권에 부종하기 때문에 구상권이 소멸하면 원채권 및 그 담보권도 소멸한다.

(2) 일부대위의 경우

① 변제자가 그 변제한 가액에 비례하여 채권자와 함께 그 권리를 행사한다(민법 제483조 제1항).

> **변제할 정당한 이익이 있는 자가 채무자를 위하여 채권의 일부를 대위변제한 경우, 일부 대위변제자와 채권자 사이의 변제의 순위**
> 변제할 정당한 이익이 있는 자가 채무자를 위하여 채권의 일부를 대위변제할 경우에 대위변제자는 변제한 가액의 범위 내에서 종래 채권자가 가지고 있던 채권 및 담보에 관한 권리를 취득하게 되고 따라서 <u>채권자가 부동산에 대하여 저당권을 가지고 있는 경우에는 채권자는 대위변제자에게 일부 대위변제에 따른 저당권의 일부이전의 부기등기를 경료해 주어야 할 의무가 있으나 이 경우에도 채권자는 일부 대위변제자에 대하여 우선변제권을 가지고, 다만 일부 대위변제자와 채권자 사이에 변제의 순위에 관하여 따로 약정을 한 경우에는 그 약정에 따라 변제의 순위가 정해진다</u>(대판 2010.4.8. 2009다80460).

② <u>채권의 일부에 대하여 대위변제가 있는 경우에 채무불이행을 원인으로 하는 계약의 해지 또는 해제는 채권자만이 할 수 있고 채권자는 대위자에게 그 변제한 가액과 이자를 상환하여야 한다</u>(민법 제483조 제2항).

기출 20

(3) 법정대위자 상호 간의 효과

1) 의 의
동일한 채권에 관하여 법정대위자가 수인이 있는 경우 민법은 대위변제자 상호 간의 관계, 즉 대위의 순서와 비율에 관하여 규정하고 있다(민법 제482조 제2항).

2) 권리행사방법
① 보증인·물상보증인과 제3취득자 : 보증인(제1호와 제2호)과 물상보증인(해석상)이 우선한다.

> **물상보증인이 채무를 변제하거나 담보권의 실행으로 소유권을 잃은 경우, 채무자로부터 담보부동산을 취득한 제3자에 대하여 채권자를 대위할 수 있는 범위(= 구상권의 범위 내에서 출재한 전액) 및 채무자로부터 담보부동산을 취득한 제3자가 채무를 변제하거나 담보권의 실행으로 소유권을 잃은 경우, 물상보증인에 대하여 채권자를 대위할 수 있는지 여부(소극)**
> 민법 제481조는 "변제할 정당한 이익이 있는 자는 변제로 당연히 채권자를 대위한다."라고 규정하고, 민법 제482조 제1항은 "전조의 규정에 의하여 채권자를 대위한 자는 자기의 권리에 의하여 구상할 수 있는 범위에서 채권 및 그 담보에 관한 권리를 행사할 수 있다."라고 규정하며, 같은 조 제2항은 "전항의 권리행사는 다음 각 호의 규정에 의하여야 한다."라고 규정하고 있으나, 그중 물상보증인과 제3취득자 사이의 변제자대위에 관하여는 명확한 규정이 없다. 그런데 보증인과 제3취득자 사이의 변제자대위에 관하여 민법 제482조 제2항 제1호는 "보증인은 미리 전세권이나 저당권의 등기에 그 대위를 부기하지 아니하면 전세물이나 저당물에 권리를 취득한 제3자에 대하여 채권자를 대위하지 못한다."라고 규정하고, 같은 항 제2호는 <u>"제3취득자는 보증인에 대하여 채권자를 대위하지 못한다."</u>라고 규정하고 있다. 한편 민법 제370조, 제341조에 의하면 물상보증인이 채무를 변제하거나 담보권의 실행으로 소유권을 잃은 때에는 '보증채무'에 관한 규정에 의하여 채무자에 대한 구상권을 가지고, 민법 제482조 제2항 제5호에 따르면 물상보증인과 보증인 상호 간에는 그 인원수에 비례하여 채권자를 대위하게 되어 있을 뿐 이들 사이의 우열은 인정하고 있지 아니하다. 위와 같은 규정 내용을 종합하여 보면, <u>물상보증인이 채무를 변제하거나 담보권의 실행으로 소유권을 잃은 때에는 보증채무를 이행한 보증인과 마찬가지로 채무자로부터 담보부동산을 취득한 제3자에 대하여 구상권의 범위 내에서 출재한 전액에 관하여 채권자를 대위할 수 있는 반면, 채무자로부터 담보부동산을 취득한 제3자는 채무를 변제하거나 담보권의 실행으로 소유권을 잃더라도 물상보증인에 대하여 채권자를 대위할 수 없다고 보아야 한다.</u> 만일 물상보증인의 지위를 보증인과 다르게 보아서 물상보증인과 채무자로부터 담보부동산을 취득한 제3자 상호 간에는 각 부동산의 가액에 비례하여 채권자를 대위할 수 있다고 한다면, 본래 채무자에 대하여 출재한 전액에 관하여 대위할 수 있었던 물상보증인은 채무자가 담보부동산의 소유권을 제3자에게 이전하였다는 우연한 사정으로 이제는 각 부동산의 가액에 비례하여서만 대위하게 되는 반면, 당초 채무 전액에 대한 담보권의 부담을 각오하고 채무자로부터 담보부동산을 취득한 제3자는 그 범위에서 뜻하지 않은 이득을 얻게 되어 부당하다(대판 2014.12.18. 2011다50233[전합]).

기출 24

민법 제482조 제2항 제2호의 제3취득자에 후순위 근저당권자가 포함되는지 여부(소극) 및 민법 제482조 제2항 제1호의 '제3자'에 후순위 근저당권자가 포함되는지 여부(소극)

[1] 저당부동산에 대하여 후순위 근저당권을 취득한 제3자는 민법 제364조에서 정한 저당권소멸청구권을 행사할 수 있는 제3취득자에 해당하지 아니하고, 달리 선순위 근저당권의 실행으로부터 그의 이익을 보호하는 규정이 없으므로 변제자대위와 관련해서 후순위 근저당권자보다 보증인을 더 보호할 이유가 없으며, 나아가 선순위 근저당권의 피담보채무에 대하여 직접 보증책임을 지는 보증인과 달리 선순위 근저당권의 피담보채무에 대한 직접 변제책임을 지지 않는 후순위 근저당권자는 보증인에 대하여 채권자를 대위할 수 있다고 봄이 타당하므로, <u>민법 제482조 제2항 제2호의 제3취득자에 후순위 근저당권자는 포함되지 아니한다</u>.

[2] 민법 제482조 제2항 제2호의 제3취득자에 후순위 근저당권자가 포함되지 않음에도 같은 항 제1호의 제3자에는 후순위 근저당권자가 포함된다고 하면, 후순위 근저당권자는 보증인에 대하여 항상 채권자를 대위할 수 있지만 보증인은 후순위 근저당권자에 대하여 채권자를 대위하기 위해서는 미리 대위의 부기등기를 하여야만 하므로 보증인보다 후순위 근저당권자를 더 보호하는 결과가 되는데, 이러한 결과는 법정대위자인 보증인과 후순위 근저당권자 간의 이해관계를 공평하고 합리적으로 조절하기 위한 민법 제482조 제2항 제1호와 제2호의 입법 취지에 부합하지 않을뿐더러 후순위 근저당권자는 통상 자신의 이익을 위하여 선순위 근저당권의 담보가치를 초과하는 담보가치만을 파악하여 담보권을 취득한 자에 불과하므로 변제자대위와 관련해서 후순위 근저당권자를 보증인보다 더 보호할 이유도 없다. 이러한 사정들과 민법 제482조 제2항 제1호와 제2호가 상호작용하에 법정대위자 중 보증인과 제3취득자의 이해관계를 조절하는 규정인 점 등을 종합하여 보면, <u>보증인은 미리 저당권의 등기에 그 대위를 부기하지 않고서도 저당물에 후순위 근저당권을 취득한 제3자에 대하여 채권자를 대위할 수 있다고 할 것이므로 민법 제482조 제2항 제1호의 제3자에 후순위 근저당권자는 포함되지 않는다</u>(대판 2013.2.15. 2012다48855).

기출 24

보증인이 채무를 변제한 후 저당권 등의 등기에 관하여 대위의 부기등기를 하지 않고 있는 동안 제3취득자가 목적부동산에 대하여 권리를 취득한 경우, 보증인이 제3취득자에 대하여 채권자를 대위할 수 있는지 여부(소극) / 제3취득자가 목적부동산에 대하여 권리를 취득한 후 채무를 변제한 보증인은 대위의 부기등기를 하지 않고도 대위할 수 있다고 보아야 하는지 여부(적극)

민법 제480조, 제481조에 따라 채권자를 대위한 자는 자기의 권리에 의하여 구상할 수 있는 범위에서 채권과 그 담보에 관한 권리를 행사할 수 있다(민법 제482조 제1항). 보증인과 제3취득자 사이의 변제자대위에 관하여 민법 제482조 제2항 제1호는 "보증인은 미리 전세권이나 저당권의 등기에 그 대위를 부기하지 아니하면 전세물이나 저당물에 권리를 취득한 제3자에 대하여 채권자를 대위하지 못한다"라고 정하고 있다. 이 규정은 보증인의 변제로 저당권 등이 소멸한 것으로 믿고 목적부동산에 대하여 권리를 취득한 제3취득자를 예측하지 못한 손해로부터 보호하기 위한 것이다. 따라서 <u>보증인이 채무를 변제한 후 저당권 등의 등기에 관하여 대위의 부기등기를 하지 않고 있는 동안 제3취득자가 목적부동산에 대하여 권리를 취득한 경우 보증인은 제3취득자에 대하여 채권자를 대위할 수 없다. 그러나 제3취득자가 목적부동산에 대하여 권리를 취득한 후 채무를 변제한 보증인은 대위의 부기등기를 하지 않고도 대위할 수 있다고 보아야 한다.</u> 보증인이 변제하기 전 목적부동산에 대하여 권리를 취득한 제3자는 등기부상 저당권 등의 존재를 알고 권리를 취득하였으므로 나중에 보증인이 대위하더라도 예측하지 못한 손해를 입을 염려가 없다(대판 2020.10.15. 2019다222041).

② 보증인 상호 간, 보증인과 물상보증인 상호 간은 '인원수'에 비례하여 대위한다(제5호 본문).

③ 제3취득자 상호 간, 물상보증인 상호 간은 '가액'에 비례하여 대위한다(제3호, 제4호). 판례도 같은 취지에서 수인의 물상보증인 또는 그로부터 담보의 목적이 된 부동산에 관한 소유권 등을 취득한 제3취득자 중 1인이 채무를 변제하거나 담보권의 실행으로 소유권을 잃은 때에는 다른 물상보증인 또는 그로부터 담보의 목적이 된 부동산에 관한 소유권을 취득한 제3취득자에 대하여 구상권의 범위 내에서 채권자를 대위하여 채권 및 그 담보에 관한 권리를 행사할 수 있고, 이때에도 특별한 사정이 없는 한 그 행사는 물상보증인 상호 간의 대위를 규정한 민법 제482조 제2항 제3호 및 제4호에 따라 각 부동산의 가액에 비례한다고 한다(대판 2024.7.31. 2023다266420).

④ 보증인과 물상보증인 사이에서는 인원수에 비례하여 채권자를 대위한다. 다만, 이때 물상보증인이 수인인 때에는 보증인의 부담부분을 제외하고 그 잔액에 대해서 각 담보물의 가액에 비례하여 대위한다(제5호 단서).

여러 보증인 또는 물상보증인 중 어느 1인이 자신의 부담 부분에 미달하는 대위변제 등을 한 경우, 민법 제482조 제2항 제5호에 따른 변제자대위를 할 수 있는지 여부(소극)

민법 제482조 제2항 제5호는 동일한 채무에 대하여 인적 무한책임을 지는 보증인과 물적 유한책임을 지는 물상보증인이 여럿 있고 그중 어느 1인이 먼저 대위변제를 하거나 경매를 통한 채무상환을 함으로써 다른 자에 대하여 채권자의 권리를 대위하게 되는 경우, 먼저 대위변제 등을 한 자가 부당하게 이익을 얻거나 대위가 계속 반복되는 것을 방지하고 대위관계를 공평하게 처리하기 위하여 <u>대위자들 상호 간의 대위의 순서와 분담비율을 규정하고 있는바</u>, 위 규정에 의하면, <u>여러 보증인과 물상보증인 사이에서는 그중 어느 1인에 의하여 주채무 전액이 상환되었을 것을 전제로 하여 그 주채무 전액에 민법 제482조 제2항 제5호에서 정한 대위비율을 곱하여 산정한 금액이 각자가 대위관계에서 분담하여야 할 부담 부분이다.</u> 그런데 여러 보증인 또는 물상보증인 중 어느 1인이 위와 같은 방식으로 산정되는 자신의 부담 부분에 미달하는 대위변제 등을 한 경우 그 대위변제액 또는 경매에 의한 채무상환액에 위 규정에서 정한 대위비율을 곱하여 산출된 금액만큼 곧바로 다른 자를 상대로 채권자의 권리를 대위할 수 있도록 한다면, 먼저 대위변제 등을 한 자가 부당하게 이익을 얻거나 대위자들 상호 간에 대위가 계속 반복되게 되고 대위관계를 공평하게 처리할 수도 없게 되므로, 민법 제482조 제2항 제5호의 규정 취지에 반하는 결과가 생기게 된다. <u>따라서 보증인과 물상보증인이 여럿 있는 경우 어느 누구라도 위와 같은 방식으로 산정한 각자의 부담 부분을 넘는 대위변제 등을 하지 않으면 다른 보증인과 물상보증인을 상대로 채권자의 권리를 대위할 수 없다</u>(대판 2010.6.10. 2007다6113).

핵심문제

01 채권의 소멸에 관한 설명으로 옳지 않은 것은?(다툼이 있으면 판례에 따름) 변리 23

① 채무자가 채무액 일부를 지급하면서 이자 아닌 원본에 충당할 것을 지정하고 채권자가 이를 이의 없이 수령하여 묵시적 합의가 인정되는 때에는 지급된 금전은 원본에 충당된다.
② 1억원의 채무 중 7천만원을 변제공탁한 경우, 채권자가 이를 수락하지 않으면 채무자는 3천만원을 변제제공하더라도 채무불이행책임을 부담한다.
③ 상계가 금지되는 채권이라고 하더라도 압류금지채권에 해당하지 않는 한 강제집행에 의한 전부명령의 대상이 될 수 있다.
④ 피용자의 고의의 불법행위로 인하여 사용자책임이 성립하는 경우, 사용자는 자신의 고의가 없음을 주장하여 피해자의 손해배상채권을 수동채권으로 하는 상계권을 행사할 수 있다.
⑤ 소멸시효가 완성된 채권이 그 완성 전에 상계할 수 있었던 것이면 채권자는 그 채권을 자동채권으로 하여 상계할 수 있다.

【해설】
① (○) 채무자가 1개 또는 수개 채무의 비용 및 이자를 전부 소멸케 하지 못하는 급여를 한 경우의 변제충당에 관하여는 민법 제479조에 그 충당순서가 법정되어 있고 지정변제충당에 관한 민법 제476조는 준용되지 아니하므로, 당사자 사이에 특별한 합의가 없는 한 비용, 이자, 원본의 순서로 변제에 충당되며, 채무자는 물론 채권자라고 할지라도 위 법정 순서와 다르게 일방적으로 충당의 순서를 지정할 수는 없다(대판 2006.10.12. 2004재다818). 판례의 취지를 고려할 때 당사자 사이에 채무액의 일부를 원본에 우선 충당하는 것에 대하여 묵시적 합의가 존재하는 경우이므로 지급된 금전은 원본에 충당된다.
② (○) 변제공탁이 유효하려면 채무 전부에 대한 변제의 제공 및 채무 전액에 대한 공탁이 있어야 하고, <u>채무 전액이 아닌 일부에 대한 공탁</u>은 일부의 제공이 유효한 제공이라고 볼 수 있거나 변제자의 공탁금액이 채무의 총액에 비하여 아주 근소하게 부족하여 해당 변제공탁을 신의칙상 유효한 것이라고 볼 수 있는 등의 특별한 사정이 있는 경우를 제외하고는 <u>채권자가 이를 수락하지 않는 한 그 공탁 부분에 관하여서도 채무소멸의 효과가 발생하지 않는다</u>(대판 2022.11.30. 2017다232167). 1억원의 채무 중 7천만원을 변제공탁한 경우, 채권자가 이를 수락하지 않으면 7천만원에 대한 채무소멸의 효과가 발생하지 아니하여, 채무자가 3천만원을 변제제공하더라도 채무불이행책임을 부담한다.
③ (○) 대결 2017.8.21. 2017마499
④ (×) 민법 제756조에 의한 사용자의 손해배상책임은 피용자의 배상책임에 대한 대체적 책임이고, 같은 조 제1항에서 사용자가 피용자의 선임 및 그 사무감독에 상당한 주의를 한 때 또는 상당한 주의를 하여도 손해가 있을 경우에는 책임을 면할 수 있도록 규정함으로써 사용자책임에서 사용자의 과실은 직접의 가해행위가 아닌 피용자의 선임·감독에 관련된 것으로 해석되는 점에 비추어 볼 때, 피용자의 고의의 불법행위로 인하여 사용자책임이 성립하는 경우에 민법 제496조의 적용을 배제하여야 할 이유가 없으므로 사용자책임이 성립하는 경우 사용자는 자신의 고의의 불법행위가 아니라는 이유로 민법 제496조의 적용을 면할 수는 없다(대판 2006.10.26. 2004다63019).
⑤ (○) 소멸시효가 완성된 채권이 그 완성 전에 상계할 수 있었던 것이면 그 채권자는 상계할 수 있다(민법 제495조).

정답 ④

(4) 대위자와 채권자 사이의 효과

> **대위변제와 채권증서, 담보물(민법 제484조)**
> ① 채권전부의 대위변제를 받은 채권자는 그 채권에 관한 증서 및 점유한 담보물을 대위자에게 교부하여야 한다.
> ② 채권의 일부에 대한 대위변제가 있는 때에는 채권자는 채권증서에 그 대위를 기입하고 자기가 점유한 담보물의 보존에 관하여 대위자의 감독을 받아야 한다.
>
> **채권자의 담보상실, 감소행위와 법정대위자의 면책(민법 제485조)**
> 제481조의 규정에 의하여 대위할 자가 있는 경우에 채권자의 고의나 과실로 담보가 상실되거나 감소된 때에는 대위할 자는 그 상실 또는 감소로 인하여 상환을 받을 수 없는 한도에서 그 책임을 면한다.

① 채권자는 채권증서 및 담보물 교부의무가 있다(민법 제484조).
② **채권자의 담보보존의무**(민법 제485조) : 이와 관련하여 판례는 법정대위를 할 자는 채권자가 고의나 과실로 담보를 상실하게 하거나 감소하게 한 때에는 원칙적으로 민법 제485조에 따라 면책을 주장할 수 있을 뿐이지만, 채권자가 제3자에 대하여 자신의 담보권을 성실하게 보존·행사하여야 할 의무를 부담하는 특별한 사정이 인정되는 경우에는 채권자의 담보권의 포기 행위가 불법행위에 해당할 수 있다고 한다(대판 2022.12.29. 2017다261882).
③ 채권자의 부당이득반환의무(민법 제483조 제2항)

제3절 대물변제

> **대물변제(민법 제466조)**
> 채무자가 채권자의 승낙을 얻어 본래의 채무이행에 갈음하여 다른 급여를 한 때에는 변제와 같은 효력이 있다.

I 의 의

1. 개 념
대물변제란 채무자가 부담하는 원래의 급부에 갈음하여 다른 급부를 현실적으로 함으로써 채권을 소멸시키는 변제자와 채권자 사이의 계약을 말한다(민법 제466조).

2. 법적 성질
대물변제를 계약, 유상계약 및 요물계약으로 여긴다(다수설·판례).

Ⅱ 요건

1. 채권이 존재할 것

원래의 급부를 목적으로 하는 채권이 존재하지 않거나, 무효이거나 또는 취소된 경우에 대물변제의 효과가 발생하지 않는다.

2. 본래의 급부와 다른 급부를 현실적으로 할 것

① 본래의 급부와 다른 급부의 종류에는 제한이 없다.
② 대물변제가 채무소멸의 효력을 발생시키려면 채무자가 본래의 이행에 갈음하여 행하는 다른 급부가 현실적인 것이어야 한다. 즉, 다른 급부가 등기나 등록을 요하는 경우에는 그 등기나 등록까지 마쳐야 대물변제의 효과가 발생한다(대판 1995.9.15. 95다13371). 최근 판례도 같은 취지에서 다른 급여가 부동산의 소유권이전인 경우 등기를 완료하면 대물변제가 성립되어 기존채무가 소멸한다고 판시하고 있다(대판 2023.2.2. 2022다276789). 다른 급부를 약속하는 약정은 대물변제의 예약이나 경개에 불과하다.
③ 본래의 급부와 다른 급부가 동가치의 것이어야 하는 것은 아니다.

3. 본래의 채무이행에 갈음하여 다른 급부가 행하여질 것

① 대물변제가 성립하려면 다른 급부가 변제를 '위하여'가 아니고 변제에 '갈음하여' 행하여져야 한다.
② 당사자들이 변제에 갈음하는 급부를 원했는지 아니면 변제를 위한 급부를 원했는지는 법률행위의 해석에 의하는데, 채무자가 채권자에게 채무변제와 관련하여 다른 채권을 양도하는 것은 특단의 사정이 없는 한 채무변제를 위한 담보 또는 변제의 방법으로 양도되는 것으로 추정할 것이지 채무변제에 갈음한 것으로 볼 것은 아니어서 채권양도만 있으면 바로 원래의 채권이 소멸한다고 볼 수 없다(대판 1995.9.15. 95다13371).

4. 채권자의 승낙이 있을 것

Ⅲ 효과

1. 기본적 효과

① 대물변제는 변제와 동일한 효과를 갖는다(민법 제466조). 즉, 대물변제에 의하여 본래의 채권과 그 채권을 담보하는 담보권도 소멸한다.
② 다만, 대물변제가 채권의 일부에 관한 것에 불과하고 나머지 채권을 남겨두기로 하였다면 이를 주장하고 입증할 책임은 채권자에게 있다.

2. 담보책임

대물변제는 유상계약이므로, 대물변제로 급부된 것에 하자가 있으면 매도인의 담보책임에 관한 규정이 준용된다(민법 제567조).

Ⅳ 대물변제의 예약

1. 의의

(1) 개념

대물변제의 예약이란 채무자가 본래의 급부에 갈음하여 장래 다른 급부를 할 것을 채권자와 미리 약정하는 것을 의미한다.

(2) 기능

대물변제의 예약은 물적 담보제도로 기능한다.

2. 종류

(1) 진정한 의미의 대물변제의 예약

대물변제의 예약의 법적 성질에 대해 예약설을 취하는 통설에서는 예약권자의 일방적인 의사표시인 예약완결권의 행사가 있으면 상대방의 승낙을 받을 필요 없이 본계약을 성립시키는 일방 또는 쌍방예약이라는 견해와 예약권자가 본계약의 청약을 하면 상대방이 승낙하여야 할 의무를 부담하는 편무 또는 쌍무예약이라는 견해의 대립이 있다.

(2) 정지조건부 대물변제예약

변제기에 채무의 이행이 없는 경우 목적물의 소유권이 공시 없이도 당연히 채권자에게 이전하는 유형이다. 현행 민법은 물권변동에 관하여 성립요건주의(민법 제186조)를 취하고 있으므로 정지조건부 대물변제예약은 무효이나, 무효행위의 전환에 의해 진정한 의미의 대물변제예약으로 전환되는 것으로 해석될 수 있다.

3. 효과(진정한 의미의 대물변제의 예약을 전제)

① 당사자 사이에 예약의 성질이 명백하게 약정되지 않은 경우에는 대물변제예약은 채권자에게 예약완결권이 인정되는 일방예약이라고 추정되고, 대물변제계약은 유상계약이므로 민법 제567조에 의해 민법 제564조의 규정이 준용된다(다수설).

② 비전형담보제도로서 이용되는 대물변제의 예약에 관해서는 민법 제607조, 민법 제608조가 적용되어 담보의 범위에서만 그 효력이 인정된다.

③ 대물변제예약에 따른 장래의 소유권이전등기청구권을 보전하기 위해 가등기를 한 때에는 가등기담보 등에 관한 법률의 규제를 받는다.

제4절 공탁

I 서설

1. 의의

① 공탁이란 금전·유가증권 기타 물건을 공탁소에 임치하는 것을 말한다. 공탁원인 내지 목적에 따라 변제공탁(민법 제487조 이하), 담보공탁(민법 제353조 제3항), 집행공탁(민집법 제222조) 등이 있는데, 민법 제487조 이하에서 정하는 공탁은 채권의 소멸원인으로 다루어지는 변제공탁이다.
② 변제공탁이란 채권자가 변제를 받지 않거나 받을 수 없는 경우에 변제자가 채권자를 위하여 변제의 목적물을 공탁소에 임치함으로써 채무를 면하는 제도이다.

2. 법적 성질

(1) 학설

공탁의 법적 성질에 대하여 공법관계설, 사법관계설, 양면관계설 등이 대립하고 있다.

(2) 판례

판례는 공탁은 국가기관인 공탁소를 중심으로 공탁법 규정에 따라 그 절차가 실현되어 민법상의 채무가 소멸된다고 하여 공법관계설을 취하고 있다.

II 요건

> **변제공탁의 요건, 효과(민법 제487조)**
> 채권자가 변제를 받지 아니하거나 받을 수 없는 때에는 변제자는 채권자를 위하여 변제의 목적물을 공탁하여 그 채무를 면할 수 있다. 변제자가 과실 없이 채권자를 알 수 없는 경우에도 같다. 기출 20

1. 변제공탁의 원인

(1) 채권자의 변제수령의 거절 또는 불능

① 채권자가 미리 수령을 거절한 경우에 구두제공을 포함하는 변제제공 없이 바로 공탁할 수 있다.
② 수령불능의 경우에도 변제제공 없이 바로 공탁할 수 있다. 수령불능은 사실상의 불능 외에 법률상의 불능을 포함한다.
③ 수령거절에서 그 주관적 이유 또는 불능에서 채권자의 귀책사유의 유무는 문제되지 않는다.

(2) 변제자가 과실 없이 채권자를 알 수 없는 경우, 즉 채권자 불확지

채권자 불확지란 객관적으로 채권자가 존재하지만 채무자가 선관주의를 다하여도 채권자가 누구인지를 알 수 없는 경우를 의미한다(상대적 불확지).

2. 공탁의 내용

(1) 일부공탁

원칙적으로 일부에 대해서도 무효가 되어 그 부분에 대하여도 채무소멸의 효력이 발생하지 않으나, 예외적으로 채권자의 승인이 있거나, 이의 없이 수령한 경우에는 하자가 치유된다. 판례도 같은 취지에서 변제공탁이 유효하려면 채무 전부에 대한 변제의 제공 및 채무 전액에 대한 공탁이 있어야 하고, 채무 전액이 아닌 일부에 대한 공탁은 일부의 제공이 유효한 제공이라고 볼 수 있거나 변제자의 공탁금액이 채무의 총액에 비하여 아주 근소하게 부족하여 해당 변제공탁을 신의칙상 유효한 것이라고 볼 수 있는 등의 특별한 사정이 있는 경우를 제외하고는 채권자가 이를 수락하지 않는 한 그 공탁 부분에 관하여서도 채무소멸의 효과가 발생하지 않는다고 판시하고 있다(대판 2022.11.30. 2017다232167). 기출 25

(2) 조건부 공탁

① 본래 채무에 붙은 조건은 부착이 가능하다.

> **공탁물수령과 상대의무이행(민법 제491조)**
> 채무자가 채권자의 상대의무이행과 동시에 변제할 경우에는 채권자는 그 의무이행을 하지 아니하면 공탁물을 수령하지 못한다.

② 새로운 조건은 채권자의 승낙이 없는 한 불가능하다.

3. 공탁적성

(1) 공탁목적물

공탁하려는 물건이 공탁에 적합한 것이어야 한다. 다수설은 동산뿐만 아니라 부동산도 공탁이 가능하다고 한다. 판례는 등기인수청구권에 관한 사안에서 "통상의 채권채무 관계에서는 채권자가 수령을 지체하는 경우 채무자는 공탁 등에 의한 방법으로 채무부담에서 벗어날 수 있으나 등기에 관한 채권채무 관계에 있어서는 이러한 방법을 사용할 수 없다"(대판 2001.2.9. 2000다60708)고 설시하였다.

(2) 자조매각

> **자조매각금의 공탁(민법 제490조)**
> 변제의 목적물이 공탁에 적당하지 아니하거나 멸실 또는 훼손될 염려가 있거나 공탁에 과다한 비용을 요하는 경우에는 변제자는 법원의 허가를 얻어 그 물건을 경매하거나 시가로 방매하여 대금을 공탁할 수 있다.

Ⅲ 절차

> **공탁의 방법(민법 제488조)**
> ① 공탁은 채무이행지의 공탁소에 하여야 한다.
> ② 공탁소에 관하여 법률에 특별한 규정이 없으면 법원은 변제자의 청구에 의하여 공탁소를 지정하고 공탁물보관자를 선임하여야 한다.
> ③ 공탁자는 지체 없이 채권자에게 공탁통지를 하여야 한다.

1. 공탁의 당사자
① 공탁자와 공탁소가 공탁의 당사자이며, 채권자는 공탁의 당사자가 아니다.
② 공탁자는 변제자이며, 채무자에 한하지 않는다.
③ 공탁을 받는 자는 채무이행지의 공탁소이다(민법 제488조 제1항).

2. 공탁절차
공탁법과 공탁사무처리규칙이 규율한다.

Ⅳ 효과

1. 채무의 소멸
① 공탁의 기본적인 효과로 채무자는 공탁에 의하여 채무를 면한다(민법 제487조). 변제공탁은 공탁공무원의 수탁처분과 공탁물보관자의 공탁물수령으로 그 효력이 발생하여 채무소멸의 효과를 가져오는 것이고 채권자에 대한 공탁통지나 채권자의 수익의 의사표시가 있는 때에 공탁의 효력이 생기는 것이 아니다(대결 1972.5.15. 72마401). **기출 24**
② 공탁이 행해진 후에도 변제자에 의해 원칙적으로 공탁물의 회수가 허용된다. 따라서 공탁에 의하여 채무가 일단 소멸하지만, 공탁자가 공탁물을 회수하면 채무가 부활된다.

2. 채권자의 공탁물출급청구권

(1) 공탁물출급청구권의 발생 및 출급청구권자
① 공탁에 의하여 채권자는 공탁소에 대하여 공탁물출급청구권을 취득한다.
② 공탁물출급청구권자는 공탁서의 기재에 의하여 형식적으로 결정된다(대판 2006.8.25. 2005다67476).

(2) 표현대리의 성부
판례는 "공탁물 수령에 있어서도 표현대리가 성립한다"고 한다.

3. 공탁물소유권의 이전

① 공탁물이 금전 기타 소비물인 경우 : 공탁물의 소유권이 일단 공탁소에게 귀속되며, 채권자가 공탁소로부터 동종·동질·동량의 물건을 수령하였을 때에 그 물건의 소유권을 취득한다.
② 공탁물이 특정물인 경우 : 공탁소가 소유권을 취득하지 않고 변제자로부터 직접 채권자에게 소유권이 이전된다.

4. 공탁물의 회수

> **공탁물의 회수(민법 제489조)**
> ① 채권자가 공탁을 승인하거나 공탁소에 대하여 공탁물을 받기를 통고하거나 공탁유효의 판결이 확정되기까지는 변제자는 공탁물을 회수할 수 있다. 이 경우에는 공탁하지 아니한 것으로 본다(공탁의 효과는 소급적 소멸).
> ② 전항의 규정은 질권 또는 저당권이 공탁으로 인하여 소멸한 때에는 적용하지 아니한다. 기출 12
>
> **공탁물의 수령·회수(공탁법 제9조)**
> ① 공탁물을 수령하려는 자는 대법원규칙으로 정하는 바에 따라 그 권리를 증명하여야 한다.
> ② 공탁자는 다음 각 호의 어느 하나에 해당하면 그 사실을 증명하여 공탁물을 회수할 수 있다.
>   1. 민법 제489조에 따르는 경우
>   2. 착오로 공탁을 한 경우
>   3. 공탁의 원인이 소멸한 경우
> ③ 제1항 및 제2항의 공탁물이 금전인 경우(제7조에 따른 유가증권상환금, 배당금과 제11조에 따른 물품을 매각하여 그 대금을 공탁한 경우를 포함한다) 그 원금 또는 이자의 수령, 회수에 대한 권리는 그 권리를 행사할 수 있는 때부터 10년간 행사하지 아니할 때에는 시효로 인하여 소멸한다.
> ④ 법원행정처장은 제3항에 따른 시효가 완성되기 전에 대법원규칙으로 정하는 바에 따라 제1항 및 제2항의 공탁금 수령·회수권자에게 공탁금을 수령하거나 회수할 수 있는 권리가 있음을 알릴 수 있다.

(1) 민법상의 회수
(2) 공탁법상의 회수

제5절 상계

I 의의

1. 개념
상계란 채권자와 채무자가 서로 동종의 채권·채무를 가지는 경우에, 그 채권·채무를 대등액에서 소멸시키는 당사자 일방의 일방적 의사표시이다.

2. 기능
상계는 간이한 결제방법이면서 자동채권의 확보를 위하여 수동채권이 최우선, 최강력의 담보적 역할을 한다.

II 요건

상계의 요건(민법 제492조)
① 쌍방이 서로 같은 종류를 목적으로 한 채무를 부담한 경우에 그 쌍방의 채무의 이행기가 도래한 때에는 각 채무자는 대등액에 관하여 상계할 수 있다. 그러나 채무의 성질이 상계를 허용하지 아니할 때에는 그러하지 아니하다.
② 전항의 규정은 당사자가 다른 의사를 표시한 경우에는 적용하지 아니한다. 그러나 그 의사표시로써 선의의 제3자에게 대항하지 못한다.

이행지를 달리하는 채무의 상계(민법 제494조)
각 채무의 이행지가 다른 경우에도 상계할 수 있다. 그러나 상계하는 당사자는 상대방에게 상계로 인한 손해를 배상하여야 한다.

소멸시효완성된 채권에 의한 상계(민법 제495조)
소멸시효가 완성된 채권이 그 완성전에 상계할 수 있었던 것이면 그 채권자는 상계할 수 있다. 기출 14·18·25

1. 쌍방의 채권이 상계적상에 있을 것

(1) 쌍방의 채권이 대립하고 있을 것
상계하는 측의 채권을 자동채권이라 하고, 상계를 당하는 측의 채권을 수동채권이라 한다. 법률의 규정 등 특별한 사정이 없는 한 자동채권으로 될 수 있는 채권은 상계자가 상대방에 대하여 가지는 채권이어야 하고 제3자가 상대방에 대하여 가지는 채권으로는 상계할 수 없다(대판 2022.12.16. 2022다218271). 수동채권 역시 원칙적으로 상대방이 상계자에 대하여 가지는 채권이어야 한다(대판 2011.4.28. 2010다101394). 기출 25

(2) 쌍방의 채권이 동종의 목적일 것
쌍방의 채권이 동종의 목적이어야 하므로 특정채권인 경우에는 상계적상이 인정되기 어렵다. 두 채권이 동종이기만 하면 되고, 원칙적으로 다른 요건은 요하지 아니한다. 따라서 이행지가 다르더라도 상계가 허용되나 이로 인한 손해는 배상하여야 한다(민법 제494조). 기출 16·18·25 또한 채권발생의 법적 근거가 무엇인지의 여부는 급부의 동종성을 결정하는 데 영향을 미치지 아니한다. 즉, 공법상의 확정된 벌금채권도 자동채권이 될 수 있다(대판 2004.4.27. 2003다37891). 기출 22·24

(3) 쌍방의 채권이 변제기에 있을 것

쌍방의 채권이 변제기에 있을 것이 원칙이나, 자동채권의 변제기만 도래한 경우도 상계권자인 채무자는 자신의 채무(수동채권)의 기한의 이익을 포기할 수 있으므로 상계가 가능하다. 기출 25 단, 이 경우에도 자동채권에 항변권의 부착이 없어야 한다.

> **민법 제492조 제1항에서 정한 '채무의 이행기가 도래한 때'의 의미**
> 쌍방이 서로 같은 종류를 목적으로 한 채무를 부담한 경우 쌍방 채무의 이행기가 도래한 때에는 각 채무자는 대등액에 관하여 상계할 수 있다(민법 제492조 제1항). 민법 제492조 제1항에서 정한 '채무의 이행기가 도래한 때'는 채권자가 채무자에게 이행의 청구를 할 수 있는 시기가 도래하였음을 의미하고 채무자가 이행지체에 빠지는 시기를 말하는 것이 아니다(대판 2021.5.7. 2018다25946).
>
> **민법 제492조 제1항에서 정한 '채무의 이행기가 도래한 때'의 의미 및 상계에 따른 양 채권의 차액 계산 또는 상계 충당의 시기(= 상계적상 시) / 부당이득반환채권은 채권의 성립일에 상계적상에서 의미하는 이행기가 도래한 것으로 볼 수 있는지 여부 (적극)**
> 쌍방이 서로 같은 종류를 목적으로 한 채무를 부담한 경우 쌍방 채무의 이행기가 도래한 때에는 각 채무자는 대등액에 관하여 상계할 수 있다(민법 제492조 제1항). 여기서 '채무의 이행기가 도래한 때'는 채권자가 채무자에게 이행의 청구를 할 수 있는 시기가 도래하였음을 의미하고 채무자가 이행지체에 빠지는 시기를 말하는 것이 아니다. 상계의 의사표시는 각 채무가 상계할 수 있는 때에 대등액에 관하여 소멸한 것으로 본다(민법 제493조 제2항). 상계의 의사표시가 있는 경우 채무는 상계적상 시에 소급하여 대등액에 관하여 소멸하게 되므로, 상계에 따른 양 채권의 차액 계산 또는 상계 충당은 상계적상의 시점을 기준으로 한다. 이행기의 정함이 없는 채권의 경우 그 성립과 동시에 이행기에 놓이게 되고, 부당이득반환채권은 이행기의 정함이 없는 채권으로서 채권의 성립과 동시에 언제든지 이행을 청구할 수 있으므로, 그 채권의 성립일에 상계적상에서 의미하는 이행기가 도래한 것으로 볼 수 있다(대판 2022.3.17. 2021다287515). 기출 24

(4) 상계가 금지되어 있지 않을 것

1) 채권의 성질이 상계를 허용할 것(민법 제492조 제1항 단서)

> - 항변권이 붙어 있는 채권을 자동채권으로 하여 타의 채무와의 상계를 허용한다면 상계자 일방의 의사표시에 의하여 상대방의 항변권행사의 기회를 상실케 하는 결과가 되므로 이와 같은 상계는 그 성질상 허용될 수 없다(대판 2002.8.23. 2002다25242). 기출 25 반면에 수동채권에 항변권이 붙어 있는 경우에는 상계권자 스스로 항변권을 포기하는 것이 가능하므로, 상계가 허용된다. 기출 25
> - 항변권이 붙어 있는 채권을 자동채권으로 하여 다른 채무(수동채권)와의 상계를 허용한다면 상계자 일방의 의사표시에 의하여 상대방의 항변권 행사의 기회를 상실시키는 결과가 되므로 그러한 상계는 허용될 수 없고, 특히 수탁보증인이 주채무자에 대하여 가지는 민법 제442조의 사전구상권에는 민법 제443조의 담보제공청구권이 항변권으로 부착되어 있는 만큼 이를 자동채권으로 하는 상계는 원칙적으로 허용될 수 없다(대판 2019.2.14. 2017다274703).
> - 상계의 대상이 될 수 있는 자동채권과 수동채권이 동시이행관계에 있다고 하더라도 서로 현실적으로 이행하여야 할 필요가 없는 경우라면 상계로 인한 불이익이 발생할 우려가 없고 오히려 상계를 허용하는 것이 동시이행관계에 있는 채권·채무 관계를 간명하게 해소할 수 있으므로 특별한 사정이 없는 한 상계가 허용된다(대판 2006.7.28. 2004다54633).

2) 당사자의 약정에 의한 금지(민법 제492조 제2항)

채권자와 채무자는 상계의 금지를 약정할 수 있다. 당사자 사이에 상계금지의 특약이 있는 경우에 상계는 허용되지 아니한다. 상계금지의 특약은 선의의 제3자에게 대항하지 못한다.

> 채권자와 채무자가 채무자의 상계를 금지하는 특약을 한 후에 채무자에 대한 회생절차가 개시된 경우 회생채무자의 관리인은 상계금지특약에 있어 민법 제492조 제2항 단서에 정한 제3자에 해당한다. 이때 상계금지특약 사실에 대한 관리인의 선의·악의는 관리인 개인의 선의·악의를 기준으로 할 수는 없고, 모든 회생채권자 및 회생담보권자를 기준으로 하여 회생채권자 및 회생담보권자 모두가 악의로 되지 않는 한 관리인은 선의의 제3자라고 할 수밖에 없다(대판 2024.5.30. 2019다47387).

3) 법률의 규정에 의한 금지

① 고의의 불법행위로 인한 손해배상채권

㉠ 내 용
- 가해자가 자기의 채권을 자동채권으로 하고 피해자의 손해배상채권을 수동채권으로 하여 상계하는 것은 허용되지 않는다.
- 피해자 스스로 불법행위로 인한 손해배상채권을 자동채권으로 하여 상계하는 것은 허용된다.

㉡ 적용범위 [기출] 14·17·22·23·24
- 피용자의 고의의 불법행위로 사용자책임이 성립하는 경우 : 피용자의 고의의 불법행위로 인하여 사용자책임이 성립하는 경우에 민법 제496조의 적용을 배제하여야 할 이유가 없으므로 사용자책임이 성립하는 경우 사용자는 자신의 고의의 불법행위가 아니라는 이유로 민법 제496조의 적용을 면할 수는 없다(대판 2006.10.26. 2004다63019).

> 민법 제496조의 규정 취지 및 이 규정이 고의의 채무불이행으로 인한 손해배상채권을 수동채권으로 하는 상계에 적용되는지 여부(원칙적 소극) / 고의에 의한 행위가 불법행위와 채무불이행을 동시에 구성하여 불법행위로 인한 손해배상채권과 채무불이행으로 인한 손해배상채권이 경합하는 경우, 위 규정이 유추적용되어 채무자는 고의의 채무불이행으로 인한 손해배상채권을 수동채권으로 하여 상계하더라도 채권자에게 대항할 수 없는지 여부(적극)
>
> 민법 제496조는 "채무가 고의의 불법행위로 인한 것인 때에는 그 채무자는 상계로 채권자에게 대항하지 못한다"라고 정하고 있다. 고의의 불법행위로 인한 손해배상채권에 대하여 상계를 허용한다면 고의로 불법행위를 한 사람까지도 상계권 행사로 현실적으로 손해배상을 지급할 필요가 없게 되어 보복적 불법행위를 유발하게 될 우려가 있다. 또 고의의 불법행위로 인한 피해자가 가해자의 상계권 행사로 현실의 변제를 받을 수 없는 결과가 됨은 사회적 정의관념에 맞지 않는다. 따라서 고의에 의한 불법행위의 발생을 방지함과 아울러 고의의 불법행위로 인한 피해자에게 현실의 변제를 받게 하려는 데 이 규정의 취지가 있다. 이 규정은 고의의 불법행위로 인한 손해배상채권을 수동채권으로 한 상계에 관한 것이고 고의의 채무불이행으로 인한 손해배상채권에는 적용되지 않는다. 다만 고의에 의한 행위가 불법행위를 구성함과 동시에 채무불이행을 구성하여 불법행위로 인한 손해배상채권과 채무불이행으로 인한 손해배상채권이 경합하는 경우에는 이 규정을 유추적용할 필요가 있다. 이러한 경우에 고의의 채무불이행으로 인한 손해배상채권을 수동채권으로 한 상계를 허용하면 이로써 고의의 불법행위로 인한 손해배상채권까지 소멸하게 되어 고의의 불법행위에 의한 손해배상채권은 현실적으로 만족을 받아야 한다는 이 규정의 입법 취지가 몰각될 우려가 있기 때문이다. 따라서 이러한 예외적인 경우에는 민법 제496조를 유추적용하여 고의의 채무불이행으로 인한 손해배상채권을 수동채권으로 하는 상계를 한 경우에도 채무자가 상계로 채권자에게 대항할 수 없다고 보아야 한다(대판 2017.2.15. 2014다19776).

- 기망행위로 소비대차계약이 체결된 경우 : 상대방의 기망행위로 소비대차계약을 체결한 자가 불법행위로 인한 손해배상청구를 하지 아니하고 계약상 채권에 따른 대여금 및 이자 등의 지급을 구하는 경우에는 민법 제496조가 유추적용될 수 없다고 보아야 한다. 계약상 채권은 상대방의 기망행위가 아니라 쌍방 사이의 계약에 기초하여 발생하는 권리이고, 그 급부의 이행으로 지향하는 경제적 이익이 불법행위로 인한 손해배상채권과 동일하여 양자가 경합하는 관계에 있다고 보기도 어려우며, 달리 민법 제496조가 정한 상계 금지의 취지에 비추어 계약상 채권이 실질적으로 고의의 불법행위로 인한 채권과 마찬가지라고 평가할 만한 사정도 없기 때문이다(대판 2024.8.1. 2024다204696).

- 중과실의 불법행위에 의한 손해배상채무가 인정되는 경우 : 민법 제496조가 고의의 불법행위로 인한 손해배상채권에 대한 상계를 금지하는 입법취지는 고의에 의한 불법행위의 발생을 방지함과 아울러 고의의 불법행위로 인한 피해자에게 현실의 변제를 받게 하려는 데 있는바, 이같은 입법취지나 적용결과에 비추어 볼 때 고의의 불법행위에 의한 손해배상채권에 대한 상계금지를 중과실의 불법행위에 의한 손해배상채권에까지 유추 또는 확장적용하여야 할 필요성이 있다고 할 수 없다(대판 1994.8.12. 93다52808). 기출 25

② 압류가 금지된 채권
  ㉠ 내용 : 수동채권이 압류가 금지된 채권인 경우에는 그 채무자는 상계로 채권자에게 대항하지 못한다. 반면에 압류금지의 채권을 자동채권으로 하는 상계는 허용된다.
  ㉡ 임금채권 등을 수동채권으로 한 상계가 허용되는지 여부(원칙 소극) : 근로기준법 제43조 제1항의 임금 전액지급의 원칙에 따라 원칙적으로 사용자가 근로자에 대하여 가지는 채권을 자동채권으로 근로자의 임금채권을 수동채권으로 하여 일방적으로 상계하는 것은 금지되나, 사용자가 근로자의 동의를 얻어 근로자의 임금채권에 대해 상계하는 것은 근로기준법 제43조 제1항에 위반되지 않으므로 허용된다. 다만, 그 동의는 근로자의 자유로운 의사에 기한 것이라는 판단은 엄격하고 신중하게 이루어져야 한다(대판 2001.10.23. 2001다25184).

③ 지급이 금지된 채권
  ㉠ 일반론

> - 양 채권이 변제기가 도래한 상태뿐만 아니라 자동채권의 변제기는 도래하였으나 수동채권의 변제기가 아직 도래하지 않았던 경우에도 상계를 하여 압류채권자에게 대항할 수 있다(대판 1979.6.12. 79다662).
> - 채권압류명령을 받은 제3채무자가 압류채무자에 대한 반대채권을 가지고 있는 경우에 상계로써 압류채권자에게 대항하기 위하여는, 압류의 효력 발생 당시에 대립하는 양 채권이 상계적상에 있거나, 그 당시 반대채권(자동채권)의 변제기가 도래하지 아니한 경우에는 그것이 피압류채권(수동채권)의 변제기와 동시에 또는 그보다 먼저 도래하여야 한다. 이러한 법리는 채권압류명령을 받은 제3채무자이자 보증채무자인 사람이 압류 이후 보증채무를 변제함으로써 담보제공청구의 항변권을 소멸시킨 다음, 압류채무자에 대하여 압류 이전에 취득한 사전구상권으로 피압류채권과 상계하려는 경우에도 적용된다고 봄이 타당하다(대판 2019.2.14. 2017다274703). 기출 25

  ㉡ 압류의 효력이 생긴 후에 비로소 자동채권이 발생한 경우

> 금전채권에 대한 압류 및 전부명령이 있는 때에는 압류된 채권은 동일성을 유지한 채로 압류채무자로부터 압류채권자에게 이전되고, 제3채무자는 채권이 압류되기 전에 압류채무자에게 대항할 수 있는 사유로써 압류채권자에게 대항할 수 있는 것이므로, 제3채무자의 압류채무자에 대한 자동채권이 수동채권인 피압류채권과 동시이행의 관계에 있는 경우에는, 압류명령이 제3채무자에게 송달되어 압류의 효력이 생긴 후에 자동채권이 발생하였다고 하더라도 제3채무자는 동시이행의 항변권을 주장할 수 있다. 이 경우에 자동채권이 발생한 기초가 되는 원인은 수동채권이 압류되기 전에 이미 성립하여 존재하고 있었던 것이므로, 그 자동채권은 민법 제498조의 '지급을 금지하는 명령을 받은 제3채무자가 그 후에 취득한 채권'에 해당하지 않는다고 봄이 상당하고, 제3채무자는 그 자동채권에 의한 상계로 압류채권자에게 대항할 수 있다(대판 2010.3.25. 2007다35152).

> **불법행위채권을 수동채권으로 하는 상계의 금지(민법 제496조)**
> 채무가 고의의 불법행위로 인한 것인 때에는 그 채무자는 상계로 채권자에게 대항하지 못한다.
>
> **압류금지채권을 수동채권으로 하는 상계의 금지(민법 제497조)**
> 채권이 압류하지 못할 것인 때에는 그 채무자는 상계로 채권자에게 대항하지 못한다. 기출 14·18
>
> **지급금지채권을 수동채권으로 하는 상계의 금지(민법 제498조)**
> 지급을 금지하는 명령을 받은 제3채무자는 그 후에 취득한 채권에 의한 상계로 그 명령을 신청한 채권자에게 대항하지 못한다. 기출 13·18

2. 상계의 방법

> **상계의 방법, 효과(민법 제493조)**
> ① 상계는 상대방에 대한 의사표시로 한다. 이 의사표시에는 조건 또는 기한을 붙이지 못한다. 기출 25
> ② 상계의 의사표시는 각 채무가 상계할 수 있는 때에 대등액에 관하여 소멸한 것으로 본다. 기출 17

핵심문제

01 상계에 관한 설명으로 옳지 않은 것은?(다툼이 있는 경우에는 판례에 의함) 변리 14

① 제3채무자의 압류채무자에 대한 자동채권이 수동채권인 피압류채권과 동시이행의 관계에 있고 수동채권이 가압류되기 전에 이미 자동채권 발생의 기초가 되는 원인이 존재하여 제3채무자에게 가압류의 효력이 생긴 후에 자동채권이 발생한 경우, 제3채무자는 그 상계를 주장할 수 있다.
② 수개의 자동채권이 있고 수동채권의 원리금이 자동채권의 원리금 합계에 미치지 못하는 때에는 자동채권의 채무자가 상계의 대상이 되는 자동채권을 지정할 수 있고, 다음으로 자동채권의 채권자가 이를 지정할 수 있으며, 양 당사자의 지정이 없으면 법정변제충당에 따른다.
③ 상계의 의사표시가 있으면 상계에 의한 자동채권과 수동채권의 차액계산 또는 상계충당은 상계적상의 시점을 기준으로 하며, 상계적상 이전에 이미 수동채권의 변제기가 도래하여 지체가 발생한 때에는 그 시점까지의 지연손해금을 계산하여 자동채권으로 그 지연손해금을 소각한 다음 잔액으로 원본을 소각하여야 한다.
④ 상계의 의사표시는 구속력이 있으므로 철회할 수 없으나, 상계의 의사표시 후에 상계가 없었던 것으로 하는 상계자와 그의 상대방 간의 약정은 제3자에게 손해를 미치지 않으면 유효하다.
⑤ 채무가 중과실에 의한 불법행위로 발생한 경우 그 채무자는 상계로써 채권자에게 대항할 수 있다.

[해설]
① (○) 대판 2010.3.25. 2007다35152
② (×), ③ (○) 상계의 의사표시가 있는 경우, 채무는 상계적상 시에 소급하여 대등액에서 소멸한 것으로 보게 되므로, 상계에 의한 양 채권의 차액계산 또는 상계충당은 상계적상의 시점을 기준으로 하게 된다. 따라서 그 시점 이전에 수동채권의 변제기가 이미 도래하여 지체가 발생한 경우에는 상계적상 시점까지의 수동채권의 약정이자 및 지연손해금을 계산한 다음 자동채권으로 그 약정이자 및 지연손해금을 먼저 소각하고 잔액을 가지고 원본을 소각하여야 한다. ❸ 한편 상계의 경우에도 민법 제499조에 의하여 민법 제476조, 제477조에 규정된 변제충당의 법리가 준용된다. 따라서 여러 개의 자동채권이 있고 수동채권의 원리금이 자동채권의 원리금 합계에 미치지 못하는 경우에는 우선 자동채권의 채권자가 상계의 대상이 되는 자동채권을 지정할 수 있고, 다음으로 자동채권의 채무자가 이를 지정할 수 있으며, 양 당사자가 모두 지정하지 아니한 때에는 법정변제충당의 방법으로 상계충당이 이루어지게 된다❷(대판 2013.2.28. 2012다94155).
④ (○) 상계의 의사표시는 일방적으로 철회할 수는 없는 것이지만, 상계의 의사표시 후에 상계자와 상대방이 상계가 없었던 것으로 하기로 한 약정은 제3자에게 손해를 미치지 않는 한 계약자유의 원칙상 유효하다(대판 1995.6.16. 95다11146).
⑤ (○) 대판 1994.8.12. 93다52808

정답 ②

① 당사자 일방의 상대방에 대한 일방적 의사표시로 상계권을 행사한다. 상계의 의사표시가 없는 한 상계적상이라는 이유만으로는 상계의 효과가 발생하지 않는다(대판 2000.9.8. 99다6524).
② 상계는 특별한 방식을 요하지 않으나, 증권적 채권을 자동채권으로 하는 상계의 경우에 판례는 증권적 채권의 제시와 교부를 요한다.
③ 상계는 단독행위이므로 조건을 붙일 수 없고, 소급효가 있기 때문에 시기를 붙일 수 없다(민법 제493조 제1항). 기출 14
④ 상계는 자동채권의 처분행위의 성질을 갖기 때문에 상계시에 행위능력이 요구된다.
⑤ 상계는 단독행위로서 상계를 할지는 채권자의 의사에 따른 것이고 상계적상에 있는 자동채권이 있다고 하여 반드시 상계를 해야 할 것은 아니다. 채권자가 주채무자에 대하여 상계적상에 있는 자동채권을 상계하지 않았다고 하여 이를 이유로 보증채무자가 보증한 채무의 이행을 거부할 수 없으며 나아가 보증채무자의 책임이 면책되는 것도 아니다(대판 2018.9.13. 2015다209347). 기출 22

III 효 과

1. 채권의 소멸

상계에 의하여 당사자 쌍방의 채권은 그 대등액에 관하여 소멸한다(민법 제493조 제2항). 다만, 피상계자가 여러 개의 상계적상에 있는 수동채권을 가지고 있는데 자동채권이 그 전부를 소멸시키기에 부족한 경우 변제충당에 관한 규정을 준용하여 상계에 의하여 소멸될 수동채권을 결정한다(상계충당, 민법 제499조).

2. 상계의 소급효

① 자동채권과 수동채권은 상계표시시가 아니라 '상계할 수 있는 때'에 소급하여 소멸하는데, 상계할 수 있는 때란 양 채권이 모두 변제기가 도래한 경우와 수동채권의 변제기가 도래하지 아니하였더라도 기한의 이익을 포기할 수 있는 경우를 포함한다(대판 2011.7.28. 2010다70018).
② 상계의 의사표시에 의하여 각 채무는 상계할 수 있는 때에 대등액에 관하여 소멸한 것으로 보게 되지만, 이러한 상계의 소급효는 양 채권 및 이에 관한 이자나 지연손해금 등을 정산하는 기준시기를 소급하는 것일 뿐이고 특별한 사정이 없는 한 상계의 의사표시 전에 이미 발생한 사실을 복멸시키지는 아니한다(대판 2025.5.15. 2024다317332).[14]

---

14) 갑 시설관리공단(임대인)이 을 주식회사(임차인)를 상대로 임대차계약이 종료 후에도 임대목적물인 건물 부분을 불법점유하고 있다며 건물 부분의 인도와 함께 임대차계약에서 월 차임의 1.3배로 정한 손해배상 예정액의 지급을 구하자, 을 회사가 준비서면의 송달로 부속물매수청구권을 행사한다는 의사표시를 하고, 갑 공단도 준비서면의 송달로 을 회사의 불법점유로 인한 갑 공단의 손해배상채권을 자동채권으로 하여 을 회사의 부속물 매매대금 채권과 대등액에서 상계한다는 의사표시를 한 사안에서, 을 회사의 부속물매수청구권 행사 후에 갑 공단이 을 회사의 부속물 매매대금 채권을 을 회사의 불법점유로 인한 갑 공단의 손해배상채권과 상계하는 의사를 표시하여 을 회사의 부속물 매매대금 채권이 소멸된다고 하더라도, 양 채권을 정산하는 기준시기가 상계적상이 있었던 때인 부속물 매매대금 채권 발생 시점으로 소급하는 것일 뿐, 상계의 의사표시 이전까지 존재하였던 갑 공단의 부속물 매매대금 지급의무와 을 회사의 건물 부분 인도의무 사이의 동시이행관계가 상계적상이 있었던 시기로 소급하여 소멸되고 이로 인해 을 회사의 건물 부분 인도의무가 그때부터 이행지체에 빠지게 된다거나 건물 부분에 대한 을 회사의 점유가 소급하여 불법점유가 된다고 할 수 없다고 한 사례

Ⅳ 관련 판례

1. 수취은행의 상계 가부

① 송금의뢰인이 착오송금임을 이유로 거래은행을 통하여 혹은 수취은행에 직접 송금액의 반환을 요청하고, 수취인도 송금의뢰인의 착오송금에 의하여 수취인의 계좌에 금원이 입금된 사실을 인정하여 수취은행에 그 반환을 승낙하고 있는 경우, 수취은행이 수취인에 대한 대출채권 등을 자동채권으로 하여 수취인의 계좌에 착오로 입금된 금원 상당의 예금채권과 상계하는 것은 수취은행이 선의인 상태에서 수취인의 예금채권을 담보로 대출을 하여 그 자동채권을 취득한 것이라거나 그 예금채권이 이미 제3자에 의하여 압류되었다는 등의 특별한 사정이 없는 한, 송금의뢰인에 대한 관계에서 신의칙에 반하거나 상계에 관한 권리를 남용하는 것이다. 수취인의 계좌에 착오로 입금된 금원 상당의 예금채권이 이미 제3자에 의하여 압류되었다는 특별한 사정이 있어 수취은행이 수취인에 대한 대출채권 등을 자동채권으로 하여 수취인의 그 예금채권과 상계하는 것이 허용되더라도 이는 피압류채권액의 범위 내에서만 가능하고, 그 범위를 벗어나는 상계는 신의칙에 반하거나 권리를 남용하는 것으로서 허용되지 않는다(대판 2022.7.14. 2020다212958).

② [1] 예금거래기본약관에 따라 송금의뢰인이 수취인의 예금계좌에 자금이체를 하여 예금원장에 입금의 기록이 된 때에는 특별한 사정이 없는 한 송금의뢰인과 수취인 사이에 자금이체의 원인인 법률관계가 존재하는지 여부에 관계없이 수취인과 수취은행 사이에는 위 입금액 상당의 예금계약이 성립하고, 수취인이 수취은행에 대하여 위 입금액 상당의 예금채권을 취득한다. 그리고 수취은행은 원칙적으로 수취인의 계좌에 입금된 금원이 송금의뢰인의 착오로 자금이체의 원인관계 없이 입금된 것인지 여부에 관하여 조사할 의무가 없으며, 수취은행이 수취인에 대한 대출채권 등을 자동채권으로 하여 수취인의 계좌에 입금된 금원 상당의 예금채권과 상계하는 것은 신의칙 위반이나 권리남용에 해당한다는 등의 특별한 사정이 없는 한 유효하다.

[2] 송금의뢰인이 착오송금임을 이유로 거래은행을 통하여 혹은 수취은행에 직접 송금액의 반환을 요청하고 수취인도 송금의뢰인의 착오송금에 의하여 수취인의 계좌에 금원이 입금된 사실을 인정하고 수취은행에 그 반환을 승낙하고 있는 경우, 수취은행이 수취인에 대한 대출채권 등을 자동채권으로 하여 수취인의 계좌에 착오로 입금된 금원 상당의 예금채권과 상계하는 것은, 수취은행이 선의인 상태에서 수취인의 예금채권을 담보로 대출을 하여 그 자동채권을 취득한 것이라거나 그 예금채권이 이미 제3자에 의하여 압류되었다는 등의 특별한 사정이 없는 한, 공공성을 지닌 자금이체시스템의 운영자가 그 이용자인 송금의뢰인의 실수를 기화로 그의 희생하에 당초 기대하지 않았던 채권회수의 이익을 취하는 행위로서 상계제도의 목적이나 기능을 일탈하고 법적으로 보호받을 만한 가치가 없으므로, 송금의뢰인에 대한 관계에서 신의칙에 반하거나 상계에 관한 권리를 남용하는 것이다(대판 2010.5.27. 2007다66088). **기출** 25

2. 채권양수인의 상계 가부

민법 제493조 제2항은 "상계의 의사표시는 각 채무가 상계할 수 있는 때에 대등액에 관하여 소멸한 것으로 본다."라고 정하고 있으므로 상계의 효력은 상계적상 시로 소급하여 발생한다. 상계적상은 자동채권과 수동채권이 상호 대립하는 때에 비로소 생긴다. 채권양수인이 양수채권을 자동채권으로 하여 그 채무자가 채권양수인에 대해 가지고 있던 기존 채권과 상계한 경우, 채권양수인은 채권양도의 대항요건이 갖추어진 때 비로소 자동채권을 행사할 수 있으므로 채권양도 전에 이미 양 채권의 변제기가 도래하였다고 하더라도 상계의 효력은 변제기로 소급하는 것이 아니라 채권양도의 대항요건이 갖추어진 시점으로 소급한다(대판 2022.6.30. 2022다200089).

3. 임대인의 상계 가부

(1) 구상금채권을 자동채권으로 하는 상계 가부

민법 제626조 제2항은 임차인이 유익비를 지출한 경우에는 임대인은 임대차 종료 시에 그 가액의 증가가 현존한 때에 한하여 임차인의 지출한 금액이나 그 증가액을 상환하여야 한다고 규정하고 있으므로, 임차인의 유익비상환채권은 임대차계약이 종료한 때에 비로소 발생한다고 보아야 한다. 따라서 임대차 존속 중 임대인의 구상금채권의 소멸시효가 완성된 경우에는 위 구상금채권과 임차인의 유익비상환채권이 상계할 수 있는 상태에 있었다고 할 수 없으므로, 그 이후에 임대인이 이미 소멸시효가 완성된 구상금채권을 자동채권으로 삼아 임차인의 유익비상환채권과 상계하는 것은 민법 제495조에 의하더라도 인정될 수 없다(대판 2021.2.10. 2017다258787).

(2) 차임채권을 자동채권으로 하는 상계 가부

[1] 부동산임대차에서 임차인이 임대인에게 지급하는 임대차보증금은 임대차관계가 종료되어 목적물을 반환하는 때까지 그 임대차관계에서 발생하는 임차인의 모든 채무를 담보하는 것으로서, 임대인의 임대차보증금 반환의무는 임대차관계가 종료되는 경우에 그 임대차보증금 중에서 목적물을 반환받을 때까지 생긴 연체차임 등 임차인의 모든 채무를 공제한 나머지 금액에 관하여서만 비로소 이행기에 도달한다.
[2] 임대차 존속 중 차임을 연체하는 경우 그 채권의 소멸시효는, 임대차 종료 후 목적물 인도 시에 임대차보증금에서 일괄 공제하는 방식에 의하여 정산하기로 약정한 경우와 같은 특별한 사정이 없는 한 임대차계약에서 정한 지급기일부터 진행한다.
[3] 민법 제495조에 따라 소멸시효가 완성된 채권이 그 완성 전에 상계할 수 있었던 것이면 채권자는 상계할 수 있다. 이는 '자동채권의 소멸시효 완성 전에 양 채권이 상계적상에 이르렀을 것'을 요건으로 하는 것인데, 임대인의 임대차보증금 반환채무는 임대차계약이 종료된 때에 비로소 이행기에 도달하므로, 임대차 존속 중 차임채권의 소멸시효가 완성된 경우에는 소멸시효 완성 전에 임대인이 임대차보증금 반환채무에 관한 기한의 이익을 실제로 포기하였다는 등의 특별한 사정이 없는 한 양 채권이 상계할 수 있는 상태에 있었다고 할 수 없다. 그러므로 그 이후에 임대인이 이미 소멸시효가 완성된 차임채권을 자동채권으로 삼아 임대차보증금 반환채무와 상계하는 것은 민법 제495조에 따르더라도 인정될 수 없다. 그러나 임대차 존속 중 차임이 연체되고 있음에도 임대차보증금에서 연체차임을 충당하지 않고 있었던 임대인의 신뢰와 차임연체 상태에서 임대차관계를 지속해 온 임차인의 묵시적 의사를 감안하면, 그 연체차임은 민법 제495조를 유추적용하여 임대차보증금에서 공제할 수는 있다고 봄이 타당하다(대판 2025.3.27. 2024다302217).

4. 제척기간 경과 후의 상계 가부

매도인이나 수급인의 담보책임을 기초로 한 매수인이나 도급인의 손해배상채권의 제척기간이 지난 경우에도 민법 제495조를 유추적용해서 매수인이나 도급인이 상대방의 채권과 상계할 수 있는지 문제된다. 매도인의 담보책임을 기초로 한 매수인의 손해배상채권 또는 수급인의 담보책임을 기초로 한 도급인의 손해배상채권이 각각 상대방의 채권과 상계적상에 있는 경우에 당사자들은 채권·채무관계가 이미 정산되었거나 정산될 것으로 기대하는 것이 일반적이므로, 그 신뢰를 보호할 필요가 있다. 이러한 손해배상채권의 제척기간이 지난 경우에도 그 기간이 지나기 전에 상대방에 대한 채권·채무관계의 정산 소멸에 대한 신뢰를 보호할 필요성이 있다는 점은 소멸시효가 완성된 채권의 경우와 아무런 차이가 없다. 따라서 매도인이나 수급인의 담보책임을 기초로 한 손해배상채권의 제척기간이 지난 경우에도 제척기간이 지나기 전 상대방의 채권과 상계할 수 있었던 경우에는 매수인이나 도급인은 민법 제495조를 유추적용해서 위 손해배상채권을 자동채권으로 해서 상대방의 채권과 상계할 수 있다고 봄이 타당하다(대판 2019.3.14. 2018다255648).

제6절 기타 채권의 소멸원인

I 경개

경개의 요건, 효과(민법 제500조)
당사자가 채무의 중요한 부분을 변경하는 계약을 한 때에는 구채무는 경개로 인하여 소멸한다.

채무자변경으로 인한 경개(민법 제501조)
채무자의 변경으로 인한 경개는 채권자와 신채무자 간의 계약으로 이를 할 수 있다. 그러나 구채무자의 의사에 반하여 이를 하지 못한다.

채권자변경으로 인한 경개(민법 제502조)
채권자의 변경으로 인한 경개는 확정일자 있는 증서로 하지 아니하면 이로써 제3자에게 대항하지 못한다.

채권자변경의 경개와 채무자승낙의 효과(민법 제503조)
제451조 제1항의 규정은 채권자의 변경으로 인한 경개에 준용한다.

구채무불소멸의 경우(민법 제504조)
경개로 인한 신채무가 원인의 불법 또는 당사자가 알지 못한 사유로 인하여 성립되지 아니하거나 취소된 때에는 구채무는 소멸되지 아니한다.

신채무에의 담보이전(민법 제505조)
경개의 당사자는 구채무의 담보를 그 목적의 한도에서 신채무의 담보로 할 수 있다. 그러나 제3자가 제공한 담보는 그 승낙을 얻어야 한다.

1. 개 념

경개는 채무의 중요한 부분을 변경함으로써 신채무를 성립시키고 구채무를 소멸시키는 유상계약을 말한다(민법 제500조).

2. 경개의 유형과 당사자

(1) **채무내용 변경의 경개**(민법 제500조)

원래의 채권자와 채무자가 당사자가 된다.

(2) **채무자 변경의 경개**(민법 제501조)

① 구채무자의 의사에 반하여 채무자변경의 경개를 할 수는 없으며, 이는 이해관계 있는 제3자도 마찬가지이다.
② 채무의 동일성이 인정되지 않는다는 점에서 면책적 채무인수와 구별된다.

(3) **채권자 변경의 경개**(민법 제502조)

반드시 신·구채권자와 채무자가 3면계약으로 하여야 한다.

3. 요 건

① 소멸할 채무의 존재와 그에 대한 처분권한이 필요하다.
② 신채무의 성립
③ 채무의 중요한 부분이 변경되어야 한다.

4. 효 과

(1) **구채무의 소멸과 신채무의 성립**(민법 제500조)

(2) **채무의 동일성 상실**

① 구채무가 소멸하면 구채무의 담보권, 위약금, 보증채무 등 종된 권리도 소멸한다. 단, 당사자의 합의로 담보권을 신채무에 이전할 수도 있는데 제3자가 제공한 담보는 그 제3자의 승낙까지 얻어야 한다(민법 제505조).
② 구채무에 부착되어 있던 항변권도 원칙적으로 소멸하여 신채무에 이전하지 않는다.
③ 채권의 소멸시효도 새로이 진행한다.

Ⅱ 면 제

> **면제의 요건, 효과(민법 제506조)**
> 채권자가 채무자에게 채무를 면제하는 의사를 표시한 때에는 채권은 소멸한다. 그러나 면제로써 정당한 이익을 가진 제3자에게 대항하지 못한다.

Ⅲ 혼 동

> **혼동의 요건, 효과(민법 제507조)**
> 채권과 채무가 동일한 주체에 귀속한 때에는 채권은 소멸한다. 그러나 그 채권이 제3자의 권리의 목적인 때에는 그러하지 아니하다.

CHAPTER 06 채권의 소멸

01 기출 25

甲은 2025.2.1. 乙과 인쇄기의 매도계약을 체결하면서 대금 3천만원을 2025.2.15. 지급받음과 동시에 인쇄기를 인도하기로 하였다. 한편 乙은 甲에 대하여 이행기가 2020.2.20.인 3천만원의 대여금채권을 가지고 있다. 이에 관한 설명으로 옳지 않은 것은?(이자나 지연손해금은 고려하지 않고, 다툼이 있으면 판례에 따름)

① 乙이 상계하려는 경우, 그 의사표시에는 조건을 붙일 수 없다.
② 甲은 2025.2.15. 매매대금채권으로 대여금채무와 상계할 수 있다.
③ 乙은 2025.2.15. 대여금채권으로 매매대금채무와 상계하고 인쇄기의 인도를 구할 수 있다.
④ 만일 2025.2.10. 甲의 채권자 丙에 의해 매매대금채권이 압류된 경우, 乙은 2025.2.15. 매매대금채권을 수동채권으로 하여 상계할 수 있다.
⑤ 만일 대여금채권이 2025.2.20. 시효소멸하였더라도 乙은 2025.2.25. 상계의 의사표시를 하여 상계할 수 있다.

정답 및 해설

01

① (○) 상계의 의사표시에는 조건 또는 기한을 붙이지 못한다(민법 제493조 제1항 후문).
② (×) 항변권이 붙어 있는 채권을 자동채권으로 하여 타의 채무와의 상계를 허용한다면 상계자 일방의 의사표시에 의하여 상대방의 항변권행사의 기회를 상실케 하는 결과가 되므로 이와 같은 상계는 그 성질상 허용될 수 없다(대판 2002.8.23. 2002다25242). 매도인 甲은 2025.2.15. 자동채권인 매매대금채권에 동시이행의 항변권이 붙은 경우 채권의 성질상 수동채권인 3천만원의 대여금채무와 상계가 허용되지 않는다.
③ (○) 반면에 수동채권에 항변권이 붙어 있는 경우 상계자 스스로 항변권을 포기하는 것이 가능하므로 매수인 乙은 2025.2.15. 자동채권인 대여금채권으로 수동채권인 매매대금채권과 상계하고 인쇄기의 인도를 구할 수 있다.
④ (○) 가압류명령을 받은 제3채무자가 가압류채무자에 대한 반대채권을 가지고 있는 경우에 상계로써 가압류채권자에게 대항하기 위하여는 가압류의 효력 발생 당시에 양 채권이 상계적상에 있거나, 반대채권이 압류 당시 변제기에 이르지 않는 경우에는 피압류채권인 수동채권의 변제기와 동시에 또는 보다 먼저 변제기에 도달하는 경우이어야 한다(대판 1982.6.22. 82다카200). 이러한 판례의 취지를 고려할 때 만일 2025.2.10. 甲의 채권자 丙에 의해 매매대금채권이 압류된 경우, 제3채무자 乙은 상계적상 시인 2025.2.15.에 이행기가 2020.2.20.인 대여금채권을 반대채권(자동채권)으로 하고, 매매대금채권을 수동채권으로 하여 상계할 수 있다.
⑤ (○) 소멸시효가 완성된 채권이 그 완성 전에 상계할 수 있었던 것이면 그 채권자는 상계할 수 있으므로(민법 제495조), 대여금채권이 2025.2.20. 시효소멸하였더라도 乙은 2025.2.15. 상계적상 시 상계할 수 있었으므로, 2025.2.25. 상계의 의사표시를 하여 상계할 수 있다.

정답 ②

02 기출 25

민법상 상계에 관한 설명으로 옳지 않은 것은?(다툼이 있으면 판례에 따름)

① 자동채권과 수동채권의 이행지가 다른 경우에도 상계할 수 있다.
② 수동채권은 원칙적으로 상대방이 상계자에 대하여 가지는 채권이어야 한다.
③ 제척기간이 완성된 채권이 그 완성 전에 상계할 수 있었던 것이면 그 채권자는 상계할 수 있다.
④ 수동채권의 변제기는 도래하였으나 자동채권의 변제기가 도래하지 않은 경우에는 상계할 수 없다.
⑤ 손해배상채무가 중과실의 불법행위로 인한 것인 때에는 그 채무자는 상계로 채권자에게 대항하지 못한다.

02

① (○) 각 채무의 이행지가 다른 경우에도 상계할 수 있으므로, 자동채권과 수동채권의 이행지가 다른 경우에도 상계할 수 있다. 그러나 상계하는 당사자는 상대방에게 상계로 인한 손해를 배상하여야 한다(민법 제494조).

② (○) 상계는 당사자 쌍방이 서로 같은 종류를 목적으로 한 채무를 부담한 경우에 서로 같은 종류의 급부를 현실로 이행하는 대신 어느 일방 당사자의 의사표시로 그 대등액에 관하여 채권과 채무를 동시에 소멸시키는 것이고, 이러한 상계제도의 취지는 서로 대립하는 두 당사자 사이의 채권·채무를 간이한 방법으로 원활하고 공평하게 처리하려는 데 있으므로, 수동채권으로 될 수 있는 채권은 상대방이 상계자에 대하여 가지는 채권이어야 하고, 상대방이 제3자에 대하여 가지는 채권과는 상계할 수 없다고 보아야 한다(대판 2011.4.28. 2010다101394).

③ (○) 손해배상채권의 제척기간이 지난 경우에도 그 기간이 지나기 전에 상대방에 대한 채권·채무관계의 정산소멸에 대한 신뢰를 보호할 필요성이 있다는 점은 소멸시효가 완성된 채권의 경우와 아무런 차이가 없다. 따라서 매도인이나 수급인의 담보책임을 기초로 한 손해배상채권의 제척기간이 지난 경우에도 제척기간이 지나기 전 상대방의 채권과 상계할 수 있었던 경우에는 매수인이나 도급인은 민법 제495조를 유추적용해서 위 손해배상채권을 자동채권으로 해서 상대방의 채권과 상계할 수 있다고 봄이 타당하다(대판 2011.4.28. 2010다101394).

④ (○) 수동채권은 변제기 도래 전이라도 상계가 가능하나, 자동채권은 반드시 변제기에 있어야 한다. 따라서 수동채권의 변제기는 도래하였으나 자동채권의 변제기가 도래하지 않은 경우에는 상계할 수 없다.

⑤ (×) 민법 제496조가 고의의 불법행위로 인한 손해배상채권에 대한 상계를 금지하는 입법취지는 고의의 불법행위에 인한 손해배상채권에 대하여 상계를 허용한다면 고의로 불법행위를 한 자가 상계권행사로 현실적으로 손해배상을 지급할 필요가 없게 됨으로써 보복적 불법행위를 유발하게 될 우려가 있고, 고의의 불법행위로 인한 피해자가 가해자의 상계권행사로 인하여 현실의 변제를 받을 수 없는 결과가 됨은 사회적 정의관념에 맞지 아니하므로 고의에 의한 불법행위의 발생을 방지함과 아울러 고의의 불법행위로 인한 피해자에게 현실의 변제를 받게 하려는 데 있는바, 이같은 입법취지나 적용결과에 비추어 볼 때 고의의 불법행위에 인한 손해배상채권에 대한 상계금지를 중과실의 불법행위에 인한 손해배상채권에까지 유추 또는 확장적용하여야 할 필요성이 있다고 할 수 없다(대판 1994.8.12. 93다52808). 이러한 판례의 취지를 고려할 때 손해배상채무가 중과실의 불법행위로 인한 것인 때에는 그 채무자는 상계로 채권자에게 대항할 수 있다.

정답 ⑤

03 기출 25

변제에 관한 설명으로 옳은 것은?(다툼이 있으면 판례에 따름)

① 채무 없음을 알고 임의로 변제한 경우, 변제자는 반환을 청구할 수 있다.
② 변제기 전에 변제한 채무자는 변제한 것의 반환을 청구할 수 있다.
③ 채무자가 변제 수령권한이 없는 자에게 변제를 한 경우, 이로 인하여 채권자가 받은 이익이 일부분 존재하더라도 그 부분에 대한 변제의 효력은 발생하지 않는다.
④ 1억원의 채무 중 7천만원을 변제공탁한 경우, 채권자가 이를 수락하지 않으면 채무자는 3천만원을 변제제공하더라도 채무불이행책임을 부담한다.
⑤ 변제금액이 채권액에 부족한 경우, 채무자는 이자에 앞서 원본에 충당할 것을 지정할 수 있다.

03

① (×) 민법 제742조의 비채변제는 지급자가 채무 없음을 알면서도 임의로 지급한 경우에만 성립하고, 채무 없음을 알고 있었다 하더라도 변제를 강제당한 경우나 변제거절로 인한 사실상의 손해를 피하기 위하여 부득이 변제하게 된 경우 등 그 변제가 자기의 자유로운 의사에 반하여 이루어진 것으로 볼 수 있는 사정이 있는 때에는 지급자가 그 반환청구권을 상실하지 않는다(대판 1996.12.20. 95다52222). 이러한 판례의 취지를 고려할 때 변제자가 채무 없음을 알고 임의로 변제한 경우, 변제자는 그 반환을 청구할 수 없다.

② (×) 민법 제743조 소정의 "착오로 인하여"라 함은 변제기 전임을 알지 못하였음을 의미하므로 변제기가 도래했다고 오신하고서 변제한 경우에 한하고 변제기 전임을 알면서 변제한 자는 기한의 이익을 포기한 것으로 볼 것이다(대판 1991.8.13. 91다6856). 따라서 변제기 전에 변제한 채무자는 변제한 것의 반환을 청구할 수 없다.

③ (×) 채권의 준점유자에 대한 변제(민법 제470조), 영수증소지자에 대한 변제(민법 제471조) 외에 변제받을 권한 없는 자에 대한 변제는 채권자가 이익을 받은 한도에서 효력이 있다(민법 제472조).

④ (○) 변제공탁이 유효하려면 채무 전부에 대한 변제의 제공 및 채무 전액에 대한 공탁이 있어야 하고, 채무 전액이 아닌 일부에 대한 공탁은 일부의 제공이 유효한 제공이라고 볼 수 있거나 변제자의 공탁금액이 채무의 총액에 비하여 아주 근소하게 부족하여 해당 변제공탁을 신의칙상 유효한 것이라고 볼 수 있는 등의 특별한 사정이 있는 경우를 제외하고는 채권자가 이를 수락하지 않는 한 그 공탁 부분에 관하여서도 채무소멸의 효과가 발생하지 않는다(대판 2022.11.30. 2017다232167). 1억원의 채무 중 7천만원을 변제공탁한 경우, 채권자가 이를 수락하지 않으면 7천만원에 대한 채무소멸의 효과가 발생하지 아니하여, 채무자가 3천만원을 변제제공하더라도 채무불이행책임을 부담한다.

⑤ (×) 채무자가 변제로서 제공한 급여가 같은 채권자가 가지는 수개의 원본 채권과 그 이자 또는 지연손해금 채권 등을 전부 소멸시키기에 부족한 경우 이자 또는 지연손해금과 원본 간에는 당사자 사이의 명시적·묵시적 합의가 없는 한 획일적으로 가장 공평·타당한 충당 방법인 민법 제479조의 규정에 따라 이자 또는 지연손해금과 원본의 순으로 법정변제충당이 이루어진다(대판 2022.8.31. 2022다239896).

정답 ④

04 기출 24

변제에 관한 설명으로 옳지 않은 것을 모두 고른 것은?(다툼이 있으면 판례에 따름)

> ㄱ. 미리 저당권의 등기에 그 대위를 부기하지 않은 피담보채무의 보증인은 저당물에 후순위 근저당권을 취득한 제3자에 대하여 채권자를 대위할 수 없다.
> ㄴ. 변제자가 주채무자인 경우 보증인이 있는 채무와 보증인이 없는 채무의 변제이익은 차이가 없다.
> ㄷ. 채무자로부터 담보부동산을 취득한 제3자와 물상보증인 상호 간에는 각 부동산의 가액에 비례하여 채권자를 대위할 수 있다.

① ㄱ
② ㄴ
③ ㄱ, ㄷ
④ ㄴ, ㄷ
⑤ ㄱ, ㄴ, ㄷ

04

ㄱ. (×) 보증인은 미리 저당권의 등기에 그 대위를 부기하지 않고서도 저당물에 후순위 근저당권을 취득한 제3자에 대하여 채권자를 대위할 수 있다고 할 것이므로 민법 제482조 제2항 제1호의 제3자에 후순위 근저당권자는 포함되지 않는다(대판 2013.2.15. 2012다48855).

ㄴ. (O) 변제자가 주채무자인 경우, 보증인이 있는 채무와 보증인이 없는 채무 사이에는 변제이익의 점에서 차이가 없다고 보아야 하므로, 보증기간 중의 채무와 보증기간 종료 후의 채무 사이에서도 변제이익의 점에서 차이가 없다. 따라서 주채무자가 변제한 금원은 이행기가 먼저 도래한 채무부터 법이 정하는 바에 따라 변제충당을 하여야 한다(대판 2021.1.28. 2019다207141).

ㄷ. (×) 물상보증인이 채무를 변제하거나 담보권의 실행으로 소유권을 잃은 때에는 보증채무를 이행한 보증인과 마찬가지로 채무자로부터 담보부동산을 취득한 제3자에 대하여 구상권의 범위 내에서 출재한 전액에 관하여 채권자를 대위할 수 있는 반면, 채무자로부터 담보부동산을 취득한 제3자는 채무를 변제하거나 담보권의 실행으로 소유권을 잃더라도 물상보증인에 대하여 채권자를 대위할 수 없다고 보아야 한다(대판 2014.12.18. 2011다50233[전합]).

정답 ③

PLUS

변제자대위의 효과, 대위자간의 관계(민법 제482조)
① 전2조의 규정에 의하여 채권자를 대위한 자는 자기의 권리에 의하여 구상할 수 있는 범위에서 채권 및 그 담보에 관한 권리를 행사할 수 있다.
② 전항의 권리행사는 다음 각 호의 규정에 의하여야 한다.
  1. 보증인은 미리 전세권이나 저당권의 등기에 그 대위를 부기하지 아니하면 전세물이나 저당물에 권리를 취득한 제3자에 대하여 채권자를 대위하지 못한다.
  2. 제3취득자는 보증인에 대하여 채권자를 대위하지 못한다.
  3. 제3취득자 중의 1인은 각 부동산의 가액에 비례하여 다른 제3취득자에 대하여 채권자를 대위한다.
  4. 자기의 재산을 타인의 채무의 담보로 제공한 자가 수인인 경우에는 전호의 규정을 준용한다.
  5. 자기의 재산을 타인의 채무의 담보로 제공한 자와 보증인 간에는 그 인원수에 비례하여 채권자를 대위한다. 그러나 자기의 재산을 타인의 채무의 담보로 제공한 자가 수인인 때에는 보증인의 부담부분을 제외하고 그 잔액에 대하여 각 재산의 가액에 비례하여 대위한다. 이 경우에 그 재산이 부동산인 때에는 제1호의 규정을 준용한다.

05 기출 24

채권의 소멸에 관한 설명으로 옳지 않은 것은?(다툼이 있으면 판례에 따름)

① 변제공탁은 채권자의 수익의 의사표시 여부와 상관없이 공탁공무원의 수탁처분과 공탁물보관자의 공탁물수령으로 그 효력이 발생한다.
② 기존 채권·채무의 당사자가 그 목적물을 소비대차의 목적으로 할 것을 약정한 경우, 당사자의 의사가 명백하지 않을 때에는 특별한 사정이 없는 한 그 약정은 경개가 아닌 준소비대차로 보아야 한다.
③ 벌금형이 확정된 이상 벌금채권의 변제기는 도래한 것이므로 법률상 이를 금지할 근거가 없는 한 벌금채권은 상계의 자동채권이 될 수 있다.
④ 상계로 인한 채무소멸의 효력은 소멸한 채무 전액에 관하여 다른 부진정연대채무자에 대하여도 미치며, 이는 부진정연대채무자 중 1인이 채권자와 상계계약을 체결한 경우에도 마찬가지이다.
⑤ 손해배상채무가 중과실에 의한 불법행위로 발생한 경우, 그 채무자는 이를 수동채권으로 하는 상계로 채권자에게 대항하지 못한다.

05

① (O) 변제공탁은 공탁공무원의 수탁처분과 공탁물보관자의 공탁물수령으로 그 효력이 발생하여 채무소멸의 효과를 가져오는 것이고 채권자에 대한 공탁통지나 채권자의 수익의 의사표시가 있는 때에 공탁의 효력이 생기는 것이 아니다(대결 1972.5.15. 72마401).
② (O) 기존 채권·채무의 당사자가 목적물을 소비대차의 목적으로 할 것을 약정한 경우 약정을 경개로 볼 것인가 준소비대차로 볼 것인가는 일차적으로 당사자의 의사에 따라 결정되고 만약 당사자의 의사가 명백하지 않을 때에는 의사해석의 문제이나, 특별한 사정이 없는 한 동일성을 상실함으로써 채권자가 담보를 잃고 채무자가 항변권을 잃게 되는 것과 같이 스스로 불이익을 초래하는 의사를 표시하였다고는 볼 수 없으므로 일반적으로 준소비대차로 보아야 한다(대판 2016.6.9. 2014다64752).
③ (O) 상계는 쌍방이 서로 상대방에 대하여 같은 종류의 급부를 목적으로 하는 채권을 가지고 자동채권의 변제기가 도래하였을 것을 그 요건으로 하는 것인데, 형벌의 일종인 벌금도 일정 금액으로 표시된 추상적 경제가치를 급부목적으로 하는 채권인 점에서는 다른 금전채권들과 본질적으로 다를 것이 없고, 다만 발생의 법적 근거가 공법관계라는 점에서만 차이가 있을 뿐이나 채권 발생의 법적 근거가 무엇인지는 급부의 동종성을 결정하는 데 영향이 없으며, 벌금형이 확정된 이상 벌금채권의 변제기는 도래한 것이므로 달리 이를 금하는 특별한 법률상 근거가 없는 이상 벌금채권은 적어도 상계의 자동채권이 되지 못할 아무런 이유가 없다(대판 2004.4.27. 2003다37891).
④ (O) 부진정연대채무자 중 1인이 자신의 채권자에 대한 반대채권으로 상계를 한 경우에도 채권은 변제, 대물변제, 또는 공탁이 행하여진 경우와 동일하게 현실적으로 만족을 얻어 그 목적을 달성하는 것이므로, 그 상계로 인한 채무소멸의 효력은 소멸한 채무 전액에 관하여 다른 부진정연대채무자에 대하여도 미친다고 보아야 한다. 이는 부진정연대채무자 중 1인이 채권자와 상계계약을 체결한 경우에도 마찬가지이다. 나아가 이러한 법리는 채권자가 상계 내지 상계계약이 이루어질 당시 다른 부진정연대채무자의 존재를 알았는지 여부에 의하여 좌우되지 아니한다(대판 2010.9.16. 2008다97218[전합]).
⑤ (×) 고의의 불법행위에 인한 손해배상채권에 대한 상계금지를 중과실의 불법행위에 인한 손해배상채권에까지 유추 또는 확장적용하여야 할 필요성이 있다고 할 수 없으므로(대판 1994.8.12. 93다52808), 손해배상채무가 중과실에 의한 불법행위로 발생한 경우, 그 채무자는 이를 수동채권으로 하는 상계로 채권자에게 대항할 수 있다.

정답 ⑤

06 기출 22

甲은 乙에 대하여 A채무(원본 : 5천만원, 대여일 : 2021년 3월 1일, 이자 : 월 0.5%, 변제기 : 2021년 4월 30일)와 B채무(원본 : 4천만원, 대여일 : 2021년 4월 1일, 이자 : 월 1%, 변제기 : 2021년 5월 31일)를 부담하고 있다. 이에 관한 설명으로 옳은 것을 모두 고른 것은?(다툼이 있으면 판례에 따름)

> ㄱ. 甲은 2021년 6월 5일에 5천만원을 변제하면서 乙과의 합의로 B채무의 원본에 충당한 후 나머지는 A채무의 원본에 충당하는 것으로 정할 수 있다.
> ㄴ. 甲이 2021년 6월 5일에 5천만원을 변제하면서 법정충당이 이루어지는 경우, B채무에 보증인이 있다면 A채무의 변제에 먼저 충당된다.
> ㄷ. 甲이 2021년 5월 3일에 5천만원을 변제하면서 법정충당이 이루어지는 경우, B채무에 먼저 충당된다.
> ㄹ. 甲이 2021년 4월 28일에 5천만원을 변제하면서 법정충당이 이루어지는 경우, B채무에 먼저 충당된다.

① ㄱ, ㄴ
② ㄱ, ㄹ
③ ㄴ, ㄷ
④ ㄱ, ㄷ, ㄹ
⑤ ㄴ, ㄷ, ㄹ

06

ㄱ. (○) 채무자 甲이 채권자 乙에게 A채무(5천만원)와 B채무(4천만원)를 부담하고 있는데 甲이 변제제공한 5천만원은 채무 전부를 소멸시키기에 충분하지 아니하여 변제충당의 문제가 발생한다. 민법상 명문 규정은 없지만 합의에 의한 충당이 최우선적으로 적용되므로, 甲이 5천만원을 변제하면서 乙과의 합의로 B채무의 원본에 충당한 후 나머지는 A채무의 원본에 충당하는 것으로 정할 수 있다.

ㄴ. (×) 변제충당의 합의가 없고 지정충당도 없는 경우에는 민법 제477조에서 정한 법정충당에 의하게 된다. 甲이 2021년 6월 5일에 5천만원을 변제하면서 법정충당이 이루어지는 경우, A채무와 B채무는 이미 변제기가 도래하였고, B채무에 존재하는 보증인으로 인한 변제이익은 A채무와 차이가 없으나(대판 1985.3.12. 84다카2093), 이자발생으로 인한 변제이익(A채무 : 월 25만원, B채무 : 월 40만원)은 B채무가 더 많으므로 민법 제477조 제2호에 의하여 B채무의 변제에 먼저 충당된다.

ㄷ. (×) 甲이 2021년 5월 3일에 5천만원을 변제하면서 법정충당이 이루어지는 경우, A채무는 변제기에 도달하였으나 B채무는 그러하지 아니하므로 민법 제477조 제1호에 의하여 A채무의 변제에 먼저 충당된다.

ㄹ. (○) 甲이 2021년 4월 28일에 5천만원을 변제하면서 법정충당이 이루어지는 경우, A채무와 B채무는 모두 변제기에 도달하지 아니하였기 때문에 민법 제477조 제2호에 의하여 변제 이익이 많은 B채무의 변제에 먼저 충당된다.

정답 ②

MEMO

CHAPTER 01   계약총론

CHAPTER 02   계약각론

CHAPTER 03   법정채권관계

PART 3

채권각론

CHAPTER 01 계약총론

제1절 서 설

I 계약의 의의

계약은 서로 대립하는 두 개 이상의 의사표시의 합치로 성립하는 법률행위로, 채권관계의 발생을 목적으로 한다.

II 계약의 자유 및 제한

1. 계약자유의 원칙

근대민법은 개인에게 그들의 이해관계를 스스로 조절하고 그들의 사사(私事)를 자율적으로 처리하도록 사적 자치를 넓게 허용하여, 그들 상호 간의 문제를 원칙적으로 그들의 자유로운 합의, 즉 계약에 의하여 자율적으로 처리하게 하고 있는데, 이를 계약자유의 원칙이라고 한다. 계약자유의 원칙의 구체적인 내용으로 계약체결의 자유, 상대방 선택의 자유, 내용결정의 자유, 방식의 자유를 들 수 있다.

2. 계약자유의 원칙에 대한 제한

① 계약자유의 원칙에는 일정한 위험이 따른다. 즉, 형식적 자유를 지나치게 강조한 결과, 개인의 구체적 능력의 차이로 인한 실질적 불평등, 특히 자본주의의 고도의 발달에 따른 빈부의 격차, 노사 간의 대립 등의 폐단을 초래함으로써 결과적으로 경제적 약자에게 계약부자유로 나타나기도 한다. 여기서 계약에서의 정의가 문제된다.
② 계약자유의 원칙이 제대로 기능하기 위하여 당사자들이 대등한 교섭력을 가져야 하며, 아울러 경쟁이 갖추어져야 한다. 이러한 인식은 사회적 형평이라는 이념에 따라 계약자유의 원칙이 제한될 것을 요구하고, 그 결과 계약자유에 대한 국가의 간섭이 점차 늘고 있다.
③ 계약에서 정의의 실현은 원칙적으로 무기평등의 원칙에 의해야 하고, 계약자유에 대한 제한은 단지 소극적·제한적으로 행해져야 한다.

Ⅲ 계약의 종류

1. 전형계약과 비전형계약

민법전에 규정되어 있는 15종의 계약을 전형계약이라고 말하고, 이에 속하지 않는 것을 비전형계약이라고 한다. 그리고 두 가지 이상의 전형계약의 성질을 겸하는 것 또는 전형계약과 비전형계약의 내용이 혼합된 것을 혼합계약이라고 한다.

2. 쌍무계약과 편무계약

(1) 쌍무계약

쌍무계약이라 함은 당사자의 쌍방이 서로 대가적 의미를 가지는 채무를 부담하는 계약을 말한다.
① 매매, 교환, 임대차, 고용, 도급, 조합, 화해
② 위임, 임치, 종신정기금이 유상인 때

(2) 편무계약

편무계약이라 함은 당사자의 일방만이 채무를 부담하거나, 또는 쌍방이 채무를 부담하더라도 그 채무가 서로 대가적 의미를 갖지 않는 계약을 말한다. 증여, 사용대차, 현상광고가 편무계약에 해당한다. 기출 23

(3) 구별의 실익

쌍무계약에 있어서는 동시이행의 항변(민법 제536조), 위험부담(민법 제537조 이하)의 문제가 생기고 계약해제에 관한 규정이 적용되지만, 편무계약에서는 이런 문제가 생기지 않는다.

3. 유상계약과 무상계약

(1) 개 념

계약 당사자가 서로 대가적 의미를 가진 재산상 출원 내지 출재를 하는가에 따른 구별이다.

(2) 유상계약과 쌍무계약의 비교

쌍무계약은 모두 유상계약이지만, 유상계약이 반드시 쌍무계약인 것은 아니다. 현상광고는 유상계약이지만 편무계약이다.

(3) 구체적인 검토

① 유상계약 : 매매, 교환, 임대차, 고용, 도급, 조합, 현상광고, 화해
② 무상계약 : 증여, 사용대차
③ 유상 또는 무상계약 : 소비대차, 위임, 임치, 종신정기금은 이자 또는 보수를 지급하는가의 여부에 따라 유상이 되거나 또는 무상이 된다.

(4) 유상계약의 특칙

① 유상계약에 관하여는 매매에 관한 규정이 준용된다(민법 제567조). 특히 담보책임에 관한 규정이 준용된다. 단, 도급에는 독자적인 담보책임 규정이 있기 때문에 매매에 관한 담보책임 규정이 준용될 수 없다(통설・판례).
② 무상계약에 있어서는 원칙적으로 담보책임이 없다. 단, 예외적으로 담보책임을 부담하는 경우가 있다.

4. 낙성계약과 요물계약

　낙성계약은 당사자의 합의만으로 성립하는 계약이며, 민법상 전형계약은 현상광고를 제외하고는 모두 이에 속한다. 요물계약은 당사자의 합의 이외에 물건의 인도 기타의 급부를 하여야만 성립하는 계약으로, 민법상 전형계약 중에서 현상광고만이 요물계약이다.

5. 요식계약과 불요식계약

　의사표시가 일정한 방식을 갖추어야 성립하는 계약이 요식계약이고, 그렇지 않은 계약이 불요식계약이다. 민법상 계약은 원칙적으로 방식을 요하지 않는다.

6. 계속적 계약과 일시적 계약

　임대차, 임치, 고용 등과 같이 일정기간 동안 계속하여 급부를 실현해야 할 의무가 발생하는 계약을 계속적 계약이라 하고, 반면에 급부가 1회적으로 이행되는 계약을 일시적 계약이라고 한다.

제2절 계약의 성립

I 계약성립요건

1. 계약의 특별성립요건

(1) 객관적 합치(내용의 합치)

> - 계약이 성립하기 위하여는 당사자의 서로 대립하는 수개의 의사표시의 객관적 합치가 필요하고 객관적 합치가 있다고 하기 위하여는 당사자의 의사표시에 나타나 있는 사항에 관하여는 모두 일치하고 있어야 하는 한편, 계약 내용의 '중요한 점' 및 계약의 객관적 요소는 아니더라도 특히 당사자가 그것에 중대한 의의를 두고 계약성립의 요건으로 할 의사를 표시한 때에는 이에 관하여 합치가 있어야 계약이 적법·유효하게 성립한다(대판 2003.4.11. 2001다53059).
> - 계약의 성립을 위한 의사표시의 객관적 합치 여부를 판단함에 있어, 처분문서인 계약서가 있는 경우에는 특별한 사정이 없는 한 계약서에 기재된 대로의 의사표시의 존재 및 내용을 인정하여야 하고, 계약을 체결함에 있어 당해 계약으로 인한 법률효과에 관하여 제대로 알지 못하였다 하더라도 이는 계약체결에 관한 의사표시의 착오의 문제가 될 뿐이다(대판 2009.4.23. 2008다96291).
> - 계약이 의사의 불합치로 성립하지 아니한 경우 그로 인하여 손해를 입은 당사자가 상대방에게 부당이득반환청구 또는 불법행위로 인한 손해배상청구를 할 수 있는지는 별론으로 하고, 상대방이 계약이 성립되지 아니할 수 있다는 것을 알았거나 알 수 있었음을 이유로 민법 제535조를 유추적용하여 계약체결상의 과실로 인한 손해배상청구를 할 수는 없다(대판 2017.11.14. 2015다10929). 기출 24

(2) 주관적 합치(상대방의 일치)

2. 불합의의 구별개념

(1) 불합의
의식적 불합의이건 무의식적 불합의이건 구별 없이 계약은 성립하지 않는다.

(2) 숨은 불합의와 착오의 구별
당사자가 불합의를 모르고 있었던 경우인 숨은 불합의는 착오와 구별이 곤란하다. 다만, 의사표시의 합치는 계약의 성립요건이고, 착오는 계약의 성립을 전제로 한 계약의 유효요건의 문제이므로 숨은 불합의는 착오가 문제될 여지는 없다.

3. 의사의 합치의 정도
당해 계약의 내용을 이루는 모든 사항에 관하여 의사의 합치가 있어야 하는 것은 아니나 그 본질적 사항이나 중요사항에 관하여는 구체적으로 의사의 합치가 있거나 적어도 장래 구체적으로 특정할 수 있는 기준과 방법 등에 관한 합의는 있어야 한다(대판 2006.11.24. 2005다39594).

Ⅱ 청약과 승낙에 의한 계약의 성립

계약의 청약의 구속력(민법 제527조) 기출 24
계약의 청약은 이를 철회하지 못한다.

승낙기간을 정한 계약의 청약(민법 제528조)
① 승낙의 기간을 정한 계약의 청약은 청약자가 그 기간 내에 승낙의 통지를 받지 못한 때에는 그 효력을 잃는다.
② 승낙의 통지가 전항의 기간후에 도달한 경우에 보통 그 기간 내에 도달할 수 있는 발송인 때에는 청약자는 지체 없이 상대방에게 그 연착의 통지를 하여야 한다. 그러나 그 도달전에 지연의 통지를 발송한 때에는 그러하지 아니하다.
③ 청약자가 전항의 통지를 하지 아니한 때에는 승낙의 통지는 연착되지 아니한 것으로 본다.

승낙기간을 정하지 아니한 계약의 청약(민법 제529조) 기출 24
승낙의 기간을 정하지 아니한 계약의 청약은 청약자가 상당한 기간 내에 승낙의 통지를 받지 못한 때에는 그 효력을 잃는다.

연착된 승낙의 효력(민법 제530조)
전2조의 경우에 연착된 승낙은 청약자가 이를 새 청약으로 볼 수 있다.

격지자 간의 계약성립시기(민법 제531조) 기출 24
격지자 간의 계약은 승낙의 통지를 발송한 때에 성립한다.

변경을 가한 승낙(민법 제534조)
승낙자가 청약에 대하여 조건을 붙이거나 변경을 가하여 승낙한 때에는 그 청약의 거절과 동시에 새로 청약한 것으로 본다.

1. 청 약

(1) 청약의 개념

① 청약은 승낙과 결합하여 일정한 계약을 성립시키는 것을 목적으로 하는 일방적·확정적 의사표시로 불특정다수인에 대한 것도 유효하다. 기출 16·22·24
② 청약은 그에 대응하는 승낙만 있으면 곧 계약을 성립시키는 구체적·확정적 의사표시이다.

> 분양계약의 목적물인 아파트에 관한 외형·재질 등이 제대로 특정되지 아니한 상태에서 체결된 분양계약은 그 자체로서 완결된 것이라고 보기 어렵다 할 것이므로, 비록 분양광고의 내용, 모델하우스의 조건 또는 그 무렵 분양회사가 수분양자에게 행한 설명 등이 비록 청약의 유인에 불과하다 할지라도 그러한 광고 내용이나 조건 또는 설명 중 구체적 거래조건, 즉 아파트의 외형·재질 등에 관한 것으로서 사회통념에 비추어 수분양자가 분양자에게 계약 내용으로서 이행을 청구할 수 있다고 보이는 사항에 관한 한 수분양자들은 이를 신뢰하고 분양계약을 체결하는 것이고 분양자들도 이를 알고 있었다고 보아야 할 것이므로, 분양계약시에 달리 이의를 유보하였다는 등의 특단의 사정이 없는 한, 분양자와 수분양자 사이에 이를 분양계약의 내용으로 하기로 하는 묵시적 합의가 있었다고 봄이 상당하다(대판 2007.6.1. 2005다5812). 기출 24

(2) 청약의 효력

1) 청약의 효력발생시기

① 청약도 의사표시이므로, 의사표시의 효력발생시기에 관한 일반원칙(민법 제111조 제1항)에 따라 도달에 의하여 그 효력이 발생한다. 다만, 불특정인에 대한 청약에서는 불특정인이 요지할 수 있는 상태가 성립한 때에 도달이 있다고 할 수 있다.
② 청약의 발신 후 그 도달 전에 청약자가 사망하거나 행위능력을 상실하더라도 청약의 효력에는 영향이 없다(민법 제111조 제2항). 기출 20·22·23

2) 청약의 구속력(비철회성)

① 의의 : 청약이 상대방에게 도달하여 그 효력이 발생한 경우에는 청약자가 이를 마음대로 철회하지 못한다(민법 제527조)는 것을 의미한다. 기출 20·25
② 구속력의 존속기간 : 승낙기간을 정한 청약은 그 기간 중에는 철회하지 못하고(민법 제527조), 그 기간을 경과하면 청약은 효력(승낙적격)을 잃는다(민법 제528조 제1항). 기출 16·25
③ 구속력의 배제 : 민법 제527조는 임의규정이므로 청약자가 철회할 수 있음을 유보한 경우, 대화자 사이의 청약의 경우, 청약자가 즉시 승낙을 요구하는 경우, 불특정 다수인에 대한 청약의 경우에는 청약을 철회할 수 있다. 판례는 근로관계의 종료의 경우에도 구속력을 배제하고 있는데, 명예퇴직은 근로자가 명예퇴직의 신청(청약)을 하면 사용자가 요건을 심사한 후 이를 승인(승낙)함으로써 합의에 의하여 근로관계를 종료시키는 것으로, 명예퇴직의 신청은 근로계약에 대한 합의해지의 청약에 불과하여 이에 대한 사용자의 승낙이 있어 근로계약이 합의해지되기 전에는 근로자가 임의로 그 청약의 의사표시를 철회할 수 있다고 하고 있다(대판 2003.4.25. 2002다11458). 기출 23

3) 청약의 실질적 효력(승낙적격, 청약의 존속기간)

① 청약을 받은 상대방은 승낙함으로써 곧 계약을 성립시킬 수 있다. 즉, 청약은 그에 대한 승낙만 있으면 바로 계약을 성립하게 하는 효력이 있는데, 이를 청약의 실질적 효력(승낙적격)이라고 한다.

② 승낙기간이 정하여진 청약의 경우 그 기간 내에 한하여 승낙할 수 있는데, 승낙은 승낙기간 내에 도달해야 한다(민법 제528조 제1항). 다만, 승낙의 통지가 기간 후에 도달한 경우에 보통 그 기간 내에 도달할 수 있는 발송인 때에는 청약자는 지체 없이 상대방에게 그 연착의 통지를 하여야 한다. 청약자가 통지를 하지 아니한 때에는 승낙의 통지는 연착되지 아니한 것으로 본다(민법 제528조). 기출 22·25

③ 승낙기간을 정하지 아니한 청약을 한 경우에는 청약자가 상당한 기간 내에 승낙의 통지를 받지 못한 때에는 효력을 잃는다(민법 제529조). 기출 15·16·23

④ 승낙기간을 경과하여 연착된 승낙은 청약자가 이를 새로운 청약으로 보고(민법 제530조), 이에 대해 승낙을 하면 계약은 성립한다. 기출 15

> 청약이 상시거래관계에 있는 자 사이에 그 영업부류에 속한 계약에 관하여 이루어진 것이어서 상법 제53조가 적용될 수 있는 경우가 아니라면, 청약의 상대방에게 청약을 받아들일 것인지 여부에 관하여 회답할 의무가 있는 것은 아니므로, 청약자가 미리 정한 기간 내에 이의를 하지 아니하면 승낙한 것으로 간주한다는 뜻을 청약시 표시하였다고 하더라도 이는 상대방을 구속하지 아니하고 그 기간은 경우에 따라 단지 승낙기간을 정하는 의미를 가질 수 있을 뿐이다(대판 1999.1.29. 98다48903). 기출 25

핵심문제

01 계약의 성립에 관한 설명으로 옳지 않은 것은?(다툼이 있으면 판례에 따름) 변리 24

① 의사표시의 불일치로 인해 계약이 성립하지 않는 경우, 그로 인해 손해를 입은 당사자는 상대방이 계약의 불성립을 알았거나 알 수 있었음을 이유로 계약체결상의 과실로 인한 손해배상을 청구할 수 있다.
② 은행 직원이 예금자로부터 돈을 받아 확인한 후에는 실제로 입금하지 않아도 예금자와 은행 사이에 예금계약이 성립한다.
③ 甲이 자신의 X건물을 乙에게 1억원에 팔겠다는 청약을 하였는데, 이 사실을 모르는 乙이 甲에게 X건물을 1억원에 구입하겠다고 청약을 한 경우에 두 청약이 상대방에게 도달한 때에 계약은 성립한다.
④ 매도인이 매수인에게 매매계약의 합의해제를 청약하였는데, 매수인이 그 청약에 대하여 조건을 붙여 승낙한 경우에는 합의해제의 청약이 실효된다.
⑤ 임대인이 임대목적물에 대한 소유권 기타 이를 임대할 권한이 없다고 하더라도 임대차계약은 유효하게 성립할 수 있다.

[해설]
① (×) 계약이 의사의 불합치로 성립하지 아니한 경우 그로 인하여 손해를 입은 당사자가 상대방에게 부당이득반환청구 또는 불법행위로 인한 손해배상청구를 할 수 있는지는 별론으로 하고, 상대방이 계약이 성립되지 아니할 수 있다는 것을 알았거나 알 수 있었음을 이유로 민법 제535조를 유추적용하여 계약체결상의 과실로 인한 손해배상구를 할 수는 없다(대판 2017.11.14. 2015다10929).
② (○) 대판 1996.1.26. 95다26919
③ (○) 甲이 자신의 X건물을 乙에게 1억원에 팔겠다는 청약을 하였는데, 이 사실을 모르는 乙이 甲에게 X건물을 1억원에 구입하겠다고 청약을 한 경우, 이는 청약이 상호교차된 교차청약으로 甲과 乙의 각 청약이 상대방에게 도달한 때에 계약이 성립한다(민법 제533조).
④ (○) 매도인이 매수인에게 매매계약의 합의해제를 청약하였는데, 매수인이 그 청약에 대하여 조건을 붙여 승낙하였다면 매도인의 청약을 거절함과 동시에 새로운 청약을 한 것으로 보게 되므로(민법 제534조), 매도인의 합의해제의 청약은 실효된다.
⑤ (○) 대판 2013.5.9. 2013다3040

정답 ①

2. 승낙

(1) 승낙의 개념
승낙은 청약의 상대방이 청약에 응하여 계약을 성립시킬 목적으로 청약자에 대하여 행하는 의사표시이다.

1) 승낙의 상대방
승낙은 반드시 특정의 청약자에 대하여 해야 한다. 즉, 불특정·다수인에 대한 승낙은 불가능하다.

2) 변경을 가한 승낙
승낙은 청약과 내용적으로 일치(객관적 합치)해야 하는데, 객관적으로 합치하지 아니한 승낙, 즉 청약에 조건을 부가하거나 청약의 내용을 변경하여 하는 응낙은 승낙이 될 수 없고 다만 청약을 거절하고 새로운 청약을 한 것을 본다(민법 제534조). 기출 25 판례도 같은 취지에서 매매계약 당사자 중 매도인이 매수인에게 매매계약의 합의해제를 청약하였다고 할지라도, 매수인이 그 청약에 대하여 조건을 붙이거나 변경을 가하여 승낙한 때에는 민법 제534조의 규정에 비추어 그 청약의 거절과 동시에 새로 청약한 것으로 보게 되는 것이고, 그로 인하여 종전의 매도인의 청약은 실효된다고 판시하고 있다(대판 2009.2.12. 2008다71926). 기출 23 청약의 양적 일부에만 승낙한 경우에도 새로운 청약이 된다(민법 제534조). 기출 20

3) 연착된 승낙
새로운 청약이 된다(민법 제530조).

4) 승낙의 방법
원칙적으로 자유이고 그에 대한 특별한 제한이 없다.

(2) 승낙의 효력발생시기

1) 문제점
계약의 성립시기와 관련하여 민법 제528조 제1항과 민법 제529조를 민법 제531조와 어떻게 조화롭게 해석해야 하는지 문제된다.

2) 학 설
① 해제조건설(다수설) 기출 20
- 승낙기간 내 승낙의 부도달을 해제조건으로 승낙통지 발송시에 계약은 성립한다는 견해이다. 따라서 승낙자는 발송사실만 증명하면 되고, 부도달의 입증책임은 청약자가 부담한다.
- 승낙의 발신 후에는 그 도달 전이라도 철회할 수 없다.
- 민법 제531조는 승낙의 효력발생시기에 관하여 발신주의를 규정한 것이다.

② 정지조건설
- 승낙통지가 승낙기간 내에 청약자에게 도달할 것을 정지조건으로 하여 승낙통지를 발송한 때에 소급하여 유효한 계약이 성립한다는 견해이다. 이 경우에는 승낙자가 발송사실과 도달 모두의 입증책임을 부담한다.
- 승낙의 발신 후에도 그 도달 전에는 철회할 수 있다.
- 승낙은 도달한 때에 효력이 발생한다.

3) 학설의 공통점
기간 내에 도달하면 발송시에 계약은 성립하고, 기간 내에 도달하지 않으면 계약은 불성립한다.

Ⅲ 기타의 방법에 의한 계약의 성립

1. 의사실현에 의한 계약의 성립

> **의사실현에 의한 계약성립(민법 제532조)**
> 청약자의 의사표시나 관습에 의하여 승낙의 통지가 필요하지 아니한 경우에는 계약은 승낙의 의사표시로 인정되는 사실이 있는 때에 성립한다. 기출 22

2. 교차청약에 의한 계약의 성립

> **교차청약(민법 제533조)**
> 당사자 간에 동일한 내용의 청약이 상호교차된 경우에는 양청약이 상대방에게 도달한 때에 계약이 성립한다.
> 기출 14 · 15 · 16 · 22 · 23

Ⅳ 사실적 계약관계론

1. 의 의
일상생활에 밀접하고 대량적·반복적으로 이루어지는 계약유형에 있어서는 당사자의 사실적 행위만으로 당사자의 구체적 의사와 관계 없이 계약관계가 성립한다는 이론이다. 대표적인 경우로 통신이나 교통수단, 수도·가스의 공급 등을 들 수 있다.

2. 취 지
① 제한능력자제도를 배제하고자 하는 취지이다.
② 법률행위에 무효나 취소원인이 있더라도 이미 존재한 사실에는 법률효과를 인정한다. 따라서 착오취소를 배제한다.
③ 명시적인 승낙의 거절이 있어도 급부를 받으면 계약의 성립을 인정한다.

3. 인정 여부
통설은 의사자치를 기본으로 하는 실정법 체계에 맞지 않아 도입을 부정한다.

V 계약체결상 과실책임

1. 의 의

(1) 개 념

계약체결을 위한 준비과정이나 계약의 성립과정에서 당사자 일방이 유책적으로 상대방의 손해를 야기한 경우에, 이를 배상해야 할 책임을 계약체결상의 과실책임이라 한다.

(2) 기 능

계약체결상의 과실책임은 원래 계약책임에 대해서도 불법행위책임에 대해서도 일반조항을 두지 않았던 독일민법에서 피해자 구제의 공백을 메우기 위하여 논의되었다. 반면, 우리나라 민법은 계약이 원시적 불능으로 인하여 무효인 경우에 관하여 명문으로 이 책임을 규정하지만(민법 제535조), 학설은 일반적으로 여기에서 더 나아가 계약체결의 준비단계 또는 계약이 좌절된 경우에도 계약체결상의 과실책임을 인정한다.

2. 책임의 법적 성질

(1) 논의의 실익

법적 성질을 어떻게 보느냐에 따라 입증책임의 부담자, 법정대리인 또는 이행보조자의 고의·과실에 관한 민법 제391조의 적용 여부, 배상청구권의 소멸시효기간 등이 달라지게 된다.

(2) 학 설

1) 계약책임설(다수설)

계약상의 의무에는 주된 급부의무 이외에 부수적 주의의무, 보호의무 등 신의칙상의 의무가 포함되고, 신의칙상 의무는 계약체결을 위한 준비단계에서도 인정되어 계약책임으로 구성할 수 있다고 보는 견해이다.

2) 불법행위책임설

계약체결과정에서 또는 무효인 계약에 의해 상대방에게 불의의 손해를 주지 않도록 하는 것은 사회생활상의 의무이고, 이를 위반하여 과실로 상대방에게 손해를 준 자는 불법행위책임을 진다는 견해이다.

3) 법정책임설(고유책임설)

계약체결을 위한 협의의 개시시부터 계약의 성립시까지의 과정을 하나의 독립된 단계로 보아 그 자체에 법적으로 특별한 지위를 부여하고 전통적인 불법행위책임과 계약책임의 체계에 수정을 가하는 견해로, 계약책임과 유사한 독자적인 책임이고, 그 실정법적 근거는 민법 제535조를 유추적용한다.

3. 책임의 유형

① 계약준비단계에 있어서의 체약상 과실책임
② 계약이 무효·취소된 경우의 체약상 과실책임
③ 계약이 유효한 경우의 체약상 과실책임

4. 원시적 불능으로 인한 계약체결상의 과실책임

> **계약체결상의 과실(민법 제535조)** 기출 21·24
> ① 목적이 불능한 계약을 체결할 때에 그 불능을 알았거나 알 수 있었을 자는 상대방이 그 계약의 유효를 믿었음으로 인하여 받은 손해를 배상하여야 한다. 그러나 그 배상액은 계약이 유효함으로 인하여 생길 이익액을 넘지 못한다.
> ② 전항의 규정은 상대방이 그 불능을 알았거나 알 수 있었을 경우에는 적용하지 아니한다.

(1) 의 의

민법 제535조는 계약의 목적이 원시적 불능으로 무효인 경우 그 불능을 알았거나 알 수 있었던 자에게 상대방이 입은 손해를 배상할 책임을 규정하고 있다.

(2) 요 건

1) 원시적 불능으로 무효일 것

계약의 내용이 된 채무를 이행하는 것이 계약 당시부터 이미 사실상·법률상 불가능한 상태였다면 그 계약은 원시적으로 불능이어서 무효이다. 채무의 이행이 불가능하다는 것은 절대적·물리적으로 불가능한 경우만이 아니라 사회생활상 경험칙이나 거래상의 관념에 비추어 볼 때 채권자가 채무자의 이행 실현을 기대할 수 없는 경우도 포함한다(대판 2020.12.10. 2019다201785). 판례는 부동산매매계약에 있어서 실제면적이 계약면적에 미달하는 경우에는 그 매매가 수량지정매매에 해당할 때에 한하여 대금감액청구권을 행사함은 별론으로 하고, 그 매매계약이 그 미달 부분만큼 일부 무효임을 들어 이와 별도로 일반 부당이득반환청구를 하거나 그 부분의 원시적 불능을 이유로 계약체결상의 과실에 따른 책임의 이행을 구할 수 없다고 하여(대판 2002.4.9. 99다47396), 계약이 원시적·전부불능일 때에만 민법 제535조가 적용된다고 본다. 기출 24

2) 배상자 측 요건

원시적 불능이라는 사실에 대해 알았거나 알 수 있었어야 한다.

3) 상대방 측 요건

상대방은 불능의 원인에 대해 선의, 무과실이어야 한다. 기출 25

(3) 효 과

1) 손해배상청구권

계약의 유효를 믿었음으로 인하여 받은 손해를 배상하여야 하고, 그 배상액은 계약이 유효함으로 인하여 생길 이익액을 넘지 못한다.

2) 입증책임 및 이행보조자 책임의 문제

다수설(계약책임설)에 의하면 가해자가 자신에게 귀책사유가 없음을 입증해야 하며, 이행보조자에 대해서는 민법 제391조가 적용된다.

출처 | 박기현·김종원, 「핵심정리 민법」, 메티스, 2014, p.1325~1339

5. 관련 판례

[1] 어느 일방이 교섭단계에서 계약이 확실하게 체결되리라는 정당한 기대 내지 신뢰를 부여하여 상대방이 그 신뢰에 따라 행동하였음에도 상당한 이유 없이 계약의 체결을 거부하여 손해를 입혔다면 이는 신의성실의 원칙에 비추어 볼 때 계약자유원칙의 한계를 넘는 위법한 행위로서 불법행위를 구성한다.

[2] 계약교섭의 부당한 중도파기가 불법행위를 구성하는 경우 그러한 불법행위로 인한 손해는 일방이 신의에 반하여 상당한 이유 없이 계약교섭을 파기함으로써 계약체결을 신뢰한 상대방이 입게 된 상당인과관계 있는 손해로서 계약이 유효하게 체결된다고 믿었던 것에 의하여 입었던 손해 즉 신뢰손해에 한정된다고 할 것이고, 이러한 신뢰손해란 예컨대, 그 계약의 성립을 기대하고 지출한 계약준비비용과 같이 그러한 신뢰가 없었더라면 통상 지출하지 아니하였을 비용상당의 손해라고 할 것이며, 아직 계약체결에 관한 확고한 신뢰가 부여되기 이전 상태에서 계약교섭의 당사자가 계약체결이 좌절되더라도 어쩔 수 없다고 생각하고 지출한 비용, 예컨대 경쟁입찰에 참가하기 위하여 지출한 제안서, 견적서 작성비용 등은 여기에 포함되지 아니한다.

[3] 침해행위와 피해법익의 유형에 따라서는 계약교섭의 파기로 인한 불법행위가 인격적 법익을 침해함으로써 상대방에게 정신적 고통을 초래하였다고 인정되는 경우라면 그러한 정신적 고통에 대한 손해에 대하여는 별도로 배상을 구할 수 있다(대판 2003.4.11. 2001다53059).

제3절 계약의 효력

I 서 설

계약이 성립하면 권리장애사실이 존재하지 않는 한 즉시 그 효력이 발생하여 당사자들을 구속한다. 즉 당사자들에 의하여 행하여진 합의가 법률에 갈음하여 당사자들을 구속한다.[15] 이러한 계약의 구속력은 당사자의 법률상 지위를 승계한 자에게도 미친다고 보아야 한다. 쌍무계약에는 채무의 견련성이 나타나므로 성립요건과 효력발생요건을 갖춘 두 개의 채무는 서로 대가적 의의를 가지고 성립상·이행상·존속상의 견련관계가 인정되고 있다.

---

15) 판례는 계약의 구속력과 관련하여 하나의 법률관계를 둘러싸고 각기 다른 내용을 정한 여러 개의 계약서가 순차로 작성되어 있는 경우 당사자가 그러한 계약서에 따른 법률관계나 우열관계를 명확하게 정하고 있다면 그와 같은 내용대로 효력이 발생하나, 여러 개의 계약서에 따른 법률관계 등이 명확히 정해져 있지 않다면 각각의 계약서에 정해져 있는 내용 중 서로 양립할 수 없는 부분에 관해서는 원칙적으로 나중에 작성된 계약서에서 정한 대로 계약 내용이 변경되었다고 해석하는 것이 합리적이라고 본다(대판 2020.12.30. 2017다17603).

Ⅱ 동시이행의 항변권

> **동시이행의 항변권(민법 제536조)** 기출 24
> ① 쌍무계약의 당사자 일방은 상대방이 그 채무이행을 제공할 때까지 자기의 채무이행을 거절할 수 있다. 그러나 상대방의 채무가 변제기에 있지 아니하는 때에는 그러하지 아니하다.
> ② 당사자 일방이 상대방에게 먼저 이행하여야 할 경우에 상대방의 이행이 곤란할 현저한 사유가 있는 때에는 전항 본문과 같다.

1. 의 의

동시이행의 항변권은 쌍무계약에 있어서의 이행상의 견련관계를 인정하기 위한 제도로, 쌍무계약당사자의 일방이 상대방이 그 채무의 이행을 제공할 때까지 자기의 채무의 이행을 거절할 수 있는 항변권을 의미한다(민법 제536조). 그 법적 성질이 다투어지고 있으나, 쌍무계약에서의 각 채무자가 거절할 수 있는 권능(항변권설)이라고 이해하는 것이 다수설의 태도이다. 동시이행항변권 규정은 임의규정이므로, 쌍방의 채무가 쌍무계약이 아니라 별개의 계약에 의한 것이라도 동시이행의 특약이 있는 경우에는 동시이행의 항변권이 인정되는 반면(대판 1990.4.13. 89다카23794), 쌍무계약에 의한 것이라도 동시이행의 항변권을 배제할 수도 있다.

2. 요 건

(1) 당사자 쌍방이 서로 대가적 의미 있는 채무를 부담하고 있을 것

1) 동일한 계약상의 의무

① 동시이행은 동일한 쌍무계약에서 발생한 의무에서 인정되고, 본래의 계약상의 의무가 아니라 별도의 특약에 의한 의무는 원칙적으로 동시이행의 항변권이 인정되지 아니한다. 다만 하나의 계약에서 특약한 것을 함께 이행할 필요가 있는 경우에는 동시이행관계가 인정된다. 예를 들어 부동산 매매계약에 있어 매수인이 부가가치세를 부담하기로 약정한 경우, 부가가치세를 매매대금과 별도로 지급하기로 했다는 등의 특별한 사정이 없는 한 부가가치세를 포함한 매매대금 전부와 부동산의 소유권이전등기의무가 동시이행의 관계에 있다고 하여야 한다(대판 2006.2.24. 2005다58656).

> **임차인의 목적물반환의무와 임대인의 목적물을 사용수익하게 할 의무불이행에 대하여 손해배상하기로 한 약정에 따른 의무와 사이의 이행상 견련관계 유무(소극)**
> 임대차계약 해제에 따른 임차인의 임대차계약의 이행으로 이루어진 목적물 인도의 원상회복의무와 임대인이 임차인에게 건물을 사용수익하게 할 의무를 불이행한 데 대하여 손해배상을 하기로 한 각서에 기하여 발생된 약정지연손해배상의무는 하나의 임대차계약에서 이루어진 계약이행의 원상회복관계에 있지 않고 그 발생원인을 달리하고 있어 특별한 사정이 없는 한 양자 사이에 이행상의 견련관계는 없으므로 임차인의 동시이행의 항변은 배척되어야 한다(대판 1990.12.26. 90다카25383).

> **도급인의 지체상금채권과 수급인의 공사대금채권이 동시이행 관계에 있는지 여부(원칙적 소극)**
> 공사도급계약상 도급인의 지체상금채권과 수급인의 공사대금채권은 특별한 사정이 없는 한 동시이행의 관계에 있다고 할 수 없다(대판 2015.8.27. 2013다81224).

② 서로 이행의 상대방을 달리 하는 경우에는 동시이행의 항변권이 인정되지 아니한다. 판례는 근저당권 실행을 위한 경매가 무효로 되어 채권자(= 근저당권자)가 채무자를 대위하여 낙찰자에 대한 소유권이전등기 말소청구권을 행사하는 경우, 낙찰자가 부담하는 소유권이전등기 말소의무는 채무자에 대한 것인 반면, 낙찰자의 배당금 반환청구권은 실제 배당금을 수령한 채권자(= 근저당권자)에 대한 채권인바, 채권자(= 근저당권자)가 낙찰자에 대하여 부담하는 배당금 반환채무와 낙찰자가 채무자에 대하여 부담하는 소유권이전등기 말소의무는 서로 이행의 상대방을 달리하는 것으로서, 채권자(= 근저당권자)의 배당금 반환채무가 동시이행의 항변권이 부착된 채 채무자로부터 승계된 채무도 아니므로, 위 두 채무는 동시에 이행되어야 할 관계에 있지 아니하다고 판시하고 있다(대판 2006.9.22. 2006다24049).

2) 대가적인 의미가 있을 것(상환성)

① 쌍무계약에서 서로 대가관계에 있는 당사자 쌍방의 의무는 원칙적으로 동시이행의 관계에 있고, 나아가 하나의 계약으로 둘 이상의 민법상의 전형계약을 포괄하는 내용의 계약을 체결한 경우에 당사자 일방의 여러 의무가 포괄하여 상대방의 여러 의무와 대가관계에 있다고 인정되면, 이러한 당사자 일방의 여러 의무와 상대방의 여러 의무는 동시이행의 관계에 있다(대판 2011.2.10. 2010다77385). 따라서 쌍방이 채무를 부담하더라도 그 채무가 서로 대가적 의미를 가지지 않거나 서로 다른 법률상의 원인에 의해 발생한 경우에는 원칙적으로 동시이행항변권이 인정되지 않는다(대판 1989.2.14. 88다카10753). 그러나 당사자가 부담하는 각 채무가 쌍무계약에 있어 고유의 대가관계가 있는 채무가 아니라고 하더라도 구체적인 계약관계에서 각 당사자가 부담하는 채무에 관한 약정내용에 따라 그것이 대가적 의미가 있어 이행상의 견련관계를 인정하여야 할 사정이 있는 경우에는 동시이행의 항변권을 인정할 수 있을 것이다(대판 1992.8.18. 91다30927).

② 상환성은 주된 급부의무 상호 간에만 인정되고, 부수적 의무의 경우에는 당사자가 특별히 그 부수의무의 이행을 반대급부의 조건으로 삼은 경우나 그 부수의무의 이행이 상대방에게 중요한 의의가 있는 경우에는 동시이행의 항변권이 인정된다(대판 1976.10.12. 73다584).

3) 동일성의 유지

① 본래의 채무의 내용이 바뀌어 손해배상채무가 되더라도 채무의 동일성은 있으므로 항변권은 소멸하지 않는다(대판 2000.2.25. 97다30066). 기출 24

> 공사도급계약의 도급인이 자신 소유의 토지에 근저당권을 설정하여 수급인으로 하여금 공사에 필요한 자금을 대출받도록 한 경우, 수급인의 근저당권 말소의무는 도급인의 공사대금채무와 이행상 견련관계가 인정되어 서로 동시이행관계에 있고, 나아가 도급인이 대출금 등을 대위변제함으로써 수급인이 지게 된 구상금채무도 근저당권 말소의무의 변형물로서 도급인의 공사대금채무와 동시이행관계에 있다(대판 2010.3.25. 2007다35152).

② 채무불이행으로 인한 손해배상채권은 본래의 채권과 동일성을 가진다.

> 채무불이행으로 인한 손해배상채권은 본래의 채권이 확장된 것이거나 본래의 채권의 내용이 변경된 것이므로 본래의 채권과 동일성을 가진다. 따라서 본래의 채권이 시효로 소멸한 때에는 손해배상채권도 함께 소멸한다(대판 2018.2.28. 2016다45779).

(2) 상대방의 채무가 변제기에 있을 것

1) 원 칙

법률의 규정 또는 특약에 의하여 일방이 선이행의무를 지는 때에는 선이행의무자는 항변권을 가지지 않는다(민법 제536조 제1항 단서). 따라서 금전채권의 채무자가 채권자에게 담보를 제공한 경우 특별한 사정이 없는 한 채권자는 채무자로부터 채무를 모두 변제받은 다음 담보를 반환하면 될 뿐 채무자의 변제의무와 채권자의 담보반환의무가 동시이행관계에 있다고 볼 수 없다. 따라서 채권자가 채무자로부터 제공받은 담보를 반환하기 전에도 특별한 사정이 없는 한 채무자는 이행지체 책임을 진다(대판 2019.10.31. 2019다247651).

2) 예 외

① 선이행의무의 이행지체 중 상대방의 채무의 이행기가 도래한 경우 : 쌍방의 채무가 변제기를 같이 할 필요는 없으며, 항변권을 행사할 때에 상대방의 채무의 변제기가 도래되어 있으면 되므로 선이행의 의무를 지는 자가 이행하지 않고 있는 동안에 상대방의 채무가 이행기에 달한 경우, 상대방의 청구에 대하여 선이행의무자도 동시이행의 항변을 행사할 수 있다(통설·판례).

> **부동산매수인이 중도금을 지급하지 않고 있던 중 매도인의 그 소유권이전등기서류의 제공이 없이 잔대금지급기일이 도과된 경우에 매수인의 중도금의 미지급에 대한 지체책임의 발생여부(소극)**
> 매수인이 선이행의무 있는 중도금을 이행하지 않았다 하더라도 계약이 해제되지 않은 상태에서 잔대금지급기일이 도래하여 그때까지 중도금과 잔대금이 지급되지 아니하고 잔대금과 동시이행관계에 있는 매도인의 소유권이전등기 소요 서류가 제공된 바 없이 그 기일이 도과하였다면 매수인의 위 중도금 및 잔대금의 지급과 매도인의 소유권이전등기 소요 서류의 제공은 동시이행관계에 있다 할 것이어서 그때부터는 매수인은 위 중도금을 지급하지 아니한 데 대한 이행지체의 책임을 지지 아니한다(대판 1988.9.27. 87다카1029). 기출 24·25

> **선이행해야 할 중도금 지급의무가 계약상의 잔금지급기일을 도과한 경우, 매수인의 중도금 지급의무와 매도인의 소유권이전등기서류 제공의무가 동시이행의 관계에 있다고 볼 수 없는 특별한 사정이 있다고 한 사례**
> 매도인이 매수인으로부터 중도금을 지급받아 원매도인에게 매매잔대금을 지급하지 아니하고서는 토지의 소유권이전등기서류를 갖추어 매수인에게 제공하기 어려운 특별한 사정이 있었고, 매수인도 그러한 사정을 알고 매매계약을 체결하였던 경우, 매도인의 소유권이전등기절차 서류의 제공의무는 매수인의 중도금 지급이 선행되었을 때에 매수인의 잔대금의 지급과 동시에 이를 이행하기로 약정한 것이라고 할 것이므로, 매수인의 중도금 지급의무는 당초 계약상의 잔금지급기일을 도과하였다고 하여 매도인의 소유권이전등기서류의 제공과 동시이행의 관계에 있다고 할 수 없다(대판 1997.4.11. 96다31109).

② 불안의 항변권 : 당사자 일방이 선이행의무를 지고 있는 경우라도 상대방의 재산상태의 악화 등으로 상대방이 부담하는 의무의 이행이 곤란할 현저한 사유가 있는 때에는, 상대방의 채무의 변제기가 도래하기 전에도 동시이행의 항변권을 가진다(민법 제536조 제2항).

> **아파트 수분양자가 자신을 아파트에 입주시켜 주어야 할 아파트 분양회사의 의무보다 선이행하여야 하는 중도금 지급의무의 이행을 아파트 분양회사의 신용불안 등을 이유로 거절할 수 있는지 여부(적극)**
> 아파트 수분양자의 중도금 지급의무는 아파트를 분양한 건설회사가 수분양자를 아파트에 입주시켜 주어야 할 의무보다 선이행하여야 하는 의무이나, 건설회사의 신용불안이나 재산상태의 악화 등은 민법 제536조 제2항의 건설회사의 의무이행이 곤란할 현저한 사유가 있는 때 또는 민법 제588조의 매매의 목적물에 대하여 권리를 주장하는 자가 있는 경우에 매수인이 매수한 권리의 전부나 일부를 잃을 염려가 있는 때에 해당하여, 아파트 수분양자는 건설회사가 그 의무이행을 제공하거나 매수한 권리를 잃을 염려가 없어질 때까지 자기의 의무이행을 거절할 수 있고, 수분양자에게는 이러한 거절권능의 존재 자체로 인하여 이행지체 책임이 발생하지 않으므로, 수분양자가 건설회사에 중도금을 지급하지 아니하였다고 하더라도 그 지체책임을 지지 않는다(대판 2006.10.26. 2004다24106).

> **민법 제536조 제2항에서 정한 '상대방의 이행이 곤란할 현저한 사유'의 의미 및 그 판단 기준**
> 민법 제536조 제2항은 쌍무계약의 당사자 일방이 상대방에게 먼저 이행을 하여야 하는 의무를 지고 있는 경우에도 "상대방의 이행이 곤란할 현저한 사유가 있는 때"에는 동시이행의 항변권을 가진다고 하여, 이른바 '불안의 항변권'을 규정한다. 여기서 '상대방의 이행이 곤란할 현저한 사유'란 선이행채무를 지게 된 채무자가 계약성립 후 채권자의 신용불안이나 재산상태의 악화 등의 사정으로 반대급부를 이행받을 수 없는 사정변경이 생기고 이로 인하여 당초의 계약내용에 따른 선이행의무를 이행하게 하는 것이 공평과 신의칙에 반하게 되는 경우를 말하고, 이와 같은 사유가 있는지 여부는 당사자 쌍방의 사정을 종합하여 판단되어야 한다. 한편 위와 같은 불안의 항변권을 발생시키는 사유에 관하여 신용불안이나 재산상태 악화와 같이 채권자 측에 발생한 객관적·일반적 사정만이 이에 해당한다고 제한적으로 해석할 이유는 없다(대판 2012.3.29. 2011다93025).

핵심문제

01 동시이행관계에 관한 설명으로 옳은 것은?(다툼이 있으면 판례에 따름) [변리 20]

① 목적물 인도와 대금지급이 동시이행관계에 있는 매매에서 매도인이 대금채권을 제3자에게 양도하고 매수인에게 통지한 경우, 매수인은 제3자에 대해 동시이행의 항변권을 행사할 수 없다.
② 매수인이 선이행의무 있는 중도금 지급을 이행하지 않은 상태에서 잔대금 지급과 동시이행관계에 있는 매도인의 소유권이전등기 소요 서류 제공 없이 잔대금지급기일이 도과한 경우, 특별한 사정이 없는 한 그때 이후의 기간에 대해서는 매수인은 위 중도금을 지급하지 않더라도 이행지체의 책임을 지지 않는다.
③ 동시이행관계에 있는 채무에 있어 상대방의 이행제공을 수령하지 않음으로써 수령지체에 빠진 당사자는 그 후 상대방이 자신의 채무의 이행제공 없이 이행을 청구하는 경우 동시이행의 항변권을 행사할 수 없다.
④ 동시이행의 항변권이 붙은 채권을 수동채권으로 하여 상계하지 못한다.
⑤ 乙이 甲의 공장건물을 매수한 뒤 그 소유권이전등기 전에 甲의 동의를 얻어 丙에게 임대하였으나 甲이 매매계약을 적법하게 해제하고 丙에게 건물명도를 청구하는 경우, 丙의 甲에 대한 건물명도의무와 乙의 보증금반환의무는 동시이행관계에 있다.

【해설】
① (×) 채권양도에 의하여 채권은 그 동일성을 유지하면서 양수인에게 이전되고, 채무자는 양도통지를 받은 때까지 양도인에 대하여 생긴 사유로써 양수인에게 대항할 수 있다(민법 제451조 제2항, 대판 2015.4.9. 2014다80945). 따라서 지문의 경우, 매수인은 제3자에 대하여 동시이행의 항변권을 행사할 수 있다.
② (○) 대판 1989.10.27. 88다카33442
③ (×), ④ (×) [1] 동시이행관계에 있는 채무를 부담하는 쌍방당사자 중 일방이 먼저 현실의 제공을 하고 상대방을 수령지체에 빠지게 하였다고 하더라도 그 이행의 제공이 계속되지 아니하였다면 과거에 이행제공이 있었다는 사실만으로 상대방이 가지는 동시이행의 항변권이 소멸하지 아니한다. ❸
[2] 항변권이 붙어 있는 채권을 자동채권으로 하여 다른 채무(수동채권)와의 상계를 허용한다면 상계자 일방의 의사표시에 의하여 상대방의 항변권 행사의 기회를 상실시키는 결과가 되므로 그러한 상계는 허용될 수 없다 ❹(대판 2014.4.30. 2010다11323).
⑤ (×) 건물매수인이 아직 건물의 소유권을 취득하지 못한 채 매도인의 동의를 얻어 제3자에게 임대하였으나 매수인(임대인)의 채무불이행으로 매도인이 매매계약을 해제하고 임차인에게 건물의 명도를 구하는 경우 임차인은 매도인에 대한 관계에서 건물의 전차인의 지위와 흡사하다 할 것인바, 임대인의 동의 있는 전차인도 임차인의 채무불이행으로 임대차계약이 해지되면 특단의 사정이 없는 한 임대인에 대해서 전차인의 전대인에 대한 권리를 주장할 수가 없고, 또 임차인이 매매계약목적물에 대하여 직접 임차권을 취득했다고 보더라도, 대항력을 갖추지 아니한 상태에서는 그 매매계약이 해제되어 소급적으로 실효되면 그 권리를 보호받을 수가 없다는 점에 비추어 볼 때, 임차인의 건물명도의무와 매수인(임대인)의 보증금반환의무를 동시이행관계에 두는 것은 오히려 공평의 원칙에 반한다 할 것이다(대판 1990.12.7. 90다카24939). 乙이 甲으로부터 매수한 공장건물에 대한 소유권이전등기를 하기 전에 甲의 동의를 얻어 공장건물을 丙에게 임대하였으나 甲이 매매계약을 적법하게 해제하고 丙에게 건물명도를 청구하는 경우, 공평의 원칙을 고려할 때 丙의 甲에 대한 건물명도의무와 乙의 보증금반환의무의 동시이행의 관계는 부정된다고 이해하는 것이 타당하다.

정답 ②

(3) 상대방이 자기의 채무의 이행 또는 그 제공을 하지 않고서 이행을 청구할 것

상대방이 채무의 내용에 좇은 이행을 한 경우 채무의 대립상태는 소멸하고 동시이행의 문제는 발생하지 아니한다. 또한 상대방이 채무의 내용에 좇은 이행의 제공을 한 경우에도 동시이행의 항변권은 인정되지 아니한다. 문제가 되는 것은 다음과 같은 경우이다.

① 상대방이 일부의 이행이나 불완전한 이행을 한 경우에는, 청구를 받은 채무가 가분적이면 원칙적으로 불이행 또는 불완전한 부분에 상당하는 만큼의 채무의 이행을 거절할 수 있다.
② 불이행 또는 불완전한 부분이 경미한 것이면 일부에 관한 항변권은 없고, 반대로 중요한 것이면 전부에 대한 항변권이 성립한다.
③ 청구를 받은 채무가 불가분인 때에는 불이행 또는 불완전한 부분의 중요성에 따라서 전부에 관한 항변권이 성립하느냐 않느냐가 결정된다. 중요성의 판단은 계약의 취지나 신의칙에 의하여 결정된다.

> **부동산매매계약에서 매수인의 소유권이전등기청구에 대하여 매도인이 잔대금 지급의 동시이행항변을 한 경우, 잔대금 지급 또는 이행제공 여부에 관한 증명책임의 소재(= 매수인)**
> 부동산매매계약에 있어서 특별한 사정이 없는 한 매수인의 잔대금지급의무와 매도인의 소유권이전등기 이행의무는 동시이행 관계에 있고, 매수인의 소유권이전등기청구에 대하여 매도인이 잔대금 지급의 동시이행항변을 한 경우 매수인이 그 항변을 배제하려면 잔대금을 지급하였거나 이행의 제공을 하였음을 입증하여야 한다(대판 2013.4.11. 2012다65294).
>
> **임차인이 임차목적물에서 퇴거하기는 하였으나 그 사실을 임대인에게 통지하지 아니 한 경우, 임차목적물의 명도의 이행제공이 있었다고 볼 수 있는지 여부(소극)**
> 임차인의 임차목적물 명도의무와 임대인의 보증금 반환의무는 동시이행의 관계에 있다 하겠으므로, 임대인의 동시이행의 항변권을 소멸시키고 임대보증금 반환 지체책임을 인정하기 위해서는 임차인이 임대인에게 임차목적물의 명도의 이행제공을 하여야만 한다 할 것이고, 임차인이 임차목적물에서 퇴거하면서 그 사실을 임대인에게 알리지 아니한 경우에는 임차목적물의 명도의 이행제공이 있었다고 볼 수는 없다(대판 2002.2.26. 2001다77697).
>
> **임차인이 사소한 원상회복의무를 이행하지 아니한 채 건물의 명도 이행을 제공한 경우, 임대인이 이를 이유로 거액의 임대차보증금 전액의 반환을 거부하는 동시이행의 항변권을 행사할 수 있는지 여부(소극)**
> 동시이행의 항변권은 근본적으로 공평의 관념에 따라 인정되는 것인데, 임차인이 불이행한 원상회복의무가 사소한 부분이고 그로 인한 손해배상액 역시 근소한 금액인 경우에까지 임대인이 그를 이유로, 임차인이 그 원상회복의무를 이행할 때까지, 혹은 임대인이 현실로 목적물의 명도를 받을 때까지 원상회복의무 불이행으로 인한 손해배상액 부분을 넘어서서 거액의 잔존 임대차보증금 전액에 대하여 그 반환을 거부할 수 있다고 하는 것은 오히려 공평의 관념에 반하는 것이 되어 부당하고, 그와 같은 임대인의 동시이행의 항변은 신의칙에 반하는 것이 되어 허용할 수 없다(대판 1999.11.12. 99다34697).

(4) 수령지체와 동시이행의 항변권

1) 수령지체자의 동시이행의 항변권

쌍무계약의 당사자 일방이 먼저 한 번 현실의 제공을 하고, 상대방을 수령지체에 빠지게 하였다 하더라도 그 이행의 제공이 계속되지 않는 경우는 과거에 이행의 제공이 있었다는 사실만으로 상대방이 가지는 동시이행의 항변권이 소멸하지 아니한다(대판 1993.8.24. 92다56490).

2) 동시이행의 항변권과 지체책임의 부담

① 이행제공의 방법 : 쌍무계약의 당사자 일방이 먼저 한 번 현실의 제공을 하고, 상대방을 수령지체에 빠지게 하였다고 하더라도 그 이행의 제공이 계속되지 않는 경우는 과거에 이행의 제공이 있었다는 사실만으로 상대방이 가지는 동시이행의 항변권이 소멸하는 것은 아니므로, 일시적으로 당사자 일방의 의무의

이행 제공이 있었으나 곧 그 이행의 제공이 중지되어 더 이상 그 제공이 계속되지 아니하는 기간 동안에는 상대방의 의무가 이행지체 상태에 빠졌다고 할 수는 없다고 할 것이고, 따라서 그 이행의 제공이 중지된 이후에 상대방의 의무가 이행지체되었음을 전제로 하는 손해배상청구도 할 수 없다(계속적 이행제공설)(대판 1995.3.14, 94다26646).16)

② **이행제공의 정도** : 판례는 쌍무계약에 있어서 당사자의 채무에 관하여 이행의 제공을 엄격하게 요구하면 불성실한 상대당사자에게 구실을 주게 될 수도 있으므로 당사자가 하여야 할 제공의 정도는 그의 시기와 구체적인 상황에 따라 신의 성실의 원칙에 어긋나지 않게 합리적으로 정하여야 하는 것이며, 부동산매매계약에서 매도인의 소유권이전등기절차이행채무와 매수인의 매매잔대금 지급채무가 동시이행관계에 있는 한 쌍방이 이행을 제공하지 않는 상태에서는 이행지체로 되는 일이 없을 것인바, 매도인이 매수인을 이행지체로 되게 하기 위하여는 소유권이전등기에 필요한 서류 등을 현실적으로 제공하거나 그렇지 않더라도 이행장소에 그 서류 등을 준비하여 두고 매수인에게 그 뜻을 통지하고 수령하여 갈 것을 최고하면 되는 것이어서, 특별한 사정이 없으면 이행장소로 정한 법무사 사무실에 그 서류 등을 계속 보관시키면서 언제든지 잔대금과 상환으로 그 서류들을 수령할 수 있음을 통지하고 신의칙상 요구되는 상당한 시간 간격을 두고 거듭 수령을 최고[구두제공의 의미(註)]하면 이행의 제공을 다한 것이 되고 그러한 상태가 계속된 기간 동안은 매수인이 이행지체로 된다고 한다(대판 2001.5.8, 2001다6053).

3) **이행지체로 인한 해제권의 행사(해제권 행사요건으로서의 이행제공의 정도)**

쌍무계약의 일방 당사자가 이행기에 한번 이행제공을 하여서 상대방을 이행지체에 빠지게 한 경우, 신의성실의 원칙상 이행을 최고하는 일방 당사자로서는 그 채무이행의 제공을 계속할 필요는 없다 하더라도 상대방이 최고기간 내에 이행 또는 이행제공을 하면 계약해제권은 소멸되므로 상대방의 이행을 수령하고 자신의 채무를 이행할 수 있는 정도의 준비가 되어 있으면 된다(대판 1996.11.26, 96다35590).

3. 효 과

(1) 존재의 효과

1) **당연효(이행지체의 불성립)**

이행지체저지효는 항변권의 존재만으로 당연히 생긴다(통설·판례). 기출 21·24 그 결과 이행지체를 전제로 한 손해배상책임이나 해제권 등은 발생하지 아니한다. 이와 같은 효과는 이행지체책임이 없다고 주장하는 자가 반드시 동시이행의 항변권을 행사하여야만 발생하는 것이 아니며, 존재자체만으로도 발생한다(대판 1999.7.9, 98다13754). 한편 주의할 것은 판례는 원인채무의 이행의무와 어음의 반환의무 사이에 동시이행관계를 인정하지만, 이는 이중지급의 위험을 피하기 위한 것이므로 당연효가 인정되지 않으며, 원인채무의 이행기를 도과하면 원칙적으로 이행지체가 성립하되, 채무자가 동시이행의 항변권을 행사하여 이행을 거절하는 경우에만 지체책임을 면한다는 점이다.

---

16) 다만, 판례는 계속적 이행의 제공이 없더라도 지연배상을 청구할 수 있는 경우로 몇 가지를 들고 있다. ① 도급인의 보수채무의 이행지체를 이유로 한 지연배상을 구하는 사례(대판 2002.10.25, 2002다43370), ② 임차인의 목적물반환채무의 이행지체를 원인으로 한 지연배상을 구하는 사례(대판 1998.5.29, 98다6497)가 그것인데, 이 경우 채권자의 반대급부(수급인의 목적물반환의무, 임대인의 보증금반환의무)의 변제 또는 변제제공이 있으면 그것으로 충분하고 이행제공의 계속을 요하지 아니한다고 판시하고 있다.

> **원인채무 이행의무와 어음반환의무 간의 동시이행관계 인정 여부**
> - 채무자가 어음의 반환이 없음을 이유로 원인채무의 변제를 거절할 수 있는 권능을 가진다고 하여 채권자가 어음의 반환을 제공하지 아니하면 채무자에게 적법한 이행의 최고를 할 수 없다고 할 수는 없고, 채무자는 원인채무의 이행기를 도과하면 원칙적으로 이행지체의 책임을 진다(대판 1999.7.9. 98다47542).
> - 기존의 원인채권과 어음채권이 병존하는 경우에 채권자가 원인채권을 행사함에 있어서 채무자는 원칙적으로 어음과 상환으로 지급하겠다고 하는 항변으로 채권자에게 대항할 수 있다. 그러나 채무자가 어음의 반환이 없음을 이유로 원인채무의 변제를 거절할 수 있는 것은 채무자로 하여금 무조건적인 원인채무의 이행으로 인한 이중지급의 위험을 면하게 하려는 데 그 목적이 있고, 기존의 원인채권에 터잡은 이행청구권과 상대방의 어음반환청구권 사이에 민법 제536조에 정하는 쌍무계약상의 채권채무관계나 그와 유사한 대가관계가 있기 때문은 아니다. 따라서 어음상 권리가 시효완성으로 소멸하여 채무자에게 이중지급의 위험이 없고 채무자가 다른 어음상 채무자에 대하여 권리를 행사할 수도 없는 경우에는 채권자의 원인채권 행사에 대하여 채무자에게 어음상환의 동시이행항변을 인정할 필요가 없으므로 결국 채무자의 동시이행항변권은 부인된다(대판 2010.7.29. 2009다69692).

2) 상계금지효

원칙적으로 동시이행항변권이 붙은 채권은 이를 자동채권으로 상계하지 못한다. 다만, 판례는 상계의 대상이 될 수 있는 자동채권과 수동채권이 동시이행관계에 있다고 하더라도 서로 현실적으로 이행하여야 할 필요가 없는 경우라면 상계로 인한 불이익이 발생할 우려가 없고 오히려 상계를 허용하는 것이 동시이행관계에 있는 채권·채무 관계를 간명하게 해소할 수 있으므로 특별한 사정이 없는 한 상계가 허용된다고 한다(대판 2006.7.28. 2004다54633). **기출 21**

(2) 행사의 효과

1) 이행거절권능

동시이행의 항변권은 상대방이 채무를 이행하거나 이행의 제공을 할 때까지 자기채무의 이행을 거절할 수 있는 것을 그 내용으로 한다. 소송상의 항변에 해당하기 때문에 변론주의의 원칙상 소송에서 이를 주장하여야 그 효력이 발생한다(변론주의의 사실의 주장책임). 따라서 법원은 매도인의 동시이행의 항변이 있는 때에 비로소 대금지급 사실의 유무를 심리할 수 있는 것이며, 당사자가 이를 항변하지 아니한 경우에 법원이 직권으로 이를 고려할 수는 없다(대판 1990.11.27. 90다카25222). 상대방으로부터 동시이행의 항변권의 주장이 없는 한 상대방의 청구권은 그대로 효력을 발생하며(상대방이 채무의 이행 또는 이행의 제공이 없더라도), 법원은 이 항변권의 존재를 고려할 필요 없이 상대방의 청구를 인용하여야 한다.

2) 소송상의 효력

채권자가 채무이행을 소구하면 채권자의 패소로 되는 것이 아니라 '피고는 원고로부터 그 채무의 이행을 받음과 동시에 자기의 채무를 이행하라.'는 취지의 판결을 받게 된다(상환이행판결). 그리고 이 판결에 의하여 강제집행을 할 경우 원고의 반대급부 이행 또는 이행제공은 집행문 부여의 요건이 아니라 집행개시의 요건임을 유의하여야 한다(집행개시의 요건)(민사집행법 제41조).

4. 동시이행항변권이 인정되는 사례 기출 13·17

(1) 민법상 명문규정이 있는 경우

계약해제로 인한 원상회복의무의 이행(민법 제549조), 매도인의 담보책임(민법 제583조), 도급에서 완성된 목적물에 하자가 있는 경우에 손해배상을 할 수급인의 의무와 도급인의 보수지급의무(민법 제667조 제3항), 종신정기금계약의 해제에 따른 쌍방의 채무(민법 제728조) 등

(2) 판례가 인정하는 경우 기출 23

임차인의 목적물반환의무와 임대인의 보증금반환의무, 변제와 영수증의 교부, 계약이 무효·취소된 경우의 반환의무, 채무의 변제와 그 채무이행 확보를 위해 교부한 어음·수표의 반환, 매도인의 소유권이전등기의무 및 인도의무와 매수인의 잔대금지급의무 등

> **동시이행항변권이 인정되지 아니하는 사례**
> - 채무자가 채무 전부를 변제한 때에는 채권자에게 채권증서의 반환을 청구할 수 있으며, 제3자가 변제를 하는 경우에는 제3자도 채권증서의 반환을 구할 수 있으나, 이러한 채권증서 반환청구권은 채권 전부를 변제한 경우에 인정되는 것이고, 영수증 교부의무와 달리 변제와 동시이행관계에 있지 않다(대판 2005.8.19. 2003다22042). 기출 13
> - 공사도급계약상 도급인의 지체상금채권과 수급인의 공사대금채권은 특별한 사정이 없는 한 동시이행의 관계에 있다고 할 수 없다(대판 2015.8.27. 2013다81224). 기출 21
> - 매도인의 토지거래허가 신청절차 협력의무와 매수인의 매매대금 또는 약정에 따른 양도소득세 상당의 금원 지급의무가 동시이행의 관계에 있는 것은 아니다(대판 1996.10.25. 96다23825). 기출 23
> - 매매대금채권의 일부가 양도되어 그 양수인이 대금을 수령한 후 매매계약이 해제된 경우, 그 양수인의 대금반환의무는 매수인의 목적물반환의무와 동시이행의 관계에 있지 아니하다(대판 2003.1.24. 2000다22850).
> - 부동산에 관한 매매계약을 체결한 후 매수인 앞으로 소유권이전등기를 마치기 전에 매수인으로부터 그 부동산을 다시 매수한 제3자의 처분금지가처분신청으로 매매목적부동산에 관하여 가처분등기가 이루어진 상태에서 매도인과 매수인 사이의 매매계약이 해제된 경우, 매도인만이 가처분이의 등을 신청할 수 있을 뿐 매수인은 가처분의 당사자가 아니어서 가처분이의 등에 의하여 가처분등기를 말소할 수 있는 법률상의 지위에 있지 않고, 제3자가 한 가처분을 매도인의 매수인에 대한 소유권이전등기의무의 일부이행으로 평가할 수 없어 그 가처분등기를 말소하는 것이 매매계약 해제에 따른 매수인의 원상회복의무에 포함된다고 보기도 어려우므로, 위와 같은 가처분등기의 말소와 매도인의 대금반환의무는 동시이행의 관계에 있다고 할 수 없다(대판 2009.7.9. 2009다18526).

5. 동시이행항변권의 행사와 권리남용

일반적으로 동시이행의 관계가 인정되는 경우에는 그러한 항변권을 행사하는 자의 상대방이 그 동시이행의 의무를 이행하기 위하여 과다한 비용이 소요되거나 또는 그 의무의 이행이 실제적으로 어려운 반면 그 의무의 이행으로 인하여 항변권자가 얻는 이득은 달리 크지 아니하여 동시이행의 항변의 행사가 주로 자기 채무의 이행만을 회피하기 위한 수단이라고 보여지는 경우에는 그 항변권의 행사는 권리남용으로서 배척되어야 한다(대판 1992.4.28. 91다29972).

6. 동시이행항변권의 포기

동시이행항변권의 포기는 명시적 의사표시뿐만 아니라 묵시적 의사표시로 이루어지는 것도 가능하지만, 묵시적 의사표시의 해석을 통한 동시이행항변권 포기의 인정은 엄격하고 신중하게 이루어져야 한다(대판 2025.6.26. 2025다209893).

Ⅲ 위험부담

채무자위험부담주의(민법 제537조) 기출 21
쌍무계약의 당사자 일방의 채무가 당사자 쌍방의 책임 없는 사유로 이행할 수 없게 된 때에는 채무자는 상대방의 이행을 청구하지 못한다.

채권자귀책사유로 인한 이행불능(민법 제538조)
① 쌍무계약의 당사자 일방의 채무가 채권자의 책임 있는 사유로 이행할 수 없게 된 때에는 채무자는 상대방의 이행을 청구할 수 있다. 채권자의 수령지체 중에 당사자 쌍방의 책임 없는 사유로 이행할 수 없게 된 때에도 같다.
② 전항의 경우에 채무자는 자기의 채무를 면함으로써 이익을 얻은 때에는 이를 채권자에게 상환하여야 한다.

1. 의 의

① 위험부담은 쌍무계약으로부터 생기는 양 채무의 존속상의 견련관계를 인정하는 제도이다.
② 쌍무계약상의 일방의 채무가 채무자의 책임 없는 사유로 후발적 불능이 되어 소멸한 경우, 다른 일방의 채무의 존속 여부에 관한 문제이다. 기출 25
③ 우리 민법은 채무자위험부담주의 원칙을 취하고(민법 제537조) 예외적으로 채권자위험부담주의를 취하고 있다(민법 제538조 제1항).

2. 채무자위험부담주의

(1) 요 건

① 쌍무계약일 것
② 일방의 채무가 후발적 불능일 것
③ 급부의 불능에 관하여 양 당사자에게 귀책사유가 없을 것
④ 민법 제537조는 임의규정이므로 당사자 사이의 특약에 의하여 위험부담의 문제를 약정할 수 있다(대판 1995.3.28. 94다44132).

(2) 효 과

1) 내 용
급부위험은 채권자가 부담하고, 대가위험은 채무자가 부담한다.

2) 일부불능과 반대급부의 감축
① 일부불능이 생긴 경우에는 채무자는 불능이 생긴 범위에서 채무를 면함과 동시에 그것에 대응하는 반대급부를 받을 권리도 소멸한다.
② 일부불능 때문에 계약의 목적을 달성할 수 없게 된 때에는 전부불능의 경우와 마찬가지로 다루어야 할 것이다.

3) 대상청구권
대상청구권을 인정하는 것이 통설·판례이다. 즉, 채무자가 급부불능을 원인으로 급부에 갈음하는 이익을 취득한 경우에는, 채권자는 그 대상을 청구하고 자기의 반대급부를 이행할 수 있다.

(3) 관련 판례

[1] 쌍무계약에서 당사자 쌍방의 귀책사유 없이 채무를 이행할 수 없게 된 경우 채무자는 민법 제537조에 따라 자신의 채무를 이행할 의무를 면함과 더불어 상대방의 이행도 청구하지 못한다. 쌍방 채무의 이행이 없었던 경우에는 계약상 의무의 이행을 청구하지 못하고, 이미 이행한 급부는 법률상 원인 없는 급부가 되어 부당이득 법리에 따라 반환을 청구할 수 있다. 채무의 이행이 불가능하다는 것은 절대적·물리적으로 불가능한 경우만이 아니라 사회생활상 경험칙이나 거래상의 관념에 비추어 볼 때 채권자가 채무자의 이행의 실현을 기대할 수 없는 경우도 포함한다.

[2] 기간을 정한 부동산의 임대차계약 등 채권·채무의 내용을 이루는 급부가 일정 기간 계속하여 행하여지는 이른바 계속적 계약에서 어떠한 사유로 일정 기간 동안 채무 이행이 불가능하게 된 경우, 계약의 목적과 유형, 급부의 내용 및 특성, 이행의 형태와 방법 등에 따라 채권자가 채무자의 이행의 실현을 기대할 수 없다면, 해당 기간의 급부불능을 일시적인 것이 아니라 종국적인 것이라고 평가할 수 있다. 이때 해당 기간의 급부불능이 종국적 이행불능에 해당하는 이상 계약의 존속 여부는 민법 제537조의 적용 여부에 영향을 미치지 않는다(대판 2025.5.1. 2024다293580).

3. 채권자의 귀책사유로 인한 이행불능(채권자위험부담주의)

(1) 요 건 기출 16

① 채권자의 귀책사유로 인한 불능의 경우
② 채권자의 수령지체 중 불능의 경우

(2) 효 과

1) 대가위험의 이전
대가위험이 채권자에게 이전되어 채무자는 반대급부청구권을 상실하지 않는다. 기출 25

2) 채무자의 이익상환의무
① 채무자는 자신의 채무를 면함으로써 얻은 이익을 채권자에게 상환하여야 한다(민법 제538조 제2항).
② 이때 이익이란 적극적으로 얻은 이익뿐만 아니라 소극적으로 지출하지 않게 된 비용도 포함된다.
③ 상환하여야 할 이익은 채무를 면한 것과 상당인과관계에 있는 것에 한한다(대판 1993.5.25. 92다31125).

Ⅳ 제3자를 위한 계약

제3자를 위한 계약(민법 제539조)
① 계약에 의하여 당사자 일방이 제3자에게 이행할 것을 약정한 때에는 그 제3자는 채무자에게 직접 그 이행을 청구할 수 있다.
② 전항의 경우에 제3자의 권리는 그 제3자가 채무자에 대하여 계약의 이익을 받을 의사를 표시한 때에 생긴다.

채무자의 제3자에 대한 최고권(민법 제540조)
전조의 경우에 채무자는 상당한 기간을 정하여 계약의 이익의 향수 여부의 확답을 제3자에게 최고할 수 있다. 채무자가 그 기간 내에 확답을 받지 못한 때에는 제3자가 계약의 이익을 받을 것을 거절한 것으로 본다.

제3자의 권리의 확정(민법 제541조)
제539조의 규정에 의하여 제3자의 권리가 생긴 후에는 당사자는 이를 변경 또는 소멸시키지 못한다.

채무자의 항변권(민법 제542조) 기출 24
채무자는 제539조의 계약에 기한 항변으로 그 계약의 이익을 받을 제3자에게 대항할 수 있다.

1. 의 의

제3자를 위한 계약이란 계약당사자의 일방이 계약당사자 이외의 자에게 직접 채무를 부담할 것을 내용으로 하는 계약을 말한다(민법 제539조 제1항).

2. 3자 사이의 법률관계

① 기본관계(보상관계) : 요약자와 낙약자 사이의 관계
② 대가관계(출연관계) : 요약자와 제3자와의 관계
③ 급부관계 : 낙약자와 제3자와의 관계로 낙약자와 제3자 사이에는 계약이 존재하지 않는다.

3. 요 건

(1) 요약자와 낙약자 간에 유효한 계약의 성립(기본관계의 유효)

① 대가관계의 효력은 제3자를 위한 계약 또는 요약자와 낙약자 사이의 기본계약의 성립이나 효력에 아무런 영향을 주지 않는다.

> **제3자를 위한 계약에서 요약자와 제3자 사이의 법률관계의 효력이 요약자와 낙약자 사이의 법률관계에 영향을 미치는지 여부(소극)**
> 제3자를 위한 계약의 체결 원인이 된 요약자와 제3자(수익자) 사이의 법률관계(이른바 대가관계)의 효력은 제3자를 위한 계약 자체는 물론 그에 기한 요약자와 낙약자 사이의 법률관계(이른바 기본관계)의 성립이나 효력에 영향을 미치지 아니하므로 낙약자는 요약자와 수익자 사이의 법률관계에 기한 항변으로 수익자에게 대항하지 못하고, 요약자도 대가관계의 부존재나 효력의 상실을 이유로 자신이 기본관계에 기하여 낙약자에게 부담하는 채무의 이행을 거부할 수 없다(대판 2003.12.11. 2003다49771).

② 낙약자는 요약자와 수익자 사이의 법률관계에 기한 항변으로 수익자에게 대항하지 못하고, 요약자도 대가관계의 부존재나 효력의 상실을 이유로 자신이 기본관계에 기하여 낙약자에게 부담하는 채무의 이행을 거부할 수 없다. 기출 25
③ 제3자는 계약당사자가 아니다.
④ 조건부 제3자를 위한 계약도 체결가능하다.

(2) 제3자 수익의 약정

① 제3자를 위한 계약이 성립하려면 요약자와 낙약자 간의 계약으로 '제3자에게 직접적으로 채권을 취득시키려는 약정'이 있어야 하며, 제3자에게 직접 권리를 취득하게 하려는 것인지는 의사해석의 문제이다(대판 2006.9.14. 2004다18804). 또한 제3자의 수익의 의사표시는 계약의 성립요건, 효력발생요건이 아니고, 제3자가 채권을 취득하기 위한 요건일 뿐이다.

> [1] 채무자와 인수인의 합의에 의한 중첩적 채무인수는 일종의 제3자를 위한 계약이라고 할 것이므로, 채권자는 인수인에 대하여 채무이행을 청구하거나 기타 채권자로서의 권리를 행사하는 방법으로 수익의 의사표시를 함으로써 인수인에 대하여 직접 청구할 권리를 갖게 된다. 이러한 점에서 채무자에 대한 채권을 상실시키는 효과가 있는 면책적 채무인수의 경우 채권자의 승낙을 계약의 효력발생요건으로 보아야 하는 것과는 달리, 채무자와 인수인의 합의에 의한 중첩적 채무인수의 경우 채권자의 수익의 의사표시는 그 계약의 성립요건이나 효력발생요건이 아니라 채권자가 인수인에 대하여 채권을 취득하기 위한 요건이다.
> [2] 채무자와 인수인의 합의에 의한 중첩적 채무인수의 경우 채권자가 수익을 받지 않겠다는 의사표시를 하였다면 채권자는 인수인에 대하여 채권을 취득하지 못하고, 특별한 사정이 없는 한 사후에 이를 번복하고 다시 수익의 의사표시를 할 수는 없다고 할 것이지만, 인수인이 채권자에게 중첩적 채무인수라는 취지를 알리지 아니한 채 채무인수에 대한 승낙 여부만을 최고하여 채권자가 인수인으로부터 최고받은 채무인수가 채무자에 대한 채권을 상실하게 하는 면책적 채무인 것으로 잘못 알고 면책적 채무인수를 승낙하지 아니한다는 취지의 의사표시를 한 경우에는, 이는 중첩적 채무인수에 대하여 수익 거절의 의사표시를 한 것이라고 볼 수 없으므로, 채권자는 그 후 중첩적 채무인수 계약이 유효하게 존속하고 있는 한 수익의 의사표시를 하여 인수인에 대한 채권을 취득할 수 있다(대판 2013.9.13. 2011다56033).

② 제3자를 위한 계약인 병존적 채무인수와 이행인수의 판별 기준은 계약 당사자에게 제3자 또는 채권자가 계약 당사자 일방 또는 인수인에 대하여 직접 채권을 취득케 할 의사가 있는지 여부에 달려 있다(대판 1997.10.24. 97다28698).

(3) 제3자의 존재(수익자의 특정)

수익자는 계약체결 당시 현존하고 있을 필요가 없으므로 설립 중의 법인도 수익자가 될 수 있다(대판 1960.7.21. 4292민상773). 다만, 수익의 의사표시를 할 때에는 제3자가 현존·특정되어 있어야 한다.

(4) 제3자를 위한 계약의 목적

① 제3자가 물권을 취득하게 하는 약정도 가능하다. 다만, 등기나 인도는 제3자 앞으로 갖추어야 한다.
② 낙약자가 제3자에 대한 채권에 관하여 채무의 면제를 하는 계약도 제3자를 위한 계약에 준하는 것으로 유효하다(대판 2004.9.3. 2002다37405). 기출 25
③ 제3자의 부담을 목적으로 하는 계약, 즉 제3자에게 직접 채무를 부담시키는 계약은 무효이다(통설). 그러나 제3자에게 권리만을 주는 것이 아니라 일정한 의무를 부담케 하는 계약은 학설상으로는 다툼이 있으나 판례는 유효하다고 한다.

4. 효과

(1) 수익자의 지위

1) 수익의 의사표시 이전

① 수익의 의사표시가 있어야 제3자는 이행청구권을 갖는다(통설). 수익의 의사표시는 명시·묵시를 불문하며 제3자를 위한 계약의 성립시뿐만 아니라 계약성립 후에도 할 수 있다. 기출 24

② 수익의 의사표시를 할 권리는 형성권에 해당하고, 계약에서 특별히 정한 바가 없으면 10년의 제척기간에 걸린다.

2) 수익의 의사표시 이후

① 수익의 의사표시 후 요약자·낙약자 등은 계약을 변경·소멸하게 할 수 없다(민법 제541조). 그러나 계약으로 해제권을 유보한 경우에는 그러하지 아니하다(대판 2002.1.25. 2001다30285). 기출 15·22·25

② 학설은 제3자를 위한 계약이 무효·취소·해제가 된 경우 수익자는 제3자로서 보호를 받을 수 없다고 하고 있으나, 판례는 제3자를 위한 계약에서도 낙약자와 요약자 사이의 법률관계(기본관계)에 기초하여 수익자가 요약자와 원인관계(대가관계)를 맺음으로써 해제 전에 새로운 이해관계를 갖고 그에 따라 등기, 인도 등을 마쳐 권리를 취득하였다면, 수익자는 민법 제548조 제1항 단서에서 말하는 계약해제의 소급효가 제한되는 제3자에 해당한다고 봄이 타당하다고 한다(대판 2021.8.19. 2018다244976).

핵심문제

01 제3자를 위한 계약에 관한 설명으로 옳은 것을 모두 고른 것은?(다툼이 있으면 판례에 따름) 기출 19

> ㄱ. 계약체결 당시에 수익자가 특정되어 있지 않으면 제3자를 위한 계약은 성립할 수 없다.
> ㄴ. 계약 당사자가 제3자에 대하여 가진 채권에 관하여 그 채무를 면제하는 계약도 제3자를 위한 계약에 준하는 것으로 유효하다.
> ㄷ. 낙약자는 요약자와 수익자 사이의 법률관계에 기한 항변으로 수익자에게 대항하지 못한다.
> ㄹ. 낙약자가 채무를 불이행하는 경우 수익자는 낙약자의 채무불이행을 이유로 계약을 해제할 수 있다.

① ㄱ, ㄴ   ② ㄴ, ㄷ
③ ㄷ, ㄹ   ④ ㄱ, ㄴ, ㄹ
⑤ ㄴ, ㄷ, ㄹ

【해설】
제시된 내용 중 제3자를 위한 계약에 관한 설명으로 옳은 것은 ㄴ, ㄷ이다.
ㄱ. (×) 제3자는 계약을 체결할 당시에 현존하지 않아도 무방하다. 나중에 확정할 수 있는 것이면 족하다.
ㄴ. (○) 계약 당사자가 제3자에 대하여 가진 채권에 관하여 그 채무를 면제하는 계약도 제3자를 위한 계약에 준하는 것으로서 유효하다(대판 2004.9.3. 2002다37405).
ㄷ. (○) 제3자를 위한 계약의 체결 원인이 된 요약자와 제3자(수익자) 사이의 법률관계의 효력은 제3자를 위한 계약 자체는 물론 그에 기한 요약자와 낙약자 사이의 법률관계의 성립이나 효력에 영향을 미치지 아니하므로 낙약자는 요약자와 수익자 사이의 법률관계에 기한 항변으로 수익자에게 대항하지 못하고, 요약자도 대가관계의 부존재나 효력의 상실을 이유로 자신이 기본관계에 기하여 낙약자에게 부담하는 채무의 이행을 거부할 수 없다(대판 2003.12.11. 2003다49771).
ㄹ. (×) 요약자는 계약당사자로서, 기본관계에서 발생하는 채무에 대한 불이행을 이유로 낙약자와의 계약을 해제할 수 있다. 그러나 수익자는 계약당사자가 아니므로, 계약당사자에게 인정되는 해제권을 행사할 수 없다.

정답 ②

③ 요약자가 낙약자의 채무불이행을 이유로 계약을 해제하게 되면 수익자는 낙약자에게 자기가 입은 손해의 배상을 청구할 수 있다. 단, 수익자는 제3자를 위한 계약의 당사자는 아니므로 해제권이나 해제를 원인으로 한 원상회복청구권이 있다고 볼 수 없다. 판례는 제3자를 위한 계약에 있어서 수익의 의사표시를 한 수익자는 낙약자에게 직접 그 이행을 청구할 수 있을 뿐만 아니라 요약자가 계약을 해제한 경우에는 낙약자에게 자기가 입은 손해의 배상을 청구할 수 있는 것이므로, 수익자가 완성된 목적물의 하자로 인하여 손해를 입었다면 수급인[낙약자(註)]은 그 손해를 배상할 의무가 있다고 한다(대판 1994.8.12. 92다41559).

　　　　　　　　　　　　　　　　　　　　　　　　　　　　　　　　　　　　기출 22

(2) 요약자의 지위

① 요약자는 제3자에 대해 채무를 이행할 것을 낙약자에게 청구할 수 있다. 기출 25

> 제3자를 위한 계약에서 요약자가 제3자의 권리와는 별도로 낙약자에 대하여 제3자에게 급부를 이행할 것을 요구할 수 있는 권리를 가지는지 여부(적극) 및 이때 낙약자가 요약자의 이행청구에 응하지 않은 경우, 요약자는 낙약자에 대하여 제3자에게 급부를 이행할 것을 소로써 구할 이익이 있는지 여부(원칙적 적극)
> 이행의 소는 원칙적으로 원고가 이행청구권의 존재를 주장하는 것으로서 권리보호의 이익이 인정되고, 이행판결을 받아도 집행이 사실상 불가능하거나 현저히 곤란하다는 사정만으로 그 이익이 부정되는 것은 아니다. 제3자를 위한 계약에서 제3자는 채무자(낙약자)에 대하여 계약의 이익을 받을 의사를 표시한 때에 채무자에게 직접 이행을 청구할 수 있는 권리를 취득하고(민법 제539조), 요약자는 제3자를 위한 계약의 당사자로서 원칙적으로 제3자의 권리와는 별도로 낙약자에 대하여 제3자에게 급부를 이행할 것을 요구할 수 있는 권리를 가진다. 이때 낙약자가 요약자의 이행청구에 응하지 아니하면 특별한 사정이 없는 한 요약자는 낙약자에 대하여 제3자에게 급부를 이행할 것을 소로써 구할 이익이 있다(대판 2022.1.27. 2018다259565).

② 낙약자의 채무불이행시 요약자는 낙약자를 상대로 수익자에게 손해를 배상하도록 청구할 수 있다. 또한 요약자는 계약해제권을 행사할 수 있고, 이때에는 수익자의 동의가 불필요하다(대판 1970.2.24. 69다1410).

　　　　　　　　　　　　　　　　　　　　　　　　　　　　　　　　　　기출 21·22·24

③ 판례는 제3자를 위한 계약에서 제3자는 채무자(낙약자)에 대하여 계약의 이익을 받을 의사를 표시한 때에 채무자에게 직접 이행을 청구할 수 있는 권리를 취득하고(민법 539조), 요약자는 제3자를 위한 계약의 당사자로서 원칙적으로 제3자의 권리와는 별도로 낙약자에 대하여 제3자에게 급부를 이행할 것을 요구할 수 있는 권리를 가진다고 한다(대판 2022.1.27. 2018다259565). 기출 22

(3) 낙약자의 지위

채무자는 민법 제539조의 계약에 기한 항변으로 그 계약의 이익을 받을 제3자에게 대항할 수 있다(민법 제542조).

5. 제3자를 위한 계약의 종류

(1) 제3자를 위한 계약인 것

변제를 위한 공탁, 타인을 위한 보험, 타인을 위한 신탁, 병존적 채무인수 기출 22·24

> 부동산을 매매하면서 매도인과 매수인 사이에 중도금 및 잔금은 매도인의 채권자에게 직접 지급하기로 약정한 경우, 그 약정은 매도인의 채권자로 하여금 매수인에 대하여 그 중도금 및 잔금에 대한 직접청구권을 행사할 권리를 취득케 하는 제3자를 위한 계약에 해당하고 동시에 매수인이 매도인의 그 제3자에 대한 채무를 인수하는 병존적 채무인수에도 해당한다(대판 1997.10.24. 97다28698).

(2) 제3자를 위한 계약이 아닌 것

이행인수, 면책적 채무인수, 계약인수

제4절 계약의 해제와 해지

I 서 설

1. 의 의

① 계약해제란 유효하게 성립한 계약의 효력을 당사자 일방의 의사표시에 의하여 소급적으로 소멸하게 하여, 계약이 처음부터 성립하지 않는 것과 같은 상태로 복귀시키는 것을 말한다(해제에 관한 직접효과설).
② 해제권은 권리자의 일방적 의사표시에 의하여 계약의 효력을 소멸시키는 권리로 형성권에 속한다. 또한 해제권은 계약에 종된 권리로서 계약당사자만이 이를 가질 수 있고, 계약당사자의 지위를 승계하지 않는 한 해제권만의 양도는 허용되지 않는다.
③ 해제권은 법률의 규정에 의하여 당연히 발생하는 법정해제권과 당사자 사이의 특약으로 유보된 약정해제권으로 구분된다.
④ 해제에 관한 민법규정은 임의규정이다.

2. 구별개념

(1) 해제계약(합의해제)

1) 의 의

해제권의 유무에도 불구하고 계약당사자 쌍방이 합의에 의하여 기존의 계약의 효력을 소멸시켜 당초부터 계약이 체결되지 않았던 것과 같은 상태로 복귀시킬 것을 내용으로 하는 새로운 계약이다. 기출 22 계약자유의 원칙상 당사자들의 약정으로 종전의 해제된 계약을 부활시키는 것은 적어도 그 계약 당사자 사이에서는 가능하다(대판 2006.4.13, 2003다45700).

2) 성립요건

① 계약의 일반적 성립요건을 갖추어야 하므로 합의해제가 인정되려면 계약의 청약과 승낙이라는 의사표시가 합치되어야 하며, 계약의 유효요건도 구비하여야 한다.
② 합의해제는 묵시적으로 이루어질 수 있으나, 묵시적 합의해제는 계약 후 당사자 쌍방의 계약실현의사의 결여 또는 포기로 인하여 계약을 실현하지 아니할 당사자 쌍방의 의사가 일치되어야만 하고(대판 2007.6.15, 2004다37904), 계약이 일부 이행된 경우에는 그 원상회복에 관하여도 의사가 일치되어야 할 것이다(대판 2011.4.28, 2010다98412).

> **계약의 합의해제 또는 해제계약의 요건**
> 계약의 합의해제 또는 해제계약은 해제권의 유무를 불문하고 계약당사자 쌍방이 합의에 의하여 기존 계약의 효력을 소멸시켜 당초부터 계약이 체결되지 않았던 것과 같은 상태로 복귀시킬 것을 내용으로 하는 새로운 계약으로서, 계약이 합의해제되기 위하여는 계약의 성립과 마찬가지로 계약의 청약과 승낙이라는 서로 대립하는 의사표시가 합치될 것(합의)을 요건으로 하는바, 이와 같은 합의가 성립하기 위하여는 쌍방당사자의 표시행위에 나타난 의사의 내용이 객관적으로 일치하여야 한다. 그리고 계약의 합의해제는 명시적으로뿐만 아니라 당사자 쌍방의 묵시적인 합의에 의하여도 할 수 있으나, 묵시적인 합의해제를 한 것으로 인정되려면 계약이 체결되어 그 일부가 이행된 상태에서 당사자 쌍방이 장기간에 걸쳐 나머지 의무를 이행하지 아니함으로써 이를 방치한 것만으로는 부족하고, 당사자 쌍방에게 계약을 실현할 의사가 없거나 계약을 포기할 의사가 있다고 볼 수 있을 정도에 이르러야 한다. 이 경우에 당사자 쌍방이 계약을 실현할 의사가 없거나 포기할 의사가 있었는지 여부는 계약이 체결된 후의 여러 가지 사정을 종합적으로 고려하여 판단하여야 한다(대판 2011.2.10, 2010다77385).

3) 효 과
① 해제에 관한 민법 제543조 이하의 규정은 원칙적으로 단독행위로서의 해제권의 행사를 전제로 하는 것이므로, 해제계약에는 적용되지 않는다(대판 1979.10.30. 79다1455).
② 계약의 합의해제의 경우에도 민법 제548조 제1항 단서가 적용된다(대판 2005.6.9. 2005다6341).
③ 합의해제 또는 해제계약이라 함은 해제권의 유무에 불구하고 계약 당사자 쌍방이 합의에 의하여 기존의 계약의 효력을 소멸시켜 당초부터 계약이 체결되지 않았던 것과 같은 상태로 복귀시킬 것을 내용으로 하는 새로운 계약으로서, 그 효력은 그 합의의 내용에 의하여 결정되고 여기에는 해제에 관한 민법 제548조 제2항의 규정은 적용되지 아니하므로, 당사자 사이에 약정이 없는 이상 합의해제로 인하여 반환할 금전에 그 받은 날로부터의 이자를 가하여야 할 의무가 있는 것은 아니다(대판 1996.7.30. 95다16011).
④ 계약이 합의해제된 경우에는 그 해제시에 당사자 일방이 상대방에게 손해배상을 하기로 특약하거나 손해배상청구를 유보하는 의사표시를 하는 등 다른 사정이 없는 한 채무불이행으로 인한 손해배상을 청구할 수 없다(대판 1989.4.25. 86다카1147・1148).
⑤ 합의해제에 따른 매도인의 원상회복청구권은 소멸시효의 대상이 되지 않는다(대판 1982.7.27. 80다2968).
⑥ 계약을 합의해제할 때에 원상회복에 관하여 반드시 약정을 하여야 하는 것은 아니지만, 매매계약을 합의해제하는 경우에 이미 지급된 계약금, 중도금의 반환 및 손해배상금에 관하여는 아무런 약정도 하지 아니한 채 매매계약을 해제하기만 하는 것은 경험칙에 비추어 이례에 속하는 일이다(대판 1994.9.13. 94다17093).

4) 관련 판례

원래의 계약에 있는 위약금이나 손해배상에 관한 약정이 합의해제・해지의 경우에까지 적용되는지 여부(원칙적 소극)
법률행위의 해석은 당사자가 그 표시행위에 부여한 의미를 명백하게 확정하는 것으로서, 당사자가 표시한 문언에서 그 의미가 명확하게 드러나지 않는 경우에는 문언의 내용, 법률행위가 이루어진 동기와 경위, 당사자가 법률행위로 달성하려는 목적과 진정한 의사, 거래의 관행 등을 종합적으로 고려하여 논리와 경험의 법칙, 그리고 사회일반의 상식과 거래의 통념에 따라 합리적으로 해석하여야 한다. 계약을 합의하여 해제하거나 해지하면서 상대방에게 손해배상을 하기로 하는 특약이나 손해배상청구를 유보하는 의사표시를 하였는지를 판단할 때에도 위와 같은 법률행위 해석에 관한 법리가 적용된다. 위와 같은 특약이나 의사표시가 있었는지는 합의해제・해지 당시를 기준으로 판단하여야 하는데, 원래의 계약에 있는 위약금이나 손해배상에 관한 약정은 그것이 계약 내용이나 당사자의 의사표시 등에 비추어 합의해제・해지의 경우에도 적용된다고 볼 만한 특별한 사정이 없는 한 합의해제・해지의 경우에까지 적용되지는 않는다(대판 2021.5.7. 2017다220416).

계약의 합의해지의 의의 및 요건 및 당사자 사이에 계약을 종료시킬 의사가 일치되었으나 계약 종료에 따른 법률관계가 당사자들에게 중요한 관심사이고 위 법률관계에 관하여 아무런 약정이 없는 경우, 합의해지가 성립하였다고 볼 수 있는지 여부(원칙적 소극)
[1] 계약의 합의해지는 계속적 채권채무관계에서 당사자가 이미 체결한 계약의 효력을 장래에 향하여 소멸시킬 것을 내용으로 하는 새로운 계약으로서, 이를 인정하기 위해서는 계약이 성립하는 경우와 마찬가지로 기존 계약의 효력을 장래에 향하여 소멸시키기로 하는 내용의 청약과 승낙이라는 서로 대립하는 의사표시가 합치될 것을 요건으로 한다. 계약의 합의해지는 묵시적으로 이루어질 수도 있으나, 계약에 따른 채무의 이행이 시작된 다음에 당사자 쌍방이 계약실현 의사의 결여 또는 포기로 계약을 실현하지 않을 의사가 일치되어야만 한다. 이와 같은 합의가 성립하기 위해서는 쌍방 당사자의 표시행위에 나타난 의사의 내용이 객관적으로 일치하여야 하므로 계약당사자 일방이 계약해지에 관한 조건을 제시한 경우 조건에 관한 합의까지 이루어져야 한다. 기출 24
[2] 당사자 사이에 계약을 종료시킬 의사가 일치되었더라도 계약 종료에 따른 법률관계가 당사자들에게 중요한 관심사가 되고 있는 경우 그러한 법률관계에 관하여 아무런 약정 없이 계약을 종료시키는 합의만 하는 것은 경험칙에 비추어 이례적이고, 이 경우 합의해지가 성립하였다고 보기 어렵다(대판 2018.12.27. 2016다274270).

> **계약의 합의해지에 대하여 민법 제548조 제2항이 적용되는지 여부(소극)**
> 합의해지 또는 해지계약이라 함은 해지권의 유무에 불구하고 계약 당사자 쌍방이 합의에 의하여 계속적 계약의 효력을 해지시점 이후부터 장래를 향하여 소멸하게 하는 것을 내용으로 하는 새로운 계약으로서, 그 효력은 그 합의의 내용에 의하여 결정되고 여기에는 해제, 해지에 관한 민법 제548조 제2항의 규정은 적용되지 아니하므로, 당사자 사이에 약정이 없는 이상 합의해지로 인하여 반환할 금전에 그 받은 날로부터의 이자를 가하여야 할 의무가 있는 것은 아니다(대판 2003.1.24, 2000다5336). 기출 24

(2) 해제조건(실권조항)

1) 의 의

실권조항이란 채무불이행이 있는 경우에 채권자의 특별한 의사표시가 없더라도 당연히 계약의 효력을 잃게 하고, 채무자의 계약상의 권리를 상실하게 하는 취지의 약정 또는 약관을 말한다. 따라서 실권조항이 있는 경우 채무자의 채무불이행을 해제조건으로 하는 조건부 법률행위가 있는 것으로 해석된다.

2) 관련 판례

① **계약금포기·배액상환약정(해제권유보약정)** : 매도인이 위약시에는 계약금의 배액을 배상하고 매수인이 위약시에는 지급한 계약금을 매도인이 취득하고 계약은 자동적으로 해제된다는 조항은 위약 당사자가 상대방에 대하여 계약금을 포기하거나 그 배액을 배상하여 계약을 해제할 수 있다는 해제권 유보조항이라 할 것이고 최고나 통지없이 해제할 수 있다는 특약이라고 볼 수 없다(대판 1982.4.27, 80다851).

② **중도금지급채무의 불이행을 조건으로 한 실권조항** : 매매계약에 있어서 매수인이 중도금을 약정한 일자에 지급하지 아니하면 그 계약을 무효로 한다고 하는 특약이 있는 경우 매수인이 약정한대로 중도금을 지급하지 아니하면(해제의 의사표시를 요하지 않고) 그 불이행 자체로써 계약은 그 일자에 자동적으로 해제된 것이라고 보아야 한다(대판 1991.8.13, 91다13717). 기출 25

③ **잔대금지급채무의 불이행을 조건으로 한 실권조항** : 부동산 매매계약에서 매수인이 잔대금 지급기일까지 그 대금을 지급하지 못하면 계약이 자동적으로 해제된다는 취지의 약정이 있더라도 매도인이 이행의 제공을 하여 매수인을 이행지체에 빠뜨리지 않는 한 지급기일의 도과사실만으로는 매매계약이 자동해제된 것으로 볼 수 없다. 다만 매도인이 소유권이전등기에 필요한 서류를 갖추었는지 여부를 묻지 않고 매수인의 지급기일 도과사실 자체만으로 계약을 실효시키기로 특약을 하였다거나, 매수인이 수회에 걸친 채무불이행에 대하여 책임을 느끼고 잔금 지급기일의 연기를 요청하면서 새로운 약정기일까지는 반드시 계약을 이행할 것을 확약하고 불이행 시에는 매매계약이 자동적으로 해제되는 것을 감수하겠다는 내용의 약정을 하였다고 볼 특별한 사정이 있다면, 매수인이 잔금 지급기일까지 잔금을 지급하지 않음으로써 그 매매계약은 자동적으로 실효된다(대판 2022.11.30, 2022다255614). 기출 25

④ **자동해제된 계약의 부활** : 쌍무계약을 체결하면서 어느 기한까지 일방이 채무를 이행하지 아니하면 자동적으로 계약이 해제된다고 약정한 경우 어느 일방이 채무를 이행하지 아니하였다면 별도의 이행최고나 해제의 의사표시를 요하지 않고 그 불이행 자체로써 계약이 자동으로 해제된 것으로 보아야 한다. 그러나 당사자들이 계약이 여전히 유효함을 전제로 논의를 계속하면서 해제에 따른 법률효과를 주장하지 아니한 채 계약 내용에 따른 이행을 촉구하거나 온전한 채무의 이행을 받지 못한 상대방이 별다른 이의 없이 급부 중 일부를 수령하였다면, 특별한 사정이 없는 한 계약당사자들 사이에서는 자동해제 약정의 효력을 상실시키고 자동해제된 계약을 부활시키기로 하는 합의가 있었다고 봄이 상당하다. 이러한 경우 채무이행을 받지 못한 상대방은 새로운 이행의 최고 없이 바로 해제권을 행사할 수 없다(대판 2019.6.27, 2019다21681).

(3) 취 소

구 분	취 소	해 제
동일한 점	법률행위의 효력이 소급적으로 소멸	
차이점	법률행위의 흠이 요건	유효하게 성립한 계약의 효력이 소급적으로 소멸
	모든 법률행위에 대해 인정	계약에 대해서만 인정
	법률의 규정이 있는 경우에만 인정	법률의 규정 외에 당사자의 약정에 의해서도 발생

(4) 철 회

해제는 유효하게 성립한 계약의 효력을 소급적으로 소멸시키는 제도라는 점에서 법률행위의 효력이 발생하기 전에 그 발생을 저지하는 철회와 구별된다.

핵심문제

01 계약의 해제, 해지에 관한 설명으로 옳지 않은 것은?(다툼이 있으면 판례에 따름) 변리 23

① 타인 권리의 매매로 인한 담보책임으로 매수인이 계약을 해제한 경우, 매수인이 진정한 권리자인 타인에게 직접 목적물을 반환한 때에는 그 반환한 범위에서 매도인에게 반환할 의무를 부담하지 않는다.
② 사정변경을 이유로 한 계약의 해제나 해지에서 사정변경에 대한 예견가능성이 있었는지는 개별적 사정을 고려하지 않고 추상적·일반적으로 판단하여야 한다.
③ 매수인의 사망으로 매수인의 지위를 상속한 상속인들이 매매계약을 해제하려면, 특별한 사정이 없는 한 전원이 해제의 의사표시를 하여야 한다.
④ 조합계약에서는 계약을 해제 또는 해지하고 조합원에게 그로 인한 원상회복의 의무를 부담지울 수는 없다.
⑤ 계약이 합의에 따라 해제되거나 해지된 경우, 특별한 사정이 없는 한 채무불이행으로 인한 손해배상을 청구할 수 없다.

[해설]
① (○) 대판 2017.5.31. 2016다240
② (×) 계약 성립의 기초가 된 사정이 현저히 변경되고 당사자가 계약의 성립 당시 이를 예견할 수 없었으며, 그로 인하여 계약을 그대로 유지하는 것이 당사자의 이해에 중대한 불균형을 초래하거나 계약을 체결한 목적을 달성할 수 없는 경우에는 계약준수 원칙의 예외로서 사정변경을 이유로 계약을 해제하거나 해지할 수 있다. 여기에서 말하는 사정이란 당사자들에게 계약 성립의 기초가 된 사정을 가리키고, 당사자들이 계약의 기초로 삼지 않은 사정이나 어느 일방당사자가 변경에 따른 불이익이나 위험을 떠안기로 한 사정은 포함되지 않는다. 사정변경에 대한 예견가능성이 있었는지는 추상적·일반적으로 판단할 것이 아니라, 구체적인 사안에서 계약의 유형과 내용, 당사자의 지위, 거래경험과 인식가능성, 사정변경의 위험이 크고 구체적인지 등 여러 사정을 종합적으로 고려하여 개별적으로 판단하여야 한다. 이때 합리적인 사람의 입장에서 볼 때 당사자들이 사정변경을 예견했다면 계약을 체결하지 않거나 다른 내용으로 체결했을 것이라고 기대되는 경우 특별한 사정이 없는 한 예견가능성이 없다고 볼 수 있다(대판 2021.6.30. 2019다276338).
③ (○) 대판 2013.11.28. 2013다22812
④ (○) 광업법 제34조 제1항, 제19조 제6항에 의하면 공동광업권자는 조합계약을 한 것으로 보도록 되어 있으므로 갑 등 4인 명의로 광업권 등록이 되어 있다면 그들 사이에는 광업권에 관하여 조합관계에 있다 할 것이고 조합계약에 있어서는 조합의 해산청구를 하거나 탈퇴를 하거나 다른 조합원을 제명할 수 있을 뿐이고 특별한 사정이 없는 한 계약해제에 관한 민법상의 일반규정에 의하여 조합계약을 해제하고 상대방에게 원상회복의무를 부담시킬 수는 없다(대판 1988.3.8. 87다카1448).
⑤ (○) 대판 2013.11.28. 2013다8755

정답 ②

Ⅱ 법정해제

> **이행지체와 해제(민법 제544조)**
> 당사자 일방이 그 채무를 이행하지 아니하는 때에는 상대방은 상당한 기간을 정하여 그 이행을 최고하고 그 기간 내에 이행하지 아니한 때에는 계약을 해제할 수 있다. 그러나 채무자가 미리 이행하지 아니할 의사를 표시한 경우에는 최고를 요하지 아니한다.
>
> **정기행위와 해제(민법 제545조)**
> 계약의 성질 또는 당사자의 의사표시에 의하여 일정한 시일 또는 일정한 기간 내에 이행하지 아니하면 계약의 목적을 달성할 수 없을 경우에 당사자 일방이 그 시기에 이행하지 아니한 때에는 상대방은 전조의 최고를 하지 아니하고 계약을 해제할 수 있다.
>
> **이행불능과 해제(민법 제546조)**
> 채무자의 책임 있는 사유로 이행이 불능하게 된 때에는 채권자는 계약을 해제할 수 있다.

1. 해제권의 발생

(1) 의 의
① 법정해제권 발생의 요건인 채무불이행은 주된 채무의 그것이어야 하고, 주된 채무 이외의 부수의무의 불이행은 원칙적으로 해제권을 발생시키지 않는다. 다만, 외관상 부수의무라도 실질적으로 그것을 불이행함으로써 계약의 목적을 달성할 수 없다면, 그 불이행이 해제권을 발생시킬 수도 있을 것이다.
② 유동적 무효상태에서는 계약의 효력으로서 채무가 발생하지 않으므로, 채무불이행을 이유로 한 해제 및 손해배상의 청구가 불가능하다(대판 1997.7.25. 97다4357).
③ 채무불이행이 있더라도 법정해제권의 발생을 배제하기로 하는 합의가 유효하지만, 그 효력을 인정함에는 신중해야 한다.

(2) 이행지체에 의한 해제권의 발생
① 채무자의 이행지체가 있어야 하고, 상당기간을 정하여 최고를 하였으나 상당기간 내에 채무자의 이행이나 이행의 제공이 없어야 한다. 판례는 채권자의 이행최고가 본래 이행하여야 할 채무액을 초과하는 금액의 이행을 요구하는 내용일 때에는 그 과다한 정도가 현저하고 채권자가 청구한 금액을 제공하지 않으면 그것을 수령하지 않을 것이라는 의사가 분명한 경우에는 그 최고는 부적법하고 이러한 최고에 터잡은 계약해제는 그 효력이 없다고 한다(대판 1994.11.25. 94다35930). **기출 22**
② 상대방에게 동시이행의 항변권이 있는 경우에 상대방을 이행지체에 빠뜨리기 위해서는 자신의 채무의 이행을 제공하고 이행청구를 하여야 한다.
③ 해제권 발생요건을 경감하는 특약도 유효하다.

> **부동산매매계약에서 매도인이 매수인을 이행지체로 되게 하기 위한 이행제공의 정도 및 방법**
> 쌍무계약에 있어서 당사자의 채무에 관하여 이행의 제공을 엄격하게 요구하면 불성실한 상대 당사자에게 구실을 주게 될 수도 있으므로 당사자가 하여야 할 제공의 정도는 그 시기와 구체적인 상황에 따라 신의성실의 원칙에 어긋나지 않게 합리적으로 정하여야 하는 것이며, 부동산매매계약에서 매도인의 소유권이전등기절차 이행의무와 매수인의 매매잔대금 지급의무가 동시이행관계에 있는 한 쌍방이 이행을 제공하지 않는 상태에서는 이행지체로 되는 일이 없을 것인바, 매도인이 매수인을 이행지체로 되게 하기 위하여는 소유권이전등기에 필요한 서류 등을 현실적으로 제공하거나 그렇지 않더라도 그 서류 등을 준비하여 두고 매수인에게 그 뜻을 통지하고 수령하여 갈 것을 최고하면 된다(대판 2021.10.28. 2020다278354).

> 부동산 매도인이 계약의 이행에 비협조적인 태도를 취하면서 잔금 지급일까지 부동산 매매계약에서 정한 매도인의 의무를 이행하지 못하여 잔금을 수령할 준비를 하지 않은 경우, 매수인은 그에 상응한 이행의 준비를 하면 족한지 여부(적극)
>
> [1] 쌍무계약에서 당사자의 채무에 관하여 이행의 제공을 엄격하게 요구하면 불성실한 상대 당사자에게 구실을 주게 될 수도 있으므로 당사자가 하여야 할 제공의 정도는 그 시기와 구체적인 상황에 따라 신의성실의 원칙에 어긋나지 않게 합리적으로 정하여야 한다. 따라서 부동산 매도인이 계약의 이행에 비협조적인 태도를 취하면서 잔금 지급일까지 부동산 매매계약에서 정한 매도인의 의무를 이행하지 못하여 잔금을 수령할 준비를 하지 않은 경우에는 매수인도 그에 상응한 이행의 준비를 하면 족하다.
> [2] 갑과 을이 부동산 매매계약을 체결하면서 특약사항으로 '잔금 시 지붕, 외벽, 마당 콘크리트 공사 완료 조건임'이라고 정하였는데, 매도인인 을이 잔금 지급기일까지 공사를 완료하지 못하여 갑에게 잔금 지급을 유보할 것을 요청하였고, 그 후 연기된 공사 완료 시점까지도 공사를 완료하지 못하자 갑이 을의 채무불이행을 이유로 매매계약 해제의 통지를 한 사안에서, 을의 의무 불이행의 정도와 의무 이행 의사 및 계약 이행 경과 등에 비추어 갑이 잔금 지급기일 무렵 자신의 예금 계좌에 잔금을 넘는 돈을 보유하여 잔금 지급의무를 이행할 수 있는 준비를 하고 을에게 그 통지와 수령을 최고함으로써 잔금 지급의무에 관한 이행의 제공을 하였다고 볼 수 있는데도, 이와 달리 본 원심판단에 법리오해의 잘못이 있다고 한 사례(대판 2024.9.13. 2024다237757).

(3) 이행불능에 의한 해제권의 발생 기출 16
① 이행불능으로 인한 해제권 행사에는 후발적 불능에 국한한다.
② 이행기에 불능한 것이 확실한 경우에는 이행기를 기다리지 않고 곧 해제할 수 있다.

(4) 불완전이행을 이유로 한 해제권의 발생
① 민법에 명문의 규정이 없으나 통설은 불완전한 이행으로 인하여 계약의 목적을 달성할 수 없는 경우에는 채권자는 계약을 해제할 수 있다.
② 부수적 주의의무를 위반한 경우에는 원칙적으로 해제권이 인정되지 않지만, 그 불이행으로 인하여 계약의 목적을 달성할 수 없는 경우 또는 특별한 약정이 있는 경우에는 예외적으로 해제권이 인정될 수 있다.

(5) 채권자지체에 의한 해제권의 발생
① 법정책임설에 의하면 수령지체에 의하여는 해제권이 생기지 않는다.
② 채무불이행책임설에 의할 때에는 상당한 기간을 정하여 수령을 최고하고 해제할 수 있게 된다.

(6) 사정변경과 해제권
① 다수설은 사정변경의 원칙에 의하여 계약체결 당시에 전혀 예상하지 못하고 또한 예상할 수도 없었던 사정이 발생하여 당사자를 그대로 그 계약의 구속을 받게 하면 가혹하고 온당치 않다고 인정될 때에는 최고 없이 계약을 해제할 수 있다고 한다.
② 판례에 의하면 종래 일시적 계약에서는 사정변경의 원칙에 의한 해제권 인정에 대하여 소극적이었으나 최근에는 일시적 계약에서도 사정변경에 의한 계약해제의 법리를 긍정하는 설시를 한 바 있다(대판 2007.3.29. 2004다31302).

> 사정변경을 이유로 계약을 해제하거나 해지할 수 있는 경우 / 사정변경에 대한 예견가능성이 있었는지 판단하는 기준
>
> 민법 제2조 제1항은 신의성실의 원칙에 관하여 "권리의 행사와 의무의 이행은 신의에 좇아 성실히 하여야 한다."라고 정하고 있다. 이 원칙은 법률관계의 당사자가 상대방의 이익을 배려하여 형평에 어긋나거나 신의를 저버리는 내용 또는 방법으로 권리를 행사하거나 의무를 이행해서는 안 된다는 추상적 규범으로서 법질서 전체를 관통하는 일반 원칙으로 작용하고 있다. 판례는 계약을 체결할 때 예견할 수 없었던 사정이 발생함으로써 야기된 불균형을 해소하고자 신의성실 원칙의 파생원칙으로서 사정변경의 원칙을 인정하고 있다. 즉, 계약 성립의 기초가 된 사정이 현저히 변경되고 당사자가 계약의 성립 당시 이를 예견할 수 없었으며, 그로 인하여 계약을 그대로 유지하는 것이 당사자의 이해에 중대한 불균형을 초래하거나 계약을 체결한 목적을 달성할 수 없는 경우에는 계약준수 원칙의 예외로서 사정변경을 이유로 계약을 해제하거나 해지할 수 있다. 여기에서 말하는 사정이란 당사자들에게 계약 성립의 기초가 된 사정을 가리키고, 당사자들이 계약의 기초로 삼지 않은 사정이나

어느 일방당사자가 변경에 따른 불이익이나 위험을 떠안기로 한 사정은 포함되지 않는다. 사정변경에 대한 예견가능성이 있었는지는 추상적·일반적으로 판단할 것이 아니라, 구체적인 사안에서 계약의 유형과 내용, 당사자의 지위, 거래경험과 인식가능성, 사정변경의 위험이 크고 구체적인지 등 여러 사정을 종합적으로 고려하여 개별적으로 판단하여야 한다. 이때 합리적인 사람의 입장에서 볼 때 당사자들이 사정변경을 예견했다면 계약을 체결하지 않거나 다른 내용으로 체결했을 것이라고 기대되는 경우 특별한 사정이 없는 한 예견가능성이 없다고 볼 수 있다. 경제상황 등의 변동으로 당사자에게 손해가 생기더라도 합리적인 사람의 입장에서 사정변경을 예견할 수 있었다면 사정변경을 이유로 계약을 해제하거나 해지할 수 없다. 특히 계속적 계약에서는 계약의 체결 시와 이행 시 사이에 간극이 크기 때문에 당사자들이 예상할 수 없었던 사정변경이 발생할 가능성이 높지만, 이러한 경우에도 계약을 해지하려면 경제상황 등의 변동으로 당사자에게 불이익이 발생했다는 것만으로는 부족하고 위에서 본 요건을 충족하여야 한다(대판 2021.6.30. 2019다276338).

2. 해제권의 행사

> **해지, 해제권(민법 제543조)**
> ① 계약 또는 법률의 규정에 의하여 당사자의 일방이나 쌍방이 해지 또는 해제의 권리가 있는 때에는 그 해지 또는 해제는 상대방에 대한 의사표시로 한다.
> ② 전항의 의사표시는 철회하지 못한다. 기출 25
>
> **해지, 해제권의 불가분성(민법 제547조)**
> ① 당사자의 일방 또는 쌍방이 수인인 경우에는 계약의 해지나 해제는 그 전원으로부터 또는 전원에 대하여 하여야 한다.
> ② 전항의 경우에 해지나 해제의 권리가 당사자 1인에 대하여 소멸한 때에는 다른 당사자에 대하여도 소멸한다. 기출 25
>
> **해제권행사 여부의 최고권(민법 제552조)**
> ① 해제권의 행사의 기간을 정하지 아니한 때에는 상대방은 상당한 기간을 정하여 해제권행사 여부의 확답을 해제권자에게 최고할 수 있다.
> ② 전항의 기간 내에 해제의 통지를 받지 못한 때에는 해제권은 소멸한다. 기출 25
>
> **훼손 등으로 인한 해제권의 소멸(민법 제553조)**
> 해제권자의 고의나 과실로 인하여 계약의 목적물이 현저히 훼손되거나 이를 반환할 수 없게 된 때 또는 가공이나 개조로 인하여 다른 종류의 물건으로 변경된 때에는 해제권은 소멸한다. 기출 25

(1) 행사의 방법

① 해제권이 발생하더라도, 해제권의 행사 여부는 해제권자의 자유이다.
② 해제의 의사표시에는 원칙적으로 조건이나 기한을 붙이지 못한다.
③ 해제권의 행사는 상대방 있는 의사표시로서 상대방에게 도달한 때 효과가 발생한다. 기출 16
④ 소제기로써 계약해제권을 행사한 후 그 뒤 그 소송을 취하하였다 하더라도 해제권은 형성권이므로 그 행사의 효력에는 아무런 영향을 미치지 아니한다(대판 1982.5.11. 80다916).

(2) 해제의 불가분성

1) 해제권 행사의 불가분성
① 계약당사자 일방 또는 쌍방이 수인인 경우에 해제의 의사표시는 전원으로부터 전원에 대하여 하여야 그 효과가 발생한다. 기출 22
② 명의수탁자가 수인인 경우 신탁자가 그 일부에 대해서만 해지권을 행사하였다면 신탁해지의 효과는 그 일부에 대해서만 발생하는 것이고, 해제, 해지의 불가분성에 대한 민법 제547조 규정은 적용되지 않는다.
③ 해제의 불가분성에 관한 민법 제547조는 당사자의 특약에 의하여 배제될 수 있는 임의규정이다.

2) 해제권 소멸의 불가분성
해제권을 가진 자가 수인인 경우, 1인의 당사자에 대하여 해제권이 소멸하면 다른 당사자의 해제권도 소멸한다. 기출 16

3. 해제의 효과

> **해제의 효과, 원상회복의무(민법 제548조)**
> ① 당사자 일방이 계약을 해제한 때에는 각 당사자는 그 상대방에 대하여 원상회복의 의무가 있다. 그러나 제3자의 권리를 해하지 못한다. 기출 15
> ② 전항의 경우에 반환할 금전에는 그 받은 날로부터 이자를 가하여야 한다.
>
> **원상회복의무와 동시이행(민법 제549조)**
> 제536조의 규정은 전조의 경우에 준용한다.
>
> **해지의 효과(민법 제550조)**
> 당사자 일방이 계약을 해지한 때에는 계약은 장래에 대하여 그 효력을 잃는다.

(1) 해제의 효과에 관한 법리구성
해제의 효과에 관하여는 이를 계약관계의 소급적 소멸로 이론구성하는 직접효과설과 청산목적의 채권관계로의 변형으로 파악하는 청산관계설의 대립이 있으나, 해지의 장래효에 관한 민법 제550조는 해제의 소급효를 전제하였다고 보아야 하고, 민법 제548조 제1항 단서를 신설한 입법취지에 비추어 현행법의 해석상 직접효과설이 타당하다고 판단된다. 판례도 일관하여 직접효과설의 태도를 취하고 있다(대판 2022.3.11. 2020다297430).

(2) 계약의 소급효 - 채권·채무의 소급적 소멸
계약을 해제하면 계약은 소급하여 그 효력을 잃는다. 따라서 당사자는 계약의 구속력으로부터 해방되며 그 결과 이행하지 아니한 채무는 이행할 필요가 없고, 이미 이행한 급부는 원상회복의 의무가 발생한다. 판례는 계약이 적법하게 해제되면 그 계약의 효과는 소급적으로 소멸되므로, 매매계약의 대금을 기존의 채권과 상계하기로 한 경우, 매매계약이 해제되면 상계는 효력을 발생할 수 없어, 상계로 소멸한 기존의 채권은 다시 살아나게 된다고 판시하고 있다(대판 1980.8.26. 79다1257).

(3) 원상회복의무

1) 의 의

계약이 해제된 경우 해제의 소급효로 인해, 계약의 당사자는 원상회복의무로서 자신이 수령한 급부 전체를 이익의 현존 여부, 선·악을 불문하고 상대방에게 반환하여야 한다(민법 제548조 제1항). 원상회복의무에 관한 민법 제548조 제1항은 일반부당이득반환의 범위에 관한 민법 제748조의 특칙으로 기능한다.

2) 당사자

원상회복의 당사자는 해제된 계약의 당사자이다. 아래에서 문제가 된 사례를 살펴본다.

① 계약해제로 인하여 소멸되는 채권을 양수한 자 : 민법 제548조 제1항 단서에서 규정하고 있는 제3자란 일반적으로 계약이 해제되는 경우 그 해제된 계약으로부터 생긴 법률효과를 기초로 하여 해제 전에 새로운 이해관계를 가졌을 뿐 아니라 등기·인도 등으로 완전한 권리를 취득한 자를 말하고, 계약상의 채권을 양수한 자는 여기서 말하는 제3자에 해당하지 않는다고 할 것인바, 계약이 해제된 경우 계약해제 이전에 해제로 인하여 소멸되는 채권을 양수한 자는 계약해제의 효과에 반하여 자신의 권리를 주장할 수 없음은 물론이고, 나아가 특단의 사정이 없는 한 채무자로부터 이행받은 급부를 원상회복하여야 할 의무가 있다(대판 2003.1.24. 2000다22850).

② 해제되는 계약을 체결한 대리인 : 계약이 적법한 대리인에 의하여 체결된 경우에 대리인은 다른 특별한 사정이 없는 한 본인을 위하여 계약상 급부를 변제로서 수령할 권한도 가진다. 그리고 대리인이 그 권한에 기하여 계약상 급부를 수령한 경우에, 그 법률효과는 계약 자체에서와 마찬가지로 직접 본인에게 귀속되고 대리인에게 돌아가지 아니한다. 따라서 계약상 채무의 불이행을 이유로 계약이 상대방 당사자에 의하여 유효하게 해제되었다면, 해제로 인한 원상회복의무는 대리인이 아니라 계약의 당사자인 본인이 부담한다. 이는 본인이 대리인으로부터 그 수령한 급부를 현실적으로 인도받지 못하였다거나 해제의 원인이 된 계약상 채무의 불이행에 관하여 대리인에게 책임 있는 사유가 있다고 하여도 다른 특별한 사정이 없는 한 마찬가지라고 할 것이다(대판 2011.8.18. 2011다30871).

③ 해제되는 이른바 삼각관계의 당사자 : 계약의 일방 당사자가 계약 상대방의 지시 등으로 급부과정을 단축하여 계약 상대방과 또 다른 계약관계를 맺고 있는 제3자에게 직접 급부한 경우, 그 급부로써 급부를 한 계약 당사자의 상대방에 대한 급부가 이루어질 뿐 아니라 그 상대방의 제3자에 대한 급부로도 이루어지는 것이므로 계약의 일방 당사자는 제3자를 상대로 법률상 원인 없이 급부를 수령하였다는 이유로 부당이득반환청구를 할 수 없다(대판 2003.12.26. 2001다46730).

3) 반환범위

① 원칙적 원물반환 : 이익의 현존 여부나 선·악을 불문하고 받은 급부 전부를 반환하여야 한다. 금전의 경우에는 받은 날로부터 반환할 때까지의 이자를 가산하여 반환하여야 한다(민법 제548조 제2항).

② 예외적 가액반환 : 원물반환이 불가능하거나 수령자에게 이익이 되지 아니하는 경우에는 가액반환을 하여야 한다. 가액산정의 시기에 대하여 판례는 매도인으로부터 매매 목적물의 소유권을 이전받은 매수인이 매도인의 계약해제 이전에 제3자에게 목적물을 처분하여 계약해제에 따른 원물반환이 불가능하게 된 경우 매수인은 원상회복의무로서 가액을 반환하여야 하며, 이때에 반환할 금액은 특별한 사정이 없는 한 계약해제 당시가 아니라 원상회복의무가 이행불능이 된 당시, 즉 그 처분 당시의 목적물의 대가 또는 그 시가 상당액과 처분으로 얻은 이익에 대하여 그 이득일부터의 법정이자를 가산한 금액이라고 한다(대판 2013.12.12. 2013다14675).

③ **이자** : 계약이 해제된 경우 금전을 수령한 자는 그 수령한 날(해제한 날이 아님을 유의) 이자를 가산하여 반환하여야 한다(민법 제548조 제2항). 이는 수령한 금전으로부터 실제로 이자를 수취하였는지 여부를 불문하고 인정된다. 당사자 일방이 계약을 해제한 때에는 각 당사자는 상대방에 대하여 원상회복의무가 있고, 이 경우 반환할 금전에는 받은 날로부터 이자를 가산하여 지급하여야 한다. 여기서 가산되는 이자는 원상회복의 범위에 속하는 것으로서 일종의 부당이득 반환의 성질을 가지는 것이고 반환의무의 이행지체로 인한 지연손해금이 아니다. 따라서 당사자 사이에 그 이자에 관하여 특별한 약정이 있으면 그 약정이율이 우선 적용되고 약정이율이 없으면 민사 또는 상사 법정이율이 적용된다(대판 2013.4.26. 2011다50509).
  기출 20·21·24 또한 소송촉진법 제3조 제1항은 금전채무의 전부 또는 일부의 이행을 명하는 판결을 선고할 경우에 있어서 금전채무불이행으로 인한 손해배상액 산정의 기준이 되는 법정이율에 관한 특별규정이므로, 위 이자에는 소송촉진법 제3조 제1항에 의한 이율을 적용할 수 없다(대판 2024.8.1. 2024다226504).

④ **지연손해금**[17]
  ㉠ **가산이자에 대한 약정이 있는 경우** : 계약해제 시 반환할 금전에 가산할 이자에 관하여 당사자 사이에 약정이 있는 경우에는 특별한 사정이 없는 한 이행지체로 인한 지연손해금도 그 약정이율에 의하기로 하였다고 보는 것이 당사자의 의사에 부합한다. 다만 그 약정이율이 법정이율보다 낮은 경우에는 약정이율에 의하지 아니하고 법정이율에 의한 지연손해금을 청구할 수 있다고 봄이 타당하다. 계약해제로 인한 원상회복 시 반환할 금전에 받은 날로부터 가산할 이자의 지급의무를 면제하는 약정이 있는 때에도 그 금전반환의무가 이행지체상태에 빠진 경우에는 법정이율에 의한 지연손해금을 청구할 수 있는 점과 비교해 볼 때 그렇게 보는 것이 논리와 형평의 원리에 맞기 때문이다(대판 2013.4.26. 2011다50509).
  ㉡ **지연손해금률에 대한 약정이 있는 경우** : 원상회복의무가 이행지체에 빠진 이후의 기간에 대해서는 부당이득반환의무로서의 이자가 아니라 반환채무에 대한 지연손해금이 발생하게 되므로 거기에는 지연손해금률이 적용되어야 한다. 그 지연손해금률에 관하여도 당사자 사이에 별도의 약정이 있으면 그에 따라야 할 것이고, 그것이 법정이율보다 낮다 하더라도 마찬가지이다(대판 2024.8.1. 2024다226504).

⑤ **사용이익** : 민법 제548조 제2항의 금전의 경우와의 균형상 반환할 물건에는 '그 받은 날'로부터 <u>임료상당의 사용이익을 가산하여 반환하여야 한다</u>(민법 제548조 제2항의 유추해석). 이때 매매목적물을 통해 영업을 하였더라도 원상회복으로 반환하여야 할 부당이득은 영업이익이 아니라 임료상당의 사용이익이어야 한다(대판 2021.7.8. 2020다290804). 그러나 매매계약의 해제로 인하여 매수인이 반환하여야 할 목적물의 사용이익을 산정함에 있어서 매수인의 영업수완 등 노력으로 인한 이른바 운용이익이 포함된 것으로 볼 여지가 있는 경우 이러한 운용이익은 사회통념상 매수인의 행위가 개입되지 아니하였더라도 그 목적물로부터 매도인이 당연히 취득하였으리라고 생각되는 범위 내의 것이 아닌 한 매수인이 반환하여야 할 사용이익의 범위에서 공제하여야 한다(대판 2006.9.8. 2006다26328).

---

17) 계약해제시 반환할 금전에 가산하는 이자와 원상회복의무의 이행지체로 인한 지연손해금에 대한 판례의 태도를 정리하면 다음과 같다.
  ① 계약을 해제할 경우 원상회복으로 반환할 금전에 가산되는 이자는 부당이득반환이며 지연손해금이 아니므로 당사자 사이에 그 이자에 관하여 특별한 약정이 있으면 그 약정이율에 의하고 약정이율이 없으면 민사 또는 상사법정이율에 의한다.
  ② 원상회복의무가 이행지체에 빠진 이후의 기간에 대하여는 지연손해금이 발생하게 되므로 지연손해금률이 적용되어야 하며, 지연손해금률에 관하여 별도의 약정이 있으면 그에 따라야 할 것이고, 설령 그것이 법정이율보다 낮은 경우라 하더라도 마찬가지이다. 지연손해금률에 대한 약정이 없는 경우, 이자에 대하여 약정이 있으면 약정이율에 의해 지연손해금을 산정하고, 이 경우 약정이율이 법정이율보다 높은 경우에는 약정이율에 의하고 약정이율이 법정이율보다 낮은 경우에는 약정이율에 의하지 아니하고 법정이율에 의한 지연손해금을 청구할 수 있다. 그러나 이자에 대하여도 약정이 없으면 이자와 지연손해금 모두에 대하여 민사 또는 상사법정이율이 적용된다.

출처 | 박승수, 「민법정리」, 에듀비, 2021, p.526

> **사용이익의 반환 여부에 대한 사례**
> - 양도인은 양수인이 양도 목적물을 인도받은 후 사용하였다 하더라도 양도계약의 해제로 인하여 양수인에게 그 사용에 의한 이익의 반환을 구함은 별론으로 하고, 양도 목적물 등이 양수인에 의하여 사용됨으로 인하여 감가 내지 소모가 되는 요인이 발생하였다 하여도 그것을 훼손으로 볼 수 없는 한 그 감가비 상당은 원상회복의무로서 반환할 성질의 것은 아니다(대판 2000.2.25. 97다30066).
> - 매매계약이 해제되면 각 당사자는 그 상대방에 대하여 원상회복의 의무가 있다(민법 제548조 제1항 본문). 따라서 이 경우에 매수인은 매도인에게 목적물을 반환할 의무는 물론이고 그 목적물을 사용하였으면 그 사용이익을 반환할 의무도 부담한다. 그러나 이러한 매수인의 사용이익 반환의무는 매매계약의 해제에 따른 원상회복 의무의 일환으로서 인정되는 것이므로 매도인이 매매계약의 이행으로서 목적물을 매수인에게 인도하여 매수인이 그 목적물을 사용한 경우에 비로소 인정될 수 있다(대판 2011.6.30. 2009다30724).
> - [1] 민법 제548조 제2항은 계약해제로 인한 원상회복의무의 이행으로서 반환하는 금전에는 받은 날로부터 이자를 가산하여야 한다고 정하였는데, 위 이자의 반환은 원상회복의무의 범위에 속하는 것으로 일종의 부당이득반환의 성질을 가지는 것이지 반환의무의 이행지체로 인한 손해배상은 아니고, 소송촉진 등에 관한 특례법(이하 '소송촉진법') 제3조 제1항은 금전채무의 전부 또는 일부의 이행을 명하는 판결을 선고할 경우에 있어서 금전채무불이행으로 인한 손해배상액 산정의 기준이 되는 법정이율에 관한 특별규정이므로, 위 이자에는 소송촉진법 제3조 제1항에서 정한 이율을 적용할 수 없다. [2] 매매계약이 해제된 경우에 매수인이 목적물을 인도받아 사용하였다면 원상회복으로서 목적물을 반환하는 외에 사용이익을 반환할 의무를 부담하고, 이때 사용이익의 반환의무는 부당이득반환의무에 해당하므로, 특별한 사정이 없는 한 매수인이 점유·사용한 기간 당해 재산으로부터 통상 수익할 수 있을 것으로 예상되는 이익, 즉 임료 상당액을 매수인이 반환하여야 할 사용이익으로 보아야 한다(대판 2024.2.29. 2023다289720).

4) 과실상계 인정 여부

과실상계는 본래 채무불이행 또는 불법행위로 인한 손해배상책임에 대하여 인정되는 것이고, 매매계약이 해제되어 소급적으로 효력을 잃은 결과 매매당사자에게 당해 계약에 기한 급부가 없었던 것과 동일한 재산상태를 회복시키기 위한 원상회복의무의 이행으로서 이미 지급한 매매대금 기타의 급부의 반환을 구하는 경우에는 적용되지 아니한다. 계약의 해제로 인한 원상회복청구권에 대하여 해제자가 해제의 원인이 된 채무불이행에 관하여 '원인'의 일부를 제공하였다는 등의 사유를 내세워 신의칙 또는 공평의 원칙에 기하여 일반적으로 손해배상에 있어서의 과실상계에 준하여 권리의 내용이 제한될 수 있다고 하는 것은 허용되어서는 아니 된다(대판 2014.3.13. 2013다34143).

(4) 제3자의 보호

1) 제3자의 의의

민법 제548조 제1항 단서의 제3자란 그 해제된 계약으로부터 생긴 법률효과를 기초로 하여 해제 전 새로운 이해관계를 가졌을 뿐만 아니라 등기, 인도 등으로 완전한 권리를 취득한 자를 말한다(대판 2007.12.27. 2006다60229). 계약당사자의 일방이 계약을 해제한 경우 그 계약의 해제 전에 그 해제와 양립되지 아니하는 법률관계를 가진 제3자에 대하여는 계약의 해제에 따른 법률효과를 주장할 수 없고, 이는 제3자가 그 계약의 해제 전에 계약이 해제될 가능성이 있다는 것을 알았거나 알 수 있었다 하더라도 달라지지 아니한다(대판 2010.12.23. 2008다57746). **기출 25** 해제의 의사표시가 있는 경우에는 그 등기 등을 말소하지 않은 동안, 새로운 권리를 취득하게 된 선의의 제3자도 이에 포함된다(대판 1985.4.9. 84다카130). **기출 25** 이 경우에 제3자가 악의라는 사실의 주장·증명책임은 계약해제를 주장하는 자에게 있다(대판 2005.6.9. 2005다6341).

2) 제3자의 범위

① 제3자에 해당하는 사례[18]
- ㉠ 매수인과 매매예약을 체결한 후 그에 기한 소유권이전청구권 보전을 위한 가등기를 마친 사람(대판 2014.12.11. 2013다14569) 기출 23
- ㉡ 실권특약부 매매계약에 기하여 매수인 앞으로 소유권이전등기가 경료된 토지를 체납처분의 일환으로 압류하고 그 등기까지 마친 사람 기출 25
- ㉢ 해제된 매매계약에 의하여 채무자의 책임재산이 된 부동산을 가압류 집행한 가압류채권자(대판 2005.1.14. 2003다33004)
- ㉣ 임대인이 계약해제로 소유권을 상실하게 된 경우, 그 계약해제 전에 대항요건을 갖춘 임차인(대판 1996.8.20. 96다17653)
- ㉤ 미등기매수인 임대인이 계약해제로 소유권을 상실하게 된 경우, 그 계약해제 전에 대항요건을 갖춘 임차인(2008.4.10. 2007다38908)[19]
- ㉥ 제3자를 위한 계약에서의 수익자(대판 2021.8.19. 2018다244976)

② 제3자에 해당하지 아니하는 사례
- ㉠ 계약해제로 인하여 소멸되는 채권을 양수한 자나 그 채권 자체를 압류 또는 전부한 채권자(대판 2000.4.11. 99다51685) 기출 25
- ㉡ 동일한 부동산에 대하여 가압류등기와 이에 선행하는 처분금지가처분등기가 기입된 후 가처분채권자인 전 소유자(매도인)가 매매계약 해제를 원인으로 한 본안소송에서 승소판결을 받아 확정된 경우의 가압류채권자(매수인의 채권자)(대판 2005.1.14. 2003다33004)
- ㉢ 매매계약 해제시 원상회복 방법으로 매도인에게 소유권이전등기를 하기로 하는 약정에 따른 청구권을 보전하기 위한 가등기가 된 경우, 그 가등기 후 본등기 전에 소유권이전등기를 경료받은 제3자(대판 1982.11.23. 81다카1110)

---

18) 학설은 그 밖에 매매계약을 해제하기 전에 그 부동산을 매수하고 소유권이전등기를 경료한 제3취득자, 토지매매계약이 해제되기 전에 매수인의 토지에 저당권을 취득한 자, 토지매매계약의 해제로 토지의 소유권을 상실하게 된 매수인으로부터 해제 이전에 토지를 임차하여 임차권등기를 마친 자 등도 제3자에 해당한다고 본다. 기출 23

19) 그러나 미등기매수인의 임대권한이 처음부터 제한되어 있는 경우에는 대항력있는 임차권을 취득한 경우라도 제3자에 해당하지 아니한다는 것이 판례의 태도이다. 즉 판례는 매도인으로부터 매매계약의 해제를 해제조건부로 전세 권한을 부여받은 매수인이 주택을 임대한 후 매도인과 매수인 사이의 매매계약이 해제됨으로써 해제조건이 성취되어 그때부터 매수인이 주택을 전세 놓을 권한을 상실하게 되었다면, 임차인은 전세계약을 체결할 권한이 없는 자와 사이에 전세계약을 체결한 임차인과 마찬가지로 매도인에 대한 관계에서 그 주택에 대한 사용수익권을 주장할 수 없게 되어 매도인의 명도 청구에 대항할 수 없게 되는바, 이러한 법리는 임차인이 그 주택에 입주하고 주민등록까지 마쳐 주택임대차보호법상의 대항요건을 구비하였거나 전세계약서에 확정일자를 부여받았다고 하더라도 마찬가지라고 판시하고 있다(대판 1995.12.12. 95다32037).

(5) 손해배상의 청구

1) 원칙 – 이행이익의 배상

계약해제의 효과는 손해배상의 청구에 영향을 미치지 않는다(민법 제551조). 여기에서 손해배상은 채무불이행으로 인한 손해배상이므로 채무자의 고의 또는 과실을 필요로 하며(대판 2016.4.15. 2015다59115), 그 범위도 원칙적으로 이행이익의 배상이다(통설·판례). 즉 해제로 인하여 이미 이행된 급부를 반환함으로써 이루어지는 원상회복으로 계약이 해제될 때까지 당사자 일방이 입은 손해가 제거되는 것은 아니므로 실질적 공평의 관점에서 법이 해제와 손해배상의 양립을 인정하는 것이다. 따라서 이때 이행이익 상당액이란 원상회복을 통해 전보되지 아니하는 추가적인 손해를 의미한다.

2) 예외 – 신뢰이익의 배상

채무불이행을 이유로 계약해제와 아울러 손해배상을 청구하는 경우에 그 계약이행으로 인하여 채권자가 얻을 이익 즉 이행이익의 배상을 구하는 것이 원칙이지만, 그에 갈음하여 그 계약이 이행되리라고 믿고 채권자가 지출한 비용 즉 신뢰이익의 배상을 구할 수도 있다고 할 것이고, 그 신뢰이익 중 계약의 체결과 이행을 위하여 통상적으로 지출되는 비용은 통상의 손해로서 상대방이 알았거나 알 수 있었는지의 여부와는 관계없이 그 배상을 구할 수 있고, 이를 초과하여 지출되는 비용은 특별한 사정으로 인한 손해로서 상대방이 이를 알았거나 알 수 있었던 경우에 한하여 그 배상을 구할 수 있다고 할 것이고, 다만 그 신뢰이익은 과잉배상금지의 원칙에 비추어 이행이익의 범위를 초과할 수 없다(대판 2002.6.11. 2002다2539). 그러나 채권자가 계약의 이행으로 얻을 수 있는 이익(이행이익)이 인정되지 않는 경우라면, 채권자에게 배상해야 할 손해가 발생하였다고 볼 수 없으므로, 당연히 지출비용의 배상(신뢰이익)을 청구할 수 없다(대판 2017.2.15. 2015다235766).

(6) 해제와 동시이행

민법 제549조는 당사자 간의 원상회복의무 사이에만 동시이행관계를 인정하고 있으나, 판례는 손해배상의무에 대하여도 동시이행관계를 인정하고 있다(대판 1992.4.28. 91다29972).

4. 해제권의 소멸

(1) 일반적 소멸원인

① 해제권의 행사 전에 채무의 이행이나 이행제공이 있으면 해제권은 소멸한다.
② 해제권의 포기 또는 실효
③ 제척기간의 만료

(2) 해제권에 특유한 소멸원인

① 최고에 의한 소멸 : 상대방의 최고권 행사에 대해 확답을 하지 않은 경우(민법 제552조)
② 해제권자의 고의·과실로 계약목적물을 현저히 훼손시키거나 목적물을 반환할 수 없게 된 경우(민법 제553조)

기출 14

③ 해제권 행사·소멸의 불가분성에 따라 1인에게 해제권이 소멸한 경우

Ⅲ 약정해제

1. 의 의
계약을 체결하면서 장래의 사정변경에 대비하기 위하여 특약으로 해제권을 유보하는 경우를 의미한다.

2. 약정해제권의 행사
① 특약을 한 경우 그에 따라야 한다.
② 특약이 없는 경우에는 상대방에 대한 의사표시로 한다. 해제의 불가분성에 관한 민법 제547조도 적용된다.

3. 약정해제의 효과
① 원상회복의무가 생긴다.
② 채무불이행에 의한 것이 아니므로 일반적으로 손해배상의 청구라는 효과는 생기지 않는다. 따라서 민법 제551조는 적용되지 않는다. 기출 14

4. 약정해제권의 소멸
법정해제권의 소멸을 참조하라. 단, 계약금의 교부에 의하여 해제권이 유보된 경우에 당사자의 일방이 이행에 착수하면 해제권이 소멸하지만, 그 밖의 경우에는 중도금 지급 후라도 약정해제권을 행사할 수 있다(대판 1979.9.25. 79다832).

핵심문제

01 계약해제에 관한 설명으로 옳지 않은 것은?(다툼이 있으면 판례에 따름) 기출 19

① 약정해제권 행사의 경우, 특별한 사정이 없는 한 그 해제의 효과로서 손해배상청구는 할 수 없다.
② 해제로 인해 소멸되는 계약상의 채권을 계약해제 이전에 양수한 자는 계약해제의 효과를 규정한 민법 제548조 제1항 단서에 의해 보호받는 제3자에 해당하지 않는다.
③ 이행지체로 계약이 해제된 경우, 원상회복의무의 이행으로 반환할 금전에는 그 받은 날로부터 이자를 가하여야 한다.
④ 이행거절로 인한 계약해제의 경우, 해제자는 상대방의 최고 및 동시이행관계에 있는 자기 채무의 이행을 제공할 필요가 없다.
⑤ 계약해제에 따른 원상회복으로 매매대금의 반환을 구하는 경우, 해제자가 해제원인의 일부를 제공하였다면 과실상계가 적용된다.

[해설]
① (○) 약정해제권의 행사의 경우에는 법정해제의 경우와는 달리 그 해제의 효과로서 손해배상의 청구는 할 수 없다 할 것이다(대판 1983.1.18. 81다89).
② (○) 민법 제548조 제1항 단서에서 규정하고 있는 제3자란 일반적으로 계약이 해제되는 경우 그 해제된 계약으로부터 생긴 법률효과를 기초로 하여 해제 전에 새로운 이해관계를 가졌을 뿐 아니라 등기·인도 등으로 완전한 권리를 취득한 자를 말하고, 계약상의 채권을 양수한 자는 여기서 말하는 제3자에 해당하지 아니한다(대판 2003.1.24. 2000다22850).
③ (○) 민법 제548조 제2항
④ (○) 일방이 미리 이행하지 아니할 의사를 표시한 경우로서 이른바 '이행거절'로 인한 계약해제의 경우에는 상대방의 최고 및 동시이행관계에 있는 자기 채무의 이행제공을 요하지 아니하여 이행지체 시의 계약해제와 비교할 때 계약해제의 요건이 완화되어 있다(대판 2011.2.10. 2010다77385).
⑤ (×) 계약이 해제되면 그 효력이 소급적으로 소멸하고, 계약상 의무에 기하여 실행된 급부는 받은 이익 전부를 원상회복을 위해 부당이득으로 반환해야 한다. 과실상계는 불법행위로 인한 손해배상책임에 인정되는 것이고, 매매계약이 해제돼 소급적으로 효력을 잃어 원상회복의무 이행으로 반환하는 경우에는 적용되지 않는다(대판 2014.3.13. 2013다34143).

정답 ⑤

Ⅳ 계약의 해지

1. 의 의
계속적 계약관계의 경우 일방적 의사표시로 그 효력을 장래에 향하여 소멸시키는 것을 해지라고 한다.

2. 해지권의 발생

(1) 법정해지권
민법은 각종의 계약에 관하여 개별적으로 법정해지권의 발생원인을 규정하고 있다.

(2) 약정해지권
계약을 체결하면서 당사자 일방이나 쌍방을 위하여 해지권을 유보하는 특약을 할 수도 있다.

3. 해지권의 행사
① 해지권의 행사는 상대방에 대한 의사표시로써 하며, 재판상·재판외 행사 모두 가능하다(대판 2000.1.28. 99다50712).
② 해지의 의사표시는 철회하지 못한다(민법 제543조 제2항).
③ 행사 및 소멸의 불가분성은 해제권과 동일하다(민법 제547조).

핵심문제

01 해제와 해지에 관한 설명으로 옳은 것은?(다툼이 있으면 판례에 따름) [기출] 16

① 해제는 상대방에 대한 의사표시로 하고 상대방에게 도달한 때부터 그 효력이 생긴다.
② 계약이 합의해제되기 위해서는 명시적인 합의가 있어야 하며 묵시적인 합의해제는 인정되지 않는다.
③ 특별한 사정이 없는 한, 당사자의 일방 또는 쌍방이 수인인 경우에 해지나 해제의 권리가 당사자 1인에 대하여 소멸하여도 다른 당사자에게는 영향을 미치지 않는다.
④ 채무자의 책임 없는 사유로 채무의 이행이 불능하게 된 경우에도 채권자는 계약을 해제할 수 있다.
⑤ 계약이 해지된 경우, 계약은 소급적으로 그 효력을 잃기 때문에 이미 이행된 급부는 부당이득으로 상대방에게 반환하여야 한다.

【해설】
① (○) 당사자의 일방이나 쌍방이 해제의 권리가 있는 때에는 그 해제는 상대방에 대한 의사표시로 하고(민법 제543조), 그 의사표시가 상대방에게 도달한 때에 효력이 생긴다(민법 제111조 제1항).
② (×) 계약의 합의해제는 명시적으로 이루어진 경우뿐만 아니라 묵시적으로 이루어질 수도 있는 것으로, 계약의 성립 후에 당사자 쌍방의 계약실현의사의 결여 또는 포기로 인하여 쌍방 모두 이행의 제공이나 최고에 이름이 없이 장기간 이를 방치하였다면, 그 계약은 당사자 쌍방이 계약을 실현하지 아니할 의사가 일치함으로써 묵시적으로 합의해제되었다고 해석함이 상당하다(대판 2007.6.15. 2004다37904).
③ (×) 당사자의 일방 또는 쌍방이 수인인 경우에는 계약의 해지나 해제는 그 전원으로부터 또는 전원에 대하여 하여야 한다(민법 제547조 제1항). 전항의 경우에 해지나 해제의 권리가 당사자 1인에 대하여 소멸한 때에는 다른 당사자에 대하여도 소멸한다(민법 제547조 제2항).
④ (×) 채무자의 책임 있는 사유로 이행이 불능하게 된 때에는 채권자는 계약을 해제할 수 있다(민법 제546조). 그러나 채무자의 책임 없는 사유로 채무의 이행이 불능하게 된 경우에는 채무자위험부담의 문제(민법 제537조)가 되어 채무자는 자기의 급부의무를 면하게 되고 상대방(채권자)의 이행을 청구하지도 못한다.
⑤ (×) 당사자 일방이 계약을 해지한 때에는 계약은 장래에 대하여 그 효력을 잃는다(민법 제550조).

정답 ①

4. 해지의 효과

(1) 장래효

계약을 해지한 때에는 계약은 장래에 대하여 그 효력을 잃는다(민법 제550조). **기출** 16 이 점이 소급효가 인정되는 해제와 근본적으로 다르다.

(2) 손해배상의 청구

해지는 손해배상의 청구에 영향을 미치지 않는다(민법 제551조).

CHAPTER 01 계약총론

01 기출 25 ☑확인 Check! ○ △ ✕

매매목적물의 멸실에 따른 법률관계에 관한 설명으로 옳지 않은 것은?(다툼이 있으면 판례에 따름)

① 매매계약체결 당시 매매목적물이 당사자 쌍방의 귀책사유 없이 멸실된 상태였던 경우는 위험부담이 문제되지 않는다.
② 매매계약체결 당시 매매목적물이 멸실된 상태였고 매수인이 대금을 이미 지급한 경우, 매수인은 매도인에 대하여 부당이득으로서 대금의 반환을 청구할 수 있다.
③ 매매계약체결 당시 매매목적물이 멸실된 사실을 자신의 과실로 알지 못한 매수인은 매도인을 상대로 계약체결상의 과실책임을 추궁할 수 없다.
④ 매매계약체결 후 매수인의 수령지체 중에 당사자 쌍방의 책임 없는 사유로 매매목적물이 멸실된 경우, 매도인은 매수인을 상대로 매매대금의 지급을 청구할 수 있다.
⑤ 매수인이 매매목적물을 인도받아 사용하던 중 당사자 쌍방의 귀책사유 없이 제3자의 소유로 판명되어 제3자에게 그 목적물을 인도한 경우, 매수인은 매도인에게 그 목적물의 사용에 따른 이익을 반환할 의무는 없다.

정답 및 해설

01

① (○) 매매계약체결 당시 이미 매매목적물이 당사자 쌍방의 귀책사유 없이 멸실된 상태인 원시적 불능의 경우에는 후발적 불능과 달리 당사자 쌍방의 귀책사유를 불문하고 위험부담이 문제되지 않는다.
② (○) 원시적·객관적·전부 불능의 매매계약은 무효이므로, 매수인이 대금을 이미 지급한 경우, 매수인은 매도인에 대하여 부당이득반환의 법리에 따라 매매대금의 반환을 청구할 수 있다.
③ (○) 목적이 불능(원시적·객관적·전부 불능)한 계약을 체결할 때에 그 불능을 알았거나 알 수 있었을 매도인은 매수인이 그 계약의 유효를 믿었음으로 인하여 받은 손해를 배상하여야 하나(민법 제535조 제1항 본문), 매수인이 그 불능을 알았거나 알 수 있었을 경우에는 매도인을 상대로 계약체결상의 과실책임을 추궁할 수 없다(민법 제535조 제2항).
④ (○) 매매계약체결 후 매수인의 수령지체 중에 당사자 쌍방의 책임 없는 사유로 매매목적물이 멸실되어 이행할 수 없게 된 경우, 매도인은 매수인을 상대로 매매대금의 지급을 청구할 수 있다(민법 제538조 제1항 후문).
⑤ (✕) 매수인이 매매목적물을 인도받아 사용하던 중 당사자 쌍방의 귀책사유 없이 제3자의 소유로 판명되어 제3자에게 그 목적물을 인도한 경우, 타인권리매매의 경우 매도인의 담보책임 규정(민법 제570조)에 따라 선의의 매수인은 매도인에게 매매계약을 해제하고, 손해배상을 청구할 수 있다. 이때 매매계약의 해제의 효과로써 발생하는 원상회복의무의 범위에 관하여는 <u>민법 제548조 제1항 본문은 부당이득에 관한 특별규정의 성격을 가진 것이라 할 것이어서, 그 이익 반환의 범위는 이익의 현존 여부나 선의·악의에 불문하고 특단의 사유가 없는 한 받은 이익의 전부라고 할 것이다</u>(대판 1998.12.23. 98다43175 참조). 따라서 매수인은 매도인에게 매매목적물의 사용에 따른 이익을 반환할 의무를 부담한다(대판 2024.2.29. 2023다289720 참조).

정답 ⑤

02 기출 25

甲이 2025.1.1. 乙에게 '핸드폰을 1백만원에 매도하고자 하니 매수 여부를 2025.1.20.까지 알려달라'는 내용의 우편을 발송하여 2025.1.5. 乙에게 도달하였다. 이에 관한 설명으로 옳지 않은 것은?(甲과 乙은 격지자 간임을 전제로 하고, 다툼이 있으면 판례에 따름)

① 甲이 2025.1.3. 위 매도청약을 철회한다는 내용의 우편을 발송하여 2025.1.6. 乙에게 도달한 경우, 甲의 청약은 유효하다.
② 乙이 2025.1.20.까지 회신을 하지 않으면 甲의 청약은 효력을 상실한다.
③ 乙이 2025.1.18. 甲의 통지대로 매수하겠다는 내용의 우편을 발송하여 2025.1.22. 甲에게 도달한 경우, 매매계약은 성립한다.
④ 乙이 2025.1.10. 甲에게 80만원에 사겠다는 내용의 우편을 발송하여 2025.1.15. 도달하였다면 甲의 청약은 효력을 상실한다.
⑤ 만약 甲의 위 우편에 '2025.1.20.까지 답이 없으면 매수하겠다는 의사로 간주하겠다'는 내용이 포함되어 있음에도 乙이 회신하지 않으면 매매가 성립한 것으로 본다.

02

① (○) 청약은 상대방 있는 의사표시에 해당하여, 상대방에게 도달한 때 효력이 발생하므로(민법 제111조 제1항), 더 이상 청약자는 청약을 철회할 수 없다(민법 제527조). 따라서 2025.1.1. 甲의 위 매도청약이 2025.1.5. 乙에게 도달하여 청약의 효력이 발생한 경우, 甲이 2025.1.3. 위 매도청약을 철회한다는 내용의 우편을 발송하여 2025.1.6. 乙에게 도달한 경우라도 2025.1.1. 위 매도청약은 유효하다.
② (○) 승낙의 기간을 정한 계약의 청약은 청약자가 그 기간 내에 승낙의 통지를 받지 못한 때에는 그 효력을 잃는다(민법 제528조 제1항). 乙이 2025.1.20.까지 승낙의 통지를 회신하지 않았다면 甲의 청약은 효력을 상실한다.
③ (×) 乙이 2025.1.18. 甲의 통지대로 매수하겠다는 내용의 우편을 발송하여 2025.1.22. 甲에게 도달한 경우, 청약자 甲이 지체 없이 연착의 통지를 하지 아니하였다면 乙의 승낙의 통지는 연착되지 아니한 것으로 간주되므로(민법 제529조 제3항), 격지자 간의 매매계약은 乙이 승낙의 통지를 발송한 때인 2025.1.18. 성립한다. 다만, 甲이 2025.1.1.에 우편을 발송하여 2025.1.5.에 乙에게 도달한 것을 고려할 때 甲과 乙 간의 우편의 도달은 4일이 걸리는 것이 통상적이라고 판단된다. 따라서 乙이 2025.1.18. 우편을 발송하여 2025.1.22. 甲에게 도달한 경우, 이는 통상적인 도달이고 연착통지의 대상이라고 하기는 어렵다. 결국 乙의 우편이 승낙기간인 2025.1.20. 이후에 甲에게 도달하였으므로 甲과 乙 간의 매매계약은 성립하지 아니한다고 이해할 여지가 있다. 이러한 이유로 지문 ⑤와 함께 지문 ③도 최종 정답에서 오답으로 처리하여 복수정답을 인정한 것으로 보인다.
④ (○) 승낙자가 청약에 대하여 조건을 붙이거나 변경을 가하여 승낙한 때에는 그 청약의 거절과 동시에 새로 청약한 것으로 보므로(민법 제534조), 乙이 2025.1.10. 甲에게 80만원에 사겠다는 내용의 우편을 발송하여 2025.1.15. 도달하였다면 甲의 청약은 거절된 것으로 간주되어 그 효력을 상실한다.
⑤ (×) 청약자가 미리 정한 기간 내에 이의를 하지 아니하면 승낙한 것으로 간주한다는 뜻을 청약시 표시하였다고 하더라도 이는 상대방을 구속하지 아니하고 그 기간은 경우에 따라 단지 승낙기간을 정하는 의미를 가질 수 있을 뿐이다(대판 1999.1.29. 98다48903). 이러한 판례의 취지를 고려할 때 만약 甲의 위 우편에 '2025.1.20.까지 답이 없으면 매수하겠다는 의사로 간주하겠다'는 내용이 포함되어 있더라도 乙이 회신하지 않은 경우 매매가 성립한 것으로 볼 수는 없다.

정답 ③, ⑤

03 기출 25

甲은 2025.2.1. 乙에게 기계를 1천만원에 매도하기로 하면서, 乙은 계약금 1백만원은 계약 당일 지급하였고, 중도금 3백만원은 2025.2.10.에 지급하며, 잔금은 2025.2.20. 기계의 인도와 동시에 지급하기로 합의하였다. 이에 관한 설명으로 옳은 것은?(다툼이 있으면 판례에 따름)

① 乙이 중도금을 지급하지 않은 채 잔금기일이 지난 경우, 기계인도채무와 동시이행관계에 있는 것은 잔금지급채무만이다.
② 乙이 중도금을 지급하지 않은 채 잔금기일이 지난 경우, 중도금에 대한 지연손해금은 잔금기일이 지나서도 계속 발생한다.
③ '중도금을 지급기일에 지급하지 않으면 최고 없이 해제된다'고 특약한 경우, 중도금이 지급기일에 지급되지 않으면 원칙적으로 위 특약에 의해 해제된 것으로 본다.
④ '잔금을 지급기일에 지급하지 않으면 최고 없이 해제된다'고 특약한 경우, 잔금이 지급기일에 지급되지 않으면 원칙적으로 위 특약에 의해 해제된 것으로 본다.
⑤ 매매목적물이 자기소유라고 주장하는 제3자가 있더라도, 乙은 매매대금의 지급을 거절할 권리는 없다.

03

① (×) 乙이 중도금을 지급하지 않은 채 잔금기일이 지난 경우 甲의 기계인도채무와 동시이행관계에 있는 것은 乙의 중도금 및 이에 대한 지급일 다음 날부터 잔대금지급일까지의 지연손해금과 잔대금의 지급채무이다(대판 1991.3.27. 90다19930).
② (×) 매수인이 선이행하여야 할 중도금지급을 하지 아니한 채 잔대금지급일을 경과한 경우에는 매수인의 중도금 및 이에 대한 지급일 다음 날부터 잔대금지급일까지의 지연손해금과 잔대금의 지급채무는 매도인의 소유권이전등기의무와 특별한 사정이 없는 한 동시이행관계에 있다고 할 것이어서(대판 1991.3.27. 90다19930), 그때부터 乙은 중도금에 대한 지연손해금을 지급하지 아니한데 대한 이행지체의 책임을 지지 아니하므로 乙이 중도금을 지급하지 않은 채 잔금기일이 지난 경우, 그 지연손해금은 잔금기일 이후에는 발생하지 않는다.
③ (○) 매매계약에 있어서 매수인이 중도금을 약정한 일자에 지급하지 아니하면 그 계약을 무효로 한다고 하는 특약이 있는 경우 매수인이 약정한대로 중도금을 지급하지 아니하면 별도의 해제의 의사표시를 요하지 아니하고 그 불이행 자체로써 계약은 그 일자에 자동적으로 해제된 것이라고 보아야 한다(대판 1981.8.13. 91다13717).
④ (×) 부동산 매매계약에 있어서 매수인이 잔대금지급기일까지 그 대금을 지급하지 못하면 그 계약이 자동적으로 해제된다는 취지의 약정이 있더라도 특별한 사정이 없는 한 매수인의 잔대금지급의무와 매도인의 소유권이전등기의무는 동시이행의 관계에 있으므로 매도인이 잔대금지급기일에 소유권이전등기에 필요한 서류를 준비하여 매수인에게 알리는 등 이행의 제공을 하여 매수인으로 하여금 이행지체에 빠지게 하였을 때에 비로소 자동적으로 매매계약이 해제된다고 보아야 하고 매수인이 그 약정기한을 도과하였더라도 이행지체에 빠진 것이 아니라면 대금 미지급으로 계약이 자동해제된다고는 볼 수 없다(대판 1992.10.27. 91다32022).
⑤ (×) 매매의 목적물인 기계에 대하여 소유권을 주장하는 제3자가 있는 경우에 乙이 매수한 권리의 전부나 일부를 잃을 염려가 있는 때에는 乙은 그 위험의 한도에서 대금의 전부나 일부의 지급을 거절할 수 있다. 그러나 甲이 상당한 담보를 제공한 때에는 乙은 대금지급을 거절하지 못한다(민법 제587조 참조).

정답 ③

04 기출 25

제3자를 위한 계약에 관한 설명으로 옳은 것은?(다툼이 있으면 판례에 따름)

① 계약의 일방 당사자로 하여금 '그가 제3자에 대하여 가지는 채권'에 관하여 그 채무를 면제하도록 하는 합의도 제3자를 위한 계약에 준하는 것으로서 유효하다.
② 요약자는 낙약자에 대하여 '제3자에게 급부를 이행할 것'을 요구할 권리는 없다.
③ 제3자가 수익의 의사표시를 한 이후에는 요약자와 낙약자가 계약 당시 제3자의 권리를 변경시킬 수 있도록 미리 유보하였더라도 요약자와 낙약자는 제3자의 권리를 변경시킬 수 없다.
④ 요약자와 낙약자 사이의 매매계약이 해제된 경우, 그 계약에 따라 매매대금을 제3자에게 지급한 낙약자는 그 제3자에 대하여 지급한 금액의 반환을 청구할 수 있다.
⑤ 낙약자는 요약자와 수익자 사이의 대가관계가 해제되었다는 점을 들어 수익자에게 대항할 수 있다.

04

① (○) 제3자를 위한 계약이 성립하기 위하여는 일반적으로 그 계약의 당사자가 아닌 제3자로 하여금 직접 권리를 취득하게 하는 조항이 있어야 할 것이지만, 계약의 당사자가 제3자에 대하여 가진 채권에 관하여 그 채무를 면제하는 계약도 제3자를 위한 계약에 준하는 것으로서 유효하다(대판 2004.9.3. 2002다37405).
② (×) 제3자를 위한 계약에서 제3자는 채무자(낙약자)에 대하여 계약의 이익을 받을 의사를 표시한 때에 채무자에게 직접 이행을 청구할 수 있는 권리를 취득하고(민법 제539조), 요약자는 제3자를 위한 계약의 당사자로서 원칙적으로 제3자의 권리와는 별도로 낙약자에 대하여 제3자에게 급부를 이행할 것을 요구할 수 있는 권리를 가진다. 이때 낙약자가 요약자의 이행청구에 응하지 아니하면 특별한 사정이 없는 한 요약자는 낙약자에 대하여 제3자에게 급부를 이행할 것을 소로써 구할 이익이 있다(대판 2022.1.27. 2018다259565).
③ (×) 제3자를 위한 계약에 있어서, 제3자가 민법 제539조 제2항에 따라 수익의 의사표시를 함으로써 제3자에게 권리가 확정적으로 귀속된 경우에는, 요약자와 낙약자의 합의에 의하여 제3자의 권리를 변경·소멸시킬 수 있음을 미리 유보하였거나, 제3자의 동의가 있는 경우가 아니면 계약의 당사자인 요약자와 낙약자는 제3자의 권리를 변경·소멸시키지 못하고, 만일 계약의 당사자가 제3자의 권리를 임의로 변경·소멸시키는 행위를 한 경우 이는 제3자에 대하여 효력이 없다(대판 2002.1.25. 2001다30285). 이러한 판례의 취지를 고려할 때 제3자가 수익의 의사표시를 한 이후에도 요약자와 낙약자가 계약 당시 제3자의 권리를 변경시킬 수 있도록 미리 유보하였더라면 요약자와 낙약자는 제3자의 권리를 변경시킬 수 있다.
④ (×) 제3자를 위한 계약관계에서 낙약자와 요약자 사이의 법률관계(이른바 기본관계)를 이루는 계약이 해제된 경우 그 계약관계의 청산은 계약의 당사자인 낙약자와 요약자 사이에 이루어져야 하므로, 특별한 사정이 없는 한 낙약자가 이미 제3자에게 급부한 것이 있더라도 낙약자는 계약해제에 기한 원상회복 또는 부당이득을 원인으로 제3자를 상대로 그 반환을 구할 수 없다(대판 2005.7.22. 2005다7566).
⑤ (×) 낙약자는 요약자와 수익자 사이의 대가관계에 기한 항변으로 수익자에게 대항하지 못하지만, 요약자와 낙약자 사이의 기본관계에 기한 항변으로 수익자에게 대항할 수 있다.

정답 ①

05 기출 25 ☑확인 Check! ○ △ ×

甲은 2025.3.1. 乙에게 甲소유의 X토지를 매도하고 2025.3.7. 乙명의로 소유권이전등기를 경료해 주었는데, 2025.5.1. 위 매매계약이 적법하게 해제되었다. 이 경우 해제의 소급효로부터 보호받는 제3자에 해당하지 않는 자를 모두 고른 것은?(다툼이 있으면 판례에 따름)

> ㄱ. 2025.4.1. 甲의 乙에 대한 매매대금 채권을 압류한 자
> ㄴ. 2025.4.1. X를 압류한 자
> ㄷ. 甲에 의한 해제가능성을 알면서 2025.4.1. 乙로부터 X에 저당권설정등기를 경료받은 자
> ㄹ. 계약이 해제된 사실을 알면서 2025.5.3. 乙과 매매예약을 체결하고 그에 기한 소유권이전청구권 보전을 위한 가등기를 마친 자

① ㄱ, ㄴ
② ㄱ, ㄹ
③ ㄴ, ㄷ
④ ㄱ, ㄴ, ㄹ
⑤ ㄴ, ㄷ, ㄹ

05

ㄱ. (제3자에 해당 ×) 민법 제548조 제1항 단서에서 말하는 제3자란 일반적으로 그 해제된 계약으로부터 생긴 법률효과를 기초로 하여 해제 전에 새로운 이해관계를 가졌을 뿐 아니라 등기, 인도 등으로 완전한 권리를 취득한 자를 말하므로 계약상의 채권을 양수한 자나 그 채권 자체를 압류 또는 전부한 채권자는 여기서 말하는 제3자에 해당하지 아니한다(대판 2000.4.11. 99다51685). 따라서 2025.4.1. 甲의 乙에 대한 매매대금 채권을 압류한 자는 민법 제548조 제1항 단서의 제3자에 해당하지 않는다.

ㄴ. (제3자에 해당 ○) 실권특약부 매매계약에 기하여 매수인 앞으로 소유권이전등기가 경료되어 매수인의 책임재산이 된 토지를 체납처분의 일환으로 압류하고 그 등기까지 마친 자는 위 토지를 환가하여 그 대금으로 채권의 만족을 얻을 수 있는 별개의 새로운 권리를 취득하였으므로 민법 제548조 제1항 단서 소정의 제3자에 포함되고, 따라서 매도인은 실권특약에 의한 계약의 실효나 계약해제의 효과 등으로써 위 압류채권자에게 대항할 수 없다(대판 2000.4.21. 2000다584). 이에 따라 2025.4.1. X토지를 압류한 자는 민법 제548조 제1항 단서의 제3자에 해당한다.

ㄷ. (제3자에 해당 ○) 계약당사자의 일방이 계약을 해제한 경우 그 계약의 해제 전에 그 해제와 양립되지 아니하는 법률관계를 가진 제3자에 대하여는 계약의 해제에 따른 법률효과를 주장할 수 없고, 이는 제3자가 그 계약의 해제 전에 계약이 해제될 가능성이 있다는 것을 알았거나 알 수 있었다 하더라도 달라지지 아니한다(대판 2010.12.23. 2008다57746). 甲에 의한 해제가능성을 알면서 계약해제 전인 2025.4.1. 乙로부터 X토지에 저당권설정등기를 경료받은 자도 민법 제548조 제1항 단서의 제3자에 해당한다.

ㄹ. (제3자에 해당 ×) 계약 당사자의 일방이 계약을 해제하였을 때에는 계약은 소급하여 소멸하고 각 당사자는 원상회복의 의무를 지게 되나, 이 경우 계약해제로 인한 원상회복등기 등이 이루어지기 전에는 계약의 해제를 주장하는 자와 양립되지 아니하는 법률관계를 가지게 되었고 계약해제 사실을 몰랐던 제3자에 대하여는 계약해제를 주장할 수 없으며, 이러한 법리는 실권특약부 매매계약이 그 특약에 의하여 소급적으로 실효되는 경우에도 마찬가지로 적용된다(대판 2000.4.21. 2000다584). 이러한 판례의 취지를 고려할 때 2025.5.1. 매매계약이 해제된 사실을 알면서 2025.5.3. 乙과 매매예약을 체결하고 그에 기한 소유권이전청구권 보전을 위한 가등기를 마친 자는 민법 제548조 제1항 단서의 제3자에 해당하지 않는다.

정답 ②

06 기출 25

해제에 관한 설명으로 옳은 것을 모두 고른 것은?

ㄱ. 해제의 의사표시는 철회하지 못한다.
ㄴ. 매매계약의 매수 당사자 일방이 여러 명인 경우, 매수 당사자 중 1인이 해제권을 상실하더라도 다른 매수인은 해제할 수 있다.
ㄷ. 해제권의 행사기간을 정하지 아니한 경우, 상대방이 해제권자에게 해제권의 행사 여부에 관하여 최고하였으나 해제권자로부터 상당기간이 지난 후에도 해제의 통지를 받지 못한 때에는 해제권은 소멸한다.
ㄹ. 해제권자의 가공으로 계약의 목적물이 다른 종류의 물건으로 변경된 경우, 해제권은 소멸한다.

① ㄱ, ㄴ
② ㄴ, ㄷ
③ ㄱ, ㄷ, ㄹ
④ ㄴ, ㄷ, ㄹ
⑤ ㄱ, ㄴ, ㄷ, ㄹ

06

ㄱ. (○) 해제의 의사표시는 철회하지 못한다(민법 제543조 제2항).
ㄴ. (×) 매매계약의 매수 당사자 일방이 여러 명인 경우, 매수 당사자 중 1인이 해제권을 상실하였다면 다른 매수인도 해제권을 상실한다(해제권 소멸의 불가분성)(민법 제547조 제2항).
ㄷ. (○) 해제권의 행사기간을 정하지 아니한 때에는 상대방은 상당한 기간을 정하여 해제권 행사 여부의 확답을 해제권자에게 최고할 수 있고(민법 제552조 제1항), 해제권자로부터 상당한 기간 내에 해제의 통지를 받지 못한 때에는 해제권은 소멸한다(민법 제552조 제2항).
ㄹ. (○) 해제권자의 고의나 과실로 인하여 계약의 목적물이 현저히 훼손되거나 이를 반환할 수 없게 된 때 또는 가공이나 개조로 인하여 다른 종류의 물건으로 변경된 때에는 해제권은 소멸한다(민법 제553조).

정답 ③

07 기출 24

계약의 성립에 관한 설명으로 옳은 것은?(다툼이 있으면 판례에 따름)

① 민법은 청약의 구속력에 관한 규정에서 철회할 수 있는 예외를 규정하고 있다.
② 승낙기간을 정하지 않은 청약은 청약자가 상당한 기간 내에 승낙 통지를 받지 못한 때에 그 효력을 잃는다.
③ 민법은 격지자 간의 계약은 승낙의 통지가 도달한 때에 성립한다고 규정하고 있다.
④ 청약은 그에 응하는 승낙이 있어야 계약이 성립하므로 구체적이거나 확정적일 필요가 없다.
⑤ 아파트의 분양광고가 청약의 유인인 경우, 피유인자가 이에 대응하여 청약을 하는 것으로써 분양계약은 성립한다.

07

① (×) 민법은 청약의 구속력에 관한 규정(민법 제527조)에서 "계약의 청약은 이를 철회하지 못한다."고 규정하고 있을 뿐, 철회할 수 있는 예외를 규정하고 있지 않다.
② (○) 승낙의 기간을 정하지 아니한 계약의 청약은 청약자가 상당한 기간 내에 승낙의 통지를 받지 못한 때에는 그 효력을 잃는다(민법 제529조).
③ (×) 민법은 "격지자 간의 계약은 승낙의 통지를 발송한 때에 성립한다."고 규정하고 있다(민법 제531조).
④ (×) 계약이 성립하기 위한 법률요건인 청약은 그에 응하는 승낙만 있으면 곧 계약이 성립하는 구체적, 확정적 의사표시여야 하므로, 청약은 계약의 내용을 결정할 수 있을 정도의 사항을 포함시키는 것이 필요하다(대판 2017.10.26. 2017다242867).
⑤ (×) 청약은 이에 대응하는 상대방의 승낙과 결합하여 일정한 내용의 계약을 성립시킬 것을 목적으로 하는 확정적인 의사표시인 반면 청약의 유인은 이와 달리 합의를 구성하는 의사표시가 되지 못하므로 피유인자가 그에 대응하여 의사표시를 하더라도 계약은 성립하지 않고 다시 유인한 자가 승낙의 의사표시를 함으로써 비로소 계약이 성립하는 것으로서 서로 구분되는 것이다. 그리고 위와 같은 구분기준에 따르자면, 상가나 아파트의 분양광고의 내용은 청약의 유인으로서의 성질을 갖는데 불과한 것이 일반적이라 할 수 있다(대판 2007.6.1. 2005다5812).

정답 ②

08 기출 24

계약의 불성립이나 무효에 관한 설명으로 옳지 않은 것은?(다툼이 있으면 판례에 따름)

① 목적이 원시적·객관적 전부불능인 계약을 체결할 때 불능을 알았던 자는 선의·무과실의 상대방이 계약의 유효를 믿었음으로 인해 받은 손해를 배상해야 한다.
② 목적물이 타인의 소유에 속하는 매매계약은 원시적 불능인 급부를 내용으로 하는 것으로 당연무효이다.
③ 계약이 의사의 불합치로 성립하지 않은 경우, 그로 인해 손해를 입은 당사자는 계약이 성립되지 않을 수 있다는 것을 알았던 상대방에게 민법 제535조(계약체결상의 과실)에 따른 손해배상청구를 할 수 없다.
④ 수량을 지정한 부동산매매계약에서 실제면적이 계약면적에 미달하는 경우, 미달 부분의 원시적 불능을 이유로 민법 제535조에 따른 책임의 이행을 구할 수 없다.
⑤ 계약교섭의 부당파기가 신의성실원칙에 위반되어 위법한 행위이면 불법행위를 구성한다.

08

① (○) 목적이 불능[원시적·객관적 전부불능(註)]한 계약을 체결할 때에 그 불능을 알았거나 알 수 있었을 자는 상대방이 그 계약의 유효를 믿었음으로 인하여 받은 손해를 배상하여야 한다. 그러나 그 배상액은 계약이 유효함으로 인하여 생길 이익액을 넘지 못한다(민법 제535조 제1항). 이 규정은 상대방이 그 불능을 알았거나 알 수 있었을 경우에는 적용하지 아니한다(민법 제535조 제2항).
② (×) 특정한 매매의 목적물이 타인의 소유에 속하는 경우라 하더라도, 그 매매계약이 원시적 이행불능에 속하는 내용을 목적으로 하는 당연무효의 계약이라고 볼 수 없다(대판 1993.9.10. 93다20283).
③ (○) 계약이 의사의 불합치로 성립하지 아니한 경우 그로 인하여 손해를 입은 당사자가 상대방에게 부당이득반환청구 또는 불법행위로 인한 손해배상청구를 할 수 있는지는 별론으로 하고, 상대방이 계약이 성립되지 아니할 수 있다는 것을 알았거나 알 수 있었음을 이유로 민법 제535조를 유추적용하여 계약체결상의 과실로 인한 손해배상청구를 할 수는 없다(대판 2017.11.14. 2015다10929).
④ (○) 부동산매매계약에 있어서 실제면적이 계약면적에 미달하는 경우에는 그 매매가 수량지정매매에 해당할 때에 한하여 민법 제574조, 제572조에 의한 대금감액청구권을 행사함은 별론으로 하고, 그 매매계약이 그 미달부분만큼 일부 무효임을 들어 이와 별도로 일반 부당이득반환청구를 하거나 그 부분의 원시적 불능을 이유로 민법 제535조가 규정하는 계약체결상의 과실에 따른 책임의 이행을 구할 수 없다(대판 2002.4.9. 99다47396).
⑤ (○) 어느 일방이 교섭단계에서 계약이 확실하게 체결되리라는 정당한 기대 내지 신뢰를 부여하여 상대방이 그 신뢰에 따라 행동하였음에도 상당한 이유 없이 계약의 체결을 거부[계약교섭의 부당파기(註)]하여 손해를 입혔다면 이는 신의성실의 원칙에 비추어 볼 때 계약자유원칙의 한계를 넘는 위법한 행위로서 불법행위를 구성한다(대판 2003.4.11. 2001다53059).

정답 ②

09 기출 24

동시이행의 항변권에 관한 설명으로 옳지 않은 것은?(다툼이 있으면 판례에 따름)

① 동시이행관계에 있는 쌍방의 채무 중 어느 한 채무가 이행불능으로 인하여 손해배상채무로 변경된 경우도 다른 채무와 동시이행의 관계에 있다.
② 선이행의무 있는 중도금지급을 지체하던 중 매매계약이 해제되지 않고 잔대금 지급기일이 도래하면, 특별한 사정이 없는 한 중도금과 이에 대한 지급일 다음 날부터 잔대금지급일까지의 지연손해금 및 잔대금 지급의무와 소유권이전의무는 동시이행관계이다.
③ 일방의 의무가 선이행의무라도 상대방의 이행이 곤란할 현저한 사유가 있는 때에는 상대방이 그 채무이행을 제공할 때까지 자기의 채무이행을 거절할 수 있다.
④ 동시이행관계의 경우 일방의 채무의 이행기가 도래하더라도 상대방 채무의 이행제공이 있을 때까지 그 일방은 이행지체책임을 지지 않는다.
⑤ 동시이행항변권에 따른 이행지체 책임 면제의 효력은 그 항변권을 행사해야 발생한다.

09

① (O) 동시이행의 관계에 있는 쌍방의 채무 중 어느 한 채무가 이행불능이 됨으로 인하여 발생한 손해배상채무도 여전히 다른 채무와 동시이행의 관계에 있다(대판 2000.2.25. 97다30066).
② (O) 매수인이 선이행하여야 할 중도금지급을 하지 아니한 채 잔대금지급일을 경과한 경우에는 매수인의 '중도금 및 이에 대한 지급일 다음 날부터 잔대금지급일까지의 지연손해금과 잔대금의 지급채무'는 매도인의 '소유권이전등기의무'와 특별한 사정이 없는 한 동시이행관계에 있다(대판 1991.3.27. 90다19930).
③ (O) 민법 제536조 제1항·제2항
④ (O) 대판 1998.3.13. 97다54604
⑤ (X) 쌍무계약에서 쌍방의 채무가 동시이행관계에 있는 경우 일방의 채무의 이행기가 도래하더라도 상대방 채무의 이행제공이 있을 때까지는 그 채무를 이행하지 않아도 이행지체의 책임을 지지 않는 것이고, 이와 같은 효과는 이행지체의 책임이 없다고 주장하는 자가 반드시 동시이행의 항변권을 행사하여야만 발생하는 것은 아니다(대판 1998.3.13. 97다54604).

정답 ⑤

10 기출 24

제3자를 위한 계약에 관한 설명으로 옳지 않은 것은?(다툼이 있으면 판례에 따름)

① 요약자는 낙약자의 채무불이행을 이유로 제3자의 동의 없이 기본관계를 이루는 계약을 해제할 수 있다.
② 낙약자는 기본관계에 기한 항변으로 계약의 이익을 받을 제3자에게 대항할 수 있다.
③ 계약 당사자가 제3자에 대하여 가진 채권에 관하여 그 채무를 면제하는 계약도 제3자를 위한 계약에 준하는 것으로 유효하다.
④ 제3자를 위한 계약의 성립 시에 제3자는 요약자와 낙약자에게 계약의 이익을 받을 의사를 표시해야 권리를 직접 취득한다.
⑤ 채무자와 인수인 사이에 체결되는 중첩적 채무인수계약은 제3자를 위한 계약이다.

10

① (○) 제3자를 위한 유상 쌍무계약의 경우, 요약자는 낙약자의 채무불이행을 이유로 제3자의 동의 없이 계약을 해제할 수 있다(대판 1970.2.24. 69다1410).
② (○) 채무자[낙약자(註)]는 제539조의 계약[제3자를 위한 계약, 기본관계(註)]에 기한 항변으로 그 계약의 이익을 받을 제3자에게 대항할 수 있다(민법 제542조).
③ (○) 제3자를 위한 계약이 성립하기 위하여는 일반적으로 그 계약의 당사자가 아닌 제3자로 하여금 직접 권리를 취득하게 하는 조항이 있어야 할 것이지만, 계약의 당사자가 제3자에 대하여 가진 채권에 관하여 그 채무를 면제하는 계약도 제3자를 위한 계약에 준하는 것으로서 유효하다(대판 2004.9.3. 2002다37405).
④ (×) 계약에 의하여 당사자 일방이 제3자에게 이행할 것을 약정한 때에는 그 제3자는 채무자에게 직접 그 이행을 청구할 수 있다. 이 경우에 제3자의 권리는 그 제3자가 채무자에 대하여 계약의 이익을 받을 의사를 표시한 때에 생긴다(민법 제539조). 제3자의 수익의 의사표시는 그 계약의 성립요건이나 효력발생요건이 아니라 채권자가 인수인에 대하여 채권을 취득하기 위한 요건이다(대판 2013.9.13. 2011다56033 참조). '제3자의 수익의 의사표시'는 제3자를 위한 계약의 성립 시에 해야 하는 것은 아니고, 계약 성립 후에도 할 수 있다(민법 제540조 참조).
⑤ (○) 채무자와 인수인의 합의에 의한 중첩적 채무인수는 일종의 제3자를 위한 계약이라고 할 것이므로, 채권자는 인수인에 대하여 채무이행을 청구하거나 기타 채권자로서의 권리를 행사하는 방법으로 수익의 의사표시를 함으로써 인수인에 대하여 직접 청구할 권리를 갖게 된다(대판 2013.9.13. 2011다56033).

정답 ④

11 기출 24

합의해지에 관한 설명으로 옳은 것을 모두 고른 것은?(다툼이 있으면 판례에 따름)

> ㄱ. 근로자의 사직원 제출에 따른 합의해지의 청약에 대해 사용자의 승낙의사가 형성되어 확정적으로 근로계약종료의 효과가 발생하기 전에는 특별한 사정이 없는 한 근로자는 사직의 의사표시를 철회할 수 있다.
> ㄴ. 계약의 합의해지는 묵시적으로 이루어질 수도 있으나, 묵시적 합의해지는 계약에 따른 채무의 이행이 시작된 후에 당사자 쌍방의 계약실현 의사의 결여 또는 포기로 인하여 계약을 실현하지 아니할 의사가 일치되어야만 한다.
> ㄷ. 당사자 사이에 약정이 없는 이상, 합의해지로 인하여 반환할 금전에 그 받은 날로부터의 이자를 가할 의무가 있다.

① ㄱ
② ㄷ
③ ㄱ, ㄴ
④ ㄴ, ㄷ
⑤ ㄱ, ㄴ, ㄷ

11

ㄱ. (O) 계약의 청약은 이를 철회하지 못한다(민법 제529조). 그러나 판례는 근로자를 보호하기 위한 특별배려로 청약의 구속력을 배제하는 법리를 전개하여, 근로자가 사직원의 제출방법에 의하여 근로계약관계의 합의해지를 청약하고 이에 대하여 사용자가 승낙함으로써 당해근로관계를 종료시키게 되는 경우에 있어서는, 근로자는 위 사직원의 제출에 따른 사용자의 승낙의사가 형성되어 확정적으로 근로계약 종료의 효과가 발생하기 전에는 그 사직의 의사표시를 자유로이 철회할 수 있다고 판시하고 있다(대판 1992.4.10. 91다43138).

ㄴ. (O) 계약의 합의해지는 묵시적으로 이루어질 수도 있으나, 계약에 따른 채무의 이행이 시작된 다음에 당사자 쌍방이 계약실현 의사의 결여 또는 포기로 계약을 실현하지 않을 의사가 일치되어야만 한다. 이와 같은 합의가 성립하기 위해서는 쌍방 당사자의 표시행위에 나타난 의사의 내용이 객관적으로 일치하여야 하므로 계약당사자 일방이 계약해지에 관한 조건을 제시한 경우 조건에 관한 합의까지 이루어져야 한다(대판 2018.12.27. 2016다274270).

ㄷ. (×) 합의해지 또는 해지계약이라 함은 해지권의 유무에 불구하고 계약 당사자 쌍방이 합의에 의하여 계속적 계약의 효력을 해지시점 이후부터 장래를 향하여 소멸하게 하는 것을 내용으로 하는 새로운 계약으로서, 그 효력은 그 합의의 내용에 의하여 결정되고 여기에는 해제, 해지에 관한 민법 제548조 제2항의 규정은 적용되지 아니하므로, 당사자 사이에 약정이 없는 이상 합의해지로 인하여 반환할 금전에 그 받은 날로부터의 이자를 가하여야 할 의무가 있는 것은 아니다(대판 2003.1.24. 2000다5336).

정답 ③

12 기출 23

민법상 편무계약에 해당하는 것만 모두 고른 것은?

| ㄱ. 도급 | ㄴ. 조합 |
| ㄷ. 증여 | ㄹ. 사용대차 |

① ㄱ, ㄴ
② ㄱ, ㄷ
③ ㄴ, ㄷ
④ ㄴ, ㄹ
⑤ ㄷ, ㄹ

12

ㄱ. (×) 도급은 당사자 일방(수급인)이 일정한 일을 완성할 것을 약정하고, 상대방(도급인)이 그 일의 결과에 대하여 보수를 지급할 것을 약정함으로써 성립하는 계약으로써(민법 제664조), 쌍무계약·유상계약·낙성계약이다.

ㄴ. (×) 조합계약은 2인 이상이 상호 출자하여 공동사업을 경영할 것을 약정함으로써 성립하는 계약을 말한다(민법 제703조 제1항). 조합계약의 법적 성질에 관하여 합동행위로서의 성질과 계약으로서의 성질을 모두 가지는 특수한 법률행위라는 견해도 있으나, 조합계약은 조합원 각자가 서로 출자 내지 협력할 채무를 부담한다는 점에서 쌍무계약·유상계약·낙성계약이라고 보는 견해가 일반적이다.

ㄷ. (○) 증여란 당사자 일방(증여자)이 무상으로 일정한 재산을 상대방(수증자)에게 준다는 의사를 표시하고, 상대방이 이를 승낙함으로써 성립하는 계약을 말한다(민법 제554조). 증여는 계약이라는 점에서 단독행위인 유증(민법 제1073조)과 구별된다. 증여계약은 편무계약·무상계약·낙성계약에 해당한다.

ㄹ. (○) 사용대차는 당사자 일방(대주)이 상대방(차주)에게 일정한 물건을 무상으로 사용·수익하게 하기 위하여 인도할 것을 약정하고, 상대방은 그 물건을 사용·수익한 후 반환할 것을 약정함으로써 성립하는 계약이다(민법 제609조). 사용대차는 차용물을 그대로 반환한다는 점에서 소비대차와 다르고, 이용의 대가를 지급하지 않는 무상의 계약이라는 점에서 임대차와 다르다. 사용대차는 편무계약·무상계약·낙성계약에 해당한다.

정답 ⑤

13 기출 23

민법 제548조 제1항 단서의 계약해제의 소급효로부터 보호받는 제3자에 해당하지 않는 자는?(다툼이 있으면 판례에 따름)

① X토지에 대한 매매계약이 해제되기 전에 매수인으로부터 X토지를 매수하여 소유권을 취득한 자
② X토지에 대한 매매계약이 해제되기 전에 매수인의 X토지에 저당권을 취득한 자
③ X토지에 대한 매매계약의 해제로 X토지의 소유권을 상실하게 된 매수인으로부터 해제 이전에 X토지를 임차하여 임차권등기를 마친 자
④ X토지에 대한 매매계약이 해제되기 전에 매수인과 매매예약 체결 후 그에 기한 소유권이전등기청구권 보전을 위한 가등기를 마친 자
⑤ X토지에 대한 매매계약이 해제되기 전에 매수인으로부터 X토지에 대한 소유권이전등기청구권을 양도받은 자

13

① (○) 국가가 그 부동산에 대한 매매계약을 해제하기 전에 그 부동산을 매수하고 소유권이전등기를 경료한 제3취득자에게 국가는 그 매매계약의 해제로써 대항할 수 없다(대판 1999.9.7. 99다14877). 따라서 매매계약이 해제되기 전에 X토지를 매수하여 소유권을 취득한 자는 제3자에 해당한다.
② (○) X토지에 대한 매매계약이 해제되기 전에 매수인의 X토지에 저당권을 취득한 자는 해제된 계약으로부터 생긴 법률효과를 기초로 하여 해제 전에 새로운 이해관계를 가졌을 뿐만 아니라 저당권등기로 완전한 권리(저당권)를 취득한 사람에 해당하므로 민법 제548조 제1항 단서의 규정에 따라 계약해제로 인하여 권리를 침해받지 않는 제3자에 해당한다.
③ (○) 소유권을 취득하였다가 계약해제로 인하여 소유권을 상실하게 된 임대인으로부터 그 계약이 해제되기 전에 주택을 임차받아 주택의 인도와 주민등록을 마침으로써 주택임대차보호법 제3조 제1항에 의한 대항요건을 갖춘 임차인은 민법 제548조 제1항 단서의 규정에 따라 계약해제로 인하여 권리를 침해받지 않는 제3자에 해당한다(대판 2003.8.22. 2003다12717). 판례의 취지를 고려할 때, X토지에 대한 매매계약의 해제로 X토지의 소유권을 상실하게 된 매수인으로부터 해제 이전에 X토지를 임차하여 임차권등기를 마친 자 또한 해제된 계약으로부터 생긴 법률효과를 기초로 하여 해제 전에 새로운 이해관계를 가졌을 뿐만 아니라 임차권등기로 대항력 있는 임차권을 취득한 사람에 해당하므로 민법 제548조 제1항 단서의 규정에 따라 계약해제로 인하여 권리를 침해받지 않는 제3자에 해당한다.
④ (○) 민법 제548조 제1항 단서에서 말하는 제3자는 일반적으로 해제된 계약으로부터 생긴 법률효과를 기초로 하여 해제 전에 새로운 이해관계를 가졌을 뿐만 아니라 등기, 인도 등으로 권리를 취득한 사람을 말하는 것인바, 매수인과 매매예약을 체결한 후 그에 기한 소유권이전청구권 보전을 위한 가등기를 마친 사람도 위 조항 단서에서 말하는 제3자에 포함된다(대판 2014.12.11. 2013다14569).
⑤ (×) 민법 제548조 제1항 단서에서 말하는 제3자란 일반적으로 그 해제된 계약으로부터 생긴 법률효과를 기초로 하여 해제 전에 새로운 이해관계를 가졌을 뿐 아니라 등기, 인도 등으로 완전한 권리를 취득한 자를 말하므로 계약상의 채권(예 소유권이전등기청구권)을 양수한 자나 그 채권 자체를 압류 또는 전부한 채권자는 여기서 말하는 제3자에 해당하지 아니한다(대판 2000.4.11. 99다51685).

정답 ⑤

14 기출 23

계약의 성립에 관한 설명으로 옳지 않은 것은?(다툼이 있으면 판례에 따름)

① 청약자가 청약의 의사표시를 발송한 후 상대방에게 도달 전에 사망한 경우, 그 청약은 효력을 상실한다.
② 명예퇴직의 신청이 근로계약에 대한 합의해지의 청약에 해당하는 경우, 이에 대한 사용자의 승낙으로 근로계약이 합의해지되기 전에는 근로자가 임의로 그 청약의 의사표시를 철회할 수 있다.
③ 승낙기간을 정하지 않은 청약은 청약자가 상당한 기간 내에 승낙의 통지를 받지 못한 때에는 그 효력을 잃는다.
④ 당사자 사이에 동일한 내용의 청약이 상호 교차된 경우에는 양 청약이 상대방에게 도달한 때에 계약이 성립한다.
⑤ 매도인이 매수인에게 매매계약의 합의해제를 청약한 경우, 매수인이 그 청약에 대하여 조건을 가하여 승낙한 때에는 그 합의해제의 청약은 거절된 것으로 본다.

14

① (×) 청약은 상대방 있는 의사표시이고, 상대방이 있는 의사표시는 상대방에게 도달한 때에 그 효력이 생긴다(민법 제111조 제1항). 의사표시자가 그 통지를 발송한 후 사망하거나 제한능력자가 되어도 의사표시의 효력에 영향을 미치지 아니한다(민법 제111조 제2항). 따라서 청약자가 청약의 의사표시를 발송한 후 상대방에게 도달 전에 사망한 경우라도 그 청약은 유효하고, 상대방이 이를 수령한 후 승낙통지를 청약자의 상속인에게 하였을 때에는 계약은 상속인과 유효하게 성립한다.
② (○) 명예퇴직은 근로자가 명예퇴직의 신청(청약)을 하면 사용자가 요건을 심사한 후 이를 승인(승낙)함으로써 합의에 의하여 근로관계를 종료시키는 것으로, 명예퇴직의 신청은 근로계약에 대한 합의해지의 청약에 불과하여 이에 대한 사용자의 승낙이 있어 근로계약이 합의해지되기 전에는 근로자가 임의로 그 청약의 의사표시를 철회할 수 있다(대판 2003.4.25. 2002다11458).
③ (○) 민법 제529조
④ (○) 민법 제533조
⑤ (○) 매매계약 당사자 중 매도인이 매수인에게 매매계약의 합의해제를 청약하였다고 할지라도, 매수인이 그 청약에 대하여 조건을 붙이거나 변경을 가하여 승낙한 때에는 민법 제534조의 규정에 비추어 그 청약의 거절과 동시에 새로 청약한 것으로 보게 되는 것이고, 그로 인하여 종전의 매도인의 청약은 실효된다 할 것이다(대판 2009.2.12. 2008다71926).

정답 ①

CHAPTER 02 계약각론

제1절 증여

I 서설

1. 의의

증여란 당사자 일방이 무상으로 재산을 상대방에 수여하는 의사를 표시하고 상대방이 이를 승낙함으로써 그 효력이 생기는 계약을 말한다(민법 제554조). 증여는 무상·편무·낙성·불요식의 계약이다. 서면에 의하지 않은 증여는 각 당사자가 해제할 수 있는데(민법 제555조), 증여의 성립에 반드시 서면이 작성되어야만 하는 것은 아니다. 기출 14·16·24

2. 증여의 효력

(1) 담보책임

증여는 무상계약이므로 원칙적으로 담보책임을 지지 않으나(민법 제559조 제1항 본문), 예외적으로 증여자가 악의인 때(민법 제559조 제1항 단서)와 증여가 부담부인 때(민법 제559조 제2항)에는 담보책임을 진다. 기출 16

(2) 해제

서면에 의하지 않은 증여의 경우 각 당사자는 이를 해제할 수 있고(민법 제555조), 수증자의 망은행위가 있는 때 증여자는 해제할 수 있으며(민법 제556조), 재산상태가 악화되어 그 이행으로 인하여 증여자의 생계에 중대한 영향을 미칠 때에는 증여자는 증여를 해제할 수 있다(민법 제557조). 기출 16 증여의 해제는 이미 이행한 부분에 대하여는 영향을 미치지 않는다(민법 제558조).

(3) 관련 판례

민법 제556조 제1항 제1호에서 정한 '범죄행위'는, 수증자가 증여자에게 감사의 마음을 가져야 함에도 불구하고 증여자가 배은망덕하다고 느낄 정도로 둘 사이의 신뢰관계를 중대하게 침해하여 수증자에게 증여의 효과를 그대로 유지시키는 것이 사회통념상 허용되지 아니할 정도의 범죄를 저지르는 것을 말한다. 이때 이러한 범죄행위에 해당하는지는 수증자가 범죄행위에 이르게 된 동기 및 경위, 수증자의 범죄행위로 증여자가 받은 피해의 정도, 침해되는 법익의 유형, 증여자와 수증자의 관계 및 친밀도, 증여행위의 동기와 목적 등을 종합적으로 고려하여 판단하여야 하고, 반드시 수증자가 그 범죄행위로 형사처벌을 받을 필요는 없다(대판 2022.3.11. 2017다207475).

서면에 의하지 아니한 증여와 해제(민법 제555조) 기출 24
증여의 의사가 서면으로 표시되지 아니한 경우에는 각 당사자는 이를 해제할 수 있다.

수증자의 행위와 증여의 해제(민법 제556조)
① 수증자가 증여자에 대하여 다음 각 호의 사유가 있는 때에는 증여자는 그 증여를 해제할 수 있다.
   1. 증여자 또는 그 배우자나 직계혈족에 대한 범죄행위가 있는 때 기출 24
   2. 증여자에 대하여 부양의무 있는 경우에 이를 이행하지 아니하는 때 기출 24
② 전항의 해제권은 해제원인 있음을 안 날로부터 6월을 경과하거나 증여자가 수증자에 대하여 용서의 의사를 표시한 때에는 소멸한다.

증여자의 재산상태변경과 증여의 해제(민법 제557조) 기출 24
증여계약후에 증여자의 재산상태가 현저히 변경되고 그 이행으로 인하여 생계에 중대한 영향을 미칠 경우에는 증여자는 증여를 해제할 수 있다.

해제와 이행완료부분(민법 제558조)
전3조의 규정에 의한 계약의 해제는 이미 이행한 부분에 대하여는 영향을 미치지 아니한다.

핵심문제

01 증여에 관한 설명으로 옳지 않은 것은?(다툼이 있으면 판례에 따름) 변리 20
① 정기의 급여를 목적으로 한 증여는 증여자의 사망으로 인하여 그 효력을 잃는다.
② 부담부 증여에서 수증자가 부담의무를 이행하지 않은 경우, 증여자는 자신의 의무를 이행했더라도 증여계약을 해제할 수 있다.
③ 증여자가 증여의 목적에 대한 담보책임을 진다는 특약은 효력이 있다.
④ 증여자에 대해 법률상 부양의무를 지는 수증자가 부양의무를 이행하지 않은 경우, 증여자는 그 사실을 안 날로부터 6개월이 경과한 때에는 해제할 수 없다.
⑤ 증여의 의사가 서면으로 표시되지 않았음을 이유로 한 증여의 해제는 형성권의 제척기간의 적용을 받는다.

[해설]
① (○) 정기의 급여를 목적으로 한 증여는 증여자 또는 수증자의 사망으로 인하여 그 효력을 잃는다(민법 제560조).
② (○) 부담부 증여에 있어서는 쌍무계약에 관한 규정이 준용되어(민법 제561조), 부담의무 있는 상대방이 자신의 의무를 이행하지 아니할 때에는 비록 증여계약이 이행되어 있다 하더라도 그 계약을 해제할 수 있다(대판 1996.1.26. 95다43358).
③ (○) 증여자의 담보책임에 관한 민법 제559조는 강행규정이 아닌 임의규정이므로, 당사자 간에 증여의 목적에 대한 담보책임을 진다는 특약이 있다면, 그 특약은 유효하다.
④ (○) 수증자가 증여자에 대하여 부양의무 있는 경우에 이를 이행하지 아니하는 때에는 증여자는 그 증여를 해제할 수 있으나(민법 제556조 제1항 제2호), 해제권은 해제원인 있음을 안 날로부터 6월을 경과한 때에는 소멸한다(민법 제556조 제2항).
⑤ (×) 민법 제555조(서면에 의하지 아니한 증여와 해제)에서 말하는 증여계약의 해제는 민법 제543조 이하에서 규정한 본래 의미의 해제와는 달리 형성권의 제척기간의 적용을 받지 않는 특수한 철회로서, 10년이 경과한 후에 이루어졌다 하더라도 원칙적으로 적법하다(대판 2009.9.24. 2009다37831).

정답 ⑤

Ⅱ 특수한 증여

> **증여자의 담보책임(민법 제559조)**
> ① 증여자는 증여의 목적인 물건 또는 권리의 하자나 흠결에 대하여 책임을 지지 아니한다. 그러나 증여자가 그 하자나 흠결을 알고 수증자에게 고지하지 아니한 때에는 그러하지 아니하다.
> ② 상대부담 있는 증여에 대하여는 증여자는 그 부담의 한도에서 매도인과 같은 담보의 책임이 있다.
>
> **정기증여와 사망으로 인한 실효(민법 제560조)**
> 정기의 급여를 목적으로 한 증여는 증여자 또는 수증자의 사망으로 인하여 그 효력을 잃는다.
>
> **부담부 증여(민법 제561조)**
> 상대부담 있는 증여에 대하여는 본절의 규정외에 쌍무계약에 관한 규정을 적용한다.
>
> **사인증여(민법 제562조)**
> 증여자의 사망으로 인하여 효력이 생길 증여에는 유증에 관한 규정을 준용한다.

1. 부담부 증여

(1) 담보책임

부담부분에 한하여 담보책임을 진다(민법 제559조 제2항). 기출 22 · 25

(2) 준용규정

① 부담에 한해 동시이행항변권, 위험부담의 규정을 적용한다(민법 제561조).
② 부담 있는 증여에 대하여는 쌍무계약에 관한 규정이 준용되어 부담의무 있는 상대방이 자신의 의무를 이행하지 아니할 때에는 비록 증여계약이 이미 이행되어 있다 하더라도 증여자는 계약을 해제할 수 있고, 그 경우 민법 제555조와 민법 제558조는 적용되지 아니하기 때문에 원상회복의무가 있다(대판 1997.7.8. 97다2177). 기출 25

(3) 관련 판례[20]

1) 증여계약의 해제 가부

민법 제555조는 "증여의 의사가 서면으로 표시되지 아니한 경우에는 각 당사자는 이를 해제할 수 있다."라고 정하고, 민법 제561조는 "상대부담있는 증여에 대하여는 본절의 규정 외에 쌍무계약에 관한 규정을 적용한다."라고 정한다. 이처럼 부담부 증여에도 민법 제3편 제2장 제2절(제554조부터 제562조까지)의 증여에 관한 일반 조항들이 그대로 적용되므로, 증여의 의사가 서면으로 표시되지 않은 경우 각 당사자는 원칙적으로 민법 제555조에 따라 부담부 증여계약을 해제할 수 있다. 그러나 부담부 증여계약에서 증여자의 증여 이행이

---

[20] 부담부 증여의 경우에도 원칙적으로 민법상의 증여에 관한 일반 조항(민법 제554조부터 제562조까지의 규정)은 그대로 적용되나, 수증자가 그 부담을 이행하지 아니하는 경우에는 증여자는 민법 제555조, 제558조가 아닌 민법 제544조에 의하여 증여계약을 해제할 수 있고(대판 1997.7.8. 97다2177), 수증자가 부담을 이미 이행한 경우도 민법 제555조가 적용되지 아니하므로 각 당사자가 서면에 의하지 않은 증여임을 이유로 증여계약의 전부 또는 일부를 해제할 수는 없다(대판 2022.9.29. 2021다299976)는 것이 판례의 취지라고 이해하면 족하다.

완료되지 않았더라도 수증자가 부담의 이행을 완료한 경우에는, 그러한 부담이 의례적·명목적인 것에 그치거나 그 이행에 특별한 노력과 비용이 필요하지 않는 등 실질적으로는 부담 없는 증여가 이루어지는 것과 마찬가지라고 볼 만한 특별한 사정이 없는 한, 각 당사자가 서면에 의하지 않은 증여임을 이유로 증여계약의 전부 또는 일부를 해제할 수는 없다고 봄이 타당하다(대판 2022.9.29. 2021다299976).

2) 부담의 증명책임

증여에 상대부담(민법 제561조) 등의 부관이 붙어 있는지 또는 증여와 관련하여 상대방이 별도의 의무를 부담하는 약정을 하였는지 여부는 당사자 사이에 어떠한 법률효과의 발생을 원하는 대립하는 의사가 있고 그것이 말 또는 행동 등에 의하여 명시적 또는 묵시적으로 외부에 표시되어 합치가 이루어졌는가를 확정하는 것으로서 사실인정의 문제에 해당하므로, 이는 그 존재를 주장하는 자가 증명하여야 하는 것이다(대판 2010.5.27. 2010다5878). 기출 25

2. 정기증여

① 정기증여는 계속적인 채권관계에 해당한다.
② 정기증여는 증여자 또는 수증자의 사망으로 효력을 상실한다.

3. 사인증여

(1) **준용규정**(민법 제562조)

사인증여는 계약이나, 유증은 단독행위·요식행위라는 점에서, 주로 유증의 효력에 관한 것을 준용하고, 단독행위·요식행위로서의 성질을 갖는 것은 준용하지 않는다(대판 1996.4.12. 94다37714).

(2) **포괄적 사인증여**

포괄적 사인증여는 낙성·불요식의 증여계약의 일종이고, 포괄적 유증은 엄격한 방식을 요하는 단독행위이며, 방식을 위배한 포괄적 유증은 대부분 포괄적 사인증여로 보여질 것인바, 포괄적 사인증여에 민법 제1078조가 준용된다면 양자의 효과는 같게 되므로, 결과적으로 포괄적 유증에 엄격한 방식을 요하는 요식행위로 규정한 조항들은 무의미하게 된다. 따라서 민법 제1078조가 포괄적 사인증여에 준용된다고 하는 것은 사인증여의 성질에 반하므로 준용되지 아니한다(대판 1996.4.12. 94다37714).

제2절 매 매

I 서 설

1. 의 의

> **매매의 의의(민법 제563조)**
> 매매는 당사자 일방이 재산권을 상대방에게 이전할 것을 약정하고 상대방이 그 대금을 지급할 것을 약정함으로써 그 효력이 생긴다.

2. 법적 성질

매매는 당사자 일방, 즉 매도인이 일정한 재산권을 상대방, 즉 매수인에게 이전할 것을 약정하고, 상대방은 이에 대하여 대금을 지급할 것을 약정함으로써 성립하는 낙성·쌍무·불요식의 유상계약이다(민법 제563조).

II 매매의 성립

1. 개 관 기출 23

매매는 낙성계약이므로, 재산권 이전과 대금지급에 관한 합의만 있으면 유효하게 성립한다. 매매목적물과 대금은 반드시 계약 체결 당시에 구체적으로 특정할 필요는 없고, 이를 나중에라도 구체적으로 특정할 수 있는 방법과 기준이 정해져 있으면 충분하다(대판 2020.4.9. 2017다20371). 이 경우 그 약정된 기준에 따른 대금액 산정에 관하여 당사자 간에 다툼이 있다면 법원이 이를 정할 수밖에 없다. 매매대금 액수를 일정기간 후 시가에 의하여 정하기로 하였다는 사유만을 들어 매매계약이 아닌 매매예약이라고 단정할 것은 아니다. 그 밖에 특별한 사정이 없는 한 이행시기, 이행장소, 담보책임 등에 관한 합의가 없었더라도 매매계약이 성립하는 데에 지장이 없다(대판 2023.9.14. 2023다227500). 매매는 처분행위가 아니므로, 매도인이 권리자가 아니더라도 의무부담행위로서 매매는 유효하게 성립하고, 매도인은 매수인에게 재산권의 이전의무를 부담한다(민법 제569조). 매매의 성립에 관하여 주의할 것은 매매의 예약과 계약금이다.

2. 매매의 예약

> **매매의 일방예약(민법 제564조)**
> ① 매매의 일방예약은 상대방이 매매를 완결할 의사를 표시하는 때에 매매의 효력이 생긴다. 기출 24
> ② 전항의 의사표시의 기간을 정하지 아니한 때에는 예약자는 상당한 기간을 정하여 매매완결 여부의 확답을 상대방에게 최고할 수 있다.
> ③ 예약자가 전항의 기간 내에 확답을 받지 못한 때에는 예약은 그 효력을 잃는다.

(1) 의 의

장차 본계약을 체결할 것을 약정하는 것이 예약이고, 매매의 예약은 장차 매매계약을 체결할 것을 약정하는 것이다. 예약자체는 채권계약이다.

(2) 종 류

1) 일방예약과 쌍방예약

쌍방 예약당사자 중 일방만이 예약완결권을 가지는 것을 일방예약이라 하고, 쌍방이 예약완결의 의사표시를 할 수 있는 권리를 가지는 것을 쌍방예약이라고 한다. 기출 12

2) 편무예약과 쌍무예약

당사자 일방만이 승낙의무를 부담하는 경우 즉, 본계약 체결의 청약을 할 수 있는 권리를 당사자 일방만이 가지는 경우와 당사자 쌍방이 모두 승낙의무를 부담하는 경우, 즉 당사자 쌍방이 모두 상대방에 대하여 청약을 할 수 있는 권리를 가지는 경우가 있는데 전자를 편무예약, 후자를 쌍무예약이라고 한다.

3) 일방예약의 추정

당사자가 위의 네 가지 유형 중 어느 종류의 예약을 하였는지는 계약의 성질 또는 해석에 의하여 결정되어야 하지만, 법은 특히 일방예약에 관한 규정을 두고 있기 때문에(민법 제564조 제1항), 매매의 예약은 일방예약으로 추정된다.

(3) 매매의 일방예약

1) 성립요건

매매예약은 당사자의 합의만 있으면 성립하며, 매매의 일방예약에 의해 매매를 완결할 의사표시를 한 때에 매매가 성립하고 즉시 효력이 생기므로 예약 당시에 그 예약에 의하여 체결된 본계약의 요소가 되는 내용이 확정되어 있거나 또는 확정될 수 있어야 한다(대판 1993.5.27. 93다4908).

2) 예약완결권 기출 21

① 예약완결권이란 매매의 일방예약 또는 쌍방예약에 의하여 일방 또는 쌍방이 상대방에게 매매완결의 의사표시를 할 수 있는 권리인 바, 이는 형성권이고 재산권에 해당한다. 약정이 없는 경우 10년의 제척기간에 걸린다. 기출 23

> - 매매의 일방예약에서 예약자의 상대방이 매매예약 완결의 의사표시를 하여 매매의 효력을 생기게 하는 권리, 즉 매매예약 완결권은 일종의 형성권으로서 당사자 사이에 그 행사기간을 약정한 때에는 그 기간 내에, 그러한 약정이 없는 때에는 그 예약이 성립한 때로부터 10년 내에 이를 행사하여야 하고, 그 기간을 지난 때에는 상대방이 예약 목적물인 부동산을 인도받은 경우라도 예약완결권은 제척기간의 경과로 인하여 소멸한다(대판 1997.7.25. 96다47494).
> - [1] 매매의 일방예약에서 예약자의 상대방이 매매예약완결의 의사표시를 하여 매매의 효력을 생기게 하는 권리, 즉 매매예약의 완결권은 일종의 형성권으로서 당사자 사이에 그 행사기간을 약정한 때에는 그 기간 내에, 그러한 약정이 없는 때에는 그 예약이 성립한 때부터 10년 내에 이를 행사하여야 하고 그 기간이 지난 때에는 예약완결권은 제척기간의 경과로 인하여 소멸한다. 예약완결권의 제척기간이 도과하였는지 여부는 직권조사사항으로서 이에 대한 당사자의 주장이 없더라도 법원이 당연히 직권으로 조사하여 재판에 고려하여야 한다.
> [2] 예약완결권은 재판상이든 재판 외이든 그 기간 내에 행사하면 되는 것으로서, 예약완결권자가 예약완결권 행사의 의사표시를 담은 소장 부본을 상대방에게 송달함으로써 재판상 행사하는 경우에는 그 소장 부본이 상대방에게 도달한 때에 비로소 예약완결권 행사의 효력이 발생하여 예약완결권자와 상대방 사이에 매매의 효력이 생기므로, 예약완결권 행사의 의사표시가 담긴 소장 부본이 제척기간 내에 상대방에게 송달되어야만 예약완결권자가 제척기간 내에 적법하게 예약완결권을 행사하였다고 볼 수 있다(대판 2019.7.25. 2019다227817).

② 예약완결권의 존속기간을 정하지 않은 경우 예약자는 상당한 기간을 정하여 매매완결 여부의 확답을 최고할 수 있고, 확답을 받지 못한 경우 예약은 그 효력을 잃는다.
③ 예약완결권은 양도성이 있다.

3. 계약금

(1) 의 의

계약을 체결할 때에 그 계약에 부수하여 당사자의 일방이 상대방에게 교부하는 금전 기타의 유가물을 말한다. 계약금계약은 요물계약이며 종된 계약이다.

(2) 법적 성질

1) 증약금

증약금이란 계약체결의 증거로서 의미를 가지는 계약금을 의미한다. 따라서 계약금이 교부된 경우 계약체결의 증거가 된다.

2) 해약금

> **해약금(민법 제565조)**
> ① 매매의 당사자 일방이 계약당시에 금전 기타 물건을 계약금, 보증금등의 명목으로 상대방에게 교부한 때에는 당사자 간에 다른 약정이 없는 한 당사자의 일방이 이행에 착수할 때까지 교부자는 이를 포기하고 수령자는 그 배액을 상환하여 매매계약을 해제할 수 있다.
> ② 제551조의 규정은 전항의 경우에 이를 적용하지 아니한다.

① 의의 : 계약금의 교부는 당사자 간의 다른 약정이 없는 한 해약금으로 추정된다(민법 제565조)(통설·판례).
기출 16·17 즉 계약금을 교부한 자는 그것을 포기함으로써, 이를 수령한 자는 그 배액을 상환함으로써 각각 계약을 해제할 수 있다.

② 요 건
  ㉠ 금전 기타 물건을 계약금 명목으로 교부하였을 것 : 계약금의 일부만 먼저 지급한 때에도 해약금에 기한 해제권이 인정되는지 여부

> • 종전 판례는 "계약금계약은 금전 기타 유가물의 교부를 요건으로 하므로 단지 계약금을 지급하기로 약정만 한 단계에서는 아직 계약금으로서의 효력, 즉 위 민법 규정에 의해 계약해제를 할 수 있는 권리는 발생하지 않는다고 할 것이다. 따라서 당사자가 계약금의 일부만을 먼저 지급하고 잔액은 나중에 지급하기로 약정하거나 계약금 전부를 나중에 지급하기로 약정한 경우, 교부자가 계약금의 잔금이나 전부를 약정대로 지급하지 않으면 상대방은 계약금 지급의무의 이행을 청구하거나 채무불이행을 이유로 계약금약정을 해제할 수 있고, 나아가 위 약정이 없었더라면 주계약을 체결하지 않았을 것이라는 사정이 인정된다면 주계약도 해제할 수도 있을 것이나, 교부자가 계약금의 잔금 또는 전부를 지급하지 아니하는 한 계약금계약은 성립하지 아니하므로 당사자가 임의로 주계약을 해제할 수는 없다"고 판시하였다(대판 2008.3.13. 2007다73611). **기출** 14·23
> • 그러나 최근 판례는 "매도인이 '계약금 일부만 지급된 경우 지급받은 금원의 배액을 상환하고 매매계약을 해제할 수 있다'고 주장한 경우, '실제 교부받은 계약금'의 배액만을 상환하여 매매계약을 해제할 수 있다면 이는 당사자가 일정한 금액을 계약금으로 정한 의사에 반하게 될 뿐 아니라, 교부받은 금원이 소액일 경우에는 사실상 계약을 자유로이 해제할 수 있어 계약의 구속력이 약화되는 결과가 되어 부당하기 때문에, 계약금 일부만 지급된 경우 수령자가 매매계약을 해제할 수 있다고 하더라도 해약금의 기준이 되는 금원은 '실제 교부받은 계약금'이 아니라 '약정 계약금'이라고 봄이 타당하므로, 매도인이 계약금의 일부로서 지급받은 금원의 배액을 상환하는 것으로는 매매계약을 해제할 수 없다"고 판시하고 있다(대판 2015.4.23. 2014다231378). **기출** 25

- ⓒ 수령자의 배액 제공 내지 교부자의 포기의 의사표시가 있을 것
  - ㉮ 계약금수령자 : 계약금의 수령자는 단순히 해제의 의사표시만으로는 해제를 하지 못하며, 배액을 제공하여야 한다. 따라서 배액이 되지 않는 일부만을 제공한 경우 해제하지 못한다(대판 1973.1.30. 72다2243). 그리고 배액을 제공만 하면 되므로, 상대방이 이를 수령하지 않는다고 공탁까지 할 필요는 없다(대판 1981.10.27. 80다2784). 기출 25

  > **매도인이 민법 제565조 제1항에 따라 계약을 해제하기 위해서는 자신이 받은 계약금의 배액을 적어도 이행제공 상태에 두어야 하는지 여부(적극)**
  > 매수인이 계약의 이행에 착수하기 전에는 매도인은 계약금의 배액을 상환하고 계약을 해제할 수 있다(민법 제565조 제1항). 이에 따라 매도인이 받은 계약금의 배액을 매수인에게 상환하거나 적어도 그 이행제공을 하지 않으면 이 조항에 따라 해제할 수 없다(대판 2021.9.16. 2020다213364).

  - ㉯ 계약금교부자 : 계약금 교부자는 계약금을 포기하고 매매계약을 해제할 수 있다.
- ⓓ 당사자 일방이 이행에 착수하기 전일 것
  - ㉮ 이행의 착수
    - ⓐ 이행에 착수한다는 것은 객관적으로 외부에서 인식할 수 있는 정도로 채무의 이행행위의 일부를 하거나 또는 이행을 하기 위하여 필요한 전제행위를 하는 경우를 말하는 것으로서 단순히 이행의 준비를 하는 것만으로는 부족하나 반드시 계약내용에 들어 맞는 이행의 제공의 정도에까지 이르러야 하는 것은 아니다(대판 1993.5.25. 93다1114). 중도금의 제공은 급부의 일부를 실현하는 것으로서 이행의 착수에 해당한다. 기출 17
    - ⓑ 당사자 중 어느 일방이라도 이행에 착수하면 비록 상대방이 이행에 착수하지 않고 있는 경우라도 해제권을 행사할 수 없다(대판 1994.11.11. 94다17659). 기출 17
    - ⓒ 교부자는 해제권을 행사하면 당연히 계약금을 포기하는 것이 되므로, 별도로 포기의 의사표시가 필요 없으나, 수령자는 반드시 현실적으로 배액을 상환하거나 배액의 이행제공이 있어야만 해제할 수 있다. 배액의 이행제공만 있으면 충분하고 상대방이 이를 수령하지 않는다고 하여 공탁까지 할 필요는 없다(대판 1992.5.12. 91다2151). 기출 21
  - ㉯ 이행기 전에 이루어진 이행 : 이행기 전에 이루어진 이행이 이행의 착수에 해당하는지 문제된다. 판례는 이행기의 약정이 있는 경우라도 당사자가 채무의 이행기 전에는 착수하지 아니하기로 하는 특약을 하는 등의 특별한 사정이 없는 한 이행기 전에도 이행에 착수할 수 있다고 한다(대판 2006.2.10. 2004다11599).

  > **계약에서 정한 매매대금의 이행기가 매도인을 위해서도 기한의 이익을 부여하는 것이라고 볼 수 있는 경우, 채무자가 이행기 전에 이행에 착수할 수 없는 특별한 사정이 있는 경우에 해당하는지 여부(적극) 및 그 판단 방법**
  > 부동산 매매계약에서 중도금 또는 잔금 지급기일은 일반적으로 계약금에 의한 해제권의 유보기간의 의미를 가진다고 이해되고 있으므로, 계약에서 정한 매매대금의 이행기가 매도인을 위해서도 기한의 이익을 부여하는 것이라고 볼 수 있다면, 채무자가 이행기 전에 이행에 착수할 수 없는 특별한 사정이 있는 경우에 해당한다고 할 수 있다. 이에 해당하는지 여부는 채무 내용, 이행기가 정하여진 목적, 이행기까지 기간의 장단 및 그에 관한 부수적인 약정의 존재와 내용, 채무 이행행위를 비롯하여 당사자들이 계약 이행과정에서 보인 행위의 태양, 이행기 전 이행행위가 통상적인 계약의 이행에 해당하기보다 상대방의 해제권의 행사를 부당하게 방해하기 위한 것으로 볼 수 있는지, 채권자가 채무자의 이행의 착수에도 불구하고 계약을 해제하는 것이 신의칙에 반한다고 볼 수 있는지 등 여러 가지 사정을 종합하여 구체적으로 판단해야 한다(대판 2024.1.4. 2022다256624).

> **이행의 착수 여부에 대한 사례**
> - 매수인이 매도인의 동의하에 매매계약의 계약금 및 중도금 지급을 위하여 은행도어음을 교부한 경우 매수인은 계약의 이행에 착수한 것으로 보아야 한다(대판 2002.11.26. 2002다46492).
> - 민법 제565조 제1항에서 말하는 당사자의 일방이라는 것은 매매 쌍방 중 어느 일방을 지칭하는 것이고, 상대방이라 국한하여 해석할 것이 아니므로, 비록 상대방인 매도인이 매매계약의 이행에는 전혀 착수한 바가 없다 하더라도 매수인이 중도금을 지급하여 이미 이행에 착수한 이상 매수인은 민법 제565조에 의하여 계약금을 포기하고 매매계약을 해제할 수 없다(대판 2000.2.11. 99다62074). 기출 25
> - 국토의 계획 및 이용에 관한 법률에 정한 토지거래계약에 관한 허가구역으로 지정된 구역 안의 토지에 관하여 매매계약이 체결된 후 계약금만 수수한 상태에서 당사자가 토지거래허가신청을 하고 이에 따라 관할관청으로부터 그 허가를 받았다 하더라도, 그러한 사정만으로는 아직 이행의 착수가 있다고 볼 수 없어 매도인으로서는 민법 제565조에 의하여 계약금의 배액을 상환하여 매매계약을 해제할 수 있다(대판 2009.4.23. 2008다62427).
> - 매도인이 매수인에 대하여 매매계약의 이행을 최고하고 매매잔대금의 지급을 구하는 소송을 제기한 것만으로는 이행에 착수하였다고 볼 수 없다(대판 2008.10.23. 2007다72274). 기출 25

ⓒ 배제특약의 부존재 : 민법 제565조의 해약권은 당사자 간에 다른 약정이 없는 경우에 한하여 인정되는 것이고, 만일 당사자가 위 조항의 해약권을 배제하기로 하는 약정을 하였다면 더 이상 그 해제권을 행사할 수 없다(대판 2009.4.23. 2008다50615). 기출 25

③ 해약금 해제의 효과
㉠ 원상회복의무의 불발생
㉡ 손해배상청구권의 불발생 : 해약금에 기한 해제는 채무불이행에 기한 해제가 아니기 때문에 손해배상청구권이 발생하지 않는다. 기출 16 · 18
㉢ 다른 이유에 의한 계약해제 : 해약금 해제가 채무불이행 등 다른 이유에 의한 계약해제권을 배제하는 것은 아니다.

3) 위약금
① 의의 : 위약금이란 채무불이행이 있는 경우에 의미를 가지는 계약금을 말한다.
② 요 건
㉠ 계약금이 위약금으로 인정되기 위해서는 별도의 특약이 있어야 한다. 따라서 별도의 특약이 없다면 해약금으로 추정될 뿐 당연히 위약금의 기능을 갖게 되는 것은 아니다(대판 1987.2.24. 86누438). 따라서 별도의 특약이 없다면 채무불이행이 있는 때에도 실제 손해만을 배상받을 수 있을 뿐 계약금이 위약금으로서 상대방에게 당연히 귀속되는 것은 아니다(대판 2020.4.29. 2007다24930).
㉡ 특약을 통해 계약금이 위약금이 되었다고 해약금의 성질이 사라지는 것은 아니다.
③ 위약금의 성질
㉠ 구별기준 : 위약금 특약이 있는 경우 손해배상액의 예정의 성질을 가지는 경우도 있고, 위약벌의 성질을 가지는 경우도 있다. 양자의 구별은 법률행위의 해석의 문제이나, 불분명한 경우 통설과 판례는 손해배상액의 예정으로 추정한다. 판례는 당사자 사이의 도급계약서에 계약보증금 외에 지체상금도 규정되어 있다는 점만을 이유로 하여 계약보증금을 위약벌로 보기는 어렵다고 하였다(대판 2000.12.8. 2000다35771). 기출 14
㉡ 위약벌에 해당하는 경우

> 위약벌의 약정은 채무의 이행을 확보하기 위하여 정해지는 것으로서 손해배상의 예정과는 그 내용이 다르므로 손해배상의 예정에 관한 민법 제398조 제2항을 유추 적용하여 그 액을 감액할 수는 없고, 다만 그 의무의 강제에 의하여 얻어지는 채권자의 이익에 비하여 약정된 벌이 과도하게 무거울 때에는 그 일부 또는 전부가 공서양속에 반하여 무효로 된다(대판 1993.3.23. 92다46905).

III 매매의 효력

매매의 의의(민법 제563조)
매매는 당사자 일방이 재산권을 상대방에게 이전할 것을 약정하고 상대방이 그 대금을 지급할 것을 약정함으로써 그 효력이 생긴다.

유상계약에의 준용(민법 제567조)
본절의 규정은 매매 이외의 유상계약에 준용한다. 그러나 그 계약의 성질이 이를 허용하지 아니하는 때에는 그러하지 아니하다.

매매의 효력(민법 제568조)
① 매도인은 매수인에 대하여 매매의 목적이 된 권리를 이전하여야 하며 매수인은 매도인에게 그 대금을 지급하여야 한다.
② 전항의 쌍방의무는 특별한 약정이나 관습이 없으면 동시에 이행하여야 한다.

과실의 귀속, 대금의 이자(민법 제587조)
매매계약 있은 후에도 인도하지 아니한 목적물로부터 생긴 과실은 매도인에게 속한다. 매수인은 목적물의 인도를 받은 날로부터 대금의 이자를 지급하여야 한다. 그러나 대금의 지급에 대하여 기한이 있는 때에는 그러하지 아니하다.

1. 매도인의 재산권이전의무

매도인은 매수인에 대하여 매매의 목적이 된 권리를 이전하여야 할 의무를 진다(민법 제568조 제1항).

① 매도인의 재산권 이전의무는 특약이나 관습이 없으면 매수인의 대금지급의무와 동시이행의 관계에 선다(민법 제568조 제2항).

> 부동산의 매매계약이 체결된 경우에는 매도인의 소유권이전등기의무, 인도의무와 매수인의 잔대금지급의무는 동시이행의 관계에 있는 것이 원칙이고, 이 경우 매도인은 특별한 사정이 없는 한 제한이나 부담이 없는 완전한 소유권이전등기의무를 지는 것이므로 매매목적 부동산에 가압류등기 등이 되어 있는 경우에는 매도인은 이와 같은 등기도 말소하여 완전한 소유권이전등기를 해 주어야 하는 것이고, 따라서 가압류등기 등이 있는 부동산의 매매계약에 있어서는 매도인의 소유권이전등기의무와 아울러 가압류등기의 말소의무도 매수인의 대금지급의무와 동시이행 관계에 있다(대판 2000.11.28. 2000다8533).

② 매매계약 있은 후에도 인도하지 아니한 목적물로부터 생긴 과실은 매도인에게 속한다(민법 제587조). 다만, 매매목적물의 인도 전이라도 매수인이 매매대금을 완납한 때에는 그 이후의 과실수취권은 매수인에게 귀속된다(대판 1993.11.9. 93다28928). **기출** 12

③ 매매당사자 사이의 형평을 꾀하기 위하여 매매목적물이 인도되지 아니하더라도 매수인이 대금을 완제한 때에는 그 시점 이후의 과실은 매수인에게 귀속되지만, 매매목적물이 인도되지 아니하고 또한 매수인이 대금을 완제하지 아니한 때에는 매도인의 이행지체가 있더라도 과실은 매도인에게 귀속된다(대판 2004.4.23. 2004다8210). **기출** 21·23·24

④ 매매계약에 관한 비용, 예컨대 중개사 수수료, 계약서 작성비용 등은 당사자 쌍방이 균분하여 부담한다(민법 제566조). **기출** 12·23·24·25

2. 매도인의 담보책임

(1) 의 의
① 매매에 의하여 매수인이 취득하는 권리 또는 권리의 객체인 물건에 하자 내지 불완전한 점이 있는 때에 매도인이 매수인에 대하여 부담하는 책임을 말한다.
② 매도인의 담보책임의 법적 성질에 대하여 다수설은 매매계약의 유사성에 비추어 매수인을 보호하고 거래의 안전을 보장하기 위해 인정되는 법정책임이라고 한다.
③ 매도인의 담보책임은 매도인의 고의나 과실 등의 귀책사유를 요건으로 하지 않는 일종의 무과실책임이다. 기출 20

(2) 법적 성질(법정책임설과 채무불이행책임설의 비교)

1) 학 설
① 과실의 요부 : 법정책임설은 과실은 그 요건이 아니며 책임내용도 법률에 정해진 것에 한정된다고 보는 반면에 채무불이행책임설은 채무자의 과실을 요건으로 하고 있으며 그 효과도 달리한다.
② 특정물 매매 : 법정책임설은 특정물매매에 있어서 하자 있는 물건의 급부는 그것으로서 매도인의 이행의무는 종결된다고 하나, 채무불이행책임설은 하자 없는 급부의무가 인정되기 때문에 불완전이행이 된다고 한다.
③ 채무불이행 책임과의 경합 : 법정책임설에서는 경합을 부정하는 반면에 채무불이행책임설에서는 원칙적으로 경합을 인정한다.
④ 손해배상의 범위 : 법정책임설은 신뢰이익의 배상에 한정된다고 하는 반면에 채무불이행책임설에서는 이행이익을 배상하여야 한다고 한다.
⑤ 하자의 개념
　㉠ 객관적 하자설 : 매매목적물이 일반적 용도에 적합하지 않으면 계약당사자의 합의내용과 관계없이 하자가 존재하는 것이 된다(법정책임설).
　㉡ 주관적 하자설 : 매매목적물이 계약에 의하여 합의된 성상에 적합하지 못한 경우, 즉 계약체결시 당사자 쌍방이 전제로 한 성질이 목적물에 없는 경우 하자가 존재한다(채무불이행책임설).
⑥ 하자의 판단시점
　㉠ 계약성립시나 특정시 : 특정물매매의 경우에는 계약의 성립당시를 기준으로 하며, 종류물매매의 경우에는 목적물이 특정되는 시기를 기준으로 한다(법정책임설).
　㉡ 위험이전시 : 특정물매매와 종류물매매를 구별할 필요 없이 매매목적물에 대한 위험의 이전시기에 하자의 존재 여부를 판단한다(채무불이행책임설).

2) 판 례
종래에는 법정책임설을 취하고 있었으나, 현재는 채무불이행책임설을 취하여 채무불이행책임과의 경합을 인정하고 있다. 최근 판례도 같은 취지에서 매매의 목적물에 하자가 있는 경우 매도인의 하자담보책임과 채무불이행책임은 별개의 권원에 의하여 경합적으로 인정되고, 이 경우 특별한 사정이 없는 한 하자를 보수하기 위한 비용은 매도인의 하자담보책임과 채무불이행책임에서 말하는 손해에 해당하므로 매매 목적물인 토지에 폐기물이 매립되어 있고 매수인이 폐기물을 처리하기 위해 비용이 발생한다면 매수인은 그 비용을 민법 제390조에 따라 채무불이행으로 인한 손해배상으로 청구할 수도 있고, 민법 제580조 제1항에 따라 하자담보책임으로 인한 손해배상으로 청구할 수도 있다고 한다(대판 2021.4.8. 2017다202050).

타인의 권리의 매매(민법 제569조) 기출 21·23
매매의 목적이 된 권리가 타인에게 속한 경우에는 매도인은 그 권리를 취득하여 매수인에게 이전하여야 한다.

동전-매도인의 담보책임(민법 제570조)
전조의 경우에 매도인이 그 권리를 취득하여 매수인에게 이전할 수 없는 때에는 매수인은 계약을 해제할 수 있다. 그러나 매수인이 계약당시 그 권리가 매도인에게 속하지 아니함을 안 때에는 손해배상을 청구하지 못한다.

동전-선의의 매도인의 담보책임(민법 제571조)
① 매도인이 계약당시에 매매의 목적이 된 권리가 자기에게 속하지 아니함을 알지 못한 경우에 그 권리를 취득하여 매수인에게 이전할 수 없는 때에는 매도인은 손해를 배상하고 계약을 해제할 수 있다.
② 전항의 경우에 매수인이 계약당시 그 권리가 매도인에게 속하지 아니함을 안 때에는 매도인은 매수인에 대하여 그 권리를 이전할 수 없음을 통지하고 계약을 해제할 수 있다.

권리의 일부가 타인에게 속한 경우와 매도인의 담보책임(민법 제572조)
① 매매의 목적이 된 권리의 일부가 타인에게 속함으로 인하여 매도인이 그 권리를 취득하여 매수인에게 이전할 수 없는 때에는 매수인은 그 부분의 비율로 대금의 감액을 청구할 수 있다.
② 전항의 경우에 잔존한 부분만이면 매수인이 이를 매수하지 아니하였을 때에는 선의의 매수인은 계약전부를 해제할 수 있다.
③ 선의의 매수인은 감액청구 또는 계약해제외에 손해배상을 청구할 수 있다.

전조의 권리행사의 기간(민법 제573조) 기출 22
전조의 권리는 매수인이 선의인 경우에는 사실을 안 날로부터, 악의인 경우에는 계약한 날로부터 1년 내에 행사하여야 한다.

수량부족, 일부멸실의 경우와 매도인의 담보책임(민법 제574조)[21)]
전2조의 규정은 수량을 지정한 매매의 목적물이 부족되는 경우와 매매목적물의 일부가 계약당시에 이미 멸실된 경우에 매수인이 그 부족 또는 멸실을 알지 못한 때에 준용한다. 기출 22

제한물권 있는 경우와 매도인의 담보책임(민법 제575조) 기출 20
① 매매의 목적물이 지상권, 지역권, 전세권, 질권 또는 유치권의 목적이 된 경우에 매수인이 이를 알지 못한 때에는 이로 인하여 계약의 목적을 달성할 수 없는 경우에 한하여 매수인은 계약을 해제할 수 있다. 기타의 경우에는 손해배상만을 청구할 수 있다.
② 전항의 규정은 매매의 목적이 된 부동산을 위하여 존재할 지역권이 없거나 그 부동산에 등기된 임대차계약이 있는 경우에 준용한다.
③ 전2항의 권리는 매수인이 그 사실을 안 날로부터 1년 내에 행사하여야 한다.

저당권, 전세권의 행사와 매도인의 담보책임(민법 제576조)
① 매매의 목적이 된 부동산에 설정된 저당권 또는 전세권의 행사로 인하여 매수인이 그 소유권을 취득할 수 없거나 취득한 소유권을 잃은 때에는 매수인은 계약을 해제할 수 있다.
② 전항의 경우에 매수인의 출재로 그 소유권을 보존한 때에는 매도인에 대하여 그 상환을 청구할 수 있다.
③ 전2항의 경우에 매수인이 손해를 받은 때에는 그 배상을 청구할 수 있다.

---

21) 판례에 의하면 목적물이 일정한 면적을 가지고 있다는 데 주안을 두고 대금도 면적을 기준으로 정하여지는 아파트분양계약은 특별한 사정이 없는 한 수량지정매매에 해당한다(대판 2002.11.8. 99다58136). 기출 21·22

저당권의 목적이 된 지상권, 전세권의 매매와 매도인의 담보책임(민법 제577조)
전조의 규정은 저당권의 목적이 된 지상권 또는 전세권이 매매의 목적이 된 경우에 준용한다.

경매와 매도인의 담보책임(민법 제578조)
① 경매의 경우에는 경락인은 전8조의 규정에 의하여 채무자에게 계약의 해제 또는 대금감액의 청구를 할 수 있다.
② 전항의 경우에 채무자가 자력이 없는 때에는 경락인은 대금의 배당을 받은 채권자에 대하여 그 대금전부나 일부의 반환을 청구할 수 있다.
③ 전2항의 경우에 채무자가 물건 또는 권리의 흠결을 알고 고지하지 아니하거나 채권자가 이를 알고 경매를 청구한 때에는 경락인은 그 흠결을 안 채무자나 채권자에 대하여 손해배상을 청구할 수 있다.

채권매매와 매도인의 담보책임(민법 제579조)
① 채권의 매도인이 채무자의 자력을 담보한 때에는 매매계약당시의 자력을 담보한 것으로 추정한다.
② 변제기에 도달하지 아니한 채권의 매도인이 채무자의 자력을 담보한 때에는 변제기의 자력을 담보한 것으로 추정한다.

매도인의 하자담보책임(민법 제580조)
① 매매의 목적물에 하자가 있는 때에는 제575조 제1항의 규정을 준용한다. 그러나 매수인이 하자 있는 것을 알았거나 과실로 인하여 이를 알지 못한 때에는 그러하지 아니하다. 기출 20·22
② 전항의 규정은 경매의 경우에 적용하지 아니한다. 기출 20·24

종류매매와 매도인의 담보책임(민법 제581조)
① 매매의 목적물을 종류로 지정한 경우에도 그 후 특정된 목적물에 하자가 있는 때에는 전조의 규정을 준용한다.
② 전항의 경우에 매수인은 계약의 해제 또는 손해배상의 청구를 하지 아니하고 하자 없는 물건을 청구할 수 있다.

전2조의 권리행사기간(민법 제582조)
전2조에 의한 권리는 매수인이 그 사실을 안 날로부터 6월 내에 행사하여야 한다.

담보책임과 동시이행(민법 제583조)
제536조의 규정은 제572조 내지 제575조, 제580조 및 제581조의 경우에 준용한다.

담보책임면제의 특약(민법 제584조)
매도인은 전15조에 의한 담보책임을 면하는 특약을 한 경우에도 매도인이 알고 고지하지 아니한 사실 및 제3자에게 권리를 설정 또는 양도한 행위에 대하여는 책임을 면하지 못한다.

(3) 권리의 하자에 대한 담보책임

1) 타인의 권리의 매매

① 특정한 매매의 목적물이 타인의 소유에 속하는 경우라 하더라도, 그 매매계약이 원시적 이행불능에 속하는 내용을 목적으로 하는 당연무효의 계약이라고 볼 수 없다(대판 1993.9.10. 93다20283).
② 매매나 증여의 대상인 권리가 타인에게 귀속되어 있다는 이유만으로 채무자의 계약에 따른 이행이 불능이라고 할 수는 없다(대판 2016.5.12. 2016다200729).

2) 전부타인권리매매

① **요건** : 민법 제570조의 담보책임이 성립하기 위해서는 ㉠ 전부 타인권리의 매매가 성립되었을 것, ㉡ 매도인이 그 권리를 취득하여 매수인에게 이전할 수 없을 것 등의 요건을 충족하여야 한다.

② **책임의 내용**

㉠ **해제권** : 매수인은 상대방에게 최고할 필요도 없이 선의·악의를 불문하고 해제할 수 있고(민법 제570조 본문), 매도인의 귀책사유도 불문한다. 기출 18

> **타인의 권리의 매매에서 민법 제570조에 따른 매매계약 해제의 효과 및 매수인이 진정한 권리자인 타인에게 직접 목적물 또는 사용이익을 반환한 경우에도 매도인에게 목적물 및 사용이익을 반환할 의무를 부담하는지 여부(소극)**
> 타인의 권리의 매매의 경우에 매도인이 그 권리를 취득하여 매수인에게 이전할 수 없는 때에는 매수인은 계약을 해제할 수 있다(민법 제570조). 이러한 해제의 효과에 관하여 특별한 규정은 없지만 일반적인 해제와 달리 해석할 이유가 없다. 따라서 위 규정에 따라 <u>매매계약이 해제되는 경우에, 매도인은 매수인에게 매매대금과 그 받은 날부터의 이자를 반환할 의무를 부담하고, 매수인 역시 특별한 사정이 없는 한 매도인에게 목적물을 반환할 의무는 물론이고 목적물을 사용하였으면 그 사용이익을 반환할 의무도 부담한다. 그리고 이러한 결론은 매도인이 목적물의 사용권한을 취득하지 못하여 매수인으로부터 반환받은 사용이익을 궁극적으로 정당한 권리자에게 반환하여야 할 입장이라 하더라도 마찬가지이다. 다만, 매수인이 진정한 권리자인 타인에게 직접 목적물 또는 사용이익을 반환하는 등의 특별한 사정이 있는 경우에는 매수인은 적어도 그 반환 등의 한도에서는 매도인에게 목적물 및 사용이익을 반환할 의무를 부담하지 않는다고 할 것이다</u>(대판 2017.5.31. 2016다240). 기출 25

㉡ **손해배상청구권**

㉮ 범위 : 선의의 매수인은 손해배상을 청구할 수 있다(민법 제570조 단서).

㉯ 산정 시점 : 배상액의 산정은 <u>목적물을 취득하여 이전하는 것이 불능으로 된 때의 시가를 표준으로 한다</u>(대판 1973.3.13. 72다2207).

㉢ **권리행사기간** : 민법 제570조의 해제권과 손해배상청구권의 행사기간에 대한 <u>별도의 규정이 없어, 견해의 대립이 있으며, 다수설은 제척기간이 없는 것으로 본다.</u>

㉣ **선의매도인의 해제권**

㉮ 적용범위 : 민법 제571조는 선의의 매도인이 매매의 목적인 권리의 전부를 이전할 수 없는 경우에 적용될 뿐 권리의 일부를 이전할 수 없는 경우에는 적용되지 않는다.

㉯ 해제의 효과 : 매도인은 매수인에게 손해배상의무를 부담하고, 매수인은 매도인에게 목적물을 반환하고 목적물을 사용한 경우 그 사용이익을 반환할 의무를 부담하며, 이는 동시이행의 관계에 있다(대판 1993.4.9. 92다25946).

㉤ **채무불이행책임과의 경합 인정 여부** : 판례는 "타인의 권리를 매매의 목적으로 한 경우에 있어서 그 권리를 취득하여 매수인에게 이전하여야 할 매도인의 의무가 매도인의 귀책사유로 인하여 이행불능이 되었다면 매수인이 매도인의 담보책임에 관한 민법 제570조 단서의 규정에 의해 손해배상을 청구할 수 없다 하더라도 채무불이행 일반의 규정(민법 제546조, 제390조)에 좇아서 계약을 해제하고 손해배상을 청구할 수 있다"(대판 1993.11.23. 93다37328)고 보아 담보책임과 채무불이행책임의 경합을 인정하였다.

3) 일부타인권리매매

① **요건** : 민법 제572조의 담보책임이 성립하기 위해서는 ㉠ 일부 타인권리의 매매가 성립되었을 것, ㉡ 매도인이 그 권리를 취득하여 매수인에게 이전할 수 없을 것, ㉢ 제척기간(민법 제573조)을 준수하였을 것 등의 요건을 갖추어야 한다.

② **책임의 내용**
  ㉠ **대금감액청구권** : 매수인은 선의·악의를 불문하고 타인에게 속하는 부분의 비율만큼 대금의 감액을 청구할 수 있다(민법 제572조 제1항). 기출 15
  ㉡ **계약해제권**(민법 제572조 제2항) : 선의의 매수인에 한한다.
  ㉢ **손해배상청구권** : 선의의 매수인은 손해배상을 청구할 수 있는데, 배상범위는 매수인에게 이전할 수 없게 된 때의 이행불능이 된 권리의 시가, 즉 이행이익 상당액이다(대판 1993.1.19, 92다37727).
  ㉣ **권리행사기간** : 민법 제573조 소정의 권리행사기간의 기산점인 선의의 매수인이 "사실을 안 날"이라 함은 단순히 권리의 일부가 타인에게 속한 사실을 안 날이 아니라 그 때문에 매도인이 이를 취득하여 매수인에게 이전할 수 없게 되었음이 확실하게 된 사실을 안 날을 말하는 것이다(대판 1991.12.10, 91다27396).

4) 목적물의 수량부족·일부멸실

① **요건** : 민법 제574조의 담보책임이 성립하기 위해서는 ㉠ 수량을 지정한 매매의 목적물이 부족한 경우와 ㉡ 매매목적물의 일부가 계약당시 이미 멸실된 경우일 것 등의 요건을 갖추어야 한다.

> - 부동산 매매계약에 있어서 매수인이 일정한 면적이 있는 것으로 믿고 매도인도 그 면적이 있는 것을 명시적 또는 묵시적으로 표시하며, 나아가 계약당사자가 면적을 가격을 정하는 여러 요소 중 가장 중요한 요소로 파악하고, 그 객관적 수치를 기준으로 가격을 정하는 경우라면 특정물이 일정한 수량을 가지고 있다는 데에 주안을 두고, 대금도 그 수량을 기준으로 하여 정한 경우에 속하므로 민법 제574조에 정한 '수량을 지정한 매매'에 해당한다(대판 2001.4.10, 2001다12256).
> - 부동산매매계약에 있어서 실제면적이 계약면적에 미달하는 경우에는 그 매매가 수량지정매매에 해당할 때에 한하여 민법 제574조, 제572조에 의한 대금감액청구권을 행사함은 별론으로 하고, 그 매매계약이 그 미달 부분만큼 일부 무효임을 들어 이와 별도로 일반 부당이득반환청구를 하거나 그 부분의 원시적 불능을 이유로 민법 제535조가 규정하는 계약체결상의 과실에 따른 책임의 이행을 구할 수 없다(대판 2002.11.8, 99다58136).

② **책임의 내용** : 매수인이 선의의 경우에 한하여 대금감액청구권, 계약해제권, 손해배상청구권을 행사할 수 있다.

③ **권리행사기간** : 수량지정매매에 있어서 매도인의 담보책임에 기한 매수인의 대금감액청구권은 매수인이 선의인 경우에는 사실을 안 날로부터, 악의인 경우에는 계약한 날로부터 1년 이내에 행사하여야 한다(민법 제574조, 민법 제573조).

5) 용익적 권리에 의하여 제한받고 있는 경우

6) 저당권·전세권에 의하여 제한받고 있는 경우

① 요건 : 민법 제576조의 담보책임이 성립하기 위해서는 ㉠ 매매의 목적된 부동산에 설정된 저당권 또는 전세권의 행사로 인하여 ㉡ 매수인이 소유권을 취득할 수 없거나 취득한 소유권을 잃었어야 한다(민법 제576조 제1항).

> • 가등기의 목적이 된 부동산을 매수한 사람이 그 뒤 가등기에 기한 본등기가 경료됨으로써 그 부동산의 소유권을 상실하게 된 때에는 매매의 목적 부동산에 설정된 저당권 또는 전세권의 행사로 인하여 매수인이 취득한 소유권을 상실한 경우와 유사하므로, 이와 같은 경우 민법 제576조의 규정이 준용된다고 보아 같은 조 소정의 담보책임을 진다고 보는 것이 상당하고 민법 제570조에 의한 담보책임을 진다고 할 수 없다(대판 1992.10.27. 92다21784).
> • 가압류 목적이 된 부동산을 매수한 사람이 그 후 가압류에 기한 강제집행으로 부동산 소유권을 상실하게 되었다면 이는 매매의 목적 부동산에 설정된 저당권 또는 전세권의 행사로 인하여 매수인이 취득한 소유권을 상실한 경우와 유사하므로, 이와 같은 경우 매도인의 담보책임에 관한 민법 제576조의 규정이 준용된다고 보아 매수인은 같은 조 제1항에 따라 매매계약을 해제할 수 있고, 같은 조 제3항에 따라 손해배상을 청구할 수 있다고 보아야 한다(대판 2011.5.13. 2011다1941).

② 책임의 내용
  ㉠ 해제권 : 매수인은 선의·악의를 불문하고 계약을 해제할 수 있다(민법 제576조 제1항). **기출 15**
  ㉡ 상환청구권(민법 제576조 제2항)
  ㉢ 손해배상청구권 : 매수인은 선의·악의를 불문하고 손해배상청구권이 인정된다(민법 제576조 제3항).
  기출 15

  ㉣ 권리행사기간 : 민법 제570조와 마찬가지로 제척기간에 대한 규정이 없다.

(4) 물건의 하자에 대한 담보책임

1) 요 건

① 매매의 목적물에 하자가 있을 것
  ㉠ 하자의 개념 : 하자란 매매의 목적물에 물질적인 결점이 있는 것을 의미하며, 하자의 존부는 그 종류의 물건이 보통 갖고 있어야 할 품질·성능 등을 표준으로 하여 판단하여야 한다(객관적 하자). 다만, 매도인이 견본이나 광고에 의하여 목적물이 특수한 품질이나 성능을 갖고 있음을 표시하여 명시적·묵시적으로 보증한 때에는 그 특수한 표준에 따라 결점의 유무를 결정하여야 한다(주관적 하자)(대판 2000.10.27. 2000다30554·30561). 그리고 하자의 존재시기에 대해 견해가 대립되나, 판례는 원시적 하자설의 태도를 취하고 있다.

> • [1] 매매의 목적물이 거래통념상 기대되는 객관적 성질이나 성능을 갖추지 못한 경우[객관적 하자(註)] 또는 당사자가 예정하거나 보증한 성질을 갖추지 못한 경우[주관적 하자(註)]에 매도인은 민법 제580조에 따라 매수인에게 그 하자로 인한 담보책임을 부담한다.
> [2] 매매의 목적물에 하자가 있는 경우 매도인의 하자담보책임과 채무불이행책임은 별개의 권원에 의하여 경합적으로 인정된다. 이 경우 특별한 사정이 없는 한 하자를 보수하기 위한 비용은 매도인의 하자담보책임과 채무불이행책임에서 말하는 손해에 해당한다. 따라서 매매 목적물인 토지에 폐기물이 매립되어 있고 매수인이 폐기물을 처리하기 위해 비용이 발생한다면 매수인은 그 비용을 민법 제390조에 따라 채무불이행으로 인한 손해배상으로 청구할 수도 있고, 민법 제580조 제1항에 따라 하자담보책임으로 인한 손해배상으로 청구할 수도 있다(대판 2021.4.8. 2017다202050).
> • 매도인이 성토작업을 기화로 다량의 폐기물을 은밀히 매립하고 그 위에 토사를 덮은 다음 도시계획사업을 시행하는 공공사업시행자와 사이에서 정상적인 토지임을 전제로 협의취득절차를 진행하여 이를 매도함으로써 매수자로 하여금 그 토지의 폐기물처리비용 상당의 손해를 입게 하였다면 매도인은 이른바 불완전이행으로서 채무불이행으로 인한 손해배상책임을 부담하고, 이는 하자 있는 토지의 매매로 인한 민법 제580조 소정의 하자담보책임과 경합적으로 인정된다고 할 것이다. 한편, 피고가 스스로 법령에 의하여 요구되는 정도와 방법에 부합하도록 폐기물을 처리하여 판시

> 토지를 정상적으로 복구할 것을 기대하기 어려워 원고가 그 처리비용 상당의 손해배상을 구하는 이 사건에서 원고에게 피고가 스스로 폐기물을 처리할 것만을 청구하거나 손해배상청구에 앞서 이러한 청구를 먼저 행사하여야 할 의무는 없는 것이고, 나아가 폐기물처리비용이 매매대금을 초과한다는 사정은 원고의 손해배상청구권 행사에 아무런 장애가 되지 않는다고 할 것이다(대판 2004.7.22. 2002다51586).
>
> - 헌법 제35조 제1항, 구 환경정책기본법, 구 토양환경보전법 및 구 폐기물관리법의 취지와 아울러 토양오염원인자의 피해배상의무 및 오염토양 정화의무, 폐기물 처리의무 등에 관한 관련 규정들과 법리에 비추어 보면, 토지의 소유자라 하더라도 토양오염물질을 토양에 누출·유출하거나 투기·방치함으로써 토양오염을 유발하였음에도 오염토양을 정화하지 않은 상태에서 오염토양이 포함된 토지를 거래에 제공함으로써 유통되게 하거나, 토지에 폐기물을 불법으로 매립하였음에도 처리하지 않은 상태에서 토지를 거래에 제공하는 등으로 유통되게 하였다면, 다른 특별한 사정이 없는 한 이는 거래의 상대방 및 토지를 전전 취득한 현재의 토지 소유자에 대한 위법행위로서 불법행위가 성립할 수 있다. 그리고 토지를 매수한 현재의 토지 소유자가 오염토양 또는 폐기물이 매립되어 있는 지하까지 토지를 개발·사용하게 된 경우 등과 같이 자신의 토지소유권을 완전하게 행사하기 위하여 오염토양 정화비용이나 폐기물 처리비용을 지출하였거나 지출해야만 하는 상황에 이르렀다거나 구 토양환경보전법에 의하여 관할 행정관청으로부터 조치명령 등을 받음에 따라 마찬가지의 상황에 이르렀다면 위법행위로 인하여 오염토양 정화비용 또는 폐기물 처리비용의 지출이라는 손해의 결과가 현실적으로 발생하였으므로, 토양오염을 유발하거나 폐기물을 매립한 종전 토지 소유자는 오염토양 정화비용 또는 폐기물 처리비용 상당의 손해에 대하여 불법행위자로서 손해배상책임을 진다(대판 2016.5.19. 2009다66549[전합]).

    ⓒ **법률상의 장애** : 건축을 위하여 토지를 매수하였으나 건축허가가 나오지 않는 지역인 경우 즉 매매의 목적물에 물질적인 흠은 없으나 법률상의 장애가 있어 목적물을 사용하지 못한 경우에 물건의 하자에 해당하는지 문제되나, 판례는 물건의 하자로 보고 있다(대판 1985.4.9. 84다카2525). 따라서 판례에 의하면 법률상의 장애가 있더라도 경매의 경우에 담보책임을 부담하지 아니한다. 기출 15·18·21

② 매수인이 하자의 존재에 대하여 선의·무과실일 것(민법 제580조 제1항 단서, 제581조 제1항)

2) **책임의 내용**

① **특정물매매의 경우** : 목적물의 하자로 인하여 매매의 목적을 달성할 수 없을 때, 매수인은 계약을 해제할 수 있고, 손해배상을 청구할 수 있다.

② **불특정물매매의 경우** : 불특정물매매의 경우, 나중에 특정된 목적물의 하자로 인하여 매매의 목적을 달성할 수 없는 때에는 민법 제580조가 준용되어 계약을 해제할 수 있으며, 손해배상을 청구할 수 있다(민법 제581조 제1항). 다만, 매수인은 계약의 해제 또는 손해배상을 청구하지 않고서 그에 갈음하여 하자 없는 완전물의 급부를 청구할 수도 있다(민법 제581조 제2항).

③ **권리행사기간**(민법 제582조) : 6개월의 기간은 제척기간이며, 재판상 또는 재판 외의 권리행사기간이고 재판상 청구를 위한 출소기간은 아니다(대판 1985.11.12. 84다카2344).

> 판례는 매도인에 대한 하자담보에 기한 손해배상청구권에 대하여는 민법 제582조의 제척기간이 적용되고, 이는 법률관계의 조속한 안정을 도모하고자 하는 데에 취지가 있다. 그런데 하자담보에 기한 매수인의 손해배상청구권은 권리의 내용·성질 및 취지에 비추어 민법 제162조 제1항의 채권 소멸시효의 규정이 적용되고, 민법 제582조의 제척기간 규정으로 인하여 소멸시효 규정의 적용이 배제된다고 볼 수 없으며, 이때 다른 특별한 사정이 없는 한 무엇보다도 매수인이 매매 목적물을 인도받은 때부터 소멸시효가 진행한다고 해석함이 타당하다고(대판 2011.10.13. 2011다10266) 판시하여 제척기간과 소멸시효의 경합을 인정하고 있다.

④ 확대손해의 처리

> 매도인이 매수인에게 공급한 부품이 통상의 품질이나 성능을 갖추고 있는 경우, 나아가 내한성이라는 특수한 품질이나 성능을 갖추고 있지 못하여 하자가 있다고 인정할 수 있기 위하여는, 매수인이 매도인에게 완제품이 사용될 환경을 설명하면서 그 환경에 충분히 견딜 수 있는 내한성 있는 부품의 공급을 요구한 데 대하여, 매도인이 부품이 그러한 품질과 성능을 갖춘 제품이라는 점을 명시적으로나 묵시적으로 보증하고 공급하였다는 사실이 인정되어야만 할 것이고, 특히 매매목적물의 하자로 인하여 확대손해 내지 2차 손해가 발생하였다는 이유로 매도인에게 그 확대손해에 대한 배상책임을 지우기 위하여는 채무의 내용으로 된 하자 없는 목적물을 인도하지 못한 의무위반사실 외에 그러한 의무위반에 대하여 매도인에게 귀책사유가 인정될 수 있어야만 한다(대판 1997.5.7. 96다39455).

(5) 그 밖의 담보책임

1) 채권의 매도인 담보책임

> **채권매매와 매도인의 담보책임(민법 제579조)**
> ① 채권의 매도인이 채무자의 자력을 담보한 때에는 매매계약당시의 자력을 담보한 것으로 추정한다.
> ② 변제기에 도달하지 아니한 채권의 매도인이 채무자의 자력을 담보한 때에는 변제기의 자력을 담보한 것으로 추정한다.

2) 경매에 있어서의 담보책임

> **경매와 매도인의 담보책임(민법 제578조)**
> ① 경매의 경우에는 경락인은 전8조의 규정에 의하여 채무자에게 계약의 해제 또는 대금감액의 청구를 할 수 있다.
> ② 전항의 경우에 채무자가 자력이 없는 때에는 경락인은 대금의 배당을 받은 채권자에 대하여 그 대금전부나 일부의 반환을 청구할 수 있다.
> ③ 전2항의 경우에 채무자가 물건 또는 권리의 흠결을 알고 고지하지 아니하거나 채권자가 이를 알고 경매를 청구한 때에는 경락인은 그 흠결을 안 채무자나 채권자에 대하여 손해배상을 청구할 수 있다.

① 요 건
  ㉠ 경매가 유효할 것 : 민법 제578조와 민법 제580조 제2항이 말하는 '경매'는 민사집행법상의 강제집행이나 담보권 실행을 위한 경매 또는 국세징수법상의 공매 등과 같이 국가나 그를 대행하는 기관 등이 법률에 기하여 목적물 권리자의 의사와 무관하게 행하는 매도행위만을 의미하는 것으로 해석하여야 한다(대판 2016.8.24. 2014다80839). 여기서 경매는 공경매를 말하고, 사경매는 포함되지 않는다.

> 경락인이 강제경매절차를 통하여 부동산을 경락받아 대금을 완납하고 그 앞으로 소유권이전등기까지 마쳤으나, 그 후 강제경매절차의 기초가 된 채무자 명의의 소유권이전등기가 원인무효의 등기이어서 경매 부동산에 대한 소유권을 취득하지 못하게 된 경우, 이와 같은 강제경매는 무효라고 할 것이므로 경락인은 경매 채권자에게 경매대금 중 그가 배당받은 금액에 대하여 일반 부당이득의 법리에 따라 반환을 청구할 수 있고, 민법 제578조 제1항, 제2항에 따른 경매의 채무자나 채권자의 담보책임은 인정될 여지가 없다(대판 2004.6.24. 2003다59259).

  ㉡ 경매의 목적물에 권리의 하자가 있을 것 : 경매의 목적물에 권리의 하자가 있을 때 담보책임이 인정된다. 이와 달리 물건의 하자가 있더라도 원칙적으로 하자담보책임은 생기지 않는다(민법 제580조 제2항).

② 책임의 내용
  ㉠ 해제권·대금감액청구권(민법 제578조 제1항)
  ㉡ 대금반환청구권(민법 제578조 제2항)
  ㉢ 손해배상청구권(민법 제578조 제3항)

(6) 담보책임과 동시이행

> **담보책임과 동시이행(민법 제583조)**
> 제536조의 규정은 제572조 내지 제575조, 제580조 및 제581조의 경우에 준용한다.

양 당사자가 부담하는 의무는 하나의 쌍무계약에서 발생한 것은 아니지만, 서로 밀접한 관계가 있으므로 그 이행에 견련성(동시이행관계)을 인정한 것이다.

(7) 관련 판례

1) 매도인의 하자담보책임에 기한 손해배상청구권의 소멸시효 완성 여부

[1] 공익사업을 위한 토지 등의 취득 및 보상에 관한 법률에 따라 공공사업의 시행자가 토지를 협의취득하는 행위는 사법상의 법률행위로 일방당사자의 채무불이행에 대하여 민법에 따른 손해배상 또는 하자담보책임을 물을 수 있다. 이 경우 매도인에 대한 하자담보에 기한 손해배상청구권에 대하여는 민법 제162조 제1항의 채권소멸시효의 규정이 적용되고, 매수인이 매매의 목적물을 인도받은 때부터 소멸시효가 진행한다.

[2] 갑 공사가 택지개발사업을 시행하면서 을 등이 소유한 토지를 공공용지로 협의취득하였고, 갑 공사를 합병한 병 공사가 위 택지개발사업을 준공한 다음 위 토지 중 일부를 정에게 매도하여 소유권이전등기를 마쳐 주었는데, 정이 건물을 신축하기 위해 터파기공사를 하던 중 위 토지 지하에 폐기물이 매립되어 있는 것을 발견하여 병 공사에 통보하자, 병 공사가 을 등을 상대로 매도인의 하자담보책임에 기한 손해배상을 구한 경우, 갑 공사가 을 등 소유의 토지를 매수한 행위는 상행위에 해당하지 않아 상법 제64조가 적용되지 않고, 병 공사가 을 등에게 매도인의 담보책임을 구하고 있으므로, 갑 공사가 위 토지에 관하여 소유권이전등기를 마친 때부터 민법 제162조 제1항에 따른 10년의 소멸시효가 진행되고, 그로부터 10년이 지나기 전에 소가 제기되어 병 공사의 손해배상청구권은 소멸시효가 완성되지 않았다고 보아야 한다(대판 2020.5.28. 2017다265389).

2) 목적물의 하자로 인하여 계약의 목적을 달성할 수 없다는 것의 의미

민법 제581조 제1항, 제580조 제1항, 제575조 제1항은 매매의 목적물에 하자가 있을 때 매수인은 그 하자로 인하여 계약의 목적을 달성할 수 없는 경우에 한하여 계약을 해제할 수 있고, 기타의 경우에는 손해배상만을 청구할 수 있다고 규정하고 있다. 여기서 목적물의 하자로 인하여 계약의 목적을 달성할 수 없다는 것은, 그 하자가 중대하고 보수가 불가능하거나 가능하더라도 장기간을 요하는 등 계약해제권을 행사하는 것이 정당하다고 인정되는 경우를 의미한다(대판 2023.4.13. 2022다296776).

[담보책임의 내용]

담보책임의 원인	매수인의 선의·악의	책임의 내용(매수인의 권리)			제척기간
		해제권	손해배상청구권	대금감액청구권	
전부 타인의 권리 (민법 제570조)	선 의	○	○	-	제한 없음
	악 의	○	×	-	
일부 타인의 권리 (민법 제572조)	선 의	일정한 경우에 있음	○	○	1년
	악 의	×	×	○	
수량부족·일부멸실 (민법 제574조)	선 의	일정한 경우에 있음	○	○	
	악 의	×	×	×	
용익권에 의한 제한 (민법 제575조)	선 의	목적을 달성할 수 없는 경우에 있음	○	-	
	악 의	×	×	-	
저당권·전세권에 의한 제한 (민법 제576조)	선 의	일정한 경우에 있음	일정한 경우에 있음	-	제한 없음
	악 의	일정한 경우에 있음	일정한 경우에 있음	-	
특정물의 하자 (민법제580조)	선의·무과실	목적을 달성할 수 없는 경우에 있음	○	-	6월
	악 의	×	×	-	
불특정물의 하자 (민법 제581조)	선의·무과실	목적을 달성할 수 없는 경우에 있음	손해배상청구권 또는 완전물급부청구권	-	
	악 의	×	×	-	

3. 매수인의 의무

동일기한의 추정(민법 제585조)
매매의 당사자 일방에 대한 의무이행의 기한이 있는 때에는 상대방의 의무이행에 대하여도 동일한 기한이 있는 것으로 추정한다.

대금지급장소(민법 제586조)
매매의 목적물의 인도와 동시에 대금을 지급할 경우에는 그 인도장소에서 이를 지급하여야 한다.

권리주장자가 있는 경우와 대금지급거절권(민법 제588조)
매매의 목적물에 대하여 권리를 주장하는 자가 있는 경우에 매수인이 매수한 권리의 전부나 일부를 잃을 염려가 있는 때에는 매수인은 그 위험의 한도에서 대금의 전부나 일부의 지급을 거절할 수 있다. 그러나 매도인이 상당한 담보를 제공한 때에는 그러하지 아니하다. 기출 25

대금공탁청구권(민법 제589조)
전조의 경우에 매도인은 매수인에 대하여 대금의 공탁을 청구할 수 있다.

매수인은 매도인의 재산권이전에 대한 반대급부로서 대금지급 의무를 진다(민법 제568조 제1항).
① 대금지급장소는 채권자의 현주소에서 하는 것이 원칙이다(민법 제467조 제2항).
② 매매의 목적물의 인도와 동시에 대금을 지급할 경우에는 그 인도장소에서 이를 지급하여야 한다(민법 제586조).

기출 12

③ 매수인이 동시이행의 항변권을 원용할 수 있는 경우에는 대금의 지급을 거절할 수 있다.
④ 매수인에게 목적물 수령의무가 있는가에 대하여 통설은 협력공동체로서 수령의무를 인정한다.

Ⅳ 환매와 재매매의 예약

환매의 의의(민법 제590조)
① 매도인이 매매계약과 동시에 환매할 권리를 보류한 때에는 그 영수한 대금 및 매수인이 부담한 매매비용을 반환하고 그 목적물을 환매할 수 있다.
② 전항의 환매대금에 관하여 특별한 약정이 있으면 그 약정에 의한다.
③ 전2항의 경우에 목적물의 과실과 대금의 이자는 특별한 약정이 없으면 이를 상계한 것으로 본다.

환매기간(민법 제591조)
① 환매기간은 부동산은 5년, 동산은 3년을 넘지 못한다. 약정기간이 이를 넘는 때에는 부동산은 5년, 동산은 3년으로 단축한다.
② 환매기간을 정한 때에는 다시 이를 연장하지 못한다.
③ 환매기간을 정하지 아니한 때에는 그 기간은 부동산은 5년, 동산은 3년으로 한다.

환매등기(민법 제592조) 기출 24
매매의 목적물이 부동산인 경우에 매매등기와 동시에 환매권의 보류를 등기한 때에는 제3자에 대하여 그 효력이 있다.

환매권의 대위행사와 매수인의 권리(민법 제593조)
매도인의 채권자가 매도인을 대위하여 환매하고자 하는 때에는 매수인은 법원이 선정한 감정인의 평가액에서 매도인이 반환할 금액을 공제한 잔액으로 매도인의 채무를 변제하고 잉여액이 있으면 이를 매도인에게 지급하여 환매권을 소멸시킬 수 있다.

환매의 실행(민법 제594조)
① 매도인은 기간 내에 대금과 매매비용을 매수인에게 제공하지 아니하면 환매할 권리를 잃는다.
② 매수인이나 전득자가 목적물에 대하여 비용을 지출한 때에는 매도인은 제203조의 규정에 의하여 이를 상환하여야 한다. 그러나 유익비에 대하여는 법원은 매도인의 청구에 의하여 상당한 상환기간을 허여할 수 있다.

공유지분의 환매(민법 제595조)
공유자의 1인이 환매할 권리를 보류하고 그 지분을 매도한 후 그 목적물의 분할이나 경매가 있는 때에는 매도인은 매수인이 받은 또는 받을 부분이나 대금에 대하여 환매권을 행사할 수 있다. 그러나 매도인에게 통지하지 아니한 매수인은 그 분할이나 경매로써 매도인에게 대항하지 못한다.

1. 환매

(1) 서설

1) 의의
매도인이 매매계약과 동시에 매수인과 특약에 의하여 환매권을 유보하는 경우, 일정한 기간 내에 그 환매권을 행사하여 매매의 목적물을 다시 사오는 것을 말한다(민법 제590조).

2) 법적 성질
해제권유보부 매매라는 견해와 재매매의 예약이라는 견해의 대립이 있다.

3) 환매의 기능
매도인이 매도한 물건을 다시 매수해야 할 필요성과 금전대차를 하면서 채권담보를 하기 위함이다.

(2) 환매특약의 성립시기
① 환매특약은 매매계약의 성립과 동시에 하여야 한다(환매특약은 매매계약과는 별개의 계약이다).
② 단, 매매계약의 성립 후에 환매를 약정하면 환매특약으로서는 인정되지 않지만, 재매매의 예약이 된다.

(3) 환매대금
환매대금은 특약에 의하는 것이 원칙이다(민법 제590조 제2항). 단, 민법 제607조, 제608조의 제한이 있다.

(4) 환매의 실행
환매기간 내에 환매대금을 매수인에게 제공하고 환매의 의사표시를 한다(민법 제594조 제1항). 환매대금의 현실적인 제공이 있어야 환매의 효과가 발생한다.

(5) 환매기간
① 부동산은 5년, 동산은 3년을 초과하지 못한다(민법 제591조 제1항 제1문).
② 기간을 정한 때에는 다시 이 기간을 연장할 수 없다(민법 제591조 제2항).
③ 환매기간의 기산점은 '특약의 성립일'이다.
④ 환매기간을 경과하면 환매권이 소멸되므로, 환매기간 경과 후에는 환매권을 행사할 수 없다(민법 제594조 제1항).

(6) 환매권의 법적 성질
① 환매권은 형성권이다.
② 환매권은 양도성이 있다.
③ 환매권은 일신전속적 권리가 아니므로 채권자대위권의 객체가 될 수 있다(민법 제593조).

(7) 공유지분의 환매(민법 제595조)

(8) 환매의 효과

1) 해제권유보부 매매설
① 환매권의 행사를 본매매계약의 약정해제권의 행사로 보는 견해이다.
② 물권복귀 시 환매의 목적물이 부동산이라면 등기는 말소등기가 된다. 따라서 물권행위의 무인론에 의하면 말소등기가 있어야 소유권이 매도인에게 복귀하고, 유인론에 의하면 말소등기 없이 환매권행사 즉시 소유권이 복귀한다.

2) 재매매의 예약설
① 환매권의 행사를 재매매의 예약의 예약완결권의 행사로 보는 견해이다.
② 환매의 목적물이 부동산이라면 이전등기에 의하여 매도인에게 소유권이 복귀된다(판례).

2. 재매매의 예약

(1) 의 의
① 재매매의 예약이란 어떤 물건 또는 권리를 타인에게 매각하면서 장차 그 물건이나 권리를 다시 매수하기로 하는 예약을 말한다.
② 재매매의 예약은 일종의 매매예약이므로 민법 제564조의 일방예약에 관한 규정이 적용되어 일방예약으로 추정된다.

(2) 환매와의 비교

구 분	환 매	재매매예약
법적 근거	민법 제590조	無
특약시기	매매계약과 동시에 환매특약을 함	제한 없음
대 금	특약이 없으면 일정범위로 제한 (민법 제590조 제1항·제2항)	제한 없음
존속기간	부동산 5년, 동산 3년 (민법 제591조 제1항·제3항)	제한 없음 단, 형성권의 행사이므로 10년의 제척기간이 걸림
등기 여부	환매권의 유보를 등기할 수 있음(민법 제592조)	특별규정이 없기에 일반적인 청구권보전의 가등기를 할 수 있을 뿐임

V 특수한 매매

1. 소유권유보부 매매

(1) 의 의
매도인이 매매목적물을 매수인에게 인도하되, 자신의 대금채권을 확보하기 위해 매매대금이 모두 지급될 때까지 소유권을 매도인 자신에게 유보하고 대금의 완납이 있으면 자동적으로 소유권이 이전되도록 약정하는 매매이다.

(2) 법적 성질

1) 정지조건부 소유권이전설
대금의 완납이라는 정지조건이 성취되면 소유권은 매수인에게 자동으로 이전된다는 견해이다(통설·판례).

2) 담보물권설
소유권유보의 목적이 담보의 목적이라면 매도인의 권리를 소유권으로 구성할 것이 아니라 담보권으로 구성하자는 견해이다. 이에 따르면 소유권은 처음부터 매수인에게 이전되고 매도인은 담보권을 가질 뿐이다.

(3) 법률관계

1) 대내관계
소유권은 매도인에게 있으나, 사용·수익권과 과실취득권은 매수인에게 있다.

2) 대외관계
정지조건부 소유권이전설에 의하면 매도인이 소유자이고, 담보물권설에 의하면 매수인이 소유자가 된다.

(4) 소유권유보의 소멸

매수인이 매매대금을 완납함으로써 소유권유보는 소멸한다. 그 밖에 목적물의 소유권이 매수인이나 제3자에게 이전되면 소유권유보가 소멸한다.

(5) 위험부담

매수인이 할부대금을 완납하기 전에 목적물이 멸실된 경우 매수인은 소유권을 취득하지는 못하였지만 목적물을 인도받아 사용하고 있는 중이었으므로 매수인이 위험을 부담하여 계속하여 대금을 지급할 의무가 있다(통설).

2. 할부매매

(1) 의 의

할부매매란 매수인이 매도인에게 일정기간 이상에 걸쳐 매매대금을 분할하여 지급하고, 대금완납 전에 목적물을 미리 인도받는 형식의 매매를 말한다.

(2) 할부거래에 관한 법률

할부거래에 관한 법률은 계약체결 전의 정보제공(할부거래법 제5조)과 할부계약의 서면주의(동법 제6조), 매수인의 철회권(동법 제8조), 매도인의 계약해제와 손해배상(동법 제11조, 제12조) 등을 규정하고 있다.

3. 방문판매 · 통신판매 · 다단계판매 등

제3절 교 환

> **교환의 의의(민법 제596조)**
> 교환은 당사자 쌍방이 금전 이외의 재산권을 상호이전할 것을 약정함으로써 그 효력이 생긴다.
>
> **금전의 보충지급의 경우(민법 제597조)**
> 당사자 일방이 전조의 재산권이전과 금전의 보충지급을 약정한 때에는 그 금전에 대하여는 매매대금에 관한 규정을 준용한다.

I 의 의

교환은 당사자 쌍방이 금전 외의 재산권을 서로 이전할 것을 약정함으로써 성립하는 계약이다(민법 제596조).

II 법적 성질

① 낙성 · 쌍무 · 유상 · 불요식의 계약이다.
② 교환도 유상계약이기 때문에 매매에 관한 규정이 일반적으로 준용된다. 따라서 담보책임, 동시이행의 항변권, 위험부담에 관한 규정이 준용된다.

제4절 소비대차

소비대차의 의의(민법 제598조)
소비대차는 당사자 일방이 금전 기타 대체물의 소유권을 상대방에게 이전할 것을 약정하고 상대방은 그와 같은 종류, 품질 및 수량으로 반환할 것을 약정함으로써 그 효력이 생긴다.

파산과 소비대차의 실효(민법 제599조)
대주가 목적물을 차주에게 인도하기 전에 당사자 일방이 파산선고를 받은 때에는 소비대차는 그 효력을 잃는다.

이자계산의 시기(민법 제600조)
이자 있는 소비대차는 차주가 목적물의 인도를 받은 때로부터 이자를 계산하여야 하며 차주가 그 책임 있는 사유로 수령을 지체할 때에는 대주가 이행을 제공한 때로부터 이자를 계산하여야 한다.

무이자소비대차와 해제권(민법 제601조)
이자 없는 소비대차의 당사자는 목적물의 인도전에는 언제든지 계약을 해제할 수 있다. 그러나 상대방에게 생긴 손해가 있는 때에는 이를 배상하여야 한다.

대주의 담보책임(민법 제602조)
① 이자 있는 소비대차의 목적물에 하자가 있는 경우에는 제580조 내지 제582조의 규정을 준용한다.
② 이자 없는 소비대차의 경우에는 차주는 하자 있는 물건의 가액으로 반환할 수 있다. 그러나 대주가 그 하자를 알고 차주에게 고지하지 아니한 때에는 전항과 같다.

반환시기(민법 제603조)
① 차주는 약정시기에 차용물과 같은 종류, 품질 및 수량의 물건을 반환하여야 한다.
② 반환시기의 약정이 없는 때에는 대주는 상당한 기간을 정하여 반환을 최고하여야 한다. 그러나 차주는 언제든지 반환할 수 있다.

반환불능으로 인한 시가상환(민법 제604조)
차주가 차용물과 같은 종류, 품질 및 수량의 물건을 반환할 수 없는 때에는 그때의 시가로 상환하여야 한다. 그러나 제376조 및 제377조 제2항의 경우에는 그러하지 아니하다.

대물대차(민법 제606조)
금전대차의 경우에 차주가 금전에 갈음하여 유가증권 기타 물건의 인도를 받은 때에는 그 인도시의 가액으로써 차용액으로 한다.

I. 서 설

1. 의 의
소비대차는 당사자 일방이 금전 기타 대체물의 소유권을 상대방에게 이전할 것을 약정하고 상대방은 그와 같은 종류, 품질 및 수량으로 반환할 것을 약정함으로써 성립하는 계약이다(민법 제598조).

2. 법적 성질
① 민법상의 소비대차는 낙성·불요식의 계약이다.
② 소비대차는 원칙적으로 무상계약이지만, 유상계약일 수도 있다.
③ 소비대차가 쌍무계약인지, 편무계약인지는 견해의 대립이 있다. 무이자소비대차에 관하여는 일반적으로 편무계약으로 보나, 이자부소비대차에 관하여는 쌍무계약이라고 본다.

II. 소비대차의 성립

1. 합 의
소비대차는 낙성계약이므로 당사자의 일정한 합의만 있으면 성립한다.

2. 목적물
소비대차의 목적물은 금전 기타 대체물이다.

III. 소비대차의 효력

1. 대주의 의무

(1) 목적물의 소유권이전의무

(2) 담보책임

1) 이자부 소비대차의 경우
목적물에 하자가 있는 경우 민법 제580조 내지 민법 제582조의 규정을 준용한다(민법 제602조 제1항).

2) 무이자 소비대차의 경우
원칙적으로 담보책임이 없지만, 대주가 하자를 알고서도 고지하지 않은 경우에는 담보책임을 진다(민법 제602조 제2항 단서).

2. 차주의 의무

(1) 목적물반환의무

1) 반환시기
① 반환시기를 약정한 때에는, 차주는 약정시기에 차용물과 같은 종류·품질 및 수량의 물건을 반환하여야 한다(민법 제603조 제1항). 기출 14
② 반환시기의 약정이 없는 때에는 대주는 상당한 기간을 정하여 반환을 최고하여야 한다. 그러나 차주는 언제든지 반환할 수 있다(민법 제603조 제2항).

2) 반환할 물건
① 원칙 : 차용한 것과 동종, 동질, 동량의 물건을 반환해야 한다(민법 제598조).
② 예 외
- 차주가 하자 있는 물건을 받은 경우, 이때는 하자 있는 물건의 가액으로 반환할 수 있다(민법 제602조 제2항).
- 차주가 차용물과 같은 종류, 품질 및 수량의 물건을 반환할 수 없는 때에는 그때의 시가로 상환하여야 한다. 그러나 민법 제376조 및 민법 제377조 제2항의 경우에는 그러하지 아니하다(민법 제604조).

(2) 이자지급의무

이자지급약정이 있는 경우

핵심문제

01 민법상 소비대차에 관한 설명으로 옳은 것을 모두 고른 것은?(다툼이 있으면 판례에 따름) 변리 22

> ㄱ. 소비대차는 차주가 대주로부터 현실로 금전 등을 수수하거나 현실의 수수가 있은 것과 같은 경제적 이익을 취득하여야만 성립한다.
> ㄴ. 금전대차의 경우에 차주가 금전에 갈음하여 유가증권 기타 물건의 인도를 받은 때에는 반환 시의 가액으로써 차용액으로 한다.
> ㄷ. 이자부 소비대차에서 목적물의 하자가 중대하여 계약의 목적을 달성할 수 없는 경우, 특별한 사정이 없는 한 선의·무과실의 차주는 계약을 해제할 수 있다.

① ㄱ
② ㄴ
③ ㄷ
④ ㄱ, ㄴ
⑤ ㄱ, ㄴ, ㄷ

【해설】
ㄱ. (×) 민법상 소비대차는 당사자 일방이 금전 기타 대체물의 소유권을 상대방에게 이전할 것을 약정하고 상대방은 그와 같은 종류, 품질 및 수량으로 반환할 것을 약정함으로써 그 효력이 생기는 이른바 낙성계약이므로, 차주가 현실로 금전 등을 수수하거나 현실의 수수가 있은 것과 같은 경제적 이익을 취득하여야만 소비대차가 성립하는 것은 아니다(대판 1991.4.9. 90다14652).
ㄴ. (×) 금전대차의 경우에 차주가 금전에 갈음하여 유가증권 기타 물건의 인도를 받은 때에는 그 인도 시의 가액으로써 차용액으로 한다(민법 제606조).
ㄷ. (○) 이자부 소비대차에서 목적물의 하자가 중대하여 계약의 목적을 달성할 수 없는 경우, 특별한 사정이 없는 한 선의·무과실의 차주는 계약을 해제할 수 있다(민법 제602조 제1항, 민법 제580조 제1항, 민법 제575조 제1항 전문).

정답 ③

Ⅳ 소비대차의 실효와 해제에 관한 특칙

1. 파 산
대주가 목적물을 차주에게 인도하기 전에 당사자 일방이 파산선고를 받은 때에는 소비대차는 그 효력을 잃는다(민법 제599조).

2. 무이자소비대차와 해제권
이자 없는 소비대차의 당사자는 목적물의 인도 전에는 언제든지 계약을 해제할 수 있다. 그러나 상대방에게 생긴 손해가 있는 때에는 이를 배상하여야 한다(민법 제601조).

Ⅴ 대물변제의 예약

> **대물반환의 예약(민법 제607조)**
> 차용물의 반환에 관하여 차주가 차용물에 갈음하여 다른 재산권을 이전할 것을 예약한 경우에는 그 재산의 예약 당시의 가액이 차용액 및 이에 붙인 이자의 합산액을 넘지 못한다.
>
> **차주에 불이익한 약정의 금지(민법 제608조)**
> 전2조의 규정에 위반한 당사자의 약정으로서 차주에 불리한 것은 환매 기타 여하한 명목이라도 그 효력이 없다.

1. 적용범위
① 소비대차와 준소비대차, 소비임치에 그 적용이 있다.
② 대물변제의 예약에 적용되므로, 차주가 임의로 대물변제를 하는 경우에는 적용이 없다.
③ 대물변제의 예약에 있어서 대신 급부하기로 한 목적물에는 제한이 없다.

2. 내 용

(1) 차주의 보호
다른 재산의 예약당시의 가액이 차용액 및 이에 붙인 이자의 합산액을 초과한 경우 무효이다(민법 제607조).

(2) 민법 제608조의 의미
민법 제608조의 효력이 없다의 의미는 대물변제예약으로서는 무효이지만, 소위 약한 의미의 양도담보계약이 된 것으로 보아 그 소유권이전등기는 담보목적의 범위 내에서는 유효하다는 것이 판례의 태도이다(대판 1980.7.22. 80다998).

Ⅵ 준소비대차

> **준소비대차(민법 제605조)**
> 당사자 쌍방이 소비대차에 의하지 아니하고 금전 기타의 대체물을 지급할 의무가 있는 경우에 당사자가 그 목적물을 소비대차의 목적으로 할 것을 약정한 때에는 소비대차의 효력이 생긴다.

1. 의 의
소비대차에 의하지 않고 금전 기타 대체물을 급부할 의무를 지는 자가 상대방과의 계약에 의하여 그 목적물을 소비대차의 목적으로 할 것을 약정한 경우를 말한다.

2. 경개와의 비교
경개나 준소비대차는 모두 기존채무를 소멸하게 하고 신채무를 성립시키는 계약인 점에 있어서는 동일하지만 경개의 경우에는 기존채무와 신채무 사이에 동일성이 없는 반면, 준소비대차의 경우에는 원칙적으로 동일성이 인정된다는 점에 차이가 있다. 기존 채권·채무의 당사자가 목적물을 소비대차의 목적으로 할 것을 약정한 경우 약정을 경개로 볼 것인가 준소비대차로 볼 것인가는 일차적으로 당사자의 의사에 따라 결정되고 만약 당사자의 의사가 명백하지 않을 때에는 의사해석의 문제이나, 특별한 사정이 없는 한 동일성을 상실함으로써 채권자가 담보를 잃고 채무자가 항변권을 잃게 되는 것과 같이 스스로 불이익을 초래하는 의사를 표시하였다고는 볼 수 없으므로 일반적으로 준소비대차로 보아야 한다(대판 2016.6.9. 2014다64752).

3. 성립요건
① 금전 기타 대체물을 목적으로 하는 기존의 채무가 유효하게 존재할 것
② 기존채무의 당사자들이 그 채무의 목적물을 소비대차의 목적으로 한다는 합의를 할 것
③ 최근 판례는 준소비대차계약이 성립하려면 당사자 사이에 금전 기타의 대체물의 급부를 목적으로 하는 기존 채무가 존재하여야 하고, 기존 채무가 존재하지 않거나 또는 존재하고 있더라도 그것이 무효가 된 때에는 준소비대차계약은 효력이 없다고 하면서, 준소비대차계약의 채무자가 기존 채무의 부존재를 주장하는 이상 채권자로서는 기존 채무의 존재를 증명할 책임이 있다고 한다(대판 2024.4.25. 2022다254024).

4. 효 력
① 준소비대차는 소비대차의 효력이 생긴다(민법 제605조). 즉, 구채무가 소멸하고 소비대차에 의하여 신채무가 성립한다.
② 구채무와 신채무는 동일성을 유지하고 있으므로 구채무에 있던 종전의 항변권과 그 담보도 그대로 존속한다(대판 1994.5.13. 94다8440). 다만, 특약에 의하여 소멸할 수 있다.
③ 소멸시효기간은 준소비대차에 의하여 성립하는 신채무를 기준으로 결정된다.

제5절 사용대차

사용대차의 의의(민법 제609조)
사용대차는 당사자 일방이 상대방에게 무상으로 사용, 수익하게 하기 위하여 목적물을 인도할 것을 약정하고 상대방은 이를 사용, 수익한 후 그 물건을 반환할 것을 약정함으로써 그 효력이 생긴다. 기출 25

차주의 사용, 수익권(민법 제610조)
① 차주는 계약 또는 그 목적물의 성질에 의하여 정하여진 용법으로 이를 사용, 수익하여야 한다.
② 차주는 대주의 승낙이 없으면 제3자에게 차용물을 사용, 수익하게 하지 못한다.
③ 차주가 전2항의 규정에 위반한 때에는 대주는 계약을 해지할 수 있다. 기출 25

비용의 부담(민법 제611조)
① 차주는 차용물의 통상의 필요비를 부담한다. 기출 25
② 기타의 비용에 대하여는 제594조 제2항의 규정을 준용한다.

준용규정(민법 제612조)
제559조, 제601조의 규정은 사용대차에 준용한다.

차용물의 반환시기(민법 제613조)
① 차주는 약정시기에 차용물을 반환하여야 한다.
② 시기의 약정이 없는 경우에는 차주는 계약 또는 목적물의 성질에 의한 사용, 수익이 종료한 때에 반환하여야 한다. 그러나 사용, 수익에 족한 기간이 경과한 때에는 대주는 언제든지 계약을 해지할 수 있다. 기출 25

차주의 사망, 파산과 해지(민법 제614조)
차주가 사망하거나 파산선고를 받은 때에는 대주는 계약을 해지할 수 있다.

차주의 원상회복의무와 철거권(민법 제615조)
차주가 차용물을 반환하는 때에는 이를 원상에 회복하여야 한다. 이에 부속시킨 물건은 철거할 수 있다.

공동차주의 연대의무(민법 제616조)
수인이 공동하여 물건을 차용한 때에는 연대하여 그 의무를 부담한다. 기출 25

손해배상, 비용상환청구의 기간(민법 제617조)
계약 또는 목적물의 성질에 위반한 사용, 수익으로 인하여 생긴 손해배상의 청구와 차주가 지출한 비용의 상환청구는 대주가 물건의 반환을 받은 날로부터 6월 내에 하여야 한다.

제6절 임대차

I 서설

> **임대차의 의의(민법 제618조)**
> 임대차는 당사자 일방이 상대방에게 목적물을 사용, 수익하게 할 것을 약정하고 상대방이 이에 대하여 차임을 지급할 것을 약정함으로써 그 효력이 생긴다.

1. 의의

임대차는 임대인이 상대방, 즉 임차인에게 목적물을 사용·수익하게 할 것을 약정하고, 상대방은 이에 대하여 차임을 지급할 것을 약정함으로써 성립하는 낙성·불요식·유상쌍무계약이다.

2. 부동산임차권의 물권화 현상

부동산임차권의 물권화 내용으로는 대항력 부여, 제3자의 침해시 방해배제인정, 임차권의 존속보장 등을 들 수 있다.

3. 임대차의 목적물

① 물건이다. 즉 동산, 부동산을 불문한다.
② 임대인에게 임대물에 대한 소유권 기타 이를 임대할 권한까지 인정될 필요는 없다.

> - 타인소유의 부동산을 임대한 것이 임대차계약을 해지할 사유는 될 수 없고 목적물이 반드시 임대인의 소유일 것을 특히 계약의 내용으로 삼은 경우라야 착오를 이유로 임차인이 임대차계약을 취소할 수 있다(대판 1975.1.28, 74다2069).
> - 임대차는 당사자 일방이 상대방에게 목적물을 사용·수익하게 할 것을 약정하고 상대방이 이에 대하여 차임을 지급할 것을 약정함으로써 성립하는 것으로서(민법 제618조 참조), 임대인이 그 목적물에 대한 소유권 기타 이를 임대할 권한이 없다고 하더라도 임대차계약은 유효하게 성립한다. 따라서 임대인은 임차인으로 하여금 그 목적물을 완전하게 사용·수익하게 할 의무가 있고, 또한 임차인은 이러한 임대인의 의무가 이행불능으로 되지 아니하는 한 그 사용·수익의 대가로 차임을 지급할 의무가 있으며, 그 임대차관계가 종료되면 임차인은 임차목적물을 임대인에게 반환하여야 할 계약상의 의무가 있다. 다만 이러한 경우 임차인이 진실한 소유자로부터 목적물의 반환청구나 임료 내지 그 해당액의 지급요구를 받는 등의 이유로 임대인이 임차인으로 하여금 사용·수익하게 할 수가 없게 되면 임대인의 채무는 이행불능으로 되고 임차인은 이행불능으로 인한 임대차의 종료를 이유로 그때 이후의 임대인의 차임지급 청구를 거절할 수 있다(대판 2009.9.24, 2008다38325).

Ⅱ 임대차의 존속기간

기간의 약정 없는 임대차의 해지통고(민법 제635조)
① 임대차기간의 약정이 없는 때에는 당사자는 언제든지 계약해지의 통고를 할 수 있다. 기출 23
② 상대방이 전항의 통고를 받은 날로부터 다음 각 호의 기간이 경과하면 해지의 효력이 생긴다. 기출 15·16·24
  1. 토지, 건물 기타 공작물에 대하여는 임대인이 해지를 통고한 경우에는 6월, 임차인이 해지를 통고한 경우에는 1월
  2. 동산에 대하여는 5일

기간의 약정 있는 임대차의 해지통고(민법 제636조)
임대차기간의 약정이 있는 경우에도 당사자일방 또는 쌍방이 그 기간 내에 해지할 권리를 보류한 때에는 전조의 규정을 준용한다.

해지통고의 전차인에 대한 통지(민법 제638조)
① 임대차계약이 해지의 통고로 인하여 종료된 경우에 그 임대물이 적법하게 전대되었을 때에는 임대인은 전차인에 대하여 그 사유를 통지하지 아니하면 해지로써 전차인에게 대항하지 못한다.
② 전차인이 전항의 통지를 받은 때에는 제635조 제2항의 규정을 준용한다.

묵시의 갱신(민법 제639조)
① 임대차기간이 만료한 후 임차인이 임차물의 사용, 수익을 계속하는 경우에 임대인이 상당한 기간 내에 이의를 하지 아니한 때에는 전임대차와 동일한 조건으로 다시 임대차한 것으로 본다. 그러나 당사자는 제635조의 규정에 의하여 해지의 통고를 할 수 있다.
② 전항의 경우에 전임대차에 대하여 제3자가 제공한 담보는 기간의 만료로 인하여 소멸한다.

제651조 삭제 <2016.1.6.>
[2016.1.6. 법률 제13710호에 의하여 2013.12.26. 헌법재판소에서 위헌결정된 이 조를 삭제함]

1. 존속기간을 정한 경우

(1) 최장기간의 제한

임대차 기간에 관하여 최장기간을 제한하는 규정을 두고 최소한의 존속기간에 대하여는 제한이 없는 바 원칙적으로 20년을 넘지 못한다(민법 제651조). 기출 17 헌법재판소는 이 규정이 헌법에 위반된다고 단순위헌결정을 하였고(헌재 2013.12.26. 2011헌바234), 2016년 민법 제651조가 삭제되었다. 이에 따라 최근 판례는 당사자들이 자유로운 의사에 따라 임대차기간을 영구로 정한 약정은 이를 무효로 볼만한 특별한 사정이 없는 한 계약자유의 원칙에 의하여 허용된다고 보아야 하고, 이와 같은 임대차기간의 보장은 임대인에게는 의무가 되나 임차인에게는 권리의 성격을 갖는 것이므로 임차인으로서는 언제라도 그 권리를 포기할 수 있고, 그렇게 되면 임대차계약은 임차인에게 기간의 정함이 없는 임대차가 된다고 판시하고 있다(대판 2023.6.1. 2023다209045).

기출 24

(2) 최단기간의 제한

민법은 최단기간에 관하여 아무런 제한이 없으나, 부동산임대차에서 임차인 보호를 위하여 최단기간을 제한할 필요가 있으며, 주택임대차보호법 제4조와 상가건물 임대차보호법 제9조는 일정한 건물임대차에 관하여 최단기간을 규정하고 있다.

(3) 기간의 갱신

1) 갱신계약

당사자들이 임대차의 기간을 갱신할 수 있는데, 이 경우 동일성이 유지된다.

2) 묵시의 갱신(법정갱신)

① 판례는 본 규정을 임차인을 보호하기 위한 강행규정이라고 해석한다(대판 2011.5.26. 2011다1231).

② 임차인의 계속 사용에 상당기간 동안 임대인의 이의가 없으면 전임대차와 동일 조건으로 갱신된 것으로 본다(민법 제639조 제1항 본문). 그러나, 존속기간은 약정이 없는 것으로 당사자는 언제든지 해지통고가 가능하다(민법 제639조 제1항 단서). 이때 임대인의 이의는 명시적으로뿐만 아니라 묵시적으로도 할 수 있고, 차임을 증액하지 않으면 임대차관계를 지속하지 않겠다는 것과 같이 조건부로도 할 수 있다. 다만 임차인의 신뢰를 보호하기 위한 위 규정의 취지에 비추어 볼 때, 묵시적 또는 조건부 이의가 있다고 보기 위해서는 더 이상 임대차관계를 지속하지 않겠다는 임대인의 의사를 객관적으로 추단할 만한 사정이 있어야 한다. 한편 민법 제628조의 차임증액청구권은 임대차계약이 존속하고 있음을 전제로 행사하는 권리이므로, 임대인이 전 임대차기간 만료 후 차임증액청구권을 행사하였다는 사정만으로는 임대인이 더 이상 임대차관계를 지속하지 않겠다는 의사에 기하여 민법 제639조 제1항의 이의를 하였다고 보기 어렵다(대판 2025.3.13. 2024다315046).

③ 묵시의 갱신이 성립되는 경우 전 임대차에 대하여 제3자가 제공한 담보는 소멸한다(민법 제639조 제2항).

2. 존속기간을 정하지 않은 경우

① 당사자는 언제든지 해지의 통고를 할 수 있지만, 해지의 효력은 상대방이 해지통고를 받은 날부터 일정한 기간이 경과하여야 한다(민법 제635조 참조). 이 규정에 위반하는 약정으로 임차인에게 불리한 것은 그 효력이 없다(민법 제652조).

② 존속기간을 정하지 않은 경우에도 주택임대차보호법 제4조는 2년, 상가건물 임대차보호법 제9조는 1년의 존속기간을 보장한다.

3. 처분능력, 권한 없는 자의 단기임대차의 존속기간

> **처분능력, 권한 없는 자의 할 수 있는 단기임대차(민법 제619조)**
> 처분의 능력 또는 권한 없는 자가 임대차를 하는 경우에는 그 임대차는 다음 각 호의 기간을 넘지 못한다.
> 1. 식목, 채염 또는 석조, 석회조, 연와조 및 이와 유사한 건축을 목적으로 한 토지의 임대차는 10년
> 2. 기타 토지의 임대차는 5년
> 3. 건물 기타 공작물의 임대차는 3년
> 4. 동산의 임대차는 6월

III 임대인의 의무

임대인의 의무(민법 제623조)
임대인은 목적물을 임차인에게 인도하고 계약존속중 그 사용, 수익에 필요한 상태를 유지하게 할 의무를 부담한다.

임차인의 상환청구권(민법 제626조)
① 임차인이 임차물의 보존에 관한 필요비를 지출한 때에는 임대인에 대하여 그 상환을 청구할 수 있다.
② 임차인이 유익비를 지출한 경우에는 임대인은 임대차종료시에 그 가액의 증가가 현존한 때에 한하여 임차인의 지출한 금액이나 그 증가액을 상환하여야 한다. 이 경우에 법원은 임대인의 청구에 의하여 상당한 상환기간을 허여할 수 있다.

핵심문제

01 임대차에 관한 설명으로 옳지 않은 것은?(다툼이 있으면 판례에 따름) 변리 25

① 건물의 소유를 목적으로 한 토지임대차는 이를 등기하지 아니한 경우에도 임차인이 그 지상건물을 등기한 때에는 제3자에 대하여 임대차의 효력이 생긴다.
② 임차인이 임대인의 동의를 얻어 임차물을 전대한 때에는 전차인은 직접 임대인에 대하여 의무를 부담한다.
③ 건물 소유를 목적으로 한 기간약정 없는 토지임대차계약이 임대인의 해지통고로 종료한 경우 임차인은 건물이 현존한 때에는 건물매수청구권을 행사할 수 있다.
④ 임차인의 필요비 및 유익비 청구권 등 비용청구 규정은 강행규정이 아니므로 사전 포기약정은 그 효력이 있다.
⑤ 임차인은 임차 건물의 보존에 관하여 선량한 관리자의 주의의무를 다하였음을 증명하지 못하는 이상 건물의 유지·존립과 불가분의 일체 관계에 있는 임차 외 건물 부분이 소훼되어 임대인이 입게 된 손해도 채무불이행으로 인한 손해로 배상할 의무가 있다.

[해설]
① (○) 건물의 소유를 목적으로 한 토지임대차는 이를 등기하지 아니한 경우에도 임차인이 그 지상건물을 등기한 때에는 제3자에 대하여 임대차의 효력이 생긴다(민법 제622조 제1항).
② (○) 임차인이 임대인의 동의를 얻어 임차물을 전대한 때에는 전차인은 직접임대인에 대하여 의무를 부담한다. 이 경우에 전차인은 전대인에 대한 차임의 지급으로써 임대인에게 대항하지 못한다(민법 제630조 제1항).
③ (○) 대판 2009.11.26, 2009다70012
④ (○) 임차인이 임차물의 보존에 관한 필요비를 지출한 때에는 임대인에 대하여 그 상환을 청구할 수 있다(민법 제626조 제1항).
⑤ (×) 임차인이 임대인 소유 건물의 일부를 임차하여 사용·수익하던 중 임차 건물 부분에서 화재가 발생하여 임차 건물 부분이 아닌 건물 부분(이하 '임차 외 건물 부분')까지 불에 타 그로 인해 임대인에게 재산상 손해가 발생한 경우에, 임차 외 건물 부분이 구조상 불가분의 일체를 이루는 관계에 있는 부분이라 하더라도, 그 부분에 발생한 손해에 대하여 임대인이 임차인을 상대로 채무불이행을 원인으로 하는 배상을 구하려면, 임차인이 보존·관리의무를 위반하여 화재가 발생한 원인을 제공하는 등 화재 발생과 관련된 임차인의 계약상 의무 위반이 있었고, 그러한 의무 위반과 임차 외 건물 부분의 손해 사이에 상당인과관계가 있으며, 임차 외 건물 부분의 손해가 의무 위반에 따라 민법 제393조에 의하여 배상하여야 할 손해의 범위 내에 있다는 점에 대하여 임대인이 주장·증명하여야 한다(대판 2017.5.18, 2012다86895[전합]). 따라서 이 점에 대하여 임대인의 주장·증명이 없는 경우에는 임차인은 임차 외 건물 부분에 대해서까지 채무불이행에 따른 손해배상책임을 지지 아니한다.

정답 ⑤

1. **임대인의 수선의무(임차물을 사용·수익하게 할 의무)**

　임대인은 임차인이 목적물을 사용·수익할 수 있는 상태로 목적물을 임차인에게 인도하여야 하고, 임대차 기간 중 그러한 상태를 유지시킬 의무를 부담한다. 어떠한 상태가 사용·수익에 적합한 상태인지는 임대차 목적물의 통상적인 사용방법을 중심으로 하되, 단순히 물리적인 사용·수익 가능성뿐만 아니라, 임대차의 목적과 유형, 거래 관행, 계약의 내용을 통해 드러난 당사자의 의사 등을 종합적으로 고려하여 판단해야 한다(대판 2025.5.1. 2024다293580). 임차인이 목적물을 사용·수익할 수 있게 해 줄 적극적 의무를 부담하는 결과 임대인은 목적물인도의무, 방해배제의무, 비용상환의무, 담보책임과 같은 의무를 부담한다. 판례는 임차인이 계약에 의하여 정하여진 목적에 따라 사용·수익하는 데 하자가 있는 목적물인 경우 임대인은 하자를 제거한 다음 임차인에게 하자 없는 목적물을 인도할 의무가 있다고 하여 임대인이 임차인에게 그와 같은 하자를 제거하지 아니하고 목적물을 인도하였다면 사후에라도 위 하자를 제거하여 임차인이 목적물을 사용·수익하는 데 아무런 장해가 없도록 해야만 하고, 임대인의 임차목적물의 사용·수익상태 유지의무는 임대인 자신에게 귀책사유가 있어 하자가 발생한 경우는 물론, 자신에게 귀책사유가 없이 하자가 발생한 경우에도 면해지지 아니하며 임대인이 그와 같은 하자 발생 사실을 몰랐다거나 반대로 임차인이 이를 알거나 알 수 있었다고 하더라도 마찬가지라고 판시하고 있다(대판 2021.4.29. 2021다202309).

2. **필요비상환의무**

(1) **요 건**

① 임차인이 임차목적물의 보존에 관하여 비용을 지출할 것
② 임대인이 부담할 비용일 것 : 임대인이 부담하여야 할 수선비용을 임차인이 대신하여 지출한 경우 임차인이 임대인에게 이를 필요비로 상환청구할 수 있다(지상권자, 전세권자의 경우 필요비 상환청구권이 없다는 점과 비교된다).

(2) **효 과**

　1) 행사시기

　임차인이 임차물의 보존에 관한 필요비를 지출하였을 경우에는 즉시 상환 청구를 할 수 있다(민법 제626조 제1항).

　2) 상환청구액

　임차인은 필요비의 현존 여부와 상관없이 임대인에게 지출한 비용 전액을 청구할 수 있다.

　3) 동시이행의 항변권

　임차인은 임대인으로부터 필요비를 상환받을 때까지 임대인에게 차임의 지급을 거절할 수 있다.

　4) 유치권

　임차인은 필요비상환청구권에 기하여 '임차목적물'을 유치할 수 있다.

3. 유익비상환의무

(1) 요 건

① 임차인이 지출한 결과가 임차목적물의 구성부분이 되어 독립성을 상실할 것
② 목적물의 객관적 가치를 증가시키키 위해 투입한 비용일 것
③ 임대차 종료 시에 가액의 증가가 현존할 것

(2) 효 과

① 임차인은 임대차계약이 종료한 때 임대인에게 그 상환을 청구할 수 있다(민법 제626조 제2항).

> 민법 제495조에 따른 소멸시효가 완성된 채권에 의한 상계는 '자동채권의 소멸시효 완성 전에 양 채권이 상계적상에 이르렀을 것'을 요건으로 하는지 여부(적극) / 임차인이 유익비를 지출한 경우, 임차인의 유익비상환채권의 발생 시기(= 임대차계약 종료 시) 및 임대차 존속 중 임대인의 구상금채권 소멸시효가 완성된 경우, 임대인이 이미 소멸시효가 완성된 구상금채권을 자동채권으로 삼아 임차인의 유익비상환채권과 상계할 수 있는지 여부(소극)
> 민법 제495조는 "소멸시효가 완성된 채권이 그 완성 전에 상계할 수 있었던 것이면 그 채권자는 상계할 수 있다."라고 규정하고 있다. 이는 당사자 쌍방의 채권이 상계적상에 있었던 경우에 당사자들은 그 채권·채무관계가 이미 정산되어 소멸하였다고 생각하는 것이 일반적이라는 점을 고려하여 당사자들의 신뢰를 보호하기 위한 것이다. 다만 이는 '자동채권의 소멸시효 완성 전에 양 채권이 상계적상에 이르렀을 것'을 요건으로 한다. 민법 제626조 제2항은 임차인이 유익비를 지출한 경우에는 임대인은 임대차 종료 시에 그 가액의 증가가 현존한 때에 한하여 임차인의 지출한 금액이나 그 증가액을 상환하여야 한다고 규정하고 있으므로, 임차인의 유익비상환채권은 임대차계약이 종료한 때에 비로소 발생한다고 보아야 한다. 따라서 임대차 존속 중 임대인의 구상금채권의 소멸시효가 완성된 경우에는 위 구상금채권과 임차인의 유익비상환채권이 상계할 수 있는 상태에 있었다고 할 수 없으므로, 그 이후에 임대인이 이미 소멸시효가 완성된 구상금채권을 자동채권으로 삼아 임차인의 유익비상환채권과 상계하는 것은 민법 제495조에 의하더라도 인정될 수 없다(대판 2021.2.10. 2017다258787).

② 임차인은 그가 지출한 금액과 현존하는 증가된 가액 중 임대인이 선택한 것을 임대인에게 청구할 수 있다.
③ 법원은 유익비의 상환에 관하여 상당한 기간을 허용할 수 있다. 이 경우 임차인은 유치권을 주장할 수 없다.

Ⅳ 임차인의 권리

1. 임차물의 사용·수익권

2. 임차권의 대항력

> **임대차의 등기(민법 제621조)**
> ① 부동산임차인은 당사자 간에 반대약정이 없으면 임대인에 대하여 그 임대차등기절차에 협력할 것을 청구할 수 있다.
> ② 부동산임대차를 등기한 때에는 그때부터 제3자에 대하여 효력이 생긴다.
>
> **건물등기 있는 차지권의 대항력(민법 제622조)**
> ① 건물의 소유를 목적으로 한 토지임대차는 이를 등기하지 아니한 경우에도 임차인이 그 지상건물을 등기한 때에는 제3자에 대하여 임대차의 효력이 생긴다.
> ② 건물이 임대차기간 만료 전에 멸실 또는 후폐한 때에는 전항의 효력을 잃는다.

3. 부속물매수청구권

> **임차인의 부속물매수청구권(민법 제646조)**
> ① 건물 기타 공작물의 임차인이 그 사용의 편익을 위하여 임대인의 동의를 얻어 이에 부속한 물건이 있는 때에는 임대차의 종료시에 임대인에 대하여 그 부속물의 매수를 청구할 수 있다.
> ② 임대인으로부터 매수한 부속물에 대하여도 전항과 같다.

(1) 의 의

임차인의 부속물매수청구권에 관한 민법 제646조는 편면적 강행규정이며(민법 제652조), 일시사용을 위한 임대차에는 적용되지 않는다(민법 제653조).

(2) 행사의 요건

1) 건물 기타 공작물의 임대차일 것

토지임차인에게는 갱신청구권과 지상물매수청구권이 인정되기 때문에 굳이 부속물매수청구권을 인정할 필요가 없다(민법 제643조).

2) 건물 기타 공작물의 사용의 편익을 위하여 부속시킨 것일 것

부속물이란 임차인의 소유에 속하고, 건물의 구성부분이 되지 아니한 것으로서 건물의 사용에 객관적인 편익을 가져오게 하는 물건이어야 한다.

3) 임대인의 동의를 얻었거나 임대인으로부터 매수한 것일 것

4) 독립성이 인정되는 것일 것

5) 임대차가 종료된 경우일 것

단, 판례는 임차인의 채무불이행에 기해 임대차가 해지된 경우 임차인은 부속물매수청구권을 행사할 수 없다고 한다(대판 1990.1.23. 88다카7245·7252).

(3) 행사의 효과

① 부속물매수청구권은 형성권으로, 임차인의 일방적인 의사표시에 의하여 매매계약이 성립된 경우와 같은 효과가 발생한다.
② 임차인이 부속물매수청구권을 행사한 경우에, 그는 주된 물건인 임차목적물 자체에 대하여 유치권을 행사할 수 없다(통설)(대판 2013.10.24. 2011다44788).

4. 지상물매수청구권

> **임차인의 갱신청구권, 매수청구권(민법 제643조)**
> 건물 기타 공작물의 소유 또는 식목, 채염, 목축을 목적으로 한 토지임대차의 기간이 만료한 경우에 건물, 수목 기타 지상시설이 현존한 때에는 제283조의 규정을 준용한다.
>
> **지상권자의 갱신청구권, 매수청구권(민법 제283조)**
> ① 지상권이 소멸한 경우에 건물 기타 공작물이나 수목이 현존한 때에는 지상권자는 계약의 갱신을 청구할 수 있다.
> ② 지상권설정자가 계약의 갱신을 원하지 아니하는 때에는 지상권자는 상당한 가액으로 전항의 공작물이나 수목의 매수를 청구할 수 있다.

(1) 의 의

지상물매수청구권은 임차인을 위한 제도로, 그에 관한 민법 제643조는 편면적 강행규정이다(민법 제652조). 갱신청구권은 청구권인데 비하여 지상물매수청구권은 형성권임에 유의하여야 한다(통설·판례). 따라서 건물의 소유를 목적으로 한 토지의 임차인이 임대차계약을 체결하거나 임차인으로서의 지위를 승계할 당시 임대인과의 사이에 건물 기타 지상시설 일체를 포기하기로 약정을 하였다고 하더라도 임대차계약의 조건이나 계약이 체결된 경위 등 제반 사정을 종합적으로 고려하여 실질적으로 임차인에게 불리하다고 볼 수 없는 특별한 사정이 인정되지 아니하는 한 위와 같은 약정은 임차인에게 불리한 것으로서 민법 제652조에 의하여 효력이 없다(대판 1993.6.22. 93다16130).

(2) **행사의 요건**

1) 건물 기타 공작물의 소유 또는 식목·채염·목축을 목적으로 한 토지임대차일 것

2) 지상시설이 현존하고 갱신청구를 거절한 경우일 것

① 토지임대차 기간의 만료 시 지상시설이 현존하여야 하며, 임대인이 임차인의 갱신청구를 거절한 경우이어야 한다.

- 건물의 소유를 목적으로 하는 토지 임대차에 있어서, 임대차가 종료함에 따라 토지의 임차인이 임대인에 대하여 건물매수청구권을 행사할 수 있음에도 불구하고 이를 행사하지 아니한 채, 토지의 임대인이 임차인에 대하여 제기한 토지인도 및 건물철거청구 소송에서 패소하여 그 패소판결이 확정되었다고 하더라도, 그 확정판결에 의하여 건물철거가 집행되지 아니한 이상 토지의 임차인으로서는 건물매수청구권을 행사하여 별소로써 임대인에 대하여 건물매매대금의 지급을 구할 수 있다(대판 1995.12.26. 95다42195).
- 토지임차인의 지상물매수청구권은 기간의 정함이 없는 임대차에 있어서 임대인에 의한 해지통고에 의하여 그 임차권이 소멸된 경우에도 마찬가지로 인정된다(대판 1995.7.11. 94다34265[전합]).

② 차임연체 등 임차인의 채무불이행으로 임대차가 해지된 경우에는 갱신청구의 가능성이 없으므로, 이를 전제로 하는 2차적인 지상물매수청구권도 불가능하다(대판 1997.4.8. 96다54249).

③ 제643조의 취지는 건물철거방지의 국민경제적 관점과 임차인을 보호하기 위한 제도이므로, 비록 행정관청의 허가를 받은 적법한 건물이 아니더라도 임차인의 건물매수청구권의 대상이 될 수 있다(대판 1997.12.23. 97다37753).

④ 임차인의 지상물매수청구권의 대상이 되는 건물은 그것이 토지의 임대목적에 반하여 축조되고, 임대인이 예상할 수 없을 정도의 고가의 것이라는 특별한 사정이 없는 한 임대차기간 중에 축조되었다고 하더라도 그 만료시에 그 가치가 잔존하고 있으면 그 범위에 포함되는 것이고, 반드시 임대차계약 당시의 기존건물이거나 임대인의 동의를 얻어 신축한 것에 한정된다고는 할 수 없다(대판 1993.11.12. 93다34589). **기출 23**

⑤ 임차인의 매수청구권은 지상 건물이 객관적으로 경제적 가치가 있는지 여부나 임대인에게 소용이 있는지 여부가 그 행사요건이라고 볼 수 없다(대판 2002.5.31. 2001다42080). **기출 25**

3) 지상물매수청구권의 상대방

지상물매수청구권자는 지상물의 소유자에 한하며, 그 상대방은 원칙적으로 임차권 소멸 당시의 임대인이다.

- 지상물매수청구권 제도의 목적, 미등기 매수인의 법적 지위 등에 비추어 볼 때, 종전 임차인으로부터 미등기 무허가건물을 매수하여 점유하고 있는 임차인은 특별한 사정이 없는 한 비록 소유자로서의 등기명의가 없어 소유권을 취득하지 못하였다 하더라도 임대인에 대하여 지상물매수청구권을 행사할 수 있는 지위에 있다(대판 2013.11.28. 2013다48364 · 48371). 기출 25
- 건물의 소유를 목적으로 하는 토지 임차인의 건물매수청구권 행사의 상대방은 원칙적으로 임차권 소멸 당시의 토지소유자인 임대인이고, 임대인이 임차권 소멸 당시에 이미 토지소유권을 상실한 경우에는 그에게 지상건물의 매수청구권을 행사할 수는 없으며, 이는 임대인이 임대차계약의 종료 전에 토지를 임의로 처분하였다 하여 달라지는 것은 아니다(대판 1994.7.29. 93다59717). 다만, 이때 임차권이 제3자에게 대항할 수 있었던 경우에는 임대차계약 종료 후에 임대인으로부터 토지를 취득한 제3자는 그 상대방이 될 수 있다(대판 1996.6.14. 96다14517).

(3) 행사의 효과

① 매매계약의 체결 : 지상물매수청구권 행사에 의하여 임대인과 임차인 사이에 지상물에 대한 매매가 성립한다. 기출 25

② 동시이행관계 : 임차인의 건물인도 및 소유권이전등기의무와 임대인의 건물대금지급의무는 동시이행관계에 있다(대판 1998.5.8. 98다2389). 그 결과 임차인이 임대인에게 매수청구권이 행사된 건물들에 대한 명도와 소유권이전등기를 마쳐주지 아니하였다면 임대인에게 그 매매대금에 대한 지연손해금을 구할 수 없다(대판 1998.5.8. 98다2389). 기출 25 다만, 임차인이 지상건물 등의 점유·사용을 통하여 그 부지를 계속하여 점유·사용하는 한 그로 인한 부당이득으로서 부지의 임료 상당액은 이를 반환할 의무가 있다(대판 2001.6.1. 99다60535). 기출 25

[1] 건물 소유를 목적으로 한 토지임대차계약의 기간이 만료함에 따라 지상건물 소유자가 임대인에 대하여 민법 제643조에 따른 지상물매수청구권을 행사한 경우에 그 건물의 매수가격은 건물 자체의 가격 외에 건물의 위치, 주변 토지의 여러 사정 등을 종합적으로 고려하여 매수청구권의 행사 당시 건물이 현재하는 대로의 상태에서 평가된 시가를 말한다. 그런데 민법 제643조에서 정한 지상물매수청구권은 이른바 형성권이므로, 그 행사로써 곧바로 임대인과 임차인 사이에 임차토지 지상의 건물에 관하여 매수청구권 행사 당시의 건물 시가를 대금으로 하는 매매계약이 체결된 것과 같은 효과가 발생한다.
[2] 지상물매수청구의 대상이 된 건물의 매수가격에 관하여 당사자 사이에 의사합치가 이루어지지 않았다면, 법원은 위와 같은 여러 사정을 종합적으로 고려하여 인정된 매수청구권 행사 당시의 건물 시가를 매매대금으로 하는 매매계약이 성립하였음을 인정할 수 있을 뿐, 그와 같이 인정된 시가를 임의로 증감하여 직권으로 매매대금을 정할 수는 없다(대판 2024.4.12. 2023다309020).

V 임차인의 의무

임대인의 보존행위, 인용의무(민법 제624조)
임대인이 임대물의 보존에 필요한 행위를 하는 때에는 임차인은 이를 거절하지 못한다.

임차인의 의사에 반하는 보존행위와 해지권(민법 제625조) 기출 24
임대인이 임차인의 의사에 반하여 보존행위를 하는 경우에 임차인이 이로 인하여 임차의 목적을 달성할 수 없는 때에는 계약을 해지할 수 있다.

일부멸실 등과 감액청구, 해지권(민법 제627조)
① 임차물의 일부가 임차인의 과실 없이 멸실 기타 사유로 인하여 사용, 수익할 수 없는 때에는 임차인은 그 부분의 비율에 의한 차임의 감액을 청구할 수 있다. 기출 23
② 전항의 경우에 그 잔존부분으로 임차의 목적을 달성할 수 없는 때에는 임차인은 계약을 해지할 수 있다.

차임증감청구권(민법 제628조)
임대물에 대한 공과부담의 증감 기타 경제사정의 변동으로 인하여 약정한 차임이 상당하지 아니하게 된 때에는 당사자는 장래에 대한 차임의 증감을 청구할 수 있다.

차임지급의 시기(민법 제633조)
차임은 동산, 건물이나 대지에 대하여는 매월 말에, 기타 토지에 대하여는 매년 말에 지급하여야 한다. 그러나 수확기 있는 것에 대하여는 그 수확 후 지체 없이 지급하여야 한다.

임차인의 통지의무(민법 제634조)
임차물의 수리를 요하거나 임차물에 대하여 권리를 주장하는 자가 있는 때에는 임차인은 지체 없이 임대인에게 이를 통지하여야 한다. 그러나 임대인이 이미 이를 안 때에는 그러하지 아니하다.

차임연체와 해지(민법 제640조) 기출 18
건물 기타 공작물의 임대차에는 임차인의 차임연체액이 2기의 차임액에 달하는 때에는 임대인은 계약을 해지할 수 있다.

동전(민법 제641조)
건물 기타 공작물의 소유 또는 식목, 채염, 목축을 목적으로 한 토지임대차의 경우에도 전조의 규정을 준용한다.

토지임대차의 해지와 지상건물 등에 대한 담보물권자에의 통지(민법 제642조)
전조의 경우에 그 지상에 있는 건물 기타 공작물이 담보물권의 목적이 된 때에는 제288조의 규정을 준용한다.

준용규정(민법 제654조)
제610조 제1항, 제615조 내지 제617조의 규정은 임대차에 이를 준용한다.

1. 차임지급의무

(1) 차임의 내용

① 차임은 임대차의 요소이다. 반면 보증금은 임대차의 요소가 아니다.
② 차임의 지급시기도 당사자가 자유롭게 정할 수 있으나, 특약이 없으며, 후급이 원칙이다.
③ 수인의 임차인이 공동차주인 경우에는 연대채무를 부담하므로 차임채무도 연대채무가 된다. 기출 21

> - 임대인이 국가 소유의 부동산을 임대하였는데 임차인의 차임 연체로 인하여 그 임대차계약이 해지되었다면, 특별한 사정이 없는 한 임차인은 임대인에게 그 부동산을 명도하고 해지로 인한 임대차 종료 시까지의 연체차임 및 그 이후부터 명도 완료일까지 그 부동산을 점유·사용함에 따른 차임 상당의 부당이득금을 반환할 의무가 있다(대판 1996.9.6. 94다54641).
> - 임대인은 임차인에게 목적물을 인도하여 이를 사용·수익할 수 있도록 할 의무를 부담하고, 임차인은 이에 대하여 차임을 지급할 의무를 부담한다(민법 제618조, 제623조 참조). 이러한 임대인과 임차인의 의무는 특별한 사정이 없는 한 임대차계약이 유효하게 성립하면 발생하는 것이고, 상대방의 의무 이행이나 이행의 제공이 있어야 비로소 발생하는 것은 아니다. 그러므로 임차인의 차임 지급의무는 그가 임대인으로부터 목적물을 인도받았는지와 무관하게 임대차계약의 효력으로서 발생한다. 다만 임대인의 위와 같은 의무는 임차인의 차임 지급의무와 서로 대응하는 관계에 있으므로, 임대인이 이러한 의무를 불이행하여 목적물의 사용·수익에 지장이 있으면 임차인은 지장이 있는 한도에서 차임 지급을 거절할 수 있다(대판 2024.9.13. 2024다256116). 기출 24

(2) 차임의 증감청구

1) 임차인의 차임감액청구

편면적 강행규정이므로 임차인에게 불리한 약정은 무효이다(민법 제652조).

2) 차임증감청구권(민법 제628조)

① 임차인과 임대인 모두에게 인정되는 권리이다.
② 편면적 강행규정이므로 임차인에게 불리한 약정은 무효이다(민법 제652조).
③ 일시사용을 위한 임대차에서 적용되지 않는다(민법 제653조).

(3) 차임의 연체와 해지

① 2기의 차임액을 연체한 경우 임대인은 계약을 해지할 수 있다(민법 제640조).
② 편면적 강행규정이므로 임차인에게 불리한 약정은 효력이 없다(민법 제652조).

(4) 차임 등 확보를 위한 임대인의 법정담보물권(민법 제648조 내지 제650조) 기출 23

토지임대인이 임대차에 관한 채권에 의하여 임차지에 부속 또는 그 사용의 편익에 공용한 임차인의 소유동산 및 그 토지의 과실을 압류한 때에는 질권과 동일한 효력이 있다(민법 제648조). 토지임대인이 변제기를 경과한 최후 2년의 차임채권에 의하여 그 지상에 있는 임차인소유의 건물을 압류한 때에는 저당권과 동일한 효력이 있다(민법 제649조). 건물 기타 공작물의 임대인이 임대차에 관한 채권에 의하여 그 건물 기타 공작물에 부속한 임차인소유의 동산을 압류한 때에는 질권과 동일한 효력이 있다(민법 제650조).

2. 임차물보관 및 목적물반환의무

① 임차인은 임대차관계가 종료되어 임대인에게 임차목적물을 반환할 때까지 목적물을 '선량한 관리자의 주의의무'로 보관할 의무가 있다(민법 제374조).
② 임대차 종료시 임차인은 임대인에게 임차물을 반환할 계약상의 의무를 부담한다(민법 제654조, 제615조).

> 숙박업자가 고객과 숙박계약을 체결한 경우, 객실을 비롯한 숙박시설이 숙박기간 중에도 숙박업자의 지배 아래 있다고 보아야 하는지 여부(원칙적 적극) 및 고객이 숙박계약에 따라 객실을 사용·수익하던 중 발생 원인이 밝혀지지 않은 화재가 발생한 경우, 그로 인하여 객실에 발생한 손해가 숙박업자의 부담으로 귀속되는지 여부(원칙적 적극)
>
> [1] 임대차 목적물이 화재 등으로 인하여 소멸됨으로써 임차인의 목적물 반환의무가 이행불능이 된 경우에, 임차인은 이행불능이 자기가 책임질 수 없는 사유로 인한 것이라는 증명을 다하지 못하면 목적물 반환의무의 이행불능으로 인한 손해를 배상할 책임을 지고, 그 화재 등의 구체적인 발생 원인이 밝혀지지 아니한 때에도 마찬가지이다. 이러한 법리는 임대차 종료 당시 임대차목적물 반환의무가 이행불능 상태는 아니지만 반환된 임차 건물이 화재로 인하여 훼손되었음을 이유로 손해배상을 구하는 경우에도 동일하게 적용된다.
>
> [2] 숙박업자가 고객과 체결하는 숙박계약은 숙박업자가 고객에게 객실을 제공하여 이를 일시적으로 사용할 수 있도록 하고, 고객은 숙박업자에게 사용에 따른 대가를 지급하는 것을 내용으로 한다는 점에서 임대차계약과 유사하다. 대법원이 숙박계약을 '일종의 일시 사용을 위한 임대차계약'이라고 한 것은 이러한 유사성에 착안한 것이다. 그러나 숙박계약은 통상의 임대차계약과는 다른 여러 가지 요소들도 포함하고 있으므로, 숙박계약에 대한 임대차 관련법리의 적용 여부와 범위는 이러한 숙박계약의 특수성을 고려하여 개별적으로 판단하여야 한다. 임대인은 임대차계약에 따라 임차인에게 목적물을 인도하여야 한다(민법 제623조). 임차인은 목적물의 점유를 취득하여 이를 사용·수익하면서 선량한 관리자의 주의를 다하여 목적물을 보존하고, 임대차가 종료되면 목적물을 원상에 회복하여 반환하여야 한다(민법 제374조, 제654조, 제615조). 임차인은 목적물을 인도받아 이를 사용·수익하는 동안 목적물을 직접 지배한다고 추단된다. 그러므로 목적물에 화재가 발생한 경우 화재가 임대인의 귀책사유로 인한 것이거나 임대인의 지배영역에서 발생하였다는 등의 사정이 없는 한 화재로 인한 목적물 반환의무의 이행불능으로 인한 손해는 임차인의 부담으로 귀속된다. 숙박업자와 고객의 관계는 통상적인 임대인과 임차인의 관계와는 다르다. 숙박업자는 고객에게 객실을 사용·수익하게 하는 것을 넘어서 고객이 안전하고 편리하게 숙박할 수 있도록 시설 및 서비스를 제공하고 고객의 안전을 배려할 보호의무를 부담한다. 숙박업자에게는 숙박시설이나 설비를 위생적이고 안전하게

관리할 공법적 의무도 부과된다(공중위생관리법 제4조 제1항 참조). 숙박업자는 고객에게 객실을 제공한 이후에도 필요한 경우 객실에 출입하며 고객의 안전 배려 또는 객실 관리를 위한 조치를 취하기도 한다. 숙박업자가 고객에게 객실을 제공하여 일시적으로 이를 사용·수익하게 하더라도 객실을 비롯한 숙박시설에 대한 점유는 그대로 유지하는 것이 일반적이다. 그러므로 객실을 비롯한 숙박시설은 특별한 사정이 없는 한 숙박기간 중에도 고객이 아닌 숙박업자의 지배 아래 놓여 있다고 보아야 한다. 그렇다면 임차인이 임대차기간 중 목적물을 직접 지배함을 전제로 한 임대차 목적물 반환의무 이행불능에 관한 법리는 이와 전제를 달리하는 숙박계약에 그대로 적용될 수 없다. 고객이 숙박계약에 따라 객실을 사용·수익하던 중 발생 원인이 밝혀지지 않은 화재로 인하여 객실에 발생한 손해는 특별한 사정이 없는 한 숙박업자의 부담으로 귀속된다고 보아야 한다(대판 2023.11.2. 2023다244895).

임차인이 임대인 소유 건물의 일부를 임차하여 사용·수익하던 중 임차 건물 부분에서 화재가 발생하여 임차 건물 부분이 아닌 건물 부분까지 불에 타 그로 인해 임대인에게 재산상 손해가 발생한 경우, 임차 외 건물 부분에 발생한 손해에 대하여 임대인이 임차인을 상대로 채무불이행을 원인으로 하는 배상을 구하기 위하여 주장·증명하여야 할 사항

[1] 임대차 목적물이 화재 등으로 인하여 소멸됨으로써 임차인의 목적물 반환의무가 이행불능이 된 경우에, 임차인은 이행불능이 자기가 책임질 수 없는 사유로 인한 것이라는 증명을 다하지 못하면 목적물 반환의무의 이행불능으로 인한 손해를 배상할 책임을 지며, 화재 등의 구체적인 발생 원인이 밝혀지지 아니한 때에도 마찬가지이다. 또한 이러한 법리는 임대차 종료 당시 임대차 목적물 반환의무가 이행불능 상태는 아니지만 반환된 임차 건물이 화재로 인하여 훼손되었음을 이유로 손해배상을 구하는 경우에도 동일하게 적용된다. 한편 임대인은 목적물을 임차인에게 인도하고 임대차계약 존속 중에 그 사용, 수익에 필요한 상태를 유지하게 할 의무를 부담하므로(민법 제623조), 임대차계약 존속 중에 발생한 화재가 임대인이 지배·관리하는 영역에 존재하는 하자로 인하여 발생한 것으로 추단된다면, 그 하자를 보수·제거하는 것은 임대차 목적물을 사용·수익하기에 필요한 상태로 유지하여야 하는 임대인의 의무에 속하며, 임차인이 하자를 미리 알았거나 알 수 있었다는 등의 특별한 사정이 없는 한, 임대인은 화재로 인한 목적물 반환의무의 이행불능 등에 관한 손해배상책임을 임차인에게 물을 수 없다.

[2] 임차인이 임대인 소유 건물의 일부를 임차하여 사용·수익하던 중 임차 건물 부분에서 화재가 발생하여 임차 건물 부분이 아닌 건물 부분(이하 '임차 외 건물 부분')까지 불에 타 그로 인해 임대인에게 재산상 손해가 발생한 경우에, 임차인이 보존·관리의무를 위반하여 화재가 발생한 원인을 제공하는 등 화재 발생과 관련된 임차인의 계약상 의무 위반이 있었음이 증명되고, 그러한 의무 위반과 임차 외 건물 부분의 손해 사이에 상당인과관계가 있으며, 임차 외 건물 부분의 손해가 그러한 의무 위반에 따른 통상의 손해에 해당하거나, 임차인이 그 사정을 알았거나 알 수 있었을 특별한 사정으로 인한 손해에 해당한다고 볼 수 있는 경우라면, 임차인은 임차 외 건물 부분의 손해에 대해서도 민법 제390조, 제393조에 따라 임대인에게 손해배상책임을 부담하게 된다. 종래 대법원은 임차인이 임대인 소유 건물의 일부를 임차하여 사용·수익하던 중 임차 건물 부분에서 화재가 발생하여 임차 외 건물 부분까지 불에 타 그로 인해 임대인에게 재산상 손해가 발생한 경우에, 건물의 규모와 구조로 볼 때 건물 중 임차 건물 부분과 그 밖의 부분이 상호 유지·존립함에 있어서 구조상 불가분의 일체를 이루는 관계에 있다면, 임차인은 임차 건물의 보존에 관하여 선량한 관리자의 주의의무를 다하였음을 증명하지 못하는 이상 임차 건물 부분에 한하지 아니하고 건물의 유지·존립과 불가분의 일체 관계에 있는 임차 외 건물 부분이 소훼되어 임대인이 입게 된 손해도 채무불이행으로 인한 손해로 배상할 의무가 있다고 판단하여 왔다.

그러나 임차 외 건물 부분이 구조상 불가분의 일체를 이루는 관계에 있는 부분이라 하더라도, 그 부분에 발생한 손해에 대하여 임대인이 임차인을 상대로 채무불이행을 원인으로 하는 배상을 구하려면, 임차인이 보존·관리의무를 위반하여 화재가 발생한 원인을 제공하는 등 화재 발생과 관련된 임차인의 계약상 의무 위반이 있었고, 그러한 의무 위반과 임차 외 건물 부분의 손해 사이에 상당인과관계가 있으며, 임차 외 건물 부분의 손해가 의무 위반에 따라 민법 제393조에 의하여 배상하여야 할 손해의 범위 내에 있다는 점에 대하여 임대인이 주장·증명하여야 한다. 이와 달리 위와 같은 임대인의 주장·증명이 없는 경우에도 임차인이 임차 건물의 보존에 관하여 선량한 관리자의 주의의무를 다하였음을 증명하지 못하는 이상 임차 외 건물 부분에 대해서까지 채무불이행에 따른 손해배상책임을 지게 된다고 판단한 종래의 대법원판결들은 이 판결의 견해에 배치되는 범위 내에서 이를 모두 변경하기로 한다(대판 2017.5.18. 2012다86895[전합]).

임대 당시 이미 임차목적물인 토지에 종전 임차인 등이 설치한 가건물 기타 공작물이 있는 경우, 임차인이 임차목적물을 반환할 때 종전 임차인 등이 설치한 부분까지 원상회복할 의무가 있는지 여부(원칙적 소극)

임차인이 임대인에게 임차목적물을 반환하는 때에는 원상회복의무가 있다(민법 제654조, 제615조). 임차인이 임차목적물의 현상을 변경한 때에는 원칙적으로 변경 부분을 철거하는 등으로 임차목적물을 임대 당시의 상태로 사용할 수 있도록 해야 하나, 토지 임대 당시 이미 임차목적물인 토지에 종전 임차인 등이 설치한 가건물 기타 공작물이 있는 경우에는 특별한 사정이 없는 한 임차인은 그가 임차하였을 때의 상태로 임차목적물을 반환하면 되고 종전 임차인 등이 설치한 부분까지 원상회복할 의무는 없다. 위 특별한 사정의 인정은 임대차계약의 체결 경위와 내용, 임대 당시 목적물의 상태, 임차인에 의한 현상 변경 유무 등을 심리하여 구체적·개별적으로 이루어져야 한다(대판 2023.11.2. 2023다249661).

VI 임차권의 양도와 전대

임차권의 양도, 전대의 제한(민법 제629조)
① 임차인은 임대인의 동의 없이 그 권리를 양도하거나 임차물을 전대하지 못한다.
② 임차인이 전항의 규정에 위반한 때에는 임대인은 계약을 해지할 수 있다. 기출 15・17・23・24

전대의 효과(민법 제630조)
① 임차인이 임대인의 동의를 얻어 임차물을 전대한 때에는 전차인은 직접 임대인에 대하여 의무를 부담한다. 이 경우에 전차인은 전대인에 대한 차임의 지급으로써 임대인에게 대항하지 못한다. 기출 15
② 전항의 규정은 임대인의 임차인에 대한 권리행사에 영향을 미치지 아니한다.

전차인의 권리의 확정(민법 제631조)
임차인이 임대인의 동의를 얻어 임차물을 전대한 경우에는 임대인과 임차인의 합의로 계약을 종료한 때에도 전차인의 권리는 소멸하지 아니한다.

임차건물의 소부분을 타인에게 사용케 하는 경우(민법 제632조)
전3조의 규정은 건물의 임차인이 그 건물의 소부분을 타인에게 사용하게 하는 경우에 적용하지 아니한다.

해지통고의 전차인에 대한 통지(민법 제638조)
① 임대차계약이 해지의 통고로 인하여 종료된 경우에 그 임대물이 적법하게 전대되었을 때에는 임대인은 전차인에 대하여 그 사유를 통지하지 아니하면 해지로써 전차인에게 대항하지 못한다.
② 전차인이 전항의 통지를 받은 때에는 제635조 제2항의 규정을 준용한다.

전차인의 임대청구권, 매수청구권(민법 제644조)
① 건물 기타 공작물의 소유 또는 식목, 채염, 목축을 목적으로 한 토지임차인이 적법하게 그 토지를 전대한 경우에 임대차 및 전대차의 기간이 동시에 만료되고 건물, 수목 기타 지상시설이 현존한 때에는 전차인은 임대인에 대하여 전전대차와 동일한 조건으로 임대할 것을 청구할 수 있다.
② 전항의 경우에 임대인이 임대할 것을 원하지 아니하는 때에는 제283조 제2항의 규정을 준용한다.

전차인의 부속물매수청구권(민법 제647조)
① 건물 기타 공작물의 임차인이 적법하게 전대한 경우에 전차인이 그 사용의 편익을 위하여 임대인의 동의를 얻어 이에 부속한 물건이 있는 때에는 전대차의 종료시에 임대인에 대하여 그 부속물의 매수를 청구할 수 있다.
② 임대인으로부터 매수하였거나 그 동의를 얻어 임차인으로부터 매수한 부속물에 대하여도 전항과 같다.

1. 의 의

임차권의 양도란 임차권이 동일성을 유지하면서 이전되는 것을 의미하고, 임차물의 전대란 임차인이 스스로 임대인이 되어서 임차물을 다시 제3자로 하여금 사용・수익하게 하는 계약을 의미한다.

> 건물 소유를 목적으로 한 대지 임차권을 가지고 있는 자가 위 대지상의 자기소유 건물에 대하여 제3자에 대한 채권담보의 목적으로 제3자 명의의 소유권이전등기를 경료하여 준 이른바 양도담보의 경우에는, 채권담보를 위하여 신탁적으로 양도담보권자에게 건물의 소유권이 이전될 뿐 확정적, 종국적으로 이전되는 것은 아니고 또한 특별한 사정이 없는 한 양도담보권자가 건물의 사용수익권을 갖게 되는 것도 아니므로, 이러한 경우 위 건물의 부지에 관하여 민법 제629조 소정의 해지의 원인인 임차권의 양도 또는 전대가 이루어지지 않았다고 해석함이 상당하다(대판 1995.7.25. 94다46428).

2. 임대인의 동의 없는 양도·전대의 법률관계

(1) 임대인의 동의 없는 임차권의 양도(무단양도)

① 임차인(양도인)과 양수인의 관계 : 임대인의 동의를 받지 아니하고 임차권을 양도한 계약도 이로써 임대인에게 대항할 수 없을 뿐 임차인과 양수인 사이에는 유효한 것이고 이 경우 임차인은 양수인을 위하여 임대인의 동의를 받아 줄 의무가 있다(대판 1986.2.25. 85다카1812).

② 임대인과 양수인의 관계 : 양수인은 임대인에 대하여 임차권을 취득하였음을 주장하지 못한다. 따라서 목적물에 대한 점유·사용은 임대인에게 불법점유가 되어 임대인은 양수인에게 소유권에 기한 물권적 청구권을 행사할 수 있다(민법 제213조, 제214조).

> **임차인이 임대인의 동의 없이 임차물을 제3자에게 전대한 경우, 임대인이 제3자에게 손해배상청구나 부당이득반환청구를 할 수 있는지 여부(원칙적 소극)**
> 임차인이 임대인의 동의를 받지 않고 제3자에게 임차권을 양도하거나 전대하는 등의 방법으로 임차물을 사용·수익하게 하더라도, 임대인이 이를 이유로 임대차계약을 해지하거나 그 밖의 다른 사유로 임대차계약이 적법하게 종료되지 않는 한 임대인은 임차인에 대하여 여전히 차임청구권을 가지므로, 임대차계약이 존속하는 한도 내에서는 제3자에게 불법점유를 이유로 한 차임상당 손해배상청구나 부당이득반환청구를 할 수 없다(대판 2008.2.28. 2006다10323). 그러나 임대차계약이 종료된 이후에는 임차물을 소유하고 있는 임대인은 제3자를 상대로 위와 같은 손해배상청구나 부당이득반환청구를 할 수 있다(대판 2023.3.30. 2022다296165).
>
> **임대인의 동의 없는 임차권 양수인이 임대인의 권한을 대위행사할 수 있는지 여부(소극)**
> 임대인의 동의 없는 임차권의 양도는 당사자 사이에서는 유효하다 하더라도 다른 특약이 없는 한 임대인에게는 대항할 수 없는 것이고 임대인에 대항할 수 없는 임차권의 양수인으로서는 임대인의 권한을 대위행사할 수 없다(대판 1985.2.8. 84다카188).

③ 임대인과 임차인(양도인)의 관계 : 임차권 무단 양도(전대)의 경우, 원칙적으로 임대인은 임대차 계약을 해지할 수 있다(민법 제629조 제2항). 다만, 임차인의 변경이 당사자의 개인적인 신뢰를 기초로 하는 계속적 법률관계인 임대차를 더 이상 지속시키기 어려울 정도로 당사자 간의 신뢰관계를 파괴하는 임대인에 대한 배신행위가 아니라고 인정되는 특별한 사정이 있는 때에는 임대인은 자신의 동의 없이 임차권이 이전되었다는 것만을 이유로 민법 제629조 제2항에 따라서 임대차계약을 해지할 수 없고, 그와 같은 특별한 사정이 있는 때에 한하여 경락인은 임대인의 동의가 없더라도 임차권의 이전을 임대인에게 대항할 수 있다고 봄이 상당한바, 위와 같은 특별한 사정이 있는 점은 경락인이 주장·입증하여야 한다(대판 1993.4.13. 92다24950).

(2) 임대인의 동의 없는 임차물의 전대(무단전대)

① 전대인과 전차인의 관계 : 전대차계약은 하나의 임대차계약으로서 유효하게 성립하며, 전대인은 전차인에게 임대인의 동의를 얻을 의무를 부담한다.

② 임대인과 전차인의 관계 : 전차인은 전대인으로부터 취득한 임차권을 가지고 임대인에게 대항할 수 없다. 임대인은 전차인에게 소유권에 기한 물권적 청구권을 행사하여 목적물의 반환이나 방해배제를 청구할 수 있다(민법 제213조, 제214조).

③ 임대인과 임차인(전대인)의 관계 : 임대인은 임차인과의 임대차계약을 해지할 수 있다(민법 제629조 제2항). 그럼에도 불구하고 임대인이 임대차 계약을 해지하지 않은 경우에는 여전히 임차인에게 차임을 계속청구할 수 있다. 그리고 임대인의 동의는 사전 동의에 한정되는 것은 아니므로, 임대인이 사후에라도 동의를 한 경우에는 더 이상 임대차계약을 해지할 수 없다.

3. 임대인의 동의 있는 양도·전대의 법률관계

(1) 임차권의 양도

임차권은 동일성을 유지하면서 양수인에게 이전되고, 양도인은 임대차관계에서 벗어난다. 임대차보증금에 관한 구 임차인의 권리의무관계는 구 임차인이 임대인과 사이에 임대차보증금을 신 임차인의 채무불이행의 담보로 하기로 약정하거나 신 임차인에 대하여 임대차보증금반환채권을 양도하기로 하는 등의 특별한 사정이 없는 한 신 임차인에게 승계되지 아니한다(대판 1998.7.14. 96다17202).

(2) 전 대

1) 법률관계

① 임차인(전대인)과 전차인의 관계 : 전대차계약의 내용에 따라 결정된다.
② 임대인과 임차인(전대인)의 관계 : 임대인이 전차인에 대하여 직접 권리를 행사할 수 있다고 하여, 임대인이 임차인에게 권리를 행사할 수 없게 되는 것은 아니므로, 임대인은 여전히 차임의 청구나 해지권의 행사 등을 임차인(전대인)에게 할 수 있다.
③ 임대인과 전차인의 관계
   ㉠ 임대차관계의 불성립 : 임대인의 동의 있는 전대로 인하여 임대인과 전차인 사이에 직접 임대차계약이 성립하는 것은 아니다. 따라서 전차인은 임대인에게 비용상환청구권을 갖지 않는다.
   ㉡ 전차인의 의무부담(민법 제630조 제1항)

> **민법 제630조 제1항에 따라 임대인의 동의를 얻은 전대차의 전차인이 전대인에 대한 차임의 지급으로 임대인에게 대항할 수 없게 되는 차임의 범위**
> 민법 제630조 제1항은 임차인이 임대인의 동의를 얻어 임차물을 전대한 때에는 전차인은 직접 임대인에 대하여 의무를 부담하고, 이 경우에 전차인은 전대인에 대한 차임의 지급으로써 임대인에게 대항할 수 없다고 규정하고 있는바, 위 규정에 의하여 전차인이 임대인에게 대항할 수 없는 차임의 범위는 전대차계약상의 차임지급시기를 기준으로 하여 그전에 전대인에게 지급한 차임에 한정되고, 그 이후에 지급한 차임으로는 임대인에게 대항할 수 있다(대판 2008.3.27. 2006다45459).
>
> **전대인과 전차인이 전대차계약의 내용을 변경함으로써 민법 제630조 제1항에 따라 전차인이 임대인에 대하여 직접 부담하는 의무의 범위가 변경된 경우, 전차인이 변경된 전대차계약의 내용을 임대인에게 주장할 수 있는지 여부(원칙적 적극) 및 전대인과 전차인이 전대차계약상의 차임을 감액한 경우도 마찬가지인지 여부(적극)**
> 전대인과 전차인은 계약자유의 원칙에 따라 전대차계약의 내용을 변경할 수 있다. 그로 인하여 민법 제630조 제1항에 따라 전차인이 임대인에 대하여 직접 부담하는 의무의 범위가 변경되더라도, 전대차계약의 내용 변경이 전대차에 동의한 임대인 보호를 목적으로 한 민법 제630조 제1항의 취지에 반하여 이루어진 것이라고 볼 특별한 사정이 없는 한 전차인은 변경된 전대차계약의 내용을 임대인에게 주장할 수 있다. 전대인과 전차인이 전대차계약상의 차임을 감액한 경우도 마찬가지이다(대판 2018.7.11. 2018다200518).

   ㉢ 전차인 보호를 위한 특별규정(민법 제638조, 제644조)

2) 전대차의 종료

임대인의 동의 있는 전차인도 임차인의 채무불이행으로 임대차계약이 해지되면 특단의 사정이 없는 한 임대인에 대해서 전차인의 전대인에 대한 권리를 주장할 수가 없다(대판 1990.12.7. 90다카24939).

Ⅶ 보증금과 권리금

1. 보증금

(1) 의의
임차보증금이란 부동산임대차 특히 건물임대차에 있어서 임차인의 채무를 담보하기 위하여 임차인 또는 제3자가 임대인에게 교부하는 금전 기타의 유가물을 말한다.

(2) 법적 성질
보증금의 성질에 대하여 다수설은 정지조건부 반환채무를 수반하는 금전소유권의 이전이라고 하고, 판례는 보증금반환채권은 임대인의 채권이 발생한다는 사정을 해제조건으로 성립한다고 한다.

(3) 효력
① 담보적 효력 : 보증금은 임대차관계에 따른 임차인의 모든 채무를 담보하는 담보적 효력을 가지며, 그 결과 임대인은 임대차와 관련된 자신의 채권을 우선변제 받을 수 있다.

② 담보의 범위

> 부동산임대차에서 임차인이 임대인에게 지급하는 임대차보증금은 임대차관계가 종료되어 목적물을 반환하는 때까지 임대차관계에서 발생하는 임차인의 모든 채무를 담보하는 것으로서, 임대인이 임차인을 상대로 차임연체로 인한 임대차계약의 해지를 원인으로 임대차목적물인 부동산의 인도 및 연체차임의 지급을 구하는 소송비용은 임차인이 부담할 원상복구비용 및 차임지급의무 불이행으로 인한 것이어서 임대차관계에서 발생하는 임차인의 채무에 해당하므로 이를 반환할 임대차보증금에서 당연히 공제할 수 있고, 한편 임대인의 임대차보증금 반환의무는 임대차관계가 종료되는 경우에 임대차보증금 중에서 목적물을 반환받을 때까지 생긴 임차인의 모든 채무를 공제한 나머지 금액에 관하여서만 비로소 이행기에 도달하는 것이므로, 임차인이 다른 사람에게 임대차보증금 반환채권을 양도하고, 임대인에게 양도통지를 하였어도 임차인이 임대차목적물을 인도하기 전까지는 임대인이 위 소송비용을 임대차보증금에서 당연히 공제할 수 있다(대판 2012.9.27. 2012다49490).

③ 공제의 항변

> - 임대차보증금이 임대인에게 교부되어 있더라도 임대인은 임대차관계가 계속되고 있는 동안에는 임대차보증금에서 연체차임을 충당할 것인지를 자유로이 선택할 수 있으므로, 임대차계약 종료 전에는 연체차임이 공제 등 별도의 의사표시 없이 임대차보증금에서 당연히 공제되는 것은 아니다. 그리고 임대인이 차임채권을 양도하는 등의 사정으로 인하여 차임채권을 가지고 있지 아니한 경우에는 특별한 사정이 없는 한 임대차계약 종료 전에 임대차보증금에서 공제한다는 의사표시를 할 수 있는 권한이 있다고 할 수도 없다(대판 2013.2.28. 2011다49608·49615). 기출 17
> - 임대보증금이 수수된 임대차계약에서 차임채권에 관하여 압류 및 추심명령이 있었다 하더라도, 당해 임대차계약이 종료되어 목적물이 반환될 때에는 그때까지 추심되지 아니한 채 잔존하는 차임채권 상당액도 임대보증금에서 당연히 공제된다(대판 2004.12.23. 2004다56554).
> - 임대보증금을 피전부채권으로 하여 전부명령이 있을 경우에도 제3채무자인 임대인은 임차인에게 대항할 수 있는 사유로서 전부채권자에게 대항할 수 있는 것이어서 건물임대차보증금의 반환채권에 대한 전부명령의 효력이 그 송달에 의하여 발생한다고 하여도 위 보증금반환채권은 임대인의 채권이 발생하는 것을 해제조건으로 하는 것이므로 임대인의 채권을 공제한 잔액에 관하여서만 전부명령이 유효하다(대판 1988.1.19. 87다카1315).
> - 민법 제495조는 "소멸시효가 완성된 채권이 그 완성 전에 상계할 수 있었던 것이면 그 채권자는 상계할 수 있다"라고 규정하고 있다. 이는 당사자 쌍방의 채권이 상계적상에 있었던 경우에 당사자들은 채권·채무관계가 이미 정산되어 소멸하였다고 생각하는 것이 일반적이라는 점을 고려하여 당사자들의 신뢰를 보호하기 위한 것이다. 다만 이는 '자동채권의 소멸시효 완성 전에 양 채권이 상계적상에 이르렀을 것'을 요건으로 하는데, 임대인의 임대차보증금반환채무는 임대차계약이 종료된 때에 비로소 이행기에 도달하므로, 임대차 존속 중 차임채권의 소멸시효가 완성된 경우에는 소멸시효 완성 전에

> 임대인이 임대차보증금 반환채무에 관한 기한의 이익을 실제로 포기하였다는 등의 특별한 사정이 없는 한 양 채권이 상계할 수 있는 상태에 있었다고 할 수 없다. 그러므로 그 이후에 임대인이 이미 소멸시효가 완성된 차임채권을 자동채권으로 삼아 임대차보증금 반환채무와 상계하는 것은 민법 제495조에 의하더라도 인정될 수 없지만, 임대차 존속 중 차임이 연체되고 있음에도 임대차보증금에서 연체차임을 충당하지 않고 있었던 임대인의 신뢰와 차임연체 상태에서 임대차관계를 지속해 온 임차인의 묵시적 의사를 감안하면 연체차임은 민법 제495조의 유추적용에 의하여 임대차보증금에서 공제할 수는 있다(대판 2016.11.25. 2016다211309).

(4) 보증금반환청구

1) 반환청구권자 : 임차인

임차인이 보증금반환청구권자에 해당한다. 그리고 임차인이 임대차계약 존속 중에도 보증금반환채권을 유효하게 양도할 수 있는지 문제되는데, 판례는 장래의 채권도 양도 당시 기본적 채권관계가 어느 정도 확정되어 있어 그 권리의 특정이 가능하고 가까운 장래에 발생할 것임이 상당 정도 기대되는 경우에는 이를 양도할 수 있다고 판시하고 있다(대판 1996.7.30. 95다7932).

2) 반환청구의 상대방 : 임대차 종료 시 임대인

임차목적물의 소유권 양도와 함께 양도인과 양수인 간에 임대인 지위 인수계약이 체결된 경우, 별도로 임차인의 동의나 승낙 없이도 지위 인수계약의 효력이 인정되는지 문제된다.

> 임대차계약에 있어 임대인의 지위의 양도는 임대인의 의무의 이전을 수반하는 것이지만 임대인의 의무는 임대인이 누구인가에 의하여 이행방법이 특별히 달라지는 것은 아니고, 목적물의 소유자의 지위에서 거의 완전히 이행할 수 있으며, 임차인의 입장에서 보아도 신 소유자에게 그 의무의 승계를 인정하는 것이 오히려 임차인에게 훨씬 유리할 수도 있으므로 임대인과 신 소유자와의 계약만으로써 그 지위의 양도를 할 수 있다 할 것이나, 이 경우에 임차인이 원하지 아니하면 임대차의 승계를 임차인에게 강요할 수는 없는 것이어서 스스로 임대차를 종료시킬 수 있어야 한다는 공평의 원칙 및 신의성실의 원칙에 따라 임차인이 곧 이의를 제기함으로써 승계되는 임대차관계의 구속을 면할 수 있고, 임대인과의 임대차관계도 해지할 수 있다고 보아야 한다(대결 1998.9.2. 98마100).

3) 동시이행의 관계

임대차계약의 기간이 만료된 경우에 임차인이 임차목적물을 명도할 의무와 임대인이 보증금중 연체차임등 당해 임대차에 관하여 명도시까지 생긴 모든 채무를 청산한 나머지를 반환할 의무는 동시이행의 관계가 있다(대판 1997.9.28. 77다1241[전합]).

2. 권리금

(1) 의 의

권리금이란 주로 부동산이 갖는 특수한 장소적 이익의 대가를 의미하며, 임차인으로부터 임대인에게 또는 임차권 양수인으로부터 양도인에게 지급되는 금전을 의미한다.

(2) 임대인의 반환의무 인정 여부

① 원칙 : 임대차가 종료되더라도 임대인에게는 권리금반환의무가 인정되지 않으므로, 임차인은 권리금반환청구를 할 수 없다.
② 예외 : 임대인의 사정으로 중도 해지됨으로써 당초 보장된 기간 동안의 이용이 불가능해진 경우에는 권리금 중 잔금기간에 대응하는 금액의 반환을 청구할 수 있다(대판 2002.7.26. 2002다25013).

Ⅷ. 임대차의 종료와 해지권

1. 종료의 원인

(1) 해지통고(일정기간 경과 후 해지의 효과발생)

> **기간의 약정 없는 임대차의 해지통고(민법 제635조)**
> ① 임대차기간의 약정이 없는 때에는 당사자는 언제든지 계약해지의 통고를 할 수 있다.
> ② 상대방이 전항의 통고를 받은 날로부터 다음 각 호의 기간이 경과하면 해지의 효력이 생긴다.
>   1. 토지, 건물 기타 공작물에 대하여는 임대인이 해지를 통고한 경우에는 6월, 임차인이 해지를 통고한 경우에는 1월
>   2. 동산에 대하여는 5일
>
> **기간의 약정 있는 임대차의 해지통고(민법 제636조)**
> 임대차기간의 약정이 있는 경우에도 당사자일방 또는 쌍방이 그 기간 내에 해지할 권리를 보류한 때에는 전조의 규정을 준용한다.
>
> **임차인의 파산과 해지통고(민법 제637조)**
> ① 임차인이 파산선고를 받은 경우에는 임대차기간의 약정이 있는 때에도 임대인 또는 파산관재인은 제635조의 규정에 의하여 계약해지의 통고를 할 수 있다.
> ② 전항의 경우에 각 당사자는 상대방에 대하여 계약해지로 인하여 생긴 손해의 배상을 청구하지 못한다.
>
> **해지통고의 전차인에 대한 통지(민법 제638조)**
> ① 임대차계약이 해지의 통고로 인하여 종료된 경우에 그 임대물이 적법하게 전대되었을 때에는 임대인은 전차인에 대하여 그 사유를 통지하지 아니하면 해지로써 전차인에게 대항하지 못한다.
> ② 전차인이 전항의 통지를 받은 때에는 제635조 제2항의 규정을 준용한다.

(2) 즉시해지권(해지 즉시 효과발생)

> **임차인의 의사에 반하는 보존행위와 해지권(민법 제625조)**
> 임대인이 임차인의 의사에 반하여 보존행위를 하는 경우에 임차인이 이로 인하여 임차의 목적을 달성할 수 없는 때에는 계약을 해지할 수 있다.
>
> **일부멸실 등과 감액청구, 해지권(민법 제627조)**
> ① 임차물의 일부가 임차인의 과실 없이 멸실 기타 사유로 인하여 사용, 수익할 수 없는 때에는 임차인은 그 부분의 비율에 의한 차임의 감액을 청구할 수 있다.
> ② 전항의 경우에 그 잔존부분으로 임차의 목적을 달성할 수 없는 때에는 임차인은 계약을 해지할 수 있다.
>
> **임차권의 양도, 전대의 제한(민법 제629조)**
> ① 임차인은 임대인의 동의 없이 그 권리를 양도하거나 임차물을 전대하지 못한다.
> ② 임차인이 전항의 규정에 위반한 때에는 임대인은 계약을 해지할 수 있다.
>
> **차임연체와 해지(민법 제640조)**
> 건물 기타 공작물의 임대차에는 임차인의 차임연체액이 2기의 차액에 달하는 때에는 임대인은 계약을 해지할 수 있다.
>
> **동전(민법 제641조)**
> 건물 기타 공작물의 소유 또는 식목, 채염, 목축을 목적으로 한 토지임대차의 경우에도 전조의 규정을 준용한다.

2. 종료의 효과

① 해지에 의하여 임대차계약은 장래에 향하여 소멸한다(민법 제550조 참조).
② 당사자 일방에게 귀책사유가 있으면 손해배상을 청구할 수도 있다(민법 제551조).
③ 임대차의 종료로 임차인은 목적물을 반환해야 하지만, 보증금의 반환과 유익비의 상환 또는 부속물의 매수를 청구하거나 철거를 할 수 있다.

핵심문제

01 甲은 물품보관창고를 필요로 하는 乙의 요청에 따라 그 소유의 X토지를 乙에게 임대함과 동시에 그 지상에 신축한 미등기 Y건물을 乙에게 매도하였고, 그 후 乙은 Y건물에 대한 보존등기를 마쳤다. 다음 설명 중 옳은 것은?(다툼이 있으면 판례에 따름) 변리 17

① 乙의 차임채무 불이행으로 임대차가 종료되어도 乙은 甲에게 Y건물의 매수를 청구할 수 있다.
② 乙이 적법하게 Y건물의 매수를 청구한 경우, 甲의 대금지급의무는 乙의 Y건물 명도 및 소유권이전의무보다 선이행되어야 한다.
③ 乙이 Y건물에 대한 보존등기를 마친 후 甲이 丙에게 X토지를 매도하고 소유권이전등기를 마쳐 준 경우, 乙의 임차권이 기간만료로 소멸하면 乙은 丙을 상대로 Y건물의 매수를 청구할 수 없다.
④ 만약 乙의 채권자 명의로 근저당권이 설정된 Y건물에 대하여 乙이 적법하게 매수청구권을 행사한 경우, 甲은 근저당권이 말소되지 않았음을 이유로 채권최고액에 상당한 대금의 지급을 거절할 수 없다.
⑤ 만약 Y건물이 미등기상태에 있더라도 임대차기간이 만료되어 乙이 적법하게 매수청구권을 행사한 경우, Y건물은 그 매수청구의 대상이 될 수 있다.

[해설]
① (×) 토지임차인의 차임연체 등 채무불이행을 이유로 임대차계약이 해지되는 경우 토지임차인으로서는 토지임대인에 대하여 지상건물의 매수를 청구할 수 없으므로(대판 1997.4.8. 96다54249), 乙은 甲에게 Y건물의 매수를 청구할 수 없다.
② (×) 민법 제643조의 규정에 의한 토지임차인의 매수청구권 행사로 지상건물에 대하여 시가에 의한 매매유사의 법률관계가 성립된 경우에 토지임차인의 건물명도 및 그 소유권이전등기의무와 토지임대인의 건물대금지급의무는 서로 대가관계에 있는 채무이므로 토지임차인은 토지임대인의 건물명도청구에 대하여 대금지급과의 동시이행을 주장할 수 있다(대판 1991.4.9. 91다3260). 따라서 甲의 대금지급의무는 乙의 Y건물명도 및 소유권이전의무와 동시이행의 관계에 있다.
③ (×)
- 건물의 소유를 목적으로 하는 토지임차인의 건물매수청구권 행사의 상대방은 원칙적으로 임차권 소멸 당시의 토지소유자인 임대인이고, 임대인이 임차권 소멸 당시에 이미 토지소유권을 상실한 경우에는 그에게 지상건물의 매수청구권을 행사할 수는 없으며, 이는 임대인이 임대차계약의 종료 전에 토지를 임의로 처분하였다 하여 달라지는 것은 아니다(대판 1994.7.29. 93다59717).
- 피고들(토지임차인)이 이 사건 토지의 전 소유자인 소외 회사와 건물의 소유를 목적으로 하는 임대차계약을 체결하여 원고가 이 사건 토지를 취득할 당시 그 임대차계약이 유효하게 존재하고 있었다면, 민법 제622조 제1항에 의하여 원고는 위 임대차계약의 임대인의 지위를 승계하고, 그 임대차계약이 종료한 때에 위 피고들은 위 각 건물에 관하여 민법 제643조, 제283조에 의하여 매수청구권을 행사할 수 있다(대판 1996.6.14. 96다14517). 판례의 취지를 고려할 때 토지임차인 乙은 Y건물의 매수를 청구할 당시 이미 토지소유권을 상실한 甲에게 건물매수청구권을 행사할 수 없으나, 임대인의 지위를 승계한 丙에게는 임대차계약이 종료한 때에 건물매수청구권을 행사할 수 있다.
④ (×) 건물의 소유를 목적으로 한 토지임대차계약의 기간이 만료함에 따라 지상건물소유자가 임대인에 대하여 행사하는 민법 제643조 소정의 매수청구권은 매수청구의 대상이 되는 건물에 근저당권이 설정되어 있는 경우에도 인정된다. 이 경우에 그 건물의 매수가격은 건물 자체의 가격 외에 건물의 위치, 주변토지의 여러 사정 등을 종합적으로 고려하여 매수청구권 행사 당시 건물이 현존하는 대로의 상태에서 평가된 시가 상당액을 의미하고, 여기에서 근저당권의 채권최고액이나 피담보채무액을 공제한 금액을 매수가격으로 정할 것은 아니다. 다만, 매수청구권을 행사한 지상건물소유자가 위와 같은 근저당권을 말소하지 않는 경우 토지소유자는 민법 제588조에 의하여 위 근저당권의 말소등기가 될 때까지 그 채권최고액에 상당한 대금의 지급을 거절할 수 있다(대판 2008.5.29. 2007다4356). 이러한 판례의 태도에 따르면 甲은 근저당권이 말소되지 아니하였음을 이유로 채권최고액에 상당한 대금의 지급을 거절할 수 있다.
⑤ (○) 대판 2013.11.28. 2013다48364·48371

정답 ⑤

3. 관련 판례 - 종료 후 임차목적물을 반환하지 아니하는 경우의 법률관계

(1) 동시이행관계

임차인이 임차권등기를 마친 경우 당사자 사이에 다른 약정이 없는 한 임대차 종료 후 임대인의 임차보증금 반환의무와 임차인의 임차권등기 말소의무는 동시이행관계에 있으므로, 임차인은 임차권등기 말소의무를 이행하거나 이행제공을 하여 상대방을 이행지체에 빠뜨려야 비로소 임차보증금에 대한 지연손해금의 지급을 청구할 수 있다(대판 2024.12.12. 2024다261989).

(2) 불법행위로 인한 손해배상의무의 인정 여부

임대차계약 종료로 발생한 임차인의 목적물 반환의무와 임차인의 부속물매수청구권 행사로 발생한 임대인의 부속물 매매대금 지급의무는 동시이행관계에 있으므로, 임대인이 부속물 매매대금 지급의무를 이행하거나 적법하게 이행제공을 하는 등으로 임차인의 동시이행항변권을 상실시키지 않은 이상, 임차인이 적법한 부속물매수청구권 행사 후에 목적물을 계속 점유하는 것을 불법점유라고 할 수 없고 임차인은 이에 대한 손해배상의무를 지지 않는다(대판 2025.5.15. 2024다317332).

(3) 부당이득반환의무 인정 여부

1) 실질적인 이득을 얻지 못한 경우

[1] 임대차계약의 종료에 의하여 발생된 임차인의 임차목적물 반환의무와 임대인의 연체차임을 공제한 나머지 보증금의 반환의무는 동시이행의 관계에 있는 것이므로 임대차계약 종료의 후에도 임차인이 동시이행의 항변권을 행사하여 임차건물을 계속 점유해 온 것이라면 임대인이 임차인에게 위 보증금반환의무를 이행하였다거나 그 현실적인 이행의 제공을 하여 임차인의 건물명도의무가 지체에 빠지는 등의 사유로 동시이행항변권을 상실하게 되었다는 점에 관하여 임대인의 주장 입증이 없는 이상 임차인의 위 건물에 대한 점유는 불법점유라고 할 수 없다.

[2] 법률상의 원인없이 이득하였음을 이유로 한 부당이득의 반환에 있어서 이득이라 함은 실질적인 이익을 가리키는 것이므로 법률상 원인 없이 건물을 점유하고 있다 하여도 이를 사용, 수익하지 않았다면 이익을 얻은 것이라고 볼 수 없는 것인바, 임차인이 임대차계약 종료 이후에도 임차건물부분을 계속 점유하기는 하였으나 이를 사용, 수익하지 아니하여 실질적인 이득을 얻은 바 없는 경우에는 그로 인하여 임대인에게 손해가 발생하였다 하더라도 임차인의 부당이득 반환의무는 성립될 여지가 없다(대판 1990.12.21. 90다카24076).

2) 임차인의 사정으로 이득을 얻지 못한 경우

임차인이 임대차계약이 종료한 후 임차건물을 계속 점유하였더라도 본래의 계약 목적에 따라 사용·수익하지 아니하여 이익을 얻지 않았다면 그로 인한 부당이득반환의무가 성립하지 아니하고, 이는 임차인의 사정으로 인하여 임차건물을 사용·수익하지 못한 경우에도 그러하다(대판 2006.10.12. 2004재다818).

제7절 고용

I 서설

1. 의의

> **고용의 의의 (민법 제655조)**
> 고용은 당사자 일방이 상대방에 대하여 노무를 제공할 것을 약정하고 상대방이 이에 대하여 보수를 지급할 것을 약정함으로써 그 효력이 생긴다.
>
> **보수액과 그 지급시기(민법 제656조)**
> ① 보수 또는 보수액의 약정이 없는 때에는 관습에 의하여 지급하여야 한다.
> ② 보수는 약정한 시기에 지급하여야 하며 시기의 약정이 없으면 관습에 의하고 관습이 없으면 약정한 노무를 종료한 후 지체 없이 지급하여야 한다.
>
> **권리의무의 전속성(민법 제657조)**
> ① 사용자는 노무자의 동의 없이 그 권리를 제3자에게 양도하지 못한다.
> ② 노무자는 사용자의 동의 없이 제3자로 하여금 자기에 갈음하여 노무를 제공하게 하지 못한다.
> ③ 당사자 일방이 전2항의 규정에 위반한 때에는 상대방은 계약을 해지할 수 있다.

2. 법적 성질

고용은 노무의 공급을 목적으로 하는 낙성·유상·쌍무계약이다.

II 고용계약의 내용

1. 노무자의 의무

노무제공의무(민법 제655조), 지휘·명령에 복종할 의무, 부수적 의무 등

2. 사용자의 의무

① 보수지급의무(민법 제655조, 제656조) : 약정 → 관습 → 후불(즉시)

> 고용은 노무를 제공하는 노무자에 대하여 사용자가 보수를 지급하기로 하는 계약이므로, 고용계약에 있어서 보수는 고용계약의 본질적 부분을 구성하고, 따라서 보수 지급을 전제로 하지 않는 고용계약은 존재할 수 없으나, <u>보수 지급에 관한 약정은 그 방법에 아무런 제한이 없고 반드시 명시적임을 요하는 것도 아니며, 관행이나 사회통념에 비추어 노무의 제공에 보수를 수반하는 것이 보통인 경우에는 당사자 사이에 보수에 관한 묵시적 합의가 있었다고 봄이 상당하고, 다만 이러한 경우에는 보수의 종류와 범위 등에 관한 약정이 없으므로 관행 등에 의하여 이를 결정하여야 한다</u>(대판 1999.7.9. 97다58767). **기출 24**

② 노무청구권의 양도금지
③ 안전배려의무

Ⅲ 고용의 해지와 종료

1. 묵시의 갱신(법정갱신)(민법 제662조)

> **묵시의 갱신(민법 제662조)**
> ① 고용기간이 만료한 후 노무자가 계속하여 그 노무를 제공하는 경우에 사용자가 상당한 기간 내에 이의를 하지 아니한 때에는 전고용과 동일한 조건으로 다시 고용한 것으로 본다. 그러나 당사자는 제660조의 규정에 의하여 해지의 통고를 할 수 있다.
> ② 전항의 경우에는 전고용에 대하여 제3자가 제공한 담보는 기간의 만료로 인하여 소멸한다.

2. 해지통고

(1) 기간의 약정이 없는 경우(민법 제660조)

> **기간의 약정이 없는 고용의 해지통고(민법 제660조)**
> ① 고용기간의 약정이 없는 때에는 당사자는 언제든지 계약해지의 통고를 할 수 있다.
> ② 전항의 경우에는 상대방이 해지의 통고를 받은 날로부터 1월이 경과하면 해지의 효력이 생긴다.
> ③ 기간으로 보수를 정한 때에는 상대방이 해지의 통고를 받은 당기후의 일기를 경과함으로써 해지의 효력이 생긴다.

(2) 기간의 약정이 있는 경우

> **3년 이상의 경과와 해지통고권(민법 제659조)**
> ① 고용의 약정기간이 3년을 넘거나 당사자의 일방 또는 제3자의 종신까지로 된 때에는 각 당사자는 3년을 경과한 후 언제든지 계약해지의 통고를 할 수 있다.
> ② 전항의 경우에는 상대방이 해지의 통고를 받은 날로부터 3월이 경과하면 해지의 효력이 생긴다.
>
> **부득이한 사유와 해지권(민법 제661조)**
> 고용기간의 약정이 있는 경우에도 부득이한 사유 있는 때에는 각 당사자는 계약을 해지할 수 있다. 그러나 그 사유가 당사자 일방의 과실로 인하여 생긴 때에는 상대방에 대하여 손해를 배상하여야 한다.

> 민법 제661조 소정의 '부득이한 사유'라 함은 고용계약을 계속하여 존속시켜 그 이행을 강제하는 것이 사회통념상 불가능한 경우를 말하고, 고용은 계속적 계약으로 당사자 사이의 특별한 신뢰관계를 전제로 하므로 고용관계를 계속하여 유지하는 데 필요한 신뢰관계를 파괴하거나 해치는 사실도 부득이한 사유에 포함되며, 따라서 고용계약상 의무의 중대한 위반이 있는 경우에도 부득이한 사유에 포함된다(대판 2004.2.27, 2003다51675). **기출 24**

3. 즉시해지의 사유

① 노무제공과 수령의 일신전속성 위반 시(민법 제657조)
② 부득이한 사유로 고용해지 시(민법 제661조)
③ 사용자의 파산 시(민법 제663조) : 해지 시 따로 손해배상청구는 불가

4. 관련 판례

근로자를 그가 고용된 기업으로부터 다른 기업으로 적을 옮겨 다른 기업의 업무에 종사하게 하는 이른바 전적은, 종래에 종사하던 기업과 사이의 근로계약을 합의해지하고 이적하게 될 기업과 사이에 새로운 근로계약을 체결하는 것이거나 근로계약상의 사용자의 지위를 양도하는 것이므로, 동일 기업 내의 인사이동인 전근이나 전보와 달라 특별한 사정이 없는 한 근로자의 동의를 얻어야 효력이 생기고, 나아가 기업그룹 등과 같이 그 구성이나 활동 등에 있어서 어느 정도 밀접한 관련성을 갖고 사회적 또는 경제적 활동을 하는 일단의 법인체 사이의 전적에 있어서 그 법인체들 내에서 근로자의 동의를 얻지 아니하고 다른 법인체로 근로자를 전적시키는 관행이 있어서 그 관행이 근로계약의 내용을 이루고 있다고 인정하기 위하여는, 그와 같은 관행이 그 법인체들 내에서 일반적으로 근로관계를 규율하는 규범적인 사실로서 명확히 승인되거나, 그 구성원이 일반적으로 아무런 이의도 제기하지 아니한 채 당연한 것으로 받아들여 기업 내에서 사실상의 제도로서 확립되어 있지 않으면 아니 된다(대판 2006.1.12. 2005두9873). **기출 24**

제8절 도 급

I 서 설

1. 의 의

> **도급의 의의(민법 제664조)**
> 도급은 당사자 일방이 어느 일을 완성할 것을 약정하고 상대방이 그 일의 결과에 대하여 보수를 지급할 것을 약정함으로써 그 효력이 생긴다.

2. 법적 성질

낙성·불요식·쌍무·유상계약이다.

II 수급인의 의무

1. 일을 완성할 의무

> **지체상금약정**
> - 도급계약의 지연보상에 관한 약정은 수급인이 일의 완성을 지체한데 대한 손해배상의 예정을 약정한 것이라 할 것인 바, 공사도급계약이 수급인이 건물신축공사를 완성하여 준공검사를 마치고 도급인에게 인도하는 것을 그 일의 내용으로 하는 것이라면 위 약정에 의한 수급인의 지체보상의무의 종기는 수급인이 건물에 대한 준공검사를 마치고 도급인에게 인도한 때라고 할 것이므로 도급인이 준공검사를 마친 건물을 인도받은 후에 있어서는 비록 인도된 건물에 공사내용대로 완성되지 아니한 불완전한 부분이 있다 하더라도 그에 따른 하자보수청구 등 별도의 책임이 있음은 별론으로 하고 수급인에게 지체보상약정에 따른 책임은 물을 수는 없다(대판 1988.3.8. 87다카2083).

- 지체상금 약정은 수급인이 약정 준공일보다 늦게 공사를 완료하거나 수급인의 귀책사유로 도급계약이 해제된 경우뿐 아니라 도급인의 귀책사유로 도급계약이 해제된 경우에도 적용이 된다 할 것이고, 이 경우에는 도급인의 귀책사유가 발생하지 아니하여 수급인이 공사를 계속하였더라면 완성할 수 있었을 때까지의 기간을 기준으로 하여 당초의 준공예정일로부터 지체된 기간을 산정하는 방법으로 지체일수를 적용해야 할 것이다(대판 2012.10.11. 2010다34043).
- 수급인이 완공기한 내에 공사를 완성하지 못한 채 완공기한을 넘겨 도급계약이 해제된 경우에 있어서 그 지체상금 발생의 시기(始期)는 완공기한 다음 날이고, 종기(終期)는 수급인이 공사를 중단하거나 기타 해제사유가 있어 도급인이 이를 해제할 수 있었을 때를 기준으로 하여 도급인이 다른 업자에게 의뢰하여 같은 건물을 완공할 수 있었던 시점이다(대판 2001.1.30. 2000다56112).

공사도급계약에 있어서 반드시 수급인 자신이 직접 일을 완성하지 않으면 계약불이행이 되는지 여부(한정 소극)
[1] 공사도급계약에 있어서 당사자 사이에 특약이 있거나 일의 성질상 수급인 자신이 하지 않으면 채무의 본지에 따른 이행이 될 수 없다는 등의 특별한 사정이 없는 한 반드시 수급인 자신이 직접 일을 완성하여야 하는 것은 아니고, 이행보조자 또는 이행대행자를 사용하더라도 공사도급계약에서 정한 대로 공사를 이행하는 한 계약을 불이행하였다고 볼 수 없다.
[2] 수급인이 제3자를 이용하여 공사를 하더라도 공사약정에서 정한 내용대로 그 공사를 이행하는 한 공사약정을 불이행한 것이라고 볼 수 없으므로, 수급인이 그의 노력으로 제3자와의 사이에 공사에 관한 약속을 한 후 도급인에게 그 약속 사실을 알려주지 않았다고 하더라도 이를 도급인에 대한 기망행위라고 할 수 없다고 한 사례(대판 2002.4.12. 2001다82545). **기출 24**

2. 완성물의 인도의무

목적물의 인도는 완성된 목적물에 대한 단순한 점유의 이전만을 의미하는 것이 아니라 도급인이 목적물을 검사한 후 그 목적물이 계약내용대로 완성되었음을 명시적 또는 묵시적으로 시인하는 것까지 포함하는 의미이다(대판 2006.10.13. 2004다21862).

3. 완성물의 소유권이전의무

(1) 약정이 있는 경우

그 약정이 우선 적용된다(통설·판례).

[1] 일반적으로 자기의 노력과 재료를 들여 건물을 건축한 사람은 그 건물의 소유권을 원시취득하는 것이고, 다만 도급계약에 있어서 수급인이 자기의 노력과 재료를 들여 건물을 완성하더라도 도급인과 수급인 사이에 도급인 명의로 건축허가를 받아 소유권보존등기를 하기로 하는 등 완성된 건물의 소유권을 도급인에게 귀속시키기로 합의한 것으로 보여질 경우에는 그 건물의 소유권은 도급인에게 원시적으로 귀속된다.
[2] 단지 채무의 담보를 위하여 채무자가 자기의 비용과 노력으로 신축하는 건물의 건축허가명의를 채권자 명의로 하였다면 이는 완성될 건물을 담보로 제공하기로 하는 합의로서 법률행위에 의한 담보물권의 설정과 다름없으므로 완성된 건물의 소유권은 일단 채무자가 이를 원시취득한 후 채권자 명의로 소유권보존등기를 마침으로써 담보목적의 범위 내에서 채권자에게 그 소유권이 이전된다고 보아야 한다(대판 1992.8.18. 91다25505).

(2) 약정이 없는 경우

1) 도급인이 재료를 제공한 경우

도급인에게 소유권이 귀속된다.

2) 수급인이 재료를 제공한 경우

① 동산의 경우 : 수급인에게 소유권이 귀속된다.
② 부동산의 경우 : 수급인 귀속설이 다수설과 판례이다.

4. 수급인의 담보책임

> **수급인의 담보책임(민법 제667조)**
> ① 완성된 목적물 또는 완성전의 성취된 부분에 하자가 있는 때에는 도급인은 수급인에 대하여 상당한 기간을 정하여 그 하자의 보수를 청구할 수 있다. 그러나 하자가 중요하지 아니한 경우에 그 보수에 과다한 비용을 요할 때에는 그러하지 아니하다.
> ② 도급인은 하자의 보수에 갈음하여 또는 보수와 함께 손해배상을 청구할 수 있다.
> ③ 전항의 경우에는 제536조의 규정을 준용한다.
>
> **동전-도급인의 해제권(민법 제668조)**
> 도급인이 완성된 목적물의 하자로 인하여 계약의 목적을 달성할 수 없는 때에는 계약을 해제할 수 있다. 그러나 건물 기타 토지의 공작물에 대하여는 그러하지 아니하다. 기출 20·22
>
> **동전-하자가 도급인의 제공한 재료 또는 지시에 기인한 경우의 면책(민법 제669조)**
> 전2조의 규정은 목적물의 하자가 도급인이 제공한 재료의 성질 또는 도급인의 지시에 기인한 때에는 적용하지 아니한다. 그러나 수급인이 그 재료 또는 지시의 부적당함을 알고 도급인에게 고지하지 아니한 때에는 그러하지 아니하다.
>
> **담보책임면제의 특약(민법 제672조)** 기출 20
> 수급인은 제667조, 제668조의 담보책임이 없음을 약정한 경우에도 알고 고지하지 아니한 사실에 대하여는 그 책임을 면하지 못한다.

(1) 담보책임의 의의

도급도 유상계약이므로 담보책임에 관한 규정이 준용되어야 하지만, 민법은 수급인의 담보책임에 관하여 민법 제667조 이하에서 특별히 규정하고 있다.

(2) 담보책임의 성립요건

① 일의 완성에 하자가 있어야 한다.
② 목적물의 하자가 도급인이 제공한 재료의 성질 혹은 도급인의 지시에 기인하는 경우가 아니어야 한다(민법 제669조).
③ 수급인의 귀책사유를 불문한다.
④ 담보책임 규정은 임의규정이다.

> 도급계약에 따라 완성된 목적물에 하자가 있는 경우, 수급인의 하자담보책임과 채무불이행책임은 별개의 권원에 의하여 경합적으로 인정된다. 목적물의 하자를 보수하기 위한 비용은 수급인의 하자담보책임과 채무불이행책임에서 말하는 손해에 해당한다. 따라서 도급인은 하자보수비용을 민법 제667조 제2항에 따라 하자담보책임으로 인한 손해배상으로 청구할 수도 있고, 민법 제390조에 따라 채무불이행으로 인한 손해배상으로 청구할 수도 있다. 하자보수를 갈음하는 손해배상에 관해서는 민법 제667조 제2항에 따른 하자담보책임만이 성립하고 민법 제390조에 따른 채무불이행책임이 성립하지 않는다고 볼 이유가 없다(대판 2020.6.11. 2020다201156).

(3) 담보책임의 내용

1) 하자보수청구권(민법 제667조)

① **내용**: 도급계약에서 완성된 목적물에 하자가 있으면 도급인은 수급인에게 하자의 보수나 그에 갈음하는 손해배상을 청구할 수 있으나, 하자가 중요하지 아니하면서 동시에 보수에 과다한 비용을 요할 때에는 하자의 보수나 그에 갈음하는 손해배상을 청구할 수는 없고, 하자로 인하여 입은 손해의 배상만을 청구할 수 있다(대판 2015.4.23. 2011다63383). 기출 20

② **동시이행의 관계**

> - 기성고에 따라 공사대금을 분할하여 지급하기로 약정한 경우라도 특별한 사정이 없는 한 하자보수의무와 동시이행관계에 있는 공사대금지급채무는 당해 하자가 발생한 부분의 기성공사대금에 한정되는 것은 아니라고 할 것이다. 왜냐하면, 이와 달리 본다면 도급인이 하자발생사실을 모른 채 하자가 발생한 부분에 해당하는 기성공사의 대금을 지급하고 난 후 뒤늦게 하자를 발견한 경우에는 동시이행의 항변권을 행사하지 못하게 되어 공평에 반하기 때문이다(대판 2001.9.18. 2001다9304).
> - 완성된 목적물에 하자가 있어 도급인이 하자의 보수에 갈음하여 손해배상을 청구한 경우에, 도급인은 수급인이 그 손해배상 청구에 관하여 채무이행을 제공할 때까지 그 손해배상액에 상응하는 보수액에 관하여만 자기의 채무이행을 거절할 수 있을 뿐이고 그 나머지 보수액은 지급을 거절할 수 없다고 할 것이므로, 도급인의 손해배상 채권과 동시이행관계에 있는 수급인의 공사대금 채권은 공사잔대금 채권 중 위 손해배상 채권액과 동액의 채권에 한하고, 그 나머지 공사잔대금 채권은 위 손해배상 채권과 동시이행관계에 있다고 할 수 없다(대판 1996.6.11. 95다12798).
> - 도급계약에 있어서 완성된 목적물에 하자가 있는 때에는 도급인은 수급인에 대하여 하자의 보수를 청구할 수 있고 그 하자의 보수에 갈음하여 또는 보수와 함께 손해배상을 청구할 수 있는바, 이들 청구권은 수급인의 공사대금채권과 동시이행 관계에 있으므로 수급인의 하수급인에 대한 하도급 공사대금채무를 인수한 도급인은 수급인이 하수급인과 사이의 하도급계 약상 동시이행의 관계에 있는 수급인의 하수급인에 대한 하자보수청구권 내지 하자에 갈음한 손해배상채권 등에 기한 동시이행의 항변으로써 하수급인에게 대항할 수 있다(대판 2007.10.11. 2007다31914).

2) 손해배상청구권(민법 제667조)

① 도급인은 하자의 보수에 갈음하여 또는 보수와 함께 손해배상을 청구할 수 있다(민법 제667조 제2항). 도급인의 손해배상청구권과 수급인의 보수청구권은 동시이행의 관계에 있다. 다만, 동시이행관계에 있는 보수청구권은 손해배상채권액에 상당하는 부분에 한한다.

② 하자가 중요한 경우에는 비록 보수에 과다한 비용이 필요하더라도 보수에 갈음하는 비용, 즉 실제로 보수에 필요한 비용이 모두 손해배상에 포함된다. 나아가 완성된 건물 기타 토지의 공작물(이하 '건물 등'이라 한다)에 중대한 하자가 있고 이로 인하여 건물 등이 무너질 위험성이 있어서 보수가 불가능하고 다시 건축할 수밖에 없는 경우에는, 특별한 사정이 없는 한 건물 등을 철거하고 다시 건축하는 데 드는 비용 상당액을 하자로 인한 손해배상으로 청구할 수 있고(대판 2016.8.18. 2014다31691), 이러한 하자보수에 갈음한 손해배상청구권은 하자가 발생하여 보수가 필요하게 된 시점에서 성립된다(대판 2000.3.10. 99다55632).

③ 액젓저장탱크의 제작·설치공사 도급계약에 의하여 완성된 저장탱크에 균열이 발생한 경우, 보수비용은 민법 제667조 제2항에 의한 수급인의 하자담보책임 중 하자보수에 갈음하는 손해배상이고, 액젓 변질로 인한 손해배상은 위 하자담보책임을 넘어서 수급인이 도급계약의 내용에 따른 의무를 제대로 이행하지 못함으로 인하여 도급인의 신체·재산에 발생한 손해에 대한 배상으로서 양자는 별개의 권원에 의하여 경합적으로 인정된다(대판 2004.8.20. 2001다70337). 기출 20 하자확대손해로 인한 수급인의 손해배상채무와 도급인의 공사대금채무도 동시이행관계에 있는 것으로 보아야 한다(대판 2005.11.10. 2004다37676).

④ 민법 제495조는 "소멸시효가 완성된 채권이 그 완성 전에 상계할 수 있었던 것이면 그 채권자는 상계할 수 있다"라고 정하고 있다. 이는 당사자 쌍방의 채권이 상계적상에 있었던 경우에 당사자들은 채권·채무관계가 이미 정산되어 소멸하였거나 추후에 정산될 것이라고 생각하는 것이 일반적이라는 점을 고려하여 당사자들의 신뢰를 보호하기 위한 것이다. 매도인이나 수급인의 담보책임을 기초로 한 매수인이나 도급인의 손해배상채권의 제척기간이 지난 경우에도 민법 제495조를 유추적용해서 매수인이나 도급인이 상대방의 채권과 상계할 수 있는지 문제된다. 매도인의 담보책임을 기초로 한 매수인의 손해배상채권 또는 수급인의 담보책임을 기초로 한 도급인의 손해배상채권이 각각 상대방의 채권과 상계적상에 있는 경우에 당사자들은 채권·채무관계가 이미 정산되었거나 정산될 것으로 기대하는 것이 일반적이므로, 그 신뢰를 보호할 필요가 있다. 이러한 손해배상채권의 제척기간이 지난 경우에도 그 기간이 지나기 전에 상대방에 대한 채권·채무관계의 정산 소멸에 대한 신뢰를 보호할 필요성이 있다는 점은 소멸시효가 완성된 채권의 경우와 아무런 차이가 없다. 따라서 매도인이나 수급인의 담보책임을 기초로 한 손해배상채권의 제척기간이 지난 경우에도 제척기간이 지나기 전 상대방의 채권과 상계할 수 있었던 경우에는 매수인이나 도급인은 민법 제495조를 유추적용해서 위 손해배상채권을 자동채권으로 해서 상대방의 채권과 상계할 수 있다고 봄이 타당하다(대판 2019.3.14. 2018다255648). **기출 25**

3) 계약해제권(민법 제668조)

① 의의 : 도급인이 완성된 목적물의 하자로 인하여 계약의 목적을 달성할 수 없는 때에는 계약을 해제할 수 있다. 그러나 건물 기타 토지의 공작물에 대하여는 그러하지 아니하다(민법 제666조).

② 해제의 소급효 제한

> 건축공사도급계약의 수급인이 일을 완성하지 못한 상태에서 그의 채무불이행으로 말미암아 건축공사도급계약이 해제되었으나, 해제 당시 공사가 상당한 정도로 진척되어 이를 원상회복하는 것이 중대한 사회적, 경제적 손실을 초래하게 되고, 완성된 부분이 도급인에게 이익이 되는 경우, 그 도급계약은 미완성부분에 대하여만 실효되고 수급인은 해제 당시의 상태 그대로 그 건물을 도급인에게 인도하고 도급인은 특별한 사정이 없는 한 인도받은 미완성건물에 대한 보수를 지급하여야 하는 권리의무관계가 성립한다(대판 1994.11.4. 94다18584). 그리고 이때 도급인이 지급하여야 할 미완성건물에 대한 보수는 특별한 사정이 없는 한 실제 수급인이 지출한 비용이 아니라 당사자 사이에 약정한 총 공사비를 기준으로 하여 그 금액에서 수급인이 공사를 중단할 당시의 기성고 비율에 의한 금액이 된다(대판 2003.2.26. 2000다40995).

(4) 책임의 면제에 관한 특칙

> 도급계약에 따라 완성된 목적물에 하자가 있는 경우, 수급인의 하자담보책임과 채무불이행책임은 별개의 권원에 의하여 경합적으로 인정된다. 민법 제669조 본문은 완성된 목적물의 하자가 도급인이 제공한 재료의 성질 또는 도급인의 지시에 기인한 때에는 수급인의 하자담보책임에 관한 규정이 적용되지 않는다고 정하고 있다. 그러나 이 규정은 수급인의 하자담보책임이 아니라 민법 제390조에 따른 채무불이행책임에는 적용되지 않는다(대판 2020.1.30. 2019다268252).

(5) 담보책임의 존속기간

> **담보책임의 존속기간(민법 제670조)**
> ① 전3조의 규정에 의한 하자의 보수, 손해배상의 청구 및 계약의 해제는 목적물의 인도를 받은 날로부터 1년 내에 하여야 한다.
> ② 목적물의 인도를 요하지 아니하는 경우에는 전항의 기간은 일의 종료한 날로부터 기산한다.

수급인의 담보책임 - 토지, 건물 등에 대한 특칙(민법 제671조)
① 토지, 건물 기타 공작물의 수급인은 목적물 또는 지반공사의 하자에 대하여 인도후 5년간 담보의 책임이 있다. 그러나 목적물이 석조, 석회조, 연와조, 금속 기타 이와 유사한 재료로 조성된 것인 때에는 그 기간을 10년으로 한다.
② 전항의 하자로 인하여 목적물이 멸실 또는 훼손된 때에는 도급인은 그 멸실 또는 훼손된 날로부터 1년 내에 제667조의 권리를 행사하여야 한다.

민법상 수급인의 하자담보책임에 관한 기간은 제척기간으로서 재판상 또는 재판 외의 권리행사기간이며, 재판상 청구를 위한 출소기간이 아니라고 할 것이다(대판 2004.1.27. 2001다24891). **기출** 20 · 24

Ⅲ 도급인의 의무

1. 보수지급의무(민법 제665조)

보수의 지급시기(민법 제665조)
① 보수는 그 완성된 목적물의 인도와 동시에 지급하여야 한다. 그러나 목적물의 인도를 요하지 아니하는 경우에는 그 일을 완성한 후 지체 없이 지급하여야 한다.
② 전항의 보수에 관하여는 제656조 제2항의 규정을 준용한다.

제작물공급계약의 당사자들이 보수의 지급시기에 관하여 "수급인이 공급한 목적물을 도급인이 검사하여 합격하면, 도급인은 수급인에게 그 보수를 지급한다."는 내용으로 약정을 체결한 경우, 그 약정이 조건부 약정 또는 순수수의조건부 약정에 해당하는지 여부(소극) / 제작물공급계약의 수급인이 보수의 지급을 청구하는 경우에 주장·증명하여야 할 사항
[1] 제작물공급계약에서 보수의 지급시기에 관하여 당사자 사이의 특약이나 관습이 없으면 도급인은 완성된 목적물을 인도받음과 동시에 수급인에게 보수를 지급하는 것이 원칙이고, 이때 목적물의 인도는 완성된 목적물에 대한 단순한 점유의 이전만을 의미하는 것이 아니라 도급인이 목적물을 검사한 후 그 목적물이 계약내용대로 완성되었음을 명시적 또는 묵시적으로 시인하는 것까지 포함하는 의미이다.
[2] 제작물공급계약의 당사자들이 보수의 지급시기에 관하여 "수급인이 공급한 목적물을 도급인이 검사하여 합격하면, 도급인은 수급인에게 그 보수를 지급한다"는 내용으로 한 약정은 도급인의 수급인에 대한 보수지급의무와 동시이행관계에 있는 수급인의 목적물 인도의무를 확인한 것에 불과하므로, 법률행위의 효력 발생을 장래의 불확실한 사실의 성부에 의존하게 하는 법률행위의 부관인 조건에 해당하지 아니할 뿐만 아니라, 조건에 해당한다 하더라도 검사에의 합격 여부는 도급인의 일방적인 의사에만 의존하지 않고 그 목적물이 계약내용대로 제작된 것인지 여부에 따라 객관적으로 결정되므로 순수수의조건에 해당하지 않는다.
[3] 도급계약에 있어 일의 완성에 관한 주장·입증책임은 일의 결과에 대한 보수의 지급을 청구하는 수급인에게 있고, 제작물공급계약에서 일이 완성되었다고 하려면 당초 예정된 최후의 공정까지 일단 종료하였다는 점만으로는 부족하고 목적물의 주요구조 부분이 약정된 대로 시공되어 사회통념상 일반적으로 요구되는 성능을 갖추고 있어야 하므로, 제작물공급에 대한 보수의 지급을 청구하는 수급인으로서는 그 목적물 제작에 관하여 계약에서 정해진 최후 공정을 일단 종료하였다는 점뿐만 아니라 그 목적물의 주요구조 부분이 약정된 대로 시공되어 사회통념상 일반적으로 요구되는 성능을 갖추고 있다는 점까지 주장·입증하여야 한다(대판 2006.10.13. 2004다21862).

> **도급계약에서 정한 일의 완성 이전에 계약이 해제된 경우, 수급인이 도급인에게 보수를 청구할 수 있는지 여부(원칙적 소극) / 예외적으로 이미 완성된 부분에 대한 수급인의 보수청구권이 인정될 수 있는 경우 및 이에 해당하는지 판단하는 기준**
>
> 도급계약에서 수급인의 보수는 완성된 목적물의 인도와 동시에 지급하여야 하고, 인도를 요하지 않는 경우 일을 완성한 후 지체 없이 지급하여야 하며, 도급인은 완성된 목적물의 인도의 제공이나 일의 완성이 있을 때까지 보수 지급을 거절할 수 있으므로, 도급계약에서 정한 일의 완성 이전에 계약이 해제된 경우 수급인으로서는 도급인에게 보수를 청구할 수 없음이 원칙이다. 다만 당해 도급계약에 따라 수급인이 일부 미완성한 부분이 있더라도 계약해제를 이유로 이를 전부 원상회복하는 것이 신의성실의 원칙 등에 비추어 공평·타당하지 않다고 평가되는 특별한 경우라면 예외적으로 이미 완성된 부분에 대한 수급인의 보수청구권이 인정될 수 있고, 그와 같은 경우에 해당하는지는 도급인과 수급인의 관계, 당해 도급계약의 목적·유형·내용 및 성질, 수급인이 도급계약을 이행함에 있어 도급인의 관여 여부, 수급인이 도급계약에 따라 이행한 결과의 정도 및 그로 인해 도급인이 얻을 수 있는 실질적인 이익의 존부, 계약해제에 따른 원상회복 시 사회적·경제적 손실의 발생 여부 등을 종합적으로 고려하여 판단하여야 한다(대판 2023.3.30, 2022다289174).

2. 보수지급의무의 담보

> **수급인의 목적부동산에 대한 저당권설정청구권(민법 제666조)**
> 부동산공사의 수급인은 전조의 보수에 관한 채권을 담보하기 위하여 그 부동산을 목적으로 한 저당권의 설정을 청구할 수 있다.

> [1] 민법 제666조는 "부동산공사의 수급인은 보수에 관한 채권을 담보하기 위하여 그 부동산을 목적으로 한 저당권의 설정을 청구할 수 있다."라고 규정하고 있는바, 이는 부동산공사에서 그 목적물이 보통 수급인의 자재와 노력으로 완성되는 점을 감안하여 그 목적물의 소유권이 원시적으로 도급인에게 귀속되는 경우 수급인에게 목적물에 대한 저당권설정청구권을 부여함으로써 수급인이 사실상 목적물로부터 공사대금을 우선적으로 변제받을 수 있도록 하는 데 그 취지가 있고, 이러한 수급인의 지위가 목적물에 대하여 유치권을 행사하는 지위보다 더 강화되는 것은 아니어서 도급인의 일반 채권자들에게 부당하게 불리해지는 것도 아닌 점 등에 비추어, <u>신축건물의 도급인이 민법 제666조가 정한 수급인의 저당권설정청구권의 행사에 따라 공사대금채무의 담보로 그 건물에 저당권을 설정하는 행위는 특별한 사정이 없는 한 사해행위에 해당하지 아니한다.</u>
> [2] 민법 제666조에서 정한 수급인의 저당권설정청구권은 공사대금채권을 담보하기 위하여 인정되는 채권적 청구권으로서 공사대금채권에 부수하여 인정되는 권리이므로, 당사자 사이에 공사대금채권만을 양도하고 저당권설정청구권은 이와 함께 양도하지 않기로 약정하였다는 등의 특별한 사정이 없는 한, 공사대금채권이 양도되는 경우 저당권설정청구권도 이에 수반하여 함께 이전된다고 봄이 타당하다. 따라서 <u>신축건물의 수급인으로부터 공사대금채권을 양수받은 자의 저당권설정청구에 의하여 신축건물의 도급인이 그 건물에 저당권을 설정하는 행위 역시 다른 특별한 사정이 없는 한 사해행위에 해당하지 아니한다</u>(대판 2018.11.29, 2015다19827). 기출 24

IV 도급의 종료

1. 도급인의 임의해제

> **완성전의 도급인의 해제권(민법 제673조)**
> 수급인이 일을 완성하기 전에는 도급인은 손해를 배상하고 계약을 해제할 수 있다.

> 도급인이 수급인의 채무불이행을 이유로 도급계약 해제의 의사표시를 하였으나 실제로는 채무불이행의 요건을 갖추지 못한 것으로 밝혀진 경우, 당사자 사이에 분쟁이 있었다는 사정만으로 위 의사표시에 민법 제673조에 따른 임의해제의 의사가 포함되어 있다고 볼 수 있는지 여부(소극)
>
> 도급인이 수급인의 채무불이행을 이유로 도급계약 해제의 의사표시를 하였으나 실제로는 채무불이행의 요건을 갖추지 못한 것으로 밝혀진 경우, 도급계약의 당사자 사이에 분쟁이 있었다고 하여 그러한 사정만으로 위 의사표시에 민법 제673조에 따른 임의해제의 의사가 포함되어 있다고 볼 수는 없다. 그 이유는 다음과 같다.
> [1] 도급인이 수급인의 채무불이행을 이유로 도급계약을 해제하면 수급인에게 손해배상을 청구할 수 있다. 이에 반하여 민법 제673조에 기하여 도급인이 도급계약을 해제하면 오히려 수급인에게 손해배상을 해주어야 하는 처지가 된다. 도급인으로서는 자신이 손해배상을 받을 수 있다고 생각하였으나 이제는 자신이 손해배상을 하여야 하는 결과가 된다면 이는 도급인의 의사에 반할 뿐 아니라 의사표시의 일반적인 해석의 원칙에도 반한다.
> [2] 수급인의 입장에서 보더라도 채무불이행 사실이 없으므로 도급인의 도급계약 해제의 의사표시가 효력이 없다고 믿고 일을 계속하였는데, 민법 제673조에 따른 해제가 인정되면 그 사이에 진행한 일은 도급계약과 무관한 일을 한 것이 되고 그 사이에 다른 일을 할 수 있는 기회를 놓치는 경우도 있을 수 있어 불측의 손해를 입을 수 있다(대판 2022.10.14. 2022다246757).
>
> 민법 제673조에 의하여 도급계약이 해제된 경우, 도급인이 수급인에 대한 손해배상에 있어서 과실상계나 손해배상예정액 감액을 주장할 수 있는지 여부(소극) / 민법 제673조에 의하여 도급계약이 해제된 경우, 수급인의 손해액 산정에 있어서 손익상계의 적용 여부(적극)
>
> [1] 민법 제673조에서 도급인으로 하여금 자유로운 해제권을 행사할 수 있도록 하는 대신 수급인이 입은 손해를 배상하도록 규정하고 있는 것은 도급인의 일방적인 의사에 기한 도급계약 해제를 인정하는 대신, 도급인의 일방적인 계약해제로 인하여 수급인이 입게 될 손해, 즉 수급인이 이미 지출한 비용과 일을 완성하였더라면 얻었을 이익을 합한 금액을 전부 배상하게 하는 것이라 할 것이므로, 위 규정에 의하여 도급계약을 해제한 이상은 특별한 사정이 없는 한 도급인은 수급인에 대한 손해배상에 있어서 과실상계나 손해배상예정액 감액을 주장할 수는 없다. 기출 24
> [2] 채무불이행이나 불법행위 등이 채권자 또는 피해자에게 손해를 생기게 하는 동시에 이익을 가져다 준 경우에는 공평의 관념상 그 이익은 당사자의 주장을 기다리지 아니하고 손해를 산정함에 있어서 공제되어야만 하는 것이므로, 민법 제673조에 의하여 도급계약이 해제된 경우에도, 그 해제로 인하여 수급인이 그 일의 완성을 위하여 들이지 않게 된 자신의 노력을 타에 사용하여 소득을 얻었거나 또는 얻을 수 있었음에도 불구하고, 태만이나 과실로 인하여 얻지 못한 소득 및 일의 완성을 위하여 준비하여 둔 재료를 사용하지 아니하게 되어 타에 사용 또는 처분하여 얻을 수 있는 대가 상당액은 당연히 손해액을 산정함에 있어서 공제되어야 한다(대판 2002.5.10. 2000다37296).

2. 도급인의 파산과 해제

> **도급인의 파산과 해제권(민법 제674조)**
> ① 도급인이 파산선고를 받은 때에는 수급인 또는 파산관재인은 계약을 해제할 수 있다. 이 경우에는 수급인은 일의 완성된 부분에 대한 보수 및 보수에 포함되지 아니한 비용에 대하여 파산재단의 배당에 가입할 수 있다.
> ② 전항의 경우에는 각 당사자는 상대방에 대하여 계약해제로 인한 손해의 배상을 청구하지 못한다.

V 제작물공급계약

제작물공급계약이란 당사자 일방이 상대방의 주문에 따라서 오로지 혹은 주로 자기의 재료를 사용하여 제작한 물건을 공급하는 계약을 말한다. 판례에 따르면 제작 공급하여야 할 물건이 대체물인 경우에는 매매로 보아서 매매에 관한 규정이 적용된다고 할 것이나, 부대체물인 경우에는 도급의 성질을 띠는 것이다(대판 1996.6.28. 94다42976).

제8절의2　여행계약

I　서설

1. 의의
당사자 한쪽, 즉 여행주최자가 상대방에게 운송, 숙박, 관광 또는 그 밖의 여행관련 용역을 결합하여 제공하기로 약정하고 상대방, 즉 여행자는 그 대금을 지급하기로 약정함으로써 성립한다(민법 제674조의2).

2. 법적 성질
여행계약은 유상·쌍무계약이며, 낙성·불요식의 계약이다.

II　여행계약의 성립

여행관련 용역을 제공하는 여행주최자와 그에 대하여 대가를 제공하는 여행자가 여행계약의 당사자에 해당한다. 여행계약은 낙성·불요식의 계약이므로 서면의 작성이 없더라도 계약은 성립한다.

III　여행계약의 효력

1. 여행주최자의 의무
① 여행주최자는 약정된 대로 여행자에게 여행급부 전부, 즉 운송, 숙박, 관광 또는 그 밖의 여행관련 용역을 결합하여 제공할 의무를 진다.
② 여행주최자의 의무에 관한 규정들은 편면적 강행규정이다.
③ 여행주최자는 여행자에 대하여 여행계약상의 부수의무로서 신의칙상 주의의무를 진다.

2. 여행자의 의무
① 여행자는 약정한 시기에 대금을 지급해야 하며, 그 시기의 약정이 없으면 관습에 따르고, 관습이 없으면 여행의 종료 후 지체 없이 지급해야 한다(민법 제674조의5). [기출 16·24] 이 규정은 주의적 규정이고, 실제로는 대개 약관에 따라 사전에 전액 지급된다.
② 부수적으로 특히 단체여행에서 여행자 간의 화합도모 및 질서유지에 협력할 의무도 진다.

3. 여행주최자의 담보책임

> **여행주최자의 담보책임(민법 제674조의6)**
> ① 여행에 하자가 있는 경우에는 여행자는 여행주최자에게 하자의 시정 또는 대금의 감액을 청구할 수 있다. 다만, 그 시정에 지나치게 많은 비용이 들거나 그 밖에 시정을 합리적으로 기대할 수 없는 경우에는 시정을 청구할 수 없다. [기출 16·24]
> ② 제1항의 시정 청구는 상당한 기간을 정하여 하여야 한다. 다만, 즉시 시정할 필요가 있는 경우에는 그러하지 아니하다.
> ③ 여행자는 시정 청구, 감액 청구를 갈음하여 손해배상을 청구하거나 시정 청구, 감액 청구와 함께 손해배상을 청구할 수 있다.

여행주최자의 담보책임과 여행자의 해지권(민법 제674조의7) 기출 24

① 여행자는 여행에 중대한 하자가 있는 경우에 그 시정이 이루어지지 아니하거나 계약의 내용에 따른 이행을 기대할 수 없는 경우에는 계약을 해지할 수 있다.
② 계약이 해지된 경우에는 여행주최자는 대금청구권을 상실한다. 다만, 여행자가 실행된 여행으로 이익을 얻은 경우에는 그 이익을 여행주최자에게 상환하여야 한다. 기출 16
③ 여행주최자는 계약의 해지로 인하여 필요하게 된 조치를 할 의무를 지며, 계약상 귀환운송 의무가 있으면 여행자를 귀환운송하여야 한다. 이 경우 상당한 이유가 있는 때에는 여행주최자는 여행자에게 그 비용의 일부를 청구할 수 있다.

담보책임의 존속기간(민법 제674조의8) 기출 24

제674조의6과 제674조의7에 따른 권리는 여행 기간 중에도 행사할 수 있으며, 계약에서 정한 여행 종료일부터 6개월 내에 행사하여야 한다.

여행자가 해외 여행계약에 따라 여행하는 도중 여행업자의 고의 또는 과실로 상해를 입은 경우, 이로 인하여 발생하는 귀환운송비 등 추가적인 비용이 여행업자의 고의 또는 과실로 인하여 발생한 통상손해의 범위에 포함되기 위한 요건 및 이러한 경우 위 손해가 특별한 사정으로 인한 손해라고 하더라도 예견가능성이 있었다고 보아야 하는지 여부(적극)

민법 제393조 제1항은 "채무불이행으로 인한 손해배상은 통상의 손해를 그 한도로 한다."라고 규정하고 있고, 제2항은 "특별한 사정으로 인한 손해는 채무자가 이를 알았거나 알 수 있었을 때에 한하여 배상의 책임이 있다."라고 규정하고 있다. 제1항의 통상손해는 특별한 사정이 없는 한 그 종류의 채무불이행이 있으면 사회일반의 거래관념 또는 사회일반의 경험칙에 비추어 통상 발생하는 것으로 생각되는 범위의 손해를 말하고, 제2항의 특별한 사정으로 인한 손해는 당사자들의 개별적, 구체적 사정에 따른 손해를 말한다. 여행자가 해외 여행계약에 따라 여행하는 도중 여행업자의 고의 또는 과실로 상해를 입은 경우 계약상 여행업자의 여행자에 대한 국내로의 귀환운송의무가 예정되어 있고, 여행자가 입은 상해의 내용과 정도, 치료행위의 필요성과 치료기간은 물론 해외의 의료 기술수준이나 의료제도, 치료과정에서 발생할 수 있는 언어적 장애 및 의료비용의 문제 등에 비추어 현지에서 당초 예정한 여행기간 내에 치료를 완료하기 어렵거나, 계속적, 전문적 치료가 요구되어 사회통념상 여행자가 국내로 귀환할 필요성이 있었다고 인정된다면, 이로 인하여 발생하는 귀환운송비 등 추가적인 비용은 여행업자의 고의 또는 과실로 인하여 발생한 통상손해의 범위에 포함되고, 이 손해가 특별한 사정으로 인한 손해라고 하더라도 예견가능성이 있었다고 보아야 한다(대판 2019.4.3. 2018다286550).

핵심문제

01 여행계약에 관한 설명으로 옳지 않은 것은? 기출 16

① 여행자는 여행을 시작하기 전에는 언제든지 여행계약을 해제할 수 있으나, 여행주최자에게 발생한 손해는 배상하여야 한다.
② 여행대금의 지급에 대하여 당사자의 약정 및 관습이 없는 경우, 여행자는 여행 종료 후에 지체 없이 지급하여야 한다.
③ 여행에 하자가 있는 경우 여행자는 여행주최자에게 하자의 시정 또는 대금의 감액을 청구할 수 있으나, 시정에 지나치게 많은 비용이 드는 경우에는 시정을 청구할 수 없다.
④ 여행계약이 중요한 하자로 해지된 경우 여행주최자는 대금청구권을 상실하지만, 여행자가 이미 실행된 여행으로 이익을 얻은 때에는 이를 여행주최자에게 상환해야 한다.
⑤ 예측할 수 없는 천재지변으로 여행주최자가 여행계약을 해지한 경우, 여행주최자는 귀환운송의 의무를 지며 계약해지로 발생한 추가 비용은 여행자가 전액 부담한다.

[해설]
부득이한 사유로 여행계약이 해지된 경우에도 계약상 귀환운송(歸還運送)의무가 있는 여행주최자는 여행자를 귀환운송할 의무가 있다(민법 제674조의4 제2항). 부득이한 사유로 인한 계약 해지로 인하여 발생하는 추가비용은 그 해지사유가 어느 당사자의 사정에 속하는 경우에는 그 당사자가 부담하고, 누구의 사정에도 속하지 아니하는 경우에는 각 당사자가 절반씩 부담한다(민법 제674조의4 제3항).

정답 ⑤

Ⅳ 여행계약의 종료

> **여행 개시 전의 계약 해제(민법 제674조의3)**
> 여행자는 여행을 시작하기 전에는 언제든지 계약을 해제할 수 있다. 다만, 여행자는 상대방에게 발생한 손해를 배상하여야 한다.
>
> 기출 16·24
>
> **부득이한 사유로 인한 계약 해지(민법 제674조의4)**
> ① 부득이한 사유가 있는 경우에는 각 당사자는 계약을 해지할 수 있다. 다만, 그 사유가 당사자 한쪽의 과실로 인하여 생긴 경우에는 상대방에게 손해를 배상하여야 한다.
> ② 제1항에 따라 계약이 해지된 경우에도 계약상 귀환운송(歸還運送) 의무가 있는 여행주최자는 여행자를 귀환운송할 의무가 있다.
> ③ 제1항의 해지로 인하여 발생하는 추가 비용은 그 해지 사유가 어느 당사자의 사정에 속하는 경우에는 그 당사자가 부담하고, 누구의 사정에도 속하지 아니하는 경우에는 각 당사자가 절반씩 부담한다. 기출 16

1. 사전해제

여행개시 전의 사전해제가 인정된다(민법 제674조의3).

2. 계약의 해지

여행이 개시된 후 부득이한 사유가 있는 경우에 각 당사자는 계약을 해지할 수 있는데, 그 사유가 당사자 한쪽의 과실로 인하여 생긴 경우에는 상대방에게 손해를 배상해야 한다(민법 제674조의4 제1항). 그런데 계약이 해지된 경우에도 계약상 귀환운송의무가 있는 여행주최자는 여행자를 귀환운송할 의무가 있다(민법 제674조의4 제2항).

3. 비용부담

해지로 인하여 발생하는 추가비용은 그 해지사유가 어느 당사자의 사정에 속하는 경우에 그 당사자가 부담하고, 누구의 사정에도 속하지 아니한 때에는 각 당사자가 절반씩 부담한다(민법 제674조의4 제3항).

제9절 현상광고

> **현상광고의 의의(민법 제675조)**
> 현상광고는 광고자가 어느 행위를 한 자에게 일정한 보수를 지급할 의사를 표시하고 이에 응한 자가 그 광고에 정한 행위를 완료함으로써 그 효력이 생긴다.
>
> **보수수령권자(민법 제676조)**
> ① 광고에 정한 행위를 완료한 자가 수인인 경우에는 먼저 그 행위를 완료한 자가 보수를 받을 권리가 있다.
> ② 수인이 동시에 완료한 경우에는 각각 균등한 비율로 보수를 받을 권리가 있다. 그러나 보수가 그 성질상 분할할 수 없거나 광고에 1인만이 보수를 받을 것으로 정한 때에는 추첨에 의하여 결정한다.
>
> **광고부지의 행위(민법 제677조)**
> 전조의 규정은 광고 있음을 알지 못하고 광고에 정한 행위를 완료한 경우에 준용한다.

> **우수현상광고(민법 제678조)**
> ① 광고에 정한 행위를 완료한 자가 수인인 경우에 그 우수한 자에 한하여 보수를 지급할 것을 정하는 때에는 그 광고에 응모기간을 정한 때에 한하여 그 효력이 생긴다.
> ② 전항의 경우에 우수의 판정은 광고 중에 정한 자가 한다. 광고 중에 판정자를 정하지 아니한 때에는 광고자가 판정한다.
> ③ 우수한 자 없다는 판정은 이를 할 수 없다. 그러나 광고 중에 다른 의사표시가 있거나 광고의 성질상 판정의 표준이 정하여져 있는 때에는 그러하지 아니하다.
> ④ 응모자는 전2항의 판정에 대하여 이의를 하지 못한다.
> ⑤ 수인의 행위가 동등으로 판정된 때에는 제676조 제2항의 규정을 준용한다.
>
> **현상광고의 철회(민법 제679조)**
> ① 광고에 그 지정한 행위의 완료기간을 정한 때에는 그 기간만료전에 광고를 철회하지 못한다.
> ② 광고에 행위의 완료기간을 정하지 아니한 때에는 그 행위를 완료한 자 있기 전에는 그 광고와 동일한 방법으로 광고를 철회할 수 있다.
> ③ 전광고와 동일한 방법으로 철회할 수 없는 때에는 그와 유사한 방법으로 철회할 수 있다. 이 철회는 철회한 것을 안 자에 대하여만 그 효력이 있다.

I 서 설

1. 의 의

현상광고는 광고자가 일정한 행위를 한 자에게 일정한 보수를 지급할 의사를 광고의 방법으로 표시하고, 이에 응한 자가 그 광고에서 정한 행위를 완료함으로써 성립하는 계약이다.

2. 법적 성질

① 현상광고의 법적 성질을 단독행위로 새기는 유력설이 있으나, 다수설은 계약설이다. 계약으로서 현상광고는 유상·편무계약이고, 지정된 행위를 완료하여야 계약이 성립하므로 요물계약이다.
② 현상광고도 법률행위이므로 그 효력의 발생, 즉 그 광고에 정한 행위의 완료에 조건이나 기한을 붙일 수 있다(대판 2000.8.22. 2000다3675). **기출 25**

II 현상광고의 성립

1. 청약과 승낙

현상광고에서 불특정 다수인에 대한 광고자의 광고행위가 청약이고, 그 광고에 응하여 지정된 행위를 완료하는 응모자의 행위가 승낙이다.

2. 철회 여부

① 현상광고는 불특정 다수인에 대한 광고이므로, 이를 철회하지 못하는 것이 원칙이다.
② 지정행위의 완료시기를 정한 경우 청약의 철회는 인정될 수 없다. 그러나 지정행위의 완료시기를 정하지 않았다면, 그 행위를 완료한 자가 있기 전에 전의 광고와 동일한 방법으로 그 광고를 철회할 수 있다.

Ⅲ 현상광고의 효과

1. 보수청구권의 취득
현상광고에서 지정된 행위를 완료한 자는 광고자에 대하여 보수청구권을 취득한다.

2. 지정행위를 완료한 자가 수인이 있는 경우
지정행위를 완료한 자가 수인이 있는 경우에, 최초로 지정행위를 완료한 자가 보수청구권을 취득한다. 수인이 동시에 지정행위를 완료한 경우에는 각각 균등한 비율로 보수를 받을 권리가 인정되지만, 보수가 성질상 분할할 수 없는 것이면 추첨에 의하여 보수청구권자를 정한다(민법 제676조). 이 규정은 임의규정이다.

Ⅳ 우수현상광고

1. 의 의
우수자에게만 보수를 지급한다는 현상광고를 의미한다(민법 제678조).

2. 응모기간
응모기간이 반드시 정해져야 한다(민법 제678조 제1항). 따라서 이것은 철회가 불가하다(민법 제679조 제1항).

3. 우수자가 없다는 판정의 가능성
우수자가 없다는 판정은 원칙적으로 불가능하다. 다만, 예외적으로 광고에서 다른 의사표시를 하거나 또는 광고의 성질상 판정의 표준이 정하여져 있으면 가능하다(민법 제678조 제3항).

4. 판정에 대한 이의제기
판정은 광고자 및 응모자를 구속한다. 즉, 이의제기를 할 수 없다(민법 제678조 제4항).

제10절 위 임

위임의 의의(민법 제680조)
위임은 당사자 일방이 상대방에 대하여 사무의 처리를 위탁하고 상대방이 이를 승낙함으로써 그 효력이 생긴다.

수임인의 선관의무(민법 제681조)
수임인은 위임의 본지에 따라 선량한 관리자의 주의로써 위임사무를 처리하여야 한다.

I. 서설

1. 의의

위임은 당사자 일방, 즉 위임인이 상대방, 즉 수임인에 대하여 사무의 처리를 위탁하고, 상대방이 이를 승낙함으로써 성립하는 계약이다(민법 제680조).

2. 법적 성질

① 민법상의 위임은 무상임을 원칙으로 하며, 그 법적 성질은 편무·낙성계약이다. 그러나 특약으로 유상으로 할 수 있는데, 이 경우 쌍무·낙성계약이다. 기출 13
② 위임은 타인의 사무를 처리하는 활동 그 자체를 목적으로 하는 수단채무적 성격이 강하나, 도급은 일의 완성을 목적으로 하는 결과채무적 성격이 강하다.

3. 위임의 성립

① 위임은 일정한 사무처리의 위탁을 목적으로 한다. 여기서 사무처리는 법률상 또는 사실상의 모든 행위로, 법률행위, 준법률행위, 사실행위를 포함한다.
② 위임인이 수임인에게 보수를 지급하는 것은 위임의 요건이 아니다.

II. 위임의 효력

1. 수임인의 의무 기출 14

복임권의 제한(민법 제682조)
① 수임인은 위임인의 승낙이나 부득이한 사유 없이 제3자로 하여금 자기에 갈음하여 위임사무를 처리하게 하지 못한다. 기출 22
② 수임인이 전항의 규정에 의하여 제3자에게 위임사무를 처리하게 한 경우에는 제121조, 제123조의 규정을 준용한다.

수임인의 보고의무(민법 제683조)
수임인은 위임인의 청구가 있는 때에는 위임사무의 처리상황을 보고하고 위임이 종료한 때에는 지체 없이 그 전말을 보고하여야 한다. 기출 22

수임인의 취득물 등의 인도, 이전의무(민법 제684조)
① 수임인은 위임사무의 처리로 인하여 받은 금전 기타의 물건 및 그 수취한 과실을 위임인에게 인도하여야 한다.
② 수임인이 위임인을 위하여 자기의 명의로 취득한 권리는 위임인에게 이전하여야 한다.

수임인의 금전소비의 책임(민법 제685조)
수임인이 위임인에게 인도할 금전 또는 위임인의 이익을 위하여 사용할 금전을 자기를 위하여 소비한 때에는 소비한 날 이후의 이자를 지급하여야 하며 그 외의 손해가 있으면 배상하여야 한다.

(1) 위임사무처리의무
① 선량한 관리자의 주의로 위임사무를 처리하여야 한다(민법 제681조). 이는 위임이 유상이든 무상이든 관계없이 수임인이 언제든지 부담하는 기본채무이다. 기출 22·24

> 법무사가 의뢰인으로부터 등기신청서류의 작성과 등기신청의 대리 등을 수임하였을 때에는 위임의 본지에 따라 선량한 관리자의 주의로써 위임사무를 처리하여야 하는바, 일반인들이 법무사에게 등기신청의 대리 등을 의뢰하는 이유는 통상 법무사의 등기에 관한 전문적이고 기술적인 지식의 도움으로 복잡한 등기신청절차를 적정하게 처리하기 위한 것이라 할 것이므로, 부동산 매수인의 의뢰로 매매계약 및 대금 지급에 참여하는 등 부동산 거래관계에 관여하고 그에 따른 등기신청서류의 작성과 등기신청을 대리한 법무사는 그 등기신청과 관련된 한도 내에서는 등기부를 열람하여 등기의 목적과 관련된 권리관계를 확인하고, 이를 의뢰인에게 설명하고 필요한 조언 등을 할 의무가 있고, 형식적으로 소유권이전등기신청에 관한 서류를 작성하여 제출한 것만으로는 법무사가 수임인으로서의 의무를 다하였다고 할 수 없다(대판 2008.3.27, 2007다76313).

② 원칙적으로 수임인은 자기 스스로 위임사무를 처리하여야 한다. 다만, 위임인이 승낙이 있거나 부득이한 사유가 있으면 수임인은 제3자로 하여금 자기에 갈음하여 위임사무를 처리하게 할 수 있다(민법 제682조 제1항).

(2) 부수의무
① 보고의무(민법 제683조)
② 취득물인도의무(민법 제684조 제1항) : 취득한 것 전부를 그대로 인도하여야 한다. 인도 시기는 당사자 간에 특약이 있거나 위임의 본뜻에 반하는 경우 등과 같은 특별한 사정이 없는 한 위임계약이 종료된 때이고, 수임인이 반환할 금전의 범위도 위임 종료 시를 기준으로 정해진다(대판 2024.11.14, 2021다215060).
③ 취득한 권리의 이전의무(민법 제684조 제2항)
④ 금전소비에 대한 책임(민법 제685조) : 소비한 날 이후의 이자와 그 외에 손해가 있으면 손해까지 배상하여야 한다.

핵심문제

01 위임계약에 관한 설명으로 옳지 않은 것은?(다툼이 있으면 판례에 따름) 변리 24
① 보수의 수령 여부와 관계없이 수임인은 선량한 관리자의 주의의무를 부담한다.
② 수임인이 위임사무의 처리로 인하여 받은 금전을 위임인에게 반환할 경우, 특별한 사정이 없는 한 위임종료 시를 기준으로 그 금전의 범위가 정해진다.
③ 위임인이 성년후견개시심판을 받더라도 위임이 종료되는 것은 아니다.
④ 위임계약의 당사자는 특별한 이유 없이도 언제든지 위임계약을 해지할 수 있다.
⑤ 수임인이 위임인의 지명에 의하여 복수임인을 선임한 경우, 위임인에 대하여 그 선임감독에 관한 책임을 진다.

【해설】
① (○) 수임인은 유상위임이든 무상위임이든 불문하고 위임의 본지에 따라 선량한 관리자의 주의로써 위임사무를 처리하여야 한다(민법 제681조).
② (○) 대판 2016.6.28, 2016다11295
③ (○) 위임은 당사자 한쪽의 사망이나 파산으로 종료된다. 수임인이 성년후견개시의 심판을 받은 경우에도 이와 같다(민법 제690조). 그러나 위임인이 성년후견개시의 심판을 받은 경우는 위임의 종료사유로 볼 수 없다.
④ (○) 위임계약은 각 당사자가 언제든지 해지할 수 있다. 당사자 일방이 부득이한 사유없이 상대방의 불리한 시기에 계약을 해지한 때에는 그 손해를 배상하여야 한다(민법 제689조).
⑤ (×) 수임인이 위임인의 지명에 의하여 복수임인을 선임한 경우에는 그 부적임 또는 불성실함을 알고 위임인에 대한 통지나 그 해임을 태만한 때가 아니면 책임이 없다(민법 제682조 제2항, 제121조 제2항).

정답 ⑤

2. 위임인의 의무

> **수임인의 보수청구권(민법 제686조)**
> ① 수임인은 특별한 약정이 없으면 위임인에 대하여 보수를 청구하지 못한다. 기출 25
> ② 수임인이 보수를 받을 경우에는 위임사무를 완료한 후가 아니면 이를 청구하지 못한다. 그러나 기간으로 보수를 정한 때에는 그 기간이 경과한 후에 이를 청구할 수 있다.
> ③ 수임인이 위임사무를 처리하는 중에 수임인의 책임 없는 사유로 인하여 위임이 종료된 때에는 수임인은 이미 처리한 사무의 비율에 따른 보수를 청구할 수 있다.
>
> **수임인의 비용선급청구권(민법 제687조)**
> 위임사무의 처리에 비용을 요하는 때에는 위임인은 수임인의 청구에 의하여 이를 선급하여야 한다.
>
> **수임인의 비용상환청구권 등(민법 제688조)**
> ① 수임인이 위임사무의 처리에 관하여 필요비를 지출한 때에는 위임인에 대하여 지출한 날 이후의 이자를 청구할 수 있다.
> ② 수임인이 위임사무의 처리에 필요한 채무를 부담한 때에는 위임인에게 자기에 갈음하여 이를 변제하게 할 수 있고 그 채무가 변제기에 있지 아니한 때에는 상당한 담보를 제공하게 할 수 있다.
> ③ 수임인이 위임사무의 처리를 위하여 과실 없이 손해를 받은 때에는 위임인에 대하여 그 배상을 청구할 수 있다.

(1) 보수지급의무

① 특약이 없는 한 보수지급의무가 없다는 것이 민법상의 원칙이다(민법 제686조 제1항). 단, 명시적 특약이 없다고 할지라도 유상성이 추정되는 경우가 있다(통설·판례). 판례는 변호사에게 계쟁사건의 처리를 위임함에 있어서 보수에 관하여 명시적으로 약정하지 않은 경우, 특별한 사정이 없는 한 응분의 보수를 지급할 묵시의 약정이 있는 것으로 볼 수 있다고 판시하고 있다(대판 1993.11.12. 93다36882). 기출 22

> **[다수의견]**
> 변호사의 소송위임 사무처리 보수에 관하여 변호사와 의뢰인 사이에 약정이 있는 경우 위임사무를 완료한 변호사는 원칙적으로 약정 보수액 전부를 청구할 수 있다. 다만 의뢰인과의 평소 관계, 사건 수임 경위, 사건처리 경과와 난이도, 노력의 정도, 소송물 가액, 의뢰인이 승소로 인하여 얻게 된 구체적 이익, 그 밖에 변론에 나타난 여러 사정을 고려하여, 약정 보수액이 부당하게 과다하여 신의성실의 원칙이나 형평의 관념에 반한다고 볼 만한 특별한 사정이 있는 경우에는 예외적으로 적당하다고 인정되는 범위 내의 보수만을 청구할 수 있다. 그런데 이러한 보수 청구의 제한은 어디까지나 계약자유의 원칙에 대한 예외를 인정하는 것이므로, 법원은 그에 관한 합리적인 근거를 명확히 밝혀야 한다. 이러한 법리는 대법원이 오랜 시간에 걸쳐 발전시켜 온 것으로서, 현재에도 여전히 그 타당성을 인정할 수 있다.
>
> **[별개의견]**
> 민법은 반사회질서의 법률행위(제103조), 불공정한 법률행위(제104조) 등 법률행위의 무효사유를 개별적·구체적으로 규정하고 있다. 또한 '손해배상의 예정액이 부당히 과다한 경우에는 법원은 적당히 감액할 수 있다'고 하는 민법 제398조 제2항과 같이 명시적으로 계약의 내용을 수정할 수 있다고 규정하는 법률 조항도 존재한다. 그러나 신의칙과 관련하여서는 민법 제2조 제1항에서 "권리의 행사와 의무의 이행은 신의에 좇아 성실히 하여야 한다"라고 규정하고, 제2항에서 "권리는 남용하지 못한다"라고 규정할 뿐 이를 법률행위의 무효사유로 규정하고 있지는 않다. 그러므로 민법 제2조의 신의칙 또는 민법에 규정되어 있지도 않은 형평의 관념은 당사자 사이에 체결된 계약을 무효로 선언할 수 있는 근거가 될 수 없다. 그럼에도 신의칙 또는 형평의 관념 등 일반 원칙에 의해 개별 약정의 효력을 제약하려고 시도하는 것은 사적 자치의 원칙, 자유민주적 기본질서, 시장경제질서 등 헌법적 가치에 정면으로 반한다(대판 2018.5.17. 2016다35833[전합]).

② 보수의 지급시기(후급의 원칙) : 특약이 없으면 위임사무의 종료시에 지급한다(민법 제686조 제2항 본문). 기간으로 정한 보수는 기간이 지난 후에 지급한다(민법 제686조 제2항 단서). 기출 13

(2) 그 밖의 의무

① 비용선급의무(민법 제687조) [기출] 12·14

② 필요비상환의무(민법 제688조 제1항)

> 수임인이 위임사무의 처리에 관하여 필요비를 지출한 때에는 위임인에 대하여 지출한 날 이후의 이자를 청구할 수 있는바(민법 제688조 제1항), 위 규정에 따라 수임인이 상환을 청구할 수 있는 필요비는 선량한 관리자의 주의를 가지고 수임인이 필요하다고 판단하여 지출한 비용으로서 위임인에게 실익이 생기는지 여부 또는 위임인이 소기의 목적을 달성하였는지 여부는 불문한다. 한편 수임인이 위임사무를 처리하는 과정에서 선관주의의무를 위반한 사실이 있다 하더라도, 그 이후 수임인이 위임사무 처리를 위해 비용을 지출하였고, 해당 비용의 지출 과정에서 수임인이 선량한 관리자로서의 주의를 다하였다면, 수임인은 선행 선관주의의무 위반과 상당인과관계 있는 비용 증가에 대하여 손해배상의무를 부담하는 것은 별론으로 하고 위임인에 대하여 필요비의 상환을 청구할 수 있다(대판 2024.2.29. 2023다294470).

③ 채무의 대변제의무 및 담보제공의무(민법 제688조 제2항)

④ 손해배상의무(민법 제688조 제3항)

III 위임의 종료

> **위임의 상호해지의 자유**(민법 제689조)
> ① 위임계약은 각 당사자가 언제든지 해지할 수 있다. [기출] 24
> ② 당사자 일방이 부득이한 사유 없이 상대방의 불리한 시기에 계약을 해지한 때에는 그 손해를 배상하여야 한다. [기출] 22·25
>
> **사망·파산 등과 위임의 종료**(민법 제690조)
> 위임은 당사자 한쪽의 사망이나 파산으로 종료된다. 수임인이 성년후견개시의 심판을 받은 경우에도 이와 같다. [기출] 25

1. 위임의 상호해지의 자유 [기출] 12·13·14

① 위임계약은 유상이든 무상이든 상관없이 각 당사자가 언제든지 해지할 수 있다(민법 제689조 제1항).

② 위임에서 임의해지가 인정되고, 그로 말미암아 상대방이 손해를 입더라도, 그것을 배상할 의무를 부담하지 않는 것이 원칙이지만, 부득이한 사유 없이 상대방에게 불리한 시기에 해지한 경우에는 그 손해를 배상해야 한다(민법 제689조 제2항).

2. 기타 종료사유

① 당사자 한 쪽의 사망이나 파산, 수임인에 대한 성년후견개시의 심판(민법 제690조) [기출] 12·13·14

② 채무불이행으로 인한 해제

3. 위임종료의 특칙

> **위임종료시의 긴급처리(민법 제691조)**
> 위임종료의 경우에 급박한 사정이 있는 때에는 수임인, 그 상속인이나 법정대리인은 위임인, 그 상속인이나 법정대리인이 위임사무를 처리할 수 있을 때까지 그 사무의 처리를 계속하여야 한다. 이 경우에는 위임의 존속과 동일한 효력이 있다.
>
> **위임종료의 대항요건(민법 제692조)**
> 위임종료의 사유는 이를 상대방에게 통지하거나 상대방이 이를 안 때가 아니면 이로써 상대방에게 대항하지 못한다.

① 수임인의 긴급사무처리의무(민법 제691조)
② 위임종료의 대항요건(민법 제692조)

제11절 임 치

I 서 설

> **임치의 의의(민법 제693조)**
> 임치는 당사자 일방이 상대방에 대하여 금전이나 유가증권 기타 물건의 보관을 위탁하고 상대방이 이를 승낙함으로써 효력이 생긴다.
>
> **수치인의 임치물사용금지(민법 제694조)**
> 수치인은 임치인의 동의 없이 임치물을 사용하지 못한다.
>
> **무상수치인의 주의의무(민법 제695조)**
> 보수 없이 임치를 받은 자는 임치물을 자기재산과 동일한 주의로 보관하여야 한다.
>
> **수치인의 통지의무(민법 제696조)**
> 임치물에 대한 권리를 주장하는 제3자가 수치인에 대하여 소를 제기하거나 압류한 때에는 수치인은 지체 없이 임치인에게 이를 통지하여야 한다.
>
> **임치물의 성질, 하자로 인한 임치인의 손해배상의무(민법 제697조)**
> 임치인은 임치물의 성질 또는 하자로 인하여 생긴 손해를 수치인에게 배상하여야 한다. 그러나 수치인이 그 성질 또는 하자를 안 때에는 그러하지 아니하다.
>
> **임치물의 반환장소(민법 제700조)**
> 임치물은 그 보관한 장소에서 반환하여야 한다. 그러나 수치인이 정당한 사유로 인하여 그 물건을 전치한 때에는 현존하는 장소에서 반환할 수 있다.
>
> **준용규정(민법 제701조)**
> 제682조, 제684조 내지 제687조 및 제688조 제1항, 제2항의 규정은 임치에 준용한다.

1. 의 의

임치는 당사자 일방(임치인)이 상대방(수치인)에 대하여 금전이나 유가증권 기타 물건의 보관을 위탁하고, 상대방이 이를 승낙함으로써 성립하는 낙성·불요식의 계약이다. 즉, 임치는 목적물의 보관 자체를 목적으로 하는 계약이다(민법 제693조).

2. 법적 성질

편무·무상계약이 원칙이나, 보수지급의 약정이 있으면 쌍무·유상계약이다.

II 임치의 성립

① 동산뿐만 아니라 부동산의 임치도 가능하다.
② 임치는 무상임을 원칙으로 하므로, 보수는 임치의 요건이 아니다. 다만, 상법상의 임치는 원칙적으로 유상이다(상법 제61조).

III 임치의 효력

1. 수치인의 의무

(1) 임치물보관의무

① 수치인은 수치한 그 물건을 반환해야 하므로, 선량한 관리자의 주의로써 임치물을 보관해야 한다(민법 제374조).
② 그러나 선관주의의무를 부담하는 것은 유상수치인에 한하고, 무상임치에서 수치인은 자기의 재산과 동일한 주의로써 보관하는 것으로 충분하다(민법 제695조). 기출 13

(2) 부수의무

① 임치인의 동의 없이 보관 중인 임치물을 사용하지 못한다(민법 제694조).
② 임치물에 관하여 권리를 주장하는 제3자가 수치인에 대하여 소를 제기하거나 압류한 경우에, 수치인은 지체 없이 그 사실을 임치인에게 통지해야 한다(민법 제696조). 기출 13
③ 수임인과 마찬가지로 수치인은 보관과 관련하여 받은 금전 기타 물건을 임치인에게 인도하고, 취득한 권리를 이전하고, 자기를 위하여 소비한 금전의 이자를 지급하며 손해를 배상할 의무를 진다(민법 제701조, 제684조, 제685조).

(3) 임치물반환의무

① 임치가 종료하면 수치인은 임치물을 임치인에게 반환해야 한다. 반환의 목적물은 수치인이 받아 보관한 것 자체이다. 임치물이 대체물인 때에도 마찬가지이다. 따라서 임치물이 전부 멸실한 때에는 임치물반환채무는 이행불능이 되는 것이며, 그 물건이 대체물인 경우에도 그와 동종·동량의 물건으로 인도할 의무는 없다(대판 1976.11.9. 76다1932). 기출 13
② 반환의 장소는 특약이 없으면 보관한 장소이다. 다만, 수치인이 정당한 이유에 기하여 전치한 경우에는 현존하는 장소에서 반환할 수 있다(민법 제700조).
③ 유상임치에서 수치인의 반환의무는 임치인의 보수지급의무와 동시이행관계에 있다.

2. 임치인의 의무

(1) 임치인의 임치물인도의무 인정 여부

학설은 긍정설과 부정설 및 무상임치의 경우에는 부정하나, 유상임치인 경우에는 긍정하는 절충설이 대립한다.

(2) 위임에 관한 규정의 준용 등

위임에 관한 규정이 준용되므로 유상인지, 무상인지 불문하고 임치인은 비용의 선급, 비용의 상환, 채무변제 및 담보제공의 의무를 부담한다(민법 제701조, 제687조, 제688조 제1항·제2항). 또한 임치물의 성질 또는 하자로 인하여 수치인이 입은 손해를 배상하여야 한다. 그러나 수치인이 그 성질이나 하자를 알고 있었다면 배상책임을 면한다(민법 제697조).

(3) 임치인의 보수지급의무 및 지급시기 등

임치인의 보수지급의무는 특약이 있는 경우에만 발생하며, 그 지급시기 등은 위임에서와 같다(민법 제701조, 제686조).

핵심문제

01 민법상 임치에 관한 설명으로 옳지 않은 것은?(다툼이 있는 경우에는 판례에 의함) 기출 13

① 무상수치인은 임치물에 대하여 자기재산과 동일한 주의의무를 부담한다.
② 제3자가 수치인에 대하여 임치물에 대한 권리를 주장하며 소를 제기한 경우, 수치인은 지체 없이 임치인에게 그 사실을 통지하여야 한다.
③ 임치인은 임치물의 하자로 인하여 생긴 손해를 수치인에게 배상하여야 하지만, 수치인이 그 하자를 안 때에는 그러하지 아니하다.
④ 임치기간의 약정이 있더라도 임치인은 언제든지 계약을 해지할 수 있다.
⑤ 임치한 물건이 대체물인 경우, 그 물건이 수치인의 과실로 인하여 멸실되었다면 수치인은 그와 동종·동량·동질의 물건을 인도하여야 한다.

[해설]
임치계약상 수취인이 반환할 목적물은 당사자 사이에 특약이 없는 한 수취한 물건 그 자체이고 그 물건이 전부 멸실된 때에는 임치물 반환채무는 이행불능이 되는 것이고 임치한 물건이 대체물인 경우라도 그와 동종·동량의 물건을 인도할 의무가 없고 수취인의 과실로 인하여 임치물이 멸실된 경우에는 멸실 당시의 그 물건 시가액 상당의 손해를 배상할 책임이 있다(대판 1976.11.9. 76다1932).

정답 ⑤

3. 관련 판례

(1) 지체책임의 성립 여부

예금계약은 은행 등 법률이 정하는 금융기관을 수치인으로 하는 금전의 소비임치 계약으로서 수치인은 임치물인 금전 등을 보관하고 그 기간 중 이를 소비할 수 있고 임치인의 청구에 따라 동종 동액의 금전을 반환할 것을 약정함으로써 성립하는 것이므로 소비대차에 관한 민법의 규정이 준용되나 사실상 그 계약의 내용은 약관에 따라 정해진다고 보아야 한다. 또한 만기가 정해진 예금계약에 따른 금융기관의 예금 반환채무는 만기가 도래하더라도 임치인이 미리 만기 후 예금 수령방법을 지정한 경우와 같은 특별한 사정이 없는 한 임치인의 적법한 지급 청구가 있어야 비로소 이행할 수 있으므로, 예금계약의 만기가 도래한 것만으로 금융기관인 수치인이 임치인에 대하여 예금 반환 지연으로 인한 지체책임을 부담한다고 볼 수는 없고, 정당한 권한이 있는 임치인의 지급 청구에도 불구하고 수치인이 예금 반환을 지체한 경우에 지체책임을 물을 수 있다고 보아야 한다(대판 2023.6.29. 2023다218353).

(2) 임치계약의 성립 여부

임치는 금전이나 유가증권 기타 물건의 보관을 목적으로 하는 계약이고, 여기서 보관이란 수치인이 목적물의 점유를 취득하여 자기의 지배하에 두면서 멸실·훼손을 방지하고 원상을 유지하는 것을 말한다. 따라서 위임 등의 계약에 수반하여 그에 따른 사무처리 등에 '사용'할 목적으로 금전이나 물건이 교부된 경우에는 '보관'을 주된 목적으로 하는 것이 아니므로, 다른 특별한 사정이 없는 한 해당 금전 등에 관한 임치계약이 별도로 성립한다고 할 수 없다(대판 2025.5.15. 2023다258504).

Ⅳ 임치의 종료

> **기간의 약정 있는 임치의 해지(민법 제698조)**
> 임치기간의 약정이 있는 때에는 수치인은 부득이한 사유 없이 그 기간만료전에 계약을 해지하지 못한다. 그러나 임치인은 언제든지 계약을 해지할 수 있다.
>
> **기간의 약정 없는 임치의 해지(민법 제699조)**
> 임치기간의 약정이 없는 때에는 각 당사자는 언제든지 계약을 해지할 수 있다.

1. 임치인

기간의 약정의 유무를 불문하고 언제든지 해지 가능하다(민법 제698조 단서, 제699조).

2. 수치인

기간의 약정이 없으면 언제든지 해지 가능하나(민법 제699조), 기간의 약정이 있으면 부득이한 사유가 있어야만 기간의 만료 전에 해지 가능하다(민법 제698조 본문).

3. 기타 종료사유

그 밖에 임치기간의 만료 또는 목적물의 멸실에 의해서도 임치관계가 종료된다.

V 소비임치

> **소비임치(민법 제702조)**
> 수치인이 계약에 의하여 임치물을 소비할 수 있는 경우에는 소비대차에 관한 규정을 준용한다. 그러나 반환시기의 약정이 없는 때에는 임치인은 언제든지 그 반환을 청구할 수 있다.

1. 의 의

수치인이 대체물인 임치물을 소비하고, 그것과 동종·동질·동량의 물건을 반환할 의무를 부담하는 임치를 소비임치 또는 불규칙임치라고 한다(민법 제702조).

2. 효 과

(1) 준용규정

소비대차에 관한 규정이 준용되나, 반환시기에 관한 규정은 준용되지 않는다.

(2) 임치물의 소유권

소비임치에서는 임치물의 소유권이 수치인에게 귀속하므로, 수치인은 목적물의 보관의무를 부담하지 않으며, 동종·동질·동량의 물건의 반환의무만 부담한다.

3. 예금계약

(1) 법적 성질

소비임치(통설·판례)

(2) 예금계약의 성립시기

금융기관의 창구에서 금융기관이 돈을 받아 확인하면 그때 성립한다(대판 1996.1.26. 95다26919).

(3) 예금증서(통장)의 의미

통장은 예금계약 사실을 증빙하는 증표일 뿐이므로 그 통장이 수기식이라고 하여 이미 성립한 예금계약이 소급하여 무효가 되지는 않는다(대판 1984.8.14. 84도1139).

제12절 조 합

I 서 설

1. 의 의

> **조합의 의의(민법 제703조)**
> ① 조합은 2인 이상이 상호출자하여 공동사업을 경영할 것을 약정함으로써 그 효력이 생긴다. 기출 20
> ② 전항의 출자는 금전 기타 재산 또는 노무로 할 수 있다. 기출 25

① 조합은 2인 이상이 상호출자하여 공동사업을 경영할 것을 약정함으로써 성립하는 계약을 말한다(민법 제703조 제1항). 판례는 "당사자들이 공동이행방식의 공동수급체를 구성하여 도급인으로부터 공사를 수급받는 경우 공동수급체는 원칙적으로 민법상 조합에 해당한다"고 판시하고 있다(대판 2018.1.24. 2015다69990).
기출 20

- 이른바 '내적조합'이라는 일종의 특수한 조합으로 보기 위하여는 당사자의 내부관계에서는 조합관계가 있어야 할 것이고, 내부적인 조합관계가 있다고 하려면 서로 출자하여 공동사업을 경영할 것을 약정하여야 하며, 영리사업을 목적으로 하면서 당사자 중의 일부만이 이익을 분배받고 다른 자는 전혀 이익분배를 받지 않는 경우에는 조합관계(동업관계)라고 할 수 없다(대판 2000.7.7. 98다44666).
- 부동산의 공동매수인들이 전매차익을 얻으려는 '공동의 목적 달성'을 위해 상호 협력한 것에 불과하고 이를 넘어 '공동사업을 경영할 목적'이 있었다고 인정되지 않는 경우, 이들 사이의 법률관계는 공유관계에 불과할 뿐 민법상 조합이 아니다(대판 2007.6.14. 2005다5140). 기출 21

② 조합자체는 권리·의무의 주체가 아니다. 즉, 조합은 권리능력이 없고, 소송상 당사자능력도 없다(대판 1994.4.23. 99다4504).

③ 토석채취권을 매수한 자가 그 권리를 조합에 출자하고 별도의 권리이전절차를 밟지 않은 경우, 다른 조합원이나 매도인이 그 권리가 조합재산임을 주장할 수 있는지 여부(소극)

> 단독으로 임야에 대한 토석채취권을 매수한 자가 그 후 매수자금 조달을 위하여 동업계약을 체결했다면, 설사 그 동업계약의 체결에 의해 매수인이 그 매매계약에 기한 매수인으로서의 권리 일체를 동업체인 조합에 출자한 것으로 본다고 하더라도, 그 권리가 당연히 조합재산으로서 동업자들에게 합유적으로 귀속되는 것은 아니고 별개의 권리이전절차를 밟아야 함은 당연하므로, 매수인 명의 변경에 관한 합의가 이루어졌다거나 달리 권리이전절차를 밟았다고 볼 수 없는 경우, 동업자들로서는 매수인에 대해 출자의무의 이행으로서 권리이전절차를 밟을 것을 청구할 수 있음은 별론으로 하고 매도인에 대해 그 권리가 조합재산임을 주장할 수는 없고, 반대로 매도인 또한 그 권리가 조합재산으로서 매수인 및 동업자들에게 합유적으로 귀속됨을 내세워 매수인 단독 명의로 임야거래허가절차의 이행을 구하는 매수인의 청구를 거부할 수는 없다(대판 1996.2.27. 94다27083).

2. 법적 성격

(1) 견해의 대립

순수한 계약이라는 견해, 합동행위로서의 성질과 계약으로서의 성질을 모두 가지는 특수한 법률행위라는 견해의 대립이 있다.

(2) 유상계약에 관한 규정의 적용 여부

조합계약이 낙성·불요식의 계약이라는 점은 이설이 없으나, 쌍무·유상계약인지 여부에 대해서는 견해의 대립이 있으며, 다수설은 쌍무·유상계약이라고 한다. 이에 따라 조합은 매매에 관한 규정이 준용된다. 그러나 임의탈퇴, 제명, 해산청구 등에 관한 특칙이 있기 때문에 해제와 해지에 관한 일반규정은 적용되지 않는다(통설·판례).

> 광업법 제34조 제1항, 제19조 제6항에 의하면 공동광업권자는 조합계약을 한 것으로 보도록 되어 있으므로 갑 등 4인 명의로 광업권등록이 되어 있다면 그들 사이에는 광업권에 관하여 조합관계에 있다 할 것이고 조합계약에 있어서는 조합의 해산청구를 하거나 탈퇴를 하거나 다른 조합원을 제명할 수 있을 뿐이고 특별한 사정이 없는 한 계약해제에 관한 민법상의 일반규정에 의하여 조합계약을 해제하고 상대방에게 원상회복의무를 부담시킬 수는 없다(대판 1988.3.8. 87다카1448). 기출 25

3. 조합계약의 성립

(1) 출자의무

모든 조합원이 출자의무를 부담하여야 하고, 출자의무를 부담하지 않는 자가 있는 조합계약은 무효이다. 출자의 목적에는 제한이 없고, 노무의 출자도 가능하다(민법 제703조 제2항).

> [1] 당사자들이 공동이행방식의 공동수급체를 구성하여 도급인으로부터 공사를 수급받는 경우 공동수급체는 원칙적으로 민법상 조합에 해당한다. 건설공동수급체 구성원은 공동수급체에 출자의무를 지는 반면 공동수급체에 대한 이익분배청구권을 가지는데, 이익분배청구권과 출자의무는 별개의 권리·의무이다. 따라서 공동수급체의 구성원이 출자의무를 이행하지 않더라도, 공동수급체가 출자의무의 불이행을 이유로 이익분배 자체를 거부할 수도 없고, 그 구성원에게 지급할 이익분배금에서 출자금이나 그 연체이자를 당연히 공제할 수도 없다. 다만 구성원에 대한 공동수급체의 출자금 채권과 공동수급체에 대한 구성원의 이익분배청구권이 상계적상에 있으면 상계에 관한 민법 규정에 따라 두 채권을 대등액에서 상계할 수 있을 따름이다.
> [2] 공동수급체의 구성원들 사이에 '출자의무와 이익분배를 직접 연계시키는 특약'을 하는 것도 계약자유의 원칙상 허용된다. 따라서 구성원들이 출자의무를 먼저 이행한 경우에 한하여 이익분배를 받을 수 있다고 약정하거나 출자의무의 불이행 정도에 따라 이익분배금을 전부 또는 일부 삭감하기로 약정할 수도 있다. 나아가 금전을 출자하기로 한 구성원이 출자를 지연하는 경우 그 구성원이 지급받을 이익분배금에서 출자금과 그 연체이자를 '공제'하기로 하는 약정을 할 수도 있다. 이러한 약정이 있으면 공동수급체는 그 특약에 따라 출자의무를 불이행한 구성원에 대한 이익분배를 거부하거나 구성원에게 지급할 이익분배금에서 출자금과 그 연체이자를 공제할 수 있다. 이러한 '공제'는 특별한 약정이 없는 한 당사자 쌍방의 채권이 서로 상계적상에 있는지 여부와 관계없이 가능하고 별도의 의사표시도 필요하지 않다. 이 점에서 상계적상에 있는 채권을 가진 채권자가 별도로 의사표시를 하여야 하는 상계(민법 제493조 제1항)와는 구별된다. 물론 상계의 경우에도 쌍방의 채무가 상계적상에 이르면 별도의 의사표시 없이도 상계된 것으로 한다는 특약을 할 수 있다. 그러나 공제 약정이 있으면 별도의 의사표시 없이도 당연히 공제되는 것이 원칙이다(대판 2018.1.24. 2015다69990).

(2) 무효·취소의 소급효 제한

통설·판례는 조합이 이미 활동을 시작한 후에는 조합계약에 무효·취소사유가 있는 경우에도 거래의 안전을 보호하기 위해 조합계약의 소급효를 제한하고 있다.

II 조합의 법률관계

1. 조합의 대내관계(업무집행)

사무집행의 방법(민법 제706조)
① 조합계약으로 업무집행자를 정하지 아니한 경우에는 조합원의 3분의 2 이상의 찬성으로써 이를 선임한다. 기출 23
② 조합의 업무집행은 조합원의 과반수로써 결정한다. 업무집행자 수인인 때에는 그 과반수로써 결정한다. 기출 23
③ 조합의 통상사무는 전항의 규정에 불구하고 각 조합원 또는 각 업무집행자가 전행할 수 있다. 그러나 그 사무의 완료 전에 다른 조합원 또는 다른 업무집행자의 이의가 있는 때에는 즉시 중지하여야 한다. 기출 20·25

준용규정(민법 제707조)
조합업무를 집행하는 조합원에는 제681조 내지 제688조의 규정을 준용한다.

업무집행자의 사임, 해임(민법 제708조)
업무집행자인 조합원은 정당한 사유 없이 사임하지 못하며 다른 조합원의 일치가 아니면 해임하지 못한다.

조합원의 업무, 재산상태검사권(민법 제710조)
각 조합원은 언제든지 조합의 업무 및 재산상태를 검사할 수 있다.

조합재산의 처분·변경행위에 대하여 민법 제706조 제2항이 민법 제272조에 우선하여 적용되는지 여부(적극) 및 조합재산의 처분·변경에 관한 의사결정 방법
민법 제272조에 따르면 합유물을 처분 또는 변경함에는 합유자 전원의 동의가 있어야 하나, 합유물 가운데서도 조합재산의 경우 그 처분·변경에 관한 행위는 조합의 특별사무에 해당하는 업무집행으로서, 이에 대하여는 특별한 사정이 없는 한 민법 제706조 제2항이 민법 제272조에 우선하여 적용되므로, 조합재산의 처분·변경은 업무집행자가 없는 경우에는 조합원의 과반수로 결정하고, 업무집행자가 수인 있는 경우에는 그 업무집행자의 과반수로써 결정하며, 업무집행자가 1인만 있는 경우에는 그 업무집행자가 단독으로 결정한다(대판 2010.4.29, 2007다18911).

2. 조합의 대외관계(조합대리)

업무집행자의 대리권추정(민법 제709조)
조합의 업무를 집행하는 조합원은 그 업무집행의 대리권 있는 것으로 추정한다.

이른바 조합대리에 있어서는 본인에 해당하는 모든 조합원을 위한 것임을 표시하여야 하나, 반드시 조합원 전원의 성명을 제시할 필요는 없고, 상대방이 알 수 있을 정도로 조합을 표시하는 것으로 충분하다. 그리고 상법 제48조는 "상행위의 대리인이 본인을 위한 것임을 표시하지 아니하여도 그 행위는 본인에 대하여 효력이 있다. 그러나 상대방이 본인을 위한 것임을 알지 못한 때에는 대리인에 대하여도 이행의 청구를 할 수 있다"고 규정하고 있으므로, 조합대리에 있어서도 그 법률행위가 조합에게 상행위가 되는 경우에는 조합을 위한 것임을 표시하지 않았다고 하더라도 그 법률행위의 효력은 본인인 조합원 전원에게 미친다(대판 2009.1.30, 2008다79340).

Ⅲ 조합의 재산관계

1. 조합원의 출자

> **금전출자지체의 책임(민법 제705조)**
> 금전을 출자의 목적으로 한 조합원이 출자시기를 지체한 때에는 연체이자를 지급하는 외에 손해를 배상하여야 한다.

각 조합원은 조합계약에 의하여 출자의무를 부담한다(민법 제703조 제1항). 한편 금전출자의무를 부담하는 조합원이 이를 게을리 하였다면, 이자를 지급해야 할 뿐만 아니라 그로 인한 손해도 배상해야 한다(민법 제705조). 출자한 권리가 조합재산으로 되려면 등기 등 권리이전절차를 거쳐야 한다(대판 2002.6.14. 2000다30622).

2. 조합재산

(1) 합유적 귀속

> **조합재산의 합유(민법 제704조)**
> 조합원의 출자 기타 조합재산은 조합원의 합유로 한다.

① 조합재산은 조합원의 개인재산과 구별되는 독립성을 가진다. 따라서 조합의 채무자는 그가 부담하는 채무와 조합원 개인에 대한 채권을 상계하지 못한다(민법 제715조). **기출 23** 따라서 조합으로부터 부동산을 매수하여 잔대금채무를 지고 있는 자가 조합원 중의 1인에 대하여 개인채권을 가지고 있다고 하더라도 그 채권과 조합과의 매매계약으로 인한 잔대금채무를 서로 대등액에서 상계할 수는 없다(대판 1998.3.13. 97다6919). **기출 21** 그러나 조합 자체가 독립한 권리주체인 것은 아니므로 조합재산은 전 조합원의 합유에 속한다.
② 각 조합원은 조합의 청산 전에 조합재산의 분할을 청구하지 못하지만(민법 제273조 제2항), 조합원 전원의 동의가 있으면 분할할 수 있다.
③ 조합원 전원의 동의 없이 조합재산에 대한 지분을 처분하지 못한다(민법 제273조 제1항). 이를 위반하더라도 그 처분 자체가 무효로 되지는 않지만, 조합 및 조합과 거래한 제3자에게 대항하지 못한다.
④ 조합재산의 합유성에 따른 결과로 조합원의 합유지분에 대한 압류가 그 잠재적인 지분에 대해서는 효력이 없고, 그 지분에 기한 장래의 이익배당 및 지분을 반환받을 권리에 대해서만 효력을 가질 뿐이다(민법 제714조).
⑤ 조합의 채권도 전 조합원에게 합유적으로 귀속된다. **기출 21**

> • 업무집행 조합원이 본연의 임무에 위배되거나 혹은 권한을 넘어선 행위를 자행함으로써 끝내 동업체의 동업 목적을 달성할 수 없게끔 만들고, 조합원이 출자한 동업자금을 모두 허비한 경우에 그로 인하여 손해를 입은 주체는 동업자금을 상실하여 버린 조합, 즉 조합원들로 구성된 동업체라 할 것이고, 이로 인하여 결과적으로 동업자금을 출자한 조합원에게 손해가 발생하였다 하더라도 이는 조합과 무관하게 개인으로서 입은 손해가 아니고, 조합체를 구성하는 조합원의 지위에서 입은 손해에 지나지 아니하는 것이므로, 결국 피해자인 조합원으로서는 조합관계를 벗어난 개인의 지위에서 그 손해의 배상을 구할 수는 없다(대판 1999.6.8. 98다60484).
> • 민법상 조합에서 조합의 채권자가 조합재산에 대하여 강제집행을 하려면 조합원 전원에 대한 집행권원을 필요로 하고, 조합재산에 대한 강제집행의 보전을 위한 가압류의 경우에도 마찬가지로 조합원 전원에 대한 가압류명령이 있어야 하므로, 조합원 중 1인만을 가압류채무자로 한 가압류명령으로써 조합재산에 가압류집행을 할 수는 없다(대판 2015.10.29. 2012다21560). **기출 25**

(2) 조합채무에 대한 책임

> **조합원에 대한 채권자의 권리행사(민법 제712조)**
> 조합채권자는 그 채권발생 당시에 조합원의 손실부담의 비율을 알지 못한 때에는 각 조합원에게 균분하여 그 권리를 행사할 수 있다.
>
> **무자력조합원의 채무와 타조합원의 변제책임(민법 제713조)**
> 조합원 중에 변제할 자력없는 자가 있는 때에는 그 변제할 수 없는 부분은 다른 조합원이 균분하여 변제할 책임이 있다.

조합의 채무도 전 조합원에게 합유적으로 귀속되며, 조합재산으로 조합채권자에게 책임을 진다. 또한 조합채무는 각 조합원의 채무이기도 하므로, 각 조합원은 손실분담의 비율로 각자의 재산으로 책임을 지기도 한다.

3. 손익분배

> **손익분배의 비율(민법 제711조)**
> ① 당사자가 손익분배의 비율을 정하지 아니한 때에는 각 조합원의 출자가액에 비례하여 이를 정한다. 기출 23
> ② 이익 또는 손실에 대하여 분배의 비율을 정한 때에는 그 비율은 이익과 손실에 공통된 것으로 추정한다.

판례는 건설공동수급체구성원은 공동수급체에 출자의무를 지는 반면 공동수급체에 대한 이익분배청구권을 가지는데, 이익분배청구권과 출자의무는 별개의 권리·의무이므로 공동수급체의 구성원이 출자의무를 이행하지 않더라도, 공동수급체가 출자의무의 불이행을 이유로 이익분배 자체를 거부할 수도 없고, 그 구성원에게 지급할 이익분배금에서 출자금이나 그 연체이자를 당연히 공제할 수도 없다. 다만, 공동수급체의 구성원들 사이에 '출자의무와 이익분배를 직접 연계시키는 특약'을 하는 것은 계약자유의 원칙상 허용되므로 구성원들이 출자의무를 먼저 이행한 경우에 한하여 이익분배를 받을 수 있다고 약정하거나 출자의무의 불이행 정도에 따라 이익분배금을 전부 또는 일부 삭감하기로 약정할 수도 있다고 판시하고 있다(대판 2018.1.24. 2015다69990).

기출 21

Ⅳ 조합원의 탈퇴

1. 탈퇴 유형

(1) 임의탈퇴

> **임의탈퇴(민법 제716조)**
> ① 조합계약으로 조합의 존속기간을 정하지 아니하거나 조합원의 종신까지 존속할 것을 정한 때에는 각 조합원은 언제든지 탈퇴할 수 있다. 그러나 부득이한 사유 없이 조합의 불리한 시기에 탈퇴하지 못한다.
> ② 조합의 존속기간을 정한 때에도 조합원은 부득이한 사유가 있으면 탈퇴할 수 있다.

[1] 민법상 조합원은 조합의 존속기간이 정해져 있는 경우 등을 제외하고는 원칙적으로 언제든지 조합에서 탈퇴할 수 있고(민법 제716조 참조), 조합원이 탈퇴하면 그 당시의 조합재산 상태에 따라 다른 조합원과 사이에 지분의 계산을 하여 지분환급청구권을 가지게 되는바(민법 제719조 참조), 조합원이 조합을 탈퇴할 권리는 그 성질상 조합계약의 해지권으로서 그의 일반재산을 구성하는 재산권의 일종이라 할 것이고 채권자대위가 허용되지 않는 일신전속적 권리라고는 할 수 없다.
[2] 민법 제714조는 "조합원의 지분에 대한 압류는 그 조합원의 장래의 이익배당 및 지분의 반환을 받을 권리에 대하여 효력이 있다"고 규정하여 조합원의 지분에 대한 압류를 허용하고 있으나, 여기에서의 조합원의 지분이란 전체로서의 조합재산에 대한 조합원 지분을 의미하는 것이고, 이와 달리 조합재산을 구성하는 개개의 재산에 대한 합유지분에 대하여는 압류 기타 강제집행의 대상으로 삼을 수 없다 할 것이다(대결 2007.11.30. 2005마1130).

(2) 비임의탈퇴

비임의 탈퇴(민법 제717조)
제716조의 경우 외에 조합원은 다음 각 호의 어느 하나에 해당하는 사유가 있으면 탈퇴된다.
  1. 사 망
  2. 파 산
  3. 성년후견의 개시
  4. 제명(除名)

제명(민법 제718조)
① 조합원의 제명은 정당한 사유 있는 때에 한하여 다른 조합원의 일치로써 이를 결정한다.
② 전항의 제명결정은 제명된 조합원에게 통지하지 아니하면 그 조합원에게 대항하지 못한다.

공동광업권자의 1인이 사망한 때에는 공동광업권의 조합관계로부터 당연히 탈퇴되고, 특히 조합계약에서 사망한 공동광업권자의 지위를 그 상속인이 승계하기로 약정한 바가 없는 이상 사망한 공동광업권자의 지위는 일신전속적인 권리의무관계로서 상속인에게 승계되지 아니하고, 따라서 동 망인이 제소한 공동광업권관계소송은 그의 사망으로 당연히 종료된다(대판 1981.7.28. 81다145).

2. 탈퇴의 효과

(1) 조합원 지위의 상실

(2) 지분의 계산

탈퇴조합원의 지분의 계산(민법 제719조)
① 탈퇴한 조합원과 다른 조합원간의 계산은 탈퇴당시의 조합재산상태에 의하여 한다.
② 탈퇴한 조합원의 지분은 그 출자의 종류여하에 불구하고 금전으로 반환할 수 있다. 기출 15
③ 탈퇴당시에 완결되지 아니한 사항에 대하여는 완결후에 계산할 수 있다.

- 조합에서 조합원이 탈퇴하는 경우, 탈퇴자와 잔존자 사이의 탈퇴로 인한 계산은 특별한 사정이 없는 한 민법 제719조 제1항, 제2항에 따라 '탈퇴 당시의 조합재산상태'를 기준으로 평가한 조합재산 중 탈퇴자의 지분에 해당하는 금액을 금전으로 반환하여야 하고, 조합원의 지분비율은 '조합 내부의 손익분배 비율'을 기준으로 계산하여야 하나, 당사자가 손익분배의 비율을 정하지 아니한 때에는 민법 제711조에 따라 각 조합원의 출자가액에 비례하여 이를 정하여야 한다(대판 2008.9.25. 2008다41529).
- 2인으로 구성된 조합에서 한 조합원이 탈퇴하면 조합관계는 종료되나 특별한 사정이 없는 한 조합은 해산이나 청산이 되지 않는다. 다만 조합원의 합유에 속한 조합재산은 남은 조합원의 단독소유에 속하여 탈퇴 조합원과 남은 조합원 사이에는 탈퇴로 인한 계산을 해야 한다. 이때 탈퇴 조합원이 탈퇴로 인한 계산 결과 남은 조합원에게 가지게 되는 지분반환청구권(민법 제719조 참조)은 조합의 해산에 따른 잔여재산 분배청구권(민법 제724조 제2항 참조)과 구별되는 별도의 권리이다(대판 2024.9.13. 2024다234239).
- 2인 조합에서 조합원 1인이 탈퇴하는 경우, 조합의 탈퇴자에 대한 채권은 잔존자에게 귀속되므로 잔존자는 이를 자동채권으로 하여 탈퇴자에 대한 지분 상당의 조합재산 반환채무와 상계할 수 있다(대판 2006.3.9. 2004다49693). **기출 25**
- 탈퇴한 동업자의 출자금반환청구에 있어서 그 탈퇴자가 공동영업사무집행 중 동업체의 금원을 횡령하였다면 탈퇴자는 동업체에 이를 변상할 책임이 있다고 할 것이므로 동업체의 업무집행자는 위 손해배상채권을 자동채권으로 하여 탈퇴자의 출자금반환청구와 상계를 주장할 수 있다(대판 1983.10.11. 83다카542).
- 조합의 탈퇴란 특정 조합원이 장래에 향하여 조합원으로서의 지위를 벗어나는 것으로서, 이 경우 조합 자체는 나머지 조합원에 의해 동일성을 유지하며 존속하는 것이므로 결국 탈퇴는 잔존 조합원이 동업사업을 계속 유지·존속함을 전제로 한다. 2인으로 구성된 조합에서 한 사람이 탈퇴하면 조합관계는 종료되나 특별한 사정이 없는 한 조합은 해산이나 청산이 되지 않고, 다만 조합원의 합유에 속한 조합재산은 남은 조합원의 단독소유에 속하여 탈퇴 조합원과 남은 조합원 사이에는 탈퇴로 인한 계산을 해야 한다. **기출 21·23** 이러한 법리는 부동산 사용권을 출자한 경우에도 적용된다. 조합이 부동산 사용권을 존속기한을 정하지 않고 출자하였다가 탈퇴한 경우 특별한 사정이 없는 한 탈퇴 시 조합재산인 부동산 사용권이 소멸한다고 볼 수는 없고, 그러한 사용권은 공동사업을 유지할 수 있도록 일정한 기간 동안 존속한다고 보아야 한다. 이때 탈퇴 조합원이 남은 조합원으로 하여금 부동산을 사용·수익할 수 있도록 할 의무를 이행하지 않음으로써 남은 조합원에게 손해가 발생하였다면 탈퇴 조합원은 그 손해를 배상할 책임이 있다(대판 2018.12.13. 2015다72385).
- 탈퇴한 조합원과 다른 조합원 간의 계산은 탈퇴 당시의 조합재산 상태에 의하여 한다(민법 제719조 제1항). 2인으로 구성된 조합에서 한 사람이 탈퇴하면 조합관계는 종료되나 특별한 사정이 없는 한 조합은 해산이나 청산이 되지 않고, 다만 조합원의 합유에 속한 조합재산은 남은 조합원의 단독소유에 속하여 탈퇴 조합원과 남은 조합원 사이에는 탈퇴로 인한 계산을 해야 한다. 탈퇴한 조합원은 탈퇴 당시의 조합재산을 계산한 결과 조합의 재산상태가 적자가 아닌 경우에 지분을 환급받을 수 있다. 따라서 탈퇴 조합원의 지분을 계산할 때 지분을 계산하는 방법에 관해서 별도 약정이 있다는 등 특별한 사정이 없는 한 지분의 환급을 주장하는 사람에게 조합재산의 상태를 증명할 책임이 있다(대판 2021.7.29. 2019다207851).

(3) 조합원 지위의 양도

- 조합원은 다른 조합원 전원의 동의가 있으면 그 지분을 처분할 수 있으나 조합의 목적과 단체성에 비추어 조합원으로서의 자격과 분리하여 그 지분권만을 처분할 수는 없으므로, 조합원이 지분을 양도하면 그로써 조합원의 지위를 상실하게 되며, 이와 같은 조합원 지위의 변동은 조합지분의 양도양수에 관한 약정으로써 바로 효력이 생긴다. 한편, 당사자 사이에 조합지분의 양도양수에 관한 약정이 있었는지 여부는 법률행위 해석의 일반원칙에 따라야 하고, 당사자 사이에 계약의 해석을 둘러싸고 이견이 있어 처분문서에 나타난 당사자의 의사해석이 문제되는 경우에는 문언의 내용, 그와 같은 약정이 이루어진 동기와 경위, 약정에 의하여 달성하려는 목적, 당사자의 진정한 의사 등을 종합적으로 고찰하여 논리와 경험칙에 따라 합리적으로 해석하여야 한다(대판 2009.3.12. 2006다28454).
- 2인 이상이 상호 출자하여 공동사업을 경영할 것을 약정함에 따라 성립한 민법상 조합에서 조합원 지분의 양도는 원칙적으로 다른 조합원 전원의 동의가 있어야 하지만, 다른 조합원의 동의 없이 각자 지분을 자유로이 양도할 수 있도록 조합원 상호 간에 약정하거나 사후적으로 지분 양도를 인정하는 합의를 하는 것은 유효하다(대판 2016.8.30. 2014다19790).

V 조합의 해산과 청산

1. 조합의 해산

(1) 해산사유

조합계약에서 정한 사유의 발생, 존속기간의 만료, 조합의 목적인 사업의 성공 또는 성공불능, 조합원 전원의 합의 등이 있으면 '조합원의 해산청구가 없더라도' 조합은 해산되어 조합관계는 종료한다.

(2) 해산청구

> **부득이한 사유로 인한 해산청구(민법 제720조)**
> 부득이한 사유가 있는 때에는 각 조합원은 조합의 해산을 청구할 수 있다.

① 임의규정 : 민법의 조합의 해산사유와 청산에 관한 규정은 그와 내용을 달리하는 당사자의 특약까지 배제하는 강행규정이 아니므로 당사자가 민법의 조합의 해산사유와 청산에 관한 규정과 다른 내용의 특약을 한 경우, 그 특약은 유효하다(대판 1985.2.26. 84다카1921).

② 부득이한 사유의 의미 : 경제계의 사정변경에 따른 조합 재산상태의 악화나 영업부진 등으로 조합의 목적달성이 매우 곤란하다고 인정되는 객관적인 사정이 있거나 조합 당사자 간의 불화·대립으로 인하여 신뢰관계가 파괴됨으로써 조합업무의 원활한 운영을 기대할 수 없는 경우 등 부득이한 사유가 있는 때에는 조합원이 조합의 해산을 청구할 수 있다(대판 1997.5.30. 95다4957).

2. 조합의 청산

(1) 의 의

청산이란 해산한 조합의 재산관계를 정리하는 것을 말한다.

(2) 청산절차

① 청산인

> **청산인(민법 제721조)**
> ① 조합이 해산한 때에는 청산은 총조합원 공동으로 또는 그들이 선임한 자가 그 사무를 집행한다.
> ② 전항의 청산인의 선임은 조합원의 과반수로써 결정한다.
>
> **청산인의 업무집행방법(민법 제722조)**
> 청산인이 수인인 때에는 제706조 제2항 후단의 규정을 준용한다.
>
> **조합원인 청산인의 사임, 해임(민법 제723조)**
> 조합원 중에서 청산인을 정한 때에는 제708조의 규정을 준용한다.
>
> **청산인의 직무, 권한과 잔여재산의 분배(민법 제724조)**
> ① 청산인의 직무 및 권한에 관하여는 제87조의 규정을 준용한다.
> ② 잔여재산은 각 조합원의 출자가액에 비례하여 이를 분배한다.

② 잔여재산의 분배

- 조합의 목적 달성 등으로 인하여 조합이 해산된 경우 별도로 처리할 조합의 잔무가 없고, 다만 잔여재산을 분배하는 일만이 남아 있을 때에는 따로 청산절차를 밟을 필요 없이 각 조합원은 자신의 잔여재산 분배비율의 범위 내에서 그 분배비율을 초과하여 잔여재산을 보유하고 있는 조합원에 대하여 바로 잔여재산의 분배를 청구할 수 있다 할 것인데, 이때 조합에 합유적으로 귀속된 채권의 추심이나 채무의 변제 등의 사무가 완료되지 아니한 상황이라면, 그 채권의 추심이나 채무의 변제는 원칙적으로 조합원 전원이 공동으로 하여야 하는 것이니 만큼 그 추심이나 변제 등이 완료되지 않은 상태에서도 조합원들 사이에서 공평한 잔여재산의 분배가 가능하다는 특별한 사정이 인정되지 아니하는 한 조합이 처리하여야 할 잔무에 해당한다고 보아야 하고, 따라서 이러한 경우 청산절차를 거치지 않고 바로 잔여재산의 분배를 구할 수는 없다 할 것이며, 나아가 조합 해산시에 어느 조합원이 다른 조합원을 상대로 청산절차를 거치지 않고 곧바로 하는 위와 같은 잔여재산의 분배청구는 청구의 상대방인 조합원이 그 분배비율을 초과하여 잔여재산을 보유하고 있는 경우에 한하여 그 분배비율을 초과하는 부분의 범위 내에서만 허용되는 것이므로, 그러한 분배청구가 가능하기 위해서는 조합의 전체 잔여재산의 내역과 그 정당한 분배비율 및 조합원 각자의 현재의 잔여재산 보유내역 등이 먼저 정확하게 확정될 수 있어야 한다(대판 2009.4.23. 2007다87214).
- 조합관계가 종료된 경우 당사자 사이에 별도의 약정이 없는 이상 청산절차를 밟는 것이 통례이나, 조합의 잔무로서 처리할 일이 없고 잔여재산의 분배만이 남아 있을 때에는 따로 청산절차를 밟을 필요가 없다. 잔여재산은 조합원 사이에 별도의 약정이 없는 이상 각 조합원의 출자가액에 비례하여 분배하도록 되어 있으므로, 비록 조합채무의 변제 사무가 완료되지 아니한 사정이 있더라도 그 채권자가 조합원인 경우에는 동업체 자산을 보유하는 자가 동업체 자산에서 채권자 조합원에 대한 조합채무를 공제하여 분배대상 잔여재산액을 산출한 다음, 다른 조합원들에게 잔여재산 중 각 조합원의 출자가액에 비례한 몫을 반환함과 아울러 채권자 조합원에게 조합채무를 이행함으로써 별도의 청산절차를 거침이 없이 간이한 방법으로 공평한 잔여재산의 분배가 가능하다(대판 2025.6.26. 2025다205399).
- 조합의 해산결의 이후 조합원의 자동제명 사유가 발생하였다 하더라도 그 조합원은 해산결의에서 정한 청산방법에 따라 출자지분에 비례한 잔여재산의 분배를 구할 수 있다(대판 2007.2.9. 2006다3486).

제13절 종신정기금

종신정기금계약의 의의(민법 제725조)
종신정기금계약은 당사자 일방이 자기, 상대방 또는 제3자의 종신까지 정기로 금전 기타의 물건을 상대방 또는 제3자에게 지급할 것을 약정함으로써 그 효력이 생긴다.

종신정기금의 계산(민법 제726조)
종신정기금은 일수로 계산한다.

종신정기금계약의 해제(민법 제727조)
① 정기금채무자가 정기금채무의 원본을 받은 경우에 그 정기금채무의 지급을 해태하거나 기타 의무를 이행하지 아니한 때에는 정기금채권자는 원본의 반환을 청구할 수 있다. 그러나 이미 지급을 받은 채무액에서 그 원본의 이자를 공제한 잔액을 정기금채무자에게 반환하여야 한다.
② 전항의 규정은 손해배상의 청구에 영향을 미치지 아니한다.

해제와 동시이행(민법 제728조)
제536조의 규정은 전조의 경우에 준용한다.

채무자귀책사유로 인한 사망과 채권존속선고(민법 제729조)
① 사망이 정기금채무자의 책임 있는 사유로 인한 때에는 법원은 정기금채권자 또는 그 상속인의 청구에 의하여 상당한 기간 채권의 존속을 선고할 수 있다.
② 전항의 경우에도 제727조의 권리를 행사할 수 있다.

유증에 의한 종신정기금(민법 제730조)
본절의 규정은 유증에 의한 종신정기금채권에 준용한다.

핵심문제

01 甲·乙·丙은 조합계약을 체결하면서 甲과 乙이 각 1억원, 丙이 3억원을 출연하고 출연재산의 비율로 손익을 분배하기로 하였다. 다음 설명으로 옳은 것은?(다툼이 있는 경우에는 판례에 의함) 〔변리 14〕

① 조합계약으로 업무집행자를 정하지 않은 경우에 甲과 乙은 丙의 동의 없이 그들만의 협의로 업무집행자를 선임할 수 없다.
② 채권발생 시에 甲·乙·丙 사이의 손실분담의 비율을 알지 못한 조합채권자는 甲·乙·丙에게 그 지분의 비율에 따라 변제를 청구할 수 있다.
③ 업무집행자로 선임된 甲이 권한을 넘은 행위로 조합자금을 허비한 경우에는 丙은 조합관계를 벗어나 개인의 지위에서 손해배상을 청구할 수 있다.
④ 특별한 사정이 없으면, 丙이 조합을 탈퇴하면 甲과 乙은 탈퇴 당시의 조합재산의 $\frac{3}{5}$을 丙의 지분으로 하여 그에 해당하는 금액을 금전으로 반환하여야 한다.
⑤ 특별한 사정이 없으면, 乙의 사망으로 그의 조합원의 지위는 그 상속인에게 승계된다.

【해설】
① (×) 민법 제706조에서는 조합원 3분의 2 이상의 찬성으로 조합의 업무집행자를 선임하고 조합원 과반수의 찬성으로 조합의 업무집행방법을 결정하도록 규정하고 있는바, 여기서 말하는 조합원은 조합원의 출자가액이나 지분이 아닌 조합원의 인원수를 뜻한다(대판 2009.4.23. 2008다4247). 지문의 경우에 甲과 乙은 丙의 동의가 없더라도, 그들만의 협의로 업무집행자를 선임할 수 있다.
② (×) 채권발생 시에 甲·乙·丙 사이의 손실분담의 비율을 알지 못한 조합채권자는 甲·乙·丙에게 균분하여 변제를 청구할 수 있다(민법 제712조 참고).
③ (×) 일부조합원이 동업계약에 따라 동업자금을 출자하였는데 업무집행조합원이 본연의 임무에 위배되거나 혹은 권한을 넘어선 행위를 자행함으로써 끝내 동업체의 동업목적을 달성할 수 없게끔 만들고, 조합원이 출자한 동업자금을 모두 허비한 경우에 그로 인하여 손해를 입은 주체는 동업자금을 상실하여 버린 조합, 즉 조합원들로 구성된 동업체라 할 것이고, 이로 인하여 결과적으로 동업자금을 출자한 조합원에게 손해가 발생하였다 하더라도 이는 조합과 무관하게 개인으로서 입은 손해가 아니고, 조합체를 구성하는 조합원의 지위에서 입은 손해에 지나지 아니하는 것이므로, 결국 피해자인 조합원으로서는 조합관계를 벗어나 개인의 지위에서 그 손해의 배상을 구할 수는 없다(대판 1999.6.8. 98다60484). 업무집행자로 선임된 甲이 권한을 넘은 행위로 조합자금을 허비한 경우, 손해를 입은 주체는 조합이라고 할 것이어서 丙은 조합관계를 벗어나 개인의 지위에서 손해배상을 청구할 수 없다.
④ (○) 특별한 사정이 없으면, 丙이 조합을 탈퇴하면 甲과 乙은 丙의 출자가액에 비례하여 산정한 지분비율에 따라 탈퇴 당시의 조합재산의 $\frac{3}{5}$을 丙의 지분으로 하여 그에 해당하는 금액을 금전으로 반환하여야 한다(민법 제719조 참조).
⑤ (×) 공동광업권자의 1인이 사망한 때에는 공동광업권의 조합관계로부터 당연히 탈퇴되고, 특히 조합계약에서 사망한 공동광업권자의 지위를 그 상속인이 승계하기로 약정한 바가 없는 이상 사망한 공동광업권자의 지위는 일신전속적인 권리의무관계로서 상속인에게 승계되지 아니하고, 따라서 동 망인이 제소한 공동광업권관계소송은 그의 사망으로 당연히 종료된다(대판 1981.7.28. 81다145). 판례의 취지를 고려할 때 乙이 조합원의 지위를 상속인에게 승계하기로 약정하였다는 특별한 사정이 인정되지 아니하므로 乙의 사망으로 그의 조합원의 지위는 상속인에게 승계되지 아니한다.

정답 ④

제14절 화 해

화해의 의의(민법 제731조)
화해는 당사자가 상호양보하여 당사자 간의 분쟁을 종지할 것을 약정함으로써 그 효력이 생긴다.

화해의 창설적 효력(민법 제732조)
화해계약은 당사자 일방이 양보한 권리가 소멸되고 상대방이 화해로 인하여 그 권리를 취득하는 효력이 있다.

화해의 효력과 착오(민법 제733조)
화해계약은 착오를 이유로 하여 취소하지 못한다. 그러나 화해당사자의 자격 또는 화해의 목적인 분쟁 이외의 사항에 착오가 있는 때에는 그러하지 아니하다.

판례는 화해계약은 화해당사자의 자격 또는 화해의 목적인 분쟁 이외의 사항에 착오가 있는 경우를 제외하고는 착오를 이유로 취소하지 못하지만, <u>화해계약이 사기로 인하여 이루어진 경우에는 화해의 목적인 분쟁에 관한 사항에 착오가 있는 때에도 민법 제110조에 따라 이를 취소할 수 있다고 본다</u>(대판 2008.9.11. 2008다15278).

기출 23·25

CHAPTER 02 계약각론

01 기출 25

甲은 乙과 '乙이 甲에 대하여 일정한 부담을 이행할 것'을 내용으로 하는 부담부 증여계약을 체결하고, 증여를 원인으로 甲소유의 X토지에 관하여 乙에게 소유권이전등기를 경료해 주었다. 이에 관한 설명으로 옳은 것을 모두 고른 것은?(다툼이 있으면 판례에 따름)

> ㄱ. 甲이 乙에게 하자 있는 X를 증여한 경우, 甲은 특별한 사정이 없는 한 乙에게 담보책임을 부담할 수 있다.
> ㄴ. 乙의 부담 불이행을 이유로 甲이 증여를 해제한 경우, 乙은 X에 관하여 소유권이전등기의 말소등기절차를 이행하여야 한다.
> ㄷ. 증여에 부담이 붙어 있는지 여부에 관하여 다툼이 발생한 경우, 그에 대한 증명책임은 부담의 존재를 주장하는 자가 부담한다.

① ㄱ
② ㄷ
③ ㄱ, ㄴ
④ ㄴ, ㄷ
⑤ ㄱ, ㄴ, ㄷ

정답 및 해설

01

ㄱ. (○) 상대부담 있는 증여에 대해서는 증여자는 그 부담의 한도에서 매도인과 같은 담보의 책임이 있으므로(민법 제559조 제2항), 甲이 乙에게 하자 있는 X토지를 증여한 경우, 甲은 특별한 사정이 없는 한 乙에게 담보책임을 부담할 수 있다.

ㄴ. (○) 상대부담 있는 증여에 대하여는 민법 제561조에 의하여 쌍무계약에 관한 규정이 준용되어 부담의무 있는 상대방이 자신의 의무를 이행하지 아니할 때에는 비록 증여계약이 이미 이행되어 있다 하더라도 증여자는 계약을 해제할 수 있고, 그 경우 민법 제555조(서면에 의하지 아니한 증여와 해제)와 제558조(해제와 이행완료부분)는 적용되지 아니한다(대판 1997.7.8. 97다2177). 따라서 乙의 부담 불이행을 이유로 甲이 증여를 해제한 경우, 乙은 X토지에 관하여 소유권이전등기의 말소등기절차를 이행하여야 한다.

ㄷ. (○) 증여에 상대부담(민법 제561조) 등의 부관이 붙어 있는지 또는 증여와 관련하여 상대방이 별도의 의무를 부담하는 약정을 하였는지 여부는 당사자 사이에 어떠한 법률효과의 발생을 원하는 대립하는 의사가 있고 그것이 말 또는 행동 등에 의하여 명시적 또는 묵시적으로 외부에 표시되어 합치가 이루어졌는가를 확정하는 것으로서 사실인정의 문제에 해당하므로, 이는 그 존재를 주장하는 자가 증명하여야 하는 것이다(대판 2010.5.27. 2010다5878).

정답 ⑤

02 기출 25

민법 제565조의 해약금 해제에 관한 설명으로 옳은 것은?(다툼이 있으면 판례에 따름)

① 매도인이 매매계약의 이행에 전혀 착수한 바 없다 하더라도, 계약에서 정한 날짜에 중도금을 지급한 매수인은 계약금을 포기하고 해약금 해제를 할 수 없다.
② 매도인이 매수인에 대하여 이행을 최고하고 매매잔대금의 지급을 구하는 소를 제기하였다면 그것만으로 이행에 착수하였다고 보아야 한다.
③ 당사자 사이에 해약권을 배제하기로 하는 약정이 있다 하더라도 특별한 사정이 없는 한 해약금해제를 할 수 있다.
④ 매도인이 계약금의 배액을 이행제공하였으나 매수인이 이를 수령하지 아니하는 경우, 매도인이 해약금 해제를 하기 위해서는 공탁하여야 한다.
⑤ 계약금 일부만 지급된 경우, 매도인은 지급받은 금원의 배액을 상환하고 해약금 해제를 할 수 있다.

02

① (○) 민법 제565조 제1항에서 말하는 당사자의 일방이라는 것은 매매 쌍방 중 어느 일방을 지칭하는 것이고, 상대방이라 국한하여 해석할 것이 아니므로, 비록 상대방인 매도인이 매매계약의 이행에는 전혀 착수한 바가 없다 하더라도 매수인이 중도금을 지급하여 이미 이행에 착수한 이상 매수인은 민법 제565조에 의하여 계약금을 포기하고 매매계약을 해제할 수 없다(대판 2000.2.11. 99다62074).
② (×) 민법 제565조 제1항에 따라 본인 또는 매도인이 이행에 착수할 때까지는 계약금을 포기하고 계약을 해제할 수 있는바, 여기에서 이행에 착수한다는 것은 객관적으로 외부에서 인식할 수 있는 정도로 채무의 이행행위의 일부를 하거나 또는 이행을 하기 위하여 필요한 전제행위를 하는 경우를 말하는 것으로서 단순히 이행의 준비를 하는 것만으로는 부족하고, 그렇다고 반드시 계약내용에 들어맞는 이행제공의 정도에까지 이르러야 하는 것은 아니지만, 매도인이 매수인에 대하여 매매계약의 이행을 최고하고 매매잔대금의 지급을 구하는 소송을 제기한 것만으로는 이행에 착수하였다고 볼 수 없다(대판 2008.10.23. 2007다72274).
③ (×) 민법 제565조의 해약권은 당사자 간에 다른 약정이 없는 경우에 한하여 인정되는 것이고, 만일 당사자가 위 조항의 해약권을 배제하기로 하는 약정을 하였다면 더 이상 그 해제권을 행사할 수 없다(대판 2009.4.23. 2008다50615).
④ (×) 매매당사자 간에 계약금을 수수하고 계약해제권을 유보한 경우에 매도인이 계약금의 배액을 상환하고 계약을 해제하려면 계약해제 의사표시 이외에 계약금 배액의 이행의 제공이 있으면 족하고 상대방이 이를 수령하지 아니한다 하여 이를 공탁하여야 유효한 것은 아니다(대판 1992.5.12. 91다2151).
⑤ (×) 매도인이 '계약금 일부만 지급된 경우 지급받은 금원의 배액을 상환하고 매매계약을 해제할 수 있다'고 주장한 사안에서, '실제 교부받은 계약금'의 배액만을 상환하여 매매계약을 해제할 수 있다면 이는 당사자가 일정한 금액을 계약금으로 정한 의사에 반하게 될 뿐 아니라, 교부받은 금원이 소액일 경우에는 사실상 계약을 자유로이 해제할 수 있어 계약의 구속력이 약화되는 결과가 되어 부당하기 때문에, 계약금 일부만 지급된 경우 수령자가 매매계약을 해제할 수 있다고 하더라도 해약금의 기준이 되는 금원은 '실제 교부받은 계약금'이 아니라 '약정 계약금'이라고 봄이 타당하므로, 매도인이 계약금의 일부로서 지급받은 금원의 배액을 상환하는 것으로는 매매계약을 해제할 수 없다(대판 2015.4.23. 2014다231378).

정답 ①

03 기출 25

사용대차에 관한 설명으로 옳지 않은 것은?

① 사용대차는 무상계약이다.
② 차주가 대주의 승낙 없이 차용물을 제3자에게 사용하게 한 경우, 대주는 계약을 해지할 수 있다.
③ 차주는 차용물의 통상의 필요비를 부담한다.
④ 차용물의 반환시기에 관한 약정이 없는 경우, 차용물의 사용・수익에 족한 기간이 경과한 때에는 대주는 언제든지 계약을 해지할 수 있다.
⑤ 수인이 공동차주인 경우, 대주에 대한 공동차주의 손해배상채무는 다른 약정이 없는 한 분할채무관계에 있다.

03

① (○) 사용대차는 무상・편무계약이다.
② (○) 차주는 대주의 승낙이 없으면 제3자에게 차용물을 사용, 수익하게 하지 못하며(민법 제610조 제2항), 차주가 이를 위반한 경우 대주는 계약을 해지할 수 있다(민법 제610조 제3항).
③ (○) 차주는 차용물의 통상의 필요비를 부담한다(민법 제611조 제1항).
④ (○) 차용물의 반환시기에 관한 약정이 없는 경우, 차주는 계약 또는 목적물의 성질에 의한 사용, 수익이 종료한 때에 반환하여야 한다. 그러나 사용, 수익이 족한 기간이 경과한 때에는 대주는 언제든지 계약을 해지할 수 있다(민법 제613조 제2항).
⑤ (×) 수인이 공동하여 물건을 차용한 때에는 연대하여 그 의무를 부담하므로(민법 제616조), 공동차주의 손해배상채무는 다른 약정이 없는 한 연대채무관계에 있다.

정답 ⑤

04 기출 25

甲은 그 소유의 X토지에 관하여 乙과 건물소유를 목적으로 하는 임대차계약을 체결하고 乙이 X토지 위에 Y건물을 건립하였는데, 임대차가 기간 만료로 종료하자 甲이 乙을 상대로 X토지인도 및 Y건물철거청구의 소를 제기하였다. 이에 관한 설명으로 옳지 않은 것은?(다툼이 있으면 판례에 따름)

① 乙이 건물매수청구권을 적법하게 행사하면 甲과 乙사이에 Y에 대하여 매수청구권을 행사할 당시의 시가를 대금으로 하는 매매계약이 체결된 것과 같은 효과가 발생한다.
② Y가 미등기 무허가 건물인 경우, 乙은 甲에게 건물매수청구권을 행사할 수 없다.
③ 乙이 건물매수청구권을 적법하게 행사하였음에도 甲에게 Y의 인도 및 소유권이전등기를 마쳐주지 않았다면 甲을 상대로 Y의 매매대금에 대한 지연손해금을 청구할 수 없다.
④ Y가 객관적으로 경제적 가치가 있는지 여부는 건물매수청구권의 행사요건이 아니다.
⑤ 乙이 적법하게 건물매수청구권을 행사한 후 그 매매대금을 지급받을 때까지 Y의 인도를 거부하면서 그 부지를 계속 점유·사용하는 경우, 그로 인한 이익은 부당이득으로 반환할 의무가 있다.

04

① (○) 지상물매수청구권은 형성권이므로, 민법 제643조의 규정에 의한 토지임차인의 매수청구권행사로 지상건물에 대하여 시가에 의한 매매 유사의 법률관계가 성립하며(대판 1991.4.9. 91다3260 참조), 이때 시가란 매수청구권 행사 당시 건물이 현존하는 대로의 상태에서 평가된 시가 상당액을 의미한다(대판 2008.5.29. 2007다4356 참조). 乙이 건물매수청구권을 적법하게 행사하면, 甲과 乙사이에 Y건물에 대하여 매수청구권을 행사할 당시의 시가를 대금으로 하는 매매계약이 체결된 것과 같은 효과가 발생한다.
② (×) 행정관청의 허가를 받은 적법한 건물이 아니라도 임차인의 건물매수청구권의 대상이 될 수 있으므로(대판 1997.12.23. 97다37753), Y건물이 미등기 무허가 건물인 경우에도 乙은 특별한 사정이 없는 한 甲에게 건물매수청구권을 행사할 수 있다.
③ (○) 토지 임차인의 매수청구권 행사로 지상 건물에 대하여 시가에 의한 매매 유사의 법률관계가 성립된 경우에는 임차인의 건물명도 및 그 소유권이전등기 의무와 토지 임대인의 건물대금지급의무는 서로 대가관계에 있는 채무가 되므로, 임차인이 임대인에게 매수청구권이 행사된 건물들에 대한 명도와 소유권이전등기를 마쳐주지 아니하였다면 임대인에게 그 매매대금에 대한 지연손해금을 구할 수 없다(대판 1998.5.8. 98다2389). 乙이 건물매수청구권을 적법하게 행사하였음에도 甲에게 Y건물의 인도 및 소유권이전등기를 마쳐주지 않았다면 甲을 상대로 Y건물의 매매대금에 대한 지연손해금을 청구할 수 없다.
④ (○) 민법 제643조, 제283조에 규정된 임차인의 매수청구권은, 그 지상 건물이 객관적으로 경제적 가치가 있는지 여부나 임대인에게 소용이 있는지 여부가 그 행사요건이라고 볼 수 없으므로(대판 2002.5.31. 2001다42080), Y건물이 객관적으로 경제적 가치가 있는지 여부는 건물매수청구권의 행사요건이 아니다.
⑤ (○) 임차인이 그 지상건물 등에 대하여 민법 제643조 소정의 매수청구권을 행사한 후에 그 임대인인 대지의 소유자로부터 매수대금을 지급받을 때까지 그 지상건물 등의 인도를 거부할 수 있다고 하여도, 지상건물 등의 점유·사용을 통하여 그 부지를 계속하여 점유·사용하는 한 그로 인한 부당이득으로서 부지의 임료 상당액은 이를 반환할 의무가 있다(대판 2001.6.1. 99다60535). 따라서 乙이 적법하게 건물매수청구권을 행사한 후 그 매매대금을 지급받을 때까지 Y건물의 인도를 거부하면서 그 부지를 계속 점유·사용하는 경우, 그로 인한 이익은 부당이득으로 반환할 의무가 있다.

정답 ②

05 기출 25

민법상 위임에 관한 설명으로 옳은 것을 모두 고른 것은?

> ㄱ. 수임인은 보수를 지급하기로 하는 특별한 약정이 없으면 위임인에 대하여 보수를 청구하지 못한다.
> ㄴ. 수임인이 성년후견개시의 심판을 받은 경우, 이는 위임의 종료사유이다.
> ㄷ. 수임인이 부득이한 사유 없이 위임인의 불리한 시기에 위임계약을 해지한 때에는 그 손해를 배상하여야 한다.

① ㄱ
② ㄴ
③ ㄱ, ㄴ
④ ㄴ, ㄷ
⑤ ㄱ, ㄴ, ㄷ

05

ㄱ. (○) 수임인은 특별한 약정이 없으면 위임인에 대하여 보수를 청구하지 못한다(민법 제686조 제1항).
ㄴ. (○) 위임은 당사자 한쪽의 사망이나 파산으로 종료되며, 수임인이 성년후견개시의 심판을 받은 경우에도 종료된다(민법 제690조).
ㄷ. (○) 위임계약은 각 당사자가 언제든지 해지할 수 있으나(민법 제689조 제1항), 당사자 일방이 부득이한 사유 없이 상대방의 불리한 시기에 계약을 해지한 때에는 그 손해를 배상하여야 한다(민법 제689조 제2항).

정답 ⑤

06 기출 25

민법상 조합에 관한 설명으로 옳지 않은 것은?(다툼이 있으면 판례에 따름)

① 조합의 성립을 위한 출자는 노무로 할 수 있다.
② 2인 조합에서 조합원 1인이 탈퇴하는 경우, 잔존자는 조합의 탈퇴자에 대한 채권을 자동채권으로 하여 탈퇴자에 대한 지분 상당의 조합재산 반환채무와 상계할 수 없다.
③ 업무집행자가 수인인 경우 조합의 통상사무는 원칙적으로 각 업무집행자가 단독으로 행사할 수 있다.
④ 조합원 중 1인만을 가압류채무자로 한 가압류명령으로써 조합재산에 가압류집행을 할 수 없다.
⑤ 조합원은 조합계약을 해제하고 상대방에게 그로 인한 원상회복의무를 부담지울 수 없다.

06

① (○) 조합의 성립을 위한 출자는 금전 기타 재산 또는 노무로 할 수 있다(민법 제703조 제2항).
② (×) 2인 조합에서 조합원 1인이 탈퇴하는 경우, 조합의 탈퇴자에 대한 채권은 잔존자에게 귀속되므로 잔존자는 이를 자동채권으로 하여 탈퇴자에 대한 지분 상당의 조합재산 <u>반환채무와 상계할 수 있다</u>(대판 2006.3.9. 2004다49693).
③ (○) 조합의 업무집행자가 수인인 때에는 조합의 업무집행은 그 과반수로써 결정하나(민법 제706조 제2항 후문), 조합의 통상사무는 각 업무집행자가 전행할 수 있다(민법 제706조 제3항 본문).
④ (○) 민법상 조합에서 조합의 채권자가 조합재산에 대하여 강제집행을 하려면 조합원 전원에 대한 집행권원을 필요로 하고, 조합재산에 대한 강제집행의 보전을 위한 가압류의 경우에도 마찬가지로 조합원 전원에 대한 가압류명령이 있어야 하므로, <u>조합원 중 1인만을 가압류채무자로 한 가압류명령으로써 조합재산에 가압류집행을 할 수는 없다</u>(대판 2015.10.29. 2012다21560).
⑤ (○) 동업계약과 같은 조합계약에 있어서는 조합의 해산청구를 하거나 조합으로부터 탈퇴를 하거나 또는 다른 조합원을 제명할 수 있을 뿐이지 일반계약에 있어서처럼 조합계약을 해제하고 상대방에게 그로 인한 원상회복의 의무를 부담지울 수는 없다(대판 1994.5.13. 94다7157).

정답 ②

07 기출 24

상대부담없는 증여계약의 법정해제사유로 옳지 않은 것은?(다툼이 있으면 판례에 따름)

① 서면에 의하지 아니한 증여의 경우
② 수증자의 증여자에 대한 범죄행위가 있는 경우
③ 증여자에 대한 부양의무 있는 수증자가 그 부양의무를 불이행한 경우
④ 증여자의 재산상태가 현저히 변경되고 증여계약의 이행으로 생계에 중대한 영향을 미칠 경우
⑤ 증여 목적물에 증여자가 알지 못하는 하자가 있는 경우

07

① (○) 증여의 의사가 서면으로 표시되지 아니한 경우에는 각 당사자는 이를 해제할 수 있다(민법 제555조).
② (○) 수증자가 증여자 또는 그 배우자나 직계혈족에 대한 범죄행위가 있는 때에는 증여자는 그 증여를 해제할 수 있다(민법 제556조 제1항 제1호). 이 경우 해제권은 해제원인 있음을 안 날로부터 6월을 경과하거나 증여자가 수증자에 대하여 용서의 의사를 표시한 때에는 소멸한다(민법 제556조 제2항).
③ (○) 수증자가 증여자에 대하여 부양의무 있는 경우에 이를 이행하지 아니하는 때에는 증여자는 그 증여를 해제할 수 있다(민법 제556조 제1항 제2호). 이 경우 증여자의 해제권은 해제원인 있음을 안 날로부터 6월을 경과하거나 증여자가 수증자에 대하여 용서의 의사를 표시한 때에는 소멸한다(민법 제556조 제2항).
④ (○) 증여계약 후에 증여자의 재산상태가 현저히 변경되고 그 이행으로 인하여 생계에 중대한 영향을 미칠 경우에는 증여자는 증여를 해제할 수 있다(민법 제557조).
⑤ (×) 증여자는 증여의 목적인 물건 또는 권리의 하자나 흠결에 대하여 책임을 지지 아니한다. 그러나 증여자가 그 하자나 흠결을 알고 수증자에게 고지하지 아니한 때에는 그러하지 아니하다(민법 제559조 제1항).

정답 ⑤

08 기출 24

매매계약에 관한 설명으로 옳은 것은?(다툼이 있으면 판례에 따름)

① 매매의 일방예약이 행해진 경우, 예약완결권자가 상대방에게 매매를 완결할 의사를 표시하면 매매의 효력이 생긴다.
② 매매계약에 관한 비용은 다른 약정이 없는 한 매수인이 부담한다.
③ 경매목적물에 하자가 있는 경우, 경매에서의 채무자는 하자담보책임을 부담한다.
④ 매매계약 후 인도되지 않은 목적물로부터 생긴 과실은 다른 약정이 없는 한 대금을 지급하지 않더라도 매수인에게 속한다.
⑤ 부동산 매매등기가 이루어지고 5년 후에 환매권의 보류를 등기한 때에는 매매등기시부터 제3자에 대하여 그 효력이 있다.

08

① (○) 민법 제564조 제1항
② (×) 매매계약에 관한 비용은 <u>당사자 쌍방이 균분하여 부담</u>한다(민법 제566조).
③ (×) 매도인의 하자담보책임에 관한 민법 제580조 제1항은 <u>경매의 경우에 적용하지 아니한다</u>(민법 제580조 제2항).
④ (×) 민법 제587조에 의하면, 매매계약 있은 후에도 인도하지 아니한 목적물로부터 생긴 과실은 매도인에게 속하고, 매수인은 목적물의 인도를 받은 날로부터 대금의 이자를 지급하여야 한다고 규정하고 있는바, 이는 매매당사자 사이의 형평을 꾀하기 위하여 ㉠ <u>매매목적물이 인도되지 아니하더라도 매수인이 대금을 완제한 때에는 그 시점 이후의 과실은 매수인에게 귀속되지만</u>, ㉡ <u>매매목적물이 인도되지 아니하고 또한 매수인이 대금을 완제하지 아니한 때에는 매도인의 이행지체가 있더라도 과실은 매도인에게 귀속되는 것이므로 매수인은 인도의무의 지체로 인한 손해배상금의 지급을 구할 수 없다</u>(대판 2004.4.23. 2004다8210).
⑤ (×) 매매의 목적물이 부동산인 경우에 매매등기와 동시에 환매권의 보류를 등기한 때에는 제3자에 대하여 그 효력이 있으므로(민법 제592조), 부동산 매매등기가 이루어지고 5년 후에 환매권의 보류를 등기하였다면 제3자에 대하여 그 효력이 없다고 이해하여야 한다.

정답 ①

09 기출 24

위임계약에 관한 설명으로 옳은 것을 모두 고른 것은?(다툼이 있으면 판례에 따름)

> ㄱ. 수임인이 대변제청구권을 보전하기 위하여 위임인의 채권을 대위행사하는 경우에는 위임인의 무자력을 요건으로 한다.
> ㄴ. 수임인은 특별한 사정이 없는 한 위임인에게 불리한 시기에 부득이한 사유로 위임계약을 해지할 수 없다.
> ㄷ. 위임계약이 무상인 경우, 수임인은 특별한 사정이 없는 한 위임의 본지에 따라 선량한 관리자의 주의로써 위임사무를 처리하여야 한다.

① ㄱ
② ㄷ
③ ㄱ, ㄴ
④ ㄴ, ㄷ
⑤ ㄱ, ㄴ, ㄷ

09

ㄱ. (×) 수임인이 가지는 민법 제688조 제2항 전단 소정의 대변제청구권은 통상의 금전채권과는 다른 목적을 갖는 것이므로, <u>수임인이 이 대변제청구권을 보전하기 위하여 채무자인 위임인의 채권을 대위행사하는 경우에는 채무자의 무자력을 요건으로 하지 아니한다</u>(대판 2002.1.25. 2001다52506).
ㄴ. (×) <u>수임인은 언제든지 위임계약을 해지할 수 있다</u>. 수임인에게 부득이한 사유가 있다면 위임인에게 불리한 시기에 위임계약을 해지하였다고 하더라도 손해배상책임을 부담하지는 아니한다(민법 제689조).
ㄷ. (○) 수임인은 위임의 본지에 따라 선량한 관리자의 주의로써 위임사무를 처리하여야 한다(민법 제681조). 이는 <u>위임계약이 유상이든 무상이든 관계없이 수임인이 언제나 부담하는 기본채무이다</u>.

정답 ②

10 기출 24

고용계약에 관한 설명으로 옳지 않은 것을 모두 고른 것은?(다툼이 있으면 판례에 따름)

> ㄱ. 관행에 비추어 노무의 제공에 보수를 수반하는 것이 보통인 경우에도 보수에 관하여 명시적인 합의가 없다면 노무를 제공한 노무자는 사용자에게 보수를 청구할 수 없다.
> ㄴ. 근로자를 고용한 기업으로부터 다른 기업으로 적을 옮겨 업무에 종사하게 하는 전적은 특별한 사정이 없는 한 근로자의 동의가 없더라도 효력이 생긴다.
> ㄷ. 고용기간이 있는 고용계약을 해지할 수 있는 부득이한 사유에는 고용계약상 의무의 중대한 위반이 있는 경우가 포함되지 않는다.

① ㄱ
② ㄷ
③ ㄱ, ㄴ
④ ㄴ, ㄷ
⑤ ㄱ, ㄴ, ㄷ

10

ㄱ. (×) 고용은 노무를 제공하는 노무자에 대하여 사용자가 보수를 지급하기로 하는 계약이므로, 고용계약에 있어서 보수는 고용계약의 본질적 부분을 구성하고, 따라서 보수 지급을 전제로 하지 않는 고용계약은 존재할 수 없으나, 보수 지급에 관한 약정은 그 방법에 아무런 제한이 없고 반드시 명시적임을 요하는 것도 아니며, 관행이나 사회통념에 비추어 노무의 제공에 보수를 수반하는 것이 보통인 경우에는 당사자 사이에 보수에 관한 묵시적 합의가 있었다고 봄이 상당하고, 다만 이러한 경우에는 보수의 종류와 범위 등에 관한 약정이 없으므로 관행 등에 의하여 이를 결정하여야 한다(대판 1999.7.9. 97다58767). 따라서 관행에 비추어 노무의 제공에 보수를 수반하는 것이 보통인 경우 명시적 합의가 없더라도 묵시적 합의가 인정되므로 노무를 제공한 노무자는 이에 의하여 사용자에게 보수를 청구할 수 있다.

ㄴ. (×) 근로자를 그가 고용된 기업으로부터 다른 기업으로 적을 옮겨 다른 기업의 업무에 종사하게 하는 이른바 전적(轉籍)은, 종래에 종사하던 기업과 사이의 근로계약을 합의해지하고 이적하게 될 기업과 사이에 새로운 근로계약을 체결하는 것이거나 근로계약상의 사용자의 지위를 양도하는 것이므로, 동일 기업 내의 인사이동인 전근이나 전보와 달리 특별한 사정이 없는 한 근로자의 동의를 얻어야 효력이 생긴다(대판 2006.1.12. 2005두9873).

ㄷ. (×) 민법 제661조 소정의 '부득이한 사유'라 함은 고용계약을 계속하여 존속시켜 그 이행을 강제하는 것이 사회통념상 불가능한 경우를 말하고, 고용은 계속적 계약으로 당사자 사이의 특별한 신뢰관계를 전제로 하므로 고용관계를 계속하여 유지하는 데 필요한 신뢰관계를 파괴하거나 해치는 사실도 부득이한 사유에 포함되며, 따라서 고용계약상 의무의 중대한 위반이 있는 경우에도 부득이한 사유에 포함된다(대판 2004.2.27. 2003다51675).

정답 ⑤

11 기출 24

도급계약에 관한 설명으로 옳지 않은 것은?(다툼이 있으면 판례에 따름)

① 공사도급계약의 수급인은 특별한 사정이 없는 한 이행대행자를 사용할 수 있다.
② 수급인의 담보책임에 관한 제척기간은 재판상 또는 재판 외의 권리행사기간이다.
③ 도급인이 하자보수에 갈음하여 손해배상을 청구하는 경우, 수급인이 그 채무이행을 제공할 때까지 도급인은 그 손해배상액에 상응하는 보수액 및 그 나머지 보수액에 대해서도 지급을 거절할 수 있다.
④ 부동산공사 수급인의 저당권설정청구권은 특별한 사정이 없는 한 공사대금채권의 양도에 따라 양수인에게 이전된다.
⑤ 민법 제673조에 따라 수급인이 일을 완성하기 전에 도급인이 손해를 배상하고 도급계약을 해제하는 경우, 도급인은 특별한 사정이 없는 한 그 손해배상과 관련하여 수급인의 부주의를 이유로 과실상계를 주장할 수 없다.

11

① (○) 공사도급계약에 있어서 당사자 사이에 특약이 있거나 일의 성질상 수급인 자신이 하지 않으면 채무의 본지에 따른 이행이 될 수 없다는 등의 특별한 사정이 없는 한 반드시 수급인 자신이 직접 일을 완성하여야 하는 것은 아니고, 이행보조자 또는 이행대행자를 사용하더라도 공사도급계약에서 정한 대로 공사를 이행하는 한 계약을 불이행하였다고 볼 수 없다(대판 2002.4.12. 2001다82545).

② (○) 민법상 수급인의 하자담보책임에 관한 기간은 제척기간으로서 재판상 또는 재판 외의 권리행사기간이며 재판상 청구를 위한 출소기간이 아니라고 할 것이다(대판 2000.6.9. 2000다15371).

③ (×) 완성된 목적물에 하자가 있어 도급인이 하자의 보수에 갈음하여 손해배상을 청구한 경우에, 도급인은 수급인이 그 손해배상청구에 관하여 채무이행을 제공할 때까지 그 손해배상액에 상응하는 보수액에 관하여만 자기의 채무이행을 거절할 수 있을 뿐이고 그 나머지 보수액은 지급을 거절할 수 없다고 할 것이므로, 도급인의 손해배상 채권과 동시이행관계에 있는 수급인의 공사대금 채권은 공사잔대금 채권 중 위 손해배상 채권액과 동액의 채권에 한하고, 그 나머지 공사잔대금 채권은 위 손해배상 채권과 동시이행관계에 있다고 할 수 없다(대판 1996.6.11. 95다12798).

④ (○) 민법 제666조에서 정한 수급인의 저당권설정청구권은 공사대금채권을 담보하기 위하여 인정되는 채권적 청구권으로서 공사대금채권에 부수하여 인정되는 권리이므로, 당사자 사이에 공사대금채권만을 양도하고 저당권설정청구권은 이와 함께 양도하지 않기로 약정하였다는 등의 특별한 사정이 없는 한, 공사대금채권이 양도되는 경우 저당권설정청구권도 이에 수반하여 함께 이전된다고 봄이 타당하다(대판 2018.11.29. 2015다19827).

⑤ (○) 민법 제673조에서 도급인으로 하여금 자유로운 해제권을 행사할 수 있도록 하는 대신 수급인이 입은 손해를 배상하도록 규정하고 있는 것은 도급인의 일방적인 의사에 기한 도급계약 해제를 인정하는 대신, 도급인의 일방적인 계약해제로 인하여 수급인이 입게 될 손해, 즉 수급인이 이미 지출한 비용과 일을 완성하였더라면 얻었을 이익을 합한 금액을 전부 배상하게 하는 것이라 할 것이므로, 위 규정에 의하여 도급계약을 해제한 이상은 특별한 사정이 없는 한 도급인은 수급인에 대한 손해배상에 있어서 과실상계나 손해배상예정액 감액을 주장할 수는 없다(대판 2002.5.10. 2000다37296).

정답 ③

12 기출 24

여행계약에 관한 설명으로 옳은 것은?(다른 사정은 고려하지 않음)

① 여행자는 여행을 시작하기 전에는 여행계약을 해제할 수 없다.
② 여행대금지급시기에 관해 약정이 없는 경우, 여행자는 다른 관습이 있더라도 여행 종료 후 지체없이 여행대금을 지급하여야 한다.
③ 여행의 하자에 대한 시정에 지나치게 많은 비용이 드는 경우에도 여행자는 그 시정을 청구할 수 있다.
④ 여행에 중대한 하자로 인해 여행계약이 중도에 해지된 경우, 여행자는 실행된 여행으로 얻은 이익을 여행주최자에게 상환하여야 한다.
⑤ 여행계약의 담보책임 존속기간에 관한 규정과 다른 합의가 있는 경우, 그 합의가 여행자에게 유리하더라도 효력은 없다.

12

① (×) 여행자는 여행을 시작하기 전에는 언제든지 계약을 해제할 수 있다. 다만, 여행자는 상대방에게 발생한 손해를 배상하여야 한다(민법 제674조의3).
② (×) 여행자는 약정한 시기에 대금을 지급하여야 하며, 그 시기의 약정이 없으면 관습에 따르고, 관습이 없으면 여행의 종료 후 지체 없이 지급하여야 한다(민법 제674조의5).
③ (×) 여행에 하자가 있는 경우에는 여행자는 여행주최자에게 하자의 시정 또는 대금의 감액을 청구할 수 있다. 다만, 그 시정에 지나치게 많은 비용이 들거나 그 밖에 시정을 합리적으로 기대할 수 없는 경우에는 시정을 청구할 수 없다(민법 제674조의6 제1항).
④ (○) 여행자는 여행에 중대한 하자가 있는 경우에 그 시정이 이루어지지 아니하거나 계약의 내용에 따른 이행을 기대할 수 없는 경우에는 계약을 해지할 수 있다. 계약이 해지된 경우에는 여행주최자는 대금청구권을 상실한다. 다만, 여행자가 실행된 여행으로 이익을 얻은 경우에는 그 이익을 여행주최자에게 상환하여야 한다. 여행주최자는 계약의 해지로 인하여 필요하게 된 조치를 할 의무를 지며, 계약상 귀환운송 의무가 있으면 여행자를 귀환운송하여야 한다. 이 경우 상당한 이유가 있는 때에는 여행주최자는 여행자에게 그 비용의 일부를 청구할 수 있다(민법 제674조의7).
⑤ (×) 제674조의6[여행주최자의 담보책임(註)]과 제674조의7[여행주최자의 담보책임과 여행자의 해지권(註)]에 따른 권리는 여행 기간 중에도 행사할 수 있으며, 계약에서 정한 여행 종료일부터 6개월 내에 행사하여야 한다(민법 제674조의8). 다만, 제674조의8[담보책임의 존속기간(註)]은 편면적 강행규정이므로, 담보책임 존속기간에 관한 규정과 다른 합의가 여행자에게 불리한 경우에만 그 효력이 없고(민법 제674조의9), 여행자에게 유리한 경우 그 다른 합의의 효력은 인정된다.

정답 ④

13 기출 24

임대차에 관한 설명으로 옳지 않은 것은?(다툼이 있으면 판례에 따름)

① 부동산소유자인 임대인은 특별한 사정이 없는 한 임대차기간을 영구로 정하는 부동산 임대차계약을 체결할 수 있다.
② 부동산임차인은 특별한 사정이 없는 한 지출한 필요비의 한도에서 차임의 지급을 거절할 수 있다.
③ 임대인이 임차인의 의사에 반하여 보존행위를 하는 경우, 임차인이 이로 인하여 임차목적을 달성할 수 없는 때에는 임대차계약을 해지할 수 있다.
④ 기간의 약정이 없는 토지임대차의 임대인이 임대차계약의 해지를 통고한 경우, 그 해지의 효력은 임차인이 통고를 받은 날부터 1개월 후에 발생한다.
⑤ 임차인이 임대인의 동의 없이 임차권을 양도한 경우, 임대인은 특별한 사정이 없는 한 임대차계약을 해지할 수 있다.

13

① (○) 민법 제619조에서 처분능력, 권한 없는 자의 단기임대차의 경우에만 임대차기간의 최장기를 제한하는 규정만 있을 뿐, 민법상 임대차기간이 영구인 임대차계약의 체결을 불허하는 규정은 없다. … 임대차기간이 영구인 임대차계약을 인정할 실제의 필요성도 있고, 이러한 임대차계약을 인정한다고 하더라도 사정변경에 의한 차임증감청구권이나 계약 해지 등으로 당사자들의 이해관계를 조정할 수 있는 방법이 있을 뿐만 아니라, 임차인에 대한 관계에서만 사용·수익권이 제한되는 외에 임대인의 소유권을 전면적으로 제한하는 것도 아닌 점 등에 비추어 보면, 당사자들이 자유로운 의사에 따라 임대차기간을 영구로 정한 약정은 이를 무효로 볼만한 특별한 사정이 없는 한 계약자유의 원칙에 의하여 허용된다고 보아야 한다(대판 2023.6.1. 2023다209045).
② (○) 임차인이 임차물의 보존에 관한 필요비를 지출한 때에는 임대인에게 상환을 청구할 수 있다(민법 제626조 제1항). 여기에서 '필요비'란 임차인이 임차물의 보존을 위하여 지출한 비용을 말한다. 임대차계약에서 임대인은 목적물을 계약존속 중 사용·수익에 필요한 상태를 유지하게 할 의무를 부담하고, 이러한 의무와 관련한 임차물의 보존을 위한 비용도 임대인이 부담해야 하므로, 임차인이 필요비를 지출하면, 임대인은 이를 상환할 의무가 있다. 임대인의 필요비상환의무는 특별한 사정이 없는 한 임차인의 차임지급의무와 서로 대응하는 관계에 있으므로, 임차인은 지출한 필요비 금액의 한도에서 차임의 지급을 거절할 수 있다(대판 2019.11.14. 2016다227694).
③ (○) 민법 제625조
④ (×) 임대차기간의 약정이 없는 때에는 당사자는 언제든지 계약해지의 통고를 할 수 있다. 상대방이 전항의 통고를 받은 날로부터 토지, 건물 기타 공작물에 대하여는 임대인이 해지를 통고한 경우에는 6월, 임차인이 해지를 통고한 경우에는 1월의 기간이 경과하면 해지의 효력이 생긴다(민법 제635조 제1항, 제2항 제1호).
⑤ (○) 임차인은 임대인의 동의 없이 그 권리[임차권(註)]를 양도하거나 임차물을 전대하지 못한다(민법 제629조 제1항). 임차인이 임대인의 동의 없이 임차권을 양도하거나 임차물을 전대한 경우에는 임대인은 계약을 해지할 수 있다(민법 제629조 제2항).

정답 ④

14 기출 23

조합에 관한 설명으로 옳지 않은 것은?(다툼이 있으면 판례에 따름)

① 조합계약으로 업무집행자를 정하지 아니한 경우에는 조합원의 3분의 2 이상의 찬성으로써 이를 선임한다.
② 조합의 업무집행자가 수인인 때에는 그 과반수로써 업무집행을 결정한다.
③ 조합계약의 당사자가 손익분배의 비율을 정하지 아니한 때에는 각 조합원의 출자가액에 비례하여 이를 정한다.
④ 조합의 채무자는 그 채무와 조합원에 대한 채권으로 상계할 수 있다.
⑤ 2인 조합에서 조합원 1인이 탈퇴하면 조합관계는 종료된다.

14

① (○) 민법 제706조 제1항
② (○) 민법 제706조 제2항 후문
③ (○) 민법 제711조 제1항
④ (×) 조합의 채무자는 그 채무와 조합원에 대한 채권으로 상계하지 못한다(민법 제715조).
⑤ (○) 조합의 탈퇴란 특정 조합원이 장래에 향하여 조합원으로서의 지위를 벗어나는 것으로서, 이 경우 조합 자체는 나머지 조합원에 의해 동일성을 유지하며 존속하는 것이므로 결국 탈퇴는 잔존 조합원이 동업사업을 계속 유지·존속함을 전제로 한다. 2인으로 구성된 조합에서 한 사람이 탈퇴하면 조합관계는 종료되나 특별한 사정이 없는 한 조합은 해산이나 청산이 되지 않고, 다만 조합원의 합유에 속한 조합재산은 남은 조합원의 단독소유에 속하여 탈퇴 조합원과 남은 조합원 사이에는 탈퇴로 인한 계산을 해야 한다(대판 2018.12.13. 2015다72385).

정답 ④

15 기출 23

매매계약에 관한 설명으로 옳은 것은?(다툼이 있으면 판례에 따름)

① 매매목적물과 대금은 반드시 계약 체결 당시에 구체적으로 특정할 필요는 없고, 이를 나중에라도 구체적으로 특정할 수 있는 방법과 기준이 정해져 있으면 매매계약은 성립한다.
② 매도인이 매수인에게 현존하는 타인 소유의 물건을 매도하기로 약정한 경우, 그 매매계약은 원시적 불능에 해당하여 효력이 없다.
③ 매매예약완결권은 당사자 사이에 다른 약정이 없는 한 10년 내에 이를 행사하지 않으면 시효로 소멸한다.
④ 매도인과 매수인이 해제권을 유보하기 위해 계약금을 교부하기로 합의한 후 매수인이 약정한 계약금의 일부만 지급한 경우, 매도인은 실제 지급받은 금원의 배액을 상환하고 매매계약을 해제할 수 있다.
⑤ 매매계약에 관한 비용은 다른 약정이 없으면 매수인이 부담한다.

15

① (○) 매매는 당사자 일방이 재산권을 상대방에게 이전할 것을 약정하고 상대방이 그 대금을 지급할 것을 약정함으로써 그 효력이 생긴다(민법 제563조). 매매계약은 매도인이 재산권을 이전하는 것과 매수인이 대금을 지급하는 것에 관하여 쌍방 당사자가 합의함으로써 성립한다. 매매목적물과 대금은 반드시 계약 체결 당시에 구체적으로 특정할 필요는 없고, 이를 나중에라도 구체적으로 특정할 수 있는 방법과 기준이 정해져 있으면 충분하다(대판 2020.4.9. 2017다20371).
② (×) 특정한 매매의 목적물이 타인의 소유에 속하는 경우라 하더라도, 그 매매계약이 원시적 이행불능에 속하는 내용을 목적으로 하는 당연무효의 계약이라고 볼 수 없다(대판 1993.9.10. 93다20283). 민법 제569조, 제570조에 비추어 보면, 양도계약의 목적물이 타인의 권리에 속하는 경우에 있어서도 그 양도계약은 계약당사자 간에 있어서는 유효하고, 그 양도계약에 따라 양도인은 그 목적물을 취득하여 양수인에게 이전하여 줄 의무가 있다(대판 1993.8.24. 93다24445).
③ (×) 민법 제564조가 정하고 있는 매매예약에서 예약자의 상대방이 매매예약 완결의 의사표시를 하여 매매의 효력을 생기게 하는 권리, 즉 매매예약의 완결권은 일종의 형성권으로서 당사자 사이에 행사기간을 약정한 때에는 그 기간 내에, 약정이 없는 때에는 예약이 성립한 때부터 10년 내에 이를 행사하여야 하고, 그 기간이 지난 때에는 예약완결권은 제척기간의 경과로 소멸한다(대판 2018.11.29. 2017다247190).
④ (×) 계약이 일단 성립한 후에는 당사자의 일방이 이를 마음대로 해제할 수 없는 것이 원칙이고, 다만 주된 계약과 더불어 계약금계약을 한 경우에는 민법 제565조 제1항의 규정에 따라 임의 해제를 할 수 있기는 하나, 계약금계약은 금전 기타 유가물의 교부를 요건으로 하므로 단지 계약금을 지급하기로 약정만 한 단계에서는 아직 계약금으로서의 효력, 즉 위 민법 규정에 의해 계약해제를 할 수 있는 권리는 발생하지 않는다고 할 것이다. 따라서 당사자가 계약금의 일부만을 먼저 지급하고 잔액은 나중에 지급하기로 약정하거나 계약금 전부를 나중에 지급하기로 약정한 경우, 교부자가 계약금의 잔금이나 전부를 약정대로 지급하지 않으면 상대방은 계약금 지급의무의 이행을 청구하거나 채무불이행을 이유로 계약금약정을 해제할 수 있고, 나아가 위 약정이 없었더라면 주계약을 체결하지 않았을 것이라는 사정이 인정된다면 주계약도 해제할 수도 있을 것이나, 교부자가 계약금의 잔금 또는 전부를 지급하지 아니하는 한 계약금계약은 성립하지 아니하므로 당사자가 임의로 주계약을 해제할 수는 없다 할 것이다(대판 2008.3.13. 2007다73611).
⑤ (×) (다른 약정이 없으면) 매매계약에 관한 비용은 당사자 쌍방이 균분하여 부담한다(민법 제566조).

정답 ①

16

건물 소유를 목적으로 X토지에 관하여 임대인 甲과 임차인 乙 사이에 적법한 임대차계약이 체결되었다. 이에 관한 설명으로 옳지 않은 것은?(다툼이 있으면 판례에 따름)

① 甲과 乙 사이에 체결된 임대차계약에 임대차기간에 관한 약정이 없는 때에는 甲은 언제든지 계약해지의 통고를 할 수 있다.
② 乙이 甲의 동의 없이 X토지를 전대한 경우, 甲은 원칙적으로 乙과의 임대차 계약을 해지할 수 있다.
③ X토지의 일부가 乙의 과실없이 멸실되어 사용·수익할 수 없게 된 경우, 乙은 그 부분의 비율에 의한 차임의 감액을 청구할 수 있다.
④ 토지임차인에게 인정되는 지상물매수청구권은 乙이 X토지 위에 甲의 동의를 얻어 신축한 건물에 한해 인정된다.
⑤ 甲이 변제기를 경과한 최후 2년의 차임채권에 의하여 그 지상에 있는 乙 소유의 건물을 압류한 때에는 저당권과 동일한 효력이 있다.

16

① (○) 임대차기간의 약정이 없는 때에는 당사자는 언제든지 계약해지의 통고를 할 수 있으므로(민법 제635조 제1항), 甲은 언제든지 乙에게 임대차계약해지의 통고를 할 수 있다.
② (○) 임차인은 임대인의 동의 없이 그 권리를 양도하거나 임차물을 전대하지 못한다. 임차인이 이 규정에 위반한 때에는 임대인은 계약을 해지할 수 있다(민법 제629조). 따라서 乙이 甲의 동의 없이 X토지를 전대하였다면 甲은 원칙적으로 임대차 계약을 해지할 수 있다.
③ (○) 임차물인 X토지의 일부가 乙의 과실없이 멸실되어 사용·수익할 수 없게 된 경우, 乙은 그 부분의 비율에 의한 차임의 감액을 청구할 수 있다(민법 제627조 제1항).
④ (×) 임차인의 지상물매수청구권은 건물 기타 공작물의 소유 등을 목적으로 한 토지임대차의 기간이 만료되었음에도 그 지상시설 등이 현존하고, 또한 임대인이 계약의 갱신에 불응하는 경우에 임차인이 임대인에게 상당한 가액으로 그 지상시설의 매수를 청구할 수 있는 권리라는 점에서 보면, 위 매수청구권의 대상이 되는 건물은 그것이 토지의 임대목적에 반하여 축조되고, 임대인이 예상할 수 없을 정도의 고가의 것이라는 특별한 사정이 없는 한 임대차기간 중에 축조되었다고 하더라도 그 만료시에 그 가치가 잔존하고 있으면 그 범위에 포함되는 것이고, 반드시 임대차계약 당시의 기존건물이거나 임대인의 동의를 얻어 신축한 것에 한정된다고는 할 수 없다(대판 1993.11.12. 93다34589). 판례의 취지를 고려할 때 토지임차인 乙에게 인정되는 지상물매수청구권은 乙이 甲의 동의를 얻어 신축한 건물에 한정된다고 볼 수 없다.
⑤ (○) 토지임대인 甲이 변제기를 경과한 최후 2년의 차임채권에 의하여 그 지상에 있는 乙 소유의 건물을 압류한 때에는 저당권과 동일한 효력이 있다(민법 제649조).

정답 ④

17 기출 22

담보책임에 관한 설명으로 옳은 것은?(특별한 사정이 없음을 전제로 하며, 다툼이 있으면 판례에 따름)

① 특정물매매계약에 있어 목적물에 하자가 있는 경우, 악의의 매수인은 대금감액청구권을 행사할 수 있다.
② 특정물의 수량지정매매에서 수량이 부족한 경우, 악의의 매수인은 계약한 날로부터 1년 이내에 대금감액청구권을 행사하여야 한다.
③ 부담부 증여의 증여자는 담보책임을 지지 않는다.
④ 일정한 면적(수량)을 가지고 있다는 데 주안을 두고, 대금도 면적을 기준으로 하여 정해지는 아파트분양계약은 수량지정매매가 될 수 없다.
⑤ 건물신축도급계약에 따라 완성된 건물의 하자로 계약의 목적을 달성할 수 없는 경우, 도급인은 이를 이유로 그 계약을 해제할 수 있다.

17

① (×) 특정물매매계약에 있어 목적물에 하자가 있는 경우 선의, 무과실의 매수인은 계약해제권과 손해배상청구권을 행사할 수 있다(민법 제580조 제1항). 대금감액청구권은 권리의 일부가 타인에게 속한 경우와 수량부족, 일부멸실의 경우에 매도인에게 인정되는 담보책임의 내용이 된다(민법 제572조, 제574조).
② (×) 수량지정매매에 있어서의 매도인의 담보책임에 기한 매수인의 대금감액청구권은 매수인이 선의인 경우에는 사실을 안 날로부터, 악의인 경우에는 계약한 날로부터 1년 이내에 행사하여야 한다(대판 2002.11.8. 99다58136). 이 판례의 해석과 관련하여 판례가 특정물의 수량지정매매에서 수량이 부족한 경우 악의의 매수인에게도 대금감액청구권을 인정한 것이라는 견해도 있으나, 민법 제574조 후단과 제572조 제3항의 취지를 고려할 때 악의의 매수인에게는 대금감액청구권이 인정되지 아니한다고 보는 것이 타당하다고 판단된다. 이러한 이유로 이 문제의 최종정답을 전항정답으로 처리한 것으로 보인다.
③ (×) 상대부담있는 증여에 대하여는 증여자는 그 부담의 한도에서 매도인과 같은 담보의 책임이 있다(민법 제559조 제2항).
④ (×) 목적물이 일정한 면적(수량)을 가지고 있다는 데 주안을 두고 대금도 면적을 기준으로 하여 정하여지는 아파트분양계약은 이른바 수량을 지정한 매매라 할 것이다(대판 2002.11.8. 99다58136).
⑤ (×) 도급인이 완성된 목적물의 하자로 인하여 계약의 목적을 달성할 수 없는 때에는 계약을 해제할 수 있다. 그러나 건물 기타 토지의 공작물에 대하여는 그러하지 아니하다(민법 제668조).

정답 전항정답

18 기출 22

민법상 위임에 관한 설명으로 옳지 않은 것은?(다툼이 있으면 판례에 따름)

① 무상위임의 수임인은 선량한 관리자의 주의의무를 부담한다.
② 수임인은 부득이한 사유가 있으면 제3자로 하여금 자기에 갈음하여 위임사무를 처리하게 할 수 있다.
③ 변호사에게 계쟁사건의 처리를 위임함에 있어서 보수에 관하여 명시적으로 약정하지 않은 경우, 특별한 사정이 없는 한 응분의 보수를 지급할 묵시의 약정이 있는 것으로 볼 수 있다.
④ 위임인에게 불리한 시기에 부득이한 사유로 계약을 해지한 수임인은 그 해지로 인해 위임인에게 발생한 손해를 배상하여야 한다.
⑤ 위임이 종료된 경우, 수임인은 특별한 사정이 없는 한 지체 없이 그 전말을 위임인에게 보고하여야 한다.

18

① (O) 수임인은 유상위임이든 무상위임이든 불문하고 위임의 본지에 따라 선량한 관리자의 주의로써 위임사무를 처리하여야 한다(민법 제681조).
② (O) 수임인은 위임의 승낙이나 부득이한 사유없이 제3자로 하여금 자기에 갈음하여 위임사무를 처리하게 하지 못한다(민법 제682조 제1항). 따라서 부득이한 사유가 있으면 수임인은 제3자로 하여금 자기에 갈음하여 위임사무를 처리하게 할 수 있다.
③ (O) 대판 1993.11.12. 93다36882
④ (×) 당사자 일방이 부득이한 사유없이 상대방의 불리한 시기에 계약을 해지한 때에는 그 손해를 배상하여야 하므로(민법 제689조 제2항), 부득이한 사유가 있다면 수임인은 그 해지로 인해 위임인에게 발생한 손해를 배상하여야 할 책임이 없다.
⑤ (O) 수임인은 위임인의 청구가 있는 때에는 위임사무의 처리상황을 보고하고 위임이 종료된 때에는 지체 없이 그 전말을 보고하여야 한다(민법 제683조).

정답 ④

19 기출 19

화해계약에 관한 설명으로 옳지 않은 것은?(다툼이 있으면 판례에 따름)

① 화해당사자의 자격에 관한 착오가 있는 경우에는 이를 이유로 취소하지 못한다.
② 화해계약은 특별한 사정이 없는 한, 당사자 일방이 양보할 권리가 소멸되고 상대방이 화해로 인하여 그 권리를 취득하는 효력이 있다.
③ 채권자와 채무자 간의 잔존채무액의 계산행위는 특별한 사정이 없는 한 화해계약이 아니다.
④ 화해계약이 사기로 인해 이루어진 경우에는 화해의 목적인 분쟁에 관한 사항에 착오가 있더라도 사기에 의한 의사표시를 이유로 이를 취소할 수 있다.
⑤ 성질상 당사자가 임의로 처분할 수 없는 법률관계는 화해계약의 대상이 될 수 없다.

19

① (×) 화해계약은 착오를 이유로 하여 취소하지 못한다. 그러나 화해당사자의 자격 또는 화해의 목적인 분쟁 이외의 사항에 착오가 있는 때에는 그러하지 아니하다(민법 제733조).
② (O) 민법 제732조
③ (O) 채권자와 채무자 간의 잔존채무액의 계산행위는 다른 특별한 사정이 없는 한 채무자가 채권자에게 지급할 채무액을 새로이 확정하는 채권자와 채무자 간의 화해계약이라고는 볼 수 없다(대판 1984.3.13. 83다358).
④ (O) 화해계약은 화해당사자의 자격 또는 화해의 목적인 분쟁 이외의 사항에 착오가 있는 경우를 제외하고는 착오를 이유로 취소하지 못하지만, 화해계약이 사기로 인하여 이루어진 경우에는 화해의 목적인 분쟁에 관한 사항에 착오가 있는 때에도 민법 제110조에 따라 이를 취소할 수 있다고 할 것이다(대판 2008.9.11. 2008다15278).
⑤ (O) 화해는 당사자가 상호 양보하여 다툼의 대상이 되었던 법률관계를 확정하는 것을 목적으로 하므로, 당해 법률관계에 대한 처분권이 인정되어야 한다. 따라서 당사자가 임의로 처분할 수 없는 법률관계는 화해계약의 대상이 될 수 없다.

정답 ①

20 기출 21

민법상 조합에 관한 설명으로 옳지 않은 것은?(다툼이 있으면 판례에 따름)

① 수인이 공동사업을 경영할 목적 없이 전매차익만을 얻기 위해 상호 협력한 경우, 특별한 사정이 없는 한 이들 사이의 법률관계는 조합에 해당하지 않는다.
② 조합채무자가 조합원들 중의 1인에 대하여 개인채권을 가지고 있는 경우, 그 채권과 조합에 대한 채무를 서로 대등액에서 상계할 수 없다.
③ 조합계약에서 출자의무의 이행과 이익분배를 직접 연결시키는 특약을 두지 않은 경우, 조합은 출자의무를 이행하지 않은 조합원의 이익분배 자체를 거부할 수 없다.
④ 조합원의 지분에 대한 압류는 그 조합원의 장래의 이익배당 및 지분의 반환을 받을 권리에 대하여 효력이 있다.
⑤ 2인 조합에서 조합원 1인이 탈퇴하면 조합관계는 종료되고, 원칙적으로 조합은 즉시 해산된다.

20

① (○) 부동산의 공동매수인들이 전매차익을 얻으려는 '공동의 목적달성'을 위해 상호 협력한 것에 불과하고 이를 넘어 '공동사업을 경영할 목적'이 있었다고 인정되지 않는 경우, 이들 사이의 법률관계는 공유관계에 불과할 뿐 민법상 조합이라고 할 수 없다(대판 2007.6.14. 2005다5140).
② (○) 조합에 대한 채무자는 그 채무와 조합원에 대한 채권으로 상계할 수는 없는 것이므로(민법 제715조), 조합으로부터 부동산을 매수하여 잔대금채무를 지고 있는 자가 조합원 중의 1인에 대하여 개인채권을 가지고 있다고 하더라도 그 채권과 조합과의 매매계약으로 인한 잔대금채무를 서로 대등액에서 상계할 수는 없다(대판 1998.3.13. 97다6919).
③ (○) 건설공동수급체구성원은 공동수급체에 출자의무를 지는 반면 공동수급체에 대한 이익분배청구권을 가지는데, 이익분배청구권과 출자의무는 별개의 권리·의무이다. 따라서 공동수급체의 구성원이 출자의무를 이행하지 않더라도, 공동수급체가 출자의무의 불이행을 이유로 이익분배 자체를 거부할 수도 없고, 그 구성원에게 지급할 이익분배금에서 출자금이나 그 연체이자를 당연히 공제할 수도 없다. 다만, 공동수급체의 구성원들 사이에 '출자의무와 이익분배를 직접 연계시키는 특약'을 하는 것은 계약자유의 원칙상 허용되므로 구성원들이 출자의무를 먼저 이행한 경우에 한하여 이익분배를 받을 수 있다고 약정하거나 출자의무의 불이행 정도에 따라 이익분배금을 전부 또는 일부 삭감하기로 약정할 수도 있다(대판 2018.1.24. 2015다69990).
④ (○) 민법 제714조
⑤ (×) 2인 조합에서 조합원 1인이 탈퇴하면 조합관계는 종료되지만 특별한 사정이 없는 한 조합이 해산되지 아니하고, 조합원의 합유에 속하였던 재산은 남은 조합원의 단독소유에 속하게 되어 기존의 공동사업은 청산절차를 거치지 않고 잔존자가 계속 유지할 수 있다(대판 2013.5.23. 2010다102816).

정답 ⑤

21

매매에 관한 설명으로 옳은 것을 모두 고른 것은?(다툼이 있으면 판례에 따름)

> ㄱ. 당사자가 매매예약완결권의 행사기간을 약정하지 않은 경우, 완결권은 예약이 성립한 때로부터 10년 내에 행사되어야 하고, 그 기간을 지난 때에는 제척기간의 경과로 인하여 소멸한다.
> ㄴ. 목적물이 일정한 면적을 가지고 있다는 데 주안을 두고 대금도 면적을 기준으로 정하여지는 아파트분양계약은 특별한 사정이 없는 한 수량지정매매에 해당한다.
> ㄷ. 건축목적으로 매매된 토지에 대하여 건축허가를 받을 수 없어 건축이 불가능한 경우, 이와 같은 법률적 제한 내지 장애는 권리의 하자에 해당한다.
> ㄹ. 특정물 매매에서 매도인의 하자담보책임이 성립하는 경우, 매수인은 매매계약내용의 중요부분에 착오가 있더라도 이를 취소할 수 없다.

① ㄱ, ㄴ
② ㄱ, ㄹ
③ ㄴ, ㄷ
④ ㄱ, ㄷ, ㄹ
⑤ ㄴ, ㄷ, ㄹ

21

ㄱ. (○) 민법 제564조가 정하고 있는 매매예약에서 예약자의 상대방이 매매예약 완결의 의사표시를 하여 매매의 효력을 생기게 하는 권리, 즉 매매예약의 완결권은 일종의 형성권으로서 당사자 사이에 행사기간을 약정한 때에는 그 기간 내에, 약정이 없는 때에는 예약이 성립한 때부터 10년 내에 이를 행사하여야 하고, 그 기간이 지난 때에는 예약완결권은 제척기간의 경과로 소멸한다(대판 2018.11.29. 2017다247190).

ㄴ. (○) 대판 2002.11.8. 99다58136

ㄷ. (×) 매매의 목적물이 거래통념상 기대되는 객관적 성질·성능을 결여하거나, 당사자가 예정 또는 보증한 성질을 결여한 경우에 매도인은 매수인에 대하여 그 하자로 인한 담보책임을 부담한다 할 것이고, 한편 건축을 목적으로 매매된 토지에 대하여 건축허가를 받을 수 없어 건축이 불가능한 경우, 위와 같은 법률적 제한 내지 장애 역시 매매목적물의 하자에 해당한다 할 것이나, 다만 위와 같은 하자의 존부는 매매계약 성립 시를 기준으로 판단하여야 할 것이다(대판 2000.1.18. 98다18506).

ㄹ. (×) 민법 제109조 제1항에 의하면 법률행위내용의 중요부분에 착오가 있는 경우 착오에 중대한 과실이 없는 표의자는 법률행위를 취소할 수 있고, 민법 제580조 제1항, 제575조 제1항에 의하면 매매의 목적물에 하자가 있는 경우 하자가 있는 사실을 과실 없이 알지 못한 매수인은 매도인에 대하여 하자담보책임을 물어 계약을 해제하거나 손해배상을 청구할 수 있다. 착오로 인한 취소제도와 매도인의 하자담보책임제도는 취지가 서로 다르고, 요건과 효과도 구별된다. 따라서 매매계약내용의 중요부분에 착오가 있는 경우 매수인은 매도인의 하자담보책임이 성립하는지와 상관없이 착오를 이유로 매매계약을 취소할 수 있다(대판 2018.9.13. 2015다78703).

정답 ①

CHAPTER 03 법정채권관계

제1절 사무관리

I 서설

1. 의의
사무관리란 법률상 의무 없이 타인을 위하여 그의 사무를 처리하는 행위를 말한다. 부탁 없이 타인의 채무를 대신 변제해 주거나 타인의 자식을 양육 및 교육시켜 주는 것이 사무관리이다.

2. 인정취지
사무관리제도가 인정되는 것은 타인의 이익을 증진하는 것이 사회연대·상호부조의 이상에 부합하기 때문이라고 한다(사회부조설).

II 사무관리의 성립요건

사무관리의 내용(민법 제734조)
① 의무 없이 타인을 위하여 사무를 관리하는 자는 그 사무의 성질에 좇아 가장 본인에게 이익되는 방법으로 이를 관리하여야 한다.
② 관리자가 본인의 의사를 알거나 알 수 있는 때에는 그 의사에 적합하도록 관리하여야 한다. **기출** 21
③ 관리자가 전2항의 규정에 위반하여 사무를 관리한 경우에는 과실 없는 때에도 이로 인한 손해를 배상할 책임이 있다. 그러나 그 관리행위가 공공의 이익에 적합한 때에는 중대한 과실이 없으면 배상할 책임이 없다.

긴급사무관리(민법 제735조)
관리자가 타인의 생명, 신체, 명예 또는 재산에 대한 급박한 위해를 면하게 하기 위하여 그 사무를 관리한 때에는 고의나 중대한 과실이 없으면 이로 인한 손해를 배상할 책임이 없다.

관리자의 통지의무(민법 제736조)
관리자가 관리를 개시한 때에는 지체 없이 본인에게 통지하여야 한다. 그러나 본인이 이미 이를 안 때에는 그러하지 아니하다.

관리자의 관리계속의무(민법 제737조)
관리자는 본인, 그 상속인이나 법정대리인이 그 사무를 관리하는 때까지 관리를 계속하여야 한다. 그러나 관리의 계속이 본인의 의사에 반하거나 본인에게 불리함이 명백한 때에는 그러하지 아니하다.

준용규정(민법 제738조)
제683조 내지 제685조의 규정은 사무관리에 준용한다.

> **관리자의 비용상환청구권(민법 제739조)**
> ① 관리자가 본인을 위하여 필요비 또는 유익비를 지출한 때에는 본인에 대하여 그 상환을 청구할 수 있다.
> ② 관리자가 본인을 위하여 필요 또는 유익한 채무를 부담한 때에는 제688조 제2항의 규정을 준용한다.
> ③ 관리자가 본인의 의사에 반하여 관리한 때에는 본인의 현존이익의 한도에서 전2항의 규정을 준용한다.
>
> **관리자의 무과실손해보상청구권(민법 제740조)**
> 관리자가 사무관리를 함에 있어서 과실 없이 손해를 받은 때에는 본인의 현존이익의 한도에서 그 손해의 보상을 청구할 수 있다.

1. 타인의 사무관리

① 사무란 사람의 생활에 필요한 모든 일을 말하며, 타인의 사무이어야 한다.

> 타인의 사무가 국가의 사무인 경우, 원칙적으로 사인이 법령상 근거 없이 국가의 사무를 수행할 수 없다는 점을 고려하면, 사인이 처리한 국가의 사무가 사인이 국가를 대신하여 처리할 수 있는 성질의 것으로서, 사무 처리의 긴급성 등 국가의 사무에 대한 사인의 개입이 정당화되는 경우에 한하여 사무관리가 성립하고, 사인은 그 범위 내에서 국가에 대하여 국가의 사무를 처리하면서 지출된 필요비 내지 유익비의 상환을 청구할 수 있다(대판 2014.12.11. 2012다15602).

② 관리란 보존·이용·개량행위뿐만 아니라 처분행위도 포함된다.
③ 사실행위로 나타날 수도 있고 법률행위의 방식으로도 나타날 수 있다.
④ 관리자는 행위능력이 있어야 한다(통설).

2. 타인을 위하여 하는 의사(사무관리의사)가 존재할 것

관리의 사실상의 이익을 본인에게 귀속시키려는 의사가 있어야 한다. 이 관리의사는 관리의 사실상의 이익을 타인에게 귀속시키려는 의사이다. 관리의사는 관리자 자신의 이익을 위한 의사와 병존하여도 무방하고, 외부에 표시되거나 그 타인이 관리 당시에 확정되어 있을 필요도 없으며, 본인에 관하여 착오가 있더라도 상관없다. 기출 21·24

3. 법률상의 의무가 없을 것

사무관리가 성립하려면 관리자에게 법적 의무가 없어야 하므로, 법률의 규정이나 계약에 따라 본인에 대하여 관리할 의무를 부담하는 경우에는 사무관리가 성립하지 아니한다. 그러나 의무의 발생원인인 계약이 후에 취소된 경우 또는 의무의 범위를 넘어서 사무를 처리한 때에는 사무관리가 성립한다. 관리자가 본인에 대하여 당해 사무처리의 의무를 지지 아니하나 제3자와의 관계에서 그 의무를 부담하는 경우에는, 사무관리가 성립하지 아니한다. 판례도 같은 취지에서 의무 없이 타인의 사무를 처리한 자는 그 타인에 대하여 민법상 사무관리 규정에 따라 비용상환 등을 청구할 수 있으나, 제3자와의 약정에 따라 타인의 사무를 처리한 경우에는 의무 없이 타인의 사무를 처리한 것이 아니므로 이는 원칙적으로 그 타인과의 관계에서는 사무관리가 된다고 볼 수 없다고 한다(대판 2013.9.26. 2012다43539). 기출 21·24

4. 본인에게 불리하거나 본인의 의사에 반한다는 것이 명백하지 않을 것

처음부터 본인의 의사에 반하는 것이 명백한 때에는 사무관리는 성립하지 않는다(민법 제737조 단서 유추). 즉 사무관리가 성립하기 위하여는 우선 그 사무가 타인의 사무이고 타인을 위하여 사무를 처리하는 의사, 즉 관리의 사실상의 이익을 타인에게 귀속시키려는 의사가 있어야 하며, 나아가 그 사무의 처리가 본인에게 불리하거나 본인의 의사에 반한다는 것이 명백하지 아니할 것을 요한다(대판 2013.8.22. 2013다30882). 기출 15 · 24

Ⅲ 사무관리의 효과

1. 일반적 효과

① 본인의 추인이 있어도 위임관계로 되지는 않는다.
② 사무관리가 인정되면 위법한 행위로 되지는 않는다.

2. 관리자의 주의의무 및 손해배상책임

(1) 과실책임의 원칙

사무관리자는 원칙적으로 본인의 사무처리에 대한 선관주의의무를 부담한다(다수설).

(2) 무과실의 손해배상책임

관리자가 본인의 의사나 이익에 반하여 사무를 관리한 경우 관리행위 자체에 과실이 없어도 본인에게 손해가 발생하였다면 사무관리자는 이에 대한 손해배상의 책임이 있다(민법 제734조 제3항).

(3) 중과실의 경우에 한하여 손해배상책임을 지는 경우

1) 공익관리

본인의 의사나 이익에 반하더라도 공공의 이익에 적합하다면 중과실의 경우에만 손해배상책임이 있다(민법 제734조 제3항 단서).

2) 긴급사무관리

관리자가 타인의 생명, 신체, 재산, 명예에 대한 급박한 위해를 면하게 하기 위한 경우 고의 · 중과실이 없으면 손해배상책임이 없다(민법 제735조). 기출 15

3. 관리자의 의무

① 관리개시의 통지의무(민법 제736조)
② 보고의무(민법 제738조, 제683조)
③ 관리계속의무(민법 제737조)
④ 취득물 등의 인도 · 이전의무(민법 제738조, 제684조)
⑤ 금전소비시 이자와 손해배상책임(민법 제738조, 제685조)

4. 본인의 의무

(1) 비용상환의무

1) 본인의 의사나 이익에 합치되는 경우

① 유익비·필요비 전액을 본인의 이득 여하와는 관계없이 상환해야 한다(민법 제739조 제1항).

② 채무의 대변제의무, 담보제공의무(민법 제739조 제2항, 제688조 제2항)

2) 본인의 의사나 이익에 반하는 경우

현존이익의 한도에서 비용상환·채무의 대변제·담보제공의무를 부담한다(민법 제739조 제3항). 기출 15·21

(2) 손해보상의무

관리자가 사무관리를 함에 있어서 과실 없이 손해를 받을 때에는 본인의 현존이익의 한도에서 그 손해의 보상을 청구할 수 있다(민법 제740조). 기출 15·16·21

(3) 보수지급의무

민법상으로는 보수지급의무가 없고, 특별법상의 보수지급의무가 있을 뿐이다.

5. 관련 판례

계약상 급부가 계약 상대방뿐 아니라 제3자에게 이익이 된 경우에 급부를 한 계약당사자는 계약 상대방에 대하여 계약상 반대급부를 청구할 수 있는 이외에 제3자에 대하여 직접 부당이득반환청구를 할 수는 없다고 보아야 하고, 이러한 법리는 급부가 사무관리에 의하여 이루어진 경우에도 마찬가지이다. 따라서 의무 없이 타인을 위하여 사무를 관리한 자는 타인에 대하여 민법상 사무관리 규정에 따라 비용상환 등을 청구할 수 있는 외에 사무관리에 의하여 결과적으로 사실상 이익을 얻은 다른 제3자에 대하여 직접 부당이득반환을 청구할 수는 없다(대판 2013.6.27. 2011다17106). 기출 24

Ⅳ 준사무관리

1. 서 설

(1) 의 의

사무관리의사가 없는 경우에 문제되는 것이 준사무관리이다.

(2) 유 형

1) 오신사무관리

타인의 사무를 자기의 사무로 잘못 알고 관리하는 경우이다.

2) 불법사무관리

타인의 사무인 줄 알면서도 자기의 사무처럼 부당하게 관리하는 경우이다.

2. 인정 여부

(1) 오신사무관리

통설은 준사무관리로 인정하지 않는다. 관리자가 선의이고 과실이 없으면 본인과의 관계는 부당이득으로 처리되고, 과실이 있으면 불법행위가 성립된다.

(2) 불법사무관리

1) 사회부조설

요건상 사무관리의사를 필요로 하는 사회부조설은 다시 준사무관리 긍정설과 부정설로 구분된다.

2) 귀속성설

요건상 사무관리의사가 불필요하다는 귀속성설은 바로 사무관리가 성립한다고 한다.

핵심문제

01 사무관리에 관한 설명으로 옳은 것은?(다툼이 있으면 판례에 따름) 변리 24

① 관리자가 사무의 적절한 관리를 함에 있어 과실없이 손해를 받은 때에는 본인에 대하여 그 손해 전액의 보상을 청구할 수 있다.
② 관리자가 본인을 위하여 본인의 의사에 부합하게 사무를 관리하면서 유익비를 지출한 경우, 현존이익 한도에서 그 상환을 청구할 수 있다.
③ 상대방과의 약정에 따라 제3자의 사무를 관리한 경우, 그 관리자와 제3자 사이에서는 원칙적으로 사무관리가 성립된다.
④ 관리자에게 타인을 위해 사무를 처리하는 의사와 관리자 자신의 이익을 위한 의사가 모두 있는 경우에는 사무관리가 성립할 수 없다.
⑤ 관리자가 타인의 신체에 대한 급박한 위해를 면하게 하기 위하여 그 사무를 관리한 경우, 그의 경과실로 인해 발생한 본인의 손해를 배상할 책임이 없다.

【해설】
① (×) 관리자가 사무관리를 함에 있어서 과실없이 손해를 받은 때에는 본인의 현존이익의 한도에서 그 손해의 보상을 청구할 수 있다(민법 제740조).
② (×) 관리자가 본인을 위하여 본인의 의사에 부합하게 사무를 관리하면서 유익비를 지출한 경우, 유익비 전부를 청구할 수 있다(민법 제739조 제1항).
③ (×) 의무 없이 타인의 사무를 처리한 자는 그 타인에 대하여 민법상 사무관리규정에 따라 비용상환 등을 청구할 수 있으나, 제3자와의 약정에 따라 타인의 사무를 처리한 경우에는 의무 없이 타인의 사무를 처리한 것이 아니므로 이는 원칙적으로 그 타인과의 관계에서는 사무관리가 된다고 볼 수 없다(대판 2013.9.26. 2012다43539).
④ (×) 사무관리가 성립하기 위하여는 우선 그 사무가 타인의 사무이고 타인을 위하여 사무를 처리하는 의사, 즉 관리의 사실상의 이익을 타인에게 귀속시키려는 의사가 있어야 하며, 나아가 그 사무의 처리가 본인에게 불리하거나 본인의 의사에 반한다는 것이 명백하지 아니할 것을 요한다. 여기에서 '타인을 위하여 사무를 처리하는 의사'는 관리자 자신의 이익을 위한 의사와 병존할 수 있고, 반드시 외부적으로 표시될 필요가 없으며, 사무를 관리할 당시에 확정되어 있을 필요가 없다(대판 2013.8.22. 2013다30882).
⑤ (○) 민법 제735조

정답 ⑤

제2절 부당이득

I 부당이득의 의의

법률상의 원인 없이 부당하게 재산적 이득을 얻고 이로 인하여 타인에게 손해를 준 자에 대하여 그 이득의 반환을 명하는 제도를 말한다(민법 제741조). 사무관리 및 불법행위와 더불어 민법이 인정하는 법정채권 발생원인이며, 법적 성질은 사건이다. '법률상 원인 없이'라는 것은 공평의 원칙 또는 사회정의에 반하는 것을 의미한다[통일설(공평설), 다수설·판례]. 통일설에 의하면 비통일설과는 달리 부당이득을 유형별로 구별하지 아니하고, 부당이득의 요건으로서 언제나 수익과 손해가 있어야 하며, 수익과 손해 사이에 인과관계가 요구된다. 부당이득반환청구권은 원칙적으로 다른 청구권에 의하여 만족을 얻지 못하는 경우에만 보충적으로 인정된다.

II 부당이득의 요건

> **부당이득의 내용(민법 제741조)**
> 법률상 원인 없이 타인의 재산 또는 노무로 인하여 이익을 얻고 이로 인하여 타인에게 손해를 가한 자는 그 이익을 반환하여야 한다.

1. 법률상 원인이 없을 것

(1) 의 의

수익자에게 이득의 취득, 보유권한이 없어야 한다. 통일설(공평설)(다수설)은 법률상 원인의 결여를 공평, 정의의 관념에 따라 판단한다. 다수설은 법률상 원인 없는 이득을 급부부당이득과 비급부부당이득으로 구분하여 부당이득의 인정 여부를 살피고 있으나, 부당이득은 손실자와 이득자 사이의 이익상황이 상이함으로 고려하여야 한다는 점에서 부당이득을 그 실질에 따라 급부부당이득, 침해부당이득, 비용부당이득으로 구분하는 견해(비통일설)(유력설)에 따라 부당이득의 인정 여부를 살펴보기로 한다. 최근 판례도 이러한 유형론을 부분적으로 수용하고 있어 주목된다(대판 2018.1.24. 2017다37324).

(2) 유 형

1) 급부부당이득

급부부당이득이란 당사자 일방의 재산증대가 상대방의 출연행위로 인한 경우의 부당이득을 말한다. 즉 법률행위가 무효인 경우(예를 들어 매매계약체결 당시 매매목적물이 멸실된 상태였고 매수인이 대금을 이미 지급한 경우), 법률행위가 취소된 경우, 채무가 없음에도 이를 알지 못하고 변제한 경우(민법 제742조 참조) 등이 그 예가 될 수 있다. 기출 25

급부부당이득반환청구의 인정 여부

- 토지의 매수인이 아직 소유권이전등기를 경료받지 아니하였다 하여도 매매계약의 이행으로 그 토지를 인도받은 때에는 매매계약의 효력으로서 이를 점유사용할 권리가 생기게 된 것으로 보아야 하고 또 매수인이 그 토지 위에 건축한 건물을 취득한 자는 그 토지에 대한 매수인의 위와 같은 점유사용권까지 아울러 취득한 것으로 봄이 상당하므로 매도인은 매매계약의 이행으로서 인도한 토지 위에 매수인이 건축한 건물을 취득한 자에 대하여 토지소유권에 기한 물권적청구권을 행사할 수 없다(대판 1988.4.25. 87다카1682).
- 원고가 비록 피고들의 강박에 의한 하자 있는 의사표시에 기하여 금원을 교부하였다 할지라도 그 의사표시가 소멸되지 않는 한 피고들의 위 금원보유가 법률상 원인이 없다고 볼 수 없으므로 피고들은 이를 반환할 의무가 없다(대판 1990.11.13. 90다카17153).
- 매매계약이 무효인 때의 매도인의 매매대금 반환 의무는 성질상 부당이득 반환 의무로서 그 반환 범위에 관하여는 민법 제748조가 적용된다 할 것이고, 명문의 규정이 없는 이상 그에 관한 특칙인 민법 제548조 제2항이 당연히 유추적용 또는 준용된다고 할 수 없다(토지거래허가를 받지 못해 매매계약이 무효로 된 사안에서, 민법 제548조 제2항을 준용하여 매도인은 매매대금을 받은 날로부터의 이자를 가산하여 지급하여야 한다는 매수인의 주장을 배척한 사례)(대판 1997.9.26. 96다54997).

2) 침해부당이득

수익자가 권원없이 타인의 물건이나 권리로부터 이익을 얻는 경우의 부당이득을 말한다. 침해부당이득에서는 많은 경우 불법행위가 성립할 수 있으나, 그 침해에 수익자의 귀책사유를 문제삼지 아니한다는 점에서 불법행위와 구별된다. 예를 들어 채권의 귀속을 침해한 경우(대판 1999.4.27. 98다61593), 무권리자가 타인의 권리를 제3자에게 처분하였으나, 선의의 제3자 보호규정에 의하여 원래의 권리자가 권리를 상실하는 경우(대판 2011.6.10. 2010다40239) 등이 이에 해당한다.

침해부당이득을 인정한 사례

- 무권리자가 타인의 권리를 제3자에게 처분하였으나 선의의 제3자 보호규정에 의하여 원래 권리자가 권리를 상실하는 경우, 권리자는 무권리자를 상대로 제3자에게서 처분의 대가로 수령한 것을 이른바 침해부당이득으로 보아 반환청구할 수 있다. 한편 수익자가 법률상 원인 없이 이득한 재산을 처분함으로 인하여 원물반환이 불가능한 경우에 반환하여야 할 가액을 산정할 때에는 법률상 원인 없는 이득을 얻기 위하여 지출한 비용은 수익자가 반환하여야 할 이득의 범위에서 공제되어야 할 것이나, 타인 소유의 부동산을 처분하여 매각대금을 수령한 경우, 수익자는 그러한 처분행위가 없었다면 부동산 자체를 반환하였어야 할 지위에 있던 사람이므로 자신의 처분행위로 인하여 발생한 양도소득세 기타 비용은 수익자가 이익 취득과 관련하여 지출한 비용에 해당한다고 할 수 없어 이를 반환하여야 할 이득에서 공제할 것은 아니다(대판 2011.6.10. 2010다40239).
- 확정된 배당표에 의하여 배당을 실시하는 것은 실체법상의 권리를 확정하는 것이 아니므로, 배당을 받아야 할 자가 배당을 받지 못하고 배당을 받지 못할 자가 배당을 받은 경우에는 배당에 관하여 이의를 한 여부 또는 형식상 배당절차가 확정되었는지 여부에 관계없이 배당을 받지 못한 채권자는 배당받은 자에 대하여 부당이득반환을 청구할 수 있다(대판 2008.6.26. 2008다19966).
- 확정판결에는 기판력이 인정되므로 그 내용이 실체적 권리관계와 다르다고 하더라도 판결이 재심의 소 등으로 취소되지 않는 한 그 판결에 기한 이행으로 교부받은 금전 등을 법률상 원인 없는 이득이라 할 수 없지만, 지급명령에는 기판력이 인정되지 않으므로 실체적 권리관계와 다른 내용으로 지급명령이 확정되고 그 지급명령에 기한 이행으로 금전 등이 교부되었다면 그에 관하여 부당이득이 성립할 수 있다(대판 2024.4.12. 2023다307741).
- 타인 소유의 토지를 법률상 권원 없이 점유함으로 인하여 토지 소유자가 입은 통상의 손해는 특별한 사정이 없는 한 점유 토지의 임료 상당액이지만, 수익자가 단지 공로에 이르는 통로로 통행지를 통행함에 그치고 통행지 소유자의 점유를 배제할 정도의 배타적인 점유를 하고 있지 않다면, 통행지 소유자가 통행지를 본래 목적대로 사용·수익할 수 없게 되는 경우의 손해액이라 할 수 있는 임료 상당액 전부가 통행지 소유자의 손해액이 된다고 볼 수는 없고, 구체적 사안에서 사회통념에 따라 이를 감경할 수 있다(대판 2023.3.13. 2022다293999).
- 토지의 상공에 고압전선이 통과하게 됨으로써 토지소유자가 토지 상공의 사용·수익을 제한받게 되는 경우, 토지소유자의 사용·수익이 제한되는 상공의 범위에는 고압전선이 통과하는 부분뿐만 아니라 관계 법령에서 고압전선과 건조물 사이에 일정한 거리를 유지하도록 규정하고 있는 경우 그 거리 내의 부분도 포함된다. 고압전선의 소유자가 해당 토지 상공에 관하여 일정한 사용권원을 취득한 경우, 그 양적 범위가 토지소유자의 사용·수익이 제한되는 상공의 범위에 미치지 못한다면, 사용·수익이 제한되는 상공 중 사용권원을 취득하지 못한 부분에 대해서 고압전선의 소유자는 특별한 사정이 없는 한 차임 상당의 부당이득을 토지소유자에게 반환할 의무를 부담한다(대판 2022.11.30. 2017다257043).

침해부당이득을 부정한 사례
- 확정판결은 재심의 소 등으로 취소되지 않는 한 그 소송당사자를 기속하므로 확정판결에 기한 이행으로 받은 급부는 법률상 원인 없는 이익이라고 할 수 없고, 이는 해당 급부뿐만 아니라 그 급부의 대가로서 기존 급부와 동일성을 유지하면서 형태가 변경된 것에 불과한 처분대금 등에 대해서도 마찬가지이다(대판 2023.6.29. 2021다243812).
- 민사집행법 제268조에 의하여 준용되는 제88조 제1항에서 규정하는 배당요구 채권자는 경락기일까지 배당요구를 한 경우에 한하여 비로소 배당을 받을 수 있고, 적법한 배당요구를 하지 아니한 경우에는 임금채권과 같이 실체법상 우선변제청구권이 있는 채권자라 하더라도 그 경락대금으로부터 배당을 받을 수는 없을 것이므로, 이러한 배당요구 채권자가 적법한 배당요구를 하지 아니하여 그를 배당에서 제외하는 것으로 배당표가 작성·확정되고 그 확정된 배당표에 따라 배당이 실시되었다면, 집행목적물의 교환가치에 대하여서만 우선변제권을 가지고 있는 법정담보물권자의 경우와는 달리 그가 적법한 배당요구를 한 경우에 배당받을 수 있었던 금액 상당의 금원이 후순위 채권자에게 배당되었다 하여 이를 법률상 원인이 없는 것이라고 할 수 없다(대판 1996.12.20. 95다28304).
- 토지의 매수인이 아직 소유권이전등기를 마치지 않았더라도 매매계약의 이행으로 토지를 인도받은 때에는 매매계약의 효력으로서 이를 점유·사용할 권리가 있으므로, 매도인이 매수인에 대하여 그 점유·사용을 법률상 원인이 없는 이익이라고 하여 부당이득반환청구를 할 수는 없다. 이러한 법리는 대물변제 약정 등에 의하여 매매와 같이 부동산의 소유권을 이전받게 되는 사람이 이미 부동산을 점유·사용하고 있는 경우에도 마찬가지로 적용된다(대판 2016.7.7. 2014다2662).
- 어떠한 계약상의 채무를 채무자가 이행하지 않았다고 하더라도 채권자는 여전히 해당 계약에서 정한 채권을 보유하고 있으므로, 특별한 사정이 없는 한 채무자가 채무를 이행하지 않고 있다고 하여 채무자가 법률상 원인 없이 이득을 얻었다고 할 수는 없고, 설령 채권이 시효로 소멸하게 되었다 하더라도 달리 볼 수 없다(대판 2018.2.28. 2016다45779).

3) 비용부당이득

타인의 채무를 변제하거나 타인 소유의 물건에 비용을 지출(예를 들어 수리, 확장 등)하였으나, 비용지출자가 사무관리자의 요건을 구비하지 못한 경우의 부당이득을 말한다. 비용부당이득은 그 특칙이 민법에 명문으로 규정되어 있는 경우가 많다. 점유자의 비용상환청구권(민법 제203조), 사용차주·임차인·수치인의 비용상환청구권(민법 제617조, 제626조, 제701조), 수임인의 비용상환청구권(민법 제688조), 사무관리자의 비용상환청구권(민법 제739조) 등이 이에 해당한다.

(3) 증명책임

법률상 원인의 흠결 사실에 대한 증명책임의 소재에 대해 견해가 대립하고 있으나, 판례는 급부부당이득의 경우에는 부당이득반환을 주장하는 자에게 법률상 원인이 없다는 점에 대한 증명책임을 인정하고, 침해부당이득의 경우에는 부당이득반환 청구의 상대방에게 이익을 보유할 정당한 권원이 있다는 점에 대한 증명책임을 인정한다(대판 2018.1.24. 2017다37324). 기출 25

법률상 원인의 흠결사실에 대한 증명책임
- 물건의 소유자가 물건에 관한 어떠한 이익을 상대방이 권원 없이 취득하고 있다고 주장하여 그 이익을 부당이득으로 반환청구하는 경우, 상대방은 그러한 이익을 보유할 권원이 있음을 주장·증명하지 않는 한 소유자에게 이를 부당이득으로 반환할 의무가 있다. 이때 해당 토지의 현황이나 지목이 '도로'라는 이유만으로 부당이득의 성립이 부정되지 않으며, 도로로 이용되고 있는 사정을 감안하여 부당이득의 액수를 산정하면 된다(대판 2020.10.29. 2018다228868).
- 변제를 목적으로 하는 급부가 이루어졌으나 그 급부에 법률상 원인이 없는 경우 그 급부는 비채변제에 해당하여 부당이득으로 반환되어야 한다. 이러한 급부부당이득의 반환은 법률상 원인 없는 변제를 한 주체가 청구할 수 있다. 변제는 채무자 외에 제3자도 할 수 있는데(민법 제469조 참조), 이행보조자의 변제는 채무자의 변제로 취급된다. 채무자가 자신의 채무에 관하여 스스로 또는 이행보조자를 사용하여 법률상 원인 없는 변제를 한 경우에는 채무자, 제3자가 타인의 채무에 관하여 법률상 원인 없는 변제를 한 경우에는 제3자가 각각 변제의 주체로서 그 변제로서 이루어진 급부의 반환을 청구할 수 있다. 이러한 변제 주체에 대한 증명책임은 자신이 변제 주체임을 전제로 변제에 법률상 원인이 없다고 주장하며 부당이득 반환청구를 하는 사람에게 있다(대판 2024.2.15. 2023다272883).

2. 이익의 취득

재산의 적극적 증가와 채무를 면하는 경우와 같이 어떠한 사실의 발생으로 당연히 발생하였을 손실을 보지 않는 것과 같은 재산의 소극적 증가도 이익에 해당한다(대판 2024.3.28, 2023다308911). 법률상 원인 없이 이득하였음을 이유로 한 부당이득반환에 있어서 이득이라 함은 실질적인 이익을 가리키는 것이므로 이득자에게 실질적으로 이득이 귀속된 바가 없다면 반환의무를 부담시킬 수 없다(대판 2017.6.29, 2017다213838). 이득의 방법에는 제한이 없으며, 수익은 타인의 재산 또는 노무를 원인으로 하는 것이어야 한다. 부당이득은 그 수익의 방법에 제한이 없는 것으로, 채권도 물권과 같이 재산의 하나이므로 그 취득도 당연히 이득이 되고 수익이 된다(대판 1996.11.22, 96다34009). 기출 17

> **실질적 이득(부당이득)을 인정한 사례**
> - 타인 소유의 토지 위에 권원 없이 건물을 소유하는 자는 그 자체로써 건물 부지가 된 토지를 점유하고 있는 것이므로 특별한 사정이 없는 한 법률상 원인 없이 타인의 재산으로 인하여 토지의 차임에 상당하는 이익을 얻고 이로 인하여 타인에게 동액 상당의 손해를 주고 있다고 할 것이고, 이는 건물 소유자가 미등기건물의 원시취득자이고 그 건물에 관하여 사실상의 처분권을 보유하게 된 양수인이 따로 존재하는 경우에도 다르지 아니하므로, 미등기건물의 원시취득자는 토지 소유자에 대하여 부당이득반환의무를 진다. 한편 미등기건물을 양수하여 건물에 관한 사실상의 처분권을 보유하게 됨으로써 그 양수인이 건물 부지 역시 아울러 점유하고 있다고 볼 수 있는 경우에는 미등기건물에 관한 사실상의 처분권자도 건물 부지의 점유·사용에 따른 부당이득반환의무를 부담한다. 이러한 경우 미등기건물의 원시취득자와 사실상의 처분권자가 토지 소유자에 대하여 부담하는 부당이득반환의무는 동일한 경제적 목적을 가진 채무로서 부진정연대채무관계에 있다고 볼 것이다(대판 2022.9.29, 2018다243133). 기출 17 실제로 건물을 사용·수익하지 아니하더라도 건물 부지가 된 토지에 대하여 부당이득이 성립한다(대판 1998.5.8, 98다2389).
> - 구분소유자 중 일부가 정당한 권원 없이 집합건물의 복도, 계단 등과 같은 공용부분을 배타적으로 점유·사용함으로써 이익을 얻고, 그로 인하여 다른 구분소유자들이 해당 공용부분을 사용할 수 없게 되었다면, 공용부분을 무단점유한 구분소유자는 특별한 사정이 없는 한 해당 공용부분을 점유·사용함으로써 얻은 이익을 부당이득으로 반환할 의무가 있다. 해당 공용부분이 구조상 이를 별개 용도로 사용하거나 다른 목적으로 임대할 수 있는 대상이 아니더라도, 무단점유로 인하여 다른 구분소유자들이 해당 공용부분을 사용·수익할 권리가 침해되었고 이는 그 자체로 민법 제741조에서 정한 손해로 볼 수 있다. 이러한 법리는 구분소유자가 아닌 제3자가 집합건물의 공용부분을 정당한 권원 없이 배타적으로 점유·사용하는 경우에도 마찬가지로 적용된다(대판 2020.5.21, 2017다220744[전합]).
> - 임대차계약의 종료에 의하여 발생된 임차인의 임차목적물 반환의무와 임대인의 연체차임을 공제한 나머지 보증금의 반환의무는 동시이행의 관계에 있는 것이므로, 임대차계약 종료 후에도 임차인이 동시이행의 항변권을 행사하여 임차건물을 계속 점유하여 온 것이라면 임차인의 그 건물에 대한 점유는 불법점유라고 할 수는 없으나, 그로 인하여 이득이 있다면 이는 부당이득으로서 반환하여야 하는 것은 당연하다(대판 1992.4.14, 91다45202). 기출 25
>
> **실질적 이득(부당이득)을 부정한 사례**
> - 법률상의 원인 없이 이득하였음을 이유로 한 부당이득의 반환에 있어서 이득이라 함은 실질적인 이익을 가리키는 것이므로 법률상 원인 없이 건물을 점유하고 있다 하여도 이를 사용·수익하지 않았다면 이익을 얻은 것이라고 볼 수 없는 것인바, 임차인이 임대차계약 종료 이후에도 동시이행의 항변권을 행사하는 방법으로 목적물의 반환을 거부하기 위하여 임차건물부분을 계속 점유하기는 하였으나 이를 본래의 임대차계약상의 목적에 따라 사용·수익하지 아니하여 실질적인 이득을 얻은 바 없는 경우에는 그로 인하여 임대인에게 손해가 발생하였다 하더라도 임차인의 부당이득반환의무는 성립되지 않는다(대판 1992.4.14, 91다45202).
> - 甲의 대리인 乙이, 토지의 소유자인 丙에게서 매도에 관한 대리권을 위임받지 않았음에도 대리인이라고 사칭한 丁으로부터 토지를 매수하기로 하는 매매계약을 체결하였고 이에 기하여 甲이 丙 명의의 계좌로 매매대금을 송금하였는데, 丙에게서 미리 통장과 도장을 교부받아 소지하고 있던 丁이 위 돈을 송금당일 전액 인출한 경우, 甲이 송금한 돈이 丙의 계좌로 입금되었다고 하더라도, 그로 인하여 丙이 위 돈 상당을 이득하였다고 하기 위해서는 丙이 이를 사실상 지배할 수 있는 상태에까지 이르러 실질적인 이득자가 되었다고 볼 만한 사정이 인정되어야 할 것인데, 甲의 송금 경위 및 丁이 이를 인출한 경위 등에 비추어 볼 때 丙이 위 돈을 송금 받아 실질적으로 이익의 귀속자가 되었다고 보기 어렵다고 보이므로, 甲의 부당이득반환청구를 인용한 원심판결에는 부당이득에 관한 법리오해의 위법이 있다(대판 2011.9.8, 2010다37325).

- 상계계약은 당사자 사이에 서로 대립하는 채권이 유효하게 존재하는 것을 전제로 서로 채무를 대등액 또는 대등의 평가액에 관하여 면제시키는 것을 내용으로 하는 계약이다. 두 채권의 소멸은 서로 인과관계가 있으므로 한쪽 당사자의 채권이 불성립 또는 무효이어서 그 면제가 무효가 되면 상대방의 채무면제도 당연히 무효가 된다. 이때 상대방의 채권이 유효하게 존재하였던 경우라면, 그 채권은 여전히 존재하는 것이 되므로 채무자는 그 채무를 이행할 의무를 부담한다. 채무자가 이를 이행하지 않았다고 하더라도 그가 법률상 원인 없이 채무를 면하는 이익을 얻었다고 볼 수 없다. 그리고 상대방의 채권도 불성립 또는 무효이어서 존재하지 않았던 경우라면, 채무자는 부존재하는 채무에 관하여 무효인 채무면제를 받은 것에 지나지 않으므로 채무를 이행할 의무도 없고 채무를 면하는 이익을 얻은 것도 아니다(대판 2017.12.5. 2017다22597).

3. 손해의 발생

(1) 손해의 발생

다수설·판례는 타인이 손해를 입지 않은 경우에는 부당이득이 성립하지 않는다고 한다. 기출 20 따라서 부당이득은 법률상 원인 없이 타인의 재산 또는 노무로 인하여 이익을 얻고 이로 인하여 타인에게 손해를 가함으로써 성립하는 것이므로, 법률상 원인 없는 이득이 있다 하더라도 그로 인하여 타인에게 손해가 발생한 것이 아니라면 그 타인은 부당이득반환청구권자가 될 수 없게 된다(대판 2011.7.28. 2009다100418). 기출 22·23 유력설(비통일설)에 의하면 침해부당이득의 경우에는 권리자에게 손해가 발생하지 않았다 하더라도 침해자의 수익만 있으면 부당이득반환청구가 가능하다고 하며, 급부부당이득에서는 급부자에게 당연히 귀속되어야 할 것이 바로 손해가 된다고 한다.

(2) 손해의 범위

손해에는 기존의 재산이 감소한 경우뿐만 아니라, 당연히 증가하여야 할 이익이 상실된 경우도 포함된다. 이때 당연히 증가하였을 이익의 상실이란 그 사실이 없었다면 그만큼 재산적 증가가 있는 것이 보통이라고 인정되는 경우를 말한다.

(3) 수익자가 반환하여야 할 이득의 범위

반환하여야 할 이득은 손실자가 입은 손해의 범위에 한정된다. 여기서 손실자의 손해는 사회통념상 손실자가 당해 재산으로부터 통상 수익할 수 있을 것으로 예상되는 이익 상당액이라 할 것이므로 선의의 수익자는 그 받은 이익의 현존하는 한도 내에서 가액을 반환할 책임이 있으나, 손실자의 손해가 이익보다 적어서 이득자가 손해 이상의 이익을 얻는 경우에는 그 손해상당의 이익만 반환할 의무가 있다(대판 1974.7.26. 73다1637).

(4) 운용이익

수익자가 자신의 노력으로 부당이득한 재산을 이용하여 남긴 운용이익도 그것이 사회통념상 수익자의 행위가 개입되지 아니하였더라도 부당이득된 재산으로부터 손실자가 당연히 취득하였으리라고 생각되는 범위 내의 것이라면 이를 반환하여야 한다. 따라서 매매계약이 무효인 경우, 매도인이 매매대금으로 받은 금전을 정기예금에 예치하여 얻은 정기예금이자 상당액은 사회통념상 매도인의 행위가 개입되지 아니하였더라도 위 매매대금으로부터 매수인이 통상 취득하였으리라고 생각되는 범위 내의 이익으로 볼 수 있어, 매도인이 반환하여야 할 이득의 범위에 포함되는 것으로 보아야 한다(대판 1995.5.12. 94다25551). 그렇지 아니하는 경우에는 수익자가 반환하여야 할 이득의 범위에서 공제되어야 한다(대판 2008.1.18. 2005다34711).

(5) 독점적이고 배타적인 사용·수익권의 포기

판례에 의하면 토지소유자가 일단의 택지를 조성, 분양하면서 개설한 도로는 다른 특단의 사정이 없는 한 그 토지의 매수인을 비롯하여 그 택지를 내왕하는 모든 사람에 대하여 그 도로를 통행할 수 있는 권한을 부여한 것이라고 볼 것이어서 토지소유자는 위 토지에 대한 독점적이고 배타적인 사용·수익권을 행사할 수 없다고 할 것이므로 그 후 행정청이 도시계획사업의 일환으로 위 도로를 확장하고 포장하였다고 하더라도 이로 말미암아 토지소유자에게 어떠한 손실이 생겼다고 할 수 없다고 한다(대판 1985.8.13. 85다카421).

4. 수익과 손해 사이의 인과관계

수익과 손실 사이에 인과관계가 있어야 한다. 여기서의 인과관계는 동일한 사실이 한편으로는 손실을 발생시키고, 다른 한편으로는 이득을 생기게 할 필요는 없으며, 사회관념상 그 연락을 인정할 수 있으면 충분하다는 것이 학설·판례의 태도이다.

핵심문제

01 부당이득에 관한 설명으로 옳은 것은?(다툼이 있으면 판례에 따름) 기출 19

① 채무자가 채무 없음을 알고 임의로 변제한 경우, 그 반환을 청구할 수 있다.
② 선의의 수익자가 패소한 때에는 패소 시부터 악의의 수익자로 본다.
③ 불법원인급여로 인해 반환을 청구하지 못하는 이익은 종국적인 것임을 요하지 않는다.
④ 제한능력을 이유로 법률행위를 취소하는 경우, 악의의 제한능력자는 그 행위로 인하여 받은 이익 전부를 상환하여야 한다.
⑤ 수익자가 법률상 원인 없이 이득한 재산을 처분함으로 인하여 원물반환이 불가능한 경우, 반환하여야 할 가액은 특별한 사정이 없는 한 그 처분 당시의 대가이다.

【해설】
① (×) 채무 없음을 알고 이를 변제한 때에는 그 반환을 청구하지 못한다(민법 제742조).
② (×) 선의의 수익자가 패소한 때에는 그 소를 제기한 때부터 악의의 수익자로 본다(민법 제749조 제2항).
③ (×) 민법 제746조에서 불법의 원인으로 인하여 급여함으로써 그 반환을 청구하지 못하는 이익은 종국적인 것을 말한다(대판 1995.8.11. 94다54108).
④ (×) 제한능력자는 그 행위로 인하여 받은 이익이 현존하는 한도에서 상환할 책임이 있다. 선의·악의를 묻지 않는다(민법 제141조 단서).
⑤ (○) 대판 1995.5.12. 94다25551

정답 ⑤

III 부당이득의 효과

> **원물반환불능한 경우와 가액반환, 전득자의 책임(민법 제747조)**
> ① 수익자가 그 받은 목적물을 반환할 수 없는 때에는 그 가액을 반환하여야 한다.
> ② 수익자가 그 이익을 반환할 수 없는 경우에는 수익자로부터 무상으로 그 이익의 목적물을 양수한 악의의 제3자는 전항의 규정에 의하여 반환할 책임이 있다.
>
> **수익자의 반환범위(민법 제748조)**
> ① 선의의 수익자는 그 받은 이익이 현존한 한도에서 전조의 책임이 있다.
> ② 악의의 수익자는 그 받은 이익에 이자를 붙여 반환하고 손해가 있으면 이를 배상하여야 한다.
>
> **수익자의 악의인정(민법 제749조)**
> ① 수익자가 이익을 받은 후 법률상 원인 없음을 안 때에는 그때부터 악의의 수익자로서 이익반환의 책임이 있다. 기출 22
> ② 선의의 수익자가 패소한 때에는 그 소를 제기한 때부터 악의의 수익자로 본다. 기출 20·22·23

1. 부당이득반환청구권의 발생

① 여러 사람이 공동으로 법률상 원인 없이 타인의 재산을 사용한 경우의 부당이득의 반환채무는 특별한 사정이 없는 한 불가분적 이득의 반환으로서 불가분채무이다(대판 2001.12.11. 2000다13948).
② 부당이득반환채권은 변제기의 정함이 없는 채권이므로 성립함과 동시에 변제기에 도달하고(대판 2019.2.14. 2017다274703), 부당이득의 날(채권이 발생한 때)로부터(무효인 경우에는 급부시부터), 부당이득반환청구권의 소멸시효가 진행한다(대판 2005.1.27. 2004다50143).
③ 부당이득의 반환의무는 이행기한의 정함이 없는 채무이므로 그 채무자는 이행청구를 받은 때에 비로소 지체책임을 지게 된다(대결 2008.2.1. 2007카기6).

2. 부당이득의 반환의무

(1) 반환의무의 대상

1) 원물반환의 원칙

수익자는 그가 받은 목적물 자체를 반환하는 것이 원칙이다(민법 제747조 제1항). 같은 취지에서 판례는 법률상 원인 없이 제3자에 대한 채권을 취득한 경우, 만약 채권의 이득자가 이미 그 채권을 변제받은 때에는 그 변제받은 금액이 이득이 되어 이를 반환하여야 할 것이나, 아직 그 채권을 현실적으로 추심하지 못한 경우에는 손실자는 채권의 이득자에 대하여 그 채권의 반환을 구하여야 하고 그 채권 가액에 해당하는 금전의 반환을 구할 수는 없으며, 이는 결국 부당이득한 채권의 양도와 그 채권 양도의 통지를 그 채권의 채무자에게 하여 줄 것을 청구하는 형태가 된다고 판시하고 있다(대판 1995.12.5. 95다22061).

2) 가액반환의 예외

수익자가 그 받은 목적물을 반환할 수 없는 경우에는 그 가액을 반환하여야 한다(민법 제747조 제1항). 원물을 처분한 경우에는 그 처분당시의 대가가 가액이 되고, 그 후 물건의 가격이 앙등하였다고 하여 앙등한 가격으로 계산한 금액이 이득이 되지 아니한다(대판 1995.5.12. 94다25551). 수익자가 받은 물건이 대체물인데 이를 소비 또는 멸실한 경우, 다른 대체물로 반환하여야 하는 것이 아니라 그 가액으로 반환하여야 한다(대판 1965.4.27. 65다181).

(2) 반환의무의 한도

손실액이 이득액보다 적을 경우에는 손실액의 한도에서만 이득액을 반환할 의무가 있다(대판 1968.7.24. 68다905). 즉 이득의 범위 내에서 그리고 상대방의 손해를 한도로 반환하면 된다.

3. 부당이득의 반환범위

(1) 선의의 수익자의 반환범위(민법 제748조 제1항)

1) 선의수익자의 개념

선의수익자란 자기가 얻은 이익이 법률상 원인 없음을 알지 못하는 수익자를 말하는데, 그의 과실의 유무는 문제되지 아니한다. 기출 17

2) 현존이익의 반환

선의의 수익자는 그 받은 이익이 현존한 한도에서 가액 반환의 책임이 있다(민법 제748조 제1항). 기출 16

3) 현존이익의 기준시기

현존이익의 결정은 원칙적으로 이득을 반환할 때를 기준으로 하지만, 소가 제기된 때에는 그 소 제기 시에 현존이익을 결정한다(다수설).

핵심문제

01 매매목적물에 관한 근저당권의 피담보채무를 매수인이 인수하는 한편, 그 채액을 매매대금에서 공제하기로 약정한 경우에 관한 설명으로 옳지 않은 것은?(각 지문은 독립적이며, 다툼이 있으면 판례에 따름) 변리 25

① 매수인이 근저당권의 피담보채무 변제를 게을리함으로써 임의경매절차가 개시되자 매도인이 경매절차의 진행을 막기 위하여 피담보채무를 변제하였다면, 매도인은 매수인에 대하여 이 사유를 들어 매매계약을 해제할 수 있다.
② 매수인이 근저당권의 피담보채무 변제를 게을리하여 근저당권이 실행됨으로써 매도인이 소유권을 상실하면 특별한 사정이 없는 한, 매수인에게 책임있는 사유로 소유권이전등기의무가 이행불능으로 된 경우이다.
③ 매수인이 근저당권의 피담보채무 변제를 게을리하여 근저당권이 실행됨으로써 매도인이 소유권을 상실하면 특별한 사정이 없는 한, 채무자인 매도인에게 과실이 없으므로 채권자인 매수인은 이행불능으로 매매계약을 해제할 수 없다.
④ 매매목적물이 경매절차에서 매각됨으로써 당사자 쌍방의 귀책사유 없이 이행불능에 이르러 매매계약이 종료된 경우는 위험부담의 법리에 따르면, 채무자인 매도인은 급부의무를 면함과 더불어 반대급부도 청구하지 못한다.
⑤ 매매목적물이 경매절차에서 매각됨으로써 당사자 쌍방의 귀책사유 없이 이행불능에 이르러 매매계약이 종료된 경우, 이미 이행한 급부를 부당이득으로 반환청구할 수 없다.

[해설]
① (O) 대판 1993.2.12. 92다23193
②, ③ (O) 부동산 매수인이 매매목적물에 설정된 근저당권의 피담보채무에 관하여 그 이행을 인수한 경우, 채권자에 대한 관계에서는 매도인이 여전히 채무를 부담한다고 하더라도, 매도인과 매수인 사이에서는 매수인에게 위 피담보채무를 변제할 책임이 있으므로, 매수인이 그 변제를 게을리하여 근저당권이 실행됨으로써 매도인이 매매목적물에 관한 소유권을 상실하였다면, 특별한 사정이 없는 한, 이는 매수인에게 책임 있는 사유로 인하여 소유권이전등기의무가 이행불능으로 된 경우에 해당하고, 거기에 매도인의 과실이 있다고 할 수는 없다(대판 2008.8.21. 2007다8464).
④ (O), ⑤ (×) 매매 목적물이 경매절차에서 매각됨으로써 당사자 쌍방의 귀책사유 없이 이행불능에 이르러 매매계약이 종료된 사안에서, <u>위험부담의 법리에 따라 매도인은 이미 지급받은 계약금을 반환하여야 하고 매수인은 목적물을 점유·사용함으로써 취득한 임료 상당의 부당이득을 반환할 의무가 있다</u>(대판 2009.5.28. 2008다98655).

정답 ⑤

4) 증명책임 기출 17·20·24

판례에 의하면 금전의 경우에는 이득의 현존이 추정되지만(대판 1987.8.18. 87다카768), 그 밖의 경우에는 이를 부정하면서 반환청구권자가 현존이익의 사실을 입증하여야 하는 것으로 이해한다(대판 1970.2.10. 69다2171). 한편 판례는 취득한 것이 성질상 계속적으로 반복하여 거래되는 물품으로서 곧바로 판매되어 환가될 수 있는 금전과 유사한 대체물인 경우에도 이를 취득한 자가 소비하였는가의 여부를 불문하고 현존하는 것으로 추정된다고 하면서 비디오폰을 비롯한 각종 통신제품의 현존 추정을 인정한 바 있다(대판 2009.5.28. 2007다20440).

(2) 악의의 수익자의 반환범위(민법 제748조 제2항)

1) 악의수익자의 개념

악의수익자란 법률상 무원인을 야기하는 사정뿐만 아니라 그 법적 효과도 의식하면서 이득한 자를 의미한다(대판 2010.1.28. 2009다24187). 즉 자신의 이익보유가 법률상 원인 없는 것임을 인식하는 것을 말하고, 그 이익의 보유를 법률상 원인이 없는 것으로 되게 하는 사정, 즉 부당이득반환의무의 발생요건에 해당하는 사실이 있음을 인식하는 것만으로는 부족하다(대판 2018.4.12. 2017다229536).

2) 받은 이익 및 이자의 반환의무

악의의 수익자는 그 받은 이익에 이자를 붙여 반환하고 손해가 있으면 이를 배상하여야 한다.

3) 증명책임

판례는 법률상 원인 없이 타인의 재산 또는 노무로 인하여 이익을 얻고 이로 인하여 타인에게 손해를 가한 경우 선의의 수익자는 받은 이익이 현존하는 한도에서 반환책임이 있고(민법 제748조 제1항), 부당이득 반환의무자가 악의의 수익자라는 점에 대하여는 이를 주장하는 측에서 증명책임을 지고, 수익자가 취득한 것이 금전상의 이득인 때에는 그 금전은 이를 취득한 자가 소비하였는지 여부를 불문하고 현존하는 것으로 추정되나, 수익자가 급부자의 지시나 급부자와의 합의에 따라 그 금전을 사용하거나 지출하는 등의 사정이 있다면 위 추정은 번복될 수 있다고 본다(대판 2022.10.14. 2018다244488).

4. 악의의 무상전득자에 관한 특칙

(1) 의 의

수익자로부터 목적물을 전득한 자는 본래 부당이득을 취득하는 것이 아니므로 반환의무자가 아닌 것이 원칙이다. 다만, 민법은 일정한 경우에 전득자에 대해서도 부당이득반환을 청구할 수 있는 것으로 규정하고 있다.

(2) 수익자 측 요건

수익자가 그 이익을 반환할 수 없는 경우일 것

(3) 전득자 측 요건

① 전득자가 무상으로 그 이익의 목적물을 양수하였을 것
② 전득자가 악의일 것

(4) 효 과

손실자는 전득자에게 부당이득반환을 청구할 수 있다.

Ⅳ 특수한 부당이득

> **비채변제(민법 제742조)**
> 채무 없음을 알고 이를 변제한 때에는 그 반환을 청구하지 못한다.
>
> **기한전의 변제(민법 제743조)**
> 변제기에 있지 아니한 채무를 변제한 때에는 그 반환을 청구하지 못한다. 그러나 채무자가 착오로 인하여 변제한 때에는 채권자는 이로 인하여 얻은 이익을 반환하여야 한다. 기출 22·23·25
>
> **도의관념에 적합한 비채변제(민법 제744조)**
> 채무 없는 자가 착오로 인하여 변제한 경우에 그 변제가 도의관념에 적합한 때에는 그 반환을 청구하지 못한다.
>
> **타인의 채무의 변제(민법 제745조)**
> ① 채무자 아닌 자가 착오로 인하여 타인의 채무를 변제한 경우에 채권자가 선의로 증서를 훼멸하거나 담보를 포기하거나 시효로 인하여 그 채권을 잃은 때에는 변제자는 그 반환을 청구하지 못한다.
> ② 전항의 경우에 변제자는 채무자에 대하여 구상권을 행사할 수 있다.

1. 비채변제

(1) 원 칙

변제자가 채무가 없음에도 불구하고 이를 변제하였다면 수령자는 부당이득으로서 반환해야 한다.

(2) 예 외

1) 악의의 비채변제(민법 제742조)

① 채무가 없음을 알면서 변제한 경우에는 그 반환을 청구하지 못한다(민법 제742조). 기출 25

② 제742조의 비채변제에 관한 규정은 변제자가 채무 없음을 알면서도 변제를 한 경우에 적용되는 것이고, 채무 없음을 알지 못한 경우에는 그 과실 유무를 불문하고 적용되지 아니한다(대판 1998.11.13. 97다58453). 기출 15·24

③ 악의의 비채변제에 대한 주장·입증책임은 반환의무를 면하려는 변제수령자에게 있다(대판 2010.5.13. 2009다96847).

2) 도의관념에 적합한 비채변제(민법 제744조)

채무 없는 자가 착오로 인하여 변제한 경우에 그 변제가 도의관념에 적합한 때에는 그 반환을 청구하지 못한다. 기출 17·18

2. 타인채무의 변제(민법 제745조)

(1) 타인의 채무임을 알고 변제한 경우
제3자를 위한 유효한 변제로서 채권은 소멸한다. 이 경우 변제자는 사무관리 또는 부당이득을 근거로 본래의 채무자에게 구상권을 행사할 수 있다.

(2) 자기의 채무인 것으로 오신하고 착오로 변제한 경우(민법 제745조)
제3자를 위한 변제로서의 효력이 없어 채권은 소멸하지 않고, 변제자는 비채변제로서 부당이득반환을 청구할 수 있다. 다만, 채권자가 선의로 채권증서를 훼멸하거나 담보를 포기하거나 시효로 인하여 그 채권을 잃은 때에는 변제자는 그 반환을 청구하지 못한다. 이 경우 변제자는 채무자에게 구상권을 행사할 수 있고 이는 부당이득반환청구권의 성질을 갖는다.

3. 변제기 전의 변제(민법 제743조)
① 이는 비채변제가 아니다.
② 변제기 전이라는 사실을 알면서 변제한 경우에는 기한의 이익의 포기로 해석할 수 있으나, 채무자가 변제기를 착오하여 변제기가 도래했다고 오신하고서 변제한 경우에는 채권자에게 발생한 이익의 반환을 청구할 수 있다(민법 제743조 단서).

4. 불법원인급여(민법 제746조)

> **불법원인급여(민법 제746조)**
> 불법의 원인으로 인하여 재산을 급여하거나 노무를 제공한 때에는 그 이익의 반환을 청구하지 못한다. 그러나 그 불법원인이 수익자에게만 있는 때에는 그러하지 아니하다.

(1) 의 의
민법 제746조는 법이 불법에는 조력할 수 없다는 취지로 민법 제103조와 표리일체를 이루어 사법의 이상을 실현하고자 하는 규정으로 볼 수 있다(통설).

(2) 성립요건

1) 불 법
① 불법의 개념에 관하여 민법 제103조와 같이 선량한 풍속 기타 사회질서 위반이라고 보는 것이 통설과 판례의 태도이다.
② 강행법규의 위반이 곧바로 불법원인급여의 불법에 해당한다고 볼 수는 없다.
③ 불법원인이라 함은 재산을 급여한 원인이 선량한 풍속 기타 사회질서에 위반한 경우를 가리키는 것인데, 강제집행을 면할 목적으로 부동산의 소유자명의를 신탁하는 것은 불법원인급여에 해당하지 않는다고 한다(대판 1994.4.15. 93다61307). 기출 13
④ 부동산 실권리자명의 등기에 관한 법률(이하 '부동산실명법') 규정의 문언, 내용, 체계와 입법 목적 등을 종합하면, 부동산실명법을 위반하여 무효인 명의신탁약정에 따라 명의수탁자 명의로 등기를 하였다는 이유만으로 그것이 당연히 불법원인급여에 해당한다고 단정할 수는 없다. 이는 농지법에 따른 제한을 회피하고자 명의신탁을 한 경우에도 마찬가지이다(대판 2019.6.20. 2013다218156[전합]). 기출 23

2) 급부의 원인이 불법일 것

급부의 원인이 불법이어야 하는데, 급부가 선행하는 법률행위에 의하여 행하여지는 경우에는 그 법률행위가 급부의 원인이고 선행하는 법률행위 없이 행하여지는 경우에는 그 급부에 의하여 달성하려는 사회적 목적이 급부의 원인이다.

3) 급 여

자발적인 의사에 기초하여 급부가 이루어져야 한다. 따라서 자발적이지 않은 경우에는 이에 포함되지 않는다. 급여는 종국적인 것이어야 한다. 따라서 부동산소유권을 이전하는 경우에는 소유권이전등기가 경료되어야 하고(대판 1966.5.31. 66다531), 동산소유권을 이전하여야 하는 경우에는 '인도'가 있어야만 불법원인급여에 해당한다. 급여가 종국적이지 아니하는 경우에는 수익자가 이를 실현하려면 국가의 협력이나 법의 보호를 요구하여야 하는데, 이는 스스로 불법을 저지른 자가 그 불법의 효과를 원용하는 것이기 때문에 불법원인급여에 해당하지 아니한다.

> **종국적 급여 여부**
> - 도박자금을 제공함으로 인하여 발생한 채권의 담보로 부동산에 관하여 근저당권설정등기가 경료되었을 뿐이라면 위와 같은 근저당권설정등기로 근저당권자가 받을 이익은 소유권이전과 같은 종국적인 것이 되지 못하고 따라서 민법 제746조에서 말하는 이익에는 해당하지 아니한다고 할 것이므로, 그 부동산의 소유자는 민법 제746조의 적용을 받음이 없이 그 말소를 청구할 수 있다(대판 1994.12.22. 93다55234).
> - 민법 제746조의 규정취의는 민법 제103조와 함께 사법의 기본이념으로 사회적 타당성이 없는 행위를 한 사람은 그 형식여하를 불문하고 스스로 한 불법행위의 무효를 주장하여 그 복구를 소구할 수 없다는 법의 이상을 표현한 것이고 부당이득반환청구만을 제한하는 규정이 아니므로 불법의 원인으로 급여를 한 사람이 그 원인행위가 무효라고 주장하고 그 결과 급여물의 소유권이 자기에게 있다는 주장으로 소유권에 기한 반환청구를 하는 것도 허용할 수 없는 것이니, 도박채무가 불법무효로 존재하지 않는다는 이유로 양도담보조로 이전해 준 소유권이전등기의 말소를 청구하는 것은 허용되지 않는다(대판 1989.9.29. 89다카5994).

4) 불법의 원인이 급여자에게도 있을 것

불법원인이 수익자에게만 있는 경우에는 급여자는 급여한 것을 반환청구할 수 있으므로(민법 제746조 단서), 반환청구가 부정되는 것은 불법의 원인이 급여자에게만 있는 경우 또는 수익자와 급여자 모두에게 있는 경우에 한정된다. 그러나 판례는 수익자의 불법성과 급여자의 그것을 비교하여 전자가 현저하게 큰 경우에는 신의칙에 따라 민법 제746조 본문의 적용을 배제하고 급여자의 반환을 허용하는 이른바 불법성비교설을 취하고 있다(대판 1999.9.17. 98도2036). [기출 22]

(3) 효 과

1) 반환청구의 부정(민법 제746조 본문)

① 반환청구의 금지 : 급여자는 부당이득반환청구를 할 수 없다. 소유권에 기한 반환청구도 부정된다는 것이 통설·판례이다. [기출 13] 따라서 급여한 물건의 소유권은 반사적으로 급여를 받은 상대방에게 귀속되며, 나아가 이를 전득한 제3자에게도 반환청구를 할 수 없다(대판 1989.9.29. 89다카5994).

② 반환청구의 가부

㉠ 물권적 청구권에 의한 반환청구 : 민법 제746조는 단지 부당이득제도만을 제한하는 것이 아니라 동법 제103조와 함께 사법의 기본이념으로서, 결국 사회적 타당성이 없는 행위를 한 사람은 스스로 불법한 행위를 주장하여 복구를 그 형식 여하에 불구하고 소구할 수 없다는 이상을 표현한 것이므로, 급여를

한 사람은 그 원인행위가 법률상 무효라 하여 상대방에게 부당이득반환청구를 할 수 없음은 물론 급여한 물건의 소유권은 여전히 자기에게 있다고 하여 소유권에 기한 반환청구도 할 수 없고, 따라서 급여한 물건의 소유권은 급여를 받은 상대방에게 귀속된다(대판 1979.11.13. 79다483[전합]).

ⓒ 불법행위로 인한 손해배상청구 : 불법의 원인으로 재산을 급여한 사람은 상대방 수령자가 그 '불법의 원인'에 가공하였다고 하더라도 상대방에게만 불법의 원인이 있거나 그의 불법성이 급여자의 불법성보다 현저히 크다고 평가되는 등으로 제반 사정에 비추어 급여자의 손해배상청구를 인정하지 아니하는 것이 오히려 사회상규에 명백히 반한다고 평가될 수 있는 특별한 사정이 없는 한 상대방의 불법행위를 이유로 그 재산의 급여로 말미암아 발생한 자신의 손해를 배상할 것을 주장할 수 없다고 할 것이다. 그와 같은 경우에 급여자의 위와 같은 손해배상청구를 인용한다면, 이는 급여자는 결국 자신이 행한 급부 자체 또는 그 경제적 동일물을 환수하는 것과 다름없는 결과가 되어, 민법 제746조에서 실정법적으로 구체화된 법이념에 반하게 되는 것이다(대판 2013.8.22. 2013다35412).

ⓒ 계약해제를 원인으로 하는 반환청구 : 불법원인급여에 관한 민법 제746조의 규정취지는 민법 제103조와 함께 사법의 기본이념으로 사회적 타당성이 없는 행위를 한 사람은 형식 여하를 불문하고 스스로 한 불법행위의 무효를 주장하여 복구를 소구할 수 없다는 법의 이상을 표현하는 것이고 부당이득반환청구권만을 제한하는 규정이 아니므로 불법의 원인으로 인하여 금원을 급여한 사람이 금원의 교부가 송금위탁계약에 기한 것으로 이의 해제를 전제로 반환을 구하는 것도 허용되지 아니한다(대판 1992.12.11. 92다33169).

2) 반환청구의 인정(민법 제746조 단서)

불법원인이 수익자에게만 있는 때에는 급여자는 급여한 것을 반환청구할 수 있다. **기출** 13 판례는 나아가 불법성비교론을 받아들여, 수익자의 불법성이 급여자의 불법성보다 현저히 크다면 신의칙에 따라 민법 제746조 본문의 적용을 배제하고 급여자의 반환청구를 허용하여야 한다는 태도를 취하고 있다(대판 1993.12.10. 93다12947).

(4) 불법원인급여의 반환약정

1) 현실적 임의반환

수령자가 현실적으로 임의반환을 하는 것은 무방하다(대판 1964.10.27. 64다798).

2) 사전의 임의반환약정

사전의 임의반환약정은 무효이다. 따라서 무효인 반환약정을 근거로 반환청구를 하지 못한다(통설)(대판 1991.3.22. 91다520).

3) 사후의 임의반환약정

종전 판례는 "공무원의 직무에 관하여 특별한 청탁을 하게 하고 보수로 돈을 지급할 것을 내용으로 한 약정은 사회질서에 반하는 무효의 계약이고, 나아가 그 보수를 지급한 후에 그 돈을 반환하여 주기로 한 약정도 결국 불법원인급여물의 반환을 구하는 범주에 속하는 것으로서 무효이고, 따라서 그 반환약정에 기하여 약속어음을 발행하였다 하더라도 채권자는 그 이행을 청구할 수 없다"고 판시하고 있었으나(대판 1995.7.14. 94다51994), 최근 판례는 불법원인급여 후 급부를 이행받은 자가 급부의 원인행위와 별도의 약정으로 급부 그 자체 또는 그에 갈음한 대가물의 반환을 특약하는 것은 반환약정 자체가 사회질서에 반하여 무효가 되지 않는 한 유효하며, 반환약정이 사회질서에 반하여 무효라는 점은 수익자가 입증하여야 한다고 판시하고 있다(대판 2010.5.27. 2009다12580).

V 다수당사자 사이의 부당이득

1. 전용물소권

(1) 문제점

전용물소권은 계약에 의한 급부가 제3자의 이득으로 된 경우에 급부한 계약당사자의 그 제3자에 대한 부당이득반환청구권을 인정하는 것을 말한다. 예를 들어 임차인(B)이 임차물에 관하여 수리업자(C)와 수리계약을 체결하고 수리가 완료되었는데, 수리대금이 지급되지 않은 상태에서 차임지체를 이유로 임대차계약이 해지되어 임차물이 임대인(A)에게 반환된 경우, 수리업자가 임대인에게 수리대금 상당액을 부당이득으로서 반환청구할 수 있는지 여부에 대한 논의이다.

핵심문제

01 부당이득에 관한 설명으로 옳지 않은 것은?(다툼이 있으면 판례에 따름) 변리 18

① 임대차계약이 합의해지된 후, 임차인이 임차목적물을 계속 점유하였으나, 이를 사용·수익하지 않았다면 임대인은 임차인에게 차임 상당액의 부당이득 반환을 청구할 수 없다.
② 타인 소유의 토지 위에 권한 없이 건물을 소유하고 있는 자는 이를 사용·수익하지 않았더라도 특별한 사정이 없는 한, 그 자체만으로 토지소유자에게 토지의 차임에 상당하는 부당이득반환의무를 부담한다.
③ 임차인이 임대차계약 종료 후 임차건물을 계속 점유하였으나, 임차인의 사정으로 인해 임차건물을 사용·수익하지 아니하여 이익을 얻지 못한 경우, 임차인은 차임 상당액의 부당이득반환의무를 부담하지 않는다.
④ 甲이 乙에게 부동산을 매도하고 목적물을 인도하지 않은 상태에서 乙로부터 중도금까지 받았으나 매매계약이 처음부터 무효였다면, 甲은 선의였더라도 乙로부터 받은 금전에 받은 날로부터 이자를 가산하여 반환하여야 한다.
⑤ 甲 소유의 토지에 대한 사용권한 없이 미등기건물을 신축한 乙로부터 그 건물을 丙이 매수하여, 이전등기를 넘겨받지 않았으나 그것에 대하여 사실상의 처분권을 갖고 있는 경우, 乙은 특별한 사정이 없는 한 甲에게 건물부지부분에 관한 차임에 상당하는 부당이득반환의무를 부담한다.

【해설】
① (○) 대판 1986.3.25. 85다422
② (○) 대판 1998.5.8. 98다2389
③ (○) 임차인이 임대차계약이 종료한 후 임차건물을 계속 점유하였더라도 본래의 계약목적에 따라 사용·수익하지 아니하여 이익을 얻지 않았다면 그로 인한 부당이득반환의무가 성립하지 아니하고, 이는 임차인의 사정으로 인하여 임차건물을 사용·수익하지 못한 경우에도 그러하다(대판 2006.10.12. 2004재다818).
④ (×) 甲이 乙에게 부동산을 매도하고 목적물을 인도하지 않은 상태에서 乙로부터 중도금까지 받았으나 매매계약이 처음부터 무효인 경우, **甲이 선의라면 그 받은 이익이 현존한 한도에서 부당이득반환책임이 있다**(민법 제748조 참조).
⑤ (○) 타인 소유의 토지 위에 권한 없이 건물을 소유하는 자는 그 자체로써 건물부지가 된 토지를 점유하고 있는 것이므로 특별한 사정이 없는 한 법률상 원인 없이 타인의 재산으로 인하여 토지의 차임에 상당하는 이익을 얻고 이로 인하여 타인에게 동액 상당의 손해를 주고 있다고 할 것이고, 이는 건물소유자가 미등기건물의 원시취득자로서 그 건물에 관하여 사실상의 처분권을 보유하게 된 양수인이 따로 존재하는 경우에도 다르지 아니하다(대판 2011.7.14. 2009다76522). 판례의 취지를 고려할 때 乙로부터 미등기건물을 매수한 丙이 사실상의 처분권을 보유하고 있더라도 특별한 사정이 없는 한 乙이 甲에게 건물부지부분에 관한 차임에 상당하는 부당이득반환의무를 부담한다.

정답 ④

(2) 판 례

> **전용물소권 인정 여부에 대한 사례**
> - 계약상의 급부가 계약의 상대방뿐만 아니라 제3자의 이익으로 된 경우에 급부를 한 계약당사자가 계약 상대방에 대하여 계약상의 반대급부를 청구할 수 있는 이외에 그 제3자에 대하여 직접 부당이득반환청구를 할 수 있다고 보면, 자기 책임하에 체결된 계약에 따른 위험부담을 제3자에게 전가시키는 것이 되어 계약법의 기본원리에 반하는 결과를 초래할 뿐만 아니라, 채권자인 계약당사자가 채무자인 계약 상대방의 일반채권자에 비하여 우대받는 결과가 되어 일반채권자의 이익을 해치게 되고, 수익자인 제3자가 계약 상대방에 대하여 가지는 항변권 등을 침해하게 되어 부당하므로, 위와 같은 경우 계약상의 급부를 한 계약당사자는 이익의 귀속 주체인 제3자에 대하여 직접 부당이득반환을 청구할 수는 없다고 보아야 한다(대판 2002.8.23. 99다66564). **기출** 25
> - 계약상 급부가 계약 상대방뿐 아니라 제3자에게 이익이 된 경우에 급부를 한 계약당사자는 계약 상대방에 대하여 계약상 반대급부를 청구할 수 있는 이외에 제3자에 대하여 직접 부당이득반환청구를 할 수는 없다고 보아야 하고, 이러한 법리는 급부가 사무관리에 의하여 이루어진 경우에도 마찬가지이다. 따라서 의무 없이 타인을 위하여 사무를 관리한 자는 타인에 대하여 민법상 사무관리 규정에 따라 비용상환 등을 청구할 수 있는 외에 사무관리에 의하여 결과적으로 사실상 이익을 얻은 다른 제3자에 대하여 직접 부당이득반환을 청구할 수는 없다(대판 2013.6.27. 2011다17106).

2. 횡령이나 편취한 금전을 채무변제에 사용한 경우

(1) 문제점

예를 들어 채무자가 피해자로부터 횡령한 금전을 채권자에 대한 채무변제에 사용한 경우, 피해자는 채권자에게 직접 부당이득을 원인으로 그 금전의 반환을 청구할 수 있는지 여부가 문제된다.

(2) 판 례

> **부당이득반환청구의 인정 여부에 대한 사례**
> - 채무자가 피해자로부터 횡령한 금전을 그대로 채권자에 대한 채무변제에 사용하는 경우 피해자의 손실과 채권자의 이득 사이에 인과관계가 있음이 명백하고, 한편 채무자가 횡령한 금전으로 자신의 채권자에 대한 채무를 변제하는 경우 채권자가 그 변제를 수령함에 있어 악의 또는 중대한 과실이 있는 경우에는 채권자의 금전 취득은 피해자에 대한 관계에 있어서 법률상 원인을 결여한 것으로 봄이 상당하나, 채권자가 그 변제를 수령함에 있어 단순히 과실이 있는 경우에는 그 변제는 유효하고 채권자의 금전 취득이 피해자에 대한 관계에 있어서 법률상 원인을 결여한 것이라고 할 수 없다(대판 2003.6.13. 2003다8862).
> - 부당이득제도는 이득자의 재산상 이득이 법률상 원인을 결여하는 경우에 공평·정의의 이념에 근거하여 이득자에게 그 반환의무를 부담시키는 것인데, 채무자가 피해자로부터 편취한 금전을 자신의 채권자에 대한 채무변제에 사용하는 경우 채권자가 그 변제를 수령함에 있어 그 금전이 편취된 것이라는 사실에 대하여 악의 또는 중대한 과실이 없는 한 채권자의 금전취득은 피해자에 대한 관계에서 법률상 원인이 있는 것으로 봄이 상당하며, 이와 같은 법리는 채무자가 편취한 금원을 자신의 채권자에 대한 채무변제에 직접 사용하지 아니하고 자신의 채권자의 다른 채권자에 대한 채무를 대신 변제하는 데 사용한 경우에도 마찬가지이다(대판 2008.3.13. 2006다53733). 여기서 '중대한 과실'이란 채권자가 조금만 주의를 기울였다면 수령한 금전이 편취된 것이라는 사실을 쉽게 알 수 있었음에도 그러한 행위를 하지 않는 등 일반인에게 요구되는 주의의무를 현저히 위반하는 것을 말하고, 채권자가 수령한 금전이 편취된 것이라는 사실을 알았거나 중대한 과실로 알지 못하였다는 점에 대한 증명책임은 피해자에게 있다(대판 2024.6.27. 2024다216187).
> - 부당이득제도는 이득자의 재산상 이득이 법률상 원인을 결여하는 경우에 공평·정의의 이념에 근거하여 이득자에게 반환의무를 부담시키는 것인데, 채무자가 피해자에게서 횡령한 금전을 자신의 채권자에 대한 채무변제에 사용하는 경우 채권자가 변제를 수령하면서 그 금전이 횡령한 것이라는 사실에 대하여 악의 또는 중대한 과실이 없는 한 채권자의 금전취득은 피해자에 대한 관계에서 법률상 원인이 있는 것으로 봄이 타당하며, 이와 같은 법리는 채무자가 횡령한 돈을 제3자에게 증여한 경우에도 마찬가지라고 보아야 한다(대판 2012.1.12. 2011다74246).

3. 채권자의 지시 또는 부탁에 의하여 제3자에게 급부한 경우

(1) 문제점

예를 들어 甲이 乙에게 부동산을 매도하고 이어 乙이 丙에게 그 부동산을 미등기전매하였는데, 乙의 지시에 의하여 丙이 甲에게 직접 매매대금을 지급한 경우, 乙과 丙 사이에 매매계약이 무효라면 丙이 누구를 상대로 부당이득반환청구를 하여야 하는지 여부가 문제된다.

(2) 판 례

판례는 계약의 한쪽 당사자가 상대방의 지시 등으로 급부과정을 단축하여 상대방과 또 다른 계약관계를 맺고 있는 제3자에게 직접 급부를 하는 경우(이른바 삼각관계에서 급부가 이루어진 경우), 그 급부로써 급부를 한 계약당사자가 상대방에게 급부를 한 것일 뿐만 아니라 그 상대방이 제3자에게 급부를 한 것이므로 계약의 한쪽 당사자는 제3자를 상대로 법률상 원인 없이 급부를 수령하였다는 이유로 부당이득반환청구를 할 수 없다고 판시하고 있다(대판 2018.7.12. 2018다204992). (판례의 취지에 따르면 丙은 계약상대방인 乙에게 부당이득반환을 청구하여야 하고, 甲에게 직접 부당이득을 원인으로 그 매매대금의 반환을 청구할 수 없다). 기출 21

제3절 불법행위

I 서 설

1. 불법행위의 의의

불법행위란 고의 또는 과실로 위법하게 타인에게 손해를 가하는 행위를 말하며 법정 채권관계를 발생시키는 법률요건이다.

① 민법은 과실책임주의를 원칙으로 하고, 예외적으로 무과실책임을 인정하고 있다.
② 절대적 무과실책임으로는 공작물 소유자의 책임(민법 제758조), 담보책임(민법 제570조 이하), 무권대리인의 책임(민법 제135조) 및 법정대리인의 복임권과 그 책임(민법 제122조) 등이 있다.
③ 상대적 무과실책임(중간책임)으로는 공작물 점유자의 책임(민법 제758조), 책임무능력자의 감독자의 책임(민법 제755조), 사용자책임(민법 제756조), 동물 점유자의 책임(민법 제759조) 등이 있다.

2. 불법행위책임과 계약책임

(1) 공통점

① 불법행위책임과 계약책임은 위법행위에 의한 책임이라는 점에서 공통점을 갖는다. 기출 23
② 민법은 손해배상의 방법과 범위, 과실상계, 손해배상자의 대위에 관한 계약책임의 규정을 불법행위에 준용하고 있다(민법 제763조). 기출 23

(2) 차이점

1) 과실의 입증책임
① 계약책임에서는 채무자가 자기에게 귀책사유 없음을 적극적으로 입증해야 한다.
② 불법행위에서는 손해를 입은 피해자가 가해자의 과실을 입증해야 한다. 기출 18

2) 소멸시효
① 계약책임에 따른 손해배상청구권의 소멸시효기간은 10년이다(민법 제162조 제1항). 기출 23
② 불법행위책임에 따른 손해배상청구권의 소멸시효는 피해자 측이 손해 및 가해자를 안 날로부터 3년, 불법행위를 한 날로부터 10년이다. 기출 23 미성년자가 성폭력, 성추행, 성희롱, 그 밖의 성적(性的) 침해를 당한 경우에 이로 인한 손해배상청구권의 소멸시효는 그가 성년이 될 때까지는 진행되지 아니한다(민법 제766조). 10년의 기간에 대하여 학설은 제척기간으로 이해하나, 판례는 소멸시효기간으로 본다.

3) 손해배상청구권의 상계
가해자는 고의에 의한 불법행위로 부담하는 손해배상의무를 수동채권으로 하여 상계하지 못한다(민법 제496조 참조). 기출 18

(3) 양자의 관계
① 불법행위의 당사자 사이에 계약관계가 있고, 가해사실이 계약과 관련을 가지는 경우에 양 청구권은 요건과 효과가 각각 다른 별개의 청구권이므로 경합한다(청구권 경합설).
② 전세권자의 실화로 인하여 가옥을 소실케 하여 그 반환의무를 이행할 수 없게 된 때에는 과실로 인하여 전세물에 대한 소유권을 침해한 것으로서 불법행위가 되는 동시에 한편으로는 과실로 인하여 채무를 이행할 수 없게 됨으로써 채무불이행이 되는 것이다(대판 1967.12.5. 67다2251). 기출 18
③ 채무불이행으로 인한 손해배상청구권에 대한 소멸시효 항변이 불법행위로 인한 손해배상청구권에 대한 소멸시효 항변을 포함한 것으로 볼 수는 없다(대판 1998.5.29. 96다51110). 기출 25

Ⅱ 일반불법행위의 성립요건

1. 고의・과실
고의란 일정한 결과가 발생하리라는 것을 알면서 감히 이를 행하는 심리상태이며, 과실은 일정한 결과가 발생한다는 것을 알고 있었어야 함에도 불구하고 부주의로 그것을 알지 못하고서 어떤 행위를 하는 심리상태를 말한다.
① 민법에서는 불법행위에 의한 손해의 전보에 목적을 두고 따라서 고의와 과실에 차이를 두지 않기 때문에 그러한 엄격한 구별이 반드시 요구되지는 않는다.
② 불법행위에서 요구되는 과실은 원칙적으로 추상적 경과실로서, 그 기준은 사회일반인의 주의이다.
③ 고의, 과실의 입증책임은 피해자에게 있음이 원칙이나 예외적으로 입증책임이 전환 또는 완화되는 경우가 있다.

임대차계약 종료 후 임대인의 임대차보증금 반환 또는 임대차에 따른 임차인의 채무 공제 등으로 임차인이 동시이행항변권을 상실하였는데도 목적물의 반환을 계속 거부하면서 점유하고 있는 경우, 임차인이 동시이행항변권의 상실을 알 수 있는 때부터의 점유가 불법행위를 구성하는지 여부(원칙적 적극)

임대차계약이 종료되면 임차인은 목적물을 반환하고 임대인은 연체차임을 공제한 나머지 보증금을 반환해야 한다. 임차인의 목적물반환의무와 임대인의 보증금반환의무는 동시이행관계에 있으므로, 임대인이 임대차보증금의 반환의무를 이행하거나 적법하게 이행제공을 하는 등으로 임차인의 동시이행항변권을 상실시키지 않은 이상, 임대차계약 종료 후 임차인이 목적물을 계속 점유하더라도 그 점유를 불법점유라고 할 수 없고 임차인은 이에 대한 손해배상의무를 지지 않는다. 그러나 그 후 임대인의 임대차보증금 반환 또는 임대차에 따른 임차인의 채무 공제 등으로 임차인이 그러한 동시이행항변권을 상실하였는데도 목적물의 반환을 계속 거부하면서 점유하고 있다면, 달리 점유에 관한 적법한 권원이 인정될 수 있는 특별한 사정이 없는 한 임차인이 동시이행항변권의 상실을 알 수 있는 때부터의 점유는 적어도 과실에 의한 점유로서 불법행위를 구성한다(대판 2024.6.13. 2022다228667).

금전을 대여한 채권자가 고의 또는 과실로 이자제한법을 위반하여 최고이자율을 초과하는 이자를 받아 채무자에게 손해를 입힌 경우, 민법 제750조에 따라 불법행위가 성립하는지 여부(원칙적 적극) 및 이때 이자제한법 제2조 제4항에 따라 원본에 충당하여 원본이 소멸하고도 남아 있는 초과 지급액이 손해라고 볼 수 있는지 여부(적극) / 제한 초과이자에 대하여 부당이득반환청구권이 있다는 것만으로 불법행위의 성립이 방해되는지 여부(소극) / 채권자와 공동으로 위와 같은 이자제한법 위반 행위를 하였거나 이에 가담한 사람도 민법 제760조에 따라 연대하여 손해를 배상하여야 하는지 여부(적극)

금전을 대여한 채권자가 고의 또는 과실로 이자제한법을 위반하여 최고이자율을 초과하는 이자를 받아 채무자에게 손해를 입힌 경우에는 특별한 사정이 없는 한 민법 제750조에 따라 불법행위가 성립한다고 보아야 한다. 최고이자율을 초과하여 지급된 이자는 이자제한법 제2조 제4항에 따라 원본에 충당되므로, 이와 같이 충당하여 원본이 소멸하고도 남아 있는 초과 지급액은 이자제한법 위반 행위로 인한 손해라고 볼 수 있다. 부당이득반환청구권과 불법행위로 인한 손해배상청구권은 서로 별개의 청구권으로서, 제한 초과이자에 대하여 부당이득반환청구권이 있다고 해서 그것만으로 불법행위의 성립이 방해되지 않는다. 나아가 채권자와 공동으로 위와 같은 이자제한법 위반 행위를 하였거나 이에 가담한 사람도 민법 제760조에 따라 연대하여 손해를 배상할 책임이 있다(대판 2021.2.25. 2020다230239).

2. 위법성

정당방위, 긴급피난(민법 제761조)
① 타인의 불법행위에 대하여 자기 또는 제3자의 이익을 방위하기 위하여 부득이 타인에게 손해를 가한 자는 배상할 책임이 없다. 그러나 피해자는 불법행위에 대하여 손해의 배상을 청구할 수 있다.
② 전항의 규정은 급박한 위난을 피하기 위하여 부득이 타인에게 손해를 가한 경우에 준용한다.

가해자의 가해행위는 위법성이 인정되어야 불법행위가 성립한다(민법 제750조). 위법행위는 불법행위의 핵심적인 성립요건으로서, 법률을 위반한 경우에 한정되지 않고 전체 법질서의 관점에서 사회통념상 위법하다고 판단되는 경우도 포함할 수 있는 탄력적인 개념이다. 불법행위의 성립요건으로서 위법성은 관련 행위 전체를 일체로 보아 판단하여 결정해야만 하는 것은 아니고, 문제가 되는 행위마다 개별적·상대적으로 판단하여야 한다. 소유권을 비롯한 절대권을 침해한 경우뿐만 아니라 법률상 보호할 가치가 있는 이익을 침해하는 경우에도 침해행위의 양태, 피침해이익의 성질과 그 정도에 비추어 그 위법성이 인정되면 불법행위가 성립할 수 있다(대판 2024.7.11. 2023다314022). 한편 민법은 위법성조각사유로 정당방위와 긴급피난(민법 제761조)을 규정하고 있다.

> - 채무자가 양도되는 채권의 성립이나 소멸에 영향을 미치는 사정에 관하여 양수인에게 알려야 할 신의칙상 주의의무가 있다고 볼 만한 특별한 사정이 없는 한 채무자가 그러한 사정을 알리지 아니하였다고 하여 불법행위가 성립한다고 볼 수 없다(대판 2015.12.24. 2014다49241).
> - 사생활의 비밀과 자유 또는 초상권에 대한 부당한 침해는 불법행위를 구성하고, 그 침해는 그것이 공개된 장소에서 이루어졌다거나 민사소송의 증거를 수집할 목적으로 이루어졌다는 사유만으로는 정당화되지 아니한다(대판 2013.6.27. 2012다31628).
> - 부작위로 인한 불법행위가 성립하려면 작위의무가 전제되어야 하지만, 작위의무가 객관적으로 인정되는 이상 의무자가 의무의 존재를 인식하지 못하였더라도 불법행위 성립에는 영향이 없다. 이는 고지의무 위반에 의하여 불법행위가 성립하는 경우에도 마찬가지이므로 당사자의 부주의 또는 착오 등으로 고지의무가 있다는 것을 인식하지 못하였다고 하여 위법성이 부정될 수 있는 것은 아니다(대판 2012.4.26. 2010다8709). `기출 24`
> - 부작위에 의한 불법행위가 성립하기 위해서는 작위의무가 있는 자의 부작위가 인정되어야 한다. 여기서 작위의무는 법적인 의무이어야 하는데 그 근거가 법령, 법률행위, 선행행위로 인한 경우는 물론이고 신의성실의 원칙이나 사회상규 혹은 조리상 작위의무가 기대되는 경우에도 법적인 작위의무가 인정될 수는 있다. `기출 25` 다만 신의성실의 원칙이나 사회상규 혹은 조리상 작위의무는 혈연적인 결합관계나 계약관계 등으로 인한 특별한 신뢰관계가 존재하여 상대방의 법익을 보호하고 그에 대한 침해를 방지할 책임이 있다고 인정되거나 혹은 상대방에게 피해를 입힐 수 있는 위험요인을 지배·관리하고 있거나 타인의 행위를 관리·감독할 지위에 있어 개별적·구체적 사정하에서 위험요인이나 타인의 행위로 인한 피해가 생기지 않도록 조치할 책임이 있다고 인정되는 경우 등과 같이 상대방의 법익을 보호하거나 그의 법익에 대한 침해를 방지하여야 할 특별한 지위에 있음이 인정되는 자에 대하여만 인정할 수 있고, 그러한 지위에 있지 아니한 제3자에 대하여 함부로 작위의무를 확대하여 부과할 것은 아니다(대판 2023.11.16. 2022다265994).

3. 책임능력

> **미성년자의 책임능력(민법 제753조)**
> 미성년자가 타인에게 손해를 가한 경우에 그 행위의 책임을 변식할 지능이 없는 때에는 배상의 책임이 없다.
>
> **심신상실자의 책임능력(민법 제754조)**
> 심신상실 중에 타인에게 손해를 가한 자는 배상의 책임이 없다. 그러나 고의 또는 과실로 인하여 심신상실을 초래한 때에는 그러하지 아니하다. `기출 23`

책임능력이란 자기행위의 책임을 인식할 수 있는 능력을 말한다.
① 책임능력은 일반인에게는 갖추어져 있는 것이 보통이므로 가해자 측에서 책임을 면하려면 책임무능력의 사실을 입증하여야 한다.
② 미성년자로서 행위의 책임을 변식할 지능이 없는 때에는 불법행위책임을 지지 않는다(민법 제753조).
③ 심신상실 중에 타인에게 손해를 가한 자는 손해배상책임이 없다(민법 제754조 본문). 그러나 고의 또는 과실로 인하여 심신상실을 초래한 때에는 배상의 책임이 있다(민법 제754조 단서).

4. 손해의 발생

불법행위가 성립하려면 가해행위에 의하여 손해가 발생하여야 하는데 그 손해는 현실적으로 발생한 것으로 한하여 배상된다.
① 손해는 재산적 손해뿐만 아니라 정신적 손해 등 일체의 이익상실이 포함된다.
② 손해발생에 대한 입증책임은 피해자인 원고에게 있다.

5. 가해행위와 손해발생 사이의 인과관계

가해행위와 손해사이에는 인과관계가 있어야 한다. 인과관계의 입증책임은 원고에게 있다(통설·판례).

III 특수한 불법행위

1. 책임무능력자의 감독자책임

> **미성년자의 책임능력(민법 제753조)**
> 미성년자가 타인에게 손해를 가한 경우에 그 행위의 책임을 변식할 지능이 없는 때에는 배상의 책임이 없다.
>
> **심신상실자의 책임능력(민법 제754조)**
> 심신상실 중에 타인에게 손해를 가한 자는 배상의 책임이 없다. 그러나 고의 또는 과실로 인하여 심신상실을 초래한 때에는 그러하지 아니하다.
>
> **감독자의 책임(민법 제755조)**
> ① 다른 자에게 손해를 가한 사람이 제753조 또는 제754조에 따라 책임이 없는 경우에는 그를 감독할 법정의무가 있는 자가 그 손해를 배상할 책임이 있다. 다만, 감독의무를 게을리 하지 아니한 경우에는 그러하지 아니하다.
> ② 감독의무자를 갈음하여 제753조 또는 제754조에 따라 책임이 없는 사람을 감독하는 자도 제1항의 책임이 있다.

(1) 감독자의 책임요건

가해자가 책임무능력자인 경우에는 법정감독의무자 또는 이에 갈음하여 무능력자를 감독하는 자가 배상할 책임이 있다(민법 제755조). 이 경우 감독의무자 자신이 감독의무를 해태하지 아니하였음을 입증하지 아니하는 한 책임을 면할 수 없다(대판 1994.2.8. 93다13605). **기출 22**

(2) 책임능력 있는 미성년자의 불법행위와 감독자 책임

책임능력 있는 미성년자의 불법행위에 대하여도 감독자책임을 부담하는가에 대하여 민법 제755조는 가해자에게 책임능력이 없는 경우에 한하여 적용되는 것이고, 다만, 감독상의 부주의와 손해의 발생과의 사이에 상당인과관계가 있으면 감독의무자는 민법 제750조상의 책임을 부담한다(통설).

2. 사용자책임

> **사용자의 배상책임(민법 제756조)**
> ① 타인을 사용하여 어느 사무에 종사하게 한 자는 피용자가 그 사무집행에 관하여 제3자에게 가한 손해를 배상할 책임이 있다. 그러나 사용자가 피용자의 선임 및 그 사무감독에 상당한 주의를 한 때 또는 상당한 주의를 하여도 손해가 있을 경우에는 그러하지 아니하다.
> ② 사용자에 갈음하여 그 사무를 감독하는 자도 전항의 책임이 있다.
> ③ 전2항의 경우에 사용자 또는 감독자는 피용자에 대하여 구상권을 행사할 수 있다.

(1) 의 의

사용자책임이란 타인을 사용하여 어느 사무에 종사하게 한 자가 사무집행에 관하여 피용자가 타인에게 가한 손해를 배상하는 책임을 말한다(민법 제756조 제1항). 타인을 사용하여 자기의 활동범위를 확대한 자는 그 책임의 범위도 확대된다(보상책임설).

(2) 요 건

1) 타인을 사용하여 어느 사무에 종사하게 하였을 것

① 사무란 영리적인 것에 한하지 않으며 또한 계속적인 것이어야 하는 것도 아니다.

② 타인에 대하여 어느 사업에 관하여 자기 사업을 자기 이름으로 대행할 것을 허용한 사람은 그 사업에 관하여 자기가 책임을 부담할 지위에 있음을 표시한 것이고 그 사업을 대행한 사람 또는 그 피용자가 그 사업에 관하여서 한 법률행위에 관하여 제3자에 대하여 그 책임이 있다(대판 1964.4.7. 63다638).
기출 12 · 14

③ 민법 제756조의 사용자와 피용자의 관계는 반드시 유효한 고용관계가 있는 경우에 한하는 것이 아니고, 사실상 어떤 사람이 다른 사람을 위하여 그 지휘·감독 아래 그 의사에 따라 사무를 집행하는 관계가 있으면 인정되고, 타인에게 위탁하여 계속적으로 사무를 처리하여 온 경우 객관적으로 보아 그 타인의 행위가 위탁자의 지휘·감독의 범위 내에 속한다고 보이는 경우 그 타인은 민법 제756조에 규정한 피용자에 해당한다고 하면서, 민법 제756조의 사용관계에 있어서 실질적인 지휘·감독 관계는 실제로 지휘·감독하고 있느냐의 여부에 의하여 결정되는 것이 아니라 객관적으로 지휘·감독을 하여야 할 관계에 있느냐의 여부에 따라 결정된다(대판 2022.2.11. 2021다283834). **기출** 17 · 20 다단계판매원은 다단계판매업자의 지휘·감독을 받으면서 다단계판매업자의 업무를 직접 또는 간접으로 수행하는 자로서 다단계판매업자와의 관계에서 민법 제756조에 규정한 피용자에 해당하며(대판 2008.11.27. 2008다56118), 책임능력 없는 자의 가해행위에 그 대리감독자의 불법행위가 성립하는 경우 대리감독자의 사용자도 사용자책임을 부담할 수 있다(대판 1981.8.11. 81다298).

④ 명의대여관계의 경우 민법 제756조가 규정하고 있는 사용자책임의 요건으로서의 사용관계가 있느냐 여부는 실제적으로 지휘·감독을 하였느냐의 여부에 관계없이 객관적·규범적으로 보아 사용자가 그 불법행위자를 지휘·감독해야 할 지위에 있었느냐의 여부를 기준으로 결정하여야 한다(대판 2001.8.21. 2001다3658).

⑤ 공사의 운영 및 시공의 정도가 설계대로 시행되고 있는가를 확인하여 공정을 감독하는 것을 감리라고 하는데, 이때는 도급인은 수급인이 그 일에 관하여 제3자에게 가한 손해를 배상할 책임이 없다. 그러나 도급 또는 지시에 관하여 도급인에게 중대한 과실이 있는 때에는 그러하지 아니하다(민법 제757조).
기출 14 · 17

⑥ 도급인이 수급인의 일의 진행 및 방법에 관하여 구체적인 지휘감독권을 유보한 경우에는 도급인과 수급인의 관계는 실질적으로 사용자 및 피용자의 관계와 다를 바 없으므로 수급인이 고용한 제3자의 불법행위로 인한 손해에 대하여 도급인은 민법 제756조에 의한 사용자 책임을 면할 수 없다(대판 1987.10.28. 87다카1185).

기출 22 · 25

⑦ 동업관계에 있는 자들이 공동으로 처리하여야 할 업무를 동업자 중 1인에게 맡겨 그로 하여금 처리하도록 한 경우 다른 동업자는 그 업무집행자의 동업자인 동시에 사용자의 지위에 있다 할 것이므로, 업무집행과정에서 발생한 사고에 대하여 사용자로서 손해배상책임이 있다(대판 2006.3.10. 2005다65562).

핵심문제

01 불법행위에 관한 설명으로 옳은 것은?(다툼이 있으면 판례에 따름) 변리 24

① 공동불법행위자 甲과 乙 중 甲의 손해배상채무가 시효로 소멸한 후에 乙이 피해자에게 자기의 부담 부분을 넘는 손해를 배상한 경우, 乙은 甲을 상대로 구상권을 행사할 수 없다.
② 자신의 과실에 의해 초래된 급박한 위난을 피하기 위해 부득이 타인에게 손해를 가한 자는 그 손해에 대한 배상책임을 지지 않는다.
③ 공작물의 설치·보존의 하자로 인해 타인에게 입힌 손해에 대하여 점유자가 면책된 경우, 그 공작물의 소유자는 과실이 없어도 배상책임을 진다.
④ 피용자와 제3자가 공동불법행위에 따른 손해배상채무를 부담하는 경우, 사용자가 피용자와 제3자의 책임비율에 의해 정해진 부담부분을 초과하여 피해자에게 배상하더라도 제3자에 대하여 구상권을 행사할 수 없다.
⑤ 불법행위로 인하여 건물이 훼손되어 사용 및 수리가 불가능한 경우, 손해배상액의 기준이 되는 건물의 시가에는 원칙적으로 건물의 철거비용이 포함된다.

【해설】
① (×) 공동불법행위자 중 1인인 甲의 손해배상채무가 시효로 소멸한 후에, 다른 공동불법행위자 乙이 피해자에게 자기의 부담부분을 넘는 손해를 배상한 경우, 소멸시효의 절대적 효력에 관한 민법 규정은 공동불법행위자 상호 간의 부진정연대채무에 대하여는 그 적용이 없으므로, 乙은 甲에게 구상권을 행사할 수 있다(대판 1997.12.23. 97다42830).
② (×) 제761조 제2항에서 규정하고 있는 긴급피난의 요건 중 긴박한 위난에는 가해자의 고의나 과실에 의하여 조성된 것은 포함되지 아니하므로 운전병이 제한속도 25킬로미터 지점에서 시속 45킬로미터의 과속으로 달리던 중 보행인 3인과의 충돌을 피하기 위하여 방향을 바꾸다가 점포를 들이받아 화재가 발생하였다면 위 운전병의 행위가 긴급피난에 해당한다고 할 수 없다(대판 1968.10.22. 68다1643). 적법한 긴급피난은 위법성이 조각되나 자신의 과실에 의해 초래된 자초위난을 피하기 위해 부득이 타인에게 손해를 가한 자는 위법성이 조각되지 않기 때문에 그 손해에 대한 배상책임을 진다.
③ (○) 공작물의 설치·보존의 하자로 인해 타인에게 입힌 손해에 대하여 점유자가 면책된 경우 2차적으로 공작물의 소유자가 책임을 지게 되는데(민법 제758조 제1항), 이 책임은 손해발생의 위험성을 내포하는 하자있는 물건을 방치한 데 대한 위험책임(무과실책임)으로 볼 수 있다.
④ (×) 피용자와 제3자가 공동불법행위로 피해자에게 손해를 가하여 그 손해배상채무를 부담하는 경우에 피용자와 제3자는 공동불법행위자로서 서로 부진정연대관계에 있고, 한편 사용자의 손해배상책임은 피용자의 배상책임에 대한 대체적 책임이어서 사용자도 제3자와 부진정연대관계에 있다고 보아야 할 것이므로, 사용자가 피용자와 제3자의 책임비율에 의하여 정해진 피용자의 부담부분을 초과하여 피해자에게 손해를 배상한 경우에는 사용자는 제3자에 대하여도 구상권을 행사할 수 있으며, 그 구상의 범위는 제3자의 부담부분에 국한된다고 보는 것이 타당하다(대판 1992.6.23. 91다33070[전합]).
⑤ (×) 불법행위로 인하여 건물이 훼손된 경우 그 손해는 수리가 가능하다면 그 수리비, 수리가 불가능하다면 그 교환가치(시가)가 통상의 손해이고, 사용 및 수리가 불가능한 경우 통상 불법행위로 인한 손해배상액의 기준이 되는 건물의 시가에는 건물의 철거비용은 포함되지 않는다(대판 1995.7.28. 94다19129).

정답 ③

⑧ 사용자책임이 성립하려면 사용자가 불법행위자인 피용자를 실질적으로 지휘·감독하는 관계에 있어야 하므로, 피용자가 퇴직한 뒤에는 퇴직에도 불구하고 사용자의 실질적인 지휘·감독 아래에 있었다고 볼 수 있는 특별한 사정이 없다면 그의 행위에 대하여 원칙적으로 종전의 사용자에게 사용자책임을 물을 수 없다(대판 2001.9.4. 2000다26128). 기출 12·17
⑨ 소위 지입차량의 소유명의자는 그 지입차량의 운전자를 직접 고용하여 지휘감독을 한 바 없었더라도 명의대여자로서 뿐만 아니라 객관적으로 지입 차량의 운전자를 지휘 감독할 관계에 있는 사용자의 지위에 있다 할 것이므로 그 운전자의 과실로 타인에게 손해를 가한 경우에는 사용자 책임을 부담한다(대판 1991.8.23. 91다15409).

핵심문제

01 甲과 乙이 공동작업 중에 그들의 과실로 丙에게 부상을 입힌 경우, 그 손해배상책임에 관한 설명으로 옳은 것은?(다툼이 있는 경우에는 판례에 의함) 기출 14

① 甲과 乙사이에 공동의 인식이 있어야 공동불법행위가 성립하며, 이 경우 甲과 乙이 丙에게 부담하는 손해배상채무는 불가분채무이다.
② 甲이 자기의 부담부분 범위 내에서 丙에게 배상한 경우에도 乙에게 구상권을 행사할 수 있다.
③ 丙이 甲에 대하여 한 채무면제나 이행청구로 인한 시효중단은 원칙적으로 乙에게 미치지 않는다.
④ 甲이 丙에게 손해배상을 한 경우, 乙에 대한 구상권은 공동면책행위를 한 때로부터 기산하여 3년의 소멸시효에 걸린다.
⑤ 甲은 乙이 丙에 대하여 가지고 있는 반대채권을 가지고 乙을 대위하여 상계할 수 있다.

【해설】
① (×) 공동불법행위의 성립에는 공동불법행위자 상호 간 의사의 공통이나 공동의 인식이 필요하지 아니하고 객관적으로 각 행위에 관련공동성이 있으면 되며, 관련공동성 있는 행위에 의하여 손해가 발생하였다면 손해배상책임을 면할 수 없다(대판 2012.8.17. 2010다28390). 따라서 甲과 乙 사이에 공동의 인식이 없더라고 공동불법행위가 성립하고, 이들은 丙에 대한 관계에서 부진정연대채무를 부담(대판 1999.2.26. 98다52469)한다.
② (×) 공동불법행위자 중 1인이 다른 공동불법행위자에 대하여 구상권을 행사하기 위하여는 자기의 부담 부분 이상을 변제하여 공동의 면책을 얻었음을 주장·입증하여야 하며, 위와 같은 법리는 피해자의 다른 공동불법행위자에 대한 손해배상청구권이 시효소멸한 후에 구상권을 행사하는 경우라고 하여 달리 볼 것이 아니다(대판 1997.12.12. 96다50896). 이러한 판례의 취지를 고려하면, 甲이 乙에게 구상권을 행사하기 위해서는, 丙에게 자기의 부담 부분 이상을 변제하여야 한다.
③ (○) 부진정연대채무에서 1인의 채무자에게 생긴 채무면제나 이행청구는 다른 부진정연대채무자에게 그 효력이 미치지 아니하므로 丙이 甲에 대하여 한 채무면제나 이행청구로 인한 시효중단은 원칙적으로 乙에게 미치지 아니한다.
④ (×) 공동불법행위자의 다른 공동불법행위자에 대한 구상권의 소멸시효는 그 구상권이 발생한 시점, 즉 구상권자가 공동면책행위를 한 때로부터 기산하여야 할 것이고, 그 기간도 일반 채권과 같이 10년으로 보아야 한다(대판 1996.3.26. 96다3791). 따라서 甲의 乙에 대한 구상권은 공동면책행위를 한 때로부터 기산하여 10년의 소멸시효에 걸린다.
⑤ (×) 부진정연대채무에 대하여는 민법 제418조 제2항이 적용 내지 유추적용되지 아니하므로, 어느 부진정연대채무자가 채권자에 대하여 상계할 채권을 가지고 있음에도 상계를 하지 않고 있다 하더라도 다른 부진정연대채무자는 그 채권을 가지고 상계를 할 수 없다(대판 2010.8.26. 2009다95769). 즉, 甲이 乙의 丙에 대한 반대채권을 가지고 乙을 대위하여 상계하는 것은 허용되지 아니한다.

정답 ③

2) 피용자가 사무집행에 관하여 제3자에게 손해를 주었을 것

① 피용자의 불법행위가 외형상 객관적으로 사용자의 사업활동 내지 사무집행행위 또는 그와 관련된 것이라고 보여질 때에는 행위자의 주관적 사정을 고려함이 없이 이를 사무집행에 관하여 한 행위로 본다(대판 1996.1.26. 95다46890).

② 피용자의 불법행위가 외관상 사무집행의 범위 내에 속하는 것으로 보이는 경우에도 피용자의 행위가 사용자나 사용자에 갈음하여 그 사무를 감독하는 자의 사무집행행위에 해당하지 않음을 피해자 자신이 알았거나 또는 중대한 과실로 알지 못한 때에는 사용자 또는 사용자에 갈음하여 사무를 감독하는 자에게 사용자책임을 물을 수 없다(대판 2011.11.24. 2011다41529). 기출 12·14

③ 판례에 의하면 갑 주식회사의 근로자인 을 등이 동료 여성 근로자인 병을 성적 대상으로 한 발언을 옮겨 전하는 한편 병에게 위와 같이 전해 들은 말이 사실인지 묻기도 하였고, 이러한 을 등의 발언으로 갑 회사의 근로자들 사이에 병에 대한 허위 소문이 유포되었는데, 이에 병이 갑 회사를 상대로 사용자책임에 기한 손해배상을 구한 경우, 을 등의 발언으로 병이 입은 손해는 을 등이 갑 회사의 사무집행에 관하여 병에게 가한 손해에 해당하므로, 갑 회사는 병에 대하여 직장 내 성희롱에 해당하는 을 등의 발언으로 인한 사용자책임을 부담한다고 한다(대판 2021.9.16. 2021다219529).

④ 피용자가 고의에 기하여 다른 사람에게 가해행위를 한 경우 그 행위가 피용자의 사무집행 그 자체는 아니라 하더라도 사용자의 사업과 시간적, 장소적으로 근접하고, 피용자의 사무의 전부 또는 일부를 수행하는 과정에서 이루어지거나 가해행위의 동기가 업무처리와 관련된 것일 경우에는 외형적, 객관적으로 사용자의 사무집행행위와 관련된 것이라고 보아 사용자책임이 성립한다고 할 것이다(대판 2000.2.11. 99다47297). 기출 20

3) 피용자의 행위가 불법행위에 해당할 것

무능력자의 대리감독자에게 민법 제755조 제2항에 의한 배상책임이 있다고 하여 위 대리감독자의 사용자 또는 사용자에 갈음한 감독자에게 당연히 민법 제756조에 의한 사용자책임이 있다고 볼 수는 없으며, 책임무능력자의 가해행위에 관하여 그 대리감독자에게 고의 또는 과실이 인정됨으로써 별도로 불법행위의 일반요건을 충족한 때에만 위 대리감독자의 사용자 또는 사용자에 갈음한 감독자는 사용자책임을 지게 된다(대판 1981.8.11. 81다298).

4) 사용자가 면책사유를 입증하지 못할 것

사용자는 피용자의 선임 및 그 사무감독에 상당한 주의를 한 때 또는 상당한 주의를 하여도 손해가 있을 경우에는 배상책임을 면한다(민법 제756조 제1항 단서). 기출 14·18

(3) 배상책임

피용자는 민법 제750조의 일반불법행위책임을, 사용자는 민법 제756조의 사용자배상책임을 진다.

① 사용자에 갈음하여 그 사무를 감독하는 자도 사용자와 동일한 책임을 진다(민법 제756조 제2항). 이들의 책임은 부진정연대채무를 이룬다.

② 사용자 또는 감독자가 배상을 한 때에는 피용자에 대하여 구상권을 행사할 수 있다(민법 제756조 제3항). 기출 18

③ 사용자가 피해자에게 배상한 금액을 전액 구상할 수 있다(전액구상설).

④ 사용자는 손해의 공평한 분담이라는 견지에서 신의칙상 상당하다고 인정되는 한도 내에서만 피용자에 대하여 손해배상을 청구하거나 그 구상권을 행사할 수 있다(대판 1996.4.9. 95다52611). 기출 21

⑤ 사용자가 피용자의 과실에 의한 불법행위로 인한 사용자책임을 부담하는 경우와 마찬가지로 피용자의 고의에 의한 불법행위로 인하여 사용자책임을 부담하는 경우에도 피해자에게 그 손해의 발생과 확대에 기여한 과실이 있다면 사용자책임의 범위를 정함에 있어서 이러한 피해자의 과실을 고려하여 그 책임을 제한할 수 있다(대판 2002.12.26. 2000다56952).

⑥ 파견근로자 보호 등에 관한 법률에 의한 근로자 파견은 파견사업주가 근로자를 고용한 후 그 고용관계를 유지하면서 사용사업주와 사이에 체결한 근로자파견계약에 따라 사용사업주에게 근로자를 파견하여 근로를 제공하게 하는 것으로서, 파견사업주와 파견근로자 사이에는 민법 제756조의 사용관계가 인정되어 파견사업주는 파견근로자의 파견업무에 관련한 불법행위에 대하여 파견근로자의 사용자로서의 책임을 져야 하지만, 파견근로자가 사용사업주의 구체적인 지시·감독을 받아 사용사업주의 업무를 행하던 중에 불법행위를 한 경우에 파견사업주가 파견근로자의 선발 및 일반적 지휘·감독권의 행사에 있어서 주의를 다하였다고 인정되는 때에는 면책된다고 할 것이다(대판 2003.10.9. 2001다24655). 기출 20·22

⑦ 피해자의 부주의를 이용하여 고의로 불법행위를 저지른 자가 바로 그 피해자의 부주의를 이유로 자신의 책임을 감하여 달라고 주장하는 것은 허용될 수 없으나, 이는 그러한 사유가 있는 자에게 과실상계의 주장을 허용하는 것이 신의칙에 반하기 때문이므로, 중개보조원이 업무상 행위로 거래당사자인 피해자에게 고의로 불법행위를 저지른 경우라 하더라도 중개보조원을 고용하였을 뿐 이러한 불법행위에 가담하지 아니한 중개업자에게 책임을 묻고 있는 피해자에 과실이 있다면, 법원은 과실상계의 법리에 좇아 손해배상책임 및 그 금액을 정하면서 이를 참작하여야 한다(대판 2011.7.14. 2011다21143). 기출 20

⑧ 사용자는 근로계약에 수반되는 신의칙상의 부수적 의무로서 피용자가 노무를 제공하는 과정에서 생명, 신체, 건강을 해치는 일이 없도록 인적·물적 환경을 정비하는 등 필요한 조치를 강구하여야 할 보호의무를 부담하고, 이러한 보호의무를 위반함으로써 피용자가 손해를 입은 경우 이를 배상할 책임이 있다. 보호의무위반을 이유로 사용자에게 손해배상책임을 인정하기 위하여는 특별한 사정이 없는 한 그 사고가 피용자의 업무와 관련성을 가지고 있을 뿐 아니라 또한 그 사고가 통상 발생할 수 있다고 하는 것이 예측되거나 예측할 수 있는 경우라야 할 것이고, 그 예측가능성은 사고가 발생한 때와 장소, 가해자의 분별능력, 가해자의 성행, 가해자와 피해자의 관계 기타 여러 사정을 고려하여 판단하여야 한다(대판 2001.7.27. 99다56734). 기출 23

⑨ 고의 또는 과실로 인한 위법행위로 타인에게 직접 손해를 가한 피용자 자신의 손해배상의무와 그 사용자의 손해배상의무는 별개의 채무일 뿐만 아니라 불법행위로 인한 손해의 발생에 관한 피해자의 과실을 참작하여 과실상계를 한 결과 피용자와 사용자가 피해자에게 배상하여야 할 손해액의 범위가 각기 달라질 수 있다(대판 1994.2.22. 93다53696). 기출 17

⑩ 피용자와 제3자가 공동불법행위로 피해자에게 손해를 가하여 그 손해배상채무를 부담하는 경우에 피용자와 제3자는 공동불법행위자로서 서로 부진정연대관계에 있고, 한편 사용자의 손해배상책임은 피용자의 배상책임에 대한 대체적 책임이어서 사용자도 제3자와 부진정연대관계에 있다고 보아야 할 것이므로, 사용자가 피용자와 제3자의 책임비율에 의하여 정해진 피용자의 부담 부분을 초과하여 피해자에게 손해를 배상한 경우에는 사용자는 제3자에 대하여도 구상권을 행사할 수 있으며, 그 구상의 범위는 제3자의 부담 부분에 국한된다고 보는 것이 타당하다(대판 1992.6.23. 91다33070[전합]). 기출 20

3. 공작물 등의 점유자와 소유자의 책임

> **공작물등의 점유자, 소유자의 책임(민법 제758조)**
> ① 공작물의 설치 또는 보존의 하자로 인하여 타인에게 손해를 가한 때에는 공작물점유자가 손해를 배상할 책임이 있다. 그러나 점유자가 손해의 방지에 필요한 주의를 해태하지 아니한 때에는 그 소유자가 손해를 배상할 책임이 있다.
> ② 전항의 규정은 수목의 재식 또는 보존에 하자 있는 경우에 준용한다.
> ③ 전2항의 경우에 점유자 또는 소유자는 그 손해의 원인에 대한 책임 있는 자에 대하여 구상권을 행사할 수 있다.

(1) 의 의

공작물의 설치 또는 보존의 하자로 인하여 타인에게 손해를 준 때에는 1차로 공작물의 점유자가 책임을 지되, 그가 손해의 방지에 필요한 주의를 다한 때에는 그는 면책되고 이때에는 2차로 공작물의 소유자가 그 책임을 지는데, 소유자에게는 면책이 인정되지 않는다(민법 제758조 제1항).

(2) 책 임

1차로 지는 점유자의 책임은 과실의 입증책임을 전환한 중간책임이나, 2차로 보충적으로 지는 소유자의 책임은 무과실책임으로 구성되어 있다. `기출 25` 공작물이 국가나 지방자치단체가 설치하여 관리하는 것인 때에는 민법 제758조가 아니라 국가배상법 제5조에 의해 국가 등이 그 배상책임을 지게 된다. 수목의 식재 또는 보존에 하자가 있는 경우에도 공작물책임에서와 같은 책임이 준용된다(민법 제758조 제2항). `기출 18`

> - 공작물책임 규정의 내용과 입법 취지, '공작물의 설치·보존상의 하자'의 판단 기준 등에 비추어 보면, 공작물의 하자로 인해 어떤 손해가 발생하였다고 하더라도 그 손해가 공작물의 하자와 관련한 위험이 현실화되어 발생한 것이 아니라면 이는 '공작물의 설치 또는 보존상의 하자로 인하여 발생한 손해'라고 볼 수 없다(대판 2018.7.12. 2015다249147).
> - 민법 제758조 제1항 소정의 공작물 점유자란 공작물을 사실상 지배하면서 그 설치 또는 보존상의 하자로 인하여 발생할 수 있는 각종 사고를 방지하기 위하여 공작물을 보수·관리할 권한 및 책임이 있는 자를 말한다. 가사상, 영업상 기타 유사한 관계에 의하여 타인의 지시를 받아서 공작물에 대한 사실상의 지배를 하는 자가 있는 경우에 그 타인의 지시를 받는 자는 민법 제195조에 따른 점유보조자에 불과하므로 민법 제758조 제1항에 의한 공작물 점유자의 책임을 부담하는 자에 해당하지 않는다(대판 2024.2.15. 2019다208724).

(3) 동물점유자의 책임

동물의 점유자 또는 점유자에 갈음하여 동물을 보관하는 자는 그 동물이 타인에게 가한 손해를 배상할 책임이 있다(민법 제759조 제1항 본문). 동물의 종류와 성질에 따라 그 보관에 상당한 주의를 게을리 하지 않은 때에는 면책된다(민법 제759조 제1항 단서).

4. 공동불법행위

> **공동불법행위자의 책임(민법 제760조)**
> ① 수인이 공동의 불법행위로 타인에게 손해를 가한 때에는 연대하여 그 손해를 배상할 책임이 있다.
> ② 공동 아닌 수인의 행위중 어느 자의 행위가 그 손해를 가한 것인지를 알 수 없는 때에도 전항과 같다.
> ③ 교사자나 방조자는 공동행위자로 본다.

(1) 의 의

공동불법행위란 수인이 공동으로 타인에게 손해를 가한 경우를 말하는데 그 가해행위에 가담한 자들은 연대하여 손해를 배상하여야 한다(민법 제760조). 기출 13·14·18

(2) 요건 및 효과

1) 요 건

① 협의의 공동불법행위 : 공동불법행위자 각인의 행위는 각각 독립하여 불법행위의 요건을 갖추어야 한다. 공동불법행위에 있어서 행위자 상호 간의 공모는 물론 공동의 인식을 필요로 하지 아니하고, 다만 객관적으로 그 공동행위가 관련 공동되어 있으면 족하다(대판 2000.4.11. 99다41749). 기출 12·14

② 가해자 불명의 공동불법행위 : 공동 아닌 수인의 행위 중 어느 자의 행위가 그 손해를 가한 것인지를 알 수 없는 때에도 연대하여 그 손해를 배상할 책임이 있다(민법 제760조 제2항). 면책을 위해서는 손해발생에 원인을 주지 아니하였다는 것을 불법행위자가 입증하여야 한다. 판례는 다수의 의사가 의료행위에 관여한 경우 그중 누구의 과실에 의하여 의료사고가 발생한 것인지 분명하게 특정할 수 없는 때에는 일련의 의료행위에 관여한 의사들 모두에 대하여 민법 제760조 제2항에 따라 공동불법행위책임을 물을 수 있다고 봄이 상당하다고 한다(대판 2005.9.30. 2004다52576).

③ 교사 또는 방조 : 교사자나 방조자는 공동행위자로 본다(민법 제760조 제3항). 기출 13 판례는 민법 제760조 제3항은 교사자나 방조자는 공동행위자로 본다고 규정하여 교사자나 방조자에게 공동불법행위자로서 책임을 부담시키고 있는바, 방조라 함은 불법행위를 용이하게 하는 직접, 간접의 모든 행위를 가리키는 것으로서 작위에 의한 경우뿐만 아니라 작위의무 있는 자가 그것을 방지하여야 할 여러 조치를 취하지 아니하는 부작위로 인하여 불법행위자의 실행행위를 용이하게 하는 경우도 포함하고, 이러한 불법행위의 방조는 형법과 달리 손해의 전보를 목적으로 하여 과실을 원칙적으로 고의와 동일시하는 민법의 해석으로서는 과실에 의한 방조도 가능하다고 한다(대판 2007.6.14. 2005다32999). 기출 22·23

> 민법 제760조 제3항은 불법행위의 방조자를 공동불법행위자로 보아 방조자에게 공동불법행위의 책임을 지우고 있다. 방조는 불법행위를 용이하게 하는 직접, 간접의 모든 행위를 가리키는 것으로서 손해의 전보를 목적으로 하여 과실을 원칙적으로 고의와 동일시하는 민사법의 영역에서는 과실에 의한 방조도 가능하고, 이 경우 과실의 내용은 불법행위에 도움을 주지 말아야 할 주의의무가 있음을 전제로 하여 그 의무를 위반하는 것을 말한다. 그런데 타인의 불법행위에 대하여 과실에 의한 방조로서 공동불법행위의 책임을 지우기 위해서는 방조행위와 불법행위에 의한 피해자의 손해 발생 사이에 상당인과관계가 인정되어야 하고, 상당인과관계를 판단할 때에는 과실에 의한 행위로 인하여 해당 불법행위를 용이하게 한다는 사정에 관한 예견가능성과 아울러 과실에 의한 행위가 피해 발생에 끼친 영향, 피해자의 신뢰 형성에 기여한 정도, 피해자 스스로 쉽게 피해를 방지할 수 있었는지 여부, 주의의무를 부과하는 법령 기타 행동규범의 목적과 보호법익 등을 종합적으로 고려하여 그 책임이 지나치게 확대되지 않도록 신중을 기하여야 한다(대판 2023.12.14. 2022다208649). 기출 25

2) 효 과

① **책임의 연대성** : 민법 제760조 제1항의 연대의 의미와 관련하여 견해의 대립이 있으나, 통설과 판례는 피해자를 두텁게 보호하기 위하여 부진정연대채무로 이해한다. 1인의 공동불법행위자가 행한 변제, 대물변제, 공탁, 상계 등 채권을 만족시키는 사유는 절대적 효력이 있다. 판례는 가해자의 1인이 다른 가해자에 비하여 불법행위에 가공한 정도가 경미하다고 하더라도 피해자에 대한 관계에서 그 가해자의 책임범위를 위와 같이 정하여진 손해배상액의 일부로 제한하여 인정할 수는 없다고 한다(대판 2012.8.17. 2012다30892).

> 공동불법행위자의 다른 공동불법행위자에 대한 구상권은 피해자의 다른 공동불법행위자에 대한 손해배상채권과는 그 발생원인 및 성질을 달리하는 별개의 권리이고, 연대채무에 있어서 소멸시효의 절대적 효력에 관한 민법 제421조의 규정은 공동불법행위자 상호 간의 부진정연대채무에 대하여는 그 적용이 없으므로, 공동불법행위자 중 1인의 손해배상채무가 시효로 소멸한 후에 다른 공동불법행위자 1인이 피해자에게 자기의 부담 부분을 넘는 손해를 배상하였을 경우에도, 그 공동불법행위자는 다른 공동불법행위자에게 구상권을 행사할 수 있다(대판 1997.12.23. 97다42830).

② **손해배상의 범위**

㉠ 산정의 기준 : 각 공동불법행위자는 민법 제393조에 따라 공동불법행위와 상당인과관계가 있는 직접적 손해와 통상손해·특별손해를 배상하여야 한다(민법 제763조, 제393조).

> 공동불법행위로 인한 손해배상책임의 범위는 피해자에 대한 관계에서 가해자들 전원의 행위를 전체적으로 함께 평가하여 정하여야 하고, 그 손해배상액에 대하여는 가해자 각자가 그 금액의 전부에 대한 책임을 부담하는 것이며, 가해자의 1인이 다른 가해자에 비하여 불법행위에 가공한 정도가 경미하다고 하더라도 피해자에 대한 관계에서 그 가해자의 책임범위를 위와 같이 정하여진 손해배상액의 일부로 제한하여 인정할 수는 없다(대판 2007.6.14. 2005다32999).

㉡ 과실상계

> **공동불법행위책임에 대한 과실상계에 있어 피해자의 공동불법행위자 각인에 대한 과실비율이 서로 다른 경우, 피해자 과실의 평가 방법 / 공동불법행위자 중의 일부에게 피해자의 부주의를 이용하여 고의로 불법행위를 저지른 사유가 있다고 하여, 그러한 사유가 없는 다른 불법행위자까지도 과실상계를 주장할 수 없는 것인지 여부(소극)**
> [1] 공동불법행위의 경우 법원이 피해자의 과실을 들어 과실상계를 함에 있어서는 피해자의 공동불법행위자 각인에 대한 과실비율이 서로 다르더라도 피해자의 과실을 공동불법행위자 각인에 대한 과실로 개별적으로 평가할 것이 아니고 그들 전원에 대한 과실로 전체적으로 평가하여야 한다.
> [2] 피해자의 부주의를 이용하여 고의로 불법행위를 저지른 자가 바로 그 피해자의 부주의를 이유로 자신의 책임을 감하여 달라고 주장하는 것은 허용될 수 없으나, 이는 그러한 사유가 있는 자에게 과실상계의 주장을 허용하는 것이 신의칙에 반하기 때문이므로, 불법행위자 중의 일부에게 그러한 사유가 있다고 하여 그러한 사유가 없는 다른 불법행위자까지도 과실상계의 주장을 할 수 없다고 해석할 것은 아니다(대판 2007.6.14. 2005다32999).
>
> **[비교] 공동불법행위자의 관계는 아니지만 부진정연대채무 관계가 인정되는 경우, 과실상계를 할 때 반드시 채권자의 과실을 채무자 전원에 대하여 전체적으로 평가하여야 하는지 여부(소극)**
> 공동불법행위책임은 가해자 각 개인의 행위에 대하여 개별적으로 그로 인한 손해를 구하는 것이 아니라 그 가해자들이 공동으로 가한 불법행위에 대하여 그 책임을 추궁하는 것으로, 법원이 피해자의 과실을 들어 과실상계를 함에 있어서는 피해자의 공동불법행위자 각인에 대한 과실비율이 서로 다르더라도 피해자의 과실을 공동불법행위자 각인에 대한 과실로 개별적으로 평가하지 않고 그들 전원에 대한 과실로 전체적으로 평가하는 것이 원칙이다. 그런데 공동불법행위자의 관계는 아니지만 서로 별개의 원인으로 발생한 독립된 채무가 동일한 경제적 목적을 가지고 있고 서로 중첩되는 부분에 관하여 한쪽의 채무가 변제 등으로 소멸하면 다른 쪽의 채무도 소멸하는 관계에 있기 때문에 부진정연대채무 관계가

> 인정되는 경우가 있다. 이러한 경우까지 과실상계를 할 때 반드시 채권자의 과실을 채무자 전원에 대하여 전체적으로 평가하여야 하는 것은 아니다. 그리고 손해배상사건에서 과실상계나 손해부담의 공평을 기하기 위한 책임제한에 관한 사실인정이나 그 비율을 정하는 것은 그것이 형평의 원칙에 비추어 현저하게 불합리하다고 인정되지 않는 한 사실심의 전권사항에 속한다(대판 2022.7.28, 2017다16747).

③ 구상관계

> - 공동불법행위자는 채권자에 대한 관계에서는 부진정연대채무를 지되, 공동불법행위자들 내부관계에서는 일정한 부담 부분이 있고, 공동불법행위자 중 1인이 자기의 부담 부분 이상을 변제하여 공동의 면책을 얻게 하였을 때에는 다른 공동불법행위자에게 그 부담 부분의 비율에 따라 구상권을 행사할 수 있으므로 <u>공동불법행위자가 구상권을 갖기 위하여는 반드시 피해자의 손해 전부를 배상하여야 할 필요는 없으나, 자기의 부담 부분을 초과하여 배상을 하여야 할 것이고,</u> 피용자와 제3자가 공동불법행위로 피해자에게 손해를 가하여 그 손해배상채무를 부담하는 경우에 피용자와 제3자는 공동불법행위자로서 서로 부진정연대관계에 있고, 한편 사용자의 손해배상책임은 피용자의 배상책임에 대한 대체적 책임이어서 사용자도 제3자와 부진정연대관계에 있다고 보아야 할 것이므로, <u>사용자가 피용자와 제3자의 책임비율에 의하여 정해진 피용자의 부담 부분을 초과하여 피해자에게 손해를 배상한 경우에는 사용자는 제3자에 대하여도 구상권을 행사할 수 있다</u>(대판 2006.2.9, 2005다28426).
> - <u>공동불법행위자 중 1인에 대하여 구상의무를 부담하는 다른 공동불법행위자가 수인인 경우에는 특별한 사정이 없는 이상 그들의 구상권자에 대한 채무는 이를 부진정연대채무로 보아야 할 근거는 없으며, 오히려 다수 당사자 사이의 분할채무의 원칙이 적용되어 각자의 부담 부분에 따른 분할채무로 봄이 상당하다</u>(대판 2002.9.27, 2002다15917). 반면에 구상권자인 공동불법행위자 측에 과실이 없는 경우, 즉 내부적인 부담 부분이 전혀 없는 경우에는 이와 달리 그에 대한 수인의 구상의무 사이의 관계는 부진정연대관계에 해당한다(대판 2005.10.13, 2003다24147).
>
> **소멸시효**
> <u>공동불법행위자 간 구상권의 발생 시점은 구상권자가 현실로 피해자에게 손해배상금을 지급한 때이다</u>(대판 1997.12.12, 96다50896). 그리고 <u>기간 역시 민법 제766조에 의할 것이 아니라 일반 채권과 같이 10년으로 보아야 한다</u>(대판 1996.3.26, 96다3791).

Ⅳ. 특별법에서의 불법행위 - 의료과오책임

1. 의 의

의료과오책임이란 의료행위 중에 의사 기타 의료인의 과실에 의하여 발생한 사고에 대한 배상책임을 말한다. 의사의 의료과오책임은 의사의 진료계약상의 진료의무 불이행의 채무불이행책임으로 구성하는 방법과 불법행위책임으로 구성하는 방법이 있으나, 판례는 일반적으로 불법행위에 의하여 이를 처리한다.

2. 관련 판례

(1) 미성년자에 대한 설명의무

[1] 원칙적으로 의사는 미성년자인 환자에 대해서 의료행위에 관하여 설명할 의무를 부담하나 의사가 미성년자인 환자의 친권자나 법정대리인에게 의료행위에 관하여 설명하였다면, 그러한 설명이 친권자나 법정대리인을 통하여 미성년자인 환자에게 전달됨으로써 의사는 미성년자인 환자에 대한 설명의무를 이행하였다고 볼 수 있다.

[2] 친권자나 법정대리인에게 설명하더라도 미성년자에게 전달되지 않아 의료행위 결정과 시행에 미성년자의 의사가 배제될 것이 명백한 경우나 미성년자인 환자가 의료행위에 대하여 적극적으로 거부 의사를 보이는 경우처럼 의사가 미성년자인 환자에게 직접 의료행위에 관하여 설명하고 승낙을 받을 필요가 있는 특별한 사정이 있으면 의사는 친권자나 법정대리인에 대한 설명만으로 설명의무를 다하였다고 볼 수는 없고, 미성년자인 환자에게 직접 의료행위를 설명하여야 한다. 이와 같이 의사가 미성년자인 환자에게 직접 설명의무를 부담하는 경우 의사는 미성년자인 환자의 나이, 미성년자인 환자가 자신의 질병에 대하여 갖고 있는 이해 정도에 맞추어 설명을 하여야 한다(대판 2023.3.9. 2020다218925).

(2) 적절한 시간적 여유를 둔 설명의무

의사가 환자에게 의사를 결정함에 충분한 시간을 주지 않고 의료행위에 관한 설명을 한 다음 곧바로 의료행위로 나아간다면 이는 환자가 의료행위에 응할 것인지 선택할 기회를 침해한 것으로서 의사의 설명의무가 이행되었다고 볼 수 없다. 이때 적절한 시간적 여유를 두고 설명의무를 이행하였는지는 의료행위의 내용과 방법, 그 의료행위의 위험성과 긴급성의 정도, 의료행위 전 환자의 상태 등 여러 가지 사정을 종합하여 개별적·구체적으로 판단하여야 한다(대판 2022.1.27. 2021다265010).

V 불법행위의 효과

> **준용규정(민법 제763조)**
> 제393조(손해배상의 범위), 제394조(손해배상의 방법), 제396조(과실상계), 제399조(손해배상자의 대위)의 규정은 불법행위로 인한 손해배상에 준용한다.

1. 손해배상의 방법

(1) 금전배상의 원칙

> **재산 이외의 손해의 배상(민법 제751조)**
> ① 타인의 신체, 자유 또는 명예를 해하거나 기타 정신상 고통을 가한 자는 재산 이외의 손해에 대하여도 배상할 책임이 있다.
> ② 법원은 전항의 손해배상을 정기금채무로 지급할 것을 명할 수 있고 그 이행을 확보하기 위하여 상당한 담보의 제공을 명할 수 있다.

민법은 금전배상주의를 취한다(민법 제763조, 제394조). 즉 금전배상이 원칙이고, 다만 당사자 간에 다른 특약이 있거나 특별한 규정이 있는 경우에는 예외적으로 원상회복방법이 인정된다. 손해배상의 지급은 일시금배상이 원칙이지만, 정기금배상도 인정할 수 있다.

(2) 명예훼손의 경우의 특칙

> **명예훼손의 경우의 특칙(민법 제764조)**
> 타인의 명예를 훼손한 자에 대하여는 법원은 피해자의 청구에 의하여 손해배상에 갈음하거나 손해배상과 함께 명예회복에 적당한 처분을 명할 수 있다. 〈개정 2014.12.30.〉
> [헌재 1991.4.1. 89헌마160. 민법 제764조(1958.2.22. 법률 제471호)의 "명예회복에 적당한 처분"에 사죄광고를 포함시키는 것은 헌법에 위반됨]

① 타인의 명예를 훼손한 자에 대하여는 법원은 피해자의 청구에 의하여 손해배상에 갈음하거나 손해배상과 함께 명예회복에 적당한 처분을 명할 수 있다(민법 제764조). 다만, 명예회복에 적당한 처분에 사죄광고를 포함시키는 것은 헌법에 위반된다. 기출 18
② 언론·출판을 통해 사실을 적시함으로써 타인의 명예를 훼손한 경우, 원고가 청구원인으로 그 적시된 사실이 허위사실이거나 허위평가라고 주장하며 손해배상을 구하는 때에는 그 허위성에 대한 입증책임은 원고에게 있고, 다만 피고가 그 적시된 사실이 진실한 사실로서 오로지 공공의 이익에 관한 것이므로 위법성이 없다고 항변할 경우 그 위법성을 조각시키는 사유에 대한 증명책임은 피고에게 있다(대판 2008.1.24. 2005다58823).

2. 손해배상의 범위 및 그 산정

(1) 손해배상의 범위

종래 판례는 불법행위에 의한 손해배상의 범위를 판단할 때 상당인과관계설의 입장에서 판단하였으나, 국가배상법 제2조에 따른 책임에 관하여 상당인과관계의 유무를 판단함에 있어서는 일반적인 결과발생의 개연성은 물론 직무상 의무를 부과하는 법령 기타 행동규범의 목적이나 가해행위의 태양 및 피해의 정도 등을 종합적으로 고려하여야 한다고 판시(대판 1993.2.12. 91다43466)한 이래, 일관하여 이른바 규범목적설을 수용하여 판시하여 오고 있다.

(2) 손해배상액의 산정

1) 서 설

손해발생액의 산정에 관하여 민사소송법 제202조의2는 판례의 태도를 받아서 "손해가 발생한 사실은 인정되나 구체적인 손해의 액수를 증명하는 것이 사안의 성질상 매우 어려운 경우에는 법원은 변론 전체의 취지와 증거조사의 결과에 의하여 인정되는 모든 사정을 종합하여 상당하다고 인정되는 금액을 손해배상 액수로 정할 수 있다"고 규정하고 있다.

2) 산정의 기준시기

① 불법행위로 인한 손해배상은 통상손해를 원칙으로 하고, 특별손해는 가해자의 예견가능성을 전제로 하여 인정된다. 일반적으로 불법행위 시를 기준으로 배상액을 산정한다. 불법행위 후 목적물의 가격등귀와 같은 특별한 사정에 의한 손해는 예견가능성이 있었던 경우에 한하여 배상책임 인정된다. 다만, 불법행위 시와 결과 발생 시 사이에 시간적 간격이 있는 경우에는 불법행위가 완성된 시점인 손해발생 시가 손해액 산정의 기준 시점이 된다(대판 2014.7.10. 2013다65710).

> **불법행위로 인한 재산상 손해의 산정 방법 및 손해액 산정의 기준 시점(= 불법행위 시)**
> 불법행위로 인한 재산상 손해는 위법한 가해행위로 인하여 발생한 재산상 불이익, 즉 그 위법행위가 없었더라면 존재하였을 재산상태와 그 위법행위가 가해진 현재의 재산상태의 차이를 말하는 것이며, 그 손해액은 원칙적으로 불법행위 시를 기준으로 산정하여야 한다. 즉, 여기에서 '현재'는 '기준으로 삼은 그 시점'이란 의미에서 '불법행위 시'를 뜻하는 것이지 '지금의 시간'이란 의미로부터 '사실심 변론종결 시'를 뜻하는 것은 아니다(대판 2010.4.29. 2009다91828).

위법행위 시점과 손해의 발생 시점에 시간적 간격이 있는 경우, 불법행위로 인한 손해배상책임이 성립하는 시기(= 손해의 발생 시점) / 여기서 '손해'와 '손해의 발생 시점'의 의미 및 현실적으로 손해가 발생하였는지 판단하는 방법

불법행위로 인한 손해배상책임은 원칙적으로 위법행위 시에 성립하지만 위법행위 시점과 손해발생 시점 사이에 시간적 간격이 있는 경우에는 손해가 발생한 때에 성립한다. 손해란 위법한 가해행위로 인하여 발생한 재산상의 불이익, 즉 그 위법행위가 없었더라면 존재하였을 재산상태와 그 위법행위가 있은 후의 재산상태의 차이를 말한다. 또한 손해의 발생 시점이란 이러한 손해가 현실적으로 발생한 시점을 의미하는데, 현실적으로 손해가 발생하였는지 여부는 사회통념에 비추어 객관적이고 합리적으로 판단하여야 한다(대판 2018.6.15. 2016다212272).

불법행위 시와 변론종결 시 사이에 장기간의 세월이 지나 통화가치 등에 불법행위 시와 비교하여 상당한 변동이 생긴 경우 손해액 산정의 기준 시점

불법행위 시와 변론종결 시 사이에 장기간의 세월이 지나 위자료를 산정할 때 반드시 참작해야 할 변론종결 시의 통화가치 등에 불법행위 시와 비교하여 상당한 변동이 생긴 때에는 예외적으로 불법행위로 인한 위자료 배상채무의 지연손해금은 그 위자료 산정의 기준시인 사실심 변론종결일로부터 발생한다고 보아야 하고, 이처럼 불법행위로 인한 위자료 배상채무의 지연손해금이 사실심 변론종결일부터 발생한다고 보아야 하는 예외적인 경우에는 불법행위 시부터 지연손해금이 가산되는 원칙적인 경우보다 배상이 지연된 사정을 적절히 참작하여 사실심 변론종결 시의 위자료 원금을 산정할 필요가 있다(대판 2023.3.9. 2021다20290).

② **지연손해금의 발생시기** : 불법행위로 인한 손해배상채무는 그 손해발생과 동시에 이행기가 도래한다(대판 1966.10.21. 64다1102). 따라서 불법행위로 인한 손해배상채무의 지연손해금의 기산일은 원칙적으로 불법행위 성립일이다(대판 2010.7.22. 2010다18829).

불법행위로 인한 손해배상채무는 채무 성립과 동시에 지연손해금이 발생하는지 여부(원칙적 적극)

불법행위로 인한 손해배상채무는 특별한 사정이 없는 한 채무 성립과 동시에 지연손해금이 발생한다(대판 2020.1.30. 2018다204787).

(3) 손해의 구체적 산정

1) 인적 손해

손해는 적극적 손해, 소극적 손해, 정신적 손해로 구분된다(손해3분설). 따라서 피해자는 각각의 손해를 증명하여야 하고, 손해 간에 전용은 인정되지 않는다.

재산적 손해로 인한 배상청구와 정신적 손해로 인한 배상청구는 각각 소송물을 달리하는 별개의 청구이므로 소송당사자로서는 그 금액을 각각 특정하여 청구하여야 하고, 법원으로서도 그 내역을 밝혀 각 청구의 당부에 관하여 판단하여야 하는 것이다(대판 2006.9.22. 2006다32569).

① **적극적 손해**

㉠ 입원비, 진료비, 약대 등의 치료비가 적극적 손해에 포함된다. 고의 또는 과실에 의하여 타인의 생명을 해한 자는 장례비를 손해로서 배상할 의무가 있다(대판 1966.10.11. 66다1456). 그러나 장례 때 조객으로부터 받는 부의금은 손실을 전보하는 성질의 것이 아니므로, 이를 재산적 손해액 산정에서 참작할 것이 아니다(대판 1976.5.24. 75다1088).

㉡ 판례는 불법행위를 이유로 배상하여야 할 손해는 현실로 입은 확실한 손해에 한하므로, 가해자가 행한 불법행위로 인하여 피해자가 제3자에 대하여 채무를 부담하게 된 경우 피해자가 가해자에게 그 채무액 상당의 손해배상을 구하기 위해서는 채무의 부담이 현실적·확정적이어서 실제로 변제하여야 할 성질의 것이어야 하고, 현실적으로 손해가 발생하였는지 여부는 사회통념에 비추어 객관적이고 합리적으로

판단하여야 한다고 하면서, 행정처분이 있은 이후 행정처분을 이행하기 어려운 장애사유가 있어 오랫동안 이행이 이루어지지 않았고, 해당 행정관청에서도 이러한 사정을 참작하여 그 이행을 강제하기 위한 조치를 취하지 않고 불이행된 상태를 방치하는 등 특별한 사정이 있는 경우에는, 행정처분을 받은 당사자가 가까운 장래에 그 행정처분을 이행할 개연성을 인정하기 부족하여 이행에 따른 비용 상당의 손해가 확정적으로 발생하였다고 보기는 어렵고, 불법행위로 인한 손해배상청구에서 위와 같은 손해의 발생 사실은 행정처분을 받은 당사자인 피해자가 이를 증명하여야 한다고 판시하고 있다(대판 2020.7.9. 2017다56455).

② 소극적 손해(일실이익) : 불법행위 당시 일정한 수입이 없는 피해자의 장래 수입상실액은 일반노동임금을 기준으로 하나, 불법행위 당시 일정한 수입이 있었던 경우에는 원칙적으로 피해자가 사고 당시에 실제로 얻고 있었던 수입금액을 확정하고 이를 기초로 하여 일실수입액을 산정하여야 한다(대판 2006.3.9. 2005다16904).

일반육체노동을 하는 사람 또는 육체노동을 주로 생계활동으로 하는 사람의 가동연한을 경험칙상 만 65세까지로 보아야 하는지 여부(원칙적 적극)
대법원은 1989.12.26. 선고한 88다카16867 전원합의체 판결(이하 '종전 전원합의체 판결'이라 한다)에서 일반 육체노동을 하는 사람 또는 육체노동을 주로 생계활동으로 하는 사람(이하 '육체노동'이라 한다)의 가동연한을 경험칙상 만 55세라고 본 기존 견해를 폐기하였다. 그 후부터 현재에 이르기까지 육체노동의 가동연한을 경험칙상 만 60세로 보아야 한다는 견해를 유지하여 왔다. 그런데 우리나라의 사회적·경제적 구조와 생활여건이 급속하게 향상·발전하고 법제도가 정비·개선됨에 따라 종전 전원합의체 판결 당시 위 경험칙의 기초가 되었던 제반 사정들이 현저히 변하였기 때문에 위와 같은 견해는 더 이상 유지하기 어렵게 되었다. 이제는 특별한 사정이 없는 한 만 60세를 넘어 만 65세까지도 가동할 수 있다고 보는 것이 경험칙에 합당하다(대판 2019.2.21. 2018다248909[전합]). 기출 21

도시 일용근로자의 월 가동일수
[1] 근로조건이 산업환경에 따라 해마다 변동하는 도시 일용근로자의 일실수입을 그 1일 노임에 관한 통계사실에 기초하여 평가하는 경우에는, 그 가동일수에 관하여도 법원에 현저한 사실을 포함한 각종 통계자료 등에 나타난 월평균 근로일수와 직종별 근로조건 등 여러 사정들을 감안하고 그 밖의 적절한 자료들을 보태어 합리적인 사실인정을 하여야 한다.
[2] 대법원은, ① 근로기준법의 개정으로 인한 근로시간의 지속적인 감소, 연간 공휴일의 증가 등 사회적·경제적 구조의 지속적 변화, ② 근로자의 삶의 질 향상과 일과 삶의 균형이 강조되는 등 과거와 달라진 근로여건과 생활여건, ③ 고용형태별 근로실태 조사의 최근 10년간 월 평균 근로일수 등에 의하면 과거 대법원이 도시 일용근로자의 월 가동일수를 22일 정도로 보는 근거가 되었던 각종 통계자료 등의 내용은 그대로 적용하기 어렵고, 위와 같은 여러 사정을 고려하면 이 사건 사고 당시 이 사건 사고 당시 도시 일용근로자의 월 가동일수를 20일을 초과하여 인정하기는 어렵다고 보아, 이와 달리 도시 일용근로자의 월 가동일수가 22일임을 전제로 판단한 원심을 파기·환송한 사례(대판 2024.4.25. 2020다271650).

③ 정신적 손해(위자료청구권)
  ㉠ 의의 : 위자료란 불법행위 또는 기타의 불법원인으로 피해자가 입은 고통·충격 등의 정신적 손해를 금전으로 배상해 주는 손해배상금을 의미한다. 불법행위로 입은 비재산적 손해에 대한 위자료 액수에 관하여는 사실심법원이 여러 사정을 참작하여 그 직권에 속하는 재량에 의하여 이를 확정할 수 있고, 법원이 그 위자료 액수 결정의 근거가 되는 제반 사정을 판결 이유 중에 빠짐없이 명시해야만 하는 것은 아니나, 이것이 위자료의 산정에 법관의 자의가 허용된다는 것을 의미하는 것은 물론 아니다(대판 2013.5.16. 2012다202819[전합]).

ⓒ 위자료청구권자
㉮ 생명침해의 경우에 있어서 민법 제752조에 규정된 친족 이외의 친족에 있어서도 그 정신적 고통에 관한 입증을 함으로써 일반원칙인 민법 제750조, 민법 제751조의 규정에 의하여 위자료를 청구할 수 있다(대판 1967.9.5. 67다1307).
㉯ 신체상해의 경우 피해자 이외의 근친자도 정신상 고통을 받았으면 민법 제750조, 민법 제751조에 의거하여 위자료 청구권을 갖는다.
㉰ 위자료청구권은 일신전속권이라 할 수 없고 피해자의 사망으로 인하여 상속된다 할 것이며, 피해자가 즉사한 경우에도 위자료청구권은 당연히 상속된다(대판 1969.4.15. 69다268).
ⓒ 위자료의 산정 : 불법행위로 인하여 입은 정신적 고통에 대한 위자료 액수에 관하여는 사실심 법원이 제반사정을 참작하여 그 직권에 속하는 재량에 의하여 이를 확정할 수 있다(대판 1988.2.23. 87다카57).

2) 물적 손해

① **소유물이 멸실 또는 훼손된 경우** : 소유물이 멸실된 경우에는 멸실 당시 그 물건의 객관적 교환가치가 통상손해이고 이에 지연이자가 추가되지만 멸실 후의 목적물의 가격등귀에 따른 손해는 특별손해에 해당한다.

> [1] 불법행위로 영업용 물건이 멸실된 경우, 이를 대체할 다른 물건을 마련하기 위하여 필요한 합리적인 기간 동안 그 물건을 이용하여 영업을 계속하였더라면 얻을 수 있었던 이익, 즉 휴업손해는 그에 대한 증명이 가능한 한 통상의 손해로서 그 교환가치와는 별도로 배상하여야 하고, 이는 영업용 물건이 일부 손괴된 경우, 수리를 위하여 필요한 합리적인 기간 동안의 휴업손해와 마찬가지라고 보아야 할 것이다. 기출 24
> [2] 일반적으로 타인의 불법행위 등에 의하여 재산권이 침해된 경우에는 그 재산적 손해의 배상에 의하여 정신적 고통도 회복된다고 보아야 할 것이므로 재산적 손해의 배상에 의하여 회복할 수 없는 정신적 손해가 발생하였다면, 이는 특별한 사정으로 인한 손해로서 가해자가 그러한 사정을 알았거나 알 수 있었을 경우에 한하여 그 손해에 대한 위자료를 청구할 수 있다(대판 2004.3.18. 2001다82507[전합]).

② **소유물이 훼손된 경우** : 수리가 가능하면 불법행위 당시의 수리비, 수리가 불가능하면 훼손으로 교환가치가 감소한 부분이 통상손해로 되지만, 수리가 가능하더라도 수리비가 교환가치를 초과한다면 그 손해액은 원칙적으로 교환가치의 범위 내로 제한된다. 훼손으로 인한 교환가치의 감소액은 통상손해로 이해하는 것이 타당하다고 판단된다.

> • 불법행위 등으로 인하여 건물이 훼손된 경우, 수리가 가능하다면 그 수리비가 통상의 손해이며, 훼손 당시 그 건물이 이미 내용연수가 다 된 낡은 건물이어서 원상으로 회복시키는 데 소요되는 수리비가 건물의 교환가치를 초과하는 경우에는 형평의 원칙상 그 손해액은 그 건물의 교환가치 범위 내로 제한되어야 할 것이고, 또한 수리로 인하여 훼손 전보다 건물의 교환가치가 증가하는 경우에는 그 수리비에서 교환가치 증가분을 공제한 금액이 그 손해이다(대판 2004.2.27. 2002다39456).
> • 토석의 굴취 또는 절개 등으로 토지가 훼손됨으로써 토지 소유자가 입게 되는 통상의 손해는 훼손된 부분을 원상회복시키는 데 소요되는 비용 상당액이라고 할 것이고, 그 비용이 과다하거나 원상회복이 사실상 불가능한 때에는 훼손으로 인하여 토지 자체의 교환가치가 감소된 부분이 통상의 손해이다(대판 1993.12.24. 93다38284).

③ **재산권의 침해로 인한 위자료 청구** : 재산권의 침해로 인한 정신적 고통에 대한 위자료는 특별사정으로 인한 손해로써 침해자가 그 특별사정을 알았다거나 그 사정을 예견할 수 있었을 것이라고 인정되는 경우에 한하여 이를 인용할 것이다. 한편 재산권의 침해로 인하여 별도로 인격적 법익이 침해당한 경우에는 이는 통상손해로 보아야 한다(대판 1992.12.8. 92다34162).

(4) 손해배상액의 조정

1) 과실상계
① 불법행위에 관하여 피해자에게도 과실이 있는 때에는, 법원은 손해배상의 책임 및 그 금액을 정함에 있어 반드시 이를 참작하여야 한다.
② 피해자의 부주의를 이용하여 고의로 불법행위를 저지른 자가 바로 그 피해자의 부주의를 이유로 자신의 책임을 감하여 달라고 주장하는 것은 허용될 수 없다(대판 2005.11.10. 2003다66066). 기출 20

2) 손익상계
불법행위로 인한 손해배상액을 산정함에 있어서 과실상계를 한 다음 손익상계를 하여야 한다(대판 1996.1.23. 95다24340). 기출 20

3) 배상액의 감경청구
배상의무자는 그 손해가 고의 또는 중대한 과실에 의한 것이 아니고 그 배상으로 인하여 배상자의 생계에 중대한 영향을 미치게 될 경우에는 법원에 그 배상액의 경감을 청구할 수 있다. 법원은 청구가 있는 때에는 채권자 및 채무자의 경제 상태와 손해의 원인 등을 참작하여 배상액을 경감할 수 있다(민법 제765조).

3. 배상액의 합의

(1) 의 의
불법행위로 인하여 손해배상청구권이 발생하였을 경우 당사자 간에 그 배상액에 관해 합의하는 것을 말한다.

(2) 판 례
후발손해가 합의 당시의 사정으로 보아 예상이 불가능한 것으로서 당사자가 후발손해를 예상하였더라면 사회통념상 그 합의금액으로는 화해하지 않았을 것이라고 보는 것이 상당할 만큼 그 손해가 중대한 것일 때에는 당사자의 의사가 이러한 손해에 대해서까지 그 배상청구권을 포기한 것이라고 볼 수 없다(대판 1997.4.11. 97다423).

4. 불법행위에 의한 손해배상청구권

불법행위의 내용(민법 제750조)
고의 또는 과실로 인한 위법행위로 타인에게 손해를 가한 자는 그 손해를 배상할 책임이 있다.

재산 이외의 손해의 배상(민법 제751조)
① 타인의 신체, 자유 또는 명예를 해하거나 기타 정신상고통을 가한 자는 재산 이외의 손해에 대하여도 배상할 책임이 있다.
② 법원은 전항의 손해배상을 정기금채무로 지급할 것을 명할 수 있고 그 이행을 확보하기 위하여 상당한 담보의 제공을 명할 수 있다.

생명침해로 인한 위자료(민법 제752조)
타인의 생명을 해한 자는 피해자의 직계존속, 직계비속 및 배우자에 대하여는 재산상의 손해 없는 경우에도 손해배상의 책임이 있다.

(1) 손해배상청구권자
   ① 직접 피해자가 손해배상청구권을 가진다.
   ② 타인의 생명을 해한 자는 피해자의 직계존속, 직계비속 및 배우자에 대하여는 재산상의 손해 없는 경우에도 손해배상의 책임이 있다(민법 제752조).
   ③ 법인의 목적사업수행에 영향을 미칠 정도로 법인의 명예신용을 침해한 경우에는 그 침해자에 대하여 불법행위를 원인으로 손해배상을 청구할 수 있다(대판 1965.11.30. 65다1707).
   ④ 태아는 손해배상의 청구권에 관하여는 이미 출생한 것으로 본다(민법 제762조). 교통사고의 충격으로 태아가 조산되고 또 그로 인하여 제대로 성장하지 못하고 사망하였다면 위 불법행위는 한편으로 산모에 대한 불법행위인 동시에 한편으로는 태아 자신에 대한 불법행위라고 볼 수 있으므로 따라서 죽은 아이는 생명침해로 인한 재산상 손해배상청구권이 있다(대판 1968.3.5. 67다2869).

(2) 손해배상청구권의 내용
   ① 불법행위에 의한 손해배상청구권은 양도성과 상속성이 있다. 정신적 손해에 대한 배상(위자료)청구권은 원칙적으로 상속된다(대판 1966.10.18. 66다1335).
   ② 채무가 고의의 불법행위로 인한 것일 때에는 그 채무자는 상계로 채권자에게 대항하지 못한다(민법 제496조).
   ③ 판례는 불법행위로 상해를 입었지만 후유증 등으로 인하여 불법행위 당시에는 전혀 예상할 수 없었던 후발손해가 새로이 발생한 경우와 같이, 사회통념상 후발손해가 판명된 때에 현실적으로 손해가 발생한 것으로 볼 수 있는 경우에는 후발손해 판명 시점에 불법행위로 인한 손해배상채권이 성립하고, 지연손해금 역시 그때부터 발생한다고 봄이 상당하고, 이 경우 후발손해가 판명된 때가 불법행위 시이자 그로부터 장래의 구체적인 소극적·적극적 손해에 대한 중간이자를 공제하는 현가산정의 원칙적인 기준시기가 된다고 보아야 하고, 그보다 앞선 시점이 현가산정의 기준시기나 지연손해금의 기산일이 될 수는 없다고 한다(대판 2022.6.16. 2017다289538).

(3) 손해배상자의 대위
   불법행위에 의하여 훼손되거나 소재불명으로 된 물건에 관하여 피해자가 그 가액 전부의 배상을 받은 때에는 그 물건에 관한 권리는 당연히 손해배상자에게 이전한다.

(4) 손해배상청구권의 소멸시효

> **손해배상청구권의 소멸시효(민법 제766조)**
> ① 불법행위로 인한 손해배상의 청구권은 피해자나 그 법정대리인이 그 손해 및 가해자를 안 날로부터 3년간 이를 행사하지 아니하면 시효로 인하여 소멸한다.
> ② 불법행위를 한 날로부터 10년을 경과한 때에도 전항과 같다.
>   [단순위헌, 2014헌바148, 2018.8.30. 민법(1958.2.22. 법률 제471호로 제정된 것) 제766조 제2항 중 '진실·화해를 위한 과거사정리 기본법' 제2조 제1항 제3호, 제4호에 규정된 사건에 적용되는 부분은 헌법에 위반됨]
> ③ 미성년자가 성폭력, 성추행, 성희롱, 그 밖의 성적(性的) 침해를 당한 경우에 이로 인한 손해배상청구권의 소멸시효는 그가 성년이 될 때까지는 진행되지 아니한다.

① 불법행위로 인한 손해배상의 청구권은 피해자나 그 법정대리인이 그 손해 및 가해자를 안 날로부터 3년간 또는 불법행위를 한 날로부터 10년간 이를 행사하지 아니하면 시효로 인하여 소멸한다. 미성년자가 성폭력, 성추행, 성희롱, 그 밖의 성적(性的) 침해를 당한 경우에 이로 인한 손해배상청구권의 소멸시효는 그가 성년이 될 때까지는 진행되지 아니한다(민법 제766조). 기출 14·23·24

② "손해 및 가해자를 안 날"이라 함은 손해가 가해자의 불법행위로 인한 것임을 안 때라고 할 것이므로, 가해행위와 손해의 발생 사이에 인과관계가 있으며 위법하고 과실이 있는 것까지도 안 때이다(대판 1994.4.26, 93다59304).

③ 가해행위와 이로 인한 손해의 발생 사이에 시간적 간격이 있는 불법행위에 기한 손해배상청구권의 경우, 위와 같은 장기소멸시효의 기산점이 되는 '불법행위를 한 날'은 객관적·구체적으로 손해가 발생한 때, 즉 손해의 발생이 현실적인 것으로 되었다고 할 수 있을 때를 의미하고, 그 발생시기에 대한 증명책임은 소멸시효의 이익을 주장하는 자에게 있다(대판 2021.8.19, 2019다297137).

(5) 유족 고유의 손해배상청구권

① 피해자가 사망하기까지 유족이 부담한 치료간호의 비용, 부양청구권의 침해, 장례비용 등을 민법 제750조에 근거하여 청구할 수 있다.

② 민법 제752조에서 생명침해의 경우 피해자의 직계존속, 직계비속, 배우자에게 위자료청구권을 인정한다.

③ 민법 제752조의 열거는 예시로 보아 열거된 자에 대하여는 정신적 손해에 대한 입증책임을 면제해 준다는 의미를 가질 뿐이므로, 열거된 자 이외의 자(사실혼배우자, 미인지의 자, 형제자매)도 피해자와의 특별한 관계와 정신적 고통을 입증하면 민법 제750조, 민법 제751조에 의하여 위자료청구를 할 수 있다.

CHAPTER 03 법정채권관계

01 기출 25 ☑ 확인Check! ○ △ ×

부당이득에 관한 설명으로 옳은 것을 모두 고른 것은?(다툼이 있으면 판례에 따름)

> ㄱ. 계약상 급부가 상대방뿐 아니라 제3자에게 이익이 된 경우, 급부를 한 계약당사자는 제3자를 상대로 직접 부당이득반환청구를 할 수 없다.
> ㄴ. 임대차 종료 후 임차인이 동시이행항변권을 행사하여 임차건물을 사용한 경우, 이로 인한 이득이 있다면 이를 부당이득으로 반환하여야 한다.
> ㄷ. 급부를 한 당사자가 그 급부의 법률상 원인 없음을 이유로 반환을 청구하는 이른바 급부부당이득의 경우, 부당이득반환청구의 상대방이 이익을 보유할 정당한 권원이 있다는 점을 증명할 책임이 있다.

① ㄱ
② ㄷ
③ ㄱ, ㄴ
④ ㄴ, ㄷ
⑤ ㄱ, ㄴ, ㄷ

정답 및 해설

01

ㄱ. (○) 계약상 급부가 계약의 상대방뿐만 아니라 제3자의 이익으로 된 경우에 급부를 한 계약당사자가 계약 상대방에 대하여 계약상의 반대급부를 청구할 수 있는 이외에 그 제3자에 대하여 직접 부당이득반환청구를 할 수 있다고 보면, 자기 책임하에 체결된 계약에 따른 위험부담을 제3자에게 전가시키는 것이 되어 계약법의 기본원리에 반하는 결과를 초래할 뿐만 아니라, 채권자인 계약당사자가 채무자인 계약 상대방의 일반채권자에 비하여 우대받는 결과가 되어 일반채권자의 이익을 해치게 되고, 수익자인 제3자가 계약 상대방에 대하여 가지는 항변권 등을 침해하게 되어 부당하므로, 위와 같은 경우 <u>계약상 급부를 한 계약당사자는 이익의 귀속 주체인 제3자에 대하여 직접 부당이득반환을 청구할 수는 없다</u>(대판 2010.6.24. 2010다9269).

ㄴ. (○) 임대차계약의 종료에 의하여 발생된 임차인의 임차목적물 반환의무와 임대인의 연체차임을 공제한 나머지 보증금의 반환의무는 동시이행의 관계에 있는 것이므로, <u>임대차계약 종료 후에도 임차인이 동시이행의 항변권을 행사하여 임차건물을 계속 점유하여 온 것이라면</u> 임차인의 그 건물에 대한 점유는 불법점유라고 할 수는 없으나, 그로 인하여 이득이 있다면 이는 <u>부당이득으로서 반환하여야</u> 하는 것은 당연하다(대판 1992.4.14. 91다45202).

ㄷ. (×) 민법 제741조는 "법률상 원인 없이 타인의 재산 또는 노무로 인하여 이익을 얻고 이로 인하여 타인에게 손해를 가한 자는 그 이익을 반환하여야 한다."라고 정하고 있다. 당사자 일방이 자신의 의사에 따라 일정한 급부를 한 다음 급부가 법률상 원인 없음을 이유로 반환을 청구하는 이른바 급부부당이득의 경우에는 <u>법률상 원인이 없다는 점에 대한 증명책임은 부당이득반환을 주장하는 사람에게 있다</u>(대판 2018.1.24. 2017다37324).

정답 ③

02 기출 25

불법행위에 관한 설명으로 옳은 것은?(다툼이 있으면 판례에 따름)

① 타인의 불법행위에 대하여 과실에 의한 방조로서 공동불법행위의 책임을 지우기 위해서는 방조행위와 불법행위에 의한 피해자의 손해발생 사이에 상당인과관계가 인정되어야 한다.
② 공동불법행위에서 과실상계를 함에 있어서 피해자의 공동불법행위자 각자에 대한 과실비율이 서로 다른 경우, 피해자의 과실은 공동불법행위자 각자에 대한 과실로 개별적으로 평가함이 원칙이다.
③ 민법 제758조의 공작물책임 중 소유자의 책임은 과실책임이다.
④ 채무불이행으로 인한 손해배상청구권에 대한 소멸시효 항변에는 불법행위로 인한 손해배상청구권에 대한 소멸시효 항변이 포함된 것으로 볼 수 있다.
⑤ 공동불법행위자 중 일부가 피해자의 부주의를 이용하여 고의로 불법행위를 저지른 경우, 그러한 사유가 없는 다른 불법행위자도 과실상계 주장을 할 수 없다.

02

① (○) 타인의 불법행위에 대하여 과실에 의한 방조로서 공동불법행위의 책임을 지우기 위해서는 방조행위와 불법행위에 의한 피해자의 손해 발생 사이에 상당인과관계가 인정되어야 하며, 상당인과관계를 판단할 때에는 과실에 의한 행위로 인하여 해당 불법행위를 용이하게 한다는 사정에 관한 예견가능성과 아울러 과실에 의한 행위가 피해 발생에 끼친 영향, 피해자의 신뢰 형성에 기여한 정도, 피해자 스스로 쉽게 피해를 방지할 수 있었는지 등을 종합적으로 고려하여 그 책임이 지나치게 확대되지 않도록 신중을 기하여야 한다(대판 2022.9.7. 2022다237098).
② (×) 공동불법행위의 경우 법원이 피해자의 과실을 들어 과실상계를 함에 있어서는 피해자의 공동불법행위자 각인에 대한 과실비율이 서로 다르더라도 피해자의 과실을 공동불법행위자 각인에 대한 과실로 개별적으로 평가할 것이 아니고 그들 전원에 대한 과실로 전체적으로 평가하여야 한다(대판 2007.6.14. 2005다32999).
③ (×) 민법 제758조의 공작물책임 중 소유자의 책임은 공작물 점유자의 책임과는 달리 손해의 방지에 필요한 주의를 다하였다 하더라도 면책이 인정되지 않는 무과실책임이다.
④ (×) 채무불이행으로 인한 손해배상청구권에 대한 소멸시효 항변이 불법행위로 인한 손해배상청구권에 대한 소멸시효 항변을 포함한 것으로 볼 수는 없다(대판 1998.5.29. 96다51110).
⑤ (×) 피해자의 부주의를 이용하여 고의로 불법행위를 저지른 자가 바로 그 피해자의 부주의를 이유로 자신의 책임을 감하여 달라고 주장하는 것은 허용될 수 없으나, 이는 그러한 사유가 있는 자에게 과실상계의 주장을 허용하는 것이 신의칙에 반하기 때문이므로, 불법행위자 중의 일부에게 그러한 사유가 있다고 하여 그러한 사유가 없는 다른 불법행위자까지도 과실상계의 주장을 할 수 없다고 해석할 것은 아니다(대판 2007.6.14. 2005다32999).

정답 ①

03 기출 24

사무관리에 관한 설명으로 옳지 않은 것은?(다툼이 있으면 판례에 따름)

① 제3자와의 약정에 따라 타인의 사무를 처리한 경우, 사무처리자와 그 타인과의 관계에서는 원칙적으로 사무관리가 인정되지 않는다.
② 타인의 사무처리가 본인의 의사에 반한다는 것이 명백하다면 특별한 사정이 없는 한 사무관리는 성립하지 않는다.
③ 사무관리의 성립요건인 '타인을 위하여 사무를 처리하는 의사'는 반드시 외부적으로 표시되어야 한다.
④ 사무관리에 의하여 본인이 아닌 제3자가 결과적으로 사실상 이익을 얻은 경우, 사무관리자는 그 제3자에 대하여 직접 부당이득반환을 청구할 수 없다.
⑤ 사무관리의 성립요건인 '타인을 위하여 사무를 처리하는 의사'는 관리자 자신의 이익을 위한 의사와 병존할 수 있다.

03

① (○) 의무 없이 타인의 사무를 처리한 자는 그 타인에 대하여 민법상 사무관리 규정에 따라 비용상환 등을 청구할 수 있으나, 제3자와의 약정에 따라 타인의 사무를 처리한 경우에는 의무 없이 타인의 사무를 처리한 것이 아니므로 이는 원칙적으로 그 타인과의 관계에서는 사무관리가 된다고 볼 수 없다(대판 2013.9.26. 2012다43539).

② (○) 사무관리가 성립하기 위하여는 우선 그 사무가 타인의 사무이고 타인을 위하여 사무를 처리하는 의사, 즉 관리의 사실상의 이익을 타인에게 귀속시키려는 의사가 있어야 함은 물론 나아가 그 사무의 처리가 본인에게 불리하거나 본인의 의사에 반한다는 것이 명백하지 아니할 것을 요한다(대판 1997.10.10. 97다26326). 타인의 사무처리가 본인의 의사에 반한다는 것이 명백하다면 특별한 사정이 없는 한 사무관리는 성립하지 않는다.

③ (×) 사무관리의 성립요건인 '타인을 위하여 사무를 처리하는 의사'는 관리자 자신의 이익을 위한 의사와 병존할 수 있고, 반드시 외부적으로 표시될 필요가 없으며, 사무를 관리할 당시에 확정되어 있을 필요가 없다(대판 2013.8.22. 2013다30882).

④ (○) 계약상 급부가 계약 상대방뿐 아니라 제3자에게 이익이 된 경우에 급부를 한 계약당사자는 계약 상대방에 대하여 계약상 반대급부를 청구할 수 있는 이외에 제3자에 대하여 직접 부당이득반환청구를 할 수는 없다고 보아야 하고, 이러한 법리는 급부가 사무관리에 의하여 이루어진 경우에도 마찬가지이다. 따라서 의무 없이 타인을 위하여 사무를 관리한 자는 타인에 대하여 민법상 사무관리 규정에 따라 비용상환 등을 청구할 수 있는 외에 사무관리에 의하여 결과적으로 사실상 이익을 얻은 다른 제3자에 대하여 직접 부당이득반환을 청구할 수는 없다(대판 2013.6.27. 2011다17106).

⑤ (○) 사무관리의 성립요건인 '타인을 위하여 사무를 처리하는 의사'는 관리자 자신의 이익을 위한 의사와 병존할 수 있고, 반드시 외부적으로 표시될 필요가 없으며, 사무를 관리할 당시에 확정되어 있을 필요가 없다(대판 2013.8.22. 2013다30882).

정답 ③

04 기출 24

불법행위에 관한 설명으로 옳지 않은 것을 모두 고른 것은?(다툼이 있으면 판례에 따름)

> ㄱ. 법적 작위의무가 객관적으로 인정되더라도 의무자가 그 작위의무의 존재를 인식하지 못한 경우에는 부작위로 인한 불법행위가 성립하지 않는다.
> ㄴ. 공작물의 하자로 인해 손해가 발생한 경우, 그 손해가 공작물의 하자와 관련한 위험이 현실화되어 발생한 것이 아니라도 공작물의 설치 또는 보존상 하자로 인하여 발생한 손해라고 볼 수 있다.
> ㄷ. 성추행을 당한 미성년자의 가해자에 대한 손해배상청구권의 소멸시효는 그 미성년자가 성년이 될 때까지는 진행되지 아니한다.

① ㄱ
② ㄷ
③ ㄱ, ㄴ
④ ㄴ, ㄷ
⑤ ㄱ, ㄴ, ㄷ

04

ㄱ. (×) 부작위로 인한 불법행위가 성립하려면 작위의무가 전제되어야 하지만, 작위의무가 객관적으로 인정되는 이상 의무자가 의무의 존재를 인식하지 못하였더라도 불법행위 성립에는 영향이 없다. 이는 고지의무 위반에 의하여 불법행위가 성립하는 경우에도 마찬가지이므로 당사자의 부주의 또는 착오 등으로 고지의무가 있다는 것을 인식하지 못하였다고 하여 위법성이 부정될 수 있는 것은 아니다(대판 2012.4.26. 2010다8709).

ㄴ. (×) 공작물책임 규정의 내용과 입법 취지, '공작물의 설치·보존상의 하자'의 판단 기준 등에 비추어 보면, 공작물의 하자로 인해 어떤 손해가 발생하였다고 하더라도 그 손해가 공작물의 하자와 관련한 위험이 현실화되어 발생한 것이 아니라면 이는 '공작물의 설치 또는 보존상의 하자로 인하여 발생한 손해'라고 볼 수 없다(대판 2018.7.12. 2015다249147).

ㄷ. (○) 미성년자가 성폭력, 성추행, 성희롱, 그 밖의 성적(性的) 침해를 당한 경우에 이로 인한 손해배상청구권의 소멸시효는 그가 성년이 될 때까지는 진행되지 아니한다(민법 제766조 제3항).

정답 ③

05 기출 24

부당이득에 관한 설명으로 옳은 것을 모두 고른 것은?(다툼이 있으면 판례에 따름)

> ㄱ. 계약해제로 인한 원상회복의무의 이행으로 금전을 반환하는 경우, 그 금전에 받은 날로부터 가산하는 이자의 반환은 부당이득반환의 성질을 갖는다.
> ㄴ. 민법 제742조(비채변제)의 규정은 변제자가 채무 없음을 알지 못한 경우에는 그 과실 유무를 불문하고 적용되지 아니한다.
> ㄷ. 수익자가 취득한 것이 금전상의 이득인 경우, 특별한 사정이 없는 한 그 금전은 이를 취득한 자가 소비하였는지 여부를 불문하고 현존하는 것으로 추정된다.

① ㄱ
② ㄷ
③ ㄱ, ㄴ
④ ㄴ, ㄷ
⑤ ㄱ, ㄴ, ㄷ

05

ㄱ. (○) 법정해제권 행사의 경우 당사자 일방이 그 수령한 금전을 반환함에 있어 그 받은 때로부터 법정이자를 부가함을 요하는 것은 민법 제548조 제2항이 규정하는 바로서, 이는 원상회복의 범위에 속하는 것이며 일종의 부당이득반환의 성질을 가지는 것이고 반환의무의 이행지체로 인한 것이 아니므로, 부동산 매매계약이 해제된 경우 매도인의 매매대금 반환의무와 매수인의 소유권이전등기말소등기 절차이행의무가 동시이행의 관계에 있는지 여부와는 관계없이 매도인이 반환하여야 할 매매대금에 대하여는 그 받은 날로부터 민법 소정의 법정이율인 연 5푼의 비율에 의한 법정이자를 부가하여 지급하여야 하고, 이와 같은 법리는 약정된 해제권을 행사하는 경우라 하여 달라지는 것은 아니다(대판 2000.6.9. 2000다9123).

ㄴ. (○) 민법 제742조 소정의 비채변제에 관한 규정은 변제자가 채무 없음을 알면서도 변제를 한 경우에 적용되는 것이고, 채무 없음을 알지 못한 경우에는 그 과실 유무를 불문하고 적용되지 아니한다(대판 1998.11.13. 97다58453).

ㄷ. (○) 법률상 원인 없이 타인의 재산 또는 노무로 인하여 이익을 얻고 그로 인하여 타인에게 손해를 가한 경우, 그 취득한 것이 금전상의 이득인 때에는 그 금전은 이를 취득한 자가 소비하였는가의 여부를 불문하고 현존하는 것으로 추정된다(대판 1996.12.10. 96다32881).

정답 ⑤

06 기출 22

부당이득에 관한 설명으로 옳은 것은? (다툼이 있으면 판례에 따름)

① 채무자가 착오로 변제기 전에 채무를 변제한 경우, 채권자는 이로 인해 얻은 이익을 반환할 의무가 없다.
② 수익자가 이익을 받은 후 법률상 원인없음을 안 때에는 그 이익을 받은 날로부터 악의의 수익자로서 이익반환의 책임이 있다.
③ 선의의 수익자가 패소한 때에는 패소가 확정된 때부터 악의의 수익자로 본다.
④ 불법원인급여에서 수익자의 불법성이 현저히 크고, 그에 비하여 급여자의 불법성은 경미한 경우라 하더라도 급여자의 반환청구는 허용되지 않는다.
⑤ 법률상 원인 없이 이득을 얻은 자는 있지만 그로 인해 손해를 입은 자가 없는 경우, 부당이득반환청구권은 인정되지 않는다.

06

① (×) 변제기에 있지 아니한 채무를 변제한 때에는 그 반환을 청구하지 못한다. 그러나 채무자가 착오로 인하여 변제한 때에는 채권자는 이로 인하여 얻은 이익을 반환하여야 한다(민법 제743조).
② (×) 수익자가 이익을 받은 후 법률상 원인없음을 안 때에는 그때부터 악의의 수익자로서 이익반환의 책임이 있다(민법 제749조 제1항).
③ (×) 선의의 수익자가 패소한 때에는 그 소를 제기한 때부터 악의의 수익자로 본다(민법 제749조 제2항).
④ (×) 수익자의 불법성이 급여자의 그것보다 현저히 큰 데 반하여 급여자의 불법성은 미약한 경우에도 급여자의 반환청구가 허용되지 않는다면 공평에 반하고 신의성실의 원칙에도 어긋나므로, 이러한 경우에는 민법 제746조 본문의 적용이 배제되어 급여자의 반환청구는 허용된다(대판 1999.9.17. 98도2036).
⑤ (○) 부당이득은 법률상 원인 없이 타인의 재산 또는 노무로 인하여 이익을 얻고 이로 인하여 타인에게 손해를 가함으로써 성립하는 것이므로, 법률상 원인 없는 이득이 있다 하더라도 그로 인하여 타인에게 손해가 발생한 것이 아니라면 그 타인은 부당이득반환청구권자가 될 수 없다(대판 2011.7.28. 2009다100418).

정답 ⑤

07 기출 23

부당이득에 관한 설명으로 옳은 것은?(다툼이 있으면 판례에 따름)

① 법률상 원인 없는 이득이 있다면 그 이득으로 인해 타인에게 손해가 발생한 것이 아니더라도 그 타인은 부당이득반환청구를 할 수 있다.
② 변제기에 있지 아니한 채무를 착오 없이 변제한 때에는 그 변제한 것의 반환을 청구할 수 있다.
③ 부동산 실권리자명의 등기에 관한 법률에 위반되어 무효인 명의신탁약정에 기하여 타인 명의로 등기를 마쳐준 것은 당연히 불법원인급여에 해당한다.
④ 선의의 수익자가 패소한 때에는 그 소가 확정된 때로부터 악의의 수익자로 본다.
⑤ 제한행위능력을 이유로 법률행위를 취소한 경우 제한능력자는 선의·악의를 묻지 않고 그 행위로 인하여 받은 이익이 현존하는 한도에서 상환할 책임이 있다.

07

① (×) 법률상 원인 없이 타인의 재산 또는 노무로 인하여 이익을 얻고 이로 인하여 타인에게 손해를 가한 자는 그 이익을 반환하여야 한다(민법 제741조). 부당이득은 법률상 원인 없이 타인의 재산 또는 노무로 인하여 이익을 얻고 이로 인하여 타인에게 손해를 가함으로써 성립하는 것이므로, 법률상 원인 없는 이득이 있다 하더라도 그로 인하여 타인에게 손해가 발생한 것이 아니라면 그 타인은 부당이득반환청구권자가 될 수 없다(대판 2011.7.28. 2009다100418).

② (×) 변제기에 있지 아니한 채무를 변제한 때에는 그 반환을 청구하지 못한다. 그러나 채무자가 착오로 인하여 변제한 때에는 채권자는 이로 인하여 얻은 이익을 반환하여야 한다(민법 제743조).

③ (×) 부동산 실권리자명의 등기에 관한 법률이 규정하는 명의신탁약정은 부동산에 관한 물권의 실권리자가 타인과의 사이에서 대내적으로는 실권리자가 부동산에 관한 물권을 보유하거나 보유하기로 하고 그에 관한 등기는 그 타인의 명의로 하기로 하는 약정을 말하는 것일 뿐이므로, 그 자체로 선량한 풍속 기타 사회질서에 위반하는 경우에 해당한다고 단정할 수 없을 뿐만 아니라, 위 법률은 원칙적으로 명의신탁약정과 그 등기에 기한 물권변동만을 무효로 하고 명의신탁자가 다른 법률관계에 기하여 등기회복 등의 권리행사를 하는 것까지 금지하지는 않는 대신, 명의신탁자에 대하여 행정적 제재나 형벌을 부과함으로써 사적자치 및 재산권보장의 본질을 침해하지 않도록 규정하고 있으므로, 위 법률이 비록 부동산등기제도를 악용한 투기·탈세·탈법행위 등 반사회적 행위를 방지하는 것 등을 목적으로 제정되었다고 하더라도, 무효인 명의신탁약정에 기하여 타인 명의의 등기가 마쳐졌다는 이유만으로 그것이 당연히 불법원인급여에 해당한다고 볼 수 없다(대판 2003.11.27. 2003다41722).

④ (×) 수익자가 이익을 받은 후 법률상 원인 없음을 안 때에는 그때부터 악의의 수익자로서 이익반환의 책임이 있다. 선의의 수익자가 패소한 때에는 그 소를 제기한 때부터 악의의 수익자로 본다(민법 제749조).

⑤ (○) 선의의 수익자는 그 받은 이익이 현존한 한도에서 부당이득반환의 책임이 있지만, 악의의 수익자는 그 받은 이익에 이자를 붙여 반환하고 손해가 있으면 이를 배상하여야 한다(민법 제748조). 다만, 제한능력자는 그 행위로 인하여 받은 이익이 현존하는 한도에서 상환(償還)할 책임이 있다(민법 제141조). 제한능력자의 책임을 제한하는 민법 제141조 단서는 부당이득에 있어 수익자의 반환범위를 정한 민법 제748조의 특칙으로서 제한능력자의 보호를 위해 그 선의·악의를 묻지 아니하고 반환범위를 현존 이익에 한정시키려는 데 그 취지가 있다(대판 2009.1.15. 2008다58367 참조).

정답 ⑤

08 기출 23

불법행위에 관한 설명으로 옳지 않은 것은?(다툼이 있으면 판례에 따름)

① 과실로 불법행위를 방조한 자에 대해서는 공동불법행위가 인정될 수 없다.
② 고의로 심신상실을 초래한 자는 타인에게 심신상실 중에 가한 손해를 배상할 책임이 있다.
③ 사용자가 근로계약에 수반되는 보호의무를 위반함으로써 피용자가 손해를 입은 경우, 사용자는 이를 배상할 책임이 있다.
④ 고의로 불법행위를 한 가해자는 피해자의 손해배상채권을 피해자에 대한 자신의 다른 채권으로 상계할 수 없다.
⑤ 미성년자가 성폭력을 당한 경우에 이로 인한 손해배상청구권의 소멸시효는 그가 성년이 될 때까지는 진행되지 아니한다.

08

① (×) 수인이 공동의 불법행위로 타인에게 손해를 가한 때에는 연대하여 그 손해를 배상할 책임이 있다. 교사자나 방조자는 공동행위자로 본다(민법 제760조 제1항, 제3항). 공동불법행위에 있어 방조라 함은 불법행위를 용이하게 하는 직접·간접의 모든 행위를 가리키는 것으로서 형법과 달리 손해의 전보를 목적으로 하여 과실을 원칙적으로 고의와 동일시하는 민법의 해석으로서는 과실에 의한 방조도 가능하다고 할 것이며, 이 경우의 과실의 내용은 불법행위에 도움을 주지 않아야 할 주의의무가 있음을 전제로 하여 이 의무에 위반하는 것을 말한다(대판 2009.4.23. 2009다1313).
② (○) 심신상실 중에 타인에게 손해를 가한 자는 배상의 책임이 없다. 그러나 고의 또는 과실로 인하여 심신상실을 초래한 때에는 그러하지 아니하다(민법 제754조).
③ (○) 사용자는 근로계약에 수반되는 신의칙상의 부수적 의무로서 피용자가 노무를 제공하는 과정에서 생명, 신체, 건강을 해치는 일이 없도록 인적·물적 환경을 정비하는 등 필요한 조치를 강구하여야 할 보호의무를 부담하고, 이러한 보호의무를 위반함으로써 피용자가 손해를 입은 경우 이를 배상할 책임이 있다(대판 2001.7.27. 99다56734).
④ (○) 채무가 고의의 불법행위로 인한 것인 때에는 그 채무자[가해자(註)]는 상계로 채권자[피해자(註)]에게 대항하지 못한다(민법 제496조). 즉, 고의로 인한 불법행위채권을 수동채권으로 하는 상계는 금지된다. 민법 제496조의 취지는, 고의의 불법행위에 의한 손해배상채권에 대하여 상계를 허용한다면 고의로 불법행위를 한 자까지도 상계권 행사로 현실적으로 손해배상을 지급할 필요가 없게 되어 보복적 불법행위를 유발하게 될 우려가 있고, 또 고의의 불법행위로 인한 피해자가 가해자의 상계권 행사로 인하여 현실의 변제를 받을 수 없는 결과가 됨은 사회적 정의관념에 맞지 아니하므로 고의에 의한 불법행위의 발생을 방지함과 아울러 고의의 불법행위로 인한 피해자에게 현실의 변제를 받게 하려는 데 있다(대판 2002.1.25. 2001다52506).
⑤ (○) 미성년자가 성폭력, 성추행, 성희롱, 그 밖의 성적(性的) 침해를 당한 경우에 이로 인한 손해배상청구권의 소멸시효는 그가 성년이 될 때까지는 진행되지 아니한다(민법 제766조 제3항).

정답 ①

09 기출 22

불법행위에 기한 손해배상에 관한 설명으로 옳지 않은 것을 모두 고른 것은?(다툼이 있으면 판례에 따름)

> ㄱ. 작위의무 있는 자의 부작위에 의한 과실방조는 공동불법행위의 방조가 될 수 없다.
> ㄴ. 도급인이 수급인의 일의 진행과 방법에 관해 구체적으로 지휘·감독한 경우, 수급인의 그 도급업무와 관련된 불법행위로 인한 제3자의 손해에 대해 도급인은 사용자책임을 진다.
> ㄷ. 책임능력 없는 미성년자의 불법행위로 인해 손해를 입은 자는 그 미성년자의 감독자에게 배상을 청구하기 위해 그 감독자의 감독의무해태를 증명하여야 한다.
> ㄹ. 파견근로자의 파견업무에 관한 불법행위에 대하여 파견사업주는 특별한 사정이 없는 한 사용자로서의 배상책임을 부담하지 않는다.

① ㄱ
② ㄴ, ㄷ
③ ㄴ, ㄹ
④ ㄱ, ㄷ, ㄹ
⑤ ㄱ, ㄴ, ㄷ, ㄹ

09

ㄱ. (×) 민법 제760조 제3항은 교사자나 방조자는 공동행위자로 본다고 규정하여 교사자나 방조자에게 공동불법행위자로서 책임을 부담시키고 있는바, 방조라 함은 불법행위를 용이하게 하는 직접, 간접의 모든 행위를 가리키는 것으로서 작위에 의한 경우뿐만 아니라 작위의무 있는 자가 그것을 방지하여야 할 여러 조치를 취하지 아니하는 부작위로 인하여 불법행위자의 실행행위를 용이하게 하는 경우도 포함하고, 이러한 불법행위의 방조는 형법과 달리 손해의 전보를 목적으로 하여 과실을 원칙적으로 고의와 동일시하는 민법의 해석으로서는 과실에 의한 방조도 가능하다(대판 2007.6.14. 2005다32999).

ㄴ. (○) 도급인이 수급인의 일의 진행 및 방법에 관하여 구체적인 지휘감독권을 유보한 경우에는 도급인과 수급인의 관계는 실질적으로 사용자 및 피용자의 관계와 다를 바 없으므로 수급인이 고용한 제3자의 불법행위로 인한 손해에 대하여 도급인은 민법 제756조에 의한 사용자 책임을 면할 수 없다(대판 1987.10.28. 87다카1185).

ㄷ. (×) 민법 제755조 제1항에 의하여 책임능력 없는 미성년자를 감독할 법정의 의무 있는 자가 지는 손해배상책임은 그 미성년자에게 책임이 없음을 전제로 하여 이를 보충하는 책임이고, 그 경우에 감독의무자 자신이 감독의무를 해태하지 아니하였음을 입증하지 아니하는 한 책임을 면할 수 없다(대판 1994.2.8. 93다13605).

ㄹ. (×) 파견사업주와 파견근로자 사이에는 민법 제756조의 사용관계가 인정되어 파견사업주는 파견근로자의 파견업무에 관련한 불법행위에 대하여 파견근로자의 사용자로서의 책임을 져야 하지만, 파견근로자가 사용사업주의 구체적인 지시·감독을 받아 사용사업주의 업무를 행하던 중에 불법행위를 한 경우에 파견사업주가 파견근로자의 선발 및 일반적 지휘·감독권의 행사에 있어서 주의를 다하였다고 인정되는 때에는 면책된다고 할 것이다(대판 2003.10.9. 2001다24655).

정답 ④

10 기출 21

불법행위책임에 관한 설명으로 옳지 않은 것은?(다툼이 있으면 판례에 따름)

① 피용자의 불법행위로 인하여 사용자책임을 지는 자가 그 피용자에 대하여 행사하는 구상권은 신의칙을 이유로 제한 또는 배제될 수 있다.
② 공동불법행위에서 과실상계를 하는 경우, 피해자에 대한 공동불법행위자 전원의 과실과 피해자의 공동불법행위자 전원에 대한 과실을 전체적으로 평가하여야 한다.
③ 가해자 중 1인이 다른 가해자에 비하여 불법행위에 가공한 정도가 경미한 경우, 그 가해자의 피해자에 대한 책임범위를 손해배상액의 일부로 제한하여 인정할 수 있다.
④ 불법행위에 경합된 당사자들의 과실 정도에 관한 사실인정이나 그 비율을 정하는 것은 특별한 사정이 없는 한 사실심의 전권사항에 속한다.
⑤ 일반육체노동을 하는 사람의 가동연한은 특별한 사정이 없는 한 경험칙상 만 65세로 보아야 한다.

10

① (O) 일반적으로 사용자가 피용자의 업무수행과 관련하여 행하여진 불법행위로 인하여 직접 손해를 입었거나 피해자인 제3자에게 사용자로서의 손해배상책임을 부담한 결과로 손해를 입게 된 경우에 사용자는 사업의 성격과 규모, 시설의 현황, 피용자의 업무내용과 근로조건 및 근무태도, 가해행위의 발생원인과 성격, 가해행위의 예방이나 손실의 분산에 관한 사용자의 배려의 정도, 기타 제반 사정에 비추어 손해의 공평한 분담이라는 견지서 신의칙상 상당하다고 인정되는 한도 내에서만 피용자에 대하여 손해배상을 청구하거나 구상권을 행사할 수 있다(대판 2017.4.27. 2016다271226).
② (O) 공동불법행위책임은 가해자 각 개인의 행위에 대하여 개별적으로 그로 인한 손해를 구하는 것이 아니라 가해자들이 공동으로 가한 불법행위에 대하여 그 책임을 추궁하는 것으로, 법원이 피해자의 과실을 들어 과실상계를 함에 있어서는 피해자의 공동불법행위자 각인에 대한 과실비율이 서로 다르더라도 피해자의 과실을 공동불법행위자 각인에 대한 과실로 개별적으로 평가할 것이 아니고 그들 전원에 대한 과실로 전체적으로 평가하여야 한다(대판 2008.6.26. 2008다22481).
③ (×) 공동불법행위로 인한 손해배상책임의 범위는 피해자에 대한 관계에서 가해자들 전원의 행위를 전체적으로 함께 평가하여 정하여야 하고, 그 손해배상액에 대하여는 가해자 각자가 그 금액의 전부에 대한 책임을 부담하며, 가해자의 1인이 다른 가해자에 비하여 불법행위에 가공한 정도가 경미하다고 하더라도 피해자에 대한 관계에서 그 가해자의 책임범위를 위와 같이 정하여진 손해배상액의 일부로 제한하여 인정할 수는 없다(대판 2012.8.17. 2012다30892).
④ (O) 대판 2015.4.23. 2013다211834
⑤ (O) 대판 2021.3.11. 2019다208472

정답 ③

11 기출 21

甲은 법률상 의무 없이 乙의 사무를 처리하고 있다. 이에 관한 설명으로 옳지 않은 것은?(다툼이 있으면 판례에 따름)

① 甲이 제3자와의 별도의 위임계약에 따라 乙의 사무를 처리한 경우, 원칙적으로 甲과 乙 사이에 사무관리는 성립하지 않는다.
② 사무관리가 성립되기 위한 甲의 사무관리의사는 甲 자신을 위한 의사와 병존할 수 있다.
③ 사무관리가 성립하는 경우, 甲은 乙에게 부당이득 반환을 청구할 수 없다.
④ 사무관리가 성립하는 경우, 甲이 乙의 의사를 알거나 알 수 있었다면 甲은 사무의 성질에 좇아 乙에게 이익이 되는 방법으로 관리하여야 한다.
⑤ 甲이 사무관리하면서 과실 없이 손해를 입은 경우, 甲은 乙의 현존이익의 한도 내에서 그 손해의 보상을 청구할 수 있다.

11

① (○) 의무 없이 타인의 사무를 처리한 자는 그 타인에 대하여 민법상 사무관리 규정에 따라 비용상환 등을 청구할 수 있으나, 제3자와의 약정에 따라 타인의 사무를 처리한 경우에는 의무 없이 타인의 사무를 처리한 것이 아니므로 이는 원칙적으로 그 타인과의 관계에서는 사무관리가 된다고 볼 수 없다(대판 2013.9.26. 2012다43539). 이러한 판례의 취지를 고려하면, 별도의 위임계약이 있는 경우에는 원칙적으로 관리자 甲과 본인 乙 사이에 사무관리가 성립하지 아니한다고 보는 것이 타당하다.
② (○) 민법 제734조 제1항의 "타인을 위하여"는 관리의 사실상 효과를 본인에게 귀속시키려는 의사의 존재를 요한다는 의미로 이해하여야 하고, 이러한 관리의사는 관리자 자신을 위한 의사와 병존할 수 있음에 유의하여야 한다.
③ (×) 종래의 통설은 민법 제739조 제3항의 청구권을 "본인의 의사에 반하는지 여부는 명백하지 아니하나, 본인의 의사에 반하는 경우"에 적법한 사무관리의 효과로 발생하는 청구권이라고 이해하고 있다. 따라서 이와 같은 경우에도 사무관리가 성립하며, 이때 관리자 甲은 민법 제739조 제3항에 의하여 본인 乙의 현존이익의 한도에서 乙에게 부당이득 반환의 성질을 가지는 비용상환청구권, 채무대변제청구권 및 담보제공청구권 등을 행사할 수 있다고 판단된다.
④ (×) 사무관리가 성립하는 경우, 관리자는 그 사무의 성질에 좇아 가장 본인에게 이익되는 방법으로 이를 관리하여야 하고, 본인의 의사를 알거나 알 수 있는 때에는 그 의사에 적합하도록 관리하여야 한다(민법 제734조 제1항・제2항). 따라서 관리자 甲이 본인 乙의 의사를 알았거나 알 수 있었다면, 甲은 乙의 의사에 적합하도록 관리하여야 한다.
⑤ (○) 민법 제740조

정답 ③・④

12 기출 20

민법 제756조(사용자의 배상책임)에 관한 설명으로 옳지 않은 것은?(다툼이 있으면 판례에 따름)

① 사용자와 피용자 간의 고용계약이 무효이더라도 사실상의 지휘·감독관계가 인정된다면 사용자의 배상책임이 성립할 수 있다.
② 폭행과 같은 피용자의 범죄행위도 민법 제756조 소정의 사무집행 관련성을 가질 수 있다.
③ 파견근로자의 파견업무에 관련한 불법행위에 대하여 파견사업주는 특별한 사정이 없는 한 사용자의 배상책임을 부담한다.
④ 고의로 불법행위를 한 피용자가 신의칙상 과실상계를 주장할 수 없는 경우에도 사용자는 특별한 사정이 없는 한 과실상계를 주장할 수 있다.
⑤ 피용자와 공동불법행위를 한 제3자가 있는 경우, 사용자가 피해자에게 손해 전부를 배상하였다면 사용자는 그 제3자에게 배상액 전부를 구상할 수 있다.

12

① (○) 민법 제756조 소정의 사용자와 피용자의 관계는 반드시 유효한 고용관계가 있는 경우에 한하는 것이 아니고, 사실상 어떤 사람이 다른 사람을 위하여 그 지휘·감독 아래 그 의사에 따라 사무를 집행하는 관계에 있으면 족하다(대판 1998.8.21. 97다13702).
② (○) 피용자가 고의에 기하여 다른 사람에게 가해행위를 한 경우 그 행위가 피용자의 사무집행 그 자체는 아니라 하더라도 사용자의 사업과 시간적, 장소적으로 근접하고, 피용자의 사무의 전부 또는 일부를 수행하는 과정에서 이루어지거나 가해행위의 동기가 업무처리와 관련된 것일 경우에는 외형적, 객관적으로 사용자의 사무집행행위와 관련된 것이라고 보아 사용자책임이 성립한다고 할 것이다(대판 2000.2.11. 99다47297).
③ (○) 파견근로자 보호 등에 관한 법률에 의한 근로자파견은 파견사업주가 근로자를 고용한 후 그 고용관계를 유지하면서 사용사업주와 사이에 체결한 근로자파견계약에 따라 사용사업주에게 근로자를 파견하여 근로를 제공하게 하는 것으로서, 파견사업주와 파견근로자 사이에는 민법 제756조의 사용관계가 인정되어 파견사업주는 파견근로자의 파견업무에 관련한 불법행위에 대하여 파견근로자의 사용자로서의 책임을 져야 하지만, 파견근로자가 사용사업주의 구체적인 지시·감독을 받아 사용사업주의 업무를 행하던 중에 불법행위를 한 경우에 파견사업주가 파견근로자의 선발 및 일반적 지휘·감독권의 행사에 있어서 주의를 다하였다고 인정되는 때에는 면책된다고 할 것이다(대판 2003.10.9. 2001다24655).
④ (○) 피해자의 부주의를 이용하여 고의로 불법행위를 저지른 자가 바로 그 피해자의 부주의를 이유로 자신의 책임을 감하여 달라고 주장하는 것은 허용될 수 없으나, 이는 그러한 사유가 있는 자에게 과실상계의 주장을 허용하는 것이 신의칙에 반하기 때문이므로, 중개보조원이 업무상 행위로 거래당사자인 피해자에게 고의로 불법행위를 저지른 경우라 하더라도 중개보조원을 고용하였을 뿐 이러한 불법행위에 가담하지 아니한 중개업자에게 책임을 묻고 있는 피해자에 과실이 있다면, 법원은 과실상계의 법리에 좇아 손해배상책임 및 그 금액을 정하면서 이를 참작하여야 한다(대판 2011.7.14. 2011다21143).
⑤ (×) 피용자와 제3자가 공동불법행위로 피해자에게 손해를 가하여 그 손해배상채무를 부담하는 경우에 피용자와 제3자는 공동불법행위자로서 서로 부진정연대관계에 있고, 한편 사용자의 손해배상책임은 피용자의 배상책임에 대한 대체적 책임이어서 사용자도 제3자와 부진정연대관계에 있다고 보아야 할 것이므로, 사용자가 피용자와 제3자의 책임비율에 의하여 정해진 피용자의 부담 부분을 초과하여 피해자에게 손해를 배상한 경우에는 사용자는 제3자에 대하여도 구상권을 행사할 수 있으며, 그 구상의 범위는 제3자의 부담 부분에 국한된다고 보는 것이 타당하다(대판 1992.6.23. 91다33070[전합]).

정답 ⑤

13 기출 20

부당이득반환청구권에 관한 설명으로 옳지 않은 것은?(다툼이 있으면 판례에 따름)

① 부당이득반환청구권의 요건인 수익자의 이득은 실질적으로 귀속된 이득을 의미한다.
② 법률상 원인 없이 이득을 얻은 자는 있지만 그로 인해 손해를 입은 자가 없다면 부당이득반환청구권은 성립하지 않는다.
③ 수인이 공동으로 법률상 원인 없이 타인의 재산을 사용한 경우 발생하는 부당이득반환채무는 특별한 사정이 없는 한 부진정연대관계에 있다.
④ 부당이득이 금전상 이득인 경우 이를 취득한 자가 소비하였는지 여부를 불문하고 그 이득은 현존하는 것으로 추정된다.
⑤ 선의의 수익자가 부당이득반환청구소송에서 패소한 때에는 그 소가 제기된 때부터 악의의 수익자로 간주된다.

13
① (○) 임차인이 임대차계약 종료 이후에도 동시이행의 항변권을 행사하는 방법으로 목적물의 반환을 거부하기 위하여 임차건물 부분을 계속 점유하기는 하였으나 이를 본래의 임대차계약상의 목적에 따라 사용·수익하지 아니하여 실질적인 이득을 얻은 바 없는 경우에는 그로 인하여 임대인에게 손해가 발생하였다 하더라도 임차인의 부당이득반환의무는 성립되지 아니한다 할 것이다(대판 2001.2.9. 2000다61398).
② (○) 부당이득은 법률상 원인 없이 타인의 재산 또는 노무로 인하여 이익을 얻고 이로 인하여 타인에게 손해를 가함으로써 성립하는 것이므로, 법률상 원인 없는 이득이 있다 하더라도 그로 인하여 타인에게 손해가 발생한 것이 아니라면 그 타인은 부당이득반환청구권자가 될 수 없다(대판 2011.7.28. 2009다100418).
③ (×) 여러 사람이 공동으로 법률상 원인 없이 타인의 재산을 사용한 경우의 부당이득반환채무는 특별한 사정이 없는 한 불가분적 이득의 반환으로서 불가분채무이고, 불가분채무는 각 채무자가 채무 전부를 이행할 의무가 있으며, 1인의 채무이행으로 다른 채무자도 그 의무를 면하게 된다(대판 2001.12.11. 2000다13948).
④ (○) 대판 2012.12.13. 2011다69770
⑤ (○) 민법 제749조 제2항

정답 ③

14 기출 18

불법행위에 관한 설명으로 옳은 것은?(다툼이 있으면 판례에 따름)

① 민법 제758조의 공작물의 소유자책임은 과실책임이다.
② 불법행위에서 고의 또는 과실의 증명책임은 원칙적으로 가해자가 부담한다.
③ 명예훼손의 경우, 법원은 피해자의 청구가 없더라도 직권으로 명예회복에 적합한 처분을 명할 수 있다.
④ 중과실의 불법행위자는 피해자에 대한 채권을 가지고 피해자의 손해배상채권을 상계할 수 있다.
⑤ 여럿이 공동의 불법행위로 타인에게 손해를 가한 때에는 분할하여 그 손해를 배상할 책임이 있다.

14
① (×) 민법 제758조 제1항은 일종의 무과실책임을 인정한 것이다(대판 1983.12.13. 82다카1038).
② (×) 채무불이행책임을 면하기 위해서는 채무자가 자기에게 과실 없음을 증명해야 하지만, 불법행위에서 고의 또는 과실의 증명책임은 원칙적으로 피해자가 부담한다.
③ (×) 타인의 명예를 훼손한 자에 대하여는 법원은 피해자의 청구에 의하여 손해배상에 갈음하거나 손해배상과 함께 명예회복에 적당한 처분을 명할 수 있다(민법 제764조).
④ (○) 고의의 불법행위에 인한 손해배상채권에 대한 상계금지를 중과실의 불법행위에 인한 손해배상채권에까지 유추 또는 확장적용하여야 할 필요성이 있다고 할 수 없다(대판 1994.8.12. 93다52808).
⑤ (×) 수인이 공동의 불법행위로 타인에게 손해를 가한 때에는 연대하여 그 손해를 배상할 책임이 있다(민법 제760조 제1항).

정답 ④

15 기출 18

부당이득에 관한 설명으로 옳은 것은?(다툼이 있으면 판례에 따름)

① 선의의 수익자가 패소한 때에는 그 판결이 확정된 때부터 악의의 수익자로 본다.
② 악의의 비채변제라도 변제를 강제당한 경우 등 그 변제가 자유로운 의사에 반하여 이루어진 때에는 반환을 청구할 수 있다.
③ 임차인이 동시이행의 항변권에 기하여 임차목적물을 사용·수익한 경우에는 부당이득이 성립하지 않는다.
④ 무효인 명의신탁약정에 의하여 타인 명의의 등기가 마쳐졌다는 이유만으로 그것이 불법원인급여에 해당한다.
⑤ 채무 없는 자가 착오로 변제한 경우에 그 변제가 도의관념에 적합한 때에도 그 반환을 청구할 수 있다.

15

① (×) 선의의 수익자가 패소한 때에는 그 소를 제기한 때부터 악의의 수익자로 본다(민법 제749조 제2항).
② (○) 지급자가 채무 없음을 알면서도 임의로 지급한 경우에는 민법 제742조 소정의 비채변제로서 수령자에게 그 반환을 구할 수 없으나, 지급자가 채무 없음을 알고 있었다고 하더라도 변제를 강제당한 경우나 변제 거절로 인한 사실상의 손해를 피하기 위하여 부득이 변제하게 된 경우 등 그 변제가 자유로운 의사에 반하여 이루어진 것으로 볼 수 있는 사정이 있는 때에는 지급자가 그 반환청구권을 상실하지 않는다(대판 2004.1.27. 2003다46451).
③ (×) 임차인이 동시이행의 항변권에 기하여 임차목적물을 점유하고 사용·수익한 경우 그 점유는 불법점유라 할 수 없어 그로 인한 손해배상책임은 지지 아니하되, 다만 사용·수익으로 인하여 실질적으로 얻은 이익이 있으면 부당이득으로서 반환하여야 한다(대판 1998.7.10. 98다15545).
④ (×) 부동산 실권리자명의 등기에 관한 법률(이하 '부동산실명법') 규정의 문언, 내용, 체계와 입법목적 등을 종합하면, 부동산실명법을 위반하여 무효인 명의신탁약정에 따라 명의수탁자 명의로 등기를 하였다는 이유만으로 그것이 당연히 불법원인급여에 해당한다고 단정할 수는 없다(대판 2019.6.20. 2013다218156 [전합]).
⑤ (×) 채무 없는 자가 착오로 인하여 변제한 경우에 그 변제가 도의관념에 적합한 때에는 그 반환을 청구하지 못한다(민법 제744조).

정답 ②

MEMO

공인노무사 1차
민법

판례색인

판례색인

[대법원]

대결 1965.2.9. 64스9	48
대결 1972.5.15. 72마401	419, 435
대결 1976.12.21. 75마551	48
대결 1980.3.21. 80마77	116, 217
대결 1990.2.13. 89다카26250	304
대결 1997.11.27. 97스4	50
대결 1998.9.2. 98마100	540
대결 1998.10.28. 98마1817	102
대결 2000.1.31. 99마6205	148
대결 2000.11.2. 2000마3530	95, 99
대결 2001.9.21. 2000그9	66
대결 2007.11.30. 2005마1130	318, 345, 573
대결 2008.2.1. 2007카기6	608
대결 2009.5.28. 2007카기134	11
대결 2009.5.28. 2008마109	409
대결 2009.11.19. 2008마699[전합]	54, 86
대결 2010.3.10. 2009마1942	407
대결 2012.7.16. 2009마461	397, 409
대결 2013.5.31. 2012마712	323, 335
대결 2014.1.17. 2013마1801	70, 71
대결 2017.8.21. 2017마499	331, 413
대결 2021.6.10. 2020스596	41
대결 2022.7.28. 2022스613	316
대결 2023.11.9. 2023마6582	235
대판 1955.11.10. 4288민상321	131
대판 1956.3.31. 4288민상232	264
대판 1960.2.4. 4291민상636	48
대판 1960.7.21. 4292민상773	462
대판 1962.1.11. 4294민상195	316
대판 1962.2.8. 4294민상192	143
대판 1962.11.22. 62다655	132
대판 1963.5.9. 63다67	151
대판 1963.9.12. 63다452	18
대판 1963.11.21. 63다429	272
대판 1963.11.21. 63다634	315, 342
대판 1964.4.7. 63다638	622
대판 1964.9.15. 64다92	135
대판 1964.10.27. 64다798	614
대판 1964.12.29. 64다804	315, 338
대판 1965.4.27. 65다181	608
대판 1965.8.24. 64다1156	165, 270
대판 1965.11.30. 65다1707	637
대판 1965.12.28. 65므61	174
대판 1966.5.31. 66다531	613
대판 1966.6.21. 66다530	114, 212
대판 1966.10.4. 66다1535	324
대판 1966.10.11. 66다1456	633
대판 1966.10.18. 66다1335	637
대판 1966.10.21. 64다1102	633
대판 1966.11.29. 66다1861	389
대판 1967.9.5. 67다1307	635
대판 1967.9.16. 67다1482	364
대판 1967.12.5. 67다2251	618
대판 1968.1.23. 67다2440	318, 338
대판 1968.3.5. 67다2869	637
대판 1968.6.18. 68다694	149
대판 1968.7.24. 68다905	609
대판 1968.10.22. 68다1643	623

판례	페이지
대판 1969.2.25. 68다2352	314
대판 1969.4.15. 69다268	635
대판 1969.7.22. 69다504	301
대판 1969.8.19. 69므18	114
대판 1970.2.10. 69다2171	610
대판 1970.2.24. 69다1410	464, 489
대판 1970.2.24. 69다1568	33
대판 1970.9.29. 70다466	217
대판 1970.11.24. 70다2155	137
대판 1971.3.23. 71다189	49
대판 1971.11.15. 71다1983	174
대판 1971.12.14. 71다2045	45
대판 1972.4.25. 71다2255	117
대판 1973.1.30. 72다2243	501
대판 1973.3.13. 72다2207	507
대판 1973.6.12. 71다2669	224, 225
대판 1973.7.24. 72다2136	48
대판 1973.10.23. 73다268	136
대판 1974.2.26. 73다934	163
대판 1974.7.9. 73다1804	158
대판 1974.7.26. 73다1637	606
대판 1975.1.28. 74다2069	524
대판 1975.2.25. 74다2114	323
대판 1975.5.13. 74다1664[전합]	319
대판 1975.5.13. 75다92	116
대판 1975.12.23. 75다533	137
대판 1976.4.13. 75다1100	396
대판 1976.5.24. 75다1088	633
대판 1976.10.12. 73다584	452
대판 1976.10.29. 76다1623	396
대판 1976.11.9. 76다1932	564, 565
대판 1977.3.22. 77다81	51
대판 1977.7.27. 77다492[전합]	174
대판 1977.8.23. 76다147	57
대판 1977.12.13. 76다2179	117
대판 1978.3.28. 78다282	159, 193
대판 1978.7.11. 78다719	134
대판 1978.9.26. 78다1435	78
대판 1979.3.27. 78다2342	314
대판 1979.3.27. 78다2493	134
대판 1979.4.10. 78다2457	116
대판 1979.4.10. 79다275	116
대판 1979.6.12. 79다662	424
대판 1979.7.10. 79다569	235
대판 1979.8.28. 79다784	94
대판 1979.9.25. 79다832	478
대판 1979.10.30. 79다1455	466
대판 1979.11.13. 79다483[전합]	115, 614
대판 1979.12.11. 78다481[전합]	65
대판 1980.1.15. 79다1498	139
대판 1980.4.8. 79다2036	79, 90
대판 1980.5.13. 78다1790	251
대판 1980.6.10. 80다669	271
대판 1980.6.24. 80다458	114
대판 1980.6.24. 80다756	351
대판 1980.7.8. 80다639	221
대판 1980.7.22. 80다998	521
대판 1980.8.26. 79다1257	472
대판 1980.9.30. 80도1874	94, 102
대판 1981.3.24. 80다1888	252
대판 1981.4.14. 80다2314	163, 164, 166, 218
대판 1981.6.23. 80다3221	148
대판 1981.7.28. 81다145	573, 577
대판 1981.8.11. 81다298	622, 625
대판 1981.8.13. 91다13717	483
대판 1981.10.13. 81다649	149
대판 1981.10.27. 80다2784	501
대판 1981.11.10. 80다2475	131, 191, 197

판례색인

판례	페이지
대판 1982.1.26. 81다카549	163, 164, 214, 218
대판 1982.2.9. 81다534	31
대판 1982.4.27. 80다851	467
대판 1982.5.11. 80다916	471
대판 1982.5.25. 80다1403	127
대판 1982.5.25. 81다1349	151
대판 1982.6.22. 82다카200	431
대판 1982.6.22. 82다카90	114
대판 1982.7.27. 80다2968	466
대판 1982.9.28. 82다카499	78, 85
대판 1982.11.23. 81다카1110	476
대판 1982.12.14. 80다1872	49
대판 1983.1.18. 81다89	478
대판 1983.1.18. 82다594	127
대판 1983.2.8. 81다카621	159
대판 1983.2.22. 81다134	383
대판 1983.6.14. 80다3231	7, 8, 9
대판 1983.8.23. 82다카439	138, 139
대판 1983.10.11. 83다카542	574
대판 1983.12.13. 82다카1038	650
대판 1983.12.13. 83다카1489[전합]	157
대판 1984.3.13. 83다358	594
대판 1984.4.10. 83다카1222	290
대판 1984.7.24. 83다카1819	157, 193
대판 1984.8.14. 84도1139	567
대판 1984.9.11. 83다카2288	383, 385
대판 1984.9.25. 84다카967	185
대판 1984.11.27. 84다카1542·1543	290
대판 1985.2.8. 84다카188	537
대판 1985.2.26. 84다카1921	575
대판 1985.3.12. 84다카2093	408, 436
대판 1985.4.9. 84다카30	475
대판 1985.4.9. 84다카2525	510
대판 1985.4.23. 84다카890	131
대판 1985.8.13. 85다카421	607
대판 1985.9.10. 84다카1532	297, 336
대판 1985.11.12. 84다카2344	510
대판 1986.2.25. 85다카1529	385
대판 1986.2.25. 85다카1812	537
대판 1986.3.25. 85다422	615
대판 1986.9.9. 84다카2310	184
대판 1986.11.25. 86다카1569	366
대판 1986.12.9. 86다카858	383
대판 1987.2.24. 86누438	502
대판 1987.6.23. 86다카1411	151
대판 1987.7.7. 86다카1004	150, 200
대판 1987.8.18. 87다카768	610
대판 1987.9.8. 85다카733	392
대판 1987.9.8. 86다카1045	24
대판 1987.9.8. 87다카655	290
대판 1987.10.13. 86다카1522	66
대판 1987.10.28. 87다카1185	623, 646
대판 1987.12.8. 86다카1170	68
대판 1987.12.22. 87다카2337	249, 251
대판 1988.1.19. 87다카1315	539
대판 1988.2.23. 87다카57	635
대판 1988.3.8. 87다카1448	468, 569
대판 1988.3.8. 87다카2083	546
대판 1988.3.22. 87다카1096	297
대판 1988.4.25. 87다카1380	346
대판 1988.4.25. 87다카1682	603
대판 1988.5.10. 87다카2578	124, 190
대판 1988.5.10. 87다카3101	303
대판 1988.5.24. 87다카3104	388
대판 1988.6.14. 87다카2753	312
대판 1988.9.27. 86다카2375	302, 303, 334
대판 1988.9.27. 87다카1029	453
대판 1988.11.8. 88다3253	285, 286, 372

대판 1988.11.22. 87다카1836	393, 397, 398, 399
대판 1988.12.13. 87다카2803[전합]	381
대판 1988.12.22. 98다44376	172
대판 1989.2.14. 88다카10753	452
대판 1989.3.28. 88다카12803	100, 270
대판 1989.4.11. 87다카2901	225
대판 1989.4.25. 86다카1147·1148	466
대판 1989.4.25. 88다카4253	313
대판 1989.5.9. 87다카2407	73, 89
대판 1989.7.11. 88다카20866	381, 383
대판 1989.9.29. 88다카14663	188
대판 1989.9.29. 89다카5994	613
대판 1989.10.27. 88다카33442	454
대판 1989.12.12. 89다카10811	304
대판 1990.1.23. 88다카7245·7252	530
대판 1990.1.25. 88다카26406	364
대판 1990.4.13. 89다카23794	451
대판 1990.5.8. 89다카29129	300
대판 1990.11.9. 90다카22513	336
대판 1990.11.13. 88다카29290	184
대판 1990.11.13. 90다카17153	603
대판 1990.11.13. 90다카26065	372
대판 1990.11.27. 90다카25222	457
대판 1990.11.27. 90다카27662	383
대판 1990.12.7. 90다5672	298
대판 1990.12.7. 90다카24939	454, 538
대판 1990.12.21. 90다카24076	543
대판 1990.12.26. 90다카25383	451
대판 1991.1.29. 89다카1114	250
대판 1991.2.12. 90다7364	148, 192
대판 1991.2.22. 90다13420	181, 228
대판 1991.3.12. 90다2147[전합]	268, 279
대판 1991.3.12. 90다카27570	244
대판 1991.3.22. 91다520	614
대판 1991.3.27. 90다19930	483, 488
대판 1991.4.9. 90다14652	520
대판 1991.4.9. 91다3260	542, 582
대판 1991.4.12. 90다9407	317, 342
대판 1991.5.14. 91다2779	99
대판 1991.7.26. 91다8104	289
대판 1991.8.13. 91다13717	319, 325, 467
대판 1991.8.13. 91다6856	433
대판 1991.8.23. 91다15409	624
대판 1991.8.27. 91다11308	133, 135
대판 1991.10.11. 91다25369	297
대판 1991.11.26. 91다11810	49
대판 1991.12.10. 91다27396	508
대판 1991.12.24. 90다12243[전합]	170, 171, 172, 210
대판 1991.12.27. 91다3208	128
대판 1992.2.14. 91다24564	73
대판 1992.4.10. 91다43138	490
대판 1992.4.14. 91다26850	77
대판 1992.4.14. 91다43107	147
대판 1992.4.14. 91다45202	605, 639
대판 1992.4.28. 91다29972	458, 477
대판 1992.5.12. 91다2151	501, 580
대판 1992.5.12. 91다3062	370, 376
대판 1992.5.12. 92다4581	291
대판 1992.5.22. 92다5584	188
대판 1992.5.26. 92다3670	221
대판 1992.6.23. 91다33070[전합]	623, 626, 649
대판 1992.7.14. 92다527	338
대판 1992.7.28. 91다33612	173
대판 1992.8.18. 90다9452	382
대판 1992.8.18. 91다25505	547
대판 1992.8.18. 91다30927	452
대판 1992.8.18. 92다5928	13

판례색인

대판 1992.9.22. 92다15048	57
대판 1992.9.25. 91다37553	354
대판 1992.10.13. 92다6433	37
대판 1992.10.27. 91다32022	483
대판 1992.10.27. 91다483	313, 318, 338
대판 1992.10.27. 92다21784	509
대판 1992.11.24. 92다33855	320
대판 1992.12.8. 92다34162	635
대판 1992.12.11. 92다33169	614
대판 1992.12.22. 92다28518	289
대판 1992.12.24. 92다25120	199
대판 1993.1.15. 92다39365	148
대판 1993.1.19. 92다37727	508
대판 1993.1.26. 92다11008	325
대판 1993.2.12. 91다43466	632
대판 1993.2.12. 92다23193	609
대판 1993.2.23. 92다52436	145, 149
대판 1993.3.23. 92다46905	502
대판 1993.3.26. 92다32876	315, 342
대판 1993.4.9. 92다25946	507
대판 1993.4.13. 92다24950	96, 102, 537
대판 1993.4.13. 92다3595	228
대판 1993.4.23. 92다41719	336
대판 1993.4.27. 92다56087	136
대판 1993.4.27. 93다4663	31
대판 1993.5.25. 92다31125	460
대판 1993.5.25. 93다1114	501
대판 1993.5.25. 93다296	183
대판 1993.5.27. 92다20163	291
대판 1993.5.27. 93다4908	499
대판 1993.6.22. 93다16130	531
대판 1993.6.25. 93다13131	381
대판 1993.7.16. 92다41528	123, 203
대판 1993.7.27. 91다33766	172
대판 1993.8.13. 92다52665	135
대판 1993.8.24. 92다56490	455
대판 1993.8.24. 93다24445	591
대판 1993.8.27. 93다17379	382
대판 1993.9.10. 93다20283	487, 506, 591
대판 1993.9.14. 93다12268	289
대판 1993.9.14. 93다13162	180
대판 1993.9.14. 93다8054	65
대판 1993.11.9. 93다28928	503
대판 1993.11.12. 93다34589	531, 592
대판 1993.11.12. 93다36882	561, 594
대판 1993.11.23. 93다37328	507
대판 1993.12.10. 93다12947	614
대판 1993.12.10. 93다42399	99
대판 1993.12.24. 93다38284	635
대판 1994.1.11. 93다21477	366
대판 1994.1.28. 93다43590	17
대판 1994.2.8. 93다13605	621, 646
대판 1994.2.8. 93다39379	143, 147
대판 1994.2.22. 93다53696	626
대판 1994.3.11. 93다55289	113, 203
대판 1994.3.25. 93다32828	69
대판 1994.4.15. 93다61307	612
대판 1994.4.23. 99다4504	568
대판 1994.4.26. 93다24223[전합]	386
대판 1994.4.26. 93다51591	53
대판 1994.4.26. 93다59304	638
대판 1994.4.29. 93다35551	383, 396
대판 1994.5.13. 94다7157	583
대판 1994.5.13. 94다8440	522
대판 1994.5.27. 93다21521	358
대판 1994.6.14. 92다23377	391
대판 1994.6.24. 94다10900	118, 205, 217
대판 1994.7.29. 93다59717	532, 542

대판 1994.8.12. 92다41559	464	대판 1995.7.28. 94다19129	623
대판 1994.8.12. 93다52808	319, 424, 425, 432, 435, 650	대판 1995.7.28. 94다42679	30
		대판 1995.7.28. 95다2074	292
대판 1994.8.26. 93다20191	164	대판 1995.8.11. 94다54108	607
대판 1994.9.13. 94다17093	466	대판 1995.8.22. 94다59042	148
대판 1994.9.27. 94다20617	21, 164, 214	대판 1995.8.25. 94다27069	23
대판 1994.11.4. 94다18584	550	대판 1995.8.25. 94다35886	230, 250
대판 1994.11.11. 94다17659	501	대판 1995.9.15. 95다13371	415
대판 1994.11.11. 94다22446	283	대판 1995.10.13. 94다57800	337
대판 1994.11.25. 94다12234	23	대판 1995.11.10. 94다22682	228
대판 1994.11.25. 94다35930	469	대판 1995.12.5. 95다22061	608
대판 1994.12.9. 94다38106	409	대판 1995.12.12. 95다32037	476
대판 1994.12.22. 93다55234	613	대판 1995.12.22. 94다42129	373
대판 1994.12.22. 94다24985	208, 299	대판 1995.12.26. 95다42195	531
대판 1994.12.27. 94다19242	393	대판 1996.1.23. 95다24340	636
대판 1994.12.27. 94다4806	311	대판 1996.1.23. 95다39854	233, 240
대판 1995.2.17. 94다52751	51	대판 1996.1.26. 94다30690	155, 202
대판 1995.3.3. 94다33514	369	대판 1996.1.26. 95다26919	445, 567
대판 1995.3.14. 94다26646	456	대판 1996.1.26. 95다43358	495
대판 1995.3.24. 94다44620	129, 197	대판 1996.1.26. 95다46890	625
대판 1995.3.28. 94다44132	459	대판 1996.2.27. 94다27083	568
대판 1995.4.11. 94다17000	116	대판 1996.3.8. 95다18673	173
대판 1995.4.28. 93다26397	173	대판 1996.3.22. 95다2630	385
대판 1995.5.12. 94다24336	237	대판 1996.3.26. 96다3791	624, 630
대판 1995.5.12. 94다25551	606, 607, 608	대판 1996.4.9. 95다52611	626
대판 1995.6.16. 95다11146	425	대판 1996.4.12. 94다37714	497
대판 1995.6.30. 94다13435	230	대판 1996.4.26. 94다12074	126
대판 1995.6.30. 94다40444	373	대판 1996.4.26. 94다43207	111
대판 1995.6.30. 94다54269	341	대판 1996.4.26. 95다11436	304
대판 1995.7.11. 94다34265[전합]	531	대판 1996.5.10. 96다8468	300
대판 1995.7.11. 95다12446	244	대판 1996.5.16. 95누4810[전합]	78
대판 1995.7.14. 94다51994	614	대판 1996.6.11. 95다12798	549, 587
대판 1995.7.25. 94다46428	536	대판 1996.6.14. 96다14517	532, 542
대판 1995.7.25. 95다5929	110	대판 1996.6.14. 96다2729	59

판례색인

대판 1996.6.25. 95다6601	292
대판 1996.6.28. 94다42976	553
대판 1996.6.28. 96다18281	381
대판 1996.6.28. 96다3982	170
대판 1996.7.12. 95다49554	157, 159, 160, 193
대판 1996.7.20. 96다25371	194
대판 1996.7.26. 96다14616	289
대판 1996.7.30. 94다51840	22
대판 1996.7.30. 95다16011	466
대판 1996.7.30. 95다7932	380, 540
대판 1996.8.20. 96다17653	476
대판 1996.8.20. 96다19581·19598	120
대판 1996.8.23. 94다38199	157, 214
대판 1996.8.23. 96다12566	58
대판 1996.9.6. 94다54641	533
대판 1996.9.10. 95누18437	63
대판 1996.9.10. 96다18182	124
대판 1996.9.20. 96다25302	250
대판 1996.9.20. 96다25371	180, 228
대판 1996.9.24. 96다25548	392
대판 1996.10.11. 95다1460	199
대판 1996.10.11. 96다27476	389, 398
대판 1996.10.25. 96다23825	172, 210, 318, 458
대판 1996.10.29. 95다56910	292
대판 1996.10.29. 96다23207	329
대판 1996.11.8. 96다35309	171
대판 1996.11.12. 96다34061	18, 25, 26
대판 1996.11.22. 96다34009	605
대판 1996.11.26. 96다35590	456
대판 1996.12.6. 95다24982	191
대판 1996.12.10. 96다27858	373
대판 1996.12.10. 96다32881	642
대판 1996.12.20. 95누16059	190
대판 1996.12.20. 95다28304	604
대판 1996.12.20. 95다52222	433
대판 1997.1.24. 96다43298	150
대판 1997.2.14. 95다31645	373
대판 1997.3.25. 96다51271	144
대판 1997.4.8. 96다54232	359
대판 1997.4.8. 96다54249	531, 542
대판 1997.4.11. 95다48414	191
대판 1997.4.11. 96다31109	453
대판 1997.4.11. 97다423	636
대판 1997.5.7. 96다39455	511
대판 1997.5.23. 95다51908	343
대판 1997.5.30. 95다4957	575
대판 1997.5.30. 97다1556	391
대판 1997.5.30. 97다2986	178
대판 1997.6.27. 95다40977·40984	382
대판 1997.6.27. 97다3828	160, 161
대판 1997.6.27. 97다6124	132
대판 1997.6.27. 97다9369	170, 204
대판 1997.7.8. 96다36517	93, 100
대판 1997.7.8. 97다12273	148, 149, 219
대판 1997.7.8. 97다2177	496, 579
대판 1997.7.25. 96다47494	499
대판 1997.7.25. 97다4357	170, 171, 172, 194, 469
대판 1997.8.22. 97다13023	132, 197, 206
대판 1997.8.26. 97다6063	206
대판 1997.9.26. 95다6205	77
대판 1997.9.26. 96다54997	603
대판 1997.9.28. 77다1241[전합]	540
대판 1997.10.10. 95다46265	368, 369
대판 1997.10.10. 96다35484	136
대판 1997.10.10. 96다47302	261
대판 1997.10.10. 97다26326	641
대판 1997.10.24. 97다28698	390, 462, 464
대판 1997.11.11. 97다36965	204

대판 1997.11.14. 97다34808	373	대판 1998.8.21. 97다13702	649
대판 1997.11.14. 97다35344	301	대판 1998.8.21. 97다37821	16
대판 1997.11.14. 97다36118	171	대판 1998.8.21. 98다8974	32
대판 1997.12.12. 95다38240		대판 1998.9.4. 98다17909	198
	174, 177, 178, 209, 215, 220	대판 1998.10.13. 98다17046	272
대판 1997.12.12. 96다50896	359, 624, 630	대판 1998.11.10. 98다42141	269, 279
대판 1997.12.12. 97누13962	124, 221	대판 1998.11.13. 97다58453	611, 642
대판 1997.12.23. 97다37753	531, 582	대판 1998.11.24. 98다25061	261
대판 1997.12.23. 97다42830	358, 623, 629	대판 1998.11.24. 98다33765	389, 394
대판 1997.12.26. 97다22676	244	대판 1998.11.27. 98다7421	180, 203
대판 1998.1.23. 96다41496	137, 139, 207	대판 1998.12.8. 97다31472	244
대판 1998.2.10. 97다31113	164	대판 1998.12.8. 98다43137	351
대판 1998.2.10. 97다44737	132	대판 1998.12.12. 98다42356	184
대판 1998.2.13. 97다6711	330	대판 1998.12.22. 98다42356	188
대판 1998.2.27. 97다50985		대판 1998.12.23. 98다43175	481
	190, 198, 206, 213, 217	대판 1999.1.29. 98다48903	445, 482
대판 1998.3.10. 97다55829	137	대판 1999.2.23. 97다12082	261
대판 1998.3.13. 95다48599	343	대판 1999.2.23. 98다60828	136, 199
대판 1998.3.13. 97다54604	488	대판 1999.2.26. 98다52469	357, 358, 624
대판 1998.3.13. 97다6919	571, 595	대판 1999.3.12. 98다18124	248
대판 1998.3.27. 97다36996	210	대판 1999.3.18. 98다32175[전합]	229
대판 1998.3.27. 97다48982	157, 161, 214	대판 1999.3.23. 99다4405	21
대판 1998.5.8. 98다2389	532, 582, 605, 615	대판 1999.3.26. 97다30622	383
대판 1998.5.15. 97다58316	329	대판 1999.4.13. 98다51077・51084	283
대판 1998.5.22. 96다24101	14, 26	대판 1999.4.23. 98다45546	131
대판 1998.5.29. 96다51110	618, 640	대판 1999.4.23. 99다4504	53
대판 1998.5.29. 97다55317		대판 1999.4.27. 98다56690	320, 343
	157, 160, 162, 200, 208	대판 1999.4.27. 98다61593	603
대판 1998.5.29. 98다6497	456	대판 1999.6.8. 98다60484	571, 577
대판 1998.6.12. 97다53762	158, 200	대판 1999.6.17. 98다40459[전합]	173, 204, 210
대판 1998.6.26. 98다5777	359	대판 1999.6.24. 94다10900	189
대판 1998.7.10. 98다15545	651	대판 1999.7.9. 97다58767	544, 586
대판 1998.7.14. 96다17202	538	대판 1999.7.9. 98다13754	456
대판 1998.7.24. 98다9021	22	대판 1999.7.9. 98다47542	457

판례색인

대판 1999.7.9. 98다9045	63, 90, 133, 216
대판 1999.7.9. 99다12376	389, 394
대판 1999.7.27. 99다19384	68
대판 1999.7.27. 99다9523	58
대판 1999.8.20. 99다18039	383
대판 1999.8.24. 99다23468	325, 328, 340
대판 1999.9.7. 99다14877	492
대판 1999.9.7. 99다30534	183
대판 1999.9.17. 98도2036	613, 643
대판 1999.10.8. 98므1698	22
대판 1999.11.12. 99다34697	455
대판 1999.11.26. 99다23093	379, 396
대판 2000.1.18. 98다18506	596
대판 2000.1.28. 99다50712	479
대판 2000.2.11. 99다47297	625, 649
대판 2000.2.11. 99다49644	268
대판 2000.2.11. 99다56833	116, 205
대판 2000.2.11. 99다62074	502, 580
대판 2000.2.25. 97다30066	452, 475, 488
대판 2000.2.25. 99다20155	59
대판 2000.2.25. 99다53704	328
대판 2000.3.10. 99다55632	549
대판 2000.3.10. 99다61750	18
대판 2000.4.11. 2000다2627	382
대판 2000.4.11. 99다12123	360, 364
대판 2000.4.11. 99다41749	628
대판 2000.4.11. 99다51685	476, 485, 492
대판 2000.4.21. 2000다584	485
대판 2000.4.25. 2000다11102	238, 248
대판 2000.4.25. 99다34475	23, 124
대판 2000.5.12. 2000다12259	206
대판 2000.6.9. 2000다15371	587
대판 2000.6.9. 2000다9123	642
대판 2000.7.6. 99다51258	126, 198
대판 2000.7.7. 98다44666	568
대판 2000.7.28. 99다38637	302
대판 2000.8.22. 2000다29028	299
대판 2000.8.22. 2000다3675	195, 557
대판 2000.9.8. 99다6524	426
대판 2000.10.13. 99다18725	246, 247
대판 2000.10.27. 2000다22881	60
대판 2000.10.27. 2000다30554・30561	509
대판 2000.11.10. 98다31493	119
대판 2000.11.24. 2000다38718	298
대판 2000.11.24. 99다12437	63, 82
대판 2000.11.28. 2000다8533	503
대판 2000.12.8. 2000다21017	321
대판 2000.12.8. 2000다35771	502
대판 2000.12.8. 2000다50350	303
대판 2000.12.8. 98두5279	80, 82
대판 2000.12.22. 2000다55904	381
대판 2000.12.26. 99다19278	48
대판 2001.1.19. 99다67598	146
대판 2001.1.30. 2000다56112	547
대판 2001.2.9. 2000다60708	418
대판 2001.2.9. 2000다61398	650
대판 2001.2.9. 99다38613	112
대판 2001.3.9. 99다13157	32
대판 2001.4.10. 2000다49343	114
대판 2001.4.10. 2001다12256	508
대판 2001.5.8. 2001다6053	456
대판 2001.5.15. 99다53490	14
대판 2001.5.29. 2001다1782	110
대판 2001.6.1. 99다60535	532, 582
대판 2001.6.12. 2001다2624	395
대판 2001.7.10. 2001다3764	206, 285, 344
대판 2001.7.27. 2000다56037	60
대판 2001.7.27. 99다56734	17, 260, 626, 645

판례	페이지
대판 2001.8.21. 2001다22840	238, 354
대판 2001.8.21. 2001다3658	622
대판 2001.9.4. 2000다26128	624
대판 2001.9.4. 2000다66416	329
대판 2001.9.4. 2001다14108	331, 332
대판 2001.9.14. 99다42797	120
대판 2001.9.18. 2001다9304	549
대판 2001.9.28. 2001다14689	304
대판 2001.10.23. 2001다25184	424
대판 2001.11.27. 2001므1353	23, 26
대판 2001.12.11. 2000다13948	348, 351, 608, 650
대판 2001.12.27. 2000다73049	318, 331, 345
대판 2001.12.28. 2000다27749	98
대판 2002.1.8. 2001다60019	23
대판 2002.1.25. 2001다30285	463, 484
대판 2002.1.25. 2001다52506	313
대판 2002.1.25. 2001다52506	585, 645
대판 2002.2.8. 99다23901	293
대판 2002.2.26. 2000다25484	237
대판 2002.2.26. 2001다77697	455
대판 2002.2.26. 99다67079	310
대판 2002.3.15. 2000다52141	148
대판 2002.3.29. 2001다41766	286
대판 2002.4.7. 99다52817	381
대판 2002.4.9. 99다47396	449, 487
대판 2002.4.12. 2001다82545	547, 587
대판 2002.4.12. 98다57099	284
대판 2002.4.26. 2001다59033	380, 399
대판 2002.5.10. 2000다37296	553, 587
대판 2002.5.10. 2002다4863	58
대판 2002.5.31. 2001다42080	531, 582
대판 2002.6.11. 2002다2539	477
대판 2002.6.14. 2000다30622	571
대판 2002.6.28. 2001다49814	145
대판 2002.6.28. 2001다5296	9, 58
대판 2002.6.28. 2002다23482	119, 121
대판 2002.7.26. 2000다25002	139
대판 2002.7.26. 2002다25013	540
대판 2002.8.23. 2002다25242	422, 431
대판 2002.8.23. 99다66564	616
대판 2002.8.27. 2000다9734	361
대판 2002.8.27. 2001다71699	393
대판 2002.9.4. 2000다54406	135
대판 2002.9.4. 2002다11151	391
대판 2002.9.4. 2002다22083	19
대판 2002.9.4. 2002다28340	188
대판 2002.9.10. 2002다21509	139, 361, 395
대판 2002.9.24. 2002다36228	397
대판 2002.9.27. 2002다15917	630
대판 2002.10.22. 2002다38927	117, 189, 205, 217
대판 2002.10.25. 2000다64441	326
대판 2002.10.25. 2002다32332	244
대판 2002.10.25. 2002다43370	456
대판 2002.11.8. 99다58136	505, 508, 593, 596
대판 2002.11.26. 2002다46492	502
대판 2002.12.10. 2001다58443	208
대판 2002.12.24. 2000다54536	304, 334
대판 2002.12.26. 2000다56952	626
대판 2002.12.27. 2000다47361	124, 203, 289
대판 2003.1.10. 2001다1171	72
대판 2003.1.24. 2000다22850	291, 458, 473, 478
대판 2003.1.24. 2000다5336	467, 490
대판 2003.2.26. 2000다40995	295, 550
대판 2003.3.28. 2000다24856	265
대판 2003.3.28. 2002다72125	126, 168
대판 2003.4.8. 2001다38593	119
대판 2003.4.11. 2001다53059	442, 450, 487
대판 2003.4.11. 2002다59481	24

판례색인

대판 2003.4.11. 2002다60528	221
대판 2003.4.11. 2002다63275	17
대판 2003.4.11. 2002다70884	131
대판 2003.4.11. 2003다1250	311, 312
대판 2003.4.25. 2002다11458	123, 444, 493
대판 2003.5.13. 2003다16238	237
대판 2003.6.13. 2003다17927	235
대판 2003.6.13. 2003다8862	616
대판 2003.7.8. 2002다74817	55
대판 2003.7.11. 2001다73626	59
대판 2003.7.11. 2003다19435	328
대판 2003.7.11. 2003다19572	326
대판 2003.7.22. 2002다64780	55, 86
대판 2003.7.25. 2002다27088	54, 86
대판 2003.8.22. 2003다12717	492
대판 2003.10.9. 2001다24655	626, 646, 649
대판 2003.11.14. 2001다32687	55
대판 2003.11.27. 2003다41722	644
대판 2003.11.28. 2003다50061	325
대판 2003.12.11. 2001다3771	381, 395
대판 2003.12.11. 2003다49771	461, 463
대판 2003.12.12. 2003다40286	330, 340
대판 2003.12.12. 2003다44059	120
대판 2003.12.26. 2001다46730	473
대판 2004.1.15. 2002다31537	126, 127
대판 2004.1.16. 2003다30890	244
대판 2004.1.27. 2001다24891	551
대판 2004.1.27. 2003다46451	651
대판 2004.2.12. 2001다10151	312
대판 2004.2.13. 2003다43490	152
대판 2004.2.27. 2002다39456	635
대판 2004.2.27. 2003다15280	68
대판 2004.2.27. 2003다51675	545, 586
대판 2004.3.18. 2001다82507[전합]	336, 635
대판 2004.3.26. 2003다34045	68
대판 2004.4.23. 2004다5389	402
대판 2004.4.23. 2004다8210	100, 101, 103, 503, 585
대판 2004.4.27. 2003다37891	421, 435
대판 2004.5.28. 2003다70041	114, 126, 127, 213, 217
대판 2004.6.24. 2003다59259	511
대판 2004.6.24. 2004므405	22
대판 2004.7.9. 2003다46758	367
대판 2004.7.9. 2004다11582	286
대판 2004.7.9. 2004다13083	393
대판 2004.7.22. 2002다51586	510
대판 2004.8.20. 2001다70337	549
대판 2004.8.30. 2004다21923	326, 335, 343
대판 2004.9.3. 2002다37405	462, 463, 484, 489
대판 2004.12.23. 2004다56554	539
대판 2004.12.24. 2004다20265	364, 369
대판 2005.1.14. 2003다33004	476
대판 2005.1.27. 2004다50143	608
대판 2005.3.10. 2004다67653	380
대판 2005.4.15. 2003다60297	177
대판 2005.4.29. 2004두14090	221
대판 2005.5.12. 2004다68366	126
대판 2005.5.12. 2005다6228	135, 197
대판 2005.5.13. 2004다71881	20, 25
대판 2005.5.27. 2004다43824	129, 134, 136, 216
대판 2005.6.9. 2005다6341	466, 475
대판 2005.6.23. 2004다29279	383
대판 2005.6.23. 2005다18955	375
대판 2005.7.21. 2002다1178[전합]	7, 10, 11, 57
대판 2005.7.22. 2005다7566	484
대판 2005.8.19. 2003다22042	406, 458
대판 2005.8.25. 2005다14595	326

대판 2005.9.15. 2004다44971[전합]		56
대판 2005.9.15. 2005다29474		231, 291
대판 2005.9.30. 2004다52576		628
대판 2005.10.7. 2005다32197		300
대판 2005.10.7. 2005다38546		286, 337
대판 2005.10.13. 2003다24147		630
대판 2005.10.27. 2005다35554		366
대판 2005.11.8. 2005마541		183
대판 2005.11.10. 2003다66066		636
대판 2005.11.10. 2004다37676		549
대판 2005.11.10. 2004다40597		304
대판 2005.11.10. 2005다41818		236, 249, 251, 395
대판 2005.12.23. 2003다30159		67, 69, 70
대판 2006.1.12. 2005두9873		546, 586
대판 2006.1.27. 2005다19378		358, 359
대판 2006.2.9. 2005다28426		630
대판 2006.2.10. 2004다11599		501
대판 2006.2.24. 2005다58656		451
대판 2006.3.9. 2004다49693		574, 583
대판 2006.3.9. 2005다16904		634
대판 2006.3.10. 2002다1321		127, 130, 217
대판 2006.3.10. 2005다65562		623
대판 2006.3.24. 2005다66411		141
대판 2006.4.13. 2003다45700		465
대판 2006.4.13. 2005다75897		297
대판 2006.4.20. 2004다37775[전합]		54, 61
대판 2006.4.27. 2005도8875		71
대판 2006.4.27. 2006다1381		230, 247
대판 2006.6.15. 2004다10909		72
대판 2006.6.27. 2005다50041		362
대판 2006.6.29. 2004다5822		321, 335, 346
대판 2006.6.30. 2000다15944		61
대판 2006.7.4. 2004다30675		375
대판 2006.7.4. 2004다61280		325
대판 2006.7.28. 2004다54633		422, 457
대판 2006.8.24. 2004다26287・26294		234
대판 2006.8.25. 2005다67476		419
대판 2006.9.8. 2004다55230		357
대판 2006.9.8. 2006다26328		474
대판 2006.9.14. 2004다18804		462
대판 2006.9.22. 2006다22852		241
대판 2006.9.22. 2006다24049		452
대판 2006.9.22. 2006다29358		27
대판 2006.9.22. 2006다32569		633
대판 2006.10.12. 2004다48515		17
대판 2006.10.12. 2004재다818		407, 413, 543, 615
대판 2006.10.13. 2004다21862		547, 551
대판 2006.10.26. 2004다24106		453
대판 2006.10.26. 2004다63019		413, 423
대판 2006.10.26. 2006다29020		96, 99, 100, 103
대판 2006.10.27. 2006다49000		9
대판 2006.11.24. 2005다39594		443
대판 2006.12.7. 2006다41457		134, 135
대판 2007.1.25. 2005다67233		19
대판 2007.2.9. 2006다3486		576
대판 2007.3.29. 2004다31302		17, 18, 25, 470
대판 2007.4.19. 2004다60072[전합]		56
대판 2007.4.26. 2006다22715		367, 369
대판 2007.5.10. 2006다82700		311, 312, 345
대판 2007.6.1. 2005다5812		14, 16, 444, 486
대판 2007.6.14. 2005다32999		628, 629, 640, 646
대판 2007.6.14. 2005다5140		568, 595
대판 2007.6.15. 2004다37904		465, 479
대판 2007.6.15. 2007다6307		71
대판 2007.6.28. 2006다85921		317
대판 2007.7.6. 99다51258		126
대판 2007.7.26. 2007다23081		323
대판 2007.8.23. 2006다62942		223, 226

판례색인

판례	페이지
대판 2007.8.23. 2007다23425	158
대판 2007.9.6. 2007다34982	59
대판 2007.9.20. 2005다63337	298, 337
대판 2007.9.21. 2006다69479	398
대판 2007.10.11. 2007다31914	549
대판 2007.10.11. 2007다45364	328
대판 2007.11.16. 2005다71659	29, 34, 83, 139
대판 2007.11.29. 2007다52430	325
대판 2007.11.29. 2007다54849	244, 339, 343
대판 2007.12.27. 2006다60229	475
대판 2007.12.27. 2006다9408	303, 334, 336
대판 2007.12.27. 2007다17062	55, 61, 86
대판 2007.12.27. 2007다70285	134
대판 2008.1.18. 2005다34711	69, 606
대판 2008.1.18. 2005다65579	358
대판 2008.1.24. 2005다58823	632
대판 2008.1.31. 2007다74713	200
대판 2008.2.1. 2006다33418	160
대판 2008.2.1. 2007다8914	286, 346
대판 2008.2.14. 2006다33357	323
대판 2008.2.15. 2005다69458	282
대판 2008.2.28. 2005다60369	300
대판 2008.2.28. 2006다10323	537
대판 2008.3.13. 2006다29372	126
대판 2008.3.13. 2006다53733	616
대판 2008.3.13. 2007다73611	500, 591
대판 2008.3.27. 2006다45459	538
대판 2008.3.27. 2006다70929	230, 250
대판 2008.3.27. 2007다76313	560
대판 2008.5.8. 2007다36933	95, 101, 102, 103
대판 2008.5.29. 2007다4356	542, 582
대판 2008.6.12. 2005두5956	292
대판 2008.6.12. 2008다11276	148, 149
대판 2008.6.12. 2008다19973	138
대판 2008.6.26. 2008다19966	603
대판 2008.6.26. 2008다22481	647
대판 2008.7.24. 2007다37530	370
대판 2008.8.21. 2007다79480	163
대판 2008.8.21. 2007다8464	392, 609
대판 2008.9.11. 2008다15278	206, 578, 594
대판 2008.9.25. 2007다17109	72, 84
대판 2008.9.25. 2008다41529	574
대판 2008.9.25. 2008다42195	147
대판 2008.10.23. 2007다72274	502, 580
대판 2008.11.13. 2006다1442	325, 326, 329
대판 2008.11.13. 2008다46906	303
대판 2008.11.20. 2007다27670[전합]	92, 100, 101
대판 2008.11.27. 2008다56118	622
대판 2008.12.24. 2008다51649	300
대판 2009.1.15. 2008다58367	28, 83, 177, 644
대판 2009.1.30. 2006다37465	68
대판 2009.1.30. 2008다79340	570
대판 2009.2.12. 2006다23312	160, 161
대판 2009.2.12. 2008다71926	446, 493
대판 2009.2.12. 2008두20109	236, 238
대판 2009.2.26. 2008다76556	313
대판 2009.3.12. 2006다28454	574
대판 2009.3.19. 2008다45828[전합]	120
대판 2009.3.26. 2006다47677	357
대판 2009.4.9. 2008다1521	26
대판 2009.4.23. 2007다87214	576
대판 2009.4.23. 2008다4247	577
대판 2009.4.23. 2008다50615	502, 580
대판 2009.4.23. 2008다62427	171, 502
대판 2009.4.23. 2008다96291	442
대판 2009.4.23. 2009다1313	645
대판 2009.4.23. 2009다3234	312
대판 2009.5.14. 2009도926	170

판례	페이지
대판 2009.5.28. 2007다20440	610
대판 2009.5.28. 2008다98655	609
대판 2009.5.28. 2009다7182	58
대판 2009.5.28. 2009다9539	286
대판 2009.6.23. 2009다18502	327, 335
대판 2009.6.23. 2009다549	321
대판 2009.7.9. 2009다18526	458
대판 2009.9.24. 2008다38325	524
대판 2009.9.24. 2009다37831	495
대판 2009.9.24. 2009다39530	234, 244, 251
대판 2009.11.26. 2009다57033	67
대판 2009.11.26. 2009다64383	56
대판 2009.11.26. 2009다70012	527
대판 2009.12.24. 2007다64556	252
대판 2010.1.28. 2009다24187	344, 610
대판 2010.1.28. 2009다73011	247
대판 2010.1.28. 2009다90047	323
대판 2010.2.11. 2009다83650	60
대판 2010.2.25. 2008다82490	66
대판 2010.2.25. 2009다83797	302
대판 2010.2.25. 2009다87621	301
대판 2010.3.25. 2007다35152	424, 425, 452
대판 2010.3.25. 2009다41465	169, 173, 204
대판 2010.3.25. 2009다95387	54
대판 2010.4.8. 2009다80460	411
대판 2010.4.15. 2010다57	140
대판 2010.4.29. 2007다18911	570
대판 2010.4.29. 2009다104564	329
대판 2010.4.29. 2009다91828	632
대판 2010.4.29. 2009다99129	290
대판 2010.5.13. 2009다92487	145
대판 2010.5.13. 2009다92685	171
대판 2010.5.13. 2009다96847	611
대판 2010.5.13. 2010다6345	240
대판 2010.5.13. 2010다8310	396
대판 2010.5.27. 2006다72109	54
대판 2010.5.27. 2007다66088	427
대판 2010.5.27. 2009다12580	614
대판 2010.5.27. 2010다5878	497, 579
대판 2010.6.10. 2007다6113	413
대판 2010.6.24. 2010다9269	639
대판 2010.7.8. 2010다21276	300
대판 2010.7.15. 2009다50308	116, 174, 189, 194, 209, 220
대판 2010.7.22. 2009다60466	329
대판 2010.7.22. 2010다18829	633
대판 2010.7.29. 2009다69692	457
대판 2010.8.19. 2010다31860	171
대판 2010.8.26. 2008다42416	196, 215
대판 2010.8.26. 2009다95769	624
대판 2010.9.9. 2007다42310	59
대판 2010.9.9. 2010다24435	280
대판 2010.9.16. 2008다97218[전합]	358, 435
대판 2010.9.30. 2007다74775	59
대판 2010.9.30. 2009다65942	391
대판 2010.12.9. 2009다26596	58
대판 2010.12.9. 2009다59237	279, 333
대판 2010.12.23. 2008다57746	475, 485
대판 2011.2.10. 2010다77385	452, 465, 478
대판 2011.2.10. 2010다81285	240
대판 2011.2.10. 2010다83199	55, 145
대판 2011.2.24. 2009다17783	58
대판 2011.3.10. 2007다17482	25
대판 2011.3.10. 2010다52416	323
대판 2011.4.14. 2010다91886	358
대판 2011.4.28. 2008다15438	54, 67, 86, 89, 90
대판 2011.4.28. 2010다101394	421, 432
대판 2011.4.28. 2010다89654	22

판례색인

대판 2011.4.28. 2010다98412	465
대판 2011.5.13. 2011다10044	237, 248
대판 2011.5.13. 2011다1941	509
대판 2011.5.26. 2011다1231	526
대판 2011.5.26. 2011다1330	283
대판 2011.6.9. 2011다29307	346
대판 2011.6.10. 2010다40239	603
대판 2011.6.24. 2008다44368	18
대판 2011.6.30. 2009다30724	475
대판 2011.6.30. 2011다8614	196
대판 2011.7.14. 2009다76522	615
대판 2011.7.14. 2011다21143	626, 649
대판 2011.7.28. 2009다100418	606, 643, 644, 650
대판 2011.7.28. 2010다70018	426
대판 2011.8.18. 2011다30871	144, 154, 192, 207, 473
대판 2011.8.25. 2008다47367	218
대판 2011.8.25. 2011다43778	282
대판 2011.9.8. 2010다37325	605
대판 2011.10.13. 2010다80930	342
대판 2011.10.13. 2011다10266	510
대판 2011.11.24. 2011다41529	625
대판 2011.12.8. 2011다55542	321, 335, 340
대판 2012.1.12. 2010다79947	300
대판 2012.1.12. 2011다74246	616
대판 2012.1.12. 2011다76099	390
대판 2012.1.12. 2011다78606	238
대판 2012.1.26. 2009다76546	96, 99, 103
대판 2012.1.27. 2010다85881	17
대판 2012.2.23. 2011다76426	321
대판 2012.2.23. 2011다88832	323
대판 2012.3.22. 2010다28840[전합]	228
대판 2012.3.29. 2011다100527	315
대판 2012.3.29. 2011다106136	345
대판 2012.3.29. 2011다93025	454
대판 2012.4.26. 2010다8709	620, 642
대판 2012.5.17. 2010다28604[전합]	290
대판 2012.5.17. 2011다87235[전합]	317
대판 2012.8.17. 2010다28390	624
대판 2012.8.17. 2012다30892	629, 647
대판 2012.8.30. 2009다90924	364
대판 2012.8.30. 2011다32785	385
대판 2012.9.27. 2012다49490	539
대판 2012.10.11. 2010다34043	547
대판 2012.10.25. 2009다77754	278
대판 2012.10.25. 2010다47117	286
대판 2012.12.13. 2011다69770	650
대판 2013.2.15. 2012다48855	412, 434
대판 2013.2.15. 2012다49292	127, 198
대판 2013.2.15. 2012다87089	92, 102
대판 2013.2.28. 2011다49608·49615	539
대판 2013.2.28. 2011다79838	233
대판 2013.2.28. 2012다104366	381
대판 2013.2.28. 2012다94155	425
대판 2013.3.14. 2010다42624·42631	286
대판 2013.3.14. 2012다85281	353
대판 2013.4.11. 2012다65294	455
대판 2013.4.26. 2011다50509	268, 279, 474
대판 2013.4.26. 2013다1952	213
대판 2013.5.9. 2013다3040	445
대판 2013.5.16. 2012다202819[전합]	634
대판 2013.5.23. 2010다102816	595
대판 2013.5.23. 2010다50014	172, 313
대판 2013.6.13. 2012다40332	86
대판 2013.6.27. 2011다17106	600, 616, 641
대판 2013.6.27. 2012다31628	620
대판 2013.6.28. 2011다83110	393
대판 2013.7.18. 2012다5643[전합]	324

판례	페이지
대판 2013.7.25. 2013다27015	113, 212, 304
대판 2013.8.22. 2013다30882	599, 601, 641
대판 2013.8.22. 2013다35412	614
대판 2013.8.23. 2011다2142	282
대판 2013.9.13. 2011다56033	394, 398, 399, 462, 489
대판 2013.9.26. 2011다53683[전합]	189, 205
대판 2013.9.26. 2012다43539	598, 601, 641, 648
대판 2013.9.26. 2013다26746[전합]	18
대판 2013.10.11. 2013다52622	120
대판 2013.10.24. 2011다110685	11
대판 2013.10.24. 2011다44788	530
대판 2013.11.14. 2013다46023	355
대판 2013.11.28. 2011다41741	70, 71, 82, 89
대판 2013.11.28. 2011다60247	260
대판 2013.11.28. 2013다22812	468
대판 2013.11.28. 2013다48364·48371	532, 542
대판 2013.11.28. 2013다8755	468
대판 2013.12.12. 2013다14675	473
대판 2013.12.26. 2011다85352	282
대판 2014.2.27. 2013다213038	165, 200
대판 2014.3.13. 2013다34143	475, 478
대판 2014.4.10. 2012다29557	286, 337
대판 2014.4.30. 2010다11323	454
대판 2014.6.12. 2011다76105	375
대판 2014.7.10. 2013다65710	632
대판 2014.8.20. 2012다97420	397
대판 2014.8.26. 2013다49404	390
대판 2014.9.4. 2013다60661	321
대판 2014.11.13. 2012다52526	385
대판 2014.11.27. 2013다49794	216
대판 2014.12.11. 2012다15602	598
대판 2014.12.11. 2013다14569	476, 492
대판 2014.12.18. 2011다50233[전합]	411, 434
대판 2015.2.12. 2014다227225	295
대판 2015.2.12. 2014다41223	217
대판 2015.3.20. 2013다88829	25, 26
대판 2015.4.9. 2014다80945	454
대판 2015.4.23. 2011다63383	549
대판 2015.4.23. 2013다211834	647
대판 2015.4.23. 2013다92873	286, 337
대판 2015.4.23. 2013다9383	216
대판 2015.4.23. 2014다231378	500, 580
대판 2015.5.29. 2012다84370	391
대판 2015.6.11. 2014다237192	325
대판 2015.7.23. 2014다212438	328
대판 2015.8.27. 2013다81224	451, 458
대판 2015.9.10. 2010두1385	202, 207, 219
대판 2015.10.29. 2012다21560	571, 583
대판 2015.10.29. 2015다219504	182, 195
대판 2015.11.17. 2012다2743	327, 339
대판 2015.11.17. 2013다84995	327
대판 2015.12.24. 2014다49241	620
대판 2016.3.24. 2015다11281	115, 209
대판 2016.4.15. 2015다59115	477
대판 2016.5.12. 2016다200729	506
대판 2016.5.19. 2009다66549[전합]	510
대판 2016.5.26. 2016다203315	144, 147, 149, 158
대판 2016.6.9. 2014다64752	435, 522
대판 2016.6.10. 2014다200763	303
대판 2016.6.28. 2016다11295	560
대판 2016.7.7. 2014다2662	604
대판 2016.8.18. 2014다31691	549
대판 2016.8.24. 2014다80839	511
대판 2016.8.29. 2015다236547	318, 342
대판 2016.8.30. 2014다19790	574
대판 2016.9.28. 2014다221517	346
대판 2016.10.27. 2013다7769	292

판례색인

대판 2016.10.27. 2014다211978	233
대판 2016.10.27. 2015다239744	239, 248
대판 2016.11.25. 2016다211309	540
대판 2016.12.1. 2016다240543	14
대판 2017.2.15. 2014다19776	423
대판 2017.2.15. 2015다235766	477
대판 2017.3.9. 2015다217980	327, 332
대판 2017.4.7. 2014다234827	114, 212
대판 2017.4.7. 2016다204783	326
대판 2017.4.7. 2016다35451	238
대판 2017.4.27. 2016다271226	647
대판 2017.4.27. 2016다279206	324
대판 2017.4.28. 2016다239840	238
대판 2017.5.18. 2012다86895[전합]	527, 535
대판 2017.5.30. 2016다275402	279, 302, 334
대판 2017.5.30. 2017다201422	217
대판 2017.5.31. 2016다240	468, 507
대판 2017.6.8. 2016다249557	14
대판 2017.6.8. 2017다3499	163
대판 2017.6.19. 2017다215070	284
대판 2017.6.29. 2017다213838	208, 605
대판 2017.7.11. 2016다52265	280, 302
대판 2017.8.18. 2014다87595	126, 217
대판 2017.10.26. 2017다242867	486
대판 2017.11.14. 2015다10929	442, 445, 487
대판 2017.11.29. 2016다259769	271
대판 2017.12.5. 2017다22597	606
대판 2017.12.22. 2013다25194	178, 199
대판 2018.1.24. 2015다69990	568, 569, 572, 595
대판 2018.1.24. 2017다37324	602, 604, 639
대판 2018.2.13. 2015다242429	299
대판 2018.2.28. 2016다45779	452, 604
대판 2018.3.22. 2012다74236[전합]	359
대판 2018.4.10. 2016다272311	330
대판 2018.4.12. 2017다229536	610
대판 2018.5.15. 2016다211620	246, 366
대판 2018.5.17. 2016다35833[전합]	561
대판 2018.5.17. 2017도4027[전합]	290
대판 2018.6.15. 2016다212272	633
대판 2018.6.28. 2016다1045	321, 332
대판 2018.6.28. 2016다221368	181, 196, 211
대판 2018.6.28. 2018다201702	181, 186, 195
대판 2018.6.28. 2018다210775	165, 166, 218
대판 2018.7.11. 2018다200518	538
대판 2018.7.12. 2015다249147	627, 642
대판 2018.7.12. 2015다36167	399
대판 2018.7.12. 2018다204992	617
대판 2018.7.20. 2015다207044	286, 333
대판 2018.7.24. 2018다220574	125, 213
대판 2018.9.13. 2015다209347	426
대판 2018.9.13. 2015다78703	133, 135, 191, 197, 596
대판 2018.10.18. 2015다232316[전합]	236, 248
대판 2018.10.25. 2018다210539	314
대판 2018.10.25. 2018다234177	354
대판 2018.11.29. 2015다19827	324, 346, 552, 587
대판 2018.11.29. 2017다247190	591, 596
대판 2018.12.13. 2015다72385	574, 590
대판 2018.12.27. 2016다274270	466, 490
대판 2019.1.31. 2017다228618	312
대판 2019.2.14. 2017다274703	368, 422, 424, 608
대판 2019.2.21. 2018다248909[전합]	298, 634
대판 2019.3.14. 2018다255648	246, 428, 550
대판 2019.3.14. 2018다282473	363, 372, 375
대판 2019.3.14. 2018두56435	237
대판 2019.4.3. 2018다286550	555
대판 2019.4.11. 2018다203715	329
대판 2019.4.23. 2016다37167	21

판례	페이지
대판 2019.5.16. 2016다8589	382, 395
대판 2019.5.16. 2017다226629	242
대판 2019.5.30. 2017다53265	72
대판 2019.6.20. 2013다218156[전합]	612, 651
대판 2019.6.27. 2019다21681	467
대판 2019.7.25. 2019다212945	236
대판 2019.7.25. 2019다227817	499
대판 2019.8.14. 2019다216435	354, 374
대판 2019.9.13. 2011다56033	390
대판 2019.10.31. 2019다247651	453
대판 2019.11.14. 2016다227694	589
대판 2019.12.19. 2016다24284[전합]	380
대판 2020.1.30. 2018다204787	633
대판 2020.1.30. 2019다268252	550
대판 2020.1.30. 2019다280375	127, 198
대판 2020.2.6. 2019다223723	241
대판 2020.3.26. 2018다221867	251
대판 2020.4.9. 2017다20371	498, 591
대판 2020.4.9. 2019다216411	57
대판 2020.4.29. 2007다24930	502
대판 2020.5.14. 2019도16228	113, 212
대판 2020.5.21. 2017다220744[전합]	605
대판 2020.5.21. 2018다879[전합]	313, 315
대판 2020.5.28. 2017다265389	512
대판 2020.6.11. 2020다201156	548
대판 2020.7.9. 2016다244224 · 244231	231
대판 2020.7.9. 2017다56455	634
대판 2020.7.9. 2020다202821	181
대판 2020.10.15. 2019다222041	412
대판 2020.10.15. 2020다227523	133
대판 2020.10.29. 2018다228868	16, 604
대판 2020.11.12. 2017다275270	305
대판 2020.12.10. 2019다201785	449
대판 2020.12.10. 2019다267204	119
대판 2020.12.10. 2020다254846	18
대판 2020.12.30. 2017다17603	119, 450
대판 2021.1.28. 2019다207141	373, 408, 434
대판 2021.2.5. 2016다232597	244, 410
대판 2021.2.10. 2017다258787	428, 529
대판 2021.2.25. 2020다230239	619
대판 2021.3.11. 2019다208472	647
대판 2021.4.8. 2017다202050	504, 509
대판 2021.4.8. 2020다284496	220
대판 2021.4.29. 2021다202309	528
대판 2021.5.7. 2017다220416	466
대판 2021.5.7. 2018다259213	196
대판 2021.5.7. 2018다25946	422
대판 2021.5.27. 2017다230963	297
대판 2021.6.10. 2018다44114	241
대판 2021.6.30. 2016다10827	308, 309
대판 2021.6.30. 2019다276338	17, 18, 468, 471
대판 2021.7.8. 2017다218895	8
대판 2021.7.8. 2020다290804	474
대판 2021.7.21. 2020다300893	312
대판 2021.7.29. 2019다207851	574
대판 2021.8.19. 2018다244976	463, 476
대판 2021.8.19. 2018다270876	232, 247
대판 2021.8.19. 2019다297137	638
대판 2021.8.19. 2020다266375	94
대판 2021.9.16. 2020다213364	501
대판 2021.9.16. 2021다219529	625
대판 2021.9.30. 2021다239745	239
대판 2021.10.14. 2021다242154	20
대판 2021.10.28. 2019다293036	307
대판 2021.10.28. 2020다278354	469
대판 2021.11.25. 2020다294516	232, 391
대판 2021.12.30. 2018다268538	126, 213
대판 2022.1.13. 2019다272855	384

판례색인

판례	페이지
대판 2022.1.27. 2018다259565	464, 484
대판 2022.1.27. 2021다265010	631
대판 2022.2.11. 2021다283834	622
대판 2022.3.11. 2017다207475	494
대판 2022.3.11. 2020다297430	472
대판 2022.3.17. 2021다287515	196, 422
대판 2022.4.14. 2019다292736·292743	305
대판 2022.4.14. 2020다268760	270
대판 2022.4.28. 2020다251403	236
대판 2022.5.26. 2017다260940	58
대판 2022.6.16. 2017다289538	637
대판 2022.6.30. 2022다200089	427
대판 2022.7.14. 2020다212958	20, 427
대판 2022.7.21. 2018다248855·248862[전합]	304, 334
대판 2022.7.28. 2017다16747	630
대판 2022.8.11. 2022다227688	55
대판 2022.8.19. 2020다220140	232
대판 2022.8.25. 2019다229202[전합]	314
대판 2022.8.31. 2022다239896	433
대판 2022.9.7. 2022다230165	311
대판 2022.9.7. 2022다237098	640
대판 2022.9.29. 2018다243133	605
대판 2022.9.29. 2019다204593	245
대판 2022.9.29. 2021다299976	496, 497
대판 2022.10.14. 2018다244488	610
대판 2022.10.14. 2022다246757	553
대판 2022.11.30. 2017다232167	413, 418, 433
대판 2022.11.30. 2017다257043	603
대판 2022.11.30. 2022다255614	467
대판 2022.12.1. 2022다247521	384
대판 2022.12.1. 2022다261237	28, 83
대판 2022.12.16. 2022다218271	421
대판 2022.12.16. 2022다245129	151
대판 2022.12.29. 2017다261882	414
대판 2022.12.29. 2022다266645	184
대판 2023.2.2. 2019다232277	169
대판 2023.2.2. 2020다283578	367
대판 2023.2.2. 2022다276307	231
대판 2023.2.2. 2022다276789	415
대판 2023.2.23. 2022다287383	112, 113
대판 2023.3.9. 2020다218925	631
대판 2023.3.9. 2021다20290	633
대판 2023.3.13. 2022다293999	19, 20, 603
대판 2023.3.30. 2021다264253	349
대판 2023.3.30. 2022다289174	552
대판 2023.3.30. 2022다296165	392, 537
대판 2023.4.13. 2021다305338	187
대판 2023.4.13. 2021다309231	331
대판 2023.4.13. 2022다244836	317
대판 2023.4.13. 2022다296776	512
대판 2023.5.18. 2021다304533	120
대판 2023.6.1. 2023다209045	525, 589
대판 2023.6.15. 2022다211959	113
대판 2023.6.29. 2021다243812	604
대판 2023.6.29. 2022다244928	330
대판 2023.6.29. 2023다218353	566
대판 2023.9.14. 2023다227500	498
대판 2023.9.21. 2023다234553	325
대판 2023.9.27. 2023다240817	294
대판 2023.10.18. 2023다237804	322
대판 2023.11.2. 2023다244895	535
대판 2023.11.2. 2023다249661	535
대판 2023.11.2. 2023다259316	62
대판 2023.11.16. 2022다265994	24, 620
대판 2023.12.14. 2022다208649	628
대판 2023.12.14. 2023다272234	403
대판 2023.12.21. 2018다303653	230

대판 2023.12.28. 2023다278829	60
대판 2024.1.4. 2022다256624	501
대판 2024.1.4. 2023다225580	143
대판 2024.1.4. 2023다263537	71, 85
대판 2024.2.15. 2019다208724	627
대판 2024.2.15. 2019다238640	288
대판 2024.2.15. 2019다272404	119
대판 2024.2.15. 2023다272883	604
대판 2024.2.29. 2023다289720	475, 481
대판 2024.2.29. 2023다294470	562
대판 2024.3.12. 2023다301682	316
대판 2024.3.12. 2023다301712	117
대판 2024.3.28. 2019다25370	15
대판 2024.3.28. 2023다308911	605
대판 2024.4.4. 2022다239131	16
대판 2024.4.4. 2023다298670	169
대판 2024.4.12. 2023다307741	603
대판 2024.4.12. 2023다309020	532
대판 2024.4.12. 2023다313241	56
대판 2024.4.25. 2020다271650	299, 634
대판 2024.4.25. 2022다254024	522
대판 2024.5.30. 2019다47387	423
대판 2024.6.13. 2022다228667	619
대판 2024.6.13. 2024다215542	391
대판 2024.6.27. 2023다254984	77
대판 2024.6.27. 2023다302920	231
대판 2024.6.27. 2024다216187	616
대판 2024.7.11. 2023다314022	619
대판 2024.7.31. 2023다266420	412
대판 2024.8.1. 2024다204696	423
대판 2024.8.1. 2024다206760	129
대판 2024.8.1. 2024다226504	474
대판 2024.9.13. 2024다234239	574
대판 2024.9.13. 2024다237757	470
대판 2024.9.13. 2024다256116	533
대판 2024.10.8. 2024다258921	401, 407
대판 2024.10.25. 2024다232066	371
대판 2024.10.25. 2024다233212	240
대판 2024.10.31. 2024다232523	243
대판 2024.10.31. 2024다255328	170
대판 2024.11.14. 2021다215060	560
대판 2024.12.12. 2024다261989	543
대판 2024.12.12. 2024다275773	324, 325
대판 2024.12.24. 2024다274398	58, 60
대판 2025.3.13. 2024다315046	526
대판 2025.3.27. 2024다302217	428
대판 2025.4.15. 2024다312566	322, 351
대판 2025.5.1. 2024다293580	460, 528
대판 2025.5.15. 2023다258504	566
대판 2025.5.15. 2024다310980	239
대판 2025.5.15. 2024다317332	426, 543
대판 2025.5.15. 2024다317783	235
대판 2025.5.29. 2024다294705	244
대판 2025.6.5. 2023다232526	160
대판 2025.6.26. 2025다205399	576
대판 2025.6.26. 2025다209893	301, 458
대판 2025.7.24. 2023다240299[전합]	245

[헌법재판소]

헌재 1991.4.1. 89헌마160	631
헌재 2013.12.26. 2011헌바234	525
헌재 2018.8.30. 2014헌바148, 단순위헌	230

참고문헌

- 양창수, 민법입문, 박영사, 2023
- 지원림, 민법강의, 홍문사, 2025
- 김준호, 민법강의, 법문사, 2025
- 송덕수, 신민법강의, 박영사, 2025
- 박승수, 2025 로스쿨 민법정리, 에듀비, 2024
- 황보수정, 2025 공인노무사 핵심정리 민법, 새흐름, 2024
- 김묘엽, 2024 요약된 공인노무사 마이민법, LAW & ORDER, 2024
- 강양원, 2025 공인노무사 도해식 민법 핵심정리, 더솜, 2024
- 박기현·김종원 공저, 핵심정리 민법, 메티스, 2014

2026 시대에듀 EBS 공인노무사 1차 민법

개정1판1쇄 발행	2025년 10월 10일(인쇄 2025년 08월 29일)
초 판 발 행	2024년 10월 10일(인쇄 2024년 08월 28일)
발 행 인	박영일
책 임 편 집	이해욱
편 저	EBS 교수진
편 집 진 행	안효상 · 이재성 · 김민지
표지디자인	박종우
편집디자인	표미영 · 하한우
발 행 처	(주)시대고시기획
출 판 등 록	제10-1521호
주 소	서울시 마포구 큰우물로 75 [도화동 538 성지 B/D] 9F
전 화	1600-3600
팩 스	02-701-8823
홈 페 이 지	www.sdedu.co.kr
I S B N	979-11-383-9753-7(13360)
정 가	33,000원

※ 이 책은 저작권법의 보호를 받는 저작물이므로 동영상 제작 및 무단전재와 배포를 금합니다.
※ 잘못된 책은 구입하신 서점에서 바꾸어 드립니다.

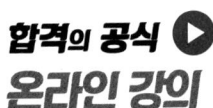 혼자 공부하기 힘드시다면 방법이 있습니다.
시대에듀의 동영상 강의를 이용하시면 됩니다.
www.sdedu.co.kr → 회원가입(로그인) → 강의 살펴보기

개정법령 관련 대처법을 소개합니다!

도서만이 전부가 아니다! 시험 관련 정보 확인법!
법령이 자주 바뀌는 과목의 경우, 도서출간 이후에 아래와 같은 방법으로
변경된 부분을 업데이트·수정하고 있습니다.

01 정오표
도서출간 이후 발견된 오류는 그 즉시 해당 내용을 확인한 후 수정하여 정오표 게시판에 업로드합니다.

※ 시대에듀 : 홈 » 학습자료실 » 정오표

02 추록(최신 개정법령)
도서출간 이후 법령개정으로 인한 수정사항은 도서의 구성에 맞게 정리하여 도서업데이트 게시판에 업로드합니다.

※ 시대에듀 : 홈 » 학습자료실 » 도서업데이트

시대에듀 www.sdedu.co.kr

공인노무사시험
합격을 꿈꾸는 수험생들에게...

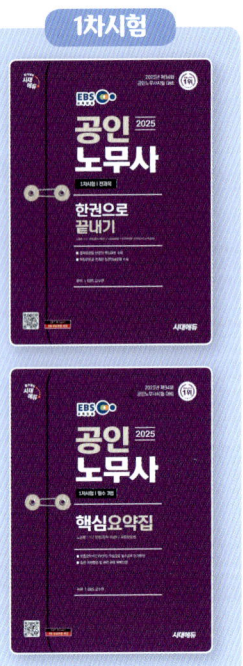

기출문제집
- 최신 기출문제와 상세한 첨삭해설
- 최신 개정법령 및 관련 판례 완벽반영

기본서
- 최신 개정법령을 반영한 핵심이론+ 실전대비문제
- 온라인 동영상강의용 교재

한권으로 끝내기
- 단기간 반복학습을 위한 최적의 구성
- 단 한 권으로 1차시험 전 과목 대비

핵심요약집
- 필수 3법 도표식 요약집

도서 및 동영상강의 문의
1600 - 3600
www.sdedu.co.kr

공인노무사라는 꿈을 향해 도전하는 수험생 여러분에게
정성을 다해 만든 최고의 수험서를 선사합니다.

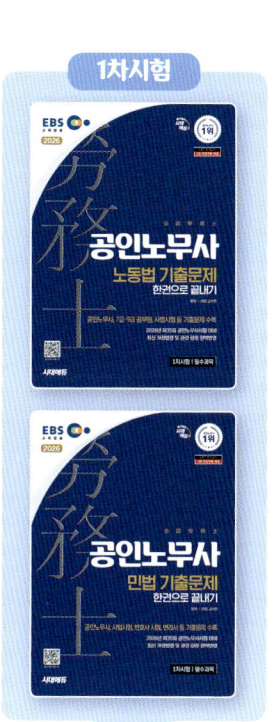

핵지총
- 10개년 핵심 기출지문 총망라
- 최신 개정법령 및 관련 판례 완벽반영

객관식 문제집
- 종합기출문제해설

기본서
- 최신 개정법령을 반영한 주요논점
- Chapter별 최신 기출문제와 예시답안
- 온라인 동영상강의용 교재

관계법령집
- 노동법 Ⅰ·Ⅱ 최신 개정법령 완벽반영
- 암기용 셀로판지로 무한 반복학습

※ 각 도서의 세부구성 및 이미지는 변동될 수 있습니다.

최고 교수진의 빠른 합격전략

현직 공인노무사와 전문 교수진의 압도적인 강의로
최단기간 합격을 약속드립니다.

빈틈없는 강의로 노동법 완전정복!

합격생이 인정한 현직 노무사의
입체적인 강의

김희향 공인노무사(노동법)
현) 노무법인 태주 대표 공인노무사
(사)한국공인노무사회 교육연수위원회 이사

들을수록 빠져드는 사회보험법 고득점전략!

실무경험을 바탕으로 하는
깊이 있는 강의

이윤형 공인노무사(사회보험법)
온누리노무컨설팅 대표
서울시교육청 사학기관전문가 자문단 자문위원

방대한 민법, 핵심만 짚어준다!

민법 전문 교수가 알려 주는
쉽고 확실한 강의

김동진 교수(민법)
(前)법무법인 가현 민사·행정 전문위원
시대에듀 강사(변리사 민법)

체계적인 학습법! 경영학개론 완벽 마스터!

사례와 예시를 통해 이해를
돕는 친절한 강의

이근필 교수(경영학개론)
한양대 경영학 박사
시대에듀 강사(경영학·경영분석)

※ 강사진은 내부사정에 따라 변동될 수 있습니다.

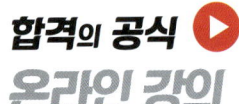

보다 깊이 있는 학습을 원하는 수험생들을 위한
시대에듀의 동영상 강의가 준비되어 있습니다.
www.sdedu.co.kr ➔ 회원가입(로그인) ➔ 강의 살펴보기